EUROPÄISCHE BIBLIOTHEK

8

Herausgegeben von Henning Ritter

Sigfried Giedion   Die Herrschaft der Mechanisierung

Sigfried Giedion
DIE HERRSCHAFT
DER MECHANISIERUNG

Ein Beitrag zur anonymen Geschichte

Mit einem Nachwort
von Stanislaus von Moos

Europäische Verlagsanstalt

Originally published in English under the title *Mechanization Takes Command*.
Copyright 1948 by Oxford University Press, Inc.

CIP-Kurztitelaufnahme der Deutschen Bibliothek

Giedion, Sigfried:
Die Herrschaft der Mechanisierung : e. Beitr.
zur anonymen Geschichte / Sigfried Giedion.
Mit e. Nachw. von Stanislaus von Moos. –
Frankfurt am Main : Europäische Verlagsanstalt,
1982
(Europäische Bibliothek ; 8)
Einheitssacht. : Mechanization takes command
<dt.>
ISBN 3-434-00711-3

NE : GT

© der deutschen Ausgabe
1982 Europäische Verlagsanstalt GmbH, Frankfurt am Main
6.-8. Tausend
Umschlaggestaltung nach Entwürfen
von Rambow, Lienemeyer, van de Sand
Motiv: Fernand Léger, Die Schlüssel
Produktion/Ausstattung: Klaus Langhoff, Friedrichsdorf
Satz und Druck: F. L. Wagener, Lemgo
Bindung: Großbuchbinderei Bernhard Gehring, Bielefeld
Printed in Germany
ISBN 3-434-00711-3

INHALT

11

VORWORT*

In *Space, Time and Architecture* (1941) habe ich zu zeigen versucht, daß in unserer Zeit Denken und Fühlen voneinander getrennt sind. Hier will ich nun einen Schritt weitergehen und zeigen, wie es zu dieser Spaltung kommen konnte, indem ich eine wichtige Seite unseres Lebens untersuche – die Mechanisierung.

Am Anfang dieser Untersuchung stand der Wunsch, die Auswirkungen der Mechanisierung auf den Menschen zu begreifen und zu erkennen, bis zu welchem Punkte die Mechanisierung mit den unveränderlichen Gesetzen der menschlichen Natur im Einklang steht und in welchem Maße sie ihnen widerspricht. Die Frage der Grenzen der Mechanisierung muß sich in jedem Augenblick stellen, da man den menschlichen Aspekt, der der wesentliche ist, nicht außer acht lassen kann.

Die kommende Zeit muß die grundlegenden menschlichen Werte wiederherstellen. Sie muß eine Zeit der Reorganisation im weitesten Sinne sein, eine Zeit, die den Weg zum Universalismus findet. Sie muß Ordnung in unser Denken, in unsere Produktion, unser Fühlen und unsere soziale und ökonomische Entwicklung bringen. Sie muß die Kluft überbrücken, die seit dem Beginn der Mechanisierung unser Denken von unserem Fühlen getrennt hat.

Meine ursprüngliche Absicht war es, eine Übersicht über die Auswirkungen der Mechanisierung zu geben und mich dabei auf Spezialforschungen in den verschiedenen Gebieten zu stützen, die ich behandeln wollte. Bald jedoch bemerkte ich, daß das unmöglich war. Über weite Strecken gab es keinerlei Vorarbeiten. Es war mir zum Beispiel nicht möglich, eine einzige Darstellung so revolutionärer Vorgänge wie der Entwicklung der Bandproduktion oder der Einführung mechanischen Komforts und seiner Geräte in unsere intime Umgebung zu finden. Ich mußte also auf die Quellen zurückgehen, da ich nicht hoffen konnte, die Auswirkungen der Mechanisierung zu verstehen, ohne zumindest in Umrissen ihre Entwicklung zu kennen.

Der Prozeß, der zur gegenwärtigen Rolle der Mechanisierung geführt hat, kann nirgends besser beobachtet werden als in den Vereinigten Staaten, wo die neuen Produktionsmethoden zuerst angewandt wurden und wo die Mechanisierung in die Lebensform und Denkweise tief eingedrungen ist.

Eine unbegreifliche historische Blindheit hat jedoch verhindert, daß wichtige historische Dokumente, Modelle, Werksarchive, Kataloge und Werbebroschüren usw. aufbewahrt wurden. Die öffentliche Meinung beurteilt Erfindungen und Produkte ausschließlich unter dem Gesichtspunkt ihres kommerziellen Erfolges.

---

* Zur amerikanischen Originalausgabe von 1948.

Diese Einstellung wird damit entschuldigt, daß man sagt: »Wir blicken nicht zurück, sondern nach vorn.«

Damit wird die Zeit, die Vergangenheit ebenso wie die Zukunft, geleugnet. Was zählt, ist allein der gegenwärtige Augenblick. Spätere Epochen werden diese Zerstörungsakte, diesen Mord an der Geschichte, nicht verstehen.

Man kann dem Fabrikanten, der anscheinend wertlose Dokumente vernichtete, keinen Vorwurf machen, ebensowenig wie dem Patentamt der Vereinigten Staaten, das sich 1926 seiner Originalmodelle und Entwürfe entledigte. Den Historikern ist ein Vorwurf zu machen, denen es nicht gelungen ist, ein Gefühl für die Kontinuität der Geschichte zu wecken. Die kostbaren Zeugnisse vergangener Epochen wären nie gesammelt und gepflegt worden, wenn nicht Generationen von Historikern uns auf ihre Bedeutung aufmerksam gemacht hätten.

Die erwähnte Einstellung hatte unmittelbare Konsequenzen für die Forschung, die diesem Buch zugrunde liegt. Eine Arbeit, für die unter normalen Umständen ein Stab von Mitarbeitern nötig gewesen wäre, mußte fast ohne jede Hilfe getan werden. Das führte unvermeidlich zu Lücken, hatte aber den Vorteil, daß die Auswahl des Materials von Anfang an in den Händen eines einzelnen lag. Dieses Buch wird deswegen vielleicht eher auf vorhandene Lücken hinweisen als sie schließen.

Dadurch wird aber, wie ich hoffe, deutlich werden, wie dringend es ist, die *anonyme Geschichte* unserer Epoche zu erforschen und dem Einfluß der Mechanisierung auf unsere Lebensform nachzugehen – ihrer Auswirkung auf unser Wohnen, unsere Ernährung und unsere Möbel. Erforscht werden müssen auch die Beziehungen zwischen den Methoden, die in der Industrie angewandt werden, und den Methoden, deren man sich in anderen Bereichen bedient – in der Kunst und in dem ganzen Bereich der Visualisierung.

Dies ist eine anspruchsvolle Aufgabe, die eine spezielle Ausbildung verlangt. Das historisch Wichtige muß von dem weniger Wichtigen gesondert werden, und das setzt ein Unterscheidungsvermögen, ja eine visionäre Kraft voraus, wie nur sorgfältig vorbereitete Forscher sie besitzen können. Die heutigen Universitäten versagen vor dieser Aufgabe. Es sollten Lehrstühle für anonyme Geschichte geschaffen werden, nicht nur um Tatsachen und Zahlen zusammenzutragen, sondern um zu zeigen, welchen Einfluß auf die Kultur und welche Bedeutung sie für uns haben.

Die erste und am schwersten zu erfüllende Voraussetzung ist natürlich, daß die Menschen im allgemeinen begreifen, in welcher Weise ihre Arbeit und ihre Erfindungen, ob sie sich dessen bewußt sind oder nicht, die Struktur unseres Lebens beständig gestalten und umgestalten. Wenn das historische Bewußtsein einmal erwacht ist, dann wird auch ein Gefühl der Selbstachtung entstehen, ohne welches es keine echte Kultur gibt. Dieses wiedererwachte Bewußtsein wird auch Mittel finden, die Schlüsseldokumente der amerikanischen Geschichte zu bewahren.

Ich habe erwähnt, unter wie primitiven Bedingungen dieses Buch entstanden ist, um seine offensichtliche Lückenhaftigkeit zu entschuldigen. Gleichwohl möchte ich meinen tiefen Dank für die Hilfe aussprechen, die ich von vielen Seiten erhalten habe. Besonders danken möchte ich dem Historiker Herbert C. Kellar, Direktor der McCormick Historical Society, Chicago; den Vertretern der Industrie, wie Mr. C. F. Frantz, Präsident der Apex Electrical Mfg. Co., Cleveland; Mr. A. W. Robertson, Aufsichtsratsvorsitzender der Westinghouse Electric Corporation, Pittsburgh; Mr. William Eitler von der General Electric Mfg. Co. und vielen anderen, die im Buch selbst genannt sind.

Besonders dankbar bin ich Mr. Martin James, der mit nicht nachlassender Sorgfalt die englische Fassung gemeinsam mit mir erarbeitet hat, und Miss Lotte Labus für ihre beständige Hilfe und die Zusammenstellung des Registers, das sich als eine wertvolle Hilfe erweisen wird bei dem Versuch, Tatsachen und Begriffe zueinander in Beziehung zu setzen. Mr. Herbert Bayer und Mrs. Elisabeth Wolff waren mir bei der Gestaltung des Buches behilflich.

Meine Forschungen und das Manuskript wurden – mit Ausnahme des Schlusses, den mein Londoner Freund J. M. Richards korrigiert hat – während meines zweiten Aufenthaltes in den Vereinigten Staaten von Dezember 1941 bis Dezember 1945 abgeschlossen. Nicht zuletzt konnte ich mich dabei auch auf den wertvollen Rat meines verstorbenen engen Freundes L. Moholy-Nagy stützen.

Besondere Anerkennung gilt dem Verlag Oxford University Press und seinen Mitarbeitern für die Herstellung dieses Buches, die sich als schwieriger erwies, als wir vorhergesehen hatten.

Um die Lektüre zu erleichtern, wurde besondere Sorgfalt auf die Auswahl und Anordnung der Abbildungen verwandt, und die Bildlegenden sind so gehalten, daß sie selbständig und parallel zum Text gelesen werden können und ihn in groben Zügen wiedergeben.

Zürich, Doldertal   S. GIEDION
November 1947

TEIL I
ANONYME GESCHICHTE

ANONYME GESCHICHTE

Die Geschichte ist ein Zauberspiegel: Wer in ihn hineinblickt, sieht sein eigenes Bild in Gestalt von Entwicklungen und Geschehnissen. Die Geschichte steht nie still, sie ist ewig in Bewegung, wie die sie beobachtende Generation. Nie ist sie in ihrer Ganzheit zu fassen, sondern enthüllt sich nur in Bruchstücken, entsprechend dem jeweiligen Standpunkt des Beobachters.

Tatsachen können gelegentlich durch ein Datum und einen Namen festgelegt werden, nicht aber ihr komplexer Sinn. Der Sinn der Geschichte zeigt sich im Feststellen von Beziehungen. So kommt es, daß Geschichtsschreibung weniger mit Tatsachen als solchen zu tun hat als mit ihrer Beziehung zueinander: je nach dem Blickpunkt der Zeit wird diese eine andere sein, denn die Beziehungen ändern sich unaufhörlich wie die Konstellationen der Gestirne. Jede wirkliche historische Betrachtung beruht auf Beziehungsstiftung, die sich in der Auswahl äußert, die der Historiker aus der Fülle der Geschehnisse trifft. Diese ist je nach dem Jahrhundert und manchmal je nach dem Jahrzehnt eine andere, so wie Bilder sich in Thematik, Technik und psychischem Gehalt unterscheiden. Einmal werden große Historienbilder gemalt und ein andermal genügen Fragmente von Dingen des Alltags, um den Gefühlsinhalt einer Epoche mitzuteilen.

Der Historiker hat es mit einem vergänglichen Stoff, mit dem Menschen zu tun. Er kann nicht wie der Astronom die Bahnen der Geschehnisse vorausberechnen. Das eine aber hat er mit ihm gemeinsam, daß stets neue Konstellationen und gelegentlich früher unsichtbare Welten auftauchen. Und wie der Astronom muß er stets ein aufmerksamer Beobachter sein.

Er hat die Erfahrung, die wir bruchstückweise von Tag zu Tag erleben, in historische Dimensionen zu versetzen, so daß anstelle punktuellen Erlebens die Kontinuität des Geschehens klar wird. Eine Zeit, die das Gedächtnis für die Dinge, die ihr Leben formen, verloren hat, weiß nicht, wo sie steht, und noch weniger, was sie will. Eine Zivilisation, die das Gedächtnis verloren hat und von Tag zu Tag, von Ereignis zu Ereignis taumelt, ist unverantwortlicher als das Vieh, denn dieses verfügt über die Sicherheit seiner Instinkte.

Betrachten wir Geschichte als eine Einsicht in einen stets sich verändernden Lebensvorgang, so nähert sie sich biologischem Geschehen. Wir werden hier wenig von großen Strömungen sprechen und nur, wenn es nötig ist, die Ereignisse mit den Fundamenten verbinden, aus denen sie gewachsen sind.

Wir fragen in erster Linie nach den Werkzeugen, die das heutige Leben geformt haben, wir wollen wissen, wie es zustande gekommen ist und wie der Wachstumsprozeß vor sich ging.

Es sind äußerlich bescheidene Dinge, um die es hier geht, Dinge, die gewöhnlich nicht ernstgenommen werden, jedenfalls nicht in historischer Beziehung. Aber so wenig wie in der Malerei kommt es in der Geschichte auf die Größe des Gegenstandes an. Auch in einem Kaffeelöffel spiegelt sich die Sonne.

In ihrer Gesamtheit haben die bescheidenen Dinge, von denen hier die Rede sein wird, unsere Lebenshaltung bis in ihre Wurzeln erschüttert. Diese kleinen Dinge des täglichen Lebens akkumulieren sich zu Gewalten, die jeden erfassen, der sich im Umkreis unserer Zivilisation bewegt.

Die langsame Ausformung des täglichen Lebens ist ebenso wichtig wie die geschichtlichen Explosionen, denn ihr Zündstoff hat sich im anonymen Leben aufgespeichert. Werkzeuge und Gegenstände sind Ausdruck grundsätzlicher Einstellungen zur Welt. Diese Einstellungen bestimmen die Richtung, in der gedacht und gehandelt wird. Jedem Problem, jedem Bild, jeder Erfindung liegt eine bestimmte Einstellung zur Welt zugrunde, ohne die sie niemals entstanden wären. Der Handelnde folgt äußeren Antrieben – Gelderwerb, Ruhm, Macht –, dahinter jedoch steht unbewußt die Einstellung seiner Zeit, sich gerade diesem Problem und dieser Form zuzuwenden.

Für den Historiker gibt es keine banalen Dinge. Er darf – wie der exakte Wissenschaftler – nichts als selbstverständlich hinnehmen. Er hat die Objekte nicht mit den Augen des täglichen Benutzers zu sehen, sondern mit denen des Erfinders, so als wären sie gerade erst entstanden. Er benötigt die unverbrauchten Augen der Zeitgenossen, denen sie wunderbar oder erschreckend erscheinen. Gleichzeitig hat er ihre Konstellation in der Zeit und dadurch ihren Sinn zu bestimmen.

Geschichtsschreibung bleibt immer Fragment. Die bekannten Tatsachen sind oft verstreut wie Gestirne am Firmament. Es darf nicht der Eindruck erweckt werden, sie seien ein zusammenhängendes Gebilde in der historischen Nacht. Darum stellen wir sie bewußt als Fragmente dar. Bilder und Worte sind nur Hilfsmittel; der entscheidende Schritt vollzieht sich im Leser. In ihm werden die Bedeutungsfragmente, die hier ausgebreitet werden, in der Neuartigkeit und Vielfalt ihrer Beziehungen lebendig.

Ehe wir an diese Arbeit gingen, versuchten wir im Winter 1941 an der Yale University in groben Umrissen anzudeuten, wieso wir zur anonymen Geschichte kamen. Wir konnten damals nicht voraussehen, wie weit die Untersuchung uns führen würde. Gerade darum seien einige Stellen von dem damals Gesagten hier angeführt:

Eine Untersuchung über das Entstehen unserer modernen Lebensweise kann nur unvollständig sein. Es besteht kein Mangel an Werken, die in großen Linien die ökonomischen, politischen oder soziologischen Grundlinien unserer Zeit behandeln. Auch Spezialuntersuchungen über einzelne Gebiete sind vorhanden. Aber es fehlen die Brücken zwischen ihnen.

Wenn wir näheren Einblick in die Formung unserer Lebenshaltung, unseres Komforts und unserer Einstellungen gewinnen wollen, so stoßen wir überall auf Lücken und unbeantwortete Fragen.

Wir wissen außerdem, daß isolierte Studien die komplizierte Struktur des neunzehnten Jahrhunderts nicht erfassen können. Mehr als um die Geschichte einer Industrie, einer Erfindung oder einer Organisation geht es uns um die Beobachtung dessen, was gleichzeitig auf verschiedenen Gebieten geschah. Es zeigt sich dabei, daß unbewußt, ohne Planung, Phänomene von verblüffender Ähnlichkeit auftauchen, die nur nebeneinander gestellt werden müssen, um die Tendenzen und manchmal den Sinn einer Periode zum Bewußtsein zu bringen.

Wie Eisenfeilspäne, diese kleinen und bedeutungslosen Teilchen, durch einen Magneten Form und Gestalt erhalten und vorhandene Kraftlinien enthüllen, so können auch die unscheinbaren Einzelheiten anonymer Geschichte die Grundtendenzen einer Periode sichtbar machen.

Unsere Aufgabe ist einfach zu umschreiben: Wir haben zu untersuchen, wie das heutige Leben in seiner Mischung von chaotischen und konstituierenden Elementen zustande gekommen ist. Die Schwierigkeit besteht im Auffinden und Aussondern der konstituierenden Elemente, die den Stand der Entwicklung anzeigen. Ist dies geschehen, so tut der Stoff das übrige.

Die anonyme Geschichte ist unmittelbar mit den allgemeinen Leitideen einer Epoche verbunden, doch gleichzeitig muß sie zu den besonderen Formen zurückverfolgt werden, die sie hervorbringen.

Anonyme Geschichte ist vielschichtig, verschiedenste Gebiete fließen ineinander, und es ist schwer, sie zu trennen. Das Ideal anonymer Geschichtsdarstellung wäre, die verschiedenen Facetten simultan nebeneinander zu zeigen und gleichzeitig ihren Durchdringungsprozeß zu verfolgen. Der Natur gelingt dies, wenn sie in den vielen Facetten eines Insektenauges die Bilder der Außenwelt zu einem einheitlichen Bild verschmilzt. Die Kraft des Einzelnen reicht dafür nicht aus. Wir müssen zufrieden sein, wenn wir dieses Ziel nur fragmentarisch erreichen.

ÜBERSICHT

In *Raum, Zeit, Architektur* haben wir zu zeigen versucht, wie unsere Zeit auf einem Gebiet, in der Architektur, zum Bewußtsein ihrer selbst gelangt ist.

Nun erweitern wir das Gebiet, indem wir das Zustandekommen der Mechanisierung beobachten, die einen Einfluß auf unsere Lebensform, unsere Einstellung und unsere Instinkte hat, dem wir uns nicht entziehen können.

Unsere Fragestellung geht vom Menschen aus. Der Einfluß der Mechanisierung kann nicht einfach konstatiert werden. Voraussetzung ist, daß wir ihre Geräte verstehen, auch wenn unser Interesse hier kein technisches ist. Es genügt nicht, daß ein Arzt die Krankheit erkennt, die einen Körper angegriffen hat. Auch wenn er kein Bakteriologe ist, muß er doch über das Wesen der Bakterien Bescheid wissen. Er muß seine Untersuchung in den Bereich gewöhnlich unsichtbarer Dinge führen. Er muß auch darüber orientiert sein, *wann* der Organismus angesteckt wird und wie etwa die Tuberkulose sich entwickelt. Auch der Historiker kommt nicht ohne Mikroskop aus und er kann es sich nicht ersparen, sein Thema am Ursprung aufzusuchen. Er hat zu zeigen, wann eine Idee zum ersten Mal auftaucht; wie rasch oder wie langsam sie sich durchsetzt oder wieder verschwindet. Er kann sich aber auch nicht auf die Mechanisierung allein beschränken, so wenig wie der Arzt auf die Bakterien. Er muß auch psychische Einflüsse berücksichtigen, die den Verlauf oft entscheidend bestimmen. In unserem Falle vertritt die Kunst den psychischen Faktor. Sie wird uns als sicherstes Auskunftsmittel dienen, wenn es sich darum handelt, den Sinn gewisser Erscheinungen zu verstehen.

Wir beginnen mit dem Bewegungsbegriff, der aller Mechanisierung zugrunde liegt. Darauf folgt die Hand, die ersetzt werden soll, und schließlich die Mechanisierung als Phänomen.

Mechanisierung des komplizierten Handwerks

Der Beginn der hochentwickelten Mechanisierung ist durch die Eliminierung des komplizierten Handwerks gekennzeichnet. Dieser Übergang vollzieht sich in Amerika in der zweiten Hälfte des neunzehnten Jahrhunderts. Wir werden ihm in den Berufen des Landwirts, des Bäckers, des Metzgers, des Möbeltischlers und der Hausfrau begegnen, aber nur an einem einzigen Beispiel näher betrachten, der meisterhaften Umwandlung des Türschlosses von der handwerklichen zur mechanischen Produktion.

Die Mittel der Mechanisierung

Das Kennzeichen der Vollmechanisierung ist das Fließband (assembly line), durch das ein ganzer Betrieb in einen synchronisierten Organismus verwandelt wird. Von seinem ersten Auftreten im achtzehnten Jahrhundert bis zu seinem späten und entscheidenden Ausbau zwischen den beiden Weltkriegen ist es eine amerikanische Angelegenheit. Was wir darüber mitteilen, ist nur ein grober Versuch. Unseres Wissens gibt es noch keine historische Untersuchung über diesen höchst wichtigen Faktor in der Entwicklung der amerikanischen Produktion. Aus diesem Grunde, vor allem aber weil dabei an menschliche Probleme gerührt wird, sollen das Fließband und die wissenschaftliche Betriebsführung etwas ausführlicher behandelt werden.

Mechanisierung und organische Substanz

Was geschieht, wenn die Mechanisierung auf die organische Substanz trifft? Dabei stoßen wir auf die großen Konstanten der menschlichen Entwicklung: Boden, Wachstum, Brot, Fleisch. Die Fragen, um die es hier geht, sind nur ein kleiner Ausschnitt aus einem weit größeren Komplex: Es handelt sich um das Verhältnis des heutigen Menschen zu den organischen Kräften, die in ihm und auf ihn wirken. Die Katastrophen, die das Leben und die Kultur zu zerstören drohen, sind nur äußere Anzeichen dafür, daß unser Organismus sein Gleichgewicht verloren hat. Ihre Ursachen liegen noch tief in der anonymen Geschichte unserer Epoche vergraben. Unser Kontakt mit den organischen Kräften außer uns und in uns ist gestört. Er befindet sich in einem hilflosen, wirren und chaotischen Zustand. Dieser Kontakt ist mehr und mehr bedroht, weil das Band zu fundamentalen menschlichen Werten sich auflöst. Wenn irgendwo, so sind auf diesem Gebiet Umwälzungen unabweisbar geworden.

Deshalb stellen wir an den Beginn die Frage, was geschieht, wenn die Mechanisierung auf die organische Substanz trifft, und schließen mit einer Untersuchung über die Einstellung unserer Zivilisation zu unserem eigenen Organismus.

MECHANISIERUNG DER LANDWIRTSCHAFT

Nach einer Ruhezeit von mehr als einem Jahrtausend wird die Struktur der bäuerlichen Tätigkeit revolutioniert. Erst literarisch und tastend im achtzehnten Jahrhundert, dann experimentierend in der ersten Hälfte und durchgreifend in der zweiten Hälfte des neunzehnten Jahrhunderts. England steht im achtzehnten und der Mittlere Westen der U.S.A. in der zweiten Hälfte des neunzehnten Jahrhunderts im Mittelpunkt. Dort beginnt vielleicht ein neues Kapitel in der Geschichte der Menschheit mit der veränderten Haltung zum Boden und der Entwurzelung des Bauern.

Von den Instrumenten der Mechanisierung wird nur die Mähmaschine behandelt, die unter den Geräten der mechanisierten Landwirtschaft beim Ersetzen der Hand die wichtigste Rolle spielt.

BROT

Was geschieht, wenn die Mechanisierung auf eine organische Substanz wie das Brot trifft, das wie das Türschloß oder der Bauer zu den Menschheitssymbolen gehört? Wie verändert die Mechanisierung die Struktur des Brotes und den Geschmack des Konsumenten? Wann ist diese Mechanisierung eingetreten? Wie hängen Geschmackssinn und Produktion zusammen?

Wie weit kann die Mechanisierung gehen, wenn sie auf einen so komplizierten Organismus wie das Tier trifft? Und wie vollzieht sich die Eliminierung eines komplizierten Handwerks, wie es das des Metzgers ist?

Noch unübersehbar ist der Eingriff der Mechanisierung in den Zeugungsprozeß bei Pflanze und Tier.

Mechanisierung und menschliche Umgebung

Was geschieht mit der menschlichen Umgebung, wenn die Mechanisierung eingreift? Hier verwirren sich leicht die Fäden, denn man muß zwischen Phänomenen unterscheiden, die sich nur schwer trennen lassen.

Es gibt da einige gefährliche Tendenzen, die sich unabhängig von der Mechanisierung und vor ihr angekündigt haben, für deren Aufkommen jedoch der Mechanisierung die alleinige Schuld zugeschoben wird. Zweifellos hat die Mechanisierung im neunzehnten Jahrhundert diese Tendenzen gefördert, aber sie waren bereits unabhängig von ihr im Anzug und zeigten sich unübersehbar, bevor der Einfluß der Mechanisierung spürbar wurde.

Veränderungen im Begriff des Komforts: Mittelalterlicher Komfort

Um ein sicheres Sprungbrett zu haben, greifen wir auf das späte Mittelalter zurück. Dort liegen die Wurzeln unserer Existenz und unserer kontinuierlichen Entwicklung. Da typologische Untersuchungen auf diesem Gebiet leider fehlen, wird das Mittelalter mit einbezogen und unter diesem Gesichtspunkt behandelt. Uns interessieren hier in erster Linie die Typen des Komforts in verschiedenen Zeiten. Was verstand das Mittelalter unter Komfort? Wie unterscheidet er sich von dem unserer Zeit? Wo liegen die Zwischenglieder?

Um hier auf kürzestem Wege zu Resultaten zu kommen, verfolgen wir die Beziehungen des Menschen zum Raum. Wie formt der Mensch seine intime Umgebung im fünfzehnten, achtzehnten, neunzehnten und zwanzigsten Jahrhundert? Mit anderen Worten, wie verändert sich das Verhältnis zum Raum?

Parallel dazu stellt sich die Frage nach der *menschlichen Körperhaltung* in den verschiedenen Zeiten und nach ihrer Projektion in der Formung des Sitzmöbels.

Komfort im achtzehnten Jahrhundert

Der moderne Sitzkomfort wird im Rokoko geschaffen. Dessen große Beobachtungsgabe, wie ein Möbel organisch so zu formen ist, daß es einer entspannten

Körperhaltung entspricht, ist ein Gegenstück zu der Erforschung der Pflanzen- und Tierwelt in dieser Epoche.

Das England des späten achtzehnten Jahrhunderts ist in erster Linie auf die technische Virtuosität des Möbeltischlers eingestellt und gibt innerhalb des am höchsten entwickelten Handwerks einen Vorgeschmack auf die mechanisierten Möbel des neunzehnten Jahrhunderts.

Das neunzehnte Jahrhundert

Der Beginn des herrschenden Geschmacks

Mehr als für das Rokoko, in dem Ludwig XV. keine sehr aktive Rolle spielt, ist für das Empire ein bestimmter Menschentypus entscheidend: Napoleon. Hier tauchen Erscheinungen auf, wie etwa die Entwertung der Symbole, für die die Mechanisierung allein verantwortlich gemacht wird.

Mechanisierung und Ausschmückung

Der Mißbrauch der Mechanisierung durch Imitation des Handwerks und die Verwendung von Ersatzstoffen kommt in England zwischen 1820 und 1850 auf. Die Störung der Instinkte wird von englischen Reformern um 1850 deutlich erkannt. Man versucht, auf die Industrie durch Kritik und Ermutigung unmittelbar einzuwirken.

Das Reich des Tapezierers

Unter der Hand des Tapezierers entstehen jene Polstermöbel der zweiten Jahrhunderthälfte, die jede Struktur verloren zu haben scheinen. Diese transitorischen Gebilde erwiesen sich als von großer Langlebigkeit. Um nicht bei vagen Urteilen stehenzubleiben, schien es uns nötig, diese Möbel einmal typologisch zu betrachten.

Was für Typen gibt es? Was verbindet sie mit der Mechanisierung? Wie hängt ihre Gestalt mit der Einführung der Sprungfedern zusammen? Wann kommen diese erstmals in Gebrauch?

Den Schlüssel für die psychische Unruhe, die in den Gegenständen der mechanisierten Ausschmückung, den Polstermöbeln und Interieurs steckt, haben uns die Surrealisten geliefert.

Die konstituierenden Möbel des neunzehnten Jahrhunderts

Dem herrschenden Geschmack gegenüber steht der unerforschte Komplex der »Patentmöbel«. Die Mechanisierung wird hier eingesetzt, um neue Gebiete zu eröffnen. Völlig unbeobachtet offenbart sich hier der schöpferische Instinkt des neunzehnten Jahrhunderts, um Bedürfnissen zu entsprechen, auf die es vorher keine Antwort gab. Der Ingenieur schafft die Möbel, die der Körperhaltung des neunzehnten Jahrhunderts entsprechen. Sie beruhen auf beweglicher Anpassung an den Körper. Zwischen 1850 und dem Ausgang der achtziger Jahre entstand in Amerika eine Fähigkeit, auf diesem Gebiet Bewegungsprobleme zu lösen, wie Europa sie nie gekannt hat und die in Amerika – durch den Einfluß des herrschenden Geschmacks seit 1893 – wieder verlorenging.

Die konstituierenden Möbel des zwanzigsten Jahrhunderts

Die Initiative geht nun auf Europa über. Was in dieser Zeit an neuen Möbelformen entsteht, ist eng verbunden mit den Raumauffassungen der neuen Architektur. Es handelt sich um *Typen*, nicht um Einzelstücke. Sie werden fast ausnahmslos von Architekten geschaffen, die gleichzeitig eine führende Rolle in der zeitgenössischen Architektur spielen.

Mechanisierung des Haushalts

Die Mechanisierung der Arbeit der Hausfrau folgt dem gleichen Weg wie die Mechanisierung auf anderen Gebieten des komplizierten Handwerks. Wie dort so geschieht auch die Verminderung der Hausarbeit auf zwei Wegen: einmal durch die Mechanisierung der Arbeitsvorgänge und dann durch ihre Organisation. Beide sind in Amerika zu Beginn der sechziger Jahre und – auf ihrem Höhepunkt – in der Zeit zwischen den beiden Weltkriegen am besten zu beobachten.

Fragen, die beantwortet werden müssen, sind unter anderem folgende:

Ist die Rationalisierung des Haushaltes mit der Stellung der Frau in Amerika verbunden? Wo sind ihre Ursprünge zu suchen, im Quäkertum oder im Puritanismus?

In Europa bildet die neue Architekturbewegung, um 1927, den Ausgangspunkt für die Organisierung der Küche. Sie entsteht aus der Neugestaltung des ganzen Haushaltes.

An die Spitze der verschiedenen Mechanismen stellen wir die Mechanisierung der Feuerstelle. Dabei läßt sich eine immer stärkere Konzentrierung und Automatisierung der Wärmequelle – vom Kohleherd zum elektrischen Kochen – beobachten. Dieser Prozeß scheint noch nicht abgeschlossen zu sein.

Die verschiedenen Hilfsmittel des mechanischen Komforts im Haushalt, sowie ihr erstes Auftauchen und ihre allgemeine Durchsetzung in der Praxis werden einzeln verfolgt. Im Mittelpunkt stehen die Apparaturen, die auf eine Mechanisierung des Reinigens abzielen: Waschen, Bügeln, Geschirrspülen, Staubsaugen usw. Auch der Einfluß des Gefühls auf die Gestaltung – der Stromlinienstil – kann hier nicht ganz übergangen werden.

Erst als die mechanischen Apparaturen ausgebildet und eingeführt werden, interessiert sich die amerikanische Industrie für die Integration der Apparaturen in den Arbeitsvorgang. So entstand um die Mitte der dreißiger Jahre die Stromlinienküche, deren Ausstattung nun zum Idol des Hauses wird.

Die Dienstbotenfrage, die um 1860 als unvereinbar mit der Demokratie aufgefaßt wurde, wurde erst in der Zeit der Vollmechanisierung zu einem unmittelbaren Problem – im dienstbotenlosen Haushalt. Die Dienstbotenfrage und Versuche, die immer höher werdenden Kosten der Mechanisierung durch eine rationelle Planung des mechanischen Kerns des Hauses herabzumindern, gehen Hand in Hand.

Mechanisierung des Bades

Die Geschichte der technischen Apparaturen gibt keinen Maßstab dafür, wie das heutige Bad einzuschätzen ist. Mehr Einblick gewinnen wir bereits, wenn wir das unsichere Schwanken registrieren, das durch das neunzehnte Jahrhundert geht, sobald es sich um die Wahl des Badetypus handelt.

Wie es keinen Stil unberührt ließ, hat das neunzehnte Jahrhundert auch keine der historischen Badformen unerprobt gelassen. Aber es ist kaum weiter als bis zur Reform-Propaganda oder zur Entwicklung von Luxusbädern gelangt. Für die breite Bevölkerung wurde, wenn überhaupt, nur jeweils der billigste Typ des Bades ernsthaft in Betracht gezogen.

Welch ein Chaos um 1900 herrschte, das zeigt sich in der Ratlosigkeit der Fachleute, dem Publikum eine zuverlässige Wanne zu empfehlen. Aber auch dann hätten wir noch keinen historischen Maßstab, denn die Frage bleibt offen, ob das Bad nur der Reinigung des Körpers dient oder Teil einer Regeneration des menschlichen Organismus ist. Sobald wir weiter zurückgehen, zeigt sich, daß in den früheren Kulturen das Bad Teil einer totalen Regeneration ist. Wenn auch äußerst verkürzt, haben wir doch eine Typologie der westlichen Regenerationstypen aufzustellen. In der Antike, im Islam, in der Spätgotik und im russischen Bad scheint sich ein gemeinsamer ursprünglicher Regenerationstyp zu spiegeln, dessen Spuren ins Innere Asiens führen.

Bei allen diesen Typen handelt es sich nicht um die äußerliche Waschung des Körpers, sondern um seine umfassende Belebung durch verschiedene Mittel, die je nach Kultur andere sind. Unsere Zivilisation glaubt seit dem ausgehenden Mittelalter, ohne einen systematischen Regenerationstyp auskommen zu können, der dem Organismus hilft, die Schäden zu heilen, die jede Zivilisation mit sich bringt.

Die Mechanisierung hat nicht mehr getan, als dem primitivsten Badetyp eine glänzende Fassade zu geben.

Typologische Betrachtungsweise

Die heutige Problemstellung ist auf Zusammenhänge eingestellt und führt zu einer typologischen Betrachtungsweise. Die Stilgeschichte behandelt ein Thema in horizontalen, die Typologie in vertikalen Schnitten. Beide sind notwendig, damit die Dinge im historischen Raum gesehen werden können.

Unter dem Einfluß einer spezialistischen Betrachtungsweise, die sich im Laufe des neunzehnten Jahrhunderts verstärkt hat, trat die Stilgeschichte in den Vordergrund. Typologische Darstellungen sind dagegen selten zu finden, und gewöhnlich nur dort, wo sie unumgänglich notwendig sind, wie etwa in den Möbelenzyklopädien. Die französischen Darstellungen um 1880, auf denen noch ein Abglanz universaler Betrachtungsweise liegt, sind in dieser Beziehung am ergiebigsten. Auch das große *Oxford English Dictionary* ist gelegentlich ein Helfer in der Not.

Wir sind daran interessiert, die Entwicklung der Phänomene oder, wenn man so will, die Schicksalslinie der Erscheinungen über weite Zeiträume zu verfolgen. Die vertikalen Schnitte ermöglichen es, die organische Veränderung eines Typs zu beobachten.

Wie weit die Geschichte eines Typs zurückverfolgt wird, hängt vom Einzelfall ab, es gibt dafür keine Regeln oder Rezepte. Das Material zeigt den Weg, nicht der Historiker. Einige Entwicklungen verlangen einen weiten, andere nur einen kurzen Rückgriff. Entscheidend sind Überblick und simultanes Sehen. Dies führt gelegentlich von kontinuierlicher Betrachtung ab, doch nur durch die Zusammenschau verschiedener Perioden und verschiedener Gebiete in einer Periode gewinnen wir Einblick in das innere Wachstum.

Eine weitere Freiheit muß der Historiker beanspruchen, wenn es ihm darum zu tun ist, die Geschichte in Gestalt von Konstellationen zu betrachten. Er nimmt sich das Recht, einzelne Erscheinungen, bestimmte bedeutungsvolle Fragmente genau zu beobachten und andere wieder unbeachtet zu lassen. Dies führt zu Proportionsverschiebungen, wie in der heutigen Malerei, wo eine Hand über das ganze Bild wachsen kann, während der Körper Fragment oder Andeutung bleibt. Diese Proportionsverschiebungen sind für die Darstellung von Bedeutungszusammenhängen in der Geschichte ebenso unvermeidlich.

Daten

Die Objektivität des Historikers äußert sich in einer dem Stoff gemäßen Behandlung, sowie in zeitlichen Festlegungen.

Daten sind der Maßstab des Historikers, mit ihnen mißt er den geschichtlichen Raum aus. An sich und mit einer einzelnen Tatsache verknüpft, sind Jahreszahlen so sinnlos wie die Nummern eines Trambillets. In Zusammenhängen erfaßt, d. h. verbunden mit Geschehnissen in horizontaler und vertikaler Richtung, grenzen sie die historische Konstellation ein. In diesem Falle werden Jahreszahlen bedeutungsvoll. Die Daten, wann und wo bestimmte Erscheinungen auf verschiedenen Gebieten auftauchen oder sich durchsetzen, liefern Bedeutungszusammenhänge, die objektiven Einblick in die Entwicklung geben.

TEIL II
QUELLEN DER MECHANISIERUNG

BEWEGUNG

Die ewig in Umgestaltung begriffene Realität entzieht sich dem direkten Zugriff. Sie ist zu gewaltig und kann nicht unmittelbar erfaßt werden. Wie bei einem Obelisk, der aufgerichtet werden soll, braucht man dafür geeignete Werkzeuge.

In der Technik wie in Wissenschaft und Kunst müssen wir uns die Werkzeuge schaffen, die es ermöglichen, die Realität zu meistern. Diese Werkzeuge selbst sind verschieden, je nachdem ob sie für Zwecke der Mechanisierung, des Denkens oder des Gefühlsausdrucks geformt werden. Und doch gibt es innere, wenn man will methodologische Zusammenhänge zwischen ihnen. Auf diese Zusammenhänge soll hier immer wieder hingewiesen werden.

Bewegung: Die Einstellung der Antike und des Mittelalters

Unsere Denk- und Anschauungsweise ist bis in ihre äußersten Verzweigungen von dem Begriff der Bewegung geprägt. Weite Gebiete unseres Weltbildes verdanken wir den Griechen. Sie haben ein wunderbares Fundament für unsere Mathematik und Geometrie, für unsere Denk- und Ausdrucksform hinterlassen, und doch haben wir uns inzwischen weit von ihnen entfernt. In manchen Punkten sind wir weitergekommen, in den meisten haben wir verloren. Eines der Gebiete, auf denen wir Fortschritte gemacht haben, ist die Erfassung der Bewegung. Das Bedürfnis, die Bewegung, das heißt das sich stets Ändernde, in den verschiedensten Formen zu erforschen, hat unser wissenschaftliches Denken und schließlich unseren Gefühlsausdruck grundlegend bestimmt.

Es liegt im Weltbild der Griechen begründet – und nicht etwa in ihrem Unvermögen –, daß sie den Begriff der Bewegung nicht fassen und in exakt logische Form bringen konnten. Sie lebten in einer Welt ewiger Ideen, in einer Welt von Konstanten, und hier zeigten sie, daß sie im Denken wie im Gefühl zu entsprechenden Formulierungen kommen konnten. Wir haben ihre Geometrie und ihre Logik übernommen. Aristoteles und mit ihm die Antike betrachten die Welt als etwas in sich Ruhendes, als etwas, das von Uranfang an bestanden hat. Dem trat die religiöse Vorstellung entgegen, daß die Welt durch einen Willensakt geschaffen und in Bewegung gesetzt wurde. Erst spät ist aus dieser Grundvorstellung der in Bewegung befindlichen Welt die wissenschaftliche Konsequenz gezogen worden. Dies geschieht in der Zeit der Hochgotik. Die Scholastiker haben die Autorität des Aristoteles wieder eingesetzt. Diese wurde im siebzehnten Jahrhundert bekanntlich so übermächtig, daß sie das auf Bewegung beruhende neue Weltbild (Galileo Galilei) fast erdrückte. Die Scholastiker des vierzehnten Jahrhunderts standen jedoch in einer wichtigen Frage im Gegensatz zur aristotelischen Auffassung. Es ist darauf hingewiesen worden, daß die Frage des Thomas von Aquin, wie Gott die

Welt aus dem Nichts geschaffen hat und welche Prinzipien und Ursachen dieser Tätigkeit Gottes zugrunde liegen, in die Frage nach der Natur der Veränderung und im weiteren nach der Natur der Bewegung ausmündet.

Wie der griechische Tempel der Ausdruck von Kräften ist, die miteinander im Gleichgewicht stehen und wo weder Vertikale noch Horizontale dominieren, so ist für die Antike die Erde von Anfang an der ruhende Mittelpunkt des Kosmos.

Die aufschießenden Vertikalen der gotischen Kirchen drücken kein Gleichgewicht der Kräfte aus, sie sind eher ein Symbol des ruhelos Veränderlichen, der Bewegung. Niemand wird sich der Stille und Konzentration entziehen können, die die Räume der Kathedralen ausströmen, gleichzeitig aber ist alles, im Inneren wie im Äußeren dieser Architektur, in einen ewigen Bewegungsstrom aufgelöst.

Parallel dazu tauchen in der Scholastik immer stärker Überlegungen auf, wie das Wesen der Bewegung zu deuten sei. Pierre Duhem hat darauf hingewiesen, daß seit dem vierzehnten Jahrhundert in den Kreisen Pariser Philosophen immer wieder die Hypothese der täglichen Rotation der Erde diskutiert wurde. Nicolas Oresme, Bischof von Lisieux (1320?-82), hat viel zur Unterstützung dieser Ansicht beigetragen und zwar, wie Pierre Duhem, der große französische Physiker, Mathematiker und Historiker meint, mit größerer Präzision, als dies später durch Kopernikus geschah[1].

Oresme tat dies in dem ausführlichen Kommentar zur ersten französischen Übersetzung von Aristoteles' Buch über den Himmel, *Du Ciel et du Monde*[2], die er im Auftrag Karls V. besorgte. Das betreffende Kapitel lautet: »Einige gute Argumente (...), um zu zeigen, daß die Erde eine tägliche Umdrehung macht und der Himmel nicht«. Darin erläutert er, daß die Himmelserscheinungen auch durch die Bewegungen der Erde um die Sonne erklärt werden könnten, daß die Erde sich drehe und nicht der Himmel um die Erde. Zwar wurde bald Pierre Duhems Meinung, daß Oresme der Inspirator des Kopernikus gewesen sei, mit der Begründung abgelehnt, daß Kopernikus von den logischen und geometrischen Widersprüchen des ptolemäischen Systems ausgehe[3], die Leistung Oresmes wird dadurch aber nicht geschmälert.

Der normannische Bischof Nicolas Oresme kommt aus dem glänzenden Pariser Scholastenkreis, als letzter Großer nach Jean Buridan (1300-ca. 1358) und Albert von Sachsen (1316-1390). Immer wieder taucht hinter den Überlegungen dieses Kreises die übermächtige Gestalt des Aristoteles auf. Es gab keinen anderen Wegweiser. An ihm erprobten sie ihr Denken, an ihm entzündete es sich. Es gab nichts anderes, woran man sich halten konnte. Man steht im wissenschaftlichen Dunkel und ist gewohnt von Begriffen auszugehen und nicht von Tatsachen. Vorsichtig

---

1 Pierre Duhem, 1861-1916, hat diese Seite des Nicolas Oresme ins Licht gestellt: »Un précurseur français de Copernic, Nicole Oresme (1377)«, in der *Révue générale des sciences pures et appliquées*, Paris 1909, Bd. 20, S. 866-873.
2 Oresmes französische Übersetzung von Aristoteles, *Le livre du ciel et du monde*, wurde veröffentlicht in *Medieval Studies*, Bd. III-V (New York, 1941), mit einem Kommentar von Albert D. Menut und A. J. Denomy.
3 Pierre Duhem hat im dritten Band seiner *Etudes sur Léonard de Vinci, Les précurseurs Parisiens de Galilei*, Paris, 1913, in monumentaler Weise gezeigt, wie die Prinzipien der Galileischen Mechanik in diesem Kreis bereits ausgesprochen worden sind.

tasten die Gelehrten sich ins Unbekannte vor. Bald erwägen sie entgegen der antiken Ansicht, daß die Erde sich drehe, bald lehnen sie diesen Gedanken ab. Man muß sehr vorsichtig sein, um nicht die Begriffe des mathematischen Weltbilds, wie es seit Descartes immer mehr in unser Bewußtsein gedrungen ist, in die theologischen und aristotelischen Anschauungen hineinzudeuten. In diesen tastenden Versuchen denken sie kühn wie die gotischen Konstrukteure und überlegen, wie der phantastische Bewegungsbegriff des Aristoteles durch einen neuen ersetzt werden könnte, wie er heute noch vorherrscht.

Die erste Darstellung der Bewegung im 14. Jahrhundert

In diesem Zusammenhang beschäftigt uns allein die *erste graphische Darstellung der Bewegung*. In dem Traktat[4], in dem sie Nicolas Oresme gelingt, geht er nach aristotelischer Weise zuerst ganz allgemein von der Untersuchung der Qualitäten und Quantitäten eines Objektes aus. Er will Einsicht in die sich verändernde Intensität einer Qualität gewinnen. Dies erreicht er durch eine graphische Methode. Die Ausdehnung (extensio) eines Subjekts oder Trägers stellt er in einer Grundlinie dar, die der Descartesschen x-Achse des siebzehnten Jahrhunderts entspricht; und die Intensität des Trägers wird durch gerade Linien bezeichnet, die an mehreren Punkten senkrecht zu der Basislinie verlaufen (y-Achse). Das Verhältnis zwischen den Intensitäten ergibt sich aus dem Verhältnis zwischen diesen vertikalen Linien. Aus den Endpunkten der Vertikalen ergibt sich eine geometrische Figur, die der sich verändernden Qualität des Trägers in verschiedenen Punkten entspricht. An den Rand des Traktates sind Figuren gezeichnet: in einer von ihnen (Abb. 1) wachsen die Intensitäten wie Orgelpfeifen nebeneinander auf[5]. Die so beschriebene Kurve zeigt die Veränderungen der Qualität.

Diese Grundmethode überträgt Oresme nun auf seine Untersuchung des Wesens der Bewegung und gelangt so zur Einsicht in die Natur der Geschwindigkeit (velocitas) und zur Umschreibung des Begriffs der Beschleunigung. Durch graphische Methoden werden Bewegungen, Zeiten, Geschwindigkeiten und Beschleunigungen dargestellt[6].

Was war neu an dieser Methode? Nicolas Oresme hat als erster entdeckt, daß Bewegung nur wieder durch Bewegung dargestellt werden kann, das Veränderliche nur durch das Veränderliche. Die Visualisierung geschieht durch wiederholte Darstellung des gleichen Gegenstandes zu verschiedenen Zeiten. Denselben Gegenstand auf demselben Bild mehrmals wiederzugeben, war in der mittelalterli-

---

4 *Tractatus de uniformitate et difformitate intensium.* MS. Bibliothèque Nationale, Paris. Erst gegen Ende des fünfzehnten Jahrhunderts mehrfach gedruckt.

5 Siehe H. Wieleitner, »Über den Funktionsbegriff und die graphische Darstellung bei Oresme«, *Zeitschrift für die Geschichte der mathematischen Wissenschaften*, Dritte Folge, Bd. 14, Leipzig, 1913.

6 Eine knappe Zusammenstellung findet sich in der Doktorarbeit von Ernst Borchert »Die Lehre von der Bewegung bei Nikolaus Oresme«, *Beiträge zur Geschichte und Philosophie des Mittelalters*, Band XXXI, 3, Münster, 1934, S. 93.

difformis vniformiter variatio reddit vnifor
miter difformiter difforme]. ℂ Latm: vni
form c̄ binoꝰ c̄ illa q̄ vnī excellꝰ graduū
c̄q̄ diſtātuz buat eade ꝓpoꝛtoꝛ a.ia iii a ꝓ
portōe eq̄litatis. Na ii vī excellīꝰ graduū z
vīter ſe eq̄ diſtātuū buarēt ꝓpoꝛtoꝛ eq̄ita
tis uc cc̄ .antm: vniformir dithoſis ut pꝫ ex
diffiinuonibus membrorum ſecūde ouilioꝑs
Rurſus ii nulla proporcio ſeruat̄ tuic nulla
poſſet attendi vnitormitas in latitudine tali z
ſic non eiſet vniformiter dith o.m c̄ difformis
ℂ Lat.m: difformiter difformiter difformis
c̄ illa q̄ inter excellꝰ graduū eque diſtantiūz
non ſeruat candem propornonem ſicuﬗm ſe
cunda parte patebit. Notandum tamen eſt
ꝙ ſicut in ſupradictis diffinitoibꝰ ubi loqtur
de exceſſu graduum inter ſe eque diſtantium

difforiter diffotis

otꝫ or, diffotis

1. NICOLAS ORESME: Die erste graphische Darstellung der Bewegung. Um 1350. *Zum ersten Mal wurden die sich ändernden Eigenschaften eines Körpers von Nicolas Oresme, Bischof von Lisieux, graphisch interpretiert. Vertikale Linien über einer Horizontalen, der späteren x-Achse, zeigen die Veränderungen an.* (Tractatus de Latitudine Formarum, *Zweite Ausgabe, Padua,* 1486)

chen Kunst nichts Ungewöhnliches. Vielleicht darf man dabei auf spätgotische Bilder hinweisen, auf denen dieselbe Gestalt immer wieder auf derselben Bildfläche erscheint (z. B. Christi Kreuztragung in verschiedenen Stationen). Als Descartes 1637 in seiner *Geometria* die Gesetze der Kegelschnitte durch ein Koordinatensystem festlegte, waren die aristotelisch-scholastischen Begriffe verschwunden und die Variabeln nun nicht nur in der graphischen Darstellung, sondern auch in der Mathematik bestimmend geworden. Descartes verbindet in der Form der Variabeln Mathematik und Geometrie miteinander.

Sichtbarmachung organischer Bewegung in graphischer Form, um 1860

Im neunzehnten Jahrhundert erfolgt der große Sprung, und es wird der Natur, im wörtlichen Sinn, der Puls gefühlt. Der französische Physiologe Étienne Jules Marey, 1830-1904, erfand am Beginn seiner Laufbahn, 1860, einen Apparat – den Spygmographen –, der den Pulsschlag des Menschen in Form und Frequenz auf einem rauchgeschwärzten Zylinder einzeichnete. Damals waren Gelehrte wie Helmholtz und Wundt eifrig bemüht, Geräte zur Messung der Bewegung in Muskeln und Nerven zu entwickeln (Abb. 2). Marey gehört zu jenen Gelehrtenfiguren, die heute Kronzeugen für die konstitutive Seite des neunzehnten Jahrhunderts sind.

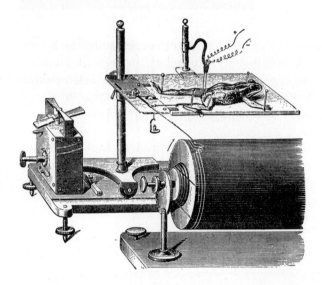

2. E. J. MAREY: Der Myograph, Vorrichtung zum Aufzeichnen der Bewegungen eines Muskels. Vor 1868. *Es werden die Reaktionen eines Froschbeins festgehalten, das wiederholten elektrischen Reizen ausgesetzt wird.* (*Marey,* Du mouvement dans les fonctions de la vie, *Paris,* 1868)

Bewegung, Bewegung in allen Formen – im Blutkreislauf, im gereizten Muskel, in der Gangart des Pferdes, bei Wassertieren und Molchen, beim Flug der Insekten und Vögel – bildete das Grundmotiv von Mareys Forschungen. Vom Beginn seiner Laufbahn an, als er seinen Aufzeichnungsapparat für den Pulsschlag des Menschen konstruierte, bis zu seinen letzten Studien um 1900, als er das Verhalten bewegter Luftströme untersuchte und auf der photographischen Platte festhielt, von seinem ersten Buch über den Blutkreislauf »auf der Grundlage einer graphischen Untersuchung des Blutes« bis zu seinem letzten, populär gehaltenen Buch *Le Mouvement* (1894), dessen englische Übersetzung im folgenden Jahr erscheint, immer wieder kreisen seine Gedanken um einen fundamentalen Begriff unseres Zeitalters: die Bewegung.

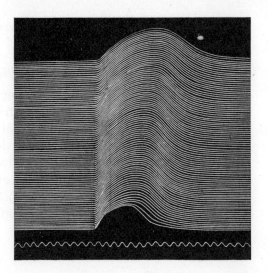

3. E. J. MAREY: Aufzeichnung einer Muskelbewegung. Vor 1868. *Reaktionen eines Froschbeins auf Reizung durch elektrischen Strom.* (*Marey,* Du mouvement dans les fonctions de la vie, *Paris,* 1868)

Marey geht ganz bewußt auf Descartes zurück[7], nur stellt er, anstelle von Kegelschnitten, organische Bewegung in graphischer Form dar. In seinem Buch *La Méthode graphique dans les sciences expérimentales* (1885), das die Meisterschaft und universale Haltung Mareys wohl am glänzendsten zeigt, entwickelte er mit einer Ehrfurcht, wie sie nur Großen eigen ist, die Linie seiner geistigen Vorfahren[8].

Im achtzehnten Jahrhundert tauchen Ansätze auf, die graphische Darstellung auf neue Gebiete auszudehnen. Es handelt sich dabei darum, Bewegungen im historischen Zeitmaß sinnfällig zu machen, wie etwa 1789 Playfairs Darstellung der

---

7 E. J. Marey, *La Méthode graphique dans les sciences expérimentales*, Paris, 1885, S. IV.
8 Ebd., S. 11-24.

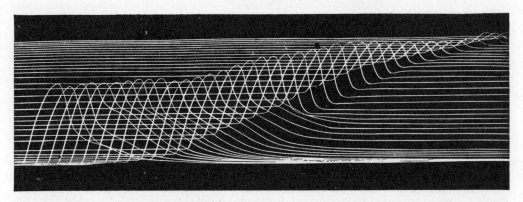

4. E. J. MAREY: Aufzeichnung der Reaktionen eines Froschbeins. Vor 1868. *Erstarren des Muskels und allmählicher Funktionsverlust durch steigende Temperatur.* (*Marey,* Du mouvement dans les fonctions de la vie, *Paris,* 1868)

wechselnden Staatsschulden zwischen 1688 und 1786, so daß aus ihren Kurven die Einflüsse von Kriegen unmittelbar abgelesen werden konnten. In ähnlicher Weise wurden später die Phasen der Choleraepidemie von 1832 aufgezeichnet. Die ersten Anregungen, Höhenkurven auf Landkarten einzuzeichnen, gehen nach Marey bis ins sechzehnte Jahrhundert zurück, doch wurden sie erst in der nachnapoleonischen Zeit wirklich eingeführt. Marey weist auch auf einen Versuch des achtzehnten Jahrhunderts hin, die verschiedenen Phasen der Bewegungen eines Pferdes darzustellen. (Abb. 11).

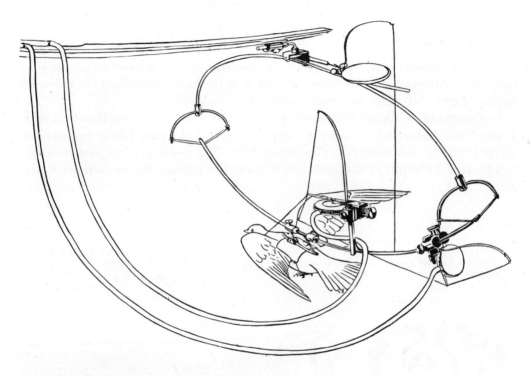

5. E. J. MAREY: Aufzeichnung ausgreifender Bewegung – Flug. 1868. *Um die weiträumigeren Bewegungen eines Vogels im Flug festhalten zu können, spannte Marey eine Taube an den Arm eines Karussels. Die Flügel, die mit pneumatischen Trommeln verbunden sind, übertragen ihren Bewegungsverlauf auf einen Zylinder.*

James Watt, der Erfinder der Dampfmaschine, ist wohl als der direkte Vorgänger von Marey anzusprechen, der versichert, daß Watt »den ersten Aufzeichnungsapparat in die Mechanik einführte und im ersten Anlauf eines der schwierigsten Probleme löste: die (im Inneren des Kessels) vom Dampf entwickelte Leistung graphisch zu messen«[9]. Diese Indikatoren, die die Bewegung des Dampfes

9 Ebd., S. 114.

in Diagrammform aufzeichnen, schlagen die Brücke zu Mareys Versuchen. Marey verbindet die Begabung des experimentellen Physiologen mit der des Ingenieurs. Unerschöpflich erfindet er in der ersten Hälfte seiner Forschertätigkeit immer neue »Aufzeichnungsapparate« (Abb. 2), deren Nadeln ihm den Verlauf einer Bewegung auf dem rauchgeschwärzten Zylinder einritzen[10]. Die Formen, die dabei enhüllt werden, besitzen manchmal eine eigenartige Faszination (Abb. 3, 4). Diese Kurven, so meint der Gelehrte, könnte man »die Sprache der Phänomene selbst nennen«[11]. Seit Beginn der achtziger Jahre begann Marey sich der Photographie zu bedienen.

Sichtbarmachung der Bewegung im Raum, um 1880

Schließlich berührt Marey das Gebiet, das uns hier vor allem beschäftigt: die Wiedergabe der Gestalt der Bewegung, wie sie sich im Raum vollzieht. Immer wieder betont Marey, daß diese Bewegung »dem Auge entgeht«.

Erst versucht er, dieses Problem auf graphische Weise zu lösen. Dies geschieht gegen Ende der sechziger Jahre. Er spannt zum Beispiel eine Taube in einen Apparat (Abb. 5) und überträgt die Kurve ihres Flügelschlages auf den rauchgeschwärzten Zylinder. Punkt für Punkt bestimmt er daraus den Verlauf der Bewegung.

---

10 Als Marey den Vogelflug untersuchte, konstruierte er ein Arbeitsmodell eines Eindeckers mit zwei Propellern (1872), der von einem Preßluftmotor angetrieben wurde (heute im Musée de l'Aeronautique, Paris). Im Jahre 1886 erfand er den Tageslichtfilm. Und mit dem ersten Filmapparat (der alle wesentlichen Teile enthielt) nahm er auf den Champs-Elysées die kurze Szene auf, wie ein Mann von einem Fahrrad absteigt.
11 Marey, a.a.O.

6. E. J. MAREY: Bewegungsaufzeichnung durch Photographie. Photographisches Gewehr, das die Phasen eines Vogelfluges festhält. 1885. *In den Lauf ist eine Kamera eingebaut. Die Platten sitzen auf einem drehbaren Zylinder und werden durch Betätigen des Abzugs bewegt. Sechzehn Aufnahmen in der Minute.* (La méthode graphique, *Paris*, 1885)

Zu Beginn der achtziger Jahre verwendet Marey die Kamera zur Wiedergabe der Bewegung. Diese Idee kam ihm zum ersten Mal 1873, als in der Académie des Sciences ein Astronom verschiedene Sonnenphasen auf einer einzigen Platte zeigte. Eine andere Anregung gab ihm, ungefähr zur gleichen Zeit, der »astronomische Revolver« seines Kollegen Janssen, der den Durchgang des Planeten Venus durch die Sonne mittels eines rotierenden Zylinders photographierte. Marey versuchte nun, dieses Verfahren auf irdische Objekte anzuwenden. Statt Sonne und Venus photographiert er fliegende Möwen. Dafür erfand er ein »photographisches Gewehr« (Abb. 6)[12].

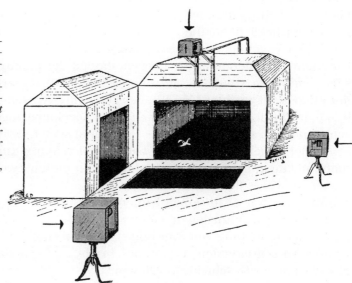

7. E. J. MAREY: Photographische Aufzeichnung eines Möwenfluges auf drei Projektionsflächen. Vor 1890. *In Mareys Laboratorium im Prinzenpark in Paris wird von drei ruhenden Kameras, die senkrecht zur Flugbahn aufgestellt sind, der Flug einer Möwe vor schwarzen Wänden und über einen schwarzen Boden festgehalten.* (Le vol des oiseaux, Paris, 1890)

Die erstaunlichen Momentaufnahmen, die Muybridge in Kalifornien von Tieren und Menschen machte, waren für Marey eine große Ermutigung, in dieser Richtung weiterzuarbeiten, obwohl ihre Methoden, wie wir sehen werden, von Anfang an verschieden waren. Muybridge stellte eine Serie von Kameras nebeneinander auf und fing in jedem Apparat eine isolierte Phase der Bewegung ein. Marey ging von der Betrachtungsweise des Physiologen aus. Er wollte, wie auf dem rauchgeschwärzten Zylinder, die einzelnen Phasen von einem einzigen Standpunkt, d. h. auf einer einzigen Platte, darstellen. So erhielt er einen natürlichen Einblick in die Kontinuität der Bewegung.

Marey lud Muybridge zu einem Besuch nach Paris ein (1881) und machte ihn anläßlich einer Zusammenkunft in seinem Hause mit Europas hervorragendsten

---

12 Auch der erste Filmapparat stammt von Marey. Er zeigte ihn Edison auf der Pariser Weltausstellung, 1889. Wie die meisten großen Gelehrten des neunzehnten Jahrhunderts war Marey an der Kommerzialisierung des Gedankens nicht interessiert. Edison zu Beginn der neunziger Jahre und Lumière, 1895, kamen zu praktischen Lösungen.

Physikern, Astronomen und Physiologen bekannt, die Muybridges unkomplizierte Inangriffnahme des Problems begrüßten.

Die Aufnahmen, die Muybridge von fliegenden Vögeln machte, befriedigten Marey nicht ganz. Marey wollte Einblick in alle drei Dimensionen des Fluges – so wie Descartes geometrische Figuren projiziert hatte: denn der Flug der Insekten und Vögel ist räumlich. Er entwickelt sich frei in drei Dimensionen. Um 1885 ordnete Marey drei Photoapparate so an, daß der Vogel gleichzeitig von oben, von der Seite und von vorne gesehen wurde (Abb. 7). In seinem Laboratorium im Parc des Princes in Paris baute er einen großen Schuppen, vor dessen schwarzen Wänden und Decke eine Möwe über einen schwarzen Boden flog. Diese schlichten Realitäten, die dem menschlichen Auge normalerweise verborgen bleiben, sind von einer Eindrücklichkeit, die keiner weiteren Erklärung bedarf.

Um den Vogelflug noch besser studieren zu können, zeichnete Marey später Diagramme, in denen er die Phasen, die auf der photographischen Platte überschnitten waren, voneinander trennte (Abb. 8–10). Er verfertigte sogar ein Modell der Flügelschläge einer Möwe in der Folge ihrer verschiedenen Stellungen (Abb. 9) – eine Plastik, die das Entzücken eines Boccioni erregt hätte, als er seine »Flasche, im Raum sich entwickelnd« (1912) und seinen »Schreitenden Mann« (1913) schuf. Bei seinen Forschungen[13] bediente sich Marey zur Bewegungsdarstellung mehr und mehr der Kinematographie, die für diesen Zweck durchaus nicht so geeignet ist, wie es den Anschein hat.

Im Prinzip war er in seinen früheren Versuchen, Bewegung ohne Körper, Bewegung an sich darzustellen, viel weiter. Er führte sie nie weiter aus. Sein Festhalten der Bewegung von fünf Flügelschlägen (um 1885) oder die Bahn, die die Hüfte eines schreitenden Mannes beschreibt, sind geniale Vorwegnahmen, die ihren Platz in der Geschichte verdienen.

Um Bewegung im Raum wiederzugeben, versuchte Marey zuerst, seinen Namen mit einer leuchtenden Kugel in die Luft zu schreiben, und fand ihn deutlich auf der lichtempfindlichen Platte wieder. Er befestigte an den Flügeln einer Krähe ein Stück Papier und ließ sie vor schwarzem Hintergrund fliegen (um 1885). Die Bewegung jedes Flügels erscheint als eine leuchtende Bahn (Abb. 18). Um 1890 zeichnet er die Bahn auf, die die Hüfte eines schreitenden Mannes vollzieht, der sich von dem Photoapparat fortbewegt (Abb. 17). In einer späten Vorlesung, die er am Conservatoire des Arts et Metiers (1889) hält, spricht er von einer »leuchtenden Spur, einem Bild ohne Ende, das zugleich eine Vielfalt und eine Einheit ist«[14].

Dieser Physiologe sieht seine Objekte mit der Sensibilität eines Mallarmé. Zeitphotographie (chronophotographie) – so nannte Marey sein Verfahren, bei dem es darum geht, Bewegungen sichtbar zu machen, »die das menschliche Auge nicht wahrnehmen kann«.

Diese zuletzt erwähnten tastenden Versuche kamen nicht zur Reife, die techni-

---

13 Marey, *La Chronophotographie*, Paris, 1899, S. 37ff., oder, wie er es nennt: »images chronophotographiques recueillies sur pellicule mobile.«
14 Ebd., S. 11.

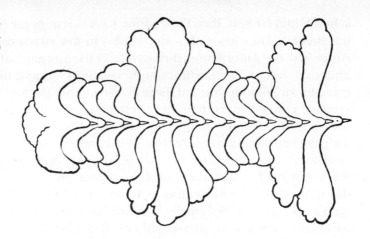

8. E. J. MAREY: Horizontal-
projektion des Möwenfluges.
Vor 1890. (Le vol des oiseaux)

9. E. J. MAREY: Bronze-
modell einer fliegenden
Möwe. (Le vol des oiseaux)

10. E. J. MAREY: Möwen-
flug, in drei Projektionen
festgehalten von der in
Abb. 7 gezeigten Vorrich-
tung. *Die gebogene Linie
stellt die Projektion auf die
vertikale Ebene dar. Die ge-
punkteten Linien, die die
Köpfe verbinden, bezeich-
nen identische Flugphasen.
Um größerer Klarheit wil-
len ist in dem Diagramm
der Abstand zwischen den
einzelnen Phasen vergrö-
ßert.* (Le vol des oiseaux)

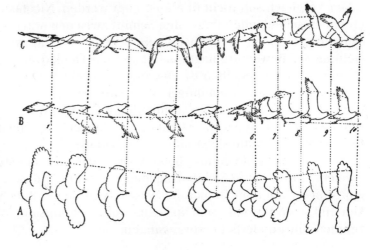

schen Mittel fehlten. Ihre Vollendung kam von anderer Seite, aus dem industriellen Bereich. Dies geschah – um 1912 – in der »wissenschaftlichen Betriebsführung«, wie die Amerikaner ihre straffe Betriebsorganisation genannt haben. Nun ging es darum, einen bestimmten Bewegungsvorgang bis in die letzte Einzelheit erfassen zu können. Nur auf diese Weise konnte genauer Einblick in den Arbeitsvorgang gewonnen werden. Zum ersten Mal erhalten wir Bilder reiner Bewegung mit voller Präzision – Bilder, die das Verhalten der Hand beim Ausführen ihrer Aufgabe vollständig wiedergeben. Wir erhalten Einblick in ein vorher unsichtbares Gebiet. Der amerikanische Betriebsingenieur Frank B. Gilbreth hat diese Methode um 1912 Schritt um Schritt ausgebaut und uns zum ersten Mal Einsicht in das weite Reich der Bewegung gegeben. Wie dies geschieht und wie von hier aus Parallelen zur Malerei, zur Sichtbarmachung des Gefühls führen, das soll in dem Abschnitt über die wissenschaftliche Betriebsführung und die zeitgenössische Kunst behandelt werden.

Erforschung der Bewegung

Eine Linie führt vom vierzehnten Jahrhundert zur Gegenwart: Oresme – Descartes – Marey – Gilbreth. Der Theologe und Philosoph – der Mathematiker und Philosoph – der Physiologe – der Betriebsingenieur. Drei dieser Männer kommen aus Frankreich, das seit jeher auf allen Gebieten der Visualisierung führend war. Der vierte, ein Amerikaner, erschien in dem Augenblick, als eine hochorganisierte Produktion vollen Einblick in »den besten Weg, um eine Arbeit durchzuführen«, verlangte.

Nicolas Oresme, Bischof von Lisieux, war der erste Forscher, der das unaufhörlich sich Ändernde, die Bewegung, in graphischer Form darstellen konnte.

Frank B. Gilbreth (1868–1924) war der erste, der den komplizierten Verlauf der menschlichen Bewegung präzise auf der photographischen Platte festhielt.

Der Vergleich soll nicht überanstrengt werden. Nicolas Oresme bezeichnet an einem entscheidenden Punkt den Schnitt zwischen antiker und heutiger Weltanschauung. In einem scheinbar so einfachen Vorschlag wie der graphischen Darstellung der Bewegung liegt eine Stärke der Denkkraft und Abstraktion, die uns Heutigen kaum vorstellbar ist. Der amerikanische Betriebsingenieur Frank B. Gilbreth bildet nur ein Glied innerhalb des großen Mechanisierungsprozesses unserer Zeit. Aber in unserem Zusammenhang scheuen wir uns nicht, die Brücke zwischen Gilbreth und Nicolas Oresme zu schlagen. Oresme erfaßte das Wesen der Bewegung und stellte sie graphisch dar, Gilbreth, ungefähr fünfeinhalb Jahrhunderte später, löste die menschliche Bewegung von ihrem Subjekt oder Träger und erreichte ihre präzise Sichtbarmachung in Raum und Zeit (Abb. 19). Gilbreth ist ein Neuerer auf dem Gebiet der wissenschaftlichen Betriebsführung. Sein Denken und seine Methode sind aus dem großen Fundus der Wissenschaft des neunzehnten Jahrhunderts hervorgegangen.

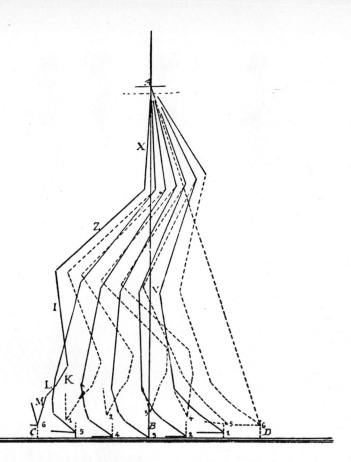

11. GRIFFON UND VINCENT:
Graphische Darstellung des
Pferdeganges, 1779. *Wie Marey ausführt, ist eine Schwäche dieser Methode, daß die Bewegung so dargestellt wird, als sei sie um einen statischen Punkt zentriert.* (Marey, Le méthode graphique)

Es ist ein neues Reich, das sich hier auftut: neue Formen, neue Ausdruckswerte, die über das Gebiet des Ingenieurs hinausgreifen.

Bewegung, das unaufhörlich sich Ändernde, erweist sich immer mehr als der Schlüssel zu unserem Denken; sie liegt dem Funktionsbegriff und den Variabeln in der höheren Mathematik zugrunde, und in der Physik wird das Wesen der Erscheinung immer mehr in Bewegungsvorgängen erkannt: Schall, Licht, Wärme, Hydrodynamik, Aerodynamik, bis sich, in diesem Jahrhundert, auch die Materie in Bewegungsvorgänge aufgelöst hat und die Physiker erkannten, daß ihre Atome aus einem Kern, einem *nucleus* bestanden, um den negativ geladene Elektronen ihre Bahnen zogen, und zwar mit einer Geschwindigkeit, die die der Planeten übertrifft.

Parallele Erscheinungen zeigen sich in Philosophie und Literatur. Fast gleichzeitig mit Lumières Erfindung des Kinematographen (1895–1896) las Henri Bergson am Collège de France über den »kinematographischen Mechanismus des Gedankens« (1900)[15]. Und später brach Joyce die Wörter auf wie Austern und zeigte sie in Bewegung.

---

15 Vgl. Bergson, *L'Evolution créatrice*, Paris, 1907, Kap. IV.

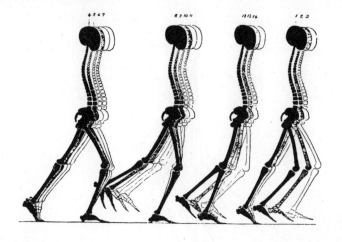

12. Positionen der menschlichen Gliedmaßen beim Gehen. (Aus: *E. H. Weber u. a.*, Mechanik der menschlichen Gehwerkzeuge, *Göttingen*, 1836. (*Marey*, La méthode graphique)

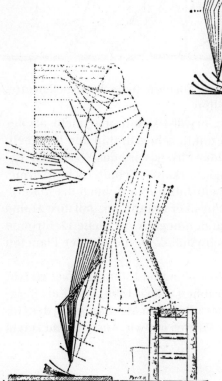

13. E. J. MAREY: Schwingungen des Beines beim Laufen. Vor 1885. *Das Modell, das photographiert wurde, war schwarz gekleidet, mit einem hellen metallenen Streifen seitlich am Arm, am Körper und an den Beinen.*

14. E. J. MAREY: Sprung aus der Höhe mit steifen Beinen. Um 1890. *Diagramm nach einer Photographie, die nach derselben Methode wie in Abb. 13 gemacht worden war.*

15. MARCEL DUCHAMP: »Akt, die Treppe herabsteigend«. 1912. (*Sammlung Louise und Walter Arensberg, Philadelphia Museum of Art*)

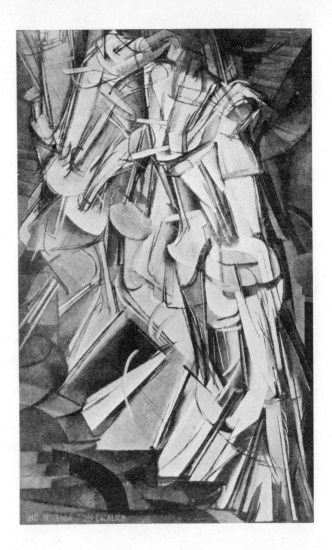

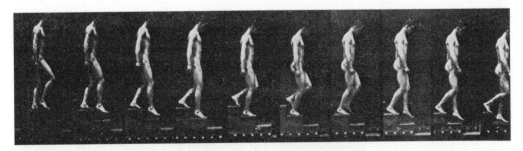

16. EADWEARD MUYBRIDGE: Athlet, eine Treppe hinabgehend, um 1880. *Muybridge stellte im Abstand von einem halben Meter eine Reihe Kameras auf, deren Auslöser elektromagnetisch betätigt wurden, um eine Folge von Bewegungsphasen zu erhalten. Jede Aufnahme zeigt eine einzelne Phase.* (The Human Figure in Motion, 6. *Aufl., London*, 1925)

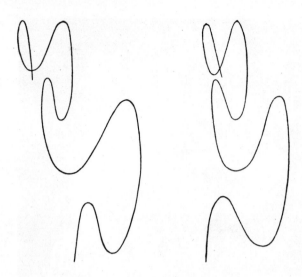

17. E. J. MAREY: Mann, der sich von der Kamera fortbewegt. Stereoskopische Bewegungsbahn eines Punktes am Ende des Rückgrates. Um 1890. *»Eine leuchtende Spur, zugleich vielgestaltig und individuell.«* – *Marey.*

Vielleicht kann nur unsere Epoche, der die selbstverständliche Übertragung eines Denkprozesses in ein Gefühlserlebnis ungewohnt ist, die Frage aufwerfen, ob ein Zusammenhang besteht zwischen den Bewegungskurven, die ein Betriebsingenieur auf der Platte festhält, »um unnötige, fehlgerichtete und wirkungslose Bewegungen auszuschalten«, und dem Reiz symbolhafter Zeichen, die in zeitgenössischen Bildern wieder und wieder erscheinen. Nur in unserer Periode, die so wenig gewohnt ist, Denkprozesse auch gefühlsmäßig zu verarbeiten, konnten hier ernsthafte Zweifel auftauchen.

18. E. J. MAREY: Photographisches Bewegungsbild eines Krähenflügels. Um 1885. *Fünf Flügelschläge. Marey befestigte einen Streifen weißen Papiers an dem Flügel und ließ den Vogel vor einem schwarzen Hintergrund fliegen.*

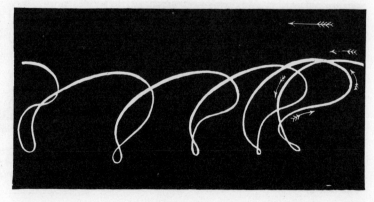

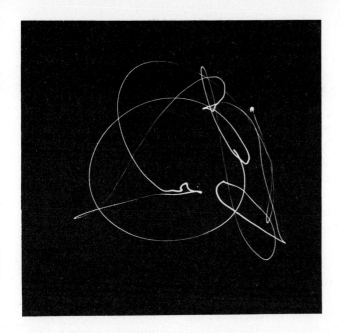

19. FRANK B. GILBRETH: Zyklographische Aufnahme der Bahn der Spitze eines von einem geübten Fechter geführten Rapiers. 1914. *»Das Bild veranschaulicht die schöne gleichmäßige Beschleunigung und Verlangsamung und die vollkommene Beherrschung des Bewegungsablaufs.« (Photo und Legende Lillian M. Gilbreth)*

20. WASSILY KANDINSKY: »Rosa Quadrat.« Öl. 1923.

Nochmals sei der Gegensatz zwischen der Antike und unserer modernen An-schauung hervorgehoben. Von den Alten wird die Welt als ein ewig seiendes, sich selbst erneuerndes Gebilde aufgefaßt, während wir sie als geschaffen und zeitlich begrenzt ansehen: das heißt, die Welt hat ein Ziel und einen bestimmten Zweck. Eng verknüpft mit dem Glauben, daß die Welt einen Zweck habe, ist die Anschau-ung des Rationalismus, gleichgültig ob er den Gottesgedanken aufgibt oder nicht. Der Rationalismus erreicht seinen gedanklichen Höhepunkt in der zweiten Hälfte des achtzehnten Jahrhunderts in einer ganzen Reihe von Denkern. Rationalismus und Fortschrittsglaube gehen Hand in Hand. Das achtzehnte Jahrhundert identifi-ziert den Fortschritt in der Wissenschaft geradezu mit sozialer und menschlicher Vervollkommnung.

Das neunzehnte Jahrhundert hat den Fortschrittsglauben zum Dogma erhoben. Allerdings wird dieses Dogma im Verlauf des Jahrhunderts verschieden interpre-tiert.

In den ersten Jahrzehnten geht das Ansehen, das die Wissenschaft genoß, mehr und mehr auf die Industrie über. Sie ist für Henri de Saint-Simon die große Erlöse-rin, sie wird Nationalismus und Militarismus beseitigen. Eine Armee Arbeitender umspannt die ganze Erde, und die Ausbeutung des Menschen durch den Men-schen wird verschwinden. Saint-Simon hat den größten Teil seines Lebens im achtzehnten Jahrhundert verbracht. Seine Auffassung ruht daher auf universali-stischer Grundlage. Er sieht in der Mechanisierung nicht, was aus ihr gemacht wurde, sondern was aus ihr werden könnte.

Vom Beginn des neunzehnten Jahrhunderts an wurde die Fähigkeit, die Dinge im Zusammenhang zu sehen, schwächer. Trotzdem lebte die universalistische Anschauung des achtzehnten Jahrhunderts daneben weiter. Es wäre eine dank-bare Aufgabe, das Weiterleben und Absterben dieser Tendenz bis zur vollzogenen Isolierung in den verschiedenen Gebieten zu verfolgen: im Staat (Nationalismus), in der Geldwirtschaft (Monopolismus), in der Massenproduktion, in der Wissen-schaft (spezialistische Einstellung ohne Rücksicht auf den Gesamtzusammen-hang), in der Gefühlssphäre (Vereinsamung des Individuums und Isolierung der Kunst). Soviel steht jedoch fest: um die Jahrhundertmitte sind noch Reste univer-saler Einstellung lebendig. Sogar im öffentlichen Leben ist dies spürbar. Die erste Weltausstellung, am Ende der Revolutionsperiode (London, 1851), wollte eine Manifestation für Weltfrieden und Zusammenarbeit der Industrie sein. Der Frei-handelsgedanke, der innerlich mit ihr verbunden war, fand im nächsten Jahr-zehnt unter Gladstone einen kurzen Höhepunkt. Ein Schimmer von Universalis-mus findet sich in jener Zeit noch in den Schriften der großen Gelehrten, wie in Claude Bernards *Introduction à la physique expérimentale*, 1865.

Herbert Spencer, der mächtigste Wortführer des Fortschrittsglaubens, wie die zweite Jahrhunderthälfte ihn auslegte, hatte in seinen Evolutionstheorien, die er auf soziologischem Gebiet vor Darwin entwickelt hatte, gewiß keinen Freibrief für die Rücksichtslosigkeit des Handelns unter dem Namen »Laissez-faire« geben wollen. Evolution wird nun mit Fortschritt austauschbar und die natürliche Auslese mit dem Resultat eines freien Wettbewerbs gleichgesetzt. Auf diesem Umweg ist Herbert Spencer der Philosoph des herrschenden Geschmacks geworden. Er schuf das theoretische Bollwerk. Ein Soziologe hat kürzlich betont, daß von Spencers Werken in Amerika innerhalb von vier Jahrzehnten mehr als 300 000 Exemplare verkauft wurden[1].

Der Fortschrittsglaube des achtzehnten Jahrhunderts, wie ihn etwa Condorcet formulierte, ging von der Wissenschaft, der des neunzehnten Jahrhunderts von der Mechanisierung aus. Die Industrie, die diese Mechanisierung vollzog, hatte mit ihren immer neuen Erfindungen zweifellos etwas Wunderbares, das die Phantasie der Massen erregte, besonders in der Zeit ihrer größten Popularität und Ausbreitung, in der zweiten Hälfte des Jahrhunderts. Die Periode, in der die großen Weltausstellungen historisch wichtig sind – von London 1851 bis Paris 1889 –, umschreibt ungefähr den Zeitraum. Diese festlichen Manifestationen, die um den Gedanken des Fortschritts, der Mechanisierung, der Industrie zentriert sind, verfallen, sobald der Glaube an das mechanische Wunder erlischt.

An die Stelle des Fortschrittsglaubens tritt immer mehr der Glaube an die Produktion. Produktion um der Produktion willen gab es, seit die Baumwollspinner von Lancashire der Welt zeigten, was Mechanisierung im großen Stil vermochte. Mit dem Abflauen des Fortschrittsglaubens, der als metaphysisches Banner über den Fabriken flatterte, trat der Glaube an die nackte Produktion als Zweck an sich hervor. Der Fanatismus für die Produktion blieb bis dahin mehr oder weniger auf den Kreis der Erzeuger beschränkt. In der Zeit der Vollmechanisierung ist diese Einstellung in alle Klassen und Verästelungen des Lebens eingedrungen und hat alle anderen Überlegungen in den Hintergrund gedrängt.

AUFFASSUNGEN DER MECHANISIERUNG

Die Mechanisierung, wie sie unsere Epoche angestrebt und durchgeführt hat, ist das Endergebnis einer rationalistischen Einstellung zur Welt. Die Mechanisierung eines Produktionsvorgangs beruht auf der Zerlegung einer Arbeit in ihre Teilprozesse – eine Tatsache, die sich nicht geändert hat, seit Adam Smith 1776 das Prinzip der Mechanisierung in einer berühmten Stelle seines *Wealth of Na-*

---

[1] Thomas Cochran und William Miller, *The Age of Enterprise, A Social History of Industrial America*, New York, 1942, S. 125. Vgl. das ganze Kapitel: »A Philosophy for Industrial Progress«, S. 119-128.

tions folgendermaßen umschrieb: »Die Erfindung all jener Maschinen, durch welche die Arbeit so sehr erleichtert und abgekürzt wird, scheint sich ursprünglich der Arbeitsteilung zu verdanken«. Hinzu kam nur noch, daß es sich bei komplizierten Objekten, wie z. B. einem Auto, neben der Zerlegung auch um eine Wiederzusammensetzung handelt.

In der Renaissance tritt das verstandesmäßige Erfassen der Phänomene in den Vordergrund. Komplexe Vorgänge – wie etwa die Bewegung der Körper – werden in ihre Komponenten zerlegt und wieder in einem Resultierenden (Kräfteparallelogramm) vereinigt. Dieses Prinzip der Zerlegung und Wiederzusammensetzung wird im neunzehnten und in unserem Jahrhundert ins Ungeheure erweitert, bis die ganze Fabrik zu einem Organismus wird, der Zerlegung und Zusammensetzung fast automatisch besorgt.

In der zweiten Hälfte des sechzehnten Jahrhunderts mehren sich, besonders in Italien, die technischen Bücher. Sie sind praktisch orientiert und enthalten verschiedenartigste Vorschläge, um die Handarbeit zu erleichtern oder durch mechanische Kraft zu ersetzen. Archimedische Schrauben, Wasserräder, Pumpanlagen, sowie Zahnradgetriebe erhalten aufmerksame Durchbildung. Doch gehen sie in kaum einem Punkt über die Kenntnis der hellenistischen Zeit hinaus. Im ganzen sind sie sogar ungleich primitiver. Es sind Buchstabierversuche im Bereich der Mechanisierung. Und was von einer späteren Zeit aus gesehen noch auffallender ist: die Mechanisierung der Produktion wurde nicht in Angriff genommen. In der Zeit der Zünfte kam sie nicht in Betracht. Doch auch soziale Einrichtungen ändern sich, sobald die Einstellung sich ändert. Die Zünfte sind überholt, sobald die rationale Erfassung der Welt im achtzehnten Jahrhundert herrschend wird und sich immer mehr auf rein utilitaristische Ziele hinbewegt. Damit war die historisch vorherbestimmte Stunde der Mechanisierung gekommen.

Die Erfindung und das Wunderbare

Es ist also nicht selbstverständlich, den Trieb zur Erfindung mit der Mechanisierung der Produktion gleichzusetzen, wie man vom heutigen Standpunkt aus geneigt wäre. Die Antike bewegte sich auf ganz anderen Bahnen, sie stellte ihre Erfindungsgabe in den Dienst des Wunderbaren. Sie konstruierte Zauberapparate und Automaten. Zugegeben, sie nutzte ihre physikalisch-mathematischen Kenntnisse auch für praktische Zwecke. Heron von Alexandrien, der durch seine auf uns gekommenen Schriften zu einem Inbegriff hellenistischer Erfindungskraft wurde, konstruierte und verbesserte Ölpressen und Feuerlöschpumpen, erfand Lampen, deren Docht automatisch in die Flamme geführt wird, und Wasserrohrkessel, um Bäder zu heizen. Neue Ausgrabungen lassen vermuten, daß die technischen Einrichtungen der späteren römischen Thermen ihren Ursprung im ptolemäischen Ägypten hatten. Auf diesen Punkt werden wir bei der Mechanisierung des Bades zurückkommen.

Für praktische Zwecke hat die Antike ihre physikalischen Kenntnisse allein zur Vervollkommnung der Kriegsmaschinen systematisch entwickelt. Die alexandrinischen Erfinder bauten Preßluftgeschütze, deren bronzene Kolben so präzise eingeschliffen waren, daß Feuer herausschoß, wenn die Ladung gelöst wurde. Aber es war der Antike fremd, ihre große Erfindungsgabe in den Dienst der Produktion zu stellen.

Der Gegenstand dieses Buches zwingt uns, die Periode zu übergehen, die in ihren Experimenten dem neunzehnten Jahrhundert so verwandt ist wie kaum eine andere – das hellenistische Alexandrien des dritten und zweiten vorchristlichen Jahrhunderts[1].

Es war eine der fruchtbarsten Ideen Alexanders des Großen, den Orient zu hellenisieren und dafür die nach ihm benannte Stadt an der Mündung des Nils, am Mittelmeer zu gründen, wie die Griechen früher Milet oder irgendeine ihrer Kolonialstädte gegründet hatten. Dort entstand durch griechische Denker und Wissenschaftler eine präzis wissenschaftlich orientierte Zivilisation. Ihre Ärzte legten die Grundlagen für die Anatomie des Gehirns, die Gynäkologie und Chirurgie. Das gleiche gilt für die Grundlagen der Geometrie (Euklid) und der Astronomie (Ptolemäus).

In dieser Atmosphäre gedieh unter den Ptolemäern die alexandrinische Erfinderschule, deren auf uns gekommene Schriften mit ihrer Fülle von Vorschlägen und Versuchen eine ungestörte Muße ebenso widerzuspiegeln scheinen wie den vielschichtigen Charakter dieser hellenistischen Stadt: auf der einen Seite die Präzision griechischen Denkens, auf der anderen Seite die Liebe zum Wunderbaren, die im Orient zu Hause war.

Die alexandrinischen Erfinder waren Meister in der Kombination der sogenannten »einfachen Maschinen«, wie Schraube, Keil, Wellrad, Hebel, Flaschenzug zur Ausführung komplizierter Bewegungen oder Manipulationen und in der Kombination von Wasser, Vakuum und Luftdruck als deren Antriebskraft. Sie benutzten sie, um Tempeltüren automatisch sich öffnen zu lassen, sobald auf dem Altar das Feuer entzündet wurde, und um sie zu schließen, wenn die Flamme erlosch. Sie führten mehraktige religiöse Stücke mit maschinell bewegten Figuren auf. Zu ihrer möglichst reibungslosen Fortbewegung versieht Heron sie mit Rädern, die auf Holzschienen gleiten. Unseres Wissens ist nichts von einer praktischen Verwertung dieser Idee für Transportmittel bekannt. Es heißt, daß Holzschienen im frühen siebzehnten Jahrhundert zum ersten Mal in englischen Bergwerken auftauchen, und zwar um die Bewegung der Kohlenwagen zu erleichtern. Doch erst um 1770 erregt die allgemeine Verwendung von rollendem Gerät auf

---

1 Die folgenden Bemerkungen beruhen auf unveröffentlichten Studien des Verfassers über den »Trieb zur Erfindung«.

Holzschienen in englischen Kohlenminen das Erstaunen kontinentaler Besucher[2].

Für das fehlende Interesse an der Produktion lassen sich leicht ökonomische Gründe anführen: die Alten verfügten in Form ihrer Sklaven über billige Arbeitskräfte. Damit ist aber nicht erklärt, warum sie ihr Wissen nicht praktisch zur Anwendung brachten, warum sie ihre Schienen nicht dazu benutzten, um ihre Wagen auf ihren Straßen schneller zu machen, warum sie ihren Automaten Weihwasser entfließen ließen, aber sie nicht zum Verkauf von Getränken kommerziell nutzten und warum sie im Alltag keinen Gebrauch von der Ausnutzung des Vakuums, des Luftdrucks und von mechanischen Vorrichtungen machten.

Sie hatten einfach eine andere innere Einstellung, eine andere Lebenshaltung als wir. So wie wir nicht in der Lage waren, eine Form der Entspannung zu finden, die unserer Lebensweise entsprach, wendeten die Alten wenig Gedanken daran, ihre Erfindungskraft praktischen Zwecken dienstbar zu machen.

Unerschöpflich sind die Vorschläge für Vögel, die mit den Flügeln schlagen, die zwitschern, wenn Wasserdruck die Luft durch verborgene Pfeifen treibt, oder für Wasserorgeln, die auf dem gleichen Prinzip beruhen, für ganze Serien von Zaubergefäßen mit intermittierendem Ausfluß oder Automaten, denen einmal Wasser und einmal Wein entfließt oder die nach Einwurf eines Geldstückes nur eine bestimmte Menge Weihwasser abgeben.

Diese Liebe zum Wunderbaren wurde an die Araber weitergegeben. Es ist auffallend, welchen Raum in den islamischen Miniaturen die Darstellung verschiedenartigster Automaten einnimmt, die alle auf alexandrinische Prinzipien zurückgehen.

Das Bestreben, die Erfindung in den Dienst des Wunderbaren zu stellen, lebte über den Islam bis ins achtzehnte Jahrhundert weiter. Nicht die neuen Spinnmaschinen bildeten die Sensation des späten achtzehnten Jahrhunderts, sondern die Androiden, Automaten in menschlicher Gestalt, die sich bewegten, Instrumente spielten, mit menschlicher Stimme redeten oder schrieben und zeichneten. Sie wurden an den Höfen Europas gezeigt und wanderten schließlich bis tief ins neunzehnte Jahrhundert von Jahrmarkt zu Jahrmarkt. Die Vervollkommnung der Automaten im achtzehnten Jahrhundert hängt mit dem hohen handwerklichen Niveau und vor allem mit der verfeinerten Uhrenindustrie zusammen. Ihr Wesen beruht auf einer äußerst raffinierten Zerlegung und Zusammensetzung von Bewegungen und stellt die beste Vorübung für die Erfindung der Spinnmaschinen dar.

---

2 T. S. Ashton, *Iron and Steel in the Industrial Revolution*, 1924, S. 63.

Das Wunderbare und das Nützliche

Wir möchten noch einen Schritt weitergehen. Prüft man die entscheidenden Instrumente der ersten Mechanisierungsperiode – die Textil- und Dampfmaschinen – auf ihre konstitutiven Elemente hin, so zeigt sich, daß sie die letzten Glieder einer bis in die alexandrinische Zeit zurückreichenden Entwicklung sind. Was sich geändert hat, ist die Einstellung, die sich vom Wunderbaren zum Nützlichen umorientiert. Die Dampfmaschine stellt in der Form, die James Watt ihr gegeben hat, eine Verbindung von Vakuumausnutzung (Kondensor) und Bewegungsübertragung dar, und der Mechanismus der Spinnmaschinen verrät den gleichen, auf kunstvolle Zerlegung und Zusammensetzung der Bewegungsvorgänge eingestellten Geist, der die Androiden geschaffen hat.

Um auf einfache Weise zu veranschaulichen, wie das Wunderbare und das Nützliche im achtzehnten Jahrhundert nebeneinander bestanden, erinnern wir an einen der großen Erfinder des Rokoko: Jacques de Vaucanson, 1709–1782. Er ist ein mechanisches Genie, dessen Leben parallel mit dem Ludwigs XV. und Buffons verläuft. In Vaucanson leben die beiden so konträren Auffassungen unmittelbar nebeneinander. Seine Automaten verraten eine verblüffende Fähigkeit, komplizierte organische Bewegungen durch Mechanismen ausführen zu lassen. Vaucanson hatte Anatomie, Musik und Mechanik studiert, die er in seinen berühmtesten Automaten, dem Flötenspieler, dem Trommler und der künstlichen Ente, aufs innigste miteinander zu verbinden wußte.

Der Flötenspieler, den Vaucanson der Pariser Académie des Sciences 1738 zur Prüfung vorlegte und den nach Diderots Zeugnis ganz Paris sah, hatte bewegliche Lippen, eine bewegliche Zunge, die als regulierbares Ventil diente, und bewegliche Finger, deren lederne Kuppen die Löcher der Flöte öffneten und schlossen. Nach dem gleichen Prinzip konstruierte Vaucanson auch einen Trommler, der zugleich eine dreilöchrige Hirtenflöte (flageolet) blies. Noch mehr bewundert wurde seine mechanische Ente. Sie konnte watscheln und schwimmen, ihre Flügel waren in allen Einzelheiten dem natürlichen Bau nachgebildet und vollführten Flugbewegungen. Sie bewegte den Kopf, schnatterte, vermochte Körner aufzupicken, deren Weg man in Schluckbewegungen verfolgen konnte. Ein Mechanismus zermahlte im Innern die Körner und sorgte dafür, daß sie, ähnlich dem natürlichen Vorgang, den Körper wieder verließen. »Es galt, auf kleinem Raum ein chemisches Laboratorium zu konstruieren, um die Körner in ihre Hauptbestandteile zu zerlegen und sie aus dem Körper wieder heraustreten zu lassen.« So beschrieb 1751 die *Encyclopédie*[3] in ihrem Artikel, den kein geringerer als der Mathematiker d'Alembert verfaßt hat, diesen Vorgang. Der *Encyclopédie* zufolge hat Vaucanson seine Ente und seinen Trommler 1741 ausgestellt, und so spiegeln ihre Ausführungen den unmittelbaren Eindruck, den diese Wundermechanismen auf die fortgeschrittensten Zeitgenossen machten. D'Alembert betont in seiner

---

3 *Encyclopédie ou Dictionnaire raisonné*, Bd. I, S. 196.

Beschreibung des Flötenspielers[4], daß er den größten Teil von Vaucansons eigener Beschreibung[5] abdrucke, »weil sie uns wert erscheint, aufbewahrt zu werden«, und Diderot, der scharfe Kritiker, kann es nicht unterlassen, am Ende von d'Alemberts Artikel enthusiastisch auszurufen: »Welche Genauigkeit in all diesen Einzelheiten: Welche Abgestimmtheit aller Teile dieses Mechanismus . . .«[6] Tatsächlich spiegelt sich in den Automaten Vaucansons und in der langen Reihe ähnlicher Schöpfungen, die von anderen folgten, sowohl der Hang zum Wunderbaren wie die außerordentliche mechanische Subtilität des achtzehnten Jahrhunderts.

Wie der Philosoph Condorcet, der Nachfolger Vaucansons in der Académie des Sciences, in seinem Nachruf auf den Erfinder andeutet, wollte Friedrich der Große ihn 1740 an den Potsdamer Hof ziehen[7]. Doch Kardinal Fleury, der die Regierung für Ludwig XV. führte, ernannte Vaucanson 1741 zum »Inspekteur der Seidenmanufaktur«. Damit wendet sich sein Genie der Mechanisierung der Produktion zu. Er macht auf dem Gebiet des Spinnens und Webens die verschiedensten Verbesserungen und erweist sich als vorausschauender Organisator. Um 1740 konstruiert er einen mechanischen Webstuhl für gemusterte Seidenstoffe. Das automatische Heben und Senken der Litzen besorgte eine durchlochte Trommel nach dem gleichen Prinzip, nach dem auch die Luftzufuhr und Tonfolge bei Vancansons Flötenspieler geregelt wurde. Schon in Alexandrien finden wir Vorrichtungen, die mit Stiften oder Leitschienen arbeiten. Mit seinen Webstühlen stellt sich Vaucanson in die lange Reihe der Erfinder, die seit dem siebzehnten Jahrhundert versuchten, das Problem der automatischen Herstellung von Stoffen zu lösen. Vaucansons Webstuhl zeitigte keine unmittelbaren Folgen. 1804 setzte der Lyoner Erfinder Jacquard die Trümmer von Vaucansons Webstuhl im Pariser Conservatoire des Arts et Métiers[8] wieder zusammen und erfand dabei seinen Webautomaten, den nach ihm benannten Jacquardstuhl, der bis heute maßgeblich geblieben ist und auch das ungewöhnlichste Muster mechanisch reproduzieren konnte.

Vom historischen Standpunkt aus ist die praktische Tätigkeit Vaucansons am interessantesten. Im Jahre 1756[9] richtete er in Aubenas bei Lyon eine Seidenspinnerei ein und erneuerte oder erfand jedes Detail des Gebäudes und des Antriebs, bis zu den Haspeln, die in ingeniöser Weise die Fäden der Kokons, wie sie im Bad lagen, vereinigten, und den Zwirnmaschinen, die das Verspinnen besorgten. Soweit wir sehen können, ist dies bei weitem die früheste industrielle Anlage im modernen Sinn, nahezu drei Jahrzehnte ehe Richard Arkwright die ersten erfolgreichen Spinnereien in England errichtete. Vaucanson sah ein, daß industrielle Anla-

---

4 Ebd., unter dem Stichwort »Androide«, S. 448-51.
5 J. de Vaucanson, *Mécanisme d'un flûteur mécanique*, Paris, 1738.
6 *Encyclopédie*, S. 451.
7 Condorcet, »Eloge de Vaucanson«, in *Histoire de l'Académie Royale des Sciences,* Année 1782, Paris 1785.
8 Vaucanson selbst begann eine Sammlung von Maschinenmodellen verschiedenster Art anzulegen, die in der Revolution den Grundstock für das Conservatoire des Arts et Métiers bildete.
9 Wir geben als Datum 1746, da Vaucanson in einem seiner *Mémoires* 1776 von einer zwanzigjährigen Erfahrung in Aubenas spricht. Vgl. J. de Vaucanson, »Sur le Choix de l'Emplacement et sur la Forme qu'il faut donner au Bâtiment d'une Fabrique d'Organsin« in *Histoire de l'Académie Royale*, Année 1776, S. 168.

gen nicht in Holzhütten oder irgendwelchen Gebäuden unterzubringen waren, sondern nur in einer konzentrierten Anlage, bei der jedes Detail aufs sorgfältigste durchdacht war und deren Maschinen von einer einzigen Kraftquelle angetrieben wurden. Durch die Veröffentlichungen Vaucansons sind wir mit den Plänen bis in alle Einzelheiten bekannt[10]. Vaucansons Fabriken – er baute nach Aubenas noch eine andere Manufaktur – sind dreigeschossig und in jeder Einzelheit wohldurchdacht. Einzige Kraftquelle bildet ein oberschlächtiges Wasserrad. Er verlangt mildes Licht und erreicht dies durch Fenster mit Ölpapier. Primitive Ventilationsvorkehrungen und Gewölbe gewähren, bis zu einem gewissen Grade, eine temperierte und feuchte Luft, wie sie für das Spinnen von Seide nötig ist. In großen, gut beleuchteten Sälen standen Vaucansons neue Spinnmaschinen (moulins à organsiner). Die kleinen Modelle, die davon im Pariser Conservatoire des Arts et Métiers aufbewahrt werden, zeigen eine auffallende Eleganz der Konstruktion und eine geradezu imponierende Zahl vertikal aneinandergereihter Spindeln. Die Ringspinnmaschinen (flyers) der Jahrhundertwende sind hier vorweggenommen. Was für ein Gegensatz zu den klobigen Konstruktionen mit vier oder acht Spindeln, die die Engländer für ihre ersten Baumwollspinnmaschinen verwendeten!

Und doch blieben diese Bemühungen folgenlos. Frankreich war im achtzehnten Jahrhundert fast auf jedem Gebiet ein Experimentierfeld. Ideen kamen auf, die erst im neunzehnten Jahrhundert Gestalt gewannen, denn im katholischen Frankreich des Ancien Régime konnten sie keine Wurzeln schlagen. Dazu gehörte auch die Mechanisierung der Produktion.

Mechanisierung der Produktion

Es zeigte sich, daß eine andere Schicht von Erfindern, eine andere Schicht von Auftraggebern, andere soziologische Voraussetzungen und ein anderes Material nötig waren, um die Mechanisierung der Produktion durchzuführen.

Die Seide war ein Luxusgewebe für eine Luxusschicht. Die Engländer experimentierten von Anfang an mit Baumwolle und konstruierten alle ihre Maschinen für sie. Dies war der richtige Weg zur Massenproduktion. Und wie das Gewebe selbst gröber war, so waren es auch die Schicht und die Umgebung, die seine mechanisierte Herstellung durchsetzten.

Hier waren die Erfinder keine Adeligen und keine Gelehrten. Keine Adakemie veröffentlichte die Erfahrungen, so daß wir heute über die Anfänge nur fragmentarisch unterrichtet sind. Keine Regierung ließ privilegierte Fabriken errichten. Die Mechanisierung der Produktion nahm im Norden Englands, in Lancashire, ihren Anfang, fern von der regierenden Schicht und von der anglikanischen

---

10 Dort finden sich genaue Abbildungen von Vaucansons Anlage. Vgl. insbesondere Tafel V und VI.

Hochkirche. Verlassene Flecken wie Manchester, das erst im neunzehnten Jahrhundert städtische Rechte bekam und frei von der Einschränkung der Zünfte war, sowie eine proletarische Erfinderschicht waren dazu nötig. Einer der großen frühen Fabrikanten von Manchester stellte dies bereits 1794 fest: »Die Städte, in denen die Manufaktur am meisten in Blüte steht, sind selten körperschaftlich organisiert, denn der Handel braucht unbeschränkte Ermutigung statt ausschließender Vorrechte der Einheimischen und Bürger eines Distrikts. In Lancashire wurde die Baumwollherstellung von protestantischen Flüchtlingen eingeführt, die von Englands Städten mit eigenen Rechten wahrscheinlich nur wenig Ermutigung für sich und ihre Unternehmungen erfuhren.«[11]

John Wyatt, der zum Strecken des Baumwollfadens Walzenpaare anstelle der Hand benutzte und 1741 die erste kleine Anlage in einem Lagerhaus in Birmingham errichtete, kam ins Schuldgefängnis. James Hargreave, der Erfinder der *spinning-jenny* (zwischen 1750 und 1757) war ein armer Weber, und Richard Arkwright (1732–1791), der erste erfolgreiche Baumwollspinner, der es verstand, Ideen, bei denen andere Schiffbruch litten, gewinnbringend umzusetzen, war von Beruf Barbier. Arkwright gab seinen ursprünglichen Beruf, unansehnliches Haar aufzukaufen und es durch bestimmte Verfahren wieder ansehnlich zu machen, erst um 1767 auf. 1780 waren 20 Fabriken unter seiner Kontrolle, und als er starb, hinterließ er seinem Sohn ein großes Vermögen. Von unten kommend – er war das dreizehnte Kind einer armen Familie –, von ungebrochenem Erwerbswillen und mit einem Gespür für Erfolg, ist er in jeder Beziehung ein Beispiel für den Unternehmertyp des neunzehnten Jahrhunderts. Ohne Unterstützung, ohne Regierungshilfe, inmitten einer feindlichen Umgebung, aber angetrieben von einem rücksichtslosen Utilitarismus, den kein Risiko und keine Gefahr abschreckte, kommt es zur ersten Mechanisierung der Produktion: zur Mechanisierung des Spinnens. Sie wurde im folgenden Jahrhundert überall nahezu zum Synonym für Industrialisierung.

Einfaches und kompliziertes Handwerk

Oft zeigt sich, daß die erste Einstellung und die ersten Erfahrungen für die spätere Entwicklung ausschlaggebend bleiben. Für die Mechanisierung jedenfalls trifft dies in mehr als einer Beziehung zu. Was die europäische und die amerikanische Mechanisierung unterscheidet, ist an ihren Anfangspunkten im achtzehnten Jahrhundert ebenso zu beobachten wie eineinhalb Jahrhunderte später. Europa geht von der Mechanisierung des einfachen Handwerks aus: Spinnen, Weben, Eisenproduktion. Amerika geht von Anfang an anders vor. Es beginnt mit der Mechanisierung des komplizierten Handwerks.

---

11 T. Walker, *Review of Some of the Political Events Which Have Occurred in Manchester during the Last Five Years.* London, 1794. Zitiert bei Witt Bowden, *Industrial Society in England Toward the End of the Eigtheenth Century.* New York, 1925, S. 56-57.

Als Richard Arkwright sich um 1780 seinen Weg nach oben erkämpfte und Macht ohne Beispiel erhielt, mechanisierte Oliver Evans an einem einsamen Mühlbach, nicht allzuweit von Philadelphia, das komplizierte Handwerk des Müllers. Dies geschah durch Einrichtung eines ununterbrochenen Produktionsbandes, das den Eingriff der menschlichen Hand, vom Eingang des Getreides bis zur fertigen Vermahlung, überflüssig machte.

Damals gab es bekanntlich noch keine amerikanische Industrie. Auch geschulte Handwerker waren selten. Die wohlhabende Schicht ließ ihre feinen Möbel, Geschirr, Teppiche, Stoffe meist aus England kommen, und der Pionierfarmer im Hinterland war gewohnt, seine Geräte selbst herzustellen.

Dieser plötzliche Sprung von robinsonartigen Bedingungen in unberührter Wildnis zu hochentwickelter Mechanisierung ist ein Phänomen, das in der Frühzeit immer wieder zu beobachten ist. Die Notwendigkeit der Arbeitsersparnis und der Mangel an geschulten Arbeitskräften bilden den Antrieb. Es ist eines der interessantesten Kapitel des neunzehnten Jahrhunderts, wie mit der Urbarmachung der Prärie um 1850 gleichzeitig die dafür notwendige Maschinerie ins Leben gerufen und das komplizierte Handwerk des Bauern mehr und mehr mechanisiert wird. Doch der Antrieb dazu war schon vor dieser Zeit vorhanden. Nur so ist es zu erklären, daß 1836 zwei Farmer im Mittelwesten eine Erntemaschine ins Feld stellten (Abb. 89), die alle Arbeit – Mähen, Dreschen, Reinigen, bis zur Abfüllung des Getreides in Säcke – in einem ununterbrochenen Produktionsablauf besorgte. Das griff der Zeit um ungefähr ein Jahrhundert vor. Es zeichnet sich darin bereits klar die Einstellung ab, aus der die ganze spätere Entwicklung der Vereinigten Staaten hervorgeht. Die Dimensionen des Landes, seine spärliche Bevölkerung, der Mangel an geschulten Arbeitskräften und die dadurch bedingten hohen Löhne erklären zur Genüge, warum in Amerika von Anfang an versucht wurde, das komplizierte Handwerk zu mechanisieren.

Und doch ist ein wesentlicher Grund dafür in einer anderen Sphäre zu suchen. Die Siedler brachten ihre europäischen Gewohnheiten und Erfahrungen mit, aber von der Organisation des komplizierten Handwerks und der Kultur, in der seine Einrichtungen gewachsen waren, waren sie plötzlich abgeschnitten. Man mußte von vorn anfangen. Die Phantasie erhielt den Raum, die Wirklichkeit unbehindert zu formen.

Die gotischen Wurzeln des hochentwickelten Handwerks

Trotz aller Wirren und Kriege vollzog sich die europäische Entwicklung bis zum Eintritt der Mechanisierung ohne Bruch. Die Wurzeln des hochentwickelten Handwerks liegen in der Spätgotik. Sein Aufkommen ist untrennbar mit dem Wiedererwachen städtischen Lebens verknüpft. Das Bedürfnis nach geregeltem Zusammenleben innerhalb einer Gemeinschaft erklärt, warum im dreizehnten und vierzehnten Jahrhundert die dahinsterbenden Stadtorganismen wieder zu funktionieren begannen und warum es auf altem und neuem Kulturboden zu Stadtgründungen in einer Fülle kam, die nur von der amerikanischen Entwicklung des neunzehnten Jahrhunderts überboten wurde. In den bescheidenen Holzhäusern der gotischen Städte, von denen jedes stets eine gleiche Fassade hatte und auf einem gleich großen Grundstück errichtet wurde, liegt die Geburtsstätte des hochentwickelten Handwerks.

Erst gegen Ausgang der Gotik, also nach der Errichtung der städtischen Kathedralen, geht die neue bürgerliche Schicht daran, eine angemessene Umgebung für ihr persönliches Leben zu schaffen. Es ist das bürgerliche Interieur. Dieser spätgotische Innenraum bleibt bis zum neunzehnten Jahrhundert der Kern der weiteren Entwicklung. Parallel dazu erfolgt die fortschreitende Verfeinerung der manuellen Ausbildung, bis schließlich die Mechanisierung einsetzt.

Nun kommt es zu einer merkwürdigen Symbiose. Das Handwerk lebt neben der industriellen Produktion weiter oder vermischt sich mit ihr, denn die gotische Wurzel stirbt nicht völlig ab. Das äußere Zeichen dafür ist die Verpflichtung, sich einer Lehre zu unterziehen und die traditionelle Stufenleiter vom Lehrbuben zum Gesellen und Meister durchzumachen. Selbst der Mechaniker in der Fabrik wird auf ähnliche Weise geschult. Diese Sorgfalt in der manuellen Schulung auf allen Gebieten führt zu hochqualifizierten Arbeitern und zu den grundlegenden Unterschieden zwischen Amerika und dem Kontinent, die ihre Licht- und Schattenseiten hatten. Der Metzger, der Bäcker, der Tischler, der Schlosser und der Bauer führen ihre Existenz seit der Gotik weiter. In einzelnen Ländern, wie der Schweiz, sind neben dem gotischen Stadtkern auch viele Gebräuche, bis in die Sprache hinein, lebendig geblieben. Es besteht ein innerer Widerstand, die Mechanisierung allzuweit auf die intimen Lebensgebiete übergreifen zu lassen; wo es geschieht, geschieht es nur zögernd und gewöhnlich im Schlepptau Amerikas.

Das komplizierte Handwerk führt auf der anderen Seite zu einer gewissen Starrheit und Unbeweglichkeit. In Amerika, wo es fehlt, entwickelt sich dafür die Gewohnheit, Probleme direkt anzugehen. Axt, Messer, Säge, Hammer, Schaufeln, Haushaltsgeräte, kurz das menschliche Handwerkszeug, dessen Form in Europa seit Jahrhunderten unverändert geblieben war, wird vom ersten Viertel des neunzehnten Jahrhunderts an neu durchgestaltet. Die originale Leistung Amerikas, die Mechanisierung des komplizierten Handwerks, setzt mit Macht nach der Jahrhundertmitte ein, vor allem zu Beginn der sechziger Jahre und vollendet sich in einem zweiten Schub zwischen 1919 und 1939. Darum soll die Bedeutung dieser Jahrzehnte hier kurz erörtert werden.

Die sechziger Jahre

Es gibt auf jedem Gebiet Zeiten, in denen die spätere Entwicklung unheimlich rasch vorgezeichnet wird, ohne daß im Augenblick ein greifbarer Erfolg oder auch nur eine intensive Fortführung zu erkennen ist. Dazu gehören die sechziger Jahre in Amerika. Es handelt sich dabei weder um große Erfindungen noch um große Namen. Wenn wir im weiteren Verlaufe auf Anregungen oder Tendenzen stoßen, die starken Einfluß auf unser Jahrhundert ausüben, so führen die Spuren immer wieder in die Zeit nach 1850 zurück.

Eine Art kollektiver Erfindungseifer scheint diese Zeit zu durchpulsen. Im siebzehnten Jahrhundert gehört der Erfindungsdrang einer exklusiven Gelehrtenschicht – Philosophen und Wissenschaftler wie Pascal, Descartes, Leibniz, Huygens oder, weiter zurückgreifend, der universal eingestellte Mann vom Typ Leonardos. In einzelnen Köpfen kündigt sich die Einstellung an, von der später die breite Masse erfaßt wird. Bis spät ins achtzehnte Jahrhundert tröpfelt die Erfindertätigkeit, soweit sie im englischen Patentregister Niederschlag fand, äußerst spärlich. Um die Mitte des neunzehnten Jahrhunderts hat sie die breite Masse erfaßt und vielleicht nirgends stärker als im Amerika der sechziger Jahre. Erfinden wurde eine Selbstverständlichkeit. Jeder, der einen Betrieb besaß, war darauf aus, seine Produkte rascher, vollendeter und gelegentlich auch schöner herzustellen. Anonym und unmerklich verwandelten sich dabei die alten Werkzeuge in moderne Instrumente. Nie ist die Zahl der Erfindungen pro Kopf der Bevölkerung größer gewesen als im Amerika der sechziger Jahre. Aber man hüte sich, diese Erfindertätigkeit mit der Intensität der Industrialisierung gleichzusetzen. Dies war keineswegs der Fall. Zieht man die Schlüsselindustrie des neunzehnten Jahrhunderts zum Vergleich heran, so zeigt es sich, daß Europa, besonders England, damals einen großen Vorsprung hatte. Nach der *Revue des Deux Mondes*[12] beträgt um die Jahrhundertmitte die Anzahl der Spindeln in Amerika 5,5 Millionen, in Frankreich 4 und in England 18 Millionen. Noch größer ist in England – sogar zu einem noch späteren Zeitpunkt – die Produktionskapazität in der Weberei. 1867 verfügt Amerika über 123 000 Webstühle, Frankreich über 70 000 und England über 750 000[13].

Will man wissen, was in der amerikanischen Seele dieser Zeit vorging, so gibt darüber nicht nur die amerikanische Volkskunst Auskunft. Die Tätigkeit anonymer Erfinder ist aussagekräftiger. Was sich in den Archiven des Patentamtes angesammelt hat, ist sicher nur ein Bruchteil des allgemeinen Erfindungsdrangs. Wenn wir im weiteren Verlauf so oft auf Patentzeichnungen zurückkommen, so geschieht dies, um objektive historische Zeugnisse zu haben, doch die Darstellungen selbst sind oft von einer künstlerischen Unmittelbarkeit, die sie von der

---

12 *Revue des Deux Mondes*, 1855/IV, S. 1305.
13 Blennard, *Histoire de l'industrie*, Paris 1895, Bd. III, S. 60ff.

technischen Routine einer späteren Zeit unterscheidet. Ein gutes Stück Volkskunst ist in ihnen verborgen.

Und noch etwas: Wenn man die Liste der amerikanischen Patente in den späten dreißiger Jahren durchgeht, so wird man sehr wenig Verbesserungsvorschläge für Dampfmaschinen oder für die Textilindustrie finden, hingegen auffallend viel Vorschläge für die Erleichterung des komplizierten Handwerks und Ansätze für die Mechanisierung der menschlichen Umgebung. In den sechziger Jahren wird dies völlig deutlich, im Ackerbau, in der Brotzubereitung, in der massenhaften Fleischverarbeitung, im Haushalt. In manche Gebiete vermochte die Mechanisierung damals einzudringen, für andere, wie etwa für den Haushalt, war es noch zu früh. Aber von dieser Periode war es nur ein Schritt in die Zeit der Vollmechanisierung, die verwirklichte, was die sechziger Jahre angebahnt hatten.

Die Zeit der Vollmechanisierung, 1918-1939

Als die Zeit der Vollmechanisierung bezeichnen wir die Periode zwischen den beiden Weltkriegen. Die Entwicklung ist viel zu fließend, um sie streng eingrenzen zu können. Bereits vor 1918 setzte die Vollmechanisierung ein und sie endet keineswegs 1939. Selbst innerhalb dieser Zeitspanne gibt es Zeiten von ganz unterschiedlicher Intensität. Und dennoch hat es Sinn, die Periode zwischen den beiden Weltkriegen als die Zeit der Vollmechanisierung zu bezeichnen.

Unser Abstand ist zu gering, um uns völlig Rechenschaft darüber zu geben, was in diesen zwei Jahrzehnten mit uns geschehen ist, oder gar, was die Folgen sein werden. Aber eins steht fest: mit einem Schlage bemächtigt sich die Mechanisierung der intimen Bereiche des Lebens. Was sich während der vorangegangenen eineinhalb Jahrhunderte und vor allem seit der Mitte des neunzehnten Jahrhunderts angebahnt hat, wird plötzlich reif und trifft das Leben mit voller Wucht.

Gewiß, sobald die Mechanisierung im frühen neunzehnten Jahrhundert fühlbar wird, sind damit Veränderungen der Lebensweise verbunden. Aber dies gilt nur für verhältnismäßig begrenzte Gebiete, für Orte wie Manchester, Roubaix, Lille, wo die Elendsquartiere zugleich mit den Textilfabriken entstanden und die städtische Struktur unterminierten. Der größere Teil des Lebens blieb unerschüttert.

Nie wurde, wie wir später sehen werden, der hohe Stand der englischen Landwirtschaft begeisterter geschildert als um die Mitte des vergangenen Jahrhunderts. Auf dem europäischen Kontinent überwog, auch in den Industriestaaten, die ackerbautreibende Bevölkerung die übrigen Berufe. 1850 waren in Amerika nahezu 85 % der Bevölkerung in der Landwirtschaft tätig und nur 15 % städtisch. Dieser Anteil, der nur langsam zum Jahrhundertende hin abnahm, reduzierte sich um 1940 auf etwa ein Viertel der Gesamtbevölkerung[14].

In der zweiten Hälfte des neunzehnten Jahrhunderts, mit der Ausbreitung des Eisenbahnnetzes, dem rascheren Anwachsen der Großstädte und – in Amerika

---

14 *Sixteenth Census of the United States*, 1940, »Agriculture«, Bd. III, S. 22.

mit der Mechanisierung vieler der komplizierten Handwerke – greift der Einfluß der Mechanisierung bereits tiefer.

Nun, um 1920, erfaßte die Mechanisierung den häuslichen Bereich. Nun erst bemächtigt sie sich des Hauses und dessen, was in ihm mechanisiert werden kann: Küche und Bad und ihre Apparaturen, die die Phantasie beschäftigen und den Kaufdrang des Publikums in erstaunlichem Maße wecken. In der Zeit der Vollmechanisierung werden mehr Geräte zu notwendigen Haushaltsgegenständen als im ganzen vorhergehenden Jahrhundert. Sie nehmen in einem nicht vorausgesehenen Maße Platz, Kosten und Aufmerksamkeit in Anspruch. Um Einsicht zu bekommen, zu welchem Zeitpunkt die verschiedenen Apparaturen populär wurden, schickten wir an eines der großen Versandhäuser einen Fragebogen[15], aus dessen Antworten hervorging, daß die kleinen Apparate wie Ventilatoren, Bügeleisen, Toaster, Wäschewringer 1912 im Katalog auftauchten, der elektrische Staubsauger 1917, elektrische Kochherde 1930 und der elektrische Eisschrank 1932.

Die Mechanisierung der Küche verläuft parallel zu der Mechanisierung der Ernährung. Und je mehr die Küche mechanisiert wird, desto stärker wird im Haushalt das Bedürfnis, die Nahrung in möglichst fertigem Zustand geliefert zu bekommen.

Die amerikanische Konservenindustrie – mit Ausnahme der großen Schlachthäuser und ihrer Fleischprodukte – befand sich um 1900, was Qualität und Produktion anbelangt, noch in einem ziemlich chaotischen Zustand. In der Zeit der Vollmechanisierung kam es zu einer ungeheuren Zunahme der Produktion und einer Vervielfältigung der Konservenprodukte: ausgezeichnete Suppenkonserven, Spaghetti mit Sauce in Gläsern, Babynahrung, sowie Futter für Katzen, Hunde und Schildkröten, alles wohlverpackt in Blechbüchsen. Die Zeit der Vollmechanisierung ist identisch mit der Zeit der Konservenbüchse.

Dasselbe Phänomen, Nahrung der Massenproduktion zu unterwerfen, zeigt sich in der Entwicklung der Ketten-Restaurants. In New York wird von einem einzigen Automaten-Unternehmen in einer zentralen Anlage täglich Nahrung für 300000 Personen zubereitet. Auf endlosem Band schwimmt das Schmalzgebäck durch das Fett, und in militärischer Zwölferreihe wandern die Apfelkuchen ununterbrochen durch den riesigen Tunnelofen.

Wir werden uns fast ausschließlich auf das Vordringen der Mechanisierung in die Privatsphäre beschränken und auf die einfacheren Dinge wie die Küche, das Bad und ihre Apparaturen. Doch die Mechanisierung selbst hat tiefere Wurzeln geschlagen. Durch alle Sinne ist sie in das Innerste der Seele vorgedrungen. Für Auge und Ohr, diese Pforten des Gefühls, wurden mechanische Reproduktionsmittel erfunden. Die Kinematographie mit ihrer unbegrenzten Vervielfältigungsmöglichkeit eines optisch-psychischen Vorganges verdrängt das Theater, und das

---

15 Wir erhielten die Auskunft durch Prof. Richard M. Bennett, der eine Zeitlang bei Montgomery Ward in Chicago arbeitete.

Auge gewöhnt sich an die zweidimensionale Darstellung. Die Hinzufügung von Ton und Farbe zielt auf einen größeren Realismus. Mit dem neuen Medium werden neue Werte und eine neue Vorstellungsweise geboren. Unglücklicherweise verleitet das Bedürfnis nach Massenproduktion dazu, den Weg des geringsten Widerstandes zu verfolgen, und führt zu einer Verschlechterung des Publikumsgeschmacks.

Noch unbegrenztere Möglichkeiten der Vervielfältigung im Raum hat der Ton erfahren. Mehr als jedes andere Reproduktionsmittel hat das Radio in der Zeit der Vollmechanisierung an Macht gewonnen und greift in jeden Lebensbereich ein. Der Phonograph, der im neunzehnten Jahrhundert entstand, ist nur ein Vorläufer dieser Mechanisierung gewesen. Seine Verbesserung geschieht übrigens parallel mit der Einführung des Radios. Wie beim Kino der Ton hinzukam, so beim Radio das Sehen – Television.

Um den Kreis zu schließen, dringen die Transportmittel in den persönlichen Lebensbereich ein. Schon im neunzehnten Jahrhundert gehörten Transportmittel zu den Favoriten der Mechanisierung. Aber die Lokomotive ist ein neutrales Verkehrsmittel, das Auto dagegen ein persönliches Instrument, das immer mehr als ein beweglicher Teil des Haushalts aufgefaßt wird und von dessen Besitz sich der Amerikaner zuletzt trennt. Mit der poetischen Übertreibung, die einem Zeitkritiker zugebilligt werden muß, bemerkt John Steinbeck 1944, »daß die meisten Kinder im Ford T gezeugt und nicht wenige in ihm geboren wurden. Die Vorstellung vom angelsächsischen Heim erlitt einen solchen Knacks, daß es sich davon nie wieder ganz erholte.«[16]

Tatsache ist, daß in den zwei Jahrzehnten zwischen den Weltkriegen das Straßennetz dem Auto angepaßt wird. Das Auto ist ein Vorläufer der Vollmechanisierung. Die Massenproduktion setzt im zweiten Jahrzehnt ein, doch erst nach 1920 beginnt sie sich voll auszuwirken. Erst die Betonstraßen und später die *parkways* machen den Verkehr so mühelos, daß man leicht dazu verführt wird, um des Fahrens willen zu fahren, oder das Auto benutzt, um einen Zustand innerer Ruhelosigkeit zu überwinden oder vor sich selbst zu fliehen, indem man auf das Gaspedal tritt. Diese Entwicklung kann überall verfolgt werden, aber nirgends so deutlich wie in Amerika. In dem Land, in dem um 1840 Henry Thoreau das Leben des Vagabunden und die enge Verbundenheit von Mensch und Natur so tiefsinnig und ohne Sentimentalität beschrieben hat, hat das Auto den Spaziergänger fast verdrängt. Gehen als Entspannung oder Selbstzweck, weil der Körper danach verlangt und weil das Gehirn eine Pause braucht, um zu sich selbst zurückzufinden, wird durch das Auto mehr und mehr verdrängt.

Es wäre durchaus reizvoll, den soziologischen und gefühlsmäßigen Einflüssen des Autos nachzugehen oder die Auswirkung des Radios und des Kinos auf die Mentalität zu verfolgen. Doch dies fällt in andere Wissensgebiete und fordert die Zusammenarbeit vieler Disziplinen.

---

16 John Steinbeck, *Cannery Row*, New York, 1944.

In der Zeit der Vollmechanisierung setzen neue Entwicklungen ein, die weder in ihrer Richtung noch in ihren Folgen abzusehen sind. Es geht nicht mehr um Bewegungen, die die menschliche Hand ersetzen sollen, und um Maschinen, die sie ausführen, es geht um den Eingriff in die Substanz der anorganischen wie der organischen Natur.

In der anorganischen Sphäre handelt es sich um die Erforschung der Atomstruktur, deren Auswertung noch nicht übersehbar ist.

Deutlicher zeichnet sich bereits ein anderes Gebiet ab, in dem direkte Eingriffe in die organische Substanz vollzogen werden. Hier greift der Wille zur Produktion in die Quellen des Lebens ein durch die Kontrolle des Zeugungsaktes, die Beeinflussung des Wachstums, die Veränderung der Struktur und der Art. Tod, Geburt, Zeugung und Lebensweise werden der Rationalisierung unterworfen, wie bei der entwickelteren Fließbandproduktion. Die Fülle unbekannter Faktoren, die in diese Vorgänge hineinspielen, geben dem Ganzen etwas Unheimliches. Es wird im Organischen wie im Unorganischen mit den Wurzeln der Existenz experimentiert.

Die genaueste Einsicht, wie tief die innerste Existenz des Menschen von der Mechanisierung betroffen ist, gibt uns die Kunst dieser Periode. Die eindrucksvolle Auswahl, die Alfred Barr in *Cubism and Abstract Art* (New York, 1936) getroffen hat, zeigt, in wie unterschiedlicher Weise der seismographische Künstler auf die Anfänge der Vollmechanisierung reagiert hat. Wir können hier nur einige Hinweise auf die Vielseitigkeit dieser Wahrnehmung geben.

Die Mechanisierung ist bis in das Unterbewußtsein des Künstlers vorgedrungen. In dem Traum, von dem Giorgio de Chirico 1924 am stärksten heimgesucht wird, verschmilzt das Bild seines Vaters mit der dämonischen Kraft der Maschine: »Ich kämpfe vergeblich mit dem Mann, dessen Augen mißtrauisch und sehr freundlich sind. Jedesmal, wenn ich ihn zu fassen bekomme, befreit er sich, indem er ruhig seine Arme ausbreitet (...) wie jene gigantischen Kräne.« (J. Thrall Soby, *G. de Chirico*).

Dieselbe Angst und Einsamkeit herrscht in den melancholischen Architekturen von de Chiricos früher Periode und in seinen tragischen mechanischen Puppen, die mit jeder Einzelheit wiedergegeben werden, aber auf beunruhigende Weise zerstückelt sind.

Auf der anderen Seite wird in Légers großen Gemälden um 1920 das Bild der Stadt aus Zeichen, Signalen und mechanischen Teilen aufgebaut. Die schöpferische Kraft der Mechanisierung inspiriert sogar Russen und Ungarn, die selbst von der Mechanisierung nicht direkt betroffen sind.

In den Händen von Marcel Duchamp und anderen werden Maschinen, diese Wunder an Effizienz, in irrationale Objekte verwandelt, die voller Ironie stecken und zugleich eine neue ästhetische Sprache einführen. Die Künstler greifen auf solche Elemente wie Maschinen, mechanische Vorrichtungen und vorgefertigte Gegenstände deswegen zurück, weil diese zu den wenigen echten Produkten der Zeit gehören, und um sich selbst von der heruntergekommenen Kunst des herrschenden Geschmacks zu befreien.

TEIL III
MITTEL DER MECHANISIERUNG

21. Serienproduktion durch Handarbeiter im achtzehnten Jahrhundert: Umwandlung von rotem Kupfer. 1764. *Dieser Stich mit dem Titel »Handwerker bei der Arbeit« stammt aus den* Descriptions des arts et métiers, *einer unserer wichtigsten Quellen für die Mechanisierung im achtzehnten Jahrhundert. Die großen flachen Kipphammer schlagen mit verschiedener Stärke und Geschwindigkeit, je nachdem, wieviel Wasser sich auf das Rad ergießt.* (Duhamel du Monceau: L'Art de convertir de cuivre rouge. Descriptions des arts et métiers, *Bd. 5, Tafel X, Paris,* 1764)

DIE HAND

Unübersehbar sind die verschiedenen Gebiete der Mechanisierung oder gar die technischen Lösungen innerhalb dieser Gebiete, die in ihrem Zusammenwirken die heutige Lebensform erzwungen haben. Von verblüffender Einfachheit aber ist die Methode, die aller Mechanisierung zugrunde liegt.

Die menschliche Hand ist ein Greifwerkzeug. Sie kann rasch zupacken, festhalten, drücken, ziehen, schieben, formen, sie kann suchen und fühlen; Flexibilität und Gegliedertheit sind ihre Kennzeichen.

Drei Gelenke am Finger, Handgelenk, Ellbogen und Armgelenk und, wenn erforderlich, Rumpf und Füße helfen mit, die Flexibiliät und Anpassungsfähigkeit zu steigern. Die Muskeln und Sehnen bestimmen die Art des Zupackens und Festhaltens, die empfindliche Haut das Abtasten und Fühlen des Materials, das Auge steuert die Bewegung. Aber entscheidender als diese wohlintegrierten Tätigkeiten wirkt der Verstand, der sie leitet, und das Gefühl, das sie beseelt. Mag es sich bei der Bewegung um das Kneten des Teiges, das Falten eines Tuches oder um die Führung der Hand beim Malen handeln: jede Bewegung ist im Gehirn verankert. So wunderbar die Kompliziertheit dieses organischen Instrumentes auch anmuten mag, für eines eignet es sich nur schlecht: für die Automatisierung. An der Art, wie die Bewegungen zustandekommen, liegt es, daß die Hand nicht darauf eingestellt ist, Tätigkeiten mathematisch präzis und ohne Unterbrechung auszuführen. Jede Handlung beruht auf einem Befehl, den das Gehirn stets wiederholen muß, und es widerspricht dem Organischen, das Wachstum und Veränderung einschließt, sich der Automatisierung zu unterwerfen.

Frank W. Gilbreth, der Meister der Bewegungsstudie, der wie kein anderer Einblick in die Tätigkeit der Hände gewonnen hat, wiederholt in seinem letzten Aufsatz, *A Fourth Dimension for Measuring Skill* (1924), nochmals, daß keine Bewegung präzise der anderen gleiche.

Die Hand kann es durch Training zu einer gewissen automatischen Fertigkeit bringen, aber etwas bleibt ihr versagt: sie kann nicht ununterbrochen und gleichmäßig tätig sein. Sie muß immer greifen, packen und festhalten, aber sie kann ihre Bewegungen nicht in endlosem Kreislauf vollziehen. Das aber ist es gerade, was die Mechanisierung auszeichnet: ein endloser Kreislauf. Der Unterschied zwischen Gehen und Rollen, zwischen Rad und Beinen, ist grundlegend für alle Formen von Mechanisierung.

22. Serienproduktion in der zweiten Hälfte des neunzehnten Jahrhunderts: Wholesale Grange Supply House, Chicago, 1878. *Mit Methoden der Massenproduktion hergestellte Hüte und Bekleidungsstücke sind auf den Tischen gestapelt. »Im Vordergrund unser Verkäufer, der Büffelfellmäntel zeigt. Amerika ist heute in der Massenproduktion führend, besonders bei billiger und kräftiger Arbeitskleidung, die aus einer minimalen Anzahl von Einzelteilen besteht. Diese Produktion entstand Anfang des neunzehnten Jahrhunderts aus dem Bemühen, eine zufriedenstellende Arbeitskleidung zu schaffen.«*

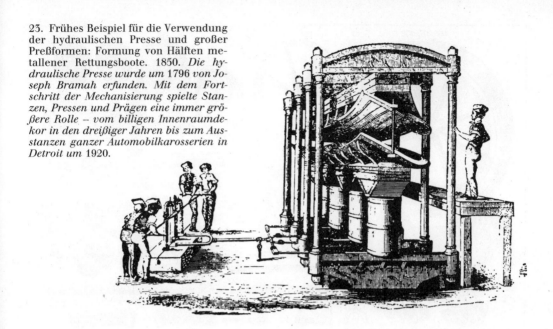

23. Frühes Beispiel für die Verwendung der hydraulischen Presse und großer Preßformen: Formung von Hälften metaller Rettungsboote. 1850. *Die hydraulische Presse wurde um 1796 von Joseph Bramah erfunden. Mit dem Fortschritt der Mechanisierung spielte Stanzen, Pressen und Prägen eine immer größere Rolle – vom billigen Innenraumdekor in den dreißiger Jahren bis zum Ausstanzen ganzer Automobilkarosserien in Detroit um 1920.*

STANDARDISIERUNG UND AUSWECHSELBARKEIT

Die erste Stufe der Mechanisierung bestand in der Umwandlung des Greifens, Tastens, Drückens oder Ziehens der Hand in eine kontinuierlich rotierende Bewegung. Die zweite Stufe betrifft die Mittel der Mechanisierung: Wie können Gegenstände mechanisch reproduziert werden? Die mechanische Reproduktion geschieht auf verschiedene Weise durch Prägen, Pressen, Stanzen und andere Methoden, wie sie bereits in den ersten Jahrzehnten des neunzehnten Jahrhunderts

24. Auswechselbare Teile: Austauschbare Sägezähne. 1852. *Der Leiter einer Sägemühle in Kalifornien »kam während seiner Arbeit darauf, welche großen Nachteile die Verwendung von Sägen mit festen Zähnen in Gegenden hat, die von den Sägefabriken weit entfernt liegen (. . .). Kreissägen mit eingesetzten Zähnen können mehr Arbeit bei geringeren Kosten leisten.«* (Manufacturer and Builder, *New York, Januar* 1869)

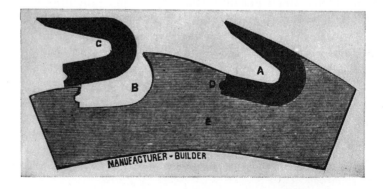

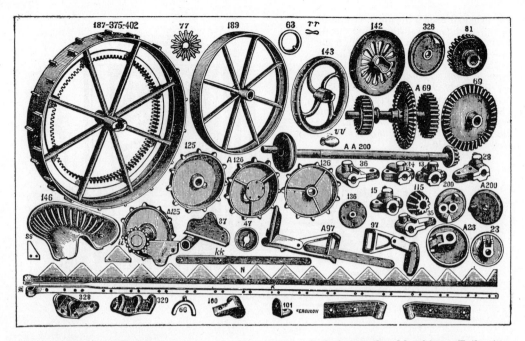

25. Frühes Beispiel für die Verwendung auswechselbarer Teile bei großen Maschinen: Teile eines Mähers. 1867. *Bei kleinen Artikeln – Pistolen, Gewehren, Uhren – waren auswechselbare Teile seit dem Anfang des neunzehnten Jahrhunderts gebräuchlich. Doch der heute selten gewordene Katalog von Walter A. Wood, dem vielseitigen Erfinder landwirtschaftlicher Maschinen, Hosick Falls, N. Y., zeigt, ein halbes Jahrhundert, ehe Henry Ford die Standardisierung in der Automobilindustrie einführte, eine breite Palette auswechselbarer Teile. (McCormick Historical Society Chicago)*

beschrieben wurden, zum Beispiel durch Charles Babbage, 1832, oder Peter Barlow, 1836. Die Matrizenform spielt dabei eine immer größere Rolle. Vom Prägen der Münzen (Abb. 200) gelangt man um 1850 zum Pressen von ganzen Bootsteilen (Abb. 23). »Platten aus verzinktem Eisen werden zwischen gewaltige Prägeplatten gelegt, die ineinander greifen.« Dieser Vorgang fand bekanntlich erst in der Zeit der Vollmechanisierung in großem Stil bei der Autofabrikation Anwendung. Mit der Differenzierung und Neuformung der jahrhundertelang unverändert gebliebenen Werkzeuge vollzieht sich gleichzeitig eine Umgestaltung der Produktion: Hämmer, Äxte (Abb. 71), Sägen, Sensen[1] werden nun durch Matrizen hergestellt.

Pressen, Stanzen und Gießen führen zur Standardisierung und, was damit eng zusammenhängt, zur Auswechselbarkeit der Teile. Einige Tatsachen aus der Frühzeit der Mechanisierung sind allgemein bekannt. Eli Whitney, der Erfinder der Egreniermaschine, gilt gewöhnlich als der erste, der um die Wende des acht-

---

1 Dieses Zusammengehen von neuer Form und neuer Herstellung ist seit den dreißiger Jahren feststellbar. Wir bringen dafür nur das Beispiel einer 1834 erfundenen Sensenform (Abb. 73).

zehnten Jahrhunderts in seinem Betrieb in Whitneyville, Conn., bei der Manufaktur von Gewehren auswechselbare Teile einführte. Simeon North, der Pistolenmacher, der seine Werkstatt in einer nahegelegenen Stadt (Middletown, Conn.) hatte, arbeitete nach dem gleichen Prinzip. Die Idee lag also in der Luft.

Thomas Jefferson berichtet in einem oft zitierten Brief, daß ein Mechaniker in Frankreich Gewehre mit auswechselbaren Elementen herstellte (1782). Was Frankreich auf diesem Gebiet während des achtzehnten Jahrhunderts geleistet hat, ist wenig bekannt und bedarf noch systematischer Untersuchung. In den Ausgaben der *Encyclopaedia Britannica* aus dem frühen neunzehnten Jahrhundert werden die Maschinen, die Brunel in England für die standardisierte Herstellung von Schiffsflaschenzügen neu erfand oder miteinander kombinierte, in allen Einzelheiten beschrieben und abgebildet.

Aus naheliegenden Gründen war Amerika ein fruchtbarer Boden für die Standardisierung und Auswechselbarkeit der Teile. Doch bis zur Mitte des Jahrhunderts, als die Waltham Watch Factory bei Boston Uhren mit auswechselbaren Teilen fabrizierte, handelt es sich immer noch um kleine Dimensionen. Für die Reparatur und Auswechselbarkeit waren geschulte Arbeitskräfte nötig.

Zu Beginn der fünfziger Jahre wurden auf verschiedenen Gebieten Vorschläge für die Auswechselbarkeit größerer Teile gemacht. Die Idee einer Kreissäge mit auswechselbaren Zähnen (Abb. 24) kam in einer kalifornischen Sägemühle auf, da jede Fabrik, die einzelne beschädigte Zähne hätte ausbessern können, weitab lag. Später kehrte der Erfinder an die Ostküste zurück und setzte seine Idee praktisch um[2]. Auf der Pariser Weltausstellung von 1867 wurde eine solche Kreissäge von 80 Zoll Durchmesser ausgestellt.

Auf dieses ganze Gebiet soll hier nicht näher eingegangen werden, da es sich um rein technische Vorgänge handelt. Hier mit der nötigen Präzision vorzugehen, übersteigt die Möglichkeiten eines Einzelnen, und diese Aufgabe wird wohl erst in Angriff genommen werden, wenn die amerikanische Industrie sich von ihrer historischen Scheu befreit hat.

Nur ein Punkt sei hier erwähnt: Auswechselbarkeit wird interessant, sobald sie auf die Bestandteile größerer Maschinen übertragen und ohne geschulte Arbeitskräfte vorgenommen werden kann. In einem der außerordentlich seltenen Kataloge der sechziger Jahre, die der eleganteste Konstrukteur landwirtschaftlicher Maschinen, Walter A. Wood (Hoosick Falls, N. Y.), herausgegeben hat[3], finden sich sechs Tafeln mit numerierten Ersatzteilen (Abb. 25). Der Farmer hatte nur die Nummer des Teils mitzuteilen, das er auf seiner entlegenen Farm ersetzen wollte. Der mechanisch interessierte amerikanische Farmer war von Beginn an gewohnt, seine Maschinen selbst zusammenzusetzen. McCormick zum Beispiel versandte seine Mähmaschine in vier numerierten Kisten.

---

2 *Manufacturer and Builder*, New York, Jan. 1869.
3 The Walter A. Wood Mowing and Reaping Machine Company, Hoosick Falls, New York, *Circular for the Year 1867*, Albany, 1867.

Walter A. Wood, dessen Name uns später wieder begegnen wird, ist, soweit wir im Augenblick feststellen können, der erste, der auswechselbare Ersatzteile für große Maschinen eingeführt hat. In dem genannten Katalog von 1867 wird der Darstellung der Ersatzteile mehr Raum gegeben als den Maschinen selbst. Dies geschah ein halbes Jahrhundert, ehe Henry Ford ein breiteres Publikum mit dem gleichen Prinzip in der Automobilindustrie vertraut machte.

Wir werden bald sehen, daß die Einführung auswechselbarer Teile bei großen Maschinen in die gleiche Zeit fällt wie die Entstehung des Fließbandes in der Fleischkonservenindustrie.

MECHANISIERUNG EINES KOMPLIZIERTEN HANDWERKS

Das Handwerk des Schlossers

Während der Jahrhunderte seit der Gotik galt der Schlosser als der Vertreter eines höchst entwickelten Handwerks. Er vereinigte Meisterschaft der Hand mit einer nie ermüdenden Erfindungsgabe. Seine Arbeit umfaßte außer Schlössern verschiedene Arten künstlerisch bearbeiteter Türen, Gitter, Griffe, Beschläge und die phantastischen Ornamente der Truhen.

In der Gotik legte man wenig Wert auf die körperliche Bequemlichkeit, hatte aber ein starkes Bedürfnis, den Dingen, mit denen man sich umgab, soviel Ausdruck wie möglich zu geben. Das Holzwerk einer Tür ist derb und kaum bearbeitet, aber auf die Öffnung, um das Schloß konzentriert sich die Sorgfalt des Handwerkers. Er umgibt es mit einem Rahmenwerk zarter Ornamentik, als gälte es, eine Handschrift zu illuminieren. Und der Griff, der den Riegel zurückstoßen hilft, wird zu einer abstrakten Schlangengestalt, die in einem Tierkopf endigt, wie in einem Haus in Visp (Schweiz). Und später, im achtzehnten Jahrhundert, in der letzten Zeit des hochentwickelten Handwerks, boten die Handwerker alle ihre Kraft auf, um so großangelegte Werke wie die schmiedeeisernen Gitter zu schaffen, die Chor und Schiff in den Klosterkirchen trennen, Parks einfassen oder auf öffentlichen Plätzen als Tore dienen: Es waren durchsichtige Schleier vor dem Hochaltar oder dem Grün der Parks. In einem Falle werden die hohen Eisengebilde des Kunstschlossers, die Wasservorhänge der skulpturengeschmückten Brunnen und das Grün dahinter in den architektonischen Raum eingebunden[1].

---

1 Dies gelingt Jean Lamour (1698-1771) bei der Ausschmückung der drei kunstvollsten spätbarocken Platzanlagen in Nancy. Bei einer von ihnen, der Place Stanislas (1751-55), faßt er die offene Seite zwischen seinen Ecken mit schwebenden Eisengittern ein. (Vgl. Lamour, *Recueil des ouvrages de serrurerie sur la Place Royal de Nancy*, Paris, 1767.)

Die Entwicklung dieses Kunsthandwerks verlief, beginnend mit den letzten Jahren Ludwigs XIV. und der Zeit der Régence, parallel zu der Vollendung der Möbel und des Komforts des achtzehnten Jahrhunderts[2].

Louis Sébastien Mercier, der bemerkenswerte Kritiker am Ende des Ancien Régime, verstand es als einer der ersten, eine Stadt soziologisch zu erfassen. Von ihm wurde gesagt, daß er vom Keller und von der Dachkammer berichte und den Salon vergessen habe. Doch wenn es sich um das hochqualifizierte Handwerk handelt, ist diese Zurückhaltung vergessen:

»Der Schlosser ist bei uns zum Künstler geworden. Die Kunst hat das Eisen so gut bearbeitet, daß es mit der Architektur vereinigt werden kann, und es hat sich zu prachtvollen Gittern entwickelt, die den Vorzug haben, den Ausblick zu verschönen, ohne ihn zu zerstören. Das Eisen ist so geschmeidig geworden wie Holz: man dreht es nach Belieben und prägt ihm die Gestalt leichten und beweglichen Blätterwerks auf; man nimmt ihm seine Rohheit, um ihm eine Art Leben zu geben.«

Doch als die industrielle Revolution einsetzte, hatte es damit ein Ende. Was der Schmied früher mit der Hand aus Eisen formte, soll nun die Gußform besorgen. Zwischen 1825 und 1845 verschwinden, wie der Bericht der Jury der *Exposition Universelle* (Paris 1867) bemerkt, die Kunstschlosser aus den großen Städten. Gitter, Treppengeländer, Balkongitter werden aus Gußeisen gemacht. Während des Second Empire, als Haussmann die Transformation von Paris vollzog, entstehen große Firmen, die von den durchgehenden Balkongittern der Boulevards bis zu gußeisernen Kopien von Michelangelos Skulpturen die Gußstücke serienweise vorrätig haben. Die Kataloge von 300 bis 400 Seiten wirken wie Kompendien der Kunstgeschichte.

Doch wir werden diesen Aspekt der Mechanisierung im Schlosserhandwerk hier nicht weiter verfolgen. Historisch gesehen, war diese Art mechanisierter Herstellung unfruchtbar, weil sie den leichten Weg der Mechanisierung ging, dessen einziges Ziel es ist, so billig wie möglich Kopien herzustellen. Im Bereich des Schlossers ist Mechanisierung nur dann von historischem Interesse, wenn sie den schwierigeren Weg einschlägt: wenn sie durch neue Methoden und durch neue Ziele zustande kommt. Die mechanische Herstellung von Gittern und Ornamenten aus Gußeisen enthält nichts Schöpferisches.

Um Einblick in die wahre Natur der Mechanisierung zu gewinnen, müssen wir uns auf das Schloß beschränken. Nirgends sonst in dieser Hinsicht hat sich der Übergang vom Handwerk zur mechanischen Produktion mit solcher Geschwindigkeit und Effizienz vollzogen wie in den Vereinigten Staaten. Die einzelnen Schritte dieser Veränderung erfolgten in den beiden Jahrzehnten zwischen 1830 und 1850, die für die Herausbildung der charakteristischen Merkmale der amerikanischen Industrie von außerordentlicher Bedeutung sind. Zunächst hielt man

2 Vgl. das Werk des Meisterschmiedes Louis Fordrin, *Nouveau livre de serrurerie*, Paris, 1723, als Faksimile neu herausgebracht von A. de Champeaux, Paris, 1891. Besonders interessant sind die Tafeln 19, 23, 27, auf denen die verschiedenen Teile großer Kirchengitter abgebildet sind.

sich in Amerika an die europäische Verwendung von Schmiedeeisen für die verschiedenen Teile des Schlosses, doch schon bald ergab sich ein Unterschied mit der »Ersetzung des schmiedeeisernen Materials durch Gußeisen (...) Dieser Wechsel des Materials senkte die Produktionskosten erheblich und führte bald zu Änderungen in der Gestaltung«[3].

Vom Handwerk zur mechanischen Produktion

Der Übergang von manueller zu mechanisierter Produktion hat auch noch einen anderen Ursprung – nämlich die Tresor- und Geldschrankschlösser. Aufgrund der Erfahrungen mit der Herstellung dieser teuren Schlösser, die 100 bis 400 Dollar kosteten, wurde in den sechziger Jahren des letzten Jahrhunderts eine neue Art brauchbarer und billiger mechanisierter Schlösser entwickelt. Seit dem späten achtzehnten Jahrhundert faszinierte das Problem eines aufsperrsicheren Schlosses den erfinderischen Geist fast genauso wie in späteren Jahren die Lösung des Trommelrevolver-Problems, für das man die ausgefallensten Möglichkeiten für das Nachrücken der Patronen vorschlug.

Von der Vielzahl der vorgeschlagenen Lösungen des Schloß-Problems betrachten wir hier diejenige genauer, die Linus Yale Jr. entwickelte. Seine Lösung entstand gleichzeitig mit der großen Flut von Erfindungen in den sechziger Jahren und kann als Symbol für den Übergang zur mechanischen Produktion in der Schloßherstellung gesehen werden. Nur unbedeutende Einzelheiten wurden an Yales Schloß im Laufe der Zeit geändert, seine endgültige Lösung des Schloß-Problems stand im Prinzip von Anfang an fest.

Dieses Schloß haben wir für eine nähere Betrachtung ausgewählt, weil hier das Prinzip des handgefertigten Schlosses eine grundlegende Änderung erfahren hat. Sowohl ältere wie neuere Kenntnisse gehen in seine sorgfältig ausgearbeitete mechanische Produktion ein.

Diese gegenseitige Beeinflussung von aus dem Altertum stammenden Dingen und neueren Entwicklungen findet ihr Gegenstück in der heutigen Kunst. Die unmittelbaren Ausdrucksformen ganz verschiedener Zeiten – von der Höhlenmalerei bis zur Skulptur der afrikanischen Neger – haben den modernen Künstlern bei ihrer Suche nach einem Zugang zu unserem eigenen unbewußten Leben geholfen.

---

3 Henry R. Towne, *Locks and Builders Hardware, a Hand Book for Architects*, New York, 1904, S. 39.

▶

26. Spätgotisches Türschloß in Visp, Schweiz. *Das Holz ist verhältnismäßig grob bearbeitet. Das handwerkliche Können wurde zur Hervorhebung des wichtigen Teils der Tür – des Schlüssellochs – durch eine metallene Verzierung benutzt.*

27. Aquarell-Skizze einer Werbeanzeige für einen feuerfesten Tresor. Frühe fünfziger Jahre des achtzehnten Jahrhunderts. *Nach einem Brand werden Dokumente herausgeholt. Ein seltenes Exemplar, aufbewahrt in der Bella C. Landauer Collection, New York Historical Society.*

Das frühe Stadium: Geldschrank und aufsperrsichere Tresorschlösser

Die Geschichte des Zylinderschlosses mit Stiftzuhaltung – bekannt als »Yale-Schloß«[4] – ist eng verbunden mit der Entwicklung von feuerfesten und diebessicheren Geldschränken und deren Schlössern.

Um 1780, als Gußeisen zum ersten Mal für Säulen und sogar für Särge benutzt wurde, verfertigte man in England gußeiserne Behälter für alltägliche Zwecke. Die ersten transportablen, feuerfesten Behälter wurden etwa um 1820 in Frankreich hergestellt. Ihre Wände bestanden aus zwei Eisenplatten, zwischen denen sich eine Schicht aus hitzebeständigem Material befand[5]. Kurze Zeit später wurden sie in die Vereinigten Staaten eingeführt.

---

4 Der Fachbegriff für Linus Yales Schloß ist »Stiftzylinderzuhaltungsschloß«, aber außer bei Fachleuten ist dieser Begriff unbekannt.

5 Sogar in den dreißiger Jahren unterschied sich dieser französische Geldschrank nicht sehr von den altertümlichen Kisten, die mit einer Klappe geschlossen wurden. Einige Beispiele für die letzteren finden sich in: *Musée industriel, description complète de l'exposition des produits de l'industrie française en 1834*, Paris, 1838.

Sole Manufacturers and Proprietors in this State of

Herring's Patent Champion Fire-Proof Safes.

28. Herrings feuerfester Tresor. Werbeanzeige, 1855. *Bei der Vorführung seines Tresors auf der Londoner Ausstellung von 1851 schloß der Patentinhaber Gold im Wert von tausend Dollar in den Tresor ein und forderte alle »Panzerknakker« der Welt auf, sich das Geld zu holen. Niemandem gelang es, den Tresor zu öffnen.*

Während der späten zwanziger und frühen dreißiger Jahre versuchten die Amerikaner, die Konstruktion der Geldschränke und das Isoliermaterial ihrer Wände zu verbessern.

Der erste Erfolg zeigte sich bei einem großen Brand in den frühen dreißiger Jahren: ein Geldschrank, der die völlige Zerstörung eines Bauwerkes überstand und dessen Inhalt unbeschädigt blieb, beeindruckte die Zuschauer sehr. Spontan gaben sie ihm den Spitznamen »Salamander«[6], aber die offizielle Bezeichnung war zuerst *»fire-proof«* (im Philadelphia-Verzeichnis von 1838) und später, in den fünfziger Jahren, *»iron safe«* (Abb. 27, 28).

In den fünfziger Jahren erhielt der feuerfeste Geldschrank eine einheitliche Form. Durch umfangreiche Werbung als ein hervorragendes amerikanisches Produkt angepriesen, fand er immer weitere Verbreitung in Banken, Versicherungsgesellschaften und Fabriken, sowie einfachen Geschäften und Privathäusern. Trotzdem jedoch konnte man an die Möglichkeit eines katastrophensicheren Behälters nicht ganz glauben.

»Hier wurde letzte Nacht Woods Geschäft vom Feuer vernichtet (...) Die Hitze ließ die Türangeln schmelzen, ein Hitzeschwaden kam aus dem Geldschrank, in dem alle unsere Geschäftsbücher und das ganze Geld lagen (...) die Menge sammelte sich, um zu sehen, wie er geöffnet wurde (...) aber zu ihrem Erstaunen war jedes Buch, Papierstück und das ganze Geld – Papier und Schrift – unversehrt.«[7]

---

6 *One Hundred Years of Progress*, Hartford, 1871, S. 396

7 *Herring's Fireproof Safe.* Interessante und wichtige Informationen über erhaltene Bücher, Papiere usw. New York, 1854, S. 36.

Die Entwicklung des feuerfesten Geldschrankes und der Tresorschlösser fiel zeitlich mit dem Aufschwung der Industrie zusammen, von Bank- und Finanzgeschäften in großem Maßstab, mit dem Wachstum der Wertpapierbörse, zunehmendem Reichtum und der Vermehrung des Besitzes. Als am Regent's Park in London die ersten luxuriösen Wohnungen für die etwa um 1825 durch die Entwicklung von Industrie und Handel[8] entstandene, anonyme aufsteigende Schicht gebaut wurden, waren feuerfeste Behälter und aufsperrsichere Schlösser schon vorhanden.

Die Verbesserung des Tresorschlosses

Von der technischen Seite her hat das mechanisierte Schloß von Linus Yale seinen Ursprung im komplizierten Mechanismus der aufsperrsicheren Tresorschlösser.

In allem, was mit verfeinertem Handwerk zusammenhing, hatten die Franzosen sich ausgezeichnet: von Möbeln über die Malerei – die höchste handwerkliche Kunstfertigkeit – bis zu erstaunlich geschickt gemachten Gliederpuppen.

Das Schloß, wie es seit dem fünfzehnten Jahrhundert normalerweise verwendet wird, verschließt die Tür mit Hilfe eines von einer Feder festgehaltenen Riegels. Steckt man den Schlüssel in das Schlüsselloch, wirkt er mit seinem Bart unmittelbar auf den Riegel ein, der durch das Drehen des Schlüssels so bewegt wird, daß er die Tür auf- oder abschließt. Das Prinzip besteht darin, daß der Schlüsselbart ohne irgendein Zwischenglied unmittelbar auf den Riegel einwirkt.

Die im achtzehnten Jahrhundert hergestellten Schlösser wurden komplizierter durch das Einfügen eines Satzes beweglicher Scheiben auf Achsen zwischen Schlüssel und Riegel. Diese parallelen Scheiben mußten durch den Schlüssel in eine Linie gebracht werden, bevor der Riegel vorgeschoben werden konnte.

Bald darauf, immer noch im achtzehnten Jahrhundert, übernahm England die Führung und behielt sie bis zur Mitte des neunzehnten Jahrhunderts, als die Vereinigten Staaten in den Vordergrund traten. Die Engländer entwickelten noch kompliziertere Beziehungen zwischen Zuhaltung und Riegel, indem sie die Zuhaltung am Schlüsselende mit Schlitzen und Kerben versahen[9].

Das 1784 erfundene Schloß, das den Namen von Joseph Bramah, dem Erfinder der hydraulischen Presse, trug, wurde *das* aufsperrsichere Schloß seiner Zeit, und sein Ruhm hielt die erste Hälfte des neunzehnten Jahrhunderts hindurch an (Abb. 30). Sein Prinzip ist das der älteren Schlösser, doch die innere Anordnung ist eine völlig andere. Dem Tresorschloß greift es schon in der Weise vor, daß die Zuhaltungen radial um den Schlüssel herum gruppiert sind – so wurde das Problem des Safeschlosses gelöst, bevor es den Safe überhaupt gab. Obwohl Bramahs Schloß auf der großen Ausstellung 1851 in London endlich doch aufgesperrt wurde, gelang dies nur durch angestrengte, nicht schnell ausführbare Arbeit.

---

8 S. Giedion, *Raum, Zeit, Architektur*, Zürich und München, 1976, S. 441ff.
9 Das Barron-Schloß, 1778, Vorläufer der modernen Tresorschlösser.

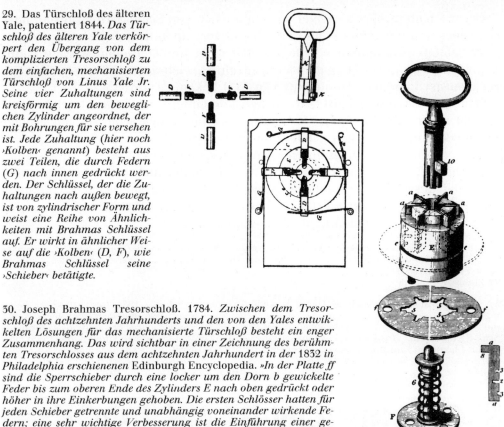

29. Das Türschloß des älteren Yale, patentiert 1844. *Das Türschloß des älteren Yale verkörpert den Übergang von dem komplizierten Tresorschloß zu dem einfachen, mechanisierten Türschloß von Linus Yale Jr. Seine vier Zuhaltungen sind kreisförmig um den beweglichen Zylinder angeordnet, der mit Bohrungen für sie versehen ist. Jede Zuhaltung (hier noch ›Kolben‹ genannt) besteht aus zwei Teilen, die durch Federn (G) nach innen gedrückt werden. Der Schlüssel, der die Zuhaltungen nach außen bewegt, ist von zylindrischer Form und weist eine Reihe von Ähnlichkeiten mit Brahmas Schlüssel auf. Er wirkt in ähnlicher Weise auf die ›Kolben‹ (D, F), wie Brahmas Schlüssel seine ›Schieber‹ betätigte.*

30. Joseph Brahmas Tresorschloß. 1784. *Zwischen dem Tresorschloß des achtzehnten Jahrhunderts und den von den Yales entwickelten Lösungen für das mechanisierte Türschloß besteht ein enger Zusammenhang. Das wird sichtbar in einer Zeichnung des berühmten Tresorschlosses aus dem achtzehnten Jahrhundert in der 1832 in Philadelphia erschienenen* Edinburgh Encyclopedia. *»In der Platte ff sind die Sperrschieber durch eine locker um den Dorn b gewickelte Feder bis zum oberen Ende des Zylinders E nach oben gedrückt oder höher in ihre Einkerbungen gehoben. Die ersten Schlösser hatten für jeden Schieber getrennte und unabhängig voneinander wirkende Federn; eine sehr wichtige Verbesserung ist die Einführung einer gemeinsamen Feder, um alle Zuhaltungen auf einmal nach oben drücken zu können.«*

Die 200 Guineen, die die Hersteller von Bramahs Schloß für denjenigen ausgesetzt hatten, der es aufzusperren vermöchte, gewann A. G. Hobbs aus New York. Hobbs, der prahlte, er »könne jedes Schloß in England in ein paar Minuten aufsperren,« wurde dadurch bekannt, daß er ein anderes berühmtes Schloß nach kurzer Anstrengung öffnete. Aber Bramahs Schloß beschäftigte ihn fast einen Monat, vom 24. Juli bis zum 23. August, bis er schließlich Erfolg hatte. So bewies Hobbs, daß »jedes Schloß, dessen Zuhaltungen vor Blick und Abtasten durch das Schlüsselloch nicht geschützt sind, geöffnet werden kann«.

Hobbs theatralisches Vorgehen war gleichzeitig eine glänzende Reklame für das Schloß, das er für Day & Newell, New York (Abb. 31), ausstellte und das auf der Londoner Ausstellung den ersten Preis gewann. Es war das »Parautoptic-Schloß«, für das seine Firma dem, der es aufsperren konnte, eine Belohnung von 200 Guineen bot. Aber keiner hatte Erfolg.

A. G. Hobbs hatte eine Methode erfunden, Fassungen für gläserne Türknöpfe herzustellen. In erster Linie aber war er der Starverkäufer von Day & Newell, New

York, und hatte großes Geschick im Aufbrechen von Schlössern rivalisierender Hersteller, um die seiner eigenen Firma zu verkaufen. Day & Newells »Parautoptic-Schloß« (»parautoptic« bedeutet, daß nicht hineingesehen werden kann) kam in Amerika in der Mitte der vierziger Jahre in Gebrauch und war auch in Europa vor der Londoner Ausstellung von 1851 bekannt[10].

Sein Schlüssel bestand aus beweglichen, kombinierbaren Teilen. Nach Newells Bericht konnte der Besitzer »die innere Anordnung des Schlosses mit größter Leichtigkeit nach Belieben jeden Moment ändern, indem er einfach die Anordnung der Teile des Schlüsselbartes umstellte«. Der Bericht fährt fort: »Es kann kein Abdruck gemacht werden, selbst vom Hersteller nicht (. .). Das Schloß hat sogar den geschicktesten und erfindungsreichsten Anstrengungen, es zu öffnen, erfolgreich widerstanden.«[11] Der Werbespruch von Day & Newell traf zu – es war tatsächlich das »Champion Bank Lock« seiner Zeit.

---

10 *Report of the National Mechanics Institute of Lower Austria on Newell's Parautoptic Combination Lock*, Verleihung von Diplom und Goldmedaille des Institutes, New York, 1848. Das Newell- oder »Parautoptic-Schloß« wurde zuerst 1836 hergestellt.
11 Ebenda, S. 8 und 18.

31. Amerikanisches Tresorschloß: Day & Newells »Parautoptic-Schloß«, 1851. *Um 1840 in den Vereinigten Staaten eingeführt, war es in der Tat das Meisterstück seiner Zeit, »von dem keine Abdrücke gemacht werden konnten«. Der Vertreter für dieses Schloß, A. G. Hobbs, wurde berühmt, als er Brahmas Schloß während der Großen Londoner Ausstellung von 1851 aufsperrte. Einige Jahre später (1856) wurde das* Champion Parautoptic *jedoch von Linus Yale Jr. aufgesperrt, der behauptete, nach »einer bloßen Betrachtung des Schlosses durch das Schlüsselloch« einen Holzschlüssel dafür geschnitzt zu haben. Man beachte die freizügige, aber wohldurchdachte Typographie dieser Anzeige aus den fünfziger Jahren des achtzehnten Jahrhunderts.*

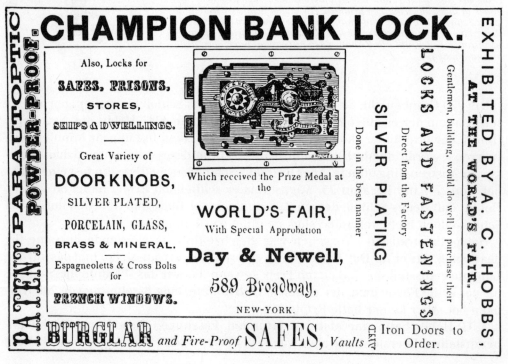

82

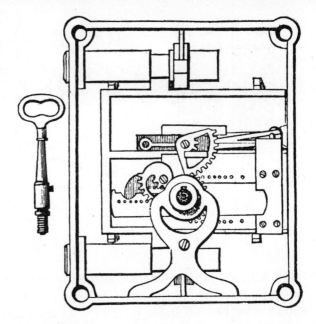

32. LINUS YALE JR.: Das »Magic Infallible Bank Lock«. *Linus Yale Jr. verkleinerte den Schlüssel zu einem das Schlüsselloch ausfüllenden, kompakten Minimum. Vom Schlüsselloch aus wurde der Schlüsselbart zu einem entfernten Teil des Schlosses getragen, wo er auf die Zuhaltungen einwirkte.*

Hobbs hatte in London glänzenden Erfolg, und bald darauf bauten englische Banken amerikanische Schlösser ein. Plötzlich traten amerikanische Produkte in den Vordergrund. Auf der großen Londoner Ausstellung wurden unter anderem der Colt-Revolver, die Gummiprodukte von Goodyear und amerikanische Werkzeugbaumaschinen einem erstaunten europäischen Publikum vorgeführt.

Linus Yales Tresorschlösser

In der Mitte der fünfziger Jahre lebte in Philadelphia ein junger, aus Neu-England stammender Schloßschmied namens Linus Yale Jr. Während dieser Zeit in Philadelphia (1855-61) machte er sich mit seinen Erfindungen, die vor Dieben schützen sollten, einen Namen. Linus Yale Jr. widersprach Hobbs Behauptung, daß »keine Abdrücke gemacht werden können, sogar vom Hersteller selbst nicht«. Er »entdeckte einen Mangel, der ihm als schwerwiegender Fehler erschien«[12], und nach einigen Versuchen öffnete er mit Leichtigkeit ein »Parautoptic-Schloß« nach dem anderen. »Die Methode zur Aufsperrung des besten ›Parautoptic-Schlosses‹«, versichert er, »ist derart einfach, daß jeder kluge Bursche einen Schlüssel aus Holz machen kann, der diese Schlösser öffnet und wieder schließt[13]«. Yales eigene Veröffentlichung enthält viele Berichte verschiedener Bankiers, die seine Vorgehensweise schildern. Einer davon gewährt einen gewissen Einblick in die Situation: Am 12. Januar 1856 schreibt ein Bankier aus New York, dessen Day & Ne-

12 *A Dissertation on Locks and Lock-picking and the principles of burglar proofing showing the advantages attending the use of the magic infallible bank lock ... invented by Linus Yale Jr.,* Philadelphia, 1856.
13 Ebenda, S. 16.

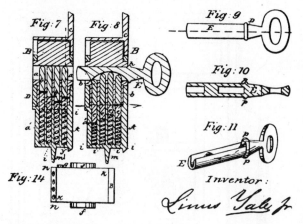

33. LINUS YALE JR.: Erstes Zylinderschloß mit Stiftzuhaltungen. Patentiert 1861. *Die grundlegenden Ideen für ein Zylinderschloß mit Stiftzuhaltungen sind im ersten Patent voll ausgereift: die Zuhaltungen sind in einer Linie hintereinander angeordnet; das Schloß ist in einen unbeweglichen Zylinder (Schloßgehäuse) und in einen kleineren, exzentrisch gelagerten Zylinder (Zylinderkern) geteilt. Die Stiftkammern werden aus korrespondierenden Bohrungen in Schloßgehäuse und Zylinderkern gebildet. Um die Zuhaltungen in eine Linie zu bringen, verwendet Yale aber immer noch einen runden Schlüssel, der mit der Nut nach unten eingesteckt wird. (U. S. Patent, 29. Januar 1861)*

well-Schloß – allgemein als Hobbs-Schloß bekannt – aufgesperrt wurde: »Mr. Yale sperrte mein Schloß mit zehn Zuhaltungen auf, das beste seiner Art, für das ich 300 Dollar bezahlt habe. (...) Eine kurze Betrachtung des Schlosses durch das Schlüsselloch genügte ihm, um aus Holz einen Schlüssel zu schnitzen, der den Riegel genauso leicht wie mein eigener Schlüssel zurückschob. Und zu meiner völligen Verwirrung entfernte er dann ein Stück von seinem Holzschlüssel und schloß damit ab, so daß ich es mit meinem eigenen Schlüssel nie wieder aufbekommen hätte«.[14]

1851, in dem Jahr, als Hobbs mit dem Aufsperren berühmter, englischer Tresorschlösser seine größten Erfolge errang, konstruierte Linus Yale ein Tresorschloß, das er als »Infallible Bank Lock« (»Unfehlbares Tresorschloß«) oder »Magic Lock« (»Magisches Schloß«) bezeichnete. Es läßt sich tatsächlich nicht bestreiten, daß es etwas Magisches an sich hatte.

Im Gegensatz zum komplizierten Bartschlüssel war der Schlüssel für dieses Schloß äußerst einfach. Auf den ersten Blick sah er einem Uhrenschlüssel oder einem Sardinenbüchsenöffner ziemlich ähnlich (Abb. 32). Er bestand aus einem runden Schaft, der in einem kleineren, kompliziert ausgearbeiteten Zylinder endete. Wenn dieses kleine Instrument in das Schlüsselloch, das es ganz ausfüllte, gesteckt wurde, hielt ein Stift das kleinere Ende fest. »Ein Räderwerk trug das als Bart funktionierende kleine Ende außer Reichweite irgendwelcher Diebeswerkzeuge zu einem entfernten Teil des Schlosses, wo es auf die Zuhaltungen einwirkte und den Riegel öffnete. Danach wurde es automatisch zum Griff oder Schaft zurückgetragen.«

Jetzt setzte Linus Yale einen Preis von 3000 Dollar aus für denjenigen, der sein »magisches, unfehlbares Tresorschloß« aufsperren könne. Hobbs hat den Preis niemals gewonnen.

---

14 Ebenda.

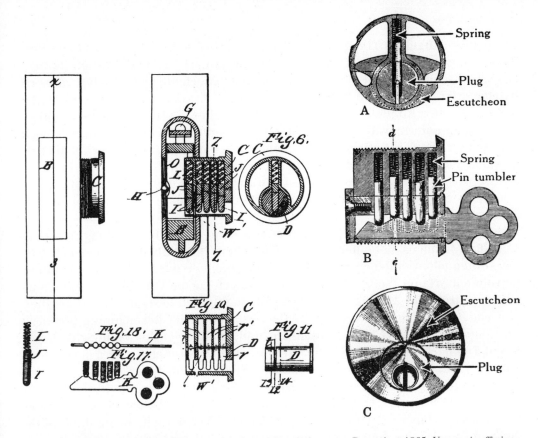

34. LINUS YALE JR.: Zweites Zylinderschloß mit Stiftzuhaltungen. Patentiert 1865. *Von geringfügigen Änderungen abgesehen, hat Yales Schloß jetzt seine endgültige Form gefunden. Der Schlüssel ist »ein besonders geformter, dünner Stahlstreifen, der die Trennungslinien der Zuhaltungen in eine Linie bringt«.* (U. S. Patent, 27. Juni 1865)

35. Yale-Schloß, 1889. (A) *Querschnitt durch eine Stiftbohrung.* (B) *Längsschnitt. Der Schlüssel im Zylinderkern drückt die Stifte, bzw. Zuhaltungen, so weit hoch, daß ihre Trennungslinien mit der Trennung zwischen Zylinderkern und Gehäuse übereinstimmen und der Zylinderkern sich frei drehen kann.* (C) *Frontansicht von Schlüsselloch und Zylinderkern. (Yale and Towne Manufacturing Company, Catalogue #12, 1889)*

Aber Linus Yale selbst war mit seinem Schloß nicht ganz zufrieden. Er behauptete schließlich, daß jedes mit Schlüssel und Schlüsselloch funktionierende Schloß von der Gefahr des Aufsperrens bedroht sei. So kam er zu der Lösung, überhaupt keine Schlüssel zu verwenden. Seine »Kombinationsschlösser« besaßen zwei Griffe oder Knöpfe, die, in eine bestimmte Stellung gebracht, die Schaltung des Riegelwerkes ermöglichten. Das Prinzip des Kombinationsschlosses war schon in früheren Jahrhunderten bekannt, aber Linus Yale Jr. war derjenige, der diese einfache Idee in einen sehr komplizierten Mechanismus einsetzte und damit den Weg für alle späteren Entwicklungen freimachte.

Diese ausgeklügelten Tresorschlösser ermöglichen nicht den notwendigen Einblick in den Übergang von manueller zu mechanischer Produktion im Bereich des Schloßschmiedes. Die Teile ihrer komplexen Mechanismen sind fast gänzlich handgefertigt. Sie sind ein kunstvoll gearbeitetes Produkt weit fortgeschrittenen handwerklichen Könnens, *haute serrurerie.* Was aber die Herstellung von Schlössern revolutionierte, war das einfache und bekannte Türschloß, das immer noch den Namen seines Erfinders – Yale – trägt. Nicht bloß die Umstellung auf die maschinelle Fertigung von früher mit der Hand gefertigten Teilen ist dabei von Interesse. Das Bedeutsame liegt in der Umwandlung des ganzen inneren Organismus des Schlosses – von seiner technischen Konstruktion bis hin zu seinem Schlüssel.

Es ist für einen Menschen nicht einfach, das alte, ausgetretene Gleis zu verlassen: oft bedeutet es, mit einer so tiefverwurzelten Gewohnheit zu brechen, wie es das Öffnen oder Schließen von Schreibtischschublade oder Wohnungstür in der gewohnten Art und Weise ist. Genau darin jedoch lag die Veränderung, die Linus Yale Jr. durch sein Zylinderschloß mit Stiftzuhaltungen herbeiführte. Abgesehen von einigen Spezialisten kennen wenige die technische Bezeichnung für diese Vorrichtung. Vielmehr wird sie schlicht und unterschiedslos »Yale-Schloß« genannt. Dennoch kam dieses Schloß nur langsam in Gebrauch. Es wird in dem hervorragenden, 1883 in London erschienenen Buch von Pitt-Rivers, *On the Development and Distribution of Primitive Locks and Keys*, nicht erwähnt. In Europa, sogar in Ländern wie der Schweiz, die einen hohen Lebensstandard haben, wird es erst seit zwei Jahrzehnten allgemein verwendet. Vermutlich spielte die Einführung von amerikanischen Automobilen in Europa bei der Verbreitung des Schlosses auf dem Kontinent eine Rolle, andererseits wurde Linus Yales Tresorschloß von 1851 schon kurz nach seiner Erfindung in England bekannt.

Linus Yale Jr. wurde 1821 in Salisbury, Connecticut, geboren, wo sein Vater eine Schloßschmiede besaß. Der junge Yale wuchs in einer von Schloßanfertigung und von Erfindungen bestimmten Atmosphäre auf, wie sie zu jener Zeit überall im Nordosten der Vereinigten Staaten zu spüren war. Wir wissen sehr wenig über sein kurzes Leben[15]. Weihnachten 1868, im Alter von 47 Jahren, starb er plötzlich, als er sich auf einer Geschäftsreise in New York befand, an Herzversagen. Seine finanzielle Lage scheint nie sehr rosig gewesen zu sein. Im Juli 1868, sechs Monate vor seinem Tod, traf er Henry R. Towne, und im Oktober gründeten sie eine Firma zur Herstellung von Schlössern. Daraus entstand das große, heute als Yale and Towne Manufacturing Company, Stamford, Conn., bekannte Unternehmen, dessen Warenzeichen »Yale« ist. Aber Yale sollte die Fabrik, in der seine neuen, mechanisierten Schlösser maschinell hergestellt wurden, nicht mehr erblicken.

Linus Yale Jr. war kein geschickter Geschäftsmann. Er war ganz in seine Erfin-

---

15 Über sein Leben ist bisher keine Studie veröffentlicht worden. Die Notiz über ihn in der *Encyclopedia Americana*, Band XXIX (Ausgabe von 1940), enthält viele Ungenauigkeiten und erwähnt seine große Erfindung überhaupt nicht.

dungen versunken. Seine Einstellung zum Leben entsprach eher dem Geist von Concord, von Thoreau und Emerson, als dem eines energischen Geschäftsmannes der zweiten Hälfte des Jahrhunderts. Das wenige, was wir über sein Leben wissen, paßt zu dem Porträt, das wir von ihm besitzen. Sein Gesicht ist klein mit tiefliegenden Augen und einem in sich gekehrten Blick. Die glatten, ruhigen Züge deuten auf einen Musiker oder Künstler, statt auf einen tüchtigen Geschäftsmann. Und tatsächlich wollte Linus Yale Jr. zuerst Maler werden – Porträtmaler. Wäre er in Frankreich geboren, hätte er vielleicht seinen Weg ins Quartier Latin gefunden, da er zweifellos die seltene Gabe der Phantasie besaß. Aber zu seiner Zeit wandten sich die schöpferischsten Kräfte in Amerika nicht der Malerei zu. Der Drang, zu erfinden und an der großen Revolution, die die menschliche Tätigkeit in allen Bereichen umwälzte, teilzunehmen, bestimmte ihr Leben.

Schon Linus Yales Vater[16] war ein berühmter Hersteller von Tresorschlössern. Sein Sohn blieb nicht lange bei ihm; die schöpferischsten Jahre verbrachte der bald unabhängige Linus Jr. in Philadelphia. Hier lebte er und hatte von 1855 bis 1861 ein Geschäft[17], eben zu der Zeit, in der er die meisten seiner eigenen Tresorschlösser herausbrachte. Hier reichte er 1856 auch sein »Magic Infallible Bank Lock« dem Kommitee für Wissenschaft und Künste des Franklin Institutes zur Überprüfung ein. Es wird noch heute im Franklin Institute ausgestellt und trägt die eigenhändige Unterschrift seines Erfinders[18]. Hier entstanden nacheinander auch die verschiedenen Entwürfe, die ihn schrittweise zu dem Tresorschloß ohne Schlüsselloch führten: zum Kombinationsschloß, dessen Prinzip noch heute weitverbreitet ist. Schließlich erfand er hier sein berühmtes Stiftzylinderzuhaltungsschloß. 1861 reichte er die erste Patentbeschreibung für das Schloß ein. Schon zu dieser Zeit war er im ganzen Land bekannt, und seine Firma galt in Philadelphia als führend[19].

Linus Yales Konstruktionen

Das von Linus Yale Jr. erfundene Stiftzylinderzuhaltungsschloß enthält folgende wesentliche Teile:

Erstens besteht der Schließmechanismus des Schlosses – außer bei seinem ersten Patent von 1861 (Abb. 33) – aus einem Satz von fünf Zuhaltungen, eine Anordnung, die seitdem niemals geändert worden ist. Die Zuhaltungen werden

---

16 Die Familie kam im 17. Jahrhundert nach Connecticut. Elihu Yale, nach dem die Yale Universität benannt wurde, war ein Bruder eines Vorfahren von Linus Yale.

17 Von 1856 bis 1861 war Linus Yale Jr. im Philadelphia Directory eingetragen. Im ersten Jahr lautete die Eintragung: *Yale, Linus Jr. – Safes*; und 1857 und 1858: *Yale, Linus Jr. & Co. – Safes and Locks.* Von 1856 bis 1859 lebte er in Milestown, und sein Geschäft wechselte mehrmals zwischen Chestnutstreet und Walnutstreet. In den letzten drei Jahren, 1859 bis 1861, lautete die Geschäftsadresse 248 North Front Street, und er wohnte 142 North 15th Street. Für diese Information bin ich Herrn Walter A. R. Pertuch, dem Bibliothekar des Franklin Institutes in Philadelphia, zu Dank verpflichtet.

18 Das Schloß war schon damals weitverbreitet, wie die Anmerkungen in Linus Yale Jr.'s *Dissertation on Locks and Lockpicking*, Philadelphia, 1856, belegen. Es erhielt das Patent Nr. 9850 am 12. Juli 1853.

19 Edwin T. Freedley, *Philadelphia and Its Manufactures*, 1859, S. 332, lobt das von »Mr. L. Yale Jr. and Company« hergestellte Permutations- und Tresorschloß als das meistgefeierte Schloß der modernen Zeit.

»Stiftzuhaltungen« genannt, weil sie im Vergleich zu den gewöhnlich bei der Schloßherstellung verwandten Teilen extrem dünn sind. Es sind dünne Stahlstäbe oder -drähte, die aus später erklärten Gründen zweiteilig sind (Abb. 33, 34, 35).

Zweitens ist die Umhüllung des ganzen Schlosses – im Englischen später *shell* oder *excutcheon* genannt – von zylindrischer Form und kann an der Türe festgeschraubt werden. In diesem Hohlzylinder befinden sich hintereinander angeordnet fünf senkrechte Bohrungen, die als Kammern für die Stiftzuhaltungen dienen (Abb. 35). Yale selbst beschreibt in seiner Patentschrift von 1865 das »Zuhaltungsgehäuse« als ein Gehäuse mit einer »durchgehenden zylindrischen Bohrung«. Diese Bohrung wird exzentrisch ausgeführt.

Drittens wird in die Bohrung ein kleinerer Zylinder – der Zylinderkern – eingepaßt. Auch hierin befinden sich – nach Yale – »Bohrungen senkrecht zu seiner Mittelachse«[20]. Die Bohrungen im Zylinderkern stimmen mit denen des unbeweglichen Zuhaltungsgehäuses überein und verlängern sie. Aber unter bestimmten Bedingungen kann dieser zweite Zylinder sich drehen. Daher heißt Yales Schloß mit dem Fachausdruck »Zylinderschloß«, wodurch es sich von dem seit dem fünfzehnten Jahrhundert verwendeten Schließmechanismus unterscheidet.

Insgesamt besteht Yales Schloß aus den folgenden Elementen: ein unbewegliches, zylindrisches Schloßgehäuse; ein kleinerer, exzentrisch gelagerter Zylinder oder Zylinderkern (beide Zylinder mit korrespondierenden Bohrungen) und außerdem, senkrecht in die Löcher passend, fünf runde, zweiteilige Stifte. (Im Englischen hieß der obere Teil später *driver*, und nur das untere Stück wird noch *pin* genannt). Fünf kleine, im obersten Teil der Bohrungen befindliche Spiralfedern üben einen ständigen Druck nach unten auf die Stiftzuhaltungen aus.

Also liegt die Stiftkammer teilweise im Schloßgehäuse (der unbewegliche Zylinder) und teilweise im Zylinderkern (der kleinere, bewegliche Zylinder). Unter dem Druck der Federn halten die Stiftzuhaltungen Gehäuse und Zylinderkern zusammen, genau wie Nägel, die zwei Stücke Holz zusammenhalten und ihr Verrutschen verhindern. In dieser Stellung ist der Zylinderkern unbeweglich. Der Mechanismus ist gesperrt.

Um den Mechanismus zu entsperren, wird ein kleiner, flacher Schlüssel in einen engen Schlitz des Zylinderkerns hineingesteckt. Er schiebt sich unter die nach unten drückenden Stiftzuhaltungen und hebt sie so weit hoch, bis die Trennungslinie aller Zuhaltungen – die aus zwei Teilen bestehen – mit der Trennungslinie zwischen Gehäuse und Zylinderkern – d. h. zwischen unbeweglichen und drehbaren Zylindern (Abb. 35) – übereinstimmt. Bei genau dieser Einstellung lassen sie die Drehung des Zylinders zu, die durch Umdrehung des Schlüssels erfolgt. Der Mechanismus ist entsperrt.

Von der Grundform des alten Schlüssels blieb nach Yales Neuerungen so gut wie nichts übrig. In Yales erster, eigener Beschreibung in seiner Patentschrift von 1865 ist der Schlüssel »ein besonders geformter, dünner Stahlstreifen, der die

---

20 Beschreibung für Patent Nr. 48475, 27. Juni 1865.

36. FERNAND LEGER:
Die Schlüssel. Öl, um
1924.

Trennungslinien der Zuhaltungen auf eine Linie bringt«. Der Schlüssel dient nur
dazu, die Stiftzuhaltungen anzugleichen. Die zu diesem Zweck eingeschnittenen
Kerben des Schlüssels sind nach Meinung eines Zeitgenossen »einer abgenutzten
Säge ähnlich«.

Gleichzeitig ist der quadratische Schlüsselbart – mit seinen Bartstufen oder
Schweifungen – verschwunden. Der Schlüssel ist kleiner und dünner geworden
und kann in einem Augenblick ausgestanzt oder -geschnitten werden. Aber vor
allem hat seine Funktion sich geändert. Er betätigt den Riegel nicht unmittelbar,
wie es seit der Erfindung des Schließmechanismus immer der Fall gewesen war:
er bewegt nur den drehbaren Zylinder. Der Schlüssel ist jetzt nichts als ein Griff
für diesen Zweck.

»Vor der Erfindung von Yale entsprach die Größe des Schlüssels der des Schlosses, und der Schlüssel war so lang, wie es notwendig war, um durch die Tür rei-

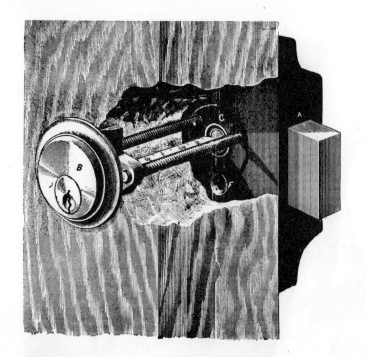

37. Yales von der Türdicke unabhängiges Schloß. *Es ist nicht notwendig, daß der Schlüssel durch die Türe hindurchreicht. Die vom Zylinderkern gedrehte, flache Stahlstange, die in dieser Katalogzeichnung von 1889 mit einem Maßstab (Zoll) versehen ist, verbindet den kompakten Schließmechanismus mit dem schweren Riegel an der anderen Seite der Türe.* (Yale and Towne Manufacturing Company, Catalogue # 12, 1889)

chen zu können.«[21] Aber nach Yales Vorstellung wurde die Drehung des Zylinderkerns durch den Schlüssel herbeigeführt, wobei der Riegel unabhängig davon eingebaut werden konnte. Demnach konnte die Tür von beliebiger Dicke sein, während Schloß und Schlüssel einheitlich und gleichgroß wie alle anderen Schlösser und Schlüssel einer Sorte blieben. Daher konnten allmählich überall Standardschlösser und einheitlich große Schlüssel für die unterschiedlichsten Türarten eingeführt werden. Die sorgfältige Zeichnung aus dem Katalog von Yale und Towne von 1889 (Abb. 37) gewährt, durch teilweise Auslassung des Holzes, einen Einblick in den Mechanismus. Sie stellt dar, wie eine an dem drehbaren Zylinderkern befestigte flache Stahlstange durch eine dicke Tür führen kann, um einen entfernt liegenden Riegel auf der anderen Seite zu betätigen[22]. Linus Yale Jr. sah diese Entwicklung in seinem zweiten Patent (1865) voraus, aber erst in einem mehrere Jahre nach seinem Tod erteilten Patent (Abb. 38)[23], hat er die grundlegenden Vorteile, die aus der Trennung von Schließmechanismus und Riegel gewonnen werden können, ausführlich erläutert. Später wurden Postschließfächer in dieser Art und Weise eingerichtet.

Nur schrittweise legte Yale seine überkommene Denkweise ab. Als er sein erstes Schloß herausbrachte, dachte er nur an eine Einrichtung für Schränke und Schubladen, aber nicht für Türen (Abb. 33). Um die Zuhaltungen in eine Linie zu

---

21 The Yale and Towne Manufacturing Company, Catalogue 12, 1889.
22 Ebenda.
23 »Improvement in Locks for Post-Office Boxes.« Patent Nr. 120177, 24. Oktober 1871.

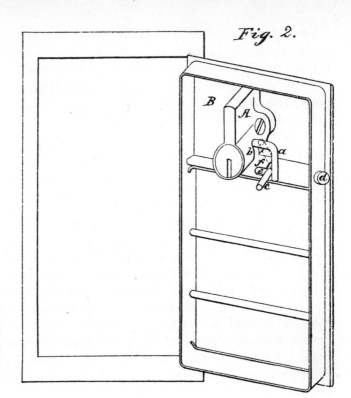

Fig. 2.

38. LINUS YALE: Schloß für Postschließfächer. U. S. Patent, 1871.
Linus Yale sah die Vorteile eines
unabhängig vom Riegel funktio-
nierenden   Schließmechanismus
voraus. Der Arm (a) betätigt den
entfernt liegenden Riegel (d).

bringen, benutzte er noch einen runden Schlüssel, bei dem eine Nute oder Rille,
statt, wie bei späteren Modellen, einer Kante, eingekerbt war. Bemerkenswert ist
auch, daß sein früherer Schlüssel in gewohnter Weise in das Schloß hineingesteckt wurde – mit der Nute nach unten, als ob er noch einen gewöhnlichen
Schlüsselbart hätte. Aber in seinem zweiten Patent (1865), das eindeutig für ein
Türschloß bestimmt war, wagte er es, das Schloßgehäuse konsequenterweise um-
zudrehen, wobei die Stifte sich über dem Zylinderkern befanden und auf ihn her-
unterdrückten. Das bedeutete, daß der Schlüssel auf eine ungewöhnliche Art und
Weise hineingesteckt werden mußte – mit der Bezahnung nach oben. Selbst die
Art des Türschließens veränderte sich grundlegend, weil man den Schlüssel in die
entgegengesetzte Richtung zu der instinktiv gewohnten drehen mußte. Schließlich war jedes Teil des Schlosses so konzipiert, daß es von Werkzeugmaschinen
hergestellt werden konnte. Der flache Schlüssel wurde von vornherein nach einer
Matrize ausgeschnitten oder ausgestanzt. Möglicherweise wurden auch die Stiftzuhaltungen von Anfang an mit einer Maschine ausgeschnitten. Später wurden
sie in einem einzigen Vorgang an einer automatischen Schraubendrehbank geschnitten und geformt. Die schon vorhandenen Federn wurden maschinell hergestellt. Selbst die zwei Zylinder, der innere und der äußere, erforderten keine ma-
nuelle Bearbeitung. Zuerst gegossen, wurden sie später automatisch, wie alle anderen Teile, mit einer Maschine hergestellt.

Linus Yale Jr. hat das Schloß für unsere Zeit geformt. Die Erfindungsgabe, mit der dies geschah, erinnert an ein bestimmtes Stadium in der Entwicklung von Uhren, die im Nürnberg des sechzehnten Jahrhunderts durch den Gebrauch von Federn auf Taschengröße verkleinert wurden. Linus Yales Veränderung war sogar noch radikaler.

Wie kam es dazu? 1844 ließ sein Vater ein sonderbares Türschloß patentieren (Abb. 29). Die Vorrichtung enthielt einen zylindrischen Ring (c in der Abbildung), »besagter Zylinder hat von innen nach außen Bohrungen, in denen sich zylindrische Kolben befinden«[24]. (Was beim älteren Yale »Kolben« genannt wurde – nach den schweren Kolben eines Tresorschlosses – hieß bei seinem Sohn »Stiftzuhaltungen«.) Diese Kolben »reichen – laut Yale Sen. – durch die erwähnten Öffnungen in *entsprechend angeordnete Öffnungen in einem drehbaren Zylinder hinein« (E)*. Die aus *zwei Teilen* bestehenden Kolben waren *radial* um den Zylinder herum angeordnet, »wobei besagte Kolben ständig durch auf der Grundplatte angebrachte Federn (*G*) zum Zentrum hin gedrückt werden«[25].

Dieses von Anfang an als Türschloß gedachte Schloß stammte von den schweren Tresorschlössern ab. Selbst bei Joseph Bramahs gefeiertem Schloß von 1784 (Abb. 30) warten »die Zuhaltungen um den Schlüsselzylinder herum (...) durch Federn angeordnet«[26]. Die verwandte Idee »einer drehbaren Scheibe mit einer Reihe von Löchern und einem Stift, der den Riegel bewegte«, wie auch eine »Reihe von Federn mit einem Stift an einem Ende«[27] war selbst sehr viel früher nicht unbekannt.

Die später von Yales Sohn verwendeten wesentlichen Elemente waren schon 1844 vorhanden (Abb. 29): die zweiteilige Zuhaltung; die Federn; ein unbeweglicher und ein drehbarer Zylinder; und ein Schlüssel (*K*) ohne Bart, der die Zuhaltungen unmittelbar einstellte. Der bartlose Schlüssel ist »ein Zylinder mit genau so vielen keilförmigen Vertiefungen oder Nuten (*X*) an der Peripherie, wie es Kolben gibt«[28]. Liest sich diese Patentschrift von 1844 nicht wie eine Beschreibung der Erfindung des jüngeren Yale?

»Um den Riegel zu verschieben, muß der Schlüssel soweit wie möglich hineingesteckt werden, wobei die schrägen Flächen des Schlüssels in Berührung mit den Kolben (*F*) kommen und sie so weit zurückschieben, bis die Trennungslinie zwischen den zwei Teilen der Zuhaltung sich mit der Trennungslinie zwischen dem inneren drehbaren Zylinder und dem äußeren unbeweglichen Zylinder, der jetzt mit dem Schlüssel gedreht werden kann, deckt.«[29]

---

24. Patentbeschreibung von Linus Yale Sr., Patent Nr. 3630, 13. Juni 1844.
25 Ebenda.
26 Pitt-Rivers, a.a.O., S. 25.
27 Siehe beispielsweise Charles Tomlinson, *Rudimentary Treatise on the Construction of Locks*, London, 1853, S. 83, worin er »Stanbury's Schloß, über 40 Jahre früher in den Vereinigten Staaten erfunden«, erwähnt.
28 Linus Yale Sen. Patentschrift 1844.
29 Ebenda.

Wenn die Frage auftaucht, woher das Schloß von Linus Yale stamme, so lautet die Antwort immer wieder, es käme vom ägyptischen Schloß her. Doch selbst die jüngsten Ausgrabungen haben nicht viel über das altägyptische Schloß und seine Entwicklung zutage gebracht. Das sogenannte ägyptische Schloß gehört in die Kategorie der Zuhaltungsschlösser, doch fehlt ihm ein wesentliches Merkmal der Zuhaltungsschlösser des Mittelalters: die Zuhaltungen stehen quer und sind nicht in einer in die Tiefe gehenden Linie angeordnet; die Eisenstifte sind, wie die Borsten einer Bürste, in verschiedenen Ebenen auf dem horizontalen Träger verteilt. Dieses Schloß wird in dieser Form heute noch bei einfachen ägyptischen Behausungen verwendet.

Das Metropolitan Museum in New York verwahrt einen zarten metallenen Schlüssel (Abb. 39), den Howard Carter, der Entdecker des Tutenchamun-Grabes im Verlaufe der Lord Carnarvonschen Expedition fand und den er der ptolemäischen Periode (323-30 v. Chr.) zuordnete[30]. Das Schlüsselchen ist L-förmig, und sein kurzer Arm hat die Gestalt einer Wellenlinie, aus der vier Dorne herausragen. Zweifellos handelt es sich bei dem dazu gehörigen Schloß um das Produkt einer technisch weit fortgeschrittenen Zeit, wie sie im dritten und zweiten Jahrhundert v. Chr. unter den Ptolemäern blühte, als Ägypten zum Zentrum griechischer Wissenschaft und Erfindung wurde. Es handelt sich also in Wirklichkeit um ein Produkt der nach-ägyptischen Zeit.

Mehr als ein Jahrtausend später scheint das ägyptische Schloß im Prinzip immer noch unverändert: Ein hölzernes Schloß, dessen Gehäuse aus Feigenholz geschnitzt ist (ca. 800 n. Chr.), wurde von der Expedition des Metropolitan Museum in Theben in den Trümmern des zerstörten Epiphanius-Klosters bei Theben gefunden (Abb. 40)[31]. Wenn auch sehr vereinfacht, gehört es doch dem Typ aus ptolemäischer Zeit an. Wieder ist der Schlüssel L-förmig, und obwohl er nur zwei Dorne hat, sind sie doch quergestellt. Um aufzuschließen, mußte man den Riegel anheben, indem man den Schlüssel einführte und hochdrückte. Da dieser Typ sich erhalten hat – er ist in Ägypten bei einfachen Behausungen noch heute im Gebrauch –, scheint das mittelalterliche Zuhaltungsschloß, bei dem die Zuhaltungen hintereinander angeordnet sind und das einen flachen gekerbten Schlüssel hat, außerhalb Ägyptens entstanden zu sein. Die Archäologen bezweifeln sogar, ob Zuhaltungsschlösser überhaupt in diesem Lande entstanden sind. Schlösser, die auf dem Zuhaltungsprinzip beruhen (das Lakonische Schloß), scheinen in Griechenland vom 6. Jahrhundert an in Verwendung gewesen und in griechischer oder römischer Zeit nach Ägypten eingeführt worden zu sein[32].

---

30 Diese Information verdanken wir Ambroce Lansing, Kurator der ägyptischen Abteilung des Metropolitan Museum of Art, New York.

31 Herbert E. Winlock und Walter E. Crum, *The Monastery of Epiphanius at Thebes*, New York, 1926, Teil I, S. 57.

32 Vgl. Daremberg und Saglio, *Dictionnaire des Antiquités grecques et romaines*, Artikel »Sera«.

39. Eisenschlüssel, ptolemäische Zeit. 13,2 *Zenti-meter lang. Gefunden während Lord Carnarvons Ausgrabungen in Drah abu'l Negga, Theben. Es ist nicht möglich, daß Yales Schloß – wie allgemein an-genommen wird – von dem sogenannten ägypti-schen Schloß abgeleitet wurde. Dieser komplizierte Schlüssel stammt aus dem technisch hochstehenden ptolemäischen Zeitalter, drittes oder zweites Jahr-hundert v. Chr. Er besitzt mehr Ähnlichkeiten mit griechischen Vorbildern als mit ägyptischen. (Metro-politan Museum, N. Y.)*

40. Schloß aus Platanenholz, ungefähr 800 n. Chr., aus dem Kloster des Epiphanius in Theben. *Mehr als eintausend Jahre nach dem ptolemäischen Beispiel war das Prinzip des Schlos-ses noch unverändert. In keinem der beiden Fälle werden die Zuhaltungen in derselben Richtung, in der der Schlüssel einge-steckt wird, in eine Linie gebracht, wie es bei dem völlig anders geformten Holzschlüsseltyp von den Faröer Inseln und Penn-sylvania Dutch der Fall ist.*

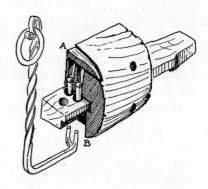

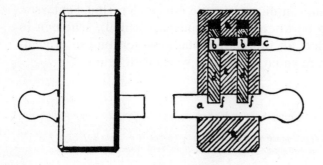

41. Hölzernes Zweizuhaltungs-schloß, Faröer Inseln. *Profil und Querschnitt. Seine zwei Zuhaltungen (d, d) fallen in Löcher (f, f) im Riegel (a), um den Mechanismus zu blockie-ren, wie auch im Pennsylvania-Dutch-Schloß (gegenüberliegende Seite, oben). Die zwei Schlösser un-terscheiden sich nur geringfügig: das pennsylvanische Schloß schiebt sei-nen Schlüssel unter die Zuhaltungen; das Faröer Schloß steckt ihn durch eine Nut oben im Schloß. (Pitt-Rivers)*

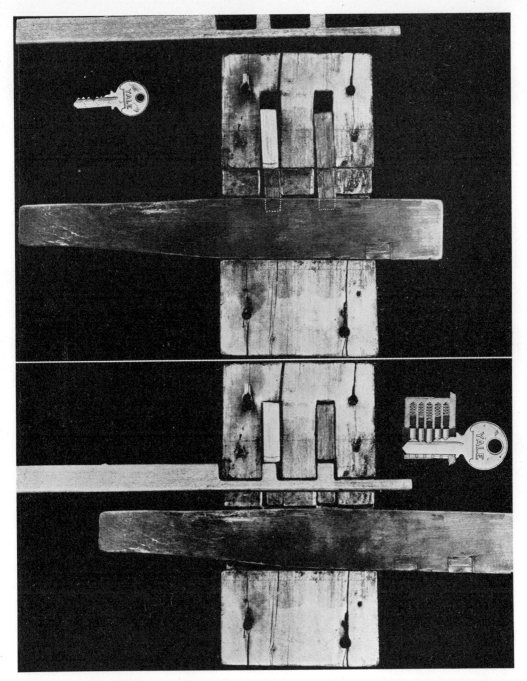

42. Das Pennsylvania-Dutch-Holzschloß. *Oben: Verschlossen, Schlüssel nicht eingesteckt. Die zwei Zuhaltungen befinden sich in den Nuten des Riegels (gepunktete Linien) und halten ihn fest, als wären sie Nägel. Unten: Aufgeschlossen, Schlüssel hineingesteckt und angehoben, wobei er die Zuhaltungen hochhebt und den Riegel freigibt. Das moderne Schloß wird in der entsprechenden Stellung gezeigt: Die Trennungslinien der Zuhaltungen sind durch den Schlüssel in eine Linie gebracht worden, so daß sie die Drehung von Schlüssel und Zylinderkern erlauben.*

Nachforschungen, wo dieses ägyptische Schloß entstand – ob in Babylonien, in Ägypten oder im Griechenland des 5. Jahrhunderts – geben keine eindeutige Auskunft.

Auf babylonischen Rollsiegeln, die bis ins dritte Jahrtausend v. Chr. zurückreichen, trägt der Sonnengott ein gezacktes Symbol. Einige Archäologen haben dieses symbolische Instrument als eine Säge, andere als einen Schlüssel gedeutet[33]. Es ist dem Laien nicht erlaubt, auf diesem Gebiet eine Meinung zu äußern. Wir wollen hier nur auf die verschiedenen Interpretationen und die Unsicherheit, die hinsichtlich seiner Herkunft noch herrscht, hinweisen.

Wie wir gesehen haben, kann es mit Sicherheit nicht einmal bis nach Ägypten zurückverfolgt werden. Belegen läßt es sich erst in hellenistischer Zeit, doch Vermutungen über den Zeitpunkt seiner Entstehung schwanken innerhalb eines Jahrtausends.

Über das griechische Schloß der homerischen und nachhomerischen Zeit sind wir gut informiert[34]. Vasenmalereien und attische Grabreliefs bestätigen die Präzision der homerischen Schilderung, wie etwa Penelope die Tür zu der Kammer öffnet, in der der Bogen des Odysseus verwahrt liegt: »nahm in die rundliche Hand den schöngebogenen Schlüssel, zierlich aus Erz gebildet, mit elfenbeinenem Griffe (. . .), löste (. . .) ab den Riemen sogleich vom Ringe der Pforte, steckte den Schlüssel hinein und schob wegdrängend die Riegel, mit vorschauendem Blick . . .«[35].

Dieser frühe griechische Schlüssel war nichts anderes als ein Riegelstoßer. Die Priesterinnen trugen einen solchen langen L-förmigen Schlüssel aus Bronze über ihren Schultern. Seine beiden L-förmigen Hebel und sein langer gekröpfter Schaft erinnern an den Griff eines Autohebers. So wie der gekröpfte Schaft unter dem Wagen tasten muß, um die Winde zu finden, so mußte der homerische Schlüssel durch ein Loch hoch oben in der Türe eingeführt werden, um den Riegel auf der Innenseite finden und aufstoßen zu können. Später wurde seine scharfe Kröpfung in eine leichte S-Kurve gemildert, die dem menschlichen Schlüsselbein ähnelte und danach auch den Namen Schlüsselbein oder *claviculum* erhielt[36].

Sobald wir uns dem Erscheinen des griechischen Zuhaltungsschlosses im fünften Jahrhundert nähern, tritt wieder Unbestimmtheit ein. Es ist mehrmals auf eine Stelle bei Aristophanes hingewiesen worden[37], wo die Weiber sich über die bösen Männer beklagen, die den Vorratsraum mit Hilfe eines dreigezinkten lakonischen Schlüssels verschlossen hätten. Doch das sagt nur, daß das lakonische Schloß eine Art Zuhaltungsschloß war. Seine drei Zinken und vor allem der späte-

---

33 Felix von Luschan, »Über Schlösser mit Fallriegel«, *Zeitschrift füt Ethnologie*, Berlin, 1916, 48. Jahrgang, S. 423.

34 Hermann Diehls, *Antike Technik*, Berlin, 1914, Kapitel über »Alte Türen und Schlösser«, S. 34ff., mit Abbildungen von Vasenmalereien und Reliefs, enthält eine überzeugende Rekonstruktion des homerischen Schlosses oder, wie wir es nennen, des »Riegelstoßers«.

35 Odyssee, XXI, 46-48, Übers. von J. H. Voss.

36 Diehls, a.a.O., S. 40, bildet nebeneinander das Schlüsselbein und den Tempelschlüssel ab. Einer dieser Schlüssel aus dem berühmten Heiligtum der Artemis aus dem 5. Jahrh. v. Chr. wurde gefunden.

37 Ebenda, S. 46.

re Name »ballanos«, d. h. Eichelschloß[38] lassen es den von Carter und anderen ge-
fundenen Exemplaren der hellenistischen Zeit ähnlich erscheinen. Dieses griechische Schloß hatte zylindrische Zuhaltungen, deren Kopf – um ihr Durchfallen
zu verhindern – eichelförmig verbreitert wurde[39], wogegen der fast über die ganze Welt verbreitete Urtyp des Zuhaltungsschlosses Zuhaltungen von quadrati-
schem Querschnitt aufwies, die niemals mit einer Eichel zu vergleichen waren.
Es ist kaum anzunehmen, daß die Griechen mit ihrer präzisen und plastischen
Sprachform die Bezeichnung »Eichel« gebraucht hätten, um ein viereckiges Stück
Holz zu beschreiben.

Der griechische Typ des fünften Jahrhunderts wurde »Lakonisches Schloß«[40]
benannt, denn es kam aus Lakonien, dem griechischen Zentrum der Bergwerke
und der Metallindustrie. Dann gelangte es nach Athen und in die übrige helleni-
sche Welt[41]. Manche wagen die Spekulation, daß es seinen Weg nach Lakonien
aus Ägypten über Ionien und die griechischen Inseln gefunden hat[42].

Das Schloß mit Holzschlüssel

Viel mehr interessiert uns hier der Ursprung des hölzernen Schlosses, das seine
Zuhaltungen hintereinander, in der Tiefe, angeordnet hat und sie mittels eines
flachen hölzernen Schlüssels in die Höhe heben kann. Obwohl Ethnologen erkennen, daß diese Art Schloß eine neue Entwicklung darstellt[43], sehen sie nicht, worin es sich prinzipiell vom ägyptischen Schloß unterscheidet. Es gehört einem besonderen Typ an, der auf einen anderen Ursprung verweist.

Der genaue Ort seines Ursprungs oder die Zeit seiner Entstehung lassen sich
nicht nachweisen, sie bleiben ein Rätsel. Trotzdem gibt es einige Hinweise, die
gewisse Vermutungen nahelegen.

Es ist auffallend, wie die Typen des hölzernen Zuhaltungsschlosses zu verschiedenen Zeiten und in verschiedenen Kulturen einander ähneln. Es kann kein
Zufall sein, daß Schlösser dieses Typs von den Faröer-Inseln im Norden Großbritanniens (Abb. 41) Schlössern von griechischen Inseln oder von einem alten arabischen Haus auf Sansibar so sehr gleichen, als wären sie am selben Ort hergestellt worden. Hinter ihnen steht sicher ein gemeinsamer Vorläufer. Sie müssen
auf einen Archetyp zurückgeführt werden, der sich von den gebogenen Metall-

---

38 Ebenda. *Ballanoi*: Eicheln. Das Wort *ballanos* war in allgemeinem Gebrauch in der Zeit des Aristophanes. Joseph
   Fink, *Der Verschluß bei den Griechen und Römern*, Regensburg, 1890, S. 28.
39 Es sind Vorhängeschlösser aus pompejischer Zeit mit eichelförmigen Zuhaltungen erhalten. Illustriert von Daremberg und Saglio, a.a.O., S. 1247.
40 Fink, a.a.O., S. 22-31, erforscht das lakonische Schloß im einzelnen.
41 Daremberg und Saglio, a.a.O., S. 1244, Artikel »Sera«, mit Abb.
42 Eine noch weniger schlüssige Antwort auf die Herkunftsfrage geben die jetzt auf den griechischen Inseln gefun-
   denen Stücke. Sie gehören meistens zum hölzernen Typus der Zuhaltungsschlösser und sind Ableger eines welt-
   weit verbreiteten Typus. Vgl. R. M. Dawkins, »Notes from Karpathos«, *Annals of the British School of Athens*, IX,
   190ff. Wie Dawkins ausführt (S. 195), fand man dort auch einen zusammengesetzten Typus, mit zwei Schlüsseln,
   von denen der eine dazu dient, den Riegel herauszustoßen: »ein Abkömmling des homerischen Schlosses«.
43 Luschan, a.a.O., S. 409. Wenn man mit seinen Ansichten auch nicht immer einig gehen kann, so sind Luschans
   Darstellungen doch die besten.

schlüsseln der Ptolemäer unterscheidet, deren komplizierte Anordnung einer Zivilisation angehört, die große Erfahrungen in raffinierten mechanischen Erfindungen hat.

Das hölzerne Zuhaltungsschloß mit dem flachen Holzschlüssel ist über die ganze Erde verbreitet. In Asien findet es sich u. a. in China, in Indien, in Arabien. Einige bringen sein Vorkommen im tropischen Afrika mit arabischen Beutezügen in Zusammenhang[44]. Nach Nordafrika sollen es maurische Eroberer gebracht haben. In Germanien wurde dieser Typ in Kastellen der römischen Kaiserzeit gefunden[45]. Es wurde angenommen, daß das hölzerne Zuhaltungsschloß von den nach Westen ziehenden Völkern der großen Völkerwanderung in ganz Europa verbreitet wurde, und den Kreis schließend gelangte es nach Amerika auf zwei Wegen: nach Pennsylvanien durch deutsche, schottische und schweizerische Einwanderer und nach Guayana durch die Neger[46].

Folgen wir diesen Ausstrahlungen nach rückwärts, so weisen sie auf ein Zentrum: das Innere Asiens. In den Steppen, ohne Aufzeichnungen und ohne Geschichte, liegt wahrscheinlich der Ursprung des Schlosses mit dem flachen Holzschlüssel.

Noch etwas anderes verweist ebenfalls auf das Innere Asiens. Je vertrauter man mit dem Zuhaltungsschloß mit flachem Holzschlüssel wird, desto mehr neigt man zu dem Schluß, daß es nicht bloß eine Vereinfachung des ägyptischen Schlosses oder seine Übertragung in die Holztechnik ist. Der ganze Mechanismus ist in Holz konzipiert. Jede Rundung wird vermieden, und jeder Teil von ihm kann von Bauern, Hirten oder Nomaden ohne Mühe hergestellt werden. Es verlangt keine besondere Geschicklichkeit wie der gebogene Metallschlüssel. Der Holzschlüsseltyp ist in einer primitiven Kultur entstanden und in einer Gegend, die auf Holz als Grundstoff für ihre Bauten und, soweit möglich, für ihre Werkzeuge zurückgriff.

Wie schließen daraus, daß der flache Holzschlüsseltyp die frühere Stufe darstellt und daß der kompliziertere gebogene Metallschlüsseltyp eine Abwandlung ist, die der höher organisierten Mittelmeerkultur entspricht. Doch verglichen mit dem Holzschlüsseltyp hat er nur eine begrenzte Verbreitung gefunden.

Die Frage bleibt: Woher kam das Schloß, das die uralten Typen ersetzte? Das Schloß, das Yales Vater erfand, war ebenfalls ein Zylinderzuhaltungsschloß, mit seinen zweigeteilten Zuhaltungen, einem festen äußeren und einem drehbaren inneren Zylinder und Federn, die auf die Zuhaltungen drückten. Mehr als zwei Jahrzehnte vergingen, ehe die Elemente, die Yales Vater in seinem Schloß verwendet hatte, in dem Schloß des jüngeren Yale ihre endgültige Form fanden. Die

---

44 Luschan, a.a.O., S. 430.

45 L. Jacobi, *Das Römerkastell Saalburg*, Homburg v. d. Höhe, 1897, S. 462 ff. Aber auch hier herrscht Ungewißheit: die Schlüssel des Kastells Saalburg in Deutschland – flache Bronzeschlüssel, wahrscheinlich eine Nachahmung hölzerner Modelle – können aus der Zeit des Augustus oder aus dem späten dritten Jahrhundert stammen. Wie die Römer in ihren Besitz gelangten, ist die Frage, denn für sich selber bevorzugten sie geschickt hergestellte, rotierende Türschlösser.

46 Luschan, a.a.O., S. 430.

Tatsachen, die uns zugänglich sind, erlauben es, diesen Prozeß in groben Umrissen anzudeuten.

In den fünfziger Jahren war der jüngere Yale völlig vom Problem des einbruchsicheren Bankschlosses absorbiert, das immer noch einer Lösung harrte. Jedes seiner Bankschlösser hatte Erfolg, doch er war solange nicht zufrieden, bis er eine Lösung gefunden hatte, die er selbst für verläßlich hielt. Wie wir gesehen haben, war dies das Kombinationsschloß ohne Schlüsselloch.

Jeden Tag, wenn er den schweren Schlüssel zu seiner Werkstattür benutzte, fragte er sich, ob es nicht einfacher und handlicher zu machen sei. Ist es nicht lächerlich? – der Schlüssel, der sein »magisches Bankschloß« öffnet, ist kaum so groß wie der Schlüssel, mit dem man die Uhr auf dem Kaminsims aufzieht. Irgend etwas stimmt nicht, wenn eine gewöhnliche Haustür ein so schwerfälliges Gerät erfordert, während die fußbreite Tür eines Geldschranks mit einem Schlüssel geöffnet werden kann, der so klein ist, daß er in die Westentasche paßt.

So merkwürdig es erscheinen mag, es ist leichter, ein kniffliges Bankschloß zu entwickeln, wenn diese Erfindung in der Luft liegt, als ein Problem wie das des Türschlosses zu lösen, das durch Jahrhunderte unverändert geblieben war.

Konnte man auf dem Weg, den Yales Vater ging, weitergehen? Die Idee der Stiftzuhaltungen konnte übernommen werden, doch wenn sie nicht anders angeordnet wurden, dann waren sie nicht zuverlässig. Was sollte eine komplizierte, radiale Anordnung der Stiftzuhaltungen bei einem einfachen Türschloß? Was für die schwere Tür eines Geldschranks angemessen ist, muß nicht notwendig für den Gebrauch im Haushalt taugen. Schlimmer noch – die radial angeordneten Zuhaltungen lagen hinter dem Schlüsselloch, in Seh- und Tastweite, eine Freude für jeden Einbrecher. Es war ein Leichtes, ein Werkzeug oder eine Sonde einzuführen, bis man den richtigen Punkt getroffen hatte. Ein neues Türschloß aber, das nicht mehr Sicherheit gewährte als das alte, war nutzlos. In seinem »magischen Bankschloß« verlegte der junge Yale den Mechanismus so weit ins Innere, daß er dem Eingriff von fremder Hand unzugänglich war. Er wollte dieses Prinzip auch bei seinem Türschloß verwenden, aber komplizierte Mechanismen kamen dabei nicht in Frage. Ein anderes Vorgehen war nötig.

Die Idee seines Vaters, den Schlüssel nicht zum Verschließen des Riegels zu benutzen, wie bei den alten Türschlössern, entsprach dem, was er suchte. Der jüngere Yale versuchte dagegen, die Funktion des Schlüssels darauf zu beschränken, daß er die Stiftzuhaltungen in Stellung brachte, um die Drehung zu ermöglichen. Doch wie konnte man die Stiftzuhaltungen auf einfache Weise in der Tiefe anordnen, um es dem Einbrecher noch schwerer zu machen? Dafür waren keine archäologischen Studien nötig. Sie hätten ihn ohnehin nirgends hingeführt, denn bis zum heutigen Tag wissen wir nicht viel über das ägyptische Schloß, von dem Yale angeblich angeregt worden sein soll.

Das Schloß mit Holzschlüssel in Pennsylvanien

Überall in Pennsylvanien, an Scheunen und damals vielleicht noch an Bauernhäusern stieß Linus Yale auf die hölzernen Zuhaltungsschlösser, die die Siedler aus Schottland, Deutschland und der Schweiz mitgebracht hatten. Ihre Zuhaltungen waren in einer Reihe hintereinander gereiht (Abb. 42). Dieser Typ stammte aus gotischer Zeit, wie die Geräte und Möbel der ersten Siedler. Die »Pennsylvania-Dutch«, wie man die deutschsprachigen Siedler aus dem siebzehnten und achtzehnten Jahrhundert mit einem Sammelbegriff nannte, brachten ihre Verspieltheit oft dadurch zum Ausdruck, daß sie die verschiedensten Variationen hölzerner Schlösser ersannen. Doch sie besaßen einen Typ von hölzernem Schloß, mit dem man in mittelalterlicher Zeit Scheunen und Häuser verschlossen hatte. Dieses hölzerne Zuhaltungsschloß mit seinen hintereinander gereihten Zuhaltungen und dem flachen gekerbten Schlüssel hatte der Menschheit lange Zeit als Schloß gedient. Mit seinem einfachen hölzernen Gehäuse, seinen einfachen Kerben, seinen Zuhaltungen, seinem flachen Schlüssel konnte es ohne weiteres mit den primitivsten Werkzeugen geschnitzt werden.

Es spricht für die elementare Kraft dieses Typs, daß er bis ins neunzehnte Jahrhundert im Gebrauch blieb und schließlich den letzten Anstoß für die Lösung des mechanisierten Schlosses gab, die in unserer Zeit gefunden werden sollte. Es war die rustikale Einfachheit dieses Schlosses, die Linus Yale den genialen Einfall zu seiner Erfindung eingab: die Zuhaltungen in einer Reihe hintereinander anzuordnen, eine so einfache und wirkungsvolle Anordnung, daß man von ihr bis heute nicht abgegangen ist.

Eines der wirkungsvollsten Mittel der Mechanisierung ist die *assembly line*[1], das Fließband. Es zielt darauf, einen ununterbrochenen Produktionsvorgang zu schaffen. Es verknüpft die verschiedenen Arbeitsvorgänge miteinander und integriert sie. Der Betrieb soll dadurch zu einem einzigen Organismus zusammengeschweißt werden, in dem die verschiedenen Produktionsphasen und die einzelnen Maschinen eine große Einheit werden. Der Zeitfaktor spielt eine wichtige Rolle, denn die Geschwindigkeit der Maschinen muß aufeinander abgestimmt werden.

In jüngster Zeit wurde die *assembly line* unter einen umfassenderen Begriff gebracht: *line production*, Bandproduktion. »Die Bandproduktion ist gekennzeichnet durch ununterbrochene, regelmäßige Bewegung des Materials vom Lagerplatz durch alle Phasen der Herstellung bis zum fertigen Produkt (. . .). Die Fließbandproduktion erfordert rationelle Planung, (. . .) Förderbänder sind dabei nicht unbedingte Voraussetzung.«[2]

Im folgenden werden wir hauptsächlich das Wort »Fließband« benutzen, das zu einem Synonym für Vollmechanisierung geworden ist.

Menschlich und technisch ist das Problem des Fließbandes gelöst, wenn der Arbeiter keine Bewegung der Maschine mehr zu ersetzen hat und nur als Beobachter und Prüfer die Produktion beaufsichtigt. Dies geschieht, schlagartig, gegen Ende des achtzehnten Jahrhunderts durch Oliver Evans, wenigstens soweit es die Mechanisierung des Mahlprozesses betrifft. Aber erst um 1920 wird die automatische Bandproduktion in der Massenfabrikation komplizierter maschineller Gebilde (Autochassis) erreicht.

In der Übergangsphase, die noch heute in der Industrie vorherrschend ist, agiert der Mensch als ein Hebel der Maschine. Er hat gewisse Griffe auszuführen, die ihr noch nicht möglich sind. Gewiß steht das Tempo der geforderten Arbeitsleistung im Verhältnis zum menschlichen Organismus, doch die unerbittliche Regelmäßigkeit, mit der dem Gang des ganzen Maschinensystems gefolgt werden muß, ist etwas für Menschen Unnatürliches.

Die Bildung eines Fließbandes mit seinen arbeitssparenden und produktionssteigernden Maßnahmen ist eng verknüpft mit dem Willen zur Massenproduk-

---

1 Der Ausdruck *assembly line* ist jüngeren Datums. Erst im Supplementband des *Oxford English Dictionary* von 1933 wird unter *assembly* folgende Bedeutung hinzugefügt: »Der Vorgang oder das Verfahren, eine Maschine oder ihre Teile zusammenzusetzen (*assembling*).« (1897); *assembly line* ist nicht verzeichnet, doch *assembly room* wird definiert als »Raum in einer Werkstatt, in dem die Teile eines zusammengesetzten Produkts montiert werden«. Zitiert wird eine amerikanische Quelle von 1897.

  In der deutschen Sprache gibt es für das Wort *assembly line* ebensowenig ein Äquivalent wie für das Wort *tennis*. Das Wort »Fließarbeit« etwa, das anfangs dafür gebraucht wurde, ist ungenügend. Am einfachsten wäre es, das Wort *assembly line* selbst zu benutzen, so wie es in Amerika gebraucht wird. (Inzwischen hat sich jedoch das Wort »Fließband« eingebürgert. Hrsg.)

2 So die Definition in *Wartime Technological Developments, U. S. Senate, subcommittee monograph*, Nr. 2, Mai 1945, S. 348.

tion. Für komplizierte Produkte, wie die Herstellung von Schiffszwieback, finden wir sie kurz nach 1800 im Lebensmitteldepot der englischen Marine auf rein handwerklicher Basis, d. h. ohne Anwendung von Maschinerie. Ein ganz ähnlicher Prozeß vollzog sich in den großen Schlachthäusern von Cincinnati, wo in den dreißiger Jahren, ohne Zuhilfenahme von Maschinerie, ein systematisches Teamwork beim Schweineschlachten eingeführt wurde. Das heißt, die zum Fließband gehörige Einstellung ist vorhanden, ehe es für maschinelle Abläufe in mechanisierter Form eingeführt werden kann.

Das Fließband beruht auf möglichst raschem und reibungslosem Transport von einem Produktionsvorgang zum nächsten. Dazu dienen Fördersysteme. Oliver Evans hat die drei Grundtypen des Förderbandes (conveyor), die heute noch in Gebrauch sind, zum ersten Mal in ein ununterbrochenes Produktionsband eingebaut.

Um 1830 macht sich ein neuer Einfluß geltend: die Einführung der Eisenbahnen. Sie haben damals die Phantasie der ganzen Welt angeregt. Die Schiene und der Wagen, der auf ihr lief, erschienen als das vorzüglichste Transportmittel. Bald versuchte man sie auf den verschiedensten Gebieten der Industrie anzuwenden.

1832 wurde in Frankreich ein Backofen mit einem umlaufenden Tunnel im Innern patentiert. Das Brot wurde in Behältern gebacken, die auf Schienen durch den Ofen geleitet wurden[3]. Dies mag als bloßes Symptom bewertet werden. Doch wurden in dieser Zeit in England wichtige Erfindungen gemacht, die auf der Verbindung von Schiene und Fahrgestell beruhen. Dazu gehörte der fahrbare Kran, der die Lasten hoch über den Köpfen in horizontaler Richtung fortbewegen konnte. Er wurde offenbar in England von Johann Georg Bodmer, 1833, erfunden. Bodmer war es auch, der 1839 im Innern einer Fabrik in Manchester Geleise verlegte und das Material auf Wagen unmittelbar bis an die Maschinen führte.

Der sich horizontal fortbewegende Laufkran gibt den ersten Anstoß zu Transportanlagen mit hochgelegten Schienen, wie sie in größerem Maßstab in den amerikanischen Schlachthäusern des Mittelwestens gegen Ende der sechziger Jahre auftauchten und schließlich in der Automobilfabrikation (Henry Ford, 1913) Verwendung fanden.

Eingeführt wurde das Fließband im heutigen Sinne in der Nahrungsmittelindustrie, zuerst 1783 durch Oliver Evans in der Müllerei. 1833 wird in einem englischen Lebensmitteldepot auch die Herstellung von Schiffszwieback maschinell durchgeführt, wobei die Backbretter von Maschine zu Maschine und vom Ofen zurück zum Ausgangspunkt auf Rollenlagern und Walzen transportiert werden. In den späten fünfziger Jahren versucht man in England und in Amerika auch das diffizile Brotbacken zu mechanisieren. Damals wurde in Amerika sogar Obst in Trockenkammern mit Hilfe einer Förderanlage nach einer heute vergessenen Methode (Alden-Verfahren) getrocknet. In den späten sechziger Jahren findet man in den großen Fleischfabriken des Mittleren Westens Förderanlagen mit hochgelegten Schienen und kombiniert mit verschiedenen Maschinen.

3 Patent von Aribert.

Über jede Einzelheit der Förderanlagen, die für Ingenieure oder Fabrikanten von Interesse ist, gibt es eine nahezu unübersehbare Literatur, doch in unserem Zusammenhang ist sie wenig hilfreich: die Entstehung des Fließbandes, seine fast unmerkliche Entwicklung während eines ganzen Jahrhunderts bis zu seiner Herrschaft über fast alles und jeden ist vor allem ein historisches, ein menschliches Problem. So mag es zu erklären sein, daß wir über sein Zustandekommen so wenig wissen. Es gibt keine zusammenfassende Darstellung darüber und anscheinend nicht einmal Aufsätze, die sich mit der Geschichte dieses wichtigsten Instruments der Massenproduktion abgeben.

Innerlich verknüpft mit dem Fließband ist ein Problem, das um 1900 langsam Bedeutung gewinnt, die *wissenschaftliche Betriebsführung*. Wie das Fließband hat sie vor allem mit Organisation zu tun. Ihr Begründer, Frederick Winslow Taylor, hat sehr früh, seit Beginn seiner Versuche in den achtziger Jahren, die Geschwindigkeit, mit der die verschiedenen Maschinen liefen, durch individuellen Antrieb reguliert und dabei als einer der ersten den Elektromotor eingesetzt. Von größerer Bedeutung bei der wissenschaftlichen Betriebsführung ist jedoch die Untersuchung des Ablaufs der menschlichen Arbeitsleistung.

Ihre Entwicklung hat teils zu einer Erleichterung der Arbeit, teils zu einer rücksichtslosen Ausbeutung des Arbeiters geführt.

Ihr wichtigstes Ergebnis war jedoch der neue Einblick, den Untersuchungen wie die von Frank B. Gilbreth in das Wesen des Arbeits- und Bewegungsvorganges gewähren. Wie Gilbreth die Elemente und den Ablauf menschlicher Bewegung sichtbar zu machen versteht, ist meisterhaft sowohl in der Methode wie in der Kühnheit ihrer Anwendung. Es scheint uns, daß gerade diese Seite der Forschung, die am stärksten im Menschlichen verankert ist, auf die Dauer auch die stärkste Bedeutung behalten wird.

Die kontinuierliche Bandproduktion im achtzehnten Jahrhundert

Oliver Evans

Das bis heute typischste Kennzeichen amerikanischer Industrialisierung, das Fertigprodukt in kontinuierlichem Arbeitsfluß herzustellen, stand von Anfang an im Mittelpunkt der Überlegungen. Ehe es eine amerikanische Industrie gab und lange bevor man über die Fertigkeit verfügte, komplizierte Maschinen zu bauen, ging ein einsamer und prophetischer Geist daran, ein System von Vorrichtungen zu ersinnen, das mit Hilfe einer mechanischen Transportanlage die menschliche Hand im Arbeitsprozeß ausschalten sollte.

Im letzten Viertel des achtzehnten Jahrhunderts errichtete Oliver Evans (1755-

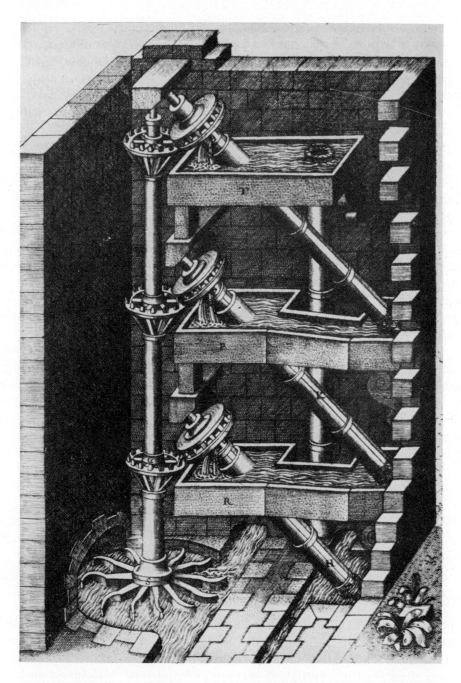

43. AGOSTINO RAMELLI: Maschine zum Heben von Wasser mittels der archimedischen Schraube. 1588. *In der Renaissance lebte das Interesse an der Mechanik wieder auf. Das zeigt sich an vielen Vorrichtungen, wie der sogenannten archimedischen Schraube, die nichts anderes ist als die heutige Transportschraube. Um das Wasser zu heben, setzt Ramelli drei archimedische Schrauben ein, die von dem fließenden Wasser selbst angetrieben werden.* (*Ramelli*, Le diverse artificiose machine, *Paris*, 1588)

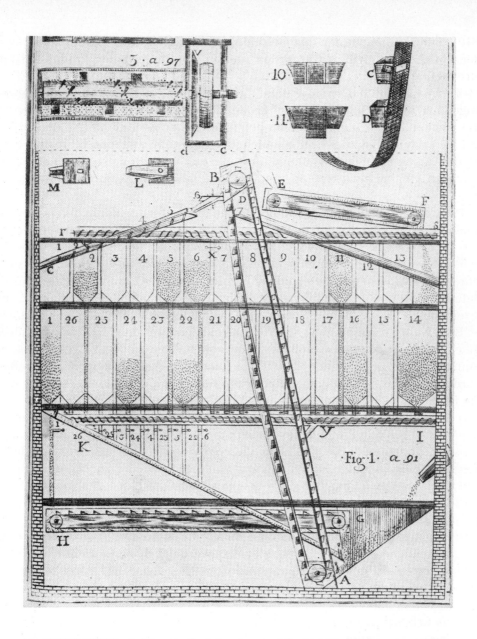

44. OLIVER EVANS: Archimedische Schrauben und Becherkettenförderer zum Heben und Transportieren von Getreide. 1783. *Evans, der Erfinder des Produktionsbandes, verwendet die archimedische Schraube in einem System von Band- und Becherkettenförderern, um das Material (Getreide) ohne Hilfe der menschlichen Hand von Arbeitsgang zu Arbeitsgang zu transportieren. »Eine Endlosschraube mit zwei Gewinden« bewegt das Getreide in der Horizontalen. Die vertikale Hebevorrichtung ist ein Endlosband aus Eisenblechbechern (CD). Die abwärts führende Transportvorrichtung (EF) ist ein »breites endloses Band aus geschmeidigem Leder, Segeltuch oder Flanell, das über zwei Rollen läuft. (...) Die Vorrichtung wird durch das Eigengewicht des Getreides in Bewegung gesetzt. Die Vorrichtung arbeitet nach dem Prinzip des oberschlächtigen Wasserrades.« (Evans,* Young Millwright and Miller's Guide, *1795)*

1819)[4] eine Mühle, in der das Getreide die verschiedenen Mahlprozesse ohne menschlichen Eingriff stockungslos und in kontinuierlicher Produktionslinie durchlief.

Oliver Evans hat das endlose Band und verschiedene Arten von Förderanlagen eingeführt, die in allen Stadien der Produktion aufeinander abgestimmt sind. Die drei Formen, die er von Anfang an benutzte: das endlose Band, die Becherkette und die archimedische Schraube, auch Mehlschraube genannt, bilden bis heute die drei Arten des Fördersystems. Im einzelnen wurden diese Elemente später technisch weiterentwickelt, an der Methode selbst aber gab es nichts zu ändern.

1783 war das Modell für die automatische Mühle fertig, und in den beiden folgenden Jahren, 1784-85, wurde sie in den Wäldern von Delaware, im Tal des Redclay Creek, errichtet (Abb. 44, 45). Die Mühle konnte das Getreide von Booten oder Fuhrwerken einladen; eine Waage stellte das Gewicht fest, eine Transportschraube (Evans nennt sie »endlose archimedische Schraube«) beförderte das Material weiter ins Innere bis zu der Stelle, wo es von einem Becherwerk (Evans bezeichnet es als »vertikales Hebewerk«) in den obersten Stock transportiert wurde. Es bewältigte dreihundert Scheffel Getreide pro Stunde. Nun fielen die Körner auf ein schwach geneigtes, endloses Band: »ein breiter, endloser Streifen aus sehr dünnem Leder, Leinen oder Flanell, der über zwei Walzen rotiert«. Dieses Band wurde durch das Gewicht des Getreides in Bewegung gesetzt und »bewegt sich«, wie Evans selbst hinzufügt, nach dem Prinzip eines oberschlächtigen Wasserrades«. Ein Jahrhundert später bemerkt ein großer amerikanischer Ingenieur: »Es handelt sich um den Prototyp des Förderbandes, wie es heute für den Horizontaltransport üblich ist«[5]. Nach zwischengeschalteten Arbeitsvorgängen wurde das Getreide zu den Mühlsteinen hinab und von diesen wieder zurück in den obersten Stock geleitet. Es machte also – das interessiert uns hier – den Weg durch alle Stockwerke, von unten nach oben und von oben nach unten, ähnlich, wie die Autokarosserien in den Fordwerken 1914.

Zunächst glaubte niemand, daß die Anlage funktionieren würde. Wie konnte die menschliche Hand so plötzlich ersetzt werden? In einer ziemlich dunklen Fußnote zu einem seiner Bücher konnte sich Oliver Evans der folgenden Bemerkung nicht enthalten: »Der menschliche Geist scheint außerstande etwas zu glauben, was er sich nicht vorstellen und was er nicht begreifen kann (. . .). Ich spreche aus Erfahrung, denn als die Behauptung zuerst aufgestellt wurde, daß sich Getreidemühlen bauen ließen, die sich selbst betrieben und sogar das Mehl von den Steinen holten und das Getreide von den Wagen und es in die oberen Stockwerke hoben, das Mehl zum Abkühlen ausbreiteten und es mit denselben Operationen in den Trichter zum Beuteln füllten usw., bis das Mehl zum Abtransport

---

4 Die sorgfältige dokumentarische Arbeit von Greville und Dorothy Bathe, *Oliver Evans*, Philadelphia 1935, unterrichtet über das Werk und die näheren Lebensumstände des Erfinders.
5 Colemann Sellers, Jr., »Oliver Evans and His Inventions«, *Journal of the Franklin Institute*, Bd. XCII (1886), S. 4.

fertig war, da lautete die Antwort: Man kann das Wasser nicht den Hügel hinauf fließen lassen, man kann keine hölzernen Müller machen.«[6]

Doch die Mühle, die Oliver Evans am Redclay Creek für sich und seine Teilhaber errichtete (1784-85), funktionierte. Die Müller der Umgegend besichtigten sie und sahen, daß alle Operationen »des Mahlens ohne irgendwelche Mitarbeit vonstatten gingen, Säubern, Zermahlen, Beuteln (. . .) ohne menschliches Zutun.«[7]

Als sie heimkehrten, berichteten sie, die ganze Vorrichtung sei »ein Klapperkasten, der die Aufmerksamkeit eines vernünftigen Mannes nicht verdient«[8]. Doch bald wurden die ökonomischen Vorteile deutlich. Die Mechanisierung der Mühlen wurde rasch akzeptiert. 1790 erhielt Oliver Evans ein Patent für seine »Methode, Mehl herzustellen und zu mahlen«. Neue Schwierigkeiten zeigten sich, auf die wir gleich zurückkommen wollen.

Wie kam diese Erfindung zustande?

Oliver Evans war auf dem Lande – im Staat Delaware – aufgewachsen. Das Farmhaus seines Vaters steht, in Ruinen, heute noch. Als er in die Stadt ging, nach Philadelphia, das damals den Mittelpunkt des kulturellen Lebens bildete, war er fast fünfzig Jahre alt. Er reiste nicht nach Europa und führte keine Korrespondenz mit den wissenschaftlichen Größen seiner Zeit. Er war ganz auf sich allein angewiesen. Er lebte in einem Agrarland, in dem die Landwirtschaft mit den primitivsten Mitteln betrieben wurde. Seine Lektüre waren die populären Lehrbücher über die Grundgesetze der Mechanik, der Mechanik der festen und flüssigen Körper. Diese Gesetze, die längst als selbstverständlich galten, wurden wieder lebendig und aufregend, wie sie es zur Zeit der Renaissance gewesen waren. Sie gewannen plötzlich neues Leben, wie wenn ein Künstler Gegenstände, die uns altvertraut erscheinen, mit neuem, schöpferischem Leben erfüllt.

Das sind keine leeren Vermutungen. Wenn man sein Buch über die Mechanisierung des Mahlprozesses *The Young Millwright and Miller's Guide*[9] durchgeht, so findet man, daß ungefähr die Hälfte davon über die Gesetze der »Mechanik und Hydraulik« handelt. Man kann fast Schritt für Schritt verfolgen, wie die einfachen Lehrsätze von den »Bewegungs- und Kraftgesetzen fallender Körper, von Körpern auf schiefen Ebenen, von den Gesetzen der Schraube und der Kreisbewegung« sich in mechanische Vorrichtungen verwandeln und daraus die Mühle entsteht, die von selbst läuft, die Mühle ohne Arbeiter, der Automat.

Die Schaufeln des Mühlrades, dessen Bewegungsgesetze unter der Einwirkung des Wassers von Evans untersucht wurden, verwandeln sich in Körbe, in die Be-

---

6 In seiner kurzen Geschichte der Dampfmaschine in *Young Steam Engineers Guide* (Philadelphia, 1804), in der er sich mit dem Marquis von Worcester vergleicht und obige Stelle hinzufügt.
7 Coleman Sellers, Jr., a.a.O., S. 2.
8 Ebenda.
9 Oliver Evans, *The Young Millwright and Miller's Guide*, Philadelphia, 1795, mit einem Anhang von seinem Teilhaber Elincott über Betriebsführung, auch ins Französische übersetzt, erlebte bis 1860 15 Auflagen. Greville Bathe hat sie sorgfältig zusammengestellt. Mehr als ein halbes Jahrhundert wurde Evans' Buch als Standardwerk benutzt.

hälter eines endlosen Bandes, das die Produkte von einer niederen zu einer höheren oder von einer höheren zu einer niederen Ebene leitet. Das Wasser, das in die Schaufeln des Mühlrades läuft, wird zum Getreide, das sich bewegt und weiter bewegt, nur daß es nicht treibt, sondern getrieben wird.

Die Schwierigkeiten, die entstanden und die zu Streit und schließlich zu einem Konflikt mit dem Kongreß führten, gingen von den Müllern aus. Sie wurden sich bald der Vorteile bewußt, aber sie wollten nicht gerne Lizenzgebühren an Oliver Evans zahlen und fochten später (1813) in einer Denkschrift an den Kongreß das Patent an. Sie wollten »Erleichterung von den drückenden Auswirkungen« des Patentes von Oliver Evans[10]. Thomas Jefferson wurde von einem Sachverständigen mit hineingezogen. Seine Meinung von Oliver Evans' Vorrichtungen war gering. Er sah nur die Details, nicht das Ganze, und so äußerte er sich folgendermaßen: »Der ›elevator‹ ist nichts anderes als das alte persische Rad-Schöpfwerk und der ›conveyor‹ ist dasselbe wie die archimedische Schraube«.[11]

Wenn man die Erfindung von Oliver Evans in Einzelteile zerlegt, so hat Jefferson natürlich recht. Die Eimerkette wurde überall in der Antike – von Ägypten bis China – zum Wasserpumpen benutzt[12], und die endlose archimedische Schraube, die Transportschraube, ist fast in jedem Buch der Spätrenaissance zu finden, das sich mit Maschinen befaßt. Sie diente in der Renaissance als Mittel, um Wasser von einem tieferen auf ein höheres Niveau zu »schrauben«. So verwendet Agostino Ramelli[13] hintereinandergeschaltete archimedische Schrauben, um Wasser stufenweise von einem tieferen auf ein höheres Niveau zu leiten (Abb. 43). Als Transportschraube zur horizontalen Förderung *festen Materials* ist die archimedische Schraube unseres Wissens zum ersten Mal von Oliver Evans verwendet worden.

Die Theoretiker der Renaissance befassen sich mit einfachen Arbeitsvorgängen. Wollen sie Lasten heben oder Kräfte übertragen, so tun sie dies mit Hilfe der Hebelwirkung, von Zahnradgetrieben oder Flaschenzügen. Diese können manchmal grandiose Formen annehmen, wie die Niederlegung, der Transport und die Wiederaufrichtung des Vatikanischen Obelisken durch Domenico Fontana (1543-1607), Architekt, Ingenieur und Stadtplaner von Sixtus V. Im Gegensatz zu den unbeholfenen Vorschlägen seiner Rivalen benutzte Fontana 1586 vierzig von Pferden gezogene Flaschenzüge, um den Monolithen vor den Augen der staunenden Römer um seinen Schwerpunkt zu kippen.

Dies alles gehört in das Gebiet des einfachen Transportes und Lastenhebens, wozu auch die modernen Kräne für den Transport von Kohle, Erzen und anderen Gütern in Häfen, Industriegeländen und Güterbahnhöfen gehören.

---

10 G. Bathe, a.a.O., S.189-190.
11 Ebenda, S. 191.
12 Neuere Untersuchungen haben in einer Zeichnung von Pieter Brueghel erkannt, daß die Eimerkette »in Holland 1561 beim Ausschachten eines Kanals als Bagger benutzt wurde«. Zimmer, »Early History of Conveying Machines«, *Transactions of the Newcomen Society*, London 1924-25, Bd. 4, S. 3.
13 Agostino Ramelli, *Le Diverse et Artificiose Machine Del Capitano Agostino Ramelli*, Paris, 1588.

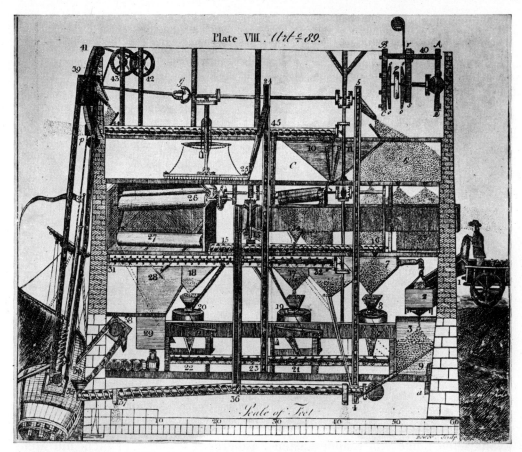

45. OLIVER EVANS: Aufriß der mechanischen Mühle, 1783. *Das erste vollständige Produktionsband, geschaffen, ehe es überhaupt eine amerikanische Industrie gab.* (*Evans,* Young Millwright and Miller's Guide, 1795)

Bei Oliver Evans haben Lastenheben und Transport eine andere Bedeutung. Es sind nur Bindeglieder eines stetig fortschreitenden Produktionsvorganges: vom Rohmaterial bis zum Fertigprodukt soll die menschliche Hand durch die Maschine ersetzt werden. Evans verwirklicht schlagartig und ohne jeden Vorgänger auf seinem Gebiet, was später zum Angelpunkt der Mechanisierung werden sollte.

Oliver Evans' Methode hatte in seiner Zeit keine Parallele. Und nichts ist für den Menschen schwerer, als Ideen für eine noch kaum greifbare Zukunft zu entwerfen. Es liegt in unserer Natur, daß wir an alles mittels Analogien herangehen, gleichgültig, ob es sich um Produktionsmethoden, Wissenschaft oder um emotionale Phänomene handelt, wie in der Kunst.

Arthur Schopenhauer hat einmal vom Talent gesagt, daß es ein Ziel treffe, das der gewöhnliche Mensch nicht erreiche, das Genie aber ziele nach einem Punkt, den die andern nicht einmal sehen.

109

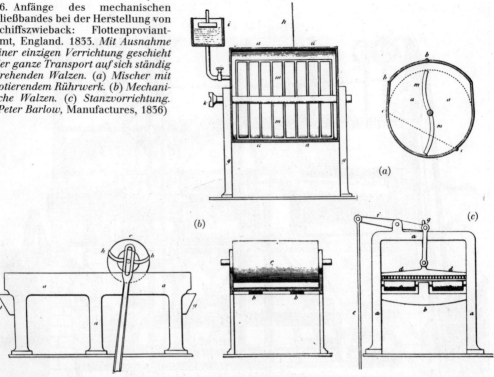

46. Anfänge des mechanischen Fließbandes bei der Herstellung von Schiffszwieback: Flottenproviantamt, England. 1833. *Mit Ausnahme einer einzigen Verrichtung geschieht der ganze Transport auf sich ständig drehenden Walzen. (a) Mischer mit rotierendem Rührwerk. (b) Mechanische Walzen. (c) Stanzvorrichtung.* (*Peter Barlow*, Manufactures, 1836)

Äußerlich besehen war, wie die Zeitgenossen sagten, die Erfindung von Oliver Evans »eine Reihe von Klapperkästen«. Außerdem verstand er nicht mit Menschen umzugehen, wie dies Benjamin Franklin so meisterhaft konnte. Auch mit seinen anderen Erfindungen, von denen zumindest eine eine Vision von überraschender Kraft zeigt[14], hatte Evans kein Glück.

Seine späten Nachfolger waren weit glücklicher mit der Einführung des kontinuierlichen Produktionsprozesses. Sie hatten eine hochentwickelte Technik zur Verfügung und fanden Unterstützung durch eine Zeit, die nichts anderes so sehr wollte wie Produktion.

Ob jemand zu den Gescheiterten oder den Erfolgreichen gehört, ob er seine Erfindung vom ersten Einfall bis zum letzten Zahnrad mühselig selbst aufbaut oder ob ein Stab von tausenden von Ingenieuren einen Gedanken in die Tat umsetzt, das ist für den Historiker ohne Bedeutung. Was zählt, ist nur die Stärke der Vision. So gesehen, beginnt mit der Erfindung von Oliver Evans ein neues Kapitel in der Geschichte der Menschheit.

---

14 Wir meinen damit weniger seine »amphibische Grabmaschine«, »einen Dampfbagger, um die städtischen Docks zu säubern« (1804, vgl. G. Bathe, a.a.O., S. 108) oder seine Hochdruck-Dampfmaschine, sondern die überraschend präzise Angabe, mit der er ein Verfahren zum mechanischen Eismachen entwickelt, das ein halbes Jahrhundert in Gebrauch bleibt.

Die Anfänge des Fließbandes

Oliver Evans hatte ein komplexes Material (Getreide) in verschiedene Teile zerlegt und ein neues Produkt (Mehl) mechanisch daraus hergestellt. Auch im neunzehnten Jahrhundert ging es um die mechanische Herstellung eines Produktes – zum Beispiel einer Maschine. Die verschiedenen Einzelteile werden »versammelt« [assembly line!] und zu einem neuen Ganzen vereinigt. Doch ist dies keine Regel. Es kann auch, wie beim mechanisierten Schlachtvorgang, ein Ganzes in seine Teile zerlegt werden (wie dies Evans in seiner Mühle tat). Das Charakteristische dieser Periode ist die Unvollkommenheit der Maschinerie, so daß daher der Mensch eingeschaltet wird, um eine ununterbrochene Produktion zu ermöglichen.

Das Fließband bildet in unserer Zeit das Rückgrat der Fabrikation. Es handelt sich dabei ebenso um ein menschliches, wie um ein technisches und organisatorisches Problem. Die langsame Entwicklung des Fließbandes ist nur unvollkommen bekannt. Im folgenden werden wir nur einige Querschnitte aus dem neunzehnten Jahrhundert geben.

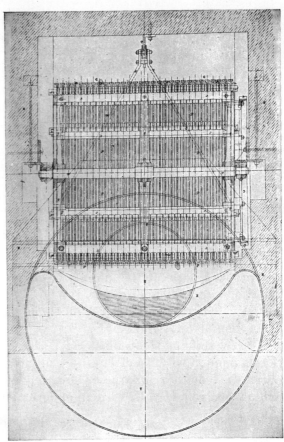

47. J. G. BODMER: Wanderrost für Dampfkessel. Brit. Patent. 1834. *Dieser in England wirkende Schweizer Ingenieur hat die Herstellung von Werkzeugmaschinen und komplizierten Maschinen in den dreißiger Jahren des neunzehnten Jahrhunderts durch neue Methoden bereichert; es heißt, er sei der Erfinder des Bocklaufkrans. Es existiert keine Ansicht seiner Maschinenfabrik in Manchester, dafür aber besitzen wir von ihm ausführliche Patentschriften. Wie Evans beschäftigte sich Bodmer vor allem mit dem Endlosband, das er für den Transport schwerer Materialien und für neuartige Zwecke verwendete. Sein Wanderrost, der in einzelne Sektoren gegliedert ist, diente zum kontinuierlichen Beheizen von Öfen.*

48. Sweets Projekt einer Hochbahn auf dem Broadway. Um 1850. *Der Bocklaufkran bewegt schwere Lasten durch die Luft. In den sechziger Jahren war man von der Idee des Schwebeverkehrs fasziniert: es existieren Patente für Schwebebahnen zum Materialtransport und phantastische Vorschläge, wie der einer Ballonbahn zur Spitze des Rigi (Abb. 95) oder für eine Bahn über den Broadway in New York, die auf dem Prinzip des Laufkrans beruht.* (The Scientific American, 15. *Oktober*, 1853)

Seit dem neunzehnten Jahrhundert bestehen die Ansätze zum Fließband in erster Linie in der planmäßigen Zusammenarbeit einer Belegschaft: Teamwork. Diese Zusammenarbeit geschieht, indem die Arbeitsteilung, die von Adam Smith im achtzehnten Jahrhundert als die Grundlage der Industrie erkannt wurde, zeitlich reguliert und aufeinander abgestimmt wird.

Systematische Anfänge der Bandproduktion zeigen sich bereits in der Handarbeit vor der eigentlichen Mechanisierung.

1804

Zwei Jahrzehnte nach Oliver Evans' automatischer Mühle wird in einem englischen Marinedepot ein menschliches Fließband eingeführt, um die Herstellung von Schiffszwieback zu beschleunigen. Diese Arbeit wird in verschiedene Phasen unterteilt, und dabei werden die Handgriffe der einzelnen Arbeiter zeitlich aufeinander abgestimmt.

Eine Quelle von 1804[15] gibt einen guten Einblick in diese frühe Form einer Fließbandproduktion. Ein Team von fünf Bäckern hat siebzig Schiffszwiebacke in der Minute herzustellen, mit zwölf Öfen, von denen »jeder täglich Brot für 2040 Menschen liefern« wird.

»Die Herstellung von Schiffszwieback, wie sie im Victualling Office in Deptford vorgenommen wird, ist eigenartig und interessant.

Der Teig, der nur aus Wasser und Mehl besteht, wird mittels einer großen Maschine geknetet. (...) Er wird an einen zweiten Arbeiter weitergegeben, der ihn

---

15 *The Book of Trades, or Library of the Useful Arts*, London 1804, S. 107-108. Die erste amerikanische Ausgabe dieses Buches erschien 1807.

49. Entstehung des modernen Fließbandes. Cincinnati, um 1870. *Das moderne Fließband ist in den späten sechziger Jahren entstanden, wahrscheinlich in den Schlachthäusern von Cincinnati. Das Prinzip des modernen Fließbandes kommt in einer bestimmten Phase des Schlachtvorganges zum Tragen. Nach dem Fangen, Töten, Ausbrühen und Enthaaren werden die Tierleiber in einem Abstand von 60 cm an eine hochliegende Schiene gehängt und kontinuierlich an einer Reihe von Arbeitern entlanggeführt. Jeder Mann führt eine ganz bestimmte Arbeit aus. »Einer spaltet das Tier, der nächste nimmt die Eingeweide heraus, der dritte Herz, Leber usw., und der Mann am Schlauch wäscht es aus.«* (Harper's Weekly, 6. Sept. 1873)

mit einem großen Messer für den Bäcker in Scheiben schneidet. Es sind fünf Bäcker vorhanden. Der erste formt die Zwiebacke, zwei zugleich, der zweite stempelt sie und wirft sie dem Zerschneider zu, der sie teilt und dem vierten weitergibt. Dieser beliefert den Ofen, und seine Arbeit, das Brot auf die Backschaufel zu laden, erfordert eine derartige Exaktheit, daß er nicht einmal einen Augenblick wegblicken kann. Der fünfte erhält die Zwiebackmasse auf der Backschaufel und ordnet sie im Ofen an. Die Aufgabe besteht darin, siebzig Zwiebacke pro Minute in den Ofen zu schieben, und dies geschieht mit der Regelmäßigkeit einer Uhr, wobei das Geklapper der Backschaufel wie die Bewegung eines Uhrpendels anmutet.«

Diese Schiffszwieback-Bäckerei der englischen Marine in Deptford scheint berühmt gewesen zu sein. Noch mehr als dreißig Jahre später[16] wird sie eingehend beschrieben. Wir erfahren dabei nichts wesentlich Neues, erhalten aber eine genauere Kenntnis der Anlage, die bereits der Idee des späteren Fließbandes nahekommt: »Die Bäckerei besteht aus zwei langen Gebäuden, jedes in zwei Backräume mit je sechs Öfen unterteilt, die Rückseite an Rückseite angeordnet sind. Die

---

16 Peter Barlow, *Manufactures and Machinery in Britain*, London, 1836.

113

Backtröge und Knetbretter sind entlang der Außenwände des Gebäudes, einer dem anderen gegenüber, angeordnet.«[17]

Um diese Zeit wurde die Handarbeit durch ein »äußerst ingeniöses Stück Maschinerie« ersetzt.

1833

Der Direktor des Lebensmitteldepots in Deptford, Mr. Grant, der dieses »äußerst ingeniöse Stück Maschinerie« erfunden hatte, schuf damit wohl das erste Produktionsband in der Nahrungsmittelindustrie (Abb. 46). Nur ein einziger Vorgang, das Abnehmen des Teiges von der Knetmaschine, geschah von Hand, alle anderen Übergänge von einer Operation zur anderen wurden von Walzen besorgt, die in ununterbrochener Rotation arbeiteten.

»Die Anordnung der verschiedenen Maschinen sollte so dicht beieinander wie möglich sein [klingt das nicht wie eine Forderung Henry Fords?], damit die Backbretter leicht von einem zum andern weiterrollen können (. . .). Außerdem sollte der Wand entlang eine Serie von Walzen angebracht werden, um die Bretter nach ihrer Leerung wieder an den ersten Tisch zurückzuleiten. In Portsmouth lief diese Reihe von Walzen, angetrieben von der Dampfmaschine, ununterbrochen, so daß die Bretter an einer beliebigen Stelle auf das Band gelegt werden konnten und ohne weitere Aufsicht zurück zur Knetmaschine gelangten.«[18]

Auf manch anderen Gebieten ist eine ähnliche Zerlegung der Produktion in einzelne Arbeitsvorgänge zu beobachten, wie sie zuerst Adam Smith durch seine Beschreibung der »Arbeitsteilung« in den Nadelfabriken von Birmingham berühmt gemacht hat. In den Vereinigten Staaten, deren Warenhäuser sich langsam seit den vierziger Jahren herausbildeten, ging man – im Gegensatz zu Europa – von Anfang an darauf aus, Konfektionskleidung anzubieten. Dies führte früh, ohne Anwendung von Maschinerie, zu einer Zerlegung des Arbeitsprozesses durch ein Teamwork, wie dies in der englischen Zwiebackfabrikation geschah.

Der gleiche Vorgang spielt sich in den Schlachthäusern ab. In Cincinnati (Ohio), dem Ursprungsort der Großschlachtereien, wurden schon in den dreißiger Jahren Reisende an die von Adam Smith beschriebene Arbeitsteilung erinnert, wenn sie die Organisation des Schlachtprozesses beobachteten[19].

1837 scheint man so weit gewesen zu sein, daß eine Gruppe von zwanzig Mann sechshundertzwanzig Schweine in acht Stunden töten, reinigen und bis zum Hackmesser bringen konnte, und dies ohne Maschinen[20].

Und um die Jahrhundertmitte »fand man es ökonomisch, jedem Arbeiter eine spezielle Aufgabe zu geben (. . .), einer putzte die Ohren, einer beseitigte die Bor-

---

17 Ebenda, S. 801.
18 Peter Barlow, a.a.O., S. 804.
19 Harriet Martineau, *Retrospect of Western Travels*, New York 1838, Bd. 2, S. 45, zitiert bei R. A. Clemen, *The American Livestock and Meat Industry*, New York, 1923.
20 R. A. Clemen, a.a.O., S. 12.

sten und Haare, während andere das Tier sorgfältiger abschabten (...). Welche Geschwindigkeit man 1851 in Cincinnati erreichte, geht daraus hervor, daß die Arbeiter drei Schweine in der Minute zu säubern vermochten.«[21]

1839

Ansätze der Fließbandarbeit bei der Herstellung komplizierter Spinnereimaschinen sind gegen 1840 in England zu erkennen. Was in Amerika in dieser Zeit vor sich ging, ist noch weitgehend ungeklärt. In Manchester richtete ein Zürcher Erfinder, Johann Georg Bodmer (1786-1864)[22], eine Fabrik für Werkzeugmaschinen ein, die in ihrer Anlage und durch die Konstruktion der Maschinen auf Weg- und Arbeitsersparnis, sowie auf Transporterleichterung abzielte. Hier wird, um 1840, Henry Fords Maxime, »Werkzeuge und Männer in Arbeitsabläufe zu bringen«, die er in *My Life and Work* (1922) ausspricht, in erstaunlichem Maße befolgt.

Es war eine Art Musterwerkstatt, für die fast alles neu konstruiert wurde. Fast jede Maschine war ein Patent. Was an den einzelnen Werkzeugmaschinen verbessert wurde, das läßt sich heute noch genau in den Zeichnungen der Bodmerschen Patentschriften[23] nachprüfen. Normalerweise umfaßt eine Patentbeschreibung wenige Seiten, hier füllt eine Beschreibung sechsundfünfzig Seiten und umfaßt beinahe einen ganzen Katalog von Maschinen: »Maschinen, Werkzeuge oder Apparate zum Schneiden, Glätten, Bohren und Walzen von Metall« und »neue Anordnungen und Konstruktionen der verschiedenen Mechanismen«[24].

Zwischen 1830 und 1850 unternahm man in England große Anstrengungen, diese Werkzeugmaschinen zu verbessern. Das war die Grundlage für die rasche Industrialisierung auf den meisten Gebieten in den Jahren zwischen 1850 und 1890. Uns interessiert dabei, wie weit um 1830 die Konstruktion und Anordnung von Werkzeugmaschinen und von Beförderungstechniken auf eine einheitliche Bandproduktion zielte.

Konstruktion: »Über den großen Drehbänken wurden kleine *fahrbare Kräne* angebracht mit Rollkloben, damit die Arbeiter *bequem und ohne viel Umstände die zu bearbeitenden Werkstücke in die Drehbank einsetzen* und nachher wieder herausnehmen konnten.«

»Kleine Kräne in ausreichender Zahl wurden auch in der Reichweite der Hobelmaschinen aufgestellt.«

Anordnung: »Nach und nach wurden alle diese Arbeitsmittel geschaffen und nach einem sorgfältig abgestimmten Plan *systematisch in Reihen angeordnet.*«

---

21 Ebenda, S. 121.
22 Die Wiederentdeckung Johann Georg Bodmers in unserer Zeit ist J. W. Roe zu danken, der in seinem Buch *English and Amrican Toolbuilders*, New York, 1916, S. 75-80, Bodmer die ihm gebührende Stellung anweist. Er stützt sich dabei auf die *Minutes of the Institution of Civil Engineers*, London, 1868, XXVIII, 573ff., die kurz nach dem Tode Bodmers eine eingehende Gedenkschrift bringen mit einem Verzeichnis seiner Patente am Ende, das 8 Seiten umfaßt.
23 Brit. Patent Nr. 8070, A. D. 1839, Brit. Patent Nr. 8912, A. D. 1841.
24 Brit. Patent Nr. 8070, A. D. 1839, S. 2.

Transport: »Verschiedene Gleisstrecken führten von einem Ende der Werkstatt zum anderen, um die Teile der in Arbeit befindlichen Maschinen leicht auf Wagen transportieren zu können. Derartige Anlagen waren damals [1839] im Unterschied zu heute [1868] nicht üblich.«[25]

In der ersten Hälfte des neunzehnten Jahrhunderts und besonders zwischen 1830 und 1850 tauchten überall Erfinderbegabungen auf, die sich an den verschiedensten Problemen der Industrie versuchten. Die hochgradige Spezialisierung war – abgesehen von den hochentwickelten Spinnmaschinen – noch weit entfernt. Die Zeit bot eine Fülle von unbewältigten Aufgaben. Bodmer war einer dieser vielseitigen Erfinder: er arbeitete an Wasserrädern, dem Lokomotivenbau, Dampf-, Werkzeug- und Spinnmaschinen und war sogar um die mechanische Erzeugung von Rübenzucker bemüht. Ein Problem jedoch beschäftigte ihn von Anfang bis Ende: *der Transport innerhalb eines Produktionsvorganges.*

Das begann schon 1815, als er für seinen Bruder in Zürich eine Mühle an der Limmat baute, »mit einigen wesentlichen Besonderheiten (. . .), einem Aufzug von einfacher Bauart, der nur aus einem starken und breiten Treibriemen und einer Seiltrommel bestand (. . .) und mit dem die Getreidesäcke nach Belieben hinauf- oder hinuntergelassen wurden und die Arbeiter von einem Stockwerk zum anderen gelangen konnten, indem sie einfach das Seil anzogen oder losließen«[26].

Als Bodmer 1833 in Bolton eine kleine Fabrik für Textilmaschinen einrichtete, »konstruierte er, was man heute einen *Laufkran* nennt«[27]. Es handelte sich, wie Roe bemerkt, um einen der ersten, wenn nicht sogar um den ersten fahrbaren Kran[28].

Bodmer interessierte sich, ebenso wie Oliver Evans, sehr für das endlose Band. Er verwendete es 1834 für schwerere Materialien und für bestimmte neuartige Zwecke. Zum ersten Mal setzte er es ein zum Zweck kontinuierlicher Brennstoffzufuhr. Er war es, der den Wanderrost (travelling grate) für Dampfkessel, Heißluftöfen (Abb. 47) und Schmelzöfen verwendete[29], »um eine möglichst große Ausnutzung der Steinkohle zu erreichen«[30]. Wie später beim Fließband die Geschwindigkeit der Bandbewegung auf das Arbeitstempo abgestimmt werden mußte, richtet sich die des Wanderrostes hier nach der Verbrennung. »Der Ofen mußte langsam und kontinuierlich mit Brennstoff beschickt werden. Diese Erwägung führte Bodmer zur Einführung eines Wanderrostes.«[31] Nachdem er die starre Rostfläche in bewegliche Abschnitte zerlegt hat, entwickelt er die unterschiedlichsten Vorschläge für seine Kettenroste, seine »wandernden« und »rotierenden« Roste und für »Trommelfeuerroste« und erschließt dadurch das Gebiet der automatischen Feuerung. In seiner Maschinenfabrik in Manchester erprobte er 1839

---

25 Die beste Darstellung enthält die unerreichte zeitgenössische Schilderung in der Gedenkschrift für Bodmer: *Minutes of the Institution of Civil Engineers*, a.a.O., S. 588.
26 Ebenda, S. 579.
27 Ebenda, S. 581.
28 J. W. Roe, a.a.O.
29 Brit. Patent, Nr. 6616, A. D. 1834.
30 *Minutes*, a.a.O., S. 584.
31 Ebenda.

einen Kessel mit seinen wandernden Feuerrosten. Nach einiger Zeit gab man das Experiment auf. Es war noch verfrüht. Zwei Jahrzehnte später fand das endlose Band in der amerikanischen Brotherstellung (Abb. 100) Verwendung, um die Brotlaibe langsam und kontinuierlich durch den Ofen zu leiten. Damit wurde die Idee Admiral Coffins aus dem Jahre 1810 wieder aufgegriffen. Wir kommen darauf in dem Abschnitt über den Backofen und das endlose Band zurück.

Bodmer scheint sich mit dem Problem des Wanderrostes weiter beschäftigt zu haben. 1843 macht er in einem seiner umfangreichen Patente nochmals Vorschläge auf diesem Gebiet[32].

In der Maschinenfabrik in Manchester verwendet Bodmer, wie wir bereits erwähnt haben, seine Laufkräne in enger Verbindung mit den großen Drehbänken und Hobelmaschinen (1839); hinzu kam die rationale Anordnung der Maschinen und die Zuführung des Materials auf Geleisen, die bis an die Maschinen führten, wo es gebraucht wurde.

Johann Georg Bodmer gehört zu jenem rastlosen Erfindertypus, den es zu jener Zeit häufig gab. Es trieb ihn von Land zu Land, von Erfindung zu Erfindung, als könne er dadurch die Zeit gewinnen, um mit seinen Ideen Schritt zu halten. Er scheint als Ratgeber geschätzt worden zu sein[33], aber ein glänzender Erfolg blieb ihm versagt. Er starb schließlich dort, von wo er ausgezogen war, in Zürich. Das Problem, das Bodmer immer wieder beschäftigte, der Transport innerhalb eines Produktionsvorganges, führte ihn um 1830 bereits zu wesentlichen Ansätzen organisierter Betriebsführung, wie sie später mit dem Fließband ausgebaut wurde.

Die sechziger Jahre

Die Arbeitsteilung, die Adam Smith nach der Mitte des achtzehnten Jahrhunderts als den Kernpunkt des Problems der Industrialisierung erkannte; Oliver Evans' überraschende Schaffung des kontinuierlichen Produktionsbandes, 1783; die Herstellung von Schiffszwieback, wie sie 1804 und 1833 in den Lebensmitteldepots organisiert wurde; J. G. Bodmers Anlage einer Werkzeugmaschinenfabrik mit Laufkränen und Schienen für den Transport von Material zum gewünschten Ort im Jahre 1839 – all dies waren Schritte auf dem Wege zur Fließbandproduktion.

Trotz unserer spärlichen Kenntnisse über die anonyme Geschichte des neunzehnten Jahrhunderts können wir anhand einiger Gegebenheiten darlegen, wie und wo die spezielle Form des heutigen Fließbandes zuerst auftrat. Dies ist nicht nur ein Datum, sondern wir können mit Gewißheit feststellen, wo das Prinzip, das

---

32 Brit. Patent, Nr. 9899, A. D. 1843. Die Spezifikation umfaßt 17 Seiten.

33 »Es war etwa diese Zeit (1834), als man die Schaffung einer Eisenbahnverbindung zwischen London und Birmingham erwog und einer der Direktoren Bodmer aufforderte, seine Ansicht über das beste Waggonsystem zu äußern. Bei dieser Gelegenheit schlug Bodmer den Bau von Eisenbahnwagen vor, wie sie seither in den USA, in Teilen Deutschlands, in der Schweiz eingeführt sind und deren Besonderheit in einem Mittelgang durch jeden Wagen besteht, so daß der Aufsichtsbeamte ohne jede Schwierigkeit und vollkommen sicher von einem Ende des Zuges zum anderen gelangen kann.« *Minutes*, a.a.O., S. 585.

das zwanzigste Jahrhundert beherrscht, nämlich Produktion durch Leistungsfähigkeit, entstanden ist.

Wie wir wissen, hat das heutige Fließband seinen Ursprung in der Fleischkonservenindustrie. Der Grund dafür ist, daß viele Erfindungen in den späten sechziger und siebziger Jahren gemacht wurden, als man Möglichkeiten und Wege zur Mechanisierung des Schlachtprozesses und seiner vielfältigen Vorgänge finden mußte.

Diese Erfindungen jedoch, die im Patentamt in Washington eingesehen werden können – wir haben einige davon zur Illustration des industriellen Schlachtens ausgewählt – erwiesen sich mit wenigen Ausnahmen als für den praktischen Gebrauch ungeeignet. Sie funktionierten nicht. Im Schlachtprozeß wird mit einem komplizierten, unförmigen Material gearbeitet: dem Schwein. Sogar wenn es tot ist, widersetzt sich das Schwein der Maschine. Maschinen, die Eisen mit der Genauigkeit eines Tausendstel Millimeter glätten konnten, wurden bereits um 1850 konstruiert. Jedoch ist bis heute noch niemand in der Lage gewesen, eine Maschinerie zu erfinden, die einen Schenkel vom Gerippe loslösen kann. Wir haben es hier mit einem organischen Material zu tun, das sich immer verändert, verschieden strukturiert ist und sich unmöglich mit automatischen Schneidewerkzeugen bearbeiten läßt. Die Folge ist, daß alle wesentlichen Verrichtungen in der Massenverarbeitung von Fleisch mit der Hand ausgeführt werden müssen. Um die Produktion zu steigern, war es lediglich möglich, dadurch Zeit zu sparen, daß zwischen den einzelnen Arbeitsgängen keine Unterbrechungen entstanden, und die Kraft der Arbeiter zu schonen, indem sie die Tierleiber nicht selbst heben und weitergeben mußten. Die Tierleiber wurden, an einer endlosen Kette und an Schienen aufgehängt, von einem Arbeiter zum nächsten geführt, wobei jeder der in einer Reihe nebeneinander stehenden Männer eine einzelne Arbeit an dem Tier ausführte. Hier ist die Geburtsstätte des modernen Fließbandes (Abb. 49)[34].

Dieses ununterbrochene Produktionsband im Schlachtprozeß setzt erst im dritten Akt ein, nachdem das Schwein gefangen, getötet, ausgebrüht und geschabt worden ist[35]. Dieser Akt beginnt, wenn der Kadaver an der Deckenschiene befestigt ist, die Hinterbeine an einem Metallhaken befestigt und von einer endlosen Kette gezogen, bereit zur Bearbeitung, zur Entfernung des Kopfes, Herausnahme der Gedärme, Prüfung des Zustandes des Tieres, Zweiteilung und Stempelung. Dies ist der einzige Vorgang beim Schlachten, der mit einem kontinuierlichen Fließband wirkungsvoll durchgeführt werden konnte. Das Töten und Säubern des Tieres ließ sich nicht vollständig mechanisieren. Ebensowenig war es möglich, den vierten Akt, den des Aufteilens und des Zerschneidens in Stücke, nach einem Aufenthalt des Kadavers im Gefrierraum maschinell vorzunehmen.

Thomas Jefferson, der selbst ein begeisterter Erfinder von mechanischen Vor-

---

34 Es interessiert uns hier nicht, daß dies ein Arbeitsvorgang des Auseinandernehmens und nicht des Zusammensetzens einzelner Teile ist, wie etwa in der Auto-Industrie. Was wichtig ist, ist die spezifische Organisation der Massenproduktion.
35 Siehe Seite 258.

richtungen war, durch die sich Türen selbsttätig öffneten oder Flaschen aus seinem Weinkeller in Monticello heraufgeschafft wurden, hatte recht, als er behauptete, die Fahrstühle und automatischen Transportmittel von Oliver Evans hätten bereits seit vorrömischer Zeit bestanden. Buchstäblich gibt es im Mechanismus des Fließbandes oder in der Art der Aufstellung der Arbeiter und der Arbeitsteilung in den Schlachthäusern nichts, was nicht schon im Altertum hätte erfunden werden können: Ein totes Schwein, an einer kontinuierlich transportierenden Kette aufgehängt und irgendwie an Rädern oder Rollen angebracht, erheischte keine neue Erfindung und hätte schon in einem der großen römischen Schlachthäuser existieren können. Die eigentlichen Verrichtungen, die freilich von Hänge- oder Schwebebahnen beeinflußt waren, waren außerordentlich einfach. Revolutionär und in früheren Zeiten weder in anderen Ländern noch in anderen Industrien zu erfinden, war die Art und Weise, wie ein organisches Material in die Massenproduktion einbezogen wurde, das sich einer bloß mechanischen Behandlung entzieht.

Das unseres Wissens einzige Zeugnis, das aus der frühen Periode erhalten geblieben ist, ist ein Panorama-Gemälde, das die Konservenhersteller aus Cincinnati zur Wiener Weltausstellung von 1873 einsandten (Abb. 49, 109) und das mit einigen Freiheiten in der Anordnung – wie *Harper's Magazine* vom September des Jahres bemerkt[36] – den Prozeß des Schweineschlachtens in allen seinen Stationen vom Einfangen bis zum Auskochen des Specks wiedergibt. Im Augenblick (eine genauere Beschreibung folgt in unserem Kapitel »Fleisch«) interessiert uns lediglich eine bestimmte Phase, in der das Fließband seine Entstehung hat. Wenn man das Fließband als eine Arbeitsweise definiert, bei der das Objekt von Arbeitsvorgang zu Arbeitsvorgang mechanisch weitergeleitet wird, so hat man es hier tatsächlich mit dem Ursprung des Fließbandes zu tun.

Trotz eingehender Untersuchung und der Hilfe der Lokalhistoriker von Cincinnati konnte kein anderes Zeugnis aus der Entstehungszeit des Fließbandes gefunden werden. Als der Grund dafür wurde uns die unwahrscheinlich anmutende Erklärung gegeben, daß man sich in Cincinnati anfangs schämte, seinen Reichtum aus der Schweineschlachtung herzuleiten. Alle städtischen Aktivitäten, z. B. das Musikleben von Cincinnati, können aufs genaueste verfolgt werden, aber für den Beginn der Mechanisierung des Metzgerhandwerks und die Anfänge des Fließbandes fehlen alle Anhaltspunkte.

Wir können bis jetzt nur Hypothesen aufstellen, als handelte es sich um eine frühe Epoche, für die keine Dokumente vorliegen. Diese Hypothese ist, daß das Fließband in Cincinnati entstand. Erfindungen, die mit ihm im Zusammenhang stehen und gegen Ende der sechziger Jahre auftauchen, stammen von Erfindern aus Cincinnati. Sie zeigen, daß der Gebrauch der an der Decke befestigten Laufschienen in jener Zeit in Cincinnati nichts Außergewöhnliches war.

---

36 *Harper's Magazine*, 6: September 1873, S. 778.

In den fünfziger Jahren gab es in Cincinnati über vierzig Konservenfabriken. Bis zum Bürgerkrieg bildete Cincinnati den Mittelpunkt dieser Industrie, und die meisten Patente kamen von dort.

1869

Das Hochlegen der Geleise vom Fußboden in die Deckenzone in den Schlachthäusern führt letztlich zu dem Fördersystem, das erst im darauffolgenden Jahrhundert voll durchgebildet wurde. Auf der Schiene – hoch über den Köpfen – rollen die kleinen Radgestelle mit ihrem Material, das von Ketten gezogen wird, oder auf geneigten Schienen abwärts rollt. Eine »Vorrichtung zum Wiegen von Schweinen für den Gebrauch in Konservenfabriken«[37], erfunden in Cincinnati 1869 (Abb. 50), zeigt, daß die Hochschienen, wie sie bei den Laufkränen von J. G. Bodmer um 1830 auftauchen, sich jetzt zu ganzen Geleisanlagen entwickelt haben. »Die Schweine werden vom Trockenraum zum Schneideblock an hochgelegten Schienen transportiert.«[38] Der Erfinder spricht ausdrücklich von einer Verbesserung bereits gebräuchlicher Anlagen: »Meine Verbesserung besteht in einem vom Gleis abtrennbaren Teilstück, das mit der Waage verbunden ist (. . .), das Schwein hängt an einem Laufwagen oder Rad, die eine Schräge hinabrollen.«

Der sorgfältige Entwurf der Gleisanlage, die freischwebend von der Decke herabhängt, deutet darauf hin, daß es sich um kein Novum mehr handelt. Man hatte schon lange in dieser Richtung experimentiert, spielte man doch in den fünfziger Jahren mit dem Gedanken, in New York »eine Schwebebahn für den Broadway« zu bauen, bei der »eine Lokomotive auf den Schienen fährt und einen darunter hängenden Wagen befördert, der zwischen den tragenden Bogen hindurchfährt« (Abb. 48)[39].

Die Entstehung der wissenschaftlichen Betriebsführung

Um 1900

Die Situation ist klar. Die Konkurrenz wächst. Der Weg des Lohnabbaus hat sich als nicht gangbar erwiesen, um die Produktionskosten zu senken. Die maschinellen Mittel sind vorhanden und werden ständig differenzierter und spezialisierter, doch darüber hinaus sind nur wenige wirkliche Verbesserungen abzusehen, die die Produktion steigern.

Das Problem spitzt sich immer mehr auf die Frage zu: Was kann innerhalb des Betriebes geschehen, um die Kosten zu senken und die Produktion zu steigern?

---

37 T. Morrison, *Hog Weighing Apparatus*, U. S. Patent Nr. 92083, 29. Juni 1869.
38 Ebenda.
39 *The Scientific American* (New York), Bd. IX, Teil 1, 15. Oktober 1853.

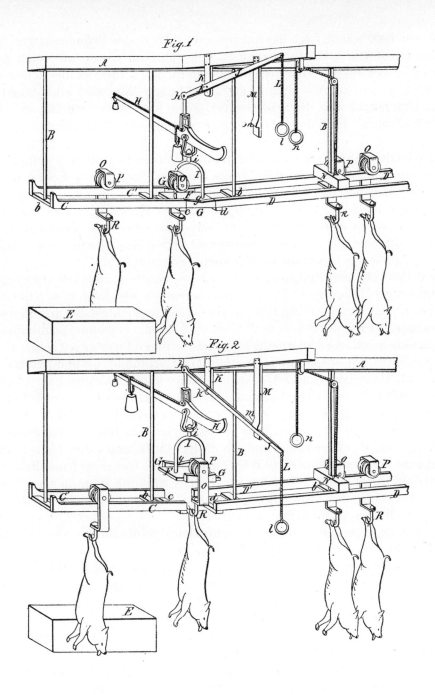

50. Vorrichtung zum automatischen Wiegen von Schweinen in Schlachthäusern. Cincinnati, 1869. *Die von einem Erfinder aus Cincinnati stammende Vorrichtung zeigt, daß man in den sechziger Jahre beachtliche Praxis bei der Verbindung von hochliegenden Transportschienen mit Teilen des Fließbandes hatte. (U. S. Patent 92083, 29. Juni 1896)*

Bereits vor 1900 wandte sich das Interesse weniger neuen Erfindungen als neuen Organisationsformen zu. Die Arbeit in den Fabriken wurde nur nach groben Faustregeln gemessen. Wissenschaftliche Methoden sollten an die Stelle der Erfahrungen treten. Im Mittelpunkt steht die Frage: Wie wird eine Arbeit vollzogen? Untersucht wird die Arbeitsweise, sowie jede Bewegung und wie sie zustande kommt. Sie muß dabei bis in den Bruchteil einer Sekunde durchleuchtet werden.

In den letzten Jahrzehnten des neunzehnten Jahrhunderts haben sich, oft unabhängig voneinander, verschiedene Leute mit dem Problem abgegeben, wie man die Arbeit innerhalb eines Betriebes rationalisieren könnte. Es steht jedoch fest, daß es die unablässigen Bemühungen Frederick Winslow Taylors (1856-1915) und seines Kreises waren, die in einem Vierteljahrhundert die Grundlagen zu jenem sich immer mehr ausbreitenden Gebiet legten, das sie selbst *wissenschaftliche Betriebsführung* (scientific management) genannt haben.

Schon 1880, zu einer Zeit, als Taylor nach zweijähriger Tätigkeit Vorarbeiter in der Midvale Steel Company (Philadelphia) geworden war, faßte er den Entschluß, Arbeitsvorgänge durch Zeitstudien zu erforschen. Er dachte dabei an einen seiner Schullehrer, der mit der Stoppuhr die Zeit maß, die die einzelnen Schüler brauchten, um eine Schularbeit zu erledigen. In seiner Jugend war er mit seiner Familie mehrere Jahre in Europa gewesen, hatte Mittelschulbildung und machte seine Lehrzeit als Modellarbeiter und Maschinenbauer in einer kleinen Fabrik in Philadelphia. 1878 kam er als Arbeiter in die Midvale Steel Company, wurde Vorarbeiter, Meister und Ingenieur, bis er 1889 begann, verschiedene Betriebe zu reorganisieren. In den Abendstunden hatte er inzwischen ein Ingenieurstudium beendet. Sein Name war bereits bekannt, als er drei Jahre lang (1898-1901) in engem Kontakt mit den Bethlehem Steel Works arbeitete. Es war seine fruchtbarste Periode, sowohl in der Betriebsführung wie in der Erfindung, denn in diese Zeit fällt seine Entdeckung des Schnelldrehstahls. Um 1900 hatte er seine Methode der wissenschaftlichen Betriebsführung entwickelt.

Taylor hatte zwar schon vorher verschiedenes veröffentlicht, aber erst 1906 – ungefähr ein Vierteljahrhundert nach seinen ersten Untersuchungen – gab er vor einer Versammlung von New Yorker Ingenieuren in seinem Vortrag »The Art of Cutting Metal« umfassenden Einblick in seine Erkenntnisse auf dem Gebiet, mit dem er am vertrautesten war. Das Problem, um das es Taylor geht, ist eine genaue Analyse des Arbeitsvorgangs. Alles Unnötige soll ausgeschaltet werden, um die Leistungsfähigkeit zu erhöhen und, wie Taylor stets betont, die Arbeit zu erleichtern und funktionsgerecht durchführen zu können.

Die Arbeit soll möglichst ohne Ermüdung getan werden. Dahinter taucht immer wieder das Ziel auf, von dem die Periode magisch angezogen wurde: Produktion, Erhöhung der Produktion um jeden Preis. Der menschliche Körper wird daraufhin untersucht, bis zu welchem Grade er in einen Mechanismus verwandelt werden kann.

Taylor hat einmal einen großen Dampfhammer konstruiert, dessen Teile so aufeinander abgestimmt waren, daß die Elastizität seiner Molekularkräfte die Wirkung erhöhte. Alle Teile des Dampfhammers »blieben in der Fluchtlinie dank ihrer Elastizität, durch die sie der Gewalt eines Schlages nachgaben und dann wieder in ihre ursprüngliche Position zurückkehrten«[40].

In ähnlicher Weise geht er bei der Untersuchung der menschlichen Leistungsfähigkeit vor: Er bewegt sich auf der Grenze der Elastizität. Es ist oft bemerkt worden, daß er sich für seine Experimente die besten Arbeiter ausgesucht hat und danach das Arbeitsquantum festlegte. Doch der menschliche Organismus ist komplizierter als der Dampfhammer, dessen innere Kräfte mit einkalkuliert werden können. Der Körper rächt sich, freilich nicht immer gleich erkennbar, wenn man ihn auf die Dauer bis zur Grenze seiner Leistungsfähigkeit beansprucht.

Es ist typisch, daß auch Taylors wichtigste Erfindung, der Schnelldrehstahl, die er 1898 in den Bethlehem Steel Works machte, aufs engste mit der Erforschung eines Grenzpunktes zusammenhängt. Als man die Werkzeuge mit höchster Geschwindigkeit laufen ließ, bis sie rotglühend wurden, zeigten sie die besondere Eigenschaft, »ihre Härte zu behalten. Es stellte sich heraus, daß sie bei einem bestimmten Hitzegrad (über 725° Fahrenheit) die Schärfe zum Stahlschneiden, sowie ihre Härte (red-hardness) beibehielten, wobei die beste Wirkung kurz vor dem Schmelzpunkt eintrat.«[41]

Die Steigerung der menschlichen Arbeitskraft und die Steigerung der Eigenschaften des Stahls haben die gleichen Wurzeln.

Die Betriebsorganisation vollzieht sich folgendermaßen: die Betriebsleitung sammelt ihre Erfahrung, um Übersicht zu gewinnen und um etwa bereits vorhandene Regeln zu erkennen. Für das Experimentieren werden die fähigsten Arbeiter ausgesucht. Durch ständige Beobachtung werden falsche oder zu langsame Arbeitsmethoden durch rationellere ersetzt. Dies führt, wie Taylor angibt[42], zu einer Arbeitsteilung zwischen der Betriebsleitung und den Ausführenden. Oft war für drei Arbeiter je ein Techniker im Planungs- und Verteilungsbüro nötig.

Dabei entsteht, wenigstens zu Beginn, ein Organisationssystem, das Taylor selbst als »militärisch« bezeichnet. »Wie Sie wissen«, sagt er in seinen Harvard-Vorlesungen (seit 1909), »ist eines der Grundprinzipien militärischer Organisation, daß jeder seine Befehle unmittelbar von dem über ihm stehenden Offizier erhält. Der Werksleiter übermittelt seine Befehle auf Karten oder Laufzetteln durch seine verschiedenen Beauftragten den Arbeitern in genau derselben Weise, wie die Befehle eines Divisionskommandeurs weitergegeben werden.«[43]

40 *Iron Age*, New York 1915, Bd. 96, S. 1029.
41 Frank Barklay Copley, *Frederick W. Taylor, Father of Scientific Management*, New York, 1923, Bd. 2, S. 84. Der Ausdruck *redhardness* bei F. W. Taylor, *The Art of Cutting Metal*, New York, 1906, S. 223.
42 Vgl. darüber Taylors grundlegende Publikationen *Shop Management* 1903 und *Principles of Scientific Management*, 1911.
43 F. B. Copley, a.a.O., Bd. 2, S. 213.

Taylor und seine Nachfolger wollen nicht nur kommandieren. Sie sehen Abteilungen vor, in denen der Arbeiter selbst Verbesserungen vorschlagen kann, an deren Gewinn er beteiligt ist. Die Begabten können dadurch vielleicht Vorteile haben, doch der durchschnittliche Arbeiter kann der Automatisierung nicht entgehen.

Die Rangfolge vom Werksleiter bis zum Arbeiter und die militärische Disziplin zur Erzielung hoher Leistungen bedeuten zweifellos eine Parallele zwischen Militär und Industrie. Doch wir wollen uns darüber nicht täuschen lassen, daß Taylorismus und Militär im Grunde etwas Verschiedenes sind. Der Soldat hat in der Tat zu gehorchen. Aber gerade in den schwierigsten Augenblicken steht er plötzlich vor Aufgaben, die von ihm *persönliche* Tatkraft verlangen. Seine Maschinenwaffe wird wertlos, sobald hinter ihr kein moralischer Impuls steht. In der gegenwärtigen Situation, in der die Maschine nicht weit genug entwickelt ist, um gewisse Operationen auszuführen, verlangt der Taylorismus dagegen von der Masse der Arbeiter nicht Initiative, sondern Automatisierung. Die menschliche Bewegungen werden zu Hebeln der Maschine.

Der Betrieb als Organismus

Taylor hat die verschiedenartigsten Betriebe organisiert: Stahlwerke, Waffenfabriken, Eisenbeton-Bauten, Kugellagerwerke. Er wollte seine »Grundprinzipien wissenschaftlicher Betriebsführung« auf alle Lebensbereiche anwenden, »in der Haushaltsführung, in der Landwirtschaft, im Geschäftsleben, in unseren Kirchen und der staatlichen Verwaltung«[44].

Die Bedeutung seines Werks liegt in einer weiteren Steigerung der *mechanischen Leistungsfähigkeit.* Er ist der Typ des Spezialisten um 1900: Er sieht sein Forschungsobjekt – den Betrieb – als einen geschlossenen Organismus und als Zweck an sich. Was in ihm hergestellt wird und zu welchem Zweck, liegt außerhalb seines Blickfeldes.

Er besaß Beteiligungen an Fabriken, hatte Einkünfte aus Patenten und aus seiner Organisationstätigkeit, aber es scheint ihn nie gereizt zu haben, selbst ein großer Geschäftsmann zu werden. Taylor war im praktischen Leben zu Hause. Seiner analytischen Begabung nach aber gehört er zu jenem Laboratoriumstypus, der den Mühen und dem Reiz der Forschung verfallen ist. Bereits 1901, als er für seine Bedürfnisse genug verdient hatte, zog er sich zurück, um ungehindert seinen Forschungen nachgehen zu können.

Freud, der Begründer der Psychoanalyse, hat durch die besondere Eindringlichkeit seiner diagnostischen und therapeutischen Verfahren neue Zugänge zur Struktur der Seele geschaffen. Es ist natürlich ein Zufall, daß F. W. Taylor im gleichen Jahr wie Freud – 1856 – geboren wurde, aber es ist ein gemeinsamer Zug wissenschaftlicher und künstlerischer Gruppen der Jahrhundertwende, daß sie

---

44 F. W. Taylor, *The Principles of Scientific Management*, New York, 1911, S. 8.

sich ungewohnt differenzierter Analyse bedienen, um in das Innere von Prozessen einzudringen[45].

Raum-Zeit-Studien in der wissenschaftlichen Betriebsführung

Durch den Einsatz seiner ganzen Energie hat Frederick Taylor den Weg zum weiteren Ausbau seiner Methode eröffnet. Ihre Verfeinerung ließ nicht lange auf sich warten. Es kam zu einer Verknüpfung der Verfahren der wissenschaftlichen Betriebsführung mit der experimentellen Psychologie. Unabhängig von den Betriebswissenschaften waren in der experimentellen Psychologie die Eignungsprüfungen (tests), die eine Auslese für bestimmte Berufe treffen sollten, bereits stark in den Vordergrund getreten. Sie beruhen auf der Feststellung der Reaktionszeit. Diese umfaßt die Zeit, die ein Mensch braucht, um auf einen Eindruck zu reagieren. Die Methoden dafür waren in den psychologischen Laboratorien entwickelt worden. Professor Hugo Münsterberg, ein deutscher Psychologe, der auch in Harvard lehrte, ist einer der ersten, der die Ergebnisse der wissenschaftlichen Betriebsführung, die damals (1912) zur vollen Entfaltung kam, überblickt und darauf hinweist, daß sie sich in psychologischer Hinsicht noch mit Faustregeln begnüge[46]. Auch mit Eignungsprüfungen wurde in Amerika experimentiert – Stephen Calvin untersuchte die Arbeit von Schülern.

Die Annäherung an die Psychologie hängt eng zusammen mit der Abkehr von den Stoppuhr-Methoden Taylors. Frank B. Gilbreth (1868-1924) und seine Frau, die Psychologin Lilian M. Gilbreth, haben, oft gemeinsam, die Methoden ausgebaut, die zu einer visuellen Darstellung des Arbeitsvorganges führten. Gilbreth begann in Boston als Ingenieur, der große Bauaufträge übernahm. Er untersuchte die besten Arbeitsmethoden, gleichgültig, ob in Industrie oder Handwerk.

Die Unbekümmertheit und Direktheit der Beobachtung uralter handwerklicher Gewohnheiten – Taylor beobachtet das Schaufeln, Gilbreth das Ziegellegen – hat in dieser Periode vielleicht die stärkste Parallele in der funktionalen Verbesserung des überlieferten Handwerkszeugs – Sichel, Hammer, Säge, Spaten, Hobel –, wie sie in Amerika seit 1830 zu beobachten ist. Schritt um Schritt hat uns Gilbreth darüber Rechenschaft gegeben[47], wie er vorging, um die traditionellste Baumethode, das Ziegellegen, ohne besondere Hilfsmittel viel rationeller zu gestalten. Ein verstellbares Gerüst, um die Ziegel aufzuschichten, war im Grunde alles, was er brauchte, damit ein Mann nicht tausendmal am Tag das Gewicht des eigenen Körpers heben mußte. Dabei wurde die tägliche Arbeitsleistung fast auf das Dreifache gesteigert, von tausend Ziegeln täglich auf 2 700.

---

45 Übrigens trat Freud mit seinen Studien über Hysterie (1895) zur gleichen Zeit hervor, als Taylor seine ersten Vorträge vor amerikanischen Ingenieuren hielt.

46 Hugo Muensterberg, *Psychology and Industrial Development*, Boston, 1913. Dieses Buch war auch wichtig für Muensterbergs Experimente zur Verbesserung der elektrischen Bahnen und des Telefonsystems, die Prüfung von Schiffsoffizieren, die unvorhergesehenen Komplikationen nicht gewachsen waren, und für seine, seither weiterentwickelten, Untersuchungen auf dem Gebiet der Werbung und Verkaufstechnik.

47 Frank B. Gilbreth, *Bricklaying System*, New York, 1909.

Die Methode, mit der dies gelang, war die Untersuchung der Bewegung. Von der Frage Taylors: »Wie lange dauert es, eine Arbeit auszuführen?« kam man zur Darstellung des Ablaufs und der Elemente einer Bewegung. An die Stelle der nur Zeiten angebenden Stoppuhr treten nun Apparate, die die Bewegung selbst aufzeichnen. Frank und Lillian Gilbreth drangen immer tiefer in das Innere eines Bewegungsvorganges und dessen Sichtbarmachung vor. Dies gelang ihnen durch Raum- und Zeitstudien.

Wissenschaftliche Betriebsführung und zeitgenössische Kunst

Wissenschaftliche Betriebsführung beruht, ebenso wie das Fließband, im wesentlichen auf Organisation. Ihre bedeutsamste Leistung ist aber die Untersuchung des *menschlichen Arbeitsvorganges*, der Art und Weise, wie eine Arbeit vom Arbeiter ausgeführt wird. Der Zweck der betriebswissenschaftlichen Untersuchung ist: »Analyse der Bewegungen der Arbeiter in der Werkstatt – beispielsweise aller Handgriffe, die ausgeführt werden, wenn ein Werkstück in die Maschine eingeführt oder aus ihr herausgenommen wird.«[48]

Dadurch sollen unnötige Bewegungen eliminiert und die Dauer eines Arbeitsvorganges auf ein Minimum reduziert werden. Sehen wir vorläufig von allen technischen Einzelheiten ab und fragen nach dem Wesen der angewendeten Methoden, so handelt es sich um Raum-Zeit-Studien. Ihr Ziel war, die Art des Bewegungsverlaufes im Raum und die Dauer dieser Bewegung in der Zeit zu bestimmen.

Die Physiker der Renaissance haben die Beziehung zwischen Bewegungsablauf und Zeit untersucht und daraus die Gesetze der Mechanik formuliert. Nun wird die menschliche Arbeit auf ähnliche Weise untersucht, um auch hier an die Stelle grober Faustregeln präzise Gesetze treten zu lassen, soweit dies innerhalb der menschlichen Sphäre überhaupt möglich ist.

Was uns hier interessiert, ist das Eintauchen in das *Innere* des Arbeitsvorganges.

Frank B. Gilbreth gelang es, die Zeitstudien auszubauen und zu verfeinern. »Zeitstudien«, so definiert er in dem populären *Primer of Scientific Management* (1914), »das ist die Kunst des Aufzeichnens, der Analyse und Synthese der Zeit, die für die Elemente einer jeden Operation nötig ist.«[49]

Den Nachfolgern Frederick Taylors erschien die Stoppuhr als ein zu ungenaues Instrument. Außerdem sagt sie nichts darüber aus, *wie* eine Bewegung verläuft. Das menschliche Auge ist nicht zuverlässig genug, denn die Reaktionszeiten verschiedener Beobachter unterscheiden sich. Das Bild der Bewegung selbst bleibt unsichtbar und kann deshalb nicht untersucht werden. Das Problem, um das es

---

48 F. B. Copley, a.a.O., Bd. I, S. 223.
49 F. B. Gilbreth, *Primer of Scientific Management*, New York, 1914.

Gilbreth geht, ist die Sichtbarmachung der Elemente der Bewegung, die Sichtbarmachung ihres Weges.

In seinen ersten Arbeiten ist ihm das Ziel noch nicht klar. Wenn er die Ausführung von Eisenbetonkonstruktionen (1908) untersucht, gibt er etwa vierhundert Regeln, eine Art militärische Meldesystem, wie Frederick Taylor es gerne tat. Und trotzdem kündigt sich in seinem großen, querformatigen Buch über Betonbauten bereits eine neue Anschauung an: Es ist mit Bildern ausgestattet, die die einzelnen Stadien dokumentieren, »fast ein stenographischer Bericht darüber, was ein erfolgreicher Bauingenieur seinen Arbeitern sagt«[50]. In seiner »Anleitung zum Ziegellegen« *(Bricklaying System)* vom nächsten Jahr spricht er deutlich aus, was er will: eine Ära der Bewegungsstudien. »Die Untersuchung der Bewegung in diesem Buch«, erklärt er, »ist nur der Anfang einer Ära von Bewegungsstudien.«[51]

Präzise Bewegungsaufzeichnung, um 1912

Es ist nicht überraschend, daß Gilbreth sich der Filmkamera bedient, sobald sie in Frankreich aufkommt. Er verwendet einen schwarzen Hintergrund mit eingezeichnetem Koordinatennetz, so daß die Änderung der Bewegung in den einzelnen Stadien miteinander verglichen werden kann.

Doch diese Lösung befriedigte ihn nicht, denn die Bahn der Bewegung konnte nur unvollkommen und nur in Verbindung mit dem Körper bruchstückweise sichtbar gemacht werden. Um sein Ziel der Trennung der Bewegung vom Körper zu erreichen, konstruierte Gilbreth eine Vorrichtung von genialer Einfachheit. Ein gewöhnlicher Photoapparat und eine Glühlampe waren alles, was er benötigte, um den absoluten Verlauf einer Bewegung sichtbar zu machen. Er befestigte ein kleines elektrisches Licht an dem die Bewegung ausführenden Körperteil. Der Bewegungsverlauf erschien auf der Platte als eine leuchtende, weiße Kurve. Diesen Apparat nannte er »Bewegungsaufzeichner« – Zyklograph. Die für das Auge in ihrer Form nicht erfaßbare Bewegung wird hier für immer festgehalten. Die Form der Kurven gibt Einsicht, wann ein Zögern, oder Gewohnheiten, die besondere Fertigkeit und den automatischen Bewegungsablauf des Arbeiters beeinflussen. Mit einem Wort, sie enthüllen die Fehlerquellen ebenso wie die Vollkommenheit einer Handlung.

Später baute Gilbreth Drahtplastiken, in denen er die Bewegungskurve von der Platte in räumliche Form übertrug. Ihre Kurven, ihre Verschlingungen, ihre Ausbuchtungen enthüllen die Art des Bewegungsvollzugs. Sie zeigen, wo die Hand gezögert hat und wo sie sicher war. Dem Mechaniker wird auf diese Weise klargemacht, welche seiner Bewegungen richtig und welche falsch waren. Diese Drahtmodelle dienten Gilbreth dazu, die Arbeiter – wie er sagt – »bewegungsbewußt« (motion-minded) zu machen. Sie enthüllten ihnen den Charakter ihrer ei-

---

50 Frank B. Gilbreth, *Concrete System*, New York, 1908.
51 Frank B. Gilbreth, *Bricklaying System*, New York, 1909, S. 140.

51. FRANK B. GILBRETH: Zyklographische Aufnahme eines erfahrenen Chirurgen, der einen Knoten bindet. 1914. *In Weiterführung der Experimente Mareys, die Gilbreth möglicherweise jedoch nicht bekannt waren, gelingt ihm zum ersten Mal eine Darstellung der Bewegung im Raum, die präzise gemessen werden konnte. Gilbreth machte diese Aufnahme, als er sich 1914 in Deutschland aufhielt. »Gezeigt wird die Bewegungsbahn, nicht aber ihre Geschwindigkeit oder Richtung. Die Aufnahme zeigt die elegante, sich wiederholende Bewegungsweise des Experten.« (Zitat und Photo Lillian M. Gilbreth)*

genen Bewegungen. Der Arbeiter konnte die Aufzeichnung seiner eigenen Bewegungen mit diesen Modellen vergleichen und seine Fehler korrigieren. Nebenbei führen diese in Draht eingefangenen Bewegungen ein Eigenleben. Es ist kein Zufall, daß moderne Künstler gelegentlich zum gleichen Material griffen, um damit luftige Plastiken auszuführen.

Was auf Gilbreths Zyklographen folgt, ist ein weiteres Eindringen in die Methode und deren Ausbau. Das Prinzip bleibt unverändert.

Frank B. Gilbreth untersuchte die Formen der Bewegung. Es ist nicht überraschend, daß ihre Bahnen für ihn Gegebenheiten mit eigenen Gesetzen wurden.

Er begann die Ähnlichkeiten der menschlichen Tätigkeiten zu untersuchen. Er glaubte, »daß die Fertigkeiten im Handwerk und in allen Formen des Sports und sogar in Berufen wie der Chirurgie auf einem gemeinsamen Bestand an Grundprinzipien beruhen«[52].

Er machte Zyklographen-Aufnahmen von den Besten auf ganz unterschiedlichen Gebieten – von Fechtmeistern (Abb. 19), Maurern, Wurfspezialisten, berühmten Chirurgen (Abb. 51) und dem besten Austernöffner von Rhode Island –, um »Ähnlichkeiten zwischen ihren Bewegungen« herauszufinden[53].

---

52 Frank B. und Lillian M. Gilbreth, *Motion Study for the Handicapped*, London, 1920, S. 15.
53 Ebenda, S. 16. »Ein bekannter Chirurg«, schreibt Gilbreth im Zusammenhang mit einem seiner Experimente, »war gerne bereit, sich bei einer schwierigen Operation photographieren zu lassen, aber reagierte spöttisch und skeptisch, als er hörte, daß dies den Zweck haben sollte, die Ähnlichkeit zwischen seinen Handgriffen und denen erfahrener Handwerker herauszufinden. Wie konnte das sein? Er, ein ausgiebig trainiertes und hochentwickeltes Produkt langer Studienjahre, sollte mit einem Maurer verglichen werden!« Mit derselben verächtlichen Ungläubigkeit lehnte ein bekannter Physiker den Gedanken ab, es könne eine Beziehung zwischen den Methoden der heutigen Physik und den Methoden der zeitgenössischen Kunst bestehen.

Die Lichtkurven und Drahtmodelle zeigen die Bewegung in ihrer ganzen Plastizität. Die Bewegung bekommt eine eigene Form und führt ein eigenes Leben. Für den, dessen Augen durch die zeitgenössische Kunst geübt sind, haben diese Gestalten eine unmittelbare Ausdruckskraft, die das Auge in der Natur nicht findet.

Die Lichtkurven, die die Bewegungen eines Mädchens sichtbar machen, das ein Taschentuch zusammenfaltet (Abb. 60), und alle unbewußten Verwicklungen zeigen, gehören zu jener Art von Erscheinungen, bei denen Bewegung alles und der sie ausführende Körper nichts ist.

In den Untersuchungen von Gilbreth haben wir keine Erwähnung des Werkes von Marey gefunden. Doch für unseren Zweck ist es unerheblich, ob Gilbreth von ihm gehört hat oder nicht. Marey hatte Bewegungsverläufe auf einer einzigen Platte festgehalten, und er erwähnt, daß ein Genfer Wissenschaftler für denselben Zweck weißglühendes Licht benutzte. Gilbreth hat mit seinem Chronozyklographen erstmals genauen Einblick in die reine Bahn sowie das Zeitelement einer Bewegung gegeben.

Wissenschaftler, Produktionsingenieure und Künstler waren mit Problemen der Bewegung konfrontiert. Unabhänig voneinander fanden sie ähnliche Methoden, diese Probleme zu lösen. Unerwartet begegnen wir in der Kunst wie in der wissenschaftlichen Betriebsführung derselben Tendenz, sobald die letztere an

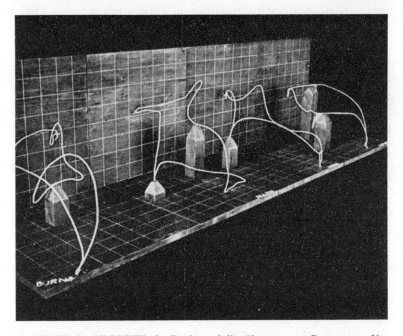

52. FRANK B. GILBRETH: In Drahtmodelle übertragene Bewegung. Um 1912. *Gilbreth fertigte Drahtmodelle der Bewegungsbahn an. Der Arbeiter, der seine eigene Handbewegung in raum-zeitlicher Darstellung betrachten konnte, sollte, wie Gilbreth es nannte, »bewegungs-bewußt« werden. (Lillian M. Gilbreth)*

Grundfragen rührt und die Struktur der Verrichtungen der Hand dadurch erhellt, daß sie zu den Elementen der Bahn der Bewegung vordringt.

Die Tatsache, daß es auf so verschiedenartigen Gebieten unbewußt zu einer Ähnlichkeit der Methoden kommen kann, gehört zu den hoffnungsvollsten Zeichen unserer Zeit.

Diese Untersuchungen haben einen neuen Ausgangspunkt: Die Elemente einer Bewegung sollen durch Zeitstudien sichtbar gemacht werden. »Die zeitliche Erfassung (. . .) richtet sich auf die einzelnen Elemente des Vorgangs.«[54] Die Methode beruht auf der Untersuchung raumzeitlicher Beziehungen: Die Bewegungen werden in ihre einzelnen Stadien zerlegt und enthüllen so ihre innere Struktur.

Dies ist ein Charakteristikum, das nicht nur auf die wissenschaftliche Betriebsführung beschränkt bleibt. Es ist tief in unserer Epoche verwurzelt. Ungefähr zur gleichen Zeit und ganz unabhängig davon taucht in der Malerei die Zerlegung der Bewegung als künstlerisches Problem auf. Gehen wir von der Bewegung aus, so sind in der zeitgenössischen Kunst zwei Stufen zu unterscheiden, die rasch aufeinander folgen.

Zuerst wird die Bewegung in einzelne Phasen zerlegt, wobei die Körperformen nebeneinander oder einander durchdringend dargestellt werden. Dies geschieht um 1910.

In der zweiten Stufe wird die Bewegungs*form* zum Ausdruckswert. Dies geschieht in der wissenschaftlichen Betriebsführung, um die Bewegung analysieren zu können. In der Kunst entwickeln sich daraus kalligraphische Formen, die symbolhafte Kraft erhalten. Dies geschieht um 1920.

Weitergeführt wird die Entwicklung in einer dritten Stufe, die erst in ihren Anfängen sichtbar ist. Im Laufe der dreißiger Jahre werden Bewegungsformen mehr und mehr zum Bildmittel, um psychische Inhalte auszudrücken.

Bewegung in aufeinanderfolgenden Phasen, um 1912

Die italienischen Futuristen versuchten die Bewegung in einzelne aufeinanderfolgende Phasen darzustellen, wie Carlo Carrà in dem »Rüttelnden Taxi« und Giacomo Balla in seinem »Laufenden Hund« (1912).

Am kühnsten hat das Problem der Bewegungsphasen Marcel Duchamp in seinem »Akt, die Treppe herabsteigend« gelöst. Die Abfolge der Bewegungen, die das Auge nur summarisch erfaßt, bildet den Ausgangspunkt der Darstellung. Aus ihrer Aneinanderreihung erwächst eine neue Synthese, eine neue künstlerische Form, die das vorher Undarstellbare – Bewegung in ihren einzelnen Phasen – in den Bereich der Darstellung bringt.

---

54 Frank B. und Lillian M. Gilbreth, *Motion Study for the Handicapped*, London, 1920, S. 7.

53. PAUL KLEE: »Gestaltung des schwarzen Pfeils«. 1925. *Vielleicht mehr als jeder andere Maler besitzt Paul Klee das Geheimnis der Projektion psychologischer Bewegung. Der Hinweispfeil in Gestalt eines Rechtecks mit einem Dreieck darauf erscheint zum ersten Mal in Klees Werk – ein künstlerisches Symbol, ehe dieser Pfeil im Alltag international in Gebrauch kommt. (*Klee, *Pädagogisches Skizzenbuch, »Gestaltung des schwarzen Pfeils«)*

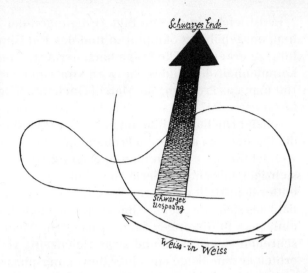

54. FRANK B. GILBRETH: Vollkommene Bewegung. Drahtmodell. Um 1912. (*Lillian B. Gilbreth*)

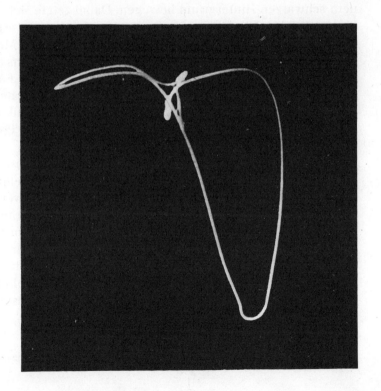

Es ist leicht, in diesem Bild Anregungen der Futuristen, von Archipenkos frühen, ausgehöhlten Skulpturen und des Kubismus auf der Höhe seiner Entwicklung zu erkennen. Die Frage nach der Anregung verblaßt nicht nur vor der Vollkommenheit des Bildes, sie wird von einer viel dringlicheren zurückgedrängt: Hat man das Problem, das Marcel Duchamp behandelt, auch von anderer Seite zu lösen versucht? Wie steht der Wissenschaftler dazu? Fassen wir die Frage so, so erscheint Duchamps Bild tief mit unserer Periode verwurzelt. Wir sahen, wie früh die Physiologen an diesem Problem interessiert waren. Eadweard Muybridge verwendet für seine berühmten Bewegungsstudien an Tieren und Menschen in den siebziger Jahren eine Serie von dreißig Kameras, die er etwa 30 cm voneinander entfernt aufstellt und deren Verschlüsse elektromagnetisch ausgelöst werden, sobald das sich bewegende Objekt vor die Platte kommt. Er hat versucht, die Phasen einfacher Bewegungen beim Aufstehen, Niedersetzen oder beim Stufenherabschreiten zu erfassen, und zwar gleichzeitig von verschiedenen Seiten. Dadurch erhielt er eine Folge einzelner Bewegungsphasen. Jedes Bild zeigte das Objekt in isolierten Phasen, so wie sie einzeln von der Kamera festgehalten wurden (Abb. 16).

Etienne Jules Marey kam dem Problem näher, aus Bewegungsphasen den Verlauf der Bewegungskurve, der Bewegung an sich, zu rekonstruieren. Er verwendete immer nur eine Kamera und in den heute interessantesten Versuchen auch nur eine Platte. Anfangs kleidete er seine Modelle in Weiß und ließ sie sich vor einem schwarzen Hintergrund bewegen. Dabei zeigte sich, daß sich die einzelnen Phasen bei den Aufnahmen überschnitten. Um dies zu vermeiden, kleidete er seinen Läufer in Schwarz und befestigte ein leuchtendes Metallband längs des Fußes, des Beins, der Hüfte und des Arms. Es ergab sich aus der Aneinanderreihung ein zusammenhängendes Bewegungsbild, in dem die Formen sich nicht mehr überschnitten (Abb. 13-14)[55]. Ein halbes Jahrhundert später erfand H. E. Edgerton sein Stroboskop, das mit Hilfe einer vollendeten Technik (Unterbrecher) die Bewegung im Millionsten Teil einer Sekunde erfaßte. Die Problemstellung von E. J. Marey und Edgerton ist jedoch die gleiche.

Als Marcel Duchamp seinen »Akt, die Treppe herabschreitend« auf der New Yorker Armory Schau 1913 ausstellte, war diese Darstellung eine Sensation und zugleich war sie dem Publikum unzugänglich, ein Unverständnis, das nicht auf einen bestimmten Ort oder ein bestimmtes Land beschränkt war. Auch nicht darauf, daß die Armory Schau das amerikanische Publikum zum ersten Mal mit der neuen Richtung in Berührung brachte. Der Grund dafür liegt in dem tiefverwurzelten Fehlschluß, daß Probleme, die das Gefühl betreffen, nichts mit Problemen zu tun haben, die die Wissenschaft interessieren, obwohl für jede wirkliche Kultur der Zusammenhang von Denken und Gefühl selbstverständlich war.

---

55 E. J. Marey, *La Méthode graphique dans les sciences expérimentales* mit Anhang »Développment de la methode graphique par l'emploi de la photographie«, Paris, 1885, S. 34.

In der zweiten Stufe wird die reine Form der Bewegung zum Ausdruckswert. Sie braucht kein naturalistisches Abbild darzustellen. Linien, Kurven und Zeichen haben seit jeher direkten Einfluß auf das Gefühl gehabt. Jedes gute Ornament legt davon Zeugnis ab.

Ebenso verhält es sich mit der Bewegung im Raum; auch sie kann absolut empfunden werden, gleichsam unabhängig vom ausführenden Teil.

Ist nicht der kontinuierliche Fluß der Bewegung beim Eislaufen viel bedeutungsvoller als der Körper des Schlittschuhläufers? Ist es nur der Gegensatz einer strahlenden Lichtbahn zu dem dunklen Hintergrund, der das Feuerwerk so anziehend macht? Ist es nicht vielmehr die körperlose Bewegung der Raketen im Raum, die auf die Phantasie so stark einwirkt?

Was um 1920 in der Malerei vor sich geht, ist nur eine künstlerische Weiterführung dieser Fähigkeit. Um einen Arbeitsvorgang zu erläutern, muß er sichtbar gemacht werden, denn der, der ihn vollzieht, kennt seine eigene Bewegung nicht. Mit dem, was im Unterbewußtsein, in komplizierteren Bereichen vor sich geht, verhält es sich nicht sehr viel anders.

Diese Bewegungssymbole sind spontane Verdichtungen, ähnlich wie in der Literatur die Lautgedichte der Dadaisten und das Verlangen der Surrealisten nach einer *écriture automatique* (1924). Wir erhalten rasch Gewißheit darüber, wenn ein Dichter wie Paul Eluard die »umfassende Wahrheit« (vérité totale) erläutert, die Picasso und mit ihm jeder wirkliche Künstler dieser Zeit suchte. »Picasso hat Fetische geschaffen, aber diese Fetische haben ein eigenes Leben. Es sind nicht nur vermittelnde Zeichen, sondern Zeichen in Bewegung. Durch diese Bewegung werden sie konkret.«[56]

Zeichen in Bewegung, Bewegung in Zeichen. Paul Klee, der am eindringlichsten in die Bezirke des Unterbewußtseins einzudringen verstand, war der Meinung, daß die bildende Kunst aus der Bewegung hervorgeht, in sich selbst unterbrochene Bewegung darstellt und als Bewegung konzipiert wird[57].

Paul Klees *Pädagogisches Skizzenbuch* (1925)[58] erweist sich immer mehr als ein Schlüssel zur heutigen Kunst. Dieses wortkarge Büchlein ist eine komprimierte Wiedergabe seines Kurses am Weimarer Bauhaus. Hier lehrt er nicht nur, hier gibt der Meister Einblick in seine Werkstatt. Eine Linie, beginnt er, »eine aktive Linie, die sich frei ergeht, ist ein Spaziergang um seiner selbst willen, ohne Ziel. Das agens ist ein Punkt, der sich verschiebt«. Wie Klee hier in der künstlerischen Lehre vorgeht, das ist der Denkmethode Oresmes nah verwandt. Nur ist alles in Gefühlsgleichungen ausgedrückt.

Alles entsteht durch Bewegung. Selbst der Kreis, der plastisch das in sich Ruhende auszudrücken scheint und der in der Geometrie als eine Kurve definiert

56 Paul Eluard, *Picasso*, London Bulletin 15, 1939.
57 W. Grohmann, *The Drawings of Paul Klee*, New York 1944.
58 Paul Klee, *Pädagogisches Skizzenbuch*, Bauhausbücher Nr. 2, herausgegeben von Walter Gropius und L. Moholy-Nagy, München 1925.

133

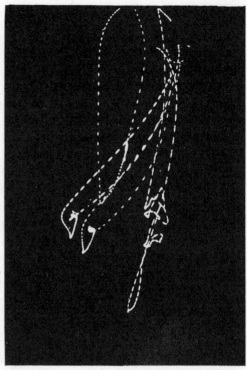

55. JOAN MIRO: Komposition. Öl auf Sandpa-
pier, 1935. Ausschnitt. (*Galerie Pierre Matisse,
New York*)

56. FRANK B. GILBRETH: Chronozyklographi-
sche Bewegungsaufnahme. (*Lillian M. Gilbreth*)

wird, deren Punkte vom Mittelpunkt stets den gleichen Abstand haben, entsteht
für Klee aus der Rotation eines Pendels. Und aus dem Kreis wieder entwickelt
Klee »Die Spirale« (Abb. 59), die er der »Herzkönigin« 1921 als Kopf aufsetzt
(Abb. 58).

Es ist kein Zufall, daß Paul Klee die Form für den richtungsgebenden Pfeil –
Dreieck plus Rechteck – erfunden hat, der heute international in Gebrauch ist. In
seinem *Pädagogischen Skizzenbuch* erklärt Klee auf seine Weise, die zugleich
symbolisch und direkt ist, das Zustandekommen dieser Form (Abb. 53).

Soweit wir sehen, haben Klee und Kandinsky, die nebeneinander am Bauhaus
lehrten, am frühesten *freie Bewegungsformen* als Basis für den Bildaufbau verwendet. Kandinskys Ölbild »Rosa Quadrat«, 1923 (Abb. 20), eine Art kosmisches
Ungewitter, wird aus schießenden Linien, Pfeilen, Planetenringen und der sich
zur Sichel auswachsenden Zahl »Drei« gebildet.

Zeichnungen und Lithographien, wie sie Paul Klee 1920 ausführte, erscheinen
als natürlicher Ausgangspunkt für den raschen Bewegungszug. Unter Klees Händen wird der Bewegungszug ins Organische übertragen. Es ist eine Kühnheit
(1921), den Menschen gleichsam aus Bewegungssymbolen zusammenzusetzen,
als wollte man ihn durch die Dinge darstellen, die er tut und denkt.

Von der dritten Stufe kennen wir nur die Anfänge: die Bewegungsform wird in der Malerei zu einem Ausdrucksmittel, wie die Perspektive ein Ausdrucksmittel für einen bestimmten Inhalt, eine herausgelöste Szene, war. Wird die Bewegungsform anstelle der Perspektive als Ausdrucksmittel gewählt, so ergibt sie statt eines statischen ein dynamisches Bild. Achtet man auf die Titel, die Klee seinen Bildern gibt, wie zum Beispiel »Alterndes Ehepaar«, »Vor Anker«, »Vogelpark«, »Tempel am Wasser«, »Alterndes Mädchen«, so könnten dies statische Genrebilder des neunzehnten Jahrhunderts sein, Bilder wie sie der herrschende Geschmack des Publikums liebte.

Hier steht der gleiche Titel für etwas ganz anderes. Wie Gilbreth den Sinn und die Form der körperlichen Bewegungen sichtbar macht, so vermochte Klee den innersten seelischen Bewegungsvorgang zur Anschauung zu bringen. Mit den Mitteln der Perspektive ist dies nicht zu erreichen. Denn was nun gewollt wird, sind vielfältige, fließende und nicht statisch festgelegte Beziehungen.

Das ganze Bild wird zu einem Bewegungsvorgang.

Nehmen wir ein Bild aus Klees später Periode wie das »Alternde Ehepaar« (Abb. 61). Im Grunde brauchte das Bild gar keinen Titel, denn es lebt aus Bewegungsformen eigenen Rechts. Nicht anders als ein gutes Renaissancebild wirkt es nicht durch seinen Inhalt, sondern durch die Qualität seiner Bildmittel. Das Auge, das an die Bildsprache der Bewegungsvorgänge noch nicht gewöhnt ist oder sie noch

57. JOAN MIRO: »Ecritures, Paysages et Têtes d'Hommes«. 1935. Ausschnitt. *Miró, den Klee als den ihm am nächsten verwandten Maler betrachtete, verwendet Bewegung in Zeichen und Symbolen, um einen erstaunlich direkten Ausdruck, ohne Einschalten philosophischer und reflexiver Motive, zu erreichen. (Galerie Pierre Matisse, New York)*

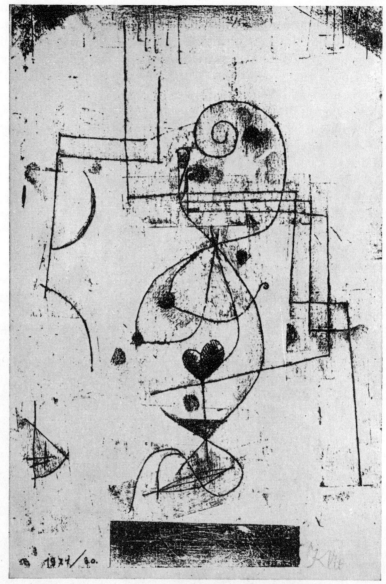

58. PAUL KLEE: »Herzkönigin«, Lithographie. 1921. (*Galerie Buchholz, New York*)

nicht zu lesen versteht, sieht auch anfangs nichts anderes als diese und vielleicht das wunderbare Verhältnis der Farben zueinander, das leuchtende Gelb, Braun, Rosaviolett und Grün. Wer sich die symbolische Bildsprache angeeignet hat, erfaßt das Maskenhafte, Antagonistische, Böse, das in dem Verhältnis dieses »Alternden Ehepaares« zum Ausdruck kommt. Er sieht, wie die Bewegung beide Gesichter in einem Zug umfaßt und zusammenhält. Ohne die blutigen chirurgischen

Eingriffe Picassos und ohne sein Pathos wird hier die Anatomie dem Ausdruck und der Bewegung unterworfen. Es ist die Zeit von »Guernica«.

In noch nicht zwei Jahrzehnten hat die Kunst es gelernt, Bewegungsformen zur Darstellung komplizierter, psychischer Vorgänge zu verwenden und verbindet dies mit Lapidarität der Form und Steigerung der farbigen Leuchtkraft. Dies dürfte den Beginn einer dritten Stufe bilden, die zu einer Beherrschung des Symbolhaften ohne atavistische Deutung führt.

Um 1924 beginnen in Joan Mirós Bildern ebenfalls Zeichen, Zahlen und Schlangenkurven zu erscheinen. Zuerst werden sie zögernd, zufällig, absichtslos und in dadaistischer Weise gebraucht. Bald gewinnen sie an Wucht (Abb. 55, 57). Die Fähigkeit erwacht, der Farbe durch die Form, die sie ausfüllt, und durch die Relation, die ihr im Bildganzen zugewiesen wird, eine Leuchtkraft zu verleihen, die ans Magische grenzt. Die Formen Mirós, die früher leicht wie Konfettischlangen durch den Raum schwirrten, gewinnen an Inhalt und Bestimmtheit. Was

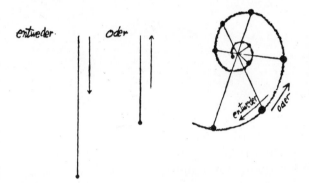

59. PAUL KLEE: »Die Spirale«. 1925. *»Aus der Radiusverlängerung erfolgt die lebendige Spirale. Die Radiusverkürzung verengt den Umschwung mehr und mehr, bis das schöne Schauspiel im Punkte ruckartig stirbt; die Bewegung ist hier nicht mehr unendlich, so daß die Frage nach der Richtung an Bedeutung wieder gewinnt.«* (Klee, *Pädagogisches Skizzenbuch*)

60. FRANK B. GILBRETH: Mädchen, ein Taschentuch faltend. *Die ganze unbewußte Kniffligkeit des Bewegungsverlaufs wird in Lichtkurven festgehalten.* (*Lillian M. Gilbreth*)

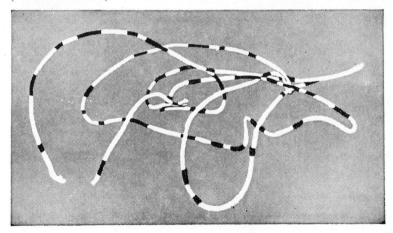

1921, als Klee seine »Herzkönigin« lithographierte, als Kühnheit galt, wird nun zum selbstverständlichen Gestaltungsmittel entwickelt. Personen, Tiere, erotische Konstellationen werden zu Zeichen, zu Bewegungsformen, die symbolhafte Kraft erhalten und diesen Maler der nachkleeischen Generation wie vorbestimmt für die Freskomalerei erscheinen lassen.

Der Künstler gibt dem Unbekannten in uns durch Zeichen und Formen Ausdruck. Sie sind für die komplizierten Gebiete der Seele ebenso real wie die Bewegungskurven der wissenschaftlichen Betriebsführung.

Sie stammen aus der gleichen Wurzel in uns, denn Bewegung und Bewegungssymbole werden mehr und mehr zu einem Teil unseres Wesens.

Vorläufer, Fortführer?

Charles Babbage

Haben die Zeit- und Bewegungsstudien historische Vorläufer?

Es ist Taylor 1912 entgegengehalten worden[59], daß seine Methode Vorgänger im frühen neunzehnten und sogar im achtzehnten Jahrhundert habe. Dafür wurde als Hauptzeuge ein Anhänger von Adam Smith, der Cambridger Mathematikprofessor Charles Babbage, angeführt. In seinem verschiedentlich abgedruckten Buch *On the Economy of Machinery and Manufacture* (zuerst Cambridge 1832) führt er anläßlich der Nadel-Fabrikation in tabellarischer Darstellung die Kosten und den Zeitaufwand auf, die für jede Operation nötig sind. Parallel dazu gibt Babbage die tabellarische Berechnung des Franzosen Perronet[60] wieder, der um 1760 mit der Uhr feststellte, wie lange jede Operation brauchte und was sie im einzelnen kostete, wenn zwölftausend Nadeln fabriziert wurden.

Es wäre historisch falsch gesehen, hier von Vorläuferschaft oder gar von einer Vorwegnahme der Taylorschen Methode zu sprechen. Die Verwendung einer Uhr ist eine Äußerlichkeit. Sie dient bei Babbage allein dazu, die Vorteile der Arbeitsteilung zu erläutern und findet sich darum auch in dem Kapitel erwähnt, das er »Über die Arbeitsteilung« überschreibt.

Frederick Taylor hatte vollkommen recht, wenn er auf den Vorwurf einfach antwortete: »Zeitstudien begannen in der Maschinenwerkstatt der Midvale Steel Company und zwar 1881.«[61]

---

59 Vom »Sub-Committee on Administration of the American Society of Engineers«.
60 Babbage, a.a.O., S. 146.
61 Copley, a.a.O., Bd. 1, S. 226.

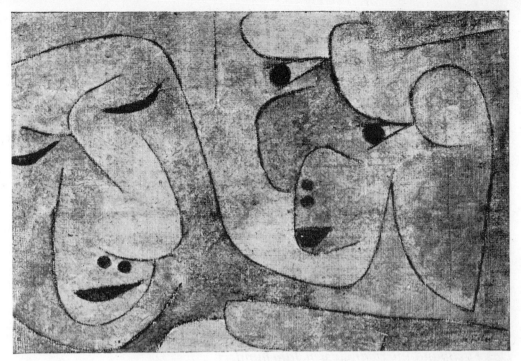

61. PAUL KLEE: »Alterndes Ehepaar«. Öl. 1931. *Obwohl die leuchtenden Farbbeziehungen bei Paul Klee von einer Schwarzweißabbildung nicht wiedergegeben werden, wird doch deutlich, in welcher Weise er Bewegungsformen als eine plastische Sprache benutzt, um einen seelischen Vorgang zu interpretieren. (Galerie Nierendorf, New York)*

Die Zeitbestimmung bei Babbage sollte die Vorteile der Arbeitsteilung belegen. Der Zeitfaktor in der wissenschaftlichen Betriebsführung dagegen dient dazu, in die Elemente des Bewegungsvorganges hinabzutauchen.

Charles Bedaux

Sind die Erfolge, die Charles Bedaux besonders in den dreißiger Jahren hatte[62], als eine Weiterführung der wissenschaftlichen Betriebsführung anzusehen? Zweifellos wird die Methode einer genauen Analyse und systematischen Beobachtung der industriellen Operationen von Taylor und vor allem von Gilbreth übernommen, aber Bedaux hatte hauptsächlich die Einführung eines raffinierten Lohnsystems im Auge. Bedaux, der 1911 von Frankreich nach New York kam, sagt, daß er zu den Zeitmessungen Korrekturen für die Geschwindigkeit der Ausführung hinzugefügt habe. Zu diesem Zweck führt er eine Maß-Einheit für die menschliche Kraft ein, wie der Physiker das »dyn« als Einheit mechanischer Ar-

---

62 The Bedaux Company, *More Production, Better Morale.* A Program for American Industry (New York 1942). Im Jahre 1942 übernahmen 720 Unternehmen mit 675000 Arbeitern das Bedaux-System.

beitsleistung benutzt hat. Diese Einheit nennt Bedaux ein »B«. Und er definiert es: »Ein B ist ein Bruchteil einer Minute Arbeit plus ein Bruchteil einer Minute Erholung, die stets eine homogene Einheit bilden, die jedoch je nach der Art der Anstrengung variiert.«[63] Dieses »B« ist die Grundlage eines Lohnsystems, das größere Feindschaft bei der Arbeiterschaft gefunden hat als jede andere Maßnahme der wissenschaftlichen Betriebsführung, da es imstande ist, die Arbeitskraft besonders auszubeuten.

Die Ziele haben sich verschoben. Bei Taylor und seinen Nachfolgern liegt das Schwergewicht auf der Analyse und Organisation eines Arbeitsvorgangs; bei Gilbreth liegt es in einer Durchleuchtung der menschlichen Arbeit, in der optischen Sichtbarmachung der Bewegung; der menschliche Faktor tritt in den Vordergrund, die Ausschaltung der Unsicherheit, die Verminderung der Ermüdung; bei Bedaux konzentriert sich alles auf die »Arbeitsmessung« (labor measurement), die Lohnskala. Doch gehört dieses Verfahren seiner ganzen Einstellung nach einer viel früheren Auffassung des Unternehmertums an. Der Verdacht der Spionage und Bedaux' unrühmliches Ende während des Zweiten Weltkrieges bringen den kruden Materialismus seines Verfahrens noch stärker ins Bewußtsein.

Das Fließband im zwanzigsten Jahrhundert

1913-1914

Dies ist die Zeit, in der Henry Ford das Fließband ins Rampenlicht des Erfolges brachte. Als es in Fords Fabrik in Highland Park, Detroit, voll im Betrieb war – 1915 – starb Frederick Winslow Taylor. Zwei verschiedene Methoden überschneiden sich. Henry Ford erwähnt Taylor nicht, er ist ein Autodidakt, der alles allein zustande bringt. Die Resultate, die Taylor in Jahrzehnten hartnäckiger Arbeit erzielt hatte, sind Allgemeingut geworden. Die geschriebenen Instruktionen, auf die Taylor soviel Wert gelegt hatte, werden von Ford verworfen. An ihre Stelle treten das endlose Band, die wandernde Plattform, die hochgelegten Geleise mit den Material-Förderanlagen oder die Schienen, auf denen das Chassis montiert wird. Dies sind eindringlichere automatische Befehle, wirksamer als die geschriebenen Karten Taylors. Die Bewegungsanalyse ist weitgehend überflüssig geworden, da ein Arbeiter am Fließband nur wenige Handgriffe zu machen hat. Die Stoppuhr Taylors aber, die die Arbeitsvorgänge bis zu einem Bruchteil der Sekunde festlegt, bleibt.

Als das Fließband fast ein halbes Jahrhundert vor Henry Ford, zuerst in Cincinnati und dann in Chicago, eingeführt wurde, gab die Mechanisierung eines Handwerks, die Großschlachterei, den Anstoß dazu. In dieser Zeit wurden zahlreiche

---

63 Ch. Bedaux, *Labor Measurement*, vielfach aufgelegt, zum ersten Mal 1928 (Broschüre).

Erfahrungen gesammelt, wie rasch die Bewegung des Bandes sein durfte und auch, wie die Arbeiter sich zum laufenden Band verhielten. Auch sonst, bis in die Warenhäuser, wurden um 1900 Fördersysteme benutzt, ohne jedoch zur Fließbandarbeit zu führen.

Die Maschinenindustrie bekam nach 1900 jene Routine, die die schöpferische Kraft lahmlegt. Ihre Erfahrungen sind scheinbar unumstößlich und in Formeln festgefroren. Es ist die Zeit, in der die Experten mit ihren Analogien kommen und alles, was sich nicht innerhalb dieses Rahmens bewegt, für undurchführbar erklären. Niemand hat darüber amüsanter geschrieben als Henry Ford selbst[64]. In solchen Zeiten scheint alles gelöst und alle Wege begangen. Nichts war von der Morgenfrische der dreißiger Jahre übriggeblieben, in der ein J. G. Bodmer die Maschinen und die Werkzeuge, um sie herzustellen, erfand und von Anfang bis Ende durchkonstruierte. Ein Impuls zur Weiterentwicklung konnte nur von einem neuen Produkt ausgehen, an dem alle Erfahrungen von neuem gemacht werden mußten. Um 1900 war dies das Auto.

Henry Fords Funktion ist es, die Demokratisierungsmöglichkeit des Fahrzeuges, das immer als Privileg gegolten hatte, früher zu erkennen als jeder andere. Der Gedanke, eine so komplizierte Maschinerie wie das Auto von einem Luxusartikel in einen normalen Gebrauchsgegenstand zu verwandeln und ihn im Preis der allgemeinen Kaufkraft anzugleichen, wäre in Europa undenkbar gewesen.

Der Glaube, das Auto zu einem Artikel der Massenproduktion machen zu können und in dieser Überzeugung die Herstellung dieses Produktes völlig zu revolutionieren, sichert Ford seine historische Stellung.

Wie die Durchindustrialisierung der Metzgerei, so wurde auch die Massenherstellung eines neuen Transportmittels, des Autos, der Anlaß zur Einführung des Fließbandes, das von dort aus auch in die unbeweglich gewordenen Maschinenfabriken einzog.

»Die in Fords Montagewerkstätten benutzte Methode besteht darin, die Teile an hochliegenden Schienen an einzelnen Gruppen von Arbeitern vorbeizuführen, die die verschiedenen Einzelteile mit dem Hauptteil verbinden, bis die Montage abgeschlossen ist.«[65] Wie dies 1913-1914 in Henry Fords Highland Fabrik in Detroit geschah, wie im April 1913 das erste Experiment mit einem Fließband mit dem Schwungrad eines Magnetzünders gemacht wurde[66], wie der Motor in vierundachtzig Einzeloperationen zusammengesetzt wurde und dies dreimal so schnell gelang, wie man damit begann, das Chassis auf Schienen zu stellen und es mit einem Seil und einem Flaschenzug bewegt wurde, das möge man bei Henry Ford selbst oder in den ausführlichen Schilderungen nachlesen, die bereits 1915 veröffentlicht wurden[67].

Henry Ford nutzt die ihm von der Zeit zur Verfügung gestellten Mittel und Ide-

64 Henry Ford, *My Life and Work*, New York, 1922, S. 86.
65 Horace Lucien Arnold und Fay Leone Fanrote, *Ford Methods and the Ford Shop*, New York 1915, S. 102.
66 Henry Ford, a.a.O., S. 80.
67 Arnold and Fanrote, a.a.O.

en zur Verwirklichung seiner Überzeugung, daß das Auto ein Volksfahrzeug werden müsse. Er verwendet sie wie Bausteine, verleiht ihnen oft neue Nuancen und vereinfacht sie, wo immer es möglich ist. Das Fießband ersetzt die Bewegungsstudien Taylors oder gar die noch komplizierteren Ermüdungsstudien seiner Nachfolger. Die Auswechselbarkeit der Teile, die auf dem Gebiet der landwirtschaftlichen Maschinen für die Wartung der Mähmaschinen bereits in den sechziger Jahren eingeführt ist, erhält in seiner Hand eine neue Nuance, indem er ihre besondere Brauchbarkeit beim Auto betont, aber doch so, als ob niemand vorher diesen Gedanken gehabt hätte: »Die heutigen Maschinen, besonders die, die im gewöhnlichen Leben, fern von der Werkstatt, gebraucht werden, müssen absolut auswechselbare Einzelteile haben, so daß sie auch vom ungelernten Arbeiter repariert werden können.«[68]

Ford behält Taylors ungewöhnliche Mittel, die Arbeitszeit möglichst zu vermindern und die Löhne zu erhöhen, bei. Auch der Vorarbeiter behält seine Funktion. Aber wenn Taylor bei Gelegenheit seiner berühmten Experimente zur Erhöhung der Leistungsfähigkeit beim Schaufeln die Arbeiter im Hof der Bethlehem Steel Company anredet: »Pete und Mike, ihr versteht euch auf eure Arbeit, ihr beide seid erstklassige Leute, aber wir wollen euch doppelten Lohn zahlen«[69], so hat er dabei immer nur die Erhöhung der Produktion innerhalb des Betriebes im Auge. Henry Ford sieht außerdem in niedrigen Löhnen eine »Beschränkung der Kaufkraft und eine Schmälerung des heimischen Marktes«[70]. Henry Ford sieht Produktion und Verkauf als eine Einheit und führt, vor der allgemeinen Entwicklung der Verkaufstechnik in den dreißiger Jahren, eine weltweite Organisation zum Verkauf seiner Produkte ein, die mit ähnlicher Sorgfalt auf Leistungsfähigkeit angelegt ist wie das Tempo des Fließbandes.

Die Erweiterung dieser Überlegungen würde um die Fragestellung kreisen: Was hat das Auto für einen – guten oder schlechten – Einfluß auf unsere Lebensgewohnheiten?

In welchem Maße hat es sie bereichert und in welchem Maße zerstört? Wie weit ist also die Produktion zu ermutigen oder zu bremsen?

Henry Ford ist eine der Erscheinungen, in denen sich der unabhängige Pioniergeist von 1830 und 1860 noch einmal kristallisiert. In einer Zeit des höchsten Raffinements im Bank- und Kreditwesen, in einer Zeit der Börsenherrschaft, in der die Juristen überall an der Spitze stehen, brandmarkt er ihre Gefährlichkeit und arbeitet ohne Banken.

In einer Zeit, in der die anonymen Riesenkonzerne anschwellen, will er patriarchalische Gewalt über sein Arbeiterheer ausüben, wie ein Meister über seine Gesellen. Er will unabhängig sein von allem und von jedem. Wälder, Eisen- und Kohlengruben, Hochöfen, Gummiplantagen und was es sonst an Rohmaterialien geben mag vereinigt er in seiner Hand.

---

68 Henry Ford, *Moving Forward*, New York 1930, S. 128.
69 Copley, a.a.O., Bd. 2, S. 58.
70 Henry Ford, *My Life and Work*, New York 1922, Kapitel über Löhne.

Aber wie die Großstädte, wenn sie übermäßig anschwellen, der Verwaltung mehr und mehr entgleiten, so entziehen sich auch industrielle Konzentrationen dem patriarchalischen Zugriff, wenn sie ins Riesengroße wachsen.

Ford hat nicht, wie Oliver Evans, einen neuen Gedanken unverstanden mit sich herumtragen müssen. Er hat vielleicht die gleiche unbeugsame Energie besessen, aber den Vorteil gehabt, daß er nicht am Beginn, sondern eher am Ende der mechanistischen Entwicklung steht. Erfolg ist nicht nur eine Sache des Genies oder der Energie allein, sondern er ist abhängig davon, wie weit die Zeitgenossen durch alles, was vorangegangen ist, vorbereitet sind, Anregungen zu folgen.

Auch das Fließband, wie Henry Ford es entwickelt hat, bedeutet in vieler Hinsicht den Abschluß einer langen Entwicklungsreihe.

Das automatische Fließband, um 1920

Oliver Evans brachte es gegen Ende des achtzehnten Jahrhunderts mit einem Schlag zuwege, ein kontinuierliches Produktionsband, eine automatische Einheit, zu entwickeln, worin der Mensch nur als Beobachter handelte.

Nach mehr als anderthalb Jahrhunderten schließt sich langsam der Kreis. Wieder nähert man sich dem Punkt, an dem ein kontinuierliches Produktionsband erstrebt wird, bei dem der Mensch nur mehr die Rolle des Beobachters spielt. Diesmal handelt es sich nicht mehr um die automatische Zerkleinerung des Korns, diesmal geht es um die Herstellung komplizierter maschineller Gebilde, bei denen Hunderte von verschiedenen Operationen ausgeführt werden müssen.

Es wird immer deutlicher, daß das Fließband, wie es von den Schlachthäusern bis zur Automobilindustrie und darüber hinaus entwickelt wurde, ein Zwischenstadium bedeutete: der Mensch muß herangezogen werden, um Bewegungen auszuführen, die die Ingenieure von der Maschine noch nicht verlangen konnten. Es ist durchaus möglich, daß diese Form mechanischer Tätigkeit von einer späteren Zeit als ein Zeichen unserer Barbarei gedeutet werden wird.

Wieder geht der Antrieb zu einer neuen Stufe, zur Einführung des automatischen Fließbandes, von der Automobilindustrie aus. Der Grund dafür ist klar: zum ersten Mal steht die Industrie vor der Aufgabe, eine kompliziertere Maschinerie in Millionen von Exemplaren herzustellen. Dadurch werden neue Maßstäbe gesetzt.

Nachdem Fords Fließband in Betrieb war, stellte sich ein Fabrikant aus Milwaukee, L. R. Smith, die Frage (1916): »Können Automobilrahmen ohne Menschen hergestellt werden?«

»Die Antwort darauf lag im Unterbewußten der Ingenieure. Wir entschlossen uns«, schreibt Smith, »Automobilrahmen ohne Arbeiter herzustellen. Wir wollten das in einem Maßstab tun, der weit über die unmittelbaren Bedürfnisse der Automobilindustrie hinausging.«[71]

---

71 L. R. Smith, »We Build a Plant to Run without Men«, *The Magazine of Business*, New York, Februar 1929.

Damit taucht in der Industrie selbst – nicht etwa von außen – das Problem auf, das auf die Dauer nicht umgangen werden konnte: »Höchstwahrscheinlich ist es so, daß wir durch unsere tägliche Beobachtung, wie die Arbeiter immer wieder, tagaus, tagein, dieselben Handgriffe ausführten, veranlaßt wurden, eine hundertprozentige Mechanisierung der Karosserieherstellung anzustreben.«[72]

Es ist dieser oft hellseherische Optimismus, der in einer Zeit, da die Automobilindustrie im ganzen eineinhalb Millionen Autos jährlich herstellte, zu dem Plan führte, eine einzige Anlage auf eine Millionenfabrikation hin zu konzipieren und sie innerhalb von fünf Jahren auszuführen. »Alle zehn Sekunden verläßt eine fertige Karosserie das Ende des Förderbandes, gebürstet und gereinigt, um angestrichen zu werden. Es braucht neunzig Minuten, um einen Stahlstreifen in einen emaillierten Automobilrahmen zu verwandeln, der ins Lager gefahren wird.«[73]

Hier wird die wissenschaftliche Betriebsführung, soweit es sich bei ihr um die Analyse menschlicher Bewegungen handelt, durch neue Produktionserfindungen ersetzt. Fünfhundert Ingenieure verwandeln eine Fabrik in eine automatische Einheit, die rascher, billiger und gewinnbringender produziert und in der der Mensch von automatischen Bewegungen befreit wird.

Dieses automatische Montageband beginnt mit einer selbsttätigen »Prüfmaschine, die jeden aus dem Stahlwerk kommenden Stahlstreifen glättet und prüft«[74]. In ununterbrochenem Prozeß wird das Material geformt und von Fördersystemen auf verschiedenste Arten durch die Fabrik geleitet. Zuerst wird in oft parallelen Arbeitsvorgängen das Schneiden, Stanzen und Formen der Träger besorgt. Eine zweite Gruppe von Maschinen setzt die einzelnen Teile zusammen, bis sie auf dem Hauptfließband (Abb. 62) zusammengenietet werden. »Automatische Masselköpfe schwingen in Stellung und treiben die Nieten in die dafür vorgesehenen Löcher. Das geschieht durch Luftdruck«[75], und schließlich pressen die automatischen Nietmaschinen, deren Greifzangen mythischen Vogelköpfen gleichen, die Nieten zusammen (Abb. 63). Es folgt die Reinigung und Bemalung.

Etwas vom Geist Johann Georg Bodmers von 1830 ist in der Art lebendig, wie hier die Werkzeuge, Pressen, Nietmaschinen, Fördersysteme neu erfunden, konstruiert und in Zusammenhang gebracht werden. Es ist nicht mehr die einzelne Maschine, die automatisiert wird. Auf Grund äußerst verfeinerter Zeitdiagramme wird das Zusammenspiel der verschiedenen Instrumente orchestriert, die ähnlich wie ein Atom oder ein Planetensystem aus Einzelteilen bestehen, aber gesetzmäßig ineinanderschwingen.

72 Ebenda.
73 Ebenda.
74 Sidney G. Koon, »10000 Automobile Frames a Day« in *The Iron Age*, 5. Juni, 1930.
75 Ebenda.

62. Vollautomatisches Fließband: Nietmaschinen in der Bandproduktion. *Zur Zeit der Voll-mechanisierung wird das Fließband zu einem synchronisierten automatischen Instrument. Der gesamte Fabrikmechanismus muß wie eine Präzisionsuhr auf Bruchteile einer Sekunde genau funktionieren. Eine lange, von Oliver Evans begonnene Entwicklung erreicht hier ihren Höhepunkt in einer Produktion, die ohne jede Handarbeit abläuft. Der Mensch, der seine Handgriffe nicht mehr endlos zu wiederholen braucht, steht dabei und führt die Aufsicht. (A. O. Smith Corp., Milwaukee, Wis.)*

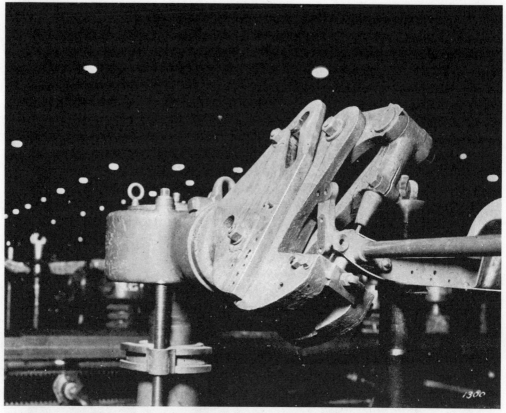

63. Vollautomatisches Fließband. Nahaufnahme der Nietköpfe. *Eine Reihe von automatischen Niet-hämmern mit ungeheuren Schnäbeln wie von mythischen Vögeln pressen die Nieten mit einem einzigen Schlag in das Material. Es ist die letzte Fließbandstation nach 552 automatischen Operationen. (A. O. Smith Corp., Milwaukee, Wis.)*

Menschliche Auswirkungen des Fließbandes

Es ist nicht leicht, die jüngste Zeit historisch zu überblicken, besonders wenn es sich um so weitverzweigte und sensible Probleme handelt wie die Untersuchung der menschlichen Arbeit.

Fließband und wissenschaftliche Betriebsführung sind ihrem Wesen nach Rationalisierungsmaßnahmen. Ansätze dazu reichen verhältnismäßig weit zurück. Ihr Ausbau und Einfluß jedoch gehören dem zwanzigsten Jahrhundert an. Im zweiten Jahrzehnt (mit Frederick Taylor als zentraler Figur) wächst das Interesse an der wissenschaftlichen Betriebsführung am stärksten: Interesse der Industrie, Widerstand der Arbeiterschaft, Diskussionen im Publikum und Untersuchung durch politische Körperschaften[76]. Es ist gleichzeitig die Zeit ihrer verfeinerten

---

76 *Hearings before special committee of the House of Representatives to investigate Taylor's and other systems of Shop Management*, 3 Bde., Government Printing Office, 1912.

Entwicklung und ihrer Verbindung mit der experimenteller Psychologie (mit Frank B. Gilbreth als der Figur mit dem weitesten Horizont).

Im dritten Jahrzehnt (mit Henry Ford als zentraler Figur) ist es der Erfolg des Fließbandes, der, gleichzeitig mit dem Sieg des Automobils, am stärksten in den Vordergrund tritt. Das Fließband breitet sich immer mehr aus. In der Zeit der Vollmechanisierung wurden die heterogensten Betriebe dem Produktionsingenieur übergeben, der, wo immer möglich, ein Fließband einzurichten hatte. Hier einmal eine richtige Übersicht zu geben, lohnte die Mühe, denn das Fließband ist fast ein Symbol der Periode zwischen den beiden Weltkriegen.

Bemüht, dem Einfluß der Mechanisierung auf den Menschen nachzugehen, haben wir jene Seiten hervorzuheben, die es mit der Einwirkung auf seine Natur zu tun haben. Man muß scharf unterscheiden zwischen dem Antrieb, der Fließband und wissenschaftliche Betriebsführung ins Leben rief, und zwischen ihrer menschlichen Auswirkung. Der Antrieb liegt in dem Diktat der Zeit: Produktion, immer raschere Produktion, Produktion um jeden Preis. Sobald es um ihre Wertung geht, stehen sich die Meinungen oft unvermittelt gegenüber: auf der einen Seite ein verärgerter Arbeiter und auf der anderen die begeisterten Förderer der Idee.

Taylor 1912: »Arbeiter und Unternehmer betrachten sich nach langem Kampf nunmehr als Freunde.«[77]

Dagegen der *Arbeiter:* »Angetrieben zu unmenschlichem Tempo durch Vorarbeiter, die auf Grund ihrer Brutalität ausgewählt wurden.«[78]

Dagegen der *Vertreter der wissenschaftlichen Betriebsführung 1914:* »Der Zeitkontrolleur treibt die Leute durchaus nicht an. Er ist ihr Diener (. . .). Das richtige Tempo ist das beste, bei dem die Arbeiter Tag für Tag, Jahr für Jahr arbeiten können und dabei immer gesünder werden.«[79]

Dagegen der *Arbeiter*: »Es gab nie einen Augenblick der Erholung oder eine Gelegenheit, einmal den Kopf zu drehen (. . .). Die Männer kennen keine Pause, außer fünfzehn oder zwanzig Minuten zu Mittag, und zur Toilette dürfen sie nur gehen, wenn die Ersatzleute für sie einspringen.«[80]

Das sind zufällig herausgegriffene persönliche Äußerungen. Die Stellung der Gewerkschaften zur wissenschaftlichen Betriebsführung war ablehnend. Übrigens drang die gewerkschaftliche Organisation in den USA erst spät durch. In den Bethlehem Steel Works zum Beispiel, in denen Taylor seine berühmten Schaufel- und Schnelldreh-Stahl-Experimente durchgeführt hat, gab es noch mehr als zehn Jahre später (1910) nicht einen einzigen gewerkschaftlich organisierten Arbeiter[81]. Die Gewerkschaften sahen ihre Ziele durch die Förderung einer gewissen Loyalität zwischen Betriebsführung und Arbeiter gefährdet[82]; sie sahen darin in erster Linie ein neues Mittel, um den Arbeiter besser ausbeuten zu können.

---

77 *Bulletin of the Taylor Society*, Juni/August 1912, S. 103.
78 Robert L. Cruden, *The End of the Ford Myth*, International Pamphlets, Nr. 24, New York, 1932.
79 Gilbreth, a.a.O., S. 65.
80 R. L. Cruden, a.a.O., S. 4.
81 Drury, *Scientific Management*, New York 1915, S. 176.
82 Drury, a.a.O., S. 175.

64. Vollautomatisches Fließband. Stapeln von Automobilrahmen. *Alle acht Sekunden wird ein Rahmen fertig, zehntausend am Tag. »Wir haben geschafft, was niemand vorher geschafft hat«, sagt der Fabrikant. (A. O. Smith Corp., Milwaukee, Wis.)*

Später tritt in der Politik der Gewerkschaften eine Änderung ein, die zu einer Neuformulierung des Programms führte: »Die Gewerkschaften wissen sehr wohl, daß neue Dinge gebraucht werden und daß der Lebensstandard nur steigen kann, wenn die Produktion von Gebrauchsgütern zunimmt. Die Gewerkschaften streben bessere industrielle Fertigungsmethoden an.«[83]

Es darf hier nicht versäumt werden, jene Aspekte wenigstens anzudeuten, die den Klassenkampf berühren. An sich liegt dies außerhalb der Fragestellung dieses Buches, das versucht, die Rückwirkung einer mechanisierten Welt auf den menschlichen Organismus und das menschliche Gefühl festzustellen.

In einem der Schlachthäuser von Chicago bewegten sich, vertikal aufgehängt und in ununterbrochener Bewegung, ausgeweidete Schweine an einer vollbusigen Negerin vorbei, die an der Kurve des Förderbandes stand. Mit einem Gummistempel hatte sie die von den Kontrolleuren geprüften Tiere an bestimmten Stellen zu kennzeichnen. Mit einer weitausholenden Bewegung klatschte der Gummistempel auf die weiße Haut.

---

83 Drury, a.a.O., S. 27.

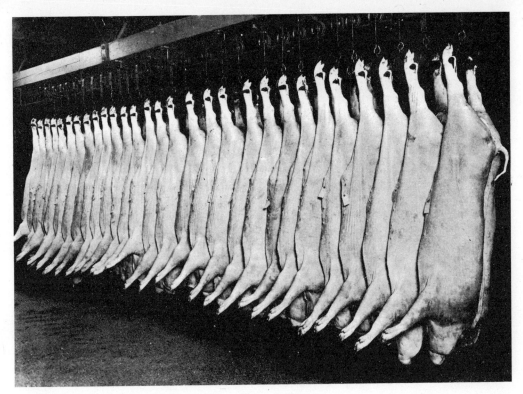

65. Karkasse in einem Chicagoer Schlachthaus. (*Kaufmann und Fabry*)

Vielleicht gehen wir von falschen Voraussetzungen aus; für einen außenstehenden Beobachter war es aber doch ein merkwürdiges Gefühl, daß ein Geschöpf, das der menschlichen Gattung angehört, dazu erzogen werden muß, acht Stunden lang an jedem Tag nichts anderes zu tun, als Tausende von Kadavern an vier Stellen zu stempeln.

Henry Ford berichtet einmal (1922)[84] von einem Arbeiter, der eine besonders monotone Arbeit, eigentlich nur einen Handgriff, zu verrichten hatte. Auf seinen Wunsch gab man ihm eine andere Arbeit, aber nach wenigen Wochen wollte er wieder an seinen altgewohnten Arbeitsplatz zurückkehren.

Henry Ford trifft hier auf das gleiche Phänomen, das wohl jeder Städtebauer aus eigener Erfahrung kennt, wenn er Slumbewohner umsetzt, mögen die Verhältnisse noch so primitiv und gesundheitswidrig sein; es wird sich immer eine Anzahl Leute finden, die den Slum nicht verlassen wollen, da sie die altgewohnten Verhältnisse den neuen Häusern bei weitem vorziehen.

Das Fließband, wie es, wohl zum ersten Mal, in den Cincinnatier Schlachthäu-

---

84 Henry Ford, *My Life and Work*, Kapitel »Die Tortur der Maschine«.

66. Der Mensch im Fließband. Charlie Chaplin in »Moderne Zeiten«. 1936. »*Der mechanisierte Individualist wird verrückt und verwandelt die Fabrik in das Irrenhaus, das sie immer gewesen ist.*« (*United Artists*)

sern auftaucht, und manche Maßnahme der wissenschaftlichen Betriebsführung, in der der Mensch als Teil eines Automaten benutzt wird, sind Übergangserscheinungen, solange die Maschinerie gewisse Handgriffe nicht von sich aus ausführen kann.

Ein Dokument, das die menschliche Stellungnahme zu diesem Punkt der Entwicklung in künstlerischen Symbolen enthält, ist Charlie Chaplins Film »Modern Times« (Abb. 66)[85]. Als dieser Film im Februar 1936 zum ersten Mal in New York aufgeführt wurde, sagte eine radikale Zeitschrift über Chaplins Einstellung: »Seine politischen Ansichten kenne ich nicht, und sie sind mir auch gleichgültig ...«[86] Das Entscheidende an diesem Dokument ist die Revolte gegen die Unterordnung unter die Maschine.

Es ist die Geschichte eines Menschen, der acht Stunden lang am Tag, jahraus und jahrein, dieselbe Bewegung zu machen hat und für den die ganze Welt sich in

---

[85] Fünf Jahre lang hat Chaplin an diesem Stummfilm gearbeitet. Er begann 1931, ungefähr zur Zeit, als René Clair in »A nous la liberté« (1931) zum ersten Mal das endlose Band und den mechanisierten Menschen in den Film brachte. Aber eine etwas primitive Romantik und allzu augenscheinliche Vergleiche – Gefängnisleben und Fließband – zerstören die Symbolkraft von René Clairs Satire.

[86] *New Masses*, 18. Februar 1936, Bd. 18, Nr. 6.

Schraubenköpfe verwandelt, die mit einem Schlüssel anzuziehen sind. Die Monotonie und der Zwang der hohen Geschwindigkeit des Förderbandes rauben ihm eine Zeitlang das geistige Gleichgewicht. »Der mechanisierte Individualist wird verrückt und verwandelt die Fabrik in das Irrenhaus, das sie in Wirklichkeit immer gewesen ist.«[87]

Er lockert gefährliche Schrauben, die die Geschwindigkeit des Fließbandes ins Irrsinnige steigern, er sieht in der Nase eines Vorarbeiters, in den Knöpfen eines Büromädchens, in den Brüsten einer dicken Frau, überall Schraubenköpfe, die anzuziehen sind. Durch Steigerung ins Groteske wird der menschliche Kern des Problems enthüllt. Was ist diese zum Automatismus gewordene Bewegung des Schraubenanziehens anderes als die tägliche Beobachtung, daß in die Bewegungen der Arbeiter, die aus den großen Fabriken strömen, etwas von dem Mechanismus der Maschine übergegangen ist.

Es ist das unaufhaltsame Weitertreiben der Mechanisierung, das Chaplin zur Erfindung der Eßmaschine führt, die den Arbeiter automatisch und ohne jeden Zeitverlust füttern soll; er braucht keine Essenspause mehr, das Fließband kann weiterlaufen.

Dies alles hat trotz seiner Steigerung ins Groteske etwas vom Glanz der inneren Wahrheit, wie sie in den Komödien Shakespeares spürbar wird.

---

87 *Herald Tribune*, New York, 7. Februar 1936.

67. Essen in der Bandproduktion: Gefriernahrung, Queens Village, N. Y. *»Die Küche stirbt aus. (...) Ein Fließband führt Steaks, Koteletts und Gemüse mit exakt der Geschwindigkeit durch einen Ofen, die jede Nahrung zum Vorkochen braucht.«* Drei vorgekochte Mahlzeiten werden auf den Pappteller gelegt, von Arbeiterinnen mit Handschuhen exakt abgewogen, verpackt und in die Tiefkühlanlage geschickt. (New York Sun, 25. Juni 1945. *Photo Mason Food Systems, New York*)

Die Eßmaschine wird vom Manager zwar als zu kompliziert abgelehnt, doch kommt nicht auch hier die Realität wenige Jahre später diesem Symbol des Fließband-Essens immer näher? Ziehen sich in den Drugstores und in den Kellergeschossen der Warenhäuser nicht immer mehr jene schmalen Bartische schlangenförmig – wie Paßstraßen – durch das Lokal, um so viele Menschen so rasch wie möglich gleichzeitig abzufüttern?

Fließband und wissenschaftliche Betriebsführung können in gegensätzlichen ökonomischen Systemen Verwendung finden. Ihr Sinn ist – wie der der Mechanisierung überhaupt – nicht eindeutig mit einem bestimmten ökonomischen System verknüpft. Sie reichen in die Tiefe eines menschlichen Grundproblems – die Arbeit – und ihre historische Beurteilung wird davon abhängen, wie weit es den Menschen zugemutet werden kann, Teil einer Maschine zu werden.

Einer der großen Prediger Neu-Englands hat in den dreißiger Jahren des neunzehnten Jahrhunderts das Problem erfaßt, um das es hier geht, lange ehe es diese Methoden gab: »Ich betrachte ein menschliches Wesen nicht als eine Maschine, die durch fremde Kraft dauernd gezwungen wird, dieselbe Bewegung zu wiederholen, um ein festgesetztes Maß an Arbeit zu leisten und schließlich, beim Tod in Stücke zu zerfallen . . .«[88]

---

88 Rev. William Ellery Channing, *Self Culture* (Eröffnungsrede der Franklin Lectures, gehalten in Boston, September 1838).

68. Geflügel in der Bandproduktion. 1944. *Nachdem die Bandproduktion von Maschinen perfektioniert ist, wird die Vollmechanisierung auf so empfindliches Material wie Geflügel angewendet. (Photo Berenice Abbott)*

Teil IV
Mechanisierung
und
organische Substanz

Die Mechanisierung und der Boden: Landwirtschaft

Der Bauer im Strukturwandel der Landwirtschaft

Nirgends ist es leichter, den Strukturwandel zu erfassen, den die Mechanisierung hervorgerufen hat, als auf dem Gebiete der Landwirtschaft, doch nur, soweit es sich um Maschinen handelt. Anders verhält es sich mit den Folgen, die die Mechanisierung im Leben des Bauern hervorgebracht hat. Sie sind für die menschliche Gesellschaft vielleicht tiefgreifender als die rein wirtschaftlichen.

Die Zeitspanne, die wir überblicken, ist immer noch zu kurz und die Erfahrung zu unvollkommen, um ein sicheres Urteil zu fällen. Hinter uns liegt nicht einmal ein Jahrhundert landwirtschaftlicher Mechanisierung. Unsere Erfahrung beschränkt sich auf den kapitalistischen Wirtschaftskreis. Welchen Einfluß die Mechanisierung in den Kolchosen auf die Bauern ausgeübt hat, darüber ist ein abschließendes Urteil noch weit weniger möglich.

Auf dem Gebiet der Industrie können wir genauer abschätzen, was der Übergang vom Handwerklichen zur Mechanisierung bedeutet. Auf dem Gebiet der Landwirtschaft tauchen Fragen auf, für die vorläufig jede Antwort fehlt. Es handelt sich um das Verhältnis des Menschen zum Boden, nicht im Sinn von Eigentum, denn die Strukturveränderung zeigt sich in Amerika genauso wie in der Sowjetunion. Der Bauer, das Symbol der Kontinuität, ist unstet geworden.

Innerhalb der Gesellschaft ist der Bearbeiter des Bodens ein Mittler, ein Bindeglied zwischen dem Menschen und der Lebenskraft der Natur. Der Handwerker und der Industriearbeiter schaffen künstliche Gebilde – Kleider, Maschinen, Häuser. Der Bauer pflegt das organische Wachstum – Tier, Pflanze und Erde.

So mag es zu erklären sein, daß in jeder Kultur der Bearbeiter des Bodens als das beständige Element gilt. Dies hat sich nicht geändert, seit Hesiod, der Zeitgenosse Homers, im Beruf des Bauern einen besonderen Segen sah und ihn über den des Kaufmanns und selbst über den des Kriegers stellte. Mit auffallender Konstanz wird diese Auffassung wiederholt, am stärksten in hochzivilisierten Perioden, wie im Rom der Kaiserzeit und im achtzehnten Jahrhundert. Daß im Gegensatz zum höfischen und städtischen Leben der Bearbeiter des Bodens in der Phantasie von Moralisten und Dichtern vereinfacht wird, hat nichts weiter zu sagen.

Innerhalb einer Kultur ist der Bauer eine unauffällige Erscheinung, aber er wirkt stabilisierend wie das Blei, das in den Kiel eines Segelschiffes eingesenkt ist. Die Städte formen den Inhalt einer Kultur, ihre eigentlichen Güter, während es die Funktion des Bauern ist, gegenüber den Stürmen des Schicksals einen unsichtbaren Ausgleich zu schaffen. Es ist betont worden, daß die antike Kultur nicht zuletzt deswegen in einer Katastrophe endete, weil der römische Bauer seit dem dritten nachchristlichen Jahrhundert von seinem Boden vertrieben und das Land vernachlässigt wurde[1].

Bis tief ins neunzehnte Jahrhundert war der Bauer überall Selbstversorger und Selbstverbraucher, der noch den Urtyp des seßhaften Menschen widerspiegelt. Als Emerson 1858, anläßlich einer Viehausstellung in Massachusetts seine Rede über die Landwirtschaft (*The Man with the Hoe*) hielt, konnte man glauben, einen Physiokraten zu hören: »Der Ruhm des Bauern in der Arbeitsteilung besteht darin, daß ihm der schöpferische Anteil zufällt. Alle Gewerbe beruhen letztlich auf seinem ursprünglichen Tun. (...) Er bildet das beständige Element und ist mit dem Land verwachsen wie ein Fels. An dem Ort, wo ich lebe, sind die Farmen seit sieben oder acht Generationen in der gleichen Hand, und viele der ersten Ansiedler [1635] würden, falls sie heute wieder auf ihren Farmen erschienen, ihre eigenen Nachkommen noch vorfinden.«

Emerson hatte in seiner Rede den handwerklichen Bauern, den »Mann mit der Hacke« im Sinn.

In jenem Jahr stellte McCormick in Chicago 4095 Mähmaschinen her. Im Mittelwesten hatte der Bauer bereits die Struktur seiner Tätigkeit verändert, und auf den Hügeln von Vermont gab es verlassene Höfe, deren Besitzer seit Jahrzehnten die Wanderung nach dem Mittleren Westen angetreten hatten.

Durch die Mechanisierung wurde die Struktur der Landwirtschaft für immer erschüttert. Aus dem Selbsterzeuger und Selbstverbraucher, der seine Überschüsse auf den Markt brachte und mit dem Käufer direkt in Verbindung trat, wird ein kommerzieller Erzeuger, der sich mit seinem Produkt auf dem Weltmarkt behaupten muß. Der engbegrenzte heimische Wirtschaftskreis verschwindet, sobald die Mechanisierung sich durchsetzt. An seine Stelle tritt die Abhängigkeit vom internationalen Markt, vom Auf und Ab des Welthandels. Der Landwirt steht mit seinen Produkten ungeschützt kapitalkräftigen Organisationen verschiedenster Art gegenüber, in deren Hand die Preisbildung liegt.

Der Strukturwandel vom Selbstversorger zum Spezialisten wird notwendig. Wenn der Bauer konkurrenzfähig bleiben will, muß er sich auf bestimmte Erzeugnisse beschränken. In Amerika setzte diese Entwicklung zum Spezialisten vor ungefähr einem Jahrhundert ein, als in den Staaten der Ostküste der billigere Weizen aus dem Mittleren Wesen auftauchte und die Rückentwicklung von Akkerland in Weideland zur Folge hatte.

---

1 Michael Rostovtzeff, »The Decay of the Ancient World«, *Economic History Review*, London, 1929, Bd. 2, S. 211. Rostovtzeff lehnt sich gegen die Verfallstheorien der Erschöpfung des Bodens oder gar der klimatischen Veränderungen auf und sieht in der Landflucht ein entscheidendes Element.

Weitere Gebiete beschränkten sich nun auf Viehzucht und Milchwirtschaft[2]. Der gleiche Prozeß läßt sich auch in Europa verfolgen, sobald in Ländern mit hohem Lebensstandard der Weltmarktweizen den Anbau des einheimischen unrentabel macht.

Der Strukturwandel des Bauern vom Selbstversorger zum Spezialisten vollzieht sich in jedem Land, das industrialisiert wird, nur läßt sich dieser Prozeß in Amerika viel eindeutiger, fast wie im Laboratorium, beobachten. Hier konnte sich die Mechanisierung ungehemmt von Dimensionen, Terrain und sozialer Struktur ausbreiten.

Heute ist in Europa der Bauer als Selbstversorger nur in Ländern mit niedrigem Lebensstandard noch voll lebensfähig. In Ländern, wie etwa der Schweiz, deren Lebensstandard mit dem von Amerika verglichen werden kann, lebt der Bauer unter dem Schutz verschiedenster Subventionen. Äußerlich scheint sich nichts

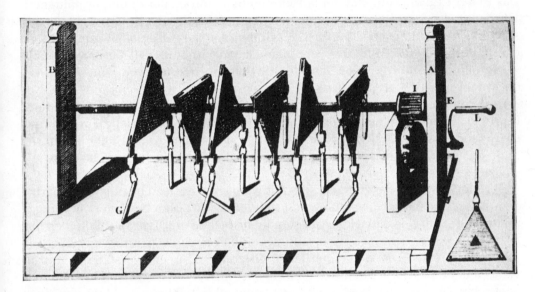

69. Beginn der Mechanisierung: Dreschmaschine um 1770. *Diese Anlage bezeichnet die Frühphase der Mechanisierung in der Landwirtschaft. Sie erhöht die Anzahl der Flegel und ahmt durch mechanische Rotation die Bewegung des menschlichen Armes nach. Die Dreschmaschine wurde gegen Ende des achtzehnten Jahrhunderts in England in Gebrauch genommen und war das erste erfolgreiche Gerät der mechanisierten Landwirtschaft.* (Pennsylvania Magazine, *Philadelphia*, 1775)

geändert zu haben. Noch sitzt der alte Stamm auf den Bauerngütern, die oft für Jahrhunderte nicht in andere Hände kamen, wie es Emerson 1858 von den Farmen Neu-Englands sagt. Die Wiesen sind ebenso sorgfältig gepflegt wie die Häu-

---

2 Russell H. Anderson, »New York Agriculture Meets the West, 1830–1850«, *Wisconsin Magazine of History*, 1932, Bd. 16, S. 186. »Um 1840 entsprach der Weizen, der allein in Buffalo zusammenkam, etwa 30 % der New Yorker Ernte (...). Die New Yorker Farmer mit teurerem Land, ärmerem Boden und einer zunehmenden Konkurrenz von den billigen Ländereien im Westen mußten etwas ändern (...). In den vierziger Jahren ging der Getreideanbau gegenüber der Viehzucht zurück.«

ser, von denen jedes ein eigenes Gesicht zu haben scheint. Aber ökonomisch ist die Existenz des Bauern gefährdet, denn seine Produkte sind auf dem Weltmarkt nicht konkurrenzfähig. Sein Fortbestand auf alter Grundlage wird als soziale Notwendigkeit betrachtet. Die Gesetzgebung sorgt für seinen Schutz. Die Männer, die in Amerika die Gesetze machten, dienten den Interessen des Geschäftsmannes, der Fabrikanten, Bankiers und Eisenbahnleute, und Gesetze, die im Interesse der Farmer erlassen wurden (Homestead Act, 1862) wurden später zugunsten der Trusts und Eisenbahnen ausgelegt[3].

Der Prozeß der Spezialisierung schreitet unaufhaltsam fort. Immer mehr muß sich der Bauer auf eine bestimmte Sorte Mais, Tomaten, Hühner oder Vieh beschränken, wenn er konkurrenzfähig bleiben will. Auch innerhalb eines bestimmten Produktes ist er zu immer strengerer Standardisierung gezwungen. Die kommerziellen Obstfarmen ziehen zehntausende von Obstbäumen einer Sorte. Das ist das Ergebnis einer systematischeren Behandlung der Blüte, sorgfältigerer Vertilgung der Schädlinge, besserer Bestrahlung der Frucht, des Auslichtens des Astwerks und Entfernens überflüssiger Blüten. Auch das Klima hat seinen Anteil daran. Bereits in der Mitte des vergangenen Jahrhunderts galt Nordamerika als »ein großes Laboratorium der Natur für die Hervorbringung neuer und verbesserter Fruchtsorten«[4].

Der Einfluß der Mechanisierung oder hier genauer der Massenproduktion, führt zur Standardisierung auf wenige Sorten. Eine kommerzielle Farm rühmt sich einer Million Pfirsichbäume. Wir sahen eine Anlage mit 42000 McIntosh-Bäumen, und die Äpfel waren so gleichmäßig, als wären sie mit der Maschine gestanzt.

Der Käufer wird dazu erzogen, sich mit wenigen Sorten zu begnügen. Rotfarbige Äpfel, die das Auge des Käufers auf sich lenken, werden besonders bevorzugt und weniger auf Geschmack als auf standhafte Schale und Transportfähigkeit hin gezüchtet. Der Geschmack wird, wahrscheinlich bewußt, neutralisiert. Die Geschmacksunterschiede vom Säuerlichen bis zum Süßen, das Verständnis für die verschiedene Beschaffenheit des Fleisches ist unseres Wissens von niemandem poetischer ausgedrückt worden als von Nathaniel Hawthorne in »Moos von einer alten Behausung« (1846):

»Er liebte jeden Baum, als wäre er sein eigenes Kind. Ein Obstgarten steht in innerer Beziehung zum Menschen und wird leicht zu einer Herzensangelegenheit. Die Bäume haben etwas Gezähmtes, haben die wilde Natur ihrer Verwandten der Wälder verloren und sind durch die Pflege des Menschen und dadurch, daß sie zur Befriedigung seiner Bedürfnisse beitragen, vermenschlicht worden. Auch gibt

---

3 Allan Nevins und Henry S. Commager, *The Pocket History of the United States,* 1943, S. 372–373: »Die Männer, die die nationalen Gesetze machten, dienten den Interessen der Fabrikanten, Bankiers und Eisenbahnleute viel eifriger, als daß sie auf die Farmer Rücksicht nahmen, und dieser Eifer schlug sich in der Gesetzgebung nieder (...). Gesetze, durch die Trusts und Eisenbahnen unter Kontrolle gebracht werden sollten, wurden so formuliert oder ausgelegt, daß sie nur geringe Unannehmlichkeiten bereiteten.«
4 *The Rural Cyclopedia*, Edinburgh, 1854, Bd. I, S. 222.

es, bei den Apfelbäumen, ausgeprägte Individualität des Charakters. (...) Der eine ist abweisend und herb in dem, was er gibt, während der andere seine Früchte wie milde Gaben reicht. Der eine ist knauserig und alles andere als freigebig, als mißgönne er einem die wenigen Äpfel, die er trägt; ein anderer gibt sich in großherzigem Entgegenkommen völlig aus.«

Hawthorne hat nicht dichterisch übertrieben, wenn er auf das besondere Verhältnis eingeht, das die Menschen zu den Äpfeln haben. Sein Zeitgenosse Andrew Jackson Downing, der große Landschaftsgärtner aus der ersten Jahrhunderthälfte empfiehlt in seinem Buch *The Fruits and Fruit Trees of America*[5] 186 Apfelsorten und 233 verschiedene Sorten Birnen. Für die Anlage eines kleinen Obstgartens empfiehlt Downing u. a. dreißig verschiedene Apfelsorten, Sommer- und Winteräpfel, deren Namen zum großen Teil heute noch in Europa geläufig sind. Darunter befindet sich die herbe Kanada-Reinette, ein empfindlicher Apfel von besonderer Feinheit im Geschmack, der in den USA ausgestorben scheint. Auch bei Downing handelt es sich nicht nur um literarische Aufzählungen. »Nordamerika ist seit geraumer Zeit berühmt wegen der großen Zahl und des überraschenden Reichtums seiner Apfelbäume«, schreibt die *Rural Cyclopedia* im Jahre 1854[6].

Die Massenproduktion von Äpfeln, Pfirsichen, Mais, Tomaten, Kühen, Schweinen, Geflügel oder Eiern, wie sie der amerikanische Farmer zustandebringt, kann nicht mit europäischen Verhältnissen verglichen werden. Und doch zeichnet sich auch in Europa hinter der ruhigen Fassade des Bauern der Zug zur Spezialisierung ab. Wenngleich noch in den Dimensionen der Handarbeit, so konzentriert sich der Bauer in manchen Hochtälern Graubündens immer mehr auf ein bestimmtes Produkt: Milch. Er ist auf Viehzucht eingestellt und innerhalb der Viehzucht auf Milchwirtschaft. Er macht weder Käse noch Butter, sondern liefert im Sommer die Milch von der Alb an seine oft weit entfernte Molkereigenossenschaft, die sein Produkt verarbeitet. Er selbst kauft für seine Familie vielleicht Margarine.

Die Wiederentdeckung der Natur im achtzehnten Jahrhundert

Wie jede Periode ist das achtzehnte Jahrhundert zugleich ein Anfang und ein Ende. Das neunzehnte Jahrhundert wird in entscheidenden Linien vorbereitet, und die Erfahrung früherer Zeiten wird zusammengefaßt. Das achtzehnte Jahrhun-

---

5 A. J. Downing, a.a.O., S. 148.
6 *The Rural Cyclopedia*, a.a.O., S. 222.

dert hat die wunderbare Gabe, die Dinge universal zu sehen, wie es nur in Spätzeiten möglich ist. Wir werden diese Haltung im weiteren Verlauf an einem einfachen Fall – dem Möbel des Rokoko – näher kennenlernen.

Die Naturwissenschaften

Im achtzehnten Jahrhundert wird die Natur wiederentdeckt und von allen Seiten zugleich angegangen: von der nostalgischen, von der ökonomischen, vom Ackerbau bis zur Klassifizierung des gesamten Reichs der Schöpfung. Das Leben der großen Naturforscher dieser Periode – des Grafen Buffon (1707-1788) und Carl von Linnés (1707-1778) – läuft dem Jahrhundert parallel. Umfassend führt der schwedische Naturforscher in seinem *Systema Naturae* (1735) seine binäre Nomenklatur der Pflanzen durch und teilt sie nach Arten und Familien ein.

Buffon, in seiner *Histoire Naturelle générale et particulière* (1749-1788), ist mit der typischen Haltung des Spätbarock gegen scharfe Übergänge und betont, daß die Arten der Tiere manchmal unmerklich ineinander übergehen. Er hat einen stark ausgeprägten Sinn für die Kontinuität der Erscheinungen im Kosmos wie im Körper. Manche seiner Hypothesen, wie die, wonach der Sitz des Lebens in »organischen Molekülen« verborgen sei, wirken heute nicht mehr so grotesk wie im neunzehnten Jahrhundert.

René Antoine Ferchault de Réaumur (1638-1757) erforscht das Leben der Insekten. Sein *Mémoire pour servir à l'histoire des insectes* war auf zehn Bände veranschlagt, von denen sechs Bände zwischen 1734 und 1742 erschienen, jeder davon mit über 500 Seiten. Réaumur ist älter als Buffon und Linné, aber auch er beginnt in den dreißiger Jahren in den Vordergrund zu treten. Der Name Réaumur ist zunächst mit dem Thermometer verknüpft. Was er leistete, war wieder eine Klassifizierung; er ging von zwei Fixpunkten aus: dem Gefrierpunkt und dem Siedepunkt des Wassers und teilte den Zwischenraum in achtzig Grade (1730). Dies war nur ein Nebenprodukt seiner Studien. Er war es, der die Welt der Insekten in ihrem ganzen Reichtum darstellte. Jean-Jacques Rousseau war von seinen Studien begeistert, und Thomas Henry Huxley stellte ihn als einzigen Naturforscher in eine Reihe mit Darwin[7]. Réaumur verfügte, ebenso wie Buffon, über die Gabe universaler Naturen, zugleich wissenschaftlich präzise und einfach zu sein[8]. Die Naturforscher bilden die Eckpfeiler bei der Wiederentdeckung der Natur.

Der Boden

Die Erde, die bei all ihrer Komplexität lange als etwas aufgefaßt wurde, in das man Samen legte und das nach Erfahrungsregeln bearbeitet wurde, wird zum Ge-

---

7 »Ich kenne niemanden, der ihm ebenbürtig wäre, außer Réaumur.« Siehe Will Morton Wheeler, *The Natural History of the Ants, from an unpublished manuscript in the Academy of Sciences (Paris) by René Antoine Ferchault de Réaumur,* New York und London, 1926.

8 Einblick in die Vielseitigkeit und Erfindungsgabe eines Gelehrten des achtzehnten Jahrhunderts gibt Jean Torlais, *Réaumur, un esprit encyclopédique en dehors de l'Académie,* Paris, 1936.

genstand wissenschaftlicher Untersuchung. Fragen tauchen auf: Woher beziehen die Pflanzen ihre Nahrung? Nehmen sie Wasser aus der Erde oder »Nitrate«, oder verschlucken sie feinste Partikel des Bodens? Daß Pflanzen sich von winzigen Bodenpartikeln ernähren, war die Ansicht des bekanntesten Vorläufers der intensivierten Landwirtschaft, Jethro Tull, 1674-1740. Auf sie gründete er seine revolutionäre Theorie der Bodenbearbeitung: der einzige Weg, Fruchtbarkeit zu vermehren, sei die »Zerkleinerung der Erdmasse«; Düngung und Fruchtwechsel hielt Tull für unnötig. Auf dieser Theorie beruht die Erfindung der ersten wirksamen Sämaschine, 1701. Sie ermöglichte es, den Weizen in schnurgerade Reihen zu säen, zwischen denen, sechsmal während der Wachstumsperiode, der Boden bearbeitet werden konnte. Dies besorgte seine zweite Erfindung, das Hacken des Bodens mittels Pferdekraft[9]. Er bewies auf seiner Farm, daß es möglich war, dreizehn Jahre hintereinander auf demselben Feld Weizen anzubauen.

Jethro Tull erbte ein kleines Gut, studierte in Oxford und war musikalisch. Der Mechanismus der Orgel inspirierte ihn zu seiner Sämaschine. Er entwickelte sich zum praktischen Landwirt, der direkt beobachtete und sich um die Theorien seiner Zeitgenossen erst kümmerte, als er sich spät und zögernd entschloß, seine Gedanken in *The New Horse Hoeing Husbandry* (1731) niederzulegen. Es war die Zeit, in der das theoretische Interesse an der Landwirtschaft immer stärker wurde.

Ein neuer Impuls ging in Frankreich von der um 1700 geborenen Generation aus. Es sind Gelehrte wie Réaumur, die sich auch für landwirtschaftliche Probleme interessierten, oder wie Henri Louis Duhamel Dumonceau (1700-1782), der als erster eine systematische Physiologie der Pflanzen aufbaut. Duhamel nennt es »Physik«. Nicht ohne Zögern sehen wir davon ab, einige Stellen aus seiner *Physique des arbres* (1758) oder seinen populären *Eléments d'agriculture* (1762) wiederzugeben, in denen er mit dem Beobachtungshunger und der wunderbaren Unmittelbarkeit des achtzehnten Jahrhunderts die Wachstumsgesetze der Pflanzen darstellt: je nach der Bodenart verschiedene Wurzelbildung, Umbildung ihrer Zweige zu Wurzeln, Bildung der Rinde, Kreislauf der Säfte, Atmung der Blätter.

Duhamel war der jüngste Sohn eines französischen Landadligen, Ingenieur und Generalinspektor der Marine, Verfasser eines weitverbreiteten Standardwerks über »Schiffsarchitektur«. Seine Leidenschaft gehörte der Erforschung der Agrikultur. Auf dem Gut seines Vaters untersucht er die Erde, wäscht sie aus, analysiert die übrigbleibenden Bestandteile und führt seit 1740, wohl als erster, ein meteorologisches Tagebuch. Er verehrt Jethro Tull und nennt sein sechsbändiges Werk *Traité de la culture des terres suivant les principes de Mr. Tull* (1751-60), obgleich er sich entschieden weigert, das Hacken an die Stelle des Düngens treten zu lassen[10], und es vorzieht, französische Sämaschinen abzubilden[11].

---

9 Eine kritische Behandlung Jethro Tull's sowie Hinweise auf seine Vorgänger in T. H. Marshall. »Jethro Tull and the New Husbandry of the Eighteenth Century«, *Economic History Review*, London, 1929, Bd. II, S. 41–60.
10 T. H. Marshall, a.a.O., S. 51–52.
11 Duhamel Dumonceau, *Eléments d'agriculture*, Paris 1762, Bd. II, S. 37. »Diese Maschinen«, sagt er von Tulls Geräten, »waren zu kompliziert und zu kostspielig.«

Immer stärker wandte sich die Aufmerksamkeit der Landwirtschaft zu. Ihr waren alle anderen Tätigkeiten untergeordnet. Als gegen Ende des Rokoko zwischen 1758 und 1770 die Physiokraten ihre wissenschaftlich fundierte ökonomische Lehre entwickelten, da verschärften sie die Anschauung von dem Primat des Akkerbaus ins Extreme, unter Hintansetzung von Finanz, Handel und Industrie. Allein die Landwirtschaft erzeuge Reichtum und bilde die Grundlage der Wirtschaft, sie repräsentiere 5/6 des nationalen Reichtums. »Die Landwirtschaft ist produktiv, die Industrie steril.«[12] Finanz, Handel und Industrie liefen der Natur zuwider.

Die Physiokraten waren dabei keineswegs romantische Verklärer des Bauern. Sie wollten *la grande culture* und verlangten für den Getreideanbau große Güter von mindestens 180 Hektar[13]. Sie wollten, mit anderen Worten, Großgrundbesitz und Mechanisierung. »Wer«, so argumentierten sie, »wenn nicht ein reicher Großgrundbesitzer, verfügt über die nötigen Geräte, um bei geringeren Kosten bessere Produkte zu erhalten?«[14]

Die Einstellung der Physiokraten gegenüber anderen Erwerbszweigen wiederholte die Anklagen römischer Autoren der Kaiserzeit, wie Junius Columella, dessen *De Re Rustica* damals in englischer und französischer Übersetzung vorlag. Geldgeschäfte waren anrüchig, der militärische Beruf der eines Schlächters, und Jurisprudenz nichts als Gebell und Geschwätz[15].

Auch Jean-Jacques Rousseaus Argumentation handelte von Naturgesetz und Naturrechten, jedoch in einem anderen Sinne. Für ihn bedeutete Natur das Nichtkünstliche, das Eingeborene und Nicht-kultivierte im Menschen. Auch er bleibt nicht beim Bauern. Er geht auf den primitiven Menschen zurück, oder wie man damals sagte, auf den Wilden, der nur Instinkten folgt. Statt den Großgrundbesitz zu preisen, verkündet er, daß der erste Mensch, der ein Stück Land einzäunte und sagte: Dies gehört mir, und Leute fand, die es glaubten, der Begründer der Gesellschaft gewesen sei. Wir erwähnen dies nur, um zu zeigen, wie die Einstellung zur Natur ideologisch hinter den heterogensten Erscheinungen stand, bei Dichtern und Ökonomen, Erziehern und Königen, ja auch bei den ersten Theoretikern der Industrie.

Es ist mit Recht hervorgehoben worden, daß Adam Smith, der zuerst die Arbeitsteilung als grundlegendes Prinzip der Industrie erkannte, auch den Bauern als einen Grundpfeiler der Gesellschaft betrachtete und seine Tätigkeit als »die produktivste aller ökonomischen Unternehmungen und als Fundament von allen« bezeichnete[16]. Er, der seine *Enquiry into the Nature and Causes of the Wealth*

---

12 G. Weulersee, *Les Physiocrates*, Paris, 1931, S. 62.
13 G. Weulersee, a.a.O., S. 88.
14 G. Weulersee, a.a.O., S. 83.
15 Paul H. Johnstone, »In Praise of Husbandry«, *Agricultural History*, Wisconsin, 1937, gibt umfassenden Einblick in die Literatur seit der Antike. Für die neuere Zeit in England und Frankreich, der Schweiz etc. Vgl. vom selben Autor »Turnips and Romanticism«, ebd., Bd. 13, 1938, S. 244–255.
16 Paul H. Johnstone, »Turnips and Romanticism«, a.a.O., S. 245.

of Nations, die 1776 erschien, zwei Jahrzehnte lang vorbereitet hatte, das heißt in der Blütezeit der Physiokraten und Jean-Jacques Rousseaus fruchtbarster Periode, preist auch »die Sicherheit und den Frieden des bäuerlichen Lebens«.

Rückblickend kommt es leicht zu einer Verkürzung der Perspektive. Die Vorbereitung für die Mechanisierung des Spinnens und Webens vollzog sich nicht im Rampenlicht. Es war ein unmerklicher Vorgang. Die Industrie, wie sie später zum Begriff wurde, spielte im achtzehnten Jahrhundert keine Rolle. Industrie war damals gleichbedeutend mit Handwerk. Die Zeitgenossen nahmen das aufs höchste entwickelte Handwerk als etwas Selbstverständliches. Die Enzyklopädie, deren illustrierten Bänden wir tiefen Einblick in die anonyme Geschichte des achtzehnten Jahrhunderts verdanken, tat etwas durchaus Ungewohntes. Diderot hebt im »Discours préliminaire« zur großen Enzyklopädie von 1751 besonders hervor, daß keine Aufzeichnungen über die Tätigkeit der handwerklichen Betriebe (arts mécaniques) vorhanden gewesen seien, so daß er und seine Mitarbeiter sich die Informationen direkt von den Handwerkern holten[17]. Zur Zeit, als die Physiokraten, Jean-Jacques Rousseau, Adam Smith wirkten und die Bände der *Encyclopédie* (1751-1772) unter großen Widerständen erschienen, erfanden in Lancashire einige arme Handwerker aus der untersten sozialen Schicht die Apparaturen für die Textilindustrie, und James Watt bildete die Dampfmaschine zu einem brauchbaren Werkzeug aus. Was später gleichbedeutend mit Industrialisierung wurde, waren anonyme Experimente unter hundert anderen, die nicht das Tageslicht erblickten.

Vergleicht man im ersten Band der *Transactions of the Society of Arts* (1783) die Modelle, die sie im Laufe ihrer langen Tätigkeit in ihren »Repositorien« ausgestellt hatte, so finden sich unter Klasse I, »Maschinen und Modelle aus der Landwirtschaft«, 63 Muster[18] und in Klasse III, »Maschinen und Modelle aus der Industrie« zwanzig Modelle: einige Spinnräder, Haspeln etc., aber keine einzige wichtige industrielle Neuerung. Dies zeigt die Proportion des öffentlichen Interesses an der Entwicklung der Landwirtschaft und der Industrie.

Die neue Landwirtschaft in England

Was die Physiokraten als Theorie aufbauten, die bald in der französischen Revolution verbrannte, das wurde in England Wirklichkeit.

Im Gegensatz zur französischen Aristokratie waren die englischen Großgrundbesitzer zu keiner Zeit aktiver als gerade im ausgehenden achtzehnten Jahrhundert. Dies hatte zur Folge, daß die *aristocrates* ihre Köpfe verloren oder verarmten, während die anderen Macht und Reichtum erlangten. Der Drang zur Produktivität, der damals alle englischen Schichten und Berufe erfaßte, machte auch bei

---

17 »Alles veranlaßte uns, auf die Handwerker selbst zurückzugreifen.«
18 *Transactions of the Society, Instituted at London, for the Encouragement of Arts, Manufactures and Commerce, with the Premiums Offered in the Year 1783,* London 1783, Bd. I, S. 309. Landwirtschaftliche Maschinen: Sämaschinen für Bohnen, Weizen, Runkelrüben, Pflüge mit Scharen, Kombinationen von Pflug und Sämaschine, Strohschneide-, Dresch- und Spreumaschinen etc.

den Gentleman-Farmern nicht Halt. Unter ihnen gab es einige, die sich auf bestimmte Gebiete der Landwirtschaft spezialisierten. Lord Townsend betrieb Studien über den Fruchtwechsel; Robert Bakewell (1725-1795) verlegte sich um 1760 auf systematische Zucht von Schlachtvieh und Verbesserung der Zugpferde, worin er besonderen Erfolg hatte. In der Halle seines Hauses waren die Skelette seiner berühmtesten Tiere aufgebaut. Seine Prinzipien hat er nie niedergelegt. Er betrachtete sie als Geschäftsgeheimnis. Sie bestanden im wesentlichen darin, die besten Exemplare verschiedener Rassen zu paaren und keinesfalls gutes und minderwertiges Material zu mischen[19].

William Coke, Earl of Leicester (1752-1842), übernahm um 1774 das ererbte Gut Holkham in Norfolk mit 48000 acres schlechten Bodens. Er verstand es, ihn fruchtbar zu machen, indem er die unterste Schicht nach oben legte. Sein riesiges Gut, umgeben von einer zehn Meilen langen Mauer, wurde die erste landwirtschaftliche Versuchsanstalt, auf der er mit jeder Art von Bebauung experimentierte. Das Einkommen seines Gutes stieg dank seiner Initiative von 2200 auf 20000 Pfund. Seine Preisschafschuren, auf Holkham bis 1821 durchgeführt, zogen Zuschauer vom Kontinent an, und es paßt durchaus zu der Vitalität dieses Gentleman-Farmers, daß er mit 69 Jahren ein achtzehnjähriges Mädchen heiratete, mit dem er fünf Söhne und eine Tochter hatte[20]. Keiner dieser Gentleman-Farmer schrieb über Agrikultur.

Hand in Hand mit der Verwandlung des Feudalherrn in einen Unternehmer großen Stils erfolgt sein Machtzuwachs durch das »Einzäunen von Gemeindeland« (enclosures), das heißt dessen Ankauf durch den Großgrundbesitz. Es bedeutete, daß ein Stück Land mit Hecken oder Gräben umschlossen wurde, die dem freien Durchzug von Menschen und Tieren ein Ende setzten und so die gemeinschaftliche Bodennutzung abschafften. Dies entrechtete den freien, stimmberechtigten Bauern zum landwirtschaftlichen Arbeiter, der völlig vom Wochenlohn abhängig wurde[21]. Die Enteignung der freien Bauern und die Bewirtschaftung durch den Gutsherrn nahm im achtzehnten Jahrhundert beständig zu und erreichte ihren Höhepunkt zu Beginn des neunzehnten[22]. Die Folgen sind bekannt. Hier sei nur eines bemerkt: die Konzentrierung der Arbeiter auf großen Gütern schien eine Mechanisierung der Landwirtschaft anzukündigen, wie sie England in derselben Periode in der Textilindustrie vorbereitete. Der Umsturz, der in der englischen Landwirtschaft vor sich ging, gehört in das Gebiet der Intensivierung. Die Arbeit der anonymen wie der Gentleman-Farmer brachte die Verbesserung des Bodens und seiner Produkte zu einer nie gekannten Höhe. Die Mechanisierung spielte dabei eine nebensächliche Rolle.

Am Ausgang der Gentleman-Farmer-Bewegung stehen die literarischen Wortführer Arthur Young (1741-1820) und Sir John Sinclair (1754-1835); beide sehen

19 Lord Ernle, *English Farming Past and Present*, Neuaufl., London 1936, S. 176–189.
20 William MacDonald, *The Makers of Modern Agriculture*, London, 1913.
21 Gilbert Slater, *The Peasantry and the Enclosure of Common Fields*, London, 1907, S. 1f.
22 Gilbert Slater, a.a.O., S. 267, Statistik der in verschiedenen Perioden zwischen 1727 und 1815 jährlich »eingezäunten« Äcker.

die Höhepunkte wie das Abfallen der Bewegung. Ihr literarisches Werk und ihr Einfluß reichte von Rußland, von Katharina II., bis zu Washington und Jefferson in Nordamerika. Arthur Young kam aus dem Mittelstand, Sinclair aus schottischem Großgrundbesitz. Arthur Young, als Landwirt ebenso unbeholfen wie sein Zeitgenosse, der Erzieher Pestalozzi (1746-1827), und wie dieser maßlos vom Land angezogen, erregte durch seine landwirtschaftlichen Reisen, die *Tours,* und durch seine *Annals of Agriculture,* in deren Bänden sich die Autoritäten der Zeit äußerten, breite Aufmerksamkeit. John Sinclair stellte neben der Bewirtschaftung seiner Güter in 21 Bänden den *Statistical Account of Scotland* (1791) zusammen.

Sinclairs Name wird gewöhnlich mit der Gründung des halboffiziellen »Board of Agriculture« von 1791 verbunden[23]. Arthur Young fungierte dort als Sekretär. Ihre Absicht war, das Land in den Grundlagen der Landwirtschaft zu unterweisen. Aber als das Interesse an der Landwirtschaft während der zwanziger Jahre immer mehr sank, verlor das »Board« an Bedeutung. Wahrscheinlich führte der gute Ruf dieser Einrichtung dazu, das U. S. Department of Agriculture zu schaffen, das seit seinem Gründungsjahr, 1862, wachsenden Einfluß auf Theorie und Praxis der amerikanischen Farmmethoden hat und das eine maßgebendere erzieherische Rolle erfüllt als ähnliche Einrichtungen in anderen Ländern. Über den Beginn der Textilindustrie sind wir auf zufällige Dokumente angewiesen. Über den Zustand der englischen Landwirtschaft sind wir durch Wortführer wie Young und Sinclair eingehend unterrichtet[24]. Konservativ in der Gesinnung, hatte John Sinclair gleichzeitig kosmopolitische Pläne. Er verlangte internationale Kontrolle der Erfindungen »mit dem Ziel, die Kenntnis neuer Erfindungen und Entdeckungen über die ganze Welt zu verbreiten, um sie dem freien Gebrauch aller zugänglich zu machen« (1795)[25].

Es fehlte gewiß nicht an mechanischen Erfindungen in der Landwirtschaft. Alle Teile des McCormick-Mähers sind im ausgehenden achtzehnten und in den ersten Jahrzehnten des neunzehnten Jahrhunderts in englischen Patenten zu finden. Aber keine Kraft faßte sie zusammen. Sie blieben größtenteils unausgewertet. Auch die Zunahme des Großgrundbesitzes half nichts. Gegen 1830 endete die Bewegung in vorläufiger Resignation, während die Textilindustrie, dieser Randbereich, eine Macht auszustrahlen begann, wie sie noch nie ein Produktionsgebiet gekannt hatte. Die Bemühungen des achtzehnten Jahrhunderts um eine Intensivierung der Landwirtschaft waren durchaus nicht vergebens. Die englische Landwirtschaft hatte einen ungewöhnlich hohen Stand erreicht. »Selten wird man

---

23 John Sinclair, *Account of the Origin of the Board of Agriculture and Its Progress for Three Years after Its Establishment,* London, 1793.
24 Vgl. die Sammlung im British Museum, zitiert in Witt Bowden, *Industrial Society in England Towards the End of the Eighteenth Century,* New York, 1925, S. 316–317.
25 W. Bowden, a.a.O., S. 34–35.

ein Land antreffen, welches auf den Beschauer hinsichtlich seiner Ackerbauverhältnisse einen günstigeren Eindruck macht. Von irgend einer Höhe herab gesehen – so schreibt ein Zeitgenosse um 1840 – erscheint eine englische Ackerbaulandschaft wie ein großer, reicher Garten: die weiten Felder (...) mit lebendigen Hecken eingefaßt, die kräftigen Gespanne vor eleganten und schönen Ackergeräten, die weidenden Herden prächtiger Milchkühe (...), die reinlichen Pächterwohnungen inmitten von Obstgärten und Getreidefeldern.«[26]

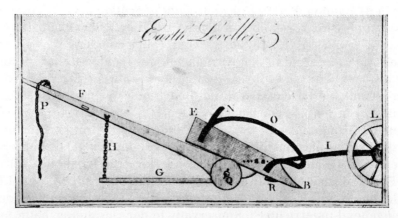

70. »Maschine« zum Umgraben der Erde durch Viehkraft«, 1805. *Zu Beginn des neunzehnten Jahrhunderts gab es in Amerika viele Versuche, den Handspaten durch mechanische Vorrichtungen zu ersetzen – was letztlich zum Bulldozer unserer Tage führte. Diese Maschine wird von drei Pferden gezogen. Sie »schafft mehr als zwanzig Männer«. (S. W. Johnson, zitiert bei Oliver Evans,* Young Steam Engineer's Guide, *Philadelphia, 1805)*

Welch ein Gegensatz zur amerikanischen Landschaft dieser Zeit mit ihrer endlosen Wildnis und dem unberührten Boden. Und gerade dies war eine Voraussetzung dafür, daß die Mechanisierung des ältesten Berufes gelingen konnte. Es ist kein Zufall, daß selbst in Amerika die alten Staaten der Ostküste sich passiv verhielten und die Mechanisierung auf einem Boden durchgesetzt wurde, den nie vorher eine Pflugschar berührt hatte: im Mittleren Westen.

Dieser plötzliche Sprung von der Wildnis in hohe Mechanisierung unter Überspringung aller Zwischenstufen ist nicht nur in der Landwirtschaft zu beobachten, sondern gehört zu den merkwürdigsten Phänomenen der amerikanischen Entwicklung, dessen Auswirkungen von Soziologen, Psychologen und Historikern gemeinsam näher nachgegangen werden sollte.

26 Wilhelm von Hamm, *Die landwirtschaftlichen Maschinen und Geräte Englands,* Braunschweig, 1845.

Der Mittlere Westen und die Mechanisierung der Landwirtschaft

Die landwirtschaftliche Mechanisierung ist aufs engste mit einem bestimmten Gebiet, einer bestimmten Zeit, und einer bestimmten sozialen Schicht verknüpft. Sie ist aus dem Zusammentreffen dieser Faktoren zu erklären und damit unmittelbar mit dem Schauplatz verbunden, auf dem sie erfolgreich durchgeführt wurde: dem Mittleren Westen.

Wie die Entstehung des geplanten griechischen Stadtgrundrisses mit Ionien, die Gotik mit der Ile de France, die Renaissance mit Florenz verbunden ist, so die Mechanisierung des Ackerbaus mit den Prärien des Mittelwestens.

Die Prärie

Der Mittlere Westen umfaßt die weiten Prärielandschaften, die sich vom Bassin der großen Seen, vom Lake Michigan aus nach Nordwesten und Südwesten nahezu fächerförmig ausbreiten. Sie durchqueren in unregelmäßiger Linie verschiedene Staaten, verlieren sich im Norden nach Kanada und im Süden in die großen Ebenen von Texas. Illinois ist Anfang und Herz der Prärie, so wie Chicago das wirtschaftliche und industrielle Zentrum des ganzen Mittleren Westens wurde.

Abraham Lincoln, selbst in einer Blockhütte der Prärie geboren, definiert in seiner Botschaft an den Kongreß (1. Dezember 1862) den Mittleren Westen in Worten, die ihm entsprechen: »Das Ägypten des Westens (...), das große innere Gebiet, das im Osten von den Alleghenies, im Norden von den britischen Dominions, im Westen von den Rocky Mountains und im Süden von der Linie begrenzt wird, an der Getreide- und Baumwollanbau aufeinander treffen (...).«

Die Prärien waren jungfräulicher Boden. Die Beschaffenheit des Bodens wechselt. Gelegentlich ist er lehmig und rot wie in Umbrien. Vorwiegend aber ist er dunkelbraun, krümelig, mit schwarzem, feinen Sand durchsetzt. Durch die Jahrtausende ist die Humusschicht als Überrest absterbender Präriegräser und ihrer weit über den Boden hinkriechenden Wurzeln gewachsen. Um dieses Wurzelgespinst das erste Mal durchzupflügen, mußten die Siedler sechs Ochsen vor den Pflug spannen; nachher aber wurde der Boden fein wie Gartenerde und von einer überraschenden Fruchtbarkeit. Wer an die dünne, europäische Humusschicht gewöhnt ist, muß, wenn er den Erdbohrer ansetzt – etwa um Obstbäume zu pflanzen –, mit Erstaunen feststellen, daß der lockere Boden oft vier Fuß hinabreicht und noch kein Ende zu nehmen scheint. Dieser Reichtum des Bodens hat die Bauern erst von den Hügeln Vermonts und später aus England und Westeuropa angelockt.

Auch früher gab es weite Ebenen, die urbar gemacht wurden. Doch die Erschließung der russischen Tiefebenen oder der Landstriche Chinas erforderte Jahrhunderte. Im Vergleich dazu vollzog sich die Entwicklung des Mittleren Westens nahezu unter Ausschaltung des Zeitmoments innerhalb weniger Jahrzehnte.

Wenn man durch die Fenster des Pullmanwagens die Sonne über den Maisfeldern von Illinois untergehen und am nächsten Tag wieder über Maisfeldern aufgehen sieht, als hätte sich nichts geändert, erfährt man den Begriff der Dimension plastischer, als Zahlen dies wiedergeben könnten.

Die Ausschaltung des Zeitmoments in Verbindung mit der rätselhaften Wirkung der riesigen Dimensionen hat die Mechanisierung des Ackerbaus zustandegebracht.

Wie ging diese Entwicklung vor sich? Wie sah es in den Prärien von Illinois etwa in der Anfangsphase im Jahre 1833 aus? Von einem schottischen Farmer, der das schlummernde Land mit den prüfenden Augen eines Bauern beobachtete, stammt eine der besten Schilderungen. Patrick Shirreff aus Mungoswells, East Lothian, reist durch Teile von Kanada und Nordamerika, zunächst um zu sehen, ob sein Bruder dort eine Existenzmöglichkeit finden könnte. Von Detroit nach Chicago fährt er noch teils mit der Post, teils mit dem Ochsenwagen. Von Chicago aus wandert Shirreff zu Fuß durch die Prärien nach Süden, denn streckenweise gibt es keine regelmäßigen Verbindungen nach St. Louis. Bei dieser Gelegenheit erschließt sich ihm der Reiz der Prärien: »Die ganze Schönheit und Erhabenheit der Prärie erschloß sich mir. Sie umfaßt jede Bodenbeschaffenheit und jede Oberflächengestalt, hohes Gras, untermischt mit blühenden Pflanzen jeder Gestalt (...) gelegentlich Baumgruppen, die sich wie Inseln aus dem Meer erheben.

Manchmal fand ich mich in einer Gegend, wo weit und breit kein Baum oder irgendetwas anderes zu sehen war (...). Diese mit einer interessanten Vegetation um mich her bedeckte Fläche wirkte wie das Meer und regte Gedanken an, die ich damals nicht aufzeichnen konnte und die sich nicht wieder zurückrufen lassen.«[27]

Er wandert auf gut Glück von Haus zu Haus. Er muß sein Bett mit anderen teilen oder auf einer schmutzigen Matte schlafen, die auf den Boden gelegt wurde und den Schlafplatz für fünf Leute bildete. »Ich bettete mein Haupt auf meinen Rucksack.«[28] Was er sonst von dem Inneren der Häuser und ihrer Einrichtung sagt, erinnert an die Slums der gleichzeitigen Industriestädte Englands oder Frankreichs. Es ist ein Minimum an Lebensstandard. Die Farmer, so sagt er an anderer Stelle, »schienen mit dem Einfachsten zufrieden (...), es waren keine Scheunen zu sehen, überall wurde das Getreide im Freien oder auf der bloßen Erde gedroschen«[29].

Er läßt sich durch die augenblicklichen Zustände nicht beirren, und es ist vielleicht nicht uninteressant, wie dieser schottische Bauer die Theorien von Malthus richtig durchschaut: »Die weite Ausdehnung der Prärie erschien als die Gabe Got-

---

27 Patrick Shirreff, *A Tour through North America*, Edingburgh, 1835, S. 244.
28 Ebd., S. 223.
29 Ebd., S. 225.

tes an den Menschen, daß er seinen Fleiß betätige, und da es kein Hindernis gab, die Natur unmittelbar zu bebauen, schien sie den Menschen einzuladen, den Boden umzugraben und an ihrem Reichtum teilzuhaben. Malthus' Lehre, daß die Bevölkerung schneller zunimmt als die Subsistenzmittel, erschien mehr als zweifelhaft.« Er vergleicht die Prärie »wo die bebauten Felder nur Pünktchen auf der gesamten Fläche ausmachen« mit den Verhältnissen in Großbritannien: »Ich empfand Dankbarkeit beim Anblick eines Feldes, das so geeignet war, der elenden und hungernden Bevölkerung Großbritanniens und Irlands Erleichterung zu verschaffen, während das Verhalten ihrer landbesitzenden und den Zehnten verzehrenden Gesetzgeber sündhaft erschien, indem sie die Zirkulation der Reichtümer der Natur behinderten.«[30]

Entwicklungstempo und soziale Folgen

Im Vergleich mit dem im Süden angrenzenden Ohio schlief der Mittlere Westen bis gegen die Jahrhundertmitte. Noch 1850 schwankte die Bevölkerungsdichte in vielen Teilen von Illinois zwischen zwei bis sechs Einwohnern pro Quadratmeile[31], und eine englische Quelle versichert den Auswanderern 1859, also zur Zeit des vollen Aufschwungs: »Noch nicht ein Zehntel des Bodens ist bebaut.«[32]

Für die ganze amerikanische Entwicklung ist der Sprung von einer äußerst primitiven kolonialen Lebensführung zur hochorganisierten Mechanisierung typisch. Immerhin brauchte es in der Gesamtentwicklung über zwei Jahrhunderte, bis dieser Sprung möglich wurde.

Noch einmal wiederholt sich – auf wenige Jahrzehnte zusammengedrängt – der gleiche Vorgang im Mittleren Westen, als die Pioniere zu Anfang des neunzehnten Jahrhunderts in den Staaten westlich der großen Seen erschienen. Fast wie im siebzehnten Jahrhundert waren diese Siedler sich selbst überlassen, ohne Hilfe und ohne Verbindung. Es genügte ihnen, ihr Leben zu fristen. Was die Pioniere des Mittelwestens brauchten, mußten sie selbst mitbringen. »Ihre Ochsenkarren waren vollgeladen mit Werkzeugen, Samen, Geflügel, Geräten und einfachen Möbeln, und das Vieh trieben sie nebenher.« Sie waren Selbstversorger, lebten von der Hand in den Mund und siedelten sich an Waldrändern an. Es gab reichlich Wild. Im Herbst brannte man, wie es heißt, gelegentlich Wälder ab oder setzte die Prärien in Brand, um das Wild leichter jagen zu können[33].

Und wie in der Kolonialzeit benutzten die Siedler hölzerne Geräte, Holzpflüge, Holzeggen mit Hickoryzähnen, die sie meistens selbst herstellten. Der primitive Präriepflug, die »Bullenzunge«, so wird versichert, bleibt im südlichen Illinois bis 1850 im Gebrauch[34]. »Die meisten Pflanzer«, so bemerkt ein Engländer, der 1818

---

30 Ebd., S. 245.
31 P. W. Bidwell and John L. Falconer, *History of Agriculture in the Northern United States,* Washington, 1925. Vgl. die Karten mit verschiedenen Bevölkerungsdichten von 1790 bis 1840, S. 148–151.
32 James Caird, M. P., *A Brief Description of the Prairies of Illinois,* London, 1859, S. 4.
33 Hubert Schmidt, »Farming in Illinois a Century Ago as Illustrated in Bond Country«, *Journal of Illinois State Historical Society,* Springfield, Illinois, Bd. 31, 1938, S. 142.
34 Ebd.

durch Ohio kam, »machen alles selbst, sogar ihre landwirtschaftlichen Geräte.«[35]

Um die Jahrhundertmitte vollzieht sich im Mittleren Westen der plötzliche Sprung von der Selbstversorgung zur mechanisierten Produktion. Es setzt eine Mechanisierung des Ackerbaus ein, wie sie zu jener Zeit an keinem anderen Ort existierte. In einem Nachtrag zu seinem Bericht über die Wanderung, die Patrick Shirreff 1833 durch das südliche Illinois macht, berichtet er: »Eine Mähmaschine war im Jahre 1834 in Jacksonville in Gebrauch, und auf dem rasenähnlichen Boden der Prärie läßt sich diese und fast jede andere Art landwirtschaftlicher Maschinen mit Gewinn einführen.«[36] Auch in diesem Punkt sah der schottische Farmer richtig: es war die rasenähnliche Oberfläche der Prärie, die die Mähmaschine und »jede Art landwirtschaftlicher Maschine« verlangte.

Diese einsame Mähmaschine von 1834 mag etwa mit den 78 Scheffel verglichen werden, die 1838 von Chicago aus verschifft werden. Die Menge des produzierten Getreides wächst proportional zur Anzahl der Mähmaschinen. Der scharfe Anstieg der Kurve setzt in der Mitte der fünfziger Jahre ein. Von Chicago aus werden 1860 10 Millionen Scheffel und während des Bürgerkrieges 20 Millionen Scheffel Getreide verschifft. Entsprechend fabrizieren die Vereinigten Staaten 1864 70000 Mähmaschinen, das heißt doppelt so viel wie 1862. Die Nachfrage ist so groß, daß die Industrie nicht nachkommen kann[37]. Um 1860 ist diese Entwicklung in vollem Schwung, der Bürgerkrieg verstärkt sie nur. Schon wird es möglich, gleichzeitig die Armee und den Weltmarkt zu versorgen.

Nun können wir verstehen, warum der Bericht eines englischen Parlamentsmitglieds von 1859 den britischen Auswanderern empfiehlt, nichts mitzunehmen als einen Koffer voll Kleidung. Sie würden in Illinois bessere Werkzeuge vorfinden als in England. Mäh- und Dreschmaschinen könnten gemietet werden, und zwar koste das Schneiden eines acre 2s 6d. Die Mähmaschinen schnitten täglich 14 acres, und die Dreschmaschinen würden 300 Scheffel Getreide liefern. Außerdem sei es »üblich, daß einige Farmer sich zusammentun, um die teuren Geräte zu kaufen«[38]. Die Eisenbahn fahre »in Sichtweite vom Haus und zu ausgezeichneten Märkten für die Produkte«, »frischer, unausgenützter Prärieboden« warte auf die Bebauung. Und schließlich könnten vorfabrizierte Häuser in Chicago bestellt werden und innerhalb einer normalen Entfernung von der Eisenbahn binnen dreißig Tagen nach Erteilung des Auftrags zugestellt werden[39]. Es handelt sich hier hauptsächlich um die außerordentlich leichte »Ballonrahmenkonstruktion« (balloon frame), die in den dreißiger Jahren in Chicago erfunden wurde und die in Paketform überallhin gesandt werden konnte[40].

---

35 *The Farm Centennial History of Ohio,* 1803–1903, Dept. of Agriculture, Springfield, Ohio, 1904, S. 10.

36 Patrick Shirreff, *A Tour through North America,* S. 463.

37 E. D. Fite, »The Agricultural Development of the West during the Civil War«, *Quarterly Journal of Economics,* Boston, 1906, Bd. 20, S. 260.

38 James Caird, M. P., *A Brief Description of the Prairies of Illinois,* London, 1859, S. 16, 20.

39 Ebenda, S. 4.

40 S. Giedion, *Raum, Zeit, Architektur,* S. 233–237.

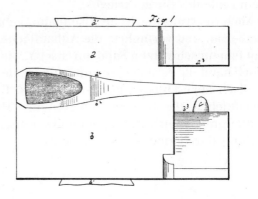

71. Die Neuformung der Handwerkzeuge in Amerika: Gußeiserne »Spanische Axt«. *Hier geht mechanische Produktion Hand in Hand mit Formvollendung.* (*U. S. Patent* 172251, *18. Januar* 1876)

Zu der stürmischen Mechanisierung des Ackerbaus kam es im Mittleren Westen durch das Zusammentreffen verschiedener Entwicklungen in einem einzigen Zeitpunkt. Dazu gehörten Transportmöglichkeiten. Das Kanalsystem, das den Mittleren Westen mit dem Hudson und New York und andererseits mit Quebec verband, wurde in dem Vierteljahrhundert zwischen 1825 und 1850 ausgebaut. Wirklich erobert aber wurde der Mittlere Westen durch die Schiene.

Als um 1850 die ersten Meilen Schienen von Chicago aus in die Prärie liefen, gaben sie das Signal für eine stürmische Entwicklung[41]. Innerhalb eines Jahrzehnts entstand ein dichtes Netz von Eisenbahnen, kreuz und quer durch die Prärie, die alle Chicago zum Brennpunkt hatten[42]. In kurzen Abschnitten wurden die Eisenbahnstrecken in die Prärie gelegt. Es heißt, daß die Siedler um die Jahrhundertmitte ein Gebiet gewöhnlich kurz vor der Eisenbahn erreichten[43]. Die stürmisch-

---

41 Einige Bemerkungen darüber im Kapitel »Fleisch«.
42 Die Entwicklung des Eisenbahnnetzes bis 1860 wurde auf verschiedenen Karten durch P. W. Bidwell und L. J. Falconer, a.a.O., anschaulich dargestellt.
43 Joseph Schafer, *A History of Agriculture in Wisconsin*, Madison 1922, S. 42: »Die 1849 begonnene Milwaukee- und Mississippi-Eisenbahn schob sich in kurzen Abschnitten allmählich nach Westen vor und schickte den Bautrupps ihre Vermesser voraus. Unser Verzeichnis von Landzugängen zeigt, daß sich sehr rasch künftige Siedler einstellten, wo ein Gebiet an die Eisenbahn angeschlossen werden sollte.«

ste Entwicklung konzentriert sich auf die kurze Zeit zwischen 1855 und 1865, dem Ende des Bürgerkrieges.

Auch die transsibirische Eisenbahn, gebaut zwischen 1891 und 1905, zog Ansiedler an und vermehrte die Anbaufläche. Auch dort war der Boden fruchtbar, mit feinem schwarzen Sand durchsetzt, wie in den Prärien des Mittleren Westens. Doch handelte es sich dabei um eine lokale Angelegenheit innerhalb des fast hermetisch abgeschlossenen Zarenreiches. Es kam dabei weder zu kühnen wirtschaftlichen Abenteuern noch zu neuen Methoden. Verglichen mit dem, was im Mittleren Westen vorging, blieb die transsibirische Eisenbahn ein einsamer, die Wildnis durchquerender Schienenweg.

Instrumente der Mechanisierung

Die Neuformung der Werkzeuge in Amerika

Die Landwirtschaft gehört in den Bereich des komplizierten Handwerks. Tiere, Pflanzen und Erdreich sind Gebilde, die die ganze Vielfalt und allen Reichtum der Natur in sich tragen. Hier Maschinen anstelle der Hand arbeiten zu lassen, erwies sich langwieriger und schwerer als in der Industrie, die es mit der Verarbeitung von Stoffen zu tun hat.

Es brauchte ungefähr eineinhalb Jahrhunderte, bis der amerikanische Farmer auf seinem Traktor, den breitkrempigen Hut auf dem Kopf, sein Feld in viereckigen Streifen umfuhr, um die Ernte einzubringen. Er hat dabei nicht viel mehr zu tun, als aufzupassen und das Lenkrad in der Hand zu halten. Die Arbeit besorgt eine Maschine von leicht zu handhabender Größe, die im konzentrierten Ablauf alle Vorgänge vom Mähen bis zum Abfüllen der Säcke während des Fahrens durchführt. Der Bauer kann im Notfall die Erntearbeit allein besorgen, sonst genügt ein zehnjähriger Junge, der auf der Plattform stehend darauf achtet, daß die Säcke richtig gefüllt werden. Erhöhte Produktion, Befreiung von menschlicher und tierischer Mühsal und eine erfreuliche Tätigkeit sind selten so beisammen zu finden.

Einige typologische Bemerkungen sollen genügen, um die Entwicklung in historischer Perspektive zu sehen. Hat man einmal das einfache Prinzip der Mechanisierung erfaßt – Handgriff um Handgriff maschinell zu ersetzen –, so ergibt sich die Ordnung nahezu von selbst. Es sind nur die Entwicklungsphasen festzuhalten.

Während des zweiten Viertels des neunzehnten Jahrhunderts erfolgt in Amerika eine intensive Neuformung der handwerklichen Ausrüstung. Auch die landwirtschaftlichen Geräte erhalten nun neue Standardform und stärkere Differenzierung. Ziemlich spät, in den siebziger Jahren, fiel europäischen Museumsdirektoren auf den Weltausstellungen auf, daß der Anblick amerikanischer Äxte einen ebenso eindrücklichen ästhetischen Genuß vermittelte wie ein wirkliches Kunstwerk[44]. Dieser hohe Standard wurde bereits im zweiten Viertel des Jahrhunderts gefunden. Fachleute erkannten dies sofort. Zur Illustration sei hier nur die Beschreibung einer amerikanischen Axt aus dem *Handbuch für die Ansiedler der Vereinigten Staaten* (Frankfurt a. M., 1848) erwähnt, da sie den Gegensatz zu dem in Europa bis heute unverändert gebliebenen Werkzeug anschaulich macht, das sich mit seinem starren Stiel und seiner ungeregelten Gewichtsverteilung seit der Gotik kaum gewandelt hat.

»Die Axt«, so heißt es, »dieses für den Ansiedler in unseren Wäldern so wichtige Werkzeug, hat man hier [Amerika, 1848] zu großer Vollkommenheit gebracht. Ihre abgerundete Schneide, ihre schwerere, aber durch den Stiel ausbalancierte Klinge verstärken Schwung und Schlagkraft, vermindern den Kraftaufwand und beschleunigen die Arbeit (...), der Axtstiel ist gekrümmt, wodurch die Führung leichter und der Schwung vermehrt wird [Kentucky-Axt].«

So wurde Gerät um Gerät neu durchgebildet und für die schwierigen amerikanischen Verhältnisse differenziert. Gewiß, die Differenzierung des Pfluges hatte in der zweiten Hälfte des achtzehnten Jahrhunderts in England wie in Frankreich eingesetzt[45]. Aber gegen die Jahrhundertmitte finden sich mehr als sechzig verschiedene Pflugarten – »im allgemeinen aus Gußeisen« – unter denen »Wurzelbrecher-, Prärie-, Wiesen-, Stoppel-, Selbstschärfer-, Mais-, Baumwoll-, Reis-, Zuckerrohr- sowie Untergrund- und Hügellandpflüge«[46] eigens für diese Zwecke geformt werden.

Eine starke Differenzierung für verschiedene Grasarten, Getreide, kleines Buschwerk erfolgt bei Sichel und Sense (Abb. 74) und später bei der Hacke. Alle erhalten um die Jahrhundertmitte eine neue Standardform sowie eine neue wirkungsvollere Verarbeitung (Abb. 75).

Die Mechanisierung des Mähens

Hier, wo wir es mit Methoden und nicht mit technologischen Einzelheiten zu tun haben, haben wir zu entscheiden, welches von allen Instrumenten am besten Einblick in die Ersetzung der Hand durch den Mechanismus gibt. Die Wahl fällt nicht schwer. Für die Mechanisierung der Landwirtschaft bedeutet die Mähmaschine, was der Selfaktor für das Spinnen bedeutet. Beide sind entschiedene Produktionssteigerer. Beides sind späte Typen innerhalb ihres Gebietes. Der Selfaktor erreicht seinen Standard gegen 1830, die Mähmaschine mit ihrem Zubehör gegen 1880. Das zeigt gleichzeitig den Zeitunterschied zwischen der Mechanisierung des Spinnens und der Mechanisierung der Landwirtschaft.

---

44 Zu diesen und anderen Äußerungen vgl. *Raum, Zeit, Architektur*, a.a.O., S. 229 ff.
45 Beispiele dafür in Henri Duhamel du Monceau, *Eléments d'agriculture*, Paris, 1762, Bd. II.
46 A. and B. Allen & Co., Catalogue, New York, 1848.

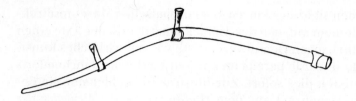

72. Verbesserung der Sense: Gekrümmter Stiel und beweglicher Griff, 1828. *Der aus Kontinental-Europa stammende gekrümmte Stiel wurde in Amerika rasch vervollkommnet. (U. S. Patent, 28. Dezember 1828)*

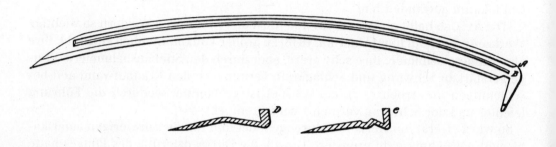

73. Verbesserung der Sense: Die Oberseite der Schnittfläche wird mit einem Wulst versehen. 1834. *»Braucht weniger Material, ist billiger und viel steifer«. Die amerikanische Sense erreichte ihre Standardform in den dreißiger Jahren des neunzehnten Jahrhunderts. (U. S. Patent 56, Neuvergabe 17. Dezember 1843)*

74. Differenzierung der Sense: »Für jede Art von Gras oder Getreide«, 1876. (*Asher and Adams,* Pictorial Album of American Industry, *Philadelphia,* 1876)

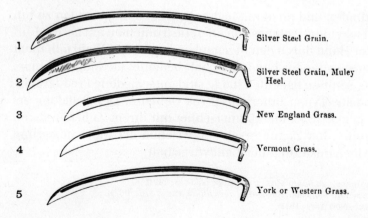

1   Silver Steel Grain.

2   Silver Steel Grain, Muley Heel.

3   New England Grass.

4   Vermont Grass.

5   York or Western Grass.

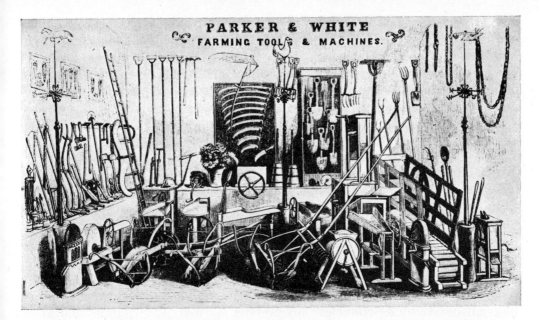

75. Landwirtschaftliche Standardgeräte, um 1850. *Amerikas Neuformung von jahrhundertelang unveränderten Werkzeugen ist um 1850 ihrem Höhepunkt nahe. Diese Anzeige aus der Jahrhundertmitte zeigt die »Vielzahl von Pflügen, Heu- und Halmschneidern, Dreschmaschinen, Lohmühlen, Fleischwölfen, Ketten jeder Art«. Es gibt unterschiedlichen Zwecken angepaßte Äxte, Sensen, Hacken und Hämmer.*

Vielleicht ist in mancher Hinsicht die Mähmaschine auf ihrem Gebiet noch entscheidender. Ernten hat rasch zu geschehen, im Augenblick, wenn die Frucht reif und das Wetter günstig ist. Hier einen Mechanismus einschalten zu können, anstatt sich im entscheidenden Moment nach Helfern umsehen zu müssen, bedeutet doppelten Gewinn.

MÄHEN

1783 versprach die »Society for the Encouragement of Arts« in London eine goldene Medaille für »die Erfindung einer Maschine, mit der sich Weizen, Roggen, Gerste, Hafer oder Bohnen mähen lassen und zwar rascher und billiger (. . .). Die Maschine, welche nachweislich wenigstens drei acres geschnitten haben muß, ist der Gesellschaft bis zum zweiten Dienstag im November 1873 vorzuführen (. . .). Einfachheit und Billigkeit der Konstruktion werden als Hauptvorzüge angesehen werden.«[47]

Jethro Tull steckte sein Vermögen und seine ganze Leidenschaft in die Verbesserung der Landwirtschaft und den Bau seiner Sämaschine (1701) und seiner Pferdeegge (1716); 1732 tauchte die erste Dreschmaschine auf, die im Laufe des nächsten halben Jahrhunderts wesentliche Verbesserungen erfuhr und zur Zeit

---

47 *Transactions of the Royal Society of Arts*, Bd. I (1783), S. 107.

des Preisausschreibens der Society of Arts (1783) ein brauchbares Instrument geworden war[48]. Warum sollte nicht auch das Mähen maschinell möglich sein? Plinius' Beschreibung des gallischen Mähers, der die Ähren abriß und das Stroh stehen ließ, war in englischer und französischer Übersetzung erschienen und allgemein bekannt. Die Society of Arts verlangte mehr: Die Maschine sollte die Schwaden geordnet legen »derart, daß sie leicht zum Binden aufgenommen werden können«[49]. Brauchbares kam vorläufig nicht zustande. Doch in den letzten Jahren des achtzehnten Jahrhunderts setzte eine intensive Erfindertätigkeit ein, die wichtige, wenn auch unausgewertete, Mechanismen hervorbrachte[50].

Wie sollte die Bewegung der Hand ersetzt werden? Bei den gleichzeitigen englischen Waschmaschinen wurde, wie wir kurz vorwegnehmen, versucht, das Reiben und Drücken der Hand durch hin- und hergehende Mechanismen direkt zu imitieren. Bei den Mähmaschinen steuerte man von Anfang an (1786) auf kontinuierlich rotierende Bewegung zu, das Ziel jeder Mechanisierung. 1811 wurde eine Mähmaschine patentiert (Abb. 76), bestehend aus einer kreisförmigen Klinge, die an der Peripherie einer konischen Trommel angebracht war[51]. Mit anderen Worten, das Prinzip der Kreissäge, die kurz vorher erfunden wurde[52], sollte hier auf das Getreideschneiden angewendet werden. Aber Halme sind keine Baumstämme und keine Bretter. Trotz immer neuer Versuche führte die kontinuierliche Bewegung hier nicht zum Ziel[53].

Die Halme mußten geschnitten werden, wie dies die Handinstrumente besorgten: Schlag um Schlag in gerader, fortschreitender Richtung. Der ausholende Arm legt die Halme in Segmenten von Schwaden nieder. Bei der Maschine konnte dies eine Gerade sein. Anstelle der Sense werden kurze, dreieckige Zähne aneinandergereiht. Feste Eisenfinger halten die Halme, während die Zähne sie abschneiden, aber ebenso wie bei der Sense: Schlag um Schlag. Ein großes haspelförmiges Rad legt jeweils gerade so viele Halme nieder, als die Zähne in einer Bewegung abschneiden können. So ist es bis heute geblieben.

Es zeigte sich bald, daß Gras sich anders verhält als die hohlen Halme, und daß es besser mit längeren Fingern geschnitten wird[54]. Diese langfingrigen Mäher ar-

48 Erste wirklich brauchbare Maschine 1786 durch den Schotten Andrew Meikle. Die stationäre Dreschmaschine, durch Ochsen betrieben, hat sich als erster mechanisierter Typ dauerhaft durchgesetzt.
49 *Transactions of the Royal Society of Arts,* a.a.O., Bd. I, S. 107.
50 Bennett Woodcroft, *Specifications of English Patents for Reaping Machines,* London, 1853; *The Evolution of the Reaping Machine in the United States,* Dept. of Agriculture, Office of Experimentation Bulletin, Nr. 103, Washington, 1902; William T. Hutchinson, *Cyrus Hall McCormick,* New York-London, 1835, S. 49–73.
51 Eine von Smith und eine von Kerr erfunden.
52 Durch General Bentham, 1790, verbessert 1804.
53 Über die Geschichte der Landwirtschaft, sowie über das Zustandekommen der Mähmaschine sind wir unvergleichlich besser orientiert, auch über die amerikanische Phase, als über die Mechanisierung auf industriellem Gebiet. Die Bibliographie, die Everett E. Edwards 1930 (Washington, Dept. of Agriculture) herausgab, gibt direkten Einblick in die Fülle des Materials. Wir sind in erster Linie dem Direktor des McCormick Instituts, Herbert C. Kellar, zu freundschaftlichem Dank verpflichtet, der uns während unserer Studien am McCormick Institut in Chicago wohl die wertvollste Fundgrube für die Geschichte der Landwirtschaft in selbstloser Weise eröffnete. Nicht zu vergessen sind die Begegnungen mit den Farmern in Rouses Point, im Norden des Staats New York, die uns mit den Vorzügen und Nachteilen ihrer landwirtschaftlichen Maschinen vertraut machten, sowie der Farmer Earle Woodroffe aus Perkasie, Buck's Co., Pa., mit dem wir Getreide gemäht haben.
54 Obey Husseys Maschine, die anfangs McCormicks Mäher überflügelte, beruht auf dieser Anordnung.

beiten eher nach dem Scherenprinzip, wie die späteren Haarschneideapparate. Gras und Haar, beide festverwurzelt, sind in ihrer Struktur näher verwandt als Halm und Holz und können daher nach dem gleichen Prinzip behandelt werden.

Cyrus McCormicks Schneideinstrument besteht bis heute aus kurzen, dreieckigen Messern, deren beide Schneideflächen mit kleinen spitzen Zähnen besetzt sind. Sie gleichen Haifischzähnen und beißen sich wie diese ausgezeichnet in den Stoff hinein.

76. Einführung der Mähmaschine. Britisches Patent, 1811. *Einer der vielen Anläufe, das Mähen zu mechanisieren, die scheiterten, weil sie das Problem zu einfach angingen. Die große kreisende Trommel mit umlaufender Klinge ging vom Prinzip der Kreissäge aus.* (The Edinburgh Encyclopedia)

1783 war die Idee des Mähers formuliert. Ein halbes Jahrhundert später erhielt McCormick sein Patent (1834) (Abb. 79). Immer noch gehörte der Mäher zu den Vorratserfindungen. 1854 versichert ein Chronist aus Philadelphia, dem manche dankenswerte Einblicke in dieser Periode zu verdanken sind, daß »Sense und Sensenkorb die hauptsächlich gebrauchten Geräte zum Schneiden von Gras und Getreide in Europa und in Amerika bleiben (...). Alle Versuche, Maschinen einzuführen, sind fehlgeschlagen, und zwar mehr wegen der Unlust der Leute, sie zu fördern, als aus Unvermögen.«[55] Erst kürzlich sei, durch den Erfolg des McCormick-Mähers, die Maschine in den Vordergrund gerückt[56].

Es ist nicht nur der Mäher, der bis um die Jahrhundertmitte zu warten hat. Die wirkliche Ausbreitung der Industrie – abgesehen von Textil- und Eisenindustrie – ist von dieser Zeit an zu datieren. C. W. Marsh, der nach McCormick den nächsten Schritt tat, um den Mäher zu vervollkommnen, betont, daß es besonderer Nerven bedurfte, als um 1846 eine Fabrik wagte, zum ersten Mal eine Serie von hundert Stück Mähmaschinen herauszubringen (Abb. 77). »Es war in der Tat schwierig, Gesellschaften zu finden, die genügend Kühnheit und Tatkraft besaßen, um das

---

55 Edwin T. Freedly, *Leading Pursuits and Leading Men,* Philadelphia, 1854, S. 29.
56 Zwischen 1846 und 1854 wurden über 8000 McCormick-Mäher verkauft und in Gebrauch genommen, vor allem im Mittleren Westen (Mitteilung von Herbert A. Kellar).

riskante Unternehmen des Mähmaschinenbaus zu wagen, und nicht minder schwierig, die Farmer dahin zu bringen, ihr Getreide wenigstens versuchsweise maschinell zu mähen. Doch die in jenem Jahr gebauten hundert Maschinen erbrachten gute Leistung (. . .), und ihr Aufkommen leitete eine Revolution im Getreidemähen und -ernten ein.«[57]

Sobald McCormick 1847 nach dem Mittleren Westen übersiedelt und seine Fabrik in Chicago gründet, steigt die jährliche Produktionsziffer steil an[58]. Die Standardform war gefunden, soviel Veränderungen später auch vorgenommen wurden.

Die Erfindung des mechanischen Mähers ist nicht die Tat eines Einzelnen. C. W. Marsh mit seiner großen Erfahrung drückt dies wie folgt aus: »Eine brauchbare Mähmaschine kam allmählich zustande (. . .). Einer erfand eine Maschine, die vielleicht nur ein brauchbares Teil besaß. Die Maschine verschwand, aber dieses Teil überlebte.«[59] Die sieben wesentlichen Bestandteile des McCormick-Mähers waren, wie erwähnt, bereits in den englischen Erfindungen des ersten Jahrhundertviertels enthalten. Ob er davon gewußt hat oder nicht, ist unwesentlich, und die endlosen Erörterungen, die ihn als ein vom Himmel gefallenes Genie schildern, gehören nicht zu den erfreulichen Seiten der Geschichtsschreibung. Daß er wirkliches Erfindertalent hatte und nicht nur eine Nase für Dinge, die Erfolg versprachen, wie etwa sein Zeitgenosse Pullmann in Chicago, das beweist die ganze Anordnung der Maschine, ebenso wie die haifischartigen Zähne des Schneidewerkzeugs, die bis heute bestehen. Er besaß die amerikanische Gabe, Dinge zum Funktionieren zu bringen und sie gleichzeitig auszuwerten. Kein anderer Erfinder stammt von einer Farm des Südens. Wäre er in Virginia geblieben, anstatt sich 1847 – ein Jahr nachdem die Pionierfirma eine Serie von hundert McCormick-Mähern herausbrachte – in Illinois anzusiedeln, so wäre er wohl für immer in der langen Liste anonymer Erfinder geblieben. Er war vorsichtig, ja konservativ. In späteren Jahren akzeptierte er Erfindungen erst, wenn er von ihrer Funktionstüchtigkeit überzeugt war und es nicht mehr viel zu riskieren gab; aber er kam trotzdem nie zu spät, er wußte genau, was zur rechten Zeit getan werden mußte. Und so begab er sich 1851 selbst nach London zur Großen Ausstellung, dem Treffpunkt der Nationen. Daß sein Hauptkonkurrent in Amerika blieb, erledigte ihn endgültig. Die Londoner *Times* amüsierte sich über das groteske Aussehen von McCormicks Mäher, »diese Kreuzung zwischen einem *Astley chariot*, einer Schubkarre und einer Flugmaschine«. Aber das ändert sich rasch, als er im Feld seine überlegene Leistungsfähigkeit beweist. McCormick vereinigte in seiner Gestalt den Erfinder, Produzenten, Finanzmann und Verkaufsorganisator. Als einer der ersten hatte er in den fünfziger Jahren systematisch Agenten über das ganze Land verteilt.

---

57 R. L. Ardrey, *American Agricultural Implements*, Chicago, 1894, S. 229. Das wurde in der »ältesten Mähmaschinenfabrik der Welt«, Seymour & Morgan, Brockport, N. Y., durchgeführt. Diese Maschinen wurden als Lizenz von McCormick gebaut.
58 1849 sind es 1500 Maschinen, 1856 4000, 1874 10000, 1884, in seinem Todesjahr, 80000.
59 R. L. Ardrey, a.a.O., S. 47.

Das Mähen war besorgt. Nun sollte der Mann, der – zuerst neben, später auf der Plattform – die Halme auf dem Boden rechte, ersetzt werden. Mechanische Rechen verschiedener Art traten an seine Stelle[60]. Dies geschah um die Jahrhundertmitte.

Das endlose Band als Lösung: Das Getreide lag zwar am Boden, aber immer noch war im Grunde nur das Mähen erfolgreich mechanisiert. Die übrigen Arbeiten mußten, wie vorher, von Hand vollzogen werden. Der erste Schritt war, das Schneiden und Garbenbinden zu vereinigen, d. h. das Getreide zu binden, ehe es auf den Boden kam. Verschiedenstes wurde versucht. Erfolgreich blieben schließlich zwei junge Farmer aus Illinois, C. W. und W. W. Marsh. Auf ihrem einsamen Bauerngut konstruierten sie 1858 mit dem Experimentiergeist, der den Farmer des Mittleren Westens vom europäischen Bauern unterschied, ein grobes Modell eines mechanischen Mähers, auf dessen Plattform sie einen Tisch montierten. Ein geneigtes Endlosband transportierte das Getreide auf die Tischplatte; zwei Männer, die auf der Plattform standen, schnürten die Garben und warfen sie während des Fahrens auf die Erde.

Das Wesentliche des Marshschen Gedankens, der bis heute nicht fallengelassen wurde, besteht im Transport der geschnittenen Halme auf ein höheres Niveau. Das Förderband, das von Anfang an mit der amerikanischen Mechanisierung eng verknüpft ist – Oliver Evans, 1784 – wirkte auch hier wieder als ein fast magisches Lösungsmittel. Im Grunde waren es hier zwei endlose Förderbänder, ein unteres, das die Halme von der Plattform aufgriff, und dicht darüber ein oberes Band (Abb. 82). Zwischen ihnen wurden die Halme in geneigter Bahn in die Höhe und auf der anderen Seite abwärts zur Arbeitsfläche gefördert. Diese dachförmige Anordnung (Abb. 81) wurde in der Folge für alle Mähmaschinen bezeichnend, auch als anstelle der beiden Männer ein Automat das Knotenbinden besorgte. So ist es verständlich, daß der Erfinder um 1890 mit Stolz bemerkt, der »Marsh Harvester« habe seitdem, »weder im Prinzip noch in der Form, eine wesentliche Änderung erfahren. Wenn dieselbe alte Maschine, wie sie 1858 benutzt wurde, so angemalt, wie es heute (1890) üblich ist, und ohne die Binder-Plattform auf irgendeinem Feld in Amerika, Europa oder Australien stünde«, so würde man sie kaum von den anderen Modellen unterscheiden können, wo immer sie gebaut sein mögen[61]. Tatsächlich sollten sich alle Fabrikanten diesem Typ angleichen. Der Name, den Marsh seinem Typ gab – *Harvester* (Ernter) – wurde bald ein Gattungsbegriff für Maschinen, die nicht nur das Mähen besorgten. C. W. Marsh gehört in die Reihe amerikanischer Erfinder wie Oliver Evans, denen das Talent fehlte, ihre Idee in

---

60 Schon die frühen englischen Patente hatten solche Vorrichtungen, aber nun erst wurden sie akut. Erst wurden Selbstrecher versucht, die die Bewegung der menschlichen Hand nachahmten (1852). In regelmäßigen Abständen kehrten sie die Plattform ab. Später geschah es durch rotierende Flügel, die mit dem großen, haspelförmigen Rad, das die Halme niederlegte, verbunden wurden (1860).

61 1858 erfunden, kam der Marsh Harvester in der zweiten Hälfte der sechziger Jahre langsam in Gebrauch. 1865 wurden 25 Stück und 1870 1000 Stück hergestellt. Vgl. Ardrey, a.a.O., S. 58–59.

M'CORMICK'S PATENT VIRGINIA REAPER.

77. McCormicks Mäher, 1846. *Dieser Bestellzettel von 1850 zeigt das erste Modell des »Virginia-Mähers«, wie er noch genannt wurde, von dem 1846 eine Serie von 100 Stück aufgelegt wurde. Der Fahrer reitet eines der Pferde, während der zweite, rückwärts auf der Maschine sitzende Mann das Getreide zu Garben harkt und abwirft. (Library of the McCormick Historical Society, Chicago)*

78. Walter A. Wood: Mäher mit Selbstharker, 1864. *Das mechanische Mähen war erfunden. Jetzt ging es darum, die Handarbeit beim Harken abzuschaffen. Die erste mechanische Harke, die den Mann auf der Plattform ersetzt und Schiebebewegungen nach Art eines menschlichen Arms vollführt, stammt aus dem Jahre 1853. Bald sitzt der Fahrer hinten auf dem Auslegersitz. Sein Gewicht hilft, die Maschine auszubalancieren, und er kann ihr Funktionieren überwachen. (Walter A. Wood's Self-Raking Reaper, 1864, Katalog. McCormick Historical Society, Chicago)*

182

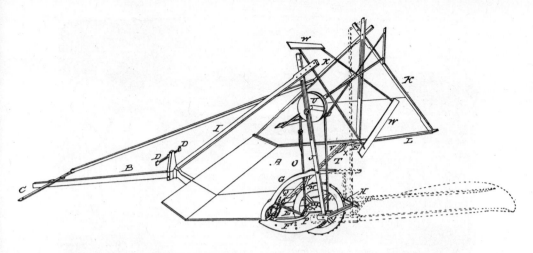

79. McCormicks erstes Mäher-Patent, 1834. *Erfindung von* 1831. (*U. S. Patent,* 21. *Juni* 1834)

80. Woods selbstharkender Mäher, 1875. *Beweglichkeit bei Landmaschinen: »Balken und Platt-form lassen sich in wenigen Minuten aufstellen. In diesem Zustand kann die Maschine einen Tor-weg von nur vier Fuß Breite passieren. Der erfolgreichste Mäher, der je eingeführt wurde. 1873 etwa an die 1000 und 1874 an die 4000.« (Walter A. Wood. English Catalogue, 1875. McCormick Historical Society)*

The above Cut shows Wood's New Self-Delivery Reaper on the Road.

81. Ersetzung des Selbstharkers: Der Marsh-Ernter 1881. *Endlosbänder befördern das Getreide von der Plattform zum Bindetisch auf dem Mäher hinauf. Zwei Männer (hier nicht abgebildet) bündeln es, bevor es zu Boden fällt, wie in Abb. 83 dargestellt. (Manufacturer's Catalogue, William Deering, Chicago. McCormicks Historical Society)*

Dollars umzusetzen. Er wurde schließlich Redakteur von *The Farm Implement News.* Seine historischen Aufsätze, in denen er in dieser Zeitschrift sich und anderen Rechenschaft über die Bedeutung der einzelnen Erfindungen und die Rolle, die die Pionierfirmen dabei gespielt haben, gibt, gehören zu den unentbehrlichen Quellen. Der schmale Band *American Agricultural Implements,* den R. L. Ardrey 1894 aus den Aufsätzen von C. W. Marsh zusammengestellt hat und auf den wir hier immer wieder zurückkommen, ist ein Vasari für die Schlüsseljahre in der Geschichte der amerikanischen Landwirtschaft.

Der mechanische Knoter: Für das Binden eines Knotens gab es in der Textilindustrie keine Vorrichtung. Es lag nahe, die Garben mit Hanfschnur zu binden, aber keine befriedigende Lösung erschien[62]. Das mechanische Binden war ein brennendes Problem. C. W. Marsh gibt uns eine Vorstellung vom Umfang erfolgloser Versuche, wenn er versichert, »daß während der fünfundzwanzig Jahre, die vergingen, bis der Selbstbinder produktionsreif war, ebensoviel Geld an unfruchtbare Experimente verloren wurde, wie zur Zeit in die Industrie investiert wird«[63].

Das steife Material Draht bot weniger Schwierigkeiten, und zu Beginn der siebziger Jahre gelang es, einen zuverlässigen Automaten, der die Garben mit Draht

---

62 Ein versierter Patentanwalt sicherte sich zusammen mit einigen Erfindern bereits 1851 ein Patent auf einen Mäher, in dem alles geschützt wurde, von dem sie dachten, es liege in der Weiterentwicklung der Mähmaschine. Hauptsächlich waren sie mit dem Mechanismus zum Garbenbinden beschäftigt, denn sie sahen den nächsten Schritt richtig voraus.

63 Ardrey, a.a.O., S. 115.

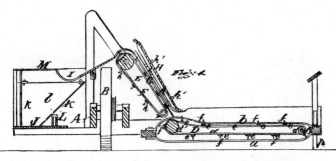

zusammenband, herauszubringen[64]. Aber Metall war kein angemessenes Material für diesen Zweck. Die Klagen, daß Drahtstücke ins Futter gelangten, waren wohl weniger ausschlaggebend als das unangenehme Hantieren mit einem so widerspenstigen Material.

---

64 1871 durch die Pionierfirma dieser Periode: Walter A. Wood, Hoosick Falls, N.Y. Die Maschinen dieser Firma fallen durch die Eleganz ihrer Konstruktion auf, und viele der interessantesten Neuerungen brachte sie zuerst heraus, darunter die Verwendung von Stahlrohrrahmen für die landwirtschaftlichen Maschinen. Als sie 1904 aufgelöst wurde, warf, so heißt es, der neue Eigentümer das Archiv in den Fluß. Damit ging eine der interessantesten Informationsquellen für die Geschichte der Mechanisierung verloren. Das Vorgehen ist nicht weiter befremdlich, wenn man bedenkt, daß das Patentamt sich nicht viel anders verhielt, als es 1926 mit Einwilligung des Kongresses seine Modelle abstieß.

83. McCormicks Zwei-Mann-Handbinder, 1880. (*Catalogue of McCormick Harvesting Machine Co., Chicago* 1880, *McCormick Historical Society*)

THE McCORMICK HAND-BINDING HARVESTER AT WORK.

84. Mechanisiertes Binden: Ernter mit Draht-Selbstbinder, Walter A. Wood, 1876. *Die zwei Männer sind von der Plattform verschwunden: ein Automat befestigt jetzt den Draht. Der 1871 patentierte Drahtbinder auf Woods Maschine kam 1873 auf den Markt. McCormicks Drahtbinder wurde zur selben Zeit entwickelt.*

Draht sollte durch Schnur ersetzt werden. 1880 war der Schnurbinder fertig. John F. Appleby, der dritte Name in der Mechanisierung des Mähens, der eine Etappe bedeutet, hatte schon 1858 einen Garbenbinder patentiert, der Schnurknoten machte, kam dann davon ab und versuchte es mit Drahtbindung, um schließlich um 1875 zur ursprünglichen Idee zurückzukehren.

In Applebys Binder (Abb. 87) waren, wie in McCormicks Mähmaschine, die Vorarbeiten verschiedenster Erfinder in glücklichster Weise vereinigt und so wirksam kombiniert, daß bis heute keine prinzipiellen Veränderungen nötig waren. »Niemals hat eine Maschine«, so betont Marsh, »sich mit so überwältigender Geschwindigkeit über die ganze Welt ausgebreitet.«[65]

Noch heute stehen Ernter mit dem dachförmigen Profil in den Feldern. Die endlosen Bänder führen das geschnittene Getreide hinauf und auf der anderen Seite wieder hinab, wo an Stelle der beiden garbenbindenden Männer der Automat montiert ist. Das Getreide wird zu einer vollen Garbe angesammelt und zusammengepreßt. Im gleichen Augenblick startet der Mechanismus (Abb. 88). Eine Manilahanfschnur fährt um das Bündel, wird geknotet und abgeschnitten, während ein Entladearm die Garbe abwirft.

Der Knoter (Abb. 87) hat ungefähr die Größe und Form eines Hühnerschnabels. Beim Knotenschlingen dreht er sich hin und her, wobei seine bewegliche Zunge,

65 Ardrey, a.a.O., S. 77.

85. Mechanisiertes Binden: Walter A. Woods erster Schnurbinder, 1880. *Die kurze Zeit des Drahtbindens ging zuende, als ein befriedigender Schnurbinder erfunden wurde. (Woods Englischer Katalog für 1880. McCormick Historical Society)*

um die die Manilaschnur sich schlingt, eine große Rolle spielt. Alle Fabrikanten, mit Ausnahme eines einzigen[66], erwarben Lizenzen von John Appleby. Der Erfolg des Automaten liegt in der Erhöhung der Produktion. Rückblickend wird festgestellt: »Diese Maschine hat mehr als jede andere eine Steigerung der Produktion möglich gemacht.«[67] Mit dem Selbstbinden wird um 1880 der Standard der Mechanisierung der Landwirtschaft erreicht. Es ist die Zeit, in der bereits vier Fünftel des in USA gewachsenen Weizens mechanisch geschnitten wird. Parallel mit der Mähmaschine wurden die anderen Werkzeuge, Pflüge, Scheiben- und Federzahneggen und Sämaschinen verbessert und mechanisiert.

86. Walter A. Woods Warenzeichen, eingetragen 1875. *Walter A. Wood baute die elegantesten Landmaschinen in der zweiten Hälfte des neunzehnten Jahrhunderts. Er war auch einer der ersten, die Austauschteile bei großen Maschinen vorsahen (Abb. 25). Die Firma schloß 1904, und ihre Archive wurden zerstört. (Wood's Zirkular für das Jahr 1876)*

---

66 Nur die Firma Walter A. Wood ging bis an ihr Ende, 1904, ihren selbständigen Weg.

67 Thomas N. Carver, zitiert in *Yearbook of Agriculture*, 1940, S. 230, U. S. Dept. of Agriculture, Washington D.C., 1941.

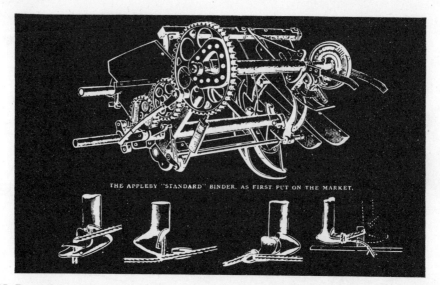

THE APPLEBY "STANDARD" BINDER, AS FIRST PUT ON THE MARKET.

87. Der erfolgreiche Schnurbinder: Applebys Binde- und Knotvorrichtung. Knotvorgang. *»Keine Maschine breitete sich je mit solcher Geschwindigkeit über die Welt aus«, schreibt R. Ardrey, der Vasari der landwirtschaftlichen Mechanisierung (1894). Appleby und Wood brachten beide ihre Erfindungen, die sich an den Ernter des Marsh-Typs anschließen lassen, im selben Jahr, 1880, auf den Markt.* (*Ardrey,* American Agricultural Implements, 1894)

88. Schnurbinder, 1940. *Der 1880 erreichte Standard-Schnurbinder blieb im wesentlichen unverändert bis zur Zeit der Vollmechanisierung, als der Klein-Mähdrescher aufkam.* (Photo *Martin James*)

In der Zeit der Vollmechanisierung tritt ein neuer Typ neben den Garbenbinder, der den Arbeitsvorgang vom Mähen zum Dreschen in einem Zuge durchführt. Doch der Appleby-Binder wurde deshalb nicht entwertet, denn nur in Landstrichen mit gleichmäßigem Klima ist es möglich, Getreide vom Halm direkt in den Sack wandern zu lassen, ohne Gefahr zu laufen, daß sich ein Gärungsprozeß entwickelt.

Rückblick: Gehen wir von dem Augenblick aus, in dem die Mechanisierung Einfluß auf die Produktion gewinnt, so ergeben sich drei Etappen.

Mähen: um 1850. McCormick-Mäher (erfunden 1831).

Mähen und Binden von Hand: um 1870. Marsh-Ernter (erstes Modell 1858).

Automatisches Binden: um 1880. Applebys Schnurbinder (Idee seit 1858).

Damit ist der Standard erreicht. Bis zum Eintritt der Vollmechanisierung wird erfolgreich an der größeren Leichtigkeit, Leistungsfähigkeit und Festigkeit (Stahlrohrrahmen) der landwirtschaftlichen Maschinen gearbeitet. Die Verbesserung der Geräte spiegelt sich in dem langsamen und stetigen Anstieg der Produktion zwischen 1880 und 1920.

Zeitdimensional gesehen ist es interessant, wie die Vervollkommnung der Mähmaschine sich überraschend schnell zwischen 1850 bis 1880 vollzog und ihre interessanteste Phase von den ausgehenden fünfziger bis in die siebziger Jahre hatte. Wir werden im folgenden beobachten, wie dies in Amerika auch auf anderen Gebieten gleichzeitig der Fall ist.

Die Landwirtschaft während der Vollmechanisierung

Zug um Zug war die Bewegung der Hand durch Mechanismen ersetzt worden. Der handwerkliche Produktionsablauf jedoch blieb derselbe: Mähen und Garbenbinden.

Es wird geschätzt, daß 1880 zwanzig Arbeitsstunden nötig waren, um einen acre Weizenland zu bestellen. Dies reduzierte sich in den Jahren von 1909 bis 1916 auf 12,7 Arbeitsstunden und zwischen 1917 und 1921, also zu Beginn der Vollmechanisierung, auf 10,7 Arbeitsstunden. Im nächsten Jahrzehnt, 1934 bis 1936, sinkt die Arbeitsstundenzahl auf 6,1[68], d. h. fast ebenso stark wie in den vorangegangenen vier Jahrzehnten.

Der Traktor

Dieser große Sprung kommt von außen: eine Kraftquelle, der Elektromotor, hat die Mechanisierung des Haushalts ermöglicht, und eine andere Kraftquelle, der

---

68 *Technology on the Farm*, U.S. Dept. of Agriculture, 1940, S. 63.

Benzinmotor, die Vollmechanisierung der Landwirtschaft. Um 1905 tauchen die ersten Traktoren auf. Es sind Ungeheuer wie die elektrischen Herde dieser Zeit. Der Traktor wurde durch die Verbilligung des Autos möglich. Als Henry Ford den Preis der Autos herunterschraubte, begann die Zeit für den Traktor. Aber wie vorsichtig geht man noch um 1915 vor, als die International Harvester Company (McCormick) im Dezember des Jahres eine Zeitschrift mit dem Titel *Tractor* herausbringt und in der ersten Nummer betont: »Die erste Veröffentlichung, die sich ausschließlich mit der motorisierten Landwirtschaft beschäftigt.« Fragen tauchen auf wie: »Ist es schwierig, einen kleinen Traktor zu bedienen? Lohnt es sich, jetzt einen Traktor zu kaufen?« Der Traktor wird in Gegensatz zum Pferd gesetzt: »Diese Antriebskraft verzehrt keinen Pfennig, wenn sie untätig ist.« Und schließlich werden, um die Phantasie der Farmer anzuspornen, Traktor und Flugzeug nebeneinandergestellt und man erklärt: »Dieser Schmetterling und diese Ameise sind trotz ihres verschiedenen Äußeren Geschwister.« Dies war die Zeit, in der Henry Ford bereits eine jährliche Produktion von einer Million Autos erreicht hatte. Von 80 000 im Jahre 1918 verdoppelt sich die Zahl auf 160 000 im folgenden Jahr und steigt bis 1939 auf 1,6 Millionen. Sie verzehnfacht sich in der Zeit der Vollmechanisierung (1919-1939).

Von dem schwerfälligen Lokomobil, das die Engländer in den sechziger und siebziger Jahren für ihre Dampfpflüge verwandten, zum großen und später zum leichten Traktor zeichnen sich die normalen Stadien der Mechanisierung ab. Das brauchbare Instrument für den normalen Farmer ist der leichte Traktor, der allen Zwecken angepaßt werden kann. Anstelle der Stahlräder erhält er 1932 Ballonreifen, so daß der Farmer, der oft viele Meilen weit entfernte Ländereien bebaut, in rascherem Tempo von einem Feld zum andern fahren kann.

Das Entscheidende am Traktor ist die Konzentration der Kraft in einer leichten Einheit. Er arbeitet nicht nur rascher, er leistet auch mehr als die drei Pferde, die man vor die Maschine spannt. Er kann mehr Maschinen ziehen als sie und kann sie unterschiedlich bedienen.

Kombination von Arbeitsvorgängen

Wir sind in der Zeit, in der die Fließbandproduktion auf allen Gebieten durchgeführt wird. Weigert sich auch die Natur, Anfang und Ende der Produktion ineinander übergehen zu lassen und verlangt Zeit für das Wachsen und Reifen, so findet man doch Mittel und Wege, den Anfang – Erdbearbeitung, Säen, Düngen – und das Ende – vom Mähen bis zum Säckeabfüllen – in eine Produktionslinie zu integrieren.

Das Getreide liegt am Boden. Zum Trocknen müssen die Garben von Hand aufgestellt werden. Dazu kommt der Zeitverlust durch den Transport des Getreides. Eine Kombination von Mäher und Dreschmaschine, die man kurzweg *combine* nennt, zieht diese Tätigkeiten in einen Arbeitsvorgang zusammen (Abb. 90). 1936 – es ist die Zeit, in der schnelle Traktoren auf Ballonreifen sich durchsetzen –

wird ein *combine* konstruiert, der den Bedürfnissen der Familienfarm entspricht. Er schneidet, wie der Mäher, das Getreide in der üblichen Breite von fünf bis sechs Fuß. Er kann, so heißt es[69], unter günstigen Bedingungen vier bis fünf Meilen in der Stunde zurücklegen und dabei schneiden, dreschen und Körner in Säcke abfüllen. Diese Kombinationsmaschine nennt man *baby combine*[70].

Die Idee, das Ernten in einem Zug durchzuführen, liegt weit zurück. Sie gehört zu den Erfindungen, die zeitweilig auf Vorrat gelegt wurden. 1828, ehe McCormick seinen ersten Mäher konstruierte, erschien das erste Patent für eine Kombinierung der Arbeitsvorgänge, aber es ist von ihm nichts als die Beschreibung bekannt. Die erste »Maschine zum Ernten, Dreschen, Reinigen und Abfüllen des Korns in Säcke«, wurde 1836 (Abb. 89)[71] gebaut, so daß zwischen der Schaffung des Typs und seiner Einführung auf der Familienfarm eine Wartezeit von einem Jahrhundert liegt. Die Gründe sind leicht einzusehen. Die Maschine, vor die zwölf Ochsen gespannt wurden, kostete nicht nur mehrere tausend Dollar; sie verlangte außerdem gleichmäßiges Klima und große, wohlorganisierte Güter. Diese fehlten im Mittleren Westen. Es ist bezeichnend für den Geist der Prärie, daß diese *combine* von 1836 von zwei Prärieleuten entwickelt wurde und gleichsam mitten aus der Wildnis kam.

In den achtziger Jahren erschien der Mähdrescher in Kalifornien. Dort herrschte das gleichmäßige Klima und gab es die Riesengüter, die die große Maschinerie sinnvoll machten. Vor diese Ernteautomaten wurden ungefähr so viele Pferde gespannt, wie zum Transport eines Obelisken nötig waren. Auch das Lokomobil löste das Problem nicht.

Erst der Traktor zeigte die nötige Adaptationsfähigkeit. Zuerst, um 1920, handelt es sich um eine Weiterführung der kalifornischen Riesenmaschinen mit ihrer Schneidefläche von 16-20 Fuß. Ihre Dimensionen und ihr Preis verkleinerten sich mehr und mehr, bis 1939 die »Zwergkombination«, die Streifen von 40 Zoll mähte und nicht viel mehr kostete als ein Mäher, eingeführt wurde und dem kleinen Farmer den gleichen Vorteil in der Senkung der Erntekosten sichern sollte, wie ihn früher nur die großen kommerzialisierten Farmen hatten[72].

Für den Anfang der Produktion wurden ähnliche Kombinationsmaschinen verwendet. Die kombinierte Maschine für den Weizenschnitt ist nur ein Exponent der herrschenden Tendenz: simultane Erledigung von früher getrennten Operationen. Ob Weizen gesät oder Kartoffeln gepflanzt werden, ob gepflügt, das Saatbeet vorbereitet, oder gedüngt wird, alles wird an einem kontinuierlichen Produktionsband vollzogen.

---

69 Ebd., S. 14.
70 Neue landwirtschaftliche Maschinen mußten dafür nicht erfunden werden, sondern »neue Kombinationen«. Der Verbrennungsmotor ermöglichte es, die vorhandenen Mechanismen zu einer Bandproduktion auf Rädern zu kombinieren. Die *baby combine* folgte 1939. Ihr folgte eine weitere Verkleinerung, die »Zwergkombination« (*midget combine*), die Schwaden von 40 Zoll schnitt.
71 Von H. Moore & J. Haskell, U.S. Patent, 28. Juni 1836, ausführliche Beschreibung bei Ardrey, a.a.O., S. 54-55. Sie hatte eine Mähvorrichtung, ein endloses Band, das die Ähren einem Dreschzylinder zuführte, Spreumaschine, Ventilator und Abfüllvorrichtung.
72 *Technology of the Farm*, a.a.O. S. 14.

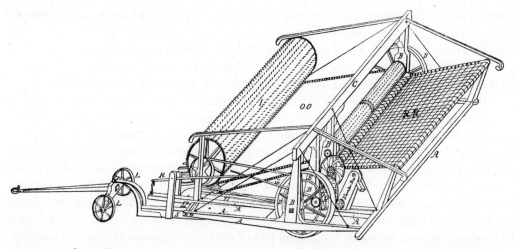

89. Kontinuierliche Bandproduktion: U. S. Patent, 1836, »Maschine zum Ernten, Dreschen, Reinigen und Einsacken von Korn«. *Dieser früheste, 1836 in der Wildnis von Michigan konstruierte Mähdrescher, der ohne Menschenhand arbeitet, weist in dieselbe Richtung wie Oliver Evans' Erfindungen im Mühlenwesen von 1783. Etwa hundert Jahre mußten vergehen, bis die automatisch mähende, dreschende und in Säcke füllende* combine *für die durchschnittliche Familienfarm zugänglich wurde. (U. S. Patent, 20. Juni 1836)*

Die Farm als Heimstatt und Fabrikbetrieb

Da steht der Maschinenpark in der großen amerikanischen Scheuer mit dem polygonalen Giebeldach. Und davor 160 acres mit Wiesenland, Mais- und Kornfeldern, reif zum Schnitt. Drei Leute besorgen den Betrieb. Zwanzig Kühe im Stall werden von Maschinen gemolken, die automatisch anhalten, sobald das Euter leer ist. Der Bauer braucht nicht um fünf Uhr aufs Feld. Er fährt zwischen neun und zehn Uhr hinaus, sei es in der Erntezeit oder sei es, um zu säen.

Zum ersten Mal, seit Menschen die Erde bearbeiten, verlangt sie nicht mehr Schweiß und ein Übermaß an Zähigkeit. Maschinen besorgen die Arbeit. Was die Theoretiker des achtzehnten Jahrhunderts auch in Visionen nicht voraussahen, ist eine alltägliche Angelegenheit geworden. Wenn irgendwo, so hat die Mechanisierung hier den Menschen von Mühsal befreit. Hier verurteilt sie die Arbeiter nicht zu ewig gleichen Handgriffen. Die wunderbare Vielfalt der Arbeit bleibt, wie sie war, und so bleibt der Kontakt mit den großen Naturkräften, mit dem Wechsel der Jahreszeiten, mit Wind und Sonne, mit Tier und Boden bestehen.

160 acres umfaßte die Farm, die wir näher kennenlernten. Dies ist keine zufällige Zahl. 160 acres sollte nach dem Homestead Act, den Abraham Lincoln 1862 unterzeichnete, jeder Bürger der Vereinigten Staaten oder jeder, der um die Staatsbürgerschaft eingereicht hatte, erhalten. Voraussetzung war, daß das Land urbar gemacht und fünf Jahre lang bebaut würde. Land, das auf diese Weise unter dem Homestead Act erworben wurde, sollte unter keinen Umständen zur Deckung früherer Schulden benutzt werden dürfen.

Dahinter standen die Weite unerschlossener Gebiete und der demokratische Wille Amerikas. »Laßt uns anstelle adliger Güter die Zunahme unabhängiger Heimstätten erleichtern und dafür sorgen, daß der Pflug vom Eigentümer geführt wird.«[73]

Die damalige Situation erleichterte das Aufkommen dieser freien Farmer. Die »landwirtschaftliche Leiter«, wie man den Aufstieg vom Knecht zum freien Farmer nannte, funktionierte so gut, daß die Farmer sich über den Mangel an Hilfskräften beklagten: »Gute Knechte sind sehr selten, da ein junger Mann, sobald er in diesem Land des billigen Bodens ein wenig vorankommt, daran geht, sich eine eigene Farm zu sichern.«[74]

Dies war die Zeit, in der das Getreide bereits mit der Maschine gemäht wurde und die Mechanisierung sich im höchsten Entwicklungsstadium befand. Die

73 Zitiert nach McWilliams, *Ill Fares the Land, Migrants and Migrating Labor in the United States*, Boston 1942, S. 301.
74 Zitiert nach *Yearbook of Agriculture*, 1941, S. 150.

90. Kontinuierliche landwirtschaftliche Bandproduktion, 1930: Der Klein-Mähdrescher. *Bevor auch auf kleinen Farmen vollmechanisiertes Ernten möglich wurde, mußten Größe und Preis reduziert und eine neue Kraftquelle – der Dieseltrecker – vorhanden sein. Aus gewaltigen kalifornischen Mähdreschern, die 20-Fuß-Schwaden schnitten, entstand die* baby combine *(1936) und schließlich die 40-Zoll-Schwaden schneidende* midget combine *(1939), die in Größe und Preis auf die Familienfarm abgestimmt war. Der kompakte Dieselmotor spielte in der Landwirtschaft eine ähnliche Rolle wie der kleine Elektromotor im Haushalt.* (International Harvester Co., Chicago)

Spinnereien verlangten Großkapital. Eine Mähmaschine kostete 125 Dollar. Sie war geradezu *das* demokratische Werkzeug.

Wie überall, wo die Mechanisierung eingreift, komplizieren sich die Verhältnisse. Langdauernde Krisen erfaßten die Landwirtschaft. Dies war der Preis, der für den Zugang zum Weltmarkt bezahlt wurde. Als die Exporte von Getreide, Fleisch und Früchten nach dem Bürgerkrieg einsetzten, begannen die Preisstürze und mit ihnen eine neue Unruhe, die die Landwirtschaft früher nicht gekannt hatte. Die Furcht vor der Mißernte machte der Furcht vor der Börse Platz. Es sind nicht mehr entrechtete Bauernmassen wie zur Zeit der Reformation, es sind freie Farmer, die sich in verschiedensten politischen und organisatorischen Kämpfen gegen die Diktatur der großen Gesellschaften und ihrer Mittelsleute auflehnen. Es ist ein Kampf gegen Preisbestimmungen, die ihnen von außen aufgezwungen werden.

Die Reduzierung der Arbeitszeit, die Vermehrung der Produktion und die Komplizierung der sozialen Verhältnisse gehen Hand in Hand mit der Strukturänderung der Landwirtschaft. Die Mechanisierung hatte einen steigenden Einfluß auf die Vergrößerung der Farm, wie dies seit 1880 zu beobachten ist.

»Die Zeiten haben sich geändert, nicht wahr? Man kann sein Auskommen nicht mehr finden. Das Ackerland ist nichts mehr für kleine Leute wie uns. (. . .) Da kann man nichts machen. Man muß sehen, daß man irgendwo seine drei Dollar am Tag bekommt. Anders geht's nicht.«[75]

Die Kommerzialisierung der Farm wird von Wortführern der kalifornischen Landwirtschaft, 1926, betont: »Wir bauen hier nicht länger Weizen an, wir fabrizieren ihn (. . .), wir sind nicht Landwirte, wir sind keine Farmer. Wir produzieren ein Produkt, um es zu verkaufen (. . .).«[76] Diese selbstbewußte Äußerung über die Strukturwandlung des Farmers zum Geschäftsmann hat auch ihre Schattenseite. Das Produkt des Farmers ist dem Auf und Ab der Börse ausgeliefert. Es erwies sich, daß die landwirtschaftlichen Produkte als erste dem Abwärtstrend zum Opfer fielen[77]. Das Einkommen schwankt in tollen Kurven. Die ökonomische Unsicherheit beruht nicht mehr wie früher auf Mißernten, sondern auf Überschußproduktion.

In den großen Produktionsgebieten des Westens ist die Stellung des unabhängigen Farmers bedroht. Als die Farmer in der schweren Krise der frühen zwanziger Jahre ihren finanziellen Verpflichtungen nicht nachkommen konnten, bildeten die Banken Farm Management Companies, die das Land der ruinierten Farmer

75 John Steinbeck, *The Grapes of Wrath*, New York, 1939.
76 Carey McWilliams, a.a.O., S. 301–303.
77 »Die landwirtschaftlichen Preise waren die ersten, die 1920 zusammenbrachen (. . .). Der Schlag traf die Farmer etwa zu dem Zeitpunkt, als die Getreideernte der Vereinigten Staaten auf den Markt kam (. . .). Dagegen gab es fast bis Ende des Jahres keinen vergleichbaren Preissturz bei nicht-landwirtschaftlichen Gütern.« Chester C. Davis, »The Development of Agricultural Policy since the World War«, *Yearbook of Agriculture*, 1941, S. 298–299.

durch ortsfremde abgebrühte Manager bewirtschaften ließen. Eine dieser Gesellschaften brachte ihren Bestand in wenigen Jahren von 700 acres auf eine Viertelmillion. Dies ist ein Verfahren, das – allerdings ins Ungeheure vergrößert und ohne schöpferischen Impuls – an den Aufkauf von Gemeindeland durch die Feudalherren des achtzehnten Jahrhunderts erinnert. Hier wie dort waren Arbeitslosigkeit und Entwurzelung der Bevölkerung die Folge.

Mehr als Erosionserscheinungen und Sandstürme werden Traktor und Kombinationsmaschinen als Ursachen für die Entwurzelung von Farmerfamilien betrachtet. John Steinbeck zeigt in *Früchte des Zorns* in Nahaufnahmen den Prozeß, wie der Traktor die Felder der vertriebenen Pächter zusammen mit ihren Häusern umzulegen hat.

»Übrigens«, sagte der Mann auf dem Traktor, »du solltest sehen, daß du hier so bald wie möglich rauskommst. Ich verschwinde heute nach dem Essen.« »Aber wo sollen wir denn dann hingehen? Und wie? Wir kriegen doch kein Geld.« Das ist die Frage, die die Pächter an den Eigentümer stellen, der seinerseits das Land an die Bank abgeben muß.

Aus diesen enteigneten Farmern und Pächtern entwickeln sich die fahrenden »Okies«, die Fruchtpflücker (nach dem Staat Oklahoma), die mit ihren Autos von einem Staat zum andern wandern, von Erdbeeren zu Grapefruit, von Pfirsichen zu Orangen oder zu Baumwolle: Nomaden in ihrem eigenen Land.

Menschliche Auswirkungen

Wie wir anfangs erwähnten, ist es nirgends leichter als in der Landwirtschaft, den durch die Mechanisierung bedingten Strukturwandel festzustellen. Die Folgen jedoch sind unabsehbar. Die Gestalt des im eigenen Land Heimatlosen, wie es der wandernde Landarbeiter wird, kann verschwinden. Das zeigte sich im Zweiten Weltkrieg. Das Phänomen aber bleibt: der Bauer ist unstet geworden. Sein Verhältnis zum Boden hat sich geändert, es ist neutralisiert worden. Die Mechanisierung hat diesen Prozeß beschleunigt. Darüber besteht kein Zweifel. Wir werden später beobachten[78], daß Phänomene, die gewöhnlich allein als Folgen der Mechanisierung bezeichnet werden, bereits vorhanden waren, ehe sich die Mechanisierung auswirkte. Das Verhältnis zum Boden änderte sich, als die Siedler früh im neunzehnten Jahrhundert – ehe es eine mechanisierte Landwirtschaft gab – die alten Ostküstenstaaten verließen und nach dem Westen auswanderten.

Damit beginnt die Unstetheit des Bodenbearbeiters. Die Mechanisierung vergrößert nur eine verborgene Entwicklung ins Riesenhafte. Spiegelt sich am Farmer nur auffälliger, was sich überall vollzieht? Ist diese Wandlung vom jahrhundertelang den gleichen Boden pflegenden Bauern zum wandernden Arbeitslosen nur eine Projektion dessen, was sich in jedem von uns vollzieht? Ist hier, in ver-

---

78 In unserem Kapitel »Die Anfänge des herrschenden Geschmacks«.

zerrter Form, der Begriff der Bewegung, der unserem Weltbild zugrundeliegt, auf das menschliche Schicksal übertragen worden? Während und nach dem Zweiten Weltkrieg hat sich gezeigt, daß durch Gewalt erzwungene Entwurzelung von Millionen zu einer fast selbstverständlichen Praxis geworden ist.

Auch in anderen Perioden hat es Völkerverschiebungen gegeben, freiwillig, erzwungen oder aus Not. Nach einer gewissen Zeit kamen sie jedoch zur Ruhe. Sind, was wir heute beobachten, nur Kovulsionen einer Übergangszeit, verschieden von der vorangegangenen, aber doch, ihrem Wesen nach, wie jene durchdrungen von einem Bedürfnis nach Kontinuität, oder bereitet sich eine Lebensform vor, für die wir noch keine Gestalt gefunden haben und für die der Strukturwandel der Landwirtschaft, dieser Grundtätigkeit des Menschen, ein erstes Anzeichen ist?

Das sind Fragen, auf die es vorläufig keine eindeutige Antwort gibt. Sie greifen weit über die Unterschiede der ökonomischen Systeme hinaus und berühren die großen, menschlichen Konstanten. Diese Konstanten ändern sich nicht mehr, als unser Organismus sich ändert, das heißt innerhalb enger Grenzen. Bis jetzt ist noch keine Frucht, kein Werk und keine Kultur anders gewachsen als durch Konzentration und wache Umsicht.

MECHANISIERUNG UND ORGANISCHE SUBSTANZ: BROT

Nahrung bedeutet den unmittelbarsten Kontakt des Menschen mit der Natur. Die Dinge, die er in sich aufnimmt, sind den Gesetzen anzupassen, die seinen Körper beherrschen. Unserer Adaptationsfähigkeit sind enge Grenzen gesetzt. Sobald wir uns davon entfernen, revoltieren unsere Organe, entweder – je nach der Dosis – augenblicklich oder später oder gar unmerklich im Verlauf von Generationen.

Es gibt kein anderes Gebiet, das so empfindlich für die Anwendung und Ausweitung der Mechanisierung ist wie das der Ernährung. Die Mechanisierung greift hier unmittelbar in den Organismus des Menschen ein, von dem immer noch unvollkommen bekannt ist, was er braucht und was ihn schädigt. Der Schritt vom Gesunden zum Ungesunden ist nirgends so klein wie auf dem Gebiet der Nahrung.

Dies ist durchaus nicht immer sofort evident. Die letzten Auswirkungen lassen sich meistens nicht übersehen. Wird von den Konstanten, die der Mensch in seiner Ernährung braucht, zu weit abgegangen, so wird nach einiger Zeit sein Geschmack verdorben und sein Organismus bedroht. Unmerklich verliert er die Urteilsfähigkeit und den Instinkt dafür, was er zu seiner Erhaltung braucht.

Mechanisierung des Knetens

Am Ende der handwerklichen Periode hat der Pharmazeut und Agronom Antoine Augustin Parmentier (1737-1813), der in der universalen Weise seiner Zeit wissenschaftliche Präzision und handwerkliches Können in sich vereinigte, das Kneten des Brotteiges folgendermaßen definiert: »Kneten ist ein Vorgang, bei dem man Hefe, Mehl, Wasser und Luft so vermischt, daß eine neue Masse entsteht, die weich, dehnbar und homogen ist.«[1]

Dieses Kneten des Teiges ist eine anstrengende Tätigkeit, die gleichzeitig aus Schieben, Schlagen und Ziehen besteht. Sie wurde mit den Händen und, bei großen Teigmengen, auch mit den Füßen ausgeführt. Mit dem Beginn der Industrialisierung, dem Abschaffen der Zünfte und dem Anwachsen der Städte meldet sich das Bedürfnis, das Kneten durch Maschinen besorgen zu lassen. Der mechanische Kneter produziert mehr, rascher und hygienischer.

Die ersten Ansätze reichen weit zurück. Die Römer benutzten rotierende Kneter, und aus der Spätrenaissance, mit ihrer großen Vorliebe für angewandte Mechanik, liegen manche Vorschläge vor[2]. Es handelt sich durchweg um primitive

---

1 Parmentier, *l'Art du boulanger*, Paris, 1778, S. 361.
2 *Baker's Weekly*, 18. August 1923.

Hilfsmittel, die von den verschiedenen Phasen des Knetens fast nur das Schlagen berücksichtigen. Bretter oder hölzerne Stangen schlugen mittels eines Kurbelantriebes auf die Teigmasse. Vereinzelt finden sich auch in vorindustrieller Zeit volkstümliche Vorrichtungen, die das Kneten besorgen. Es sei auf die kastilische *braga*[3] hingewiesen, eine große Walze, die an der Decke befestigt ist und über mächtige Tischplatten hin- und herschwingt. Es handelt sich um eine Renaissance-Idee, die in der päpstlichen Küche bereits Verwendung fand, wenn auch anstelle der Walzen einfache Bretter den Teig bearbeiteten. Eigenschaften des Brotes, die in den letzten Stufen der mechanischen Brotherstellung immer mehr in den Vordergrund treten, werden bereits bei dem Spezialbrot beobachtet, das diese einfache spanische Maschinerie lieferte: es sei »weißer als das mit den Armen geknetete, seine Kruste ist nicht knusprig, sondern ganz zart und wenig elastisch«[4].

Gegen Ende des achtzehnten Jahrhunderts finden sich in Italien, im Lande der Teigwaren, Ansätze, Knetmaschinen in größerem Umfang zu verwenden. 1789 sind in den städtischen Bäckereien von Genua Knetmaschinen in Betrieb[5]. Ihr Mechanismus war bereits auf Rotation eingestellt. In einem Zuber standen in Abständen vertikale Stäbe, die durch ein Tretrad angetrieben wurden, wie wir es noch um die Jahrhundertmitte in der ersten Pariser mechanischen Bäckerei finden werden. Es wird betont, daß diese Prozedur ein »leichtes und feines Brot«[6] geben könne. Das Brot der städtischen Bäckereien von Genua war das einzige, das auf dem Markt vertrieben wurde. Es ist typisch, daß Brot in großen Massen bis heute in Europa hauptsächlich von Genossenschaften fabriziert wird.

J. B. Lembert, ein Bäcker in Paris, beschäftigte sich seit 1796 mit einer Knetmaschine, die er im Stillen ausarbeitete und erst an die Öffentlichkeit brachte, als die Société d'Encouragement pour l'Industrie Nationale 1810 einen Preis von 1500 Francs für eine Maschine ausschrieb, die »den vollkommensten Teig« herstellen konnte. Lembert verwendete das Prinzip des Butterfasses. Er ließ einen großen, zylindrischen Trog mit genau passenden Deckeln um eine horizontale Achse sieben- bis achtmal in der Minute umlaufen; in etwas über einer halben Stunde scheint der Teig genügend durchmengt worden zu sein (Abb. 91)[7].

J. B. Lemberts Knetmaschine wird oft an den Beginn der mechanischen Entwicklung des Knetens gestellt, und wenn auch sein Prinzip in der Folge nicht beibehalten wurde, so scheint es doch anfangs die besten Resultate gegeben zu haben, denn noch in späteren Jahrzehnten wird als beste Knetmaschine ein Modell erwähnt, das Lemberts Idee von dem um eine Achse drehbaren Trog erfolgreich

---

3 Es wird angegeben, daß »dieses Gerät, das den Knetrollen gleicht, wie sie in manchen englischen Häfen zur Herstellung von Zwieback benutzt werden, wahrscheinlich die Idee für die in Portsmouth und Plymouth eingesetzte Maschine abgegeben hat«. Vgl. Augustin Rollet, *Mémoire sur la meunerie, la boulangerie et la conservation des grains et des farines,* Paris, 1847, S. 338.
4 Benoit, Fontenelle und Malpeyre, *Nouveau Manuel du boulanger,* Paris, 1778, Bd. 2, S. 47.
5 Ebd., Bd. 2, S. 48.
6 Ebenda.
7 Ebd., Bd. 2, S. 47.

anwendet[8]. Lembert hatte wenige Konkurrenten. Erst gegen Ende der zwanziger Jahre, als in Frankreich die Industrialisierung langsam einsetzte, wurde versucht, die Backöfen und die Mischer zu mechanisieren. 1829 wurden fünf französische Patente für Kneter angemeldet. Fast jährlich werden neue Vorschläge gemacht, um die verschiedenen Bewegungen des Knetens – Schieben, Schlagen, Ziehen – durch mechanische Operationen zu ersetzen. Bald geschieht es mit eisernen Armen, die in einem geschlossenen Zylinder rotieren, bald mit einer archimedischen Schraube oder mit ineinandergreifenden Kegeln, die den Teig langsam vom Außenrand zur Mitte hintreiben. Andere wieder versuchen, den Bewegun-

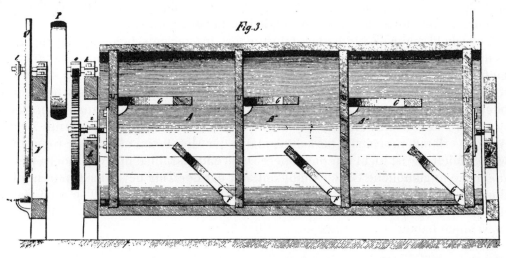

91. Knetmaschine, 1810. J. B. Lembert. *Der französische Bäcker Lembert erfand gegen Ende des achtzehnten Jahrhunderts eine Knetmaschine nach dem Butterfaß-Prinzip, bei der ein großer Zylinder auf einer horizontalen Achse rotiert. Die Anlage bewährte sich, und viele mechanische Kneter folgten ihr. Vor 1850 wurde das Prinzip des modernen Kneters in Frankreich entwickelt. Doch war der Bedarf der europäischen Bäcker in der Regel nicht groß genug, um die Maschinen vorteilhaft genug einzusetzen. (C. H. Schmidt,* Das deutsche Bäckerhandwerk im Jahre 1847, *Weimar* 1847)

gen der menschlichen Hand nahezukommen, indem sie den Rührer wie eine Wiege schwingen lassen, und einer von ihnen, Rollet, dessen Buch *Mémoire sur la meunerie* (1847) genaueste Auskunft über die mechanische Entwicklung bis zur Jahrhundertmitte gibt, konstruierte einen Kneter, der zugleich schlug und schob. Es war ein Experimentieren nach den verschiedensten Richtungen hin, um die komplizierte Tätigkeit der menschlichen Hand mechanisch durchführen zu können. Vor der Jahrhundertmitte (1847)[9] wird jene Form des Mischers gefunden, dessen Prinzip in den folgenden Jahrzehnten weiter ausgebaut wurde.

So zahlreich die Erfindungen auch waren, so setzten sie sich doch äußerst langsam durch. Der Grund dafür ist, daß »für den gewöhnlichen Bedarf des Bäckers,

---

8 Fontainsche Knetmaschine, vgl. Chr. H. Schmidt, *Das Deutsche Bäckerhandwerk im Jahre 1847*, Weimar, 1847, S. 234.
9 Französisches Patent 2764. *Description des brevets d'invention*, Bd. 10, S. 216. Boland, 15. Jan. 1847.

also für einen Bedarf, der nicht so groß ist, daß er die Anwendung von Maschinen vorteilhaft machen könnte, eine wirkliche Ersparnis nicht vorhanden ist; denn die Arbeit des Teigmachens muß trotz der Maschinen in vielen Stadien mit der Hand geschehen«[10]. Diese Feststellung, die aus dem Deutschland der vierziger Jahre stammt, unterscheidet sich kaum von einem Bericht des *Scientific American* von 1885, der von einem Pariser Mischer meldet, der damals in der Avenue de l'Opera in Betrieb gesehen werden konnte, und hinzufügt, daß »das Kneten des Teiges mit der Hand, wie es in allen Bäckereien üblich ist, hier durch Maschinerie ersetzt wird«[11]. Tatsächlich wird in Amerika der erste Rotationsmischer erst Ende der sechziger Jahre patentiert, das heißt zu einer Zeit, in der man auf allen Gebieten versuchte, die Mechanisierung des täglichen Lebens voranzutreiben.

Es braucht mehr als ein halbes Jahrhundert, bis der entscheidende Schritt zur Vollmechanisierung stattfindet. Dies geschieht durch die Einführung der schnelllaufenden Knetmaschine, deren allgemeine Verbreitung überraschend spät erfolgt: nach 1925[12]. Diese Knetmaschine versucht nicht mehr, durch Schrauben oder verschiedenartige Bewegungen die menschliche Hand nachzuahmen. Das Rührwerk besteht gewöhnlich aus zwei einfachen Stahlzylindern, die, mit zwei Armen verbunden, sechzig- bis achtzigmal in der Minute um eine Achse rotieren. Mit »Schnellauf« ist nicht nur die höhere Umdrehungszahl gemeint, sondern vielmehr die unglaubliche Geschwindigkeit, mit der der Teig bei jeder Umdrehung durchmengt wird. Die Erschütterungen bei diesem Verfahren sind so groß, daß der zartere europäische Weizen sie nicht vertragen kann. Schnellaufende Knetmaschinen haben sich in Europa nicht bewährt.

In Amerika aber sind sie zu einem Eckpfeiler der Vollmechanisierung geworden. Der Grund dafür liegt vielleicht weniger in der rascheren Produktion als in der gründlichen Vermengung und Durchdringung aller einzelnen Bestandteile, die zwischen den Stahlarmen mit ungeheurer Schnelligkeit hin- und hergeworfen werden, was als Resultat eine gleichmäßigere Struktur des Teiges ergibt. Daß, wie ein Zeitgenosse sagt[13], »1925 die ganze Industrie auf die schnellaufende Knetmaschine gesetzt hat«, dürfte vor allem darauf beruhen, daß durch die energische Mischung ein noch weißeres Brot fabriziert werden konnte.

Mechanisierung des Backens

Der Backofen der handwerklichen Periode

Die Form des Backofens hat sich durch die Jahrtausende nahezu unverändert erhalten. Wie Axt und Messer gehört sie zum Grundbestand menschlicher Werk-

---

10 Chr. H. Schmidt, a.a.O., S. 230.
11 *Scientific American*, 17. Oktober 1885.
12 Ein frühes Modell taucht 1898 auf, ein, wie es heißt, brauchbares 1916, aber die Einführung erfolgt 1925–1927.
13 Anläßlich einer Ausstellung in Buffalo 1925.

zeuge. Die Form des Ofens war dem Ei angeglichen, das am besten Wärme hütet und verteilt.

. Es gab zwar Ausnahmen wie in Apulien, in Süditalien, wo der Backofen die Form eines kuppelartigen Gewölbes annahm. Das soll dazu beigetragen haben, ein ökonomisches Heizen mit Pferde- oder Kuhmist zu ermöglichen. Aber Süditalien ist geichzeitig das Land der *trulli*, jener merkwürdig gewölbten Strohhütten oder Steingewölbe, die den mykenischen Königsgräbern so nahe verwandt sind. Über die Entstehungszeit und über das Zustandekommen dieser süditalienischen Bauten herrscht noch nicht völlige Klarheit.

Antoine Augustin Parmentier gibt eine klassische Beschreibung, bis zu welcher Stufe der Ofen damals ausgebildet war: »Seine Größe variiert, aber seine Form ist ziemlich konstant. Ursprünglich gleicht sie einem Ei, und die Erfahrung hat bis heute gezeigt, daß dies die günstigste und ökonomischste Form war, um die nötige Wärme zu konzentrieren, zu erhalten und gleichmäßig an den im Ofen befindlichen Gegenstand weiterzugeben.«[14]

So kommt es, daß der Backofen einen ovalen Hohlraum bildete, der von einem dicken, feuerfesten Lehm-, Ziegel- oder Steingewölbe umschlossen wurde. Dieser Hohlraum wurde innen mit Holz und Reisig geheizt. Hatten die Steine genügend Wärme gespeichert, so nahm man die Asche heraus, stellte den Teig hinein und ließ durch die ausstrahlende Wärme das Brot langsam gar werden. Dabei traf, wie es sich für den Prozeß als organisch erwies, den Teig die größte Hitze am Anfang. Im Verlauf des Backens nahm sie langsam ab. Jede Einzelheit an diesem einfachen Gerät, die Wölbung, die Neigung der Heizfläche, die Position des Rauchabzugs, war die Folge einer undenkbar weit zurückliegenden Erfahrung.

Der Einfluß der Technik: Der indirekt geheizte Ofen

Für die Brotmengen, die das neunzehnte Jahrhundert brauchte, war es auf die Dauer ein zu umständliches und langsames Verfahren, einen Innenraum zu heizen, zu entleeren und am gleichen Ort das Brot zu backen. Dies konnte zu keinem ununterbrochenen Produktionsprozeß führen. Der traditionelle Backofen konnte nicht mechanisiert werden. So war es der erste Schritt, daß man die Höhle, in der das Brot gebacken wurde, vom Feuer trennte. Ofenkammer und Backkammer wurden voneinander unabhängig. Die heißen Gase wurden, oft in genialer Weise, um und über die Backkammer geleitet. Dieser indirekt beheizte Typ bildet die Voraussetzung für die spätere Mechanisierung. Graf Rumford (1753-1814), der abenteuerliche Neuengländer, bayrische Generalissimus, Gartenbauer, Gründer der Volksküchen und ausgezeichnete Wärmetechniker, war einer der ersten, der zur Ersparnis von Heizmaterial eine Batterie von sechs Öfen in seinen Münchner Volksküchen aufstellte, und der dabei Flamme und heiße Gase um die Backkam-

---

14 Antoine Augustin Parmentier, *Nouveau Cours complet d'agriculture théorique et pratique*, Paris, 1821–23, Bd. 6, S. 565, Artikel »Four«.

mern leitete (Abb. 348). Die Kammern waren aus gußeisernen Platten zusammengesetzt und die Züge regulierbar wie beim modernen Kochherd[15].

Im neunzehnten Jahrhundert ging man dazu über, die Luft in besonderen Kammern zu erhitzen und dann in das Innere des Ofens zu leiten und zum Backen des Brotes zu verwenden. Diesen Typ nannte man *aerotherme*. Im Prinzip ist dies nichts anderes als die Heißluftheizung, wie sie in den Häusern der ganzen zweiten Hälfte des neunzehnten Jahrhunderts bevorzugt wurde. Doch ist dabei eine Einschränkung zu machen. Die Heißluftöfen wiesen einen vollständig in sich geschlossenen Wärmekreislauf auf, da die in besonderen Kanälen und Reservoiren erhitzte Luft nicht mit den Feuergasen in Berührung kam. Bei größerer Wärmeausnutzung blieb die Luft im Backraum völlig staubfrei. Dieser Ofen wurde in den vierziger Jahren in französischen Spitälern verwendet[16].

92. Mechanisierte Bäckerei, Gebrüder Mouchot, 1847. *Die erste erfolgreich mechanisierte Bäckerei in Frankreich. Die hier vorliegende Teilmechanisierung ist bis heute für europäische Bäckereien typisch. Ihr geringerer Maschineneinsatz erlaubt nur die Ausführung der anstrengendsten Arbeiten.* (*C. H. Schmidt,* Das deutsche Bäckerhandwerk)

Im Heißluftofen des Franzosen Aribert (1832) bleibt etwas vom alten Backofen erhalten. Das Brot lief in den geraden oder kreisrunden Heißlufttunnels auf Platten und Schienen langsam von einer heißeren in eine kühlere Zone. Dieser Heißluftofen, der deutliche Ansätze zum mechanischen Betrieb zeigt, war um 1840 in verschiedenen französischen Städten in Betrieb[17].

---

15 Augustin Rollet, a.a.O., S. 437. In seinem 6. Kapitel »Des fours« (S. 411–478) gibt Rollet eine ausgezeichnete Entwicklungsgeschichte des Ofens.

16 Seine Einführung fällt in die dreißiger Jahre. Die Société d'Encouragement pour l'Industrie Nationale hat 1836 einen Preis für einen *four aerotherme* erteilt, der einen besonders günstigen Wärmekreislauf aufwies. Vgl. Benoit, a.a.O., Bd. 1, S. 231 ff.

17 Rollet, a.a.O., S. 440, gibt an, daß man ihn in Gap, Grenoble, Avignon und anderen Städten mit Anthrazit und Steinkohle heizte. Vgl. Abbildungen auf Tafel M und N und Tafel 45 des Tafelbandes.

Schließlich wird um die Jahrhundertmitte auch die Dampfhitze zum Backen herangezogen[18], und zwar vom Propagator der Warmwasser-Zentralheizung für Wohnräume, Angier March Perkins (1799-1881), einem Amerikaner, der in England wirkte. Er beschäftigte sich erst mit Heißluftheizungen, ging aber bald zu Warmwasser-Röhren über[19]. Sogar in der Herstellung des Eisens wollte er Dampf verwenden, um schließlich, 1851, das Innere eines Backofens mit zollstarken Rohren auszupanzern, die mit einer Heizschlange im Feuerungsraum verbunden waren[20]. Er betont in seiner Patentschrift: »Man hat schon früher vorgeschlagen, Öfen zu heizen, indem man heißes Wasser in Kanälen aus Gußplatten zirkulieren läßt«; er beansprucht bloß die direkte Ausstrahlung der Wärme durch ein Röhrensystem als das Neue an seiner Erfindung.

Damit wird um die Jahrhundertmitte der letzte der Typen erfunden, die erst im Mechanisierungsprozeß der Bäckerei, vor allem nach 1910, zur technischen Reife kamen. Gegenüber den Dampfkesseln, die bereits in den fünfziger Jahren mit dem Wasserröhrenkessel von Wilcox (1856) einen hohen Grad technischer Vollendung erreicht haben, sind die Backöfen jener Zeit bloß ein Anfang und zum großen Teil Vorratserfindungen.

Backofen und endloses Band

Aribert, dessen Heißluftofen (1832) mit seinen auf Schienen laufenden Platten Ansätze zur Mechanisierung aufwies, nannte ihn in seiner Patentschrift *four continu*,

---

18 Der Gedanke, »den Dampf kochender Flüssigkeit zum Kochen und Backen zu nutzen« wird schon im frühen achtzehnten Jahrhundert in einem Patent festgelegt (Brit. Patent 430, 25. Juni 1720).

19 Perkins, Apparat zur Heizung der Luft in Gebäuden, Brit. Patent 6146, 30. Juli 1831; Apparat zur Übertragung von Hitze durch Wasserzirkulation, Brit. Patent 8311, 16. Dezember 1839; Apparat zum Heizen durch Zikulation von heißem Wasser, Brit. Patent 8804, 21. Januar 1841.

20 Perkins, Heizöfen, Brit. Patent 13509, 11. Februar 1851.

93. Mechanisierte Bäckerei, Gebrüder Mouchot, 1847. *Die Knetmaschinen werden von Hunden getrieben, die draußen in einer kleinen Tretmühle laufen. Mit Koks beheizte Heißluftöfen. Knetmaschinen und Öfen entwickelten sich zwar im Lauf der Zeit, doch der Maschineneinsatz blieb in Europa bis heute niedrig.* (*C. H. Schmidt*, Das deutsche Bäckerhandwerk)

einen kontinuierlich arbeitenden Ofen. Ununterbrochener Betrieb mit Hilfe eines im Ofen beweglichen Mechanismus war das Ziel, das man auf diesem Gebiete um 1850 zu erreichen versuchte. Zwar konnte man auch die gewöhnlichen Heißluftöfen ununterbrochen heizen, doch erschien die Auswechslung der Brote zu zeitraubend. Es brauchte geschulte Arbeiter, die mit langstieligen flachen Holzschaufeln die Brotlaibe einzuführen und herauszunehmen hatten.

Auf zwei Wegen suchte man die Produktion zu steigern.

Man benutzte fahrbare Böden, die mit einem Griff von ungeschulten Arbeitern in die Backkammer hineingeschoben oder herausgenommen werden konnten. Dieser Typ hat sich bis heute in verschiedenartigsten Ausführungen erhalten und ist weiterentwickelt worden.

Der entscheidende Schritt zur Massenfabrikation liegt in der Verwendung eines ununterbrochen laufenden Mechanismus. Die verschiedensten Möglichkeiten werden erwogen, um die Backkammer mit beweglichen mechanischen Teilen zu versehen. Einmal geschieht dies durch horizontal oder vertikal rotierende Räder. Die um eine vertikale Achse kreisenden Räder haben sich bis heute in der mechanischen Kuchenbäckerei erhalten. Ihr Sinn ist es, die sonst fixe Herdplatte beweglich zu machen und sie in ein Rad zu verwandeln. Diese Überlegung scheint erst im neunzehnten Jahrhundert möglich gewesen zu sein. Auch das achtzehnte Jahrhundert spielte mit dem Gedanken der Beweglichkeit. 1788 wurde ein englisches Patent für einen gußeisernen Brotofen erteilt, bei dem die Herdplatte fest blieb, aber der Ofen rotierte[21]. I. F. Rolland fand 1851 die moderne Form des rotierenden Ofens[22] mit den beweglichen Rädern.

Die um eine horizontale Achse rotierenden Räder hielten die Backbleche in horizontaler Lage, ähnlich wie die Gondeln des Riesenrades auf der Chicagoer Ausstellung von 1893.

Aber viel hartnäckiger war man bemüht, den kontinuierlich arbeitenden Backofen mittels eines durch den Ofen laufenden Transportbandes zu erreichen. Zwischen 1850 und 1860 werden die verschiedensten Lösungen und Varianten versucht: Bänder in horizontaler, Bänder in vertikaler Anordnung, einzeln oder in Serien, bis gegen 1860 der Backofen von 1800 zu einer höchst komplizierten Maschinerie geworden ist.

Die erste Anwendung des Transportbandes findet sich überraschend früh. Im ersten Jahrzehnt des neunzehnten Jahrhunderts baut der Admiral Sir Isaac Coffin (1759-1839) einen, wie er ihn nannte, »perpetual oven« zum Backen von Schiffszwieback für die englische Marine (Abb. 99, 101)[23]. Dies geschah am Ende einer langen und bewegten Laufbahn, als der Admiral durch einen Unfall am Aktivdienst nicht mehr teilnehmen konnte und Leiter von Portsmouth wurde, dessen

---

21 John Naylor, Brit. Patent 1656, 29. Juli 1788. »Einen Ofen zum Brotbacken (...), der über einem Küchenfeuer angebracht ist (...) und sich drehen läßt, während das in ihm befindliche Brot in fester Position bleibt (...) nenne ich Rotations-Ofen.«

22 J. F. Rolland, *Four de Boulangerie*, Französisches Patent 7015, 8. April 1851. *Description de brevets d'inventions*, Bd. 23, S. 176.

23 Brit. Patent 3337, 15. Mai 1810.

Lebensmitteldepot schon mehrmals genannt wurde, wenn es sich um entscheidende Neuerungen handelte.

Coffin erklärt den Namen, den er seinem Ofen gab: »Er wird Dauer-Ofen genannt, weil sich der Vorgang des Backens beliebig lange fortsetzen läßt.« Es war ein indirekt beheizter Ofen. Ein endloses, 3 Fuß breites Band aus breitmaschigem Drahtgeflecht durchlief die Backkammer von Anfang bis Ende und kehrte durch einen Tunnel wieder zur Kammer zurück. An den beiden Enden außerhalb des Ofens lief es um zwei mächtige, gußeiserne Zylinder, die es in ununterbrochenem Umlauf hielten.

Coffins vollkommene Unabhängigkeit von allen bis dahin gewohnten Lösungen entsprach ganz seinem unabhängigen Charakter, der sich nicht scheute, bei seiner Meinung zu bleiben, auch als er durch ein Kriegsgericht wegen Ungehorsams verurteilt wurde, da er sich geweigert hatte, ungenügend ausgebildete Offiziere auf seinem Schiff Dienst tun zu lassen. Coffin wurde in Boston, Massachusetts, als Sohn eines Zollbeamten geboren. Es wäre abwegig, diesen englischen Offizier in nahe Beziehung zu Amerika zu bringen, doch mag es immerhin vermerkt werden, daß dieser merkwürdige Kopf seine Jugend in Boston verbrachte.

Zwischen dem Vorschlag des Admiral Coffin von 1810 und den Patenten, die zwischen 1850 und 1860 in langer Reihe einander folgen, besteht ein Unterschied. Die Patente um die Jahrhundertmitte haben eines gemeinsam: das endlose Band ist vollständig im Innern des Backraums gelagert, so daß der Wärmeverlust vermindert wird. Der erste Vorschlag dieser Art[24], der von einem Erfinder aus Philadelphia stammt, erhebt den Anspruch, zum ersten Mal die Kombination eines Endlosbandes mit dem Backofen durchgeführt zu haben (Abb. 100, 102). Das ist historisch gewiß nicht richtig, aber neu und zukunftsträchtig war seine Idee, das Transportband nur im Innern der Backkammer laufen zu lassen. Alle Nachfolger sind ihm auf diesem Wege gefolgt. Vorschlag folgt auf Vorschlag, um die Produktion zu steigern, die Zahl der Bänder wird größer, und bald versucht man es mit vertikal laufenden endlosen Ketten, bei denen das Brot auf der kurzen Strecke, in der es die Kammer senkrecht durchläuft, gebacken wird.

Das Problem des Backofens scheint um 1860 auch bekannte Konstrukteure wie William Sellers, den Werkzeugmaschinenbauer[25], gereizt zu haben. Die Art, wie Sellers den Innenraum auszunutzen versteht, wie die vertikalen Endlosketten so gelagert sind, daß sie sich etwa im Gleichgewicht halten, um die Automatisierung des Aufnehmens und Abladens des Materials zu ermöglichen[26], sowie die Art der Wärmeregulierung verraten in ihren Einzelheiten den erfahrenen Konstrukteur.

In der Zeit, in der diese automatischen Öfen entstanden, gab es in Boston, Chicago, New York und besonders in Philadelphia verschiedene mechanische Bäcke-

---

24 H. Ball, U.S. Patent 7778, 19. November 1850.
25 William Sellers (1824–1905) aus Philadelphia gehört zur frühen Generation amerikanischer Industrieller, in der Fabrikant und Erfinder ein und dieselbe Person waren. Er war auf vielen Gebieten tätig, vom Werkzeugmaschinenbau bis zum Brücken- und Hochbau. Übrigens war er als Präsident der Midvale Steel Company auch der Chef Frederick Winslow Taylors; ihm ist es zu verdanken, daß Taylor in seinem Betrieb sein System ausbauen konnte.
26 W. Sellers, U.S. Patent 31192, 22. Januar 1861.

reien, die oft mehrstöckige Öfen mit endlosem Band verwendeten. Einige dieser mechanischen Anlagen waren erfolgreich, andere erlitten Mißgeschick, brannten ab oder warfen nichts ab und gingen von Hand zu Hand. Aber ob sie Erfolg hatten oder zugrundegingen, im ganzen waren es Schaustücke. Die kleinen Bäcker bildeten die Regel, und noch lange nach den europäischen Hausfrauen buken die amerikanischen ihr Brot daheim.

Hinzu kommt noch etwas: die automatische Brotherstellung ist außergewöhnlich schwierig. Vorhanden waren in der zweiten Hälfte des neunzehnten Jahrhunderts nur die Anfangs- und Endglieder: die Knetmaschinen und die Öfen mit endlosem Band. Die Zwischenglieder aber, die Maschinen, die den Teig automatisch wiegen, teilen, ballen, rollen und ihn zwischendurch auf endlosen Bändern durch verglaste Gänge leiten, die genau auf Wärme und Feuchtigkeitsgehalt hin kontrolliert werden, fehlten. Auch die moderne Hefe, die den Fermentierungsprozeß auf nahezu die Hälfte der Zeit reduziert, war nicht vorhanden.

Als nach 1900 die mechanische Bäckerei zur endgültigen Mechanisierung reif wurde, begann man mit allen Versuchen wieder von vorne. Die erstaunlich vielseitigen Backöfen der fünfziger und sechziger Jahre, die im Prinzip alle Typen klar entwickelten, waren vergessen. Sie gehören in den großen Bereich der Vorratserfindungen. Diese unterbrochene Kontinuität wirkt auf den Historiker fast wie ein Bergwerkstollen, dessen Abbau man aufgegeben hat.

Um 1907 entwickelte ein Mr. Roberts, der Vertreter einer Londoner Backofen-Firma, auf einer kanadischen Bäckerversammlung die Möglichkeiten eines »Ofens der Zukunft«, bei dem der Teig am einen Ende hineingegeben wird und das fertige Brot am anderen herauskommt[27]. Das sind die gleichen Worte, die in den Patentschriften von 1850 auftauchen. Unter den Zuhörern befand sich ein unternehmender Bäcker, Dent Harrison aus Westmount, Quebec, der zum Initiator der heutigen Entwicklung wurde. Es gab in jener Zeit Laufband-Öfen, aber diese waren nur in Schiffszwieback-Fabriken zu finden. Eine Tradition, deren Ursprung, wie wir sahen, weit zurückliegt. In einer dieser Fabriken in Montreal machte Dent Harrison mit Roberts Versuche, Brot im Laufband-Ofen zu backen. Als es am andern Ende ankam, war es schwarz verbrannt. Trotzdem hielt Harrison die »neue« Idee für praktisch durchführbar und gab Roberts den Auftrag »für den ersten Laufband-Ofen der Welt zum Brotbacken«[28].

1913 wurde dieser Ofen, der in England gebaut worden war, in Montreal aufgestellt. Die Backfläche war 50 Fuß lang und sechs Fuß breit. Der Ofen wurde mit Kohle gefeuert und funktionierte von Anfang an. Es verstreicht also ungefähr ein Jahrhundert von dem *perpetual oven*, den Isaac Coffin für die englische Marine ersann (1810), bis zu diesem ersten Tunnel-Ofen, mit dem die Vollmechanisierung einsetzt.

Rasch folgten nun von seiten der auf Großproduktion eingestellten Bäcker-Fir-

---

27 Gordon E. Harrison, »The First Travelling Oven«, *The Baker's Helper*, 50th Anniversary Number, Chicago, 17. April 1937, S. 832.
28 Ebd.

men, die in dieser Zeit ihren Aufschwung erlebten, Versuche mit ähnlichen Öfen. 1914-1915 wurde ein solcher in Chicago gebaut, der jedoch mehrere Male wieder abgebrochen werden mußte. Es waren alles schwere Öfen mit massiven Ziegelmauern, deren Gewicht schwer auf den Boden drückte und besondere Fundamente erforderte.

Bald trat Gas an die Stelle von Kohle, um die Ofenkammer zu heizen; 1917 wurde über die ganze Länge des Ofens hinweg eine Reihe von Gasbrennern oberhalb und unterhalb der Herdplatte angebracht.

In den zwanziger Jahren ging man schließlich dazu über, »den Herd mit einer Reihe von Rohren zu umgeben, in denen überhitzter Wasserdampf zirkulierte«[29]. Es heißt, daß Explosionen zu dieser Maßnahme führten, doch sollte man nochmals darauf hinweisen, daß diese neueste Anordnung das Prinzip wieder zu Ehren bringt, das Angier March Perkins 1851 bescheiden als seine Erfindung beanspruchte: durch direkte Strahlung dampfgefüllter Röhren die Temperatur in der Backkammer aufs genaueste zu kontrollieren.

Die schweren Ziegelmauern verschwinden und werden durch isolierte Stahlplatten ersetzt, die genauere Temperaturregulierung, größere Flexibilität und ein Herabdrücken der Anheizzeit auf ein Viertel ermöglichen. Die Backkammer wird elektrisch ausgeleuchtet.

Mechanisierung der Brotherstellung

Bis dahin hat es sich um einzelne Vorgänge in der Brotherstellung gehandelt. Erst die Schaffung einer ununterbrochenen Bandproduktion ermöglicht die Massenfabrikation.

Die erste Bandproduktion kam, wie wir sahen[30], in einem englischen Lebensmitteldepot zustande, als die verschiedenen Maschinen zur Herstellung von Schiffszwieback zusammengeschaltet wurden. Dies geschah 1833, genau ein halbes Jahrhundert, nachdem Oliver Evans seine mechanische Mühle ersann. In diesem königlichen Lebensmitteldepot (Clarence) wurde die Zufuhr von Mehl und Wasser in den Mischer bereits automatisch gesteuert ebenso wie das Auswalzen des Teiges (Abb. 46). »Schwere gußeiserne Walzen (...) laufen abwechselnd mit hoher Geschwindigkeit von einem Ende des Tisches zum anderen, über eine Stange angetrieben von der darunter befindlichen Dampfmaschine.«[31] Diese schweren Walzen gehen, so meinen die Franzosen, auf die kastilische *braga* zurück. »Ist diese Operation beendet, wird der Teig auf Rollen zu einem zweiten Tisch befördert« – wo er in Stücke zerteilt wird – »und endlich, immer noch auf

29 V. C. Kylberg, »Baking for Profit«, *The Northwestern Miller and American Baker,* Minneapolis, 6. Oktober 1937.
30 Siehe S. 114.
31 Barlow, a.a.O. S. 803.

Lauftischen, zu der Maschine, die im selben Augenblick den Zwieback schneidet und preßt.«[32]

Drei wichtige Stadien der modernen Massenfabrikation – das Mischen, Ausrollen und das Formen – werden damit gleichzeitig mechanisiert und in einer einzigen Bandproduktion verbunden.

Der flache Schiffszwieback aus ungesäuertem Teig ist ein viel einfacheres Gebilde als der empfindliche Brotteig. Doch die Ansätze für die ununterbrochene Brotherstellung oder gar die Massenfabrikation lassen nicht lange auf sich warten. Bereits in den vierziger Jahren errichteten die Franzosen erfolgreich arbeitende Betriebe. In Paris erlangte die Maschinenbäckerei der Brüder Mouchot kontinentale Berühmtheit (Abb. 92, 93). Sie verwendete die neuesten Heißluftöfen und leistungsfähige große Knetmaschinen. Diese Knetmaschinen wurden durch ein Tretrad angetrieben, wie es in der Renaissance und in den öffentlichen Brotbäckereien Genuas am Ende des achtzehnten Jahrhunderts üblich war. Es war außerhalb des Backraumes aufgehängt und wurde von gut geschulten Hunden bewegt. Sobald die Knetmaschine die für das Mischen notwendigen Umdrehungen vollführt hatte, pfiff sie automatisch, und die Hunde standen still. Die neuen Heißluftöfen wurden mit Koks geheizt (Abb. 92), der 50% billiger sein und mehr »Produktionsmöglichkeiten« bieten sollte[33]. In zwei Backöfen wurden in 24 Stunden 6240 Kilogramm Brot erzeugt. Das Gas, mit dem der Bäcker das Kellergeschoß beleuchtete, in dem die Maschinen standen, fabrizierte er selbst.

Im England dieser Zeit waren keine Renaissance-Treträder in der Brotfabrikation zu finden. In Glasgow wird 1850 eine Brotmaschine in Betrieb genommen[34], die gerühmt wird, daß sie in einer Stunde eineinhalb Tonnen Brot fertigstellte, das heißt ungefähr viermal so viel wie die Pariser Bäckerei der Brüder Mouchot. Es war eine Brotfabrik, die nur wenig Platz beanspruchte. Alles war automatisiert und in einer Maschine zusammengefaßt. Ein Regulator, wie er bei Dampfmaschinen üblich ist, kontrollierte die Zuführung von Mehl und Wasser in den Mischer, rotierende oder gleitende Messer schnitten den Teig in Stücke, ehe die mechanische Formung erfolgte und der Laib in den Backofen geführt wurde. Diese Brotfabrik en miniature erinnert an jene grotesken tragbaren Musikapparate, die eine ganze Kapelle in sich enthalten. Aber in dieser grotesken Anlage waren doch zwei ingeniöse Gedanken enthalten: zwei der vier Backkammern wurden mit Heizschlangen geheizt, und der Teig würde mit Sodawasser getränkt. In Frankreich wäre eine solche Anlage wohl undenkbar gewesen, denn die Bevölkerung hätte sich diese Art von Maschinenbrot nicht gefallen lassen. Auch in England hatte diese Maschine wenig Erfolg, doch sie ist der Ausgangspunkt für raffiniertere Methoden.

---

32 Rollet, a.a.O.
33 Ausführliche Beschreibung bei Chr. H. Schmidt, a.a.O., S. 320ff.
34 G. A. Robinson und R. E. Lee, Brit. Patent, Brotherstellung, Nr. 12703, 10. Juli 1849.

Um den Teig schmackhaft und luftig zu machen, benutzte man vor allem zwei Fermentierungen: Sauerteig oder Hefe. Beim Sauerteig wird ein wenig Teig, der bei früherem Backen beiseite gelegt wurde, dem nächsten Schub beigegeben. Dies wirkt als Anreger für die Fermentierung. Das Brot ist kräftig, schmackhaft und hat einen etwas säuerlichen Geruch, den viele Völker bis heute am Brot lieben[35]. Durch das ganze Mittelalter und weit darüber hinaus wurde Sauerteig verwendet. Noch heute verlangen ihn die Italiener für ihr Weißbrot, die Deutschen für ihre Roggenmischbrote[36], die Russen für ihr Schwarzbrot.

In manchen hochmechanisierten Ländern ist der Sauerteig völlig von der Hefe verdrängt worden. Zuerst wurde Brauerhefe verwendet. Die Meinungen darüber, wann dies geschah, gehen auseinander. Die einen behaupten, daß die Hefe erst um die Mitte des neunzehnten Jahrhunderts allgemeine Verwendung findet[37], andere weisen darauf hin, daß Bierhefe bereits im siebzehnten Jahrhundert in Paris in Gebrauch war[38]. Wie den Sauerteig läßt man auch den Hefeteig über Nacht »gehen«. In dieser Zeit steigt er langsam durch die Gasbildung, die während des Fermentierungsprozesses entsteht, und entwickelt eine natürliche Wärme.

Auf dem Kontinent wurden später spezielle, rasch fermentierende Arten von Hefe hergestellt, die in gepreßter Form in den Handel kamen. Aus ihnen entwikkelt sich die moderne Bäckerhefe, wie sie heute in größtem Maßstab in amerikanischen Konzernen produziert wird. Durch die rasch fernmentierende Hefe wird die Zeit der Fermentierung von zehn auf fünf Stunden reduziert.

Vor der Durchführung der Mechanisierung war der Duft des Brotes von größter Wichtigkeit. Er ist eine Mischung aus dem natürlichen Duft des gebackenen Korns mit den flüchtigen Estern, die sich während der Fermentierung oder während des Backens bilden, und aromatischen Zusätzen wie etwa Kümmel. Diese flüchtigen Ester bilden sich stufenweise während der ganzen Dauer des Fermentierungsprozesses. Daher, so wird betont, hat eine große und rasche Entwicklung von Kohlensäure einen Verlust an Schmackhaftigkeit zur Folge[39].

In den fünfziger Jahren wird das Brot selbst, seine stoffliche Substanz, durch die Mechanisierung angegriffen. Zur Erhöhung der Produktion wird anstelle der langsam wirkenden Fermente der Teig mit Kohlensäure angemengt.

Seit der Mitte des achtzehnten Jahrhunderts wurden bei der Brotherstellung Chemikalien benutzt, um das Brot schwerer zu machen, als es dem natürlichen Mehlgehalt, oder weißer, als es der Qualität des Mehles entsprach: Gips, Alaun[40], Kupfervitriol – »ein Likörglas dünner Vitriollösung für 200 Brote«[41] – oder Bei-

---

35 L. Boutroux, *Le pain et la panification*, hält Sauerteigbrot für gesünder als Hefebrot, weil die enthaltenen Säuren die Verdauung fördern. Zitiert bei Emil Braun, *The Baker's Book,* New York 1903, S. 52.

36 Pumpernickel und Schwarzbrot.

37 Drummond, a.a.O., S. 353.

38 E. und L. Bunyard, *The Epicure's Companion*, London, 1937.

39 *Arkady*, eine Artikelsammlung, neuveröffentlicht in *Arkady Review*, Manchester 1938.

40 »Alaun gab man in den Stadtbäckereien vier Unzen auf den Sack Mehl; es erhöhte die Größe und verbesserte die Beschaffenheit und Farbe eines Brotlaibes aus minderwertigem Mehl.« Drummond und Wilbraham, a.a.O., S. 342.

41 Chr. Schmidt, a.a.O., S. 146.

THE BOSTON AERATED BREAD BAKERY. [See description on page 2]

94. Brot und Gas: Dr. Dauglishs Brotherstellungsapparat. Anfang der sechziger Jahre des neunzehnten Jahrhunderts. *Die Brotherstellung wird von zehn Stunden auf wenige Minuten verkürzt. Das erste Experiment zur Mechanisierung der Brotherstellung in großem Maßstab stammte von John Dauglish, einem englischen Physiker (1856).*

Dauglish injizierte dem Teig Kohlensäuregas unter Druck, was die neunstündige Gärungszeit auf zwanzig Minuten reduzierte. Da die natürliche Gärungswärme nicht zustande kam, blieb die von kleinen Blasen durchzogene, homogene Mischung kalt wie eine Leiche. Daraus ergaben sich schwerwiegende Nachteile beim Backen. (American Artisan and Patent Record, *New York, Bd.* III, 9. *Mai* 1866)

95. Ballonbahn-Projekt für den Monte Rigi, 1859. *Die späten fünfziger und die sechziger Jahre waren von allen Experimenten fasziniert, die Ballons als Zugmittel anzuwenden suchten. Hier soll ein Ballon einen an einer Hochschiene hängenden Wagen den Berg hinaufziehen.* (Harper's Weekly, 1859)

210

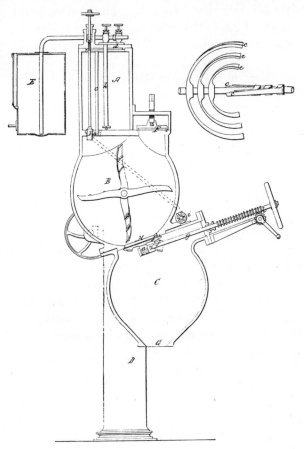

96. Brot und Gas: Dr. Dauglishs Hochdruck-Apparat, späteres Patent. *Parallelen zu der Idee, den Teig mit Preßgas anzureichern, tauchen in der Massenproduktion von Stahl oder von Sodawasser auf. Der Standard-Sodawasser-Behälter wurde zu dieser Zeit erfunden (1851) und ebenso Bessemers mechanisierte Stahlherstellung (1856). Aber Brot ist ein empfindlicheres Produkt als Wasser oder Eisen. (U. S. Patent 52252, 23. Januar 1866)*

97. Das Luftschiff »City of New York«. *Phantastische, an Jules Verne gemahnende Entwürfe setzten auf die zweifelhafte Verbindung von Gas und Zugkraft. Alle scheiterten – wie das aufgepumpte Brot. (Harper's Weekly, 1859)*

mengung von Ersatzstoffen wie Kartoffel- oder Bohnenmehl[42]. Diese Pfuscherei-
en hatten den Zweck, größeres Volumen, bessere Qualität und gefälligeres Aussehen vorzutäuschen. Durch Strafmaßnahmen sollten diese Fälschungen vermindert oder ausgemerzt werden.

Um die Produktion zu steigern, werden um 1850 nicht nur mechanische Mittel
verwendet, sondern auch die Naturwissenschaften müssen mithelfen. Die Gesetze über die Ausdehnung und Zusammenziehung der Gase, wie sie von John Dal-
ton und Gay-Lussac kurz nach 1800 entdeckt wurden, finden ein halbes Jahrhundert später in der Brotfabrikation ihre praktische Anwendung. Interessant waren
dafür besonders die Forschungen John Daltons über die Absorption von Gasen
durch Wasser (1803).

Die Lösbarkeit der Gase ist proportional dem ausgeübten Druck. Das heißt,
eine Flüssigkeit wird um so mehr Gas aufnehmen, je stärker der Druck ist, dem
sie unterworfen wird. Warum nicht auch der Brotteig?

Von diesem Gedanken ging ein englischer Wissenschaftler, der Arzt Dr. John
Dauglish (1824-1866), aus. Während seiner Studienzeit in Edinburgh (1852-1855)
entwickelte er die Idee, einen Druck von 10-12 Atmosphären anzuwenden, um
kohlensaures Wasser in den Teig zu treiben. Er erwähnt in der Spezifikation seiner *Improved Method of Making Bread,* für die er bereits 1856 ein Patent erhielt[43],
daß schon früher »bei der Brotherstellung mit Kohlensäure angereichertes Wasser« gebraucht wurde, daß aber seine Erfindung darin bestehe, daß er die Mischung von kohlensaurem Wasser und Mehl unter hohem Druck vornehme.

Es gab reichliche Erfahrung mit der Apparatur für die Sodawasserbereitung,
bei der schon längst hoher Druck angewendet wurde, um das Wasser mit Gas zu
sättigen. Ob man Brotteig oder Sodawasser herstellte, machte keinen großen Unterschied; nur die Apparatur war etwas zu ändern. Auch stand Dauglish durchaus
nicht allein. Im gleichen Monat, in dem er sein zweites Patent erhielt (1857)[44],
meldeten sich auch Amerikaner mit »Verbesserungen in der Teigzubereitung
[durch Zufuhr von Gas]«[45], die wenige Jahre später in einer Broschüre den richtigen Reklametitel für das Gasbrot fanden: *Bread for the Millions* (»Brot für Millionen«)[46].

Auch Dauglish rühmte die Vorzüge seines unfermentierten Brotes, als er 1860
einen Vortrag in der Society of Arts in London hielt, nämlich daß es unbegrenzt
haltbar und gesünder sei. In der Broschüre *Bread for the Millions* gehen die Verfasser noch einen Schritt weiter, indem sie vor Brot, das mit Hefe gemacht wird,

---

42 Sylvester Graham berichtet in *Treatise on Bread and Breadmaking*, Boston, 1837, daß in Brüssel 1829 sieben-
   undzwanzig Bäcker wegen Gebrauchs von Kupfervitriol bestraft wurden. Der erste, der auf die Nahrungsmittel-
   fälschung hinwies, war F. Accum, *Treatise on the Adulteration of Food*, London, 1820. Seine Beschreibung der un-
   zulässigen Methoden bekam ihm nicht gut. Er wurde in der Folge gezwungen, England zu verlassen.
43 Brit. Patent 2293, 1. Oktober 1856.
44 Brit. Patent 2224, 21. August 1857.
45 George Tomlinson, Bousfield, »Improvements in the preparation of dough«, mitgeteilt von Perry und Fitzgerald,
   U.S. Patent 2174, 15. August 1857.
46 Perry and Fitzgerald, *Bread for the Millions, a brief exposition of Perry and Fitzgerald's patent process*, New York,
   1861. Mit Abbildungen.

98. Backpulver: Die angenagelten Kekse. (Harper's Weekly, 1865)

MISTRESS. "Why, Bridget, what *are* you doing—nailing those biscuits down to the tray?"
COOK. "Yes, faith, Mum, or they'd be afther liftin' the tops off your oven, Mum—this Yasto Powdher's so moity powerful."

warnen. »Ein Ferment oder Hefe«, schreiben sie, »läßt sich als ein Körper in Verwesung definieren.«[47] Pasteur, der kurz vorher (1857) die Hefebazillen entdeckt hatte, wäre über diese Definition erstaunt gewesen.

John Dauglish war ein Fanatiker, der sich im Kampf für die Einführung seines Brotes völlig aufgerieben hatte und mit 42 Jahren starb. Sein Name aber ist bis heute mit seiner Idee verknüpft geblieben.

Seine erste Apparatur war einfach. Sodawasser und Mehl wurden in einem starkwandigen Mischer unter hohem Atmosphärendruck geknetet; sobald sie gemischt waren, wurde der Druck weggenommen. Das Gas konnte sich ausdehnen und hob mit seinen kleinen Bläschen den Teig innerhalb weniger Minuten. Der hohe Atmosphärendruck, auch die plötzliche Ausdehnung, ließ den Teig erkalten wie eine Leiche. Ihm fehlte die natürliche Wärme, die bei der Gasbildung durch Fermentierung entsteht. Aber dieser Prozeß, der sonst sechs bis acht Stunden dauerte, wurde in eine Augenblicksangelegenheit verwandelt.

Auf welchen Bahnen bewegte sich die Phantasie dieser Erfinder?

In den fünfziger und vor allem während der sechziger Jahre wird ein besonderes Interesse spürbar, Dampf und Gase für bisher ungewohnte Zwecke zu nutzen. Der Luftballon war schon lange erfunden. Aber nun tauchen phantastische Pläne auf. Das populäre Schaustück des Papierfabrikanten Montgolfier (1782) sollte in ein lenkbares Luftfahrzeug verwandelt werden, wie das Luftschiff »City of New York«, das aus einer Verbindung von Luftballon, Korb und motorgetriebenem Ret-

---

47 Ebd.

tungsboot bestand (1859) und in allem Ernst für Ozeanüberquerungen gedacht war (Abb. 97)[48].

Es ist die Zeit, in der Jules Verne seinen ersten Roman *Fünf Wochen im Ballon* (1863) veröffentlichte, dessen großer Erfolg die Laufbahn dieses Schriftstellers bestimmte. Aber auch im praktischen Leben konnte man noch weiterer Jules Vernes begegnen, die glaubten, ihre Phantasien in Taten umsetzen zu können. Ein amerikanischer Arzt plante 1863 ein »Aereon«, das aus drei zigarrenförmigen Ballons bestand, die wie Hunde aneinandergespannt waren. »Dr. Andrews Entdeckung«, so meint die anpreisende Broschüre, »war einfach die, daß die Schwerkraft ausreicht, um einen Ballon navigieren zu können.« Man müsse sie nur richtig auszunützen wissen[49]. Auch auf der anderen Seite des Ozeans mangelte es um diese Zeit (1859) nicht an Projekten, wie man den Gasballon als Zugtier verwenden könnte. Eine Bahn auf den Gipfel des Rigi in der Schweiz wird projektiert (Abb. 95), wobei einem Ballon zugemutet wird, einen Wagen, der an Schienen hängt, den Berg hinaufzuziehen[50].

Zur gleichen Zeit hat man sich für die Verwendung von Dampfdruck bei der Konservierung von Milch und Früchten interessiert. Charles Alden war damals berühmt durch seine Versuche, mit Dampf Früchte, Tomaten und Milch zu trocknen und zu konservieren[51]. Anfang der fünfziger Jahre macht Gail Bordon seine Versuche zur Herstellung kondensierter Milch[52].

Obwohl die kommerzielle Herstellung von Sodawasser von einem Genfer Apotheker im ausgehenden achtzehnten Jahrhundert (1788) betrieben wurde, beginnt die allgemeine Verwendung erst gegen 1850. In der Frühzeit wurde es mehr für Medizinalzwecke und als Mineralwasser verwendet. In England werden zwischen 1840 und 1850 siebzehn Patente auf diesem Gebiete erteilt. Die Franzosen aber stehen zweifellos an der Spitze, und obwohl sie viel weniger patentfreudig sind als die Engländer, werden von 1844 bis 1851 34 Patente für Geräte zur Herstellung von *eaux gaseuzes* entgegengenommen. Es ist wiederum die Jahrhundertmitte, die die heutige Form der Sodawasserflasche mit dem »Drehverschluß aus Zinn« durch einen Franzosen auf den Markt bringt[53].

In die gleiche Zeit fällt die allgemeine Einführung des Backpulvers. Auf der Grundlage der Arbeiten des Chemikers Justus Liebig patentiert Dr. John Whiting 1836 ein Verfahren für die »Zubereitung mehlhaltiger Nahrungsmittel«[54] das erste chemische Backpulver, um Teig hochzutreiben. Populär wird es erst in den fünfziger Jahren[55]. Zeitgenössische Reklamebilder, die zeigen, wie die Kekse festge-

---

48 *Harper's Weekly*, 1859, S. 612.
49 *The Aereon, invented by Solomon Andrews*, New York, 1866, mit Abbildungen.
50 *Harper's Weekly*, 1859, S. 276. Mit Abbildungen.
51 *The Great Industries of the United States*, Hartford, 1872, S. 673.
52 Gail Borden, U.S. Patent 15533, 19. August 1856.
53 Fèvre, *Brevets d'Inventions* 5981, 16. April 1851. Brit. Patent 13525, 22. August 1851.
54 Brit. Patent 7076, 3. Mai 1836.
55 Die Rumford Chemical Works, Rumford, R. I., brachten 1859 das erste Kalziumphosphat für Backpulver auf den Markt. Vgl. Albert E. Marshall, »Eight Years of Baking Powder Industry«, *Chemical and Metallurgical Engineering*, New York, 1939.

nagelt werden (Abb. 98), damit sie während des Backens nicht fortfliegen, deuten an, daß den gaserzeugenden Pulvern auch in den sechziger Jahren noch etwas Neuartiges anhaftete.

Die Linie, auf der sich die Phantasie von John Dauglish bewegte, um Gase und Druck zur Erreichung rascher und billiger Produktion zu benutzen, wurde auch von einem großen Zeitgenossen verfolgt: 1856 gab Henry Bessemer zum ersten Mal Kenntnis von seiner ungeheuer folgenreichen Methode der Stahlerzeugung in einem birnenförmigen Behälter, in dem er Preßluft durch geschmolzenes Metall preßte.

Ähnliches wollte auch Dauglish in seinem zweiten Patent in der Brotzubereitung erreichen: er blies nun aus einer Stahlflasche reine Kohlensäure direkt in den birnenförmigen Behälter und nahm Abstand vom Sodawassergebrauch seiner Vorgänger.

Seine neue Maschine glich halb einem stehenden Dampfkessel und halb aufeinandergetürmten Taucherhelmen (Abb. 94, 96). Der obere kugelförmige Behälter war ein Mixer mit starken Wänden, in den, genau reguliert, Wasser und Mehl einflossen. In diesen Mixer strömte unter hohem Atmosphärendruck auch die Kohlensäure. Getrennt durch ein schweres Gleitventil lag darunter der zweite Behälter, der eine Art Reservoir bildete, aus dem der Teig ununterbrochen in die Formen abfließen konnte. Damit erreichte er einen kontinuierlichen Produktionsprozeß und die Reduzierung der Zeit des Backens von zehn Stunden auf dreißig Minuten. »Von dem Augenblick, in dem das Mehl aus dem Sack in die Maschine geleert wird, bis zum Augenblick, wo es fertig aus dem Ofen kommt, wird es von keiner menschlichen Hand berührt.«[56]

Dies sind fast die gleichen Worte, die Oliver Evans anwendet, um die Vorteile einer ununterbrochenen Bandproduktion in seiner automatischen Mühle klarzumachen. Aber Brot ist empfindlicher. Zwar wurde der Teig von Dauglish sehr fein porös, da die Gasbläschen sich überall gleichmäßig verteilten, aber das Brot wurde gummiartig, schwammig und verlor den Geschmack. Die Zeitgenossen warfen ihm dies vor und fügten hinzu, daß es nicht wirkliches Brot sei, sondern bloß eine Imitation. Um Antworten war der Doktor nicht verlegen.

Das kohlensaure Brot, das um 1860 in verschiedenen Städten Amerikas erzeugt wurde, hat sich nicht wirklich durchgesetzt. Nur eine einzige große Firma, die auf Dr. Dauglish selbst zurückgeht, die Aerated Bread Company, führt die Buchstaben A.B.C. heute noch über ihren Kettenrestaurants in London.

Dr. Dauglish war kein wirklich fruchtbarer Erfinder. Die Idee, die er fanatisch verfolgte, hat er zwar vervollkommnet, aber sie war nicht neu. Ihr haftete, ebenso wie dem Fanatismus des Mannes, der dafür sein ganzes Leben einsetzte, etwas Donquichoteskes an. Was Dauglish tat, war dennoch keine Spielerei, denn es zeigte sehr früh, wie die Mechanisierung das Brot in seinem Wesen verändern sollte.

---

56 *American Artisan*, New York, 1866, Bd. 3, Nr. 1.

Der menschliche Aspekt: Brot und Mechanisierung

Auf zwei Fragen soll hier eingegangen werden:

Was ist mit dem Mehl, dem Material, aus dem Brot gemacht wird, in der fortschreitenden Mechanisierung geschehen?

Wie hat die Mechanisierung die Struktur des Brotes verändert, das solange als das Symbol menschlicher Nahrung gegolten hat?

Das Mehl in der Massenproduktion

Das Mehl, das der Bäcker heute verwendet, ist viel weißer als das von 1850, nicht etwa durch Beimengung von fremden Stoffen (Alaun und Kupfervitriol), sondern durch eine Revolutionierung des Mahlprozesses. Die Mühlsteine zerrissen das Korn gleich beim ersten Mahlen in eine breiartige Masse, in der die verschiedenen Bestandteile der Frucht: der Stärkekern, die nährstoffreiche Haut um den Kern und der wertvolle ölige Keim zum Teil untrennbar durcheinanderlagen. Besonders die ölige Substanz des Keimes durchtränkte die Masse, ließ sie sich speckig anfühlen, gab ihr oft ein unscheinbares Aussehen und bildete eine gewisse Gefahr des Ranzigwerdens bei langem Lagern. Bei diesem Prozeß wurden die Mühlsteine mit ihren scharfen Furchen so nah als möglich aufeinander eingestellt (Flachmüllerei).

An die Stelle der Mühlsteine, die beim ersten Mahlen das Korn so fein wie möglich zerrissen, treten Walzenpaare, die das Korn so langsam wie möglich zerquetschen und verhältnismäßig weit voneinander gelagert sind (Hochmüllerei). Die Zerkleinerung erfolgt stufenweise. Nach jedem Durchgang durch einen Walzenstuhl wird das Mahlgut durch Sichtmaschinen in seine verschiedenen Bestandteile geschieden. Dieser Prozeß wiederholt sich vier-, sechs-, acht-, zehnmal.

Wann hat das angefangen?

Dieses System, den Weizen stufenweise durch Walzenpaare zu verkleinern, nannte man »Ungarisches System«. Es war, obwohl auch andere Länder – wie Frankreich – sich damit beschäftigten, tatsächlich in Ungarn entwickelt worden, einem Land mit viel Weizen, in dem gleichzeitig eine Vorliebe für komplizierte Backwaren (Apfelstrudel) besteht, die ein besonders feines Mehl verlangen. Dies geschieht zwischen 1834 und 1873[57]. In Amerika vollzieht sich diese Umwandlung des Produktionsprozesses in der neuen Kornkammer, dem Mittleren Westen (Minneapolis) zwischen 1870 und 1880. Sie begann Ende der sechziger Jahre mit

---

57 Dieses »Ungarische System« wurde zwischen 1834 und 1873 hauptsächlich von drei Schweizer Erfindern in Budapest ausgearbeitet: 1834 Jakob Sulzberger, 1850, Abraham Ganz, der die Hartgußwalze einführte, und schließlich, 1873, Friedrich Wegmann, der glatte, automatisch regulierbare Porzellanwalzen verwendete und damit einen entscheidenden Erfolg erzielte. (Vgl. Wilhelm Glauner, *Die historische Entwicklung der Müllerei*, München, Berlin, 1939.) Die Walzstühle gehören zu den typischen Vorratserfindungen. Es braucht über ein Vierteljahrtausend, bis sie von der tragbaren, transportablen Walzmühle Ramellis (1588) zur Maschine werden. Im achtzehnten Jahrhundert liegen in Frankreich wie in England verschiedene Vorschläge dieser Art, meistens für den Hausgebrauch, vor. Wie auf dem ganzen Gebiet der Brotbereitung finden während der zwanziger Jahre zahlreiche Versuche statt, die aber zu keiner befriedigenden Lösung führen.

Versuchen, wie man die dünne, nährstoffreiche Haut um den Kern separieren und reinigen und mahlen könne[58].

Im Jahre 1871 gelang es, einen Reiniger zu erfinden, der, wie die Franzosen dies um 1860 versucht hatten, eine niedrig bewertete Weizensorte in die höchstbezahlte verwandelte. Dieses »neue Reinigungsverfahren« wurde kurzweg als »neues Verfahren« allgemein bekannt. Das aus ihm hervorgehende »*Minnesota fancy* setzte sich auf allen Märkten als das hellste und weißeste je produzierte Mehl durch«, wie eine anonyme zeitgenössische Broschüre betont[59]. Dies geschieht, bevor 1873 die Walzenstühle in Amerika ausprobiert wurden, nun aber nimmt das Tempo ebenso wie die Größe der Mühlen ungeheuer zu. Um 1881 sind in Minneapolis alle großen Mühlenanlagen auf das neue Verfahren umgestellt und weitgehend automatisiert.

Dies ging Hand in Hand mit Massenproduktion und einer immer größeren Konzentration von Kapital und Besitz. Es ist die Periode, in der auch die Chicagoer Konservenfabriken auf eine Monopolstellung zusteuern.

In dem Jahrhundert, das zwischen dem »neuen Verfahren zur Herstellung von Mehl mit automatischen Maschinen«[60] von Oliver Evans und dem »neuen Verfahren zum Mischen von Mehl« liegt, gab es keine entscheidenden Änderungen. Und nach 1890 finden gleichfalls keine Umwälzungen in der Mühlenmaschinerie mehr statt. Um so bezeichnender ist die Tendenz, mit der sich seitdem die technischen Neuerungen vollzogen. Das Interesse konzentriert sich darauf, noch feineres und weißeres Mehl als bisher zu erzeugen. Deshalb entwickeln sich immer raffiniertere Sichtmaschinen, und um die ästhetische Seite zu befriedigen, immer kompliziertere Apparaturen, um das Mehl künstlich zu bleichen. Die Müller betonen, daß das Publikum eine Weiße des Mehles verlange, die nur durch künstliche Bleichung hervorgebracht werden könne[61]. Das mag sein. Aber der entscheidende Grund liegt anderswo. Früher hielt man es für notwendig, das Mehl monatelang zu lagern. In dieser Zeit verlor es seine natürliche Crèmefarbe und verwandelte sich in reines Weiß. Aber die Einschaltung der Ruhepause, des Zeitfaktors, war der Großproduktion entgegen. Die großen Lagerhäuser und die Stockung des raschen Kapitalumlaufs waren unfruchtbar. »Die Müller suchten«, so informieren uns die Fachleute, »nach einem Ausweg, um dieser Belastung zu entgehen, und fanden ihn im künstlichen Bleichen und Reifen des Mehles.«[62] Dies geschah mittels Hochspannungsströmen oder der Durchleitung von Gasen (Chlorgas). Das künstliche Bleichen wurde um die Jahrhundertwende zuerst in Frankreich und dann mit Erfolg in England durchgeführt, um dann in großem Maßstab in Ameri-

---

58 Charles B. Kuhlmann, *Development of the Flour-milling Industry in the United States*, Boston, 1929, S. 115 ff.
59 *The Original Inventor for the Purifying of Middlings*, New York, 1874, S. 4. Die Broschüre ist eine der zahlreichen Schriften über den Erfinder des neuen Verfahrens.
60 Wie Oliver Evans seinen Patentanspruch formuliert.
61 Kuhlmann, a.a.O., S. 283.
62 Ebd., S. 234.

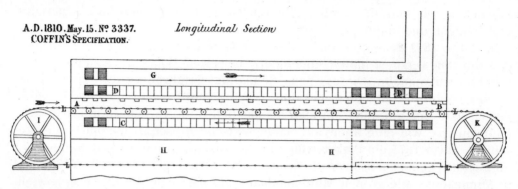

Longitudinal Section

99. Erster Ofen mit Endlosband, 1810. Admiral Isaac Coffin. *Dieser Ofen zum Backen von Schiffszwie-back, erfunden von einem Bostoner, der englischer Admiral wurde, stellt ein Bindeglied zur kontinuierlichen Bandproduktion dar.*

ka Anwendung zu finden[63]. Der Kasten, in dem das Bleichen sich in wenigen Minuten vollzieht, nimmt kaum so viel Platz ein wie eine Kommode. Das Chlorgas – mittels Röhren eingeführt – durchdringt augenblicklich die hochgewirbelten Teilchen, und das Mehl fällt ein Stockwerk tiefer, direkt in die Papiertüten.

Das künstliche Bleichen wurde nicht ohne Widerspruch hingenommen. Es folgten lange und hartnäckige Diskussionen und Untersuchungen, in denen die Meinungen der Fachleute oft entgegengesetzt waren. Es ist nicht an uns, zu urtei-

---

63 Künstliches Bleichen geht offenbar auf ein französisches Patent von 1898 zurück. Siehe C. H. Baily, *The Chemistry of Wheat Flour*, New York, 1925.

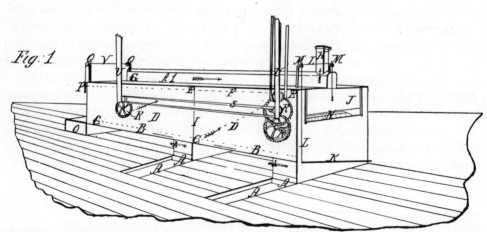

Fig. 1

100. Ofen mit Endlosband, 1850. *In den fünfziger und vor allem in den sechziger Jahen des neunzehnten Jahrhunderts wurden viele Dauer-Backöfen patentiert, bei denen ein Endlosband in der Backkammer lief. »Die Platten, auf denen das Brot, die Kuchen usw. liegen, sind aus dünnem Metall gemacht und bilden die Plattform der Endloskette. Am Umkehrpunkt der Endlosplattform fällt das fertig gebackene Brot herab.« (U. S. Patent 7778, 19. November 1850)*

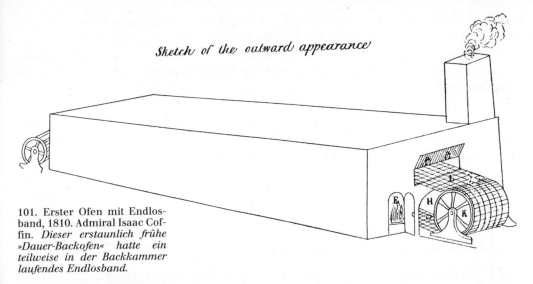

101. Erster Ofen mit Endlosband, 1810. Admiral Isaac Coffin. *Dieser erstaunlich frühe
»Dauer-Backofen« hatte ein
teilweise in der Backkammer
laufendes Endlosband.*

len, ob die einen recht haben, die behaupten, daß durch den Bleichprozeß keine
irgenwie meßbaren schädlichen Wirkungen entstehen[64], oder die anderen, die
annehmen, daß durch die heutigen Produktionsverfahren dem Korn alle nah-
rungswichtigen Stoffe entzogen wurden. Wir haben nur festzustellen, daß diese
Neuerungen ihren Ursprung in produktionssteigernden Maßnahmen haben und
der menschliche Aspekt keine entscheidende Rolle spielt.

---

64 Vgl. Baily, a.a.O., S. 213.

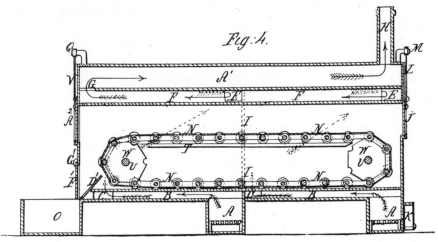

102. Ofen mit Endlosband, 1850. Schnitt. *Einige mechanische Bäckereien kamen in den
sechziger Jahren auf, nachdem die Tunnelofen-Konstruktion entscheidend verbessert worden war. Doch keine war erfolgreich: die Bandproduktion in der Brotherstellung kam erst
zur Zeit der Vollmechanisierung in Gang, als automatisch kontrollierte und mit Gas oder
Elektrizität beheizte Tunnelöfen geschaffen wurden. Da alle früheren Experimente vergessen waren, mußten die Anstrengungen am Nullpunkt einsetzen. (U. S. Patent 7778, 19. November 1850)*

Das Resultat der Mechanisierung des Mahlprozesses war ein schöneres Aussehen und ein mehr oder weniger künstliches Produkt. Der ölige Keim, der das Mehl früher sich fettig anfühlen ließ und der die wertvollsten Elemente enthielt, ist radikal ausgeschieden. Was dem Mehl an Nährgehalt entzogen wird, versucht man neuerdings durch Zufügung von Vitaminen in die Hefe oder den Teig zu ersetzen. Dadurch wird die Weiße des Mehles nicht angetastet. Doch gleicht dieses Vorgehen dem eines Zahnarztes, der zuerst die guten Zähne auszieht, um sie später durch schöner aussehende zu ersetzen. Die Vorrichtung, mit der die Vitamine zugefügt werden, ist sehr einfach. Sie besteht aus einem Blechkasten von der Größe eines Briefkastens; von ihm tropft der Vitaminbrei in kleinen Mengen in das Mehl und wird in einer Transportschraube, wie sie Oliver Evans verwendet hatte, sorgfältig vermischt.

Vollmechanisierung: Brot am Fließband

Viele der Apparaturen, die erst die Massenfabrikation von Brot und das Entstehen einer ununterbrochenen Bandproduktion ermöglichen, wurden in Europa entwickelt. Brotbacken gehört zum komplizierten Handwerk. Auf keinem anderen Gebiet zögerte man so sehr, zur vollen Mechanisierung überzugehen, wie auf dem der Nahrungsmittel, obwohl Maschinen wie die Kneter oder andere arbeitssparende Vorrichtungen schon lange verwendet wurden.

Selbst in England, wo mit der Mechanisierung auf diesem Gebiet am frühesten begonnen wurde, ist »die Zahl der Brotfabriken, weit geringer als die der kleineren Bäckereien. Nach 1900 ist in London das Verhältnis von Brotfabrik zu Kleinbäckereien 1 : 80«[65]. Seit damals hat sich, verglichen mit der amerikanischen Entwicklung, im Grunde nicht viel geändert.

Für den Kontinent jedenfalls gilt dies heute noch, auch in Ländern mit hohem Lebensstandard. Diese Kleinbäckereien sind weitgehend mit mechanischen Hilfsmitteln und elektrischen Öfen ausgestattet. Jeder kennt die Unterschiede im Geschmack des Brotes, das die einzelnen Bäcker herstellen und sucht sich dementsprechend seinen Bäcker aus.

Nur in Ländern, die auf der höchsten Mechanisierungsstufe stehen, wie den Vereinigten Staaten und in diesem Fall auch Kanada, ist der Kleinbäcker nahezu ausgeschaltet und die Massenfabrikation zur Regel geworden. Nach dem United States Census von 1939 beträgt der Wert der von Großunternehmen hergestellten Brot- und anderen Bäckereiprodukte (ausgenommen Kekse, Zwieback und Brezeln) 514 Millionen Dollar gegenüber 20 Millionen, die von Einzelunternehmen von Kleinbetrieben, hergestellt wurden[66]. Dies geht Hand in Hand mit der immer stärkeren Mechanisierung des Alltagslebens zwischen 1914 und 1930 und vor allem zwischen 1925 und 1930.

65 Emil Braun, *The Baker Book,* New York, 1933. Bd. 1, S. 182.

66 *U. S. Census* 1939, Bd. 1, Statistics and Subjects, S. 234.
   Zahl der Gesellschafts-Unternehmen: 1160; Zahl der Einzel-Unternehmen: 329; Lohnempfänger in Gesellschafts-Unternehmen: 80074; Lohnempfänger in Einzel-Unternehmen: 3561;

In dieser Zeit hat sich die Brotfabrik zu einer vollkommenen Produktionseinheit entwickelt[67]. Alle Vorgänge und Maschinen werden mit der Präzision eines Uhrwerkes koordiniert und synchronisiert. Die Fabrikation des Teiges in allen seinen Stufen erfolgt automatisch; seine Struktur ist von größter Gleichmäßigkeit, und die Brote sind von absoluter Uniformität.

Die Dimensionen der Öfen haben zugenommen; das gilt für alle Typen von 1850, für die Dampföfen, die Auszugsöfen, die rotierenden Öfen und besonders aber für die Öfen mit eingebauten Endlosbändern, die auf hundert bis hundertdreißig Fuß Länge gewachsen sind. Es ist durchaus keine Übertreibung, wenn sie »Tunnel-Öfen« genannt werden.

Ingenieure verwenden die großen Erfahrungen der Thermodynamik, um die Öfen wärmetechnisch zu isolieren und die Backhitze aufs präziseste zu regeln. Aller Schmutz wird ferngehalten, kein Stochern und Nachlegen von Kohle verunreinigt die Atmosphäre; Gas, Elektrizität oder Öl sind an ihre Stelle getreten. Es ist so sauber im Backraum wie in einem elektrischen Kraftwerk.

Die Knetmaschinen mit ihren weißen Emailüberzügen sind manchmal von überraschender Formschönheit. Alle Ecken und Kanten sind verschwunden, und die Formen sind fließend wie bei einem schmelzenden Eisblock. Wir sind in der Zeit des Stromlinien-Designs. Das Fließband, das nahezu ohne jeden menschlichen Eingriff auskommt, hat sich zu einer Höhe entwickelt wie selten auf einem Gebiet.

Kein Zweifel, der Aufbau einer Brotmanufaktur mit einer stündlichen Leistungsfähigkeit von dreißigtausend Broten und über sechshundert Arbeitern hat in der Präzision, Synchronisierung und Sauberkeit etwas Eindrucksvolles. Eine der größten Anlagen dieser Art, die wir in Philadelphia besichtigten, besteht aus einem fünfstöckigen Eisenbetonbau, dessen Fassade in Riesenglasfenster aufgelöst ist, und einem Autopark, der fünfhundert Lieferwagen umfaßt[68].

Die Produktion vollzieht sich nach derselben Methode, die fast überall in der heutigen Industrie zu finden ist: das heißt, man beginnt mit der Produktion im obersten Stock, und Fördersysteme vermitteln den Übergang zwischen den einzelnen Operationen. Oliver Evans war der erste, der diese Verbindung von natürlicher Schwerkraftausnutzung mit mechanischen Fördermitteln in seiner Mühle am Red Clay Creek (1784) verwirklichte. Hier, in der modernen Brotfabrik, wird das Mehl zuerst ins oberste Stockwerk geleitet. Die Batterien der Schnellmischer stehen in einer Reihe nebeneinander. Jeder dieser Mischer faßt dreieinhalb bar-

---

67 Die Daten, die in verstreuten Aufsätzen für die Einführung der verschiedenen Maschinerien zu finden sind, weichen oft voneinander ab. Immerhin läßt sich die Entwicklungslinie mit einer gewissen Genauigkeit übersehen. Gehen wir von den Angelpunkten der Vollmechanisierung aus, den Schnellmischern und den gasgefeuerten Tunnelöfen, so zeigt sich, daß der heutige Tunnelofen aus leichten Stahlplatten ebenso wie der Schnellmischer nach 1925 allgemein eingeführt werden. Parallel dazu geht ihr erstes Auftauchen in brauchbaren Modellen: Schnellmischer 1916, gasgefeuerter Tunnelofen (mit Ziegelmauern) 1917. Darin schließen sich die Apparaturen, die die Zwischen- oder Endstadien der Fabrikation besorgen, wie z. B. die Teigformer um 1900, Packmaschinen 1913-1914 und automatische Brotschneidemaschinen 1928.

68 Mein Dank gilt Herrn W. A. Sieber, dem Leiter der Freihofer Baking Co., Philadelphia, für seine freundlichen Erläuterungen und Hinweise.

rels, d. h. ungefähr 600 Pfund. Von »Mammut«-Mischern ist man abgekommen. Sie überhitzen den Teig. Der Betrieb, durch den wir gingen, besaß früher den größten Mischer dieser Art, der dreißig barrels (nahezu 6 000 Pfund) auf einmal mischen konnte. Riesenmischer und Riesentröge erwiesen sich für ein so empfindliches Gebilde, wie der Teig es ist, als unzweckmäßig.

Nach wenigen Minuten fließt die schwere Vorteig-Masse von jedem der Mischer in einen der bereitstehenden Tröge. Er ist schwenkbar wie ein Bergwerks-Förderwagen, nur ist er viel länger und durch starke Stangen mit einem Radgestell verbunden, das an einer Schiene unter der Decke läuft. Es ist im Grunde das gleiche Prinzip, nach dem die geschlachteten Tiere in den Konservenfabriken transportiert werden. Die Tröge werden in den nächsten Raum geschoben. Dort vollzieht sich die Fermentierung. Unter der Decke hängt Schiene neben Schiene, Trog reiht sich an Trog und Zug an Zug, wie in einem schwebenden Güterbahnhof. In viereinhalb Stunden steigt der Teig vom Grunde der eisernen Fördertröge bis zum Rand. Das langsam sich bildende Gas bläst die Masse ballonförmig auf, und wenn man die membranartige elastische Schicht durchstößt, die das Gefäß überwölbt, strömt die warme Kohlensäure in Schwaden aus, und man sieht in das unsichtbar arbeitende Geflecht unzähliger Gaskammern. In diesem Stadium ist das Aussehen der lebendigen Masse noch identisch mit den unregelmäßigen Höhlungen und Blasen, die sich im handwerklichen Brotlaib vorfinden.

Nach viereinhalb Stunden setzt sich der Zug in Bewegung. Fördertrog um Fördertrog wird nach hinten geschoben und umgekippt, so daß der Vorteig durch große Öffnungen im Boden in das darunter liegende Stockwerk fließen kann.

Dort gerät er in eine zweite Batterie von Mischern. Hier wird das unregelmäßige Gemenge mit den nötigen Ingredienzien versehen, um es in eine gleichförmige Masse zu verwandeln. Vor der Fermentierung wurden nur ungefähr sechzig Prozent des Mehles zugefügt. Nun folgen die weiteren vierzig Prozent zusammen mit Milch, Wasser, Fetten, sechs Prozent Zucker, Vitaminen und was sonst noch an Zusätzen wünschenswert erscheinen mag. Der Teig hat nun seine endgültige Zusammensetzung.

Nach diesem zweiten Eingriff der Schnellmischer muß dem Teig eine Ruhepause von einer halben bis einer Stunde gegönnt werden, um die aufgeschüttelten Moleküle zur Ruhe kommen zu lassen. Dann ist er soweit, daß er aufgeteilt werden kann. Er fällt wieder ein Stockwerk tiefer; eine Maschinerie schneidet die Masse in einzelne Stücke, die dem Gewicht des Brotlaibs entsprechen. Wie der Bäcker dies früher mit der Hand getan hatte, so besorgt eine zweite Vorrichtung das Runden in Ballform. Dadurch kann sich eine dünne Haut um das abgetrennte Teigstück bilden, die das Ausströmen der Kohlensäure oder, wie die Bäcker sagen, das »Ausbluten« verhindert. Die Teigballen fallen in einzelne Höhlungen und gleiten am endlosen Band eine Viertelstunde durch gewärmte, verglaste Kammern, in denen sie vor jedem Zug geschützt sind.

Dann erfolgt die endgültige Auflockerung des Teiges in einer Maschine, die die letzten Griffe und Bewegungen des Bäckers maschinell nachahmt und zerlegt, um den Teig walzenförmig zu rollen. Nun ist er reif, um in die Blechform gelegt zu werden. Die Einbettung kann zwar automatisch geschehen, aber selbst Großbetriebe ziehen es vor, sie durch Menschenhand besorgen zu lassen. Nach diesem Eingriff wird die Fermentierungstätigkeit von neuem angeregt. In Heißluftkammern mit großem Feuchtigkeitsgehalt arbeitet die Hefe kräftig und treibt den Teig im Laufe einer Stunde bis über die Blechform.

Jetzt kann der Backprozeß beginnen. Die Formen verschwinden in der zehn Fuß breiten Öffnung der weiß vermantelten Öfen, von denen einer neben dem anderen steht. In einer halben Stunde durchwandern sie auf dem endlosen Band den hundertdreißig Fuß langen Tunnel. Fertig gebacken werden sie am anderen Ende ausgestoßen. Zum zweiten Mal läßt man die menschliche Hand eingreifen. Mit dicken Fausthandschuhen bewehrt, nehmen Hilfsarbeiter die anrückenden Brote aus den heißen Metallformen. Ein Förderband leitet sie in das tiefere Stockwerk, wo sie stufenweise unter genauer Temperatur- und Feuchtigkeitskontrolle ungefähr zwei Stunden lang auf wandernden Gestellen gekühlt werden.

In den dreißiger Jahren tauchen Methoden auf, die Abkühlungszeit von frisch gebackenem Brot herabzudrücken durch Unterteilung des Prozesses in zwei Phasen: »während der ersten Phase unter atmosphärischem Druck, während der zweiten rascheren Abkühlung durch Feuchtigkeitsentzug bei Unterdruck«[69].

Nichts bleibt mehr zu tun, als die Laibe zu schneiden, zu packen und zu verteilen.

Die automatischen Brotschneidemaschinen, die sechzig Brote in der Minute in gleichförmige Schnitten teilen, sind die Spätlinge der Brotmanufaktur. 1928 erfunden, 1930 unter Widerständen angenommen[70], erscheinen sie 1940 unentbehrlich.

Als 1942 während des Krieges die Regierung der Vereinigten Staaten die Verwendung dieser Maschinen verbot, um Stahl zu sparen, wurden die Hausfrauen so unwillig über die Zumutung, ihr Brot eine Zeitlang mit der Hand zu schneiden, daß das Verbot zurückgezogen werden mußte.

Es mag erwähnt werden, daß der Gedanke, einen ganzen Laib Brot auf einmal zu schneiden, bereits in den sechziger Jahren in Amerika aufgetaucht ist, und eine Maschine »zum Schneiden von Brot«, die an einem Hebelarm zehn parallele sichelförmige Messer vereinigte, patentiert wurde[71]. Doch gehörte diese Maschine ebenso wie Staubsauger und Geschirrspüler zu den Vorratserfindungen. Das hat seine Gründe. Zum einwandfreien Funktionieren der heutigen Brotschneidemaschinen ist, wie einer der leitenden Fachleute bemerkt, ein Brot nötig, wie erst

69 U.S. Patent 2012772, 19. November 1935. Wie wir gleich sehen werden (siehe »Änderungen in der Struktur«, S. 225), wurde dieses Verfahren weiter ausgebaut, um dem Brot die verschiedensten Aromen und Farben einspritzen zu können.

70 »Als das Brotschneiden aufkam (...), fürchteten die Bäcker, das Schneiden würde Qualität und Aussehen ihrer Brote mindern.« E. J. Frederick, »Slicing latest development«, *Canadian Baker & Confectioner*, Toronto, Juli 1938.

71 W. B. Vincent, Maschine zum Schneiden von Brot, Seife und Bleiminen, U.S. Patent 52627, Boston, Mass., 13. Februar 1866.

die heutige Mechanisierung es herstellt, ein Brot von absoluter Gleichmäßigkeit, weicher Kruste und ganz ebenmäßigen Krume[72].

Gewöhnlich sind die Brotschneidemaschinen mit den Verpackungsmaschinen verbunden, die gleichfalls verhältnismäßig spät, zwischen 1913 und 1914, eingeführt wurden. Von hier aus kann die verpackte Ware direkt in die Lastwagen befördert werden, die in Reihen im Erdgeschoß warten.

Überblicken wir den ganzen Produktionsvorgang und fragen nach dem absoluten Zeitgewinn, der durch die Mechanisierung entsteht, so ist er im Verhältnis zu der komplizierten Maschinerie vergleichsweise gering. Wenn man die beschriebene Methode mit doppelter Mischung anwendet, so braucht es ungefähr achteinhalb Stunden, um Mehl in versandbereites Brot zu verwandeln. Der Hauptzeitgewinn gegenüber der handwerklichen Methode liegt in der Verwendung rascher arbeitender Hefe, durch die die Fermentierung von neun auf ungefähr viereinhalb bis fünf Stunden reduziert wird. Es gibt raschere Methoden, bei der alle Ingredienzien auf einmal beigefügt werden; in diesem Fall kann die Fermentierungsdauer auf dreieinhalb Stunden reduziert werden. Doch zieht man die längere Methode im allgemeinen vor.

Der entscheidende Zeitgewinn ist nicht in der absoluten Dauer des Produktionsvorganges zu suchen, sondern in der Massenherstellung, die Mechanisierung und Bandproduktion ermöglichen.

Der Produktionsvorgang kann nur verhältnismäßig bescheiden beschleunigt werden, denn die Mechanisierung trifft hier auf eine organische Substanz, die Gesetze hat, die nicht vergewaltigt werden können. Antoine Augustin Parmentier definierte 1778 den Teig als einen weichen, flexiblen und gleichartigen Körper, der entsteht, wenn Mehl, Wasser, Luft und Sauerteig (Hefe wurde damals für Brotbacken noch nicht verwendet) intensiv miteinander vermengt würden. Hinzuzufügen wäre heute, daß der Teig kein statisches, sondern ein ewig wechselndes Gebilde ist, eine organische Masse, deren Wachstum äußerst empfindlich ist, und deren Entwicklung bei der Massenproduktion mit Hilfe von Thermometern und Heißluftkammern sorgfältig überwacht werden muß. Wir konnten beobachten, wie nach jedem mechanischen Eingriff eine längere oder kürzere Ruhepause nötig war, um die gestörte enzymische Tätigkeit wieder in Fluß zu bringen. Es sind im Arbeitsprozeß mehr Unterteilungen und Pausen nötig und ein viel behutsameres Vorgehen als bei der handwerklichen Brotherstellung.

Wo immer die Mechanisierung auf die organische Substanz stößt, nahezu gleichgültig ob Bakterie oder Tier, ist es die organische Substanz, die das Gesetz bestimmt.

---

72 Julius B. Wihlfahrt, *Treatise on Baking*, New York, 1934.

Noch bleibt die Frage offen, was mit dem Brot in der Mechanisierung geschehen ist.

Das kohlensaure Brot von Dr. John Dauglish hatte eine äußerst gleichmäßige, feinporöse Struktur, die durch den Gasstrom erzeugt wurde, den man unter Druck einließ. Seine Kruste war zwar verhältnismäßig hart, im Innern aber war es elastisch wie ein Gummischwamm und völlig geschmacklos. Es hat wenig geholfen, als man später Wein anstatt Wasser zum Anmengen des Teiges benützte, um ihm so durch saure Ingredienzien einen lebhafteren Geschmack zu geben.

Nicht das Rezept des Dr. Dauglish hat sich durchgesetzt, wohl aber gewisse Eigenschaften, die sein mechanisch hergestelltes Brot von jedem der vorindustriellen Periode trennen.

UNIFORMITÄT

Wenn man Fachleuten die Frage stellt, wieso die kleinen Bäcker, die den Markt beherrscht hatten, nach 1900 verdrängt werden konnten, um großen Konzernen das Geschäft zu überlassen, so wird stets die gleiche Erklärung abgegeben: bei dem Kleinbäcker sei die Qualität stets wechselnd, unregelmäßig gewesen; einen Tag war es so, einen Tag war es anders. Die Mechanisierung aber lieferte Brot, das völlig *uniform* war. Mag sein, daß die Forderung nach Uniformität vom Publikum erhoben worden ist, aber ausschlaggebend werden wohl ökonomische Gründe gewesen sein. Wir befinden uns nach 1900 in einer Periode, in der die Konzerne nahezu in jedes Lebensgebiet eingreifen.

Die völlige Homogenität des Brotes, die Dr. Dauglish durch seine künstliche Prozedur erreicht hatte, konnte, wenn man Hefe, d. h. Fermentierung anwendete, erst nach der allgemeinen Einführung der Schnellmischer (1928) erzielt werden. Die ungeheure Schlagkraft ihrer Rührstäbe schleuderte die Hefebazillen durch die ganze Teigmasse. Uniformität und besondere Aufmerksamkeit, die man der äußeren Erscheinung nun beilegt, gehen Hand in Hand.

Das Publikum verlangt heute, daß das Gelb der Hühnereier von uniformer Farbe sei. Eine Stadt zieht eine hellgelbes, eine andere ein mehr orangefarbenes vor. Die Industrie liefert die entsprechenden Futtermittel für die Hühner, die mit Hilfe von Farbbeimengungen garantieren, daß ein Eigelb unfehlbar die gleiche Nuance wie alle andern hat.

Die Gewohnheiten des Publikums bezüglich der Farbe der Kruste sind nicht so klar differenziert, doch auch hier kann durch Thermostaten und mit Hilfe von Beimengungen die verlangte Tönung genau erreicht werden. Die saubere, reklametechnisch oft sehr wirksam behandelte Verpackung entspricht, neben ihrer hygienischen und frischhaltenden Funktion auch dem Verlangen nach Uniformität (Abb. 103).

103. Werbung für geschnittenes und verpacktes Brot, 1944.

ÄNDERUNGEN IN DER STRUKTUR

Im Gegensatz zum handgekneteten hat das Brot der Vollmechanisierung die Elastizität eines Gummischwammes erreicht: Wird es deformiert, so kehrt es unweigerlich in seine frühere Form zurück. Das Brot wird immer weißer, weicher und luftiger. Dies geschieht nicht nur durch die Mechanisierung. Hand in Hand mit dem Anwachsen des investierten Kapitals und der immer komplizerter werdenden Maschinerie müssen neue Mittel ersonnen werden, die den Konsum steigern.

Es ist oft hervorgehoben worden, daß seit der Mechanisierung das weiße Brot viel reicher an Fetten, Milch oder Zucker sei. Diese Beimengungen haben aber vor allem den Sinn, zum Kauf anzuregen und das Brot ansehnlicher zu machen. Die Fette werden, wie eine maßgebende Autorität feststellt, »hauptsächlich angewandt, um dem Endprodukt erwünschte Eß- und Kauqualitäten zu verleihen«[73]. Sie erzeugen, so heißt es weiter, die »samtweiche Krume«, eine kuchenartige Struktur, die das Brot fast halbgekaut in den Mund kommen läßt.

Dem gewöhnlichen Weizenbrot wird außerdem ungefähr 6 % Zucker beigefügt. Auch diese Beimengung fördert die Lockerheit und gibt einen leicht süßlichen Beigeschmack. Da wirkt der Zucker anregend auf die Fermentierungstätigkeit. Vor allem aber ist Zucker »Quelle der Krustenfarbe«. Die dünne Kruste wird bei ungenügender Anwendung von Zucker »blaß und unattraktiv« sein, so aber wird der Laib goldgelb überhaucht und appetitlich wie jene glänzenden roten Äpfel, die die meisten anderen Sorten mit zarterem Geschmack, aber weniger auffallendem Aussehen in den Hintergrund gedrängt haben.

---

73 Wihlfahrt, a.a.O.

104. HERBERT MATTER: Italienisches Brot, New York 1944.

Die Mechanisierung bleibt nicht stehen. Wir haben kurz erwähnt, daß in den dreißiger Jahren verschiedene Vorschläge auftauchen, um das Brot rascher abzukühlen, erst unter atmosphärischem und später unter subatmosphärischem Druck. In einem späteren Patent[74] läßt der Erfinder sich die Gelegenheit nicht entgehen, den Kühlungsprozeß zu einem weiteren *Make-up* auszunützen. Wenn dem einzelnen Laib in seiner Unterdruckkammer die Feuchtigkeit entzogen wird, sticht »ein Injektionsapparat mit einer Ventilnadel« es an, ähnlich wie die Spritze eines Arztes die menschliche Haut, und kann, wie versichert wird, »jeden gewünschten Einstich vornehmen«. Die folgenden Vorschläge des Erfinders erinnern an die Phantasie von Dr. John Dauglish und mögen ihres symptomatischen Inhaltes wegen hier wiedergegeben werden: »Ein weiterer Zweck der Erfindung ist die Injektion von Geschmackstoffen wie Zitronen, Orange, Traube etc. oder Farbstoffen. (. . .) Mit dem Farbstoff wird das Brot die gewünschte Farbe und, sofern es sich auch um einen Geschmacksstoff handelt, seinen bestimmten Geschmack annehmen (. . .). Desgleichen lassen sich mit ätherischen Trägern auch Vitamine injizieren (. . .). Zur Erhöhung der Haltbarkeit lassen sich Gase wie Ozon verabreichen.«[75]

Gleichzeitig mit der immer weicher und luftiger werdenden Struktur verstärkt sich immer mehr das Bestreben, die Rinde aufs äußerste zu reduzieren und Brot nur zu genießen, solange es ganz frisch ist. Sylvester Graham, der große Reformer, von dem gleich die Rede sein wird, hat in den dreißiger Jahren des neunzehnten Jahrhunderts seinen Landsleuten vorgeworfen, daß sie am liebsten Brot äßen, wenn es dampfend aus dem Ofen käme. Es mag sein, daß die Mechanisierung diese Gewohnheit unterstützt hat, indem sie ihr Verfahren darauf abstellte, jene luftig-weiche Struktur zu entwickeln, die dem Brot eigen ist, wenn es aus dem Backofen kommt, doch ist dies nicht der einzige Grund. Diese Struktur liegt im Sinne des ganzen Produktionsprozesses: Lange ehe die Mechanisierung einsetzte, hat Sylvester Graham klargemacht, daß Brot aus feinem Mehl und mit dünner Kruste schneller gebacken wird als jedes andere. Unmerklich hat der Volksgeschmack sich darauf eingestellt. Der heutige Schiedsrichter des guten Geschmacks in der Brotindustrie gibt in seinen Anweisungen an die Bäcker als besondere Fehler der Kruste an: Härte, Dicke oder Sprünge, und als Forderung an erster Stelle, daß sie zart und gleichförmig sei[76].

Die Forderung nach äußerster Frische ist Bedürfnis geworden. »Die Verkäufer finden altbackenes Brot, das heißt Brot, das einen Tag oder noch weniger lange gelegen hat, unverkäuflich.«[77] Um seine Frische möglichst lange zu erhalten, wird das Brot in dickes, gewachstes Papier verpackt, auf dessen Ornamentierung große Sorgfalt verwendet wird. Auch während des Zweiten Weltkrieges in der Zeit großer Papierknappheit wurde an dieser Gewohnheit nicht gerüttelt. Die Hausfrau,

74 Brit. Patent 13974-76, 19. Januar 1937.
75 Ebd.
76 Wihlfahrt, a.a.O., S. 380.
77 J. St. Davis und W. Eldred, *Stale Bread as a Problem of the Baking Industry,* Leland Stanford Jr. University, Food Research Institute, Miscellaneous Publications, Nr. 1, S. 11.

so wird von amerikanischen Fachleuten immer wieder betont, fühlt das Brot durch seine Verpackung hindurch an, und wenn es nicht so weich und elastisch ist, daß die beiden prüfenden Finger sich fast berühren können, wird das Brot zurückgewiesen. Nur ganz frisches Brot wird im Hause geduldet. Dies führt zu Verschwendung. Diese Erziehung zur Verschwendung arbeitet mehr im Sinne einer erhöhten Produktion als im Sinne der menschlichen Verdauungsorgane.

Es fehlt nicht an Versuchen, auch dem Brot die natürlichen Stoffe wieder zuzusetzen, die ihm um des Aussehens willen entzogen wurden. 1916 begann eine große Firma für getrocknete Trauben für den Zusatz von Rosinen zum Brot zu werben. Von diesem Augenblick an stieg ihr Absatz innerhalb von zwei Jahren auf mehr als das Zehnfache[78].

Anregungen für Vitaminbeimengungen in den Brotteig reichen bis ans Ende der zwanziger Jahre zurück. In großem Maßstab wurden sie erst nach 1940 angewandt, in dem Augenblick, als die Propaganda für Vitamine die öffentliche Meinung beherrschte[79].

»Der amerikanischen Öffentlichkeit wurde erzählt, daß sie jetzt ein neues Weißbrot mit Vitaminen und Mineralien, wie beim natürlichen Weizen-Vollkorn, erhalten könne.«[80]

Die Mechanisierung verändert den Publikumsgeschmack

Ohne Zweifel wurde das feine Brot – wie mancher andere Luxusartikel – durch Massenfabrikation so verbilligt, daß es Volksnahrung geworden ist. Ein Brot von so weißer und so samtiger Beschaffenheit sah kein französischer König je auf seinem Tisch liegen. Aber seine Stellung als Grundstock der menschlichen Nahrung ist erschüttert. Die Vollmechanisierung mit ihrer komplizierten Apparatur hat seine Struktur verändert und aus ihm ein Gebilde gemacht, das weder Brot noch Kuchen ist und halbwegs zwischen beiden steht. Was immer an neuen Beimengungen ersonnen werden mag, nichts kann wirklich helfen, solange es die weichlich-süßliche Struktur behält.

Würde in den Vereinigten Staaten eine Volksabstimmung abgehalten, welche Art von Brot das Publikum vorzieht, so ist der Ausgang nicht zweifelhaft. Darüber gibt der United States Census von 1939 klare Auskunft: Es wird ungefähr viermal mehr Weißbrot verbraucht als Roggen- oder Vollkornweizenbrot[81]. Dabei ist zu bemerken, daß auch das Vollkornbrot der luftigen Struktur und dem Geschmack des Weißbrots angeglichen wird und dem Gerstenbrot gewöhnlich 40-50 % hochgradiges Weizenmehl beigemengt wird; seine Kruste ist gleichfalls so dünn wie möglich entwickelt.

---

78 Cummings, a.a.O., S. 151.
79 »Die Werbung durch Magazine erreichte 32 Millionen Leser, und in der Tagespresse erschienen innerhalb von sechs Monaten 50000 Meldungen über angereichertes Brot.« *Baker's Weekly*, 21. September 1941.
80 Ebenda, »Die Zukunft des angereicherten Brotes«.
81 Verbrauch von Weißbrot: 7218843271 Pfund, Wert: $ 491520741. Verbrauch von Vollweizen-, Roggen- und Schrotbroten: 1731225028 Pfund, Wert: $ 128210418. Vgl. *Sixteenth U. S. Census* 1939, Bd. 2, Teil 1, »Manufactures«, S. 164.

Ein noch klareres Bild von der Veränderung des Geschmacks durch die Mechanisierung erhält man, wenn man die Menge des für Brot und andere Backwaren im Jahre 1939 verbrauchten Weißbrotes mit der Menge des Vollkornbrotes vergleicht. Das Verhältnis ist 27 : 1[82].

Eine ähnliche Veränderung des Geschmacks, wie sie durch die Mechanisierung des Backens hervorgerufen wurde, hat sich ein Jahrhundert früher auf einem ganz anderen Gebiete vollzogen. Der herrschende künstlerische Geschmack des neunzehnten Jahrhunderts kam durch Ausschlachtung gewisser, im Publikum schlummernder Neigungen zustande. Das Publikum liebt das Süßliche, Glatte und äußerlich Gefällige. Man kann diese Neigung bestärken, schwächen, oder sie ins Positive umformen. Die Maler des herrschenden Geschmacks gingen immer mehr darauf aus, diesen Publikumsgeschmack zu befriedigen und sicherten sich damit Absatz und Preise. Das Ende war eine Desorientierung der Instinkte in allen Schichten der Gesellschaft, die heute noch verderblich weiterwirkt.

Es kann nicht bewiesen werden, wie die Umbiegung jahrhundertealter Instinkte vor sich gegangen ist, als die Mechanisierung das Brot erfaßte. Ein undurchdringliches Dickicht von Wirkung und Gegenwirkung, Wunscherweckung und Wunscherfüllung ist die Ursache. Die Veränderungen im Charakter des Brotes, ebenso wie die des Mehles, wurden so vorgenommen, daß sie zum Vorteil des Produzenten ausschlugen. Es ist, als ob das Bedürfnis des Konsumenten sich unbewußt immer mehr der Brotart angeglichen hätte, die der Massenfabrikation und raschestem Umsatz am meisten entgegenkommt.

Sylvester Graham (1794-1851) und die Entwertung des Brotes

Das Verlangen, bereits am Morgen frisches Brot zu haben, führte schon früh zur Nachtarbeit. Man hat lange geglaubt, daß diese Angewohnheit der bürgerlichen und höfischen Gesellschaft gegen Ende des Ancien Régime eingeführt wurde, und zwar von einem geschickten Pariser Bäcker, der frisches Brot früher als seine Konkurrenten zum Verkauf bereit haben wollte. Doch heute wissen wir, daß die Nachtarbeit, beginnend um 12 Uhr, schon in spätmittelalterlichen Städten gebräuchlich war, und daß darüber in der zweiten Hälfte des fünfzehnten Jahrhunderts genaue Vorschriften existierten[83].

Dabei handelt es sich um Gewohnheiten, die nur eine kleine privilegierte Schicht haben konnte. Auf dem Lande wurde nur alle acht, und manchmal sogar nur alle vierzehn Tage gebacken[84]; dann lagerte man die Brote auf großen Holzrosten nahe der Decke, ähnlich den Rosten, wie sie in Brotfabriken heute üblich sind, um das Brot auskühlen zu lassen. In manchen Berggegenden hat sich die

---

82 Vgl. ebenda, S. 165, Brotverbrauch: Verbrauch 1939 für Brot und andere Backwaren (außer Zwieback, Keksen und Brezeln): Weißes Mehl 41 867 698 barrels; Wert: $ 188 033 486; Vollweizen (einschl. Graham) 1 949 517 barrels; Wert: $ 9 214 166.
83 Ambroise Morel, *Histoire illustrée de la boulangerie en France*, Paris, 1924, S. 114.
84 Chr. H. Schmidt, a.a.O., S. 298.

Gewohnheit, das Brot im Wochenvorrat zu kaufen, bis heute erhalten, auch wenn der Bauer täglich frisches Brot vom Bäcker beziehen könnte. Dies ist zugleich alter Brauch und eine Sparmaßnahme, denn ein paar Tage gelagertes Brot verbraucht sich weniger schnell als ofenfrisches[85].

Diese Sitte bestand überall. In Pennsylvania[86] scheint man hohe, gebauchte Weidenkörbe für den Wochenvorrat hausgebackenen Brotes benützt zu haben. (Abb. 106). »Ihre Brotlaibe von ehedem waren mehrere Male größer als die Bäkkerbrote von heute, und eine Ofenladung von ihnen würde leicht einen dieser Körbe füllen.«[87]

Dieses Brot mußte gut durchgebacken werden. Es durfte weder weich noch schwammig sein. Seine harte Kruste bildete einen natürlichen Schutz gegen rasches Verderben und Austrocknung. Es braucht seine Zeit, bis es durchgekaut und hinuntergeschluckt werden konnte. Den Zähnen wurde Gelegenheit gegeben, sich richtig einzubeißen.

Oft genügte die natürliche Ausdehnung der Kruste nicht. Man ersann besondere Brotformen, um sie zu vergrößern. Das Brot eines italienischen Bäckers in New York, dessen Struktur von Herbert Matter so ausgezeichnet wiedergegeben ist, zeigt in seiner plastischen Durchbildung das Bestreben, die Krustenzone möglichst auszudehnen (Abb. 104)

Die Italiener sind Meister dieser Art der Oberflächenvergrößerung, so daß ihre Gebilde manchmal barocken Formen nahekommen. Tatsächlich kamen die langgestreckten Brote mit ihrer großen Krustenbildung im siebzehnten Jahrhundert auf. Ob es die langen Pariser Brote sind, die verschiedenartigen Formen des Wiener Gebäcks, die Salzbretzeln, Kanonensemmeln, Kaisersemmeln oder Kipferln, immer werden sie aus flachen Teigstücken zusammengerollt oder zusammengefaltet, um die Krustenbildung zu fördern und die Backhitze so intensiv wie möglich das Ganze durchdringen zu lassen. Das Brot wird meistens gebrochen, nicht geschnitten[88].

Funktionell gesehen heißt dies, daß der Mensch Muskeln und Zähne in Bewegung setzen muß, und andererseits bedeutet es, daß es eine Freude ist, den Geschmack des Brotes auszukosten.

Brot, an dem die Kauwerkzeuge richtig arbeiten können, muß eine harte Kruste haben. In Amerika gab es in der wichtigen vorbereitenden Periode von 1830 bis 1850 eine Reihe von Reformern, die mit demselben Mut und derselben Unabhängigkeit das Problem der Ernährung anpackten, wie andere ihrer Mitbürger damals die uralten menschlichen Handwerkzeuge mit neuen Augen ansahen und formten.

---

85 Um dem Weizenmangel im Krieg zu begegnen, ordnete die Schweizer Regierung an, daß das Brot 48 Stunden alt sein mußte, ehe es zum Verkauf kam. Dadurch wurde der Verkauf unmittelbar um zehn Prozent gesenkt.
86 Siedlung der Pennsylvanien-Deutschen in Lancaster County.
87 Vgl. *Lancaster Sunday News*, 12. Januar 1930.
88 Ausgezeichnete anschauliche Abbildungen über die Herstellung dieser Brotsorten befinden sich in John Kirklands *The Modern Baker*, London, 1924, Bd. 1, S. 198-202.

Sylvester Graham (1794-1851), dessen Name heute noch in allen Ländern mit einer Sorte von grobgemahlenem Vollweizenbrot verbunden ist, ist die führende Gestalt. Doch steht er nicht allein. Er löst eine Bewegung aus, die Fachleute fundieren halfen, und die auch an den Universitäten einen ernsthaften Widerhall fand[89].

»Brot sollte ganz allgemein so gebacken werden«, sagt Graham 1837[90], »daß es vollen Einsatz der Zähne beim Kauen fordert und garantiert.« Doch dies allein genügt nicht. Auch das Material, aus dem es sich zusammensetzt, hat dementsprechend zu sein: Der Weizen ist ungesiebt und grobkörnig. Graham wollte in dem Brot etwas »von dem köstlichen Duft und der zarten Süße« erhalten wissen, »die reine Sinne beim Verzehr von frischem Weizen, wie er eben aus der Ähre kommt, schmecken«. Er geht noch einen Schritt weiter. Er weiß, welchen Einfluß der Boden hat, aus dem das Korn gewachsen ist und welcher Art Dünger es unterworfen wurde. Hier berührt er sich mit neuesten Untersuchungen.

Sylvester Graham betrachtete den Boden, das Mehl und das Brot als eine unauflösliche Einheit im Verhältnis zum menschlichen Organismus. Er wollte den Menschen in Kontakt mit dem Organischen bringen, und sein Mittel dazu war die Nahrung.

Das »Zurück zur Natur« des achtzehnten Jahrhunderts und die Naturseligkeit der Romantik verwandeln sich in ein Zurück zu einer naturgemäßen Lebensweise. Für Graham ist die Nahrung der Weg, der ihn dahin führt, wie für den schlesischen Bauern Vincenz Prießnitz (1799-1851) das Wasser das Mittel war, um die Konstitution des Menschen zentral zu erfassen. Wie der Gründer der Hydrotherapie mit ähnlichem Radikalismus zwischen 1830 und 1850 seine Kaltwasserkuren durchführte und auf primitive Weise mit kalten Abreibungen, Bädern, Duschen behandelte, um chronische Krankheiten zu heilen oder den verweichlichten Körpern durch Abhärtung eine bessere Blutzirkulation zu geben, darauf werden wir noch zu sprechen kommen, sobald wir die Regenerationsmöglichkeiten des neunzehnten Jahrhunderts behandeln. Beide, Graham und Prießnitz, gehören in ihrer Einstellung auf die Linie Jean-Jacques Rousseaus, die er mehr als ein halbes Jahrhundert früher postuliert hatte, und die um 1830 ein Stück Allgemeinbewußtsein geworden war.

---

89 *The Boston Medical and Surgical Journal*, XIII, Okt. 1835, S. 178, berichtet über einen in Boston gehaltenen Vortrag Grahams über »Die Wissenschaft vom menschlichen Leben«: »Wir sind höchst erstaunt darüber, mit welchem Hohn man diesen Mann an anderen Orten überschüttet hat. (...) Man kann seine Aussagen, die sich so genau an unbestreitbare Hinweise der Natur halten und die auf bekannten Naturgesetzen fußen, nur unterschreiben. Sowohl seine Sprache wie seine Beispiele stehen völlig im Einklang mit den besten medizinischen Autoren.« Vgl. Richard Osborne Cummings, *The American and His Food*, Chicago, 1940, S. 47-48. Dieses Buch ist unentbehrlich für die Geschichte der amerikanischen Ernährung. Es enthebt uns, in mancher Beziehung in Einzelheiten zu gehen. Der Verfasser verbindet Weite des Ausblicks mit dem Gebrauch von Quellen aus erster Hand. Dort ist auch ein kurzer, prägnanter Einblick in die Tätigkeit der amerikanischen Reformer von 1830-1850 zu finden (S. 43-53). Den besten Einblick liefern Grahams eigene Schriften. Orientierend ist auch Richard H. Shryock, »Sylvester Graham and the popular Health Movement« (1830-1870), *Mississippi Valley Historical Review*, Cedar Rapids, Bd. 18, 1931, S. 172-183.

90 Sylvester Graham, *Treatise on Bread and Breadmaking*, Boston 1837, S. 87.

Sylvester Graham kam aus einer früh eingewanderten Predigerfamilie aus Connecticut. Er war kein sehr lebensfähiges Kind, hatte eine harte Jugend und nach verschiedenen Berufen begann er wie sein Vater als presbyterianischer Prediger. In Philadelphia, wo er zuerst wirkte, war er mit den Quäkern und Temperanzlern verbunden. Weit mehr als Abstinenz interessierte ihn die Auseinandersetzung des menschlichen Körpers mit den Stoffen, die er zu sich nahm. Er studierte Physiologie und Anatomie. Ihn interessierten »die Beziehungsgesetze, unter denen der Mensch lebt (. . .), das Wechselverhältnis und die Interdependenz von Geist und Körper«[91].

Sein Aufstieg begann 1832, zur Zeit als die Cholera Europa und Amerika heimsuchte. In London wurde sie der Anstoß zu einem besseren Kanalisationssystem und zu den ersten Arbeitersiedlungen. In seinen vielbesuchten Vorlesungen in Clinton Hall in New York empfahl Graham als ein Präventiv-Mittel die Rückkehr zu einer natürlichen Ernährung. Er hatte dabei viel Erfolg[92]. In New York und an anderen Orten wurden Hotels nach seinem System eingerichtet[93]. Später lebte er in einer kleinen Stadt in Massachusets und schuf sich in Boston einen lebendigen Kreis von Anhängern, die seine Lehre später in einer eigenen Zeitschrift weiterführten. Grahamismus (Diät) wurde später mit der Prießnitzschen Hydrotherapie zu einer einzigen Kur vereinigt[94]. Diese Vereinigung von Diät, gymnastischen Übungen und Wasserbehandlung in den verschiedensten Arten existiert in europäischen Ländern noch heute.

Sylvester Graham hat mehr als ein halbes Jahrhundert, ehe sich die Mechanisierung voll auswirkte, die schärfsten Anklagen gegen ihre Folgen ausgesprochen. Denn was damals in Ansätzen und meistens nur »im verdorbenen Geschmack überfeinerter Gesellschaft«[95] zu finden war, hat sich seitdem ins Ungeheure auf die breiten Massen der Bevölkerung ausgedehnt.

Sylvester Grahams Interesse an der Ernährung ist in dem Verlangen begründet, den Menschen in Einklang mit den Konstanten zu bringen, denen sein Organismus zu folgen hat. Manchmal geschieht dies nicht ohne Übertreibung, aber im ganzen herrscht ein erstaunlich sicherer Instinkt in seinen Regeln[96], die seiner Zeit weiter voraus waren. Er konnte im einzelnen nicht wissen, was der Keim oder die Haut des Korns an vitalen Elementen enthielten, und er wußte nicht, was das Geheimnis hinter den rohen Früchten und unzerquetschten Gemüsen war, die er so eindringlich empfahl, aber überall ist in seinen Regeln die Furcht spürbar, daß durch die Zubereitung die für den Menschen wichtigsten Bestandteile

91 Sylvester Graham, *Lectures on the Science of Human Life*, S. 12.
92 Sylvester Graham, *Aesculapian Tablets*, New York, 1834. Auf ungefähr 100 Seiten werden zahlreiche Dankschreiben veröffentlicht, die anzeigen, daß seine Ideen die Öffentlichkeit damals stark beschäftigten.
93 In äußerst knapper Fassung werden in A. Nicholson, *Nature's Own Book*, die Regeln und die Lebensweise in einem dieser Hotels von Graham selbst beschrieben und erläutert.
94 Erfolgreich war in dieser Beziehung der New Yorker Arzt T. H. Trall, der vierzig Jahre lang eine Zeitschrift unter verschiedenen Titeln herausgab. (*The Water Cure Journal, The Herold of Health, The New York Journal of Hygiene*). Vgl. Shryock, a.a.O., 177.
95 A. Nicholson, a.a.O., 2. Aufl., Boston 1835, S. 6.
96 Ebd., S. 13 ff: »Rules and Regulations of the Temperance Boarding House in New York, 1832«.

der Nahrung verlorengehen. Von diesem Gesichtswinkel aus sind auch die folgenden Zeilen aus seinen »Diätgesetzen« zu verstehen:

»Lebte der Mensch gänzlich von Nährstoffen in ihrem *Naturzustand* oder ohne jede künstliche Zubereitung durch Kochen, dann wäre er gezwungen, seine Zähne häufig zum Zerkauen von Nahrung zu gebrauchen und bewahrte damit nicht nur seine Zähne vorm Verkümmern, sondern durchmischte auch seine Speise gründlich mit Speichel.«[97]

Aus demselben Grund warnt er auch vor Kartoffelpüree, das das Kauen erspare, aber in Massen und konzentriert in den Magen gelange. Kartoffelpüree hat bekanntlich in Amerika alle anderen Zubereitungsarten in den Hintergrund gedrängt.

Die Tendenz, Speisen zu genießen, die so schnell und mühelos wie möglich verzehrt werden können, kommt auf vielen Gebieten der Nahrung im Verlauf des Jahrhunderts immer stärker zum Durchbruch: vom gehackten Fleisch (Hamburger) bis zur Eiskrem, die beide als Nationalgerichte bezeichnet werden können. Früchte werden meistens in Saftform oder geschnitten genossen. Wir konnten die Erfahrung machen, daß Kinder Pfirsiche als Ganzes ablehnten und sie nur in Scheiben essen wollten. Wie weit diese Gewohnheiten zurückreichen, und wie weit Tendenzen zur Zeitersparnis hier rückwirkend die Nahrungsform beeinflußt haben, müßte im einzelnen untersucht werden. Die Tendenz ist zu allgemein, als daß sie übersehen werden könnte.

Immer wieder aber kehrt Sylvester Graham zu seinem Ausgangspunkt, dem Brot, zurück. Er rühmt »das köstliche Brot«, das seiner Erinnerung nach die Frauen von Neu-England um 1800 zu backen verstanden, »das durch seine natürliche Geschmacksfülle stets verlockend war«[98]. Diese Zeiten sind vorbei, auch Graham hat das gefühlt. Er schlägt zwar vor, das Brot zu Hause zuzubereiten, dafür den besten erhältlichen Weizen zu kaufen, jede Familie mit einer modernen Patent-Handmühle zu versehen und sogar die Hefe in »weit höherer Qualität« herzustellen, als diese vom Brauer bezogen werden konnte[99], aber er hat wohl selbst geahnt, daß es sich hier um Vorschläge handelte, die auf die Dauer undurchführbar waren und mit der ganzen Entwicklung im Widerspruch standen.

Anders verhält es sich mit seinen Anweisungen, daß das Brot, von einer harten Rinde geschützt, vierundzwanzig Stunden lagern solle, ehe es gegessen wird. Was Sylvester Graham 1832 ausspricht, erscheint heute wie eine Warnung vor einer Verkehrung der Instinkte, wie ein Protest gegen das weichliche, ewig frische und fast rindenlose Brot, wie es der herrschende Geschmack in den hochindustrialisierten Ländern heute verlangt.

---

97 Sylvester Graham, *Treatise on Bread and Breadmaking*, Boston, 1837, Kap. »Diätgesetze«, S. 17.
98 Man kann noch heute an wenigen Stellen nachprüfen, was Graham mit seiner Bemerkung meinte. In den hochgelegenen Tälern des Kantons Wallis hat sich neben spätgotischen Häusern und spätgotischer Plastizität in der Sprache auch im Brot etwas von der Kraft jener Periode erhalten. Es ist von einem eigenartigen Gehalt, der es, wie Graham dies vom Brot Neu-Englands sagt, »immer bekömmlich« macht.
99 Ebd., S. 39, 49, 131.

An einer anderen Stelle geht Sylvester Graham scharf mit einer in Amerika herrschenden Sitte ins Gericht: »Jede in diesem Lande hergestellte Brotsorte hat den Mangel, nicht ausreichend gebacken zu sein (...). Die meisten essen ihr Brot noch heiß vom Ofen, in halb gekochtem Zustand.«

»Gelagertes Brot: Dies sollte in großen Buchstaben auf jeden Teller geschrieben werden. Jedes Kind, sobald es Zähne im Mund hat, sollte lernen, altbackenes Brot zu essen. Dabei ist die Kruste das Wichtigste. Sie erfüllt mehr als einen guten Zweck: sie ist besser für die Zähne, schmackhafter für den richtigen Geschmack, besser für den Magen.«[100]

Wir erinnern daran, wie ein Jahrhundert später der zuverlässigste Fachmann die Bäcker belehrt, wie sie die Kruste ihres Brotes machen sollen, damit sie so zart und dünn wie möglich gerät. »Es ist ein Fehler, wenn die Kruste zu dick und zu hart ist (...). Eine gute Kruste muß zart, glatt und gleichmäßig sein...«[101] Eine radikalere Umkehr des Geschmackes ist kaum vorstellbar.

Es ist wohl anzunehmen, daß Sylvester Graham nicht anders reagiert hätte als ein bekannter französischer Maler, als ihm das weiße Brot der Vollmechanisierung vorgesetzt wurde: »C'est de la neige, ça n'a pas de goût.«

Die Nahrung war das Instrument, mit dem Graham dem menschlichen Organismus nahezukommen versuchte. Brot war ihm dabei der Grundpfeiler, oder, wie er es ausdrückt: »In fast allen Teilen der Welt und beinahe zu allen Zeiten ist das Brot eines der ersten und wichtigsten allgemeinen Nahrungsmittel gewesen.«[102] Doch beschränkt er sich nicht engstirnig darauf. In seinen »Ernährungsregeln« kommt er der Rohkostnahrung nahe, die seit ungefähr 1930 in manchen Ländern mit hohem Lebensstandard, wie etwa der Schweiz, die Lebensweise tiefgehend beeinflußt. Dies kommt in vielen seiner Regeln zum Ausdruck, und darauf zielt auch seine Bemerkung: »Wenn der Mensch ausschließlich von Nahrung in ihrem natürlichen Zustand existieren müßte, würde er niemals an den Übeln leiden, die konzentrierte Nahrungsmittel verursachen.«[103]

Als einige Mediziner, die den Organismus allzu logisch aufgefaßt hatten, Grahams grobem Brot vorwarfen, Kleie sei völlig unverdaulich und solle daher niemals in den menschlichen Magen gelangen, antwortete er wie ein moderner Ernährungswissenschaftler, der weiß, daß die Magenmuskeln ebenso in Bewegung gesetzt werden müssen, um nicht schlaff zu werden, wie Arme und Beine: »Diese Entgegnung verrät soviel Unkenntnis der letzten Ursachen und konstitutionellen Gesetze, daß sie kaum eine Entgegnung verdient.«[104]

---

100 Graham, a.a.O., S. 97.
101 Wihlfahrt, a.a.O., S. 380.
102 Graham, a.a.O., S. 16.
103 Ebd., S. 53.
104 Ebd., S. 18.

Damit rührt er an ein Problem, das ihm sehr naheliegt, und das in unserer Zeit gefährlich akut geworden ist: der Glaube, daß die Nährstoffe, die durch die Art der Zubereitung den Speisen entzogen werden, später durch Konzentration in Pillenform ersetzt werden können. »Die Natur bringt nichts zur Ernährung des Menschen hervor, das schierer, konzentrierter Nährstoff wäre.«[105]

Es ist nicht schwer für den heutigen Wissenschaftler, Irrtümer in den Lehren Grahams anzukreiden. Trotzdem ist von keinem Reformer seiner Zeit so viel Richtungweisendes geblieben. Ausgewählt und entsprechend erläutert gehörten Auszüge aus den »Ernährungsregeln« und dem *Treatise on Bread* in Schulen und ins Radio, um so ins allgemeine Bewußtsein einzudringen.

Das Brot hat sich im Laufe von Jahrhunderten nur wenig verändert. Wie in vielen Dingen, die von Geschlecht zu Geschlecht überliefert werden, ist Roheit ein Grundzug seines Wesens. Unter den Nahrungsmitteln ist dem Brot immer eine besondere Stellung eingeräumt worden, die oft ins Symbolische greift.

Sylvester Grahams Überlegungen kehren immer wieder zum Wesen des Brotes zurück und beruhen auf weit zurückreichenden Erfahrungen. Er hat wohl verstanden, daß aus der Beschaffenheit des Brotes die Stellung eines Volkes zur Ernährung überhaupt abgelesen werden kann. Keine Pillen-Kultur, keine konzentrierte Nahrung, vor der er so frühzeitig warnte, und keine technischen Fortschritte werden daran etwas ändern.

Sylvester Graham ist in seiner Zeit verhältnismäßig einsam gewesen. Was er vertreten hat, ist in erweiterter Form und mit steigender Sorge in Europa seit einiger Zeit wieder aufgetaucht. Dort hat sich, gerade in Ländern mit hohem Lebensstandard, eine Reaktion gegen die Künstlichkeit in der Ernährung bemerkbar gemacht, die sich nicht nur gegen das Brot aus Feinstmehl richtet. Diese Bewegung wird sich in keinem Land aufhalten lassen, denn sie ist zu eng verknüpft mit dem erneuten Zug zum organisch Gewachsenen. Dieser Zug beginnt in immer neuen Gebieten aufzutauchen und dürfte sich als lebenskräftiger erweisen als die Diktatur der Produktion.

Der Höhepunkt der reinen Mechanisierung ist überschritten. Die Besinnung hat eingesetzt, und mit ihr die Kritik. Die Frage, was dem Brot in der Mechanisierung angetan wurde, kann nicht umgangen werden, und über die Antwort kann kein Zweifel bestehen. Die Mechanisierung hat den konstanten Charakter des Brotes entwertet und es in einen Modeartikel verwandelt, für den stets neue Anreize ersonnen werden müssen. Im Jahre 1832 hat Graham, vielleicht allzu fanatisch, erklärt: »Solange die Menschen in unserem Land so rücksichtslos auf der Jagd nach Reichtum sind, ist es vielleicht völlig zwecklos, daß ein einzelnes Individuum in einer solchen Sache seine Stimme erhebt (...). Ob meine Stimme gehört werden wird oder nicht, ich werde tun, was mein Pflichtgefühl mir gebietet(...).«[106]

---

105 Ebd., S. 19.
106 S. Graham, a.a.O., S. 35-36.

Wie Sylvester Graham es vorausgesehen hat, blieb seine Stimme ungehört. Niemand hätte die Entwicklung, die sich im neunzehnten Jahrhundert vollzog, eindämmen können. Sein Bemühen, den Menschen wieder mit dem Organischen zu versöhnen, hat erst heute volle Aktualität erlangt.

105. PABLO PICASSO: »Die Frau mit den Broten«, 1905. (*Philadelphia Museum of Art*)

106. Weidenkorb zur Brotlagerung. Pennsylvania. *Wie in Europa wurde ausreichend Brot für eine Woche gebacken.* »Die Brotlaibe von ehedem waren mehrere Male so groß wie die Bäckerbrote von heute, und eine Ofenfüllung von ihnen würde leicht einen dieser Körbe füllen.« (*Landis Valley Museum, Lancaster County, Pennsylvania*)

MECHANISIERUNG UND TOD: FLEISCH

Zentralisierung und Handwerk

Paris, das Schlachthaus von La Villette (1863-1867)

Der Präfekt des Seine-Departements, George Eugène Haussmann, wußte seine nahezu diktatorischen Vollmachten innerhalb von siebzehn Jahren so auszunützen, daß er das Aussehen und die technische Organisation von Paris von Grund auf änderte. Er verwandelte diese Stadt, die sich seit den Ansätzen Napoleons I. nicht den Erfordernissen entsprechend weiterentwickelt hatte, in eine Metropole des neunzehnten Jahrhunderts[1]. Haussmann hat als erster in der Stadt ein technisches und organisatorisches Problem gesehen. Es entsprach seinem Weitblick und seiner Vorliebe für große Dimensionen, daß er nicht zögerte, innerhalb seines organisatorischen Planes ein zentrales Schlachthaus vorzusehen, das eine Summe von 23 Millionen Francs verschlang. Er tat dies, als bereits von allen Seiten her Vorbereitungen für seinen Sturz getroffen wurden. Er begann mit seinem Bau 1863 und eröffnete es am 1. Januar 1867, dem Jahr der aufwendigen Pariser Weltausstellung, doch war die Anlage bis zum Sturz des zweiten Kaiserreiches noch nicht völlig ausgebaut.

Das Zentralschlachthaus von La Villette (Abb. 107) war an der äußersten Grenze des Festungsgürtels gelegen. Von zwei Seiten umgaben es zahlreiche Bahngleise und der hafenartig erweiterte Kanal St. Denis, von dem ein Arm zwischen den Bauten der Anlage hindurchführte. Die beiden andern Seiten wurden von einer großen Heerstraße (rue de l'Allemagne) und einer kleineren Verkehrsstraße begrenzt.

Es war der erste zentrale Schlachthof für eine Millionenbevölkerung. Seine Ställe konnten nach Haussmanns Aussage »so viele Tiere aufnehmen wie Paris im Laufe mehrerer Tage verzehrte«[2]. In England und Deutschland standen Privatrechte einer Entwicklung im Haussmannschen Sinne entgegen, und auch sonst war nichts in jener Zeit damit zu vergleichen. In seinen Memoiren gibt Haussmann diesem Unternehmen die ihm gebührende Stellung:

»Die große Anlage ist eine der bedeutendsten von meiner Verwaltung durchgeführten Arbeiten, von gleichem Range wie die großen Straßenbauten (...). Ich möchte darauf hinweisen, daß die Millionen, die sie kostete, weitgehend durch

---

1 Wie dies im einzelnen geschah, vgl. *Raum, Zeit, Architektur*, S. 444-462.
2 Georges Eugène Haussmann, *Mémoires*, Paris, 1890-93, Bd. III, S. 561.

den Verkauf der besser gelegenen Grundstücke der alten Schlachthäuser gedeckt wurden.«[3]

Diese »alten Schlachthäuser«, die Haussmann in seinen Memoiren erwähnt, stammten von Napoleon I. und waren der erste Versuch, einen Schlachthof hygienischer zu organisieren. Napoleons erstes Dekret, in dem er die öffentlichen Schlachthausanlagen befahl, geht auf das Jahr 1807 zurück. Sämtliche Fleischer waren verpflichtet, an keinem anderen Ort zu schlachten. Auf diese Weise entstanden fünf Schlachthäuser außerhalb der damaligen Stadtmauer, drei nördlich und zwei davon südlich der Seine. 1810 erließ Napoleon ein zweites Dekret, in dem er verlangte, daß in allen Städten Frankreichs öffentliche Schlachthäuser gebaut werden sollten, und zwar außerhalb der Stadtgrenzen[4]. Diese sanitäre Reform sollte den trüben Verhältnissen der vorangegangenen Jahrhunderte ein Ende machen. In der Frühzeit verbreiteten sich die Schlachthäuser in Frankreich und Belgien rasch. Mit immer weniger Ausnahmen blieben sie in städtischem Besitz. Sie waren nicht als Einnahmequelle gedacht und dienten nur als Sammelplatz, um die Tiere unter Aufsicht töten zu können. Der Stand der kleinen Metzger blieb davon nahezu unberührt. Auch das Gebiet, aus dem das Schlachtvieh bezogen wird, ist bis heute in Europa vorwiegend lokal geblieben.

Diese *abattoirs* Napoleons I. haben auch den amerikanischen Anlagen ihren Namen gegeben und werden noch bis kurz vor der Eröffnung von La Villette als Vorbild angesehen. Darüber bemerkt eine Schrift von 1866: »Obwohl diese Bauten [die amerikanischen Schlachthöfe] in Anlehnung an die von Paris *abattoirs* genannt wurden, verfügen wir weder über Einrichtungen der Hygiene noch über solche des Feuerschutzes oder der Arbeitserleichterung.« Darüber hinaus erfahren wir, daß die napoleonischen Schlachthäuser »in äußerst starrer Weise von einer Gilde oder Körperschaft von Metzgern geleitet werden (...). Die Metzger lassen alle ihre Arbeit zu niedrigen Kosten von gewöhnlichen Schlächtern verrichten.« Außerdem erhalten die Schlächter »eine Zuteilung von Blut, Fleischabfall etc.«. Das Blut wird dabei als der wertvollste Teil angesehen. Es mag angemerkt werden, daß es um die Jahrhundertmitte bereits gesammelt und in industriellen Anlagen weiter ausgewertet wurde: »Es wird getrennt in Steinwannen aufgefangen und später, nachdem es einem wissenschaftlichen Prozeß unterzogen wurde, zur Zuckergewinnung und Bodendüngung benutzt.«[5]

Wie Haussmann die Rue de Rivoli Napoleons vergrößerte, so nahm er auch im Schlachthaus von La Villette eine früher angebahnte Entwicklung auf und führte sie weiter. Am Projekt von La Villette arbeitete Haussmann mit einer Hingabe, man möchte fast sagen mit missionarischem Eifer, und es zeugte von einer Großzügigkeit, mit der nichts aus jener Periode verglichen werden kann. La Villette wurde zum Modell für den Rest des Jahrhunderts, wie die Boulevards und öffent-

---

3 Ebd., S. 560 und 561.
4 *Handbuch der Architektur*, 4. Teil, 3. Halbband (Darmstadt 1884), S. 182.
5 Thomas DeVoe, *Abattoirs*, Vortrag gehalten vor der polytechnischen Abteilung des American Institute, Albany, 1866, S. 19.

lichen Gärten des Haussmannschen Paris die Typen für den Ausbau der kontinentalen Großstädte bildeten.

In der ganzen Anlage ist spürbar, für wie wertvoll man das einzelne Tier erachtete. Die großen Stallgebäude (bergeries) mit ihren Speichern unter den hohen Dächern und ihrer sorgfältigen Architektur hätten auf einem Gutshof stehen können; jeder Ochse hatte seinen besonderen Verschlag. Dominierend über den langen Reihen der niedrigen Schlachthäuser und Verwaltungsgebäude erhoben sich drei riesige Hallen aus Glas und Eisen und von großer Eleganz in der Konstruktion. Die mittlere, neunschiffige Halle, 280 Meter lang, diente als Viehunterstand (abri pour les boeufs). Hier wurden die Tiere verkauft. Die beiden flankierenden Eisenbauten waren für Schweine und Hammel und Kälber bestimmt.

Kritiker sind später hart mit Haussmanns Zentralschlachthof umgegangen. Um 1900 ist Haussmann vorgeworfen worden, »keine Veränderung an den 1810 getroffenen Anordnungen für die ersten fünf Schlachthäuser vorgenommen« zu haben[6].

Soweit es die technische Ausrüstung betrifft, stimmt dies sicherlich. Aber im Europa von 1860 gab es Verbesserungen dieser Art überhaupt nicht. Selbst in Amerika waren zu jener Zeit mechanische Hilfsmittel für den Schlachtprozeß erst in einem vorbereitenden Stadium.

Bestimmt trifft diese Kritik die Arbeitsmethode, die in La Villette herrschte. Ein Blick in eine der Hallen, in der die Karkasse zerlegt wurden, zeigt eine handwerkliche Ruhe, die kein Zahnrad und kein Transportband störte und dies, gegen Ende der achtziger Jahre, als in Chicago bereits die Bandproduktion lief.

In der merkwürdigen Symbiose von Zentralisation und Handwerk liegt das Eigentümliche dieser Anlage sowie mancher europäischer Einrichtungen. In La Villette hatte – was gleichfalls getadelt wurde – noch jeder Ochse einen besonderen Verschlag, in dem er getötet wurde. Das war eine Fortführung handwerklicher Gewohnheiten, die die Routine des Massenschlachtens nicht kannten. Die langen Schlachthäuser bestehen aus aneinandergereihten Einzelverschlägen. Man ist seitdem schon lange zu technischen Einrichtungen und zum Schlachten in großen Hallen übergegangen. Aber in diesen Einzelheiten liegt wahrscheinlich ein Nachklang der tief eingewurzelten Erfahrung, daß jedes Tier nur unter großen Mühen und Opfern herangezogen werden kann und besondere Sorgfalt braucht.

Die großen Ebenen jenseits des Mississippi, auf deren freien Grasflächen die Viehherden, vom Pferderücken aus gelenkt, fast ohne Pflege aufwuchsen und sich vermehrten, stehen in innerem Zusammenhang mit der Bandproduktion, ebenso wie der bäuerliche Kleinbetrieb, in dem jedes Tier seinen Namen hat und jeder Kuh beim Kalben beigestanden werden muß, mit der handwerklichen Durchführung des Schlachtens.

---

6 *L'abattoir moderne*, 2. Aufl. Paris, 1916, S. 45.

La Villette und die Union Stock Yards von Chicago (1864)

Der gleiche Unterschied zwischen dem unter Mühen herangezogenen Tier und dem in der Prärie unter einem Minimum von Kosten aufwachsenden Vieh kommt auch in der Planung der Anlagen zum Ausdruck.

Was geschah in Amerika zur Zeit, als Haussmann La Villette baute? Chicago befand sich in seinem ersten, wildesten Aufstieg. Es stand vor der gleichen Aufgabe, seine Schlachthöfe zu zentralisieren und an einem Ort zu vereinigen. Dies führte zur Gründung der Union Stock Yards, von da an der größte Viehmarkt der Welt. Haussmann, der La Villette fertiggestellt hatte, kümmerte sich während seiner Verwaltungstätigkeit nicht mehr um diese Anlage. Der Beschluß, die Union Stock Yards zu errichten, wurde Ende 1864 gefaßt.

»Der Bau begann am 1. Juni 1865, und zu Weihnachten des Jahres wurde der Betrieb aufgenommen. Die Höfe bildeten Rechtecke, zwischen denen sich Straßen kreuzten. Bei der Eröffnung umfaßten die Pferche etwa 120 acres (. . .). Jede Eisenbahnlinie nach Chicago ist mit den Viehhöfen verbunden.«[7] 1886, als Andreas seine Geschichte von Chicago schrieb, waren die Gleise, die die Stock Yards umgaben, auf hundert Meilen angewachsen.

Hier gab es keine eisernen Hallen oder Ställe für das Vieh, denn die Tiere, die von den großen Ebenen kamen, hatten nie einen Stall gesehen. Sommer und Winter konnten sie in dem Netzwerk von offenen Verschlägen stehen, aus denen sich die Stock Yards zusammensetzen. So bilden die Stock Yards eine zentrale Sammel- und Verkaufsstelle, von der aus das Vieh direkt in die obersten Stockwerke der Packerhäuser getrieben wird.

Es gab keinen architektonischen Plan. »Die Höfe sind völlig aus Holz gebaut, nach und nach und ohne daß es je einen umfassenden Plan gegeben hätte. Alles ist hastig und entsprechend den Bedürfnissen des Augenblicks zustande gekommen. So ergibt sich ein wahren Labyrinth von Schuppen und gewaltigen Hallen, die in unterschiedlicher Weise über Gänge, Treppen und Hängebrücken miteinander verbunden sind, über welche die Arbeiter gehen und die Eisenbahn fährt. Ohne Führer fände man sich in diesen riesigen Anlagen nie zurecht.«[8]

Diese Beschreibung stammt aus einer Zeit, in der die Verarbeitung von Lebendmaterial ein Maximum erreicht hatte und mehr als fünf Millionen Schweine jährlich durch die Union Stock Yards von Chicago gingen. Die tägliche Leistungsfähigkeit dieser Anlage betrug damals ungefähr 200000 Schweine, eine Zahl, die La Villette in jener Periode während eines ganzen Jahres nicht erreichte[9].

---

7 A. T. Andreas, *History of Chicago*, Chicago, 1886, Bd. III, S. 334.
8 *Scientific American*, 21. August 1886, S. 120.
9 Diese einzelnen Zahlen geben ein schiefes Bild von der Gesamtentwicklung. Daher wird hier der jährliche Verbrauch in Chicago und Paris vom selben Jahre nebeneinandergestellt. Die Angaben für Paris sind der *Grande En-*

107. Paris, Schlachthof La Villette, 1863-1867. *Diese Glas-Eisen-Hallen, Prototyp des Schlachthauses, ließ Haussmann, Seine-Präfekt im Zweiten Kaiserreich, in einer für Europa einzigartigen Größe bauen. Jeder Ochse blieb in einem Verschlag, ehe er in einem getrennten Stand geschlachtet wurde. Mit routiniertem Massenschlachten hat diese ruhige, handwerkliche Atmosphäre nichts zu tun. Die Symbiose von Handarbeit und Zentralisierung erklärt sich aus dem in Europa tiefverwurzelten Gefühl, daß jedes Tier individuell behandelt sein will.*

Die Mechanisierung der Fleischindustrie in Amerika

Die amerikanische Fleischindustrie ist völlig in der Struktur und in den Dimensionen des Landes verankert. Daraus allein ist ihr Ursprung und Charakter zu erklären. Lange bevor die Industrialisierung dieses Gebiet eroberte, zeichneten sich ihre Vorbedingungen schon in der Gestalt des Landes ab.

Solange es sich um die Ansiedlung der Neuengland-Staaten oder Pennsylvaniens handelte, konnte der europäische Maßstab, die Kleinwirtschaft und Selbstversorgung im einzelnen Bauernhof, beibehalten werden. Die Städte waren von bescheidenem Umfang, aber leicht von den Produktionsstellen aus erreichbar, zahlreiche Dörfer waren über das Land verstreut. Ackerbau und Viehzucht wurden so betrieben, wie man es von Europa her gewohnt war. Sobald aber, nach dem Krieg von 1812, die Siedler die Bergrücken der Alleghenies überschritten und auf die eigentlichen amerikanischen Dimensionen trafen, änderte sich die Si-

cyclopédie, Paris, 1884, entnommen und die für Chicago aus Andreas, a.a.O., Bd. III, S. 335. Die Gegenüberstellung des Verbrauchs von Paris und Chicago im gleichen Jahr vermittelt nicht nur einen Einblick in das, was ein bestimmtes Volk an Nahrung vorzieht, sie zeigt auch die verschiedenen Wege, die Europa und Amerika gingen. Paris schlachtet doppelt soviel Hammel und sechsmal soviel Kälber wie Chicago, und Chicago schlachtet ungefähr dreiunddreißigmal soviel Schweine und ungefähr neunmal soviel Großvieh wie Paris. Allein Swift und Co. verarbeitet in jenem Zeitraum doppelt soviel Großvieh, wie Paris in einem ganzen Jahr verzehrt (1884-1885, Produktion Swift und Co.: 429483). Es fällt auch auf, daß in Amerika keine Unterteilung für den Begriff »Cattle« (Großvieh) gemacht wird. In Europa wird Kuhfleisch gering bewertet (deshalb die niedrige Pariser Verbrauchsziffer), dagegen Ochsenfleisch sehr hoch. Ochsen aber, die als Zugtiere im Kleinbetrieb verwertet werden, werden in den Vereinigten Staaten immer weniger geschlachtet.

1883	Großvieh		Kälber	Schweine	Schafe
Chicago	Großvieh (cattle): 1 878 944		30 223	5 640 625	749 917
Paris	Ochsen u. Stiere:	184 900	189 490	170 465	1 570 904
	Kühe:	43 099			

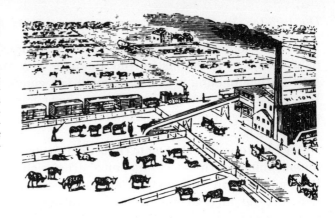

108. Die Viehhöfe von Chicago zu Anfang der achtziger Jahre. *Die 1865 (als La Villette noch im Bau war) begonnenen* Union Stockyards *entsprechen amerikanischen Verhältnissen. Die wilden Herden, die aus den großen Ebenen kommen, brauchten keinen Unterstand. Im Sommer wie im Winter konnten sie in offenen Pferchen warten; von diesem Sammelpunkt aus gelangten sie über offene Rampen zum Obergeschoß der Konservenfabrik.*

tuation. Es war leicht, große Herden von Schweinen, Schafen und Rindern zu züchten, aber niemand war in der Nähe, der sie hätte verzehren können. An Ort und Stelle waren die Produkte wertlos, man mußte die Viehherden über weite Strecken und über die Berge nach den Städten im Osten treiben, wie groß auch die Gefahren und Verluste waren.

Dieser Gegensatz von dünn bevölkerten Gebieten, die weit von den Konsumzentren entfernt lagen, bestand in Amerika bis weit in die zweite Hälte des neunzehnten Jahrhunderts. Einen solchen Gegensatz von städtischer Konzentration und ungeheuren, noch unentwickelten Gebieten gab es in Europa nicht. Bis zum heutigen Tage ist die Fleischversorgung in Europa zum großen Teil lokal, während in Amerika Erzeuger und Verbraucher weit voneinander entfernt sind.

Im Verlaufe des Jahrhunderts haben sich die technischen Bedingungen geändert. Aber sobald man um 1820 begann, das Schlachten an einem Ort, in Cincinnati, zu konzentrieren, wo die Produkte nicht verzehrt werden konnten, sondern exportiert werden mußten, war der Grund für die amerikanische Fleischindustrie gelegt. Sie beruht auf der Annahme, daß weite Striche des Landes von einem zentralen Platz aus mit Fleisch versorgt werden sollen. Dies geschah entweder auf den Hufen der Tiere oder in gepökeltem Zustand mit dem Schiff den Mississippi hinab. Später mit dem Aufstieg Chicagos in den sechziger Jahren wurde das Vieh in Eisenbahnwagen geladen und nach dem Osten gebracht, und schließlich bahnte sich zu Beginn der achtziger Jahre die heutige Fleischversorgung an, indem im Kühlwagen auch das Großvieh, fleischermäßig zugerichtet, auf einzelne Verbrauchzentren verteilt wurde.

Daraus hat sich die nach dem Umsatz in Dollars größte Industrie der Vereinigten Staaten entwickelt, mit einer Produktion von ungefähr 50 Millionen Pfund pro Tag und einem Umsatz von ca. 3,3 Billionen im Jahre 1937.

Noch ist unklar, wie die einzelnen Stadien sich langsam entwickelt haben, bis sich daraus eine Fleischindustrie von kontinentalen Ausmaßen bildete, die in ihrer ganzen Handhabung und Organisation fast einem Präzisionsinstrument gleicht. Was dies an Intensität und Erfindungsgabe bedeutet, ergibt ein Vergleich mit Südamerika. Ein gewisser Einblick in ihre Entwicklung ist heute immerhin in Umrissen möglich.

Der Ursprung liegt im Staate Ohio, dem Zentrum der Maisproduktion im frühen neunzehnten Jahrhundert und konzentriert sich in der Stadt, die für europäische Beobachter bis in die fünfziger Jahre so ziemlich der am weitesten westlich gelegene Ort war, an dem eine Ansiedlung ratsam erschien. Cincinnati liegt am Ohio, dem wasserreichsten Nebenfluß des Mississippi, ungefähr auf halbem Wege zwischen der Industriestadt Pittsburgh und dem Treffpunkt der beiden Ströme. Die Lebensader von Cincinnati war der Fluß, wie es für Chicago später die Eisenbahnen wurden, und der Süden war der natürliche Verbraucher. Der Handel nach auswärts ging über New Orleans. Während der Zeit des Aufstiegs von Cincinnati – der Höhepunkt wird um die Jahrhundertmitte erreicht – gab es überhaupt keine bequemen Transportmittel in die Konsumzentren im Osten.

Auch in Cincinnati waren die Produkte anfangs nahezu wertlos. »Ich habe darauf hingewiesen«, sagt Charles Cist[10], der Historiker Cincinnatis, 1866, »daß es eine Zeit im Westen gab, wo Getreide in manchen Gegenden keine sechs Cent pro Scheffel einbrachte und in anderen so wertlos war, daß es Holz als Brennmaterial ersetzte.«

Um halbwegs mit der Maisproduktion fertig zu werden, verwendete man sie für Whisky oder in der Schweinezucht. Die Weite des Landes erlaubte es, die Schweine frei in den Wäldern aufzuziehen, wo sie von Eicheln und Bucheckern lebten und dabei solides Fleisch ansetzten. Fünf bis sechs Wochen vor dem Schlachten trieb man sie zum Anmästen in die geernteten oder ungeernteten Maisfelder[11]. Bald erreichten die Produktionsziffern eine Höhe, die für europäische Verhältnisse ebenso ungewohnt war wie die Art, wie man die Tiere aufzog. »Einige der Farmer treiben in einer Saison bis zu tausend Schweine auf ihre Felder; die gewöhnliche Anzahl jedoch liegt bei 150 bis 300 Stück.«[12]

Dies führte zu Überproduktion. Die Fleischindustrie konnte das Material nicht voll verarbeiten. Sehr früh zeigte sich hier ein Symptom, das im Laufe des Jahrhunderts und darüber hinaus in Amerika immer stärker in den Vordergrund trat: der Überschuß und die künstliche Verschwendung der Produktion. Was hier auf landwirtschaftlichem Gebiet und in verhältnismäßig schwach bewohnten Zonen

---

10 Charles Cist, »The hog and its products«, *Commissioner of Agriculture Report*, 1866, S. 391.
11 Charles Cist, zitiert bei C. F. Goss, *Cincinnati, The Queen City*, 1788-1912, Chicago, 1912, 4 Bde., Bd. 2, S. 334.
12 Ebd.

begann, wurde später durch eine hochgesteigerte Industrie nahezu auf alle Produkte übertragen.

Die Folge der Überproduktion war, daß Cincinnati, als es mit der Industrialisierung der Fleischherstellung im großen Maßstab begann, nur die wertvollsten Teile verwenden konnte und man alles übrige in den Fluß warf.

»Nicht weniger bemerkenswert ist die mittlerweile Hunderten bekannte Tatsache, daß in der Schweinefleisch-Industrie um 1928 andere Teile des Schweins als Schinken, Schulter, Seite und Bauch so wenig gefragt waren, daß man die Köpfe, Rippen, Nackenstücke, Wirbelsäulen etc. regelmäßig in den Ohio warf, um sie loszuwerden.«[13] Das ist die Zeit, in der ungefähr 40000 Schweine jährlich in Cincinnati verarbeitet wurden[14].

Es ist ein großer Sprung von diesem Stadium bis zur heutigen Fleischindustrie, die die Beiprodukte soweit als möglich ausnützt, bis zur Verwendung der erbsengroßen Zirbeldrüsen der Stiere, von denen es fünfzehntausend braucht, um ein Zirbeldrüsenpräparat herzustellen, oder zur Verwendung der Gallensteine für den Export nach Japan, wo sie ihrer magischen Kraft wegen als Talismane getragen werden.

In der Frühzeit wurde in Cincinnati das Schlachten vom Packen und Konservieren getrennt und an verschiedenen Orten vollzogen. Diese Trennung hängt noch mit europäischen Gewohnheiten zusammen. »Die Packhäuser waren des Transportes wegen in den Docks oder nahebei gelegen, um nahe dem Wasser zu sein, während die Schlachthäuser außerhalb des Weichbildes lagen. In den Straßen konnte man sehen, wie das Fleisch, das für die Konservierung bestimmt war, von den Schlacht- zu den Packhäusern gebracht wurde.«[15]

Völlig anders aber war die Methode, mit der die Tiere geschlachtet und zerlegt wurden. Wie wir kurz erwähnten[16], fiel den Reisenden bereits in den dreißiger Jahren die sorgfältig geplante Organisierung des Schlachtprozesses auf. Es konnte nur in der kälteren Jahreszeit gearbeitet werden. Im Stoßbetrieb kam der Ertrag des ganzen Jahres im Spätherbst in die Schlachthäuser. Die großen Mengen des rasch verderblichen Materials mußten so schnell wie möglich verarbeitet werden. Dies führte zu einer minutiösen Arbeitsteilung, bei der stufenweise, ähnlich wie in der englischen Schiffszwiebackherstellung der gleichen Periode, Handgriff für Handgriff durch mechanisierte Vorrichtungen ersetzt wurde, wo immer das Material dies zuließ. Alle Überlegungen ordneten sich dem Gesichtspunkt unter: wie kann die ununterbrochene Bandproduktion erreicht werden?

Um 1850 waren Schlachthaus und Packerhaus bereits in einer Anlage vereinigt. William Chambers[17], der Edinburgher Verleger und Herausgeber der *Encyclope-*

---

13 Charles Cist, zit. bei Goss, a.a.O., Bd. 2, S. 391.
14 Goss, a.a.O., Bd. 2, S. 334.
15 Malcolm Keir, *Manufacturing*, New York, 1928, S. 257.
16 Im Kapitel »Fließband«, S. 114.
17 William Chambers, *Things as They Are in America*, 1854, S. 156.

dia, gibt Kenntnis davon, wie der damals größte Betrieb in Cincinnati aussah. Er war vier Stockwerke hoch; eine schiefe Ebene führte in den obersten Stock des Baues. Dies war der Weg, den die Schweine hinaufgetrieben wurden, um im obersten Stockwerk getötet zu werden. Damit erscheint um die Jahrhundertmitte bereits das Prinzip der heutigen Packerhäuser, das Gewicht der Tiere auszunützen, um ihren Transport nach unten von Stockwerk zu Stockwerk möglichst mit Hilfe der Schwerkraft zu vollziehen.

Etwas sarkastisch fügt William Chambers hinzu, daß in England das leidtragende Tier das Recht habe, seinen Tod der Nachbarschaft durch heftiges Quieken kundzugeben. »In Cincinnati ist dafür keine Zeit. Jedes Schwein, das den Todesraum betritt, erhält einen Hieb mit dem Schlegel vor die Stirn, der ihm Bewußtsein und Bewegung raubt. Im nächsten Augenblick blutet es schon aus.«

Auch Frederick L. Olmsted, der den New Yorker Central Park anlegte und zu den weitblickendsten Gartenbauern seiner Zeit gehört, hat um 1850 die Packerhäuser von Cincinnati besichtigt, doch hat er es vorgezogen, diese Prozedur nicht mitanzusehen. »Die riesigen Schlachthöfe ließen wir aus; den von ihnen ausgehenden Strom von Blut zu sehen, reichte uns.«[18] Um so plastischer vermittelt er seinen Eindruck von der Arbeitsteilung, ohne sich dabei auf technische Einzelheiten einzulassen. Er erkennt, daß hier auch ohne Zahnräder die Menschenhände bereits trainiert sind, maschinenmäßig zu funktionieren. »Wir traten in einen riesigen, niedrigen Raum und folgten einer Allee toter Schweine, die auf dem Rücken lagen, alle Viere in die Luft gestreckt. Am Fluchtpunkt angekommen, sahen wir eine Art menschlicher Hackmaschine, die die Schweine in marktgerechtes Schweinefleisch verwandelte. Ein Bohlentisch, zwei Männer zum Heben und Wenden und zwei zum Schwingen der Beile waren ihre Bestandteile. *Eiserne Zahnräder hätten nicht regelmäßiger arbeiten können.* Klatsch, fällt das Schwein auf den Tisch, zack, zack, zack, zack, zack, zack fallen die Beile. Alles ist vorbei. Kaum hat man's ausgesprochen, geht es schon wieder: klatsch, und dann zack, zack, zack, zack, zack, zack. Zum Bewundern ist keine Zeit. Geübte Griffe lassen alles, Schinken, Schultern, Rippen, Bauch und Filet sauber geviertelt an ihre Stellen fliegen, wo Helfer mit Loren und Drehtischen jedes Stück seiner Bestimmung zuführen – den Schinken nach Mexiko, die Lende nach Bordeaux. Fassungslos über die Schnelligkeit, zogen wir unsere Uhren und zählten fünfunddreißig Sekunden von dem Augenblick, wo ein Schwein den Tisch berührte, bis zur Ankunft des nächsten. Leider zählten wir nicht die Anzahl der erforderlichen Schläge.«[19]

18 Olmsted, *A Journey through Texas*, New York, 1857, S. 9.
19 F. L. Olmsted, a.a.O., S. 9.

109. Cincinnati, Schweineschlachtung und -verarbeitung: Panoramagemälde von 1873. *Fassen und Schlachten: »Die Zangenarme sind über Ketten mit einem Flaschenzug verbunden, der an einer Schiene läuft. Die lebenden Schweine hängen mit dem Kopf nach unten und werden dem Abstecher zugeführt (. . .)«*

Brühen und Schaben: Beides wird noch von Hand ausgeführt. Die nächste Phase stellt den Ursprung der Fließbandarbeit dar:

Ausnehmen: »Die Sehnen des Schweins werden über einen Spriegel gezogen, der an einem schienengeführten Flaschenzug hängt. Ein Mann trennt das Tier auf, der nächste nimmt das Gedärm, der dritte Herz, Leber usw. heraus, und der letzte spritzt den Rumpf mit Wasser aus, bevor dieser an der Schiene zum Trockenraum gerollt wird.« (Vgl. Abb. 49)

Trockenraum und Schneidetische. Pökelkeller und Speckverwertung.

(Harper's Weekly, 6. September 1873)

Die Ausdehnung der Mechanisierung: Chicago (1860-1885)

Noch lange nach seiner Überflügelung durch Chicago bleibt Cincinnati der Ort, der über die größte Erfahrung in der Packerindustrie verfügte. Hier wurden die neuen Maschinerien ausprobiert und auf ihre Verwendbarkeit und Leistungsfähigkeit geprüft.

Trotz der großen Mengen, die verarbeitet wurden, blieb das Einzugsgebiet von Cincinnati lokal beschränkt. Als der Gartenbauer Frederick Law Olmsted von Cincinnati den Weg nach Texas nahm, konnten die Pferde der Postkutsche sich nur langsam durch endlose Schweineherden winden, die »grunzend und widerstrebend nach Cincinnati zum Markt getrieben wurden (. . .). Ich wage zu sagen«, so schreibt er, »daß wir in dieser waldreichen Gegend so viele Schweine antrafen wie Bäume (. . .).«[20]

Die lokale Versorgung der Packerhäuser von Cincinnati steht im Gegensatz zu dem, was später in Chicago geschah. Die Massen, die dieses Zentrum zu verarbeiten hatte, verlangten nach einem ungeheuren Einzugsgebiet. Wir haben es in Chicago mit Dimensionen zu tun, für die es bis heute keine Vergleichsmaßstäbe gibt. Es handelt sich um ein naturwüchsiges Kraftzentrum, das wie wenige Orte den ganzen erfindungsreichen und brutalen Eroberungsdrang des neunzehnten Jahrhunderts in sich birgt. Mehr und mehr wurde es zu dem wichtigsten Brückenkopf zwischen den Erzeugern und Verbrauchern eines großen Landes.

Zu Beginn der siebziger Jahre, unmittelbar vor der Weltkrise von 1873, spricht ein Beobachter[21] von den unabsehbaren Möglichkeiten dieser Stadt. Das Gefühl der unbegrenzten Verwirklichungsmöglichkeiten gab wohl den nötigen Impuls, Experimente nach jeder Richtung hin zu wagen, so daß im Augenblick, als die Produktion Tiere zu Millionen verarbeitete, alles fertig vorlag, was sie benötigte. Nebeneinander wurden die Erzeugung von Rohmaterial (Getreide, Vieh), die mechanisierte Produktion (Maschinen, Bandproduktion), der Transport und Aufbewahrungsmöglichkeiten (Eisenbahnen, Kühlanlagen und Kühlwagen) ausgebildet.

In der bescheidenen Siedlung Chicago war das Einzugsgebiet anfangs lokal. 1839 wurden 3000 Kühe von der umliegenden Prärie verarbeitet, eingepökelt und exportiert[22]. Bald wurden die umgebenden Staaten des Mittelwestens einbezogen. Auch dieses Gebiet erwies sich als ungenügend.

Die großen Ebenen westlich des Mississippi, die vom Golf von Mexiko bis nahe an die kanadische Grenze reichen, verwandelten sich in wenig mehr als einem Jahrzehnt in ein ungeheures Viehreservoir. Vom Süden ausgehend begann die Überflutung. Dort hatten schon die spanischen Kolonisatoren ihre langhörnigen Texas-Rinder gezogen. In der kurzen Zeit vom Bürgerkrieg bis 1876 breiten sich die Herden über die Fläche von zwölf Staaten aus. Es gab in der Prärie keine Grenzen, keine Zäune, das Land war herrenlos und frei. »Die Schnelligkeit dieser Expansion hat vielleicht in der ganzen amerikanischen Geschichte keine Parallele.«[23]

Wie in Cincinnati 1830 taucht nun in dem ungeheuren Gebiet der Viehschlachterei die Frage auf: Was soll mit dem Überschuß geschehen? Wie können die Abnehmer erreicht werden?

Es gab nur gefahrvolle Wege, auf denen die Kühe zu den Käufern getrieben werden konnten. Unter dem Einfluß dieser nahezu unüberbrückbaren Entfernungen wurden selbst Viehhändler zu Planern und Strategen. Der Begabteste von ihnen, der Chicagoer J. G. McCoy, studierte, über Karten gebeugt, »wo der Vieh-

---

20 F. L. Olmsted, a.a.O., S. 12.
21 James Parton, *Triumphs of Enterprise, Ingenuity and Public Spirit*, New York, 1872.
22 J. Parton, a.a.O., S. 44.
23 Walter Prescott Webb, *The Great Plains*, Boston, 1936, S. 207.

treck von Texas her auf die nach Westen vorstoßende Eisenbahn treffen würde«[24]. Als günstigster Punkt erschien ihm ein verlassener Ort, Abilene, nördlich von Texas im Staate Kansas. Er bestand aus zwölf Hütten. Man züchtete dort Präriehunde. In sechzig Tagen hatte McCoy Unterkunft für über dreitausend Kühe geschaffen. Noch im Herbst des gleichen Jahres (1867) transportierte er 35000 Stück Vieh. Fast alle Züge endeten in Chicago. 1869 hatte sich die Zahl verzehnfacht, und 1871 waren es 700000 Kühe, die in die Packerhäuser des Mittelwestens transportiert wurden.

Kühlwagen und Lagerhaus

Parallel mit der Entstehung diese Viehreservoirs laufen die verschiedenartigsten Versuche, um die Maschinerie für die Massenverarbeitung der Tiere zu schaffen. Wie dies im einzelnen Fall geschieht, darauf wollen wir im folgenden näher eingehen, denn nur auf diesem Weg ist Einblick in die Methoden zu gewinnen, die hier erprobt wurden.

Chicago blieb verhältnismäßig lange isoliert. Erst 1856 erhielt erst seine erste Eisenbahnverbindung mit den Städten des Ostens. Die Jahrhundertmitte bezeichnet den Beginn eines intensiveren Ausbaus des Eisenbahnnetzes. »Im Jahre 1849 ertönte zum ersten Mal der Pfiff einer Lokomotive über den Prärien westlich von Chicago«, allerdings nur auf einer Strecke von zehn Meilen[25]. 1850 wurde ein Teil der nordwestlichen Prärie im Staate Illinois (bis Galena) einbezogen. In den sechziger Jahren erfolgt die mehrfache Durchquerung des ganzes Kontinents. Anfangs der siebziger Jahre rühmt man sich in Chicago, daß alle fünfzehn Minuten ein Zug abfährt[26]. Und noch im gleichen Jahrzehnt nehmen die konkurrierenden Linien so zu, daß es zu Zusammenbrüchen und zu offenem Kampf gegen die Eisenbahngesellschaften kommt.

Um aus dem Stadium des Saisonbetriebes herauszukommen, wurde, in den fünfziger Jahren, soweit es damals möglich war, das Sommerschlachten in Chicago eingeführt. Dafür brauchte es umfangreiche, kühle Lagerhäuser, die mit natürlichem Eis gefüllt wurden. Diese Holzbauten tauchen bald in allen Städten auf, wo es eine Packerindustrie gab. Zu Beginn der siebziger Jahre begann allmählich die Einführung von Kühlmaschinen.

Völlig umgestürzt wurde die lokale Versorgung erst durch die Einführung des Kühlwagens[27]. Fünfzehn Jahre – von 1867 bis 1882 – dauerte die Experimentierphase, von der ersten Ausfertigung eines amerikanischen Patents, 1867, und von den Transporten, die von Chicago nach Boston durchgeführt wurden, bis zum durchschlagenden Erfolg bei der Einführung von geschlachtetem Großvieh in New York.

---

24 W. P. Webb, a.a.O., S. 219.
25 Webb, a.a.O., S. 222-223.
26 Parton, a.a.O., S. 46.
27 Siehe darüber Näheres bei Harper Leech und John Charles Carroll, *Armour and His Times*, New York-London, 1938, S. 125-127.

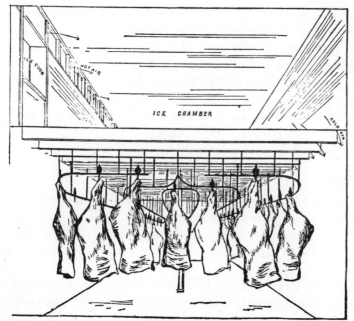

110. Swifts erste erfolgreiche Kühlkammer. New York 1882. *Nach zwanzig Jahren Mißerfolg gelang es Gustavus Swift durch kluge Planung, gekühltes Fleisch auf die Märkte einer entfernten Großstadt zu bringen. »Das neue Verfahren drückte den Marktpreis um drei bis vier Dollar pro Zentner.«* (Harper's Weekly, 21. *Oktober* 1882)

Bei dem ersten Patent[28] versuchte man, dem Problem durch gesteuerte Luftzirkulation und durch Absaugen der Warmluft beizukommen. Fünf Jahre später, 1872[29], wurde das Eis von oben in V-förmige Behälter, die an den Enden des Wagens lagen, umgefüllt. Auch fehlte es nicht an Versuchen, automatische Kühlung durch Verdunstung von Wasser zu erreichen.

Inzwischen war es dem Franzosen Charles Tellier[30] gelungen, auf dem Schiff *Frigorifique* 1876 frisches Fleisch über den Ozean bringen zu lassen. In den Häfen und selbst in Paris konnte man Hammelfleisch amerikanischer Herkunft finden. Die Südamerikaner beanspruchen für einen ihrer Mitbürger, Francesco Lecoq aus Montevideo, der in Paris mit Tellier in enger Verbindung stand, das Primat der Erfindung. Lecoqs Kühlverfahren beruhte auf der Verdunstung von Äther[31].

George Henry Hammond war der erste Packer, der die Möglichkeiten, die im Kühlwagen lagen, erkannte. Wann er die erste Wagenladung von Chicago nach Boston sandte, steht nicht genau fest, doch war es im Jahre 1867 oder 1868. Das Fleisch wurde auf Eis gelagert, entfärbte sich dabei leicht und fand deshalb beim Publikum einen gewissen Widerstand.

Durchschlagenden Erfolg hatte Gustavus Swift, als er 1882 den New Yorker Markt eroberte. Er hatte sorgfältig vorgearbeitet. Der Kühlwagen, den er 1879 mit

28 U.S. Patent 71423, 1867, J. B. Sutherland.
29 U.S. Patent 131722, 24. Sept. 1872, J. Tunstel.
30 Charles Tellier, *L'Histoire d'une invention moderne, le frigorifique*, Paris, 1910.
31 Ramon J. Carcano, *Francesco Lecoq, Su teoria y su obra* 1865-1868, Buenos Aires, 1919, Das französische Patent erhielt Francesco Lecoq am 20. Januar 1866.

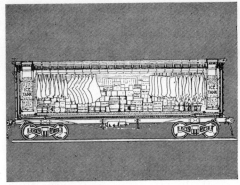

111. Amerikanischer Kühlwaggon.

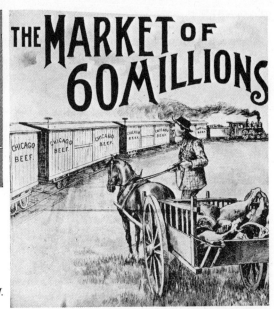

112. Der Farmer und die Fleischfabrik. (*J. Ryerson Collection, Chicago*)

einem Bostoner Ingenieur zusammen konstruiert hatte[32], hielt das Eis über der Decke gelagert, so daß sich die kalte Luft von oben, am aufgehängten Fleisch entlang, zum Boden herabsenkte. In ähnlicher Weise hatte er auch das New Yorker Lagerhaus ausgestattet: über stark isolierten Mauern wurden dreihundert Tonnen Eis gelagert (Abb. 110).

Der Erfolg war so auffallend, daß nach dem Eintreffen der ersten Sendung *Harper's Weekly* einen ausführlichen illustrierten Artikel brachte: »Billigeres Rindfleisch«, der die Gründe für den sofortigen kommerziellen Erfolg angab: »Das neue Verfahren hat den Marktpreis schon um drei bis vier Dollar pro Zentner gesenkt. (...) Die gegenwärtige Unruhe am Rindfleischmarkt, die zu gründlicher und bleibender Senkung der Rindfleischpreise führen muß, verdient größtes Interesse (...), zumindest für New York hat die Zeit billigen Rindfleisches begonnen.«[33]

Aus statistischen Angaben geht hervor, wie sich der Transport von Kühlfleisch auswirkte. Innerhalb eines Jahres fällt plötzlich die Zahl der von Chicago aus transportierten Kühe um mehr als 170000[34]. Dies geschieht im Jahre 1884, in einer Periode von fast hektisch zunehmenden Produktionsziffern auf allen Gebieten, knapp vor der großen Hausse von 1885, deren bleibendstes Denkmal die ersten Wolkenkratzer sind.

---

32 U.S. Patent 215572, 1879, Andrew J. Chase.
33 *Harper's Weekly*, 21. Oktober 1882, S. 663.
34 Transportiertes Vieh 1883 – 966758; 1884 – 791884. Vgl. A. T. Andreas, *The History of Chicago*, Chicago 1884-86, Bd. 3, S. 335.

Chicago hat sich organisch entwickelt, und anfangs beinahe so anonym wie eine Goldgräberstadt. Auf dem Gebiet der Packerindustrie erscheinen die weltbekannten Namen erst, nachdem Chicago den mühsamsten Teil des Aufstieges hinter sich hatte.

Die zwei größten Packer, Gustavus F. Swift und Philip D. Armour, faßten verhältnismäßig spät und zögernd den Entschluß, sich dauernd in Chicago festzusetzen. G. F. Swift (1839-1903) begann sein Metzgerhandwerk in Neu-England und fuhr dort mit seinem Wagen von Haus zu Haus. Später entwickelte er sich zum Vieheinkäufer und zog den großen Schlachthöfen nach: Albany, Buffalo und schließlich Chicago, wohin er erst als Sechsunddreißigjähriger mit einer fünfköpfigen Familie kam. Bis dahin hatte er – in einem Vierteljahrhundert – dreißigtausend Dollar gespart und das war, wie sein Sohn mitteilt[35], »selbst 1875 nicht genug«, um eine bescheidene Fleischfabrik zu gründen. So führte er anfangs auch hier seinen Viehhandel weiter. Er war Sachverständiger in Kühen und stolz auf das Schätzvermögen seiner Augen. Gehemmt durch zu geringes Kapital, doch erfüllt von dem Willen, es den großen Packern gleichzutun, suchte er nach einem Ausweg.

Im Winter 1875, im gleichen Jahr, in dem er nach Chicago kam, und ohne einen entsprechenden Betrieb hinter sich zu haben, begann er statt Kühe Fleisch in Frachtwagen zu transportieren[36]. Vor ihm hatten andere bereits mit dem Kühlwagen experimentiert. Er jedoch ging von ihm aus und benützte ihn als Sprungbrett. Denn er erblickte darin eine Chance, die Kluft zwischen seinem Kapitalmangel und seinem Ehrgeiz zu überbrücken. Da die Eisenbahnen, die Lebendviehtransporte durchführten, sich ablehnend verhielten, wandte er sich an eine Linie, die so viele Umwege machte, daß sie normalerweise für Transporte nicht in Frage kam. Diese ließ sich auf Swifts Vorschläge ein, nachdem eine reiche Detroiter Firma in einer großzügigen Geste – gegen gewisse Sicherheiten – zehn Kühlwagen für Swift bauen ließ[37]. Damit begann der Aufstieg. Einfach war er nicht. Im Buch seines Sohnes[38] mag man nachlesen, wie die Wagen »absurderweise ihre verderbliche Fracht schlecht werden ließen«, und wie Swift und seine Leute mit einfachen Mitteln versuchten, sie langsam zuverlässiger zu machen. In den späten siebziger Jahren, in denen schon leistungsfähige Packer mit großen Betrieben am Ort tätig waren und alle Lose bereits verteilt schienen, gab es für einen Außenseiter mit lächerlich geringem Kapital kaum eine Möglichkeit zu großem Aufstieg.

Daß Swift sich durchsetzte, lag an seiner starken analytischen Begabung, die mit dem Wagemut zur kühnen Konstruktion verbunden war. Mit dem Instinkt des Spezialisten warf er seine ganze Energie in den Ausbau seines Betriebes.

---

35 Louis F. Swift, *The Yankee and the Yards, the Biography of Gustavus Franklin Swift,* New York, 1927, S. 18.
36 Ebd., S. 185.
37 Auch dieser Schritt war nicht ohne Schwierigkeiten, da der Packer Hammond die Wagen wegen Patentverletzung erst gerichtlich beschlagnahmen ließ. Louis F. Swift, a.a.O., S. 189.
38 Ebd., Kapitel »Sich nie geschlagen geben«.

Philip D. Armour (1832-1901) war, bevor er nach Chicago kam, bereits als Pakker in Milwaukee erfolgreich gewesen und hatte mit seinen Brüdern auch außerhalb jener Stadt Betriebe gegründet. Er war Spezialist in Schweinefleisch-Verarbeitung, jedoch gleichzeitig auch im Getreidehandel tätig. Er war ein geborener Spekulant. Das bestimmte die fieberhafte Tätigkeit, die er ein Vierteljahrhundert in Chicago entfalten sollte. Auch er übersiedelte erst 1875 dauernd nach Chicago, so daß er zufällig im gleichen Jahr Chicago als Operationsbasis wählte wie der sieben Jahre jüngere Swift. Das war die Zeit, in der, wie Swifts Tochter dies ausdrückt, Chicago der Ort war, wo das Geld auf der Straße lag[39].

Der phantastische Aufstieg Chicagos begann 1861/62, als die Eisenbahnen das Vieh anliefern konnten, und die Packerindustrie mit der Verarbeitung von mehr als einer halben Millionen Schweinen das alte Zentrum Cincinnati überflügelte. In den frühen sechziger Jahren verdoppelte sich die Produktion nahezu jährlich. 1860 waren es noch nicht 400000, aber 1862 war die Million bereits weit überschritten (1,34 Mill.). 1865 wurden die Zentral-Schlachthöfe (Union Stock Yards) gegründet, die dem neuen Großbetrieb entsprachen. Mit vollem Recht ist darauf hingewiesen worden, daß Chicago den Aufstieg nicht dem Bürgerkrieg zu danken hatte, wie oft gesagt wird, sondern eigener Kraft[40].

Diesem ersten Aufschwung folgt eine zweite Entwicklungsphase zu Beginn der siebziger Jahre. Damals tauchten originelle Köpfe in der Packindustrie auf, die neue, dem Großbetrieb entsprechende Dinge einführten. Es begann die Anwendung von Kältemaschinen in den Kühlräumen, und große Anstrengungen wurden unternommen, um den Schlachtprozeß zu mechanisieren. Unter den Packern war es, wie früher erwähnt wurde, George H. Hammond, der mit einem gewissen Erfolg am Ende der sechziger Jahre den Kühlwagen verwendete, um Fleisch nach Boston zu bringen.

J. A. Wilson, ein anderer Packer, hatte 1875 eine neue Konserve eingeführt, indem er eine Methode erfand, bei der das Fleisch, in kompakte Kuchenform gepreßt, aufbewahrt werden konnte, und zwar »schmackhaft, fertig gekocht, bereit, um geschnitten und gegessen zu werden«. Es handelt sich bei dieser Konserve natürlich um *corned beef*, ein Name, der nachher in viele Sprachen überging, und um einen Artikel, der im Tornister eines jeden Soldaten zu finden ist. Dazu erfand Wilson einen entsprechenden Behälter in Form eines Pyramidenstumpfes (Abb. 113, 114), der sich ebenfalls bis heute fast unverändert erhalten hat. Wie wir aus *Frank Leslie's Illustrated Newspaper* 1878 erfahren, wurde durch das »ohne Knochen und Knorpel gepreßte Dosenfleisch«[41] eine Gewichtsersparnis von 3 : 1 gegenüber den in Fässern gepacktem Fleisch erreicht, also ungefähr die gleiche Reduzierung, die sich beim Transport von frischem Fleisch gegenüber Lebendvieh zeigte.

39 Helen Swift, *My Father and My Mother*, Chicago, 1937, S. 127.
40 Ebd.
41 *Frank Leslie's Illustrated Newspaper*, 12. Oktober 1878, S. 95.

Der Eintritt von Armour und Swift in die Reihe der Konkurrenten bezeichnet die dritte Entwicklungsphase, die Eroberung des nationalen und in gewissem Sinne auch des Weltmarktes. In dieser Phase erfolgt der weitere Ausbau der Maschinerie und die Durchführung der Bandproduktion, wie sie heute noch in Verwendung ist; der Kühlwagen entwickelt sich zum Kampfmittel der Expansion. Der Aufstieg von Armour und Swift lag sicher in einem ungewöhnlichen Unternehmungsdrang begründet, doch dürfen dabei zwei Vorteile nicht übersehen werden: Sie kamen zu einer Zeit, die Temperamenten mit gigantischen Projekten Möglichkeiten bot, und sie konnten die weitgehenden Erfahrungen, die bereits am Orte gesammelt waren, nützen. Tatsächlich hat keiner von beiden wesentliche Neuerungen zuerst eingeführt. Trotzdem sind ihre Gestalten fester umrissen als die der anderen, denn beide zielten auf das, was den Kern der Packerindustrie ausmacht: die Organisation. Durch die Organisation erreichten sie früher unvorstellbare Dimensionen in der Verarbeitung von Lebendvieh.

In der Packerindustrie spielt aus Gründen, auf die wir gleich zu sprechen kommen werden, die Erfindung keine besondere Rolle. Was hier der Erfindung zugänglich war, um den handwerklichen Pruduktionsprozeß in den industriellen zu verwandeln, ist nicht zu vergleichen mit den mechanischen Präzisionsmaschinen in der Spinnerei. Dort sind die Probleme so gut wie zuende, wenn der Faden gedreht ist, während sie beim Packer eigentlich erst beginnen, wenn es gilt, das verderbliche Produkt zu verteilen und an den Mann zu bringen.

Swift mußte, so heißt es, zwanzigmal über den Ozean reisen, bis seine Produkte in England Absatz fanden. Wie sehr das ganze Unternehmen auf Organisation beruhte, gibt eine Einzelheit viel plastischer wieder als lange Beschreibungen. Bei dem durchschlagenden Erfolg, den Swift mit seinem *Chicago dressed beef* in New York erzielte, wurde, wie *Harper's Weekly* damals betonte, sogar darauf Rücksicht genommen, daß der Kühlwagen so vor dem Lagerhaus zu stehen kam, daß »seine Tür genau der des Lagerhauses gegenüberlag und beide durch eine Schiene so verbunden waren, daß sich das Fleisch ohne Zeitverlust und ohne den Haken wechseln zu müssen in den Lagerraum schaffen ließ, in dem dieselbe Temperatur herrschte wie im Waggon«[42].

Die gefährliche finanzielle Lage, in die Swift verschiedene Male geriet, hatte ihren Ursprung immer im Betrieb, der rascher wuchs als das Kapital[43]. Alle Expansionen, die er vornahm, kreisen konsequent um eine Aufgabe: Wo liegen Möglichkeiten, um die Einflußsphäre des Betriebes zu vergrößern? Er war auf peinlichste Präzision und sachgemäße Ausführung bedacht[44] und verstand es, Produkte und Werkstätten mit einem Blick zu überprüfen. Auch seine sorgfältige Ver-

---

42 Harper's Weekly, 21. Okt. 1882, S. 663.
43 Louis F. Swift, a.a.O., S. 118.
44 Trotzdem waren die hygienischen Verhältnisse in den Konservenfabriken, auf jeden Fall um die Jahrhundertwende, alarmierend und forderten später einschneidende Reformen. Die englische Zeitschrift *The Lancet* (7., 14., 21. und 28. Januar 1905) erregte die öffentliche Meinung; ihr folgten: Upton Sinclairs *The Jungle* (1906) und Untersuchung durch den Kongreß 1906, bei der Theodore Roosevelt sich äußerte: »Die Bedingungen in den Chicagoer Schlachthöfen sind, wie schon diese Kurzinspektion ergab, empörend« (*59th Congress, 1st Session, Document* 873). Den Hinweis hierauf verdanken wir Mr. Wayne Andrews.

113. »Herstellung von Dosen für Fleischkonserven«, Chicago, 1878. (Frank Leslie's Illustrated Newspaper, 12. *Oktober* 1878)

wertung der Nebenprodukte liegt auf dieser Linie. Es heißt, daß er manchmal nachts zu den Kühlräumen geritten sei, um die Temperaturen der Thermometer zu überprüfen. Seine Methode änderte sich nicht, als er gegen Ende der achtziger Jahre schrittweise den zurückweichenden Weidegründen nachrückte und Zweigfabriken bis nach Texas hinunter errichtete. Dies geschah gelegentlich an Orten, die gewöhnlich als gänzlich ungeeignet galten, aber Swift hatte nach der Beschaffenheit des Bodens, nach dem, was wuchs oder wachsen konnte, sein Urteil gebildet und danach unbeirrt gehandelt[45]. Auf jedem Gebiet ist es das Zeichen wirklichen Formates, wenn sich Weitsicht mit dem Blick für minutiöse Details verbindet.

---

45 Ebd., S. 131-135.

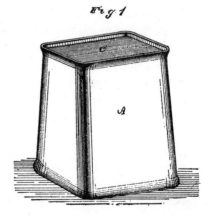

114. Wilsons Patent-Cornedbeef-Büchse, 1875. *»Ein leichter Schlag auf das schmalere Ende C läßt das fest verpackte Fleisch in einem Stück herausgleiten, so daß es in Scheiben geschnitten werden kann.«* (U. S. Patent 161848, *April* 1875)

Gustavus F. Swift hat von Armour gesagt: »Er war genau das, was er selbst zu sein beanspruchte, ein geborener Spekulant. Er hatte die Fähigkeit, viele Eisen zur gleichen Zeit im Feuer zu haben.«[46] Es herrschte ein wildes Durcheinander auf dem Getreidemarkt in Chicago, auf dem der Brotpreis der Welt festgesetzt wurde. Mitten in diesem Chaos von Krächen und Krisen, von wirklicher und künstlicher Panik, verbrachte Armour ein Vierteljahrhundert, im Vordergrund oder verdeckt. Einmal arbeitet er mit den Haussiers, einmal gegen sie, einmal macht er nur Jagd auf die Baissiers, ein anderes Mal steht er auf ihrer Seite; es wurde bekannt, daß ein Haftbefehl gegen Armour vorlag »wegen spekulativer Aufkäufe von Schweinefleisch«[47]. Seine Transaktionen blieben nicht auf dem Papier. Er ließ sich dafür die größten Silos der Welt bauen.

Der Kampf wurde in jener Zeit mit bloßen Fäusten geführt. Dafür ist die ungebrochene Energie einer ersten Generation nötig. Armour hatte hundert Dollar in der Tasche, als er, bald zu Fuß und bald mit Ochsenkarren, nach Kalifornien wanderte, um dort 1851 zuerst sein Glück zu versuchen. George Hammond fing im Chicago der fünfziger Jahre mit einem kleinen Fleischerladen an und hatte dreizehn Dollar und eine Fünfzig-Dollar-Note in der Tasche. Und Swift begann in Neu-England sogar nur mit fünfundzwanzig Dollar.

Die Rentiergesinnung des vorsichtigen Bewahrens, die stets spätere Generationen verrät, mag es sich um Einzelne oder um einen ganzen Staat handeln, hätte diese Riesenkonzerne nicht im Traum zustandegebracht.

Es brauchte Leute, die bereit waren, Gefährliches zu wagen, zu gewinnen und zu verlieren. Nichts war eingefahren, jeder spielte gegen jeden.

Der Schlüssel zur Großproduktion war zur Zeit von Swift und Armour der Kühlwagen. Gegen ihn lehnten sich anfangs vor allem die auf, die am meisten davon profitieren sollten. Die Eisenbahnen sahen keinen Grund, sich der Packer wegen auf ein zweifelhaftes Experiment einzulassen und dabei die Hälfte des Transportgewichtes zu verlieren. Was sollte mit dem ungeheuren Wagenpark geschehen, der bisher der Beförderung von Lebendvieh nach den Städten im Osten gedient hatte? Warum sollten die Eisenbahnen ihre Gewinnchancen niederschrauben und außerdem ihr Inventar entwerten lassen? Aber die Entwicklung war stärker. Es half nichts, die Packer zu zwingen, daß sie ihre Wagen selbst bauen ließen, im Gegenteil, es entstanden dadurch die privaten Güterzug-Linien[48], die, direkt und indirekt, den Packern hohe Gewinne zuführten.

Dann galt es, die Fleischer im Osten von Handwerkern in Verkäufer von Kühlfleisch zu verwandeln. Dies gelang, nachdem die Kühlwagen richtig funktionierten, denn die Packer konnten die entferntesten Orte billiger beliefern als der Metzger, der heimische Tiere schlachtete. Sie konnten »bessere Stücke zu ge-

---

46 H. Leech und J. C. Carroll, *Armour and His Time*, New York, 1938, S. 238.
47 Leech and Carroll, a.a.O., S. 251.
48 Louis D. Weld, *Private Freight Cars and American Railways*, Columbia University Studies in History, Economics and Public Law, New York, 1908, Bd. 31, Nr. 1.

ringerem Preis verkaufen als der Metzger, Stücke von geringerer Qualität von Tieren, die er in seiner eigenen Schlachterei schlachtete«[49].

Mit gleicher Schärfe wurde der Kampf am Platze selbst geführt und später auf andere Packzentren ausgedehnt. Die kleineren Firmen wurden übernommen, aufgekauft oder auf andere Weise an die Wand gedrückt.

Armour hatte sich für die Kühlwagen erst interessiert, als ihr Erfolg sicher war. Dann aber tat er dies um so intensiver. Gegen Ende der achtziger Jahre versuchte man, die Früchte des aufblühenden Kalifornien im Kühlwagen nach dem Osten zu bringen[50]. Bald wurden enorme Profite erzielt. Dies zog die Aufmerksamkeit Armours (um 1890) auf sich. Er griff wie auf dem Getreidemarkt ein und bestellte, vorläufig ohne Kunden, tausend und mehr Wagen. Mit einer Gesellschaft verband er sich, andere übernahm er, manchmal zu hohem Preis, andere gingen zugrunde. Die erste Gesellschaft, die erfolgreiche Versuche mit kalifornischem Früchtetransport gemacht hatte, kam in diesem Machtkampf unter die Räder[51]. Während der neunziger Jahre wurden die *Armour Car Lines,* die unter verschiedenen Namen arbeiteten[52], zur mächtigsten Gesellschaft.

Die Perspektiven erweiterten sich, und die Dimensionen wuchsen, bis man sich dem Punkte näherte, an dem es möglich schien, den ganzen Lebensmittelmarkt – Früchte, Getreide, Fleisch – zu beherrschen. Die Jahrhundertwende bezeichnet diesen Punkt. Im Jahre 1902 vereinigten sich J. O. Armour, Gustavus Swift und dessen Schwiegersohn Edward Morris zum Kartell der »National Packing Company«, die jedoch später gerichtlich aufgelöst wurde.

Einzeloperationen in der mechanisierten Fleischverarbeitung

Beim Metzger, der sein Vieh schlachtet, fließen die einzelnen Vorgänge so ineinander, daß es manchmal schwer ist, sie zu trennen. Sobald man in der Massenproduktion das lebende Tier in verkaufsfertiges Fleisch zu verwandeln beginnt, wird, wie überall im Mechanisierungsprozeß, eine scharfe und weitgehende Aufteilung in einzelne Operationen notwendig.

Von Anfang an war das Interesse, eine größtmögliche Schnelligkeit beim Verwandeln des Tieres in Schlachtfleisch zu erreichen, auf das Schwein konzentriert. Das gilt von der halben Million Schweine, die die Vereinigten Staaten 1850 verarbeiteten, genau so wie ungefähr zwei Dezennien später[53] von den fünfeinhalb Millionen.

Es werden heute vierundzwanzig verschiedene Operationen gezählt, bis das lebendige Tier in zwei Hälften geteilt ist und an Förderschienen in den Kühlraum rollt. Drei verschiedene Stadien sind dabei zu unterscheiden. Die Organisation

---

49 J. Ogden Armour, *Packers, The Private Car Lines and the People,* Philadelphia, 1906, S. 24.
50 »Die erste einigermaßen bedeutende Kühlwagengesellschaft, die nur im Obsttransport arbeitete, war die von F. A. Thomas in Chicago, einem Detroiter Erfinder, der 1886 fünfzig Kühlwagen baute.« Vgl. L. D. Weld, a.a.O., S. 18.
51 Ebenda, S. 19. Durch Unterbietung der Frachtpreise.
52 *Armour Car Line, Fruit Growers' Express, Continental Fruit Express.*
53 Nach *Harper's Weekly,* März 1872 bis März 1873.

ging darauf aus, den Zeitverlust, den die Natur erzwang, auszugleichen und den Prozeß soweit wie möglich einem kontinuierlichen Fluß anzunähern.

Das erste Stadium umfaßt den eigentlichen Schlachtvorgang: Das Schwein wird am Hinterfuß gepackt, um den eine Kette geworfen wird, die an eine große, rotierende Scheibe von ungefähr zwölf Fuß Durchmesser gehängt wird. Während die Scheibe sich langsam dreht (ungefähr zwei bis drei Umdrehungen in der Minute) wird das Tier nach rückwärts und in die Höhe gezogen, bis es, mit dem Kopf nach unten hängend, wehrlos ist. Es dreht sich mit der Scheibe, wird durch eine einfache Vorrichtung nach Überschreiten des Höhepunktes an eine schwebende Schiene gehängt und gleitet in den Bereich des Schlächters. Es hat sich herausgestellt, daß diese Trommel, dieser rotierende Schweineaufzug, das beste Mittel ist, »um Zeitverlust beim Fangen und Hochziehen der Tiere an die Gleitschienen zu vermeiden«[54]. Dafür ist kaum eine halbe Minute nötig, doch läßt man eine größere Anzahl sich an der Ausblutstelle ansammeln.

Im zweiten Stadium wird das Tier von Schleim, Blut und Schmutz gereinigt, und Haare und Borsten werden entfernt. Das Abbrühfaß des Metzgers hat sich in ein weites, dampfgeheiztes Becken vewandelt. Das heiße Wasser macht die Haut elastisch und weicht Borsten und Haare auf. Eine schräg aufsteigende Schiene befördert das Tier zur Enthaarungsmaschine, die es fast vollständig abschabt, sogar Füße und Kopf. Dieses zweite Stadium endet damit, daß die Sehnen der Hinterbeine bloßgelegt und über einen Spriegel gelegt werden; dieser wird an eine Fahrrolle gehängt, die mit der Endloskette verbunden ist.

Im dritten Stadium geht es darum, das Tier für den Kühlraum vorzubereiten, wo es erkalten soll. Bisher konnte der Produktionsprozeß mehr oder weniger fließend durchgeführt werden. Er vollzog sich auf- und absteigend auf verschiedenen Ebenen, wie eine Berg- und Talbahn. Nun setzt die Endloskette und mit ihr die gleichmäßige Geschwindigkeit durch alle Teile des Produktionsvorganges ein. An der Transportschiene hängend, werden Brust und Hals des Tieres geöffnet. Der Kopf wird fast ganz abgetrennt, ein Veterinär inspiziert die Lymphdrüsen, die verworfenen Tiere werden auf eine Seitenbahn geschoben. Dann wird der Bauch geöffnet, die Eingeweide werden ausgelöst, die Gedärme inspiziert, Herz und Leber aussortiert, die Wirbelsäule gespalten, die inneren und äußeren Flächen noch einmal gesäubert, und schließlich das Fleisch nochmals beschaut, gestempelt und langsam in den Kühlraum befördert.

Das zweite Stadium ist, wie wir bereits früher andeuteten[55], unter einem anderen Gesichtspunkt von großer Bedeutung, denn die ganze Methode des Vorgehens ließ die moderne Bandproduktion entstehen. In der Packindustrie und in diesem speziellen Stadium gewann man Jahrzehnte hindurch Erfahrungen mit der Bandproduktion. Die Automobilindustrie konnte später ihre eigene Bandproduktion so überraschend schnell ausbauen, da damals schon umfangreiche Erfahrungen zur

---

54 William Douglas & Son, *Encyclopedia. A book of reference for all industries associated with the meat, pork, provision, and general food trade,* London, 1903, S. 451.
55 Im Kapitel »Fließband«.

Verfügung standen, wie man an einem in Bewegung befindlichen Objekt arbeitet.

Plastischer, als es durch technische Beschreibungen möglich wäre, macht Upton Sinclair in *The Jungle* klar, was in diesem Stadium vor sich geht: »Der Schweinerumpf wurde dann wiederum von den Maschinen erfaßt und von neuem auf die Reise geschickt, diesmal zwischen zwei Reihen von Männern hindurch (...), die auf einer Art Podest standen und von denen jeder einen bestimmten Handgriff ausführte, wenn der Schweinerumpf zu ihm kam. Einer schabte die Außenseite eines Beins ab, ein anderer seine Innenseite. Einer durchtrennte mit raschem Schnitt die Kehle, (...) wieder ein anderer schlitzte den Leib auf, ein zweiter öffnete ihn weiter, ein dritter durchsägte das Brustbein, ein vierter löste die Eingeweide, ein fünfter nahm sie heraus. (...) Es gab Männer, die die Flanken des Tieres abschabten, und andere für den Rücken; einige säuberten das Innere der Tiere und wuschen sie aus. Wenn man den ganze Raum überblickte, dann sah man die ganze Reihe von baumelnden Schweinen sich langsam vorwärtsbewegen (...), und alle paar Schritte waren Männer an der Arbeit, als sitze ihnen der Teufel im Nacken. Am Ende ihres Weges war jeder Zentimeter der Schweine mehr als einmal bearbeitet worden.«[56]

Mechanisierung und organische Substanz

In der entscheidenden Zeit, vom Ende der sechziger bis zum Ende der siebziger Jahre, wird die Apparatur für die Massenschlachtung entwickelt. Immer noch ist die Zahl der verarbeiteten Tiere in dem Packerzentrum Chicago mit der einer europäischen Großstadt wie Paris vergleichbar. Im Grunde aber waren schon damals die Verhältnisse völlig verschieden: Die Einwohnerzahl von Paris und seinen Vororten näherte sich 1867 der Zwei-Millionen-Grenze, und Chicago hatte kaum 220000. Chicago konnte seine Produktion nicht verzehren. Selbst vor der Einführung des Kühlwagens war die Chicagoer Fleischproduktion auf den Export angewiesen. Das Fleisch wird in verschiedener Form versandt und bereits gegen Ende der siebziger Jahre, im Frischzustand nach England und Schottland exportiert.

Die Apparatur zur Massenverarbeitung wurde lange vor der Zeit, in der die Rekordziffern der Produktion beginnen, vorbereitet. Die Zeit der stärksten Erfindertätigkeit läßt sich ziemlich genau festlegen. Vereinzelt erscheinen nach 1860 Patente für die Mechanisierung der verschiedenen Operationen. Von Mitte der sechziger Jahre an und in den siebziger Jahren nehmen sie immer mehr zu und laufen nahezu unvermindert weiter bis nach 1880. Von den Grundprinzipien, die in dieser Zeit für die Mechanisierung festgelegt werden, wird auch später nicht mehr abgewichen. 1872-1873 werden allein sechs Patente für Apparaturen, um Schwei-

---

56 Upton Sinclair, *The Jungle*, New York, 1906, S. 42.

115. Schweineschlachten in Chicago, 1886. *Hochziehen mit Seil und Flaschenzug.* (Scientific American, 21. *August* 1886)

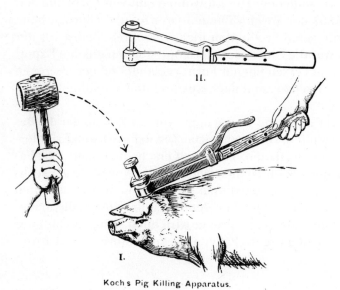

II.

Kochs Pig Killing Apparatus.

I.

116. Kochs Schweine-Tötungsvorrichtung. (Douglas's Encyclopedia)

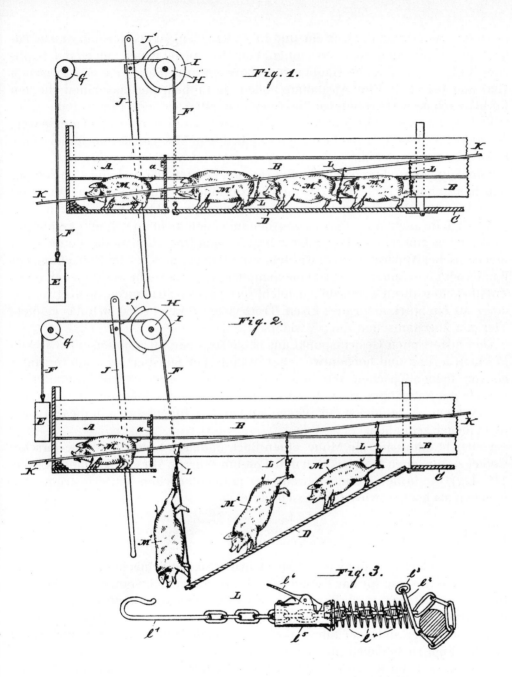

117. Apparat zum Einfangen und Aufhängen von Schweinen, 1882. *Die Aufgabe besteht darin, das lebende Tier in das Fließband einzugliedern. Seit den siebziger Jahren, als man das Betäuben zu zeitraubend fand, wurden Einrichtungen vorgeschlagen, um das Schwein kampflos an die Schiene zu hängen: »Das Schwein M dient als Köder für die anderen, und so spart man viel Zeit und Mühe. Mittels der Bremse wird die Falltür langsam abgesenkt, bis die Schweine vollständig in der Luft hängen und an der Stange K zu der Stelle rutschen, wo sie getötet werden.« (U. S. Patent 252 112, 10. Januar 1882)*

ne zu fassen und zu halten, erteilt, und 1874 nicht weniger als vierundzwanzig Patente für verschiedenartige Maschinen. Von 1877 an zeigt sich jedoch ein deutliches Abflauen, so daß die Haupterfindertätigkeit ungefähr in die Zeit zwischen 1867 und 1877 fällt. Eine Ausnahme bilden die Enthaarungsmaschinen, die den Körper nach dem Abbrühen von Haaren und Borsten säubern. Hier liegt die größte Erfindertätigkeit zu Beginn der achtziger Jahre. Vier verschiedene Patente werden 1881 für diese Art von Maschinen erteilt, die im Mechanisierungsprozeß eine besondere Rolle spielen.

Beim Spinnen und Weben, beim Backen und Mahlen war es, beim einen besser und beim andern schlechter, gelungen, vollständige Mechanisierung zu erreichen. Warum sollte dies nicht auch in der Fleischproduktion möglich sein?

Es hat dafür nicht an Unbekümmertheit und auch nicht an Erfindungsgabe gefehlt, und es gibt nahezu keine der zeitraubenden Operationen, für die nicht ein mechanischer Apparat gesucht worden wäre. Wie wir dies bei der Entstehung der Bandproduktion andeuteten, ist eine komplizierte, organische Substanz mit ihren Zufälligkeiten, ihren wechselnden, leicht verletzbaren Strukturen, doch etwas anderes als ein Stück amorphes Eisen. Trotz vieler Versuche hat sich das getötete Tier dem mechanischen Zugriff widersetzt.

Vom historischen Gesichtspunkt aus ist dieser erste Zusammenstoß zwischen Mechanisierung und hochentwickelter organischer Substanz weit interessanter als vom technologischen. Wie bewältigt man die unberechenbaren Zufälligkeiten, die die Natur hervorbringt, mit mechanischen Vorrichtungen? Dies etwa ist das Problem. Es sei gleich vorweggenommen: Der Ingenieur ist in diesem Falle nicht Sieger geblieben.

Vielleicht lohnt sich die Mühe, einen Blick in dieses weitgehend unerforschte Gebiet zu tun, auch wenn es sich dabei oft um skurrile Vorschläge handelt (Abb. 116, 122), die in den frühen Jahren eher mittelalterlichen Marterinstrumenten gleichen als hochentwickelter Maschinerie.

EINFANGEN UND AUFHÄNGEN DES LEBENDSCHWEINS

Für keine andere Erfindung in der Mechanisierung des Schlachtens liegen so viele Versuche vor wie für das Eingliedern des lebenden Schweines in die Produktionskette. Hier galt es, zu Beginn der Operation Stockungen zu vermeiden, die den ganzen Betrieb aufhalten konnten.

Als man in den siebziger Jahren davon abkam, die Schweine mit dem Hammer auf den Kopf zu schlagen und sie in betäubtem Zustand zu transportieren, was viel zu zeitraubend war, und dazu überging, sie lebend an einem Bein aufzuhängen und mittels eines Förderbandes dem Schlächter zurutschen zu lassen, mehren sich die Erfindungen zum »Fangen und Aufhängen von Schweinen«[57]. Durch

---

57 Verbesserung der automatischen Vorrichtungen zum Aufhängen der Schweine, U.S. Patent 27368, 6. März 1860. Flaschenzug zum Heben von Schweinen, U.S. Patent 94076, 24. August 1869. Hebevorrichtung für Schweine, U.S. Patent 120946, 14. November 1871.

diese Methode brauchte der Schlächter das Schwein nicht mehr in eine Ecke zu drängen und es frontal zu erledigen. Stattdessen wurde das Einfangen und Abstechen in zwei Operationen zerlegt. Einer fing das Tier am Hinterfuß und legte die Kette darum. Nun galt es, es so rasch wie möglich an die Schiene zu hängen.

Anfangs geschah das auf einfache Art, wie dies das Panorama eines Cincinnatier Schlachthauses von 1873 zeigt (Abb. 109), indem das Tier mittels eines Flaschenzuges hochgezogen wurde. Mit steigender Produktion wird nach rascheren Methoden gesucht, um die Schweine in möglichst regelmäßigen Abständen in einen kontinuierlichen Arbeitsprozeß einschalten zu können. Die Aufgabe bestand nun im »Fangen, Aufhängen und Befördern des Schweines zu der Stelle, wo es getötet wurde«[58]. Zuerst machte man Vorschläge, die Tiere hintereinander in einen engen Verschlag zu treiben, ihnen von einem für sie nicht sichtbaren Gehilfen rasch die Kette, die schon an der Förderschiene hing, um ein Hinterbein schlingen und sie nun auf die eine oder andere Weise den Boden unter den Füßen verlieren zu lassen. Dies geschah zum Beispiel durch eine geneigte Ebene, die am Ende des engen Ganges begann. Diese geneigte Ebene war aber eine Art Rollband, das in Bewegung gesetzt wurde, sobald das Schwein sie betrat. Die horizontale Deckenschiene zog das Tier langsam in die Höhe.

Es war aber wohl so, daß die Tiere stutzig wurden, wenn sie vor der geneigten Ebene standen. Vielleicht machte es auch Schwierigkeiten, sie überhaupt in den engen Gang zu treiben. Im nächsten Jahr schlug ein Erfinder eine schlauere Methode vor: »Es ist eine Eigentümlichkeit von Schweinen, daß sie sich nur mit äußerster Schwierigkeit über einen neuen und unerprobten Pfad treiben lassen; wenn aber eins dem Anschein nach sicher hinübergelangt ist und drüben Futter gefunden zu haben scheint, lassen sich die anderen viel müheloser hinübertreiben.«[59] Er brachte an das Ende des Verschlages ein Lockschwein, dem Futter vorgesetzt wurde. Der Boden, auf dem das Lockschwein stand, war fest, der übrige Teil jedoch bestand aus einem Fallboden (Abb. 117). Nachdem die Kette, die bereits wieder an der Gleitschiene befestigt war, dem Tier angelegt war, »senkte sich der Boden langsam mittels eines einfachen Mechanismus, bis das Schwein vollständig in der Luft hing (. . .). Wenn kein Schwein mehr da war, wurde die Falle wieder in horizontale Lage gebracht, dann weitere Schweine auf die Falle getrieben und die Operation wiederholt.«[60]

Maschinen zum Rückgratspalten

Es gibt zwar heute elektrische Handsägen, doch trotzdem wird das Rückgrat des ausgeweideten Tieres meist mit dem Beil gespalten. Um 1870, als man sich anschickt, in die große Produktion zu gehen, fehlt der Versuch nicht, die Kreissäge,

---

58 U.S. Patent 245643, 16. August 1881.
59 U.S. Patent 252112, 10. Januar 1882.
60 U.S. Patent 252112, 10. Januar 1882.

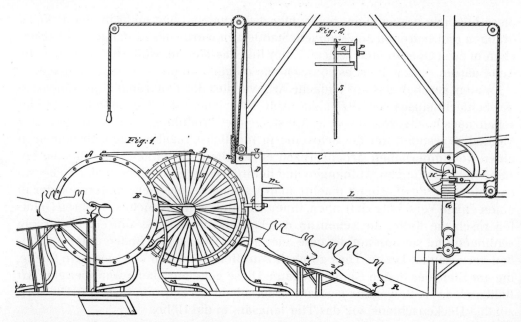

118. Schweine-Reinigungsmaschine, 1864. *Die Flexibilität von Stahl und Gummi wird genutzt, um einen organischen Körper mechanisch zu bearbeiten. »Die Leistung dieser Maschine beträgt fünf- bis fünfzehntausend Stück pro Tag. (...) Die Anlage beruht wesentlich auf dem Gebrauch von Werkstoffen mit der nötigen Elastizität, um den Unregelmäßigkeiten des Körpers nachzugeben und ihn gleichzeitig so festzuhalten, wie es zur Entfernung der Borsten erforderlich ist.« (U. S. Patent 44021, 30. August 1864)*

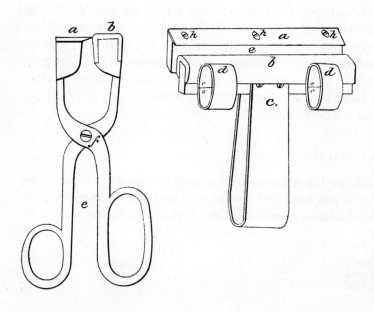

119. Gerät zum Enthaaren von Haut, 1837. *Nachahmung der menschlichen Hand. »Eine der Klauen ist als Ersatz des Daumens gedacht, wie er beim Enthaaren mit dem Messer gebraucht wird, und ist deshalb an der Innenseite mit Leder, Hartgummi oder anderem Material überzogen (...).« (U. S. Patent 244, 30. Juni 1837)*

120. Schweine-Schabemaschine, um 1900. *»Eine Endloskette zieht das Schwein durch eine Reihe kleiner, von Federstählen getragener Messer (. . .). Sie passen sich ohne weiteres der Form des Schweines·an.
Die Leistung beträgt 8 Schweine pro Minute.«* Die Aufgabe des mechanischen Schabens wurde nie restlos
zufriedenstellend gelöst. (Douglas's Encyclopedia, London)

die sich so oft hilfreich erwiesen hatte, auch in die Mechanisierung des Schlachtprozesses einzuführen.

Man stellte sich vor, daß es genüge, die geschlachteten Schweine mit dem Rük-
ken auf einer geneigten Ebene automatisch, eines nach dem anderen herabglei-
ten und sie von einer rotierenden Säge in zwei Hälften teilen zu lassen. Die
Schweine, so meint der Erfinder, »beliefern selbsttätig die Säge, und die Operation
des Rückgratspaltens kann ohne Unterbrechung erfolgen«[61].

MECHANISCHES FELLABZIEHEN

Je weiter man zurückgeht, um so kühner sind die Erfinder im Ersetzen komplizierter manueller Operationen am Tier durch mechanische Vorrichtungen. Auch
das Abhäuten sollte maschinell vorgenommen werden[62]. Dies geschah mittels Hebeln und Winden, während das Vieh – es handelt sich um Großvieh – mit Kopf und
Beinen am Boden festgehalten wurde. Auf der Zeichnung, die diese Erfindung illustriert (Abb. 122) und der ein gewisser künstlerischer Reiz nicht abgesprochen

---

61 U.S. Patent 130515, 13. August 1872.
62 U.S. Patent 63 910, 16. April 1867.

werden kann, sieht man eine halb enthäutete Kuh, der das Fell abgezogen wird. Das bereits mit dem Messer gelöste Schädelfell ist im Vordergrund zu sehen, hinten der Kopf mit den Hörnern. Diese Maschinerie dürfte wohl zu keinem Ziel geführt haben, denn bis heute geschieht das Abhäuten mit der Hand.

Es hat sich gezeigt, daß jede Maschinerie versagt, wenn es sich um das Abhäuten, das Trennen von Fell und Fleisch, handelt. »Der Kopffell-Abzieher führt sein Messer so geschickt, daß er im Bruchteil einer Minute den Kopf einer Kuh enthäuten und ihn genau an der Vereinigungsstelle von Schädel und Rückgrat abtrennen kann.«

Das Abhäuten der Schafe geschieht am laufenden Band. Doch jeder Eingriff wird von Hand vollzogen, und es ist eine ganze Gruppe von Arbeitern nötig, die die Prozedur in einzelne Operationen zerlegt. Die letzte Hand legen die Rückenfell-Abzieher an, die »das Fell so vom Rücken der Schafe zu lösen haben, daß weder die Textur des Felles verletzt wird, noch das zarte Fett von Rumpf und Schenkel abgeht«. Dies geschieht mit einem einzigen Griff. Es erscheint leicht und selbstverständlich, wie das Fell klatschend vom Körper gerissen wird, aber es ist große Geschicklichkeit dazu nötig. Oben läuft der nackte Körper am Produktionsband, während das herabhängende Fell wie eine Schleppe durch den Teppich von Blut gezogen wird, der sich überall entlang dem Förderband bildet.

DAS MECHANISCHE ENTHAAREN

Die meisten der Versuche, die komplizierte organische Substanz von Maschinen behandeln zu lassen, schlugen fehl. Nur bei einer einzigen Operation gelang es wenigstens teilweise, die Maschine erfolgreich einzusetzen. Es ist bezeichnend, daß bei dieser Operation nicht in das Innere des Tierkörpers gegriffen werden mußte. Es ging um die Aufgabe, den aufgeweichten Rumpf des Schweines von Borsten und Haaren zu befreien, sobald er aus dem Brühkessel kam. Die Maschine, die das besorgt, ist ein großer Rasierapparat, der so rasch wie möglich den ganzen Körper sorgfältig schaben muß.

Wie bei den mechanischen Teigknetern die knetende, stoßende und schiebende Hand durch Metallgreifer, Schnecken oder andere Mechanismen ersetzt wird, so tritt beim Enthaaren und Entborsten an die Stelle der das Messer führenden Hand, die sich ohne weiteres allen Körperwindungen anpassen konnte, eine Maschinerie.

Die Knetmaschine war in Europa erfunden worden und fand in Amerika erst nach dem Bürgerkrieg Verwendung. In Europa wäre man nicht einmal auf den Gedanken gekommen, eine Enthaarungsmaschine zu entwickeln. Aus den verschiedensten Gründen hätte sie keine Verwendung finden können.

Das gleiche Bemühen, Operationen an einem unregelmäßig geformten, organischen Körper durch eine Apparatur vorzunehmen, zeigt sich in Amerika bereits im ausgehenden achtzehnten Jahrhundert, als man die verschiedensten Vorrichtungen erfand, um die Schale vom Apfel zu trennen. Bis weit über die Mitte des neunzehnten Jahrhunderts hinaus sind in allen bäuerlichen Haushalten die ver-

121. Geflügelrupfen nach dem Wachs-Verfahren. *Das Rupfen mit Wachs wurde bei Geflügel auch noch angewandt, als die Tötung schon am Fließband erfolgte. Keine der mechanischen Schabemethoden war wirklich erfolgreich. Nur Organisches kann sich dem Organischen anpassen. (Photo Berenice Abbott)*

schiedenartigsten Modelle von Apfelschälmaschinen zu finden. Anfangs aus Holz und später aus Gußeisen hergestellt, basiert ihre Konstruktion immer mehr auf dem Prinzip, eine auswechselbare Stahlklinge elastisch, mittels einer Feder, an den rotierenden Apfel zu drücken[63].

Aus den dreißiger Jahren, als man in Amerika begann, dem durch Jahrhunderte unverändert gebliebenen Handwerkzeug präzisere und an eine bestimmte Funktion besser angepaßte Formen zu geben, liegt auch ein Vorschlag für ein Instrument »zum Ausziehen von Haaren aus der Haut« vor (Abb. 119)[64]. An die Stelle des Daumens, der das Haar hochhob, während das Messer zuschnitt, trat ein lederbezogener Bügel, und an die Stelle des Messers eine auswechselbare Stahlklinge. Diese beiden Teile wurden durch einen federnden Bügel miteinander verbunden. Der New Yorker Erfinder nennt sein Instrument eine Pelzzange, die in Form und

---

63 Siehe das Kapitel über die Mechanisierung des Haushalts, S. 602.
64 U.S. Patent 244, 30. Juni 1837.

Größe einer gewöhnlichen Zuckerzange gleiche. »Um den Vorgang zu erleichtern, soll das Fell über eine ebenso breite und leicht gerundete Welle gelegt werden, die gepolstert und mit Gummi bedeckt ist.«

Von diesem Kürschner-Instrument ist es ein großer Schritt bis zum ersten Vorschlag für eine mechanische Enthaarungsmaschine (Abb. 118). Er erfolgt 1864. In der Beschreibung zu diesem frühesten Versuch[65], einen ganzen Tierleib durch die Maschine laufen zu lassen, um Haare und Borsten abzuschaben, wird klar ausgedrückt, was für eine Aufgabe zu erfüllen war: »Meine Erfindung besteht darin, den gesamten Körper von abgebrühten Schweinen mit Scheiben, Klingen oder anderen Vorrichtungen zu bearbeiten (...), die so geformt sind (...), daß sie *genügend starken Druck ausüben und doch elastisch genug* sind, um den Unregelmäßigkeiten des Körpers nachzugeben.« Druck und gleichzeitig elastisches Angleichen, um nicht die Haut zu verletzen und in sie einzuschneiden, war das Problem, das man in der Folge auf mannigfaltigste Weise zu lösen versuchte.

Der Erfinder von 1864 stellt zwei eiserne Ringe von sechsunddreißig Zoll Durchmesser hintereinander auf, wie im Zirkus die Reifen, durch die die Hunde springen. Den vorderen Ring füllt er mit einer Gummischeibe, die in ihrer Mitte ein Loch von ungefähr zwölf Zoll Durchmesser hat. Der dahinter liegende Reifen besteht aus zwei Ringen, in denen federnde Stahlbänder oder Schaber befestigt sind. Sie laufen alle in einem Zentrum zusammen, lassen aber ein Loch von vier Zoll, sind also ungefähr so angeordnet wie die Lamellen einer Blende. An der Schnauze befestigt, sollte das Schwein erst durch den Gummiring und dann durch den Stahlring gezogen werden. Der Erfinder setzte große Erwartungen in die Leistungsfähigkeit seiner Maschine. »Laut Berechnung«, so versichert er, »liegt die Leistung dieser Maschine zwischen 5000 und 15000 Schweinen pro Tag.« Das alles mag phantastisch und undurchführbar klingen. Doch handelt es sich dabei nicht nur um einen frühen Versuch, die Elastizität des Gummis auszunützen, »um den Unregelmäßigkeiten des Körpers Rechnung zu tragen«, auch sein Vorschlag, elastische Stahlbänder, Stahlschaber in einem Ring konzentrisch anzuordnen, findet sich vier Jahrzehnte später in leistungsfähigen Modellen dieser Art, nur daß sie dann trichterförmig vorgreifen und den Tierleib wie Spinnenfüße nach allen Richtungen hin abtasten (Abb. 120).

In der primitiven Form, in der diese Idee 1864 ausgeführt wurde, konnte kein Erfolg erzielt werden. Zehn Jahre später schlägt der gleiche Erfinder ein zweites Verfahren vor. Nun ordnet er eine »Reihe von Walzen an. Jede von ihnen ist mit federnden Schabern umgeben und rotiert gleichzeitig um ihre eigene Achse.«[66] Durch die Anordnung der einzelnen Walzen war es möglich, sich der Form des Tieres besser anzupassen. Dieses zweite Verfahren liegt den modernen Maschinen zugrunde, die in einer Stunde mehr als 750 Tierleiber enthaaren, welche sie am Fließband durchlaufen.

---

65 U.S. Patent 44021, 30. August 1864, N. Silverthorn.
66 U.S. Patent 153188, 28. Januar 1874, N. Silverthorn.

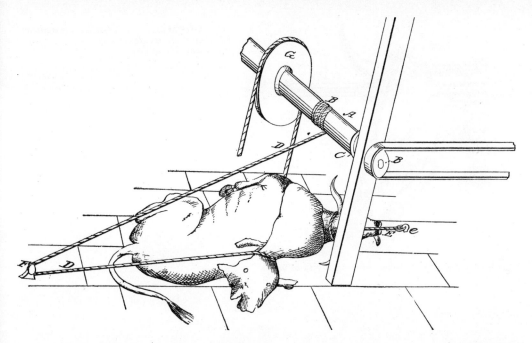

122. Mechanisches Enthäuten von Vieh, 1867. *Wenn auch bis heute ohne Erfolg, wurde mechanisches Fellabziehen bereits früh versucht. Doch das Fell von Tieren ist zu empfindlich, um sich anders als mit der Hand und dem Messer behandeln zu lassen. Diese Zeichnung mit ihrer naiven Darstellung einer mechanischen Vorrichtung ist ein echtes Beispiel amerikanischer Volkskunst. (U. S. Patent 63910, 16. April 1867)*

Gegen Ende der siebziger Jahre und mit allem Raffinement der sich in dieser Zeit rasch verfeinernden Technik kommt man schließlich den Formen des Tierleibs noch näher. »Die Maschine sollte sich ganz von selbst den wechselnden Größen und Konturen der sie durchlaufenden Körper anpassen. (...) Deshalb besteht meine Erfindung aus einer *Serie von Zylindern, von denen jeder mit einer Reihe elastischer Schaber besetzt* und an verschiedenen Punkten angebracht ist. (...) Jeder dieser Zylinder (...) ist für sich beweglich und kann *frei vor- und zurückschwingen,* um den Konturen des Rumpfes zu folgen.«[67]

Als die Produktion zu Beginn der achtziger Jahre anschwoll und sich Chicago der Stückzahl von fünf Millionen Schweinen näherte, wurde die Nachfrage nach brauchbaren Maschinen dieser Art immer dringender[68]. Während andere Maschinen auf diesem Gebiet kaum weiter verbessert werden, nimmt die Zahl der Patente in dieser Zeit zu[69].

---

67 U.S. Patent 235731, 21. Dezember 1880, J. Bouchard (angemeldet am 4. December 1879).

68 Es fehlt auch nicht an Vorschlägen für »eine Maschine zum Schweineschaben, indem man sie auf einem endlosen Transportband durch rasch kreisende Schabemesser laufen läßt, die elastisch angebracht sind und sich von selbst anpassen«. U.S. Patent 184390, 6. Sept. 1876. Ein anderes Mal soll »das Profil der Schabemesser gerundet« sein, um besser greifen zu können. U.S. Patent 196269, 29. März 1877.

69 1881: 4 Patente; 1882: 2 Patente; 1886: 3 Patente.

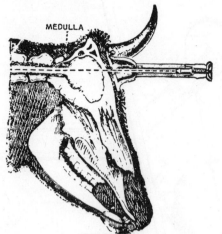

123. Greeners Vieh-Tötungsvorrichtung. *Mit Darstellung der Geschoßbahn.* (Douglas's Encyclopedia)

Greener's Humane Cattle Killer, showing course of bullet.

Kein mechanisches Instrument erwies sich als völlig zufriedenstellend, immer noch war das von der Hand geführte Messer nötig, die Arbeit der Maschine zu kontrollieren und zu Ende zu führen.

In diesem Jahrhundert fand man eine radikalere Methode der Enthaarung. Zu dieser letzten Reinigung wird der Rumpf in ein großes Faß mit flüssigem Wachs getaucht, das nach dem Erkalten in Streifen abgerissen wird und auch die letzten Haarteilchen mitnimmt[70]. Organisches kann nur durch Organisches behandelt werden (Abb. 121).

Die Mechanisierung des Todes

Das Phänomen des mechanisierten Tötens wird hier weder vom sentimentalen noch vom Standpunkt des Nahrungsmittelproduzenten aus betrachtet. Uns interessiert allein die Beziehung zwischen Mechanisierung und Tod, denn um diese handelt es sich hier. Beide berühren einander in der Massenproduktion des Fleisches.

In den Registern des Patent Office in Washington kann man am besten in die

---

70 Als in den dreißiger Jahren die Bandproduktion auch bei der Geflügelverarbeitung angewendet wurde, benutzte man ähnliche Methoden: hochliegende Transportschienen und Maschinen zum Rupfen, die aus einem Zylinder mit elastischen Gummifingern bestanden. Diese Vorrichtung haben wir selbst in den kleinsten Schlachthäusern gesehen. Die Geflügelindustrie bedient sich gelegentlich auch der Methode des Eintauchens in Wachs zum vollständigen Entfernen der Flaumfedern.

Entwicklung der Mordmaschinerie Einblick gewinnen. Dort kann verfolgt werden, wie die Schweine langsam durch listige Vorrichtungen am Hinterfuß gefangen, in die Maschinerie eingefügt und, in Reih und Glied hängend, in die günstigste Lage zum Töten gebracht werden, wie den Kühen mittels Seilen und Hebeln die Haut abgerissen wird (Abb. 122), und wie die Schweine durch Walzenmesser und Greifer gezogen werden.

Diese Zeichnungen haben allein den Zweck, so anschaulich wie möglich den Patentanspruch zu erläutern. Sieht man sie aber unbefangen und in ihrer endlosen Folge, ohne Rücksicht auf ihre technischen Funktionen und deren Erläuterungen, so wirken sie wie ein Totentanz unserer Zeit. Ihre unverhüllte Sachlichkeit ist wahrer und deshalb in gewissem Sinne erschütternder als die bildlichen Darstellungen des neunzehnten Jahrhunderts, die sich mit der Beziehung von Leben und Tod befassen. Diese Kluft wird offensichtlich an der berühmten Holzschnittfolge des spätromantischen Historienmalers Alfred Rethel (1816–1859), die um die Jahrhundertmitte entstand. Er nennt seine Blätter »Auch ein Totentanz« (1849). Hier wird mit unheimlicher Geschicklichkeit, eingekleidet in die edle Holzschnitt-Tradition Albrecht Dürers, der Tod als ein politisches Propagandamittel mißbraucht. Es geht in diesen Holzschnitten gar nicht um den Tod als Phänomen. Es handelt sich um eine politische Satire gegen die Revolution von 1848:

124. Werbung einer Chicagoer Konservenfabrik. Um 1890. (*J. Ryerson Collection, Chicago*)

der Tod in der Maske eines Volksverführers. Moralische Begleitverse mahnen vor den Phrasen Republik, Freiheit und Brüderlichkeit:

>>Er hebt sein Wams, und wie sie schauen,
Da faßt ihr Herz ein eisig Grauen.<<

Der Tod ist ein bloßes Kostüm geworden. Ein früheres Blatt >>Der Tod als Würger<< (1847), zeigt den auf Knochen fiedelnden Tod. Das Blatt geht auf Heines Beschreibung des ersten Auftretens der Cholera 1831 in Paris auf einem Maskenball zurück.

Im fünfzehnten Jahrhundert war das jüngste Gericht, das untrennbar mit dem Tod verknüpft war, eine Realität, ebenso drohend und vielleicht noch gefürchteter als der Tod selbst. Im neunzehnten Jahrhundert ist allein der Tod in seiner biologischen Nacktheit übriggeblieben, und auch darüber wird Verschwiegenheit gewahrt. Darum sind nicht nur Rethels Kompositionen, sondern alle Bilder jener Zeit, die das Verhältnis zum Tod in überlebten Symbolen darstellen, das heißt in Symbolen, hinter denen nicht die lebendige Realität eines Glaubens steht, unwahr geworden.

Je höher der Grad der Mechanisierung ist, um so mehr wird der Kontakt mit dem Tod aus dem Leben verdrängt. Er steht nur als unvermeidlicher Unglücksfall am Ende, wie wir ausführen werden, wenn die Frage auftaucht, warum der mittelalterliche Komfort von dem der darauffolgenden Perioden so verschieden ist. Es ist viel ehrlicher, den Tod in seiner Kraßheit darzustellen, wie dies der Spanier Luis Bunuel in seinem Film *Le Chien Andalou* 1929 getan hat (Abb. 128, 129). Dort ist eine Symbolisierung des Todes durch Assoziationen gelungen, die sich jenseits des logischen Bewußtseins vollziehen. Banales, alltägliches Handeln und phantastisches Geschehen werden zu einer künstlerischen Realität verwoben: ein Ra-

125. Schlachten von Vieh. (*Frank Leslie's Illustrated Newspaper*, 12. *Oktober* 1878)

126. Verhältnis zum Tod im neunzehnten Jahrhundert: Alfred Rethel, »Auch ein Totentanz«, Holz-schnitt, 1849. *Anders als das fünfzehnte Jahrhundert hat das mechanische Zeitalter kein unmittelbares Verhältnis zum Phänomen des Todes; ebensowenig hat es die Kunst des neunzehnten Jahrhunderts. Wird der Eintritt des Todes dargestellt, so wird er literarisiert oder sonstwie maskiert.*

siermesser verwandelt sich in eine schmale Wolke am Nachthimmel, die den Mond durchschneidet, und wird wieder zum Mordmesser, das durch das Auge eines jungen Mädchens gezogen wird. Das Drehbuch lautet:

»Ein Balkon in der Nacht.
Nahe dem Balkon schärft ein Mann sein Rasiermesser.
Der Mann schaut durch die Fensterscheiben zum Himmel
und sieht . . .
Eine leichte Wolke bewegt sich auf den Vollmond zu.
Dann der Kopf einer jungen Frau mit weit geöffneten
Augen.
Die leichte Wolke zieht vor dem Mond vorbei.
Das Rasiermesser wird durch das Auge der jungen Frau
gezogen und schlitzt es auf.«[71]

---

71 *La Révolution Surréaliste*, Paris, 1930.

127. Geflügel-Tötung am Fließband, 1944. (*Photo Berenice Abbott*)

All das ist in gleicher Weise kraß, grausam und wahr. Diese Unmittelbarkeit fängt etwas vom ewigen Schrecken des Todes ein. Das Grauen liegt in der unberechenbaren, schlagartigen Zerstörung eines organischen Wesens.

Der Übergang vom Leben zum Tod entzieht sich der Mechanisierung, wenn er rasch und ohne Schaden für das Fleisch vor sich gehen soll. Die mechanischen Mittel, mit denen man experimentiert hat, haben versagt. Entweder waren sie zu umständlich oder direkt schädlich. Meistens hemmten sie das vollständige Ausbluten. Es ist behauptet worden, daß unsere Gewohnheit, nur ausgeblutetes Fleisch zu verzehren, auf jüdische Vorschriften zurückzuführen ist, da Griechen

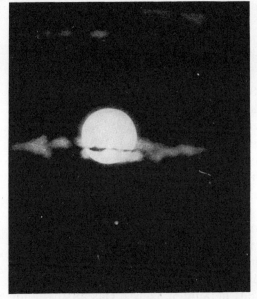

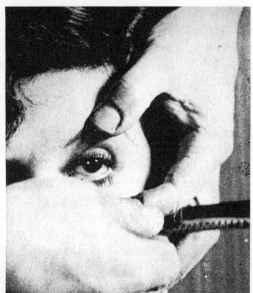

128. Der Tod in seiner Kraßheit: Luis Bunuel, »Le chien Andalou«, 1929. *Eine Wolke verdeckt den Mond; das Auge einer jungen Frau soll mit dem Rasiermesser ausgeschnitten werden.*

Es ist aufrichtiger, den Tod in seiner Kraßheit darzustellen, als ihn unter Masken verschwinden zu lassen. In dem surrealistischen Film »Le chien Andalou« vermittelt Luis Bunuel die Vorstellung des Todes durch irrational verbundene Symbole.

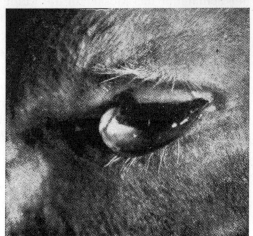

129. BUNUEL: »Le chien Andalou«. Das Auge nach dem Schnitt.

und Römer darauf achteten, daß der kostbare Saft im Körper blieb. Sie erwürgten die Tiere oder stießen ihnen einen glühenden Speer in den Leib, um das Verbluten zu verhindern. Doch ist anzunehmen, daß man eher vom Fleischgenuß ablassen wird als von Gewohnheiten, die sich in Instinkte verwandelt haben. Blut flößt Schrecken ein.

Nur das von der Hand geführte Messer (Abb. 127) ist imstande, den Übergang vom Leben zum Tod in der gewünschten Weise herbeizuführen. Dafür braucht es Handwerker, die die Präzision und Geschicklichkeit eines Chirurgen mit der Raschheit eines Akkordarbeiters vereinen. Es steht genau fest, wie weit und wie tief die Kehle des Schweines aufzuschlitzen ist, damit das Tier rasch verblutet. Ein falscher Schnitt entwertet das Fleischprodukt. Und es muß rasch geschehen: fünfhundert Schweine in der Stunde[72].

Um die Halsschlagader zu durchschneiden, faßt der Arbeiter das mit dem Kopf abwärts hängende Tier an einem Vorderfuß, bringt es in die geeignete Lage und sticht ungefähr sechs Zoll in die Kehle. Die gleiche vollendete Geschicklichkeit und Vorsicht hat der Schlächter bei den Schafen anzuwenden; nur hängen diese weniger lebhaften Tiere bereits paarweise an der Förderschiene. Der Stich wird mit einem doppelschneidigen Dolch ausgeführt, und zwar direkt hinter dem Ohr.

Bei den Kühen ist man von der Methode abgekommen, jeweils Wagenladungen von ihnen in Verschläge zu führen und sie von oben durch einen scharfen Speer zu erledigen. Dabei balancierte der Stecher auf Brettern, die oft kreuzweise über dem Verschlag lagen, hin und her, um den günstigsten Moment abzupassen, wann er den Speer zwischen die Augen stoßen konnte. Heute bedient man sich eines vier Pfund schweren Hammers, mit dem den Kühen in dem engen Verschlag die Schädeldecke eingeschlagen wird, so daß sie wie Holzklötze auf die Seite fallen. Erst jetzt wird die Kette um ihre Hinterfüße gelegt, und die Tiere werden mit dem Kopf nach unten an die Förderschiene gehängt. Gleichzeitig stößt der Schlächter das Messer in die Kehle des betäubten Tieres. Das ausfließende Blut wird meistens in besonderen Gefäßen aufgefangen.

So zeigt sich, daß das Töten selbst nicht mechanisiert werden kann. Alles Gewicht liegt also auf der Organisation. In einem der großen Betriebe werden in der Sekunde durchschnittlich zwei Tiere getötet, was einer Tagesquote von nahezu sechzigtausend Stück entspricht. Die Todesschreie der Tiere mit der geöffneten Halsschlagader vermischen sich mit dem Geräusch des riesigen Trommelrades, dem Lärm der Zahnräder und dem Zischen des Dampfes. Todesschreie und Maschinengeräusche sind kaum auseinanderzuhalten. Und auch das Auge kann kaum festhalten, was es sieht. Auf der einen Seite des Schlächters die lebenden, auf der anderen Seite die gestochenen Tiere, beide im gleichen regelmäßigen Abstand, mit dem Kopf nach unten hängend, nur daß den Tieren zur Rechten das Blut im Tempo des Herzschlags aus der Wunde schießt. In durchschnittlich zwanzig Sekunden soll ein Schwein verblutet sein. Es geschieht alles so rasch und ist so geschmeidig in den Produktionsvorgang eingegliedert, daß kein Gefühl aufkommt.

Was an diesem massenweisen Übergang vom Leben zum Tod erschütternd wirkt, ist die vollkommene Neutralität des Aktes. Man spürt nichts mehr, man empfindet nichts mehr, man beobachtet nur. Möglich, daß irgendwo im Unterbewußtsein Nerven revoltieren, über die wir keine Kontrolle haben. Dann nach Tagen steigt plötzlich der eingeatmete Blutgeruch hoch, obwohl keine Spur davon an einem zurückgeblieben sein kann.

Wir wissen nicht, ob die Frage zulässig ist, doch mag sie immerhin gestellt wer-

---

72 *Scientific American*, 21. August 1886. Die Geschicklichkeit in jener Zeit der beginnenden Millionenproduktion wird kaum mehr überboten. Auch heute wird das Maximum, das ein Schlächter erreicht, mit 500 bis 600 Stück pro Stunde angegeben.

den: Hat diese Neutralität des Tötens eine weitere Wirkung auf uns gehabt? Dieser weitere Einfluß braucht durchaus nicht in dem Lande aufzutreten, das dieses mechanisierte Töten hervorgebracht hat, und durchaus nicht unmittelbar in der Zeit, in der es entstand. Diese Neutralität des Tötens kann tief in unserer Zeit verankert sein. Sie hat sich im großen Maßstab erst im Zweiten Weltkrieg gezeigt, als ganze Bevölkerungsschichten, wehrlos gemacht wie das Schlachtvieh, das kopfabwärts am Fließband hängt, mit durchtrainierter Neutralität ausgetilgt wurden.

Mechanisierung und Wachstum

Um 1930 setzt eine neue Entwicklung ein, die jetzt im Begriff ist, sich voll auszuwirken. Ihrem Wesen nach weist sie auf eine Epoche, die sich vom Mechanischen abwendet. Es handelt sich um den Eingriff in die organische Substanz, den Eingriff in die Struktur von Tieren und Pflanzen, den Eingriff in ihre Natur. Die *Genetik*, die für diese radikalen Eingriffe verantwortlich ist, ist ein Zweig der Biologie.

Seit Urbeginn hat der Mensch durch Domestizierung und Züchtung in die Natur eingegriffen. Er hat den Charakter wilder Tiere und wilder Pflanzen nach seinem Willen verändert und sie domestiziert. Er hat für seine Zwecke Ochsen und Kapaune gezogen. In der Antike hat er Stuten und Esel gepaart und daraus unfruchtbare Maulesel gezüchtet. Es heißt, daß die Araber im dreizehnten Jahrhundert Rassestuten künstlich zu befruchten verstanden. Die Chinesen benutzten Strohkörbe mit erwärmtem Reis und die Ägypter Lehmöfen, um Hühnereier auszubrüten. Die Indianer erzielten bemerkenswerte Resultate in der Züchtung von Maissorten.

Wie in der Mechanisierung der Landwirtschaft, so ist auch auf dem Gebiet der Genetik das achtzehnte Jahrhundert mit wissenschaftlicher Analyse und Experimenten vorangegangen. Von der Entdeckung, daß Pflanzen sexuelle Organismen sind (durch Camerarius, 1694), zur analytischen Planzenkreuzung (Thomas Fairchild, 1717, Vilmorin-Andrieux, 1727)[1] bis zu den Entdeckungen und umwälzenden Forschungen Gregor Mendels (1865)[2], ist das Interesse an diesen Experimenten nie ganz ausgestorben. Im späten achtzehnten Jahrhundert wird die Genetik in der Tierzüchtung eingesetzt.

An sich also ist die Genetik nichts Neues. Sie legt den üblichen Weg von traditioneller Erfahrung zum wissenschaftlichen Experiment zurück. Dabei bleibt es lange. Was im Zeitraum der Vollmechanisierung vor sich geht, ist mit den vorangegangenen Stadien nicht vergleichbar. Die Eingriffe in den Organismus dringen viel tiefer. Dabei erfolgt die Veränderung der Struktur von Pflanzen und Tieren in einem Tempo, das, verglichen mit früher, den Zeitfaktor nahezu ausschaltet. Die Dimensionen wachsen ins Riesenhafte.

Der Umsturz, der sich hier vollzieht, kann mit der Revolutionierung der Handwerkszeuge ein Jahrhundert früher verglichen werden, die plötzlich neue Form erhielten oder sich in Mechanismen verwandelten. Durch die Raschheit des Tempos und das Berühren der empfindlichsten Bereiche sind die Folgen wahrscheinlich noch viel einschneidender.

---

1 J. Oppenheimer,»A Historical Introduction to the Study of Teleostian Development«, *Osiris*, Bd. 2, 1936, S. 124-148, erwähnt die folgenden Leistungen des 18. Jahrhunderts im Bereich der Genetik:
  1761: Koelreuter gelingt die künstliche Befruchtung und damit die Kreuzung von Pflanzen.
  1763: Jacobi berichtet über die Befruchtung von Fischeiern *(Hanover Magazine*, 1763).
  1785: M. E. Bloch, *Ichthyologie*, Berlin 1785, mit einem Kapitel »Von der Weise, [Fisch-]Eier auszubrüten«.
2 *Versuche über Pflanzenhybriden*, 1865.

In der Zeit der Vollmechanisierung rücken Pflanzen, die der Ernährung oder der Bekleidung dienen, von neuem in den Vordergrund. Durch bestimmte Maßnahmen, vor allem durch Eingriffe in die Befruchtung, werden sie in ihrer Struktur und Produktionsfähigkeit verändert. Weizen, Hafer, Gerste, Zuckerrohr, Tabak, Baumwolle, Früchte und Gemüse werden in ihrer Widerstandsfähigkeit gegen Dürre und Parasiten gestärkt. Die Sojabohne, obwohl zu Beginn des vergangenen Jahrhunderts eingeführt, erhält eine neue Bedeutung. Am erstaunlichsten sind jedoch die Resultate in der Maiszüchtung.

»Zuchtmais hat die gleiche Bedeutung wie der Trecker unter den Maschinen«[3], urteilt das Bureau of Agricultural Economics.

Entsprechend dem Klima der Vereinigten Staaten bildet Mais das wichtigste Futtermittel. Die Verbesserung und Produktionssteigerung, die man in wenigen Jahren bei dieser Pflanze erreichte, grenzt ans Wunderbare. Die ersten Versuche, Zuchtmais herzustellen, gehen auf die zwanziger Jahre zurück. Greifbare Mengen standen erst zu Beginn der dreißiger Jahre zur Verfügung. Und dann innerhalb von vier Jahren, von 1935 bis 1939, verfünfzigfacht sich nahezu die Anbaufläche von Zuchtmais und steigt von ungefähr einer halben Million auf 24 Millionen acres. Das heißt, Zuchtmais umfaßt mehr als ein Viertel der Gesamtproduktion[4].

Die Körner des Zuchtmais sitzen in ungewöhnlicher Fülle und Regelmäßigkeit in den Kolben. Das Produkt ist ergiebiger (15-30 %), widerstandsfähiger und schöner geworden[5]. Eine merkwürdige Eigenschaft wurde in der zweiten Generation, bei den in freies Land gesetzten Samen beobachtet: sie verlieren einen Teil ihrer wünschenswerten Eigenschaften. Der Farmer muß daher seine Körner vom Züchter beziehen, bei dem sich die Samenproduktion immer mehr zentriert.

---

3 *Technology on the Farm*, U.S. Government Printing Office, Washington, August 1940, S. 21.
4 In einzelnen Gegenden des Maisgürtels, in Iowa z. B., umfaßt der Zuchtmais 77 %. Vgl. *Technology on the Farm*, a.a.O., S. 136.
5 Um die Maissorten zu kontrollieren und wunschgemäß zu entwickeln, mußte man die zufällige Befruchtung der Ähren unterbinden und darauf achten, daß weibliche Pflanzen sich nicht selbst befruchteten. Der reife Pollen gelangt unter normalen Umständen nach den Gesetzen des Zufalls von den Quasten des Mais auf die seidigen Ährenfäden und befruchtet sie. Man setzte daher männliche und weibliche Pflanzen in getrennte Felder. Auf zwei bis vier Reihen weiblicher Pflanzen kommt eine Reihe männlicher. Die Pollenquasten der weiblichen Pflanzen werden eliminiert, ehe sie Pollen ausstreuen können. Dieser Prozeß wird in regelmäßigen Abständen wiederholt, so daß das ganze Feld ausschließlich durch männliche Pflanzen befruchtet wird, deren Qualität feststeht. Zur Erntezeit werden die männlichen Pflanzen eliminiert und nur die Körner der weiblichen Kolben für die weitere Zuchtwahl verwendet. Dieser Prozeß – Inzucht – muß fünf bis sieben Jahre lang fortgesetzt werden. Nähere Beschreibung in *Technology on the Farm*, a.a.O., Kapitel 21, und in populärerer Form in William R. Van Dersal, *The American Land, Its History and Its Uses*, New York, 1943, S. 54-57.

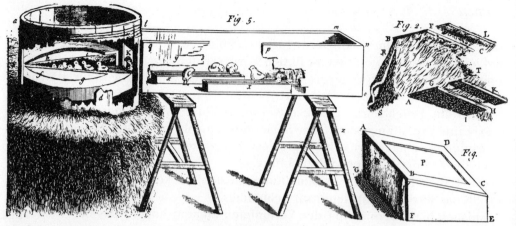

130. Eingriff in die organische Substanz: Réaumur, Künstliche Mutter, um 1750. *Réaumurs Experimente greifen die ägyptischen »Künstlichen Mütter« auf, ganz so, wie die Bemühungen seines Jahrhunderts zur Nutzung von Dampf und Unterdruck an die alexandrinische Technologie anknüpfen. Vielleicht stammt der Brutkasten aus der technisch fortgeschrittenen ptolemäischen Periode; in den Dörfern des Nildeltas wurde er bis in Réaumurs Tage praktisch gebraucht.*

Links: Künstliche Mutter, ein Faß mit wollegepolsterter Kammer über einem Misthaufen. Rechts: Künstliche Mutter, ein Holzkasten, vor den ein Lammfell mit der Wollseite nach innen genagelt ist, so daß ein bis zum Boden reichender Vorhang entsteht, der den Kasten verschließt, aber die Küken nicht hindert, unter die Mutter zu kriechen.« (A. F. de Réaumur, The Art of Hatching and Bringing Up Domestic Fowl at Any Time of the Year, *London* 1750)

131. RÉAUMUR: Künstliche Mutter, um 1750. *»Diese Darstellung zeigt das Innere einer Wärmekammer zur Aufzucht aber auch zum Ausbrüten von Küken. A bezeichnet den Deckel eines zylindrischen Ofens, der sich abnehmen läßt, um Holz nachzulegen.«* (Ebenda)

132. Künstliche Mutter zur Zeit der Vollmechanisierung: Elektrischer Brüter, 1940. *Zwischen 1918 und 1944 stieg die Zahl der künstlich ausgebrüteten Eier in den Vereinigten Staaten von 20 auf 85 Prozent. Der Elektrobrüter nimmt rund 52000 Eier auf. (Hawkins Million Dollar Hen, Mount Vernon, Illinois)*

Das Ei

Wenigstens an einem Fall soll gezeigt werden, wie das achtzehnte Jahrhundert Analyse und Experiment als Grundlagen benutzt hat, um das Wachstum zu mechanisieren.

Die Ägypter waren Meister in der Verwendung von Hühnerbrutöfen. Sie verlernten ihre Technik auch in neuerer Zeit nicht ganz. Im Nildelta gab es noch im achtzehnten Jahrhundert ein Dorf, Berma, das von künstlicher Hühnerzucht lebte, deren Geheimnisse vom Vater an den Sohn weitergegeben wurden. 30000 Hühner, so berichtet Réaumur, wurden auf einmal ausgebrütet und dann scheffelweise verkauft.

Wie man exotische Pflanzen in nördliches Klima brachte, so holte z. B. der Großherzog der Toskana einen Einwohner jenes ägyptischen Dorfes nach Florenz, damit seinem Hof zu allen Jahreszeiten junge Hühner zur Verfügung standen. Antoine Ferchault de Réaumur, der große Naturforscher, hielt 1747 über Hühnerbrutöfen in der Pariser Akademie eine Rede, die sensationellen Erfolg hatte. Man träumte damals, so versichert sein Biograph, von gebratenen Hühnern zu jeder Jahreszeit[6].

Tatsächlich brachte Réaumur zwei Jahre später zu diesem Thema ein Buch mit sorgfältigen Stichen heraus[7], von dem bereits im darauffolgenden Jahr eine englische Übersetzung erschien. Im Vorwort zu diesem Buch gibt Réaumur in amüsanter Weise Auskunft über die Entstehung seines Verfahrens. Er hatte durch diplo-

---

6 Jean Torlay, a.a.O., S. 303-314.
7 Réaumur, *L'Art de faire éclore des œufs et d'élever en toute saison des oiseaux domestiques par la chaleur du fumier et par celle du feu ordinaire*, Paris, 1749.

matische Beziehungen genaue Erkundigungen über die Methode des Hühnerbrütens in dem ägyptischen Dorf eingezogen. Er sah bald, daß das nicht seine Methode war. Er engagierte sich keinen Ägypter wie die europäischen Fürstlichkeiten. Sein Thermometer sollte ihm die Geheimnisse des Ägypters ersetzen. Zuerst benutzt er die natürliche Wärme des Düngerhaufens, in dem er ein Faß, das die Brutkästen enthält, versenkt (Abb. 130). Dann experimentiert er mit dem Backofen eines benachbarten Nonnenklosters, und schließlich konstruiert er einen zylinderförmigen Ofen, der die Hitze radial an den umgebenden kreisrunden Käfig abgibt, in dem die Küken während der ersten Wochen gehalten werden. Noch heute betonen amerikanische Farmer, sie zögen kreisförmige, mit Kohle geheizte Öfen elektrisch geheizten Anlagen vor, die bei großer Kälte nicht genügten.

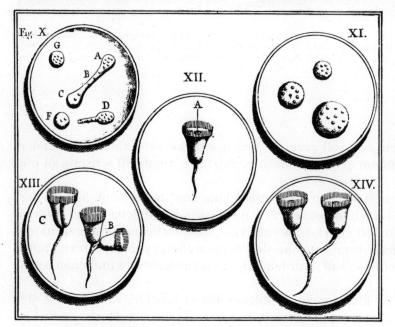

133. Künstliche Besamung: Lazzaro Spallanzani, erste bildliche Darstellung der Teilung von Infusorien. *Lazzaro Spallanzani und die Genueser Wissenschaftler haben nachgewiesen, daß Mikroben sich durch Teilung und nicht durch Kopulation fortpflanzen. Von diesem Zeitpunkt datiert die wissenschaftliche Erforschung der Entstehung des Lebens. Innerhalb weniger Jahre gelangte Spallanzani von einzelligen Organismen zur künstlichen Besamung einer Hündin. (L. Spallanzani,* Opusculi di fisica animali e vegetabili, *Modena* 1776, *Bd.* I)

Man liest Réaumurs Buch nicht ohne Erregung, denn hier zeigt sich im kleinsten Detail die Beobachtungsgabe des großen Gelehrten. Réaumur weiß, wie das Küken die Eierschale aufbricht, wie der Embryo sich bildet, und er erfindet die »künstliche Mutter« für die Brut.

In einem halbdunklen Raum einer Nahrungsmittelfabrik in St. Louis sahen wir in niedrigen Drahtbehältern Truthühner, die wenige Tage vorher aus dem Brutkasten gekommen waren. In diesem Käfig hing ein geneigtes Gummituch, das durch elektrische Drähte geheizt wurde. Die Küken krochen unter dies Tuch, das die Flügel der Mutter ersetzte, um ihre Lungen zu wärmen. Réaumur macht nun um die Mitte des achtzehnten Jahrhunderts dieselbe Beobachtung, indem er einen Kasten mit Lammfell ausfüttert (Abb. 130), dessen Oberteil geneigt ist wie jenes Gummituch in dem Drahtbehälter des zwanzigsten Jahrhunderts, das auch die Schwingenform der Henne nachahmt. Er nennt die ganze Vorrichtung »künstliche Mutter«.

Um 1944 werden in den Vereinigten Staaten nur 15 % der Eier durch Hennen ausgebrütet, die restlichen 85 % in ungefähr 10000 Brutanstalten. Die modernen elektrisch geheizten und thermostatisch kontrollierten Brutkästen enthalten pro Einheit ungefähr 52000 Eier, die ein einziger Mann beobachten kann. Réaumurs Brutkästen waren unbeweglich. Die Gestelle der modernen Brutkästen sind um eine Achse drehbar und verändern regelmäßig die Lage der Eier, wie die Henne es tut, damit die Embryos nicht an der Schale festwachsen. Der normale Farmbestand umfaßt gewöhnlich nicht mehr als 100 Hennen. Brutanstalten haben eine Kapazität von über einer Million Eier. 10000 Kükenfabriken liefern ungefähr 1,6 Billionen Küken pro Jahr.

Auch die enorme Steigerung der künstlichen Brut fällt in die Zeit der Vollmechanisierung. Von 1918 bis 1944 wächst die Zahl der künstlich ausgebrüteten Eier von 20 % auf 85 %. Als besonderer Grund für die Steigerung wird die Maßnahme angeführt, daß seit 1918 die Versendung junger Küken mit der Post erlaubt wurde. In Wirklichkeit fällt die Zunahme mit der allgemeinen Tendenz zusammen. Es ist ökonomischer, große Mengen zu erzeugen und ausgesuchte Eier zur Verfügung zu haben. Eine Gefahr besteht in der Verbreitung von Krankheiten; sorgfältige Kontrolle ist nötig. Eine andere Gefahr sind skrupellose Verkäufer.

Um die Eiererzeugung möglichst regelmäßig zu machen, wird in den Leghäusern im Herbst und im Winter frühmorgens künstliches Licht gebraucht, das die Ovarien anregt. Dies erhöht zwar die Gesamtproduktion nicht, verteilt sie aber gleichmäßiger über das Jahr und ermöglicht große Hühnerschlächtereien, die ungefähr zu Beginn der dreißiger Jahre eingeführt wurden. Was der Großherzog der Toskana als Leckerbissen für seinen Hof wollte, hat nun jeder Bürger zur Verfügung.

Vor der Einführung der Massenproduktion kosteten Hühner im Winter ungefähr doppelt so viel wie im Sommer. Nun kann frisch getötetes Geflügel das ganze Jahr über geliefert werden. Man versucht ein Mittel zu finden, um Knochen und Fleisch mechanisch voneinander zu trennen.

Mechanische Befruchtung

Das Zustandekommen des Lebens beschäftigte das Jahrhundert, das alles in Frage stellte, um auf alles eine Antwort finden zu können. Skeptizismus und Universalismus gehen im achtzehnten Jahrhundert Hand in Hand. Wie es das Leben der

Pflanzen, Insekten, Vögel und Vierfüßler erforscht, so wollte es auch Auskunft über das Leben haben, das sich dem Auge entzieht.

In einem berühmten Gelehrtenstreit jenes Jahrhunderts trat der Jesuitenpater Lazzaro Spallanzani (1729-1794) gegen die Theorie auf, daß die kleinsten Organismen *(infusoria)* durch vegetative Kraft – *occulta virtù* – spontan aus dem Nichts entstünden. Durch hartnäckiges Experimentieren zeigt Spallanzani, daß die Bakterien von außen in die Nährlösungen gerieten. Ihn beschäftigt das Zustandekommen des Lebens – *il gran problema della generazione* – von den Säugetieren und Pflanzen bis zu den Mikroben *(animalucci infusori).*

Wie vermehren sich die Mikroben? Durch Begattung, meinte man. Horace Benedict de Saussure (1740-1799), der Genfer Naturwissenschaftler und praktische Geologe – er war der erste Bezwinger des Mont Blanc – entdeckte 1770, daß die Infusorien sich durch Teilung vermehrten. Spallanzani bewies es in einem genial geplanten Versuch und stellte 1776 die aufeinander folgenden Stadien des Wachsens, der Teilung und der Vollreife zum ersten Mal bildlich dar (Abb. 133).

Von hier war es nur ein Schritt zu Experimenten mit Spermatozoen und künstlicher Befruchtung. Spallanzani ging in seinen künstlichen Zeugungsversuchen stufenweise vor. Erst experimentiert er mit Fröschen, Kröten, Salamandern, selbst mit Seidenraupen. Um 1780 gelang ihm die künstliche Befruchtung bei einer Hündin. Er injizierte den Samen »mittels einer kleinen Spritze«. »Ich hatte Sorge getragen, der Injektionsspritze die Temperatur zu geben, die Mensch und Tier gewöhnlich haben.« Die Hündin brachte drei lebendige Junge zur Welt, zwei männliche und ein weibliches. So gelang es, einen Vierfüßler zu befruchten. »Ich kann wahrhaftig sagen, ich empfand niemals eine so große Genugtuung, seit ich

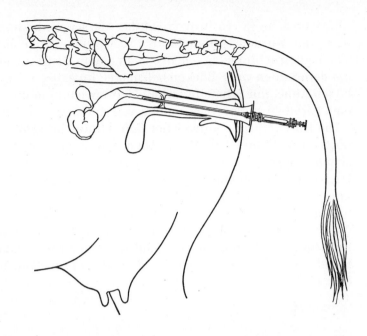

135. Künstliche Besamung. »*Längsschnitt durch die Kuh mit Darstellung der Fortpflanzungsorgane. Kanüle der Spritze in den Gebärmutterhals eingeführt.*« Inzwischen technisch verbessert, ist die Spritze seit Spallanzani, seit dem Ende des achtzehnten Jahrhunderts, in Gebrauch. Zur Zeit der Vollmechanisierung, vor allem in den dreißiger Jahren, stellte die Sowjetunion großangelegte Versuche an. 1936 wurden hier sechs Millionen Kühe und Schafe künstlich besamt. In den Vereinigten Staaten ist diese Praxis noch nicht so verbreitet, doch wurde eine Vielzahl von Spritzen für die verschiedenen Arten erfunden. (*U. S. Department of Agriculture. Circular 567, W. V. Lambert*)

experimentelle Philosophie betrieb. Ich zweifle nicht, daß wir fähig sein werden, auch große Tiere zu zeugen, ohne daß die beiden Geschlechter kopulieren. Voraussetzung dabei ist, daß man sich des einfachen Hilfsmittels bedient, das ich anwendete.«[8]

Der Versuch Spallanzanis wurde bald darauf nach strengeren Kriterien wiederholt und ein Jahrhundert später in England von einem bekannten Hundezüchter systematisch durchgeführt[9].

Innerhalb einer Generation wurde so der weite Bogen von den einzelligen Organismen bis zu den hochorganisierten Säugetieren durchschritten. Seitdem wurde die Injektionsspritze verfeinert und zu einem Instrument von technischer Vollendung. Die Kenntnis über Vererbungseigenschaften und die Entwicklung im embryonalen Zustand ist ungeheuer gewachsen. Trotzdem sind wir über das Zeugungsgeheimnis und die Folgeerscheinungen unbekannter Kreuzungen nicht viel weiter als zu Beginn.

Rußland und die Vereinigten Staaten haben die mechanische Befruchtung am intensivsten gefördert. In den Vereinigten Staaten taucht die künstliche Befruchtung von Pferden in den neunziger Jahren auf. Rußland hat schon früher durch physiologische Versuche Aufsehen erregt, die gelegentlich das Sensationelle streiften. 1907 berichtet ein russischer Physiologe über die künstliche Befruchtung von Säugetieren[10]. In der Zeit der Vollmechanisierung werden die Laborato-

---

8 Lazaro Spallanzani, *Dissertation Relative to the Natural History of Animals and Vegetables*, London, 1784, Bd. II., S. 197-199.
9 Vgl. Walter Heape in *Royal Society Proceedings*, 1897, London, 16, S. 52-63.
10 Elie Ivanoff, »De la fécondation artificielle chez les mammifères«, *Archives des Sciences Biologiques*, 1907, S. 377-511.

riumsversuche in ein Instrument der Massenproduktion verwandelt. In der Sowjetunion wurden 1936 mehr als 15 000 Mutterschafe durch einen Bock befruchtet. Die Befruchtung lag bei 96,6 %. In einem Distrikt wurden alle Schafe (45 000) mit dem Samen von 8 Böcken befruchtet. Im ganzen wurden in jenem Jahr 6 Millionen Kühe und Schafe innerhalb der Sowjetunion mechanisch geschwängert[11], eine Parallele zu der Verwendung von Zuchtmais in Amerika.

Die Durchführung künstlicher Befruchtung im großen Maßstab ist in Amerika noch um 1945 im Gange[12]. Die Apparaturen dafür sind vorhanden und für Kühe, Schafe, Ziegen, Hunde, Füchse, Kaninchen und Geflügel eingerichtet[13]. Es gibt Puppen mit künstlicher Gebärmutter und Spritzen zur Injektion des Samens. Die unmittelbaren Vorzüge und Nachteile werden gegeneinander abgewogen. Wir haben noch keine Kenntnis darüber, bis zu welchen Grenzen oder wie lange die Natur unsere mechanischen Eingriffe dulden wird, so daß jede Erörterung der Konsequenzen müßig ist. Jedenfalls aber kann man sagen, daß ein gefährlicher Punkt erreicht ist, wenn die Zeugung als ein mechanisierbarer Vorgang behandelt wird.

Mehr als auf irgendeinem anderen Gebiet ist hier eine Einstellung notwendig, die die Produktion um der Produktion willen aufgibt. Hier handelt es sich nicht um die einmal festgelegte Qualität von Eisen oder Stahl, eines Motors oder Kühlschranks. Hier handelt es sich um die Qualität des Lebens und um etwas, was von einer Generation zur anderen weitergegeben wird. Dadurch ist uns eine ungeheure Verantwortung auferlegt.

Kurzlebige Marktbedürfnisse nehmen sich unter dieser Perspektive grotesk aus; wenn wegen der scharfen Konkurrenz der Pflanzenfette vor dem Zweiten Weltkrieg ein Schwein mit möglichst geringem Fettansatz gezüchtet wurde, so wäre vielleicht wenige Jahre später durch andere Marktumstände ein Schwein mit entgegengesetzten Eigenschaften wünschenswert gewesen. Beispiele wie diese zeigen die Hinfälligkeit eines Handelns von Tag zu Tag. Eine andere Einstellung ist notwendig, wie sie etwa den Versuchen zugrunde liegt, die in Beltsville, Maryland, in der Anpassung von Schweinen an südliches Klima erzielt wurden[14], wobei die Vorteile hellfarbiger, nordeuropäischer Schweinerassen – langer Körper, gute Schinken – mit den Eigenschaften der amerikanischen Zucht ver-

---

11 W. V. Lambert, *Artificial Insemination in Livestock Breeding*, Zirkular Nr. 567, 1940, U.S. Dept. of Agriculture, Washington D.C., 1940.

12 Ebd., S. 6

13 Ebd., S. 20-61.

14 Das Forschungszentrum in Beltsville, das dem Landwirtschaftsministerium angeschlossen ist, liegt dreizehn Meilen von Washington, D.C. entfernt. Seit seinen Anfängen im Jahre 1910 mit 13 900 acre ist es heute auf ein Areal von 475 acres angewachsen und hat 2 000 Mitarbeiter. Man arbeitet dort hauptsächlich an der Veredelung von Pflanzen und Tieren und der Bekämpfung von Insektenplagen. Wir erhielten Zugang zu diesem Forschungszentrum durch die Herren R. W. Phillips, John H. Zeller und T. C. Byerly, die uns freundlicherweise Einblick in ihre Forschungen gaben.

bunden wurden. In den Südstaaten konnten die rosahäutigen Arten der Sonne nicht standhalten. In wenigen Jahren gelang es, durch Kreuzung eine dunkelfarbige, rote, schwarze oder gefleckte Abart zu entwickeln, die allen Wünschen Rechnung trug.

Die erfreulichste Seite dieser Forschungen sind die Beobachtungen, die durch das Eingehen auf die Lebensweise des Tieres gemacht wurden. Das Schwein zeigt, wenn ihm Gelegenheit dazu gegeben wird, ein ähnliches Reinlichkeitsbedürfnis wie etwa die Katze oder der Mensch. Das Verblüffende ist die Kürze der Zeit, die heute für eine Rassenänderung erforderlich ist. Innerhalb weniger Jahre gelang es in Beltsville, Truthühner in ihrer Größe so weit zu reduzieren, daß sie den Ansprüchen kleiner Familien entsprachen und außerdem Platz im modernen Backofen fanden.

Diese Beispiele, die aus vielen zufällig herausgegriffen wurden, verraten, daß die Problemstellung zwischen Anpassungen an eine zufällige Marktlage und universaleren Gesichtspunkten noch schwankt.

Eine Wolke von Fragezeichen schwebt über dem ganzen Gebiet. Zweifellos steigert sich die Eierproduktion, wenn man den Muttertrieb der Henne systematisch unterdrückt und die Küken ohne sie ausgebrütet und aufgezogen werden, ohne daß die Tätigkeit des Eierlegens dadurch unterbrochen wird.

Ein Stier ist leichter zu behandeln, wenn die Hörner von Anfang an abgeätzt werden und ihm damit das natürliche Kampfinstrument entzogen wird, aber beeinflußt diese Bequemlichkeit auf die Dauer nicht auch die Qualität? Es besteht kein Zweifel, daß eine sorgfältigere Auswahl der Hühnereier in den großen Brutanstalten möglich ist oder daß einem kleinen Farmer Samen eines Zuchtstiers zur Verfügung gestellt werden können, die er sich sonst nie leisten könnte.

Es ist sehr bemerkenswert, daß durch künstliche Befruchtung 8 Böcke 45000 Schafe schwängern konnten. Die Frage aber bleibt offen, ob die Natur nicht in gewissem Sinne immer zur Verschwendung gezwungen ist. Der Züchter, der die künstliche Befruchtung bei Pferden um 1890 im Mittleren Westen einführte, ließ dabei die Frage nicht unausgesprochen, ob sich nicht doch die Stute und der Hengst »in Liebe« paaren sollten[15]. Eines steht fest: die Mechanisierung hat vor der lebenden Substanz haltzumachen. Eine neue Einstellung ist erforderlich, wenn hier an die Stelle von Verwüstung und Raubbau wirkliche Meisterung der Natur treten soll. Größte Behutsamkeit ist dabei notwendig. Dies fordert eine Einstellung, die sich von der Idolatrie der Produktion radikal abwendet.

---

15 »Die Wissenschaftler mögen soviel sie wollen davon reden, daß das Keimplasma unveränderbar sei, doch die Erfahrung des Verfassers lehrt ihn, daß, wenn die Paarung eine wirkliche, auch mentale Vereinigung ist, das Fohlen in der Regel leicht lenkbar sein wird.« »On Breeding Mares«, *The Horseman*, Chicago, Bd. 14, 8. März 1894. Zur Einführung künstlicher Besamung führt derselbe Autor aus: »Als ich davon zuerst zu sprechen begann, machte man sich fast allgemein darüber lustig (das war im Jahre 1893), während man es heute in meiner Nachbarschaft fast als eine Notwendigkeit ansieht« (*The Horseman*, 30. Mai 1895).

TEIL V
MECHANISIERUNG
UND
MENSCHLICHE UMGEBUNG

MITTELALTERLICHER KOMFORT

Mittelalter und Mechanisierung

Warum, so mag man fragen, wird hier auf das Mittelalter zurückgegangen? Es soll doch die Ausbreitung der Mechanisierung untersucht werden. Warum nicht lieber mit der Renaissance beginnen, deren rationale Haltung doch der Mechanisierung so viel näher liegt? Verschiedene Gründe haben uns zu unserem Vorgehen veranlaßt.

Wir wollen Einblick in die Anfänge gewinnen, von denen aus sich das westliche Leben bis heute kontinuierlich entwickelt hat: Anfänge geben die besten Stützpunkte. Wenn man auf die Anfänge blickt, sieht man wie in einen Spiegel. Was hat sich verändert? Was ist bewahrt worden? Was ist verlorengegangen? Welches sind die neuen Impulse?

Die Anfänge, von denen diese ununterbrochene Entwicklung ausgeht, liegen in der Zeit, in der – zum ersten Mal seit dem Zusammenbruch Roms – ein gewisser Lebensstandard ein bürgerliches Leben möglich machte. Es ist das erste Mal seit Rom, daß diese Kultur sich in Städten entwickelt und blüht. Im dreizehnten und vierzehnten Jahrhundert wurden in Europa die alten Städte wieder belebt und mehr neue gegründet als in irgendeinem späteren Jahrhundert.

Die Renaissance, gestützt auf die Antike, hat unseren Horizont erweitert. Im Mittelalter liegen die Wurzeln unserer Existenz.

Es sind nicht nur gotische Kirchtürme, die über die Stadt ragen, es sind gotische Gewohnheiten, die das Leben oft unbewußt noch durchdringen. Oft haben sich diese Lebensformen in die Berge oder an andere Orte zurückgezogen, die zur Beharrung neigen oder zu mittelalterlichen Produktionsmethoden zwingen. An steilen Berghängen funktioniert kein Traktor. Im bäuerlichen Leben mit seiner konservativen Haltung in den Häusern, der Einrichtung und oft noch in der Kleidung lebt die Spätgotik fort. Ein Bauer aus der inneren Schweiz oder dem Appenzell zieht die gleiche geschlossene Arbeitsbluse – Hirtenhemd genannt – über den Kopf, die in Pennsylvania die Amisch und Mennoniten tragen. Der Ursprung ist in beiden Fällen der gleiche, der Unterschied besteht bloß im Material; in der Schweiz ist es Leinen, in Amerika ist es Manchester-Samt.

Viel wichtiger, wenn auch nicht so offensichtlich, ist das Fortleben der mittelalterlichen Einstellung zur Produktion. Das Zunft-Ethos beruhte auf einem Grundsatz: Aufrechterhaltung der Qualität. Man kann in Europa genau beobachten, daß in Ländern, die trotz mechanischer Produktionsmethoden den Sinn für Qualität bewahrt haben, gotische Lebensgewohnheiten am stärksten lebendig geblieben sind.

Das Weiterbestehen des Bäckers, Metzgers, Gastwirtes und vieler anderer Handwerke ist von tiefem Einfluß auf die ganze Lebenshaltung. Die Gründe dafür, daß das komplizierte Handwerk nicht wie in Amerika mechanisiert wurde, liegen nicht allein in einem Unvermögen oder in kleineren Verhältnissen. Die Kettenrestaurants sind in Frankreich aufgekommen, aber sich durchgesetzt und das Alltagsleben verändert haben sie in Amerika. Der Widerstand gegen die Mechanisierung bestimmter Gebiete beruht oft darauf, daß man die Qualität nicht aufgeben will. Wo solcher Widerstand einsetzt, dafür lassen sich keine Regeln angeben. In England wurde durch die Industrialisierung die Qualität der Nahrungszubereitung viel stärker vermindert als in Amerika, während das Verlangen nach Qualität in der Kleidung aus der jahrhundertelangen handwerklichen Tradition beibehalten wurde. Es ist das Bedürfnis nach Qualität, das seine Wurzeln in den städtischen Zünften der Gotik hat, ein Bedürfnis, das jetzt dabei ist, wieder zu erwachen.

Amerika war ein Bauernland. Das Leben, das die Siedler, die im siebzehnten oder achtzehnten Jahrhundert herüberkamen, führten, unterschied sich in seinen Wohn- und Arbeitsgewohnheiten kaum von dem ihrer mittelalterlichen Ahnen. Wir werden sehen, daß im kolonialen Amerika gelegentlich gotische Elemente zu finden sind, die jenseits des Ozeans verlorengegangen sind. Amerika ist dasjenige Land, das von einer primitiven handwerklichen Stufe und einer mittelalterlichen Strenge der Lebensführung direkt zur entwickelten Mechanisierung überging.

Der Wandel in der Auffassung des Komforts

Das Wort »Komfort« bedeutet seinem lateinischen Ursprung nach soviel wie »stärken«. In der westlichen Kultur seit dem achtzehnten Jahrhundert ist Komfort gleichbedeutend mit »Bequemlichkeit«. Die intime Umgebung des Menschen ist möglichst so einzurichten und zu gestalten, daß sie dem körperlichen Behagen entgegenkommt. Unter diesem Gesichtspunkt sind die Möbel zu formen, die Teppiche zu wählen, die Anordnung der Lichtquellen zu bestimmen und hinzuzunehmen, was immer die Mechanisierung an technischen Erleichterungen geschaffen hat.

In den verschiedenen Kulturen wurde unter Komfort oft sehr Verschiedenartiges verstanden. Komfort kann in den unterschiedlichsten Richtungen entwickelt werden. Es kommt dabei ganz darauf an, was der Mensch zu seiner »Stärkung« braucht.

Die orientalische Deutung des Komforts geht davon aus, daß der Mensch imstande sein soll, jederzeit Herr über sein Muskelsystem zu sein. Dementsprechend hat der Orient Körperhaltungen hervorgebracht, die die Entspannung und Bequemlichkeit innerhalb des eigenen Organismus möglich machen. Das Einnehmen einer dieser – ureingeborenen – Haltungen, wie z. B. das Anziehen der Beine und ein gleichzeitiges Entspannen der Muskeln, genügt schon; keine Lehne oder Armstütze ist nötig, sondern der Körper ruht in sich selbst. Auch das Liegen

136. Sitzhaltung bei den Ägyptern: Grabstele aus Kalkstein. Um 1500 v. Chr. *Aus unserer heutigen Sicht sind ägyptische Sitzgewohnheiten sowohl östlicher als auch westlicher Art. Die Ägypter
statteten ihre Häuser mit großem Können aus. Sie entwickelten Sitzbänke, Klappbetten und insbesondere verschiedene Arten von Stühlen und Hockern. Auf den Stühlen kann man entweder auf
orientalische Weise hocken – wobei der Stuhl niedriger und der Sitz tiefer ist als normal –, oder
man nimmt auf westliche Art Platz mit herabhängenden Beinen. Die Beine des Mannes zur Linken
ruhen vorne auf dem Boden wie bei der griechischen Vasenmalerei im fünften Jahrhundert v. Chr.
(Metropolitan Museum, New York)*

wird nicht nur ausschließlich als Haltung für den Schlaf angesehen, sondern als eine körperliche Entspannung, die während der Unterhaltung oder beim Essen eingenommen wird.

Im Gegensatz zum östlichen Komfort steht der westliche, wie ihn das achtzehnte Jahrhundert meisterhaft und repräsentativ ausgebildet hat. Der westliche Komfort geht vom Sitzen mit herunterhängenden Beinen aus. Für diese Haltung braucht der Körper eine äußere Stütze.

An der Ausbildung dieser Stütze – dem Stuhl – werden wir vom Mittelalter an die Vorstellung einer Zeit vom Komfort ablesen können.

In der Zeitspanne, die vom *perikleischen Athen* bis zum französischen Rokoko reicht, gibt es einen Kontinuitätsbruch, wie er in der Geschichte nur selten beobachtet werden kann. Die griechischen Stühle mit ihren nach außen gespreizten Beinen, den leicht rückwärts geneigten Lehnen und dem breiten, energisch geschwungenen Halt für die Schulterblätter sind als Möbel Gegenstücke zur Plastik des Phidias. Ihre Grazie und sensible Form wurden von keiner späteren Epoche übertroffen. Nach dem Zusammenbruch Roms verlernte man dieses verfeinerte Sitzen.

Erst das *achtzehnte Jahrhundert* ging über die Maßstäbe der Griechen hinaus, allerdings mit einem anderen Ziel und in anderer Richtung. Seine weich gepolsterten Sitze wären früheren Epochen wie auseinandergeschnittene Betten vorgekommen.

Doch mit welch wissenschaftlichem Aufwand wird jetzt Rücksicht auf die Haltung des Körpers genommen! Man bemüht sich zunächst, das Möbel so zu formen und so schmiegsam zu machen, daß auf die empfindlichen Stellen des Körpers besondere Rücksicht genommen wird. Die Lehnen passen sich der Krümmung des Rückgrats an, die Schweifung der Sitzflächen richtet sich nach der Länge der Oberschenkel und der Bewegung der Knie, die Armlehnen nehmen auf die weibliche Kleidung Rücksicht. Der Komfort des Sitzens, der typisch für unsere Kultur geworden ist, hat hier die raffinierteste Behandlung erfahren.

Auf einer dritten Stufe versucht man in der zweiten Hälfte des *neunzehnten Jahrhunderts,* den Komfort des Sitzens auf neuem Wege zu erreichen: durch die Beweglichkeit. Man erreicht sie durch Zerlegung der Möbel in ein System beweglicher Flächen, die mechanisch reguliert werden. Diese Möbel können nicht mit der Anmut griechischer Stühle verglichen werden, und die Vorderkante ihrer Sitzflächen folgt auch nicht der Bewegung der Knie der Kavaliere bei der Konversation. Kein edles Material, keine vollendete Formen sind hier zu entdecken, es sind anonyme Produkte anonymer Erfinder, Serienprodukte. Es sind Möbel, die tief in den Gewohnheiten und dem Beschäftigungskreis des neunzehnten Jahrhunderts verankert sind und uns auf die Frage, ob das neunzehnte Jahrhundert eine eigene Haltung besaß oder ob es sein Schicksal war, von einer Verkleidung zur anderen zu flüchten, eine Antwort geben werden.

137. Sitzhaltung der Römer: Wandmalerei, Boscoreale. Erstes Jahrhundert v. Chr. *Der Stuhl spielte in der römischen Inneneinrichtung keine wesentliche Rolle. Der schwere Stuhl der Zitherspielerin verkörpert eher Luxus als bequemes Sitzen. Diese Tendenz zeigt sich in Einzelheiten wie der rein dekorativen Armlehne und den reich verzierten Beinen. Ein Jahrtausend nach dem Untergang der römischen Kultur verging, bevor Stühle wieder zu einem alltäglichen Sitzmöbel wurden. (Metropolitan Museum, New York)*

138. Sitzhaltung des Mittelalters: Der schreibende Pythagoras. Nordportal der Kathedrale von Chartres. Zwölftes Jahrhundert. *Im Mittelalter wurden Sitzmöglichkeiten und Sitzhaltung improvisiert. Man saß auf dem Boden, auf Sitzbänken, Fensterbänken, Kissen, kleinen Schemeln oder auf einem flachen Kissen, wie anscheinend der Pythagoras der Kathedrale von Chartres, der ein tragbares Schreibpult auf den Knien hat.*

Die Körperhaltung im Mittelalter

Wie hat man im Mittelalter gesessen? In der Körperhaltung spiegelt sich das Wesen einer Zeit. Auf mittelalterlichen Altarbildern thronen die Madonnen in strenger Frontalität vor einem goldenen Hintergrund. In den Gewänden der Portale von Chartres stehen die Figuren in hierarchischer Ordnung, während in der Tiefe und über ihnen das biblische Geschehen, zu dem sie in Beziehung gesetzt sind, abrollt. Im ersten Augenblick scheint es, als sei die mittelalterliche Haltung von höchster Feierlichkeit gewesen und als wären diese Darstellungen nichts anderes als eine Projektion der feudalen Gesellschaftsordnung.

Lassen wir die naheliegende soziologische Deutung beiseite und sehen genauer zu, so öffnet sich ein anderer Ausblick. Gewiß, die Feudalherren des dreizehnten Jahrhunderts und ihre Frauen verstanden, in wunderbarer Haltung zu stehen und zu schreiten, wie die gotischen Skulpturen dieser Periode belegen. Das Mittelalter war zu höchster Feierlichkeit fähig. Vielleicht fehlt uns das Organ, die Würde und Inbrunst nachzufühlen, die die mittelalterlichen Gottesdienste ausgestrahlt haben müssen, doch diese Feierlichkeit der Haltung gehörte zum Kult und war ihm vorbehalten. Kein Möbel erreichte die Pracht des Kirchengestühls für die Geistlichkeit; die Menge kniete auf dem nackten Fußboden. Das bürgerliche Leben spielte sich in anderen Formen ab. Bei aller Verschiedenheit hat das Griechentum mit dem Mittelalter eines gemeinsam: Monumentalität bleibt fast ausschließlich der Verehrung des Überirdischen vorbehalten.

Der Zusammenbruch Roms hat sich fast auf allen Lebensgebieten bemerkbar gemacht.

Was einenhalb Jahrtausende an kulturellen Werten geschaffen hatten, verlor seine Gültigkeit oder wurde bis zur Unkenntlichkeit verstümmelt. Die Nomaden, die Rom plünderten, konnten mit den Stühlen, die sie dort vorfanden, ebensowenig anfangen wie mit den Statuen, den Thermen, den furnierten Möbeln und anderen Erzeugnissen einer differenzierten Lebensführung. Sie waren gewohnt, auf dem Boden zu hocken, und dabei blieb es.

Die neue Kultur, die sich herausbildete, verfolgte Ziele, die so verschieden waren von der Antike wie ein Thermengewölbe von einer gotischen Skelett-Konstruktion mit ihrer Scheu vor allem Massiven. Der Lebensstandard des späten Mittelalters hätte Komfort im Sinne von Bequemlichkeit durchaus gestattet, aber diese Einstellung war dem gotischen Denken fremd. Geräte, die sich dem Körper anpaßten, wurden von der Gotik nicht ausgebildet, und Stühle im heutigen Sinne kannte das tägliche Leben nicht. Niedrige, dreibeinige Hocker verschiedener Art und Größe waren in romanischer Zeit wie im fünfzehnten Jahrhundert das Übliche. Alles deutet darauf hin, daß das Mittelalter improvisiert und zwanglos saß. Man hockte mehr, als daß man saß. Die Skulpturen thronender romanischer Madonnen zeigen, von der Seite betrachtet, die gekrümmte Rückenlinie, wie von Frauen, die gewohnt sind, kauernd zu sitzen: sie benutzen die Rückenlehne nicht als Körperstütze. Nur der Bildhauer setzte sie auf den hierarchischen Thron. In diesem Sinne sind auch die reichgewirkten Stoffe zu verstehen, die im dreizehnten Jahrhundert an die Wand hinter die Bänke gehängt werden, wie es auch noch bei Madonnendarstellungen der italienischen Renaissance zu finden ist.

Man saß direkt auf dem Boden oder auf Kissen, man ließ sich auf Treppen nieder oder auf den Stufen der erhöht postierten Betten. Die romanischen Truhen, zumindest die wenigen, die erhalten geblieben sind, hatten sakrale Zwecke und waren viel zu hoch, um darauf zu sitzen. Als die Truhen niedriger werden, findet man sie entlang der Wände aufgereiht. Sie erfüllten die Aufgabe von Stuhl und Sofa. Es liegt in dieser Tradition, daß man noch um 1500 Stuhl und Tisch zugleich als Behälter ausbildete. Die zweite Hälfte des fünfzehnten Jahrhunderts beschließt das Mittelalter, aber sie ist noch von seinem Geist erfüllt, und gleichzeitig werden jahrhundertealte Gewohnheiten gelockert und neue drängen nach vorne.

Wie saß man im Mittelalter? Einige Beispiele aus dieser Übergangszeit, die aus

139. Hoher Gerichtstag von Frankreich (*Lit de Justice*), 1458: Jean Fouquets Frontispiz für den Münchener Boccaccio. *Die Verkündung des Todesurteil über den Grafen von Alençon wegen seiner Verschwörung mit den Engländern. Davor saßen die Würdenträger des Reiches drei Monate lang zusammengedrängt auf Sitzbänken ohne Rückenlehnen. Die Richter – le parquet – sitzen in erstaunlich unzeremonieller Weise auf dem Boden. (P. Durrieu, Le Boccace de Munich)*

verschiedenen Ländern, Gesellschaftsschichten und Milieus stammen, geben den direktesten Einblick in die sich vollziehende Wandlung des Komforts.

Hochgericht in Frankreich unter dem Vorsitz Karls VII., 1458

Jean Fouquet stellt in dieser Miniatur (Abb. 139) die Verkündigung des Todesurteils über den Herzog von Alençon dar, der angeklagt war, sich mit den Engländern gegen Frankreich verschworen zu haben – eine feierliche Versammlung und ein feierlicher Augenblick beim Abschluß dreimonatiger Verhandlungen: Der König auf erhöhtem Sitz im zentralen Blickpunkt, und auf Bankreihen rechts und links von ihm die Würdenträger, Prälaten, der Adel und die Juristen. Vor dem König kniet der Verkünder des Todesurteils. Die Staatsaktion vollzieht sich gemäß der sozialen Schichtung.

Die Feierlichkeit, die von dieser Versammlung ausgeht, erfüllt die ganze Atmosphäre: Tracht, Haltung und die hohen Gobelins mit den großen Wappentieren.

Aber welcher Komfort gehört zu dieser Staatsaktion? Drei Monate, von August bis Oktober, tagte das glänzende Gericht, eng gedrängt, wie immer im Mittelalter, auf einfachen Holzbänken, ohne Rückenlehnen und mit wenig Spielraum für die Beine – ein auffallender Unterschied zum Chorgestühl. Die Richter kauern ungeniert auf dem Boden, und die sechs Würdenträger auf den Stufen, die zum Sitz des Königs führen, haben es auch nicht zu bequem. Die Bequemlichkeit ist nicht größer als in einem Zirkuszelt.

Dieser Verzicht auf äußerlichen Komfort am Hof von Frankreich, an dem – neben Burgund – die höchste Verfeinerung herrschte, ist typisch für die Haltung, die das Mittelalter bis an sein Ende bewahrte. Im siebzehnten Jahrhundert wäre eine Versammlung dieser Art ohne repräsentatives Gestühl undenkbar gewesen.

Karnevalszene in einer holländischen Küche, um 1475

Die ganze soziale Stufenleiter liegt zwischen Fouquets französischem Hochgericht und der feiernden Gesellschaft auf diesem niederländischen Stich[1] (Abb. 140), die Gewohnheiten aber bleiben die gleichen. Es ist eine bunte Gesellschaft, die um das Herdfeuer sitzt, an dem eine Frau im Vordergrund Waffeln bäckt. Die Masse des dicken Mannes neben ihr quillt weit über den kleinen Hocker romanischer Tradition hinaus. Oder ist es ein Stuhl, auf dem er sitzt? Der Stich zeigt in wunderbarer Unmittelbarkeit, wie man auf diesen Geräten saß: in formloser Haltung, über Eck, den Arm über die kurze Rückenlehne gelegt.

---

1 Daß die Vorlage zu dem Stich nicht, wie die Inschrift des Stechers vermuten läßt, von Hieronymus Bosch stammt, ist in diesem Zusammenhang ohne Belang. Der in der archaisierenden Manier des späten sechzehnten Jahrhunderts gehaltene Stich zeigt in Tracht und Sitzgelegenheiten die Gewohnheit des ausgehenden fünfzehnten Jahrhunderts.

140. Karneval in einer holländischen Küche, um 1475. Niederländischer Kupferstich von 1567. *Obwohl Fouquets oberster Gerichtshof und die Gruppe von Feiernden in dieser holländischen Küche gesellschaftlich weit auseinanderliegen, ist ihnen beiden die improvisierte Art des Sitzens gemeinsam. Sie benutzen alles, was vorhanden ist: einen umgedrehten Korb, Schemel von verschiedener Größe oder einen Stuhl nach romanischer Tradition mit kurzer Rückenlehne und gedrechselten Beinen.*

Die übrige Versammlung benutzt, was gerade zur Hand ist: umgestülpte Weidenkörbe oder Hocker verschiedener Höhe, die alle darauf hindeuten, daß man nicht gewohnt war, sich um einen Tisch zu versammeln.

Auch hier sitzen alle wieder eng gedrängt. Die Körper berühren sich. Die Erklärung, die gegeben wird, daß nämlich auf mittelalterlichen Bildern die Leute eng gedrängt sind, um möglichst viele porträtieren zu können, erscheint uns nicht befriedigend. So viele Bilder man auch betrachten mag, immer geben sie die gleiche Auskunft: für die mittelalterliche Gesellschaft, die Stühle im heutigen Sinne nicht kannte, war es selbstverständlich, eng beieinander zu sitzen.

Wir sind es gewohnt, auf Stühlen zu sitzen, die zwangsläufig zwischen den Körpern Zwischenräume lassen und zum gegenseitigen Abstand zwingen. Dies ist tief in unsere Instinkte eingegraben. Im Gegensatz zum Mittelalter finden wir es unangenehm, den Nachbarn zu berühren, und rücken entschuldigend auseinander.

Oberrheinische Wohnstube, um 1450:
Zeichnung aus der Schule des Konrad Witz

Entlang der kahlen Wände – noch sind Täfelungen nicht selbstverständlich –
steht eine Reihe einförmiger Truhen (Abb. 141). Maria mit dem Kind, das sich im
Waschbecken spiegelt, sitzt in einem Raum ohne Tisch.

Bei den Heiligenstatuen dieser Zeit wird unser Blick auf das Gewoge der Falten
gelenkt, die die Gestalt umfließen wie die verschlungenen Ornamente die Seiten
der Miniaturen. Der breite Faltenwurf, wie er in der burgundischen Plastik auftaucht und von Konrad Witz besonders gemeistert wird, dient in dieser Wohnstube als einziges Zeichen der Würde Marias. Er gibt keinen genauen Anhaltspunkt,
ob sie sich auf einem Kissen, einem niedrigen Hocker oder direkt auf dem Boden
niedergelassen hat. Die Kissen auf den Truhen lassen vermuten, daß sie eines von
ihnen benutzt.

Schweizer Schulzimmer, 1516

Nicht weniger improvisiert war die Haltung beim Schreiben. Ein Schild, das Hans
Holbein d. J. für einen Schulmeister malte, zeigt eine schlichte und einfache Ausstattung (Abb. 143). Da ist kein großer Unterschied in der Versammlung zufälliger

141. Innenansicht einer oberrheinischen Wohnstube, um 1450: »Maria badet das Kind«, aus der
Schule des Konrad Witz. *Die Jungfrau, deren
Rang nur an den kaskadenartig herabfallenden
Falten ihres Gewandes erkennbar ist, sitzt vielleicht auf einem niedrigen Schemel oder sogar auf
dem Boden oder auf einem Kissen, ähnlich denen,
die auf den schlichten Truhen entlang der Wand
liegen.*

142. Italienisches Schlafgemach und Arbeitszimmer: Zwei Holzschnitte von Francesco Colonna, »Hypnerotomachia«. Venedig, 1499. *Polifilos Dame in ihrem Schlafgemach, seinen Brief lesend. Polifilo schreibt seiner Dame. Wie in der rheinischen Wohnstube mehr als vier Jahrzehnte früher besteht die Einrichtung hauptsächlich aus gleichgroßen Truhen, die entlang den Wänden stehen. Die Atmosphäre erinnert an die Einfachheit eines Klosters. Der Zweck jeden Raumes ist aus den Möbeln ersichtlich: das Bett mit seinen podestartigen Truhen; der Tisch nahe der Wand mit einem tragbaren Schreibpult, auf dem Polifilo schreibt.*

Sitzgelegenheiten gegenüber der oben abgebildeten holländischen Küche ungefähr drei Jahrzehnte früher. Ein Schüler sitzt auf einem niedrigen Hocker, und die ebenfalls niedrige Bank seines Nachbarn dient ihm als Schreibpult, während der andere seine Schreibübungen direkt auf den Knien macht. Das sind jahrhundertealte Gewohnheiten, die sich hier in einem volkstümlichen Milieu erhalten haben. Pythagoras am Nordportal der Kathedrale von Chartres ist in ähnlicher Haltung wiedergegeben (Abb. 138). Mit gekrümmtem Rücken sitzt er auf niedrigem Hocker und hält das schmale Schreibbrett auf den Knien. Im fünfzehnten Jahrhundert allerdings werden die Pulte der mönchischen Miniaturisten oder weltlichen Gelehrten sorgfältig ausgebildet und anpassungsfähig gemacht (Abb. 151, 152, 154).

In dem Holbeinschen Schulzimmer von 1516 mit seinen verschieden hohen Hockern und Bänken, sitzt die Frau mit dem Kind an einem Lesepult mit steiler Platte bereits in einem Faltstuhl – einem Dante-Stuhl –, wie ihn die aufkommende Renaissance liebte.

Königliche Tafel: Salome tanzt vor Herodes
Katalanische Schule, um 1460

Welche Haltung nahm man beim Essen ein? Die Gesellschaft sitzt auf Bänken mit dem Rücken gegen die Wand (Abb. 144). Schön gewirkte Stoffe und kostbare Kleidung bestimmen hier die Atmosphäre wie im Hochgericht am französischen Hof.

Auch hier fehlt jede Andeutung einer gepflegten Einrichtung. Der Tisch besteht aus losen Brettern, die während des Essens auf grob zugehauene Böcke gelegt werden. Wir kommen noch darauf zurück, daß die – von einem späteren Zeitpunkt her gesehen, improvisiert wirkende – Tafel nicht auf einen mangelnden Sinn für Komfort zurückzuführen ist.

Das Erscheinen des Stuhls, um 1490

Wir nähern uns der Zeit, in der der Stuhl als Standardgegenstand auftaucht. Erhalten haben sich einige Vorläufer des heutigen Komforts aus dem Palazzo Strozzi (Abb. 145) in Florenz, um 1490[2]. Unser Auge erkennt sofort die Spuren der früheren Typen, deren Gepräge dieser Stuhl noch trägt: Der mittelalterliche dreibeinige Hocker mit den grob behauenen Beinen, die direkt in die Sitzfläche eingelassen sind, wie bei den Schemeln der holländischen Küche oder der Holbeinschen Schulstube.

Dann beginnt die Verfeinerung. Der Sitz wird glatt gehobelt, und ein profilierter Rahmen verdeckt den Ansatzpunkt der Beine. Der achteckige Sitz lädt ein, ihn nicht nur frontal zu benutzen, sondern über Eck, in formloser Haltung, wie in der holländischen Karnevalsszene. Die neue Stilisierung konzentriert sich auf das schmale stelenförmige Brett, mit dem in einem Tondo (Kreisrund) geschnitzten Wappen der Strozzi. Die Entscheidung fällt schwer, ob dieses gerade, harte Brett als Rückenlehne gedacht ist oder ein Überbleibsel der gotischen Rückwand darstellt, die als Hoheitszeichen hinter den Sitzen aufstieg. Auch in den Proportionen spiegelt sich die Herkunft. Die klobige Konstruktion des niedrigen Unterbaus steht im Widerspruch zu der schlankgestreckten Stele, die mit der Delikatesse der Frührenaissance geformt ist. Es ist ein Anfang voller Widersprüche.

Wichtig ist zunächst, daß sich mehrere gleichartige Stühle aus dem Palazzo Strozzi erhalten haben. Dies gibt einen Anhaltspunkt dafür, daß man um 1490 – zumindest im Süden – daran dachte, den Stuhl nicht nur als Ehrenzeichen, als Einzelstück aufzufassen, sondern ihn serienmäßig zu verwenden.

Im sechzehnten Jahrhundert erhält dieser Typ vier anstelle der drei Beine, die Rücklehne wird breiter und gebogen. Es ist ein kräftiger Typus, der bis heute in alpinen Bauernstuben weiterlebt: ein Brett als Rücken, eines als Sitz und vier Pflöcke als Beine. Dieser Stuhl, der mit der Zeit von üppiger Holzschnitzerarbeit überzogen wird, ist primitiv in der Konstruktion und deutet doch auf eine veränderte Lebensweise hin. Der Tisch bekommt eine feste Position, und die Sitzgelegenheit wird beweglich. Der Stuhl wird nun an den Tisch, und nicht wie bisher der Tisch vor die feste Bank, gerückt. Jetzt erhält jeder am Tisch seinen Stuhl. Der

---

2 Wilhelm Bode datiert den Stuhl, der sich in der Sammlung Figdor, Wien, befand, um das Jahr 1490. Vgl. Wilhelm Bode, *Das Hausmöbel der Renaissance*, Berlin, 1921, S. 21.

selIen frouwen und junchfrouwen wer fin bedarff der kum har jn-dır wirt drüwlich glert um em zimlichen lon· Aber die junge knabe und meitliu noch den fronualten wie gewonheit ist · j ſ j 6 ·

143. Schweizerisches Schulzimmer, 1516: »Schild eines Schulmeisters«, Hans Holbein der Jüngere. *Diese Szene aus dem frühen sechzehnten Jahrhundert zeigt noch immer die improvisierte Art des Sitzens: ein auf einer Bank sitzender Junge hält sein Übungsbuch auf seinen Knien, während ein anderer hinter ihm, auf einer Art Fußschemel sitzend, die Bank als Schreibpult benutzt, ähnlich wie der Pythagoras von Chartres. (Kunstmuseum, Basel)*

Stuhl verliert die Bedeutung einer Auszeichnung, als Symbol besonderen Ranges, und wird in Reihen um den Tisch gestellt.

Doch ist einschränkend zu bemerken, daß in der ersten Hälfte des sechzehnten Jahrhunderts Stühle durchaus nicht die Regel waren, auch nicht für die höchste gesellschaftliche Schicht. Wenn Hans Holbein d. J., um 1530, den Kronrat Heinrichs VIII. von England in einem Holzschnitt wiedergibt, so werden die Mitglieder dieses höchsten Rates ebenso eng auf Bänke plaziert wie die Mitglieder des Hochgerichts von 1458.

Die unbemalten, primitiv gezimmerten Bänke, Tische, Stühle, wie sie sich in den Alpen bis heute oder bei den amerikanischen Siedlern bis tief ins neunzehnte Jahrhundert finden, sind eine Weiterführung der spätgotischen Wohntradition, wie sie um die Wende des fünfzehnten Jahrhunderts im Norden und Süden zu finden ist. Es ist eine Tradition, die sich in den Städten bildete und von Bürgern und Patriziern geschaffen wurde. Sie trägt noch das Gepräge der Strenge des Mittelalters.

Die Spärlichkeit des mittelalterlichen Hausrats hat ihren Ursprung in einer mönchischen Auffassung und in der Unsicherheit der Lebensverhältnisse, die dem Möbel einen nomadischen Charakter verlieh.

144. An der Tafel des Königs, um 1450: »Salome mit dem Kopf von Johannes dem Täufer«, katalanische Schule. *Gekleidet in Brokat und Hermelin, sitzen der König und sein Gefolge in einem Raum mit fliesenbedecktem Fußboden und Wandbehängen zu Tisch. Sie benutzen jedoch Sitzbänke entlang der Wand. Der gleiche rudimentäre Komfort ist an den einfachen Messern und dem Fehlen von Tellern zu sehen.(Metropolitan Museum, New York)*

Die nomadischen Möbel des Mittelalters

Möbel gehören zu den vom Menschen verfertigten Gerätschaften, die am engsten mit seinem Dasein verknüpft sind. Tag und Nacht lebt er mit ihnen, sie dienen ihm bei seiner Arbeit und zu seiner Ruhe. Sie begleiten sein Leben von seiner Geburt bis zu seinem Tode.

Im Französischen bedeuteten das Wort *meuble* und der Sammelbegriff *mobilier* ursprünglich »bewegliche Güter«. Nichtbewegliche Güter hießen *immeubles*, womit heute noch Häuser und Gebäude bezeichnet werden. *Meuble* war nicht in dem engeren heutigen Sinne gemeint, als Gegenstände, die von einem Raum in den anderen oder von einer Wohnung zur anderen versetzt werden konnten, sondern sie hießen so, weil sie ihren Besitzer zu begleiten pflegten, wohin immer er reiste. Das Mobiliar im späten vierzehnten Jahrhundert folgte seinem Herrn, wenn er zeitweilig seinen Wohnsitz wechselte, und es begleitete ihn auf seinen Reisen[3].

Unter *mobilier*[4] verstand man alle beweglichen Haushaltsgegenstände oder »die beweglichen Dinge in einem Wohnhaus« – um aus dem *Oxford English Dic-*

---

3 Henri Havard, *Dictionnaire de l'ameublement et de la décoration depuis le XIII\ième siècle jusqu'à nos jours,* Neue erweiterte Ausgabe, Paris, 1890-94, Bd. III, Kol. 851. »Meubles sont appelés qu'on peut transporter d'un lieu en autre et qui suivent le corps de son seigneur et maître quand il change de résidence« (Definition von 1380).
4 *Mobilier* ist in vielen Ländern heute noch die rechtliche Bezeichnung für alle beweglichen Güter, die nicht fester Bestandteil des Hauses sind.

tionary eine Quelle von 1573 zu zitieren – Silber, Juwelen, Wandteppische, Küchengerät und Pferde[5].

Der Brauch, alle Einrichtungsgegenstände und alles Bewegliche, manchmal sogar Gefangene, mit sich zu führen, ist mit dem Mittelalter nicht ausgestorben. Als

---

5 Havard, a.a.O., Bd. III, Kol. 851, nach einem französischen Inventar von 1599.
Wir breiten hier, soweit es das Mittelalter betrifft, nur Rohstoff aus. Es gibt noch keine Typengeschichte des Möbels, auf die wir uns berufen könnten, wenn wir, von der Mechanisierung rückwärts schauend, das Alter, die Wandlung und die Herkunft eines Typs feststellen wollen. Die Untersuchungen Henri Havards, 1838-1921, haben uns dabei am meisten unterstützt. Sie sind vielseitig und packen gelegentlich Probleme an, über die anderswo nichts zu finden ist. Aber seine Untersuchungen sind in Form eines *Dictionnaire* niedergelegt und können deshalb nicht auf Zusammenhänge verschiedener Typen eingehen. Sie sind auf französische Archive beschränkt; hier allerdings breitet er eine unerreichte Fülle aus.

---

145. Das Erscheinen des Stuhles: Dreibeiniger Stuhl aus dem Palazzo Strozzi, Florenz. Um 1490. *Dieser Vorläufer des Stuhls mit seinen in das Sitzbrett eingefügten drei Beinen weist eine enge Verwandtschaft mit dem Schemel auf; eine Konstruktion, die noch heute in den Bauernhäusern der Alpen zu finden ist. Ist die schmale Rückenlehne eine Stütze für den Körper oder nur Dekoration, ein Überbleibsel der zeremoniellen Bedeutung des Stuhls in der Gotik? (Metropolitan Museum, New York)*

146. Bauernstuhl, Valais, Schweiz. Frühes neunzehntes Jahrhundert. *Die einfache Konstruktion der frühen Stühle aus Florenz wird durch die Tradition ohne wesentliche Änderungen im Laufe der Jahrhunderte überliefert. (Benedict Rast, Fribourg, Schweiz)*

305

Franz I., König von Frankreich, von Paris nach Nizza in den Süden seines Reiches reiste (1538), führte er seinen ganzen Haushalt mit sich und zahlte 1200 Livres für den Transport dieses »Mobiliars«[6]. Mit seinem Mobiliar zu reisen scheint in Einzelfällen sogar noch am Ende des Ancien régime vorgekommen zu sein.

Auch scheint diese Vorkehrung der mächtigen Herren früherer Zeiten nicht unsinnig gewesen zu sein. Der Herzog von Orléans, der in Tarascon 1447 ohne seinen Haushalt ankam, mußte sich von der Bürgerschaft Mobiliar leihen[7]. Und so bleibt es bis weit ins siebzehnte Jahrhundert. 1649 schlief die Tochter des Königs, als der französische Hof kurzfristig umziehen mußte, auf Stroh. Ein Bett war einfach nicht zu bekommen[8].

Das Schloß des Hochadels stand, wenn der Herr dort nicht residierte, praktisch leer. Er pflegte nur unwichtige Einrichtungsgegenstände und alles, was nicht transportabel war – die steinernen Bänke am Fenster, den Wand- und Deckenschmuck oder die skulpturengeschmückten Kamine – dazulassen.

Hinter diesen Berichten steht die tiefe Unsicherheit der Lebensweise. Alle Schichten der Gesellschaft waren von ihr bedroht. Ein Großteil des städtischen Budgets wurde für Befestigung und Waffen ausgegeben.

Die Wehrtürme der Adelsgeschlechter in Bologna oder in den toskanischen Städten der Zeit Dantes zeigen, daß es sich bei diesen Geschlechtertürmen um Festungen innerhalb einer Festung handelte. Sogar hinter den Mauern war das Leben nicht sicher. Jacob Burckhardt berichtet in seiner *Kultur der Renaissance* eindrucksvoll über die häufigen Meuchelmorde, die in Perugia am hellen Tage begangen wurden, und zwar noch zu Ende des fünfzehnten Jahrhunderts, als Perugino seine friedlichen Madonnen malte.

Diese tiefe ökonomische und soziale Unsicherheit veranlaßte die Kaufleute und Feudalherren, ihre Habe soweit als möglich mit sich zu nehmen, wußte doch keiner, welche Veränderungen kamen, wenn die Tore sich hinter ihm schlossen. So kommt es, daß im Wort »Möbel« der Begriff des Beweglichen, des Transportablen tief eingewurzelt ist.

Leicht transportfähig war vor allem das verbreitetste Möbel des Mittelalters: die Truhe. Sie bildete den Grundstock und fast das Hauptelement der mittelalterlichen Einrichtung. Sie diente als Behälter für die ganze bewegliche Habe. Kein anderes mittelalterliches Möbel ist in so vielen Exemplaren erhalten geblieben. Truhen konnten gleichzeitig als Reisekoffer benutzt werden. Der Hausrat war in ihnen stets fertig gepackt. Man war sozusagen immer auf dem Sprung.

Transportieren konnte man nur Dinge, die nicht zu sperrig waren. Dies führte zur Schaffung kleiner kompakter und möglichst zerlegbarer Möbel. Das bewegliche, zusammenklappbare Möbel, wie etwa die x-förmigen Faltstühle, kam lange vor den Stühlen im heutigen Sinne in Gebrauch. Nicht aus Platzmangel entstanden die zusammenklappbaren Tische und zusammenlegbaren Betten, sondern,

---

6 Ebd., Kol. 854.
7 Ebd., Kol. 853.
8 Ebd., Kol. 855.

wie ihr Name andeutet, um leicht zusammengeklappt, verpackt und aufgeladen zu werden.

In dem nomadischen Möbel zeigt sich das politische Chaos der Zeit. Es sind nicht nur die Kaufleute, die mit ihren Transporten in Gefahr waren, oder der Adel, der durch fortwährende Fehden untereinander nicht zur Ruhe kam, sondern ganze Staaten und ihre Herrscher wurden von der allgemeinen Unsicherheit erfaßt.

Sechsmal wurde die französische Hauptstadt unter dem letzten Valois verlegt. In der letzten Phase des Hundertjährigen Krieges (1340–1453) mußte Karl VII., dem Jeanne d'Arc auf wunderbare Weise zur Krönung verhalf, vor den Engländern bald hierhin und bald dorthin fliehen. Zeitweilig schlug er seinen Hof in Bourges, Poitiers und Chinon auf.

Die Truhe als Universalmöbel

Während die romanischen Kirchen in der ganzen Vielfalt ihrer Gewölbe- und Turmkonstruktionen errichtet wurden, war das Alltagsleben noch ausgesprochen primitiv.

Das zwölfte Jahrhundert konnte das Königsportal in Chartres mit Figuren von großer Kraft und Auffassung, Symbolen des Triumphes und des Ewigen Reiches Christi, ausgestalten, und die Glasmalereien in den Rosen und Fenstern sind von einer bis heute nicht übertroffenen Ausdrucksstärke und Intensität ihrer Farben. Zur gleichen Zeit aber waren die Kästen, die in den Kirchen aufgestellt wurden, um Geld für die Kreuzzüge zu sammeln, nichts als roh behauene, mit Feuer ausgehöhlte Baumstämme, die nur mit einem groben Brett verschlossen waren.

Dieses Zurückgehen auf den ausgehöhlten Baumstamm als Behälter ist ein Zeichen für die Primitivität der ganzen Einrichtung. Ausgehöhlte Baumstämme wurden oft auch, aufrechtstehend wie Fässer, zur Aufbewahrung von Getreide, Früchten und anderen Lebensmitteln verwendet. Ausgebrannte, aufrechtstehende Baumstümpfe wurden auch von den amerikanischen Siedlern im siebzehnten Jahrhundert und auch später für ihre Vorräte gebraucht. Sie sind deutlich als Abkömmlinge des älteren Typs zu erkennen. Lange, ausgehöhlte Baumstämme, horizontal auf den Boden gelegt, finden auch bis heute noch in den Alpentälern Europas als Brunnentröge Verwendung.

Die Truhe bildete das Grundelement der mittelalterlichen Einrichtung. Sie war ein Behälter, der im weitesten Sinn zur Aufbewahrung diente: für Reliquien, Waffen, Archive, Kleider, Leinen, Spezereien, Hausrat und was es sonst damals an Gegenständen gab, die des Aufbewahrens für wert gehalten wurden.

Die Truhen, die der Papst im zwölften Jahrhundert in allen Kirchen aufstellen ließ, um Geld für die Kreuzzüge zu sammeln, können als repräsentativ für den normalen Typ angesehen werden. Das soll nicht heißen, daß es im zwölften Jahrhundert nicht auch Behälter gibt, die durch ihre Formung und die strenge Be-

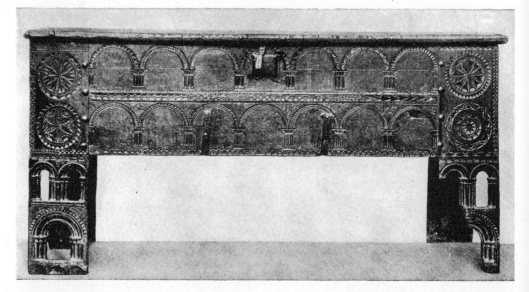

147. Romanische Truhe, Schloßkirche von Valère, Schweiz, zwölftes Jahrhundert. *Truhen waren im Mittelalter vielseitig verwendbare Möbel. Sie standen in jedem Raum, manchmal an der Wand, manchmal neben dem Bett oder am Fußende. Die fünf in der romanischen Schloßkirche von Valère aufbewahrten Truhen sind eindrucksvoll in ihrer kraftvollen Form. Ihre hohen, massiven Pfosten sind zum Teil mit bogenförmig durchbrochenen Kerbschnittschnitzereien versehen. (Schweizerisches Landesmuseum, Zürich)*

handlung durch das Holzschnitzmesser von einer faszinierenden Wucht sind. Fünf von ihnen haben sich in Valère (bei Sitten, Kanton Wallis) in der romanischen Burgkirche des alten Bischofsitzes erhalten. Sie sind mit guter Begründung in das zwölfte Jahrhundert datiert worden[9] (Abb. 147, 148). Diese Lärchen- und Nußbaumtruhen sind keine verspätete bäuerliche Vereinfachung romanischer Möbel. Das Wallis, damals zu Burgund gehörig, lag an der einzig wichtigen Paß-Straße, die vom Süden nach Frankreich und Flandern führte: der großen St. Bernhard-Straße. Diese Truhen, die in der Kraft der Formgebung einzig in ihrer Art sind, stehen durchweg auf hohen, breiten Stützen, von denen einige in Form von Bogenarkaden durchbrochen sind. Das gleiche Motiv kehrt auf der ganzen Stirnwand in einem Flachrelief wieder. So eindrucksvoll diese Geräte wirken, ihre Konstruktion ist doch unverändert primitiv: massive Holzbretter werden von breitköpfigen Nägeln zusammengehalten.

Die Truhen entwickeln sich zu mannigfachen Formen, Größen und Zwecken. Sie werden sehr verschieden ausgeführt: mit Leder überzogen, mit Eisenbändern oder mit schmiedeeisernem Rankenwerk besetzt, bemalt, geschnitzt, mit polychromen Gipsreliefs versehen oder mit Intarsien eingelegt.

---

9 Otto v. Falke und H. Schmitz, *Deutsche Möbel des Mittelalters und der Renaissance,* Stuttgart, 1924, S. XV-XVII. Mit Abbildungen aller fünf Truhen.

148. Romanische Truhe, Schloßkirche von Valère, Schweiz, zwölftes Jahrhundert. *Dieses Kirchenmöbel war nicht zum Sitzen gedacht. (Schweizerisches Landesmuseum, Zürich)*

Truhen sind das Universalmöbel des Mittelalters. Sie standen in jedem Raum, an die Wand gerückt oder an den Seiten und Fußenden des Bettes. Oft sind sie den Wänden entlang gereiht, eine wie die andere von gleicher Größe. Sie sind im Norden wie im Süden zu finden. Im oberrheinischen Wohnzimmer, um 1450, in dem Maria das Kind wäscht (Abb. 141), wie in dem Arbeitszimmer des Polifilo von 1499, in dem er den Brief an die Geliebte schreibt (Abb. 142), und in dem Schlafraum, in dem die Freundin ihn liest. Truhen waren normalerweise einfache, standardisierte Behälter, ohne jeden Anspruch auf Individualität. Man kaufte von diesen leicht transportablen Möbeln, was man gerade brauchte. Bis tief ins sechzehnte Jahrhundert war man gewohnt, die Kleider liegend aufzubewahren. Diese Serientruhen geben Einblick in die große Kargheit des mittelalterlichen Alltags.

An die Stelle der Truhen treten um 1500 die umlaufenden Bänke, die alle Wände des Raumes säumen. Albrecht Dürer hält sie sorgfältig fest in seinem »Hieronymus im Gehäuse« (1514) (Abb. 167), und der Raum der Äbtissin im Domnonnenkloster in Graubünden in der Schweiz, wenige Jahre früher (1512), zeigt, wie rasch diese Bänke in Gebrauch kamen (Abb. 166)

Kein Möbelstück aus der italienischen Renaissance ist so häufig und in so vielen Abarten auf uns gekommen wie die Truhen (cassoni)[10]. Diese sind keine Serienstücke. Es sind Kunstwerke, für außergewöhnliche Gelegenheiten geschaffen, meist Hochzeitstruhen. Berühmte Maler des fünfzehnten und beginnenden sechzehnten Jahrhunderts haben *cassoni* bemalt: Florentiner, wie Paolo Ucello, Botti-

---

10 Paul Schubring, *Cassoni, Truhen und Truhenbilder der ital. Renaissance*, Leipzig, 1924.

celli, Ghirlandajo, Andrea del Sarto, und Oberitaliener, wie Mantegna, Cossa, Carpaccio. Die Florentiner *cassoni* mit ihren mythologischen Darstellungen sind besonders wertvoll wegen des Einblicks, den sie in die literarischen Interessen der Zeit ebenso wie in ihre Lebensgewohnheiten geben. Es sind Schaustücke.

Diese mittelalterliche Tradition läuft im sechzehnten Jahrhundert aus, als das Schnitzmesser Sarkophagformen mit aufwendiger Technik behandelt und auf Holz überträgt, was nur dem Marmor zukommt. Noch etwas anderes hat zum Aufhören dieser Tradition beigetragen: die größere Stabilität der Lebensverhältnisse. Immer mehr stabile Typen werden für die weltliche Einrichtung geschaffen, die dauernd mit dem Haus verknüpft bleibt und nicht mehr auf die Wanderschaft zu gehen braucht.

Die Schublade

Im fünfzehnten Jahrhundert taucht ein Element auf, das in der folgenden Zeit unlösbar mit der Entwicklung des Möbels verknüpft ist und weitgehend die Aufgabe übernimmt, die früher die Truhe innehatte. Es ist die Schublade. Wieder ist es Henri Havard, der sorgfältig darum bemüht ist, ihre Entstehung darzulegen[11]. Trotzdem bleibt unser Wissen bruchstückhaft. Man wird nicht weit fehlgehen, wenn man als Entstehungsländer Flandern und Burgund annimmt, die im fünfzehnten Jahrhundert in allem, was Komfort anbelangt, führend waren[12].

Ein bemerkenswert frühes Stück hat sich im Domschatz in Breslau[13] erhalten (Abb. 149). Es ist ein eichener Urkundenschrank. Es gibt berühmte Stücke dieser Art, wie das aus der Kathedrale von Bayeux, aus früherer Zeit. Sie haben Reihen von kleinen Türen. In dem deutschen Urkundenschrank von ungefähr 3 m Breite und 1,8 m Höhe, inschriftlich datiert 1455, liegen Schubladen, mit den Buchstaben A – AZ versehen, hinter zwei großen Türen. Die Inschrift bezeichnet den Schrank als *Almaiar*, ein Wort, das zunächst fremdartig wirkt: *almaiar* oder *almarium* ist eine andere Form des antiken *armarium*[14] und identisch mit dem modernen fran-

---

11 Ihre Entstehungsgeschichte ist kompliziert. Das französische Wort für Schublade, *tiroir*, das dem Sinn nach dem englischen *drawer* entspricht, wird nach Havard erst im siebzehnten Jahrhundert üblich. Vorher hießen Schubladen *layette* oder *liette*, und diese Bezeichnung findet sich bereits 1471 in dem Inventar des Château d'Anger: »une armoire à deux gichets et à une laiete, un pupitre paint à deux liettes qui se tirent« (Havard, a.a.O., Bd. IV, Kol. 1329). Wenig später, 1483, wird »un petit coffre de bois plat à plusieurs lietes« erwähnt (ebd., Bd. III, Kol. 287). Ende des sechzehnten Jahrhundets werden Erwähnungen wie Verwendungsarten zahlreicher: Buffets, kleine Tische, *dressoirs*. Havard, a.a.O., Bd. IV, Kol. 1329; Bd. III, Kol. 287.

12 Dafür spricht auch die ursprüngliche Wortbedeutung von *layette*. Havard, a.a.O., Bd. III, Kol. 290, gibt an, daß im Burgundischen das Wort *laiete* bedeutet: »la partie de la veine pierreuse entre la couche et le mur«, so daß der ursprüngliche Name für Schublade in diesen Regionen vom Maurerhandwerk auf das Möbel übertragen wurde.

13 Dieser jetzt im Diözesan-Museum, Breslau, aufbewahrte Schrank trägt »im Hauptgesims eine Inschrift in großen Minuskeln, deren große Buchstaben an die Initialen der ersten Drucke erinnern: Anno dni mccclv D[omin]us Joes Paschkowicz Canonicus p[rae]c[e]ntor ac m[a]g[iste]r fab[ri]c[a]e ecclie hac almaiar comparauit et constat 35 Flor. de pr[opr]iis«. Vgl. *Die Kunstdenkmäler der Stadt Breslau*, Teil I: Die kirchlichen Denkmäler der Dominsel und der Sandinsel, Breslau, 1930, S. 154. Vgl. auch A. Lutsch, *Die Kunstdenkmäler der Stadt Breslau* (Breslau, 1886). Abbildung bei Dr. H. Luchs, Hrsg., *Schlesiens Vorzeit*, Breslau, 1860, Bd. 2, S. 97.

Professor E. Scheyer, Detroit, machte uns auf dieses entwicklungsgeschichtlich bedeutende Stück aufmerksam; wir verdanken ihm gleichfalls die Literaturnachweise.

14 Du Cange, *Glossarium mediae et infimae latinitatis*, gibt verschiedene lateinische Beispiele für die Aussprache

149. Die Schublade: Deutscher Urkundenschrank oder »Almaiar«, Breslau. 1455. *Im fünfzehnten Jahrhundert tritt ein Element in den Vordergrund, das mit späteren Möbeln untrennbar verbunden sein wird: die Schublade. Ihre Entwicklung setzte sich im sechzehnten und besonders im siebzehnten Jahrhundert fort. Der 3 Meter breite und 1,8 Meter hohe Eichenschrank für Schriften aus dem Breslauer Dom ist ein sehr frühes Beispiel. Hinter seinen riesigen Türen befinden sich Reihen von Schubladen, die von A bis AZ beschriftet sind. Sakristeien in Kathedralen enthalten manchmal große Archivschränke aus früheren Zeiten, aber diese hatten Reihen von kleinen Türen, die hier durch Schubladen ersetzt wurden. (Schlesiens Vorzeit in Bild und Schrift, hrsg. von Dr. H. Luchs)*

zösischen *armoire*; alle diese Worte bedeuten dasselbe. Der Wandel von «r« zu »l« ist ein sprachliches Gesetz beim Übergang von Mittelhochdeutschen zum Hochdeutschen.

So erscheint die Schublade als eine bewegliche, verkleinerte Truhe, die für die Aufbewahrung kirchlicher Dokumente geeignet ist. Ob dies die erste Art ihrer Anwendung war oder ob sie zuerst zur Aufbewahrung anderer Dinge (z. B. Arzneikräuter) diente, ist noch zu klären. Es würde durchaus mit dem Ursprung anderer differenzierter Möbeltypen (Schreibtisch, Schrank, Rippenstuhl) im Einklang stehen, daß auch die Schublade ursprünglich für kirchliche Zwecke geschaffen wurde.

Frühe Quellen (beginnend 1471) zeigen die Verwendung der Schublade in Verbindung mit dem *armoire*, dem Pult und einem Holzkoffer »mit mehreren Schubladen«[15]. Das sind zufällig aufgefundene Zeugnisse. Es scheint uns durchaus im Sinne der ganzen Entwicklung zu liegen, daß Schubladen zuerst beim Standardmöbel des Mittelalters, der Truhe, Verwendung fanden. Aus dem sechzehnten

---

dieses Wortes mit »l« statt »r«. Der Nachweis dieser Quellen ist F. M. Palmer von der Bibliothek der Harvard Universität zu danken.
15 H. Havard, a.a.O., Bd. III, Kol. 287.

Jahrhundert haben sich Koffer erhalten, deren Vorderteil herunterklappbar ist, mit einer doppelten Reihe von dahinter angeordneten Schubladen. Auf die Füße gestellt, ist dies nichts anderes als die Kommode[16].

Die Schublade wird immer mehr zu einem Bestandteil des stabilen Mobiliars von Bufetts, Schränken, Schreibtischen. Ihr Gebrauch nimmt seit dem siebzehnten Jahrhundert zu und wird immer differenzierter, bis im späten achtzehnten Jahrhundert die englischen Möbeltischler sie zum Objekt höchster Virtuosität machen.

Gotisches Möbelbauen

Die Schnitzereien der schweren mittelalterlichen Kirchenportale zeigen in ihrer Szenenfolge eine volle Beherrschung von Ausdruck und Material. Das repräsentativste Möbel der gotischen Zeit, das Chorgestühl, wird nahezu wie ein Monument behandelt. Handwerkliches Können und bildnerische Kraft wirken zusammen, um die scitlichen Wangen, die hohen Rückwände, die Konsolen unter den Sitzen und die Reihen der Fialen, die kunstvoll durchbrochen die Krönung bilden, zu einem Fest für das Schnitzmesser zu machen.

Und in den Schnitzaltären der ausgehenden Gotik wird das Holz so virtuos durchbrochen und mit Schnitzmesser und Bohrer behandelt, daß es Filigran wird, wie Spitze aus flexiblen Fäden. Die Flexibilität, die im fünfzehnten Jahrhundert durch das Schnitzmesser erreicht wurde – gebogene hölzerne Fialen mit durchbrochenem Maßwerk an den Altären –, kann nur mit den schmiedeeisernen Gittern des achtzehnten Jahrhunderts verglichen werden.

Zwei Werkzeuge beherrscht das Mittelalter in der Holzbearbeitung meisterhaft: das Messer des Holzschnitzers und die Axt[17]. Sie sind näher miteinander verwandt, als es zunächst den Anschein haben mag. An sich sind diese Instrumente starr und schwerfällig. Alles hängt von der Hand ab, die sie führt. Richtig gehandhabt, übertragen sie auf eine wunderbar unmittelbare Weise die Bewegung auf das Material Holz. Darum hat das Mittelalter wahrscheinlich diese Instrumente bevorzugt und daraus die souveräne Geschicklichkeit gotischer Holzschnitzerei und Zimmermannskunst entwickelt.

Die schwere, breitschneidige Axt erhielt in der Hand des mittelalterlichen Zimmermanns nahezu die Empfindlichkeit eines Rasiermessers. Bretter wurden vielfach mit der Axt bearbeitet. Die Entwicklung des Fachwerkhauses und die Dachstühle gotischer Hallenbauten bezeugen dies. Auch hier suchte man eher Schwie-

---

16 »Die früheste Truhe mit Schubladen, die als Prototyp der Kommode bezeichnet werden kann, stammt aus dem letzten Jahrzehnt des sechzehnten Jahrhunderts« und gehört der italienischen Renaissance an. Vgl. William M. Odom, *History of Italian Furniture*, New York, 1918, S. 306.

17 Das Holzschnitzmesser bleibt nicht auf das Handwerkliche beschränkt. Die Übung, mit ihm umzugehen, wird auf künstlerisches Gebiet übergeleitet und führte in den Holzschnitten von Dürer und Holbein zu Leistungen hoher Kunst.

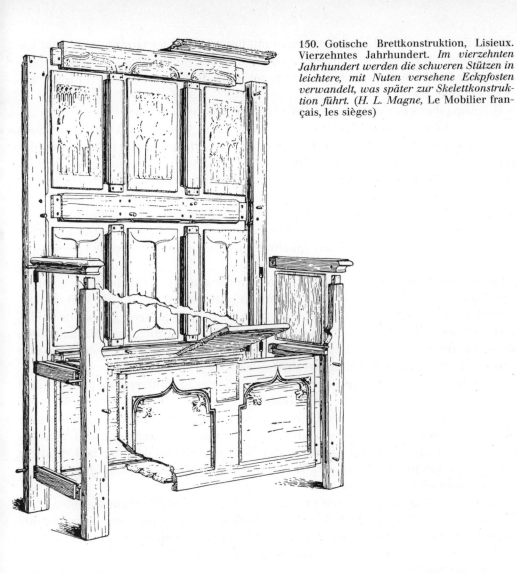

150. Gotische Brettkonstruktion, Lisieux. Vierzehntes Jahrhundert. *Im vierzehnten Jahrhundert werden die schweren Stützen in leichtere, mit Nuten versehene Eckpfosten verwandelt, was später zur Skelettkonstruktion führt.* (*H. L. Magne*, Le Mobilier français, les sièges)

rigkeiten, als daß man ihnen auswich. Diese Geschicklichkeit war nicht das Privileg einiger reicher Städte, wie Nürnberg oder Augsburg, sie war Allgemeingut und ist in den entlegensten Alpentälern zu finden. In einem von ihnen, in Davos (Graubünden, Schweiz), erhebt sich um 1500 das hölzerne Dach des Kirchturms schlank und hoch wie ein Obelisk. Aber das schien den Zimmerleuten nicht genug. Sie gaben den Kanten des Dachstuhls eine spiralige Drehung, so daß der Turm sich wie eine Schraube in den Himmel dreht.

Die Technik des gotischen Tischlers ist dagegen unentwickelt. Ein spätgotischer Schnitzaltar und ein spätgotischer Stuhl scheinen ganz verschiedenen Zeiten anzugehören: ins letzte verfeinert der eine, ungelenk und klobig der andere. Die Schreiner bildeten lange keine besondere Zunft. Möbel wurden, fast möchte man sagen linker Hand, vom Zimmermann hergestellt. Der Grund dafür liegt natürlich nicht in einem Nichtkönnen, sondern in der Einstellung der Zeit. Die Behandlung des Möbels und des Komforts im heutigen Sinne lag dem mittelalterlichen Denken fern.

Die Säge, eines der wichtigsten Instrumente des Tischlers, wird für die mittelalterlichen Möbel nur spärlich verwendet. Obwohl als Instrument komplizierter als Axt und Messer, ist sie viel ungelenker bei der Übertragung jeder Bewegung der Hand auf das Holz. Dies mag ein Grund dafür sein, warum das Mittelalter sich ihrer so selten bediente. Man kannte die römische Rahmensäge, die bis heute in Verwendung ist. Sogar Rahmensägen mit drehbarem Blatt waren, wie aus Miniaturen hervorgeht, im vierzehnten Jahrhundert im Gebrauch. Hand in Hand mit einem offenbar nicht großen Interesse an Schreinerarbeit geht die Entwicklung der Sägemühlen vor sich, die es schon Jahrhunderte gab, ehe sie weitere Verbreitung fanden[18].

Das mittelalterliche Möbel hat sich nie von der massiven Holzplanke losgelöst. Die massiven Planken bilden das Konstruktionselement. Es wurde kein Unterschied zwischen der Stirnwand einer Truhe und ihren Stützen gemacht: beides waren massive Bretter, die Stirnwand horizontal angeordnet, und die Stütze ein Brett, das mit der Schmalseite auf dem Boden ruhte. Sie waren oft 30 cm breit und ließen sich leicht mit der Säge bearbeiten[19].

Als neben die auseinandernehmbaren Bocktische im fünfzehnten Jahrhundert feste Tische traten, ruhte die Tischplatte auf Brettern, die als Stützen über die ganze Breite liefen. Daß diese schweren Bretter in der italienischen Frührenaissance konsolenartig behandelt und mit reichen Ornamentschnitzereien geschmückt wurden, änderte nichts an der Schwerfälligkeit des Typus. Und nicht anders stand es mit der Bank, der Truhe und dem Stuhl: sie bestanden aus massiven Brettern ohne einen Rahmen.

Die Holzverbindungen waren primitiv: die Bretter wurden stumpf aneinandergestoßen und vernagelt. Auch die Verwendung von Nuten gab keine ausreichende Festigkeit. Daher wurden viele Truhen mit Eisenornament umspannt und die Angelbänder der Türen verbreitert und in die Länge gezogen. Wie aus den wenigen erhaltenen Giebelschränken hervorgeht[20], wurden diese hohen und schmalen Möbel mit Bandscharnieren und Eisenbändern zusammengehalten; denn die Holzkonstruktion allein bot keine Gewähr für Stabilität.

---

18 In dem berühmten Skizzenbuch des Architekten Villard de Honcourt um 1245 findet sich ein selbständig arbeitendes Sägewerk mit Wasserkraft, dessen Stützen aus krummen Ästen bestehen und das eher wie ein Phantasiegebilde anmutet. Das älteste in Deutschland beglaubigte Sägewerk mit Wasserantrieb stand in Augsburg, 1322. Die Einführung scheint sehr zögernd gewesen zu sein, denn erst ein Jahrhundert später, 1427, wird wieder über ein Sägewerk, diesmal in Breslau, berichtet. In der *Chronique de Charlemagne* von 1460 (Musée National, Brüssel) findet sich das Blatt einer Stadtbelagerung, in der die Brettsäge, die von zwei Mann bedient wird, in Tätigkeit gezeigt wird. Es ist die Zeit, in der das Rahmenwerk auftritt. – In der ausgezeichneten Schrift von Franz Maria Feldhaus: *Die Säge, Ein Rückblick auf vier Jahrtausende*, Berlin, 1921, wird das erwähnte Quellenmaterial in Abbildungen ausgebreitet.

19 Fred Roe, *Ancient Church Chests and Chairs*, London, 1929.

20 Falke und Schmitz, a.a.O.

Im Laufe des vierzehnten Jahrhunderts schrumpfen die Bretterwände, vor allem bei den Truhen, langsam zu Eckpfosten zusammen – ein Schritt zum hölzernen Rahmen[21]. Die Borde werden mit Zungen versehen, die Pfosten mit Nuten.

Erst mit dem Ende der Gotik, als man in der Architektur längst gewohnt war, das Innere des Raumes bis an die Grenze der Möglichkeit auszuhöhlen und die Pfeiler so feingliedrig zu machen, daß sie fast in sich zusammenfielen, wird die massive Holzwand in leichtes Rahmenwerk aufgelöst. Das fünfzehnte Jahrhundert führt diesen Prozeß weiter. Nun wird das Möbel wie das Fachwerk als Skelett behandelt. Seine massiven Bretterwände werden in ein System vertikaler Stützen und horizontaler Verstrebungen aufgelöst. Nach den Erfahrungen des Zimmermannshandwerks werden sie sorgfältig verfugt. Wie beim Hausbau treten nichttragende, dünnwandige Füllungen, die beweglich in die Konstruktion eingelassen werden, an die Stelle der massiven Holzwände (Abb. 150).

Die Rahmenkonstruktion der Spätgotik ist organisch aus dem Wesen des Holzes gewachsen. Sie gibt Spielraum für die Ausdehnung und Zusammenziehung des arbeitenden Holzes. Für die Entwicklung der Möbeltypen ist sie ebenso wichtig wie die konsequente Ausbildung des Kreuzgewölbes für die Architektur. Sie entfernt sich von der Massivität und gestattet differenzierte Formgebung.

In ihren Einzelheiten hat die Rahmenkonstruktion im Laufe der Zeit mannigfache Veränderungen erfahren. Neue Techniken kamen hinzu, doch diese spätgotische Konstruktion ist bis heute die Grundlage des Möbelbaus geblieben. Erst in den letzten Jahrzehnten kündigt sich ein neues Prinzip an, das auf der elastischen Platte – aus Sperrholz oder Plastik – als tragendem Element beruht.

Rückblickend sieht es so aus, als müßte die Menschheit immer wieder vergessen, was sie einmal gelernt hat. Die Rahmenkonstruktion, die Schublade und Dinge, für die die Zeit damals noch nicht gekommen war, wie Furnierholz oder die Anmut des griechischen Stuhles, sie alle hatten zum Alltagsleben der Antike gehört. Auf mühseligen Umwegen hat man im fünfzehnten Jahrhundert Teile davon wieder erfunden und mit ihnen die Grundlage für die Schaffung der intimen Umgebung gelegt.

Die Beweglichkeit des gotischen Möbels

So roh die Ausführung und die Technik der Holzkonstruktionen im Mittelalter war, so fehlen doch keineswegs Versuche, den Möbeln eine gewisse Beweglichkeit zu geben.

Oft waren sie zusammenklappbar wie die Faltstühle, die eisernen Lesepulte

---

21 Die romanischen Bänke und Thronsessel mit ihren schweren gedrechselten Pfosten boten in technischer Hinsicht keine Möglichkeit eines weiteren Ausbaus. Ihre Technik war aus einem anderen Material, dem Stein, übernommen worden.

oder Klappbetten. In der Spätgotik werden Möbel beweglich gemacht, um sie bestimmten Tätigkeiten, wie Lesen, Schreiben oder Malen, besser anzupassen.

Die einfachen mechanischen Hilfsmittel, die dies bewerkstelligen, sind die drehbare Achse (Zapfen, Angel) und das Scharnier.

Die drehbare Achse

Vor den vierbeinigen Stühlen kamen im Mittelalter bewegliche in Gebrauch: Falt- oder Klappstühle. Sie sind einfacher herzustellen als gewöhnliche Stühle, denn ihr Aufbau besteht im Grunde nur aus x-förmig gekreuzten Stäben, die von einem Stück Stoff oder Leder verbunden sind, während ein paar Spreizen für bessere Stabilität sorgen. Der Feldstuhl, dessen Ahnenreihe ins mittlere ägyptische Reich zurückreicht, ist heute noch der billigste Massenartikel.

In der Spätgotik mit ihrem Sinn für zartere Holzkonstruktionen werden diese Faltstühle sehr verfeinert. Die Rippenstühle jener Zeit bestehen, wie der Name es ausdrückt, aus einer Reihe dünner Stäbe, die sich x-förmig kreuzen und um einen gemeinsamen Drehpunkt schwingen. Die Rippen gehen weiter auseinander, viel weiter, als es für den Sitzenden erforderlich ist: eine für das Mittelalter charakteristische Nichtanpassung an den Körper. Zwischen die Stäbe gleitet das hölzerne Sitzbrett, das lächerlich schmal ist, da es nahe am Kreuzungspunkt der Rippen liegt. Die Frau auf dem Holbeinschen Schulmeisterschild von 1516, deren Proportionen weit über den Stuhl hinauswachsen (Abb. 143), zeigt, wie sie benutzt wurden: man legte über das schmale Holzbrett das Allheilmittel der Bequemlichkeit, ein Kissen. Wie und wo diese Stühle, die auch »Dantestühle« heißen, entstanden sind, wissen wir nicht.

Auf römischen Münzen erscheinen schon Feldstühle mit niederer Rückenlehne, die als Vorläufer der »Dantestühle« angesprochen wurden[22]. Die frühesten echten Faltstühle dieser Art sind erst aus der Renaissance erhalten[23]. Ihrem Charakter und ihrer Konstruktion nach sind die Rippenstühle spätgotisch. Es sind kirchliche Möbel, die in Klöstern gebraucht wurden.

Die x-förmigen Faltstühle standen in der Antike im allgemeinen Gebrauch. Eine der reizvollsten Entdeckungen, die Evans im Palast von Knossos machte[24], ist der Feldstuhl-Raum, der nach einem Fresko benannt ist, auf dem Jünglinge auf mit Kissen bedeckten Feldstühlen dargestellt werden. In der Antike saß man, wie die Jünglinge auf dem minoischen Fresko, mit den Beinen über den die Kreuzstäbe verbindenden Spreizen[25]. Diese Gewohnheit wurde von den Ägyptern übernommen.

Auch in diesem Falle wird im Mittelalter ein alltägliches Möbel der Antike zu einem Seltenheitsstück, das nur für hochgestellte Persönlichkeiten und bei feierli-

22 Gisela Richter, *The Oldest Furniture, A History of Greek, Etruscan and Roman Furniture*, Oxford, 1926, S. 126.
23 William M. Odom, a.a.O., S. 43.
24 Arthur Evans, *The Palace of Minos at Knossos*, London, 1921-35, 4 Bde., Bd. IV, Teil 2, Tafel 31.
25 Vergleiche auch *Stamos*, abgebildet bei Gisela Richter, a.a.O., Abb. 1/2.

151. Beweglichkeit der Möbel in der Gotik: »Der schreibende Boccaccio«, Miniatur von Jean Fouquet, 1458. *Die Humanisten des fünfzehnten Jahrhunderts bevorzugten für ihre Arbeit bewegliche, drehbare oder verstellbare Möbel. Auf der ersten Miniatur des vierten Buches von »Der Untergang der Prinzen«, wo Boccaccio bekanntgibt, daß er noch eine Vielzahl von Unglücken zu erzählen habe, verwendet er ein drehbares, konisches Lesepult, aber nur ein einfaches Brett zum Schreiben. (Boccaccio-Handschrift, München)*

152. Beweglichkeit der Möbel in der Gotik: Drehbares und verstellbares Schreibpult eines Klosters. *Der Handwerker des fünfzehnten Jahrhunderts war erstaunlich geschickt in der Anpassung des Schreibpultes mit schrägstehender Schreibfläche an die Kopf- und Armhaltungen. Das schwenkbare Schreibpult ist an einer Kurbel befestigt, die sich in einem Sockel dreht. (Macquoid und Tilling,* Dictionary of English Furniture)

317

chen Anlässen entfaltet wurde, wie der rotbemalte Holzstuhl, den der Bischof von Salzburg um 1240 einer Äbtissin schenkte[26]. Dieser Äbtissinnenstuhl mit seinem Sitz aus gepreßtem Leder und seiner Einlegearbeit aus Walroßzähnen besteht aus geraden Holzstäben.

Auch die Böcke, die im hohen Mittelalter die Tische stützten, bestanden aus x-förmig sich kreuzenden Streben[27]. Aus dem vierzehnten Jahrhundert sind Lesepulte erhalten, die aus dünnen Eisenstäben hergestellt sind. Ihre x-förmig sich kreuzenden Ständer sind von verschiedener Länge, so daß sie – wie ein Notenständer – das Buch in der gewünschten Weise auf einer schiefen Fläche halten konnten[28]. Die Archäologen scheinen heute übereinstimmend der Ansicht zu sein, daß der älteste mittelalterliche Faltstuhl, der vergoldete Bronzesessel des Merowingerkönigs Dagobert, ein antiker Stuhl ist, der zum Schatz der Merowinger gehörte[29]. Zusammenklappbare Stühle aus geschwungenen Rundeisen sind noch in der Renaissance zu finden.

Die Handwerker des fünfzehnten Jahrhunderts entwickelten eine erstaunliche Fähigkeit, Schreib- und Lesepult beweglich zu machen. Von Anfang an hatten die mittelalterlichen Pulte geneigte Flächen. Dies entspricht besser der Haltung des Kopfes beim Schreiben oder Lesen als unsere flachen Schreibtische, die in ihrem ganzen Aufbau den englischen Bibliothekstischen des späten achtzehnten Jahrhunderts folgen, auf denen Platz genug war, um die großen Kupferstichwerke, die damals Mode waren, auszubreiten.

Die mittelalterlichen Pulte waren von bescheidenem Format und gerade groß genug, um ein Buch aufschlagen zu können. Man setzte sie auf die Knie oder einen Tisch oder montierte sie auf einen Ständer[30]. Sie wurden allmählich länger,

---

26 Otto v. Falke und Hermann Schmitz, a.a.O.

27 Viollet-le-Duc, *Dictionnaire raisonné du mobilier francais de l'époque carlovingienne á la Renaissance*, Paris, 1855, vol. I, p. 254.

28 Havard, a.a.O., Bd. III, Kol. 293-302.

29 Emile Molinier, *Les Meubles du Moyen Age et de la Renaissance*, Paris, 1897, S. 4.

30 Das Mittelalter hielt sich nicht pedantisch an diese Regel. Der Boccaccio der Münchner Miniatur von 1458 schreibt auf einer primitiven Bank (Abb. 151) und Hieronymus auf Carpaccios Bild von 1505 auf einem schmalen Tisch (Abb. 158). Doch die Regel ist die stark geneigte Fläche. Auf Holbeins Schulmeisterschild (Abb. 143) fällt die Steilheit des Pultes besonders auf, da es auf einem massiven Sockel aufruht.

153a. Beweglichkeit der Möbel in der Gotik: Gotische Sitzbank mit Klapplehne, Detail des Werler Altars. 1438. *Ein weit zurückliegender Vorläufer des amerikanischen Eisenbahnsitzes (Abb. 271), dessen Klapplehne es dem Fahrgast ermöglicht, jederzeit in Fahrtrichtung zu sitzen. (Prado, Madrid)*

153b Gotische Sitzbank mit Klapplehne, Tafel der heiligen Barbara des Werler Altars, Meister von Flémalle. 1438. *Die heilige Barbara sitzt auf einer gotischen Bank mit Klapplehne vor dem Kamin. Die hölzerne Stange dient als Rückenlehne und ist beweglich, so daß die Sitzende nach Belieben ihren Rücken oder das Gesicht dem Feuer zuwenden kann. (Prado, Madrid)*

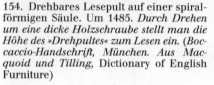

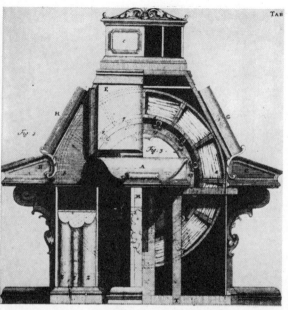

154. Drehbares Lesepult auf einer spiralförmigen Säule. Um 1485. *Durch Drehen
um eine dicke Holzschraube stellt man die
Höhe des »Drehpultes« zum Lesen ein.* (*Boccaccio-Handschrift, München. Aus Macquoid und Tilling*, Dictionary of English
Furniture)

155. Kombiniertes Schreibpult mit drehbarem Doku-
mentenschrank für Kaufleute, Jacob Schübler. 1730. *In
diesem polygonalen Pult für Kaufleute war Platz zum Aufbewahren der Kontobücher und der Korrespondenz eines
ganzen Jahres. Die Dokumente sind um ein in dem Pult be-
findliches Rad angeordnet.* (*Schübler*, Nützliche Vorstellung, *Nürnberg*, 1730)

und in der zweiten Hälfte des fünfzehnten Jahrhunderts erhielten die Pultflächen
eine neue Beweglichkeit. Die Mal- oder Schreibpulte entstanden in den Zellen
der Mönche, die sie diagonal benutzten. Das drehbare Pult (Abb. 152) sitzt ganz
asymmetrisch auf einer vertikalen Kurbel, die in einem Gestell sicher verankert
ist. Das Pult kann so jedem Druck der Hand leicht nachgeben. Häufig gibt es die
verschiedensten Kombinationsmöbel, die Bücherbrett, Pult und verschließbares
Bücherbord in einem sind. Die weltlichen Gelehrten des ausgehenden fünfzehnten Jahrhunderts waren daran interessiert, bequeme Arbeitsinstrumente zu erhalten. Wir sind in der Zeit des Humanismus mit seinem wachsenden Interesse
an der Bibel, an alten Autoren und dem Textvergleich. Daraus entwickelt sich das
um eine Achse drehbare Lesepult, auf dessen polygonaler oder kegelförmiger
Fläche die Bücher liegen. Der Lesende brauchte den Bücherständer nur mit einem Griff zu drehen. Ein frühes Beispiel dieser Art (1458) ist das kegelförmige Lesepult, das mit seinen aufgeschlagenen Büchern neben dem schreibenden Boccaccio steht (Abb. 151). Die drehbaren Bücherständer der amerikanischen Patentmöbelbewegung beruhen auf dem gleichen Prinzip wie der drehbare Leseständer
Boccaccios.

In den Bibliotheken der Klöster und Universitäten finden sich im späten fünfzehnten Jahrhundert Lesepulte, an denen mehrere Personen zugleich arbeiten konnten (Abb. 154). Die Pultflächen bilden ein Achteck, durch dessen Achse eine massive Holzspirale läuft, die das ganze Pult trägt und verschiedene Höhen einzustellen erlaubt, je nachdem, ob man sitzt oder steht. Diese um eine Achse drehbaren Pulte nannte man Rad-Pulte[31]. Gelegentlich waren diese Pulte mit herunterklappbaren Sitzen verbunden.

Die Phantasie der Erfinder ging jedoch in dieser Richtung noch weiter. Agostino Ramelli, der italienische Ingenieur, der im Dienste des Königs von Frankreich arbeitete und berühmt war durch seine hydraulischen Vorrichtungen[32], ersann im sechzehnten Jahrhundert »eine schöne und kunstreiche Maschine, welche höchst nützlich und bequem ist für jeden, der sich den Studien widmet. Er kann damit eine große Anzahl Bücher lesen, ohne sich von seinem Platz zu bewegen« (Abb.

---

31 Percy Macquoid und Ralph Edwards, *Dictionary of English Furniture from the Middle Ages to the Late Georgian Period*, London, 1924-27, Bd. II, S. 209, Abb. 1.
32 Vergleiche unser Kapitel über das Fließband, Abb. 43.

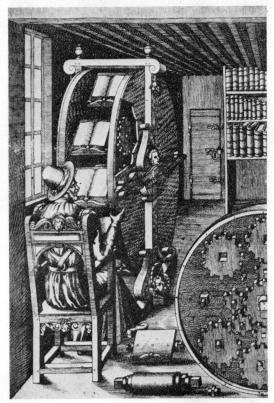

156. Drehbares Lesepult, Agostino Ramelli. 1588. *In der späten Renaissance führte das Interesse für mechanische Vorrichtungen zu einem beweglichen Lesepult, entsprechend dem Wasserrad. Die Bücher waren auf seinen schrägen Brettern so angeordnet, daß jeder gewünschte Band durch Drehen des Rades auf Augenhöhe gebracht werden konnte. (Ramelli, Le diverse artificiose machine, Paris, 1588)*

157. Drehregistratur, Vereinigte Staaten. 1944. *Schüblers Idee eines drehbaren Aktenschrankes zum schnellen Nachschlagen erscheint im heutigen Büro in Form eines bis zu fünfzehntausend Karteikarten fassenden Stahlrohrrades wieder. (Diebold Inc., Toledo, Ohio)*

158. CARPACCIO: »Der heilige Hieronymus in seinem Studierzimmer«. Detail. Der »Drehstuhl«. Um 1505. *Ist dieser Armlehnstuhl fest oder beweglich? Diese Frage ist nicht ohne Bedeutung, da vom Anfang des fünfzehnten Jahrhunderts kein drehbarer Stuhl überliefert ist. Die Beine laufen vermutlich zusammen, um den Stift, auf dem der Sitz sich dreht, aufzunehmen. Es ist schwer, eine Erklärung für die zwei Reihen von erhabenen Nägeln zu finden, wenn der Armlehnstuhl nicht aus zwei Teilen besteht: dem unteren Teil mit seiner unbeweglichen Reihe von erhabenen Nägeln und der oberen beweglichen Reihe. Dieser Armlehnstuhl ist von der Form her fast ein Vorläufer des Gondel-Typs aus dem achtzehnten Jahrhundert. (Photo Alinari)*

159. CARPACCIO: »Der heilige Hieronymus in seinem Studierzimmer«. Scuola degli Schiavoni, Venedig. Um 1505. *Der
heilige Hieronymus wird als ein hoher kirchlicher Beamter
dargestellt, der in der weltlichen Atmosphäre seiner Kapelle
arbeitet. Der Tisch, auf dem er schreibt, ruht auf einem Dreifuß
und läßt sich an die Wand klappen. Er steht erhöht auf einem
niedrigen Podest wie der Tisch von Jean Fouquets Miniatur
des schreibenden Boccaccio. Im Hintergrund stehen ein bequemer Armlehnstuhl und das Betpult ebenfalls auf niedrigen Po-
desten erhöht. (Photo Alinari)*

◀

160. Drehstuhl. Spätes sechzehntes Jahrhundert. Louvre,
Paris. *Schon im späten sechzehnten Jahrhundert ist der aus
dem vierzehnten Jahrhundert stammende Drehstuhl sehr weit
entwickelt. Er dreht sich jetzt auf einem Pfosten.* (E. Molinier,
Histoire générale des arts appliqués à l'industrie, *Bd.* 2)

161. THOMAS JEFFERSON: Erster
amerikanischer Drehstuhl, um
1770. *Im achtzehnten Jahrhundert
wandte man aus Vorliebe für bewegliche mechanische Teile auch dem
Drehstuhl wieder Aufmerksamkeit
zu. Jeffersons Stuhl mit seinem auf
einer kreisförmigen Grundfläche
drehbaren Sitz ist dem von Carpaccio dargestellten sehr ähnlich.* (P. B.
Wallace, Philadelphia Philosophical
Society)

156)[33]. Das ist nun ein wirkliches Rad. Die geneigten Auflageflächen der Bücher waren wie die Schaufeln eines Mühlrades angeordnet, so daß das gewünschte Buch in Augenhöhe gebracht werden konnte. Um 1730 baut Jacob Schübler ein ehrgeiziges Stück, ein »zusammengesetztes Contoir«[34] für Kaufleute, in dem neben den Handelsbüchern auch die Briefschaften eines ganzen Jahres in einem um eine horizontale Achse im Tisch rotierenden Register Platz fanden (Abb. 155). Schüblers Idee eines drehbaren Registers erscheint heute in Form eines Stahlrohrrades, »das bis zu 15000 Karten in Reichweite des Angestellten bringt und vierzig Prozent des Personals einzusparen erlaubt«[35] (Abb. 157). Die Planungsabteilung einer Flugzeugfabrik hat auf experimenteller Grundlage achteckige sogenannte *doughnut desks* entwickelt, bei denen der Angestellte in der Öffnung in der Mitte sitzt. Die Register sind sternförmig um die Mitte angeordnet. »Dadurch wurde eine Leistungssteigerung von 850% erreicht.«[36]

Das Bedürfnis nach anpassungsfähigen und kombinierbaren Möbeln zeigt sich in der Spätgotik auch in der häuslichen Einrichtung. Dazu gehören die Wendebänke, deren Lehne beweglich ist. Sie standen vor dem Kamin, wie im Werler Altar des Meisters von Flémalle (1438) (Abb. 153), um nach Belieben mit dem Gesicht oder mit dem Rücken zum Feuer sitzen zu können.

In diese Kategorie gehören auch die Tischbänke (auf Pennsylvania-Dutch: »Dischbank«), ein Kombinationsmöbel, das aus einer Truhenbank besteht, deren hohe Rückenlehne sich in zwei Zapfen der Armstützen dreht. In die Horizontale geklappt, verwandelt sich die Rückwand in eine Tischplatte, so daß dieses Truhenmöbel als Bank und, wenn nötig, als Tisch gebraucht werden kann. Obwohl der Typ zweifellos spätgotisch ist, stammen die frühesten Exemplare, die sich erhalten haben, erst aus dem sechzehnten Jahrhundert.

Ein anderes Möbel, das um eine Achse rotiert, hat seinen Ursprung im späten Mittelalter: der Drehstuhl. Havard berichtet, daß man den Drehstuhl, dessen Sitz frei rotiert, gegen Ende des vierzehnten Jahrhunderts erwähnt finde, und führt dafür ein Inventar von 1391 an[37]. Wie diese frühen Stühle ausgesehen haben, wissen wir nicht, sie waren zweifellos, wie ihre Nachfolger im fünfzehnten und sechzehnten Jahrhundert, für repräsentative Zwecke bestimmt[38]. Auch in diesem Fall entwickelt sich die bewegliche Form des Möbels, ehe die stabile Form im heutigen Sinne sich durchsetzt.

Im sechzehnten Jahrhundert erscheint der drehbare Stuhl weitgehend entwickelt und hat eine Form angenommen, die nahe an den Bürostuhl des neunzehnten Jahrhunderts herankommt: in dem Drehstuhl des Louvre aus der zweiten

33 Agostino Ramelli, *Le diverse artificiose machine del Capitano Agostino Ramelli Dal Ponte della Tresia, Ingenere del Re di Francia,* Paris, 1588, S. 317, Tafel CLXXXVIII.
34 Jacob Schübler, *Nützliche Vorstellung, wie man auf eine überaus vorteilhafte Weise Bequeme Repositoria, Compendiose Contoir und neu faconierte Medaillenschränke ordinieren kann,* Nürnberg, 1730, S. 21, Tafel VI.
35 *Time Magazine,* 9. Okt. 1944 (Anzeige).
36 Ebd., 3. Juli 1944, S. 76.
37 H. Havard, Bd. IV, Kol. 1403.
38 »Deux *grandes chaises tournantes peintes et dorées*« wurden 1484 geliefert. Ebd.

Hälfte des sechzehnten Jahrhunderts rotiert der Sitz mit seinem Zapfen auf einer einzigen Säule, die in drei Spreizern endet (Abb. 160)[39].

Es ist durchaus möglich, daß der Stuhl, der im Hintergrund von Carpaccios Bild des schreibenden Hieronymus steht, als frühe Form des Drehstuhls anzusprechen ist[40]. Jedenfalls zeigt er in seinem Aufbau Ähnlichkeit mit dem berühmtesten Drehstuhl jener Zeit: dem reich verzierten, gußeisernen Thronsessel Augsburger Herkunft aus der zweiten Hälfte des sechzehnten Jahrhunderts.

Das späte achtzehnte Jahrhundert mit seiner Vorliebe für das mechanisch Bewegliche hat erneut Interesse an drehbaren Stühlen. Im Frankreich Ludwigs XVI. tauchen verschiedene elegante Modelle auf. In Amerika hat Thomas Jefferson, wie heute festzustehen scheint[41], für sich um 1776 den ersten Drehstuhl bauen lassen. Es ist ein Schreibstuhl (Abb. 161) des Windsortyps, von kolonial bäuerischer Derbheit. Ähnlich wie wir es bei Carpaccio annehmen, rotiert der Sitz auf einer kreisrunden Unterlage.

Ebenfalls zur Kategorie der beweglichen Möbel gehören das Bett und die Wiege auf Kufen, die im fünfzehnten Jahrhundert aufkommen[42]. Die Frühform des Schaukelstuhls, die um 1750 in Lancashire, England, als »nursing chair« bekannt ist und sich in Amerika während des späten achtzehnten Jahrhunderts weiterentwickelt[43]; die Kombination von Schaukelstuhl und Wiege, wie sie sich in Amerika um 1830 findet[44]; der Bürostuhl der fünfziger Jahre – sie alle sind Abkömmlinge der spätgotischen Wiege.

Das Scharnier

Scharniere sind vor dem vierzehnten Jahrhundert vereinzelt anzutreffen, doch um diese Zeit werden sie für die verschiedensten Zwecke gebraucht. Die Sitze des repräsentativsten Möbels, des Chorgestühls, sind aufklappbar wie die »Opern«-Sitze, die um 1850 in Frankreich aufkamen. Chorstühle sind im Grunde aneinandergereihte Ehrensitze, die für die privilegierte Schicht – den Klerus – an privilegierter Stelle – im Chor – standen. Ihre Sitze sind mit Scharnieren hochklappbar, damit der Geistliche oder Mönch während der heiligen Handlung niederknien kann.

---

39 E. Molinier, a.a.O., Bd. II, Abb. 170. Hieronymus in seinem Studio, Scuola degli Sciavoni, Venedig.

40 Der Biograph Carpaccios, Molmenti, beschreibt ihn nicht als Drehstuhl; andererseits ist die Schilderung, daß die Beine sich in einem Punkt treffen, technisch wenig glaubwürdig. Es läßt sich im Augenblick nicht nachprüfen, ob der Sitz auf einer kreisförmigen Unterlage rotiert. Vgl. Pompeo Molmenti, *The Life and Works of Vittorio Carpaccio*, London, 1907, S. 132.

41 Fiske Kimball, »Thomas Jefferson's Windsor Chair«, *Pennsylvania Museum Bulletin*, Philadelphia 1925, Bd. XXI, S. 58-60.

42 Vgl. den Altar des Hl. Stephán, Barcelona, Palacio Nacional de Monjuic. Abbildung bei Grace Hardendorf Burr, *Hispanic Furniture*, New York, 1941, Abb. 6.

43 Vgl. Julia W. Torrey, »Some Early Variants of the Windsor Chair«, *Antiques*, Bd. 2, Sept. 1922, S. 106-110, Abb. 9 und 10. Diesen und den folgenden Nachweis verdanken wir Miss B. Farwell, Dept. of Adult Education, Metropolitan Museum, New York.

44 Abgebildet (Abb. 4) bei Esther Franzer, »Painted Furniture in America«, Teil III, 1835-1845, *Antiques*, Bd. 7, New York, 1925.

Die Möbel sollten den Raum möglichst frei lassen. Der Hieronymus des Carpaccio (1505) schreibt an einem Tisch, der wie ein Plättbrett an die Wand geklappt werden kann. Es ist nur ein Schritt von dieser Art »Wand«-Tisch zum Klapptisch, dessen Tischplatte außer dem fixen auch aus beweglichen Teilen besteht, die heruntergeklappt werden können. Aus dem sechzehnten Jahrhundert besitzen wir Stücke von bereits bäuerlich-grober Ausführung, wie der Klapptisch im Folkwang Museum, Hagen[45] (Abb. 163), dessen mit Scharnieren versehene Seitenteile auf ausklappbaren Stützen ruhen.

Wie an Drehstühlen, so findet das achtzehnte Jahrhundert auch an Klapptischen Gefallen. Es bildet sie technisch weiter aus (sog. gate-leg-table) und baut sie in immer größeren Dimensionen. Doch wendet sich das Interesse im späten achtzehnten Jahrhundert leistungsfähigeren Konstruktionsmethoden zu.

In Amerika, wie möglicherweise auch in Europa, wurden zur Teilung der Zimmer bewegliche Bretterwände benutzt, die sich an Scharnieren drehten, die in die Decke des Zimmers eingelassen waren. Die Spuren dieser herunterklappbaren Wände haben sich in Europa verloren, doch finden sich z. B. in Connecticut in Steinhäusern aus der ersten Hälfte des siebzehnten Jahrhunderts Trennwände, die während des Sommers zur Decke hochgezogen und im Winter herabgelassen wurden, um die Wärme in der Nähe des Feuerplatzes zu konzentrieren.

Der zerlegbare Tisch

Im heutigen Sprachgebrauch leben noch mittelalterliche Gewohnheiten fort. Man sagt: »die Tafel aufheben«, »dresser la table«, »den Tisch richten«, »mettre la table«, »to clear the hall«, »to turn the table up«. Das Mittelalter kannte den heutigen Begriff des festen Tisches nicht. In Gedichten und Inventaren spricht man nicht einfach vom Tisch als Ganzem, sondern von dem Tisch und von den Böcken[46]. Diese Gewohnheit wurde anfangs auch im sechzehnten Jahrhundert beibehalten, als man Tische mit Zarge und vier Beinen konstruierte und dabei von Tisch und Ständern sprach. Die gewöhnlichen gotischen Tische, die nach ihrem klösterlichen Ursprung auch Refektoriumstische genannt wurden, waren schmal und lang, entsprechend der natürlichen Form des Brettes. Sie wurden meist vor der Mahlzeit aufgestellt und nach der Mahlzeit abgebaut. Die Bänke an den Wänden, aus Stein oder Holz, waren fest und stabil, der Tisch hingegen beweglich. In der Renaissance entwickelten sich daraus die schweren und hohen Prunktische aus Marmor oder Holz mit ihren reich behandelten Stützen und monumentalisierten den einfachen Bocktisch des Mittelalters.

Der Tisch wurde zwar im Laufe des fünfzehnten Jahrhunderts, als er sich immer mehr dem Quadrat näherte, mit seinen Stützen dauerhaft verbunden. Gleichzeitig aber folgt man der alten Gewohnheit des Demontierbaren in neuen Typen: in kleinen Tischen, die auf einem Fuß ruhen und von denen angenommen wird,

---

45 A. G. Meyer, *Geschichte der Möbelformen* (Leipzig, 1902-1911), Serie IV.
46 H. Havard, a.a.O., Bd. IV, Kol. 1134-35.

daß sie zusammenlegbar waren[47]. Auch die Klapptische, die wir erwähnt haben, und die Ausziehtische, die im sechzehnten Jahrhundert aufzutauchen beginnen, gehören in die Tradition des beweglichen Typs.

Die Zerlegbarkeit der Tische und das Zusammenklappen der kleineren Typen haben ihren Grund im nomadischen Wesen des mittelalterlichen Möbels. »Zu einer Zeit, als das Mobiliar seinem Besitzer und Herrn auf allen Wanderungen folgte, war es natürlich, daß man es so wenig sperrig wie möglich haben wollte.«[48]

Der Grund für die Zerlegbarkeit der Tische scheint uns noch ein anderer zu sein: die Vorliebe für den freien, unverstellten Raum. Große Eßtische in der Zimmermitte wurden möglichst vermieden, solange das Bedürfnis bestand, sich ungehindert in den Räumen zu bewegen.

Das siebzehnte Jahrhundert liebt, besonders im Norden, schwere Formen. In Süddeutschland und in der Schweiz waren es die mächtigen Schränke mit stark vorspringendem Profil, die auch im achtzehnten Jahrhundert weitergebaut wurden und sich in unzähligen Exemplaren erhalten haben. In den englischen Herrensitzen tauchen schwere, langgestreckte Tische auf, die den mittelalterlichen Bocktisch ins Monumentale und Stabile verwandeln. Sie haben einen schweren Unterbau und aufgeschwollene Beine, als sollte gezeigt werden, daß nach soviel Kämpfen endlich ein Zeitalter der stabilen Wirtschaft im Kommen sei. Aber die schweren Schränke standen nicht in den Wohnräumen, sondern in den gewölbten Gängen der Bürgerhäuser, und die Eichentische des englischen Adels waren für weiträumige Hallen bestimmt.

In den neuen Schloßanlagen, die sich die absoluten Herrscher des achtzehnten Jahrhunderts errichteten, wird man vergeblich nach Tischen suchen, die allen Gästen, die an den Banketten teilnahmen, Platz boten. Wenn man Tische brauchte, so stellte man sie für festliche Gelegenheiten auf und entfernte sie (wie im Mittelalter) nach dem Essen.

Havard behauptet, daß man in Frankreich den Namen *table à manger* nicht vor dem Ende des achtzehnten Jahrhunderts kannte. »Diese Art Möbel, die man auch *tables à l'anglaise* nannte, waren gewöhnlich rund und aus Mahagoni, besaßen aber zwei Tischklappen«, damit sie leicht an die Wand gestellt werden konnten[49].

Tatsächlich ging die Entwicklung der großen Eßtische von England aus, setzte allerdings mehr als ein Jahrhundert früher ein und führte zu mannigfaltigen Lösungen[50]. Diese *tables anglaises* sind in ihrer Größe ein Mittelding zwischen einem Familien-Eßtisch und den langen Bocktischen des Mittelalters. Entspre-

---

47 »Tische, die auf einem Fuß mit besonders geformten Enden ruhten, dürften zusammenklappbar gewesen sein.« Macquoid und Edwards, a.a.O., Bd. III.
48 Havard, a.a.O., Bd. IV, Kol. 1130.
49 H. Havard, a.a.O., Bd. IV, Kol. 1125.
50 Macquoid und Tilling, a.a.O., »Table, dining table, trestle-table«.

162. Italienischer »Sekretär«. Zweites Viertel des sechzehnten Jahrhunderts. *Als der aus dem Mittelalter stammende Tisch auf Böcken einer unzerlegbaren Konstruktion wich, war es naheliegend, den gewonnenen Innenraum als Behältnis zu nutzen. Diese Entwicklung führte zum Kastentisch und zum Einbau von zahlreichen Türen mit Schubladen. In der Renaissance bekam das einfache, mittelalterliche Modell ein monumentales Aussehen.* (*Detroit Institute of Fine Arts*)

chend der differenzierten und wählerischen Gesellschaft des achtzehnten Jahrhunderts wird der Phantasie freies Spiel gelassen, um immer neue Formen und Kombinationen hervorzubringen. Bald wird eine viereckige Grundform zu einer kreisförmigen oder ovalen ausgezogen, bald eine kreisförmige zum Quadrat ergänzt oder eine runde zum Oval. Auch hufeisenförmige Tische kamen in Mode[51].

Nicht weniger vielfältig ist die Mechanik für diese Verwandlungen. Die Grundtypen der mittelalterlichen Übergangszeit, wie der Klapptisch und der Auszieh-

---

51 Vgl. *The Cabinet Maker's London Book of Prices*, 1788, Tafel XIX, Abb. 2.

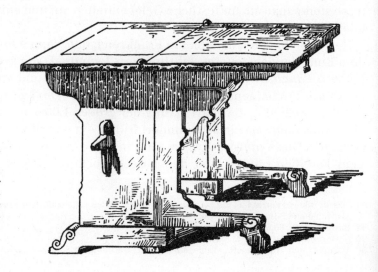

163. Deutscher Tisch mit herunterklappbarem Tischflügel, sechzehntes Jahrhundert. *Sobald der Tisch eine feste und unzerlegbare Form erhielt, wurde er zum Behälter, oft mit beweglichen Flügelplatten.* (*Aus: A. G. Meyer*, Geschichte der Möbelformen)

164. »Sekretär«, aus dem Augustinerkloster, Basel, um 1500. Jetzt im Historischen Museum, Basel. *Ein verwandelbarer Gegenstand, der bei aufgeklappter Tischplatte zum Schreibpult mit kleinen Schubladen wird. Durch einen Deckel in der Schreibfläche ist ein der Truhe ähnlicher Stauraum zugänglich. Es ist ein Vorläufer der Schreibschränke mit herunterklappbarer Vorderseite aus Italien, sechzehntes Jahrhundert. (Historisches Museum, Basel)*

tisch, werden in große Dimensionen übertragen und technisch ausgebaut. Um 1800 entsteht ein neuer Ausziehtisch-Typ, der patentiert wird: »herausnehmbare Platten, die auf einem rautenförmigen Scharnier aufruhen«[52]. Dieser Typ führt unmittelbar zum Patentmöbel Amerikas in der ersten Hälfte des neunzehnten Jahrhunderts (Abb. 165).

Neben den Klapp- und Ausziehtischen wird der mittelalterliche Bocktisch, der lange und schmale Tisch, nun in aufgeteilter Form weitergeführt, d. h. in aneinandergereihten kleinen Tischen, von denen jeder auf einem gedrehten Fuß ruht[53].

---

52 Brit. Patent, Nr. 2396, 1. Mai 1800, Richard Gillow.
53 Macquoid und Tilling, a.a.O., Bd. II, S. 212.

165. Amerik. Ausziehtisch. 1846. (*Sammlung Bella C. Landauer, New York Historical Society*)

𝔓atent 𝔖ecured 𝔄pril 11, 1846.

PATENT CROSS-LEVER EXTENSION TABLES.
Lever of Wrought Iron,

Far surpassing every other invention of the kind now extant.— They can be extended from TEN to FIFTY FEET, and when closed, the leaves are all contained inside— an important feature. They are made to all sizes & shapes, and are admirably adapted for Steam and Packet Ships, Steam boats, Hotels, Boarding Houses & large Private Families— forming when closed a complete Centre Table.

Sogar noch im späten achtzehnten Jahrhundert war man oft darauf bedacht, die großen Eßtische nicht auf Dauer in der Zimmermitte aufzustellen. In Washingtons großem Eßzimmer in Philadelphia, in dem die offiziellen Essen gegeben wurden, wurde 1790 der »zerlegbare Tisch aufgestellt, auf dem die Tabletts aufgebaut wurden. Dieser Raum diente aber auch für die Dienstagsempfänge des Präsidenten und für spezielle Delegationen. Dann wurde der Tisch auseinandergenommen und man stellte die einzelnen kleinen Tische entlang der Wand auf.«[54]

Die Schaffung der intimen Umgebung: Differenzierung der Möbeltypen

Als die Wanderschaft des Mobiliars allmählich zu Ende geht, bevölkert sich das Innere des Hauses. Neue Typen entstehen, die auf Dauerhaftigkeit und Stabilität hin geschaffen sind. Es beginnt die Differenzierung der Möbeltypen.

Für das Mittelalter war das Möbel ein Behälter oder aber ein Gegenstand, der nicht dem Alltag angehörte: Thronsessel und Chorgestühl. Einrichtungsgegenstände haben nicht nur zum Sitzen, Schreiben, Essen oder Schlafen zu dienen, sondern sie sollen, wenigstens im fünfzehnten Jahrhundert, gleichzeitig auch als Behälter ausgebaut werden. Daher Truhenbänke, Truhenstühle und Kastentische. Die Truhe als Universalbehälter bildet den Ausgangspunkt für die neuen Typen.

Es wäre eine dem Mittelalter fremde Anschauung, Anstoß daran zu nehmen, daß der Truhenteil der freien Bewegung der Beine hinderlich ist oder daß die Rückwand nicht zugleich als Körperstütze ausgebildet wurde. Die hohe Rückwand, die mit der Rahmenkonstruktion aufkommt, ist von großer Feierlichkeit und steht in keinem funktionalen Verhältnis zum Unterteil (Abb. 150). Oft überschattet sie baldachinartig den Sitz, der auf einem niedrigen Podium steht und mit ihm eine Einheit bildet – Einzelheiten, deren Herkunft vom Chorgestühl deutlich ist.

Die Truhenbank besteht aus einer gewöhnlichen Truhe mit aufgesetzter Rückwand. Sie wird später zum Truhenstuhl reduziert, ein verhältnismäßig seltenes Stück, das rasch vom heutigen Stuhl verdrängt wird.

Der kleine Zierschrank – der Stollenschrank – ist eine Truhe, die auf Stützen gestellt wurde. Als er im frühen fünfzehnten Jahrhundert aufkam, erschien er als ein kleiner quadratischer Behälter auf schlanken Beinen, wie ein Gegenstück zum Truhenstuhl; er stand frei im Raum. Im Laufe des fünfzehnten Jahrhunderts verbreiterte er sich zum Buffet mit hoher Rückwand.

Auch Tische wurden unversehens zu Behältern; oft wurde eine ganze Reihe von Truhen und Schubladen unter der Tischplatte angebracht, die, da man doch seine Beine unterbringen mußte, nach unten zu schmaler wurden. Ausgangspunkt der

---

54 Stephen Decatur, »George Washington and his Presidential Furniture«, *American Collector*, Februar 1941, Bd. X.

weiteren Entwicklung ist der Tisch des fünfzehnten Jahrhunderts, der den Übergangstyp vom demontierbaren Bocktisch zur heutigen Tischform mit Zarge und vier Beinen darstellt. Es sind Tische, wie sie in den Arbeitszimmern des Polifilo und Hieronymus stehen. Hier wird die massive Platte fest mit zwei Bretterplanken verbunden, wobei es nebensächlich ist, ob diese Planken aus sich kreuzenden Brettern bestehen, die direkt das Herkommen vom Bock zeigen, oder aus einem Stück, das verziert wird.

Das Bedürfnis, den Raum zwischen Planken und Platte mit Behältern auszufüllen, muß damals noch eine Rolle gespielt haben. Kastentische, wie man diesen Typ des frühen sechzehnten Jahrhunderts richtig genannt hat, waren im Süden wie im Norden weit verbreitet[55]. Sie wurden keineswegs als Eßtische verwendet, sondern waren Arbeitstische, und die komplizierteren, wie der italienische Kastentisch um 1530 (Abb. 162), der richtig als »Sekretär« gedeutet wurde[56], standen wohl im Büro eines Wechslers oder Bankiers. Bei einem Tisch dieser Art aus einem Augustinerkloster in Basel (Abb. 164) ist die Tischplatte mit Scharnieren versehen und dient als Deckel für den darunterliegenden Behälter. Er ist ein Vorläufer des Sekretärs mit vertikaler Klappe aus dem italienischen sechzehnten Jahrhundert.

Stühle in romanischer Zeit

Bänke gab es zweifellos schon in romanischer Zeit[57]. Sie ruhten auf schweren Rundhölzern, deren Proportionen den gedrungenen Rundpfeilern frühromanischer Krypten und Kirchenschiffe gleichen. Sie waren durch dünnere, gleichfalls gedrehte Teile verbunden. Mit Mobiliar im Sinne des fünfzehnten oder sechzehnten Jahrhunderts hatten diese kirchlichen Stücke nichts zu tun. Auch das primitive Ineinanderstecken von Rundhölzern ist in konstruktiver Hinsicht unflexibel, nicht weiter entwickelbar und keineswegs mit der flexiblen Rahmenkonstruktion des fünfzehnten Jahrhunderts zu vergleichen.

Es ist der Versuch gemacht worden, die Typen der romanischen Möbel in nordischen (norwegischen und schwedischen) Stühlen und Bänken wiederzuerkennen, die in Frankreich oder Deutschland im elften und zwölften Jahrhundert in Gebrauch waren[58]. Aber diese nordischen Stühle sind in den letzten Jahrhunderten entstanden, in einer Zeit, als der Gebrauch von Stühlen selbstverständlich geworden war. Bestenfalls scheinen es Typen zu sein, die auf die Ornamentierung und Konstruktionsweise sakraler Stücke zurückgehen. Es ist unwahrscheinlich,

---

55 Besonders in Süddeutschland sind diese Kastentische häufig zu finden, doch scheint es sie im sechzehnten Jahrhundert auch in England gegeben zu haben: »Ein Tisch mit einem Schrank darin« wird unter dem Inventar Heinrichs VIII. erwähnt. Vgl. Macquoid und Edwards, a.a.O., Bd. 3, S. 227. Abbildung eines deutschen Tisches bei A. G. Meyer, *Geschichte der Möbelformen*, Leipzig, 1902-1911, Serie IV, Tafel 2, Abb. 10.
56 Percy Rathbone, »An Early Italian Writing Table«, *Bulletin of The Detroit Institute of Arts*, Bd. XX, Nr. 6, (März 1941), S. 63-64.
57 Die erhaltene »Kirchenbank«, wie sie in der Literatur genannt wird (Abb. bei O. v. Falke, a.a.O.), ist wohl eher ein Beispiel romanischen Chorgestühls.
58 Emile Molinier, *Les Meubles du Moyen Age et de la Renaissance*, Paris, 1897, S. 8.

daß das primitive Haus der Romanik mit Möbeln ausgestattet war, die sogar die Gotik noch nicht verwendete.

Als man die Gruft Karls des Großen im Dom zu Aachen öffnete, fand man ihn auf einem römischen Marmorthron sitzend, und selbst wenn man vier Jahrhunderte weitergeht und den erhaltenen Bischofssitz aus Goslar[59] betrachtet, ist man erstaunt, wie primitiv dieser Sitz aus dicken Platten zusammengesetzt ist; es ist eine Kiste aus Stein, darüber kann auch das zarte bronzene Geflecht nicht hinwegtäuschen, das den Oberbau bildet. Das ganze Problem differenzierten Mobiliars scheint den romanischen Jahrhunderten fremd zu sein[60].

Flandern und die Schaffung der intimen Umgebung

Die besten Voraussetzungen für die Entstehung des stabilen Mobiliars lagen in Flandern. Unter burgundischer Herrschaft hielt es sich weise vom hundertjährigen Zwist zwischen England und Frankreich fern und schlug England gegenüber eine freundliche Politik ein. Industrie und Wohlstand erreichten eine Stufe, die den umliegenden Ländern ein halbes Jahrhundert voraus war. In Flandern wurden die besten Wollstoffe gewebt, dort entstanden die mit Gold- oder Silberfäden durchschossenen Bildteppiche, der Stolz der burgundischen Herzöge, die besondere Lagerhäuser für ihre Aufbewahrung hatten; sie schmückten, lose aufgehängt, die Gemächer der großen Herren und wanderten als Geschenke an den Papst und die europäischen Höfe. Nie sind sie an Kraft und Materialsicherheit übertroffen worden. Die Verbindung des fruchtbaren Burgund mit dem industriellen Brabant und Flandern dauerte wenig mehr als ein Jahrhundert und endete mit dem Zusammenbruch Burgunds. Die Vernichtung dieses produktiven Pufferstaats zwischen zwei feindlichen Nationen – Deutschland und Frankreich – erwies sich als unheilvoll für die ganze spätere Entwicklung Europas. Aber in den hundert Jahren der Vereinigung von Flandern und Burgund entstand fast treibhausartig eine hohe Zivilisation um die beiden Hauptstädte Dijon und Brüssel: die weichfaltige burgundische Plastik des fünfzehnten Jahrhunderts, die Malertätigkeit am Hof von Dijon und schließlich die Erfindungen, die eng mit dem künstlerischen Ausdruck verbunden waren, die Ölmalerei der Brüder van Eyck und das neue Luxusmöbel, das zum ersten Mal die Rahmenkonstruktion der Spätgotik verwendet, um einen weltlichen Komfort zu schaffen.

Es ist darauf hingewiesen worden, daß das erste weltliche Ziermöbel, der Stollenschrank, erstmals in einem der schönsten Miniaturenbücher erscheint, in den

---

59 Abbildung bei Falke und Schmitz, a.a.O.
60 Wie weit der niedrige, dreibeinige Hocker aus gerade aufstrebenden Rundhölzern zurückreicht, ist unbestimmt. Er eignete sich auf jeden Fall vorzüglich für die unebenen romanischen Fußböden. Der Typ ist bis heute erhalten geblieben beim Melkschemel, der auf unebenem Stallboden steht. Er taucht auf Miniaturen und auch in den Holzschnitten des fünfzehnten Jahrhunderts auf, ehe der Typ des vierbeinigen Stuhles wiedererstand. Als dreibeiniger Stuhl auf runden Stützen, von denen eine zur Rückenlehne verlängert wird, ist er in England im sechzehnten Jahrhundert bekannt. Er wurde auch zum Armstuhl ausgebaut. Ein dreibeiniger savoyischer Armstuhl mit fast halbrunder Sitzfläche ist abgebildet bei Falke und Schmitz, a.a.O., Abb. 140 b.

»Heures de Turin«, die Hubert van Eyck 1416 für den Bruder des Herzogs von Burgund malte[61].

Mitten in der Wöchnerinnenstube mit der Geburt des Johannes steht frei ein schlanker und hochbeiniger Zierschrank. Der Behälter ist klein und scheint weniger wichtig als die vorspringende Deckplatte und die Fußplatte nahe dem Boden, die beide dazu bestimmt waren, die gebauchten Zinn- und Kupfergeräte des spätgotischen Haushalts aufzunehmen. Er ist in dieser Form, wie aus gleichzeitigen Miniaturen hervorgeht, auch im Arbeitszimmer und anderen Wohnräumen zu finden, wie dies auch bei der Truhe der Fall war.

Viel verbreiteter ist der an die Wand gestellte Stollenschrank, der von der normal dimensionierten Truhe ausgeht. Seit der Romanik wurden Truhen auf Füße gestellt. Nun ersetzen schlanke Stollen die breitfrontigen Bretter, und kleine Türen treten an Stelle des Deckels[62]. Das Möbel wird in jeder Weise ausgeschmückt, mit Rückwand und Baldachin versehen und mit Ornamenten und Reliefs überzogen wie mit Spinnweben. Am Hof von Burgund war ein Aufbau von mehreren übereinandergestellten Etageren üblich, die zum Aufstellen des Geschirrs aus Gold und Kristall dienten. Die Zahl der Etageren entsprach dem Rang des Besitzers. Nur dem Herzog kamen fünf Etageren zu: »il fallait être prince souverain«[63].

Ein Ziermöbel ist gewöhnlich eine abgeleitete Form mit einer utilitären Vergangenheit, wie etwa die Konsoltische unter den hohen Spiegeln des achtzehnten Jahrhunderts, die aus mönchischen Wandschreibtischen des sechzehnten Jahrhunderts hervorgingen, deren Schreibplatte auf großen Voluten ruhte. Der Stollenschrank, ein Möbel, das zum Anrichten der Speisen vor dem Servieren diente, ist von der Küche in den Wohnraum gewandert. Damit unterscheidet er sich von den früher beschriebenen Möbeltypen und ihrem mönchischen Ursprung.

Im dreizehnten Jahrhundert hat sich im Haus des Bürgers die Küche vom Wohnraum abgesondert[64]. Kochen und Wohnen beginnen sich voneinander zu trennen. Es müßte untersucht werden, wie weit die Entstehung einer abgetrennten Küche im bürgerlichen Haus mit den um diese Zeit vollzogenen Neugründungen von Städten zusammenhängt. Die Küche blieb auch im sechzehnten Jahrhundert der Ort, in dem der Bürger und, wie es heißt, auch der kleine Edelmann aßen[65].

In der Küche brauchte man eine Platte zum Zubereiten der Speisen; diese stand

61 Falke und Schmitz, a.a.O., Abb. S. XXVII, Text S. XXXII. Havard, a.a.O., Bd. II, Kol. 199, gibt an, daß in den »Comptes du Duc de Bourgogne« von 1399 ein *drechoir fermant à clef* sich befunden habe. Der Stollenschrank dürfte also im Ausgang des vierzehnten Jahrhunderts aufgekommen sein. Noch im sechzehnten Jahrhundert gibt es keine bestimmte Unterscheidung zwischen Anrichte, Stollenschrank und Geschirrschrank.

62 Manchmal werden auch zwei Truhen übereinandergestellt, die nach vorn durch Türen geöffnet werden; doch führt diese Entwicklung eher zum Schrank, der lange seine Zweiteiligkeit bewahrt, da man bis ins siebzehnte Jahrhundert nicht von der mittelalterlichen Gewohnheit abging, die Kleider horizontal zu legen, wie dies in den Truhen geschah, die jederzeit fertig gepackt waren.

63 Havard, a.a.O., Bd. II, Kol. 199.

64 Die großen, gewölbten Palastküchen von Mont St. Michel bis zu jener im Schloß von Cintra in Portugal kommen hier nicht in Betracht, da sie wie die Klosterküchen für eine größere Gemeinschaft bestimmt waren und daher nach besonderen Räumlichkeiten oder Häusern verlangten.

65 E. Molinier, a.a.O., S. 25.

in der Frühzeit auf Böcken wie die übrigen Tische, *mensa cum trecellis*. Horizontale Bretter darüber waren ein selbstverständliches Hilfsmittel zum Aufstellen des Geschirrs. Aus diesen Elementen setzt sich der Stollenschrank zusammen, der sich im fünfzehnten Jahrhundert zum repräsentativen Möbel entwickelt hat und bei dem die Zahl der Etageren zu einem sozialen Rangabzeichen wurde.

Wegen der hauptsächlich auf das rein Stilgeschichtliche konzentrierten Untersuchungen herrscht noch weitgehende Unsicherheit darüber, wie und wo die Typen entstanden, aus denen sich unsere intime Umgebung zusammensetzt. Es fehlt eine Geschichte der Typologie, die die seit der sechzig Jahre zurückliegenden Arbeit Havards angehäuften neuen Tatsachen berücksichtigt. Kein Lexikon, sondern eine Typengeschichte des Möbels ist nötig, die die Beiträge der verschiedenen Länder im Norden und Süden vergleichend gegeneinander abwägt und ordnet. Flandern würde in einer solchen Geschichte sicher eine außerordentliche Rolle spielen.

Das fünfzehnte Jahrhundert hat in den verschiedenen Typen: Stuhl, Bank, Pult, Schrank, und in der stabilen Form, die es dem Tisch gab, die Grundlagen für unseren weltlichen Komfort geschaffen.

Verglichen mit dem handwerklichen Raffinement des achtzehnten Jahrhunderts mögen diese Typen primitiv erscheinen, ihre künstlerische Behandlung ist es jedoch nicht. Aber selbst ihre künstlerische oder handwerkliche Behandlung enthält nicht das ganze Geheimnis ihrer Wirkung, denn sie sind nicht als isolierte Einzelstücke gedacht, sondern untrennbar von den spätgotischen Räumen, in denen sie wie eine Pflanze im Boden wurzelten.

Mittelalterlicher Komfort: Komfort des Raumes

Vom heutigen Standpunkt aus hat es im Mittelalter überhaupt keinen Komfort gegeben.

Die Einrichtung war fragmentarisch, die Heizung schlecht. Holz in großen Stößen verbrennen zu sehen, ist zweifellos etwas ewig Anziehendes. Das Mittelalter hat es verstanden, das offene Herdfeuer in das tägliche Leben miteinzubeziehen und dem Feuerplatz, dem Kamin, eine Form zu geben, die weit über das bloß Notwendige hinausreicht. Doch was für ein Rückfall in Primitivität gegenüber den römischen Villen mit ihren gleichmäßig durchwärmten Wänden und Böden, wie sie jenseits der Alpen zu finden waren, wo immer die Römer sich niedergelassen hatten.

In den mittelalterlichen Häusern war es kalt. Deshalb erscheinen auf den Miniaturen immer wieder ein kleiner runder Eßtisch, ein Arbeitstisch oder eine

Bank, die an die offene Flamme des Kamins gerückt sind, manchmal sogar Truhenbänke mit beweglicher Rückenlehne, so daß man sich abwechselnd dem Feuer zuwenden oder ihm den Rücken kehren konnte (Abb. 153).

Der gleiche Rückfall in Primitivität zeigt sich in der übrigen mittelalterlichen Einrichtung. Gab es überhaupt keinen Komfort? Konnte man die karge Ausstattung der Zimmer mit einer Reihe von Truhen, unförmigen Bocktischen und grob gezimmerten Bettstellen mit dem Namen Komfort bezeichnen?

Die kulturbildende Schicht des hohen Mittelalters bis tief ins dreizehnte Jahrhundert war das Mönchtum. Der Adel jagte und kämpfte in der Zeit des Rittertums. Wie der Adel Krieg führte und wie er liebte, hat in den großen mittelalterlichen Epen Gestalt gefunden, aber ein in weiterem Sinn kulturschaffendes Element war er nicht. Immer wieder stößt man im Mittelalter auf die anonyme Institution des Mönchstums, das die Last der kulturellen Verantwortung trug. Die Klöster der verschiedenen Orden waren im Laufe des frühen Mittelalters hochkomplizierte Organismen geworden. Sie waren die wichtigsten Träger der Kultur, Brennpunkte sozialer Aktivität, des Austausches mit anderen Ländern, und Stätten des Lernens und aller Bildung, in denen die alten Autoren aufbewahrt und auf lateinisch die zeitgenössischen Chroniken verfaßt wurden. Die großen Klosteranlagen waren zugleich Herbergen für die Umherziehenden, Armenhäuser und Spitäler. Die Ländereien der Klöster, die auf den Adel der Reformationszeit eine so große Anziehungskraft ausüben sollten, wurden von den Mönchen als mächtigen Gutsbesitzern und Landwirten großen Stils verwaltet. In einer Zeit anhaltender Unruhen waren die Klöster die einzigen Plätze relativer Sicherheit und Stabilität.

In dieser Umgebung hat sich das mittelalterliche Mobiliar gebildet. Innerhalb der Klostermauern wurden die Faltstühle aus Bronze oder Holz und andere kirchliche Thronsitze antiker Provenienz, das Chorgestühl, das Lesepult in Kapelle und Sakristei, die Schreibtische in den Zellen und die langen, schmalen Bocktische der Refektorien entwickelt. Stück für Stück wurden diese Möbel später vom weltlichen Haushalt übernommen.

Selbst die Waschstände, die in Nischen oder Eckschränke eingebaut wurden, spiegeln in ihrer Anordnung das mönchische Lavatorium wider. Sie bestehen aus einem schmalen Metallbehälter mit Hahn und darunter einem Waschbecken. Erst in Nischen stehend, wie das kugelförmige Becken in Dürers Marienleben, später in schlanker gotischer Proportion eingebaut in einen Eckwaschschrank werden sie schließlich mit dem Buffet zu einer Einheit verschmolzen.

Die mönchischen Lavatorien des dreizehnten Jahrhunderts (wie in St. Denis) waren gewölbte Räume, die in der Nähe der Refektorien lagen. In der Mitte war »ein gewöhnlich kreisrunder Brunnen, der mehrere Öffnungen besaß, aus denen schmale Wasserströme liefen«[66]. Hier nahmen die Mönche die vorgeschriebenen leichten Waschungen vor.

---

66 Havard, a.a.O., Bd. III, Kol. 281.

166. Der Raum der Äbtissin. Domnonnenkloster, Graubünden, Schweiz. 1512. (*Schweizer Nationalmuseum*)

Natürlich benutzte man immer Krüge, aus denen die Bedienten nach dem Essen das Wasser über die Hände schütteten. In Südfrankreich gab es sogar hölzerne oder eiserne Waschständer, deren Becken auf einem metallenen oder hölzernen Untersatz aufruhten[67]. Aber der Waschstand mit Wasserbehälter, Hahn und Becken ist etwas ganz anderes. Er gleicht vielmehr einem Ausschnitt aus dem monumentalen Lavatorium, das hier vereinfacht und auf bürgerlichen Maßstab reduziert erscheint.

Die Mönche hatten sich einem asketischen Verhalten und Leben geweiht. Eine Frage etwa, wie der Körper sich in einem Stuhl am besten entspannen könne, war für sie bedeutungslos und konnte sie nicht beschäftigen, da sie ihr Leben der Kasteiung des Fleisches geweiht hatten. In dieser ganzen Zeit bewahrte das mittelalterliche Interieur die Strenge seiner Ursprünge.

In Kontrast zu der Primitivität der Einrichtung steht die Kleidung der Bewohner (Abb. 144). Seit dem aufkommenden Wohlstand des vierzehnten Jahrhunderts

---

67 Ebd., Bd. II, Kol. 797.

167. ALBRECHT DÜRER:
»Der heilige Hieronymus
im Gehäus«. Kupferstich.
1514.

nahmen Seide und Brokat überhand. Die Gastmähler zogen sich über Tage hin;
sie bestanden oft aus sechs Gängen, und jeder Gang war ein Mahl für sich[68]. Aber
die Frauen mit ihren kostbaren Brokat- und Damastgewändern und den langen,
hermelinverbrämten Ärmeln waren es gewohnt, dicht aneinandergedrängt auf
Bänken ohne Rücklehne und an roh gearbeiteten Bocktischen sitzend ihr Mahl
einzunehmen.

Erst während des fünfzehnten Jahrhunderts, und mehr noch im sechzehnten,
zog das Bürgertum die Konsequenz aus seiner gewonnenen Macht und gab dem
Inneren des Hauses sowie den einzelnen Gegenständen eine behaglichere und,
wenn man will, eine weltlichere Note. Da tauchen in den Wohnräumen die Bänke
mit Rücklehnen auf und mit ihnen die Kredenzen zum Anrichten der Speisen und
die schlanken spätgotischen Stollenschränke auf hohen quadratischen Ständern.

Und doch gab es einen mittelalterlichen Komfort. Er ist nur in anderer Richtung
zu suchen und kann nicht mit rein materiellen Maßstäben gemessen werden. Er
wird fühlbar, sowie man einen mittelalterlichen Raum betritt. Die Freude und das

---

68 Mehrere dieser Menüs aus dem vierzehnten Jahrhundert haben sich erhalten. Jeder Gang enthielt die verschiedensten Gerichte und endete jeweils mit einem Dessert. Allerdings sind es flandrische Menüs aus der reichsten
Gegend Europas, aber die Vielfältigkeit der Auswahl an Wild, Geflügel aller Art und Fischen, an Weinen aus verschiedensten Gegenden, an exotischen Desserts, Granatapfelkernen, Mandeln in Honig gebraten, ist trotzdem erstaunlich. Mitgeteilt in: Henri Hachez, *La Cuisine à travers l'histoire* (Brüssel, 1900), S. 138-146.

Entzücken, das im mittelalterlichen Sinn Komfort bedeutet, geht von der Gestaltung des Raumes aus. Komfort ist die Atmosphäre, die den Menschen umgibt und in der er lebt. Diese ist so wenig mit Händen zu greifen wie das mittelalterliche Gottesreich. Der mittelalterliche Komfort ist ein Komfort des Raumes.

Ein mittelalterlicher Raum erscheint eingerichtet, auch wenn kein Möbelstück in ihm steht. Er wirkt niemals kahl. Er lebt aus seinen Proportionen, seinem Material, seiner Form, gleichgültig, ob es sich um Kathedralen, Kreuzgänge, Refektorien oder um bürgerliche Stuben handelt. Dieses Gefühl für die Würde des Raumes endet nicht mit dem Mittelalter. Es setzt sich fort, bis die Industrialisierung des neunzehnten Jahrhunderts das Gefühl dafür trübt. Aber keine Zeit hat so ausdrücklich auf körperlichen Komfort verzichtet wie das Mittelalter. Wiederum ist es die asketische Haltung des Mönchtums, die die Epoche unsichtbar nach ihrem Bilde geformt hat.

Man lebt nicht nur dem Augenblick. Der Tod wird nicht als unvermeidlicher Unglücksfall betrachtet, er ist mit dem Leben verknüpft und sein fortwährender Begleiter. Das bedarf keiner weiteren literarischen Belege. Die großen Kathedralen, die oft aus auffallend kleinen Gemeinschaften hervorgegangen sind, bezeugen, wie der Gedanke an den Tod in Form des jenseitigen Lebens im Alltag der Lebenden gegenwärtig ist. Und die Totentanzfolgen, »Der Toten danz durch Alle Stende und Geschlecht des Menschen«, wie der jüngere Holbein seine Folge am Ausgang der Epoche nannte, sagen dasselbe.

Diese andersartige Einstellung hat einen tiefen Einfluß auf die Formung des mittelalterlichen Komforts ausgeübt und ganz andere Werte in den Vordergrund treten lassen als die materiellere Auffassung einer späteren Zeit.

Im Gegensatz zu der Unsicherheit des Lebens draußen soll in der intimen Umgebung des Menschen Friede herrschen. Und dies ist es, was die mittelalterlichen Räume zuerst ausströmten: Ruhe und Besonnenheit. Es ist auffallend, daß immer wieder Schreibende und Malende abgebildet wurden, in dem Augenblick, in dem sie in ihrer Zelle oder in ihrer Stube dabei sind, ihre Gedanken niederzulegen. Schreiben und Malen bedeutet dabei keine alltägliche Handlung wie heute, sondern eine Konzentration auf das Höchste. Dargestellt werden im Mittelalter die Evangelisten mit ihren Pergamentrollen, und vor allem der malende St. Lukas, später, im fünfzehnten Jahrhundert, die Mönche in ihren Zellen. Am Ausgang des fünfzehnten Jahrhunderts erscheint in einem der schönsten Holzschnitt-Bücher bereits der weltliche Schreiber: Polifio, der an seine Freundin schreibt (Abb. 142). Wenig später, 1514, setzt auch Albrecht Dürer den Heiligen Hieronymus in eine bürgerliche Umgebung (Abb. 167), in ein für die damalige Zeit fast üppig ausgestattetes Zimmer: weiche Kissen liegen auf der umlaufenden Fensterbank, und eine Menge Hausrat hängt an der glatten Holzwand des Hintergrundes neben dem großen Hut des Heiligen. Die Intensität des Raumes, das Zusammenwirken von Balken, Decke, Steinpfeilern, Fenstern und der Holzwand im Hintergrund sind das Entscheidende. Der Heilige, der über sein kleines Pult gebeugt die Bibel aus dem Urtext ins Lateinische übersetzt, ist, wie Heinrich Wölfflin dies ausdrückt[69], »der gelehrte, nachdenkliche Mann, der den geschlossenen Raum braucht und Stille um sich haben muß«. Seine Gestalt verkörpert die Abgeschlossenheit dieser Atmosphäre: Ruhe und Selbstbesinnung. Wir befinden uns im Ausklang der spätgotischen Zeit, aber nie ist die warme Geborgenheit, die den mittelalterlichen Wohnraum erfüllt, eindrucksvoller dargestellt worden. Zu der mönchischen Atmosphäre von Konzentration und Ruhe tritt im fünfzehnten Jahrhundert, als das Bürgertum seine eigene Kultur aufbaute, das Intime hinzu.

Vielleicht war das Zimmer des Hieronymus etwas prächtiger als üblich, aber es gibt doch die Atmosphäre wieder, in der Dürer gewohnt war sich zu bewegen. Das intakt erhaltene Zimmer einer Äbtissin eines Schweizer Klosters der gleichen Zeit (1512) (Abb. 166) mit seinen Korbbogenfenstern, umlaufenden Fensterbänken, der Balkendecke und der Täfelung strömt die gleiche Wärme aus und zeigt, wie genau Dürer den spätgotischen Raum wiedergibt.

Die Vollendung dieser Stuben ist das Ergebnis einer Entwicklung, die durch das ganze Mittelalter läuft. Die Einheit des mittelalterlichen Raumes wurde zuerst durch die Gewölbe garantiert, die ihn überspannten. Später waren Decken und Wände von Ornamentik überzogen. Im vierzehnten Jahrhundert bedeckten die Wohlhabendsten ihre Wände mit flandrischen Bildteppichen. Aber das waren Ausnahmen. Glatte, meist unverputzte Mauern blieben die Regel. Der spärliche Hausrat stand vor den kahlen Wänden, und dunkle Balken trugen die Decke und übernahmen die Rolle des Gewölbes.

Nach der Mitte des fünfzehnten Jahrhunderts ändert sich das Bild. Die gotische Rahmenkonstruktion formt nicht nur das Möbel, sie formt auch den Raum. Die hohen hölzernen Rückwände, die den Truhen, Betten und Anrichten angesetzt werden (wie früher dem Chorgestühl), sind ein Übergangsstadium. An ihrer Stelle und ungefähr in ihrer Höhe umzieht nun Täfelung den Raum.

Im sechzehnten Jahrhundert wächst sie bis zur Decke, überzieht die Balken und gibt so dem Raum jene wunderbare Geborgenheit, deren Abglanz noch in alpinen Bauernhäusern zu finden ist.

Es ist nicht allein die Schale des Raumes – Wände, Fußboden, Decke –, die sich zu einer Einheit zusammenschließt. Die Türen werden so mit der Täfelung verbunden, daß sie oft schwer von der übrigen Wand zu unterscheiden sind. Die Bänke sind mit der Täfelung verwachsen. Der Stollenschrank, der vom Fußboden bis zur niedrigen Decke reicht, wird mit dem Waschkasten zu einer Einheit zusammengefaßt und ist im Grunde nur ein Stück vorspringender Wand.

Das spätgotische Zimmer ist das Endglied einer Entwicklung und gleichzeitig der Beginn einer neuen Tradition. Die Formen ändern sich im sechzehnten, siebzehnten und achtzehnten Jahrhundert, aber die Vorstellung bleibt erhalten, daß die Einheitlichkeit des Raumes nicht angetastet werden darf.

Es scheint diesen Jahrhunderten ein lebendiges Bedürfnis gewesen zu sein, daß der Raum dominiert und nicht das Mobiliar. Ihm wird unbewußt alles untergeordnet.

---

69 Heinrich Wölfflin, *Die Kunst Albrecht Dürers*, München, 1905, S. 196.

KOMFORT IM ACHTZEHNTEN JAHRHUNDERT

Frankreich: Rokoko und Natur

Ein Vierteljahrtausend liegt zwischen dem Ende der Spätgotik und der vollen Entfaltung des Rokoko im vierten Jahrzehnt des achtzehnten Jahrhunderts. Und doch ist der Sprung, den wir hier machen, kein ganz zufälliger. Erst der Spätbarock, zu dem das Rokoko als eine bestimmte Stufe gehört, gibt den nächsten wirklich erfinderischen Impuls auf dem Gebiet des Komforts.

Spätzeiten kommt in der Entwicklung oft eine besondere Rolle zu. Sie unterscheiden sich von ihren Vorgängern und können sich dennoch den Reichtum der überlieferten Erfahrung zunutze machen. Sie beherrschen die Ausdrucksmittel ihrer Zeit mühelos. Das Vokabular ist selbstverständlich geworden und damit entsteht eine Leichtigkeit im Gestalten, die Dinge ermöglicht, die ihren Vorläufern verschlossen blieben.

Die Spätgotik des fünfzehnten und der Spätbarock des achtzehnten Jahrhunderts gehören zu diesen Epochen. In der Spätgotik geht die mönchische Atmosphäre und Anschauungsweise zu Ende, und im Spätbarock wird die Konsequenz aus der auf Diesseitigkeit eingestellten Renaissance gezogen. Die Erfahrung vieler Generationen wird zusammengefaßt, und gleichzeitig wird eine neue Entwicklung angebahnt.

Die Formung von Behältern

Auf dem Gebiet des Möbels hat die Renaissance weniger neue Impulse gegeben als in der Malerei oder Architektur. Sie hat im einzelnen weiterentwickelt, was die Spätgotik vorbereitet hatte. Der Zug zum luxuriösen Einzelstück verstärkt sich im Laufe des sechzehnten Jahrhunderts immer mehr und erinnert an den Hang zur Aufwendigkeit in der römischen Kaiserzeit. Trotzdem ist der Beitrag der Renaissance nicht unbedeutend.

Die beiden Möbelarten, die aus der Truhe abgeleitet werden, Behälter und Sitzmöbel, erhalten eine weitere Differenzierung, und zwar zunächst die Behälter. Der Stuhl wird um die Mitte des sechzehnten Jahrhunderts allgemein gebräuchlich. An den verschiedenen Behältern, die nun ausgebildet werden, fällt die besondere Sorgfalt auf, die man der nun überall in Mode kommenden Schublade zuwendet. Sie wird in verschiedensten Größen und Proportionen in die Schreibkabinette und Kredenzen eingebaut. Man konnte nicht genug davon bekommen. Reichgeschnitzte Umrahmungen und Trennleisten lenken den Blick auf jede einzelne Lade. Italien war im sechzehnten Jahrhundert in formaler und technischer Hinsicht das führende Land. Die nun feudalisierten Stadtstaaten, jeder mit einer eigenen Entwicklung, breiten sich auf der ganzen Halbinsel aus. Sekretäre und Kredenzen sind die bevorzugten Möbel. Italienische Sekretäre haben sich seit ungefähr 1500 und Kredenzen seit den dreißiger Jahren des sechzehnten Jahrhunderts erhalten.

DER SCHREIBTISCH

Die Renaissance mit ihrer weltlichen Schreiblust war stark daran interessiert, das Schreibpult besonders auszubilden. Das bewegliche, spätgotische Schreibbrett der Mönche oder das transportable Pult, wie es noch Polifilo 1499 benutzte, wird nun zum repräsentativen zweiteiligen Sekretär, dessen Oberteil möglichst viele Schubladen und Türchen enthält.

Dieser steht – ähnlich wie die französischen Buffets des Jahrhunderts – auf Konsolen oder einem Unterteil mit Türen. Oberteil und Unterteil sind oft voneinander verschieden gestaltet, das heißt, der Sekretär wurde anfangs als ein zweiteiliges Möbel – als Truhe auf einem Gestell – empfunden[1]. Das Fallbrett, das das Oberteil abschließt, diente auch als Schreibplatte. Bald wird der Sekretär aus einem Stück hergestellt, ein Typ, der sich bis tief ins neunzehnte Jahrhundert, durch alle stilistischen Veränderungen hindurch, erhalten hat.

Das Schreibpult mit fester horizontaler Schreibfläche und zwei oder drei schmalen Schubladen unter der Platte stammt von den mönchischen Wandtischen ab[2]. Die Konsolen werden später durch Schubladen ersetzt, die oft bis zum Boden reichen[3]. Dieser Typ, der mit dem heutigen identisch ist, soll in der zweiten Hälfte des siebzehnten Jahrhunderts von Italien nach Frankreich gekommen sein[4]. Im Rokoko kam der bewegliche, zylinderförmige Aufsatz hinzu. Der Schreibtisch wurde immer mehr als Luxusgegenstand ausgeführt, so daß Ludwig XV., der in dieser Hinsicht nicht gerade mit gutem Beispiel voranging, ein Verbot von Schreibtischen aus massivem Silber erließ[5]. Die Zeit der Verbürgerlichung, die die ältere Form des hohen Sekretärs bevorzugt, ist nicht mehr fern. In der Ära der amerikanischen Patentmöbel wird der Schreibtisch mit Zylinderaufsatz, das Luxusmöbel des späten Rokoko, zum serienmäßig hergestellten Büromöbel.

---

1 William M. Odom, *History of Italian Furniture*, New York, 1918, Bd. 1, S. 302. »Es ist offenkundig, daß die Oberteile auf Schreibplatten gesetzt werden sollten, die unabhängig gestaltet waren.«

2 Beispiele aus verschiedenen Perioden des sechzehnten Jahrhunderts bei Odom, Bd. 1, Abb. 138, 306, 307.

3 Eine frühere Form, eng mit der Wand verwachsen wie die mönchischen Konsolenschreibtische des sechzehnten Jahrhunderts, ist Schüblers Schreibtisch um 1739 mit Schubladen, die bis zum Boden reichen (Abb. 239).

4 Odom, a.a.O., Bd. 2, Abb. 30.

5 Nach Havard, *Dictionnaire de l'ameublement et de la décoration depuis le XIIIme siècle jusqu'à nos jours*.

Die burgundische Anrichte des fünfzehnten Jahrhunderts mit ihren Etagèren und den darauf ausgestellten Prunkgefäßen, war ein soziales Schaustück, das aus der Küche in den Festsaal wanderte. Die längliche italienische Kredenz, mit zwei oder drei Türen und einer Reihe schmalerer Schubladen darüber, hat keinen Aufbau. Sie kam aus der Sakristei und wurde in der Mitte des sechzehnten Jahrhunderts in Italien mit seinen großräumigen Häusern und Palästen zu einem weitverbreiteten Gebrauchsmöbel[6]. Sekretär, Kredenz, Stuhl und Schrank, sie alle werden im sechzehnten Jahrhundert langsam zu einem Teil des weltlichen Interieurs.

Im späten achtzehnten Jahrhundert haben die Engländer dem Buffet ohne Aufbau, dem *sideboard*, besondere Aufmerksamkeit geschenkt und es im heutigen Sinn entwickelt. *Sideboard* hieß der seitliche Tisch, der an der Wand stand. Der *Oxford English Dictionary* führt Belege für diesen Sprachgebrauch vom vierzehnten Jahrhundert bis zu Alexander Pope an. Das *sideboard*, das Sheraton und seine Zeit mit raffinierten Einbauten ausstatteten, gehört zum Kredenztyp, der diese Form ohne Aufbau am frühesten entwickelt hat.

Im sechzehnten Jahrhundert bildete sich jenseits der Alpen, zunächst in Süddeutschland und der Schweiz, ein anderer Typ des Buffets aus, der in der spätgotischen Tradition wurzelt. Dies war kein selbständiges Möbel wie die Kredenz, sondern bildete, wie wir bereits erwähnten, einen Teil der Täfelung, ein Stück der Wand, aus der Oberteil und Unterteil leicht vorspringen. In Wirtschaften und Bauernhäusern der Schweiz findet sich diese Form noch heute.

Diesen Typ hat der herrschende Geschmack des neunzehnten Jahrhunderts seinem Zwecke angepaßt und daraus ein isoliertes geschmücktes Ungeheuer gemacht, das bis in das mittelständische Eßzimmer eindrang. Dieser Typ wurde also nicht im Deutschland der achtziger Jahre, sondern im Frankreich der sechziger Jahre zuerst wiederbelebt.

Die Kommode

Die Kommode ist ein direkter Abkömmling der Truhe. Trotzdem ist sie im Haus ein Spätling. Sie taucht in Italien nicht vor dem Ausgang des sechzehnten Jahrhunderts auf[7], und in England wird sie erst ein volles Jahrhundert später erwähnt[8]. Ihre ursprüngliche Form[9] bestand aus drei Schubladen, die alle über die ganze Breite des Möbels gingen und durch geschnitzte Leisten stark betont wurden. Darüber befand sich eine Reihe kleinerer Schubladen.

---

6 Odom, a.a.O., Bd. 1, S.144, ein frühes Beispiel von 1535.
7 Ebd., Bd. 1, S. 306. »Das einzige erhaltene Renaissanceexemplar stammt aus dem letzten Jahrzehnt des sechzehnten Jahrhunderts.« Es befindet sich im Victoria and Albert Museum, London.
8 Der *Oxford English Dictionary* erwähnt aus dem Jahr 1599 »a great chest or standard with drawing chests or boxes in it«, doch ist damit über das Aussehen nichts gesagt.
9 Odom, a.a.O., Bd. 1, Abb. 250.

Der Grund für das späte Auftauchen der Kommode liegt wohl in der völlig ungewohnten Größe der Schubladen. Kleine Schubladen bereiten keine besonderen technischen Schwierigkeiten, aber große sind in jeder Hinsicht schwer zu handhaben. Um den beweglichen Behälter groß zu dimensionieren, war außer dem handwerklichen Können auch eine Überwindung der Tradition nötig. Nehmen wir den schlesischen Archiv-*Almaiar* von 1455 (Abb. 149) als einen frühen Ausgangspunkt, so hat es eineinhalb Jahrhunderte gebraucht, bis das Schubladenmöbel zur Reife kommt.

Ihre Glanzzeit erlebte die Kommode erst im Rokoko. In gewissem Sinne ist Havard durchaus im Recht, wenn er von ihr sagt, daß sie zwischen 1705 und 1710 aufkam[10]. Um 1720 war ihre Herstellung in vollem Gange. Sie wurde das *meuble par excellence* des achtzehnten Jahrhunderts. Der Spätbarock liebte Räume mit wenig Möbeln, die Kommode war nahezu der einzige Behälter, der in den Zimmern stand. Hier konnte sich der Formtrieb der Zeit voll zur Geltung bringen. Ihre Seiten bauchen sich in dreidimensionalen Kurven wie die Füße, mit denen sie verschmelzen. Die Schubladen werden mit ihren geschwungenen Fronten in die durchgehende Vereinheitlichung einbezogen, und nur ein haarfeiner Spalt zwischen ihnen verrät ihre Anwesenheit. Diese eleganteste Form auf Füßen, mit zwei tiefen gebauchten Schubladen, war als Zierstück geschätzt. Auch die Engländer übernahmen in der zweiten Hälfte des achtzehnten Jahrhunderts die französische Form. Chippendale und seine Schule bezeichneten fast jedes dekorative Möbelstück mit Schubladen als *commode*[11].

Die Renaissanceform der Kommode mit Schubladen bis zum Boden erhielt sich wie der Sekretär bis in spätere Perioden. Im Empire, mit seiner Vorliebe für kubische Formen, wird der schwere Typ wiederbelebt und bleibt durch das neunzehnte Jahrhundert hindurch bestimmend. Um die Jahrhundertmitte wandert die Kommode in das Schlafzimmer und wird zum Waschtisch (Abb. 187). Die Marmorplatte, die sie im Rokoko bedeckte, wird nun zum Träger des Waschgeschirrs.

Die Schaffung des Sitzkomforts

DIE KÖRPERHALTUNG IM 18. JAHRHUNDERT

Frankreich schließt im achtzehnten Jahrhundert an den Komfort des Sitzens dort wieder an, wo die Griechen des fünften vorchristlichen Jahrhunderts stehengeblieben waren. Die soziologischen Bedingungen sind radikal andere, und die Stühle und Liegemöbel des Rokoko unterscheiden sich von denen der griechischen Blütezeit wie die Schlichtheit des Peplos von den seidenen Spitzenkleidern französischer Hofdamen. Typologisch betrachtet, handelt es sich jedoch um die

---

10 Havard, a.a.O., Bd. 1, S. 929.
11 Macquoid und Edwards, *Dictionary of English Furniture*, a.a.O., Bd. 1, S. 70.

168. Sitzhaltung im achtzehnten Jahrhundert: »Le petit jour«. *Im achtzehnten Jahrhundert entwickelte man zum ersten Mal seit den Griechen gut durchdachte Sitzmöbel für eine bequeme und bewegliche Haltung. Der Kavalier kann sich nach Belieben nach jeder Seite wenden, um sich zu unterhalten. Diese* sans gêne-*Haltung – ein Bein wird über das andere geschlagen – ist charakteristisch für die Kupferstiche des späten achtzehnten Jahrhunderts. (Kupferstich von Nicolas de Launay nach Freudenberger)*

Weiterführung eines verlorengegangenen Standards: eine Stütze für den Körper zu schaffen, die eine ganz entspannte Haltung ermöglicht.

Auf einer rotfigurigen Schale aus der Mitte des fünften Jahrhunderts v. Chr., auf der Palamedes und Persephone dargestellt sind, sitzt die Göttin, das Szepter in der Hand, in einer unnachahmlich entspannten Haltung, wie sie nur durch lange Zucht und körperliches Training erreicht wird (Abb. 169). Haltung und Stuhl sind eins. Der kissenlose Sitz senkt sich leicht nach rückwärts, und die breit gekurvte Rückenlehne reicht bis in Kopfhöhe und umschließt mit ihrer Linienführung den Körper. Von dem leicht zurückgelehnten Körper und den Füßen, die vorgestreckt auf einem Schemel ruhen – eine Gewohnheit, die aus Ägypten übernommen wurde – geht die gleiche Ruhe und natürliche Ausgeglichenheit aus wie von einem griechischen Tempel.

Dieser Sitzkomfort wird nun im achtzehnten Jahrhundert im Sinne der Be-

169. Sitzhaltung der Griechen: Palamedes vor Persephone. Um 450 v. Chr. *Sitzhaltung und Stuhl bilden eine Einheit. Die ruhig mit dem Zepter in der Hand auf einem Stuhl ohne Kissen sitzende Göttin hat eine vollständig entspannte Haltung, die nur durch lange körperliche Erziehung und Übung erreicht werden kann. Körper und Schultern liegen in der geneigten Kurve der Rückenlehne. (Attische rotfigurige Schale, Metropolitan Museum, New York)*

quemlichkeit, des Luxus und der Flexibilität der Haltung weiter entwickelt. Die geschwungenen, gepolsterten Rückenlehnen, die Frankreich einführt, sind das Endglied einer allmählichen Entwicklung seit der Spätgotik.

Die Haltung des Kavaliers zur Zeit Ludwigs XV. ist durchaus entspannt. Auch hier sind Stuhl und Haltung eins und aus langer Tradition hervorgegangen, und auch hier ist die Haltung gelockert – Voraussetzung für jedes Ausruhen –, doch die Lage wird ständig leicht verändert. Es handelt sich um kein statisches Ruhen wie in Griechenland. Der Kavalier wendet sich bald hierhin, bald dorthin, und ein Bein wird quer über das Knie gelegt, eine Stellung, wie sie in Stichen des späten achtzehnten Jahrhunderts regelmäßig wiederkehrt (Abb. 168)[12]. Das heißt nicht,

12 Darstellungen dieser Art kommen erst in den späten, genremäßig eingestellten Jahrzehnten auf; zu Beginn der Periode Ludwigs XVI.: der Kavalier bei der Toilette »La petite toilette«, Stich nach Moreau le jeune (1741-1814) von P. A. Martini, oder »Le petit jour«, nach Freudenberger (1745-1801), Stich von Nicolas de Launay (1739-1792).

171. Natur und Rokoko: Terrine von Juste-Aurèle Meissonier. 1738. *Das Muschelornament des Rokoko gibt den Gegenständen durch genaue Nachahmung der in der Natur auftretenden Formen die freien, aber strukturierten Linien von lebenden Organismen.*

◄ 170. Treibholzwurzel. (*Photo Martin James*)

daß diese entspannte Haltung im Rokoko erfunden wurde, aber erst jetzt wird sie typisch. Porträts um 1700 zeigen noch ein Bein angezogen und das andere vorgestreckt: eine Übergangshaltung in einem Übergangsstil. Die *fauteuils* des Rokoko, mit den kurzen nach außen gebogenen Armlehnen, die mit Rücksicht auf die Frauenmode geschaffen wurden, erweisen sich als ebenso nützlich für die *sans gêne*-Haltung der männlichen Besucher.

172. Kerzenhalter, Juste-Aurèle Meissonier, 1728. *Meissonier bringt einen Wirbel von Bewegung in Kirchenfassaden (St. Sulpice, Paris) und Innenräume, in Terrinen und Kerzenhalter. Um ein Abgleiten in den Kitsch zu vermeiden, erfordert ein solches Vorgehen in der Kunst einen Gleichgewichtssinn, der dem des Seiltänzers vergleichbar ist.*

173. Galvanoplastisch vervielfältigter Kerzenhalter, Birmingham, 1850. *Im neunzehnten Jahrhundert nahmen die Gegenstände einen anekdotischen Charakter an. (Henry Cole, Journal of Design, 1851)*

Mit der Sicherheit lange gesammelter Erfahrung werden scheinbar zufällige Formungen mit jener unnachahmlichen Mischung von Disziplin und Flexibilität angereichert, wie sie etwa die Mozartsche Oper aufweist.

Für diese Verbindung von Disziplin und Flexibilität, die die Gegenstände formt, als wären sie ewig im Fluß, hat der Spätbarock ein Symbol erfunden, das alle diese Eigenschaften in sich vereint: die Rocaille.

Die Muschelform, mit der ein knochenloser Organismus sich umgibt und die den Reiz des bewegten Wassers mit der Ewigkeit des Steins vereint, scheint wie geschaffen, das Wollen dieser Spätzeit auszudrücken. Ihre in die Renaissance zurückreichenden Vorstufen sind längst aufgedeckt worden. Jetzt setzt eine radikale Transformation ein. Die Muschel wird zur Alge, zum Spitzengewebe oder zu anderen Formen, schwillt an, wird membranhaft, gezackt, durchbrochen, bis ihre naturalistische Gestalt sich in ein Zeichen verwandelt oder, wie moderne Maler dies nennen: zu einem Objekt. Diese Zeichen werden einzeln oder *C*- oder *S*-förmig aneinandergereiht, treten in Kontrast zu anderen Elementen oder verstärken sie. Der Phantasie ist hier freier Spielraum gegeben, die Elastizität, Finesse und Großzügigkeit zu versinnlichen, die diese Spätzeit beleben.

Das Bedürfnis nach Zusammenfassung, für das die Kurve zur Einfassung der isolierten Teile wird, erscheint überall, im Stadtbau, in der Behandlung der Plätze, in ihrer Aneinanderreihung und in den Wohnräumen ohne Ecken. Diese merkwürdige Einheit von kühler Planung mit dem Reichtum organischer Formen ist nirgends augenfälliger als bei den Möbeln, deren Entwicklung sonst so schwerfällig abläuft. Es ist, als ob die seit der Spätgotik angesammelte Erfahrung plötzlich hervorbräche. Die geschwungenen Kommoden, die beweglichen Zylinderaufsätze der Schreibtische, vor allem aber die Modellierung der Sitz- und Liegemöbel legen davon Zeugnis ab.

Wie aus der Muschel ein Objekt wird, das die verschiedensten organischen Formen in sich trägt, so nähern sich die Beine der Rokokomöbel der Struktur des Zweiges (Abb. 170). In ihrer Anpassung an die Kraftlinien des Holzes kommen sie auf natürliche Weise dem Astskelett nahe, dessen weichere Teile durch das Wasser vermodert sind. Das Leben der großen Naturforscher (Buffon, Linné) verläuft parallel mit dem Ludwigs XV. Die Generation, die das Rokoko und den Komfort des Sitzens geschaffen hat, ist tiefer als jede frühere in das Leben von Tier und Pflanze eingedrungen. Die formgebende Kraft der Epoche erhellt vielleicht aus einem Vergleich mit unserer Zeit und ihrem Speicher voll neuer Materialien, die zu beleben sie unfähig ist. Hätte unsere Zeit nur einen Bruchteil der spätbarocken Erfindungsgabe menschlichen Zwecken dienstbar gemacht, wo ständen wir heute!

Am radikalsten hat sich das Rokoko der Sitzform angenommen. Vom siebzehnten Jahrhundert wird nicht viel mehr übernommen als das Skelett der Typen. Sie werden völlig neu konzipiert, und die Kurve kommt hinzu. Nach dieser Transformation sind die ursprünglichen Typen manchmal kaum wiederzuerkennen. Sobald alle Linie in Fluß geraten, kann sich der Stuhl dem Organischen, dem Körper anpassen. Armlehnen und Rücklehne des gepolsterten Stuhls des siebzehnten Jahrhunderts werden gelockert und in einer Kurvenlinie verschmolzen, so daß sich eine dem Körper anschmiegende Schale bildet. Dies geschieht um 1725. Diese neue Stuhlform, über deren verschiedene Abarten und Namen die zahlreichen Handbücher Auskunft geben, wird *bergère* genannt. Darunter befindet sich ein Typ, der seinen Namen und seine Form von der Gondel ableitet: die *bergère en gondole*. Dieser geschwungene Typ mit halbhoher Lehne entspricht völlig den Bedürfnissen des Jahrhunderts. Hier kann der Sitzende, wie der Möbelbauer Roubo betont, »seine Schultern gegen die Rücklehne stützen, so daß der Kopf völlig freibleibt und die Frisur von Damen und Herren nicht in Unordnung geraten kann«. Mehr kann man wohl kaum einer vorübergehenden Mode entgegenkommen.

Die Mode bildete nur den Anstoß zu etwas, das weit über sie hinausging: die Anpassungsfähigkeit des Möbels an den menschlichen Körper. Es ist die Kurve, die dreidimensionale Kurve, die hier – wie in den Kirchengewölben des Spätbarock – in Erscheinung tritt. Sie eignet sich vortrefflich für das Eingehen auf die menschliche Körperform. Unter Ludwig XVI. kommt es zu einer Rationalisierung und Vereinfachung der Form, aber der Gondel-Typ bleibt (Abb. 168). Es ist auffallend, wie häufig die unter Ludwig XVI. ausgebildeten Schreibtischstühle mit halbhoher Lehne in den Modezeitschriften des Empire wiederkehren. Als ein französischer Tapezierer in den dreißiger Jahren des neunzehnten Jahrhunderts die ersten Fauteuils mit Springfedern ausstattete, wählte er dafür die *bergère en gondole* und schuf ihren Umriß durch ein gebogenes Eisenband. Die Konturen werden weich, das Holz verschwindet, aber der Bergèretyp bleibt. Eine Zeitlang, während der sechziger Jahre, hatte es den Anschein, als fände der Tapezierer einen neuen Ansatzpunkt bei diesem konstitutiven Typ, aber es zeigte sich bald, daß die Möbel unter seiner Hand als Kissen getarnt wurden.

Die leichten, gepolsterten Stühle mit und ohne Armlehne vollenden diese Transformierung. Wie bei der Rocaille, so bedeutet auch hier die Formung des Möbels eine Annäherung an die organische Form. In abstrahierter Form folgt die Doppel-S-Kurve der Rücklehne der Kontur der Schultern und des Oberkörpers.

In diese Reihe des Gondel-Typs gehört auch die zweisitzige Marquise, die das Rokoko aus der Bank mit Rücklehne entwickelt. Die Marquise von Delanois aus den späten sechziger Jahren zeigt sie in vollster Ausbildung (Abb. 175). Die Marquise kann einzeln oder zu zweit benutzt werden. In einem Louis-Seize-Stich nach Moreau le jeune[13] sitzt ein junges Ehepaar einträchtig nebeneinander auf

---

13 »J'en accepte l'heureux présage«, Stich von Philippe C. Trière nach Moreau le jeune (Entwurf 1776).

174. Marquise (»Sessel für zwei«). »Le Mari Confesseur«, Kupferstich von N. F. Regnault nach Fragonard. 1795. *Die in diesem bewußt altertümlichen Druck nach Fragonards Illustration einer Fabel von La Fontaine ausgedrückte spielerisch anekdotenhafte und oberflächliche Einstellung bildet einen Ausgangspunkt für den herrschenden Geschmack in der Malerei des neunzehnten Jahrhunderts.*

diesem erweiterten Fauteuil, und auf einem Stich nach Henri Fragonard (1732-1806) aus den neunziger Jahren, »Le mari confesseur«, sitzt die Dame allein, von Kavalieren umgeben, während der Gemahl unerwartet dazu kommt (Abb. 174).[14]

Wenn wir den Geist des Rokoko kennenlernen wollen, dann dürfen wir nicht zu sehr den späten Stichen der siebziger Jahre oder gar den noch späteren erotischen Szenen trauen. Die erotischen Szenen sind meistens rückblickende Zeugnisse, die eine vergangene Periode künstlich zu verlängern suchen. Beinahe ins oberflächlich Spielerische ist diese Atmosphäre in Henri Fragonards Spätzeit gesteigert. Der Sprung ins Genrehafte ist einer der Ausgangspunkte für den herrschenden Geschmack des neunzehnten Jahrhunderts: Rokoko für den bürgerlichen Konsum.

Das Wesen des Rokoko zeigt sich, wie dies so oft geschieht, zuerst in der Malerei. Im frühen achtzehnten Jahrhundert nimmt Watteau (1684-1721) jene Verschmelzung von Organischem mit spiritueller Wachheit vorweg, die später Wirklichkeit werden sollte.

---

14 »Le mari confesseur«, Stich von N. F. Regnault nach J. H. Fragonard aus der Serie von Illustrationen, die er zu Lafontaines Fabeln machte.

175. Marquise von L. Delanois. Späte sechziger Jahre des achtzehnten Jahrhunderts. *Der Gondel-Typ, den Delanois' Marquise auf dem Höhepunkt ihrer Entwicklung darstellt, ist wie eine Muschel geformt. Die einfachen Schwünge, die kräftigen Linien und das zierliche Profil zeigen, wie Disziplin und Flexibilität sich in dieser Spätzeit miteinander verbinden. Gegen Ende des Rokoko haben die Kissen eine beachtliche Höhe erreicht. (Louvre, Paris, Archives Photographiques)*

176. Marquise des neunzehnten Jahrhunderts, 1863. *Der Gondel-Typ setzt sich zur Zeit des Directoire und des Empire fort, sogar bis in die Zeit hinein, als die Polsterer eine bestimmende Rolle spielten. Aber jetzt sind Rahmen und Beine verdeckt, und mit Knöpfen befestigte Polster überziehen die gesamte Oberfläche. (Exposition des Arts Industriels, Paris, 1863)*

Auch die modernen Typen des Ruhemöbels werden im achtzehnten Jahrhundert geschaffen. Es handelt sich um Formen, die für rasche, kurze Entspannung gedacht waren und eine Bequemlichkeit boten, die etwas ganz anderes ist als die statische Ruhe in einem Bett.

Die Chaiselongue ist, wie der Name andeutet, ein verlängerter Stuhl. Sie hat ein Kopfende wie das Bett, nur daß es viel stärker betont wird. Aus der Bank entwickelt sich in den ersten Jahrzehnten des siebzehnten Jahrhunderts in Frankreich und England ein Liegestuhl, das »Tagbett«, *lit de repos*, mit durch Ketten oder Zahnräder verstellbarem Kopfende. Bei der Chaiselongue tritt die geschwungene Gondelform an die Stelle des verstellbaren Brettes. Setzt man vor eine *bergère* eine gepolsterte Bank oder einen gepolsterten Hocker (tabouret), so entsteht der »lange Stuhl«, die Chaiselongue. Sie wurde in einem Stück hergestellt – auch davon gab es verschiedene Abarten – und hieß dann *duchesse* (Abb. 177). Diese Möbel waren, wie der Name – *marquise, duchesse* – andeutet, für die Damen des Adels gedacht, die sie leicht gekleidet bei ihren Empfängen benutzten.

War die Phantasie einmal auf die Schaffung von Ruhemöbeln eingestellt, so boten sich verschiedenste Kombinationen an. Das Oberteil der Chaiselongue wurde aufgeklappt und eine flache Badewanne in den Rahmen gesetzt, wie auf den erotischen Stichen des späten achtzehnten Jahrhunderts gelegentlich zu sehen ist, oder man setzte zwischen eine *bergère* mit niedrigem und eine mit hohem Rücken ein *tabouret* und nannte diese Kombination »geteilte Duchesse« – *duchesse brisée*.

Um 1800 wird die *duchesse* in Anlehnung an pompejanische Möbel zur *psyche*. Wir werden später ihrer amerikanischen Abart von 1830 begegnen (Abb. 322), deren Liegefläche gewellt ist und damit eine freie Form hat, die kurzem Ausruhen am besten entgegenkommt. Auf ihren Zusammenhang mit jüngsten Entwicklungen, wie Le Corbusiers Stahlrohrliege *chaiselongue basculante* (Abb. 323) werden wir dann eingehen. Le Corbusiers strenges, polsterloses Möbel gemahnt in seiner ganzen Haltung an den ursprünglichen Ausgangspunkt, das »Tagbett« des siebzehnten Jahrhunderts, hat aber in seiner Anpassung an den Körper die Erfahrungen späterer Jahrhunderte aufgenommen.

In der Zeit des Patentmöbels, besonders in den sechziger und siebziger Jahren, wird die Chaiselongue mechanisiert. Auf verschiedene Weise kann sie nun in ein Doppelbett verwandelt werden (Abb. 264). Zur gleichen Zeit wird sie vom Tapezierer in ein knochenloses Möbel verwandelt und demselben Prozeß unterworfen wie die Fauteuils, die ebenfalls ihre Struktur verlieren. Nun ist die Chaiselongue meist im Schlafzimmer neben den Betten zu finden, eine Gewohnheit, die zuerst in erotischen Szenen um die Mitte des achtzehnten Jahrhunderts auftaucht.

Das Sofa führt die Sitzbank, die gepolsterte Bank mit Rücklehne und Armstützen weiter. Ihre Formgebung entwickelt sich parallel mit der der Stühle, mit denen das Sofa zunehmend als Einheit gesehen wird. Es ist wesentlich ein Salonmöbel (Abb. 178).

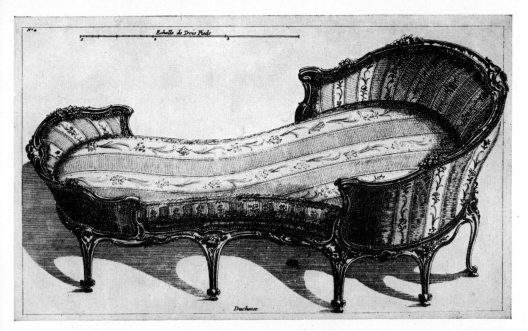

177. Einteilige Duchesse, Mathieu Liard. 1762. *Auch die Formen der modernen Ruhemöbel wurden im achtzehnten Jahrhundert entwickelt. Durch eine einzige, den Körper umgebende Kurve ist der Gondel-Typ an Ruhezwecke angepaßt worden. Die Duchesse bestand zuerst aus drei Teilen: zwei gondelartigen Sesseln von verschiedener Tiefe und Höhe und einem Tabouret dazwischen. Im späteren Rokoko verband man sie zu einem einzigen Teil. (Mathieu Liard,* Recueil des petits meubles, *Paris,* 1762)

Die Rocaille spiegelt wider, was die Zeit wollte: die Dinge flexibel machen. Da dies unter dem Einfluß eines Formwillens geschah, der Ausdruck und Funktion untrennbar verschmolz, so entstand daraus weit mehr als ein *style pittoresque* oder ein *goût nouveau*, wie die Franzosen damals die neue Richtung nannten.

Die meisterhaften Perspektivzeichnungen und komplizierten Schnitte in den Entwürfen der Möbeltischler zeigen, daß sich hinter scheinbar absichtlosen Kurven eine von Analyse geleitete Phantasie verbarg, die die menschliche Haltung genau beobachtet hatte. Die Möbel des Rokoko bringen keine großartigen Gesichtspunkte zum Ausdruck, sie wollten nur bequem sein und erfüllen, was gerade verlangt wurde. Damit haben sie den modernen Komfort geschaffen.

Man braucht nicht die Stiche des späten achtzehnten Jahrhunderts anzusehen, um die erotische Atmosphäre zu spüren, die von den Räumen ausging. Die erotische Atmosphäre beruhigt sich im Louis-seize zu einer bürgerlichen, die nur durch die Revolution zeitweilig aufgewühlt wird. Das Rokoko ist in Frankreich von Anfang an eine Angelegenheit der intimen Umgebung. Mit dem Blick für das Maß, der in Frankreich so oft spürbar ist, wurde erkannt, daß das Rokoko sich im Inneren des Hauses am produktivsten auswirken könne.

Ludwig XV. hat gewartet, bis Kardinal Fleury im Alter von neunzig Jahren starb, ehe er ernstlich an die Regierung dachte. Er liebte, wie Molinier hervorhebt, die kleinen Geselligkeiten, die intimen Diners. Im übrigen verhielt sich der Hof bis

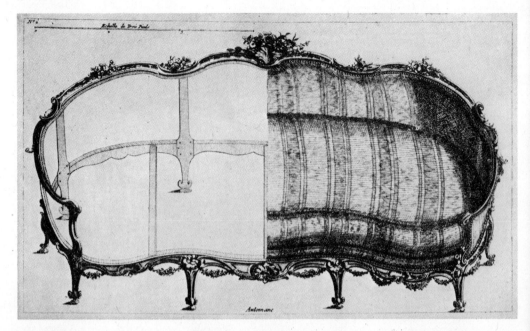

178. Ottomane von Mathieu Liard. 1762. *Mit der aufkommenden klassizistischen Stilrichtung des* Louis
seize *entwickelten sich in der Holzschnitzerei Könnerschaft und Raffinesse in höchstem Maße. Der Rahmen wird durch das Wissen über die Statik auf eine erstaunliche Zierlichkeit reduziert und erhält die Eleganz organischer Formen.* (Recueil des petits meubles, *Paris,* 1762)

1738 der neuen Richtung gegenüber passiv. Fiske Kimball[15] hat betont, daß das
Rokoko fern von Versailles, in den Palais des französischen Adels, entstand. Sein
Feld war der Innenraum. Eine verfeinerte, geistreiche Gesellschaft, die das Leben
bis zur Korruptheit zu genießen verstand, hat diese Möbel geschaffen.

Wie in Kunstwerken mehr enthalten ist, als sie eigentlich mitteilen wollen, so
lebt in diesen Möbeln die Erfindungsgabe fort, die sie mit so viel Anmut verhüllen.

In der Gotik wurde dem Stein und im Rokoko dem Holz das Äußerste an
Schmiegsamkeit und Leichtigkeit abgerungen. Die Zwecke, für die dies geschah,
geben einen Anhaltspunkt für die Einstellung der Zeit. Nie hat Frankreich auf
dem Gebiet des Komforts eine glänzendere Erfindungsgabe gezeigt.

England: Form und Mechanisierung

Die erste und zweite Hälfte des achtzehnten Jahrhunderts sind in England so voneinander verschieden, daß man fast von zwei verschiedenen Ländern sprechen
möchte.

Die ersten Jahrzehnte sind noch durchtränkt von der Rauheit des vorangegan-

---

15 E. Fiske Kimball, *The Growth of the Rococo*, Philadelphia, 1943, S. 152.

genen Jahrhunderts. In der zweiten Hälfte macht sich eine überraschende Differenziertheit auf fast allen Gebieten bemerkbar. Selbst der Engländer, jedenfalls der als Ideal angesehene Typus, hat sich nach 1750 radikal verändert.

In den dreißiger Jahren, als William Hogarth der Chronist des zeitgenössischen Englands wird, herrscht noch der Falstafftyp vor. Ein Mann, von schwerer Statur, wie die Möbel seiner Zeit, essensfreudig und für jede Lust zu haben. Hogarth nahm kein Blatt vor den Mund. Er war in seinen Stichen sehr erfinderisch, wenn es galt, die Laster darzustellen, wie man Tiere raffiniert quälte oder wie sich die Weiber gegenseitig Gin in die Augen spuckten. Das Sittenbild streift hier fast das Sadistische.

Wenige Jahrzehnte später ist der bevorzugte männliche Typ schlank, unausgereift, und sein weibliches Pendant sind sanfte, träumerische Mädchengestalten, denen Leidenschaft fremd ist. Im späten achtzehnten Jahrhundert bereitet sich – zuerst in der Literatur, dann in der Malerei – jener sentimentale Typ[16] vor, der durch das ganze folgende Jahrhundert den Publikumsgeschmack beherrschen sollte.

Wie England sich in der Malerei zuerst die flämische Malerei angeeignet hat, ehe es über sie hinausging, so hatte es auch die industriellen Methoden verarbei-

---

16 Diese Bemerkungen fußen auf älteren, unveröffentlichten Studien des Verfassers über die Anfänge des herrschenden Geschmacks in der Malerei. Dieser Typus hat seine Wurzeln nicht in dem französischen Kreis um Greuze, sondern in einem Kreis englischer Maler und Archäologen im Rom der späten sechziger Jahre.

179. Große französische Sitzbank. England, 1775. *Wenn die Engländer der Mode folgen wollten, richteten sie sich nach dem französischen Vorbild. Dieses reich mit Schnitzereien ausgestattete Stück ist in der starren Stilrichtung immer noch dem siebzehnten Jahrhundert verhaftet; es läßt sich nicht leicht mit den zeitgenössischen französischen Stücken vergleichen. Der gegen Ende des achtzehnten Jahrhunderts in England entstandene Komfort war in Art und Zweck davon sehr verschieden. (R. Manwaring,* The Cabinet and Chair Maker's Real Friend and Companion, *London,* 1775)

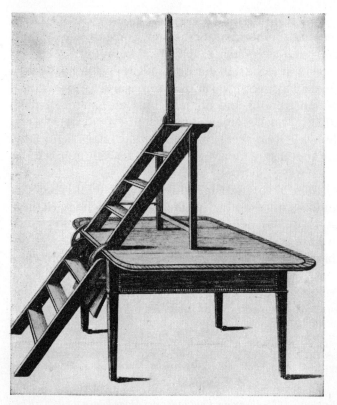

180. THOMAS SHERATON: Tisch mit ausklappbarer Bibliotheksleiter. 1793. *In den letzten Jahrzehnten des achtzehnten Jahrhunderts hatte England großen Einfluß auf den Geschmack und die Gewohnheiten ganz Europas. Die Gestalt des Speisezimmers, der Bibliothek und später des Badezimmers wurde in England festgelegt. Sogar die Bibliotheksleitern wurden seit Chippendale mit Sorgfalt erdacht und als Kombinationsmöbel entworfen.*

tet, die die hugenottischen Emigranten im siebzehnten Jahrhundert aus Holland hinübergebracht hatten. Eine ungeheure Unternehmungslust entwickelt sich, die zur Mechanisierung der Antriebskraft, des Spinnens und Webens und zum raschen Ausbau der Transportwege, der Kanäle, Straßen und Brücken sowie zur Neubelebung des Ackerbaus, der *new husbandry*, führte.

Es liegt durchaus auf dieser Linie, daß England in den letzten Jahrzehnten des achtzehnten Jahrhunderts auch die Führung auf dem Gebiet des Komforts übernimmt. Auch das war ein Novum.

Eine ruhige und sichere Linienführung zeigt sich in der ersten Jahrhunderthälfte auch in gewissen englischen Möbeltypen, wie den gepolsterten Lehnstühlen mit ihren hohen Rückenlehnen und Armstützen. Es ist die Linie, die, von der italienischen Renaissance ausgehend, in Frankreich und England weiterentwickelt wird. Die bequemen englischen Typen, die um 1700 entstanden, sind bis heute verbreitet geblieben. Frankreich schuf jedoch während des Rokoko den neuen Komfort. Das blieb nicht ohne Einfluß auf England. Frankreich ist überall im Hintergrund wirksam. Noch in den sechziger Jahren kommen Vorlagenwerke heraus[17], die parallel mit englischem und französischem Text gedruckt werden. Die

---

17 Ince und Mayhew, *The Universal System of Household Furniture*, London, 1762 (dem Herzog von Marlborough gewidmet).

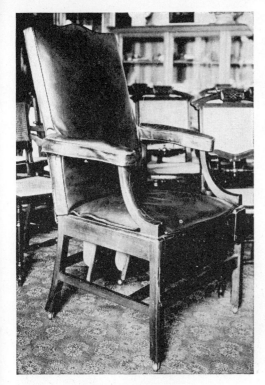

181a. BENJAMIN FRANKLIN: Armlehnstuhl mit ausklappbarer Bibliotheksleiter. Um 1780. *Franklin entwarf diesen Armlehnstuhl für seine Bibliothek, ebenso wie »Greifer«, um Bücher aus dem oberen Teil der Regale herauszuholen. (Philosophical Society, Philadelphia)*

181b. Benjamin Franklins Armlehnstuhl mit ausgeklappter Leiter.

Konsolen für Büsten, Kerzenleuchter, Wandarme und Leuchterkronen scheinen ein größeres Interesse auf sich zu ziehen als die Stühle. Noch in den sechziger Jahren konzentrieren sich erfolgreiche Möbeltischler[18] in ihrer inneren Unsicherheit auf naturalistische Einzelformen: Gartenstühle, deren Rücklehnen aus geschnitzten Nachahmungen von Felsen und Bäumen bestehen[19], oder eine große, unbequeme Sitzbank mit schwerem Schnitzwerk als Rückenlehne, die *French Settee Chair* genannt wird und immer noch hilflos in der Manier des siebzehnten Jahrhunderts gehalten ist, aber dem französischen Geschmack nahezukommen sucht (Abb. 179)[20].

---

18 Manwaring, *The Cabinet and Chair Maker's Real Friend and Companion, or the Whole System of Chair Making Made Plain and Easy,* 2 Bde., London, 1765, erste Auflage.
19 Ebd., Ausgabe von 1775, Tafel 27: »Ländliche Stühle für Sommerhäuser; die einzigen dieser Art, die je veröffentlicht wurden.«
20 Ebd., Tafel 19.

357

182. WILLIAM MORRIS: Anrichte. Um 1880. *Morris stellte mehrere dieser Anrichten her. Ihre elegant geschwungene Vorderfront zeigt ihre enge Verbindung zum achtzehnten Jahrhundert. Ohne die prunkvolle Ausstellung von Porzellan wäre diese Verwandschaft noch stärker erkennbar. (Marillier, Morris & Co. Art Workers Ltd., London)*

Der Gentleman bestimmt den Stil

In den letzten Jahrzehnten hat sich die Situation entscheidend verändert. In der kurzen Zeit bis zum Einströmen des französischen Empirestils wird in England in der Einrichtung des Hauses in der Möbeltischlerei eine fast zeitlosen Vollendung erreicht, in der sich die Erfahrungen von Jahrhunderten zusammenfassen und erweitern. Es ist dieselbe zurückhaltende Meisterschaft wie in den gleichzeitigen Plätzen Bloomsburys oder in den hochgelegenen Crescents von Bath.

Es ist eine männliche Gesellschaft und eine herbere Note, die in England im ausgehenden Jahrhundert vorherrscht. Die großen Klubgebäude Londons, die in den ersten Jahrzehnten des neunzehnten Jahrhunderts entstehen und mit dem modernsten Komfort der Zeit eingerichtet sind, bezeugen das Fortbestehen dieser männlich orientierten Gesellschaft. Die Frau verliert gegenüber dem Frankreich des Rokoko an Einfluß. Der Gentleman gibt den Ton an. Er ist nicht auf den Adel beschränkt, er braucht nicht mit einem Titel geboren zu sein, er gehört sozial nicht zu einer festumrissenen Schicht und wird zunehmend zu einer moralischen Kategorie.

183. Englische Anrichte. Um 1780. *In der zweiten Hälfte des achtzehnten Jahrhunderts wurde das englische Speisezimmer mit sorgfältig entworfenem Tisch, Stühlen und einer Anrichte ausgestattet. Zu dieser Zeit wurde die leichte Anrichte auf zierlichen Beinen zum Standardmodell. (H. Cescinski,* English Furniture of the Eighteenth Century)

Schon 1710 definiert Steele im *Tatler*: »Der Name eines Gentleman hängt nicht von den angestammten Verhältnissen ab, sondern davon, wie er sich in ihnen benimmt.« Chippendale gibt seinem berühmten Katalog (1754) den Titel: *The Gentleman's and Cabinetmaker's Guide*. Neben dem Adel gehören die wohlhabende Bürgerschicht, Künstler und Schauspieler zu den Kunden der großen *cabinetmakers*. Auch die Vorlagen in den Möbelbüchern von Hepplewhite, Shearer und Sheraton zeigen, daß ihre Waren für die neu aufkommende Schicht gedacht sind[21].

Wie der Gentleman vom Adel in die bürgerliche Atmosphäre abwandert, so wandern gewisse Räume vom Schloß in die bürgerliche Wohnung.

Das Bibliothekszimmer

Nur große Herren hatten Bibliotheken, gewöhnlich im Zusammenhang mit Raritäten- und Medaillenkabinetten. Das achtzehnte Jahrhundert las. Voltaire, Goe-

---

21 Es ist darauf hingewiesen worden, daß das Vorwort zu George Hepplewhites *Cabinet-Maker's and Upholsterer's Guide* (1787) sich nicht an den Adel und die Gentry wendet, sondern ausdrücklich an »die Einwohner Londons«. Vgl. Herbert Cescinski, *English Furniture from Gothic to Sheraton*, Grand Rapids, Michigan, 1929, S. 353.

the, Hume, Jefferson, sie alle waren große Leser. Das Verlangen nach Universalität verlangte durch Quellen von überallher gespeist zu werden. Es ist auffallend, wie seit Chippendale die verglasten Bücherschränke überhand nehmen und wie sie in Größe und Ausführung variieren. Oft führt dies zu einem Möbel, das Sekretär und Bücherschrank vereinigt: an die Stelle des Schubladenaufbaus des Renaissancesekretärs tritt ein verglaster Bücherschrank. Es ist bekannt, mit welcher Sorgfalt Chippendale die Bibliothek des Schauspielers Garrick einrichtete.

Für die großen Foliowerke mit Kupferstichen und Aquatintablättern, die damals auf allen Gebieten – von den Naturwissenschaften bis zu griechischen Tempeln – in Mode waren, brauchte man breite, horizontale Flächen: Bibliothekstische, wie sie sich bei Chippendale bereits um die Jahrhundertmitte finden. Aus diesen großzügigen Möbeln entwickelt sich der heutige große Schreibtisch mit der flachen Platte und den beiden Schubladenschränken links und rechts darunter. Zum Schreiben begnügte sich das achtzehnte Jahrhundert mit kleinen Flächen.

Um zu den höheren Bücherfächern zu gelangen, brauchte man eine Leiter. Sie sollte nicht sichtbar sein, wenn sie nicht gebraucht wurde. Thomas Chippendale hat dafür in einem seiner glänzendsten Aufträge, Harwood House, 1770-75, eine Art Kasten gebaut, in den die Leiter geklappt wurde[22].

Benjamin Franklin hat das gleiche Problem auf seine eigene Art gelöst, indem er den Sitz seines Fauteuils umklappte, an dessen Unterseite eine Stufenleiter angebracht war (Abb. 181). Für die obersten Reihen besaß er bekanntlich eine Zange am Ende eines Stabes, die er seinen Besuchern gerne vorführte. Sheraton hat seine Leiter in einem Tisch verborgen (Abb. 180).

Das Eßzimmer

Auch das Eßzimmer, das sich zu einem besonderen Raum entwickelt, erhält eine sorgfältige Einrichtung: Stühle, Ausziehtische, Buffets.

Die Stühle der großen Möbeltischler sind bis in jede Einzelheit ihrer Füße, Sitze und ihrer herzförmigen oder durchbrochenen Rücklehnen bekannt. Sie sind anmutig, aber nicht mehr. Ihr konstitutiver Gehalt steht in keinem Verhältnis zu der Wertschätzung, die sie genießen. Diese Stühle wurden meistens als Parlorstühle ausgebildet.

Interessanter sind die englischen Anrichten (sideboards) des ausgehenden Jahrhunderts (Abb. 183). Das leichte, gewöhnlich geschwungene Korpus steht auf schlanken Füßen. Robert Adam gab ihnen schwere Seitenteile in Form von Piedestalen mit Urnen (ein Motiv, das in jedem englischen Garten zu finden war), um das Besteck aufzunehmen, doch sie verschwanden bald, und es blieb die elegante leichte Form, von der eine Linie zu William Morris führt (Abb. 182).

Eßzimmertische wurden, wie wir gesehen haben, in Frankreich anfangs *tables à l'Anglaise* genannt. Große Sorgfalt wurde an eine durchdachte Mechanik ge-

---

22 Abbildung bei Oliver Brackett, *Thomas Chippendale,* London, 1924, S. 227.

wandt, um die Tische so leicht wie möglich aussehen zu lassen und sie doch auf eine fast unglaubliche Länge ausziehen zu können. Auch hufeisenförmig geformte Eßtische wurden als Ausziehtische gebaut (1788)[23].

Wiederentdeckung der Reinlichkeit

Zögernd entdeckt das späte achtzehnte Jahrhundert, daß Reinlichkeit und Hygiene im Leben einen gewissen Platz einnehmen sollten. Das Interesse dafür ist vorhanden und führt zu den interessantesten Möbeln der Zeit. So entwirft Sheraton eine Vielzahl einfacher Waschtischmodelle, die in Ecken oder an die Wand zu stellen waren.

Auch freistehende Waschtische, wie sie in Frankreich beliebt waren (lavabos), waren in Gebrauch[24].

Mit großer Sorgfalt hat Shearer 1788[25] den Toilettentisch des Gentleman eingerichtet: mit aufklappbarem Deckel und Innenspiegeln. Schubladen und einem Rollverschluß, der sich rechts und links öffnet (Abb. 184). Bei dem Gegenstück für die Dame – *Lady's Dressing Stand* – können das bescheiden gehaltene Waschbecken nach vorn und das Bidet nach der Seite wie eine Schublade herausgezogen werden (Abb. 185). Auch ist ein Behälter eingebaut, der das gebrauchte Wasser aufnimmt[26].

Eleganz der Form und Beschränkung auf das Wesentliche ist in dem bekannten *Rudd's Table* oder *Reflecting Dressing Table*[27] mit äußerster Beweglichkeit vereint. Die mittlere Schublade wird »selbstgleitend« aufgehängt, und die beiden seitlichen Schubladen schwingen horizontal um einen Zapfen, so daß die Dame sich von jeder Seite betrachten kann. Es ist dieselbe Zeit, die auch die komplizierten Bewegungsprobleme der Spinnmaschinen zu lösen verstand.

Beweglichkeit

Der Beitrag des Rokoko ist die Schmiegsamkeit der Form und Leichtigkeit der Konstruktion. Die Beweglichkeit, die im Rokoko und Louis-seize mit der Erfindung des Rolldeckelschreibtisches, der Wiederbelebung des Drehstuhls, Kartentischen und zusammenklappbaren Möbeln, eine gewisse Rolle spielte, tritt nun in den Vordergrund. Es scheint den Entwerfern dieser Zeit ein besonderes Vergnügen gemacht zu haben, ihre Möbel mit allen Fächern, Schubladen, Spiegeln, Fall-

---

23 *Cabinet Maker's London Book of Prices,* London 1788, zusammengestellt von Thomas Shearer, Tafel 19, Abb. 2.

24 Sie werden im Empire aufwendig verkleidet, wie antike Dreifuße. Vgl. Havard, a.a.O., Bd. III, S. 271. »Lavabo, petit meuble en vogue pendant le consulat et l'Empire (. . .) jusqu'à la fin de la restauration on continua d'en faire usage«. Die Engländer sind in den dreißiger Jahren zu breiten Waschständen mit Marmorplatten übergegangen (Abb. 187).

25 *London Book of Prices,* London, 1788, Tafel 9.

26 Bei Sheraton gibt es verschiedene Abarten von Nachtstühlen und Reisebidets, die an die Gewohnheit der Engländer in der Mitte des folgenden Jahrhunderts erinnern, ihre Badewanne mit auf die Reise zu nehmen.

27 Hepplewhite, Tafel 79, 1788.

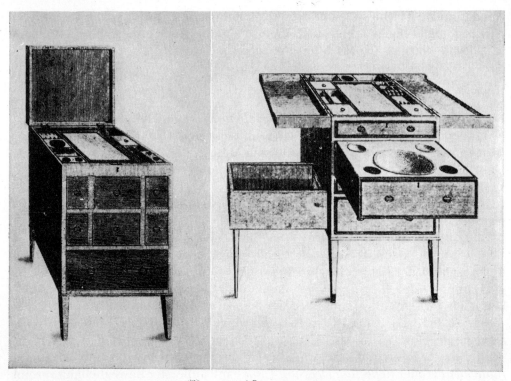

184. SHEARER: Toilettentisch für Herren. 1788. *Die Innenausstattung von Toilettentischen und Wasch-tischen bildet einen der Ausgangspunkte für die heutigen hygienischen Einrichtungen. »Vier echte Schub-laden und drei falsche; ein flacher Deckel; der Deckel innen mit einem Spiegel versehen; ein Fach unter der Schublade mit seitlich verschiebbaren Rolljalousien.«* (The Cabinet Maker's London Book of Prices, 1788)

185. SHEARER: Toilettentisch für Damen. 1788. *Wieder wendet sich das Interesse dem beweglichen Be-hälter zu, der Schublade, deren Konstruktion entscheidend verbessert wurde. Schubladen, Fächer und Rolljalousien sind ein Ausdruck der Freude an eleganten mechanischen Lösungen. Shearers Beschrei-bung lautet: »Zwei Schubladen und zwei falsche Schubladen vor einem quadratischen Bidet, gehalten von zwei ausklappbaren Beinen; ein Spiegelrahmen, an einem gleitenden Teil mit Scharnieren befestigt, und vier Becher; ein Deckel für das Waschbecken, das an der Rückseite der Schublade mit Scharnieren befestigt ist; ein Behälter für das Wasser aus der Schublade mit Waschbecken; ein Waschbecken.«*

186. Zusammenklappbarer Bar-bierstuhl und Hocker. U. S. Pa-tent, 1865. *Von den Möbeltischlern des späten achtzehnten Jahrhun-derts führte die Entwicklung in zwei Richtungen: einmal zu Wil-liam Morris, zum anderen zu den amerikanischen Patentmöbeln. In diesem tragbaren Barbierstuhl be-finden sich Behälter für heißes und kaltes Wasser, Arbeitsgeräte, Geld-schublade usw. »Die Beine sind mit Scharnieren befestigt, so daß sie hochgeklappt werden können«. (U. S. Patent 50032, 19. September 1865)*

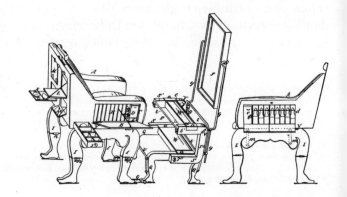

187. Englischer Waschtisch. Um 1835. *Frühes Beispiel eines im neunzehnten Jahrhundert vergrößerten Waschtisches. Seine Marmorplatte ist auf einen Tisch aus der Zeit der ersten Wiederbelebung des Rokoko montiert. In der Mitte des neunzehnten Jahrhunderts wurde der Tisch durch eine mit einer Marmorplatte versehene Kommode mit Schubladen ersetzt. (Englischer Katalog, Wasserzeichen 1835. Metropolitan Museum, New York)*

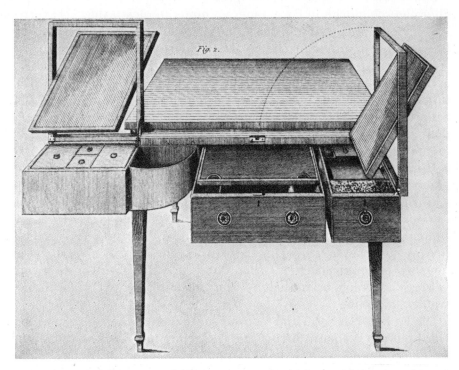

188. Toilettentisch mit Spiegeln, oder »Rudd's Table«. 1788. *»Dies ist der vollständigste, jemals hergestellte Toilettentisch.« Die englischen Möbeltischler stellen ihre genialen Möbelstücke mit beweglichen Einzelteilen – Türen, gleitende Spiegel und Schubladen auf Schienen – gerne geöffnet oder ausgeklappt dar. Ein ähnlicher Eifer, den Mechanismus zu zeigen, kommt in den Entwürfen für amerikanische Patentmöbel zum Ausdruck.*

fronten und Rolladen möglichst zu öffnen, man möchte fast sagen in Bewegung zu setzen. Die Meisterung der Form ist für sie eine Selbstverständlichkeit, es wird kein Nachdruck auf sie gelegt, sondern sie wollen zeigen, was ihre Möbel leisten können.

Damit wendet sich das Interesse von neuem dem beweglichen Behälter, der Schublade, zu, deren Konstruktion jetzt wesentlich verbessert wird. Sie gleitet leicht auf sogenannten englischen Zügen. Oft wird eine ganze Reihe solcher gleitender Fächer übereinander eingeordnet, so daß beim Öffnen des Buffets oder der Kommode der ganze Inhalt leicht übersehen werden kann. Die Geheimschubladen, die durch Federdruck bedient werden, scheinen damals ein unentbehrlicher Bestandteil eines Schreibtischs gewesen zu sein. Auch Schubladen, die an ihrer oberen Kante gleiten, wie in *Rudd's Table*, werden gerne verwandt. Großer Beliebtheit erfreut sich – an den verschiedensten Möbeln – der Rolladen, der aus vielen schmalen Holzleisten besteht, die auf ein festes Leinentuch geklebt sind. Sie ersetzen den soliden Zylinderdeckel und brauchen vergleichsweise wenig Platz, wenn sie zurückgeschoben werden. Um 1780–90 waren sogenannte *Pullover writing tables* ein verbreitetes Möbel[28].

Spiralfedern, die später als Polsterung in Möbel eingebaut wurden, werden von Sheraton schon früh in Form eines »Zimmerpferdes« (Abb. 224) verwendet.

Von hier führen, selbst in der Art der Darstellung, direkte Linien zu den konstitutiven Möbeln des neunzehnten Jahrhunderts.

In den englischen Möbeln, deren intensivste Phase kaum mehr als zwei Jahrzehnte umfaßt, erscheinen Form und Mechanismus – Gefühl und Denken – als untrennbare Einheit. Das neunzehnte Jahrhundert schien bestimmt, das glänzendste Zeitalter der Stadtbaukunst zu werden und seine intime Umgebung, mit dem ganzen Wissen des achtzehnten Jahrhunderts, zu einer nie gekannten Vollendung zu entwickeln.

Hinzu kam die Macht der Mechanisierung, die, wie ein Henri de Saint-Simon glauben konnte, die menschliche Not ein für allemal beseitigen würde.

Doch so wenig wie die Natur folgt die Geschichte einer einfachen Logik. Es scheint uns sinnlos, wenn ein Frost aus unbekannten kosmischen Ursachen die Blüten der Obstbäume zerstört oder Hagel die Weizenernte vernichtet. Wir können es nicht begreifen, wenn Entwicklungen, die voller Versprechungen sind, plötzlich ohne einsichtigen Grund abbrechen und ihre konstitutiven Elemente vergessen werden, bis in späterer Zeit eine ähnliche psychische Konstellation sie wieder aufnimmt.

Die Einheit von Form und Mechanismus zerfällt im neunzehnten Jahrhundert. Der Kreis um William Morris strebt nach einer moralischen, sauberen Form, und die anonymen amerikanischen Patentmöbel suchen eine Lösung von Bewegungsproblemen. Beides läuft in der zweiten Jahrhunderthälfte parallel und beides hat seine Wurzeln im England des späten achtzehnten Jahrhunderts.

---

28 H. Cescinski, *English Furniture of the Eighteenth Century,* 3 Bde., London 1911-1912, Bd. II, S. 147.

Es gehört zur Tragik des neunzehnten Jahrhunderts, daß Denken und Gefühl getrennte Wege gehen, oder, wie T. S. Eliot es sagt, »die substanzielle Einheit der Seele« verlorengeht.

Es ist nicht nur ein Einfluß von außen, der Empirestil, der die englische Bewegung unfruchtbar machte. Das Spätwerk Sheratons, vor allem die posthume Veröffentlichung aus den Studien für eine nie über die ersten paar Buchstaben hinausgelangte Enzyklopädie zeigt, daß die Flamme schon erloschen war.

Es vollzog sich ein menschlicher Wandel, diesseits wie jenseits des Kanals, doch kristallisiert er sich greifbarer in der Gestalt Napoleons und derer, die den Empirestil formten.

Sie führen ein, was wir den herrschenden Geschmack nennen: jene transitorischen Erscheinungen, die die Gefühle der Massen absorbieren, wie die Nachbildungen, die bei der künstlichen Befruchtung den Samen des Stiers aufnehmen.

DAS NEUNZEHNTE JAHRHUNDERT: MECHANISIERUNG UND HERRSCHENDER GESCHMACK

Die Anfänge des herrschenden Geschmacks: Der Empirestil

Napoleon und die Entwertung der Symbole

Streng genommen umfaßt der Empirestil die zehn Jahre der Regierungszeit Napoleons I., so daß er 1804 beginnt und mit dem Jahr 1814 endet. Näher kommt man der Wirklichkeit, wenn man ihn mit der Zeit identifiziert, in der seine offiziellen Begründer Percier und Fontaine zusammenarbeiteten: von 1794 bis 1814. Der Einfluß des Empirestils strahlte über die ganze Kulturwelt aus, Rußland und Amerika mit eingeschlossen. In verbürgerlichter Form überdauerte er außerdem Napoleons Tod bei weitem.

Das Kaisertum Napoleons brachte in die Elemente, die das Directoire vorbereitet hatte, einen soziologischen Sinn. Man hatte bereits mit dem Gedanken gespielt, zu der für »einfach« gehaltenen Antike zurückzukehren. Aber die Formen, in denen sich ihre Wiederkehr dann vollzog, waren andere, als die puristischen Anhänger des Klassischen, Männer wie der Maler Jacques Louis David, der sich sein eigenes Haus im »etruskischen« Stil bauen ließ, sie sich vorgestellt hatten.

Napoleon wuchs im achtzehnten Jahrhundert auf. In ihm lebte die feste Überzeugung, daß zu einer bestimmten Lebensform eine bestimmte Umgebung gehöre. Also mußte seine Umgebung bis ins letzte Möbelstück und Ornament neu geschaffen werden. Sie bildet den Hintergrund für alle seine Handlungen und verleiht ihnen eine zwar unkontrollierbare, aber allgegenwärtige Resonanz. Der »Empire«-Stil ist ein Porträt Napoleons und unlösbar mit seiner Gestalt verknüpft.

Ist der Empirestil, wie immer wieder betont wird, der letzte der großen historischen Stile? Ist er etwa mit dem Stil Ludwigs XV. auf eine Stufe zu stellen oder bildet er den Auftakt für alles, was sich im neunzehnten Jahrhundert später vollziehen wird? Ist es ein Anfang oder ist es ein Ende?

Ebensogut könnte man fragen: Ist Napoleon ein Herrscher, wie Ludwig XIV. – um ihn mit einem Mann von ähnlichem Zuschnitt zu vergleichen – es war? Ist seine Herrschaft in dem Sinne legitim, daß sie die Spitze und den höchsten Ausdruck einer sozialen Schicht darstellt? Davon kann keine Rede sein. Napoleon repräsentiert den Typ, der im neunzehnten Jahrhundert dominiert und ihm seine Gestalt gegeben hat: den Selfmademan. Nur in Zeiten einer großen Revolution ist es möglich, daß solche Männer von unbegrenzter Energie an die Spitze gelangen können. In normalen Zeiten werden sie durch Routine und Widerstände vorher zerbrochen. Dabei kommt es nicht darauf an, auf welchem Gebiet der Umsturz sich vollzieht, im Politischen oder auf dem Gebiet der Produktion. Zur Zeit der Zünfte konnte der Selfmademan nur die Ausnahme sein, niemals aber die Regel. Die ungeheuren Dimensionen Napoleons lassen sich nicht mit dem späteren Selfmade-

189. Die Entwertung der Symbole: Percier und Fontaine, Sessel mit Schwanenvasen. Um 1800. *Dieses theatralisch gestaltete Stück ist kein Thron, sondern ein Sessel, der für einen reichen Kunden entworfen wurde.* (Recueil de décorations intérieurs, 1801)

man auf wirtschaftlichem Gebiet vergleichen. Doch die soziologischen Voraussetzungen, die ihren Aufstieg ermöglichen, sind in beiden Fällen die gleichen. Und beide ähneln einander – und dies ist in unserem Zusammenhang von Bedeutung – in der Weise, wie sie der Welt gegenübertreten.

Napoleon ist durch die Revolution an die Macht gekommen. Unsichtbar standen ihre Ideen hinter seinem Sieg. Fraglos betrachtete er die Länder, die er unterjochte, als Werkzeuge für seine Kriegsmaschine und preßte sie bis aufs Blut aus. Er plünderte die italienischen Museen und brachte, was er an Kuntwerken zu fassen bekam, die Meisterwerke Michelangelos, Raffaels, Leonardos und der Antike (Laokoon) über die Alpen und führte sie anläßlich der ersten Industrieausstellung in Paris (1798) auf Triumphwagen vor, wie man es in Rom mit den gefangenen Feinden getan hatte.

190. Die Entwertung der Symbole: Max Ernst, »Der Löwe von Belfort«. *Manche von Max Ernsts Bilderzählungen, davon einige ohne Worte, bringen sowohl die falschen Fassaden wie die unheimliche Seite im Gefühlsleben des neunzehnten Jahrhunderts zum Vorschein. Die Collage war ein geeignetes Medium: Fragmente von Stichen des neunzehnten Jahrhunderts, in irrationalen Verbindungen zusammengeklebt, eröffnen neue Bedeutungszusammenhänge.*

Die erste Collage, Max Ernsts »Löwe von Belfort«, pfropft einen Löwenkopf von einem Stuhl oder Monument auf eine überladene Uniform. Napoleon blickt von einem schäbigen Bild an der Wand. Eine steinerne Löwin springt die Uniform an. (Une semaine de bonté, *Paris,* 1934)

Aber er war nicht nur ein Eroberer. Gleichzeitig beseitigte er die österreichische Herrschaft in Italien, wies den Papst in seine Schranken und errichtete in den neu gegründeten italienischen Republiken eine demokratische Verfassung. Das war am Anfang.

Später, als Kaiser, beschränkte er die politische Freiheit immer mehr. Trotzdem brachten seine Truppen immer noch etwas von dem Atem der französischen Revolution mit ihren Grundgedanken der sozialen Gleichheit und religiösen Toleranz nach Europa. Keine nachkommende Reaktion konnte ihre Spuren völlig auslöschen.

In Polen und Preußen verbesserte er die Lage der Bauernschaft, und entsprechend dem Grundsatz der religiösen Toleranz löste er innerhalb Deutschlands die Ghettos auf und machte die Juden zu gleichberechtigten Bürgern. In der Schweiz zerstörte er in der kurzen Zeit ihrer Besetzung die Macht einer dünnen

Patrizierschicht, die das Land völlig in der Hand gehabt hatte, und die Vereinfachung der deutschen Landkarte bereitete die nationale Einigung vor.

Hinter ihm lag sein schönstes Jugendwerk, der *Code civil* (1804), den er am Ende des Konsulats fertiggestellt hatte. Diese schmale, leicht verständliche Sammlung verwirklichte zum ersten Mal ein modernes bürgerliches Gesetzbuch, in dem die Erklärung der Menschenrechte juristische Gestalt gewann und die Verquickung mit der Kirche aufgehoben wurde.

Es ist die Tragik Napoleons, daß er nicht fähig war, eine sozial tragfähige Form zu finden, die aus den günstigen Bedingungen, die die Revolution ihm in die Hand gespielt hatte, ein neues Europa hätte entstehen lassen können. Es ist nicht allein Napoleons Schicksal, es ist das Schicksal des ganzen neunzehnten Jahrhunderts. Statt eine neue haltbare Form zu schaffen, machte er plötzlich kehrt. Er imitierte die alten Herrscherhäuser Europas, er wollte es ihnen gleichtun und übernahm ihre Regierungsform, ihre Titel und Zeremonien. Er verband sein Blut mit dem ihren, um ihresgleichen zu werden und verrechnete sich so weit, daß er glaubte, im neunzehnten Jahrhundert eine neue Dynastie begründen zu können. Die zeitgenössischen Monarchen haben ihm gegenüber überhaupt kein Profil: aber sie waren ihm turmhoch überlegen, wenn er daran ging, sich wie ihresgleichen zu benehmen. Es ist dasselbe, als wollte ein moderner Maler zugleich Mitglied der französischen Akademie sein.

Dies ist der Riß, der durch Napoleons Gestalt geht. Er hat den Sinn des achtzehnten Jahrhunderts für Totalität verloren. Er ist innerlich unsicher. Er muß sich an etwas anlehnen, da er die Probleme, die das Leben selbst aufgeworfen hat, nicht in eine sinnvolle Gestalt bringen kann. Sein ungeheurer Machthunger und sein Eroberungswille um jeden Preis findet kein gesellschaftliches Gefäß, das er fruchtbar füllen könnte. Das Kaisertum, das sich an überholten Formen orientierte und weder feudal noch demokratisch war, war dafür jedenfalls ungeeignet.

Napoleon verliert sich im Gesellschaftlichen wie der Selfmademan der späteren Industrie, der von seinem Geschmack im Stich gelassen wird, wenn er sich auf ihn verlassen will, um gesellschaftliche Höhen zu erklimmen. Napoleon, der noch im Schatten des achtzehnten Jahrhunderts stand, konnte sich keine Halbheiten erlauben. Er wollte seinen eigenen cäsarischen Stil haben und scheute sich nicht, seine Umgebung danach zu formen. Dieser Stil trägt durch und durch sein Gepräge.

Die Schöpfer des Empirestils: Percier und Fontaine

Die Elemente für Napoleons Stil lagen bereit. Die ersten Äußerungen des Empirestils waren vorhanden, ehe Napoleon zu den zwei Architekten Vertrauen faßte, deren Intentionen den seinen entsprachen.

Percier und Fontaine hatten die gleiche harte Jugend während der Revolutionszeit gehabt wie er, Perciers Vater war Concierge in den Tuilerien, und Fontaine kam als Sohn eines kleinen Unternehmers aus der Provinz. Als Napoleon mit ih-

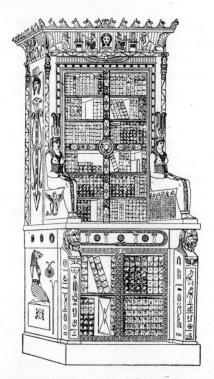

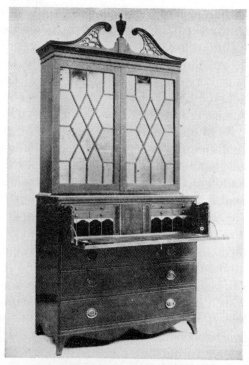

191. PERCIER UND FONTAINE: Bücherschrank-Sekretär, 1801. *Unter der modischen
Ornamentierung von Perciers Hand ist der bei
englischen Möbelbauern beliebte Bücherschrank-Sekretär kaum wiederzuerkennen. Der
herrschende Geschmack des neunzehnten Jahrhunderts hatte sich bereits vor dem Einbruch der
Mechanisierung durchgesetzt.* (Recueil de décorations intérieures)

192. Bücherschrank-Sekretär, englisch-ameri-
kanisches Modell. Letztes Jahrzehnt des achtzehnten Jahrhunderts. *Der vorn verglaste Bücherschrank des englischen Möbelbauers ist von
bescheidenem Äußeren. Zweckmäßig und
schlicht, macht er sich nie auf Kosten seiner Umgebung geltend.* (Metropolitan Museum, New
York)

nen zuerst in Berührung kam, standen sie am Anfang ihrer Laufbahn. Sie wuchsen mit ihm, und er hat während seiner ganzen Regierungszeit seine Architekten
nicht gewechselt. Er untersagte ihnen sogar während der Zeit ihrer Zusammenarbeit jede private Tätigkeit. Napoleon hatte keinen Literaten und keinen Maler,
die mit ihm in der gleichen Richtung marschiert wären. Jacques Louis David gehörte einer anderen Generation an und hatte seinen Höhepunkt schon überschritten. Aber die Architekten Percier und Fontaine verstanden es, dem Gefühl
des Empire sinnliche Form zu verleihen.

Pierre François Louis Fontaine (1762–1853) ist von beiden der Unternehmertyp,
der mit der Kundschaft und den Handwerkern umzugehen wußte. Ihm lagen In-
genieurarbeiten, und in seiner Spätzeit baute er noch die mit Glas und Eisen
überwölbte Galerie d'Orleans (1828/29) im Palais Royal in Paris, einem der Ausgangspunkte der Glas-Eisenkonstruktion des 19. Jahrhunderts. Charles Percier

(1764–1838)[1] war der Formgestalter, dessen zeichnerische Begabung früh auffiel, und sein unbeirrbar sicherer und distinguierter Strich ist im gemeinsamen Werk überall zu spüren. Percier bleibt im Atelier und beliefert die französischen Juweliere, die Manufakturen von Sèvres und die Stoffweber und Möbeltischler mit immer neuen Entwürfen. Die Außenwelt interessiert ihn nicht, und kurz vor dem Ende des Kaiserreichs setzt er sich zur Ruhe, behält seine Wohnung im Louvre und widmet sich seinen Schülern, wie er dies am Anfang seiner Laufbahn getan hat.

Die Zusammenarbeit von Percier und Fontaine von 1794–1814 (auch 1812 wird manchmal angegeben) bedeutet gleichzeitig die Formung und Ausbreitung des Empirestiles. Obgleich ihre Zusammenarbeit auf kommerzieller Basis blieb, beruht sie auf Freundschaft und gemeinsamen Idealen. Sie treffen sich im Atelier eines Pariser Architekten und finden sich 1786 wieder in Rom als Stipendiaten der Akademie. Ihre gemeinsamen Studien gelten dabei weniger der Antike, wie man annehmen möchte, sondern der Renaissance, die mehr als jede andere Zeit die Architektur des neunzehnten Jahrhunderts prägen wird. Percier und Fontaines frühe Entdeckung der Renaissance ist in den beiden Stichwerken dargetan, die sie später in Paris veröffentlichen[2]. Vier Jahre bleiben sie in Rom, bis die Revolution Fontaine zur Rückkehr veranlaßt. In Paris fand er nur Aushilfsarbeit als Kopist bei einem Architekten, er entwarf Tapeten- und Stoffmuster, aber es genügte nicht, um das Leben zu fristen. Zu bauen gab es nichts. Nach einigen Abenteuern gelang es ihm, ohne Paß nach London zu fliehen. Dort wiederholt sich das gleiche: Entwürfe für Stoffe, Tapeten, Ornamente, Bemalung von Tabaksdosen. In den frühen neunziger Jahren blühte in London die Möbeltischerei wie nie zuvor. Zweifellos ist der Einfluß von Robert Adam im Empirestil spürbar. Aber es sind mehr die Ornamente und die glatten Flächen als die Brauchbarkeit der englischen Möbel, die auf Fontaine einwirken. Damals bewegte er sich bereits in eine ganz andere Richtung.

Ein Brief seines Vaters, der ihn heimrief, scheint seinen Londoner Aufenthalt plötzlich beendet zu haben, denn der Konvent hatte ein Gesetz erlassen, wonach das Gut jeder Familie konfisziert wurde, wenn eines ihrer Mitglieder illegal im Ausland lebte.

Percier, der in Paris geblieben war, hatte eben eine Stelle als Dekorationsmaler an der Pariser Oper angeboten bekommen (1794). Er forderte, daß Fontaine ebenfalls berufen wurde. Das war der Wendepunkt.

Der Auftrag, der sie mit Napoleon in Berührung bringen sollte, war die Renovierung (1798) des Pariser Wohnsitzes von M. de Chauvelin, dem früheren französischen Botschafter am englischen Hof. Nachbarin der Chauvelins war Josephine

---

1 Das Leben und das Werk Perciers und Fontaines haben noch keine Würdigung gefunden. Obwohl es Fragmente einer Selbstbiographie Fontaines gibt, weichen die Angaben über ihre Lebensdaten oft voneinander ab. M. Fouchés Biographie von Percier und Fontaine in *Les grands artistes* gibt ungenügenden Aufschluß.
2 Percier und Fontaine, *Choix des plus célèbres maisons de plaisance de Rome*, Paris, 1809. Percier und Fontaine, *Palais, maisons et autres édifices modernes à Rome*, Paris, 1798, 2. Auflage, Paris, 1830.

Percier et Fontaine.

Jardinière ou Table à Fleurs éxécutée pour le C.W. en Suede.

193. Die Entwertung des Raumes: Percier und Fontaine, Blumentisch. 1801. *Die ungeheure, von einem schwedischen Grafen bestellte* jardinière *nimmt alles vorweg, womit das neunzehnte Jahrhundert später den Raum vernichtete. Sie sollte die Mitte des Salons einnehmen und bestand aus drei Teilen: ein Abschnitt beherbergte ein Goldfischbecken, ein weiterer die Blumen und der letzte einen Vogelkäfig. Aus den Köpfen der Sphinxe sprossen Blumen* (Recueil de décorations intérieures)

Beauharnais, die Frau des ersten Konsuls, die das alte Schlößchen Malmaison bei Paris gekauft hatte (1798) und mit dem Architekten, der es einrichten sollte, nicht zufrieden war. Sie sah den Umbau Perciers und Fontaines, und Isabey, der Modemaler, der ihr Portrait malte, wies sie ebenfalls auf die beiden jungen Architekten hin. Sie scheint von der Neueinrichtung begeistert gewesen zu sein und vertraute ihnen Malmaison an. Vielleicht war dafür auch noch ein anderer Grund ausschlaggebend. Madame Récamier, die berühmte Schönheit, hatte sich gerade ihr Schlafzimmer im antiken Stil einrichten lassen (1798) und gezeigt, wie ausgezeichnet das einer Frau zu Gesicht stand (Abb. 195).

Diese Einrichtung wurde zwar von einem Schüler Perciers, Louis Martin Ber-

194. Die Entwertung des Raumes: Léon Feuchère, »Großer, von Diwanen umgebener Blumentisch«. 1842. *Im Vergleich zu Percier und Fontaines Blumentisch zeigt dieses Stück eines einflußreichen Theaterarchitekten und Bühnenbildners, wie weit der herrschende Geschmack in den vierziger Jahren das Leben durchdrungen hatte. Die* jardinière *mit ihrem Umkreis von Sitzen scheint das große runde Sofa (oder borne) anzukündigen, das in die Mitte des Raums gestellt werden wird (vgl. Abb.* 212-214). (L'Art industriel, *Paris* 1842)

thault, ausgeführt, aber unter der Anleitung von Percier und Fontaine. Übrigens verrät jedes Detail in der Ornamentik oder in der gemalten Draperie mit ihren Fransen die Hand Perciers. Auch Josephine erhielt ein Bett, das mit Schwänen an Kopf- und Fußende verziert war. Sie zog Malmaison jedem anderen Ort vor, lebte dort bekanntlich bis an ihr Ende (1814) und starb in dem Schwanenbett, das Percier für sie entworfen hatte.

Zur Zeit der Kaiserkrönung Napoleons (1804) war der Empirestil in voller Entwicklung. In den *Recueils des décorations intérieures,* in denen Percier und Fontaine 1801 ihre Arbeiten veröffentlichten, sind die Merkmale des Empirestils voll ausgebildet.

Für welche Werke setzte Napoleon seine Architekten ein?

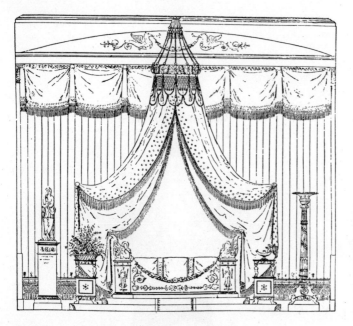

195. Madame Récamiers Schlafzimmer von L. M. Berthault. 1798. *Die auf die Wand gemalten Vorhänge, die echte Draperie mit doppeltem Fransensaum, das Dekor aus Kandelabern, Statuette, Bettisch und Blumenschale vermitteln einen Vorgeschmack der kommenden Dinge.*

Die Zeit ließ keine Ruhe zum Bauen. Napoleon hatte viele Pläne, aber ausgeführt wurde verschwindend wenig. In seiner Hoffnung, eine Dynastie begründen zu können, ließ er für seinen Sohn, den König von Rom, 1810 einen ungeheuren Palast entwerfen. Es ist gut, daß dieses Projekt Perciers und Fontaines unausgeführt geblieben ist. Es war ebenso tot wie das Problem, das es lösen sollte.

Die einzige großzügige Bauaufgabe, die die beiden erhielten, war der Ausbau der Rue de Rivoli mit freien Blick auf den Tuilerien-Garten[3]. Wer die Disziplin besitzt, eine solche städtebauliche Leistung zu bewältigen, die zum Ausgangspunkt für die spätere Umgestaltung von Paris durch Haussmann wurde, ist nicht bloß Dekorateur.

Napoleon brauchte seine Architekten für Umbauten, für Festdekorationen und für die zahlreichen Spielereien, die im Empire Mode wurden. Welche Wichtigkeit den Festen und Zeremonien beigemessen wurde, die Napoleon für sein Prestige brauchte, darüber geben die beiden Alben Auskunft, die Percier und Fontaine anläßlich der Krönung Napleons durch den Papst (1804) und seiner Hochzeit mit Marie Louise von Habsburg (1810) veröffentlichten[4].

Den größten Einfluß hatten Percier und Fontaine auf dem Gebiet der Ausstattung. »Percier sann auf alles, was dem Kaiser einen würdigen Rahmen verschaffen konnte, und das Wirken der beiden Künstler erlaubte ihnen, noch dem gering-

---

3 Vgl. S. Giedion, *Raum, Zeit, Architektur,* S. 427f.
4 Percier, Fontaine und Isabey, *Sacre et couronnement de Napoléon, Empereur des Français et Roi d'Italie,* Paris, 1807. Percier und Fontaine, *Le Mariage de S. Majesté l'Empereur avec S. A. I. l'archiduchesse Marie Louise d'Autriche,* Paris, 1810.

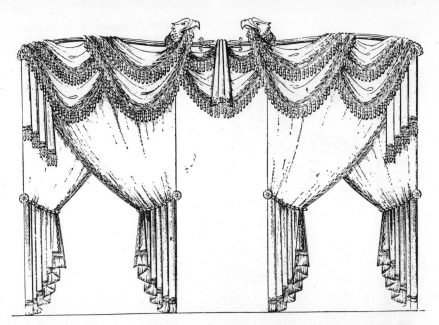

196. Einfluß des Tapezierers: Draperie. Zwei Croisées. 1810. *Die Herrschaft des Tapezierers zeichnet sich schon in der napoleonischen Zeit ab. Heftige Bewegung erfaßt die Vorhänge, deren oberer Teil malerisch über eine Stange geschlungen ist. Adlerköpfe tragen die Behänge in den Schnäbeln. Ein Zeitgenosse bemerkt 1804: »Wenn ich einen goldenen Adler sehe, der die Vorhänge eines Finanzmannes in seinen Krallen trägt, kann ich nur mitleidig lächeln. Eure Betten mit Lanzen sind Blödsinn, passen allenfalls für Generäle; sie wähnen sich unter einem Zelt. Aber ich sehe nicht ganz, was diese militärische Ausstaffierung bei einer* petite maîtresse *soll, die nur die Bögen der Liebe zu spannen weiß (. . .). Eleganz und Geschmack (. . .) können nicht in Ziersäulchen bestehen (. . .) und am wenigsten in jenen Köpfen und Klauen von Fabeltieren, die man auf Haustüren und Möbel geschnitzt sieht.«* Voyage à la Chaussée d'Antin, 1804. (*Osmand,* Cahiers de Draperies, *Paris* 1810)

sten Möbelstück ihren Stempel aufzudrücken.«[5] Dazu kommt die Ausführung der Luxusobjekte, die Napoleon gern um sich hatte: Vasen, Prunkgeschirr, bronzene Lüster sowie die Juwelen, die eine so wichtige Rolle spielten. Eine besondere Geschenkabteilung regelte die Geschenke, die für die fremden Souveräne bestimmt waren. Überall ist Perciers Hand zu erkennen. Diese Verbindung des Unternehmer- und Ingenieurtyps, Fontaine, mit dem Künstlertyp, Percier, taucht im Lauf des neunzehnten Jahrhunderts immer wieder auf. Die Abschaffung der Zünfte und die damit verbundene Niederreißung der Schranken zwischen den verschiedenen Handwerken war die Voraussetzung für Unternehmungen, wie die Firma Percier und Fontaine sie sehr früh in Angriff nahmen.

Percier und Fontaine und der Empirestil, den sie in allen seinen Verzweigungen geschaffen haben, geben den Schlüssel zum Verständnis des neunzehnten Jahrhunderts. Sie sind die ersten Vertreter des herrschenden Geschmacks, der

---

5 E. Hessling, *Dessins d'orfèverie de Percier conservés à la Bibliothèque de l'Union centrale des arts décoratifs de Paris, o. J.*

197. Drapiertes Bett. Frankreich, 1832. *Was das Empire begann, entwickelten die folgenden Jahrzehnte weiter.* (*La Mesangère*, Meubles et objets de goût, *Nr.* 737)

198. Draperie croisée, sechziger Jahre. *Die* croisées *werden immer schwerer und komplizierter, bis sich in der zweiten Jahrhunderthälfte das gesamte Interieur mit düsterer, drückender Atmosphäre füllt.* (*Jules Verdellet*, Manuel géometrique du tapissier, *Paris* 1859)

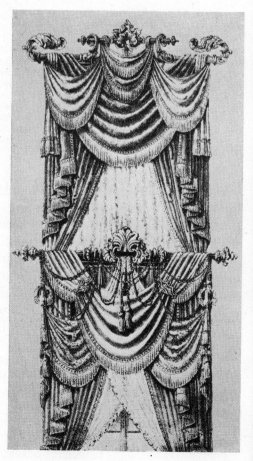

199. MAX ERNST: »Nacht heult auf ihrem Lager ...«. *Aus den wogenden Vorhängen und der drückenden At- mosphäre machen die Scheren Max Ernsts eine unterseeische Höhle. Das Interieur atmet Mord und Unentrinn- barkeit. Sind das lebende Körper, Lei- chen oder Gipsstatuen, in Ruhe oder in Verwesung, tot oder lebendig? »Je- der Salon scheint auf den Grund eines Sees getaucht«, sagt André Bre- ton. (Vgl. S. 428) (Max Ernst,* La femme 100 têtes, *Paris* 1929)

isolierte Formen in den Vordergrund rückt und vor der zugrundeliegenden Reali- tät des Dinges ausweicht. Aber Percier und Fontaine arbeiten auf einem Niveau, das man mit den geschickten Dekorateuren, die das neunzehnte Jahrhundert mit ihrer Produktion überschwemmt haben, ebensowenig vergleichen kann wie die Gestalt Napoleons mit dem späteren Selfmademan auf industriellem Gebiet.

Was geschieht im Empirestil?

Wie wir früher einmal nachzuweisen versucht haben, ist der »Klassizismus (...) kein Stil, Klassizismus ist eine Färbung«[6]. Zwei Auffassungen stoßen unter dem Schutz antiker Formen aufeinander: die Universalität des Barock (englische Schule und Louis XVI.) und die Spezialisierung des immer stärker auf Einzelfor- men gerichteten neunzehnten Jahrhunderts.

Wenn wir das Wesen des Empirestils begreifen wollen, müssen wir von der Einzelform ausgehen, und zwar vom Ornament. Das Ornament hatte in England immer mehr die Form einer zarten Begleitung angenommen, die hinter dem In- teresse an der technischen Lösung und dem Gebrauchswert des Möbels zurück-

---

6 S. Giedion, *Spätbarocker und romantischer Klassizismus*, München, 1922, S. 9.

trat. »Innendekorationen«[7] nannten Percier und Fontaine ihre erste Veröffentlichung, in der der Kunsttischler keine Erwähnung mehr findet. Da gibt es keine neuen Typen, keinen Einblick in die Konstruktion des Möbels, keine offenen Schubladen wie bei Sheraton, alles ist in meisterhaft präzise Umrißlinien gefaßt, wie sie John Flaxman eingeführt hatte, der übrigens im gleichen Jahr nach Rom kam wie Percier und Fontaine. Es ist manchmal nicht leicht, sich in Fontaines Stichen zurechtzufinden; das Räumliche tritt in ihnen gegenüber dem Dekorativen zurück, das alles überspinnt.

Sheraton hatte seine Schlüssellochbleche ganz ohne Verzierung gelassen. Nun werden sie zum Vorwand einer Ornamentik aus hell vergoldeter Bronze, die scharf dem Rot des Mahagoniholzes kontrastiert. Aber nicht nur bei den Schlössern, sondern überall, wo sich die Möglichkeit ergibt, wird das vergoldete Metall an den Möbeln angebracht. Auch zu anderen Zeiten hat das Ornament die Wandlung vom Zarten zum Wuchernden durchgemacht, nun aber springt es sofort in die Augen, da es nicht mehr im gleichen Ton gehalten ist.

DIE ENTWERTUNG DER SYMBOLE

Hinter all dem steht die Erinnerung an das römische Imperium. Seit der Renaissance war sein Formenschatz immer wieder gebraucht worden: Arabesken, Trophäen, Fackeln, Füllhörner, die Reihen der Palmetten, wie sie Robert Adam geliebt hatte, dazu der römische Adler mit dem Blitz, die römischen Faszes, der Schwan, die Genien, die schwebenden Viktorien mit dem Lorbeerkranz in der ausgestreckten Hand, Pegasus und Greifen, Sphinxe, Hermen, Löwenköpfe, Macht- und Ruhmsymbole, behelmte Kriegerbüsten oder ganze Götterszenen. Einzeln oder in Gruppen angeordnet, wird dieser ganze Formenschatz an den Wänden oder als Miniatur an Geschirr und Möbel angebracht.

Es ist fast unmöglich, diese Vielfalt der Motive, die alle um das Macht- und Ruhm-Motiv kreisen, aufzunehmen. Daß Percier und Fontaine diesen Dekor mit großer Eleganz handhaben, wird deutlich durch einen Vergleich mit dem, was andernorts in Nachahmung der Franzosen geschaffen wurde. Selbst Thomas Sheraton in London, der sich in seiner letzten Zeit dem französischen Einfluß nicht entziehen konnte, wirkt merkwürdig schwerfällig, wo er sich auf diese Dekorationsweise einläßt.

Das Ornament wird aus verschiedenen konventionellen Motiven gewählt und zusammengesetzt. Die Eleganz der Linie ist nicht zu leugnen, aber das Ornament entspringt nicht mehr selbständig dem Boden der Erfindung. Vielleicht ist es allzu naturalistisch aus dem Gefüge herausgelöst, in dem es einstmals seinen Sinn hatte. Tatsächlich wird es nicht innerlich assimiliert, wie etwa in der Renaissance, als die Originalität stärker war als die übernommene antike Form.

---

7 Percier und Fontaine, *Recueil des décorations intérieures*, Paris, 1801, 2. Auflage, 1812; 3. Auflage, 1827. Diese Veröffentlichung diente als Vorlagewerk und war für die Ausbreitung des Empirestils von unschätzbar großer Bedeutung. Im Zeitraum von dreißig Jahren wurde das Werk dreimal aufgelegt.

Die Motive häufen sich. Aber erreichen sie wirklich die Schwelle der Empfindung? Wirken sie nicht wie Plakate, an denen man achtlos vorübergeht, weil man sie zu oft gesehen hat? Betonen diese Adler, Löwenköpfe, Fackeln und Greifen nicht allzusehr die gewünschte römische Ahnenschaft? Und sprechen die Trophäen, die Genien mit dem Siegeskranz, die Speere und die Schwerter, die als Ornament an Möbel, Wände oder Vorhangstangen geheftet werden, nicht allzu häufig von Siegen?

Was sich im Empirestil hier abspielt, ist nichts anderes als eine Entwertung der Symbole. Wie Napoleon den Adel entwertet hat, so hat er auch das Ornament entwertet.

Diese Entwertung der Symbole läßt sich leicht an vielen Stellen zeigen. Der Lorbeerkranz, mit dem die Römer seiner Bedeutung wegen sehr sparsam umgingen, wird fast zum Warenzeichen des Empire. Er taucht vereinzelt bereits im Directoire auf, aber nun überwuchert er wie Efeu die Pilaster oder bedeckt schablonenhaft die Wände des Thronsaales, den Percier und Fontaine für Napoleon in den Tuilerien einrichteten. Und spricht es nicht für sich selbst, wenn sogar Teekannen von Siegesgenien mit Palmenblättern umrankt werden[8]? Oder daß Thyrsosstäbe, die in der Antike von den Anhängern des Dionysos nur bei besonderen Festen getragen wurden, nun als Vorhangstange dienen (Abb. 196)?

Bei dem riesigen Blumentisch, den Percier und Fontaine (vor 1801) nach Schweden liefern (Abb. 193), werden die Köpfe der Sphinxe dazu benutzt, Blumenkübel mit wirklichen Pflanzen zu tragen. Das ist kein neues Motiv. Auch auf den Täfelungen des Boudoirs von Marie Antoinette in Fontainebleau[9] waren in hellen Farben Sphinxe gemalt. Auch sie tragen zierliche Körbe mit Blumen auf dem Kopf. Aber alles ist ein heiter unwirkliches Spiel von Traumelementen, denen das Auge gerne folgt – ebenso irrational wie die Schweife der Sphinxe, die sich in Arabesken verwandeln, aus denen ein schmaler Stengel wächst, der eine Vase balanciert. In der napoleonischen Zeit werden die Sphinxe stabile Metalltiere, und wirkliche Blumen sollen aus wirklichen Töpfen wachsen. Die Träume verlieren ihre Gewalt, wenn man versucht, sie allzu genau ins Naturalistische zu übersetzen. Es entspricht schließlich auch einer Entwertung des Symbols, wenn die Architekten des Empire fast in Zimmermitte auf einem Postament, das bis nahe zur Decke reicht, eine Göttergestalt thronen lassen, und das Ganze als Schlafzimmerschrank bezeichnen[10].

DAS MÖBEL DOMINIERT

Der entscheidende Schritt, den das Empire in das neunzehnte Jahrhundert macht, ist die Desintegration des Raumes.

Das Mobiliar wird behandelt, als wäre es eine in sich selbst ruhende Architek-

---

8 E. Hessling, a.a.O., Tafel 3.
9 L. Dimier, *Fontainebleau, les apartements de Napoleon I et de Marie Antoinette*, Paris, 1911, Tafel 74.
10 Percier und Fontaine, *Recueil des décorations interieures.*

tur. Die Stücke werden zu Einzelexistenzen und verlieren den Zusammenhang mit dem umgebenden Raum.

Wenn im achtzehnten Jahrhundert große Möbelstücke gebaut wurden, so stellte man sie möglichst an die Wand und in Ausnahmefällen sogar zwischen die Zimmer, so daß ihr Volumen so unaufdringlich wie möglich blieb (Abb. 192).

Die Engländer hatten im späten achtzehnten Jahrhundert mit besonderer Sorgfalt den verglasten Bücherschrank ausgebildet. Sie legten großen Wert darauf, das Äußere bescheiden zu halten und den Schrank so zu dimensionieren, daß möglichst viele Bücher auf möglichst engem Raum untergebracht werden konnten und der Behälter so eng wie möglich mit der Wand verbunden blieb. Percier und Fontaine haben in Malmaison (1800) für Napoleon einen ähnlich bescheidenen Bücherschrank entworfen. Aber gleichzeitig sind sie versucht, aus dem Bücherschrank ein Prunkmöbel zu machen (Abb. 191), wie jenen »secrétaire servant de bibliothèque«, den sie für einen Amsterdamer Kunden entworfen hatten. Im äußeren Aufbau gleicht er den englischen Bücherschränken, aber sein Sinn ist ein anderer geworden. Die Zugänglichkeit der Bücher spielt nicht mehr die entscheidende Rolle. Viel wichtiger scheint es zu sein, daß der Bücherschrank die Form eines ägyptischen Tempeltores annimmt und mit Hieroglyphen übersät ist. Percier und Fontaine geben dazu folgenden Kommentar: »Die hier von uns verwandte ägyptische Form war gewünscht worden, um eine Auswahl seltener Hölzer vorzuführen und um Motive für verschiedene Intarsien zu erhalten. Die zwei sitzenden Figuren mit Osiris-Köpfen sind aus Bronze.«[11] Maßgebend wird der exotische Reiz, die Dekoration.

Kein Raum kann sich gegen den riesigen kreisrunden Blumenständer behaupten, der von vier blumentragenden Sphinxen flankiert wird und in drei Etagen übereinander Goldfischbassin, Blumenständer und Vogelkäfig enthält. Dieser für einen schwedischen Grafen bestimmte Blumenständer nimmt vorweg, was immer das neunzehnte Jahrhundert auf diesem Gebiet ersinnen wird (Abb. 193).

DER EINFLUSS DES TAPEZIERERS

Schließlich zeigt sich der Trend des Empirestils an einer Einzelheit, abseits der großen Formgestaltung, die auf den ersten Blick völlig nebensächlich erscheint. Das ist die große Rolle, die die Drapierung spielt. Sie erreicht ihren Höhepunkt gegen Ende der Kaiserzeit und kündigt stärker als irgend etwas anderes in Napoleons Zeit die kommenden Dinge an.

Damit erhält der Tapezierer, der Dekorateur, eine führende Rolle. Unter Ludwig XIV. waren Vorhänge mit ihren verschiedenen Kopf- und Seitenteilen in einen festen architektonischen Rahmen eingefügt. Jean Marot hat viel dazu beigetragen, ihnen eine bestimmte, festumrissene Form zu geben, die mit dem architektonischen Rahmen verschmolz. Unter dem Directoire begann man, unter Be-

---

11 Ebenda.

rufung auf die Antike, zuerst mit gemalten Draperien, die anstelle der Holztäfelung die Wände umzogen, wie im Schlafzimmer der Madame Récamier. Diese Drapierung hat in Verbindung mit den einzelnen Möbelstücken viel zur weiteren Verunklärung des Raumes beigetragen. Napoleon scheint dieser Mode anfangs Widerstand geleistet zu haben. Als er von seinen Feldzügen zurückkehrte, mißbilligte er das Foyer in Malmaison, dem Percier und Fontaine die Form eines Zeltes gegeben hatten, und fand es »einem Raubtierkäfig ähnlich«[12]. Anstelle der gemalten Wanddrapierung umzogen bald Stoffe mit schweren Faltenwürfen den Raum und verschleierten seine Grenzen.

Eine besondere Rolle spielen dabei die Vorhänge. Unter dem Directoire bemühte man sich, den Fenstervorhängen aus Kaliko etwas Unformelles zu geben, indem man sie an großen Ringen befestigte, die an einer Messingstange entlangglitten. Im Empire kommt in die Kalikovorhänge eine wilde Bewegung. »Was aus dieser Epoche vor allem im Gedächtnis bleibt, ist die Ausführung der Draperien, die so prunkvoll, so gewagt in ihrer Wirkung waren.«[13] Das ist es, was einem Tapezierer der siebziger Jahre am meisten imponierte. Der obere Teil der Vorhänge (lambrequin) wird malerisch drapiert und wie eine Toga um die Vorhangstange, die gleichfalls in Bewegung gerät, geschlungen. Adlerköpfe halten die *lambrequins* in weit geöffneten Schnäbeln (Abb. 196). Fransen beschweren die Draperien doppelt oder dreifach. Die Kalikovorhänge, die einander asymmetrisch überschneiden, werden in üppige Falten gerafft. Und wie die Fenster so werden die Türen und Alkoven der Laune des Tapezierers überlassen.

Diese üppigen Draperien waren von wohlkalkulierter Achtlosigkeit. Es gab Arbeiter mit besonderer Geschicklichkeit, die es verstanden, diese schwierigen Stücke zurechtzuschneiden, zu nähen und sie wie zufällig um den Speer oder den Thyrsosstab zu schlingen, der als Vorhangstange diente. Noch werden die Draperien aus leichtem Kaliko gemacht. Unter Louis Philippe werden die schweren Stoffe Ludwigs XIV. mit der malerischen Gruppierung des Empire verbunden.

Mechanisierung der Ausschmückung

Die Frage, wie tief die Mechanisierung in die intimste Umgebung des Menschen eindrang und sie veränderte, ist nicht einfach zu beantworten und entzieht sich noch einer präzisen Klarstellung, denn es werden hier Bereiche des Gefühls berührt, die nicht eindeutig faßbar sind.

Der Angriff der Mechanisierung ist ein totaler und erfolgt von allen Seiten. Nach drei Richtungen soll dieser Eingriff verfolgt werden.

---

12 G. Rayssal, *Château de Malmaison, Texte historique et descriptive*, Paris (1908?), S. 13.
13 Deville, *Dictionnaire du tapissier*, Paris, 1878, S. 197.

Manchmal sind es offenkundige Symptome, die andeuten, wie stark die Mechanisierung die menschliche Umgebung durcheinanderbringt und erschüttert. Dazu gehören die industrielle Massenproduktion von Kunstgegenständen, die Verfälschung und Imitierung des Handwerks und die Entartung des Materialsinns. Diese Symptome wurden wenige Jahre, nachdem sie in Erscheinung traten, erkannt und bekämpft. Seit den vierziger Jahren trat eine Generation von Reformern nach der anderen gegen das Übel auf, aber die Mechanisierung erwies sich als mächtiger.

Andere Symptome sind verborgen und unerforscht. Sie wirken unter der Oberfläche und sind nicht ohne weiteres faßbar. Aber gerade sie zeigen, wie die Mechanisierung mit dem menschlichen Utensil, das seinem Alltag am nächsten steht, dem Möbel, verknüpft ist. In dem Abschnitt über die »Herrschaft des Tapezierers« soll versucht werden, einige Vorgänge dieser unsichtbaren Mechanisierung wieder ins Bewußtsein zu bringen.

Und schließlich werden wir den Einfluß der Mechanisierung beobachten, wo sie, ungehemmt durch die Mode, kühn und bedenkenlos vorgehen kann: bei Möbeln, die aus eigenen Notwendigkeiten des Jahrhunderts geschaffen werden und ihr Eigenleben führen. Der Abschnitt über die konstituierenden Möbel des neunzehnten Jahrhunderts, die Möbel des Ingenieurs, versucht ihrer Bedeutung gerecht zu werden.

Die Zünfte lieferten Waren von hohem Standard, die Wirtschaft war kontrolliert, und die Preise waren festgelegt und im Vergleich zum Stundenlohn sehr hoch. Gegenstände konnten nicht leichthin erworben werden. Sie repräsentierten menschliche wie materielle Werte. Dies alles führte dazu, daß der Besitzer zu ihnen in einem persönlichen Verhältnis stand.

Das war die Situation, als die industrielle Revolution einsetzte. Die Mechanisierung erfaßt die Dinge des täglichen Gebrauchs und darüber hinaus die Gegenstände, die der Befriedigung des Gefühls und der Repräsentation dienen. Das Schmuckbedürfnis ist dem Menschen eingeboren und erweist sich als unausrottbar wie Hunger oder Liebe.

Alles kommt darauf an, wie diese Wünsche erfüllt werden. Und wenn es auch nicht mit Händen zu greifen und nicht mit Daten nachweisbar ist, so zeigt doch die Entwicklung des neunzehnten Jahrhunderts, wie die Entwertung der Symbole auf den Menschen zurückwirkt.

Die Maschinen begannen nun Statuen, Bilder, Vasen, Blumentöpfe oder Teppiche in Massen herzustellen. Zur gleichen Zeit wuchsen die Möbel in ihren Dimensionen, und ihre Formen vergröberten sich. Die Räume wurden ein weiteres Mal mit allen möglichen Gegenständen gefüllt, wie es das zunehmende Bedürfnis nach Ausschmückung forderte. Je billiger die Herstellung wurde, desto üppiger wurde der Dekor.

Es ist, als wäre das Gefühl für die Notwendigkeit einer ruhigen Umgebung und für die Würde des Raums abhanden gekommen. Dieser Wandel erfaßt alle Schichten. Verschieden sind nur Material und Ausführung. Je nach den Verhältnissen sind die Skulpturen aus Bronze oder aus Gußeisen, aus Marmor oder Gips, aus Porzellan oder aus Papiermaché, handgetriebenem Silber oder gestanztem Zinn. Der Prozeß geht weiter und greift auf die Wände und Böden über: die Teppiche sind aus dem Orient oder maschinengewebt, die Bilder Originale oder Öldrucke und Lithographien.

Es gibt keine Periode in der Geschichte, in der der Mensch den Instinkt, wie seine intimste Umgebung zu gestalten ist, so weit verloren hätte. Das Vollstopfen mit Möbeln wäre schon allein aus ökonomischen Gründen nicht möglich gewesen. Man fragt sich, wie es zu dieser Zerrüttung kommen konnte. Ist die Mechanisierung allein dafür verantwortlich zu machen?

Der erste, impulsive Antrieb ist leicht verständlich. In der Generation, die in den ersten Jahrzehnten des neunzehnten Jahrhunderts geboren wurde, war der Glaube verwurzelt, daß alle Produkte hohe Arbeitswerte verkörperten, die nur unter Opfern erworben werden konnten. Und nun begannen die Maschinen nicht nur die Kosten der Baumwollstoffe auf ein Bruchteil zu reduzieren, sondern fast alles, was der künstlerischen Ausschmückung diente, wurde dem gleichen Prozeß unterworfen. Sahen Vasen, Statuen oder Teppiche nicht wie handwerkliche Erzeugnisse aus? Waren sie nicht in ihrer Art für die Generation, die zum ersten Mal mit ihnen beliefert wurde, ebenso große Wunder wie die Eisenbahnen, die sich gerade über das Land auszubreiten begannen?

Die Mechanisierung, die diese Fülle von Dingen ermöglichte, ist nicht der letzte Grund, ebensowenig wie die bloße Verbilligung der Erzeugnisse.

Diese Bewegung hätte bald ein Ende gefunden, hätten nicht tiefere Antriebe dahintergestanden. Die Mechanisierung ist neutral. Alles hängt davon ab, wie man sie gebraucht. Entscheidend ist, daß die Kennzeichen des herrschenden Geschmacks, wie wir andeuteten, schon im Empirestil vorhanden waren, zu einer Zeit, als es noch keine Massenproduktion auf diesen Gebieten gab. Die Mechanisierung hat diese Elemente später nur ins Ungeheure vergrößert. Die Elemente lagen im Wesen des Menschen von 1800 bereit. Nicht die Mechanisierung hat die Symbole entwertet, sondern die Art, in der man die Mechanisierung gebrauchte. Wann hat das begonnen?

Ersatzstoffe und Imitation des Handwerks, 1820-1850

In rasender Geschwindigkeit hat die Industrie es in den dreißiger und frühen vierziger Jahren verstanden, sich auf vielen Gebieten der Ausschmückung durchzusetzen. Diese Expansion war allein durch eine intensive technologische Vorbereitung möglich, der es gelungen war, in einem Zeitraum von fünfzig Jahren den komplizierten Vorgang des Spinnens und Webens zu mechanisieren. An solchen Aufgaben, an dem durch sie herbeigeführten Zusammenbruch des Arbeitsprozesses und an ihren differenzierten Maschinen lernte man, wie die Probleme der Mechanisierung anzugehen waren. Es erwies sich als leichter, handgefertigte Haushaltsgegenstände mechanisch zu imitieren, als die Vorrichtungen zu schaffen, die den feinen Baumwollfaden spinnen konnten.

Es begann mit den Teppichen. Nach 1820 verlangte man große Teppiche, die mit Figuren, Landschaften oder Riesenblumen überstreut waren. Es ist die Zeit, in der die Textilmaschinerie mit der Erfindung des Selbstspinners (selfactor) ihren Höhepunkt erreichte. 1827 wird in England ein Patent angemeldet für eine »Verbesserung in der Herstellung des venezianischen Teppichs«[14]. »Die Blumen können jetzt viel größer gemacht werden, so daß sie sich über einen Vier-Ellen-Teppich oder, wenn nötig, über einen noch größeren Teppich erstrecken können.«[15]

»The Royal Damask Carpet« nannte der Erfinder stolz seine vielfarbigen Teppiche. Nie vorher wurden Teppiche von solcher Ausdehnung und Mustergröße hergestellt. Ermöglicht wurden sie durch den Jacquard-Webstuhl. Der Zeichner war bei dieser französischen Erfindung an keine handwerkliche Grenze mehr gebunden, jeder Einfall, so skurril er auch sein mochte, konnte verwirklicht werden. Man brauchte nur die Zahl der Schablonen und Nadeln entsprechend zu vermehren. Aber wann kommt die Mechanisierung des Schmuckes voll zum Tragen? Wann setzt der Massenausstoß der Statuen, Büsten, Vasen, Schalen und Geschirre ein?

Man ging von Anfang an davon aus, daß die Gegenstände aussehen sollten, als seien sie von Hand verfertigt. Dafür brauchte man Vorrichtungen und Maschinen, um die Oberfläche ornamentiert, gehämmert, plastisch erhöht oder vertieft zu bearbeiten.

Die britischen Patente von 1830 bis 1850 zeigen, daß die Industrie nicht müde wurde, immer neue Verbesserungen zu finden, um den Ersatzformen und Ersatzstoffen so weitgehend wie möglich ein handwerkliches Aussehen zu verleihen. In kaum zehn Jahren, von 1837 bis 1846, werden allein 35 Patente erteilt, die sich mit dem »Beschichten und Überziehen nicht-metallischer Körper«, mit der »Oberflächenbeschichtung von Artikeln aus Schmiedeeisen, die *als Ersatz* des Lackierens und anderer jetzt gebräuchlicher Verfahren [1843] dienen kann«, oder mit der »Verwendung von Gips und Zement als künstlichem Stein und zum Überziehen von Metallen« befassen[16].

Dann kam das Galvanisieren auf, bei dem die eisernen Gegenstände in ein Bad von geschmolzenem Zink getaucht wurden. Daß dabei die Kanten verschwammen und ihre Schärfe einbüßten, tat der Beliebtheit keinen Abbruch.

Im Laufe des Jahrhunderts nahm die galvanoplastische Reproduktion (erfunden von dem russischen Professor Jacobi, Dorpat 1837) großen Umfang an. Mit ihrer Hilfe konnte man auf elektrolytischem Wege Gipsstatuen mit einer haardünnen Metallschicht überziehen und ihnen das Aussehen von Bronze geben.

---

14 Brit. Patent, Nr. 5501, 1827.
15 Ebenda.
16 Brit. Patent, Nr. 9841, 1843.

200. Prägemaschine, 1832. *Mit den Maschinen begann die Massenproduktion von Statuetten, Bildern, Vasen und Alltagsgegenständen, die handgemachte Dinge imitierten. Das schnelle, mechanische Prägen von Münzen bildet einen der Ausgangspunkte der mechanischen Ausschmückung.* (*Charles Babbage,* On the Economy of Machinery and Manufacture, *Cambridge* 1832)

Der Mißbrauch der Mechanisierung führte bereits um 1840 zu einer Verrohung, auf jeden Fall aber zu einer Abstumpfung des Materialgefühls.

Es handelt sich neben dem Überziehen von minderwertigem Material mit hochwertigem auch um die Herstellung von Gegenständen, die die Räume füllten. Damit berühren wir das Gebiet des Prägens, Pressens und Stanzens und die Herstellung der Matrizen oder Gesenke. 1838 werden »Mittel zur Herstellung verzierter, vertiefter oder erhöhter Oberflächen zum Abdruck von ihnen und zum Prägen, Stanzen und Schlagen« patentiert[17]. 1844 befaßt man sich mit der »Herstellung von Blöcken zum Stanzen, Schlagen und Prägen«[18], und 1846 schließlich beschäftigt man sich mit dem mechanischen Antrieb der Stanzmaschine[19]. Allein in das Jahr 1846 fallen drei Patente für maschinelle Methoden dieser Art von Reproduktion.

Dies deutet darauf hin, daß die mechanische Herstellung des Schmuckes damals einem Höhepunkt zustrebte. Von 1830 bis 1850 wird das Arsenal von Ersatzmaterialien geschaffen, das bis heute unausrottbar geblieben ist.

---

17 Brit. Patent, Nr. 7552, 25. Januar 1838.
18 Brit. Patent, Nr. 10377, 1844.
19 Brit. Patent, Nr. 11077, 11. Febr. 1846.

Wann kommt es zum ersten Protest gegen diesen Mißbrauch der Mechanisierung?

Um 1850 werden sich in England, das in dieser Zeit im guten wie im schlechten Sinne den übrigen Staaten in der Industrialisierung voraus war, einige vorausblickenden Leute des Zustandes bewußt, in den die Mechanisierung den Menschen gebracht hat. Diese Reformer, in deren Mittelpunkt die Gestalt eines englischen Beamten, Henry Cole (1808-1882)[20], steht, der zuerst durch seine Sammlung mittelalterlicher Chroniken bekannt wurde, versuchten, die rücksichtslos gewordene industrielle Produktion zu beschränken. Es ist erstaunlich, wie nach zwei kurzen Jahrzehnten bereits das Übel einer falschen Mechanisierung in seinen Wurzeln erkannt wurde. Diese Gruppe englischer Reformer, die neben Henry Cole mehrere der führenden Maler und Bildhauer Englands umfaßte, unterscheidet sich von Ruskin, der um diese Zeit Aufsehen zu erregen begann, und von dem Morris-Kreis von 1860 dadurch, daß sie keine Rückkehr zum Handwerk predigte. Sie wollte keine Flucht vor der Industrie, sondern erfaßte das Problem an der Wurzel: die Mechanisierung kann nicht durch Verneinung überwunden werden.

Die Maschinen liefen hemmungslos und überschwemmten das ganze Land. Dagegen wollten Henry Cole und der Kreis, der sich um ihn zusammenschloß, versuchen, die Kluft zwischen Künstlern, Industriellen und Formgestaltern zu überbrücken. Cole ging es darum, »die Einheit von Kunst und Industrie aufzuzeigen«. Er erfand dafür einen eigenen Ausdruck: *Art Manufacters* (Kunstgewerbe, Kunstindustrie). Wie berichtet, kam ihm der Gedanke bereits 1845: »Ich glaube, ich kam 1845 auf den Ausdruck *art manufactures*, der die Anwendung der schönen Kunst auf die mechanische Produktion bezeichnete.«[21]

Damit wollte er das Übel an der Wurzel ausrotten. Es ging ihm um Geschmacksbildung und Geschmacksverbesserung, oder wie er es ausdrückt: »Ein Bündnis zwischen Kunst und Industrie würde den allgemeinen Geschmack fördern.«[22] Er gewann nach wenigen Jahren führende Industrielle, die auf eine lange Tradition zurückblicken konnten, wie die berühmten Coalbrookdale Iron Works, die zum ersten Male Eisen im großen Maßstab produzierten und die erste gußeiserne Brücke errichteten, oder die Porzellanmanufaktur Wedgewood, den Möbelhersteller Holland und den Glasproduzenten Christy.

Um seinen Plan verwirklichen zu können, brauchte Henry Cole ein gesellschaftliches Sprungbrett. Die »Society of Arts«, wie die »Society for the Encouragement of Arts, Manufactures, and Commerce« kurz hieß, veranstaltete seit ihrer

---

20 Innerhalb dieses Buches besteht keine Möglichkeit, auf die merkwürdige Gestalt Henry Coles näher einzugehen. Anhand seiner Publikationen sowie seiner Manuskripte und Tagebücher, die das Victoria und Albert Museum in London aufbewahrt, haben wir in einer unveröffentlichten Studie »Industrialisierung und Gefühl« die Reformbewegung um 1850 behandelt. Hier mag Cole nur fragmentarisch berührt werden, soweit seine Reformertätigkeit die Mechanisierung der Ausschmückung betrifft. Seine wichtige Rolle um die Jahrhundertmitte ist nahezu vollständig vergessen. Auskunft über seine Tätigkeit geben die von seiner Tochter herausgegebenen *Fifty Years of Public Service*, London, 1884, 2 Bde., ferner 40 Bände seiner Miszellen und Tagebücher.
21 Henry Cole, *Fifty Years of Public Life*, London, 1884, Bd. I, S. 107.
22 Ebenda., S. 103.

Gründung durch den Maler William Shipley im Jahre 1754 Preisausschreiben[23]. 1845 bestimmte sie einen Preis »für die Fertigung eines Teeservices und von Bierkrügen zum *allgemeinen Gebrauch*«.

Diesen Preis gewann Felix Summerly. Das war das Pseudonym, das Henry Cole für seine künstlerische und literarische Tätigkeit gewählt hatte. Das Teeservice (Abb. 202) hatte einen ungeheuren Erfolg und soll, wie mir der Sekretär der Society of Arts sagte, bis heute durch die ursprünglichen Hersteller, Minton and Company, fabriziert werden. Für heutige Augen hat dieses Teeservice durchaus nichts Besonderes, aber historisch gesehen ist es der Beginn der Reformertätigkeit im neunzehnten Jahrhundert, und für Henry Cole wurde es der Anstoß für neue und weitreichende Pläne.

HENRY COLE'S »JOURNAL OF DESIGN«, 1849-1852

Jedes Jahr veranstaltet er nun in dem schönen Bau, den die Brüder Adam für die Society of Arts errichtet hatten, kleine Ausstellungen von Industrieprodukten, die »Felix Summerly Series«. Durch Tadel und Lob will Cole die Industrie für seine Ansichten gewinnen. Sein Schreibtisch ist überhäuft mit Stoffmustern, die ihm die Fabrikanten aus ganz England einsenden. Sein kleines Kampfblatt *Journal of Design* gibt unmittelbaren Einblick in das Wesen Coles und in seinen offenen Kampf: »Neuheit – gebt uns Neuheit, scheint der Ruf zu lauten«, so schreibt er angesichts der Stoffmuster vor ihm, »Himmel und Erde und die weite See können nicht solche Formen und Spielereien hervorbringen, wie sie hier ausgebreitet

---

23 Diese vornehme Gesellschaft war es auch, wie wir sahen, die das erste Preisausschreiben für eine mechanische Mähmaschine veranstaltete (1783).

MATCH-BOX: *Crusaders' Tomb*, in Parian, manufactured by Mintons. This fanciful trifle presents a curious history of prices worth noting. It was first produced in or-molu, in London, and sold for four guineas. It was then made by Messengers, at Birmingham, in bronze, and sold for thirty shillings; and now it is brought out, in parian, at four shillings! Lights were constantly burnt over tombs in old times, so we presume the designer thought the present an allowable adaptation of the idea. We do not agree with him.

201. Streichholzschachtel in Form eines Kreuzfahrergrabes. Um 1850. *Henry Coles unwirscher Kommentar zeigt, daß die wachsende Gefahr entwerteter Materiale und Symbole durchaus gesehen wird.* (*Henry Cole*, Journal of Design)

sind (. . .), gleich den Launen des Wahnsinns.«[24] Auf der anderen Seite führt er
Beispiele an, wie richtige Entwürfe zu bedeutenden Gewinnen führen und macht
den »kommerziellen Wert der Ornamentgestaltung« deutlich.

Die sechs schmalen Bändchen des *Journal of Design*, dessen erste Nummer das
Datum März 1849 trägt und die letzte Februar 1852, behandeln fast alle Gebiete
der Industrie und ihrer Probleme, soweit sie mit den »vertrauten Dingen des alltäglichen Gebrauchs« in Zusammenhang stehen. Wie an kaum einem anderen Ort
zeigen sich hier die Sorgen und Bemühungen jener Zeit. Mit der gleichen Sorgfalt
werden Erziehungsprobleme erstaunlich kühn behandelt und Kritik an Stoffmustern vorgetragen, die wie in einem Herbarium im Original aufgeklebt sind. Un-
gebrochen in ihren ursprünglichen Farben geben sie dem heutigen Beschauer
einen seltenen Einblick. Neben Stoffmustern, neben einer scharfen Kritik an
Zündholzschachteln in Form eines gotischen Rittergrabes (Abb. 201) erfolgt eine
Stellungnahme zu den wichtigsten neuen Büchern. Der Eskapismus des jungen
Ruskin erfährt sofort eine beißende Kritik. Es ist eine Art *Esprit Nouveau* von
1850, der im *Journal of Design* lebendig wird. Henry Cole wollte die ganze Industrie, die ganze Welt umfassen und sich nicht damit begnügen, eine Avantgarde-
Zeitschrift herauszugeben. Anders aber als die Bewegung von 1920 konnten Cole
und sein Kreis keine neue künstlerische Vision befördern, was ihnen einen dauernden Einfluß verwehrte.

Henry Cole verlangt von jedem ausgestellten Artikel, daß er zweckentspre-
chend sei, oder wie er vorschreibt: »Bei jedem Artikel auf höchste Nützlichkeit sehen, reine Formen wählen.« Mit wachsendem Erfolg veranstaltet er von 1847-
1849 in der vornehmen Society of Arts seine kleinen, immer erfolgreicher werdenden Ausstellungen. 1848 schlägt er dem Präsidenten der Gesellschaft, dem Prinzgemahl Albert vor, eine nationale Ausstellung der britischen Industrie zu veranstalten. »Die Antwort war entmutigend«[25], berichtet Cole. Aber er gibt nicht nach.
Der Erfolg der Pariser Industrieausstellung von 1849 kommt ihm zu Hilfe, und
Henry Cole steckt seine Ziele noch weiter. Vorsichtig und in Frageform bringt er
den Prinzgemahl in einer Unterredung im Buckingham Palace zielbewußt zu dem
Entschluß, die erste Weltausstellung 1851 in London zu veranstalten[26].

DIE MECHANISIERUNG DER AUSSCHMÜCKUNG UND DIE LONDONER WELTAUSSTELLUNG 1851

Es war bekanntlich die Society of Arts beziehungsweise, wenn man ihre treiben-
den Kräfte nennt, der Prinzgemahl Albert und Henry Cole, die diese Ausstellung
vorschlugen und sie durch alle Widrigkeiten hindurchsteuerten, vor denen weniger Entschlossene den Mut verloren hätten.

---

24 *Journal of Design*, 1849, Bd. 1, S. 74.
25 Henry Cole, *Fifty Years of Public Life*, Bd. I, S. 121.
26 Ebenda, Bd., 1, S. 124-125. Vgl. auch S. Giedion, *Raum, Zeit, Architektur*, a.a.O., S. 179 ff.

Diese »Erste Ausstellung aller Nationen« sollte einen weltumfassenden Vergleich menschlicher Tätigkeit ermöglichen: eine ungeheure Bilanz. Coles Absicht war klar: Im großen Maßstab sollte hier erreicht werden, was er in seinem kleinen *Journal of Design* verkündigt hatte – sehen lernen, sehen durch Vergleichen. Wie steht es um die Kunstindustrie der verschiedenen Länder? Hält die industrielle Produktion den Vergleich mit der handwerklichen aus, wie sie im Osten praktiziert wird?

In seiner ersten öffentlichen Rede (Oktober 1849) spricht er es aus: »Wir sähen bei unserer Ausstellung gern einiges von jenen indischen Handwerken, wie sie bei uns jetzt fast unbekannt sind.«[27]

Der Vergleich zwischen europäischer und außereuropäischer Produktion fiel, was Henry Cole wohl vor allem zeigen wollte, vernichtend für die Mechanisierung aus. Da waren die ruhigen, in ihrer Ornamentik ganz auf die Fläche eingestellten indischen Stoffe, die gemusterten Kaschmir-Schals oder die dünnen Musselinstoffe, die mit hellblauen abstrakten Ornamenten bestickt waren, neben den aufgeregten maschinell gefertigten Teppichen, die mit Hilfe, wie man stolz betonte, von 30000 Karten ihre Blumenkränze in allen Farben und Schattierungen schillern ließen[28].

Die Besucher waren über den Gegensatz schockiert.

»Sie werden Blumen, Blätter und Früchte von einer Größe vorfinden, wie man sie nie vorher gesehen hat; die Augen sind geblendet und irritiert durch Rosengeranke, dessen Grellheit Kopfweh verursacht.« Es folgt die Frage nach dem Nutzen eines Teppichs. »Wofür ein Teppich da ist, bildet kein Mysterium. In erster Linie

---

27 Henry Cole, a.a.O., S. 140.
28 Mathew Digby Wyatt, *The Industrial Arts of the Nineteenth Century. Illustrations of the choicest specimens of the Exhibition of 1851*, London 1851, 2 Bde. In großen Chromo-Lithographien werden hier chinesische, afrikanische, indische Gegenstände der Ausschmückung neben Maschinenteppichen (Axminster), Genreplastik (»The First Step«) neben dem phantastischen Kristallbrunnen aus Birmingham und Prunkstücken wie Staatsbetten und überornamentierten Pianos dargestellt.

202. HENRY COLE: Wettbewerb der »Society of Arts«, 1845. Teeservice »Zum allgemeinen Gebrauch«. *Dieses Teeservice ist einer der frühen Versuche, den allgemeinen Geschmack zu verbessern: »Ein Modell aus schlichtem und billigem Steingut. Das Ziel war, soviel Schönheit und Ornamentierung zu erreichen, wie mit dem geringen Preis vereinbar ist. Die Ornamente an den Griffen sind so gestaltet, daß sie die Schlichtheit des Umrisses nicht stören. Die verhältnismäßig tiefe Tasse läßt nur geringeren Wärmeverlust zu.« –* Fifty Years of Public Life (*Society of Arts, London*)

dient er als Hintergrund, um die Möbel angemessen zur Geltung zu bringen. Kann das geschehen, wenn starke und beunruhigende Farbkontraste das Auge dauernd zwingen, auf den Boden zu sehen, anstatt wohlgefällig auf den Objekten zu ruhen?«[29]

Auf der einen Seite stand eine Mechanisierung, die mit den differenziertesten Methoden arbeitete, auf der anderen Seite ein zurückgebliebenes, schwerfälliges Handwerk. Die Frage drängte sich auf: »Zerstören der Zivilisationsprozeß und der gesteigerte Wert des Wissens und der Arbeit die Grundlagen des Geschmacks?« Zum ersten Mal wurde klar, daß der Grad der Industrialisierung nichts mit Kultur zu tun hat oder mit unserer Fähigkeit, das Leben zu formen. Seitdem ist es immer deutlicher geworden, daß hohe Mechanisierung selten mit Meisterung des Lebens zusammengeht.

Die Dinge standen so nahe nebeneinander, daß man nicht übersehen konnte, daß auf der Seite der sogenannten »Primitiven« Würde und Verbundenheit mit dem Material vorhanden war, während auf der anderen Seite die europäischen Produkte, sobald sie das neutrale Gebiet farblosen Gewebes verließen, innere Unsicherheit zeigten in der Mischung von Ornament und Naturalismus, von Maß und Übermaß, sowie Unsicherheit über das, was einem Material zugemutet werden konnte oder wie die *Times* dies 1851 in ihrem Artikel über die »Allgemeine Verlogenheit in der Gestaltung« ausdrückt: »Das Fehlen bestimmter Prinzipien in ornamentalen Entwürfen tritt überall in der Ausstellung zutage. Es scheint uns, daß die Kunstindustrie von ganz Europa tiefgehend demoralisiert ist.«[30] Auch andere Urteile lauten nicht günstiger und sprechen von »einem Mißbrauch modernen wissenschaftlichen Fortschritts. Der Mensch ist zum Diener der Maschine geworden.«[31]

Henry Cole drückt diese Erfahrung mehr als ein Jahr später in seiner vorsichtigen Art aus: »Die beeindruckendste Lektion war wohl vom Osten zu lernen (. . .) von dorther kamen frische Quellen für die Kunst.« Und dann faßt er überraschend die beiden produktiven Pole der Ausstellung zusammen, indem er fortfährt: »Ich möchte anheimstellen ob uns nicht unsere amerikanischen Vettern mit ihren Mäh- und anderen Maschinen, die den neuen Zwecken und Entwicklungsmöglichkeiten angepaßt wurden, eine äußerst wertvolle Lektion erteilt haben.«[32] Dieses Zusammensehen der beiden Pole – der primitiven, direkten Äußerungen und der hohen Mechanisierung – greift der Entwicklung weit voraus.

Das Organisationskommitee für die Ausstellung bestand nur aus fünf Männern: allen voran Cole, dann Robert Louis Stephenson, einem großen Ingenieur, der gerade die Röhrenbrücke über die Menai Strait fertiggestellt hatte, Digby Wyatt, dem Architekten und Reformer, und einem andern Mitglied der Society of Arts, einem Zeitungsmann, der die *Daily News* reorganisiert hatte und seine Erfahrung

---

29 *The Times*, siehe Henry Coles *Journal of Design*, Bd. 5, 1851, S. 158.
30 *The Times*, abgedruckt in Henry Coles *Journal of Design*, Bd. 5, 1851, S. 158.
31 Nicolette Gray, »Prophets of the Modern Movement«, *Architectural Review*, London, Februar 1937.
32 H. Cole, *Journal of Design*, Bd. 6, S. 252.

für den Katalog einbrachte. Das war die richtige Zusammensetzung, um das Kompromißloseste möglich zu machen, was die Ausstellung hervorbrachte: einen »neuen Zwecken angepaßten« Bau. Hier konnte Henry Cole in die Praxis umsetzen, was er der Kunstindustrie gepredigt hatte, indem er Joseph Paxton die Möglichkeit gab, einen Kristallpalast zu errichten, der zeigen konnte, daß auch in der Mechanisierung eine Vision verborgen liegt, in der »alle Spuren des Materiellen verschwinden«[33].

In zaghaften Händen wäre dieser Bau, der auf eine fast wunderbare Weise zustande kam, nie Wirklichkeit geworden[34]. Man hätte auf einem pseudomonumentalen Bau bestanden, und wenn sich weitere Schwierigkeiten gezeigt hätten, hätte man die ganze Angelegenheit fallengelassen.

Für das Zustandekommen eines Baues, einer Ausstellung, überhaupt für irgendetwas von künstlerischem Wert, sind die Auftraggeber fast ebenso wichtig wie der Entwerfer.

So ist es nicht Paxton allein, dem dieser Bau zu danken ist, sondern es ist die Atmosphäre des London von 1851, die ihn ermöglichte. Ist es nicht merkwürdig, daß Paxton kurz darauf für die New Yorker Weltausstellung 1853 ein Ausstellungsgebäude entwirft, dessen spätromantische Gotik fern von jedem genialen Wurf ist[35]?

»WIR HABEN KEINE LEITENDEN PRINZIPIEN«

Es ist von den Zeitgenossen viel über die Lehren der Ausstellung diskutiert worden[36]. Henry Cole versuchte den Grundgedanken der Ausstellung – Sehen lernen, Sehen durch Vergleichen – auf seine Weise für die Zukunft zu retten: er übertrug ihn auf das Gebiet des Unterrichts[37].

Die Industrie selbst war nicht zu halten, sondern die Produktion ging ihren Weg. Doch der Geist der Reform starb in England nicht aus und zeigte sich, wenn auf den großen internationalen Ausstellungen weißgestrichene englische Möbel neben dem Prachtmobiliar des Kontinents standen. In Frankreich und in den übrigen Ländern des Kontinents versuchte um diese Zeit niemand, die Industrie zu beeinflussen.

Wie Owen Jones, der Designer in Henry Coles Gruppe (Abb. 203), offen erklärte: »Wir haben keine leitenden Prinzipien.«[38]

Hinter diesen Worten wird die historische Situation von 1850 deutlich. Kein Zweifel, die Mechanisierung der Ausschmückung bewegte sich im Einklang mit dem herrschenden Publikumsgeschmack. Die Genrebilder und idyllischen Mäd-

---

33 Lothar Bucher, *Kulturhistorische Skizzen aus der Industrieausstellung aller Völker,* Frankfurt a. M., 1851, S. 10-11.
34 Auf wenigen Seiten hat Henry Cole selbst die spannenden Einzelheiten wiedergegeben, die zur Errichtung des Kristallpalastes führten. Henry Cole, a.a.O., Bd. I, S. 163ff.
35 Abgebildet bei B. Silliman Jr. und C. R. Goodrich, *The World of Science, Art and Industry,* New York, 1854, S. 1-3.
36 William Whewell, *Lectures on the Result of the Exhibition,* London, 1852.
37 Von dem unerwartet großen Reinertrag wurden Gegenstände angekauft, aus denen Cole allmählich das erste Kunstgewerbemuseum, das Victoria and Albert Museum, South Kensington, aufbaute und im Anschluß daran die Idee einer Zeichenschule mit seinen alten Mitarbeitern verwirklichte.
38 Owen Jones, 1853, zitiert nach Nicolette Gray, a.a.O.

chengestalten, die die Salons füllten, sind wie mit der Zunge gemalt. Zwar hütet jedes Museum heute diese Bilder in den Kellern, als verletzten sie das Schamgefühl, aber das ändert nichts daran, daß sie zwischen 1850 und 1890 den Markt und den Geschmack der kaufenden Schicht beherrschten und für nichts anderes Platz ließen. Im Mißbrauch des Materials und in der Fälschung des Ausdrucks unterscheiden sie sich nicht von den Artikeln der Kunstindustrie.

DIE SUCHE NACH GRUNDPRINZIPIEN DER GESTALTUNG

Welche Gegenvorschläge hatte Henry Coles Kreis anzubieten? Die Einstellung der Reformer war von spätromantischen Jugendeindrücken geprägt worden. Von Anfang an war es ihr Glaube, daß der Anblick von guten Beispielen in sich erhaben sei. Die Reihe von Kinderbüchern, die Felix Summerly (Henry Cole) in den vierziger Jahren herausgab, illustrierte er mit Holzschnitten von Dürer und Holbein.

Alle diese Männer sind Zeitgenossen von Victor Hugo. Wie Delacroix reiste Owen Jones in den dreißiger Jahren in den Orient und wurde dabei von arabischen Formen und Ornamenten stark beeindruckt. Wenige Jahre vor der Londoner Ausstellung gab er ein Prachtwerk über die Alhambra heraus[39].

Die Künstler, die um 1850 in England zur Verfügung standen, beherrschten ihr Handwerk. Sie trotten einen ehrenwerten Mittelweg. Tiefergehende Anregung konnte von ihrer Kunst nicht ausgehen. Die Einsicht und die Freiheit ihrer Grundsätze waren viel wegweisender als ihre ausgeführten Werke. Owen Jones gibt in seiner *Grammar of Ornament* (1856)[40] deutlich zu verstehen, was er beabsichtigt, wenn er mit großer Sorgfalt Ornamente verschiedenster Epochen und Völker, von China, dem nahen Orient bis zu keltischem Bandwerk und zum Barock nebeneinanderstellt und sie dabei gleichzeitig von ihren verschiedenen Materialien – Seide, Leinwand, Porzellan, Holz oder Stein – ablöst und farbig in der Fläche ausbreitet. Damit will er das Gegenteil von dem erreichen, was man beim ersten Einblick meinen möchte.

»Ich wagte zu hoffen, daß ich durch direkte Gegenüberstellung von so vielen Formen der Schönheit helfen könnte, der unglücklichen Einstellung unserer Zeit entgegenzuwirken, alles aus der Vergangenheit zu kopieren und sich damit zufrieden zu geben, so lange eben die Mode anhält.«[41] Die Ornamentbilder sollen direkt anregen wie die Holzschnitte Dürers in Coles Kinderbüchern. Dies wird erst klar, wenn Owen Jones in seinem letzten Kapitel dazu übergeht, selbst Beispiele zu formulieren. Er unterliegt nicht der, wie er es ausdrückt, »fatalen Leichtigkeit, Ornamente zu machen«, die er der eigenen Zeit vorwirft. Er versucht nicht, neue Ornamente zu erfinden. Er folgt nicht einmal seinem eigenen Ratschlag, »daß wir durch die Erfahrungen der Vergangenheit neues Wissen sammeln könnten, in-

---

39 Owen Jones, *Elevations and Sections of the Alhambra*, London 1847-48.
40 Neu herausgegeben in London 1910.
41 Owen Jones, *Grammar of Ornament*, Vorwort.

203. OWEN JONES: Gepreßte Roßkastanienblätter. 1856. *Die Reformer der fünfziger Jahre versuchten jeden Eklektizismus zu vermeiden und wollten »dem unseligen
Hang unserer Zeit Einhalt gebieten, sich, solange die Mode währt, mit der Nachahmung der Formen aller vergangenen Epochen zu begnügen«. Owen Jones verteilt die
Blätter der Roßkastanie über die ganze Seite, ohne Licht und Schatten, in reinen Linien und Konturen. Er bewegt sich auf den »Jugendstil« des ausgehenden neunzehnten Jahrhunderts zu. (Owen Jones,* Grammar of Ornament, *London,* 1856)

dem wir in der Natur nach neuer Anregung Ausschau halten«. Er geht auch nicht an die Natur heran, um ein plastisch-photographisches Abbild zu erreichen. Er will »Gesetze in der Natur ausfindig machen (. . .), die vielleicht in einem einzigen Blatt zu finden sind«[42]. Er zeichnet ohne Farbe die großen und kleinen Blätter der Roßkastanie über die ganze Seite, ganz in die Fläche gepreßt wie eine chinesische Zeichnung und ohne Licht und Schatten (Abb. 203). Wie in einem Herbarium behandelt er die Roteiche, die Passionsblume, Zwiebel, Narzisse, Heckenrose oder Iris. Er beschränkt sich auf wenige Elemente; aber wenn man beobachtet, wie die Kastanienblätter innerhalb der weißen Fläche verteilt sind, wie er die Iris in Form und Farbe vereinfacht und ihre Blüten in Grund- und Aufriß darstellt, »an denen man sehen kann, daß die Basis aller Form Geometrie ist«, so wird klar, daß die Grundsätze des Jugendstils seiner Einstellung viel näher sind als die Blumenteppiche der eigenen Zeit.

Auch die Einstellung zur Farbe ist durchaus unimpressionistisch. Er sieht sie als Teil der Fläche und nicht als Kolorierung für illusionistische Zwecke. Er will zurück zu den elementaren Farben, will »Primärfarben benutzen«, reines Blau, Rot, Gelb, und sie in der Architektur entsprechend ihrer räumlichen Wirkung verwenden, so daß sie die Formen oder Flächen näherbringen oder vom Besucher entfernen. Es ist, als ob man mit Le Corbusier durch einen Bau ginge und über die Funktion der Farbe spräche. Owen Jones selbst hat nach Überwindung einer starken Opposition das Innere des Kristallpalastes 1851 nach der Methode Sempers farbig behandelt. Es scheint ihm geglückt zu sein, denn ein kritischer Zeitgenosse sagt darüber: »Ich hatte den Eindruck – und er befestigte sich, je länger ich verweilte –, daß der derbe Stoff, mit dem die Baukunst arbeitet, völlig von der Farbe verzehrt wird. Das Gebäude ist nicht mit Farben geschmückt, sondern aus Farben aufgebaut.«[43]

Blau weicht zurück, Gelb springt vor, Rot eignet sich für mittlere Entfernungen, und Weiß empfiehlt sich für die »neutralen« senkrechten Flächen. Er stellt die Grundgesetze der Farbe in der Architektur auf[44].

EINFACHE GEGENSTÄNDE ALS VORBILD

In seinem *Journal of Design* ist Henry Cole sehr sparsam mit großen Illustrationsbeilagen. Im ersten Band (1849) weicht er jedoch einmal von dieser Regel ab. Da werden auf schwarz-braunem Untergrund die Umrisse von einfachen Gegenständen des täglichen Gebrauchs gezeichnet: Bohrer, Schlüssel, Sägen, Pfannen, Tassen, alle flach, ohne Perspektive. Es folgt ein zweites Blatt, auf dem vor braunem Grund in weißen Umrissen die Gegenstände allmählich perspektivisch dargestellt werden. Wieder sind es die Seriengegenstände des täglichen Gebrauchs: Tassen,

---

42 Ebenda, S. 157.
43 Lothar Bucher, a.a.O., S. 10-11.
44 *Journal of Design*, 1850, Bd. 4, S. 131-133.

Flaschen, Schuhe, Stiefel, Mützen, Hüte, Kohlenschaufeln, Schachteln, einfache Stühle.

Henry Cole hielt die Einführung des allgemeinen Zeichenunterrichts in den Elementarschulen für unerläßlich. Er gibt auf diesen Blättern Versuche wieder, die in einer Dorfschule in Kent erfolgreich durchgeführt wurden, »mit der Absicht, die Beobachtungsgabe zu schärfen«. Cole verwirft den Bleistift; die Kinder sollen mit ungespitzter Kreide arbeiten, weil das »einen kühnen Stil fördert und kleinliche Zeichnungen ausschließt«. Am besten eigne sich die schwarze Wandtafel und, wo diese fehlt, eine Schiefertafel oder schwarz angestrichener Karton[45].

Zur Schärfung der Beobachtung und des Gefühls wählt Cole unsentimentale Dinge mit präzisen Umrissen, die das Kind ständig umgeben: die einfachen Seriengegenstände der anonymen, industriellen Produktion (Abb. 205). Dieses Verfahren deutet darauf hin, daß Henry Cole und seine Mitarbeiter die »nützlichen Gegenstände« nicht mehr als nüchtern und gefühlsfeindlich empfanden. Wie weit dies den Reformern selbst bewußt wurde, ist kaum feststellbar, aber unleugbar bleibt, daß dieses »Sehen lernen« an der anonymen industriellen Produktion ebenso den Tiefen der Zeit entsprang wie die unerwartete Schöpfung des Kristallpalastes.

DIE GRENZEN DER REFORM

Die drei Hauptgestalten des Reformerkreises, Henry Cole, Owen Jones und Richard Redgrave, hatten alle offizielle Stellungen inne. Cole und Redgrave waren hohe Beamte während der Hochblüte der viktorianischen Zeit. Henry Cole (1808-1882) hatte als »sole secretary of the department of design« unter anderem die Zeichenschulen Englands zu überwachen, deren Zahl bis 1864 auf 91 gestiegen war. Owen Jones (1809-1874), der eine umfangreiche Tätigkeit als Innenarchitekt hatte[46], war »Superintendent of the works of the Great Exhibition«, und Richard Redgrave (1804-1888), der Genremaler, mit sozialem Einschlag in seiner Spätzeit, war gleichzeitig »Inspector-General for Art and Surveyor of the Crown«.

Henry Cole war der unermüdliche Propagandist und Organisator, Owen Jones der künstlerisch aktivste auf dem Reformgebiet, der außerdem durch seine *Grammar of Ornament,* die bis 1910 verschiedentlich neu aufgelegt wurde, einen großen Einfluß ausübte, und Richard Redgrave der beste Denker des Kreises. Wenn man Redgraves Gedanken verfolgen will, so muß man seine öffentlichen Berichte und Reden bei der Verteilung von Medaillen und Preisen an Studenten lesen[47]. Es

---

45 *Journal of Design*, 1849, Bd. 1, S. 122.
46 Er baute auch Ladenfronten, deren Fenster die Träger aus Gußeisen oder Bronze sichtbar ließen: Die »Shop front for Mr. Chapper in New Bond Street, London« stand vor dem Zweiten Weltkrieg noch. Abgebildet im *Journal of Design*, Bd. 6, S. 13.
47 Die Zusammenstellung, die der Sohn Redgraves aus seinen Schriften machte, ist nicht allzu befriedigend, da zwischen den Worten des Kompilators und des Verfassers kein Unterschied gemacht wird. Vgl. Gilbert R. Redgrave, *Manual of Design, compiled from the writings and addresses of Richard Redgrave*, London, 1876.

204. OZENFANT: Zeichnung, 1925. *Die Dinge unseres täglichen Gebrauchs werden zu einem Teil unseres Lebens. Wie die Kubisten wiesen die Puristen der zwanziger Jahre auf Gegenstände hin, die durch langen Gebrauch reine und standardisierte Formen bekommen haben, mit klaren und einfachen Umrissen, die zu »mariages de contours« führen.*

bleibt ein seltener Fall, daß man im neunzehnten Jahrhundert die Reden von Beamten durchblättern muß, um zu den Quellen zu gelangen.

Keiner dieser Männer hat eine endgültige Zusammenfassung seiner Gedankengänge versucht. Vielleicht ist es gut so, denn ihre Bedeutung liegt im Manifest, im Fragment, im unerwarteten plötzlichen Vorstoß. Bei der Preisverteilung der Society of Arts im Jahre 1850 äußert Redgrave sich über die Bedeutung der »Zweckmäßigkeit«: »Mißverstehen Sie mich nicht, ich meine damit nicht den gewöhnlichen und selbstverständlichen Sinn für Nützlichkeit, der sich darauf beschränkt, daß ein Teppich dazu da ist, den Fußboden zu bedecken, und ein Glas, um Flüssigkeit aufzunehmen (. . .), ich meine etwas, das mehr Studien und Nachdenken verlangt und das doch nicht weniger real ist und uns vor manchen Irrtümern in Auswahl und Geschmack bewahren könnte. Ein Teppich hat noch einen anderen Zweck, als auf dem Fußboden zu liegen; er ist der Grund, von dem die Möbel und andere Objekte des Raumes sich abheben; darum ist er als reine

205. HENRY COLE: Zeichnungen von einfachen Gegenständen für die Kindererziehung. *Für den Unterricht von Schulkindern. Cole empfiehlt das Zeichnen mit dicker Kreide auf einer Tafel unter Auslassung von Einzelheiten. Das Wiedergeben von Serienprodukten des Alltagslebens wie Flaschen, Krüge, Gläser usw. werde ihre Beobachtung schulen.* (Journal of Design, *Bd.* I, 1849)

Oberfläche zu behandeln (...), aber diese Art Zweckmäßigkeit wird vergewaltigt.«[48]

Die Gedankenwelt der Reformer entspricht im allgemeinen dem Utilitarismus, wie ihn auf philosophischem und ökonomischem Gebiet John Stuart Mill (1806-1873) entwickelt hat. Henry Cole ist übrigens früh in persönliche Berührung mit John Stuart Mill gekommen. Er traf ihn zu Beginn der dreißiger Jahre wöchentlich zweimal im Haus eines Freundes, wo gemeinsame Diskussionen abgehalten wurden.

Der einzige, der die Erlebnisse und Gedankengänge jener Londoner Zeit zu einem umfangreichen System ausbaute, war der deutsche Architekt Gottfried Sember (1803-1879), der zur Zeit der Londoner Weltausstellung, 1851, als Emigrant in England lebte. Er stand dem Kreis Henry Coles nahe, arbeitete an der Ausstellung mit und war Lehrer an der neu gegründeten Zeichenschule für Architektur, Metallarbeit und kunstgewerbliche Entwürfe. Henry Cole, der sonst in seinem *Journal of Design* keine Personen empfiehlt, macht die englischen Fabrikanten auf-

---

48 Cole zitiert diese Rede, *Journal of Design*, Bd. 1, S. 101.

merksam, »daß Sempers Kenntnis sowohl in der Architektur wie in der Ausstattung bemerkenswert und sein Geschmack ausgezeichnet ist«; Semper sei der Mann, der ihnen besonders behilflich sein könne[49]. Als Semper später, 1855, an die neugegründete Technische Hochschule in Zürich berufen wurde, systematisierte er die Eindrücke und Erfahrungen der Londoner Zeit in *Der Stil in den technischen und tektonischen Künsten, oder praktische Ästhetik*[50]. Die beiden ersten Bände erschienen 1860 und 1863. Der dritte, der die Beziehung zur sozialen Entwicklung enthalten sollte, ist nie erschienen. Sempers Einstellung hatte durch Jahrzehnte hindurch Einfluß auf die Kunsttheorie. Auch für die deutsche Kunstgewerbebewegung um 1910, die vom reinen Zweck eines Gegenstandes ausging, blieb Gottfried Semper eine maßgebliche Autorität. Sein Ausgangspunkt, daß das Handwerk vor der Architektur da gewesen sei, wie er dies schon in einem Londoner Vortrag geäußert hatte, sowie seine Interpretation der verschiedenen Kunstepochen haben ihren Ursprung im Utilitarismus, der auch die englischen Reformer beherrschte. Semper war einer der wenigen bedeutenden Architekten seiner Zeit und verband damit die Begabung, die Anschauung der fünfziger Jahre in ein System zu bringen. Fraglich bleibt trotzdem, ob die Ideen eine scharf umrissene Festlegung überhaupt vertrugen; denn unüberschreitbare Schranken des Gefühls hielten diese Generation davon ab, die reinen Formen wahrzunehmen, die latent in maschinengemachten Objekten liegen.

Nur in fragmentarischen Äußerungen wurden die abstrakten Formen, die die Industrie hervorgebracht hatte, gelegentlich erkannt: »Einige Abteilungen«, so heißt es in dem erwähnten Artikel der *Times*[51], der so deutlich den Stempel des Coleschen Kreises trägt, »besonders die Maschinenabteilung, begnügen sich einfach und unprätentiös zu sein, denn sie sind sich ihrer zweifellos überragenden Sonderstellung bewußt (...). Die einzige Schönheit, die sie erstreben, rührt von der Anwendung der mechanischen Wissenschaft auf die materielle Welt her (...). Hier wird ein Stil entwickelt, der zugleich national und groß ist.«

PURISMUS UND STANDARDGEGENSTÄNDE ALS SYMBOL

Die Dinge des täglichen Gebrauchs wirken auf den Menschen zurück, sie sind ein Teil von ihm und verwachsen mit seinem Wesen. Wie dies geschieht, das haben um 1910 die Kubisten deutlich gemacht. Das innere Verbundensein mit den einfachen Dingen des täglichen Lebens, das 1849 den Kindern und den Handwerkern als Vorstufe des Zeichnens und Sehen-Lernens begreiflich gemacht werden sollte, wird nun in der Malerei in künstlerisches Bewußtsein umgesetzt. Wie in den einfachen Vorlagen Henry Coles erscheinen die flachen Umrisse der Krüge, Flaschen und Gläser in den Bildern der Puristen von 1920: Ozenfant und Jeanneret (Le Corbusier).

---

49 Henry Cole, a.a.O., Bd. I, S. 101
50 2. Bde., 1860-1863. 2. Aufl., München, 1878-79.
51 Zitiert im *Journal of Design*, 1851, Bd. 5, S. 158.

Um das Leben ihrer Formen darzustellen, werden die Konturen fließend gemacht, in Bewegung gebracht, aufgerissen, unterbrochen, wiederholt oder miteinander verbunden. Ihre Gestalt löst sich auf und taucht von neuem auf. Sie sind greifbar und ungreifbar, transparent und opak, schwebend und fest, hauchdünn und massiv. Wie in den frühen Stilleben von Juan Gris wird die Holzstruktur der Wand oder einer Violine an bestimmter Stelle miteinbezogen und wirkt auf den Beschauer wie ein Baum, den ein Scheinwerfer aus der Nacht greift.

Das gleiche geschieht mit den Farben, mit dem Braun, Schwarz, Blau oder dem Grün. Auch sie verlieren ihre beschreibende Funktion und finden sich in Flächen zusammen oder durchdringen einander nach eigenen Gesetzen: Eine Entwicklung, die in den folgenden Jahrzehnten stetig weitergeführt wird.

Dies alles wurde nur durch eine Raumauffassung möglich, die mit Kopie und Perspektive gebrochen hat. Sie macht es möglich, Struktur, Farbe und Form in planetare Beziehungssysteme zu bringen, welche die einfachen Flaschen, Gläser, Schalen, Pfeifen, Tische, Musikinstrumente in Objekte verwandeln, die ihren Sinngehalt offen dartun.

SURREALISMUS UND DIE MECHANISIERUNG DER AUSSCHMÜCKUNG

Anders verhält es sich mit den Produkten der mechanisierten Ausschmückung. Die brodelnden Oberflächen und flattrigen Linien dieser Gegenstände können durch keinen Kontur zusammengefaßt werden. Keine *mariage de contours*, keine Transparenz und keine Strukturwirkungen vermöchten ihren Sinn zu enthüllen. Die Statuen, Bilder, Vasen, Teppiche sind, einzeln genommen, harmlos und ohne Bedeutung. Gelegentlich finden sich reizvolle Stücke darunter (Abb. 206), die in ihrem grobknochigen Naturalismus an die Holzschnitte Grandvilles (1803-1847) gemahnen. In ihrer Gesamtheit und damaliger Gewohnheit entsprechend museal angehäuft, wirken ihre bastardisierten Formen und Materialien auf den Beschauer zurück und verätzen seine Gefühlswelt.

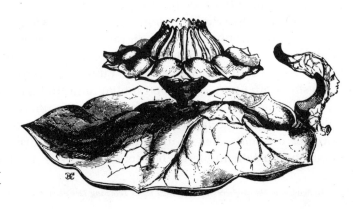

206. Blattförmiger Kerzenhalter, galvanisiert, um 1850. (*Henry Cole,* Journal of Design)

207. »Sabrina«, Porzellanfigur. England 1850.

Was da vor sich ging, war eine Art Wechselwirkung, ein Induktionsprozeß. Die Industrie erzeugte ihre Waren nach dem Prinzip, das Redgrave 1853 so ausdrückte: »Die Fabrikanten betrachten guten Geschmack als Absatzhemmung. Ihre Einstellung kann man in dem Grundsatz zusammenfassen: ›Gut ist, was sich gut verkauft.‹[52] Dieser Schutthaufen mechanisch vervielfältigter historischer Reminiszenzen wirkte auf jeden, der ihn bewohnen mußte. Das selbstverständliche Gefühl für Material und Form ging verloren, der disziplinierte Umgang mit dem Raum erstarb. Es nützte wenig, daß all dies seit der Jahrhundertmitte klar erkannt und Kritik an diesen Zuständen bis zum Überdruß geübt wurde. Die Dinge erwiesen sich als mächtiger als die Einsicht.

Was diese verwirrte Umgebung ausströmte, wie sie rückwirkend Geschmack und Moral beeinflußte, läßt sich in rationalen Worten nicht wiedergeben. Weder Logik noch soziologische Hinweise vermögen genügend Aufschluß zu geben. Nur künstlerische Symbole erfüllen diese Funktion. Die Surrealisten haben zuerst den Tatbestand offenbart. Sie haben in den Sinn und Irrsinn des neunzehnten Jahrhunderts hinabgeleuchtet und gezeigt, wie die unentwirrbare Mischung aus Banalem und Schaurigem in unser Wesen gewachsen ist.

Keiner erreichte dies so unmittelbar wie Max Ernst, in dem noch etwas vom neunzehnten Jahrhundert lebendig scheint. Wir denken an seine Bilderromane

---

52 R. Redgrave, *On the Necessity of Principles in Teaching Design*, London 1853, S. 8.

208. MAX ERNST: Die Gipsstatuen machen sich selbständig. (La femme 100 têtes, 1929)

und vor allem an *La femme 100 têtes*[53]. Die Frau mit den 100 Köpfen – was ist sie anderes als ein symbolhafter Name für das neunzehnte Jahrhundert mit seinen fortwährenden Wandlungen. Die Wirkung der entwerteten Symbole wird hier durch irrationale Bilderfolgen enthüllt. Die einzelnen Blätter, die ohne äußeren, logischen Zusammenhang einander folgen, dürfen nicht nach ihrem naturalistischen Sinn befragt werden. Was zählt, ist ihre psychische Aussage. Ihrem Wesen nach sind es Collagen aus längst vergessenen Holzschnittbüchern des vergangenen Jahrhunderts, die Max Ernst in »Objekte« verwandelt. Die Schere schneidet sie auseinander, und die Phantasie des Künstlers greift die Elemente auf und kombiniert sie neu (Abb. 208).

Die Gipsstatuen werden lebendig. Die Frau mit den 100 Köpfen greift handelnd ins Leben. Sie regiert es. Sie huscht mit ihresgleichen, den Gipskopf auf Körper von Zeitgenossen transplantiert, die Hausfassaden entlang, oder sie entschwebt in voller gipserner Nacktheit dem Raum, »kaum daß sie den Onkel erwürgt hat«: »L'oncle à peine étranglé, la jeune adulte sans pareille, s'envole.«[54]

Fast immer ist die Atmosphäre von Mord und Totschlag erfüllt. Es kommt auch

---

53 *La femme 100 têtes* (Paris 1929) und *Une Semaine de bonté ou les sept éléments* (Paris 1934) sind wohl für unsere Zwecke die ergiebigsten. Vgl. auch *Les malheurs des immortelles* (Paris 1922) und *Rêves d'une petite fille qui voulut entrer au Carmel* (Paris 1930).
54 *La femme 100 têtes*, III. Kapitel.

vor, daß die *femme 100 têtes* als Gipsbüste durch das Glas eines Bücherschranks der fünfziger Jahre auf einen gelehrten Beschauer losstürzt, während gleichzeitig die gestanzten Löwenköpfe der Stühle zu grinsendem Leben erwachen, verwandelt in einen riesigen Affen, der in den Vordergrund wächst und auf den die Bildunterschrift mit dadaistischer Unbekümmertheit verweist als den Affen, »der Polizist, Katholik oder Börsenmakler sein wird« (Abb. 230).

Diese Blätter zeigen an, was die mechanisierte Umgebung in unserem Unterbewußtsein angerichtet hat. Als ich Max Ernst einmal nach dem Ursprung seiner Romane fragte, meinte er: »Es sind die ersten Bücher, die Kindheitserinnerungen, die wieder in mir auftauchen.«

Diese Kindheitserinnerungen verschmilzt der Künstler in einen moralischen Spiegel. Für viele aber bleibt der herrschende Geschmack des neunzehnten Jahrhunderts das eigentliche Gefühlsreservoir, und in ihren Seelen dauert, wie T. S. Eliot einmal sagte, das neunzehnte Jahrhundert im zwanzigsten fort. Immer noch gehört zu ihnen die Mehrzahl der Zeitgenossen und besonders jene, deren Geschmack Monumente und öffentliche Bauten bestimmt. Den meisten ist der Ursprung ihrer Geschmacksüberzeugung nie zum Bewußtsein gekommen. Klingen nicht die Zeilen, die Thomas Carlyle in einem seiner acht aufsässigen *Latter-Day Pamphlets* um die Mitte des letzten Jahrhunderts schrieb, fast wie eine Bildunterschrift zu Max Ernst:

»Tatsache ist, daß die bildenden Künste lange schon von der Wahrhaftigkeit geschieden sind und sich nahezu unverhohlen mit Verlogenheit und Falschheit vermählt haben. Sie sind, um es klar herauszusagen, in einen Zustand des Wahnsinns geraten: sie wandern umher ohne Hüter, da niemand ihren gefährlichen Zustand ahnt, und vollführen phantastische Tänze (. . .).«[55]

Die Herrschaft des Tapezierers

Der Tapezierer

Der Tapezierer ist ein Mann, der es mit dem Stoff und seiner Drapierung zu tun hat. »Bald versteht man darunter einen Arbeiter, der Teppiche macht, bald einen Händler, der sie verkauft und anbringt«[56], und im fünfzehnten Jahrhundert war der Tapezierer auch ein Mann, »der Teppiche aufhing und abnahm«. Die Statuten seiner Zunft reichen in die Mitte des dreizehnten Jahrhunderts zurück. »Heute« –

---

55 Henry Cole zitiert bezeichnenderweise die Stelle in seinem *Journal of Design*, 1850, Bd. 2, S. 91.

56 L. Douet-D'Arq, »Recueil de documents et statuts relatifs à la corporation des tapissiers, de 1258-1879«, in: *Extraits de la Bibliothèque des Chartes*, Paris, 1875, Bd. XXXIII, S. 6.

so wird 1875 weiter definiert – »ist ein Tapezierer ein Möbelhändler, der es unternimmt, Wohnungen auszustatten.«

Im neunzehnten Jahrhundert wird der Tapezierer identisch mit dem Dekorateur, der seit dem Empirestil den Kunsttischler entwertet hat. Seine ungewöhnliche Rolle begann, wie wir erwähnten, um 1800 mit den üppig drapierten Vorhängen (croisées) an den Fenstern und entlang den Wänden. In der darauffolgenden Restauration bemächtigt er sich auch des Möbels. Unter seiner Hand werden Stuhl und Sofa zu einem Stück garnierten Stoffes.

Im neunzehnten Jahrhundert fehlen die großen Möbelbauer, die Kunsttischler, wie sie das vorangegangene Jahrhundert in allen Ländern hervorgebracht hatte. Es gab außerordentlich routinierte Kunsttischler, die Möbel für Antiquare imitierten. Andere verfertigten eigene Modelle, die, wie ein Zeitgenosse es ausdrückt, »einen Mikrokosmos aller Stile der Welt« enthielten. Sie haben keinen konstitutiven Gehalt, denn die an sie gewandte Geschicklichkeit war nicht von schöpferischer Kraft durchtränkt. In den Möbeln und Wohnräumen des herrschenden Geschmacks zeigt sich ein dominierender Einfluß: in wachsendem Maße beherrscht der Tapezierer die Situation. Das Augenmerk des Tapezierers war auf theatralische Ausschmückung gerichtet, nicht auf Neuschöpfung. Außer der Polsterung der Möbel drapierte er Vorhänge und die Gegenstände der mechanisierten Ausschmückung zu malerischen Effekten. Er baute Stilleben in die Wohnräume, und in den letzten Jahrzehnten des Jahrhunderts komponierte er Zusammenstellungen von Figuren, Helmen, Vasen, Draperien in gefälliger Unordnung.

Diese transitorische Strömung kann nicht übersehen werden, sie beherrscht den Tag zusammen mit parallelen Produktionen in Malerei und Architektur. Wir können die zwei Seelen des neunzehnten Jahrhunderts nicht verstehen, wenn wir die Gefühlsquellen der breiten Masse unbeachtet lassen. Die malerische Unordnung faszinierte. Sie war das Spiegelbild eines chaotischen Gefühlslebens, und der Tapezierer war der Mann, der durch seine Kunstgriffe in der Arrangierung der Möbel und der Drapierung der Vorhänge ein künstliches Märchenreich in die Eintönigkeit des Industriealltags zauberte.

Wie im ersten, so gab Frankreich auch im zweiten Kaiserreich in der Mode den Ton an. Viele der transitorischen Möbeltypen jener Zeit sind dort entstanden. Aber die Struktur der Gesellschaft hatte sich seit Napoleon I. gewandelt. Sein Nachkömmling auf dem Kaiserthron hat keinen Stil für seine Lebenshaltung hervorgebracht. Die neuen Typen, wie die ganze Einrichtung entsprechen dem Geschmack einer anonymen aufsteigenden Klasse, der des Selfmademan, als deren Vorläufer Napoleon I. erschien. Das Handwerk des Tapezierers und der Geschmack der neu aufkommenden Klasse scheinen wie füreinander geschaffen.

Diese Schicht, die ihren Reichtum vorab der Mechanisierung der Produktionsmittel verdankte, wuchs überall, wo die Industrialisierung erfolgreich war. Sie war international: in Frankreich, im England der viktorianischen Periode, in Amerika zur Zeit des Eisenbahnbooms Anfang der siebziger Jahre und schließlich in Deutschland, das sich plötzlich einem unbekannten Wohlstand gegenübersah.

Seine späte, fast hektische Industrialisierung nach 1870 und die Steigerung des herrschenden Geschmacks bis in Extrem gehen in Deutschland Hand in Hand. Nichts schien der Entwertung der Symbole entgegenzutreten[57].

Gegenströmungen: Ingenieur und Reformer

Wie so oft im neunzehnten Jahrhundert entwickeln sich entgegengesetzte Richtungen simultan nebeneinander. Im Amerika der fünfziger und sechziger Jahre werden Erfindungsgabe und der Sinn für Mechanisierung eine Angelegenheit des Volkes. Dort wird in grandioser Unbekümmertheit das Möbel des Ingenieurs geschaffen. Es wirkt als absoluter Gegenpol zum herrschenden Geschmack. Wir werden diesem Möbel des Ingenieurs, dessen Entwicklung parallel mit dem Möbel des Tapezierers verläuft, große Aufmerksamkeit schenken, da es bei all seiner Mechanisierung ohne Reflexion, wie ein Stück Volkskunst zustande kommt. Die anonyme Schicht der Erfinder wollte nur eine bestimmte Aufgabe lösen.

Anders lagen die Verhältnisse in England. Henry Cole und die Reformer von 1850 führten ihren Kampf vor allem gegen die falsche Mechanisierung der Ausschmückung. Die nächste Generation unter der Führung von William Morris und John Ruskin betonte die verflachende und entwürdigende Seite der Mechanisierung und verdammte sie prinzipiell. Die Vorschläge des Morris-Kreises, der sich um 1860 bemerkbar machte, erwiesen sich auf die Dauer als unrealisierbar: die Wiederbelebung des Handwerks ebenso wie das Zurückgreifen auf die Spätgotik.

Anfangs entstanden in seinem Kreis Stollenschränke, wie die Spätgotik sie liebte. William Morris bemalte sie mit mittelalterlichen Legenden[58]. Dies alles geschah mit Sorgfalt und Geschmack. Die Präraffaeliten Dante Gabriel Rossetti und Burne-Jones, die Morris nahestanden, waren dem Kreis von Malern und Plastikern, die Henry Cole umgeben hatten, weit überlegen. Doch auch ihre Kraft lag mehr im Literarischen als auf ihrem eigenen Gebiet, dem optischen. Nicht anders verhielt es sich beim Mobiliar. Es fehlte die Kraft einer neuen Vision. Es ging nicht an, spätgotische Stollenschränke zu bauen und von der Fülle des neunzehnten Jahrhunderts umgeben zu sein. Zwangsläufig stehen daher die meisten Typen, die im Morriskreis entstanden, dem Möbelbau des achtzehnten Jahrhunderts näher als dem gotischen Ideal.

Und doch können wir vielleicht besser als die vorangegangene Generation verstehen, was Ruskin und Morris zum Mittelalter hinzog. Es bildete für sie den größ-

---

57 Wie stark der Einfluß des herrschenden Geschmacks war, geht aus der vielfach aufgelegten Vorbildsammlung von Georg Hirth *Das Deutsche Zimmer. Anregungen zu häuslicher Kunstpflege*, München, ⁵1886, hervor. Hirth, der spätere Begründer der Zeitschrift *Jugend*, die dem Jugendstil den Namen gab, zeigte in seinem *Deutschen Zimmer* Stilleben aus Helmen, Degen, Pokalen, die ein Tapezierer oder Dekorateur als Ausschmückung für eine großbürgerliche Wohnung aufbaute.

58 Victoria and Albert Museum, South Kensington, Katalog zu *An Exhibition in Celebration of the Centenary of William Morris*, London, 1934, Tafel XI: Schrank, entworfen von Philip Webb (1861) und mit Szenen aus der St.-Georgs-Legende bemalt von William Morris.

ten Gegensatz zur Mechanisierung der eigenen Zeit. Aber es gab keine direkte Wiederanknüpfung, keine direkte Weiterführung, da mehr als ein Dutzend Generationen dazwischen lagen.

Die Möbel des Tapezierers

Das bequeme Möbel, das der Tapezierer geschaffen hat, besitzt keine klaren Umrisse und keine straffe Struktur. Es ist knochenlos geworden.

Die Struktur der Sessel und Sofas hat sich in die Polster zurückgezogen. *La victoire de la garniture sur le bois,* »Sieg der Vermummung über das Holz« nennen die Franzosen diesen Vorgang[59].

Man bedient sich jedes Mittels, um die Lehnstühle, Sofas, Diwane, Ottomanen so schwer und so voluminös wie möglich zu machen. Fransenwerk, oft einen Fuß lang, verdeckt selbst die Stümpfe, die von den Beinen übrig bleiben, so daß die Möbel mehr und mehr überdimensionierten Kissen gleichen. Plüsch in stumpfem Rot überdeckt sie, zuerst einfarbig und später in orientalisierender Musterung.

Diese pelzartigen Stoffe, die die Flächen- und Walzenkissen einhüllen, entwerten das Holzwerk wie Moospolster, die gefällte Baumstämme überspinnen. Schwere und unbeholfene Möbel haben die Situation in der zweiten Jahrhunderthälfte beherrscht. Das Second Empire hat diese Linie zur vollen Entwicklung gebracht, und die Restauration hatte sie in den dreißiger Jahren vorbereitet. Wenn Honoré de Balzac in *Une fille d'Eve* (1838) einen Raum beschreibt, betont er immer wieder die Vorliebe für weiche Stoffe, für Kaschmir und für weiche Teppiche. »Die Füße berühren den weichen Flor eines belgischen Teppichs, dick wie Rasen.«

DER EINFLUSS DES ORIENTS

Die schweren Stühle und Sofas entstehen im Gefolge romantisch-orientalisierender Strömungen. In der Literatur vermittelt Victor Hugo in seinem erfolgreichen Gedichtband *Les Orientales* (1829) als einer der ersten die kommende Einstellung seiner Zeit zu einem Morgenland mit märchenhaftem Kolorit.

Aber dieser Einfluß konnte sich erst auswirken, als die Maler den *goût du pittoresque oriental* vermittelten. Im Salon von 1831 reagierte das Publikum sofort mit großer Begeisterung auf die orientalischen Genreszenen von Decamps und besonders auf sein Hauptbild »Ronde de Smyrne«[60]. Sie waren das Resultat einer kleinasiatischen Reise, die Decamps 1828-29 auf der Suche nach malerischen Eindrücken unternommen hatte[61].

---

59 Havard, *Dictionnaire de l'ameublement,* Bd. IV, Sp. 623.
60 Metropolitan Museum, New York.
61 Jean Alazard, *L'Orient et la peinture française au XIXme siècle, d'Eugène Delacroix à Auguste Renoir,* Paris, 1930, verfolgt eingehend die aufeinander folgenden Phasen des orientalischen Einflusses.

209. Der orientalische Einfluß. Léon Feuchère: Rauchzimmer im orientalischen Stil. 1842. *In den dreißiger Jahren galt es als Anachronismus, in mittelalterlichen und Renaissance-Interieurs zu rauchen. Wie der Mittelalter-Erwecker Pugin erklärt: »Der Stil eines Bauwerks sollte so mit seinem Gebrauch übereinstimmen, daß der Betrachter sofort den Zweck gewahren kann, zu dem es errichtet wurde.« Der Pfeifenständer erlaubt, ein herausragendes Objekt in die Mitte des Raums zu stellen, genauso wie der »Blumenständer« des Empire (Abb. 194) und die spätere borne (Abb. 212).*

210. Rauchzimmer im orientalischen Stil. 1879. *Der orientalische Einfluß war durch das ganze neunzehnte Jahrhundert hindurch direkt und indirekt spürbar und trug dazu bei, die Düsternis der Interieurs in den letzten Jahrzehnten zu verstärken.*

406

211. Die Füllung des Raumes: die *borne* unter Louis Philippe. »Abendgesellschaft beim Herzog von Orléans«, 1843. *Unter Louis Philippe besetzte ein Art Doppelbett mit rudimentärer Arm- oder Rückenlehne die Mitte des Raums. Seine Zentralstellung spricht für den zunehmenden* horror vacui *des Jahrhunderts. Der anmutige Druck zeigt, daß die vornehme Gesellschaft eine zwanglose Haltung akzeptierte. (Jules Janin,* Un hiver à Paris, *Paris* 1843)

Als Eugène Delacroix drei Jahre später, im Salon von 1834, seine »Femmes d'Alger« zeigte, hatten auch sie, trotz herberer Auffassung, einen unmittelbaren Erfolg[62].

Eugène Delacroix, der ein scharfes Auge für Bewegungen besaß, interessierte die Sicherheit und Würde, die ihm am Gehabe der Berber auffiel. Er sah in ihrer freien Haltung lebendige Überreste der Antike; das hat Baudelaire, einer von Delacroix' frühesten Bewunderern, bereits seinen Zeitgenossen mitzuteilen versucht. Diese Auffassung des Orients war gewiß verschieden von der der Motivsucher. Die Medien und die Talente, in denen der Orient sich spiegelt, sind sehr verschieden. Delacroix' Konzeption hat nur sehr entfernt mit dem Orient des Tapezierers zu tun. Als Ganzes genommen wird jedoch der Einfluß des Orients zu einem Stück des Jahrhunderts.

---

62 Die französische Regierung kaufte das Bild auf der Stelle. Die Eindrücke, die Decamps auf seiner Kleinasienreise 1828 und Delacroix auf seiner Fahrt nach Algerien und Marokko 1832 hatten, blieben ihnen stets lebendig, obwohl keiner von beiden die Reise wiederholte.

Vorschläge für die Verwendung orientalischer Motive in der Kunstindustrie tauchen bald auf. 1836, zwei Jahre nach Delacroix' »Femmes d'Alger« stellt Aimé Chenavard (1798-1838) in seinem *Album Ornemaniste*[63] arabische und persische Muster für die *tentures*, die dem Direktorium so teuer waren, vor; auch ein persischer Teppich war dabei[64]. Persische Muster werden von der europäischen Industrie erst nach der Jahrhundertmitte imitiert.

Die orientalischen Motive bilden nur einen schmalen Ausschnitt in Chenavards *Album*. Sie gehören in die lange Reihe der Stile, die im Frankreich der dreißiger Jahre die historische Vorratskammer für die Industrie vorbereiteten. Als Berater der Porzellanfabrik von Sèvres und der königlichen Teppichmanufaktur von Beauvais hatte Chenavard einen gewissen Einfluß. Sèvres führte seine Renaissancevasen und Glasgemälde aus, die er selbst »Imitationen von Gemälden des 16. Jahrhunderts« nennt[65], und Beauvais seine Wandteppiche und Paravents[66]. Es handelt sich dabei um *Einzelstücke*. Diesen Modellen haftet bereits eine epigonenhafte Totenstarre an, die die spätere Massenfabrikation in alle Stuben brachte. Und wie gelegentlich des Empirestils ist zu betonen, daß der herrschende Geschmack vorhanden war, ehe die Mechanisierung eingreift. In der Zeit, in der die Engländer die Produktionsmittel (Stanzen, Pressen, Ersatzmaterial) für die Kunstindustrie erfanden, schufen die Franzosen die geistigen Schablonen für den herrschenden Geschmack. Chenavard, zweifellos ein Initiator auf diesem Gebiet, wirkte durch seine Vorlagebücher stärker als durch die kunstgewerblichen Gegenstände, die er für den Hof des Bürgerkönigs entwarf. Sensible Zeitgenossen haben sogleich die Atmosphäre erkannt, in der man sich bewegte, und die das Jahrhundert über anhalten sollte: »Wir haben den Stempel unserer Zeit weder auf unseren Häusern noch auf unseren Gärten noch auf sonst irgend etwas hinterlassen«, sagt Alfred de Musset 1836, »wir haben aus allen Jahrhunderten außer dem unseren gepflückt, (...) wir leben nur von Resten.« Unser Interesse gilt jedoch nur der immer stärker werdenden orientalischen Welle, wie sie sich in den Mustersammlungen für die Kunstindustrie darstellt. Erst in den siebziger Jahren wirkt sich die Herrschaft des Tapezierers voll aus.

Für das neunzehnte Jahrhundert war der Orient zugleich das Farbige und Abenteuerliche, das Romantische und Märchenhafte, ja er repräsentierte in gewissem Sinn eine Weisheit der Lebenshaltung, die, so fühlte man, der eigenen Zeit verlorengegangen war.

Überall taucht sein Einfluß auf: In unzähligen Genrebildern des herrschenden Geschmacks, in den »Odalisken« genannten ruhenden Frauengestalten von In-

---

63 Paris 1836.
64 Ebenda, S. 64. Motifs Persans, Tafel 44, Bordures Arabes, Tafel 59, Tentures, Tafel 55.
65 Glasmalerei, ebd., Tafel 24. Wandteppiche und Paravents, Tafeln 31 und 35.
66 Chenavards Entwürfe finden sich in seinem *Recueil de dessins de tapis, tapisseries, et autres objets d'ameublement executés dans la manufacture de M. M. Chenavard à Paris,* Paris 1833-35, Tafel 24. Auch ein »Intérieur Turque« (Tafel 117) befindet sich darunter, doch handelt es sich dabei um eine Theaterdekoration. Chenavard selbst war diese Art Arbeit gewohnt und renovierte verschiedene Pariser Theater. Eine präzise Aufdeckung der Entstehung des herrschenden Geschmacks fehlt.

213. Englische Ottomane. Um 1835. *Das englische Gegenstück zur* borne *war von bescheideneren und klareren Umrissen und ohne Fransen.* (*Thomas King,* Cabinet Maker's Sketchbook, 2. *Auflage*) ▼

212. Pariser *borne* mit Blumenständer für den Mittelpunkt eines Salons. 1863. *Das große runde oder vierblättrige Sofa, in Frankreich* borne *genannt, war normalerweise* »pour le milieu du salon« *bestimmt. Die* borne *läßt sich auf Percier und Fontaines Blumenständer von* 1800 *und die* jardinière *von* 1842 *mit ihrem Umkreis von Sitzen zurückführen* (*vgl. Abb.* 193, 194.). (*A. Sanguinetti,* L'Ameublement au XIXe *siècle, Paris* 1863)

214. Französische *borne.* Anfang der achtziger Jahre. *Die typische* borne *mit Kegelstumpf-Lehne findet sich gegen Ende des Jahrhunderts in Hotelhallen, Wartesälen oder Gemäldegalerien. Die natürliche oder künstliche Palme bezeichnet einen Rest-Blumenständer, der fortlebt wie der Wurmfortsatz im Menschen.* (*Havard,* Dictionnaire de l'ameublement)

gres um 1800 bis zu Henri Matisse. Er ist in den Versuchen (um 1850) spürbar, das türkische Bad ins industrielle England einzuführen, in den Villen im »maurischen Stil« wie in der Übernahme von echten oder maschinengewobenen »persischen« Teppichen.

Der mechanisierte Mensch des neunzehnten Jahrhunderts fühlt sich zu einer Atmosphäre hingezogen, die der seinen entgegengesetzt ist. Im Osten hat jeder Zeit, ob reich oder arm. Im Westen keiner. Im Osten wurzelt die Lebenshaltung in der Entspannung, im Westen in der Anstrengung.

Der Einfluß des Orients gehört in den großen Zusammenhang der Fluchtbewegungen, die dem Gefühlsleben des vergangenen Jahrhunderts seine tragische Note geben. Man fühlte sich nicht wohl in der Haut, in der man lebte. Die Resultate konnten nicht anders als grotesk sein. Die orientalischen Räume waren ruhig und leer, die Lager aufs engste mit den Wänden verwachsen. Sobald aber der Tapezierer daraus Polstermöbel mit Sprungfedern macht, stehen sie plötzlich isoliert im Raum.

So banal auch der Osten in den Händen des Tapezierers wurde, der orientalische Einfluß erwies sich als hartnäckiger als die meisten anderen stilistischen Vorbilder. Der Einfluß des Mittelalters, der in der romantischen Zeit so in den Vordergrund gebracht wurde, schwand dahin, ohne im Haus entscheidende Spuren zu hinterlassen. Wichtiger waren die stets wiederkehrenden Louis-Stile. Aber trotz ihrer häufigen Wiederkehr war ihr Einfluß geringer, als es den Anschein hat.

Der Einfluß des Orients wirkt vielfach unter der Oberfläche. Er ist nicht immer sofort erkennbar. Die Vorliebe für dämmerige Interieurs in der zweiten Jahrhunderthälfte ist auf ihn zurückzuführen. Wie stark er das Möbel beeinflußt hat, soll im folgenden gezeigt werden.

TYPEN DES POLSTERMÖBELS

Frankreich war das erste Land, das den orientalischen Einfluß zum Ausdruck brachte, und hier kamen zuerst Polstermöbel in Mode. Dadurch wurde Frankreich tonangebend für das Mobiliar, das den Geschmack des neunzehnten Jahrhunderts repräsentierte. Dies geschah in den späten dreißiger Jahren im Anschluß an den Erfolg von Delacroix und Descamps in der Malerei.

Der Diwan. Es braucht kaum betont zu werden, daß der orientalische Einfluß nicht erst in den dreißiger Jahren begann und daß zum Beispiel unter Ludwig XV. ein elegantes Möbel aufkam, das man *turquoise* nannte und das aus drei Kissen bestand, die als Sitze dienten, und aus mehreren losen Kissen, die gegen die Wand gestellt wurden.

Thomas Sheraton entwarf auch ein »türkisches Sofa«, das eine Nische umlief und durch zwei eingestellte Säulen vom übrigen Raum getrennt wurde. In diesem

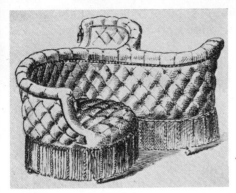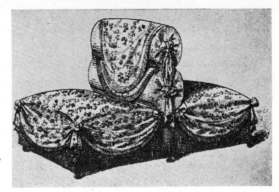

215. Links: Französischer dreisitziger *confident*. Ende der siebziger Jahre. *Der französische Polsterer entwarf pausenlos Phantasiesessel mit neuen Namen. Der* confident *war ein intimes Sitzmöbel aus zwei oder mehr s-förmig verbundenen Stühlen.* (*Havard,* Dictionnaire de l'ameublement)

216. Rechts: Französischer »Schmollstuhl«, um 1880. *Die* boudeuse *ist ein Zwillingsstuhl für das Gesellschaftszimmer, bei dem sich die Sitzenden den Rücken zukehren. Er ist vollständig überzogen.* (*Havard,* Dictionnaire de l'ameublement)

217. *Pouf.* Um 1880. *Der* pouf, *ein Lieblingsstück des herrschenden Geschmacks, wird beschrieben als ein »großes, zylindrisches und gepolstertes* tabouret *mit langen und dicken Fransen und ohne sichtbares Holzwerk«.* (*Havard,* Dictionnaire de l'ameublement)

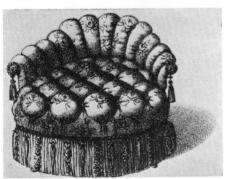

218. Links: Französischer *fauteuil bébé.* 1863. *Ein Sessel mit niedriger Rückenlehne, der die Formen von* pouf *und Gondel kombiniert.* (*A. Sanguinetti,* L'Ameublement au XIXe siècle)

219. Rechts: Englischer Rücken-an-Rücken-Sitz. Um 1835. *Wie bei der englischen Version der* borne *ist die Form klarer umrissen als bei den französischen Modellen. Frankreich war die Geburtsstätte des herrschenden Geschmacks.* (*Thomas King,* Cabinet Maker's Sketchbook)

411

U-förmigen Sitz, der bescheiden die Wand säumt, zeigt sich die Verschiedenheit in der Raumauffassung zwischen dem neunzehnten und dem vorangegangenen Jahrhundert.

Im neunzehnten Jahrhundert beginnt ein neues Kapitel. Die Entwertung der Symbole und die Entwertung des Raumes gehen Hand in Hand. Das Möbel wird zu einem Mittel, den Raum zu füllen. Der erste Schritt besteht in einer Steigerung seines Umfangs.

Im gleichen Jahr (1834), in dem Delacroix seine »Femmes d'Alger« ausstellte, beschreibt Balzac in seinem Roman *La fille aux yeux d'or* ein Boudoir, das jene weiche Atmosphäre verrät, die im Verlauf des Jahrhunderts voll zur Auswirkung gelangt. Seine Phantasie beschäftigt vor allem ein ungeheurer türkischer Diwan. Die Hälfte des Boudoirs beschrieb eine weiche, elegante Kurve, »mollement gracieuse«, die mit einem türkischen Diwan geschmückt war. Balzac muß seinen Lesern das Möbel freilich erklären und fährt fort: »Ein türkischer Diwan ist eine auf die Erde gelegte Matratze, aber eine Matratze von der Breite eines Bettes; es war ein Diwan in weißem Kaschmir von fünfzig Fuß Umfang. Die Rückwand dieses ungeheuren Bettes reichte einige Fuß über eine Flut von Kissen.« Wie sehr die Zeit Kissen liebte, zeigt etwa Boningtons »Reclining woman« von 1826 (Abb. 233).

Auch in die öffentlichen Lokale dringen die Diwane ein, allerdings in der strengeren Form von gepolsterten Bänken. Sie übertragen ihren Namen auf das ganze Lokal, das nun *café divan* genannt wird. Zuerst tauchen Diwane in den Pariser literarischen Cafés auf. »Der erste Diwan öffnete um 1838 in Paris. Das Café divan in der rue Pelletier war lange Zeit ein Künstlertreffpunkt.«[67] Gérard de Nerval, der Romantiker, aber auch Honoré de Balzac waren dort zu finden. Es verschwand gegen 1859, als Haussmann seine Umgestaltung von Paris begann[68]. In dem Paris von 1850 tauchen Diwan-Bänke überall auf, selbst in den öffentlichen Passagen und in den Galerien. Bis heute sind die typisch für die Pariser Restaurants und bestimmen die Anordnung der Tische entlang den Wänden.

Phantasiestühle - Sièges de fantaisie. Wie im Amerika der Vollmechanisierung jedes Jahr neue Formen von Herden und Kühlschränken herausgebracht werden, um die Kauflust zu steigern, so erfanden die französischen Polsterer stets neue Modelle und neue Namen. Diese *sièges de fantaisie*, wie die Franzosen sie nannten, waren Modemöbel und lebten wie modische Hüte eine kurze Saison lang. Es waren Kombinationen von verschiedenen Stühlen, die der Tapezierer verzierte. So nannte man zwei Stühle, die eine Sinuslinie miteinander verband, *confident* (Beichtstuhl), doch zögerte man nicht, auch drei Stühle wie Radspeichen miteinander zu verbinden und nannte sie ebenso. Dann wieder fand man eine Kombina-

---

67 Larousse, *Dictionnaire du XIVme sièae*, Paris, 1870, Art. »Divan«.
68 Ebenda.

tion reizvoll, bei der man einander gegenüber zu sitzen kam (vis-à-vis) oder andere, bei denen man Rücken an Rücken saß (dos-à-dos). Aus diesen entwickelt sich in den siebziger Jahren die *petite boudeuse* (»Schmollstuhl«, Abb. 216). Havard versichert in seinem Handbuch: »Diese Arten von Sesseln sind sehr modern.«[69] Auch hier saß man Rücken an Rücken. Die Rücklehne dieses »Schmollstuhles« besteht nun aus zwei großen übereinander gestapelten Walzenkissen, über die eine freundliche Draperie geworfen wird. Der Doppelsitz war außerdem von Festons geschmückt. Das sind nur einige Beispiele, zufällig aus der Fülle herausgegriffen.

Kissenhocker (pouf) und kreisförmige Sofas (borne). Um 1845 kamen in den französischen Salons die *poufs* auf, »große zylindrische Tabourets, reich bestickt und mit einer langen, dichten, zum Boden reichenden Franse«[70]. Der *pouf* verändert und orientalisiert – im Sinne des neunzehnten Jahrhunderts – die Form des zierlichen Tabourets, das zu benützen ein Vorrecht des Hochadels am Hofe Ludwigs XV. war. Théophile Gautier deutet, wie Havard hervorhebt, einmal an, was für einen reizenden Anblick es böte, in einem Salon schöne Frauen auf *poufs* sitzen zu sehen. Man konnte sie wie Plastiken von allen Seiten betrachten. Diese *poufs* geben außerdem einen ersten Hinweis auf die Haltung, die das neunzehnte Jahrhundert liebte. Unwillkürlich nimmt der Sitzende auf dem kreisrunden Kissenmöbel eine kauernde, wechselnde Haltung ein. In den sechziger Jahren erhalten sie gelegentlich das Rudiment einer Lehne (fauteuil bébé, Abb. 218). Sie werden immer niedriger, kissenähnlicher, und die Zeitgenossen tadeln, daß sie allzusehr zu einem Tummelplatz des Tapeziers geworden sind. Tatsächlich sehen die plattgedrückten Tabourets um 1880 einem Geburtstagskuchen ähnlicher als einem Möbel (Abb. 217).

Verwandt mit dem *pouf* ist eines der voluminösesten Möbel der Zeit, das in der Mitte des Salons oder in großen Sälen an den beiden Enden stand. Von dieser Stellung an den Raumenden leiten die Franzosen seinen Namen ab: *borne* (Randstein)[71]. Es war ein Riesensitz oder wenn man will Sofa, oft von über zwei Meter Durchmesser, das in den verschiedensten Formen und Ausführungen in den Handel kam: viereckig, polygonal, kreissegmentförmig, kleeblattförmig und schließlich kreisrund, die spätere Standardform. Im Tuilerienpalast Napoleons III. stand in der Salle de Conseil eine dieser *bornes* ohne Lehne, so daß sie einem Riesenpouf glich[72].

Typisch jedoch ist der kreisrunde Sitz mit einem gepolsterten Kegelstumpf als Lehne. Ob dieses Möbel, wie behauptet wird, in die Empirezeit zurückreicht, da-

---

69 Havard, a.a.O., Bd. I, Sp. 357.
70 Ebenda, Bd. IV, Sp. 623.
71 »Dans les galéries où dans les très grands salons on plaçait un des ces sièges à chaque extrémité, de là son nom de borne«, J. Deville, a.a.O., S. 43.
72 »Salle de Conseil de Napoleon III«, Aquarell von F. D. Fournier (Collection Firmin Rambeaux), Abbildung in: Henri Clouzot, *Des Tuileries à St. Cloud*, Paris, 1925.

220. Kleidung des herrschenden Geschmacks: die neue ideale Tournüre. Achtziger Jahre. (*Werbeblatt, Bella C. Landauer Collection, New York Historical Society*)

für konnten wir keinen Beleg finden. Wahrscheinlicher scheint uns zu sein, daß die Standardform, der kreisrunde Sitz mit der Kegelstumpflehne, aus dem Pflanzen, Vasen, Statuen oder Lampen wuchsen, auf Gebilde wie den Blumentisch wie ihn Percier und Fontaine um 1800 ausführten (Abb. 193), zurückgehen. Einer der anämischen spätromantischen Zeichner, Leon Feuchère (1804-1851), der großen Einfluß auf die Bildung des herrschenden Geschmacks hatte, entwirft in seinem Stahlstichwerk *L'Art Industriel* (1842) »une grande jardinière entourée de divans« (Abb. 194). In ihrem plastischen Aufbau ist diese *jardinière* noch aufwendiger wie jene der Empirezeit. Der Diwan besteht aus einer Reihe von Stühlen, die den Aufbau umschließen. Daß aus dem Zentrum der Kegelstumpfrücklehnen der achtziger Jahre immer irgend etwas wächst, deutet auf den ursprünglichen Zweck. Diese wirklichen oder künstlichen Palmen sind Rudimente des Blumentisches, die – wie der Wurmfortsatz des Blinddarms – weiterexistieren, auch wenn die ursprüngliche Funktion vergessen wurde. Viel aufschlußreicher ist jedoch die innere Zusammengehörigkeit zwischen dem mehrstöckigen Blumentisch, den Percier und Fontaine um 1800 für die Mitte eines schwedischen Salons bestimmten, und den kreisrunden Riesensitzen der achtziger Jahre: beide zeigen, daß der Sinn für die klare Entfaltung des Raumes geschwächt war. »Heute [1878] ist man so wild darauf, diese Sitze um sich zu haben, daß man gelegentlich in einem kleinen Salon von von vier Meter Länge einen Sitz von zwei Meter Durchmesser findet.«[73]

---

73 Deville, a.a.O., S. 43.

414

221. Malerei des herrschenden Geschmacks: »La grande Tza«, Bukovac (Schule von Cabanel, neunziger Jahre).

Mittelalter wie Barock hatten die Raummitte, die hier aus einem Horror vacui heraus mit Volumen gefüllt wird, unangetastet gelassen (Abb. 212, 214).

In den vierziger Jahren kamen diese Sofas in Raummitte in Mode. Wie auf der glänzenden Gesellschaft des Herzogs von Orléans (1843) stellte man zuerst ein französisches Doppelbett – ohne Rahmenwerk natürlich – in die Mitte des Zimmers (Abb. 211)[74]. Die Blütezeit hatte die *borne* im und kurz nach dem Seconde Empire. Dieses Sofa in Zimmermitte verbreitete sich rasch überall und ist früh an unerwarteten Stellen zu finden. Downing, ein berühmter amerikanischer Gartenarchitekt, dessen Tätigkeit in die erste Jahrhunderthälfte fällt, und der ausdrücklich »guten Geschmack« und größere Einfachheit für ein Landhaus fordert[75], empfiehlt 1850 besonders die »oktogonale, gepolsterte Ottomane«. »Vielleicht«, so meint er, »ist dieses oktogonale Sofa, das in die Mitte eines großen Raumes zu stehen kommt, die sympathischste Form dieser Art.«[76] In den sechziger Jahren ist dieses Sofa »capitonniert« und oft mit Damast oder Cretonne überzogen, späterhin fast standardmäßig mit rotem Plüsch und bis zum Boden herabhängender *frange royale*. Auch im gleichzeitigen England liebte man diesen Sitz

74 Jules Janin, *Un hiver à Paris*, Paris, 1843, S. 141.
75 A. J. Downing, *The Architecture of Country Houses*, New York 1850, S. 409.
76 Ebenda, S. 427.

415

222. Ansicht eines *fauteuil confortable* in surrealistischer Interpretation, Max Ernst, 1934. *Im Halbdunkel steht erhöht ein* confortable, *seine* frange royale *fließt zu Boden. Eine Nackte ist aus ihrem Goldrahmen herabgestiegen ...* (*Max Ernst,* Une semaine de bonté, *Paris,* 1934)

in Zimmermitte in den verschiedenartigsten Formen, durchgehend jedoch bescheidener im Umfang und klarer im Umriß. Kein Fransenwerk (Abb. 213). Später wanderten diese großen Sofas aus den Gesellschaftsräumen in Hotelfoyers, Gemäldegalerien und Wartesäle. In der bürgerlichen Wohnung wurden sie gegen 1900 durch die Ecksofas ersetzt.

Kissenlehnstühle – Confortables. Diese Beispiele mögen genügen, um anzudeuten, wohin die Entwicklung ging. Viele der auf den Markt kommenden Modelle verschwanden rasch, aber einige erwiesen sich als sehr zählebig.

Das waren vor allem die Kissenlehnstühle, die sogenannten *confortables* (Abb. 223). Ihre Kennzeichen sind ein ganz verkleidetes und mit Stoff überzogenes Gerüst, voluminöse Kissen, die sich über Sprungfedern wölben. Wir können diese Gattung, die weiteste Verbreitung gefunden hat, bis zu ihrem Ursprung in der Zeit Louis Philippes zurückverfolgen. Auch der Name des Pariser Tapezierers, der

223. Polstersessel *confortable,*
um 1880. *Der* confortable *auf
seinem Höhepunkt. Das Skelett
ist vollkommen stoffverkleidet,
und die Armstützen sind zu zylindrischen Kissen angewachsen. Das Ganze erscheint als
eine auf wunderbare Weise zu-
sammengehaltene Ansamm-
lung von Kissen.* (Havard, Dictionnaire de l'ameublement)

zum ersten Mal die Stühle ganz mit Stoff überzog, sowie die Gründe, die ihn dazu
bewogen, sind bekannt.

»Seit 1838 kann man die Sessel, die man *confortables* nennt, nachweisen. Dervilliers, ein Tapezierer jener Zeit ist es, der die *bergères* durch Sessel ersetzt hat,
deren Polsterung aus Sprungfedern besteht.«[77] Damit war das Losungswort für
eine nahezu unabsehbare Reihe verschiedenartigster Stuhlformen und Sofas gegeben. Ausgangspunkt waren die Sprungfedern. Dervilliers' ersten »fauteuil éla-
stique«, den er 1834 ausstellte, nannte er schon damals *confortable*[78]. Das Holzwerk war noch sichtbar und nicht mit Stoff überzogen; die Füße standen frei.

In den dreißiger Jahren taucht die erste Rokokowelle auf, der im Verlauf des
Jahrhunderts noch mehrere folgten. So erklärt es sich, daß auf die *bergère-en-gon-
dole*, die den ganzen Rücken umspannte, zurückgegriffen wurde. Die Modelle, die
Dervilliers 1838 auf den Markt brachte, waren völlig mit Stoff überzogen. Der
Grund dafür war folgender: Eisen ließ sich leicht biegen, deshalb machte er die
Armaturen dieser gondelförmigen Sessel aus Eisen[79]. Diesen eisernen Rahmen

---

77 Jules Deville, a.a.O., S. 21. Auch Havard, a.a.O., Bd. I, Sp. 581, akzeptiert diese Angabe.
78 Über diese Stühle findet sich im Ausstellungsbericht von 1834 folgende Bemerkung: »Les fauteuils élastiques de
    M. Dervillé (die Schreibart weicht von der bei Havard und Deville gegebenen ab) à Paris, qu'il qualifie de *confor-
    tables*, nous ont paru élegants tout à la fois et très commodes, sans que leur prix soit à beaucoup près aussi élevé
    que celui des *meubles du même genre* qui nous avaient été envoyés d'abord d'Angleterre et de l'Allemagne. C'est
    à se rendre tels que s'en étudiait longtemps cet ébéniste-tapissier.« *Musée Industriel, description complète de l'ex-
    position des produits de l'industrie française faits en 1834,* Paris, 1834, Bd. 3, S. 159.
79 Deville, a.a.O., S. 21.

konnte man nicht den Augen des Publikums aussetzen und überzog ihn deshalb völlig. Man ging zwar bald (1840) von eisernen Rahmen ab, da sie sich leicht verbogen, und verwendete zusammengeleimtes Buchenholz, das sich als stabiler erwies. Die Gewohnheit aber, den Stuhl völlig zu überziehen, als handelte es sich um ein Kissen, wurde beibehalten.

In den folgenden zwei Jahrzehnten blieb auch die Grundidee der *bergère*, den Stuhl der Körperhaltung anzupassen, bestehen. Die Sessel nehmen an Schwere zu. Ihre Kontur wird langsam aufgeweicht, wie etwa bei dem *confortable sénateur* (1863)[80]. Diese Fauteuils mit ihrer hügelförmig behandelten Oberfläche betonen das Kissen- und Matratzenhafte. Diese Art der Behandlung (capitonné) ist unschwer zu erklären: man verwendete als Auflage die kleinfaserigen Baumwoll- und Wollabfälle der mechanischen Spinnereien. Außerdem erhielten die Möbel dadurch jenes fleischige Aussehen, das man in den sechziger Jahren bereits liebte. Quastenwerk und Fransen verstärkten den Eindruck. Die Dimensionen nehmen zu und die Beweglichkeit ab. Die Armlehnen verwandeln sich in zwei runde Walzenkissen, ähnlich wie wir sie an der Rücklehne der *boudeuse* beobachten. Der Sitz wie der ganze Stuhl erscheinen dem unbefangenen Auge wie eine Ansammlung von Kissen, die auf mirakulöse Weise zusammengehalten wird (Abb. 223). Dieser orientalisierende Einfluß vollzieht sich auf fast tyrannische Weise. Die Kopfstützen fehlen – man liebt niedrige, gedrückte Proportionen. Die Walzenkissen rechts und links halten den Körper in frontaler Stellung.

Dies ist das Modell, das seit ungefähr 1880 in jedem Haushalt zu finden ist. Gewöhnlich gehen diese schweren Polsterstühle mit einem Sprungfedersofa zusammen, das gleichfalls walzenförmige Kissen an beiden Enden aufweist, keine Beine, aber einen hohen Aufbau mit Etagère hat, der für Nippsachen vorgesehen war. Diese schweren Kissenmöbel sind fast zum Symbol des herrschenden Geschmacks geworden. Sie drückten auf ihre Weise die Gefühle aus, welche die Massen faszinierten. Sie wären auf alle Fälle entstanden, aber etwas förderte ihre Verbreitung mehr als alles andere: ihre Herstellung war eng mit der Mechanisierung verknüpft. Sie machte sie dem breiten Publikum zugänglich.

MECHANISIERUNG UND POLSTERMÖBEL

Spiralfedern. Vom Standpunkt des achtzehnten Jahrhunderts aus schienen diese Polstermöbel künstlich aufgeblasen. Die Spiralfedern verlangten, um sich elastisch auszuwirken, eine größere Höhe als Roßhaar oder Federfüllung. Sie bestan-

---

80 A. Sanguineti, *Ameublement du XIXme siècle, exécuté par les principaux fabricants et décorateurs de Paris d'après les dessins de A. Sanguineti*, Paris, 1863, S. 26.

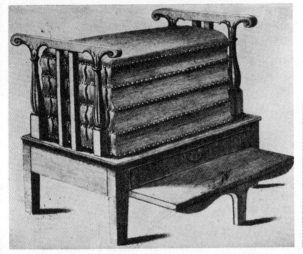

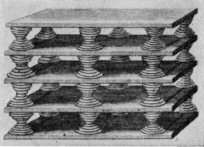

224. Federn zu Übungszwecken: Thomas Sheraton, Chamber Horse, 1793. *Der große Möbelbauer entwarf dieses »Zimmerpferd« für den Gentleman, der unabhängig vom Wetter seine Reitübung wünschte. Da Sheraton nur Federn von sehr geringer Ausdehnung erhalten konnte, benutzte er mehrere, durch dünne Bretter getrennte Lagen.* (*Thomas Sheraton,* Appendix to the Cabinet Maker and Upholsterer's Drawing Book)

den aus zwei umgekehrten Kegelstümpfen aus Eisendraht, die mit der einen Breitseite an Gurten befestigt waren. Über ihnen kam eine dünne Roßhaarschicht zu liegen, über die sich der Stoff spannte. So wurde das Möbel zu einem Matratzengeschicht.

In den *confortables* wurden zum ersten Mal in größerem Maße Sprungfedern im Möbel verwendet. Es war die Zeit, in der man sie mechanisch billig herstellen konnte.

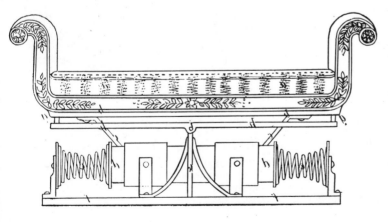

225. Federn zur Verhütung von Seekrankheit: federnder und schwingender Sitz. 1826. *Dieser erste federngepolsterte Stuhl, den sich ein englischer Erfinder patentieren ließ, war eine schwingende Konstruktion »zum Gebrauch an Bord, um die unangenehmen Wirkungen der Seekrankheit zu verhüten«.* (*Brit. Patent 5418*)

419

Die Zeit ihrer Erfindung steht nicht unmittelbar fest. Es heißt, daß ein deutscher Hufschmied zum ersten Mal Spiralfedern für Möbelzwecke verwendet habe[81]. Es spricht jedoch alles dafür, daß die Erfindung weiter zurückliegt.

Das achtzehnte Jahrhundert war außerordentlich geschickt darin, Federn für verschiedenartigste Zwecke zu benutzen: vom Antrieb seiner raffinierten Automaten bis zur Verwendung elastischer Stuhllehnen.

Englische Patente für Federn reichen bis zum Beginn des achtzehnten Jahrhunderts zurück. Ohne näher beschrieben zu werden, wird 1706 ein »mathematical instrument consisting of several springs for the ease of persons riding in coaches, chairs, and other conveyances« patentiert[82]. Auch liegen verschiedene Patente vor für Wagenfedern[83] und selbst für eine Maschine zu ihrer Herstellung[84].

1769 taucht der Name »Spiralfeder« auf, auch hier als »eine Methode zur besseren Konstruktion von Kutschwagen durch die Anbringung verbundener Spiralfedern«[85].

Wie die Entwicklung im einzelnen verlief, ist noch nicht völlig geklärt. Soweit

81 Deville, a.a.O., S. 179, spricht über diesen wie über andere Vorläufer nur in anekdotischer Form.
82 Brit. Patent Nr. 376, 1706.
83 Brit. Patent Nr. 470, 1724.
84 Brit. Patent Nr. 768, 1762.
85 Brit. Patent Nr. 932, 1769.

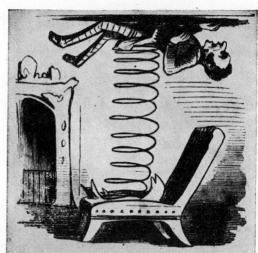

No. 5. Elastische Fauteuils von Gropius.

Man erhält einen Besuch und ladet ihn zum Sitzen ein. Der Fremde bewundert die Elasticität des Stuhls, will aber nicht glauben daß derselbe 24 Federn enthalte. Man schneidet daher rasch das Polster auf und der Gast büßt durch eine rasche nicht ganz unangenehme Bewegung seine Schwergläubigkeit.

226. »Elastische Fauteuils von Gropius.« Karikatur. Um 1850. (Kladderadatsch, *Berlin*)

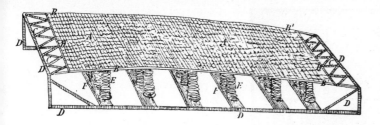

227. Frühe Drahtmatratze. (*Brit. Patent* 99, 12. *Jan.* 1865)

wir feststellen konnten, fällt das erste englische Patent, das Spiralfedern für Möbel verwendet, in das Jahr 1826. Aber es gibt Zwischenstufen, die niemals Patentreife erreichten.

Es heißt, Chippendale habe gymnastische Stühle erfunden, die aus mehreren Lagen von Sprungfedern bestanden. Thomas Sheraton gibt jedenfalls (1793; Abb. 224) genaue Einzelheiten und Zeichnungen seines »Zimmerreitapparates« (chamber horse), das für den Gentleman bestimmt war, der damit bei schlechtem Wetter seine Reitübungen im Zimmer ausführen konnte. Das Innere dieses Apparates »bestand aus fünf dünnen Brettern, die an den Enden miteinander verbunden waren«. Zwischen ihnen sitzen vier Lagen von Spiralfedern oder, wie Sheraton es ausdrückt, »an den Brettern werden starke Drähte befestigt, die in regelmäßiger Abstufung um einen Block gedreht waren, so daß, wenn der Draht während der gymnastischen Übungen zusammengedrückt wurde, keine Windung die andere berührte«[86].

Thomas Sheraton gibt so genaue Anweisungen für die Ausführung, wie man sie gewöhnlich nur bei einer neuen Erfindung macht.

Es ist übrigens bezeichnend für die Neuheit des ganzen Vorgangs, daß Sheraton nur sehr niedrige Federn konstruieren konnte und keinen anderen Ausweg wuß-

---

86 Thomas Sheraton, *Appendix to the Cabinet Maker and Upholsterer's Drawing Book*, London, 1793, Tafel 22, S. 43.

228. Amerikanische Drahtgeflecht-Matratze. 1871. (The Manufacturer and Builder, *Bd.* 3, *Nr.* 5, *Mai* 1871)

229. Die Drahtmatratze im Hause. Englische Kinderbetten, 1878. (*Lady Barker*, The Bedroom and Boudoir, *London*, 1878)

te, als dünne Bretter zwischen die einzelnen Lagen einzufügen, um die Federn vor dem Umfallen zu schützen. Gerade an diesem Punkt setzt die weitere Entwicklung ein.

Man beachte, daß in den frühen und späten Versuchen des achtzehnten Jahrhunderts Sprungfedern rein technisch angesehen wurden, entweder um Stöße aufzufangen und zu mildern (Wagenfedern) oder um Stöße wiederzugeben (chamber-horse). Der Reiter auf dem Reitapparat saß auf einem harten Brett und benutzte die Federung nicht etwa für seine Bequemlichkeit.

Und als 1826 Samuel Pratt[87] ein Patent für einen federnden Stuhl erhielt, dessen Sitzfläche nun tatsächlich mit Stoff überspannt war und der Bequemlichkeit zu dienen hatte, geschah auch dies im Prinzip, um Stöße aufzufangen und zu mildern, denn der erste federnde Polsterstuhl war für Seekranke bestimmt; er war, wie der Erfinder Pratt sagt: »als eine Schaukel gedacht. Die Absicht meiner Erfindung ist, einen *elastisch schwingenden Sitz* zu konstruieren, den man an Bord

---

87 Brit. Patent Nr. 5418. Samuel Pratt 1826. Er gibt an, daß das Patent »teils mir von einem Ausländer mitgeteilt wurde und teils meine eigene Entdeckung ist«.

eines Schiffes benutzt, um die Unannehmlichkeiten der Seekrankheit zu überwinden« (Abb. 225)[88].

Das »Kissen«, das vermittels Sprungfedern elastisch wird, ist für den Erfinder
nur eine Nebenerscheinung. Nicht uninteressant ist, daß das Kissen einen
»Schwingrahmen« aus Eisen besitzt, auf dem der Sitz aufmontiert ist. (So mag es
zu erklären sein, daß Dervilliers seine ersten elastischen Fauteuils mit eisernen
Rahmen versah.) Aus der Beschreibung geht hervor, daß das endgültige Verfahren, wie man später mechanisch elastische Kissen herstellte, gefunden war. »Auf
eine Grundlage von Segeltuch werden eine Anzahl von Spiralfedern verteilt, die
aus gebogenem Stahldraht in Form von Stundengläsern gemacht sind. Der untere
Teil dieser Federn wird auf das Segeltuch oder Gurte aufgenäht, während die
oberen Teile durch netzartige Verschnürung miteinander aufrecht gehalten werden.«[89]

Dem Erfinder kam es vor allem darauf an, die Stöße des Schiffes aufzufangen.
Deshalb hing er seinen federnden Sitz wie einen Waagebalken auf und verband
ihn mit vier großen seitlichen Stoßfedern: »unter einem Schwingrahmen werden
seitwärts Federn angebracht, um Druck abzufangen (. . .).«

Diese komplizierte Konstruktion zeigt, daß in England um 1830 die Mechanisierung gelegentlich in phantastischer und übertriebener Weise auch das Möbel zu
erfassen versuchte, kurz bevor das Patentmöbel in Amerika weiterentwickelt
wurde, und wie andererseits die Franzosen die neue Möglichkeit, Kissen aus
Drähten herzustellen, benutzten, um daraus ein Möbel des herrschenden Geschmacks zu bilden.

Bedenkt man, daß zur gleichen Zeit – in den zwanziger Jahren – auch Betten
und Stühle aus Metallröhren hergestellt wurden[90], so waren damit die technischen Voraussetzungen für eine Entwicklung gegeben, wie sie ungefähr ein Jahrhundert später zur Verwirklichung kam. Aber das Gefühl bewegte sich damals auf
einem ganz anderen Niveau als das technische Denken, und so ist es erklärlich,
daß die neuen Möglichkeiten im neunzehnten Jahrhundert ohne inneren Kontakt
mit den Gegenständen waren, deren inneres Gefüge sie bildeten. Hier zeigt sich
auf dem Gebiet des Komforts dasselbe Phänomen wie später in der Architektur,
als der Skelettbau mit stilistischen Spielereien umhüllt wurde.

Die Verbreitung von Sprungfedern für nichttechnische Zwecke ging ziemlich
langsam vor sich. Noch 1851 scheint es nicht überall eingeführt zu sein, daß Polstersessel Sprungfedern hatten. Als der bekannte Architekt Martin Gropius[91] in

88 Ebenda.
89 Ebenda.
90 Robert Walter Wingfield, Brit. Patent Nr. 5573, 4. Dez. 1827. Röhren oder Stangen für Möbel. Derselbe, Brit. Patent Nr. 6206, 20. Dez. 1831. Bettgestelle aus Röhren, Brit. Patent Nr. 8891, 22. März 1841; Bettgestell aus Metall.
91 Martin Gropius, 1824–1880, gehört zu den wenigen bedeutenden Architekten des dritten Viertels des 19. Jahrhunderts und wurde später vor allem durch seine sachlichen Krankenhausbauten sowie durch sein Berliner
Kunstgewerbe-Museum mit seinen weitgespannten Glasflächen im Innenhof bekannt. Er ist der Großonkel von
Walter Gropius.

230. Surrealistische Interpretation des Interieurs des neunzehnten Jahrhunderts, Max Ernst, 1929. *Von einem verglasten Bücherschrank starrt in Gestalt einer Gipsbüste die Frau mit den 100 Un-Köpfen herab und erschreckt den in Gedanken Versunkenen. Die aufgeprägten Löwenköpfe auf den Stühlen verwandeln sich in einen Riesenaffen. (Max Ernst, La femme 100 têtes, Paris 1929)*

den fünfziger Jahren Sessel dieser Art baute, machte sich das Berliner Witzblatt *Kladderadatsch* 1851 auf einer Seite, betitelt »Neue Erfindungen«, darüber lustig (Abb. 226).

Schließlich sei noch erwähnt, daß nach einer Reihe von Vorläufern (Abb. 277)[92] Federn in Form von gewobenen Drahtmatratzen um 1870 erfunden wurden. »Kürzlich machte man die Entdeckung, daß eine lange Spiralfeder aus dünnem Draht, wenn sie auf eine bestimmte Art zusammengelegt und in einer bestimmten Spannung gehalten wird, eine Art [elastisches] Gewebe von großer Stärke und Haltbarkeit bildet«[93] (Abb. 228).

In der ersten Freude der Erfindung ist es leicht verständlich, daß ihre Verwendbarkeit etwas übertrieben wird: »(. . .) so unwahrscheinlich es klingt: man kann diese Drahtgewebe vortrefflich als Schlafstätte, nur mit einer Decke darüber, benutzen. Die Oberfläche der Drahtmatratze ist so empfindlich wie Wasser, das jeder Bewegung nachgibt, sich aber stets wieder glättet.«[94]

---

92 Vgl. zum Beispiel Brit. Patent Nr. 99, 12. Jan. 1865.
93 *The Manufacturer and Builder*, Bd. 3, Nr. 5, Mai 1871, S. 97.
94 Ebenda.

231. Sarah Bernhardts Studio. 1890. (The Decorator and Furnisher, *New York*, 1891)

Ebenso wie bei der Erfindung der Eisenbetten um 1830, als man nicht an die Verwendung im Haushalt, sondern in Spitälern und Gefängnissen denkt, so denkt man nun, in den siebziger Jahren, an die neuen Verkehrsmittel: »Dampfschiffe, Schlafwagen (...) und wo sonst ein reinliches und kühles Bett erwünscht ist.«[95]

Gleichzeitig wird der elastischen Matratze ein Platz innerhalb der Polsterkategorie zugewiesen: »Diese Erfindung wird ihren Platz in der Polstermöbelindustrie erobern, und schon jetzt werden Ruhestühle, Wagensitze usw. damit ausgestattet. Vor Ende nächsten Sommers hoffen wir[96] ein sehr bequemes Gartenmöbel auf den Markt zu bringen, in dem man so bequem wie in einer Hängematte ausruhen kann (...).«[97]

Die luftigen Drahtmatratzen wurden rasch beliebt. In einer der handlichen, populären Serien jener Zeit – »Die Kunst im Haus« –, in denen das englische Publikum über vernünftige hygienische Wohnungseinrichtungen orientiert wird, heißt es 1878: »Ich möchte eine neue Art elastischer Matratze empfehlen. Sie sieht einem Panzerhemdgewebe ähnlich und besitzt einen dreifachen Vorteil in diesen

---

95 Ebenda.
96 Woven Wire Mattress Company, Hartford, Connecticut.
97 *The Manufacturer and Builder*, Mai 1871.

reisefreudigen Tagen: sie ist kühl, reinlich und leicht transportierbar.«[98] Lady Barker empfiehlt die Drahtmatratzen für die niedrigen eisernen Kinderbetten (Abb. 229).

Was geschieht mit der menschlichen Umgebung im neunzehnten Jahrhundert?

Die Geschichte des herrschenden Geschmacks im neunzehnten Jahrhundert mit den zugehörigen soziologischen und gefühlsmäßigen Verankerungen ist noch ungeschrieben. Hier wurden bloß einige Bruchstücke herausgegriffen, in denen die Macht der Mechanisierung spürbar wird.

Für die Mechanisierung der Ausschmückung beschränkten wir uns auf England. Um 1850 war dort die Mechanisierung weiter vorangeschritten als in jedem anderen Land: dort zeigten sich zuerst gefährliche Symptome; dort traten zuerst Warner und Reformer auf. Das heißt durchaus nicht, daß Frankreich auf diesem Gebiet keine Rolle spielte. Seit Colbert im siebzehnten Jahrhundert die Luxusindustrie in den Vordergrund stellte, gab Frankreich den Ton an. Es brillierte im Sinne des herrschenden Geschmacks auch auf den Weltausstellungen des neunzehnten Jahrhunderts. Die Kataloge der Ausstellungen und auch die der großen Pariser Firmen, die Statuen, Balustraden, Gitterwerk oder vergoldete Zinkuhren in Massen fabrizierten, geben darüber Aufschluß. Die Jury der Pariser Weltausstellung von 1867 schätzt die Zahl der Pendeluhren aus vergoldetem Zink, die die französische Industrie in die ganze Welt lieferte, auf 150000[99].

Das Besteck aus Christoffle-Metall, das Napoleon III. sich anfertigen ließ, oder die handziselierte silberne Gondel, die die Kaiserin Eugenie bei der Eröffnung des Suezkanals Fernand de Lesseps schenkte, sind ebenso in Bedeutungslosigkeit versunken wie die Namen der Künstler, die sie entwarfen. Von Interesse sind in dieser Periode die anonymen Produkte der Massenfabrikation, denn sie haben einen ungeheuren Einfluß auf die Gefühlsbildung des Volkes ausgeübt. Ihre Entwicklung liegt keineswegs offen und wurde hier nicht einmal berührt.

Beim Möbel haben wir uns auf einige französische Beispiele beschränkt. Die französische Entwicklung zeigt plastischer als die englische, wie das neunzehnte Jahrhundert in seinen Organismus eingriff. Gleichzeitig mit den orientalisierenden französischen Polstermöbeln entwickelt sich in England ein kargerer Stil, der in den Klubgewohnheiten wurzelt. Die schwarzen, lederüberzogenen Lehnstühle, die Sofas der englischen Klubs, sind für eine pfeifenrauchende Männergesellschaft bestimmt. Von ihnen führen direkte Linien zur Reformertätigkeit des William-Morris-Kreises und weiter zur heutigen Entwicklung. Auch in den bequemen Sitzmöbeln für den Salon oder das Schlafzimmer ließen die Engländer dem Tapezierer nicht so freie Hand. Auch über diese Entwicklung sind wir nur fragmentarisch unterrichtet.

---

98 Lady Barker, *The Bedroom and Boudoir*, in: *Art and Home Series*, London, 1878.
99 Vgl. Henri Clouzot, *Des Tuileries à St. Cloud*, Paris, 1925, S. 104.

Eine Zeitlang schien es, als wäre die Rokokowelle, die Frankreich in den dreißiger Jahren erfaßte, nicht nur auf eine Imitierung des Stiles beschränkt. Die dem menschlichen Körper sich anpassenden Stuhltypen des Rokoko finden in den sechziger Jahren eine Weiterbildung, der eine gewisse Originalität nicht ganz abgesprochen werden kann. Die Sitze werden breiter, niedriger und tiefer. Verschiedenste Mischformen tauchen auf, die weder eindeutiges Sitzen noch Liegen verlangen. Sie haben eines gemeinsam: sie laden zu unformaler Haltung ein. Wir werden im folgenden darauf eingehen, wie sehr diese unstabile, wechselnde Haltung dem Wesen des neunzehnten Jahrhunderts entspricht. Der Beschreiber dieser Möbelformen, dem 1878 wie vielen Franzosen das Ancien régime noch im Blut liegt, kann bei Erwähnung der verschiedenen Spezies der *confortables* die Bemerkung nicht unterdrücken: »Betritt man die Salons unserer Tage, so fragt man sich unwillkürlich, ob diese Frauen, ob diese nachlässig zurückgelehnten und hingestreckten Männer die Nachkommen jener französischen Gesellschaft sind, die sich ehedem durch ihren Glanz, ihre Haltung und ihre Lebenskunst auszeichnete.«[100]

Um 1880, als die Gefühlsverwirrung auf dem Kontinent einen Höhepunkt erreicht, zerfällt das Interieur des herrschenden Geschmacks immer mehr in Details und Nuancen, deren Sinn und Unsinn nachfolgende Generationen nicht mehr begreifen können[101]. Es ist die Zeit, in der auch der Kissenlehnstuhl (confortable) seine Struktur verlor.

So nahm in den letzten Jahrzehnten die Macht des Tapezierers immer mehr zu. Er war der richtige Mann, die separaten Teile äußerlich zusammenzubinden. Er besorgte für den Mittelstand, der sich keine Originale leisten konnte, auch die Öldrucke im Goldrahmen. Er arrangierte seine Stilleben aus dem Stückwerk einer mechanisierten Vergangenheit. *Décorations mobiles* nannten die Franzosen um 1880 diese merkwürdigen Zusammenstellungen, in denen auf einem Tisch oder einem Fauteuil allerlei Gegenstände malerisch angeordnet wurden[102]. Kissen und schwere Portieren vervollständigten die Ausstattung.

Auch hier geben die Surrealisten Auskunft, was sich dabei innerlich abgespielt haben mag. In einer der höllenartigen Collagen des »Lion de Belfort«[103] deutet Max Ernst an, was mit dem Möbel geschah. Da steht im Halbdunkel dominierend ein *confortable* mit seiner bis zum Boden reichenden *frange royale*, und in ihm wird einer jener eindeutigen Akte postiert, die die gute Gesellschaft in ihren Salons an den Wänden hängen hatte. Umgeben von einer Flut von Kissen und Portieren ist die Schöne aus dem Goldrahmen in den Sessel gestiegen. Um ihre Nacktheit streichen die Löwenköpfe und Löwenfelle des lebendig gewordenen

---

100 Deville, a.a.O., S. 21.
101 Vgl. das Kapitel »Grammaire de l'Ameublement«, in: Henri Harvard, *L'Art dans la maison*, Neuaufl., Paris, 1884.
102 Wie tief derartige Gewohnheiten in der Zeit verankert lagen, zeigt der ausgezeichnete Gelehrte Henri Havard, auf den wir so oft in diesen Ausführungen zurückgegriffen haben. In einem Buch, das sich mit der Innendekoration seiner Zeit befaßt, *L'Art dans la maison*, stellt er auf einem besonderen Blatt (S. 224) auf einem *fauteuil* eine solche *décoration mobile* zusammen.
103 Max Ernst, *Une semaine de bonté où les sept éléments capitaux*; Cahier: Le Lion de Belfort, Paris, 1934.

Monuments von Belfort. Wie es enden mag, deutet die abgehackte Hand an, die anstelle einer Quaste dem zur Bestie erwachten Löwenkopf der Armlehne entwächst.

Die Phantasmagorie des Tapezierers überträgt sich auf die ganze menschliche Umgebung. André Breton hat dies am Ende seiner Vorrede zu *La femme 100 têtes* (1929) in seiner Weise ausgedrückt: »*La femme 100 têtes* wird das Bilderbuch par excellence unserer Zeit sein, wenn es immer deutlicher werden wird, daß jeder Salon auf den Grund der Sees versunken ist, und dies, wie man betonen muß, mit all seinen Fischlüstern, seinem Sternenglanz, seinen tanzenden Gräsern und seinen blinkenden Gewändern.«

Aus dem Gewitter von Vorhängen, der dämmerigen Atmosphäre macht Max Ernsts Schere eine Unterwassergrotte (Abb. 199)[104]. Sind es lebende Wesen, Gipsstatuen oder Figuren aus Modebildern, die hier ruhen oder verwesen? Darauf kann und soll keine Antwort gegeben werden. Der Raum ist, wie fast immer, von Mord und Nicht-entrinnen-Können erfüllt: »Die Nacht heult aus ihrem Verlies und nähert sich unseren Augen, als wäre sie lebendiges Fleisch.«

Es ist die dämonische Seite des neunzehnten Jahrhunderts, die hinter den banalen Formen aufgespürt wird. Sie ist bereits überwunden und wird – aus sicherer Distanz gesehen – mit dadaistischer Gesinnung in Klebetechnik wiedergegeben. Die Tragik einer dekadenten Gesellschaft, die ihr Haus in eine Operndekoration verwandelt hat, wird nicht ernst genommen. Doch die Aussagen, die gemacht werden, lauten im Grunde nicht anders als jene, die Henrik Ibsen in den achtziger und frühen neunziger Jahre mit tödlichem Ernst formulierte. Es ist die unruhige Suche nach dem eigenen Ich, die seine Gestalten prägt, das Sichfortsehnen Noras aus der häuslichen Umgebung, das Ende im Mühlbach in *Rosmersholm* und der Irrsinn Oswalds in den *Gespenstern*. Hier wie dort ist es das neunzehnte Jahrhundert, das den Weg zu sich selbst nicht findet und Symbole entwertet, ohne neue zu finden.

---

104 Man Ray zeigte in einer späteren Pariser Surrealisten-Ausstellung (1935) *in natura* sein »Taxi Pluvieux«, in er lebensgroße Figurinen in ein Taxi setzt, von dessen Dach Moos herabhängt und Wasser träufelt. Salvador Dali, der den Surrealismus für das Publikum in Szene setzte, hat auf der New Yorker World's Fair 1939 dieses »Taxi Pluvieux« in seinem dunklen »Pavillon der Venus« neben seinem Aquarium aufgestellt, durch dessen Glasscheiben man lebendige Nixen mit Gummischwänzen unter Wasser schwimmen sah.

DIE KONSTITUIERENDEN MÖBEL
DES NEUNZEHNTEN JAHRHUNDERTS

Wie in *Raum, Zeit, Architektur* ausgeführt, unterscheiden wir zwei Klassen von historischen Tatsachen. Die einen nennen wir konstituierende Elemente, die anderen transitorische. Diese Unterscheidung wird notwendig, wenn die Aufgabe des Historikers nicht ausschließlich darin gesehen wird, sich mit einzelnen Stilen und Epochen und mit dem Vergleich ihrer Ähnlichkeiten und Unterschiede zu beschäftigen, sondern, wie der Biologe, mit dem Problem von Wachstum und Entwicklung – was nicht mit Fortschritt zu verwechseln ist.

Bestimmte Instrumente der Analyse müssen dem Historiker zugestanden werden, und er muß sie mit Sorgfalt und Urteilsvermögen gebrauchen. So isoliert er die kurzlebigen Tatsachen, die transitorischen Elemente, denen es an schöpferischer und erfinderischer Kraft mangelt, die aber auf die Zeitgenossen die Faszination eines Feuerwerks ausüben und sich in den Mittelpunkt des Geschehens drängen können, wie dies im ganzen neunzehnten Jahrhundert der herrschende Geschmack in Malerei, Architektur und Möbeln tat.

Die konstituierenden Tatsachen dagegen zeichnen sich durch schöpferische und erfinderische Kraft aus. Durch inneres und äußeres Wachstum bilden sie den Kern der historischen Entwicklung. Der Historiker, der die Geschichte als ein Problem des Wachstums begreift und das neunzehnte Jahrhundert überschaut, wird unweigerlich dazu geführt, die Patentmöbel als die konstituierenden Möbel dieser Epoche anzusehen.

Patentmöbel und herrschender Geschmack

Die Möbel des herrschenden Geschmacks sind wie die Malerei des herrschenden Geschmacks Modeerzeugnisse. Jede Periode gestaltet das Leben nach ihrem Bild und kleidet es in eigene Formen. Es ist ein historisches Gesetz, daß jede Mode, und im weiteren auch jeder Stil, seine begrenzte Zeit hat. Aber zu dem zeitlich umgrenzten Moment kommt etwas anderes hinzu, das durchaus nicht immer von gleicher Intensität ist. Das ist das Ausmaß an neuen Impulsen, an konstitutiven Elementen, die eine Periode hervorbringt. In ihnen ruht der historische Gehalt einer Epoche. Sie können vergessen werden, wie es Jahrhunderte hindurch mit dem antiken Erbe geschah. Aber zu gegebener Zeit erscheinen sie wieder im Bewußtsein, werden von neuem Realität und liefern die feste Grundlage für neue Ansätze. So benutzte zum Beispiel die Renaissance die Antike als Sprungbrett oder unsere Zeit das Studium des primitiven Menschen, um besseren Einblick in die verdrängten Instinkte zu gewinnen.

Es ist das Verhängnis des neunzehnten Jahrhunderts, daß die Möbel des herrschenden Geschmacks fast nie den Zugang zum Absoluten, zum wahrhaft Erfinderischen gefunden haben. Es mag sein, daß im Lauf der Zeit künstlerische und historische Entdeckungsfahrten andere Aspekte freilegen, wie jene, die die surrealistischen Maler zuerst entdeckt haben. Jene Mischung von Banalität und *haut-goût,* von Naturalismus und Spukhaftem, die das neunzehnte Jahrhundert durchzieht, kann eine gewisse Nostalgie wecken. Die Interieurs der Zeit mit ihrem gedämpften Licht, ihren schweren Vorhängen, Teppichen, dunklen Hölzern und ihrer Angst vor dem Leeren atmen eine besondere Art von Wärme und Unruhe. Alles in allem spiegeln sie den tiefen Pessimismus wider, der in jener Periode das Gebiet des Seelischen überschattet. Das ist die eine Seite des Jahrhunderts, die im direkten Gegensatz zum praktischen Leben steht, im Gegensatz zur Aggressivität und zum Optimismus der Industrie.

Im Bereich des Gefühlslebens blieb jene dunkle, chaotisch gespaltene, gelegentlich auch verlogene Seite bestimmend. Der Geschmack war innerlich unsicher geworden und schwankte in fortwährendem Kreislauf von Periode zu Periode. So wurde in den dreißiger, den sechziger und den neunziger Jahren die Rokokomanier immer wieder aufgegriffen. Es gibt keinen Unterschied zwischen der Pseudo-Monumentalität der Bauten und den Formen der Möbel. Gewiß gehören beide zu den transitorischen Erscheinungen, denen das Blut wirklicher Erfindungen fehlt, aber sie beherrschten das Gefühlsleben des Tages und erdrückten erbarmungslos jeden Impuls, der aus den tieferen Schichten des Jahrhunderts kam.

Der unerforschte Komplex der »Patentmöbel« steht diesem herrschenden Geschmack fern. In ihnen ist so ziemlich alles enthalten, was das Jahrhundert an konstitutiver Kraft besitzt. Sie verraten, wie es sich, sobald es keine seiner Masken trug, entspannte. Diese »Patent«-Möbel faßten die Probleme in einer völlig neuartigen Weise an.

Wie kam es dazu? Ein durchgehender Zug zeigt sich in der Fülle der noch unübersehbaren Lösungen. Die Möbel werden in einzelne Elemente zerlegt, sie werden beweglich, um sich, verbunden und reguliert durch einen bestimmten Mechanismus, dem menschlichen Körper und seinen verschiedenen Haltungen anpassen zu können. Die Möbel bekamen dadurch eine bis dahin nicht gekannte Flexibilität und hörten auf, ein statisches und festes Gebilde zu sein. Es ist kein Zufall, daß zur gleichen Zeit auch das Problem der künstlich bewegten Gliedmaßen starkes Interesse auf sich zog (Abb. 232). Die Patentmöbel konnten mehrere Funktionen gleichzeitig erfüllen; was uns hier jedoch mehr interessiert: sie konnten sich jeder Stellung des menschlichen Körpers anpassen und diese Stellung mühelos verändern und wiederherstellen. Komfort durch aktive Anpassung an den Körper und nicht durch passives Einsinken in Kissen – darin liegt zugleich der Unterschied zwischen den konstituierenden und den transitorischen Möbeln des vergangenen Jahrhunderts.

Es handelt sich also bei den Patentmöbeln in erster Linie um Bewegungsprobleme. Ungefähr zwischen 1850 und 1893 verfügten die Amerikaner über eine fast unerschöpfliche Phantasie, um das Bewegungsproblem beim Möbel zu lösen. Oft interessierte es sie gar nicht, welchen besonderen Zweck ein Stuhl erfüllen sollte, sondern sie wollten einfach eine neue Mechanik erfinden, wie ein Stuhlsitz nach rückwärts oder nach vorne geneigt und in dieser Stellung fixiert werden kann, und so führte das amerikanische Patentamt eine besondere Kategorie für »Kippstühle« (tilting chairs) ein. Trotz der Vielfalt der Lösungen war das Bewegungsproblem durchaus kein einfaches. Auch die europäischen Möbel um 1920 bemühten sich um eine Anpassung an den Umriß des menschlichen Körpers, doch in den meisten Fällen fehlt die Zerlegung in bewegliche Flächen. Dadurch bleibt der Sitzende in der Haltung, die der Rahmen hat, und wird nicht – wie etwa beim amerikanischen Büro- oder Barbierstuhl – von der liegenden Stellung in die normale Sitzposition zurückgeführt, die es erlaubt, mühelos aufzustehen.

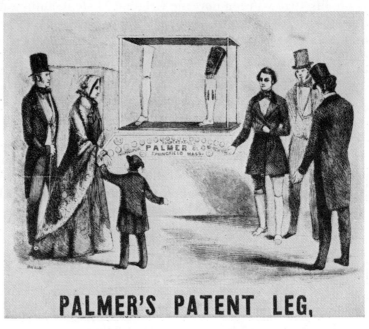

232. Interesse an mechanischer Beweglichkeit. Künstliche Gliedmaßen. Um 1850. *»Lebensechte Biegsamkeit und Flexibilität, natürliches Aussehen.«* Ebenso wie die verbesserte Flexibilität bei Kunstgliedern wurde auch beim Mobiliar ein bis dahin ungekanntes Maß an Beweglichkeit entwickelt, das unterschiedliche Sitzpositionen ermöglichte. (American Portrait Gallery, *Bd. 3, New York,* 1855)

PALMER'S PATENT LEG,

In den vier Jahrzehnten zwischen 1850 und 1890 wurde in Amerika keine Tätigkeit des täglichen Lebens einfach hingenommen. Ein ungezügelter Erfindungsdrang formte alles neu, und so erfuhren mit allem übrigen auch die Möbel eine Umgestaltung. Dazu bedurfte es einer gefühlsmäßigen Unbekümmertheit und des Mutes, mit neuen, unverbrauchten Augen zu sehen. Beides macht zu jeder Zeit die Kraft des Landes aus. Keine Konventionen hemmten die Kombinationsgabe der anonymen Erfinder, ob sie nun Typen für neue Aufgaben entwickelten oder vorhandenen Typen eine ungeahnte Beweglichkeit und Verwandelbarkeit verliehen.

Das Amerika, das auf den großen europäischen Weltausstellungen von 1851 bis 1889 ausstellte, schämte sich nicht seiner »kunstlosen« Möbel, die neben den aufwendigen Prunkstücken Europas ebensowenig bestehen konnten wie etwa 1851 der einfache Revolver des Amerikaners Samuel Colt neben den handgravierten Pistolen französischer Ziseleure[1]. Eine Seite aus dem Katalog der Pariser Weltausstellung von 1878[2] gibt uns einen Eindruck, worauf die Amerikaner damals stolz waren: perforierte Sperrholzstühle, Büro-Schreibtische, verstellbare Büchergestelle, eine Kombination von Bett und Sofa, eine Wiege, die in einen Schaukelstuhl verwandelt werden konnte usw.

Ein Blick in die amerikanischen Patente überzeugt rasch von der weitverzweigten Differenzierung, die nun für jede Kategorie nötig wurde. In den siebziger Jahren mußten allein für Stühle, die bestimmten Zwecken dienten, ungefähr siebzig verschiedene Unterabteilungen eingeführt werden. Das Patentamt in Washington ist der einzige Ort, an dem man einen Überblick über diese Bewegung erhalten kann. Bis 1926 wurden dort die Original-Modelle aufbewahrt. In ihrer Vollständigkeit gaben sie einen seltenen Einblick in ein höchst eigenständiges Gebiet amerikanischer Erfindertätigkeit und schienen dazu bestimmt, den Grundstock eines späteren Museums zu bilden, in dem die kraftvollste Entwicklungsperiode dieses Landes hätte dargestellt werden können. Aber in der Zeit hoher Prosperität in den zwanziger Jahren fehlten Platz und Geld, um diese Modelle weiter aufzubewahren. Es ist ein Zeichen unbegreiflichen Mangels an historischer Einsicht, daß diese Modelle wie unnützes Gerümpel verschleudert wurden.

Daß diese konstituierenden Möbel des neunzehnten Jahrhunderts historisch unbeachtet blieben, ist durchaus verständlich, denn sie schlüpfen durch die Maschen einer aufs Formale und Stilistische eingestellten Betrachtungsweise. Es handelt sich bei diesen Möbeln um funktionelle Lösungen bestimmter Probleme – aber die Bedeutung dieser Probleme ist tiefverwurzelt in der menschlichen Natur und in den Gewohnheiten des Menschen.

Möbel und Mechanisierung

Wenn wir fragen, wie die Möbel des herrschenden Geschmacks auf der einen Seite und die Patentmöbel auf der anderen zum Problem der Mechanisierung stehen, so sollte die Antwort nicht mehr schwerfallen.

Auch auf diesem Gebiet spiegeln sich die beiden Wege der Mechanisierung, die wir bereits mehrfach beobachten konnten. Der eine Weg, der leichtere, geht wie immer darauf aus, billigeren Ersatz für handwerkliche Arbeiten zu finden. Die Maschinen konnten Profile, Ornamente und jede Form früherer Perioden durch Stanzen, Schablonieren, Drehen oder auf andere Art billig vervielfältigen. Die me-

---

1 Zumindest nicht in ästhetischer Hinsicht. Die *Illustrated London News* von 1851 erwähnt den Colt-Revolver nicht, bespricht aber nahezu jedes Ornament dieser anderen heute in jeder Hinsicht wertlosen Objekte.
2 *Official Catalogue of the United States Exhibitors,* Exposition universelle, Paris, 1878.

chanische Geschicklichkeit und gelegentlich auch ein gewisser ornamentaler Schwung sollen nicht geleugnet werden, aber alles in allem war es eine Stagnation, die unfähig war, neue Typen zu schaffen. Die Mechanisierung der Polstermöbel und die Mechanisierung der Ausschmückung in der ersten Jahrhunderthälfte haben uns gezeigt, daß dieser leichte Weg im Transitorischen steckenblieb.

Der zweite Weg der Mechanisierung, der die Verwirklichung von bisher Unbekanntem ermöglicht, führt auf dem Gebiet des Möbels zu Lösungen, in denen die Mechanik ausgenutzt wird, um dem Organismus des Körpers besser dienen zu können. Diese Möbel wurden von Ingenieuren konstruiert und nicht vom Tapezierer entworfen. Ihre Erfinder sind praktisch unbekannt und ungezählt. Bald wird ein völlig neuer Typ, bald nur eine neue Bewegungsmöglichkeit geschaffen. Dies alles gehört zur anonymen Geschichte des Jahrhunderts. Der Name der Erfinder steht über jeder Patentbeschreibung. Aber es sind nur Namen neben anderen, die so wenig im Gedächtnis haften wie die Namen und Nummern eines Telefonbuches. In ihrer Gesamtheit aber bilden sie einen Schatz meist ungenutzter Ideen und verlorener Erfahrungen.

Die Jahrzehnte der Patentmöbel. 1850-1890

Die Patentmöbel des neunzehnten Jahrhunderts haben ihre bestimmte Stellung in der Geschichte des Komforts. Sie bilden das Bindeglied zwischen den ingeniösen französischen und englischen Möbeln des achtzehnten Jahrhunderts und den Bestrebungen unserer Zeit, das Möbel auf einfachste Weise unserer Haltung anzupassen.

Über die Entwicklung von Sheraton bis 1850 sind wir nur fragmentarisch unterrichtet. Eingehende Untersuchungen über die konstitutiven Tendenzen fehlen. Immerhin steht fest, daß in Frankreich und England in der ersten Hälfte des Jahrhunderts die Entwicklung weitergeht, allerdings nur als eine Nebenströmung. Ihre Kennzeichen sind eine verstärkte Betonung des Mobilen und Technischen.

Seit 1850 übernimmt Amerika die Führung und gibt dem Patentmöbel eine Stellung, die es in Europa nie gekannt hat. In der vorbereitenden Phase, zwischen 1830 und 1850, ist die Entwicklung noch tastend. Gegen 1860 aber setzt, im Gleichklang mit der übrigen Erfindertätigkeit, eine verblüffende Produktivität ein, die innerhalb eines Jahrzehnts einen hohen Grad technischer Fertigkeit erreicht. Die Fähigkeit, Bewegungsprobleme an Möbelstücken zu lösen, wächst außerordentlich rasch, bis sie in den achtziger Jahren – auch hier im Einklang mit anderen Gebieten – eine Vollkommenheit erreicht, der wenig mehr hinzuzufügen ist.

In den neunziger Jahren überschwemmte der herrschende europäische Geschmack Amerika. Der Wendepunkt ist bekanntlich die Chicagoer Weltausstellung von 1893. Die Einstellung, die sie ins Leben rief – Hang zu kopierter klassischer Architektur, die direkt von der französischen Akademie bezogen wurde – ließ die glatten, maschinell bearbeiteten Flächen der amerikanischen Einrichtung armselig und die Patentmöbel lächerlich erscheinen. Das mechanisierte Mobiliar verschwindet aus den Wohnräumen. Man begann sich seiner zu schämen. Die ganze Bewegung konzentrierte sich nun auf spezielle, technische Zwecke. Die Patentmöbel werden aus dem Haus verbannt, und die zahllosen Versuche, einen eigenständigen Komfort des neunzehnten Jahrhunderts zu schaffen, sind vergeblich gewesen, und zwar in dem Augenblick, als man in Europa zu verstehen beginnt, wohin der herrschende Geschmack geführt hatte.

Es mag sein, daß durch die zunehmende Konzentration der finanziellen Macht in wenigen Händen – wofür das Jahr 1893 ein entscheidendes Datum ist – die Chancen der kleinen Erfinder geringer wurden. Ausschlaggebend war jedoch der Geschmackswandel, der nun die breiten Volksmassen und damit das ganze Land erfaßte. 1893 ist auch das Jahr, in dem die stolze und unabhängige Architektur der Wolkenkratzer der Chicagoer Schule gleichfalls jenen Bruch erfuhr, der erst nach vier Jahrzehnten allmählich überwunden wurde.

Ein Zugang zum Möbel des neunzehnten Jahrhunderts

Das Möbel des neunzehnten Jahrhunderts ist schwer zu erfassen, und zwar nicht etwa aus Mangel an Material, das es vielmehr in Hülle und Fülle gibt. Die Schwierigkeiten liegen auf psychologischem Gebiet. Wir dürfen das Möbel nicht einfach nach dem beurteilen, wofür es sich ausgibt. Wir haben zunächst ein scheinbares Paradox zu überwinden.

Die Möbel des herrschenden Geschmacks wollen ein Übermaß an Gefühl und Phantasie freisetzen. Aber sie entstanden nicht unmittelbar, sondern vielmehr aus der Reflexion, und dadurch sind unter anderem auch die dauernden Stilnachahmungen zu erklären. T. S. Eliot bezeichnet die Dichter des viktorianischen Geschmacks als »reflektierend«. »Sie denken, aber sie empfinden ihre Gedanken nicht mit derselben Unmittelbarkeit wie den Duft einer Rose.« Wie die Poesie des herrschenden Geschmacks, so wurde auch die intime Umgebung des Menschen auf reflektierende Weise geschaffen. Es fehlt der Vorstoß ins Unbekannte, ins Erfinderische. Hier zeigt sich eine machtvolle Seite des neunzehnten Jahrhunderts, das Maskenhafte. Es sieht dem wirklichen Leben so täuschend ähnlich wie eine Wachsfigur.

Dem stehen die Patentmöbel gegenüber. Da ist kein Platz für Reflexion. Jedes abgeleitete Gefühl ist verschwunden, wie die Haut von einem Skelett. Manchmal streifen die Patentmöbel das Groteske; oft sind sie genial und von erregender Direktheit. In diesen Möbeln, die nicht mehr wollen, als Bedürfnissen, die es vorher nicht gab oder die unerfüllt blieben, zu entsprechen, und in deren Aufbau nichts anderes Platz zu haben scheint als die nackte Lösung und die erfinderische Phantasie, kommt der schöpferische Trieb zum Durchbruch.

Das konnte darauf deuten, daß das scheinbare Paradox im Wesen des Jahrhunderts begründet liegt.

Wir können in unserer Übersicht hier keine Detailkenntnis der konstituierenden Möbel des neunzehnten Jahrhunderts vermitteln. Es hätte wenig Sinn, Patentbeschreibungen und Beispiele aneinanderzureihen, und würde das historische Verständnis kaum fördern; wir blieben dann hoffnungslos im Technischen stecken. Andererseits wären reine Form- und Stiluntersuchungen hier wirkungslos.

Man muß hier anders vorgehen, um das Wesen dieser Schöpfungen zu erfassen. Brancusi hat einmal gesagt, als er in seinem Pariser Atelier über die glatten Marmorformen seines »Fisches« strich: »Der Bildhauer muß sich von seinem Material leiten lassen; es zeigt ihm an, was er zu tun hat.« In noch stärkerem Maße trifft dies für die Arbeit des Historikers zu.

In diesem Fall stellt sich die Frage: Was will das Patentmöbel? Und es zeigt sich dabei bald, daß die Bedeutung dieser mechanischen Möbel unzugänglich bleibt, wenn man sich ihnen nicht von allgemeinen Gesichtspunkten aus nähert und wiederum die Frage stellt, worin sich die menschliche Haltung des neunzehnten Jahrhunderts von der früherer Perioden unterscheidet. Wenn sich eine andere Art des Sitzens entwickelt, dann müssen wir entscheiden, ob das Patentmöbel, das Möbel des Ingenieurs, bessere Lösungen zu bieten hatte als die Stilmöbel des herrschenden Geschmacks. Dieser umfassende Komplex hat mit der Haltung, mit der Anpassung an den menschlichen Körper zu tun.

Das zweite Problem der Patentmöbel hängt mit der Verwandelbarkeit zusammen. Jedes Möbel soll zugleich verschiedene Funktionen erfüllen. Daraus entstehen oft Kombinationen der heterogensten Art und gelegentlich sogar eine naive Mimikry.

Die Entwicklung des *Schlafwagens,* als ein seltener Fall, bei dem die Tradition des verwandelbaren Möbels ohne Unterbrechung lebendig geblieben ist, wird einen etwas breiteren Raum einnehmen. Auch die *Hängematte,* die der ästhetischen Betrachtung ganz fern zu liegen scheint, verdient einige Aufmerksamkeit: die Art, wie sie von den Amerikanern zu Beginn der achtziger Jahre gehandhabt wird, offenbart jene schwebende und ungezwungene Haltung, von der das neunzehnte Jahrhundert angezogen war, ohne sich dessen bewußt zu werden.

Die Möbel des Mittelstands

Hier stehen sich die transitorischen Typen des herrschenden Geschmacks und die konstituierenden Möbel des Ingenieurs unmittelbar gegenüber.

In der Architektur war für das neunzehnte Jahrhundert die Herrschaft der Pseudo-Monumentalität kennzeichnend. Monumentale Formen wurden überall unterschiedslos angewandt, an den öffentlichen Bauten ebenso wie am letzten Mietshaus. Aus der gleichen Gesinnung entstanden die Möbel des herrschenden Geschmacks mit ihrem Übermaß an Dekor und Ornamentierung. Was vorher nur für die privilegierte Oberschicht erschwinglich war, wurde durch mechanisierte Herstellung jetzt jedermann zugänglich. Zwar ließ sich dieser Palaststil auf die Dauer nicht auf die Drei-Zimmer-Wohnung übertragen, aber es scheint so, daß

435

Dinge, die Reichtum oder Pracht repräsentieren, eine Anziehungskraft ausüben, die die gesünderen Instinkte für lange Zeit zu unterdrücken vermag.

Die andere Seite des neunzehnten Jahrhunderts verkörpert sich in den Ingenieurbauten und Ingenieurmöbeln. Die Patentmöbel wurden vom Mittelstand für seine eigenen Bedürfnisse erdacht. Wohlhabende Leute brauchten keine Liegestühle, die sich in eine Wiege, und keine Betten, die sich in einen Schrank verwandeln ließen. Sie hatten Platz und Mittel genug, um auf andere Weise ihre Bedürfnisse zu befriedigen. Die Patentmöbel entstanden, zumindest in Amerika, aus den Bedürfnissen des Mittelstandes, einer Schicht, die in einem Minimum an Raum einen gewissen Komfort wünschte, ohne die Räume zu überfüllen. Der Stuhl, der in ein Sofa, das Bett, das in einen Schrank verwandelt werden kann, das Schlafzimmer, das tagsüber zum Wohnraum wird, paßt sich der Zwei- oder Drei-Zimmer-Wohnung des aufkommenden Mittelstands natürlicher und durchdachter an als die schweren Möbel des herrschenden Geschmacks. Die Patentmöbel entstehen aus den begrenzten städtischen Raumverhältnissen einer aufkommenden Mittelschicht. Doch es bleibt nicht bei der einfachen Platzersparnis. Sobald der menschliche Geist ein bestimmtes Gebiet zu beleben versucht, kommt es in der Regel zu unerwarteten Lösungen die in andere Richtung weisen: in diesem Fall Lösungen für die optimale Anpassung an die Körperhaltung.

Körperhaltung im neunzehnten Jahrhundert

Improvisiert und zwanglos wie im Mittelalter, frontal wie in der Renaissance, entspannt wie im achtzehnten Jahrhundert, alle diese Haltungen sind in den Möbeln des neunzehnten Jahrhunderts wiederzufinden wie die verschiedenen Stilarten. Wenn das neunzehnte Jahrhundert seine schweren Polsterstühle aus zylindrischen Kissen mit Spiralfederfüllung baut, gibt es ihnen die harte Polsterung und das strenge Aussehen der Fauteuils des siebzehnten Jahrhunderts. Es bedient sich um 1850 auch der gebogenen und umfangenden Formen des achtzehnten Jahrhunderts und geht unter orientalischem Einfluß in der Betonung einer zwanglosen Haltung sogar weiter als das Mittelalter.

Fast ungeduldig stellt man die Frage, ob das neunzehnte Jahrhundert keine ausgeprägten eigenen Bedürfnisse besaß. Hat es niemals den Schlüssel zu seinem eigenen Charakter gefunden?

Das neunzehnte Jahrhundert hat eine eigene Haltung entwickelt und möglicherweise die Grundlage für eine Entwicklung gelegt, die wir noch nicht erkennen können. Aber diese Haltung kann nicht aus den Möbeln des herrschenden Geschmacks, die im Salon Aufstellung fanden, abgelesen werden. Wie so oft, enthüllt das neunzehnte Jahrhundert sein Genie dort, wo es arbeitet, wo es jede Pose ablegt und den Mut aufbringt, Zutrauen zu sich selbst zu haben. Dann aber kann

233. Körperhaltung des neunzehnten Jahrhunderts: Richard Bonington, »Reclining Woman«, Aquarell. 1826. *Die charakteristische Körperhaltung des neunzehnten Jahrhunderts war eine freie und natürliche Sitzposition, die man weder als Liegen noch als Sitzen bezeichnen kann. Es ist wiederum ein Künstler, der als erster diese unbewußte Körperhaltung ausdrückt, indem er sein Modell in einer undefinierbaren Körperhaltung darstellt, noch bevor es dafür die entsprechenden Stühle gab. (Andrew Shirley, Bonington, London, 1941)*

es sich durchaus mit anderen Jahrhunderten vergleichen, sogar dort, wo es am wenigsten zu erwarten wäre, auf dem Gebiet des Möbels.

Die Haltung im neunzehnten Jahrhundert beruht – auch das steht in krassem Gegensatz zum herrschenden Geschmack – auf Entspannung. Diese Entspannung wird in einer völlig posenlosen Stellung gefunden, die weder Sitzen noch Liegen genannt werden kann. Wieder sind es Maler, die den unbewußten Wünschen der Zeit Ausdruck verschaffen, indem ihr Auge die Modelle in dieser unbestimmten Haltung überrascht und festhält. Richard Bonington malt 1826 seine sich zurücklehnende Frau (Abb. 233) in einem seiner kraftvollen Aquarelle, wie sie in entspannter Haltung halb sitzend, halb liegend, ein gepolstertes Sofa wie einen Liegestuhl benutzend sich leicht nach rückwärts lehnt, die Füße auf dem Boden aufruhend.

Diese Haltung war früheren Epochen fremd. Wenn Boucher um die Mitte und Fragonard in der zweiten Hälfte des achtzehnten Jahrhunderts ihre Schönen in unbekümmerter Stellung wiedergaben, so waren sie nackt und Studien für eine »Toilette der Venus« oder ein ähnliches Thema. Der Amor oder ein Beschauer war mit auf dem Bild oder doch in unmittelbarer Nähe anzunehmen.

Bei Richard Bonington ist die Frau ganz bekleidet und entspannt sich, ein Tuch um ihren Kopf geschlungen. Die ungezwungene Haltung scheint im Empire aufgekommen zu sein, in einer Gesellschaft, die sich vom Hof angezogen fühlte, ohne in ihn hineingeboren zu sein. Sie schuf sich die äußerlich steifsten Möbel, aber scheint sie oft anders benutzt zu haben. Unter Boningtons früheren Werken findet sich eine Kopie nach einem Bild des Hofmalers Gérard, auf dem eine Dame – man nimmt an, Kaiserin Joséphine – auf einem scharf rechtwinkligen Empiresofa sitzt (Abb. 242). Sie benutzt es diagonal: die Füße am Boden, die Beine quer zum Sitz, der Oberkörper abgebogen und in den Winkel zwischen Seiten- und Rückwand gelehnt. Es ist typisch, daß Bonington dieses merkwürdige Bildchen des sonst konventionell-langweiligen Gérard kopiert hat.

Richard Bonington starb, fünfundzwanzigjährig, 1826 an Lungenschwindsucht. Er wußte aus eigener Erfahrung, was Sitzen und Liegen heißt. In einem Brief an einen französischen Freund spricht er vom Liegestuhl, den es nur in den Träumen des Kranken gab.

Boningtons Studie »Reclining Woman«, in ihrer leichten und flüssigen Behandlung, ist ein Porträt der Haltung des neunzehnten Jahrhunderts. Die unübersehbare Reihe jener veränderlichen, dem Körper sich anpassenden Stühle reicht vom Ende der dreißiger Jahre bis zu Le Corbusier.

Beweglichkeit

Wie die Erforschung der Bewegung und ihre praktische Ausnutzung zu den Fundamenten unserer Periode gehört, so war Beweglichkeit auch das Schlüsselwort für die Möbel.

Das nomadische Möbel des Mittelalters, das seinem Besitzer überallhin folgen konnte, war primitiv. Demontierbares, zusammenklappbares Gerät war vor dem stabilen in Gebrauch. Die Tische bestanden aus losen Brettern, die auf Böcke gelegt wurden, um nach dem Essen wieder an die Wand gestellt zu werden. Die Tische mit vier Beinen und festem Rahmengestell sind Zeitgenossen des Renaissancesessels mit Arm- und Rückenlehne. Der klappbare Faltstuhl, ein Erbe der Antike, war lange vor dem vierbeinigen Rahmenstuhl in Gebrauch. Die Pulte waren beweglich und genau differenziert, je nachdem, ob sie als Schreib- oder als Lesepulte Verwendung fanden.

Dieses Verlangen nach Beweglichkeit ist nie ganz erloschen, auch wenn es mit den stabileren Verhältnissen abnahm und die Ausbildung der stabilen Einrichtung vom ausgehenden fünfzehnten bis zum ausgehenden achtzehnten Jahrhundert ganz andere Werte zeitigte, die im Bereich der Form und der Bequemlichkeit lagen.

Schon das ausgehende achtzehnte Jahrhundert, eine Zeit, die nicht nur kunstvolle Automaten, sondern Spinnmaschinen zu erfinden begann, hatte seine Freude an sinnreichem, mechanischem Komfort, und dies nicht so sehr bei der Unterbringung von Geheimfächern wie bei der Schaffung kleiner, kompakter Möbel, die für neue und oft verschiedenartige Zwecke erdacht wurden. In England und

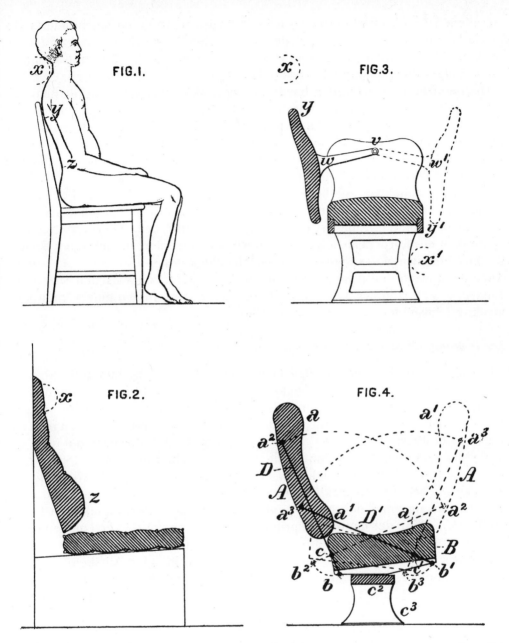

234 a,b,c,d. Physiologie der Sitzposition: Eisenbahnsitz. 1885. *Während in Europa der zu dieser Zeit herrschende Geschmack seinen Höhepunkt erreicht, bemühen sich die amerikanischen Designer um organisch geformten Sitz und Rückenlehne. Der Erfinder erklärt das Verhältnis zwischen der Anatomie und der Sitzhaltung und zeigt in seiner Zeichnung, wo Stützen notwendig sind. a) Verhältnis zwischen der Rückenfläche des menschlichen Körpers und dem gewöhnlichen Stuhl. b) Gewöhnlicher amerikanischer Eisenbahnsitz. c) Englischer Eisenbahnsitz. d)* »Meine Erfindung verfügt über die notwendigen Stützen ... Der obere Lehnenteil dient als Kopfstütze, der untere gibt dem Lendenwirbel genügend Halt. Die Rückenlehne kann je nach Wunsch auch nach hinten verstellt werden.« *(U.S. Patent 324825, 25. August 1885)*

vor allem in Frankreich kommen um die Mitte des achtzehnten Jahrhunderts »lits portatifs« oder »lits de voyage« auf, die mit wenigen Handgriffen in einen Sack gepackt werden konnten. In Amerika wie in England haben sich Fauteuils erhalten, die in Liegestühle verwandelt werden konnten.

Das neunzehnte Jahrhundert hat die Beweglichkeit in eine bestimmte Richtung entwickelt. Die Verhältnisse waren stabil, der Wohnraum hingegen oft beschränkt, besonders in Amerika. Dies führte häufig zu höchst erfinderischen Typen, die in ihren Kombinationen gelegentlich ans Groteske grenzten. Dabei ist viel Neues geschaffen worden, wie zum Beispiel der Schlafwagen, der auf dem Prinzip der Verwandelbarkeit beruht.

Die neuen Aufgaben, die beinahe absolute Lösungen verlangten, liegen dort, wo die Beweglichkeit dazu dient, der physiologischen Beschaffenheit des Körpers entgegenzukommen. Eine Art des Sitzens wird entwickelt, die auf völlige Entspanntheit des Körpers abzielt, und, wie wir sehen werden, oft durch ein bewußtes Zusammenspiel des Körpers mit der Mechanik des Stuhles zustande kommt. Auch das Liegen und die zahlreichen Zwischenstellungen zwischen Sitzen und Liegen, das Stützen der Arme oder Halten des Kopfes, finden eine Vielfalt konstruktiver Lösungen.

Die Haltung, physiologisch betrachtet

Die Architekturbewegung um 1920 hat es verstanden, das physiologische Moment – das schwebende Sitzen, die Berücksichtigung der menschlichen Gelenkbildung beim Liegen – in ihren Formgebungen künstlerisch zum Ausdruck zu bringen. Wenn man die Zeitschriften nach der Jahrhundertmitte durchsieht, so ist man immer wieder überrascht, mit welcher Einsicht und Sorgfalt vorgegangen wird, um den physiologischen Eigentümlichkeiten zu entsprechen. So heißt es 1869: »Komfort, Annehmlichkeit und Rücksicht auf die Gesundheit sind die wesentlichen Zwecke, die bei der Konstruktion eines Sitzgerätes zu berücksichtigen sind.«[3] Bei der Einführung eines der später populärsten Modelle eines metallenen Liegestuhls (Abb. 256), der damit angepriesen wird, daß er siebzig verschiedene Stellungen einnehmen könne, werden physiologische Überlegungen in den Vordergrund gestellt. »Physiologen sagen uns, daß fast dreihundert Muskeln mittelbar oder unmittelbar an den Bewegungen beteiligt sind, deren Schwerpunkt die Sitzfläche ist. (...) Menschen mit sitzender Tätigkeit klagen ständig über Rückenschmerzen.«[4]

Beim Eisenbahnsitz, der seit den fünfziger Jahren in Amerika besonders sorgfältig ausgebildet wird, nehmen die Erfinder große Rücksicht auf eine organische Formung der Rückenlehne und des Sitzes. Wenn ein späterer Erfinder (1885) einen neuen »verstellbaren Eisenbahnsitz« einführt, dann gründet er seine Argumentation auf die Beobachtung, daß die »Teile des Körpers, die bei aufrechter

3 *Manufacturer and Builder*, New York, 1869, Bd. 1, S. 9.
4 Werbeanzeige der »Wilson Adjustable Chairs Mfg. Co.«, 592 Broadway, New York, 1876.

Sitzhaltung am meisten belastet werden, der Nacken und die Lenden sind. (...)
An diesen Stellen sind die einzigen Stützen im Skelett die Hals- und Kreuzwirbel
des Rückgrats (...)«[5], und formt seinen Sitz (Abb. 234) so, daß Hals und Rückgrat
durch Ausbuchtungen der Polsterung besonders gestützt werden. Um seine Bemühungen deutlich zu machen, läßt er in seiner Erläuterung einen Mann auf einem gewöhnlichen Stuhl sitzen und bezeichnet die Halslinie, der die Stütze fehlt,
mit einem x in einem Halbkreis. In einem zweiten Diagramm zeigt er einen englischen Eisenbahnsitz und deutet durch sein x mit dem Halbkreis an, daß der Kopf
sich anlehnen kann. Bei dem normalen amerikanischen Eisenbahnsitz wird das x
in die Luft gezeichnet, um seinen Mangel anzudeuten. Die neue Lösung weist
kein eingezeichnetes x mehr auf und entspricht den physiologischen Eigentümlichkeiten durch sorgfältige Dimensionierung und Linienführung.

Sitzen

Durch irgendwelche oberflächlichen Einzelheiten einem Stuhl ein modisches
Aussehen zu geben, fällt nicht schwer. Doch nichts ist auf dem Gebiet des Möbels
komplizierter, als einen Stuhl zu konstruieren, der einer veränderten Art des Sitzens entspricht. Es handelt sich dabei jedesmal um eine neue Anpassung an den
menschlichen Körper und an die Haltung, die sich in einer bestimmten Periode
entwickelt. Wie unbeweglich die menschliche Phantasie in dieser Hinsicht ist,
zeigt der mühselige Fortschritt des Sitzens von der Gotik bis zum Barock.

Wie möchte das neunzehnte Jahrhundert sitzen?

Wir wissen bereits, wie die Haltung sich von der früherer Jahrhunderte unterscheidet. Das Sitzen ist dabei nur ein Sonderfall. Die Stühle streben eine größere
Bequemlichkeit und Entspannung an. Uns interessiert jedoch die Frage, wie diese
besondere Art von Bequemlichkeit und Entspannung erreicht wird.

Nehmen wir die Antwort vorweg: durch eine federnde Art des Sitzens, durch ein
Zusammenspiel des Körpers mit der Mechanik des Stuhles.

Soweit wir wissen, liegen noch keine Untersuchungen darüber vor, welchen
Einfluß kleine Veränderungen der Lage, kleine Verschiebungen des Gleichgewichts auf die Blutzirkulation haben. Daß sie die Entspannung irgendwie beeinflussen und Polsterungen oft ersetzen können, darauf deuten die Schaukelstühle,
die in keinem Land eine so sorgfältige Ausbildung erfahren haben wie im Amerika des späten achtzehnten Jahrhunderts (Abb. 235).

Der Schaukelstuhl erreicht Bequemlichkeit durch die Präzision der Formgebung. Er leitet sich vom Windsor-Stuhl ab. Seine schlanken, der Rückenlinie angepaßten Hickory-Spindeln und sein gebogener sattelartiger Sitz spiegeln noch
die mittelalterliche Kargheit kolonialer Lebensweise, gemildert durch die Grazili-
tät der Formgebung. Der Schaukelstuhl gehört mit der Stülpschalung der Wände
zu den Konstanten des amerikanischen Lebens. Der amerikanische Farmer will

5 U.S. Patent 324 285, 25. August 1885.

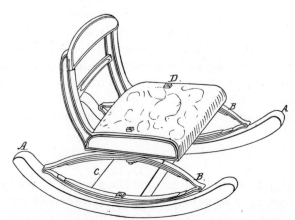

235. Windsor-Stuhl. Um 1800. *Seit 150 Jahren gehört der Windsor-Schaukelstuhl zum typischen amerikanischen Haushalt. Ob der Schaukelstuhl tatsächlich um 1750 in Lancashire erfunden wurde oder ob Benjamin Franklin um 1760 Schaukelstühle mit eisernen Kufen benutzte, interessiert uns weniger als die Tatsache, daß der Schaukelstuhl für flexibles und elastisches Sitzen wie geschaffen ist.* (Antiques)

236. Mechanisierung: Verbesserter Schaukelstuhl. 1831. *In den dreißiger Jahren des vorigen Jahrhunderts versuchte man die Elastizität des Schaukelstuhls dadurch zu erhöhen, daß man zwischen dem Sitz und den Kufen Wagenfedern montierte.* (U.S. *Patent, 23. April 1831, D. Harrington*)

nach dem Feierabend auf seiner Terrasse im Schaukelstuhl sitzen, während der europäische Bauer wie angenagelt auf seiner Bank vor dem Haus den Abend erwartet. Man muß diese einfachen Unterschiede verstehen, da sie viel tiefer, als es den Anschein hat, die Richtung beeinflussen, in der sich die erfinderische Phantasie bewegt. Sie liegen der Verschiedenheit des europäischen und amerikanischen Komforts im neunzehnten Jahrhundert zugrunde. Sobald um 1850 die Mechanisierung entscheidenden Einfluß auf das Möbel gewinnt, treten diese Unterschiede in Erscheinung.

Wie wird die federnde Art des Sitzens erreicht?

1853 – wir sind in der Zeit, in der man mit dem beweglichen Eisenbahnsitz experimentiert – erscheint der erste Stuhl dieser Art. Er löst auf Anhieb das Problem des federnden Sitzens durch das Zusammenwirken von Mechanik und Körper.

Er wird später verfeinert und weiterentwickelt, aber das Grundprinzip, auf dem er beruht, bleibt unverändert.

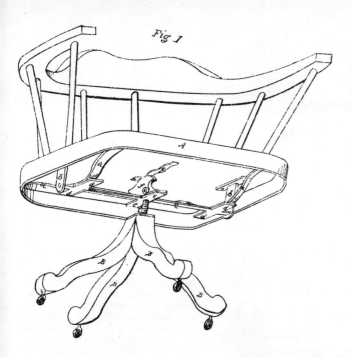

Fig. 1

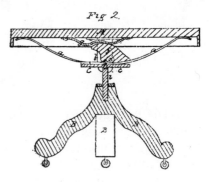

Fig. 2

237. Drehbarer Schaukelstuhl. 1853. *Diese Art Stuhl, der jetzt in Büros verwendet wird, war ursprünglich für bequemeres Sitzen im Hause vorgesehen. Die Grundform ist eine Mischung aus dem seit Jahrhunderten bekannten Drehstuhl (Abb. 160) und dem Schaukelstuhl: die Dreh- und die Schaukelbewegung werden kombiniert. Die Kufen befinden sich nicht mehr auf dem Boden, sondern direkt unter dem Sitz. Die körperliche Entspannung entsteht durch die minimalen, oft unbewußten Veränderungen der Sitzhaltung. Man muß sich mit diesem Stuhl erst vertraut machen, denn nur mit völlig entspanntem Körper kann man die Bequemlichkeit des Stuhles kennenlernen. Zwischen Körper und Mechanismus besteht eine Wechselwirkung. (U.S. Patent 9620, 15. März 1853)*

Durch Kreuzung zweier Typen, befruchtet durch eine starke mechanische Phantasie, entsteht eine neue leistungsfähigere Spielart. Was die Amerikaner später in der Züchtung von Pflanzen so erfolgreich zuwege brachten, das geschieht hier auf dem Gebiet der Mechanik. Die beiden Typen, die miteinander verbunden werden, sind der Schaukelstuhl und der Drehstuhl (Abb. 235, 236, 237, 238). Die Drehbewegung des Drehstuhls wird jetzt mit der Auf- und Ab-Bewegung des Schaukelstuhles kombiniert. Hier setzt nun die Phantasie ein. Der Schaukelstuhl wird in die Höhe gehoben und auf einen Untersatz gesetzt. Alles weitere ist Sache der Mechanik.

Zu Beginn der dreißiger Jahre versuchte man in Amerika den Schaukelstuhl elastischer zu machen, indem man auf seine Kufen Wagenfedern montierte (Abb.

238. Schaukel- und Drehstühle. 1855. *Ursprünglich war der sogenannte »Bürostuhl« für das Haus, »für Behinderte, für den Salon, das Empfangszimmer, die Bibliothek, das Kontor, das Büro oder den Garten« vorgesehen. In den folgenden Jahrzehnten wurde seine Verwendung ausschließlich auf das Büro beschränkt. Bis heute haben Möbelgestalter und Architekten diese Möglichkeit zur perfekten Entspannung leider vernachlässigt.* (American Portrait Gallery, *Bd.* 3, *New York,* 1855)

236). Die handgeschriebene Patentschrift von 1831[6] bezeichnet ihn als ein »Gesundheitsgerät«, als »eine Kombination bestimmter mechanischer Teile, die in ihrer Mitte zusammengefügt sind (...), wobei drei elliptische Stahlfedern verwendet werden«.

Wiederum sind Federn der Ausgangspunkt für ein typisches Produkt des neunzehnten Jahrhunderts, aber diesmal werden sie in ganz anderer Weise nutzbar gemacht als beim Polstermöbel. Diesmal handelt es sich nicht darum, einen billigeren Ersatz für Flaumfedern zu finden oder das Volumen der Möbel künstlich aufzublasen. Es handelt sich vielmehr um ein Weitergehen auf dem Weg, den der englische Erfinder des ersten Stuhles mit Spiralfedern 1826 einschlug, als er von ihm sagte, er sei »eine Schwingvorrichtung« (Abb. 225).

Der Stuhl von 1853, der eine neue Art des Sitzens ermöglicht (Abb. 237)[7], zeigt deutlich seine Herkunft vom Schaukelstuhl. Die geschwungenen Stahlfedern, die direkt unter dem Sitz montiert sind, haben noch die ursprüngliche Kufenform.

---

6 U.S. Patent, 23. April 1831.
7 U.S. Patent 9 620, 15. März 1853.

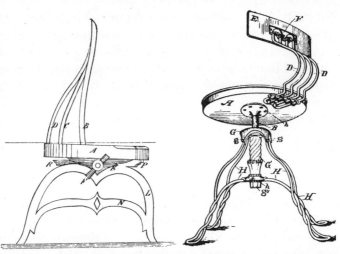

239. J. J. SCHÜBLER: Französischer Schreibtischstuhl. Um 1730. *Dieser Vorläufer des Schreibmaschinenstuhls gibt dem Rücken eine flexible Stütze. Die Rückenlehne ist im Bereich der Wirbelsäulenkrümmung gepolstert und mit einer biegsamen Feder ausgestattet, wodurch man sich zurücklehnen kann, ohne daß die Rückenlehne zerbricht. (Schübler,* Nützliche Vorstellung, *Nürnberg, 1730)*

240. Nähmaschinenstuhl. 1871. *»Nach wissenschaftlichen Prinzipien konstruiert, um viele für den Schneiderberuf typische Krankheiten zu verhindern. Die gewölbten Stangen D und C bilden eine Vertiefung für das Kreuz. So wird die Oberschenkelmuskulatur vom Druck entlastet, während der Rücken kurz unter den Schultern auf angemessene Weise gestützt wird.« Das Sitzen wurde für den jeweiligen Zweck differenziert betrachtet. Daraus ergab sich eine Vielzahl von Grundformen, vom flexiblen Traktorensitz über den Nähmaschinenstuhl bis zum Barbiersessel. (U.S. Patent 114532, 9. Mai 1871)*

241. *»Der Stuhl für die Schreibmaschine«. 1896. Der Schreibmaschinenstuhl ist ein Nachzügler. Eine nach hinten bewegliche Lehne wäre für die Schreibkraft unangebracht, denn sie braucht nur eine feste Rückenstütze und die Möglichkeit, sich nach links und rechts zu drehen. (U.S. Patent 552502, 7. Januar 1896)*

»Oberteil und Sitz sollen auf dem Gestell schwingen, während die Füße in Ruhe bleiben«, d. h. es ist ein vom Boden abgehobener, ein schwebender Schaukelstuhl. Die Auf- und Ab-Bewegung, das Schaukeln, vollzieht sich daher mit viel größerem Ausschlag als beim gewöhnlichen Schaukelstuhl, dessen Kufen auf der Erde stehen, und dies verlangt eine Präzisionsmechanik, wenn der Benutzer vor unangenehmen Überraschungen sicher sein soll. Es sind Sicherheitsvorrichtungen nötig, Federn, die einer plötzlichen, abrupten Bewegung entgegenwirken, und eine Sicherung soll verhindern, daß der Stuhl plötzlich oder zu weit zurückschwingt. Die beiden Stahlkufen balancieren auf zwei weit ausgreifenden Armen, wie dies der Erfinder anschaulich in der Untersicht darzustellen versteht. Bereits bei diesem ersten Modell ruht das ganze Oberteil auf einer Drehschraube, so daß gleichzeitig eine Bewegung nach rückwärts und zur Seite möglich wird.

Der Stuhl von 1853 war zur Entspannung gedacht. Der Erfinder Peter Ten Eyck, dessen Name so unbekannt wie irgendein Name aus dem Telefonbuch ist, dachte dabei an nichts anderes als an einen verbesserten Schaukelstuhl, einen, wie er ihn auch nennt, »sitting-chair«. Niemand dachte an seine spätere einseitige Verwendung im Büro. Die fünfziger Jahre benutzten diese Art von Stühlen im Haus.

In den Reklamen und Katalogen dieser Zeit erscheint dieser Stuhl als »Klavierstuhl«, »Bibliotheksstuhl« oder als gepolsterter, hochlehniger »easy chair«, gelegentlich auch unter dem Sammelnamen »gefederter Drehstuhl« (spring revolving chair). Seine Formen überschneiden sich mit denen des herrschenden Geschmacks. Die voluminösen Stuhlkörper der fünfziger Jahre stehen im Widerspruch zu der Subtilität des Gedankens, der ihrem Aufbau zugrunde liegt.

Wer an das Sitzen im starren Stuhl gewohnt ist, hat das Sitzen, bei dem Körper und Mechanik zusammenwirken, erst zu lernen, denn im Gegensatz zum starren Stuhl hat hier der Körper seinen Teil beizutragen. Die erste Bedingung ist, daß man völlig entspannt im Stuhl sitzt. Knie, Fuß- und Zehengelenke werden in die Mechanik des Stuhles miteinbezogen, denn durch sie wird die Körperhaltung reguliert, nach vorne, nach rückwärts oder zu den Seiten, wie Umstände oder Entspannung es wünschenswert machen. Angelpunkt der Bewegung sind Zehen und Ballen des Fußes, denn sie regulieren die Bewegung und verlieren nie ihre Aktivität. In bescheidenem Maße arbeiten sie wie die Gelenke einer Balletteuse beim Spitzentanz.

Die Entspannung des Körpers wird nicht durch Kissen herbeigeführt, sondern durch eine federnde und schwingende Art des Sitzens: durch Bewegung nach vorn, nach rückwärts oder zu den Seiten, um nach etwas zu greifen oder irgendeine andere spontane Bewegung auszuführen. Das unbewußte Ändern der Stellung verhindert die Verkrampfung, die beim unflexiblen Sitzen leicht auftritt.

In den sechziger Jahren, als dieser Typus seine heutige Standardform erreichte, begann man ihn als Bürostuhl zu bezeichnen[8]. Die Mechanik, die Verstellbarkeit, die Regulierung der Federn wird später auf vielfache Weise erreicht, ohne daß wesentlich Neues hinzukäme.

Wenn man wissen will, wie der Amerikaner am liebsten sitzen würde, wenn er zu Hause nicht unter dem Diktat des herrschenden Geschmacks stünde, muß man ihn im Büro beobachten. Es ist erstaunlich, wie er sich des Schreibtischstuhles mit seiner fast organischen Flexibilität zu bedienen versteht und wie verschiedene Stellungen er unbewußt auf ihm einnimmt. Der Amerikaner scheint mit ihm verwachsen zu sein wie der Araber mit seinem Pferd.

Eine derartige Beweglichkeit und Anpassungsfähigkeit an den Körper hat keine frühere Epoche gekannt. Die zwanglose, federnde Art des Sitzens, die so ganz aus dem Geist der Zeit entsprang, hätte auf wunderbare Weise weiterentwickelt werden können. Dem stand aber der herrschende Geschmack entgegen, der nach schweren, repräsentativen Möbeln verlangte. Die Epoche verstand es nicht, sich

---

8 »Bürostuhl«, U.S. Patent 67 034, 23. Juli 1867. Hier wird der Sitz waagebalkenartig aufgehängt.

der neuen Möglichkeiten zu bedienen, ihr fehlte die Kraft, das Organische, das bei diesem Stuhl so stark berücksichtigt wird, miteinzubeziehen oder künstlerisch zu beleben.

Die Architekturbewegung um 1920, der es so sehr um federndes Sitzen zu tun war, fußte auf einer ganz anderen Möbeltradition, während in Amerika damals die Ideen von 1850 schon längst in bloß technischen Anwendungen erstarrt waren. So blieben die Möglichkeiten, die in diesem Typ liegen, bis heute ungenutzt.

ANPASSUNG DES STUHLES AN BESTIMMTE TÄTIGKEITEN

In den sechziger und siebziger Jahren nehmen die Konstruktionen der Stühle immer mehr auf besondere Tätigkeiten Rücksicht. Das Prinzip, das dabei befolgt wird, bleibt dasselbe, ob es sich um Schulmöbel, um Stühle für Porträtaufnahmen, um Eisenbahnsitze oder um Operationstische handelt. Immer wird versucht, sich in jedem Moment durch differenzierte Beweglichkeit der jeweils günstigsten Haltung anzupassen.

Nur einige dieser Typen seien hier herausgegriffen.

Der Nähmaschinenstuhl: In den siebziger Jahren werden Nähmaschinenstühle (Abb. 240) gebaut, die nach »wissenschaftlichen Prinzipien« konstruiert sind, »um viele der Krankheiten, die bei der Nähmaschinenarbeit auftreten, zu verhindern«. Besonders wird darauf gesehen, daß »die Muskeln der Oberschenkel nicht durch den ständigen Kontakt mit der Stirnseite des Sitzes ermüdet werden, und daß der Rücken des nach vorne gebeugten Arbeiters stets richtig gestützt wird, um so für dauernde Entspannung zu sorgen«, was, wie besonders hervorgehoben wird, eine größere Arbeitsleistung zur Folge hat[9]. Um die Muskeln der Schenkel zu entlasten, wird »die Sitzfläche schwach nach vorn geneigt«, und gleichzeitig kommt die Rückenlehne im leichten Winkel der Körperhaltung entgegen.

Der Schreibmaschinenstuhl: In Amerika werden Schreibtisch- und Schreibmaschinen-Stuhl verschieden ausgebildet. Es stünde im Widerspruch zu der Tätigkeit des Maschineschreibenden, den Stuhl kippbar zu machen wie den Bürostuhl. Worauf es hier ankommt, ist eine Stützung des Rückens, eine bewegliche, federnde Rückenlehne, die dauernd dafür sorgt, daß die Muskeln der Schultern entspannt bleiben und indirekt einer Ermüdung der rasch arbeitenden Hände vorgebeugt wird.

Die verschiedenartige Ausbildung von Schreibtischstuhl und Schreibmaschinenstuhl entspricht also der verschiedenartigen Tätigkeit. Das Schreiben mit der Hand läßt verhältnismäßig viel Freiheit der Ausübung. Es ist nicht an eine feste Stellung gebunden und hängt vielfach von den Gewohnheiten des Schreibenden ab. So ist die große Beweglichkeit des Schreibtischstuhls verständlich, die die

---

9 U.S. Patent 114 532, 9. Mai 1871. Verbesserung von Nähmaschinenstühlen.

Kippbewegung ermöglicht, wenn der Sitzende sich leicht zurücklehnen will, um sich zu entspannen oder sich einem Besucher zuzuwenden.

Das Schreiben auf der Maschine ist, wie jede mechanisierte Tätigkeit, an bestimmte, stets sich wiederholende Bewegungen gebunden. Hier wäre die Kippbewegung des Sitzes fehl am Platz. Alles was man braucht, ist eine elastische Stütze für den Rücken und eine Möglichkeit, nach rechts und links auslangen zu können. Daher hat der Sitz eine bewegliche Rückenlehne und ist drehbar.

Der Schreibmaschinenstuhl ist ein Spätling in der Entwicklung. Er kommt erst in den neunziger Jahren auf, das heißt ungefähr zwei Jahrzehnte, nachdem die Schreibmaschine ihre Standardform gefunden hatte, und mehr als vier Jahrzehnte nach dem Auftauchen des Bürostuhls.

Die ganze Bewegung hatte in dieser Zeit viel von ihrer ursprünglichen Sicherheit verloren. Das zeigt sich an der Art, wie in den früheren Modellen die Rückenstütze beweglich gemacht wird. Besondere Kippflächen zweigen vom Rahmen des Stuhles ab[10], die eher Wucherungen als mechanischen Vorrichtungen gleichen. Auch die, soweit wir feststellen konnten, früheste patentierte Lösung von 1896[11] ist mit ihren vier sichelförmig geschwungenen Federn, die die Rücklehne mit dem Sitz verbinden, wenig befriedigend (Abb. 241)[12].

Der Vorschlag, die Rückenlehne federnd auszubilden, wird um 1730 von dem Nürnberger Möbelzeichner Johann Jakob Schübler gemacht (Abb. 239). Er nennt ihn einen »Französischen Commod Stuhl, daran die Lehne nach der Höhle des menschlichen Rückens ausgefüttert und mit einer Strebfeder versehen ist, daß die Lehne (...) sich biegen, wohl nachgeben, aber nicht brechen kann«.

Dieser Sessel mit der federnden Rückenlehne war zwar für einen Schreibtisch gedacht, aber er enthält unzweifelhaft das Prinzip des späteren Schreibmaschinenstuhls in sich.

Allmählich entwickelt sich eine Stützenform, die, wenn man es so ausdrücken darf, den Kontakt mit dem Rücken des Schreibenden selbst sucht, indem sie – ähnlich wie der Nähmaschinenstuhl von 1871 – nach vorne kippt. Aber diesmal ist die ganze Rückenlehne beweglich und wird durch eine Feder unter dem Sitz nach vorne gedrückt. Man nennt diese Stühle »Haltungsstühle«. Der Sitzende muß die vorgeneigte Lehne zuerst zurückdrücken, so daß sie sich an den Rücken pressen kann und dauernd seinen Bewegungen folgt.

Um 1900 also wird die Rückenlehne als eine Art Waagebalken behandelt, der seinen fixen Drehpunkt am Stuhlsitz hat. Der längere Hebelarm bildet die Rückenstütze, gegen die das Schulterblatt drückt. Der kürzere Hebelarm reicht bis

---

10 U.S. Patent 574 602, 5. Januar 1897, Franklin Chichester.
11 U.S. Patent 552 502, 7. Januar 1896, H. L. Andrews.
12 Der Erfinder gab nicht auf und kam später der heutigen Standardform nahe.

unter den Sitz, wo er auf verschiedenste Weise mit einer Zugfeder verbunden ist, die sich spannt, sobald der Körper gegen die Rückenstütze drückt[13].

Während der Materialknappheit im Zweiten Weltkrieg kamen Modelle auf den Markt, bei denen das Körpergewicht des Benutzers die Federn ersetzte. Durch Hebelübertragung wirkt es als Spannung der Rückenlehne.

Liegen

Mit der gleichen Unbekümmertheit, die das Sitzen charakterisierte, hat das neunzehnte Jahrhundert die verschiedenen Arten der Liegestellungen behandelt. Dabei ging es nicht um das längere Ausruhen, das Schlafen bei Nacht, vielmehr wollte man Möbel erfinden, die dem zeitweiligen Ausruhen dienen. Um derartige Möbel in Wohnräumen aufzustellen, mußte die zwanglose Haltung, die Bonington in seiner »Reclining Woman« von 1826 so kühn vorweggenommen hat (Abb. 233), von den gesellschaftlichen Konventionen gebilligt werden.

Beim Sitzen galt es, den Körper während bestimmter Tätigkeiten möglichst zu entspannen, das heißt, ein Ausruhen in Aktivität einzuschalten.

Beim Liegen und den Zwischenstellungen zwischen Sitzen und Liegen, die nun mehr und mehr bevorzugt werden, sollte das Ausruhen innerhalb eines passiven Zustandes erfolgen. Dies führt von den einfachen verstellbaren Liegestühlen, von den Eisenbahnsitzen und den Barbierstühlen bis zu komplizierten Operationstischen.

Der Ausgangspunkt ist dort zu finden, wo auf den Körper am meisten Rücksicht genommen werden muß: bei den Kranken und Invaliden.

Wie so oft führt die Spur zu einem englischen Patent aus dem frühen siebzehnten Jahrhundert zurück, von dem wenig mehr geblieben ist als eine undeutliche Beschreibung. Es war ein »Backframe or Back-Screene for Bedridden Invalids«, »zur Erleichterung und Besserung solcher bettlägeriger Kranker, die durch dauerndes Liegen unter Hitze an ihrem Rücken leiden«[14].

Das späte achtzehnte Jahrhundert hat »Bettmaschinen« konstruiert, in denen die Matratze in drei bewegliche Segmente geteilt wurde, einen Rücken-, einen Schenkel- und einen Beinteil. Anfangs wurden diese Teile durch schwerfällige Holzkonstruktionen gehalten und konnten später durch Einschaltung oft gewaltiger eiserner Zahnradsegmente und -antriebe (Abb. 243)[15] in verschiedene Winkel zueinander gebracht werden, wie vor allem in den ersten Jahrzehnten des neunzehnten Jahrhunderts.

Schon im achtzehnten Jahrhundert gab es Stühle – einige davon haben sich noch erhalten[16] –, die in Ruhebetten verwandelt werden konnten. Das neunzehn-

---

13 U.S. Patent 647 178, 10. April 1900.
14 Brit. Patent Nr. 16, A.D. 1620.
15 Zum Beispiel: Brit. Patent 3 744, 1. November 1813: »Sofa oder Vorrichtung zur Krankenpflege«.
16 Vgl. Macquoid und Edwards, *Dictionary of English Furniture from the Middle-Ages to the late Georgian Period*,

te Jahrhundert stellt sich auf diesem Gebiet ein ganz anderes Problem. Es entwikkelt Möbel, die weder Stuhl noch Bett sind, sondern eine Mischform beider, die, ohne besondere Verwandlung, bald Stuhl, bald Couch sind.

Die Vorstufen dafür sind in England und Frankreich zu finden. Sie sind noch unerforscht, scheinen aber nicht sehr aufschlußreich zu sein[17].

Vom Ende der dreißiger Jahre an und in zunehmendem Maße nach 1850 übernimmt Amerika eindeutig die Führung. Eines der frühesten Beispiele dieser Art zeigt bereits den Keim der späteren Entwicklung: Die »variable Liege oder der Krankenstuhl« von 1838 (Abb. 245)[18] hat als Basis eine Art Stuhlgestell mit Laufrollen. Die Rückenlehne der Liege kann in jedem beliebigen Winkel geneigt werden, sogar in vertikale oder horizontale Stellung, mittels eines Federbolzens und runder Segmente. Außerdem sind Vorkehrungen getroffen, um den Stuhl mit Metallstangen beweglich an der Decke aufzuhängen. Ähnliche, wenn auch bedeutend einfachere »Krankenliegen« sind in dieser Zeit durchaus nichts Ungewöhnliches. Die populäre Haushaltskunde von Thomas Webster[19] (1844) sieht sich veranlaßt, eine Londoner Liege dieser Art abzubilden und eingehend zu beschreiben (Abb. 244).

Eine große und umfassende Kategorie, die hier nur gestreift werden kann, reguliert die passiven Stellungen und die Lagerung des Körpers so, daß auf die beste Weise Eingriffe, vom Rasieren bis zu Operationen, möglich werden. Anfangs waren der Barbier-, Bader- und Zahnarztstuhl ein und dasselbe, so wie Barbier, Bader und Zahnarzt ursprünglich die gleiche Person waren. Vorschläge für diesen Typ sind bis in die sechziger Jahre zu finden.

In der Mitte der fünfziger Jahre beginnen die Experimente, in denen man sich nachdrücklich bemüht, einen Eisenbahnsitz für jedermann zu erfinden, der mühelos in eine Liege verwandelt werden kann, ohne mehr Platz einzunehmen. (Dies werden wir bei der Entwicklung der Schlafwageneinrichtung näher behandeln.) Die Bemühungen, einen beweglichen Eisenbahnsitz zu erfinden, hatten befruchtenden Einfluß auf die übrigen Stuhlgattungen.

In den sechziger Jahren kommt es zu einer gewissen Differenzierung zwischen Barbier- und Zahnarztstuhl. Bei diesem werden Kopf-, Rücken- und Fußstütze im-

---

Bd. II, a.a.O., S. 164: Ruhebett, »das in einen Lehnstuhl verwandelt werden kann«. Die Datierung, 1730, scheint zu früh angesetzt. Amerikanische Beispiele des gleichen Typs, Möbel, »die entweder als Queen Anne-Armsessel oder als gepolstertes Ruhebett verwendet werden können«, finden sich bei Wallace, »Double purpose furniture«, *Antiques*, Bd. 38, Nr. 4 (1940), S. 160.

17 Zum Beispiel »Minter's Lehnstuhl«, Brit. Patent 6034, A.D. 1830, mit »selbstregulierender Hebevorrichtung von Rückenlehne und Sitz« oder »Stühle oder Vorrichtungen zur Vermehrung von Behagen und Komfort«, Brit. Patent 5490, 28. August 1827. In diesem Fall wird die Rückenlehne bereits mit zwei Gelenken zum Verstellen versehen. In Frankreich baute man zu dieser Zeit noch kompliziertere Vorrichtungen: »Operationsstuhl und -tisch«, Brit. Patent Nr. 5605, A.D. 1828, wo die Patentbeschreibung des französischen Erfinders zehn Seiten umfaßt.

18 U.S. Patent 775, 12. Juni 1838.

19 Thomas Webster, *Encyclopedia of Domestic Economy*, New York, 1844.

mer anpassungsfähiger und immer unabhängiger voneinander. Gleichzeitig wird der Mechanismus komplizierter[20]. Bereits Ende der sechziger Jahre wird hydraulischer Druck, der durch Fußhebel ausgelöst werden kann, zum Heben und Senken des Zahnarztstuhls verwendet. Besondere Sorgfalt wird auf die Ausbildung der Kopfstütze gelegt, damit der Kopf möglichst entspannt ruhen kann. Ein Jahrzehnt später kommt der Zahnarztstuhl seiner Standardform nahe[21] (Abb. 253), und es wird versichert, daß er nun »ohne Ruck und Knarren mühelos zu heben und zu senken« sei.

In dem Jahrzehnt, das zwischen den Pariser Ausstellungen von 1878 und 1889 liegt, wird das Wölbungsproblem in der Eisenkonstruktion ebenso kühn wie schnell gelöst. Es ist auch das Jahrzehnt, in dem das amerikanische Patentmöbel zur technischen Reife kommt. Im gleichen Zeitraum tritt in der Medizin die spezifische Begabung des neunzehnten Jahrhunderts, die technische, immer stärker hervor: die Chirurgie erweitert ihren Anwendungsbereich, und damit wächst das Bedürfnis nach fein einstellbaren Operationstischen. Man legt Wert auf die höchste technische Vollendung bei diesen chirurgischen Operationsstühlen oder -tischen, die im übrigen nicht mehr voneinander unterschieden werden. Ihr Programm wird von einem der Erfinder klar umrissen: Chirurgische Stühle müssen eine Vielzahl von Stellungen zulassen, so daß der Patient sitzen, sich zurücklehnen oder in horizontaler Lage ruhen kann; Fuß oder Kopf sollen gleichzeitig oder unabhängig voneinander gehoben und der Patient nach jeder Seite hin gedreht und gewendet werden können; dabei muß in jeder dieser Positionen eine sichere Fixierung möglich sein, um dem Chirurgen die richtige Behandlung zu erlauben[22]. Dies sind ganz neue Forderungen an den Möbelkonstrukteur. Um das Leistungsniveau anzudeuten, sei ein Beispiel von 1889 herausgegriffen, aus dem Jahr, in dem der Eiffelturm (Abb. 246) entstand. Die den Körper tragenden Flächen werden nun in sieben verschiedene Teile zerlegt (Abb. 247): Kopf- und Fußstütze, zwei bewegliche Armstützen und vierfach unterteilte Liegefläche. Das Gestell wird zum Maschinengerüst mit einer ganzen Serie von Stangen und Hebeln, um die gewünschten Stellungen zu erreichen. Eine Selbstverständlichkeit sind »Mechanismen, um den Stuhl zu heben oder zu senken und auf seinem Fuß zu drehen«[23]. Noch ist der eiserne Rahmen mit seiner Mechanik sichtbar. Später verschwindet er, und ein weißes emailliertes Gehäuse umschließt hygienisch den Mechanismus. Aber das Wesentliche der Lösung – die große Differenziertheit und Kontrollierbarkeit der Bewegungsmaschinerie – ist bereits gegen Ende der achtziger Jahre erreicht.

---

20 U.S. Patent 55 368, 5. Juni 1866.
21 U.S. Patent 222 092, 25. November 1879.
22 U.S. Patent 360 279, 29. März 1887, Zeile 29-37: »Operationsstuhl«, Frank E. Case.
23 U.S. Patent 397 077, 29. Januar 1889.

242. Sitzhaltung im frühen neunzehnten Jahrhundert, Porträt der Kaiserin Josephine, Aquarell von Bonington, nach Gérard. *Schon vor 1810 kann man einen Widerspruch zwischen Sitzhaltung und Mobiliar feststellen. Die Dame sitzt diagonal auf einem steifen Empire-Sofa. Ungezwungenheit war ein wesentliches Moment dieser Haltung.* (*Andrew Shirley*, Bonington, *London*, 1941)

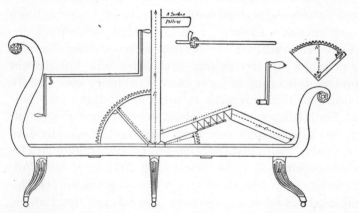

243. Sofa oder Vorrichtung zur Pflege von Invaliden. 1813. *Möbel, die eine entspannte Haltung zwischen Sitzen und Liegen ermöglichten, fanden bei der Krankenpflege zuerst Verwendung. Daher rührt auch ihre Vielseitigkeit. Im späten achtzehnten Jahrhundert wurden sogenannte »Bettmaschinen« mit einer dreiteiligen Matratze entwickelt. Ein schwerfälliges System von Kurbeln, Schneckengewinden und Zahnrädern diente in den ersten Jahrzehnten des* neunzehnten Jahrhunderts dazu, die drei Polster in verschiedene Stellungen zu bringen. (*Brit. Patent 3744, 1. November* 1813)

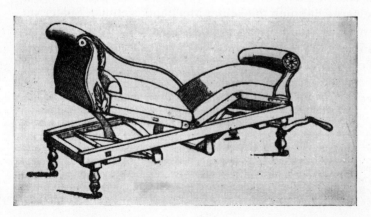

244. Krankenliege. London, nach 1840. *»Diese Couch ist so gebaut, daß man seinen Rücken beliebig hoch legen kann. Mit Hilfe einer Kurbel kann man den anderen Teil des Rahmens in eine für die Beine bequeme Stellung bringen.« Sogar die populärwissenschaftlichen Konversationslexika weisen auf die verstellbaren Sofas dieser Zeit hin.* (*Thomas Webster*, Encyclopedia of Domestic Economy, *New York*, 1845)

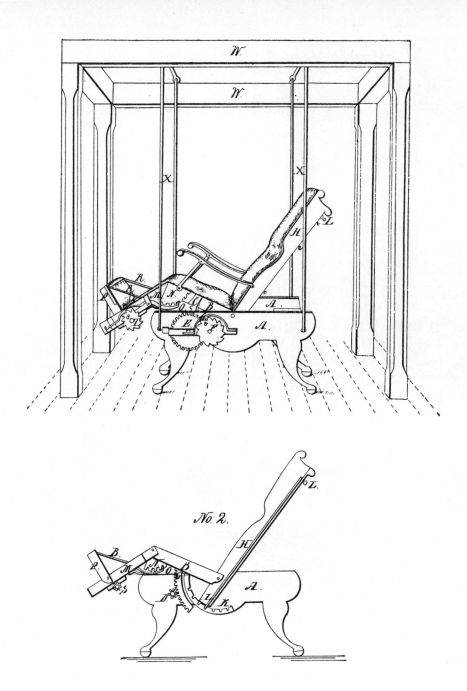

245. Variable Liege oder Krankenstuhl. 1838. *Trotz seiner Unhandlichkeit zeigt dieser Krankenstuhl die außerordentliche Verstellbarkeit und Beweglichkeit, die Patentmöbel der folgenden Jahrzehnte kennzeichnen. »Das Untergestell besteht aus einem Hocker auf Laufrollen. Die Rückenlehne kann in jede beliebige Position gestellt werden, sogar vertikal oder horizontal.« Wenn der Stuhl mit Stangen an der Decke aufgehängt wird, läßt er sich hin- und herschwingen. (U.S. Patent 775, 12. Juni 1838)*

246. Der Eiffelturm. 1889. *In den späten achtziger Jahren, zu der Zeit, als der Eiffelturm gebaut wurde, entwickelte man die Skelettbauweise zu unerreichter Kühnheit und Präzision.* (G. Tissandier, La Tour Eiffel, *Paris,* 1884)

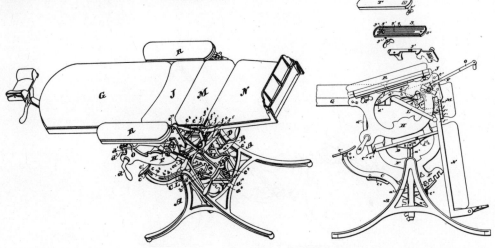

247a. Operationsstuhl. 1889. *Ebenso wie die Chirurgie machte auch das Ingenieurwesen in Präzision und Kunstfertigkeit rasche Fortschritte. Der Operationstisch erreichte einen bis dahin unbekannten Grad der Verstellbarkeit. Die Liegefläche ist hier in sieben Elemente unterteilt, die sich durch Hand- und Fußhebel in jede beliebige Position einstellen lassen. Die Bestandteile des Krankenstuhls von 1838 sind hier in vollkommener Form ausgearbeitet.* (U.S. Patent 397077, 29. Januar 1889)

247b. *»Durch die vertikalen Hebe- und Senkvorrichtungen und durch die Dreh- und Neigemechanismen«* ist eine komplizierte Maschinerie entstanden, die zunächst noch offen bleibt, aber bald mit weißer Emaille verkleidet und hydraulisch angetrieben sein wird.

Gehört der Barbierstuhl in die Reihe der verstellbaren Liegestühle oder zu den gewöhnlichen Stühlen? Die Antwort hängt davon ab, ob es sich um den europäischen oder um den amerikanischen Barbierstuhl handelt.

In Europa blieb auch der Barbierstuhl durch die Übermacht des herrschenden Geschmacks schwerfällig, ebenso starr und unbeweglich wie die Eisenbahnsitze, die Couch oder das Sofa. Als im Jahre 1901 Henry van de Velde im glitzernden Interieur des mondänen Berliner Friseursalons Haby[24], einem der ersten von einem Künstler eingerichteten Geschäfte, eine lange Reihe von Barbierstühlen aufstellte, hatten diese zwar die zarten Kurven des Jugendstils, aber abgesehen von der primitiven Kopfstütze blieben sie völlig starr und unbeweglich, in auffallendem Kontrast zu dem lebhaften Linienspiel, das den Raum im übrigen beherrscht. Sogar nach 1940 ist in Europa der starre Barbierstuhl immer noch vorwiegend in Gebrauch. Wie im achtzehnten Jahrhundert muß der Barbier sich unter das Kinn des zu rasierenden Kunden beugen und kann nur durch das typische Heben des Ellenbogens sehen, was er tut.

Um die Jahrhundertmitte, in der Zeit, als die Patentmöbelbewegung einsetzt, beginnt in Amerika der Barbierstuhl beweglich zu werden. Damals war, wie wir bereits andeuteten, der Barbier zugleich Zahn- und oft auch Wundarzt. Er führte einfache Operationen aus, wie Zahnziehen und Aderlaß; jahrhundertelang waren die beiden Berufe von Wundarzt und Barbier in einem einzigen vereinigt gewesen.

So verschieden auch die Bedürfnisse des Zahnarztes, Barbiers und Chirurgen sind, eines ist ihnen gemeinsam: es gilt den Kopf oder den ganzen Körper in die am besten zugängliche Lage zu bringen.

Bei dem Barbier liegt das Problem sehr einfach. Der Kunde muß entweder aufrecht sitzen oder horizontal liegen. Haareschneiden erlaubt keine perspektivische Verkürzung, die aufrechte Stellung ist dabei das einzig Richtige, und dafür braucht es einen normalen Sessel. Für das Rasieren ist es am günstigsten, wenn der Kunde dabei so weit als möglich in die Horizontale gelegt wird, so daß die beiden Wangen und die Unterseite des Kinns praktisch vertikale Flächen sind. So kann der Barbier am besten arbeiten. Außerdem wird der Kunde in eine hilflose Lage gebracht, die unvorhergesehene Bewegungen weitgehend ausschaltet. Für diese Haltung bedarf es einer Fläche, auf der Füße und Körper horizontal ausgestreckt werden können. Um beide Tätigkeiten, das Rasieren und Haareschneiden, mühelos miteinander verbinden zu können, muß der Stuhl beweglich und verstellbar sein. In dem Eingehen auf die verschiedenen Funktionen, die der Barbierstuhl zu erfüllen hat, spiegelt sich die ganze Verschiedenheit der amerikanischen und europäischen Entwicklung.

---

24 Karl Ernst Osthaus, *Van de Velde*, Hagen i. W., 1920, S. 29.

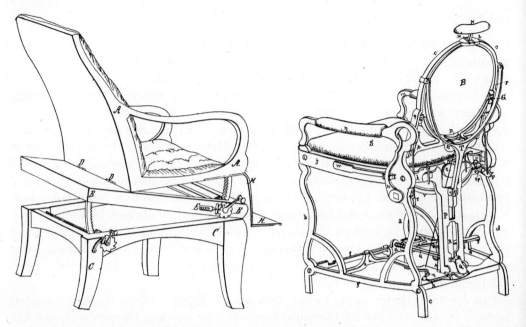

Ebenso wie der amerikanische Eisenbahnsitz ist auch der amerikanische Barbierstuhl von seinem europäischen Gegenstück grundverschieden: dieser ist starr, jener beweglich. Das Problem lag darin, den Stuhl so zu konstruieren, daß Sitz und Lehne beweglich und in unterschiedliche Positionen einstellbar sind.

248. Zahnarzt- und Operationsstuhl. 1850. *Einer der ersten ungeschickten Versuche, dieses Problem für den Barbierstuhl zu lösen. Der aus drei Teilen bestehende Stuhl wird vorne und hinten durch Zahnräder und Zahnstangen angehoben. »Durch diese beiden Bewegungen kann der Sitzende in jede beliebige Höhe und Neigung gebracht werden.« (U.S. Patent 7224, 26. März 1850)*

249. Barbierstuhl. 1873. *Das Ergebnis von langen, geduldigen Bemühungen war eine größere Beweglichkeit des Barbierstuhls. Die Entwicklung von Patentmöbeln gipfelte in äußerst komplizierten Verbindungsmechanismen, die ein Umklappen des Sitzes und der Lehne mit einem Handgriff ermöglichten. (U.S. Patent 135986, 19. Februar 1875)*

Unendlich mühselig lernt man es, dem Stuhl eine differenzierte Beweglichkeit zu geben und ihn dabei gleichzeitig in jeder gewünschten Lage fixieren zu können. 1850 weiß man sich nicht anders zu helfen, als den Stuhl in drei Elemente zu zerlegen, das Untergestell, den starren Sitz und dazwischen eine mittlere Ebene (Abb. 248)[25]. Der Stuhl kippt nach hinten mittels eines Zahnstangengetriebes und nach vorn durch Anheben der mittleren Ebene.

Bald wird das Kippen auf einfachere Weise erreicht: der Stuhl besteht aus zwei Teilen, dem eigentlichen Sitz und dem Untergestell, auf dem er sich dreht. Der hintere Teil des Untergestells ist eine geneigte Ebene, und die Neigung des Stuhls wird durch die Ebene, auf der er aufruht, fixiert. 1867 wird als Vorteil dieses Stuhls hervorgehoben, er veranlasse »den Kunden, während des Haareschnei-

---

25 U.S. Patent 7 224, 26. März 1850: »Zahnarzt- und Operationsstuhl«.

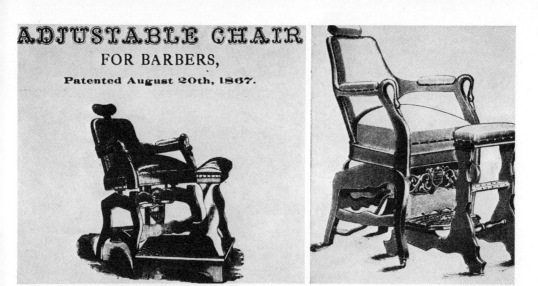

250. Verstellbarer Barbierstuhl. 1867. *Bis in die späten achtziger Jahren blieb der einfache, kippbare Barbierstuhl vorherrschend. Der Sitz läßt sich in zwei verschiedenen Winkeln auf dem abgeschrägten Untergestell verschieben. Man legt die Füße dann auf eine Fußbank, die oft so hoch wie ein Betpult ist. (Werbeanzeige)*

251. Barbierstuhl. 1880. *Das Prinzip des kippbaren Stuhles ist immer noch bestimmend. Die Fußbank bleibt separat. (Katalog Theo. A. Kochs, Chicago)*

dens aufrecht zu sitzen und sich beim Rasieren zurückzulehnen«[26] (Abb. 250). Diese »Kippstühle« (tilting chairs), für die die verschiedenartigsten Bewegungsmechanismen ersonnen wurden, wurden im amerikanischen Patentregister als besondere Kategorie geführt.

In den siebziger Jahren fehlt es auch nicht an komplizierten Vorrichtungen, um Sitz- und Rückenfläche des Stuhles mit einem Handgriff umkehren zu können, bevor der nächste Kunde Platz nahm. Wie immer und überall auf dem Gebiet der Patentmöbel erstrebte man mehr Verstellbarkeit und Beweglichkeit und versuchte, alle Teile in eine immer flexiblere Verbindung zu bringen. So kompliziert der amerikanische Barbierstuhl auch im Verlauf der Entwicklung wird, das Grundproblem bleibt immer das gleiche: ein möglichst müheloser Übergang vom Sitzen zum Liegen. Dies führt dazu, daß bereits zu Beginn der siebziger Jahre einfache Modelle im Handel zu finden sind, bei denen Sitz-, Rücken- und Fußstütze in einem einheitlichen Bewegungsmechanismus verbunden sind[27]. Aber das sind eher Ausnahmen. Bis in die späten achtziger Jahre hält man an der Zweiteilung von

---

26 Werbeanzeige, 20. August 1867, U.S. Patent 83 644, 3. November 1868; vgl. U.S. Patent 224 604, 17. Februar 1880 (Abb. 251). Dieser Stuhl erfreute sich großer Beliebtheit und ist noch in den Katalogen der neunziger Jahre verzeichnet.
27 Katalog Theo. A. Kochs Company, Chicago, 1873. Siehe auch Abb. 279.

457

252. Barbierstuhl mit einem vibrierenden Massagegerät. 1906. *Anfang der neunziger Jahre war der Barbierstuhl auf einer Säule montiert und konnte sowohl gedreht als auch gekippt werden. Die hydraulische Hebevorrichtung wurde in den Vereinigten Staaten um 1900 zur Norm. (Katalog Theo. A. Kochs, Chicago, 1906–1907)*

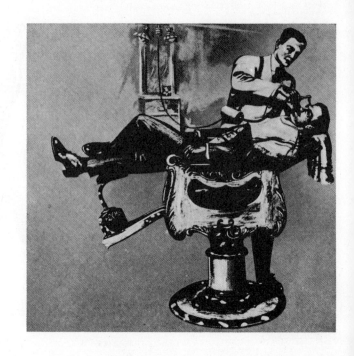

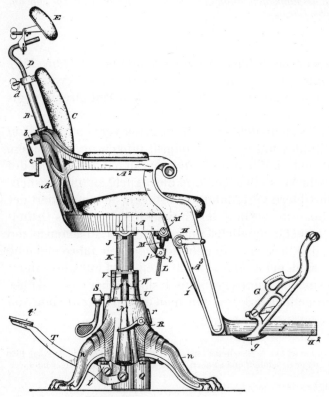

253. Zahnarztstuhl. 1879. *In den sechziger Jahren begann die Differenzierung zwischen Zahnarzt- und Barbierstuhl. Die Kopfstütze, die Rückenlehne und die Fußbank werden zunehmend verstellbarer, der Mechanismus wird komplizierter. Besonders der Kopfstütze wurde viel Aufmerksamkeit gewidmet. Gegen 1880 läßt sich der Stuhl geräuschlos auf einer hydraulischen Säule anheben. (U.S. Patent 222092, 25. November 1879)*

254. Barbierstuhl. 1894. *Wie der Schreibtischstuhl ist er drehbar und auf einer Säule montiert. (Katalog Theo. A. Kochs, Chicago, 1894)*

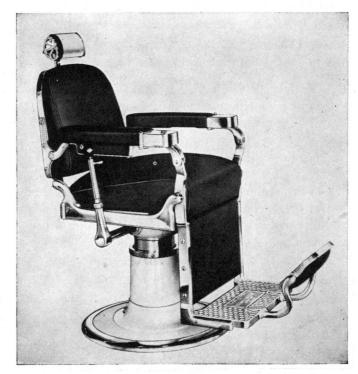

255. Barbierstuhl. 1939. *Um 1910 bekam der Barbierstuhl seine heutige Form mit weißemalliertem Gestell und Armstützen und mit einem breiten, glatten Sockel. (Katalog Theo. A. Kochs, Chicago, 1939)*

459

Stuhl und Fußstütze fest. Der Stuhl ist vierbeinig, und die gesonderte Fußstütze erreicht gelegentlich die Größe eines Betschemels (Abb. 251). Nun kommt der Wunsch nach Drehbarkeit hinzu[28]. Dabei ruht der Sitz auf einer Säule, die ähnlich wie beim Bürostuhl in vier kurzen Beinen ausläuft (Abb. 254). Zu Beginn der neunziger Jahre ist der Barbierstuhl sowohl verstellbar wie drehbar. Nun kommt noch das Heben und Senken hinzu, so daß der Stuhl »niedrig genug für den kleinen und hoch genug für den großen Friseur« ist. Um 1900[29] wird dieses Heben und Senken durch hydraulische Mechanismen besorgt (Abb. 252). Wie wir sahen, war der hydraulische Antrieb beim Zahnarztstuhl bereits gegen Ende der sechziger Jahre aufgekommen. Erst der steigende amerikanische Lebensstandard um die Jahrhundertwende erlaubte die Einführung dieses kostspieligen Mechanismus, der den Preis des Barbierstuhls nahezu verdoppelte[30]. Somit sind um 1900 vier Bewegungen dieses Stuhles möglich: Drehen und Zurückklappen, Heben und Senken. Um 1910 wird auch die heutige Standardform erreicht: glatte, weiß-emaillierte Sitzrahmen und Armstützen sowie ein glatter Sockel treten an die Stelle einer wilden Gußeisen-Ornamentik, die sich nun auf die eiserne Bein- und Fußstützen beschränkt (Abb. 255). Ein Hebeldruck genügt, um den Kippmechanismus auszulösen, und der Stuhl wird automatisch in jeder beliebigen Lage festgehalten, sobald der Finger vom Hebel genommen wird. Alle beweglichen Teile – mehr als 200 – sind unsichtbar in dem weißen Emailsockel eingeschlossen, so daß der Kunde ohne Geräusch oder Ruck in die Horizontale gelegt wird und in dieser Lage auf Massage und heiße Tücher wartet: ein kurzer Augenblick der Entspannung in der Ruhelosigkeit.

Die Mechanisierung des Lehnstuhls

Barbierstühle, Eisenbahnsitze und Operationstische sind nicht Bestandteil unserer dauernden Umgebung. Sie gehören nicht zum Haus. Aber sie waren wunderbare Lehrmeister, wenn es galt, in das unbekannte Gebiet des beweglichen Möbels vorzustoßen. Sie enthielten genügend Anregungen, die in vereinfachter Form auch in die Intimität des Hauses Eingang finden konnten. Lange Zeit waren die Amerikaner in dieser Übertragung erfolgreich.

Es wäre ein Fehler, wenn man den Blick hier nur auf die Mechanisierung richten würde. Es handelt sich um Grundlegenderes: diese Stühle bringen die wahre Haltung des neunzehnten Jahrhunderts zum Ausdruck, deren Kennzeichen Ungezwungenheit ist. Couchen und Sofas, die dieser Haltung entsprachen, waren vorhanden, ehe der Stuhl in ein bewegliches organisches System verwandelt wurde. So dringend ist das Bedürfnis nach entspannter Haltung, daß auch Möbel ge-

---

28 U.S. Patent 335 594, 9. Februar 1886, und 374 840, 13. Dezember 1887.
29 U.S. Patent 598 877, 8. Februar 1898.
30 85 Dollar im Jahre 1904.

baut werden, die ihm unbewußt, auch ohne mechanische Mittel, entsprechen wollen.

Im Amerika der dreißiger und vierziger Jahre gab es eine Couch, die man, wohl ihrer ungewöhnlichen Proportionen wegen, »Känguruh« nannte. Sie sah aus wie eine Meereswoge, in die sich der Körper einschmiegen sollte. So wie man die Füße gelegentlich auf Kaminsims oder Tischrand legte, so wurde bei dieser Couch das Fußende in steiler Kurve in die gewünschte Höhe gebogen (Abb. 322): »Der Rücken«, sagt ein Zeitgenosse, »wird auf wunderbare Weise unterstützt, und wenn die Füße am anderen Ende ruhen, so läßt sich die Entspannung und Bequemlichkeit kaum beschreiben.«[31]

Die Tradition versperrt nur dann den Weg, wenn es an schöpferischer Kraft mangelt. Ist diese lebendig, so erhalten plötzlich Gegenstände, die Jahrhunderte nahezu unverändert geblieben sind – Pflug, Hammer, Säge oder Möbel –, eine neue Gestalt. So wird 1869 durch eine geringe Änderung der Faltstuhl der Antike, der aus zwei Paaren gekreuzter Beine besteht, in einen Liegestuhl verwandelt, dessen Kurven sich dem Körper ausgezeichnet anschmiegen (Abb. 258)[32]. Es ist fast ein Zauberkunststück, das ohne komplizierte Mechanismen gelingt. Hat man einmal den Geist erfaßt, aus dem diese Patentmöbel entsprungen sind, dann lassen sich seine einzelnen Produkte leicht verstehen. Um einen Feldstuhl mit einem Handgriff in einen bequemen Liegestuhl zu verwandeln, muß der Erfinder gewohnt sein, den Stuhl als ein System von Flächen zu betrachten, die zueinander in keinem starren Verhältnis stehen und durch verschiedene Kombinationen verschiedene Funktionen erfüllen können.

Der Stuhl wird auf traditionelle Weise mittels eines Scharniers zusammengeklappt. Rückenlehne und Sitz sind gepolstert. Aber die Rückenlehne endet nicht an der Sitzfläche, sondern setzt sich unter ihr mit ihrer Polsterung fort. Auf den ersten Blick scheint dies sinnlos. Löst man aber den Sitz aus seinen Haken und läßt die sich überkreuzenden Beine sich weiter spreizen, dann kommt die tote Fläche plötzlich ins Spiel. Zusammen mit der verlängerten Rückenlehne und dem nun nach außen geklappten Sitz bildet sie eine neue Kombination: den geschwungenen Liegestuhl.

Was die mechanische Ausrüstung angeht, die aus einigen Scharnieren besteht, so könnte der Stuhl ohne weiteres im fünfzehnten Jahrhundert erfunden worden sein. Hinter ihm stehen jedoch ganz andere Denkweisen: die Auffassung des Stuhls als eines Gerätes, das sich aus Flächen zusammensetzt, die zu verschiedenen Zwecken verschiedenartige Kombinationen miteinander eingehen können. Dahinter stehen die konstruktiven Impulse der sechziger Jahre, die hier mit genialer Einfachheit zur Anwendung gelangen.

Gegen Ende der sechziger Jahre begnügte man sich in Amerika im allgemeinen nicht mit ein oder zwei Stellungen, wie sie der Klappstuhl von 1869 ermöglicht.

---

31 Zitiert bei Esther Singleton, *The Furniture of Our Forefathers*, London, 1901, Bd. 2, S. 649.
32 Faltstuhl, U.S. Patent 92 133, 29. Juni 1869.

Auch für den täglichen Gebrauch wünschte man die verschiedenartigen Kombinationen, wie man sie vom Invalidenstuhl her kannte. Ohne mehr oder weniger komplizierte Mechanismen war dies jedoch undurchführbar.

Wieder beschränken wir uns auf ein einziges Beispiel. Langsam, im Laufe eines Jahrzehnts, zwischen 1870 und 1878, nimmt der mechanisierte Liegestuhl Gestalt an. Die einzelnen Stadien sind nicht schwer zu verfolgen[33]. Der Wilson-Stuhl, wie er nach seinem Erfinder genannt wurde, war eines der frühesten Modelle, das die Beweglichkeit des Invalidenstuhls auf ein Haushaltsmöbel übertrug (Abb. 256). Er gehörte zu den populären Modellen seiner Zeit und wurde in Zehntausenden von Exemplaren durch eine eigens dafür gegründete Gesellschaft, die »Wilson Adjustable Chair Company«, verbreitet.

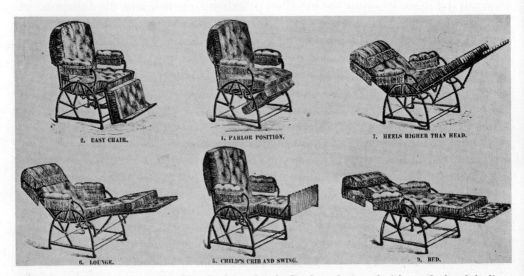

256a. *Verstellbarer Sessel. 1876. War der herrschende Geschmack einmal nicht maßgebend, bediente man sich im neunzehnten Jahrhundert bei der Herstellung verstellbarer Möbel der Technik des Ingenieurs. Dieses letzte und vereinfachte Modell (vgl. Abb. 256b. und 256c.) demonstriert beispielhaft die Verwandlungsfähigkeit und Beweglichkeit, die der Lehnsessel in den siebziger Jahren erreichte. Mit einfachen mechanischen Mitteln wurden die Bewegungsprobleme, die für die Designer unseres Jahrhunderts so schwierig sind, gelöst. (Katalog, Wilson Adjustable Chair Manufacturing Co., New York)*

Auf den ersten Blick sieht ein solcher Stuhl verwirrend kompliziert aus, aber wenn man das System von Versteifungen, Sperrvorrichtungen und Gelenken auf seine wesentlichen Teile reduziert, dann kommt man hinter die einfachen Überlegungen, auf denen er beruht. Dieser zusammenklappbare Stuhl ist, wie damals allgemein üblich, in einzelne Flächen zerlegt, die durch Gelenke miteinander verbunden sind. Sie können einzeln oder gemeinsam verstellt und in fast jeder

---

33 Drei Patente: U.S. Patent 107 591, 20. September 1870, noch sehr primitiv; Patent 116 784, 4. Juli 1871, erreicht die Bewegungsmöglichkeit durch eine komplizierte Konstruktion; Patent 210 733, 9. März 1878, vereinfacht Form und Konstruktion des Modells.

256b. G. WILSON: Eiserner Klappsessel. 1871. *Dieses Arbeitsmodell aus dünnen Bronzestreifen hat der Autor auf einer öffentlichen Versteigerung der Originale aus dem Fundus des amerikanischen Patentamtes erstanden. Seit ihrer Veräußerung sind solche Dokumente des amerikanischen Zeitgeistes in alle Winde verstreut. (Patentmodell im Besitz des Autors, Photo: Soichi Sunami, Museum of Modern Art)*

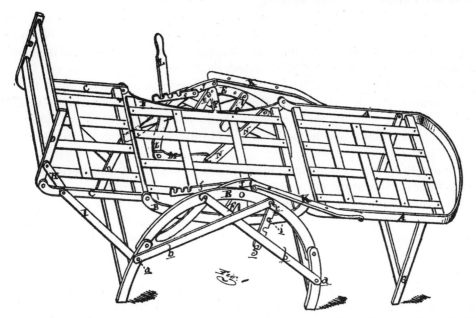

256c. G. WILSON: Eiserner Klappsessel. 1871. *Als Beine dienen zwei Eisenbögen, an denen der Sitz, ähnlich einer Waage, aufgehängt ist. Ohne aufzustehen kann man den Mechanismus durch einen einzelnen Hebel (L) bedienen. Die Rückenlehne, der Sitz und die Bein- und Fußstützen bilden vier zusammenhängende Ebenen, die in fast jede Position verstellt werden können. (U.S. Patent 116784, 4. Juli 1871)*

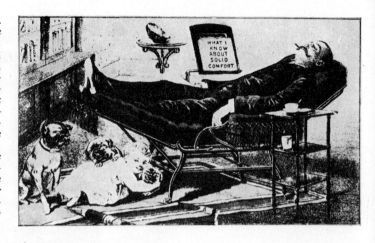

257. Verstellbarer Sessel. Chicago, 1893. *»Der beste Sessel auf der ganzen Welt. Er kombiniert einen Salon-, Lese-, Rauch- und Lehnsessel, Liege und Bett in Standardgröße, in jede Position verstellbar. Über 80000 Stück verkauft.«* Trotz seiner einfachen, billigen Bauweise verschwindet der mechanisierte Lehnsessel bald vom Markt. Er konnte den Maßstäben die die Chicagoer Weltausstellung 1893 für die kommende Periode setzte, nicht mehr entsprechen. (Marks Adjustable Folding Chair Co., New York, Landauer Collection)

gewünschten Stellung fixiert werden. Dadurch werden verschiedene Kombinationen möglich: vom Lehnstuhl mit nach unten geklapptem Fußbrett zum Lesestuhl mit schmalem Pult, zu einem Sofa mit geneigtem Rückenteil (die auf Wunsch eine Stellung erlaubt, bei der die Füße höher liegen als der Kopf), zu einem Bett und schließlich, wenn aufgehängt, zu einer schwingenden Kinderwiege: ein Paradies für diese Zeit, die Kombinationsmöglichkeiten und Ungezwungenheit so sehr liebte (Abb. 256, a, b, c).

Ein weiterer durchgehender Zug läßt sich am Wilson-Stuhl beobachten: wie beim Operationstisch und Barbierstuhl sind Sitzfläche und Untergestell voneinander getrennt. Die vier Füße des normalen Stuhls haben sich in zwei brückenartige Bögen verwandelt, an deren höchstem Punkt der Sitz an Scharnieren frei aufgehängt wird. Sitz-, Rücken- und Fußfläche schwingen frei zwischen den Bögen des Untergestells. Dies erleichtert die Verstellbarkeit und Verwandelbarkeit des ganzen Systems. Der im Stuhl Sitzende kann die gewünschten Positionen von einer zentralen Stelle aus herstellen, wie ein Marionettenspieler die Arme und Beine seiner Puppen bewegt.

In den siebziger und achtziger Jahren kamen Varianten und Verbesserungen dieses Typs in Gebrauch. Oft wurden, wie beim Wilson-Stuhl, besondere Gesellschaften für ein einziges gut durchgearbeitetes Modell ins Leben gerufen. Schon zu Beginn der fünfziger Jahre fiel es einem englischen Beobachter auf, daß in einer Fabrik in Cincinnati Stühle in Serien hergestellt wurden, die, verglichen mit europäischen Verhältnissen, ungewöhnlich hoch waren. Jetzt, Ende der siebziger Jahre, begann man komplizierte Modelle wie den Wilson-Stuhl in großen Serien herzustellen. Das war etwas Neues, denn Invaliden- und Operationsstühle hatten nur einen verhältnismäßig kleinen Markt. Die Absicht des populären Liegestuhls war typisch für die Zeit: erhöhte Bequemlichkeit mit einfacher und billiger Konstruktion zu verbinden. Eines der späten Modelle (1893), dessen Hersteller sich rühmte, es in über 80000 Exemplaren verkauft zu haben, erreichte Einfachheit und Verbilligung um den Preis geringerer Beweglichkeit und Verstellbarkeit. Wir befinden uns im Jahr 1893, kurz vor Ende der Bewegung, im Jahr der Chicagoer Weltausstellung, die den Wendepunkt bezeichnet (Abb. 257).

Man begann auf diese Art Möbel herabzusehen. Sie entsprachen nicht der Vorstellung von Pracht und Reichtum, für die jedermann geboren schien. Jedenfalls verschwanden sie.

Verwandelbarkeit

Mechanische Metamorphose

Wie in der antiken Mythologie der Mensch in einen Stein oder in einen Baum verwandelt wird und die Natur mit Wesen belebt ist, die halb Pferd – halb Mensch, halb Fisch – halb Mensch, halb Schlange – halb Mensch sind, so daß es schwer fällt zu sagen, wo das Tier aufhört und das Menschliche beginnt, so ist es auch auf dem Gebiet der merkwürdigen Schöpfungen, die man Patentmöbel nennt, fast unmöglich festzustellen, wo die eine Kategorie endet und die andere beginnt. Sie gehen ineinander über, und Vielgestaltigkeit und Metamorphose sind Teil ihres Wesens. Ein Lehnstuhl, der sich in eine Liege oder eine Liege, die sich in eine Kinderwiege verwandelt, lassen sich im Grunde ebenso als Kombinationsmöbel bezeichnen wie ein Bett, das in ein Sofa, in einen Stuhl, in einen Tisch oder in einen Eisenbahnsitz verwandelt werden kann.

Alles ist zusammenklappbar, faltbar, drehbar, ausziehbar und kombinierbar. Wo endet der eine Teil, wo beginnt der andere? Kaum glaubt man zu einem klaren Urteil gekommen zu sein, das die verschiedenen Kategorien säuberlich scheidet, so vermischt sich plötzlich alles von neuem, ohne daß man zu einem Ende käme. Der Grund dafür liegt im Wesen dieser Möbel. Ihre einzelnen Teile sind miteinander verwachsen wie der Fischschwanz mit dem Leib der Meerjungfrau. Sie sind zu einer neuen Einheit geworden.

Wenn das Mittelalter Möbel für verschiedene Zwecke verwendete, so hatte das seinen Grund in der Sparsamkeit des Mobiliars und in der Primitivität des ganzen Haushalts. Es bedurfte keines Mechanismus, um Truhen in Behälter für jede Art von Gegenständen, in Bänke, Schlafgelegenheiten oder als Stufen für das hochgelegene Bett zu benutzen. Erst im fünfzehnten Jahrhundert erhielten die Truhen eine Rückenlehne. Im sechzehnten Jahrhundert wird die Rückenlehne vergrößert und umklappbar gemacht, so daß sie gleichzeitig als Tischplatte dienen kann.

Dieser Typ erinnert an die alte Gewohnheit, die Tische nach Gebrauch beiseite zu rücken. Diese Tisch-Bank wird von den Siedlern nach Pennsylvania gebracht (Abb. 259)[34], und der ursprünglich reich ornamentierte Renaissancetyp wird bäu-

---

34 Freundliche Mitteilung von Dr. F. Reichmann, Bibliothekar der Carl Schurz Foundation, Philadelphia.

erlich vereinfacht und seiner Brauchbarkeit wegen weit bis ins neunzehnte Jahrhundert beibehalten.

Die Kombination von Stuhl und Schreibgelegenheit geht noch weiter zurück. Die mittelalterliche Gewohnheit, ein kleines Pult auf die Knie zu legen, wie Pythagoras auf dem Relief des zwölften Jahrhunderts an der Kathedrale von Chartres (Abb. 138) dies tut, entwickelt sich im fünfzehnten Jahrhundert zu einer Kombination von Sitz und verstellbarem Schreibbrett. Später führt dies dazu, bei den Windsor-Stühlen eine Armlehne so zu verlängern und zu verbreitern, daß sie als Schreibfläche dienen kann, wie bei Thomas Jeffersons Drehstuhl um 1776 (Abb. 161) und wie bei den Stühlen, die heute noch in fast jedem amerikanischen Hörsaal zu finden sind.

Im neunzehnten Jahrhundert wird die Verwandelbarkeit des Möbels meistens durch denselben mechanischen Aufwand erreicht, der auch die verstellbaren Sitz- und Liegemöbel schuf. Die Entwicklung von verwandelbaren und verstellbaren Möbeln verlief parallel: erste Ansätze vor 1850 und stärkste Impulse in den sechziger, siebziger und achtziger Jahren.

In Europa sind die verwandelbaren Möbel nie recht heimisch geworden. Das beginnende neunzehnte Jahrhundert hatte sich – eine Tendenz des vorangegangenen Jahrhunderts weiterführend – mit ihnen beschäftigt, sowohl in Frankreich wie in England. Ein Autor bemerkt: »Die Pariser Ausstellungen von 1834, 1839, 1844 und selbst 1849 (...) ragten heraus (...) durch die Menge von Diwanbetten, Invalidenstühlen usw. (...) Mit viel Geduld gelang es den Erfindern, eine Vielzahl von Vorrichtungen zur Aufnahme gemachter Betten zu ersinnen (...), sei es in einer Truhe oder in einer herausklappbaren Rückenlehne oder schließlich durch mechanisches Heben oder Versenken; hinzu kamen noch Fächer für Toilettengegenstände und Kleider. Trotzdem steht außer Frage, daß man, um gut zu schlafen, nicht eines Diwanbettes bedarf. (...) Will man aus einem Schlafzimmer einen Salon machen oder aus einem Salon ein Schlafzimmer, dann nehme man ein auf allen Ausstellungen preisgekröntes Diwanbett, dazu einen verwandelbaren Waschtisch, einen Kleiderschrank-Schreibtisch, eine Sessel-Chaiselongue (...), und so wird man leicht zum Förderer der Erfinder, die bei der Kommission der Ausstellung so viel Aufmerksamkeit finden.«[35] Diese Worte wurden rückblickend, gegen Ende der siebziger Jahre, vom Verfasser eines »Wörterbuchs des Tapezierers« niedergeschrieben, dessen Anliegen vor allem die dekorative Drapierung war. Darin spricht sich die Meinung des herrschenden Geschmacks jener Zeit aus, die ihrer ganzen Einstellung nach der Entwicklung der neuen Möbeltypen feindlich gegenüberstehen mußte. Die Engländer dachten nicht sehr viel anders über die Patentmöbel[36].

---

35 Jules Deville, *Dictionnaire du tapissier. Critique et historique de l'ameublement français depuis les temps anciens jusqu'à nos jours,* Paris, 1878-1880, Textband, S. 47.

36 John C. Loudon, *An Encyclopedia of Cottage-Farm and Villa Architecture and Furniture,* London, 1836, erwähnt im Kapitel über Möbel für das einfache Landhaus Klappbetten, doch nur der Vollständigkeit halber, und fügt gleich einschränkend hinzu, daß in einem englischen Haushalt derartige Vorrichtungen nicht nötig seien.

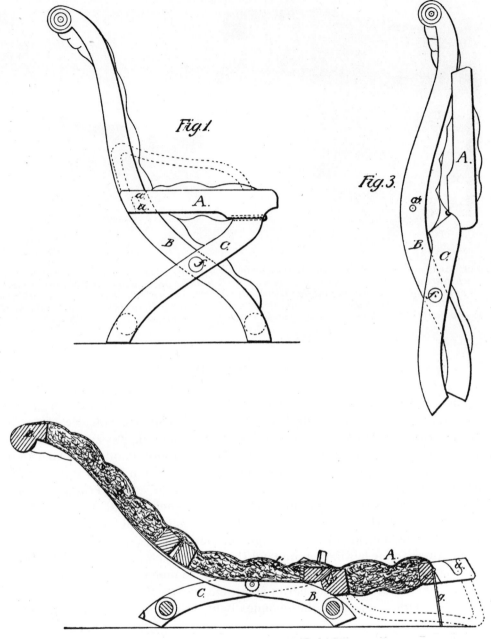

Fig.1.

Fig.3.

258. Klappstuhl. 1869. *Eine kleine Veränderung des klassischen, x-förmigen Faltstuhls ergibt einen Lehnsessel, dessen Form dem menschlichen Körper erstaunlich gut angepaßt ist. Die Verstellung der einzelnen Teile erfolgt hier ohne schwerfällige Vorrichtungen. So beschreibt der Erfinder diesen Klappstuhl: »Er ähnelt in etwa dem gewöhnlichen Feldstuhl. Die Beine BB werden über die Sitzfläche hinaus in einen leichten Bogen verlängert und dienen als Rückenlehne. Das Gestell ist in seiner gesamten Länge gepolstert. Die Vorderseite des auch unten gepolsterten Sitzes A ist am oberen Ende des Beines C mit Scharnieren befestigt. Der Stuhl läßt sich für den Transport oder die Lagerung in kompakte Form zusammenklappen.« (U.S. Patent 92 133, 29. Juni 1869)*

259. Tischbank, Pennsylvania Dutch »Dischbank«. *Die Verwandlung einer Truhe oder Bank in einen Tisch geht auf die von Einwanderern mitgebrachten Gebräuche der Spätgotik und Renaissance zurück.* »Eine Bank mit Armlehnen, worauf eine Tischplatte mit Hilfe von vier Stiften befestigt wird. Entfernt man die vorderen Stifte, kann die Platte hochgeklappt werden und dient als Rückenlehne für die Bank.« (Photo und Beschreibung: Konservator des Landis Valley Museum, Lancaster County, Pennsylvania)

Völlig anders war es dagegen in Amerika. Die Möbel sollten nicht den ganzen Raum einnehmen; während die Wirtschaft expandierte, herrschte Platzmangel in den teuren Wohnungen. Auch gab es in Amerika um 1850 im Vergleich zu Europa nur eine kleine wohlhabende Schicht, deren Geschmack von der Masse hätte nachgeahmt werden können. Ein Möbelstück zu kaufen, das zugleich zwei oder mehrere Funktionen miteinander verband, war außerdem billiger. Dazu kam die alte Vorliebe des Amerikaners, die verschiedenartigsten Dinge miteinander zu verbinden, wie etwa bei einer Dolch-Pistole von 1837[37]. »Das Prinzip meiner Erfindung«, heißt es in der Patentbeschreibung, »besteht darin, die Pistole und das Jagdmesser derart zu verbinden, daß sie ebenso leicht und handlich zu benutzen ist wie Pistole oder Messer für sich genommen.«

Die Amerikaner besaßen genügend Humor, um sich über ihren manchmal ins Groteske gehenden Kombinationsdrang lustig zu machen, wie in einer Karikatur in *Harper's Weekly* 1857, auf der in einer Reisetasche Pistolen, Dolch, Axt, Schuhlöffel, Brotlaib, Teller und ein lebendes Baby untergebracht sind (Abb. 266).

Verwandelbarkeit der Flächen

Die manchmal grotesken Gebilde, die durch Kombinationen von Heterogenem erstehen, sind Randerscheinungen. Interessanter ist die aggressive Art, mit der

---

37 U.S. Patent 254, 5. Juli 1837.

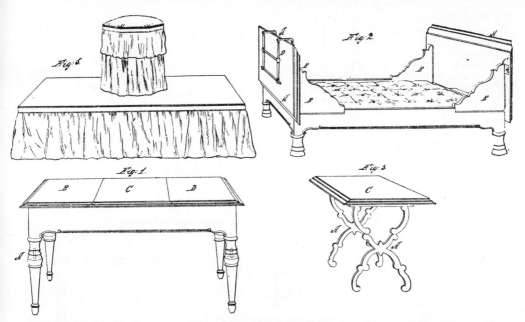

260. Tisch mit Bettgestell. 1849. *Durch Hochklappen der Seitenbretter und Abschrauben des unteren Teiles der hohen Beine wird der Tisch zum Bettgestell (Abb. 1). Dabei wird das mittlere Brett zu einem zweiten Tisch (Abb. 3).* »*Meine Erfindungen, der* ›*Tisch mit Bettgestell*‹ *und die* ›*Ottomane mit Polsterschemel*‹, *enthalten einen Eßtisch und andere nützliche Gegenstände. Die Seite des Polsterschemels [pouf] läßt sich nach oben schieben, wodurch die Toilettenartikel zugänglich werden.*« (*U.S. Patent 6884, 20. November* 1849)

man in das Gefüge der überlieferten Gegenstände eingreift und sie radikal verändert. Beim Möbel, das mehreren Zwecken zugleich dienen soll, geschieht dies mit der gleichen Durchschlagskraft, mit der das Türschloß mechanisiert wurde und einfache Werkzeuge wie Hammer oder Hobel ihre Jahrhunderte hindurch bewährte Form veränderten.

Der Klappstuhl von 1869, der mit einem Handgriff in einen Liegestuhl verwandelt werden konnte (Abb. 258), beruhte auf Mechanismen, die schon im fünfzehnten Jahrhundert bekannt waren. Im neunzehnten Jahrhundert setzt sich das Möbel (Tisch, Sofa, Bett, Stuhl usw.) aus verschiedenen beweglichen Flächen zusammen, die verschiedenartige Kombinationen miteinander eingehen können und unter Umständen sogar ihre Bedeutung wechseln. So verwandelt sich bei dem Stuhl von 1869 der Sitz durch einfaches Herunterklappen in eine Fußstütze; die gleiche Erscheinung läßt sich bei einem Drehstuhl von 1875 beobachten, bei dem die Rückenlehne zur Liegefläche wird (Abb. 261), oder bei einem Armlehnstuhl von 1874 (Abb. 262), dessen Sitz sich in den Kopfteil eines Sofas verwandelt. Wir nennen diesen Vorgang Verwandelbarkeit der Flächen. Die spätgotische Truhenbank, die »Dischbank« der Siedler in Pennsylvanien (Abb. 259), hat einen beweglichen Rückenteil, der, um 90 Grad gekippt, zur Tischplatte wird. Aber nie wird dies zum konstitutiven Ausgangspunkt wie im neunzehnten Jahrhundert und wird

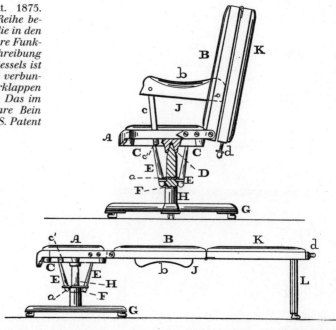

261. Drehsessel und Ruhebett. 1875.
Das Möbelstück wird als eine Reihe be-
weglicher Elemente angesehen, die in den
verschiedenen Kombinationen ihre Funk-
tion ändern. In der Patentbeschreibung
heißt es: »Die Rückenlehne des Sessels ist
mit dem Sitz durch Scharniere verbun-
den. Durch einfaches Herunterklappen
der Lehne entsteht ein Ruhebett. Das im
Rahmen versteckte, ausklappbare Bein
dient als Stütze für das Bett.« *(U.S. Patent*
169 752, 9. November 1875)

auch nicht mit solcher Leichtigkeit der Phantasie gehandhabt, die oft recht komplizierte Mechanismen einschaltet.

Wir ziehen es wieder vor, das Zustandekommen dieses Gesetzes anhand einiger Beispiele zu illustrieren, die in konstruktiver Beziehung ebensogut aus dem Mittelalter stammen könnten.

Die Shaker, die so außerordentliches handwerkliches Geschick besaßen, stellten in der ersten Jahrhunderthälfte Kombinationsmöbel verschiedener Art her. Um die Jahrhundertmitte finden sich auch im Bereich der Patentmöbel Beispiele, die die kommende Entwicklung bereits klar erkennen lassen, wie das Tisch-Bett von 1849 (Abb. 260)[38].

Ein Tisch soll in ein Bett verwandelt werden. Ausgegangen wird vom Eßtisch. Mit seiner dreiteiligen Platte sieht er aus wie ein Ausziehtisch. Nur werden in diesem Fall – wieder ein Zeichen der Unabhängigkeit, mit der Probleme damals angefaßt wurden – die beiden Seitenbretter im rechten Winkel aufgeklappt und können durch mit Scharnieren versehene Seitenteile festgestellt werden. Nimmt man die Mittelplatte des Tisches heraus, so fallen gleichzeitig zwei Klappbeine heraus und bilden ein Abstelltischchen. »Die vier Beine des Eßtisches können in der Mitte

---

38 U.S. Patent 6 884, 20. November 1849: Kombination von Tisch und Bett. In der Folge wird die Kombination von Tisch, Bett und Stühlen durch komplizierte Mechanismen gelöst, z. B. kombinierte Kleiderschränke, Betten, Stühle und Tische, U.S. Patent 142 387, 2. September 1873. Besonders beliebt war die Kombination von Schreibtisch und Bett, z. B. U.S. Patent 241 173, 10. Mai 1881.

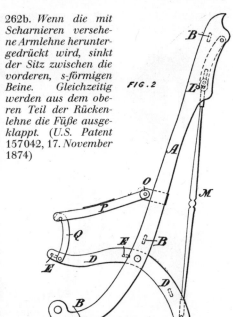

262b. *Wenn die mit Scharnieren versehene Armlehne heruntergedrückt wird, sinkt der Sitz zwischen die vorderen, s-förmigen Beine. Gleichzeitig werden aus dem oberen Teil der Rückenlehne die Füße ausgeklappt. (U.S. Patent 157042, 17. November 1874)*

FIG.2

262a. Lehnsessel und Chaiselongue. *Ein weiteres Beispiel dafür, wie der Zweck der einzelnen Teile sich in unerwarteter Weise ändert. (U.S. Patent 157042, 17. November 1874)*

262c. *Um aus dem Sessel eine Chaiselongue zu machen, kippt man ihn um 90° nach hinten. Der Sitz wird zur Kopfstütze, die hohe Rückenlehne zur Liegefläche. »Wieder als Sessel eingestellt, dient das Kopfende als Sitz.« (Originalmodell im Besitz des Autors, Photo: Soichi Sunami, Museum of Modern Art)*

471

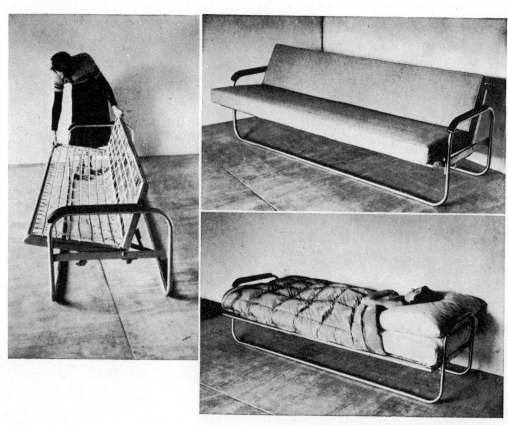

263. ALVAR AALTO: Stahlrohrsofa und Bett. 1932. *Einer der wenigen Versuche unserer Zeit, die Probleme der Beweglichkeit zu lösen.* Links: *Der Neigungswinkel der Rückenlehne sowie des Sitzes läßt sich verstellen.* Rechts oben: *Tagesposition.* Rechts unten: *Wird die Rückenlehne völlig auf den Sitz heruntergelassen, entsteht ein Bett.* (*Wohnbedarf, Zürich*)

zerlegt werden und sind mit einem Dübel befestigt.« Was folgt, läßt sich leicht erraten: man schraubt die Beine auseinander, und das Bettgestell ruht auf dem Boden. Aus dem Tischrahmen ist ein Bettrahmen geworden und aus den hochgeklappten Tischplatten die beiden Bettenden. Der selbständige Hocker verwandelt sich rasch in einen Waschtisch mit allen notwendigen Toilettengegenständen.

In der folgenden Zeit wird diese Tendenz, verschiedene Kombinationen durch unterschiedliche Anordnung von Flächen zu erreichen, ständig weiter entwickelt. In einem Vorschlag von 1875 handelt es sich beim ersten Zusehen um einen Armlehnstuhl, der sich auf einem Sockel dreht[39]. Untersucht man ihn näher, so bemerkt man, daß »Sitz und Lehne durch Scharniere verbunden und die Armstützen (...) mit Gelenken versehen sind«. Das Rückenteil ist beidseitig gepolstert. In Wirklichkeit besteht es aus zwei Rahmen, die wieder durch Scharniere miteinan-

---

39 U.S. Patent 169 752, 9. November 1875: Verbesserung verwandelbarer Stühle.

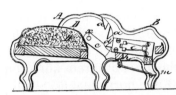

264d. Liegesofa. 1868. (*Originalmodell im Besitz des Autors, Photo: Soichi Sunami, Museum of Modern Art*)

264a,b,c. Sofa-Bett. 1868. »*Um die Rückenlehne zu verstellen oder herunterzulassen, muß man lediglich die Kordeln* ll (*Abb.* 264c) *ziehen, wodurch die Bolzen* d *aus den Aussparungen* a *ausrasten. An der Rückseite der Lehne* B *befinden sich ausklappbare Beine* mm, *die das Bettgestell tragen. Beim Gebrauch als Sofa liegen diese Beine an der Rückseite der Lehne an.*« (*U.S. Patent* 77872, 12. *Mai* 1868)

der verbunden sind. »Wenn der Stuhl in eine Liege verwandelt werden soll, braucht man nur eine Falle zu öffnen, die den Rahmen (K) an der Lehne (B) festhält, so daß er jetzt ausgeklappt werden kann.« Im Innern des Rahmens ist ein herausklappbarer Fuß verborgen, der als Stütze für die nun horizontal liegende Rückenlehne dient. Die Armlehnen verschwinden im Rahmen, und aus dem Drehstuhl ist ein Ruhebett geworden (Abb. 261).

Ein Armlehnstuhl von 1874[40] (Abb. 262) zeigt auf andere Weise, wie beweglich damals die Phantasie war, wenn es galt, den Sinn der Flächen auf unkonventionelle Weise zu verändern. Vom Typ her gehört dieser Armlehnstuhl aus flachen Metallschienen zur Gattung der Faltstühle, wie sie seit der Antike in Gebrauch waren. Alle seine Teile sind beweglich miteinander verbunden. Wie bei der Ventilsteuerung einer Dampfmaschine, so bewegt sich das ganze System, wenn ein

---

40 U.S. Patent 157 042, 17. November 1874: Kombination von Stuhl und Liege.

Teil davon in seiner Lage verändert wird. Drückt man die Armlehnen mit ihren drei Gelenken ein, so senkt sich der Sitz zwischen den volutenartigen Vorderbeinen hinab; dabei erscheinen gleichzeitig am Ende der Rückenlehne zwei Füße – die Bewegung wird durch zwei Stangen übertragen –, und aus dem Armlehnstuhl ist ein Sofa geworden, das auf dem Kopf steht. Nun braucht man das Möbel nur noch um 90 Grad zu kippen.

Was ist geschehen? Durch Druck auf die Armlehnen, gleichzeitiges Senken der Sitzfläche und Kippen des ganzen Möbels wird die frühere Sitzfläche zu einem Kopfteil und die hohe Rückenlehne zur Liegefläche. Die Verwandlung geschieht durch einen Bedeutungswechsel der Flächen.

Beim antiken Faltstuhl liegt der Kreuzungspunkt der Beine in der Mitte zwischen Sitz und Fußboden. Hier wird er in die Höhe des Sitzes hinaufgerückt, die volutenartigen Vorderfüße verlängern sich in eine ungewöhnlich hohe Rückenlehne, und die Hinterfüße werden bumerangartig gebogen. Mit ihrem kürzeren Ende ruhen sie auf dem Boden, während das andere Ende horizontal als Sitzfläche ausgebildet wird.

Um die Brauchbarkeit zu erhöhen, werden die normalen Proportionen ungewohnt verändert. Auf dem Gebiet des mechanisierten Möbels geschieht hier etwas, dem man in der Kunst oft begegnet: eine Verzerrung der normalen Proportionen. Die Gotik, die manieristische Malerei des sechzehnten Jahrhunderts oder die Maler um 1910 bedienten sich dieses Mittels, um neue Ausdrucksformen zu schaffen.

Um ein Sofa in ein Bett, und zwar in ein Doppelbett, zu verwandeln, ging man 1872 ungefähr folgendermaßen vor[41] (Abb. 265):

Bei einem Sofa, das in ein Doppelbett verwandelt werden soll, wird man erwarten, daß die Matratzen übereinander liegen. Weniger selbstverständlich ist es, wenn hier die Teile der künftigen Matratze Rücken an Rücken angeordnet sind – ein Prinzip also wie bei der doppelten Rückenlehne des Drehstuhls von 1875. Diesmal sind jedoch die beiden Teile an ihrer Längsseite durch Gleitscharniere verbunden. Das Doppelbett entsteht mit einem Griff, da, ganz unerwartet, die untere Matratze in der Mitte der beiden Schmalseiten um zwei Zapfen schwingt. Man braucht nur die Sitzfläche nach außen zu ziehen, und die untere Matratze beginnt sich zu drehen. Mit ihr bewegt sich der obere Teil, bis beide gemeinsam eine horizontale Fläche bilden.

Amerikanische Lösungen der sechziger und siebziger Jahre gehen bestimmte Probleme in derselben Weise an, wie man es heute tut. Form und Material sind verschieden, aber die Methoden sind oft die gleichen.

1932 brachte Alvar Aalto ein Stahlrohr-Sofa heraus, das in Europa bald unter dem Namen »Aalto–Sofa« bekannt wurde (Abb. 263). Es handelt sich dabei um eines der wenigen zeitgenössischen Möbel, die sich an Bewegungsproblemen versuchen: diesmal handelt es sich darum, die Rücklehne des Sofas je nach dem

---

41 U.S. Patent 127 741, 11. Juni 1872: Bett-Sofa.

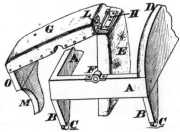

265a. Bettcouch. 1872. (*Original-modell im Besitz des Autors, Photo: Soichi Sunami, Museum of Modern Art. (U.S. Patent 127741, 11. Juni 1872)*

265b. Bettcouch. 1872. *Detail der Patentzeichnung.*

Belieben des Sitzenden anders einzustellen. Senkt man sie bis in die Horizontale, dann entsteht die Liegefläche eines Bettes. Seiner Form nach war Aaltos Stück gelungen, aber der Bewegungsmechanismus war unzureichend. In einer Schweizer Fabrik versuchten wir diesem Übel ein wenig abzuhelfen, aber es fiel uns nichts anderes ein, als eine der üblichen Vorrichtungen einzubauen, wie sie bei den verstellbaren Kopfteilen von Hospitalbetten Verwendung finden.

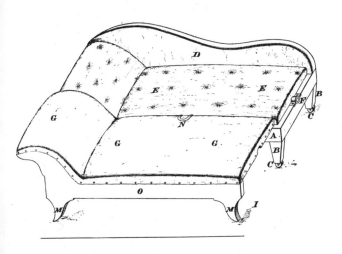

265c. Doppelliege. 1872. *»In gewöhnlichem oder geschlossenem Zustand liegen die zwei Matratzen mit der Rückseite aneinander. Durch Ausziehen des Griffes N schiebt sich die obere Matratze nach vorne. Gleichzeitig dreht sich die untere Matratze um 180° um ihre Längsachse. Die Beine M stehen fest auf dem Boden. Mittels des Gleitscharniers H liegen die Matratzen genau Kante an Kante.«* (U.S. Patent 127741)

Wie wird das gleiche Bewegungsproblem bei einem amerikanisch »verstellbaren Sofa« von 1868 gelöst[42] (Abb. 264)? Um die Rückenlehne nach Belieben verstellen und sie bis in die Horizontale klappen zu können, ist der Rahmen des feststehenden Sofateils unten gerundet, während der obere Teil längs dieser Rundung bis in die Horizontale bewegt werden kann. Ein Arm verbindet an jeder Seite den festen mit dem beweglichen Teil. Um die Rückwand in verschiedenen Winkeln feststellen zu können, ist das gerundete Stück mit Einkerbungen versehen, in die auf ingeniöse Weise ein Stift einrastet, der durch Federn festgehalten wird. Die beiden Bolzen werden durch die einfache Vorrichtung einer Schnur gelöst, die durch den oberen Sofarahmen gleitet. Diese einfache Konstruktion ist nicht ohne Eleganz und zeigt, wie sehr man, im Unterschied zu unserer Zeit, mit Bewegungsproblemen beim Möbel vertraut war.

Kombination und Mimikry

Betten, die sich horizontal oder vertikal schwenken, hochklappen oder zusammenfalten lassen – auf die mannigfaltigsten Arten versuchte man, tagsüber in den Wohnungen Platz zu gewinnen. So gelangen wir in das Gebiet der verwandelbaren Betten, die tagsüber die Gestalt eines anderen Möbels annehmen oder in der Wand oder sogar in der Decke verschwinden. In der Frühzeit beschränkte man sich darauf, die Betten einfach hochzuklappen und sie manchmal mit einem Kasten zu verhüllen. Diese Praktiken gehen teilweise bis ins siebzehnte und achtzehnte Jahrhundert zurück[43]. Technische Verbesserungen wurden in den dreißiger Jahren des neunzehnten Jahrhunderts gemacht. Einfache Vorrichtungen sorgen dafür, »daß Bettwäsche, Schlummerrolle und Kopfkissen nicht herausfallen, wenn das Bett aufgerichtet wird«[44]. Die Zeit der Patentmöbel verwandte große Sorgfalt auf die Konstruktion dieser Schrankbetten, die in vielen amerikanischen Wohnungen besondere Schlafräume ersetzten. In den achtziger Jahren erreichten sie ihre Standardform und wurden gegen Ende dieser Periode als wahre Prunkstücke ausgeführt, wie das Bett von 1891 (Abb. 269), das, hochgeklappt, zu einem Spiegelschrank wird, mit reichverzierter Mahagoniverkleidung. Diese Betten nannte man auch »Wohnzimmerbetten«, da sie eher für das Wohnzimmer als für ein Schlafzimmer gedacht waren. In späteren Jahren wurden sie im Privathaus seltener, waren aber in Hotels weit verbreitet, bis sie auch dort allmählich verschwanden. Diese an der Schmalseite hochzuklappenden Betten kamen erst viele Jahre später, 1937, wieder, als die Pullmann Company Wagen mit Schlafabteilen (roomette cars) einführte (Abb. 270).

---

42 U.S. Patent 77 872, 12. Mai 1868.
43 Siehe Havard, *Dictionnaire de l'ameublement et de la* 1894, *Bd. 1, S. 241 f. Wallace Nutting erwähnt in seinem Aufsatz über »Double-Purpose Furniture« in: Antiques,* Oktober 1940 (Bd. 38, S. 160), die Tatsache, »daß Oliver Goldsmith 1770 ein Möbelstück beschreibt, das nachts ein Bett und tagsüber eine Truhe mit Schubladen war«.
44 U.S. Patent 668, 2. April 1838: Kleiderschrank-Bett. Vgl. auch U.S. Patent 23 604, 12. April 1859: verbessertes Kleiderschrank-Bett (Abb. 267).

266. Reisetasche, Karikatur. 1857. *Im Zeitalter der Patentmöbel zogen die Amerikaner ihre eigene Vorliebe für Mehrzweckmobiliar manchmal ins Lächerliche. Genauso machte man sich in den vierziger Jahren über die vielen Küchengeräte lustig (Abb. 408). (Harper's Weekly, 1857)*

Kaum ein Möbel hat die Erfinder zwischen 1850 und 1890 so beschäftigt wie das Bett, das sich in etwas anderes verwandeln läßt. Auf verschiedenste Weise wurden Möbel als Attrappe, als Verhüllung des Bettes, benutzt. Es handelt sich hier um ein weit verzweigtes, aber im Grunde wenig erfreuliches Gebiet, denn in den meisten Fällen haben wir es hier weniger mit einer Metamorphose als mit Mimikry zu tun. Ein Bett, das tagsüber zum Sofa wird, dient seinem doppelten Zweck auf angemessene Weise: es ist ein Sofa, und es ist ein Bett. Es verändert nicht nur seine Form, sondern auch sein Wesen: Metamorphose. Ein Bett aber, das zum Beispiel am Tage die Gestalt eines Pianos einnimmt, gibt vor, etwas zu sein, was es nicht ist. Damit gehört es in das Gebiet der Mimikry[45]. Hier berühren sich der herrschende Geschmack und die konstituierenden Möbel des neunzehnten Jahrhunderts, und dies führte zu einem Zwiespalt und oft bis an die Grenze der Lächerlichkeit. Historiker, die das Groteske lieben, können hier eine Fülle ergiebigen Materials finden.

Anfänglich wurden die Probleme der Verwandelbarkeit völlig ernsthaft angegangen. Man ersann neue, fast unglaubliche Kombinationen. So baute ein Erfinder (1866) in ein Klavier eine nahezu vollständige Schlafzimmergarnitur ein (Abb. 268) und versicherte: »Es ist durch den Gebrauch dieser Kombination er-

---

45 U.S. Patent 97 101, 23. Nov. 1869: Kombination von Bett und Musikinstrumentenschrank. Schon verhältnismäßig früh geraten die Erfinder auf dieses abwegige Gebiet der Attrappenmöbel, doch die konstituierenden Probleme stehen noch im Vordergrund. Gelegentlich jedoch, gegen Ende der Periode, grenzt die Mimikry ans Absurde, wie zum Beispiel bei dem Bett, das tagsüber von einem Kamin verkleidet ist: U.S. Patent 334 504, 19. Jan. 1886: Kombination von Bett und Kamin.

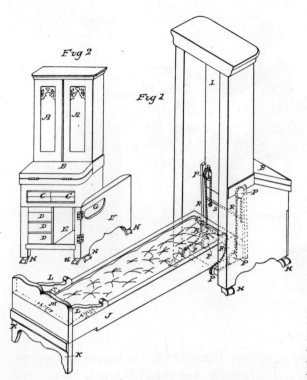

267. Mimikry und Verwandelbarkeit: Schrankbett. 1859. *Eine der vielen Varianten des Schrankbettes »kombiniert einen Sekretär, einen Kleiderschrank und einen Toilettentisch miteinander«.* (U.S. Patent 23604, 12. April 1859)

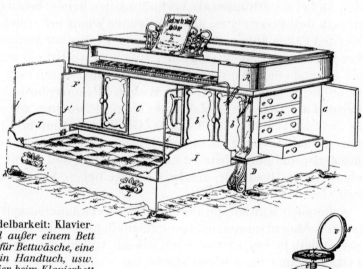

268. Mimikry und Verwandelbarkeit: Klavier-Bett. 1866. *Vorhanden sind außer einem Bett eine Kommode, zwei Fächer für Bettwäsche, eine Waschschüssel, ein Krug, ein Handtuch, usw. Raumsparende Ideen, wie hier beim Klavierbett so naiv umgesetzt, sind eine amerikanische Tradition, die trotz vorübergehender Verdrängung durch den herrschenden Geschmack nie gänzlich aufgegeben wurde. Diese Bestrebungen tauchen beim Wohnwagen und noch stärker bei dem Pullman-Schlafwagen von 1937 wieder auf.* (U.S. Patent 56413, 17. Juli 1866)

269. Schrankbett. 1891. *In der Ära der Patentmöbel ersetzte in vielen amerikanischen Haushalten das schon im 17. und 18. Jahrhundert gebräuchliche Schrankbett ein separates Schlafzimmer. Im Laufe der Zeit wich dieses Klappbett dem herrschenden Geschmack und geriet bis zur Einführung des Pullman-Schlafwagens fast in Vergessenheit.* (Decorator and Furnisher, *New York*, 1891)

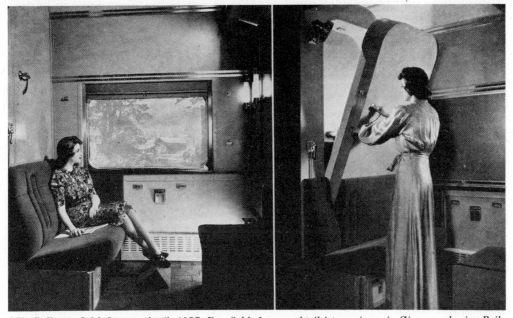

270. Pullman-Schlafwagenabteil. 1937. *Das Schlafwagenabteil ist weniger ein Zimmer als eine Reihe von Mehrzweckmöbeln, zwischen denen sich der Fahrgast bewegt. Das mit Zugfedern ausgestattete Klappbett nimmt fast die gesamte Bodenfläche ein. An den Wänden und unter den Polstern sind Schränke, Waschschüssel und Toilettentisch untergebracht. Das Pullman-Schlafwagenabteil ist eine der wenigen Mehrzweckeinrichtungen, die die Tradition der fünfziger Jahre des vorigen Jahrhunderts fortsetzen.* (Pullman Company)

wiesen, daß die Qualitäten des Klaviers als Musikinstrument dadurch nicht im geringsten beeinträchtigt werden.«[46] Diese Kombination wird auf die einfachste Weise dadurch möglich, daß der Hohlraum unter dem Klavier ausgenutzt wird: »Der Klavierkörper ruht nicht wie gewöhnlich auf Beinen, sondern wird von einem Rahmen B getragen. (. . .) Dieser Rahmen ist so eingerichtet, daß er eine Kommode E und zwei Fächer F und G enthält (. . .), die die Bettwäsche aufnehmen (. . .), eine Waschschüssel, einen Krug, ein Handtuch usw.« Das Bett war in einer Art riesiger Schublade enthalten, die mit zwei Griffen aus dem die Kombination tragenden Rahmen herausgezogen wurde.

Doch damit war der Erfinder noch nicht zufrieden. Er fügte noch einen drehbaren Klavierstuhl hinzu, der auch für ein eigenes Patent vorgesehen war. Sein aufklappbarer Sitz enthielt einen Nähtisch und einen Toilettenspiegel. Schubladen und eine herausklappbare Schreibfläche ergänzten seine Ausstattung. Die Naivität, die in der Kombination von Gegenständen liegt, die durch ihre Nachbarschaft kaum gewinnen, ist nicht zu übersehen. Der Erfinder scheint das gespürt zu haben, wenn er zu der beschränkten Anwendbarkeit des Möbels folgendes bemerkt: »Das verwandelbare Klavier ist vor allem für Hotels, Pensionate usw. entworfen worden, mit Räumen, die am Tage als Salons usw. genutzt werden und nachts als Schlafräume.« Der Vorgang erinnert an den Zauberer, der Gegenstände in unerwarteter Zahl hervorzaubert.

Uns interessiert hier jedoch nicht das Objekt, das es in Hunderten von Varianten gegeben hat, sondern die Methode, die dahinter steht. Die Sparsamkeit mit dem Raum, die auf naive Weise in dem Bett-Klavier von 1866 erscheint, gehört zu einer Tradition, die, obwohl zeitweise vom herrschenden Geschmack unterdrückt, in den Vereinigten Staaten nie ganz verschwunden ist und zu gegebener Zeit in der Ausstattung des Wohnwagen-Anhängers und des Schlafwagens wieder auftauchte.

Das Schlafwagenabteil ist ein geschlossenes Pullmancoupé mit zwei breiten, einander gegenüberliegenden gepolsterten Bänken. »Um das Bett herabzulassen, dreht der Reisende nur an einem Griff über dem Sitz, zieht ihn nach unten und hält ihn in dieser Stellung. Daraufhin senkt sich das durch Federn ausbalancierte Bett, bis es seine horizontale Stellung erreicht hat (. . .).«[47] Will der Reisende sich morgens waschen und anziehen, löst er einen Hebel, und das Bett klappt hoch. Nun hat er Platz genug, um an der gegenüberliegenden Wand den Waschtisch herauszuklappen und den Kleider- und Toilettenschrank zu öffnen. »Der gepolsterte Sitz auf der Schrankseite enthält das W. C.« Das Schlafwagenabteil ist eigentlich kein Zimmer, sondern ein Kombinationsmöbel, in dem der Reisende sich aufhält. Wenn das Bett heruntergeklappt ist, nimmt es die Sitzflächen und den ganzen Raum ein.

Das Bett, das, wenn es hochgeklappt ist, teilweise zur Wand und teilweise zur

---

46 U.S. Patent 56 413, 17. Juli 1866, verbesserte Kombination von Klavier, Couch und Kommode.
47 Prospekt der Pullman Company.

480

gepolsterten Rückenlehne wird, beruht auf dem gleichen Prinzip wie das Schrankbett von 1859 (Abb. 267). In beiden Fällen ist das Gesetz der Verwandelbarkeit der Flächen im Spiel.

Das Schlafwagenabteil gehört zu den wenigen verwandelbaren Möbeln, in denen die Tradition der fünfziger Jahre bis heute weiterlebt. Der Grund dafür ist, daß es zu einer Einrichtung gehört, die sich von ihrer Frühzeit an ohne Unterbrechung weiterentwickelt hat – dem Schlafwagen.

Eisenbahn und Patentmöbel

Der französische Bericht über die Jubiläumsausstellung von 1876 in Philadelphia gibt eingehend Auskunft über Werkzeuge, Maschinen, Möbel und andere dort gezeigte Geräte[48]. Um seine Eindrücke von der besonderen Art ihrer Formgebung dem französischen Publikum mitzuteilen, konnte der Berichterstatter kein anderes Wort finden als »Pullman-Car-Stil«. Damit sind einfache Umrisse und glatte Flächen ohne ornamentale Überwucherung gemeint. Dies sind Eigenschaften, die im Gange der mechanisierten Produktion ganz von selbst entstehen. Dem Europäer von 1870 oder 1880, der die Mechanisierung zur Nachahmung des Handwerks nutzte, mußten einfache Möbel als etwas Ungewöhnliches erscheinen, als etwas, wofür es keinen Namen gab und das man daher nach dem populärsten Produkt der amerikanischen Entwicklung benannte – dem Pullman-Wagen.

Instinktiv wurde damit das richtige Wort gewählt. Der Schlafwagen, der mit Pullmans Namen verknüpft ist, ist fast das einzige überlebende Beispiel aus der unübersehbaren Zahl der Patentmöbel. Allein der Schlafwagen hat sich ohne Unterbrechung bis heute weiterentwickelt. Alle anderen Kategorien – mit Ausnahme rein technischer Möbel – erfuhren um 1893 einen Rückschlag, von dem sie sich nie erholt haben.

In den Augen eines Zeitgenossen von 1855 stehen die Bemühungen, Barbier-, Zahnarzt- und Krankenstühle komfortabel und funktionsgerecht zu konstruieren, gleichberechtigt neben den verstellbaren Eisenbahnsitzen, bei denen auf die physiologischen Bedürfnisse des Körpers Rücksicht genommen wird. Auch die längst vergessenen Modelle von verwandelbaren Sofas und Klappbetten wurden damals für ebenso wichtig angesehen wie die ersten bahnbrechenden Patente für das obere Schlafwagenbett.

Wenn wir uns einmal den heute geläufigen Begriff des »Schlafwagens« vornehmen und uns fragen, was eigentlich alles dazugehört, dann kommen wir auf zwei weitverbreitete Typen seiner Ausstattung – den verwandelbaren Sitz für das untere Bett und das Klappbett für das obere. Und wenn wir die gleiche Frage an den gewöhnlichen amerikanischen Eisenbahnwagen stellen, dann zeigt sich, daß er

---

48 Zitiert in: *Raum, Zeit, Architektur*, a. a.O., S. 230.

gleichfalls auf einem bestimmten Typ von Patentmöbel beruht, der sorgfältig weiterentwickelt wurde: dem Lehnstuhl mit verstellbarer Rückenlehne. Schlafwagen und Personenwagen, Salonwagen und Speisewagen sind typische Produkte der amerikanischen Bewegung. Ihr Ursprung liegt im Patentmöbel und in dem Bedürfnis, eine neue Art von Komfort zu schaffen.

Sogar heute noch besteht eine tiefe Kluft zwischen der amerikanischen und der europäischen Auffassung vom Reisekomfort.

Reisekomfort

Der ungewöhnliche Komfort des amerikanischen Reisens, der sich langsam entwickelt hat, hängt ohne Zweifel mit den großen Entfernungen zusammen. Auch die Überproduktion – private, miteinander konkurrierende Linien – hat dazu beigetragen, aber die wirklichen Gründe sind in einem anderen Bereich zu suchen: sie liegen auf soziologischem Gebiet. Die Erklärung liegt in der Verschiedenheit der politischen Anschauungen, die zur Zeit der Eisenbahngründungen in Europa und in Amerika herrschten.

Es war nicht die Entfernung, die den Ausschlag gab. Bereits 1836, sechs Jahre nach der Eröffnung der ersten amerikanischen Eisenbahnstrecke von vierzehn Meilen (zwischen Baltimore und Elicott), wurde bei der Cumberland Valley Railroad (heute Teil der »Pennsylvania«) für eine Nachtfahrt von wenigen Stunden ein primitiver Schlafwagen eingerichtet. Ein Personenwagen wurde in Abteile mit je drei einfachen Liegen übereinander aufgeteilt[49]. Es war auch nicht, wie man meinen könnte, allein die Konkurrenz, die diese Entwicklung entscheidend vorangetrieben hat. Vielmehr war es die Einstellung zum Komfort, die die amerikanische und europäische Entwicklung so scharf voneinander getrennt hat.

Wie die verschiedenen Länder um 1830 zur Frage des Komforts und der Klassenabteilung in den aufkommenden Eisenbahnen stehen, spiegelt die Einstellung der herrschenden Gruppen zum Volk als ganzem. Zu dieser Zeit herrschte in Frankreich und Deutschland die Restauration mit ihrer absoluten Bevorzugung der obersten Schichten. Bei der Einrichtung der Eisenbahnen ging man davon aus, daß auf die Massen wenig Rücksicht genommen zu werden brauche. Über achtzig Prozent der Reisenden pferchte man auf roh gezimmerten Holzsitzen zusammen, und in Ländern mit vier Wagenklassen wurden auch Viehwagen benutzt. Nur die obersten Schichten konnten sich einen gewissen Komfort leisten.

In diesen Dingen bleiben die Geburtsmale einer Entwicklung oft noch lange erhalten, auch wenn ihre ursprünglichen Ursachen längst verschwunden sind. So hat sich auf dem Kontinent die Holzklasse lange erhalten. Zwar hat sich der Raum für die einzelne Person seit den vierziger Jahren verdreifacht, und die Holzbänke haben sich den Körperformen ein wenig angepaßt, aber sie bleiben starr und unbeweglich wie zu Beginn.

---

49 *Pullman News,* Chicago, Oktober 1940, S. 43

271. Herrenabteil eines amerikanischen Eisenbahnwagens. 1847. *Die gepolsterten Sitze sind durch Metallstäbe getrennt. Die Rückenlehne – eine einfache Eisenstange – läßt sich von der einen auf die andere Seite klappen. Der Zugang zum nächsten Wagen ist offen. Die Fenster fallen sehr schmal aus, oder wie Charles Dickens es trocken ausdrückte, »Wand hat man mehr als genug«.* (L'Illustration, *Paris*, 1848)

In Amerika gab es nur eine Wagenklasse (außer für Neger und später für Einwanderer). Immer wieder fällt es den europäischen Beobachtern zwischen 1830 und 1860 auf, daß in den Vereinigten Staaten nicht zwei, drei oder vier, sondern nur eine einzige Wagenklasse existiert. Diese war einfach, ja primitiv, aber ein Blick in einen amerikanischen Waggon der vierziger Jahre zeigt doch eine menschenwürdige Auffassung und – mit den gepolsterten Bänken – Ansätze zur Bequemlichkeit (Abb. 271). So einfach diese Wagen waren, sie sind ein Spiegelbild der demokratischen Entwicklung jener Zeit, denn jeder wußte: »Kein andrer hat es besser als ich.« Diese demokratische Haltung Amerikas blieb bis in die Mitte der sechziger Jahre lebendig, die Zeit, in der Pullman als einer der ersten das Bedürfnis des amerikanischen Publikums nach Luxus weckte. Bis heute hat sich die Auffassung gehalten, daß jeder beim Reisen einen gewissen Komfort genießen soll. Darauf beruht der von keinem anderen Land erreichte Standard der normalen Wagenklasse mit ihren sorgfältig gefederten und regulierbaren Sitzen.

Schließlich mag auf die Ursache hingewiesen werden, die in diesem Falle wichtiger ist als alle übrigen: der energische Ausbau der amerikanischen Eisenbahnen in der zweiten Hälfte der fünfziger Jahre fällt zeitlich mit der Blüte der Patentmöbel zusammen. Es war eine glückliche Periode, erfüllt von Pioniergeist und Unternehmungsdrang, in der die Menschen zum Wagnis und zum Einsatz der eigenen Person bereit waren.

272. Verstellbare Bank für die Eisenbahn. 1855. *Die drehbare Rükkenlehne ist der Ausgangspunkt für Bequemlichkeit. Die konvexe Seite der Rückenlehne stützt die Wirbelsäule bei Tage, die konkave Seite dient als Kopf- und Schulterstütze bei Nacht. (Bella C. Landauer Collection, New-York Historical Society)*

273. Tragbare, verstellbare Stütze für Reisende. 1857. *Der Fahrgast konnte diese »Stütze« auf unterschiedliche Art und Weise an seinem Sitz befestigen. (Bella C. Landauer Collection, New-York Historical Society)*

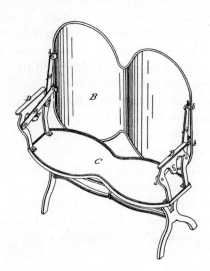

274. Eisenbahnsitz, verstellbar und umkehrbar. 1857. *Das zweite amerikanische Patent für einen verstellbaren Eisenbahnsitz. »Durch zwei Hebel läßt sich die Rükkenlehne nicht nur in den gewünschten Neigungswinkel einstellen, sondern auch auf beide Seiten des Sitzes bringen. In jeder Position kann man den Sitz sicher befestigen.« (U.S. Patent 8505, 11. November 1851)*

484

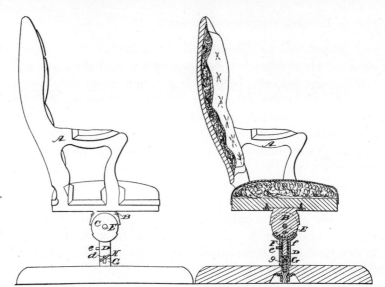

275. Lehnsessel für Eisenbahnwagen. 1855. *Dieser Lehnsessel ist auf einer Metallscheibe zwischen zwei halbrunden Platten montiert und läßt sich vorwärts, rückwärts und kreisförmig bewegen.* (*U.S. Patent* 13 464, *21. August* 1855)

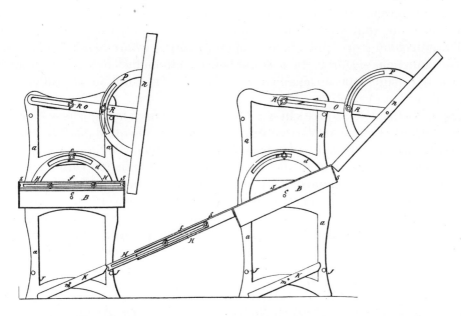

276. Verstellbarer Eisenbahnsitz. 1858. *Ein System aus halbrunden Lochschienen und Flügelschrauben gibt diesem Sitz seine Beweglichkeit. Die Fußstütze ist ausziehbar.* (*U.S. Patent* 21 052, *27. Juli* 1858)

Der amerikanische Eisenbahnwagen der vierziger Jahre war einfach, aber er ging von einer würdigen Auffassung des Menschen aus und zielte von vornherein auf Bequemlichkeit. Technisch gesehen, zeigt sich bereits die Unabhängigkeit von Sitz und Lehne. Zwar bestand die Rückenlehne nur aus einer Stange zur Stützung der Wirbelsäule, aber diese Stange war beweglich und konnte so gedreht werden, daß die Reisenden stets in Fahrtrichtung saßen. Diese schwenkbare Stange war an sich nichts Neues. Auch die gotische Wendebank des fünfzehnten Jahrhunderts (Abb. 153), die vor dem Kamin stand, erlaubte es, nach Belieben mit dem Rücken oder dem Gesicht zum Feuer zu sitzen. Von dieser primitiven Stange der vierziger Jahre leiten sich die noch heute in amerikanischen Eisenbahnen und Straßenbahnen gebräuchlichen umkehrbaren Banklehnen her. Zugleich ist hier der Ansatz für die künftige Beweglichkeit des Eisenbahnsitzes. Wenig später, in den fünfziger Jahren, werden in rascher Folge ganze Serien oft phantastischer Lösungen entwickelt.

Ausgehend von der umkehrbaren Lehne war man in den frühesten Patenten (1851)[50] darauf bedacht, die Rückenlehne in ihrer Höhe wie in ihrer Neigung nach Belieben zu regulieren. Sie wurde verstellbar, zum Beispiel durch zwei gekreuzte Hebel, die in jedem beliebigen Winkel festgestellt werden konnten (Abb. 274)[51].

Daraus entwickelte sich das Bedürfnis, die Lehnen so auszubilden, daß sie für Tag- und Nachtreisen geeignet waren, indem ihre Vorder- und Rückseite verschieden ausgebildet wurden. Die konvexe Seite in Normalstellung stützt das Rückgrat während der Reise am Tage, während in der Nacht die konkave Seite eine Stütze für Kopf und Schulter bildet – »das Äußere wird zum Inneren und gleichzeitig genügend gehoben, um Kopf und Körper während der Nachtfahrt als Stütze zu dienen«[52]. Durch einen Zufall hat sich ein kleines Reklameblatt für dieses Patent erhalten, das anschaulich zeigt, wie die Tag- und Nachtpositionen eingestellt werden (Abb. 272).

Bequemlichkeit sollte erreicht werden entweder durch komplizierte Mechanismen oder durch einfache Vorrichtungen wie die Eisenbahnkopfstütze von 1857, die der Reisende mitbringt und befestigt (Abb. 273). Bald wandte sich das Interesse einem anderen Problem zu, das damals immer stärker in den Vordergrund trat: dem verstellbaren Armlehnstuhl. Was man früher an Krankenstühlen versucht hatte, das sollte nun auf jeden Eisenbahnsitz übertragen werden.

Gegen Ende der fünfziger Jahre scheinen die Erfinder wie besessen gewesen zu sein von dem Gedanken, den Eisenbahnsitz auf dem engen ihm zugemessenen Raum so komfortabel, beweglich und verwandelbar wie möglich zu machen. Da-

---

50 Drei Patente im Jahre 1851: U.S. Patent 8059, 22. April; 8508, 1. November; 8583, 9. Dezember.
51 U.S. Patent 8508, 11. November 1851.
52 U.S. Patent 13471, 24. August 1855. Vgl. auch U.S. Patent 12644, 3. April 1855; dieses Patent jedoch noch ohne die verschiedenartige Kurvung.

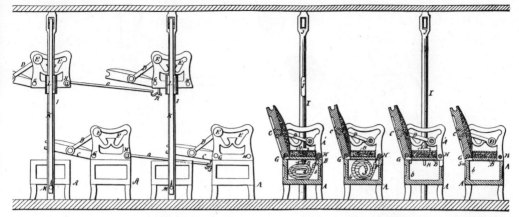

277. Eisenbahnsitze als Klappliegen. 1858. *Diese aus zwei Patentzeichnungen des Erfinders zusammengesetzte Abbildung dokumentiert einen Versuch von 1858 den Eisenbahnsitz in eine Liege umzuwandeln, ohne zusätzlichen Raum zu beanspruchen. Dem Entwurf nach wird jeder zweite Sitz angehoben, beide werden dann zu einer Liege ausgeklappt.* (U.S. Patent 21985, 2. November 1858)

bei begnügte man sich nicht damit, »den Sitz jeder gewünschten Haltung anzupassen«[53], sondern man hatte den Ehrgeiz, »die Sitze für die Nachtfahrt so verstellbar zu machen, daß sie eine bequeme Liege bildeten«[54], also Sitze in Betten zu verwandeln, ohne die Zahl der Plätze zu verringern. Das war wie die Quadratur des Kreises und hat sich als unlösbar erwiesen. Aber es ist in diesen manchmal verrückten Ideen doch etwas Sympathisches spürbar: der Wunsch, eine demokratische Lösung zu finden, die allen gleichmäßig Bequemlichkeit verschafft.

Jedermann hatte Anspruch auf ein Bett. Ein Erfinder schlug einen »Schwenkrahmen« vor, der tagsüber, aufrechtstehend, bis zur Decke reichte und nachts wie eine Zugbrücke gesenkt wurde, so daß der Reisende sich auf einer leicht geneigten Ebene ausstrecken konnte[55]. Ein anderer schlug vor, »jeden zweiten Sitz aus zwei unterschiedlichen Teilen zu konstruieren«, von denen der eine, der Rahmen, unbeweglich war, während der andere an Führungsstäben nach oben geschoben werden konnte. »Auf diese Weise lassen sich die Sitze in bequeme Doppelliegen verwandeln, indem die Rückenlehnen zurückgeklappt und in der Horizontale gehalten werden (. . .)« Dadurch würden die Passagiere in zwei Schichten schlafen, die wie die Ziegel auf einem Dach übereinandergriffen[56] (Abb. 277).

Eine ganze Reihe von Erfindern versuchte, vor allem um 1858[57], Eisenbahnsitze zu entwickeln, wie man später Barbier- oder Zahnarztstühle behandelt: mit beweglicher Kopfstütze, unterteilter Rückenlehne und schwingender Fußstütze. Ein

---

53 U.S. Patent 21 178, 17. August 1858.
54 U.S. Patent 21 052, 27. Juli 1858.
55 U.S. Patent 21 870, 26. Oktober 1858.
56 U.S. Patent 21 985, 2. November 1858.
57 Im Jahre 1858 wurden dreizehn Patente erteilt für Verbesserungen an Eisenbahnsitzen und acht für Verbesserungen an Eisenbahnsitzen und Schlafwagenbetten (oder -liegen).

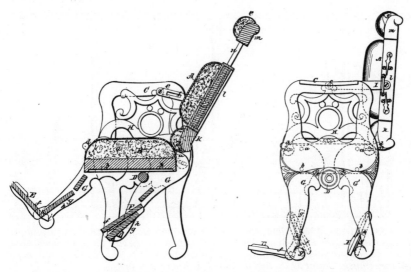

278. Verstellbarer Eisenbahnsessel. 1858. *Ausgestattet mit einer schwenkbaren Fußstütze, einer verstellbaren Rückenlehne und einer Kopfstütze, die durch Spiralfedern reguliert wird. Um den Körper optimal zu stützen, teilt der Erfinder, der menschlichen Anatomie entsprechend, den Sessel in einzelne Abschnitte auf. So hat er das Aussehen einer Gliederpuppe. Der Entwurf besitzt eine nicht zu leugnende Originalität, wurde später aber leider nicht weiterentwickelt. (U.S. Patent 19910, 13. April 1858)*

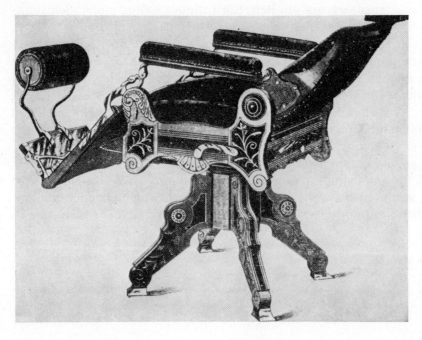

279. Barbierstuhl. 1888. *Der Barbierstuhl der achtziger Jahre ist eine vereinfachte Version des verstellbaren Eisenbahnsitzes der fünfziger Jahre. (Katalog Theo. A. Kochs, Chicago)*

Coupe du salon.

280. Salonwagen von Napoleon III. 1857. *Dieser Salonwagen wurde Napoleon III. von der Chemin de Fer de l'Est geschenkt. Im Europa der fünfziger Jahre war Reisekomfort ein kaiserliches Privileg. Der Monarch sitzt auf der »place d'honneur«. Dieser Wagen war als »Salon« auf Rädern mit unbeweglichem Mobiliar konstruiert und konnte somit den Bedürfnissen von Reisenden nicht gerecht werden.* (L'Illustration, *Paris,* 1857)

281. Salonwagen, Chicago-Kansas City Linie. 1888. *Nach den späten sechziger Jahren wurde auch in Amerika Reisekomfort zum Privileg der Wohlhabenden. Der Drehsessel mit seiner hohen Rückenlehne und seiner ausziehbaren Fußstütze war ursprünglich für die Allgemeinheit gedacht.* (Visitenkarte, Bella C. Landauer Collection, New York Historical Society)

282. Schiffskabine der vierziger Jahre, Charles Dickens' »Suite«, S.S. Britannia. 1842. *Auch auf den Passagierdampfern dieser Zeit gab es nur minimalen Komfort. In seinen* American Notes *beklagte sich Dickens mit Humor über »eine sehr dünne Steppdecke auf einer äußerst dünnen Matratze, die wie ein Pflaster auf einem kaum zugänglichen Brett lag. Sitzen durfte ich auf einer Art roßhaarbedecktem Klotz oder auf einer Sitzstange, wovon zwei zur Verfügung standen«. (Science Museum, South Kensington, London)*

283. Schlafwagen in den vierziger Jahren. *Schlafwagen für Frauen von der Baltimore and Ohio Railroad Gesellschaft. 1847. »Unterteilt in mehrere Räume oder Schlafzimmer, die jeweils sechs Betten beziehungsweise Liegen enthalten, an den Seiten zu dritt übereinander. Drei senkrechte Riemen bewahren die Schlafenden vor dem Herausfallen (...)«* (L'Illustration, Paris, 1848)

Erfinder montierte – schon 1855 – einen drehbaren Sitz auf eine Metallscheibe zwischen zwei Metallbacken, wodurch er nach vorne und rückwärts geneigt werden konnte wie ein Fahrradsattel[58] (Abb. 275). Ein zweiter Erfinder versuchte, Beweglichkeit durch ein System von halbrunden Lochschienen und Flügelschrauben zu erreichen, und machte die Fußstütze ausziehbar wie ein Stativ[54] (Abb. 276). Ein dritter versuchte, den Sitz auf einem »schwingenden Sockel« zu balancieren[53]. Ein vierter konstruierte seinen Sitz mit schwenkbarer Fußstütze, verstellbarem Rückenteil und einer von Spiralfedern regulierten Kopfstütze[59] (Abb. 278). Diese komplizierten Vorrichtungen kamen auch bei den Barbierstühlen, freilich erst Jahrzehnte später, zur Anwendung. Eine vereinfachte Form dieses Typs von Armlehnstuhl wurde in den achtziger Jahren für die Salonwagen der reicheren Reisenden entwickelt. Er war damals allgemein gebräuchlich, wie aus einem Werbeblatt von 1888 (Abb. 281) hervorgeht, das einen Herrn zeigt, der es sich auf der Bahnfahrt zwischen Chicago und Kansas City bequem macht. In den

---

58 U.S. Patent 13 464, 21. August 1855.
59 U.S. Patent 19 910, 13. April 1858.

284. »Eisenbahnsitz und Liege«. 1854. »Erstes« amerikanisches Schlafwagenpatent. *Die ausgezogenen Sitze und die hochgeklappten Rückenlehnen bilden eine horizontale Liegefläche. Das Schlafwagenabteil entwickelte sich aus dem verstellbaren Eisenbahnsitz: die jeweiligen Erfinder bezeichneten beide Neuerungen nicht als »Schlafwagen«, sondern als »couches« oder »verbesserte Sitze«. Da diese Begriffe nicht eindeutig voneinander zu unterscheiden sind, wäre es willkürlich, diesen Entwurf aus dem Jahre 1854 als das erste amerikanische Schlafwagenpatent zu bezeichnen. (U.S. Patent 11 699, 19. September 1854)*

Patenten der fünfziger Jahre war der Komfort der Sitze noch für jedermann gedacht gewesen.

Die Versuche sind zu zahlreich, um hier aufgezählt werden zu können. Die Erfinder wollten den Komfort beim Reisen erzwingen, und jeder Reisende sollte seine Position nach Wunsch ändern können. Gewiß erwiesen sich manche dieser Typen für den praktischen Gebrauch als ungeeignet, und doch durchpulst sie eine wilde, ursprüngliche mechanische Phantasie, die nichts unberührt ließ und die alles verwirklichen wollte, auch das Unmögliche. Diese Eisenbahnsitze sind Jules Vernessche Phantasien auf dem Gebiet des Möbels. Insgesamt liegt in ihnen der Keim für die künftige Entwicklung.

Der Schlafwagen: verwandelbarer Sitz und aufklappbares Bett

Der Schlafwagen, wie wir ihn heute kennen, entstand kurze Zeit, nachdem die Konstruktion des umkehrbaren und verstellbaren Eisenbahnsitzes in Angriff genommen wurde. Das erste amerikanische Patent wird gewöhnlich auf das Jahr 1854 datiert. Es sprach nicht, wie dies später der Fall war, von einem Schlafwagen, sondern beschäftigte sich mit der Verwandlung eines Sitzes in eine Liege. Es war einer von zahlreichen Versuchen in dieser Richtung.

Unmittelbar vor der großen Eisenbahnpanik im Jahre 1873 wurde eine Rekordzahl an Eisenbahnmeilen gebaut: fast 7 500 Meilen im Jahre 1871, das heißt mehr als in den ersten zwanzig Jahren des Eisenbahnbaus zusammengenommen. Eng verknüpft mit diesem Wachstum war die Entstehung der verschiedenen luxuriösen Wagentypen. Es sollte jedoch immer wieder betont werden, daß dem Wunsch nach größerem Komfort bereits zu einer Zeit entsprochen wurde, als die Länge

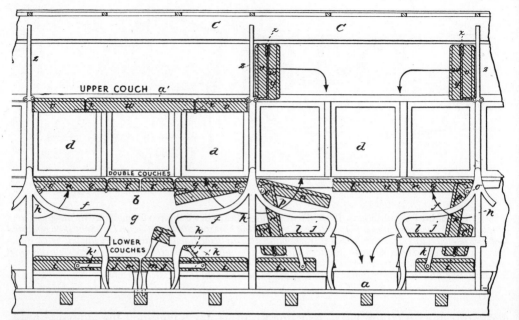

285a,b. Woodruffs »Sitz und Liege für Eisenbahnwagen«: Die endgültige Lösung für die obere Liege. 1856. *Das zweite bedeutende Schlafwagenpatent, nämlich »Sitz und Liege für Eisenbahnwagen« (oben) und die »Verbesserung des Eisenbahnsitzes und der Eisenbahnliege« (unten), stammt vom einfallsreichsten Erfinder auf diesem Gebiet, Theodore T. Woodruff. Er hat die bis heute gebräuchliche Bauart eingeführt. Jeder Interessierte kann die Details in seinem übersichtlichen Bauplan nachlesen. Der Grundsatz der Patentmöbel bestand darin, die Verwandelbarkeit der Flächen und Ebenen zu erweitern. Die Sitze, die Rückenlehnen und die Wände werden funktionsmäßig verbunden, nichts bleibt unbeweglich oder starr. Wie seine Vorgänger konstruiert Woodruff Sitze, die auf Bodenhöhe heruntergeklappt werden. Entscheidend ist die fünfte, die oberste Liege: sie läßt sich, wenn nicht in Gebrauch, nach oben in den Winkel zwischen Wand und Wagendach hochklappen. Diese Idee hat Pullman in seinem berühmten »Pioneer« 1865 übernommen (Abb. 286). Der Unterschied zwischen den beiden am gleichen Tag eingereichten Patenten liegt darin, daß bei dem oberen Modell die fünfte Liege in vier paarweise angeordnete Teile gegliedert ist, während sich bei der unteren Ausführung die Liege durchgehend als Ganzes hochklappen läßt, wie es heute noch im Pullman-Schlafwagen der Fall ist. (U.S. Patent 16159 und 16160, 2. Dezember 1856)*

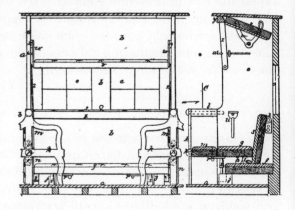

der europäischen und amerikanischen Eisenbahnstrecken durchaus noch miteinander vergleichbar war. Die luxuriösen Wagentypen liefen bereits einige Jahre auf den normalen Strecken, ehe die transkontinentalen Linien eröffnet wurden. 1869 traf sich die Union Pacific, die von Osten her gebaut wurde, mit der Central Pacific, die von San Francisco ausging. Und 1870, als George M. Pullman das »Boston Board of Trade« zur ersten durchgehenden Reise über den Kontinent,

286. Pullmans »Pioneer«. 1865, Innenansicht. *Der Komfort des »Pioneer« gleicht dem eines besseren Hotels. Jedes Detail wurde sorgfältig ausgearbeitet. (Pullman Company)*

die sieben Tage dauerte, einlud, brauchte er nur seinen Wagenpark aneinanderzukoppeln.

Die Luxustypen wurden in dieser Reihenfolge in Dienst gestellt: 1865 der Palast-Schlafwagen *Pioneer,* 1867/68 der Hotel- und Speisewagen[60]; 1867 der Salonwagen von Pullmans Konkurrenten Webster Wagner, der seine Wagen auf den Vanderbiltstrecken laufen ließ, auf denen sie bis nach Pullmans Tod im Jahre 1897 in Betrieb waren; 1875 Pullmans Salonwagen, der bezeichnenderweise zuerst nach seinen verstellbaren Armsesseln *reclining chair car* und erst später *parlor car* genannt wurde.

---

60 Der Hotelwagen kombinierte Schlaf- und Speisewagen; der Speisewagen wies auf den heutigen Typ voraus. Pullmans Patente für diese Typen wurden im folgenden Jahr, 1869, erteilt (U.S. Patente 89 537 und 89 538, 27. April 1869).

287. Pullmans »Pioneer«. 1865. *Der lange Eisenbahnwagen, der zu einer ruhigeren Fahrt beiträgt, wird durch eine Federaufhängung auf einem Untergestell ermöglicht. Ebenso wie verstellbare Sitze und Liegen ist dies für das amerikanische Reisewesen charakteristisch. (Pullman Company)*

Das heißt also, daß bis zum Ende der sechziger Jahre die heutigen Typen festgelegt waren. Einige Jahre später (1886) wurde der Verbindungsgang eingeführt, der den ganzen Zug wie die Zimmer eines Hauses unter ein einziges Dach brachte. Von der technischen Seite gesehen, ist diese außerordentliche Sicherheitsvorrichtung, die ständig weiter verbessert wurde, wohl die originellste Erfindung, die aus der Werkstatt Pullmans hervorging. Keine andere Vorrichtung fand so rasche und begeisterte Aufnahme wie diese[61]. Damit sind, wie auf vielen anderen Gebieten, bereits vor 1890 die Grundzüge der späteren Entwicklung gegeben. Der Schlafwagenzug, den Pullman 1893 auf der Chicagoer Weltausstellung zeigte und in einem großen Faltblatt farbig abbildete[62], ist für Jahrzehnte maßgebend geblieben.

Wir befinden uns in der Zeit, als die Patentmöbelbewegung ihrem Ende zugeht. Wie die modischen Interieurs der Zeit verfielen auch die Schlaf- und Speisewagen in den neunziger Jahren äußerlichem Luxus. Sie wurden über und über mit Rokokoornamenten verziert, und ihre hochgeschwungenen Decken – »full empire« genannt – imitierten steinerne Gewölbe. Der Herausgeber der Zeitschrift *Ladies Home Journal*, Edward Bok, führte in einem Artikel einen scharfen Angriff gegen diesen Hexentanz schlechten Geschmacks. Er brachte nämlich in Erfahrung, daß die Frauen, »deren Männer kürzlich reich geworden waren«, von ihren Möbelhändlern die gleichen Vorhänge und Dekorationen verlangten, die sie in Pullmans Salonwagen gesehen hatten: »Jeder Fußbreit der Holzverkleidung war mit Schnitzereien und Ornamenten verziert und überall war Gold aufgelegt. (...) Spiegel mit Rahmen, die bronziert und mit rotem Samt besetzt waren, waren an der Tagesordnung.«[63]

George M. Pullman und der Luxus des Reisens

Wollte man George M. Pullman nach seinen technischen Erfindungen beurteilen, dann würde seine Gestalt an Eindrücklichkeit verlieren. In dieser Hinsicht konnte es jeder der namenlosen Patentmöbelbauer mit ihm aufnehmen. In der entscheidenden Anfangszeit war er weniger auf technische Neuerungen aus als auf ihre kombinierte Verwendung.

Als er schließlich 1864 gemeinsam mit einem anderen Erfinder sein erstes Patent einreichte, da hatte er auf dem Gebiet des Schlafwagens ungefähr hundert Vorgänger. Doch selbst dieses Patent war verhältnismäßig altmodisch; es arbeitete immer noch nach dem Prinzip, das obere Bett flach unter der Wagendecke zu befestigen[64]. Erst in seinem zweiten Patent vom September des folgenden Jahres[65]

---

61 Erster damit ausgestatteter Zug, 1886; patentiert 1887. Über die Aufnahme bei den Zeitgenossen siehe Horace Porter, »Railway Passenger Travel«, *Scribner's Magazine*, Bd. 4, S. 296-319 (September 1888). Ungefähr ein halbes Jahrhundert später (1934) kam die Einführung des Stromlinienzuges. Doch diese Neuerung ist, wie die ganze Stromlinienbewegung, mehr formaler Natur.
62 *The Story of Pullman*, 1893.
63 *The Americanization of Edward Bok*, New York, 1921, S. 251.
64 U.S. Patent 42 182, Field und Pullmann, 5. April 1864.
65 U.S. Patent 49 992, Field und Pullman, 19. Sept. 1865: Schlafwagen.

wird das obere Bett als Klappbett ausgebildet, das sich in Scharnieren über dem Wagenfenster dreht und schräg gegen die Decke hochgeklappt wird. Diese Konstruktion, die Pullman in seinem berühmten *Pioneer* von 1865 verwendete und die in Amerika bis heute beibehalten wurde, stammte von einem seiner Vorgänger. Wir werden darauf zurückkommen, sobald wir die Verwandelbarkeit der Schlafwageneinrichtung behandeln.

Pullmans Stärke lag also nicht in Mechanisierungsvorschlägen: da nahm er alles, was er an Brauchbarem finden konnte. Pullmans Stärke lag auf einem ganz anderen Gebiet, nicht dem technischen, sondern dem soziologischen. Seine Erfindung war das luxuriöse Reisen. Das war sein Gebiet. Hier zeigte er seine schöpferische Fähigkeit, mit der er alle anderen an Vorausschau, Strategie und Wagemut übertraf. Hier vermochte er seine Idee bis ins letzte auszuarbeiten und bis zum äußersten zu entwickeln. Hier erlangte er überwältigenden und dauerhaften Erfolg.

George Mortimer Pullman (1831-1897) begann als Tischler im Geschäft seines Bruders. Er war nicht von Haus aus Wagenbauer wie seine beiden wichtigsten Konkurrenten[66]. Mehr als die Tischlerei waren Organisation und Unternehmertum seine Stärke. Als der Erie-Kanal verbreitert wurde, versetzte er Häuser vom alten zum neuen Ufer, und als Chicago daranging, seine Häuser einige Fuß über den sumpfigen Boden zu heben, bewährte sich Pullman auch dort. Seine Meisterleistung scheint es damals, 1855, gewesen zu sein, ein Hotel samt Trottoir zu heben, während der Betrieb weiterging. Pullman war damals vierundzwanzig Jahre alt. Ende der fünfziger Jahre begann der Schlafwagen allgemeine Aufmerksamkeit auf sich zu ziehen. Theodor W. Woodruff, der wichtigste Erfinder auf diesem Gebiet, baute 1857 seine neuen Schlafwagen und nahm sie in Betrieb. 1858 kaufte Pullman zwei alte Wagen und baute sie für 1000 Dollar jeweils zu Schlafwagen um. Dann brach der Bürgerkrieg aus. Pullman zog nach Colorado und wandte sich nun zeitweilig dem Bergbau zu. Er belieferte Bergwerke mit Materialien, sparte 20000 Dollar zusammen und kehrte nach Chicago zurück. Er war 34 Jahre alt, als ihm sein großer Coup gelang.

Die sechziger Jahre brachten auf dem europäischen wie auf dem amerikanischen Kontinent eine bürgerliche Schicht hervor, die immer reicher wurde und wuchs. In Europa entstanden damals die Luxushotels am Vierwaldstättersee und an der Riviera, und in Amerika die Luxus-Schlafwagen. Die Stärke Pullmans lag darin, das zunehmende Bedürfnis nach Luxus frühzeitig erkannt zu haben. Er setzte seine 20000 Dollar auf eine einzige Karte und baute 1865 den *Pioneer* (Abb. 286, 287) für ein Vierfaches dessen, was jeder andere Schlafwagen kostete.

Es schien damals unvorstellbar, daß eine solche Investition jemals Gewinn bringen würde. Außerdem war der Schlafwagen für den normalen Verkehr unbrauchbar, denn er war zu breit für die Brücken und streifte die Perrondächer.

---

66 Theodore T. Woodruff, der wichtigste Erfinder auf dem Gebiet des verwandelbaren Schlafwagenmöbels, und Webster Wagner (1817-1882), der unterstützt durch Vanderbilt arbeitete und als der Erfinder des Salonwagens und des plombierten Wagendachs gilt.

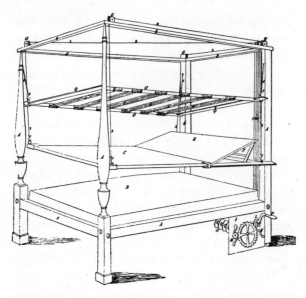

288. Englisches Krankenbett. 1794. *Das Bett wird durch einen komplizierten Mechanismus aus Stricken, Stangen, Kurbeln, Zahnrädern und einem Schwungrad angehoben. (Brit. Patent 2005, 7. August 1794)*

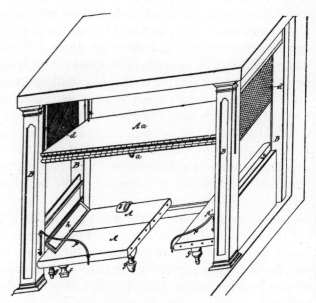

289. Hochziehbare Eisenbahnliege. 1858. *»Die obere Liege paßt genau unter das Dach des Wagens. Wird sie nicht benutzt, wird sie wieder bis zur Decke hochgezogen. Die schon mit Kopfkissen und Decke für zwei Personen ausgestattete Liege läßt sich durch eine Schlaufe mühelos herunterholen.« Das Prinzip sowohl dieses als auch Woodruffs Patentes zwei Jahre zuvor war schon im achtzehnten Jahrhundert bekannt. (U.S. Patent 21352, 31. August 1858)*

Aber es kam, wie Pullman vorausgesehen hatte: die Brücken wurden breiter, und die Perrondächer wurden der Wagengröße angeglichen, die Pullman für ein komfortables Reisen für notwendig hielt und die bis heute unverändert geblieben ist. Pullman war einer der ersten Unternehmer, die Reklame wirkungsvoll zu nutzen verstanden. So wie er 1870 amerikanische Industrielle zu seiner ersten transkontinentalen Fahrt einlud, so wußte er dem *Pioneer* durch die ungewöhnlichen Er-

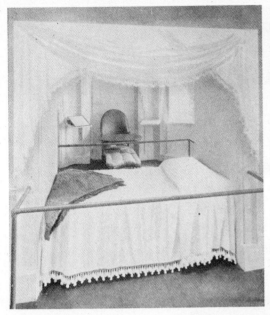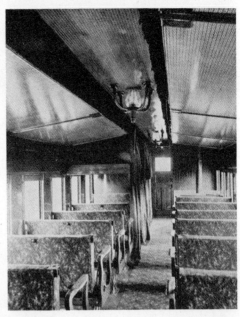

290. Thomas Jeffersons Bett, Monticello. Um 1793. *Das Bett füllte den Gang zwischen Jeffersons Arbeits-zimmer und seiner Garderobe aus. Der Ansicht, daß es tagsüber mit Seilen zur Decke hochgezogen wur-de, hat man jetzt widersprochen. Dennoch ist es schwierig zu verstehen, warum er das Bett quer über einen Gang aufstellen sollte, wenn es sich nicht nach Wunsch entfernen ließ. (Thomas Jefferson Memorial Foundation)*

291. »Nr. 9«, einer der beiden 1859 von Pullman umgestalteten Wagen. *Tagsüber wurden die oberen Liegen mit Hilfe eines Seilzuges an die fast flache Decke gezogen. Matratzen, Decken und Kopfkissen wurden am Tage in einem unbesetzten Abteil gelagert. (Pullman Company)*

eignisse des Jahres 1865 Berühmheit zu verschaffen, und gleichzeitig gelang es ihm, die Bahnsteige zu reduzieren und den Abmessungen seines Wagens anzu-passen. Der Luxusschlafwagen *Pioneer* diente auf seiner ersten Reise als Katafalk. Er brachte den toten Abraham Lincoln zur letzten Ruhestätte in seine Heimat-stadt.

Auch hatte Pullmann keinerlei Schwierigkeiten, das Publikum zur Bezahlung von zwei Dollar statt wie bisher eineinhalb Dollar zu überreden. »Die Reisenden strömten in die Pullmanwagen, und die alten, billigeren Wagen wurden ausran-giert.«[67] Alle anderen Gesellschaften mußten sich Pullman angleichen. Der *Pio-neer* bot den Komfort eines guten Hotels, sein Inneres war mit »schwarzem Wal-nußholz« und »besten Brüssler Teppichen« ausgestattet. Jede Einzelheit war sorg-fältig durchdacht. Statt der einfachen Kerzenbeleuchtung hingen »einige schöne Kronleuchter« von der Decke, und »an den Wänden waren französische Spiegel angebracht«[68].

67 *A Pioneer's Centennial*, Chicago, 1931, S. 9.
68 *Illinois Journal*, 30. Mai 1865, in extenso zitiert bei: Joseph Husband, *The Story of the Pullman Car*, Chicago, 1917, S. 45f.

292. »Train Impérial«, der Napoleon III. von der Compagnie de Chemin de Fer de l'Est 1857 geschenkt wurde. *Innenansicht auf die fest angebrachten Betten im Schlafzimmer des kaiserlichen Paares.* (L'Illustration, *Paris* 1857)

293. »Train Impérial«, der Napoleon III. von der Compagnie de Chemin de Fer Paris à Orléans 1857 geschenkt wurde. *Der renommierte Architekt Viollet-le-Duc, der den gesamten Zug ausgestattet hat, entwarf auch diesen sofaähnlichen kaiserlichen Sitz im wagon d'honneur.*

294. »Train Impérial«, der Napoleon III. von der Compagnie de Chemin de Fer de l'Est 1857 geschenkt wurde. *Abbildung des Aussichtswagens, des Speisewagens und des »Salonwagens«.* (L'Illustration, *Paris,* 1857)

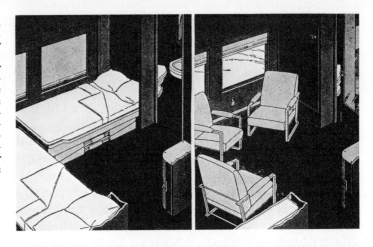

295. Schlafwagenabteil, Pullman Company. 1939. *Verwandelbarer Raum für Tages- und Nachtbenutzung. Der Komfort – mit dem einer Zweizimmerwohnung vergleichbar – wird durch das Aufstellen von Klappbetten und -sesseln erreicht. Im Gegensatz zu der starren Möblierung der Eisenbahn Napoleons III. beruht der Komfort hier auf dem Prinzip der Verwandelbarkeit. (Pullman Company)*

Luxuriöses Reisen gab es in Europa nur für Auserwählte. Es mag durchaus sein, daß Pullman, als er daranging, seinen ersten Palastwagen zu bauen, an die kaiserlichen Züge dachte, die Napoleon III. von den französischen Eisenbahngesellschaften zum Geschenk erhielt (Abb. 292-294, 296). Man kann mit Sicherheit annehmen, daß Pullman, der seine Augen überall hatte, wo auf seinem Gebiet etwas Neues sich regte, den berühmten »train impérial« nicht übersehen hat, den die Compagnie de Chemin de Fer de Paris à Orléans 1857 Napoléon III. verehrte. Eine weitverbreitete und eindrucksvolle Publikation[69] machte die Welt in allen Einzelheiten und sogar mit farbigen Abbildungen mit diesem Meisterwerk französischen Geschmacks und französischer Konstruktion bekannt. Camille Polonceau, der große Ingenieur, dessen Name mit einer noch heute gebräuchlichen Dachkonstruktion verbunden ist, hat ihn gebaut und die einzelnen Wagen geschickt durch Plattformen miteinander verbunden. Viollet-le-Duc gestaltete das Innere mit seinen sorgfältig ornamentierten Plafonds, schweren Vorhängen und Teppichen. Ähnlich wie bei Pullmans *Pioneer* waren die Wagen dieses Zuges breiter und höher als die normalen. Der kaiserliche Zug mit seinen blankgeputzten Eisengittern und -rädern, mit seinem *wagon d'honneur,* dem Speisewagen und prunkvollen Schlafwagen für das kaiserliche Paar und mit seinem offenen, unverglasten Aussichtswagen in der Mitte weckte in jedem europäischen Fürsten den Wunsch, es Napoleon III. hierin ebenso gleichzutun wie in seinem Ausbau von Paris.

Acht Jahre später – 1865 – begann Pullmans Schlafwagen *Pioneer* den aristokratischen Luxus zu demokratisieren. Pullman verfügte über den gleichen Instinkt wie ein halbes Jahrhundert später Henry Ford, die im Publikum schlummernden Wünsche zu wecken und sie zu einem Bedürfnis werden zu lassen. Auch kreist das Lebenswerk beider um dasselbe Problem: Wie lassen sich die Mittel des Kom-

---

69 Compagnie de Chemin de Fer de Paris à Orléans, *Wagons composant le train impérial offert à Ll. Maj. l'Empereur et l'Impératrice,* Paris, 1957.

forts, die in Europa nur den finanziell privilegierten Schichten vorbehalten sind, demokratisieren?

Allerdings kann hier das Wort »Demokratisierung« nicht ohne Einschränkung gebraucht werden, denn Amerika gab mit der Neuerung Pullmans sein System einer einzigen Wagenklasse auf. Die europäischen Reisenden der vierziger oder fünfziger Jahre erwähnen immer wieder ihre unterschiedlichen Wagenklassen, von denen die Amerikaner nichts wissen wollten. »Es gibt dort keine Wagen erster und zweiter Klasse *wie bei uns,* sondern statt dessen Wagen für Herren und für Damen, wobei der Hauptunterschied darin besteht, daß in dem ersteren jedermann raucht, während es in dem anderen niemand tut (...). Die Wagen gleichen schäbigen Omnibussen, nur sind sie größer.« Das sind die Eindrücke, die Charles Dickens 1842 bei seiner ersten Bekanntschaft mit der amerikanischen Eisenbahn hatte. Etwas trocken kommentiert er die spärliche Verteilung der Fenster: »Es gibt reichlich viel Wand.«[70] Noch zu Ende der fünfziger Jahre konstatieren die Franzosen erstaunt: »Il n'y a pas sur les chemins de fer américains, comme en France et comme en Angleterre, différentes catégories de places.«[71]

Mit Pullmans Einführung des »Palast-Wagens« *Pioneer* änderte sich die Situation. Für die rasch zunehmende wohlhabende Schicht wurde nun auch in Amerika eine besondere Klasse eingeführt, die man im Lauf der Zeit mit dem Namen »Pullman« identifizierte. Wie für Napoleon III., so wurden später für den amerikanischen Industriellen, nur in viel komfortablerer Weise, besondere Privatwagen gebaut, die in einem einzigen Wagen den Luxus boten, für den Napoleon einen ganzen Zug brauchte.

Vorstufen des Schlafwagens (1836-1865)

Das Vorbild für den Schlafwagen ist in der Schiffskabine zu finden. Gemeinsam ist Schiff und Zug, daß sie Transportmittel sind und über sehr beschränkten Raum verfügen. Der Eisenbahnwagen muß jedoch noch viel sparsamer mit dem Platz umgehen als die großen Schiffe. Dies wirft sofort das Problem auf, das alle anderen überschattet: das der Raumökonomie. Wie kann man dem Reisenden die gewünschte Bequemlichkeit verschaffen, ohne mehr Platz zu beanspruchen?

Es ist nicht möglich, für jedermann ein Appartement wie das Napoleons III. zu konstruieren. Es ist nicht möglich, ein Schlafzimmer mit feststehenden Betten, einen Empfangssalon, einen Speisesaal und eine offene Veranda auf Räder zu stellen. Trotzdem wurde in Amerika von 1865 bis 1886, dem Jahr der Einführung der durchgehenden Wagen, der Zug mehr und mehr in ein fahrendes Hotel verwandelt. Nur ein Element des Napoleonischen Salonzuges konnte nicht beibehalten werden: das Schlafzimmer mit feststehenden Betten.

---

70 Charles Dickens, *American Notes for General Circulation,* Kap. 4.
71 *L'Illustration,* Bd. 31, S. 215 (3. April 1858).

Ein Wagen hatte jetzt mehrere Funktionen zu erfüllen: er mußte verwandelbar sein – bei Tage Aufenthaltsraum und nachts Schlafquartier. Sogar die Speisewagen verwandelten sich anfänglich nachts in Schlafwagen und hießen »Hotelwagen«. Die Betten, in denen der Reisende den gleichen Komfort genoß wie Kaiser Napoleon, hatten tagsüber zu verschwinden. So kommt es, daß das Kernproblem des Schlafwagens sich um seine Verwandelbarkeit dreht: Wie kann eine Bank in verschiedene Teile so zerlegt werden, daß durch ein paar Handgriffe – durch Ziehen, Drehen oder Klappen – daraus ein Bett entsteht.

Im Jahre 1836 waren bei der Cumberland Valley Railroad improvisierte Schlafstellen in Gebrauch gewesen, und in den fünfziger Jahren war es üblich, bis zu fünf Lager neben- und übereinander anzuordnen. Faßt man jedoch die Eisenbahnbank als Sofa auf, dann vereinfacht sich das Schlafwagenproblem und fügt sich in die lange Reihe der Patentmöbel ein, des verwandelbaren Stuhles und des Klappbettes. In den fünfziger Jahren wurden die Patente nicht für Schlafwagen erteilt, sondern für »Verbesserungen von Eisenbahnsitz und -bank«. Die heutigen Standardtypen tauchen zwischen 1854 und 1865 auf, parallel mit der stürmischen Erfindertätigkeit bei den amerikanischen Patentmöbeln.

Der Komfort in den verwandelbaren Personenwagen war sehr bescheiden, und es war kaum ein Vergnügen, mit ihnen zu reisen. Im obersten Bett lag der Reisende so nahe an der Decke, daß er nicht aufrecht sitzen konnte, und im untersten so nahe dem Fußboden, daß man die Fußsohlen der Vorübergehenden sah. Aber Transport war in dieser Frühzeit nichts Alltägliches, und man verzichtete auf Bequemlichkeit, wie bei der Übernachtung in einer Berghütte. Die (als »stateroom« bezeichnete) Schiffskabine, die Charles Dickens 1842 bei seiner Überfahrt nach Amerika benutzte (Abb. 282), ist fast ebenso wie ein amerikanischer Schlafwagen von 1847 (Abb. 283)[72]. Dieser Schlafwagen der Baltimore-Ohio Railroad mit seinen Holzlattengestellen, die man tagsüber seitwärts an die Wand klappte, genügte auf die Dauer nicht. »Zu behaupten, daß diese Betten vollkommene Bequemlichkeit bieten, wäre eine Lüge, aber man ist dankbar, daß sie überhaupt da sind und daß man die Nacht einigermaßen erträglich verbringen kann.«[73]

Dieser Schlafwagen von 1847 hatte viel mit den Schlafgelegenheiten auf den amerikanischen Flußschiffen der Zeit gemeinsam. Nathaniel Hawthorne vermittelt in seiner schönen Sprache einen Eindruck von dem Leben in der Kajüte eines Flußdampfers, die Aufenthaltsraum, Speisesaal und Schlafsaal in einem war. »Die Samtvorhänge wurden zwischen Männern und Frauen heruntergelassen« – Hawthorne bezeichnet dies als »geschlechtliche Aufteilung des Schiffes« – »und die Kajüte wurde zu einem Schlafraum für zwanzig Personen, die sich auf Brettern übereinander lagerten (...). Ich vergaß, daß mein Lager kaum so breit wie ein Sarg war, drehte mich plötzlich um und fiel wie ein Stein zu Boden (...).«[74]

1854, drei Jahre nach dem ersten Auftauchen verwandelbarer Eisenbahnsitze,

---

72 L. Xavier Eyma, »Souvenirs d'un voyage aux Etats-Unis en 1847«, *L'Illustration*, Bd. XI, S. 316ff. (22. Juli 1848).
73 Ebenda.
74 In: »Sketches from Memory«, aus: *Mosses from an old Manse*, New York, 1846.

wird vom Patentamt der Vereinigten Staaten das erste Schlafwagenpatent ausgegeben (Abb. 284)[75]. Ein in der Literatur erwähntes englisches Patent (1852)[76] hat nichts mit Schlafwagen zu tun. Auf eine wenig befriedigende Weise wird dort der Versuch gemacht, die Zahl der Sitzplätze zu verdoppeln, indem man den Wagen zu einem Doppeldecker macht. Ein Blick auf die Zeichnungen des Buffaloer Erfinders von 1854 zeigt sofort, daß er von den Wendelehnen ausging. Anstatt, wie üblich, um 180° drehte er die Rücklehne nur um 90° und befestigte sie in dieser horizontalen Position. Er führte seine Rücklehnen höher als gewöhnlich, damit sie eine durchgehende Horizontale mit der Rücklehne des gegenüberliegenden Sitzes bilden konnten. Ein zweites Bett wurde aus den Sitzflächen gebildet. Mit den Worten des Erfinders: »Ich verbreitere diese Sitzflächen (...), die auf beiden Seiten gepolstert und mit Scharnieren versehen sind (...), indem ich sie anhebe und die untere Hälfte ausklappe.« Kann man bei diesen bretterähnlichen Lagern wirklich von Betten sprechen? Der Erfinder jedenfalls nennt sie nicht so. Für ihn handelt es sich um eine Verwandlung eines Sitzes in eine Liege. Tatsächlich läßt sich zwischen Bett und Liege keine scharfe Trennungslinie ziehen.

Raumersparnis ist die Mutter der Verwandelbarkeit. Die Regel dieser Frühzeit lautete: soviel Plätze am Tage, soviel Betten in der Nacht. Manchmal wurden sogar mehr Liegen als Sitzplätze in denselben Raum gezaubert. Dies ging nur, wenn man ein Bett irgendwie in der Decke verschwinden ließ. Es erschien, wenn man es brauchte, wie das magische »Tischlein-deck-dich« bei dem Hochzeitsfest der Maria von Medici in Florenz.

Ein Detroiter Erfinder zum Beispiel machte 1858 folgenden Vorschlag: »Die obere Liege paßt genau unter das Dach des Wagens. Wird sie nicht benutzt, wird sie wieder bis zur Decke hochgezogen durch vier Gewichte, die mit Seilen an den vier Ecken angebracht sind. Niemand würde auf den Gedanken kommen, daß sich dort außer dem Dach noch etwas anderes befindet. Die schon mit Kopfkissen und Decke für zwei Personen ausgestattete Liege läßt sich durch eine Schlaufe mühelos herunterholen« (Abb. 289)[77].

Thomas Jefferson hatte eine besondere Vorliebe für mechanisch bewegliche Möbel, für automatisch sich öffnende Türen und ähnliches – man denke an seinen Weinflaschen-Aufzug vom Keller zum Speisezimmer. Die Betten in seinem Wohnsitz in Monticello waren in der üblichen Weise in Bettnischen eingebaut, lediglich Thomas Jeffersons eigenes Bett stand an einem besonderen Platz (Abb. 290). Es füllte den Durchgang zwischen seinem Arbeitszimmer und seiner Garderobe aus. Der Ansicht, daß es tagsüber mit Seilen zur Decke hochgezogen wurde, wie eine ältere Überlieferung behauptete, hat man jetzt widersprochen. Andererseits kann man kaum verstehen, daß er das Bett in einem offenen Durchgang aufbaute, wenn er es tagsüber nicht verschwinden lassen wollte. Die Idee

75 U.S. Patent 11 699, Henry B. Myer, 19. September 1854.
76 Brit. Patent Nr. 587, 30. Oktober 1852.
77 U.S. Patent 21 352, 31. August 1858.

eines hochziehbaren Bettes findet sich auch in einem englischen Patent für ein Krankenbett (Abb. 288)[78], das zu der Zeit erteilt wurde, als Jefferson Monticello umbaute. In diesem Patent wird ein komplizierter Mechanismus aus Stricken, Stangen, Kurbeln, Zahnrädern und einem retardierenden Schwungrad aufgeboten, um den Bettrahmen zwischen vier Pfosten auf und ab zu bewegen.

Die obere Liege des Schlafwagens schafft den eigentlichen Platzgewinn. Aber Betten, die an Seilen von der Decke heruntergelassen wurden, waren damals keine überzeugende Lösung mehr. Noch vor dem Vorschlag des Detroiter Erfinders war die heutige Konstruktion der oberen Liege im amerikanischen Schlafwagen gefunden worden. Dies geschah Ende 1856, als das zweite Patent erteilt wurde.

Daß gleich auf Anhieb ein Prinzip erfaßt wird, auf dem die ganze spätere Entwicklung beruht, ist in dieser Zeit keine Ausnahme. Bei der Mechanisierung des Haushaltes werden wir beobachten, wie bei einigen Erfindungen – von einem so bescheidenen Gerät wie dem rotierenden Schneebesen (1856) bis zum Staubsauger (1859), der Geschirrspülmaschine (1865) und der Waschmaschine mit Kreiselvorrichtung (1869) – die Prinzipien der späteren Entwicklung augenblicklich erfaßt werden.

Es war Pullmans Gegenspieler aus seiner Frühzeit, Theodore T. Woodruff (1811-92), der für das Klappbett im Schlafwagen die entscheidende Lösung fand (Abb. 285)[79]. Woodruff besaß richtiges Erfinderblut. Er war, vom Standpunkt von 1850 aus gesehen, der moderne Typ unter den Wagenbauern. Betten an Seilen in einer Decke verschwinden zu lassen war für ihn viel zu umständlich. Für ihn bestand das Möbel aus einer Reihe von beweglichen Flächen, die auf verschiedene Weise miteinander kombiniert werden konnten. Es ist ein Vergnügen zu beobachten, wie er zu diesem Zweck mit Scharnieren zu arbeiten versteht, wenn er die Rücklehne der Bank um 90° in eine horizontale Stellung bringt und dadurch zwei mittlere Liegen erhält. Den Sitz klappt er nach unten in eine tiefere Lage, wo bereits eine horizontale Fläche wartet, um sich mit ihm zu verbinden. Dies gibt nahe dem Fußboden zwei weitere Liegen. Entscheidend ist aber die Idee, das obere Bett oberhalb des Fensters herauszuklappen. Tagsüber bildet seine Rückwand eine verbindende Fläche zwischen Decke und Wand des Wagens. Woodruff drückt dies in einfachen Worten aus: »Mit Scharnieren versehene Rahmen werden derart angebracht, daß sie oberhalb der Wagenfenster in eine Liege verwandelt werden können.« Woodruff faßte das Klappbett mit seinen Scharnieren ebenso auf wie andere vor ihm einen Klappstuhl. Das war neu.

Trotzdem wird in den Patenten Woodruffs nicht vom Schlafwagen, sondern nur von »Wagensitz und Liege« gesprochen. Der dem einzelnen zugemessene Platz war tatsächlich beschränkt, wenn man bedenkt, daß Woodruff fünf Leute in dieser Weise unterbringen konnte, vier in den beiden unteren Lagern und einen im

---

78 Brit. Patent Nr. 2005, 7. August 1794.
79 U.S. Patent 16 159 und 16 160, 2. Dezember 1856. Das zweite Patent enthält die heutige Lösung.

obersten Bett[80]. Es wird heute anerkannt, daß Woodruffs Vorschlag, das oberste Bett zwischen Fensterwand und Dach unterzubringen, wegweisend war.

»Hier kam zum ersten Mal die Idee auf, das oberste Bett als Klappbett auszubilden und damit von den früher gebräuchlichen Lösungen abzugehen. (...) Obgleich die Erfindung des Schlafwagens gewöhnlich mit anderen Namen in Verbindung gebracht wird, gehört die ursprüngliche Idee, die Priorität des Patents und das Verdienst, mit seinen Patenten den ersten brauchbaren Schlafwagen gebaut zu haben, Theodor T. Woodruff.«[81]

Theodore T. Woodruff war ein Wagenbauer, der wie so mancher andere Zeitgenosse alle Arten von Maschinen konstruierte: Dampfpflüge, Mähmaschinen, Lokomotiven und Schiffsschrauben. Um seine Schlafwagen durchzusetzen, schuf er 1857 eine Gesellschaft mit einem Kapital von 2 Millionen Dollar. Seine Wagen liefen erfolgreich auf vielen Strecken. Dann aber prozessierte er zu Beginn der siebziger Jahre gegen Pullman wegen Patentverletzung, da dieser Woodruffs seitliche und schräge Anordnung des Klappbetts für seine »Palastwagen« übernommen hatte. Die Entscheidung des Gerichts fiel zugunsten Woodruffs aus, aber Pullman war bereits der Stärkere. »Kein Teil des Urteils wurde jemals zur Anwendung gebracht und widerrechtlich fuhr Pullman fort, sich der Patente Woodruffs zu bedienen, und hatte Erfolg, während Woodruffs Gesellschaft praktisch ruiniert war und der Name des eigentlichen Erfinders allmählich ganz in Vergessenheit geriet.«[82]

Pullmans Expansion

Wenige Jahre nach seinem Rechtsstreit mit Theodore T. Woodruff verlor Pullmann, gerade auf der Strecke, auf der der *Pioneer* gelaufen war, die Lizenz. Auch Pullman blieben gelegentlich Demütigungen nicht erspart. Im Wettlauf um den ersten Platz, der in jenen Jahren erbarmungslos ausgefochten wurde, blieb der Finanzkräftigere Sieger. Cornelius Vanderbilt hatte die Genugtuung, diese Strecke für die Wagen einer Schlafwagengesellschaft zu öffnen, die er selbst finanziert hatte. Es war »Webster Wagner's Palace Car Company«[83].

Strukturähnlichkeiten verbinden die Laufbahn George M. Pullmans mit der der großen Konservenindustriellen Philip Armour und Gustavus Swift. Sie gehören alle derselben in den dreißiger Jahren geborenen Generation an. Sie kamen aus den Ost-Staaten und fanden in Chicago das Feld für ihren unbegrenzten Unter-

---

80 Woodruff behielt die Idee des aufklappbaren oberen Bettes auch in späteren Patenten bei – vgl. U.S. Patent 24 257, 31. Mai 1859. Er machte sie sogar noch komplizierter, indem er eine doppelt ausklappbare Liege für zwei Schläfer entwickelte.

81 Charles S. Sweet, »Sketch of the Evolution of the Pullman Car« (1923), Manuskript, S. 116. Durch das Entgegenkommen der Pullmann Co. in Chicago konnten wir Einblick in dieses Manuskript nehmen, das die objektivste und am besten belegte Darstellung dieses Themas ist. Es behandelt das Schlafwagenbett, ohne auf den verwandelbaren Sitz einzugehen. Insbesondere geht es auf alle technischen Details der Pullmanwagen ein: Bremsen, Räder, Heizung, Wasser, Beleuchtung usw.

82 Sweet, a.a.O., S. 123f.

83 Einblick in die finanziellen Machenschaften gibt die Chicagoer *Tribune* vom 22. September 1875, zitiert bei: Edward Hungerford, *Men and Iron; the History of New York Central*, New York, 1938, S. 274.

nehmungshunger. Wie Pullman mit seiner Idee des Reisekomforts, so eroberte Swift mit der Durchsetzung des Kühlwagens die Dimensionen des Landes.

In beiden lebte derselbe Drang nach Expansion in die Breite wie in die Tiefe: in horizontaler Richtung zum Monopol und vertikal durch die Expansion in alles, was immer mit dem ursprünglichen Interesse verbunden werden konnte. Wie die großen Konservenindustriellen das Schlachtvieh verarbeiteten, den Transport auf ihren eigenen Wagen besorgten, eine die Einzelstaaten übergreifende Verkaufsorganisation schufen und die Nebenprodukte industriell verwerteten, so ließ Pullman seine Wagen laufen, wo immer er sich Zutritt erzwingen konnte. Bis auf eine einzige Gesellschaft – jene, die von Vanderbilt kontrolliert wurde – kaufte er alle auf. Zwei Jahre nach Pullmans Tod wurde auch das Netz der New York Central, auf der Vanderbilt die Wagen der Wagnerschen Gesellschaft hatte verkehren lassen, einbezogen. Pullmans Monopol erstklassiger Dienstleistung war vollständig. Die Expansion nach der Tiefe verfolgte Pullmann durch eine immer größere Ausdehnung der Fabrikation. Er baute nicht nur seine eigenen Wagentypen, sondern alles, was zum Wagenpark einer Eisenbahn gehört.

Schlafwagen in Europa

Es ist unschwer zu verstehen, daß die demokratische Form des Schlafwagens von Amerika nach Europa gebracht werden mußte. Dies geschah in England ebenso wie auf dem Kontinent acht Jahre nach der regulären Inbetriebnahme des *Pioneer*. Die achtzehn Schlafwagen, die Pullman 1873 von Amerika in das Ursprungsland der Eisenbahnen exportierte, zeigen, wie verhältnismäßig früh Amerikas Einfluß auf diesem Gebiet spürbar wurde.

Im selben Jahr wie Pullman führte ein anderer amerikanischer Unternehmer zum ersten Mal den Schlafwagen auf der Strecke Wien–München ein. Die Typen, die dafür verwendet wurden, haben sich in Europa bis heute erhalten. Man nannte sie »Boudoir-Züge«, da die Betten in abgeschlossenen Abteilen untergebracht waren. Im Gegensatz zu den in Längsrichtung orientierten amerikanischen Betten lagen sie quer zur Fahrtrichtung. Dies liegt in tiefer sitzenden Gewohnheiten begründet; in Amerika gingen auch im neunzehnten Jahrhundert die Räume eines Hauses fließend ineinander über, und die Türen standen offen; in Europa dagegen wird ein Zaun um das Haus gezogen, die Räume werden möglichst voneinander isoliert, und die Türen bleiben sorgfältig geschlossen. Dieselbe Gewohnheit findet sich in den höheren europäischen Wagenklassen wieder: ein Waggon wird in zahlreiche kleine Abteile unterteilt.

In Europa hat sich der Schlafwagen wie der ganze Reisekomfort nur in bescheidenem Maße weiterentwickelt und wird immer noch als Luxus angesehen. In Amerika wird die Schlafwagengebühr nicht höher angesetzt als eine Übernachtung in einem mittleren Hotel.

296. »Train Impérial«, der Napoleon III. von der Compagnie de Chemin de Fer de l'Est 1857 geschenkt wurde. *»Der Speisesaal-Wagen«. Speisewagen waren in den fünfziger Jahren ausschließlich für Herrscher vorgesehen. Der Kaiser und sein Gefolge speisen an einem großen Tisch in der Mitte des Wagens. Diener in Livree servieren.* (L'Illustration, *Paris,* 1857)

Ausbau des Reisekomforts: Speise- und Salonwagen

Gegen Ende der fünfziger Jahre kamen Speisewagen nur den Herrschern zu. Napoleon III. saß mit seinem Hofstab an einem großen Tisch, der in der Mitte des Wagens stand, während die livrierten Diener aufwarteten (Abb. 296).

In Amerika bestand der Speisewagen anfangs aus einem ausgedienten Gepäckwagen, in dem eine Bar mit hohen Stühlen aufgestellt wurde. »Der Speisewagen von 1862 war ein Gepäckwagen (...), vollkommen leer, abgesehen von einem rechteckigen umlaufenden Tresen in der Mitte, um den herum man auf hohen Stühlen saß und aß. (...) Aus dem Innenraum dieses Rechtecks wurde von schwarzen Kellnern in weißen Jacken serviert.«[84] Der Speisewagen wurde durch Pullman in derselben Weise verändert wie der Schlafwagen: er führte den Komfort ein.

Als Pullman 1869 seinen Speisewagen zum Patent anmeldete[85], waren es auch hier nicht neue Erfindungen, sondern eine bestimmte Anordnung und Kombination, die er sich patentieren ließ. So ließ er sich beim Speisewagen zwei verschiedene Kombinationen patentieren, da er noch unsicher war, wohin die Entwicklung tendierte. Konnte man es wagen, Speisewagen ohne Schlafgelegenheiten laufen zu lassen, oder war es ratsamer, beide in einem einzigen Typ zu vereinigen. Der »hotel car« von 1869 (Abb. 297) ist noch immer ein Schlafwagen, in den an einem Ende eine kleine Küche eingebaut ist. Weitere Einzelheiten werden nicht angegeben. Es handelt sich um den Typ, die Kombination, die Pullman

---

84 Edward P. Mitchell, *Memoirs of an Editor,* New York, 1924, in extenso zitiert in den *Pullman News,* Bd. XIII, Nr. 4 (April 1935).
85 U.S. Patente 89537 und 89583, 27. April 1869.

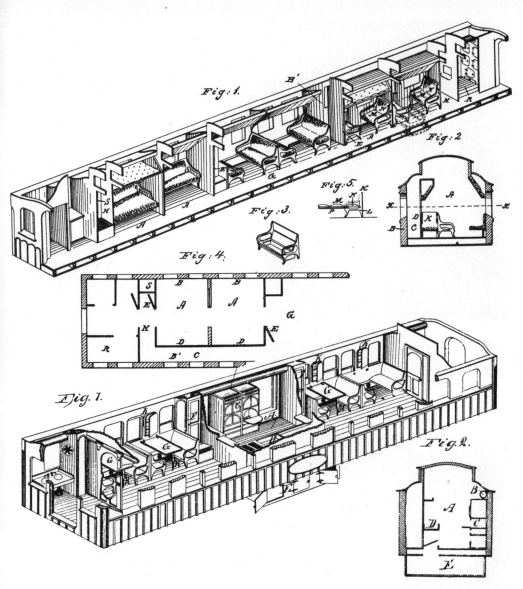

297. Pullmans Speisewagenpatente. 1869. *Sollte Pullman es riskieren, einen Wagen ausschließlich als Speisewagen zu bauen, oder sollte er Schlaf- und Eßmöglichkeiten in einem Wagen vereinen? Unsicher über die künftige Entwicklung ließ er beide Alternativen patentieren. Oben: Pullmans sogenannter »Hotelwagen«, worin »die Fahrgäste, besonders Familien, sitzen, essen und schlafen können«, hat an dem einen Ende eine kleine Küche R. Soviel man weiß, tauchen hier zum ersten Mal in Amerika besondere Abteile, »state-rooms«, A, auf. Ein schmaler Gang C führt an ihnen vorbei. Die Stühle K lassen sich innerhalb des Raumes umstellen. Unten: Pullmans »Verbesserter Speisewagen«, schon ohne Schlafmöglichkeit. »Die Sitze stehen quer wie die Abteile eines Schlafwagens.« Im Gegensatz zu Napoleons »Speisesaal-Wagen« von 1857 sind hier die Sitze fest eingebaut und der Tisch ist beweglich. In der Mitte des Wagens befindet sich die Küche, die immer noch an die Küche eines Privathaushalts erinnert. Die Vorratskammer und der Kühlschrank sind unter dem Boden wie in einem Keller untergebracht. D ist die Spüle, C der Herd, B der Wassertank. (U.S. Patent 89 537 und 89 538, 27. April 1869)*

298. Der erste Pullman-Salonwagen. 1875. *Die schlichten Linien der drehbaren und verstellbaren Sessel sind ebensoweit von den üppigen Formen der neunziger Jahre des neunzehnten Jahrhunderts entfernt wie von den übermäßig gepolsterten Stromlinienformen der dreißiger Jahre des zwanzigsten Jahrhunderts. (Pullman Company)*

299. Verstellbarer Klappsessel für das Flugzeug. 1936. *Dieser Sessel hält an den besten Traditionen der Patentmöbel fest und ist in Hinsicht auf sein leichtes Baumaterial einwandfrei konstruiert. Trotzdem deutet er auf die Tendenz zu einem künstlich massiven Aussehen hin – offensichtlich das Resultat von Stromliniengestaltung, die auf so vielen Gebieten den im neunzehnten Jahrhundert herrschenden prunkvollen Stil fortsetzt. (Douglas Aircraft Company, Inc.)*

schützen lassen möchte. Interessant ist dieser Hotelwagen noch aus einem anderen Grunde. »Meine Verbesserungen sollen einen geeigneten Wagen schaffen, in dem die Reisenden, besonders Familien, fahren, essen und schlafen können.« Am anderen Ende waren bevorzugte, in sich geschlossene Kabinen vorgesehen. Er beschreibt sie im einzelnen und bezeichnet sie als »state-rooms«. Nur ein schmaler Gang führt um sie herum; der gemeinsame Mittelgang ist beseitigt. Diese Kabinen waren für Reisende gedacht, die allein sein wollten. Diese Einrichtung eines bevorzugten Teils innerhalb des Wagens erscheint in Amerika hier zum ersten Mal und bedeutet eine weitere Differenzierung in Richtung auf das Klassensystem.

Die zweite Kombination (Abb. 297), der »verbesserte Speisewagen (. . .), der als fahrender Speiseraum und als Restaurant gedacht ist«, enthält keinerlei Schlafmöglichkeiten, aber trotzdem ist für ihn das Schema des Schlafwagens bestimmend, wie Pullman selbst zu erkennen gibt: »Die Sitze sind quer zur Fahrtrichtung angeordnet, so daß man aneinander gegenübersitzt, wie in den Abschnitten eines Schlafwagens.« Noch fehlen die Stühle, wie sie etwa Napoleon in seinem Speisewagen von 1857 hatte. Der Tisch wird an die Sitze gerückt, und nicht die Sitze an den Tisch, »dessen eines Ende von einem Bein gestützt wird (. . .), während das andere in der Wand verhakt ist (. . .) und ohne weiteres gelöst werden kann«.

Man spürt deutlich, daß Pullman bei der Küche noch an das Wohnhaus dachte. Seinen Vorratsraum ordnete er unter dem Wagenbogen an, als wäre es ein Keller, und zwischen den Fenstern ließ er Wandschränke anbringen. Über der Küche befand sich ein großer Wassertank.

Napoleon III. hatte in seinen Zügen einen besonderen Empfangswagen mit Diwanen entlang den Wänden, wie man es vom eleganten Salon des Second Empire gewohnt war. Für den Herrscher war in diesem »wagon d'honneur« ein sofaartiger, quergestellter Ehrensitz reserviert (Abb. 293). Viollet-le-Duc, der den Zug für die Compagnie de chemin de fer de Paris à Orléans einrichtete, verlieh diesem Sitz etwas von seiner romantischen Finesse. Die »wagons d'honneur« wurden in Amerika nur zehn Jahre später (1867) zum Salonwagen für jedermann, als Wagner, der Schützling Vanderbilts, ihn einführte. George M. Pullmans erster Salonwagen datiert von 1875. In ihm gibt es keine umlaufenden Diwane und keinen Thronsitz, statt dessen eine Anzahl gleichermaßen bequemer Lehnstühle, drehbar und mit verstellbarer Rücklehne, so daß man sich mühelos überall hinwenden konnte. Bald kamen auch bewegliche Fußstützen, die man gegen Ende der fünfziger Jahre bereits geplant hatte, in Gebrauch und andere Bequemlichkeiten, wie die damals in höchster Blüte stehende Patentmöbel-Bewegung sie bot. Die einfachen festumrissenen Formen dieser verstellbaren Drehstühle von 1875 waren das logische Resultat der Orientierung an der Funktion. Es war nicht nötig, daß ein William Morris ihre Formgebung reiner machte. Seit 1893[86] – wie wir zu Beginn er-

---

86 Charles S. Sweet unterscheidet in seinem »Sketch of the Evolution of the Pullman Car« (a.a.O.) zwei Stile im neun-

wähnten – wurden Einrichtung und Decken immer üppiger, und man merkt, was für Umwege gemacht werden mußten, bis man wieder zu ihrem Zweck angemesseneren Formen zurückkehren konnte. Diese Salonwagen-Stühle von 1875 sind gleich weit entfernt von der üppigen Ornamentik der neunziger Jahre wie von den späteren »Stromlinien«-Formen.

Rückblick

Die amerikanische Gesellschaft zur Zeit der Eisenbahngründungen war demokratisch gesonnen, während in Europa damals die Reaktion herrschte. Das heißt, daß in Europa auf die oberen Schichten in jeder Beziehung Rücksicht genommen wurde, während das einfache Volk mit allem zufrieden zu sein hatte. Diese demokratische Einstellung aus der Frühzeit der amerikanischen Eisenbahn ist dem modernen europäischen Reisenden durch die stetige Verbesserung des Reisekomforts übermittelt worden. Schritt um Schritt sind die Verbesserungen des Reisekomforts gleich von Amerika übernommen worden: 1873 der Schlafwagen, 1879 der Speisewagen – »dining-room-carriage«, wie man damals in England sagte – und 1889 der »Vestibül«-Zug.

Nirgends drückt sich der demokratische Impuls Amerikas deutlicher aus als in den Bemühungen der fünfziger Jahre, den gewöhnlichen Eisenbahnsitz der Körperhaltung in jedem Augenblick anzupassen und ihn in einen Liegestuhl oder in eine Couch zu verwandeln. Den Antrieb dazu gab der Grundsatz, daß jeder Reisende das Recht auf den gleichen Platz und den gleichen Komfort hatte. Daher gab es in dieser Zeit nur eine einzige Wagenklasse, eine Tradition, die sich in der »coach-class« der amerikanischen Bahnen bis heute erhalten hat.

Nach dem Bürgerkrieg setzte mit dem Erscheinen Pullmans und dem luxuriösen Reisen eine gewisse Änderung ein. Immer noch ging es um eine Demokratisierung des Komforts, aber damit wurde, wenn auch unauffällig und ohne beim Namen genannt zu werden, auch in Amerika ein Zwei-Klassen-System eingeführt, das im Laufe der Zeit durch stetige Differenzierung immer mehr zum Luxus tendierte.

Die zweite Quelle des amerikanischen Reisekomforts ist in der Mechanisierung des Möbels zu suchen. Ihre Elemente sind der verwandelbare Sitz und das Klappbett. Durch sie wird die Verwandlung eines Tagraumes in einen Nachtraum, eines Wohnraumes in einen Schlafraum möglich. Verwandelbarer Sitz und Klappbett gehören zur Familie der Patentmöbel, der Möbel, die sich durch ihre Beweglichkeit der Haltung des Körpers anpassen und durch mechanische Metamorphosen verschiedenartige Funktionen erfüllen können.

---

zehnten Jahrhundert: den Typ »mit flacher Decke von 1865-1892« und den Typ mit stark ornamentierter und gewölbter Decke um 1893 – die »semi- and full empire ceiling«.

Das leichte Feldmöbel

Die zusammenklappbaren, transportablen Feldmöbel eröffnen einen wunderbaren Tummelplatz für die Phantasie. Alles muß in ein möglichst kleines Volumen gebracht werden, und jede Kombination verschiedener Möbelstücke darf nur einen ganz geringen Raum einnehmen und durch mechanische Apparaturen so wenig wie möglich behindert werden. Alles muß einfach sein. Jede Idee muß auf dem direktesten Weg ihren Ausdruck finden.

Die Keimzelle des zusammenklappbaren Möbels ist der Stuhl mit gekreuzten Beinen, gleichgültig ob er faltbar ist oder seine Beine wie zur Zeit der Antike unbeweglich sind. Dieses in der Antike im Haushalt gebräuchliche Möbel verwandelte sich, wie wir gesehen haben, im frühen Mittelalter (König Dagoberts Stuhl aus dem Schatz der Merowinger) in einen Königsthron. In gotischer Zeit fanden wir einen Äbtissinnenstuhl von dieser Form, und in der Renaissance wurde dieser Typ zu einer Reihe scherenartig sich kreuzender oder verfugter Streben weiterentwickelt (Abb. 143). Im neunzehnten Jahrhundert wird der Faltstuhl einer der gebräuchlichsten Massenartikel.

Dieser Faltstuhl bleibt nicht unverändert. Man fragt sich, wie man das Sitzen auf ihm bequemer machen und wie man ihn mit einer Rückenlehne versehen und trotzdem so kompakt zusammenfalten kann wie bisher.

Mannigfaltige Ideen tauchen auf. Eine davon besteht darin, die Beine in der Mitte (z. B. mittels eines Metallringes) beweglich zusammenzuhalten. Zusammengeklappt bildet der Stuhl dann ein Bündel aus vier Streben. Mit einem Griff lassen sie sich wie ein Regenschirm auseinanderspreizen, so daß ihre vier Enden ein straffes Gewebe halten. Gleichzeitig schnellen durch die Bewegung zwei Arme in die Höhe und bilden, zusammengehalten durch einen Stoffstreifen, die Rückenlehne[87].

Schwieriger ist es, ein Bett auf engstem Raum zusammenzupressen. In der Gotik tauchen zusammenlegbare Betten auf, die oft ins Feldlager mitgenommen wurden. Karl der Kühne von Burgund scheint als erster ein Feldbett dieser Art in Gebrauch gehabt zu haben (1472)[88]. Offenbar schlief sonst bei Feldzügen jedermann auf dem Boden; Burgund war damals der raffinierteste Hof Europas. Im siebzehnten Jahrhundert wurde mit der Ausstattung dieser Betten großer Luxus getrieben. Auch Schüblers zusammenlegbares Bett um 1730, das wir bereits erwähnten (Abb. 300), gehört zu den zerlegbaren Feldmöbeln.

Um die Mitte des achtzehnten Jahrhunderts (1756) werden in Frankreich von sogenannten »Tischler-Mechanikern« (menusier-machiniste) Kombinationen an-

---

87 U.S. Patent 40 208, 6. Oktober 1863: transportabler Stuhl. Das Originalmodell wurde vom Museum of Modern Art, New York, bei der Patentauktion im Mai 1943 gerettet. Das Museum besitzt auch das Modell eines »Taschenstuhls« (U.S. Patent 163 623, 25. Mai 1875), dessen Etui als Sitzfläche dient und nach einem ähnlichen, wenn auch weniger ingeniösen Prinzip konstruiert ist.

88 Havard, a.a.O., Bd. III, Sp. 464.

300. JACOB SCHÜBLER: Zusammenklappbares Bett. Um 1730. *Neu erfundene französische Betten. Schrauben (A, B) halten das zweiteilige Bettgestell zusammen; die einsteckbaren Beine werden von jeweils zwei Eisenhalterungen (C) festgehalten. Die schmalen, mit Scharnieren befestigten Bretter am Kopf- und Fußende sind beweglich (D). Am Kopfende befindet sich eine mit einem Scharnier versehene Stange, die ein Loch hat. Will man das Bett aufdecken, zieht man an der Schnur, bis der Vorhang zusammengefaltet ist.*

geboten, die »Bett, Betthimmel, Bettdecke, Hocker und Tisch« umfassen, in zwei Minuten aufgestellt und in einem Sack verstaut werden können[89]. Der Preis, fünfzehn bis zwanzig Louisdor, zeigt, daß es sich dabei um einen Luxusartikel handelte.

Erhalten haben sich zusammenklappbare eiserne Betten, die mit dem Namen berühmter Persönlichkeiten verknüpft sind. In Schloß Malmaison wird noch heute das Feldbett Napoleons I. gezeigt, dessen zierliche Beine in einem schmalen Etui Platz fanden.

Der Fortschritt im neunzehnten Jahrhundert war nicht groß, weder in England noch in Frankreich. Napoleon III. bevorzugte auf seinem italienischen Feldzug (1859) die Ausrüstung, die den ersten Kaiser auf seinen Feldzügen begleitet hatte. Nur sein elegantes, dreiräumiges Zelt aus Eisenrohr (Abb. 301) war wirklich neu[90].

Anders liegen die Dinge in Amerika. Die besonders seit der Mitte des Jahrhun-

---

89 Havard, ebd., Sp. 1456-67, gibt Kenntnis von diesem und anderen Reklameblättern aus den Jahren 1765, 1773, 1783, die zeigen, daß es eine beständige Nachfrage nach Feldmöbeln dieser Art gab.
90 Es stammte von Gandillot, der unseres Wissens der erste war, der Stühle aus Eisenrohr herstellte, um 1844 (Abb. 312).

derts stetig vorrückenden Grenzen, die Erschließung des Westens und der großen Prärien schufen eine natürliche Nachfrage nach leicht transportierbaren Feldmöbeln. Die Entwicklung des amerikanischen Feldmöbels setzt zu einem verhältnismäßig frühen Zeitpunkt ein – am Beginn der achtziger Jahre. Sie beginnt mit primitiven Geräten wie einer Feldtruhe, die auseinandergeklappt als Tisch dient und deren Inneres sowohl Werkzeuge als auch Küchengeräte enthält[91], oder einem Vorschlag, »zwei Feldstühle mittels Stangen, zwischen die ein Stück Sackleinwand gespannt ist, miteinander zu verbinden«[92]. Diese Entwicklung verläuft parallel zu der des Schlafwagens. Sie vollzieht sich außerordentlich rasch und kommt bald zum Abschluß[93].

Ein Vergleich des dreiräumigen Zeltes von Napoleon III. (1859) mit einem kombinierbaren amerikanischen Feldmöbel von 1864[94] zeigt das erstaunliche Entwicklungstempo. Wieder handelt es sich um eine Feldtruhe (Abb. 302). Sie hat die Größe eines gewöhnlichen Reisekoffers, etwa 60 x 60 x 70 cm. Sie besteht aus einem ganzen Satz verwandelbarer Möbelstücke. Geöffnet wird daraus ein Lehnstuhl oder eine Liege. Im truhenartigen Sockel ist Platz für eine Schublade, die nicht nur Waschgeschirr enthält, sondern auch »Koch- und Eßgeräte« und »einen Armeekocher, wie er allgemein gebräuchlich ist«. Außerdem kann außen ein zusammenklappbarer Rahmen befestigt werden, um einen zweiten Stuhl oder ein zweites Bett zu bilden. Dies kann natürlich serienweise fortgesetzt werden. Die Armlehnen sind ausziehbar, so daß eine Tischplatte darübergelegt werden kann. Bei dem Liegestuhl ist an der Seite eine Abstellfläche vorgesehen.

Gegenüber solchen mit ihrem Platz auf ingeniöse Weise haushaltenden Feldtruhen nehmen sich die gleichzeitigen europäischen Feldmöbel ebenso primitiv aus wie, gemessen an dem herrschenden Geschmack, die amerikanischen Salonmöbel gegenüber den Luxuseinrichtungen auf dem Kontinent. Wie anfangs die Schlafwagen waren diese amerikanischen Feldmöbel für die große Masse und nicht für wenige bestimmt.

Die Hängematte

Selbst ein so einfaches Gerät wie die Hängematte wird von der amerikanischen Patentmöbelbewegung erfaßt und völlig verändert. Das Liegen in diesem schwebend aufgehängten Netz, das nur an den beiden Enden befestigt wird, kommt der Idee der Beweglichkeit, wie die verstellbaren Sitze der Periode sie verwirklichen, sehr nahe. Es braucht uns deshalb nicht zu wundern, daß die Weiterbildung der Hängematte gerade in der Blütezeit der Patentmöbel, in den achtziger Jahren, das

---

91 U.S. Patent 32 643, 25. Juni 1861, das früheste amerikanische Patent für Feldmöbel. Sieben Patente für Feldmöbel wurden in diesem Jahr erteilt.
92 U.S. Patent 33 362, 24. September 1861.
93 Hauptsächlich zwischen 1861 und 1864. Eine genaue Übersicht läßt sich nicht geben, da sich unter den verschiedensten Kategorien der Patentverzeichnisse oft Feldmöbel verbergen.
94 U.S. Patent 44 578, 4. Oktober 1864. Beschreibung und Abbildung auch in: *American Artisan and Patent Record*, Bd. I, Nr. 31, New York, 7. Dezember 1864.

stärkste Interesse findet. Plötzlich werden jährlich eine ganze Anzahl von Patenten eingereicht: 1881 sind es sechs, 1882 acht, 1883 elf Patente. In dem ganzen Zeitraum vor 1873 gab es in Amerika nur zwei derartige Patente[95], und eines davon war englischen Ursprungs.

Die Hängematte – ein indianisches Möbel

Die Hängematte mit ihrem luftigen Netzwerk und der dauernden Ventilation ist im tropischen Klima entstanden. Sie gehört zu den seltenen Möbeln, die in Amerika, oder genauer in der Karibik, beheimatet sind.

1492 sah Christoph Kolumbus sie auf seiner ersten Fahrt zu den Bahamas. Die sorgfältige Schilderung, die uns in der Abschrift vorliegt, die Las Casas nach dem Manuskript des Kolumbus anfertigte, spiegelt deutlich die Erstmaligkeit des Eindrucks wieder[96].

Die Landungsmannschaft sah sie in den Hütten der Eingeborenen und berichtete, daß »ihre Betten und Einrichtungsgegenstände wie Netze aus Baumwolle waren. Auf Hispaniola heißen sie *hamacas* und bestehen aus Schlingen, deren Fäden nicht wie bei Netzen im Zickzack laufen, sondern in Längsrichtung und so lose, daß man Hand und Finger hindurchstecken kann. Im Abstand von etwa einer Handbreit werden sie von anderen fest gewobenen Fäden gekreuzt, wie bei guten Spitzengeweben, in der Art, wie man in Sevilla Siebe aus Espartogras herstellt. Diese Hängematten laufen in eine Vielzahl von Schlaufen aus, die an den Enden wie in einem Schwertgriff verbunden sind und an den Pfosten des Hauses angebracht werden, derart, daß *die Hängematten über dem Boden schweben und in der Luft schwingen* (. . .). Es ist sehr erholsam, in ihnen zu schlafen.«

Jeder der späteren Seefahrer, die nach Westindien kamen, so fügt S. E. Morison hinzu, bemerkte und bewunderte die Hängematte. Die Spanier waren die ersten, die ihre Brauchbarkeit im heißen Klima erkannten und sie auf ihren Schiffen einführten.

Auch dem *Oxford English Dictionary* zufolge ist die Hängematte karibischen Ursprungs[98]. Sie hat ihre Beliebtheit in den Tropen nie verloren. Soldaten ebenso wie Matrosen wußten ihre Brauchbarkeit zu schätzen und trugen sie bei sich. Frank Leslies *Illustrated Newspaper* vom 9. Mai 1855 führt uns in einem Bericht über den Nicaraguanischen Aufstand dieses Jahres in ein Lager ausruhender Abenteurer. Damals war die Hängematte noch nicht zu einem beliebten Gartenmöbel für lässiges Entspannen geworden. Die Selbstverständlichkeit, mit welcher

95 U.S. Patent 33 678, 5. November 1861: verbesserte Hängematte. Es handelt sich bei diesem Patent bloß um eine gewöhnliche Hängematte in Verbindung mit einem »zusammenklappbaren tragbaren Gestell«. Das zweite Patent (U.S. Patent 68 927, 17. September 1867), englischer Herkunft, setzt die Hängematte anstelle des Netzwerks aus zusammenklappbaren Brettern zusammen.
96 Wir folgen hier der Zitierung bei Samuel Eliot Morison, *Admiral of the South Sea, A Life of Christopher Columbus*, Boston, 1942, S. 245.
97 Ebenda, S. 245.
98 Die Quellen des *O.E.D.* reichen bis zur Mitte des sechzehnten Jahrhunderts zurück. So wird eine Äußerung von Sir Walter Raleigh zitiert: »Sie lagen in Hängematten (hammocks), die wir als brasilianische Betten bezeichnen.«

301. Feldzelt von Napoleon III. 1855. *Für den Krimkrieg 1855 angefertigt, aber erst 1859 vom Kaiser in Italien benutzt. Es besteht aus einem Salon, Schlafzimmer und Ankleidezimmer. Sowohl das Eisenbett als auch die Klappstühle und die übrigen Geräte stammen von Napoleon I.* (Harper's Weekly, 1859)

die Soldaten sie benutzen, nachdem sie sie an Deckenbalken und Wänden befestigt haben, verrät, daß die Hängematte damals noch ihr ständiger Begleiter war.

MECHANISIERUNG DER HÄNGEMATTE

In den achtziger Jahren werden dann Versuche gemacht, dieses indianische Möbel in seinem Gebrauch zu erweitern und ihm neue Kombinationen abzugewinnen. Die erste Gefahr, mit der der Erfinder fertig werden mußte, war, daß das Netz den Körper wie ein gefangenes Tier zusammenschnürte oder daß man bei unvorsichtiger Benutzung herausfiel. Kreuzverstrebungen wurden angebracht, die das Netz stets in der richtigen Spannung halten sollten, und eine damit verbundene einfache Vorrichtung schützte die darin liegende Dame vor Sonne oder Regen (Abb. 306)[99].
Andere umhüllen die Hängematte zum Schutz vor Moskitos mit kreisrunden verschiebbaren Netzen (Abb. 304). Ein Erfinder[100] verfällt auf die bizarre Idee, die Hängematte so zu konstruieren, daß sie statt an zwei Ästen an einem umgekipp-

---

99 U.S. Patent 495 532, 18. April 1893.
100 U.S. Patent 329 763, 3. November 1885.

302. Amerikanische kombinierte Feldtruhe, Liege und Tisch. 1864. »*Diese für Offiziere und Soldaten bestimmte Erfindung bringt in einem leicht transportablen, kompakten Kasten alle für das Feldlagerleben notwendigen Dinge unter. Abbildung 1 zeigt ihn ungeöffnet, aber mit herausgezogener Schublade und gelöstem Riemen. Abbildung 2 zeigt ihn in ausgeklapptem Zustand. Die Kiste A enthält eine Schublade für Papiere und Wäsche. Über der Schublade befindet sich Platz für das Koch- und Eßgeschirr und für einen kleinen Armeekocher. Darüber ist ein mit Segeltuch bespannter Klapprahmen, der als Stuhl, Liege oder Bett aufgestellt werden kann. Bretter, die als Tisch dienen, können angehängt werden. Zusammengeklappt und verpackt beträgt das Gesamtmaß des Kastens ca. 60 x 60 x 70 cm.*« (American Artisan and Patent Record, Bd. 1, Nr. 31, New York, 1864)

ten Dreirad aufgehängt wird[101]. Gleichzeitig wird der Körper durch verschiedene Seile in den Gelenken so abgeknickt, daß er weniger Platz einnimmt, als seine normale Länge beträgt. Schließlich wird ein wasserdichtes Tuch über das Dreirad der achtziger Jahre gespannt, »um das Fahrzeug in ein Schlafzimmer zu verwandeln« (Abb. 305).

Wir zögern nicht, so grotesk anmutende Beispiele anzuführen. Es ist von einer höheren Warte aus ganz unerheblich, ob die einzelnen Vorschläge sich in der Praxis bewährten. Worauf es hier ankommt, ist, zu zeigen, daß eine stürmische und manchmal auch ans Lächerliche grenzende erfinderische Phantasie am Werk war, um dem Möbel seine Starrheit zu nehmen. Aber dieser Drang beschränkt sich selbst auf diesem begrenzten Gebiet der Hängematte nicht auf groteske Beispiele.

---

101 U.S. Patent 278 431, 29. Mai 1883.

303. Die Hängematte für kriegerische Unternehmungen in den Tropen: Ruhende Freibeuter aus Nicaragua. 1855. *Die Hängematte gehört zu den wenigen Möbelarten, die auf dem amerikanischen Kontinent von Anfang an heimisch waren. 1492 sahen Kolumbus und seine Mannschaft auf den Bahamas, wie ganze Familien in riesigen Hängematten oder »Brazil Beds«, wie die Engländer sie nannten, schliefen. In diesem tropischen Gebiet werden sie noch heute benutzt.* (Frank Leslie's Illustrated Newspaper, 9. Mai 1855)

Die Weiterentwicklung der Hängematte zu einer Art Kombinationsmöbel hat in dieser Zeit nichts Erstaunliches. Eine der reizvollsten Lösungen zu Beginn der achtziger Jahre hat sich in einem Reklameblatt erhalten (Abb. 307)[102]. Von der Hängematte wird die leichte Aufhängung an einem Ast oder an einem Haken übernommen. Der leichte Rahmen, der die verschiedensten Gleichgewichtslagen einnehmen kann, wird durch bloße Verlagerung des Körpers bald zu einer Art Liege- und Schaukelstuhl und bald zu einem schwingenden Sitz. Die ganze Konstruktion ist luftig und schwebend wie ein Insektennest. Alles beruht auf Beweglichkeit, auf einem System ineinandergreifender Teile, »bestehend aus einer Anzahl von mit Gelenken versehenen Gliedern oder Stäben und Beinen und geeigneten Querstangen. (. . .) Die Fußstütze ist nicht fest mit dem Rahmen des Stuhles verbunden, sondern wird von einem beweglichen Verbindungsstück gehalten.«[103]

Es ist hier nicht der Ort, die ausführliche Patentbeschreibung zu zitieren, aber wer sich darüber orientieren will, mit welcher Leichtigkeit und Sicherheit man

---

102 In der Sammlung der Worcester Historical Society, Worcester, Mass.
103 U.S. Patent 236 430, 11. Januar 1881.

damals Bewegungsprobleme zu meistern verstand, der gehe diese Beschreibung einmal Wort für Wort durch. Es wird dann keiner weiteren Erklärung mehr bedürfen, warum wir die Unbekümmertheit und Originalität so hervorheben, mit der die Amerikaner damals versuchten, die Möbel von dem Bann zu befreien, mit dem der herrschende Geschmack sie belegt hatte.

Die Hängematte und Alexander Calder

Von diesem schwebenden System, das stets bereit ist, seine Lage zu ändern, ist es nur ein Schritt zu der Kunst des amerikanischen Bildhauers Alexander Calder. Beide haben ihre Wurzel in der amerikanischen Umwelt. Gewiß, Calders Kunst – und dies macht ihre Stärke aus – steht im Einklang mit dem breiten Strom der modernen Entwicklung.

Es war Calders Instinkt, der ihn Jahr um Jahr in Paris verbringen und sich stetig entwickeln ließ. Er hat dort die einzige produktive Schulung erfahren, die es für einen Menschen unserer Zeit gibt: tagaus, tagein mit den Schöpfern der neuen künstlerischen Ausdrucksmittel in Berührung zu kommen. Dort wurden ihm die Augen für die Begrenztheit naturalistischer Darstellung geöffnet, und so wurde ihm klar, daß die Dinge, die ihn aufwühlten, niemals auf diese Weise gestaltet werden könnten. Es war auch nicht dieser oder jener Künstler, sondern die Ebene, auf der die künstlerischen Probleme angegangen wurden, die Calder zu den produktiven Wurzeln seines eigenen Wesens hinführte. Seine Eigenart war in seinen amerikanischen Erfahrungen verankert. Amerika hatte eine ungeheure Men-

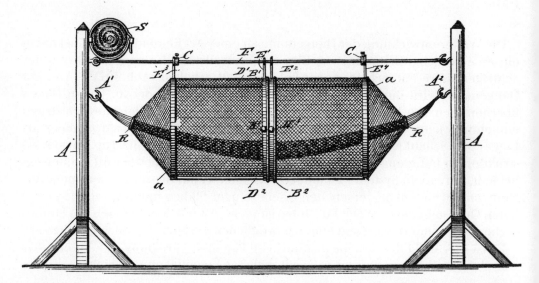

304. Hängematte, kombiniert mit Moskitonetz. 1885. *Das zylindrische Moskitonetz ist auf Reifen gespannt, die sich auseinanderschieben lassen, so daß man sich in die Hängematte legen kann. (U.S. Patent 329 763, 3. November 1885)*

518

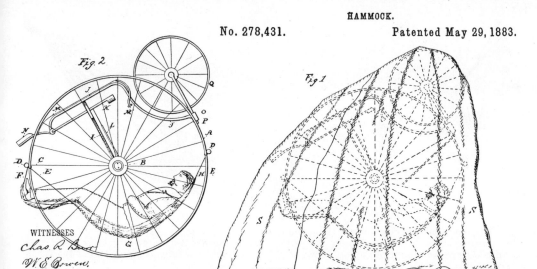

HAMMOCK.

No. 278,431.   Patented May 29, 1883.

305. Hängematte, kombiniert mit einem Dreirad. 1883. *Ziemlich groteske Patente wurden eingereicht. Die Hängematte schwingt an einem umgedrehten Dreirad. Eine über das ganze ausgebreitete, wasserdichte Hülle »verwandelt das Fahrzeug in ein Schlafzimmer«.* (U.S. Patent 278431, 29. Mai 1883)

ge von Erfindungen hervorgebracht, die das tägliche Leben stark beeinflußten, aber künstlerisch, d. h. von der Gefühlsseite her, blieben sie stumm. Die Erfindungen waren da, und sie waren nützlich. Sie brachten Gewinn. Aber niemand deutete sie, und keiner erkannte den geheimen Symbolgehalt, der ihrer Brauchbarkeit im Alltag zugrunde lag.

Diese amerikanischen Erfahrungen besaß von Geburt kein anderer zeitgenössischer Künstler. Sie bestehen, wie in diesem Buch immer wieder betont wird, in einer besonderen Beziehung, einem engen Verbundensein des Amerikaners mit der Maschine, dem Mechanismus und dem sich Bewegenden. Kein anderes Volk hat ein so enges Verhältnis zu diesen abstrakten Strukturen. Calder hat die modernen Ausdrucksmittel aufgesogen und sie langsam mit seinem eigenen Hintergrund verschmolzen, bis er 1931 seine Sensibilität für Gleichgewichtszustände erreicht hatte, die er in seinen »Mobiles« (Abb. 308) hervortreten ließ. Er setzte die Tradition seiner künstlerischen Vorläufer fort, jetzt aber verschmolzen mit der amerikanischen Erlebnisweise.

Ein Motor, ein Luftzug oder ein Druck der Hand verändern den Gleichgewichtszustand und das Verhältnis, in dem seine schwebenden Körper, verbunden durch ein kompliziertes Drahtsystem, zueinander stehen, und führen zu unvorhersehbaren, stets wechselnden Konstellationen, die der Plastik ihren raumzeitlichen Charakter geben.

Die Lösung von Bewegungsproblemen bleibt für den Amerikaner immer faszinierend. Dieser Trieb wird zur Leidenschaft, so sehr auch der Verstand des Erfin-

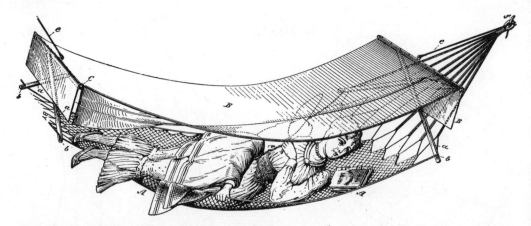

306. Die modische »mechanisierte« Hängematte der neunziger Jahre. *Der Einfluß der Patentmöbel: Querverstrebungen sorgen immer für die richtige Spannung des Netzes. Eine einfache Vorrichtung schützt die ruhende Dame mit ihrem Fächer und ihren Gedichten à la mode. (U.S. Patent* 495532, 18. April 1893)

ders daran erinnern mag, daß er seine Tätigkeit nur aus einem einzigen Grund ausübt – um Geld zu machen. In Alexander Calders Mobiles hat dieser Trieb zum ersten Mal seine künstlerische Verwirklichung gefunden.

Die Bedeutung der konstituierenden Möbel

Wie man Gesteinsproben aus einem stillgelegten Bergwerk mitnimmt, um darauf hinzuweisen, daß dort etwas zu holen ist, so haben wir einige Beispiele aus dem noch so gut wie unerschlossenen Komplex der konstituierenden Möbel des neunzehnten Jahrhunderts herausgegriffen. Wir sind uns der Unvollständigkeit unserer Darstellung bewußt, aber es mußte einmal ein Anfang gemacht werden, um ihr historisches Recht anzuerkennen und ihnen in ihrer Bedeutung gerecht zu werden. Daß diese Bewegung den ihr zukommenden Rang in der Geschichte des menschlichen Komforts einnehmen wird, scheint uns nicht mehr zweifelhaft. Die Geschichte der Möbel und des Komforts unter dem Gesichtspunkt der Beweglichkeit und Kombinierbarkeit ist noch nicht geschrieben, und wer in diesem Gebiet tiefer graben will, wird reiches unerschlossenes Material finden, auf das hier nur erste Hinweise gegeben werden.

In den englischen Möbeln des späten achtzehnten Jahrhunderts waren die sinnreichen Rasiertische, raffiniert eingeteilten Waschkommoden und Rolladenschreibtische mit versteckten Mechanismen in Technik und Form aus einem Guß. Es gibt keinen Zwiespalt zwischen dem Geist der Konstruktion und dem Geist der Form. Das späte achtzehnte Jahrhundert besaß jene angeborene Sensi-

SELF-ADJUSTING
HAMMOCK CHAIR
PATENTED JANUARY 11, 1881.

307. Hängematte und Verwandelbarkeit: Hängemattenstuhl. 1881. *Dieser Mehrzweck-Hängematten-stuhl besteht nicht mehr aus einem Netz, sondern »aus kräftigem, über die gesamte Länge fest gespann-tem Segeltuch, wodurch die Kleidung sich nicht mehr so eng um den Körper wickelt und man genauso kühl bleibt, während man dem Ärger mit festgehakten Knöpfen und eingeklemmten Haaren entgeht und einen doppelten Salto durch die Luft vermeidet«. Ein sehr bewegliches und wandelbares Möbelstück, das zur Blütezeit der Patentmöbel-Entwicklung hergestellt wurde: eine kleine Verschiebung des Körpers än-dert das Gleichgewicht dieses schwebenden Systems. (Werbebroschüre, Worcester Historical Society, Wor-cester, Mass.).*

bilität, seine technischen und ästhetischen Erfahrungen instinktiv zu einer Ein-heit zu verschmelzen. Denn hinter ihm stand die Tradition von Jahrhunderten und ein handwerkliches Können von höchster Vollendung.

Das neunzehnte Jahrhundert mit der für es charakteristischen Kluft zwischen Denken und Gefühl kann eine vergleichbare Leistung nur dann vollbringen, wenn die Funktion eisern die Zügel hält. An Erfindungsgabe hat es jedoch nicht gefehlt, darin übertrafen die konstituierenden Möbel des neunzehnten Jahrhun-derts die früheren Perioden.

Die Amerikaner der zweiten Jahrhunderthälfte waren Virtuosen bei der Lösung

308. ALEXANDER CALDER: Mobile, »Black Dots«. 1941. Blech und Schnur. *Von der schwebenden Hängematte mit ihrem labilen Gleichgewicht ist es nur ein Schritt bis zur Kunst des amerikanischen Bildhauers Alexander Calder. Ein Lufthauch, eine Berührung mit der Hand ändert die Stellung der miteinander
durch Drähte verbundenen hängenden Elemente, deren gegenseitige Beziehung aus der Sicht des Raum-
Zeit-Aspektes ständig wechselnde, unvorhersehbare Komplexe bildet. (Nach einem Photo von Herbert
Matter, Museum of Modern Art. Sammlung Mrs. Charles B. Goodspeed, Chicago)*

von Bewegungsproblemen. Was für den Historiker die Behandlung dieses Stoffes so spannend macht, ist, daß er auf Schritt und Tritt immer neuen und unerwarteten Lösungen begegnet. Dies gilt nicht nur für den Historiker, sondern auch für Architekten und Designer, die in diesen vergessenen Lösungen für Bewegungsprobleme, wie sie in dem Organismus der Möbel verkörpert sind, Anregung und Hilfe finden können. Bewegungsprobleme gehören zum Schwierigsten auf diesem Gebiet. Man muß mit diesen Problemen leben und täglich üben wie ein Jongleur, dann werden sie zur zweiten Natur. Es bedarf dafür aber einer bestimmten Atmosphäre, wie eine Atmosphäre nötig ist, um Glasfenster zu schaffen. Geht diese verloren, so erlischt mit ihr auch die Erfahrung. Dies ist in unserem Falle geschehen. Als die Patentmöbel um 1893 durch den herrschenden Geschmack verdrängt wurden, ist das Mobiliar wieder starr geworden.

Einwände gegen Mechanismen im Möbel

Es wird oft betont, daß Möbel keine beweglichen Mechanismen enthalten sollten, das sei kompliziert und unnötig.

Dazu läßt sich nur sagen, daß das Ja oder Nein davon abhängen muß, welche Auffassung vom Komfort eine Zeit besitzt. Von einem absoluten Standpunkt aus mag die östliche Auffassung vielleicht viel organischer erscheinen, da die von ihr entwickelte Körperhaltung von allen äußeren Hilfsmitteln unabhängig ist. Die westliche Kultur hat sich, wie wir bereits bemerkt haben, seit dem fünfzehnten Jahrhundert zu einer immer differenzierteren Art des Sitzens entwickelt, bei dem die Füße nach unten hängen. Im vergangenen Jahrhundert wurde der bisher weiteste Schritt in dieser Richtung getan, als das Zusammenspiel von Mechanik und Körper, ein Zustand schwebenden Gleichgewichts, herbeigeführt wurde.

Manch einer mag dieses mechanische Eingreifen verdammen und mechanisierte Möbel ebenso ablehnen wie den mechanisierten Haushalt. Denn beide entsprechen derselben Lebensform. Die Richtung, in die sich das Möbel des Ingenieurs entwickelt, wird sich in einer Hinsicht vielleicht als interessanter erweisen als die Mechanisierung des Haushalts. Denn es geht bei den konstituierenden Möbeln vielfach um das Problem der Entspannung und nicht ausschließlich um Arbeitsersparnis wie beim Staubsauger oder der automatischen Waschmaschine.

Patentmöbel und die Bewegung um 1920

Die Architekten um 1920 erkannten immer klarer den Zusammenhang, der zwischen den neuen Konstruktionsmethoden (Eisen und Eisenbeton) und neuen Bedürfnissen (Leichtigkeit, Transparenz und räumliche Durchdringung) bestand. Auch die Möbel wurden in diesen Prozeß hineingezogen: damals jedoch war die anonyme amerikanische Bewegung, die die Patentmöbel hervorgebracht hatte, längst vom herrschenden Geschmack verdrängt worden. Rein technische Lösungen, die nicht vom Gefühl getragen werden, setzen sich in der Regel nicht durch.

Die Lösungen des Ingenieurs fanden im Gefühlsleben der Zeit keinen Widerhall.

Man könnte sich eine Zusammenarbeit zwischen den anonymen amerikanischen Erfindern der sechziger Jahre des neunzehnten Jahrhunderts und den europäischen Architekten der zwanziger Jahre vorstellen, eine Zusammenarbeit, die sich bei der Fähigkeit, die Möbel beweglich und verstellbar zu machen, mit der Fähigkeit verbunden hätte, eine entsprechende ästhetische Form dafür zu finden. Die beiden Bewegungen haben nämlich nicht zu leugnende Ähnlichkeiten. Die Amerikaner des neunzehnten Jahrhunderts und die europäischen Architekten um 1920 entwarfen keine Einzelstücke für den persönlichen Geschmack eines Auftraggebers. Sie schufen Typen. Die Bewegung der zwanziger Jahre beruhte auf der Schaffung von Typen.

Auch sonst berühren sich die Kreise, sobald unsere Modernen und die Amerikaner der sechziger Jahre ähnliche Probleme zu lösen versuchen. Es ist auffallend, wie oft dies geschieht. Zwischen ihnen liegt jedoch die Kluft eines halben Jahrhunderts, und damit war der neuen Bewegung ihr Mutterboden entzogen. Was die Amerikaner erdacht und entwickelt hatten, bis sie sich um 1893 dem herrschenden Geschmack unterwarfen, war den Europäern, die nun die Führung übernahmen, völlig unbekannt. Ihnen fehlte die lange amerikanische Erfahrung, die Bewegungsprobleme fast spielend zu lösen verstand. Sie mußten wieder ganz von vorne anfangen. Die Geschichte ist Teil der Natur, und die Natur arbeitet nicht ohne Verschwendung.

Die konstituierenden Möbel des zwanzigsten Jahrhunderts

Die Möbel und ihre Gestalter

Bis gegen Ende des fünfzehnten Jahrhunderts bauen Zimmerleute die Einrichtung des Hauses. Ihnen folgten die Schreiner und im späten siebzehnten Jahrhundert die Kunsttischler – cabinetmakers –, Männer, die es verstanden, mit feinen Hölzern umzugehen und Einlegearbeiten und Furniere zu handhaben.

Das neunzehnte Jahrhundert brachte den Dekorateur ins Spiel. Die von Napoleons Gestaltern Percier und Fontaine geschaffene Empire-Einrichtung hat den Weg für den Tapezierer freigemacht. Mehr und mehr wird er zum Meister des herrschenden Geschmacks. Erst mit den amerikanischen Patentmöbeln gewinnen der Ingenieur und der Mechaniker entscheidenden Einfluß.

So haben sich seit dem Mittelalter verschiedene Handwerksberufe in der Herstellung der Möbel abgelöst: Zimmermann, Schreiner, *cabinetmaker*, Dekorateur-Tapezierer, Mechaniker-Ingenieur.

Die »Craftsman«-Bewegung

Zeitlich parallel mit der amerikanischen Patentmöbel-Bewegung bahnte sich in England eine Auflehnung gegen die Maschine an. Sie hatte nichts mit der Patentmöbel-Bewegung zu tun. Sie war eine Reaktion gegen die ersten Stufen der Mechanisierung, deren Folgen in England nach 1850 fühlbar wurden. Der Einfluß des Kreises um William Morris, mit John Ruskin im Hintergrund, wurde so stark, daß er schließlich auf den Kontinent und nach Amerika übergriff. Dies geschah um die Jahrhundertwende. Mit der Arts and Crafts-Bewegung, wie sie durch die englischen Nachfolger von William Morris fortgeführt wurde und deren Forderung war, daß Möbel und Einrichtung Ausdruck der Individualität sein sollten, trat eine neue Gestalt in den Vordergrund: der Kunstgewerbler.

Die Bewegung, die um 1900 nach Amerika und auf den Kontinent übergriff, hatte nicht überall dieselben Auswirkungen. Auf beiden Seiten des Atlantik galten Ruskin und Morris als ihre Schutzherren, und eine starke literarische Orientierung war spürbar. In Amerika befürwortete sie »eine Vereinfachung des täglichen Lebens und eine vernünftigere Lebensführung«. Sie propagierte Landhäuser mit oft sehr gelungenen Einzelheiten. Sie propagierte Selbstversorgung: »ein angenehmes bequemes Haus mit genügend Land, um einen großen Teil der Nahrung für die Familie zu liefern«[1]. Selbstversorgung als eine Reaktion gegen die Massenproduktion sollte später von Frank Lloyd Wright gefordert werden.

---

1 Gustave Stickley, *Craftsman Homes*, New York, 1909, S. 202.

Diese Bewegung nannte sich im Gegensatz zu den englischen Arts and crafts einfach »Craftsman«: sie schuf Craftsman-Häuser, Craftsman-Möbel, Craftsman-Farmen[2]. Sie erstrebte keine Individualität der Möbel, sondern wollte »eine Rückkehr zu robusten und primitiven Formen«. Zurück zur Lebensweise unserer Vorfahren, der Pioniere! Einer der Wortführer der Bewegung versichert, daß sie die tiefsitzende Robustheit der wahren amerikanischen Lebenshaltung repräsentiere, indem sie sich von demselben Gesetz direkter Erfüllung von Bedürfnissen leiten lasse, das den Handwerker früherer Zeiten bestimmt habe[3].

In vielem deckt sich diese Bewegung mit der europäischen. Sie verdammt die »schwarzen Walnußbaum-Garnituren«, wie sie Grand Rapids in Serien herstellte, und wollte glattes, ungestrichenes und nicht verziertes Holz. Man war gegen schwere Vorhänge und künstlichen Anstrich, hatte einen Sinn für gut erleuchtete und sonnendurchflutete Räume und wußte, daß man den Küchentisch direkt unter das Fenster zu rücken hatte. Auch hatte man, wie in Europa, eine Vorliebe für gut gearbeitete Weidenrohrstühle oder -sofas. Die Formen waren bewußt steif und streng gehalten. Manche der Holzstühle, besonders die Spindelstühle mit ihren dünnen Holzgliedern, könnten in Innenräumen von Frank Lloyd Wrigth gestanden haben.

Die meisten dieser Möbel waren klobig und schwer. Sichtbare Holzverbindungen wurden als positiv empfunden. Später hat man die ganze Bewegung als »mission-style« bezeichnet. Das einzige aber, was die Möbel der kalifornischen Klöster aus dem späten achtzehnten Jahrhundert mit den Craftsman-Möbeln gemeinsam hatten, war die Primitivität der Ausführung.

Der amerikanischen Craftsman-Bewegung fehlte es an erfinderisch begabten Künstlern. Sie besaß zwar ihr eigenes Sprachrohr, *The Craftsman*, der noch in den zwanziger Jahren gelesen wurde, aber sie hatte von Anfang an keine Überlebenschance. In einer Umgebung, die sich immer mehr der Vollmechanisierung näherte, mußten diese Ansätze verkümmern, selbst wenn ein wirkliches Genie sie unterstützt hätte.

In der Zeitschrift der Craftsman-Bewegung wurden von Zeit zu Zeit Entwürfe von Bänken, Büchergestellen, Tischen und Truhen veröffentlicht, »ausschließlich für den Heimwerker«. Eine Broschüre für 25 Cents aus der Reihe *Popular Mechanics* wendet sich an den Amateur, um ihm den Bau von *mission furniture* zu erklären[4]. So endete die Bewegung schließlich in einem Hobby.

Der Architekt als Typengestalter

Einen anderen Verlauf nahm die Bewegung von William Morris auf dem Kontinent. Ihr Einfluß ging in zwei verschiedene Richtungen. Auf der einen Seite verschaffte sie dem künstlerischen Dekorateur, das heißt dem professionellen refor-

---

2 Die Bewegung verfügte über eine eigene Zeitschrift, *The Craftsman*, die von 1901 bis 1916 erschien.
3 Stickley, a.a.O., S. 159.
4 Henry H. Windsor, *Mission Furniture, How to Make It*, Chicago, ca. 1909-12.

merischen Gestalter, eine Position. Dies brachte von Anfang an die Gefahr mit sich, daß die Formen oberflächlich und aus spielerischen Gründen verändert wurden. Die moralische Reinheit der Morrisschen Lehre ging verloren, als sie sich an den herrschenden Geschmack anglich. Dies zeigt sich am deutlichsten an der Pariser »Exposition Internationale des Arts Décoratifs« (1925). Dies ist etwa die Zeit, in der die neue Architektur Einfluß zu gewinnen beginnt.

Auf der anderen Seite hatte der Morrissche Gedanke die Gewissen aufgedeckt und Anstoß zur Besinnung gegeben. Unter der Führung des Deutschen Werkbundes (seit 1907) breitete sich die ursprünglich begrenzte Bewegung aus, näherte sich der Industrie an und bezog die Architektur mit ein: Peter Behrens und später (1914) Walter Gropius.

Um 1920 ist es der Architekt, der als Schöpfer neuer Möbeltypen an die Stelle des Kunstgewerblers tritt. Es hat zu allen Zeiten Architekten gegeben, die gleichzeitig Möbel entwarfen, darunter sogar so berühmte Namen wie Ducerceau. Der Grund für die Verdrängung des Kunstgewerblers durch den Architekten ist leicht zu verstehen. Die Bewegung der zwanziger Jahre ging von neuen künstlerischen Voraussetzungen und von einer neuen visuellen Orientierung aus. Mit einer Reform war es hier nicht getan.

Es handelte sich jetzt nicht darum, einzelne Möbel oder komplette Einrichtungen zu entwerfen. Zum ersten Mal seit dem achtzehnten Jahrhundert wurden Raum und Einrichtung als Teile eines Ganzen empfunden.

Nach den neuen Maßstäben hatte der Kunstgewerbler, der die Formen oberflächlich veränderte, versagt. Die Initiative ging in die Hände der Architekten über; Gestalter und Architekt verschmolzen zu einer Person, und viele, die als Gestalter begannen, entpuppten sich später als Architekten.

»Überblickt man die heutige Bewegung« – so erläuterten wir 1931 diesen Vorgang –, »so sieht man, daß ›Möbelentwerfer‹ überhaupt keine Rolle mehr spielen. Fast alle wichtigen Anregungen stammen von Architekten, die auch auf dem Gebiet des Bauens eine führende Rolle spielen. Sie sind es, die den künftigen Standard vorbereiten. Heute verlangt das kleinste Möbelstück eine innere Verschmelzung mit dem neuen Baugeist, die der Architekt am selbstverständlichsten leistet.«[5]

Die heutige Kunst und Architektur hat viele Facetten. Oft drückt eine Richtung nur einen bestimmten Ausschnitt, einen bestimmten Zug unserer Zeit aus. Aber so verschieden sie auch im einzelnen sind, jede Richtung arbeitet mit eigenen Mitteln, um die Wirklichkeit zu erhellen. Sie bilden zusammen die Vision unserer Zeit. Und wenn eine Bewegung zu Ende geht oder in eine andere einmündet, dann bleibt sie trotzdem ein lebendiger Bestandteil unseres Bewußtseins. Es ist auch nicht ein bestimmtes Land und eine einzelne Person, die die Möbel oder die Einrichtung des Hauses geschaffen haben. Jedes Land hat seine Atmosphäre und

---

5 *Die Bauwelt*, Berlin, 1933, Nr. 33.

seine Talente dazu gegeben, wenn es galt, eine Idee weiter auszubilden. Diese Kooperation verbürgt, daß die Entwicklung ihre Gültigkeit behält.

Kaum ist eine neue Idee, wie die des gebogenen Stahlrohrstuhls, aufgetaucht, so wird sie in ihren Konsequenzen von neuen schöpferischen Talenten weitergeführt, um dann wiederum vom Erfinder aufgegriffen und in die Standardform gebracht zu werden. Es ist wie zu allen Zeiten ein stetes Nehmen und Geben, eine unbewußte, aber wirkungsvolle Zusammenarbeit.

Aber der Vorgang des Erfindens ist ein anderer als zur Zeit der Patentmöbel. Das Primat hat nun der Erfinder der Form. Die Erfinder sind nicht mehr anonym wie die Namen in einem Telefonbuch. Ihre Namen und ihre Persönlichkeit sind klar umrissen, und hinter den abstrakten Formen können wir oft den Beitrag eines bestimmten Landes oder einer bestimmten Person erkennen.

Die Entstehung der Typen

G. Rietveld, der Vorläufer

Die Holländer waren die ersten, die das neue künstlerische Weltbild in das Mobiliar projizierten. Unter ihnen war es G. Rietveld aus Utrecht, der bereits vor 1920 die Richtung gewiesen hatte. Rietveld stand nicht allein. Er war verbunden mit der holländischen Avantgarde, mit Theo van Doesburg, mit Piet Mondrian, mit J. J. P. Oud, die sei 1917 ihre ästhetischen Anschauungen in der Zeitschrift *De Stijl* zum Ausdruck gebracht hatten. »Unsere Stühle, Tische, Schränke (...) werden die abstrakt-realen Skulpturen in den Interieurs der Zukunft sein«, so erklärte Rietveld 1919, als er seine frühen Stuhlentwürfe veröffentlichte[6].

Wie in der Malerei und der Architektur war es notwendig, vorübergehend alles zu vergessen und von vorne anzufangen, als wäre noch nie vorher ein Stuhl gebaut worden. Holzverbindungen sind verpönt. Das Gestell des Stuhles setzt sich aus quadratischen Leisten zusammen, die miteinander verschraubt werden. Sie kreuzen einander, aber durchdringen einander nicht, und die Selbständigkeit, mit der sie einander überlagern, wird betont. Wie Rietveld sich ausdrückt, sollen die Einzelteile »sichtbar verbunden« sein (Abb. 309). In Piet Mondrians farblosen Bildern und Zeichnungen derselben Periode, den sogenannten Plus-Minus-Bildern, überkreuzen sich die Linien in ähnlicher Weise (Abb. 311). Sitzfläche und Rükkenlehne des Stuhls von 1918 bestehen aus falschen, ungebogenen Sperrholzplatten, die bewußt voneinander Abstand halten.

Es ist leicht zu verstehen, was hier vorgeht: das Möbel wird in seine Elemente zerlegt, in ein Gefüge von Streben und Flächen. Es soll möglichst leicht, möglichst transparent, möglichst schwebend erscheinen, beinahe wie ein Eisengerüst.

---

6 *De Stijl*, Jahrg. 2, Leyden, 1918/19, Nr. 11.

309. RIETVELD: Armlehnstuhl 1919. *Unter dem Einfluß neuer künstlerischer Vorstellungen wurden die Möbel in ihre Grundelemente zerlegt. Zwischen den Teilen entstehen Zwischenräume, und wo sie sich berühren müssen, werden die Teile »sichtbar verbunden«. (G. Rietveld, Utrecht)*

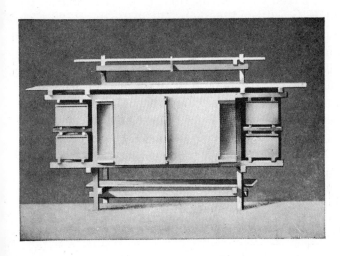

310. RIETVELD: Büffet. 1917. *Die Möbel werden in ihre Bestandteile zerlegt, Verstrebungen und Flächen liegen rechtwinklig zueinander, die Formen werden möglichst neutral gehalten. (Jubiläumsnummer, 10 Jaaren Stijl, 1927)*

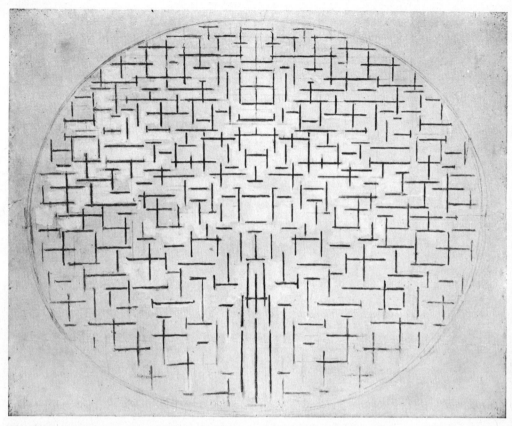

311. PIET MONDRIAN: »Pier und Ozean«. Um 1914. *Der Maler Mondrian arbeitete mit den Architekten und Städtebauern der* De Stijl-*Gruppe zusammen. Um 1914 wurden die Formen von den natürlichen oder konventionellen Aspekten befreit und in seinen sogenannten »Plus- und Minus«-Zeichnungen auf das Wesentliche reduziert. (Sammlung des Museum of Modern Art, New York)*

Dies wird noch deutlicher in Rietvelds Büffet von 1917[7] (Abb. 310). Hier ist das Möbel aufgelöst in horizontale und vertikale Elemente. Die Platte des Büffets, ein einfaches Brett, ragt freitragend an beiden Enden vor – wie dies in der Folge in der Architektur so oft angewendet wird, um ein Gefühl entmaterialisierter Schwere zu geben. Zwischen allen Teilen ist Luft, selbst zwischen den Schubladen. Die Türen sind verschiebbare Flächen.

Fachleute können ohne weiteres einwenden, daß die einfachen Holzverschraubungen der Stühle sie nicht befriedigen oder daß das Büffet von 1917, das in der Weise, wie es spätere Ausdrucksformen vorwegnimmt, ein Geniestreich ist, an unzugänglichen Stellen Staub ansammelt. Aber diese Stücke müssen ganz anders bewertet werden. Man kann die Wirkung eines politischen Manifestes nicht genau messen, und trotzdem bilden solche Äußerungen wirkliche Wendepunkte und Leitlinien für die Zukunft. Diese Rietveldschen Stücke sind Manifeste. Sie ge-

---

7 Abgebildet in *10 Jaaren Stijl*, Jubiläumsjahrgang 1927, S. 47.

ben einer ganzen Entwicklung die Richtung. Kein Routinier, kein Fließband kann die Phantasie liefern, die in ihnen verkörpert ist. Wenn das Möbel zerlegt wird, um einen neuen Anfang machen zu können, dann lösen sich seine Elemente in ein Gefüge von Streben und Flächen auf. Die Form ist so neutral wie möglich. Es sind die gleichen Elemente, mit denen die Malerei um 1910 oder ein Eisenbeton-Konstrukteur wie Robert Maillart arbeiten, um neue Möglichkeiten und neue Ausdrucksformen zu finden[8]. Methodengleiche, eines der wenigen Hoffnungszeichen unserer Zeit, kündigt sich auch hier in den Möbeln an. Wir brauchen nicht lange zu warten, bis in der Mitte der zwanziger Jahre der Schritt vom Manifest zum Standardstück getan ist. Dann vollzieht sich in unheimlicher Geschwindigkeit die Verbreitung.

Wiederum beschränken wir uns auf einen Typ von Sitzgelegenheit, der sich in dieser Zeit formt: den Stahlrohrstuhl. Wir werden sehen, wie an diesem Stück, das scheinbar das Produkt einer nüchternen mathematischen Phantasie ist, Angehörige verschiedener Nationen gearbeitet haben und jeder etwas ganz Bestimmtes dazu beigetragen hat.

Die Typenbildung des Stahlrohrstuhls

Der gebogene Stahlrohrstuhl ist ebenso ein Bestandteil der heroischen Periode der neuen Architektur wie die transparenten Glashüllen, die die tragenden Mauern ersetzen. Auch der Stahlrohrstuhl bedient sich der neuen Möglichkeiten, die unsere Zeit hervorgebracht hat – sie lagen vor aller Augen, aber man wußte nichts mit ihnen anzufangen, ehe man nicht ihren Sinn begriff. Der Grund für diese Blindheit liegt, wie wir wissen, im Bruch zwischen Denken und Gefühl und der daraus entstehenden Unfähigkeit, eine Konstruktion in gefühlsmäßigen Ausdruck zu verwandeln. Die Architektur hat die verborgenen Möglichkeiten der Eisen- oder Eisenbetonkonstruktion freigelegt, und gleichzeitig ist etwas entstanden, was seit einem Jahrhundert verkümmerte: eine neue Auffassung des Raumes. Nicht anders verhielt es sich bei den Möbeln. Die neuen Gebilde lebten aus dem wiedererwachten Raumgefühl. Dies ist der Grund, warum jetzt der Architekt an die Stelle des Innendekorateurs trat.

Der Stahlrohrstuhl hat viele Vorläufer. Eisenrohre fanden, wie wir gesehen haben, in England um 1830 für Betten Verwendung, und es wurden verschiedene Versuche unternommen, das stets heikle Problem der Vertikal- und Horizontalverbindung zu lösen[9]. Von England wurde die Erfahrung im Schweißen von Eisenrohren nach Frankreich weitergegeben[10]. Bald treffen wir Pariser Stühle mit gebogenen Eisenrohrbeinen, wie das Modell von 1844, das wir abbilden (Abb. 312). Die Rohre werden mit einer Leim- oder Gipsfüllung ausgesteift. Diese Eisenrohrstühle waren nicht für den Garten, sondern für den Salon gedacht. Das

---

8 Vgl. das Kapitel »Konstruktion und Ästhetik: Platte und Fläche«, in: *Raum, Zeit, Architektur.*
9 Englische Patente für Eisenbetten, 1827-41. Siehe hier den Abschnitt über Mechanisierung und Polstermöbel.
10 Charles Dupin, *Les Artisans Célèbres*, Paris 1841, S. 499-502.

312. Eisenrohrstuhl von Gandillot. Frankreich, 1844. *Sechs Jahre früher, 1838, führte Gandillot aus England die neue Schweißmethode für die Herstellung von Rohren ein. Geschweißte Eisenrohre wurden statt Blei- oder Kupferrohren für Gas-, Wasser- und Dampfleitungen verwandt. So wurden Rohrstühle in Frankreich modern. Gandillots Stuhl war nach dem Vorbild des Holzstuhls geformt; das Metall wurde angemalt, um Holz und Einlegearbeiten vorzutäuschen. (Musée des arts décoratifs, Paris)*

313. MARCHEL BREUER: Stahlrohrstuhl. 1926. *Im Gegensatz zu dem Metallstuhl von 1844, der dem herrschenden Geschmack entsprach, wurde Breuers Stuhl entsprechend den Gesetzen von gebogenem und geschweißtem Stahlrohr erdacht. (Marcel Breuer)*

ist nicht uninteressant in einer Periode, die so sehr auf Repräsentation eingestellt ist wie das Second Empire. Wenn wir ein Aquarell dieser Zeit richtig deuten, dann standen Stühle dieses Typs im Appartement der Kaiserin Eugénie[11]. Doch der herrschende Geschmack konnte das Material selbst in der gemilderten Form bemalter Rohre nicht ertragen, und die Eisenrohrstühle wurden bald aufgegeben.

Diese Vorläufer sind für die Erklärung des Zustandekommens des modernen Stahlrohrstuhls unerheblich. Der moderne Stuhl ist ein völlig neuer Typus. Dahinter stand der Wunsch, ein leichtes und fast schwebendes Gebilde zu schaffen. Seine Entstehung verdankt sich der Atmosphäre des Bauhauses, des einzigen Ortes, an dem in den zwanziger Jahren schulmäßiges Training mit einem Vorstoß ins Unbekannte verbunden wurde. Marcel Breuer, der diesen Typ erfand, kam 1920 als Achtzehnjähriger ans Bauhaus. 1925 konstruierte er seinen ersten Stahl-

---

11 Im später abgebrannten Schloß Saint Cloud.

rohrsessel aus nahtlosen, gebogenen Rohren – auch Mannesmann-Rohre genannt –, die den Vorzug der Festigkeit hatten. In der Linienführung des ersten Stahlrohrsessels sowie in der Aufhängung des Sitzes kündigen sich Tendenzen an, die bald weiterentwickelt wurden: für Sitzfläche, Rückenlehne und Armstütze wird die Elastizität von membranhaft gespanntem Stoff verwendet. Marcel Breuer gehörte der auf Rietveld folgenden Generation an. Der Breuersche Holzstuhl von 1923[12] hatte mit Rietvelds Modellen gemeinsam gehabt das Verlangen nach Zerlegung in Elemente, nach Leichtigkeit und Einfachheit der Holzverbindungen. Doch es zeigten sich bereits neue Tendenzen in den frei gespannten Stoffsitzen und elastischen Rückenlehnen, dem stärkeren Arbeiten mit vorkragenden Elementen und der Verwendung von standardisierten Holzteilen mit Blick auf die Serienproduktion.

Die Grundprinzipien des Stahlrohrstuhls sind hier bereits erkennbar. Die Errichtung des Bauhauses in Dessau durch Walter Gropius im Jahre 1926 gab die Möglichkeit, den großen Vortragssaal mit Stahlrohrstühlen auszustatten. Eine Postkarte mit Breuers Stuhl, die zur Eröffnung des Neuen Bauhauses herausgebracht wurde, machte die Öffentlichkeit zum ersten Mal mit Breuers Stuhl bekannt. Im selben Jahr, 1926, schuf Breuer seine ineinanderstellbaren Hocker, die

---

12 Abgebildet zum ersten Mal: in *Staatliches Bauhaus Weimar, 1919-1923*, Weimar, 1923, S. 83.

314. MICHAEL THONET: Bugholz-Furnier-Armlehnstuhl. 1836–1840. *Alle Teile, auch das oberste Querstück, wurden unter Hitze in Formen gepreßt. Die flachen Seitenteile ergeben eine »zusammengehörige Einheit« mit den vorderen und hinteren Beinen. In bestimmter Hinsicht ist dieses Modell weiter fortgeschritten als die späteren: die ersten hier benutzten gebogenen Furnierstreifen bilden den Anfang einer Entwicklung, die, nach vereinzeltem Auftreten in den Vereinigten Staaten um 1870, erfolgreich durch die Moderne vorangetrieben wurde.* (Michael Thonet, *Wien*, 1896)

315. MICHAEL THONET: Bugholzarmlehnstuhl. Londoner Ausstellung, 1851. (Michael Thonet, 1896)

316. MICHAEL THONET: Bugholzstuhl. Wiener Ausstellung, 1850. *Die Teile werden durch Metallschrauben verbunden und in zerlegtem Zustand verschickt. Bis 1891 wurden sieben Millionen Stühle dieses Typs mit nur geringen gestalterischen Veränderungen hergestellt.* (Michael Thonet, 1896)

317. LE CORBUSIER UND PIERRE JEANNERET: Der Pavillon de l'Esprit Nouveau. 1925. Innenansicht. *Bugholzarmlehnstühle von Thonet, Modell B-9. »Diese Stühle haben einen edlen Charakter.« Tisch mit Rohrgestell. Gemälde von Léger und Le Corbusier.*

auch als Tische verwendet werden konnten. Ihre erste Formulierung erwies sich als endgültig. Diese Hocker zeigen deutlich, wie der neue Typ verstanden sein will. Hier wie später sowohl in Breuers Tischen (1928) wie den freitragenden Stahlrohrstühlen werden keine Einzelteile mehr miteinander verbunden. Die Rohre bilden eine endlose Linie wie ein irisches Bandornament. Doch tritt hier an die Stelle der Zweidimensionalität ein räumliches, die Durchsichtigkeit betonendes Gebilde, in dem die neue Raumauffassung unserer Zeit zum Ausdruck kommt[13].

Drei Jahre lang wurden Marcel Breuers Stühle, die auf Massenproduktion angelegt waren, von einem einzigen Handwerker hergestellt, bis 1928 ihre Herstellung von der Firma Thonet übernommen wurde.

Die genaue Abfolge der Schritte, die zu einer Erfindung führen, läßt sich nicht rekonstruieren. Vielleicht hat eine glänzende Fahrradlenkstange Marcel Breuer dazu geführt, dasselbe Material für Stühle zu verwenden. Es ist auch durchaus

13 Am ausführlichsten, besonders über die architektonische Tätigkeit Marcel Breuers, berichtet H. R. Hitchcock, Jr., *Exhibition by Marcel Breuer,* Harvard University, Dept. of Architecture, Cambridge 1938, mimeographierter Katalog.

318. Pavillon de l'Esprit Nouveau, Paris. 1925. Innenansicht. *Viereckige Schränke und Vitrinen auf Stahlbeinen. Sie sind als Raumteiler zwischen zwei Wohnbereichen gedacht.*

möglich, daß der Stahlrohrstuhl Verbindungen zu den älteren Bugholzstühlen hat. Michael Thonet[14] (1796-1871) begann in Boppard am Rhein mit Stühlen zu experimentieren, deren Teile alle, einschließlich der Lehne, aus vier oder fünf Schichten Furnierholz bestanden, die in heißem Zustand in Formen gebogen wurden (1836-1840) (Abb. 314). Standardisierung und Massenproduktion begannen in den frühen fünfziger Jahren (Abb. 315, 316) und erfuhren keinerlei Unterbrechung mehr. Als um 1920 die Architekten die *art décoratif*-Möbel nicht mehr ertragen konnten, da fanden sie in diesen Buchenholzstühlen noch am ehesten, wonach sie verlangten: durch Serienproduktion gereinigte Form.

Fast manifestartig stellte Le Corbusier diese Serienstühle 1925 in seinem »Pavillon de l'Esprit Nouveau« auf der Pariser Kunstgewerbeausstellung aus (Abb. 317). Le Corbusier selbst gibt uns die Gründe für seine Wahl: »Wir haben den schlichten Thonetstuhl aus gebogenem Holz ausgewählt, der zweifellos der gewöhnlichste und billigste Stuhl ist. Und wir glauben, daß dieser Stuhl, der in Millionen von Exemplaren auf dem europäischen Festland und in beiden Amerika in Gebrauch

---

14 Seine Biographie wurde von seinen Söhnen und Enkeln als Privatdruck herausgegeben: *Michael Thonet,* Wien, 1896. Wir verdanken dieses seltene Dokument dem freundlichen Entgegenkommen von Dr. W. Eitner, Direktor der General Electric Corp. Siehe auch W. F. Exner, *Das Biegen des Holzes,* 3. Aufl., Wien, 1893.

ist, Adel besitzt.«[15] Im »Pavillon de l'Esprit Nouveau« stellte Le Corbusier seine Vitrinen auf Stahlrohrfüße und seine Tischplatten auf geschweißte Stahlrohrgestelle (Abb. 318). Vor allem aber war er stolz auf seine Treppe aus gebogenen und geschweißten Rohren: »Wir haben eine Treppe wie einen Fahrradrahmen gebaut« (Abb. 319)[16]. Mit dem Stuhl, der immer das schwierigste Problem ist, hat er sich nicht beschäftigt. Es blieb Marcel Breuer überlassen, dieses Problem zu lösen, und er konstruierte sein erstes Modell in demselben Jahr 1925.

Der Sitz dieses Stuhls ist weder freitragend noch federnd, obwohl hier bereits die Elastizität des Stahlrohrs in Verbindung mit dem straff gespannten Stoff zur Federung von Sitz, Rücken und Armauflage genutzt wird[17]. Im Unterschied zu der mechanischen Beweglichkeit der Patentmöbel wird hier die innere Spannung, die Elastizität des Materials, genutzt, um eine gewisse Federung herbeizuführen. Bald verliert der Stahlrohrstuhl die letzte Ähnlichkeit mit dem früheren Holzstuhl: ein Teil geht in den anderen über und verläuft in einem endlosen Linienzug.

Verschiedenartige, aber vertraute Einzelteile werden im Gehirn des Erfinders zu einem neuen Ganzen verschmolzen. Es waren nicht nur die Fahrradlenkstange und der Bugholzstuhl, die zu dem neuen Typ geführt haben, sondern eine neue optische Einstellung. Die Betonung der Struktur und der Wunsch nach Transparenz sind Erscheinungen, die zuerst in der Malerei erkennbar werden. Die russischen Maler und Plastiker um 1920, die Suprematisten und Konstruktivisten, mögen gewisse ästhetische Anregungen gegeben haben. Die luftigen Drahtplastiken der Konstruktivisten, ihre Leichtigkeit und Transparenz, entsprechen genau der Beschreibung, die Marcel Breuer von seinen Stahlrohrstühlen gibt: »Sie füllen mit ihrer Masse keinen Raum aus.«[18]

Der freitragende Stahlrohrstuhl

Die Entwicklung des Stahlrohrstuhls vollzieht sich innerhalb weniger Jahre, von 1925 bis 1929. Unter der Leitung von Mies van der Rohe ließ der Deutsche Werkbund 1927 eine Siedlung bei Stuttgart errichten, die ein ebenso kühnes wie einzigartiges Unternehmen darstellte. Architekten aus verschiedenen Ländern Europas, in denen die neue Bewegung bereits spürbar war, wurden eingeladen, Häuser zu bauen, in denen sie ohne jede Zensur ihre Ideen in die Wirklichkeit übertragen durften. Neben Le Corbusier, Walter Gropius, J. J. P. Oud, Peter Behrens und anderen gab man dem Nachwuchs eine Chance. Manche dieser jungen Architekten erhielten hier zum ersten Mal Gelegenheit, ihre Pläne in die Praxis

---

15 Le Corbusier, *Almanach d'Architecture Moderne,* Paris, 1925, S. 145.
16 Ebenda, S. 195.
17 Man benutzte Stoffe, die durch das Körpergewicht gespannt wurden, bei Feld- und Liegestühlen. Nun wird die Elastizität des Stahlrohrs herangezogen, um den Stoff dauernd gespannt zu halten. »Die Stoffbespannung der Rückenlehnen und Sitze ist aus einem Material, das bis dahin für Tropengurte und Schuhbänder verwandt wurde. Die herkömmlichen Materialien erhalten so einen neuen Sinn mit unbekannten und auch zum Teil bisher nicht erstrebten Möglichkeiten.« (Marcel Breuer, *Berliner Tageblatt,* 19. Oktober 1929).
18 Ebenda.

319. Pavillon de l'Esprit Nouveau, Paris. 1925. *Treppe aus Rohren. »Wir haben eine Treppe wie einen Fahrradrahmen gebaut.«*

umzusetzen, unter ihnen auch der Holländer Mart Stam. In einem seiner Reihenhäuser sah man Stahlrohrstühle, die nicht vier, sondern nur zwei Beine hatten. Die Vorderbeine endeten in Kufen, die miteinander verbunden waren, so daß der Sitz zu schweben schien. Dies waren die ersten freitragenden Stühle[19]. Die schwarzgestrichenen Stühle Mart Stams waren weder elegant noch federnd. Ein grobes Stoffgewebe verband die Rohre (Abb. 329), und nur beim Lehnsessel versuchte Mart Stam eine gewisse Elastizität für Sitz- und Rückenfläche zu erreichen, indem er breite Gummistreifen über das Gestell zog. Trotzdem deuteten diese Stühle mit ihrem kompakten, rechteckigen Profil bereits die Standardform an, die sich später durchsetzte.

Einige Wochen später zeigte auch Mies van der Rohe in seinem Wohnblock in der Weißenhofsiedlung freitragende Kufenstühle[20]. Diese Stühle federten, und ihr

---

19 Abbildungen der Stamschen Wohnräume in der Stuttgarter Werkbundsiedlung finden sich in: *Innenräume,* herausgegeben im Auftrag des Deutschen Werkbunds von Werner Gräff, Stuttgart, 1928, Abb. 98; einzelne Stühle: Abb. 51-52.
20 Ebenda. Mies van der Rohes Wohnräume; seine Stühle: Abb. 53.

320. Pavillon de l'Esprit Nouveau, Paris. 1925. Außenansicht. *Der Pavillon stellte eine Zwei-Etagen-Wohnung dar, eine Einheit des Mietshauses, das Le Corbusier für den Pariser Bereich plante. Der offene Raum zur Linken ist für einen Hänge-Garten vorgesehen.*

Skelett war mit Leder oder elegantem Korbgeflecht bespannt. Mies van der Rohe beansprucht, als erster die federnde Elastizität des Stahlrohrs erkannt und ausgenutzt zu haben. Diese Federung erreichte er, indem er die Vorderbeine halbkreisförmig ausbuchtete (Abb. 328), wie man dies an den im Übermaß gebogenen Schaukelstühlen von Thonet aus den neunziger Jahren (Abb. 326) beobachten konnte. Die Idee des freitragenden Stuhls lag in der Luft. Mies van der Rohe hat ihn unabhängig entwickelt. Mart Stam hatte ihm gegenüber nur einmal von einem Versuchsmodell gesprochen, das er für seine Frau gebaut hatte und das aus schweren Gasrohren bestand, die durch Muffen miteinander verbunden waren. Mart Stam wiederum hatte die Anregung, wie er selbst sagt, von dem Behelfssitz in amerikanischen Automobilen erhalten, einem zusammenklappbaren freitragenden Sitz, der bei Nichtgebrauch im Boden verschwand[21].

Von Mart Stam und Mies van der Rohe kehrte der freitragende Stuhl wieder zu Marcel Breuer zurück. Er übernahm die knappere Formulierung Mart Stams mit den geraden Stützen, verbesserte die Konstruktion und gab dem Stahlrohrstuhl die Form, die die weiteste Verbreitung gefunden hat.

---

21 Adolf G. Schneck, *Der Stuhl* (Stuttgart, 1928), gibt Einblick in die verschiedenen Modelle dieses Entwicklungsstadiums. Darin werden Modelle abgebildet, die Schneck für die Stuttgarter Ausstellung des Deutschen Werkbundes 1928, im Jahr nach der Weißenhofsiedlung, zusammengestellt hat. Die ästhetische Wiederentdeckung früherer Serienstühle, wie des Windsorstuhls und des amerikanischen Bürostuhls, wird hervorgehoben.

Während dieser Zeit, zwischen 1925 und 1929, war es in England so still, als
hätte es dort nie führende Reformer gegeben, und in Amerika hatte man sich mit
Herz und Kopf dem Kult der Antiquitäten und ihrer Kopisten verschrieben. Frank
Lloyd Wright existierte für das öffentliche Bewußtsein ebensowenig wie die ganze
moderne Bewegung. Die Häuser und die Einrichtung, um die in diesen Jahren auf
dem Kontinent so erbittert gekämpft wurde, waren für England und Amerika
nicht existent. In den dreißiger Jahren stellten die Amerikaner freitragende Stahlrohrstühle in der endgültigen Form, die Breuer ihnen gegeben hatte, in großen
Serien und zu einem Bruchteil der europäischen Herstellungskosten her. Ebensowenig wie andere Möbel dieser Zeit durften sie in die Wohnräume vordringen.
Sie wurden in Barbierläden und in erster Linie als Kücheneinrichtung benutzt.

Und doch ist die Idee des freitragenden Stuhls enger mit Amerika verknüpft als
mit irgendeinem anderen Land. Allerdings muß man bis zur Patentmöbel-Bewegung zurückgehen.

Der freitragende federnde Stuhl, den Europa 1927 schuf, um einem inneren Bedürfnis zu entsprechen, war in Amerika in den achtziger Jahren aufgetaucht. Allerdings finden wir ihn zuerst an unerwarteten Stellen: bei landwirtschaftlichen

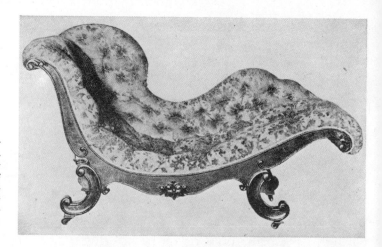

322. Amerikanisches »Känguruh«-Sofa, Virginia. Dreißiger Jahre des neunzehnten Jahrhunderts. *Die ungewöhnlichen Kurven der »Psyche« oder des »Känguruh« entsprechen der Linie des ruhenden Körpers. (Doubleday and Co.)*

Maschinen. Bereits in den sechziger Jahren baute man den Fahrersitz bei Pflügen, Mähmaschinen und Erntern vom Gestell aus auf einer einzigen schräg emporragenden Stange. In den frühen achtziger Jahren ging man daran, alle Holzteile zu eliminieren und die Maschinen – Pflüge, Eggen und Mähmaschinen – ganz aus Eisen herzustellen. Um sie leichter zu machen, verwendete man weitgehend Rohrrahmen. Bei dieser Gelegenheit wurde die Stütze des Fahrersitzes als federnde Stahlstange ausgebildet, wodurch die Stöße des Ackerbodens leicht aufgefangen werden konnten (Abb. 324). Der gegossene oder gestanzte Sitz mit seinen großen Belüftungslöchern paßt sich dem Körper wunderbar an und ist eine direkte Weiterführung der Sattelsitze der amerikanischen Windsorstühle des frühen neunzehnten Jahrhunderts (Abb. 235).

Wäre ein Bruchteil des Nachdenkens, das an die Bequemlichkeit des Mähmaschinensitzes verwendet wurde, den Hausgeräten des Menschen zugute gekommen, wieviel weiter wären wir heute!

Der Gedanke des freischwebenden und federnden Sitzes scheint die Amerikaner auf dem Höhepunkt der Patentmöbel-Bewegung auch sonst beschäftigt zu haben. 1889 erdachte einer von ihnen eine merkwürdige Vorrichtung, um den Seegang bei Schiffen auszugleichen (Abb. 325). An einer großen runden Tischplatte, die gedreht werden konnte, um das Servieren der Mahlzeiten zu erleichtern, waren die verstellbaren Sitze an freischwebenden Stangen befestigt, und Gewichte unter den Sitzen erleichterten es den Passagieren, »eine annähernd aufrechte Haltung unabhängig von der Bewegung des Tisches einzunehmen«[22].

Diese Beispiele sollen nur auf die Tatsache hinweisen, daß die Problemstellung der amerikanischen Patentmöbel-Bewegung und der späteren europäischen Be-

---

22 U. S. Patent 396089, 15. Jan. 1889: drehbarer Eßtisch.

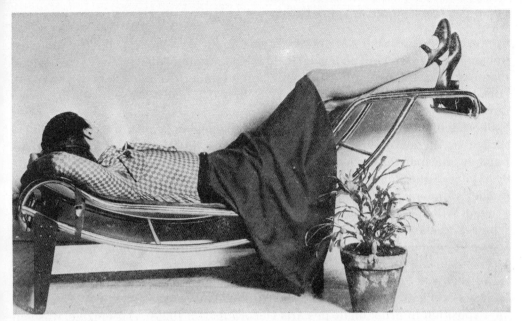

323. LE CORBUSIER UND CHARLOTTE PERRIAND: Liege, »Chaiselongue Basculante«. 1929. *Dieses Sofa der berühmten französischen Architekten ist an den Körper angepaßt, ähnlich wie die amerikanischen »Känguruh«-Sofas hundert Jahre früher.*

wegung gelegentlich in die gleiche Richtung weisen. Im Falle des freitragenden Stuhls ist ihre Überlagerung noch deutlicher zu erkennen.

Als Mies van der Rohe seinen freitragenden Stahlrohrstuhl in Washington anmeldete, wurde ihm das Patent verweigert. Man verwies auf das einige Jahre früher erteilte Patent eines gleichfalls federnden Stuhles mit rund ausgebogenen Stützen (Abb. 327)[23]. Entsprechend der amerikanischen Tradition waren noch Einstellvorrichtungen vorgesehen, und die Federung wurde durch eine Spiralwindung erreicht. Dieser amerikanische Stuhl, der 1922 eingereicht wurde, war nicht als Rohrstuhl gedacht, sondern aus massivem Rundstahl. Mit anderen Worten, das schwierigste Problem des europäischen Stahlrohrmöbels, die Federung ohne jeden Mechanismus zu erreichen, wurde hier nicht berührt; auch dachte man ihn nicht für den Wohnraum, sondern als Gartenstuhl.

Dieser Stuhl ist anscheinend nicht ausgeführt worden. Doch blieb Mies van der Rohe, wie er erzählte, nichts anderes übrig, als ein Modell nach der amerikanischen Beschreibung zu bauen, um handgreiflich zu beweisen, daß die federnde Spirale ihren Zweck nicht erfüllte. Daraufhin wurde ihm sein Patent erteilt.

---

23 U. S. Patent 1 491 918, 29. April 1924 (eingereicht 1922). »Die Hauptabsicht ist, einen neuen Gartenstuhl anzubieten (...), der *federnd* ist (...). Sein Mittelstück wird aus einem einzigen Stück Stahlstreifen gebildet und in eine solche Form gebogen, daß er einen flexiblen Lehnstuhl trägt.«

Ein an sich so abstraktes Material wie das Stahlrohr scheint jeder persönlichen Behandlung Widerstand zu leisten. Und doch kommen dabei in der Praxis, sobald man es zu formen beginnt, in verschiedenen Ländern verschiedene Eigenheiten zum Ausdruck. Auch Frankreich hat zwischen 1925 und 1929 seinen besonderen Beitrag geleistet.

Oberflächlich gesehen, ist Frankreich seit Napoleon I. voll von inneren Widersprüchen. Auf der einen Seite ist es in allem, was mit Kunst zusammenhängt, das Land des hartnäckigsten Akademismus. Auf der anderen Seite ist die Geschichte der Malerei und der Konstruktion ohne das Frankreich des neunzehnten Jahrhunderts undenkbar. Was hier an schöpferischen Impulsen zutage trat, kam gegen den Willen der Mehrheit und im offenen Kampf gegen den herrschenden Geschmack zustande. Daß jene überhaupt eine Ausdrucksmöglichkeit fanden, lag an der Intensität der ganzen Lebensweise, die es verhinderte, daß Frankreich der Mechanisierung erlag.

Um 1920 galt Frankreich in allem, was mit dem Haus zusammenhängt, als ein Land, das völlig in Routine erstarrt war. Einblick in das Ausmaß des Leerlaufs gibt die Exposition Internationale des Arts Décoratifs von 1925[24]. Das einzige, was von diesem Unternehmen nicht durch das historische Sieb fiel, war der Pavillon de l'Esprit Nouveau von Le Corbusier und Pierre Jeanneret. Er war an den äußersten Rand der Ausstellung gedrängt worden und, wie Le Corbusier selbst dies anmerkt, »der bescheidenste und verborgenste« der ganzen Ausstellung. Auf der Pariser Weltausstellung von 1867 mußte Edouard Manet eine Bretterbude außerhalb des Geländes errichten, um seine verfemten Bilder zeigen zu können. Eines war beiden Fällen gemeinsam: die Ausstellungsleitungen schämten sich ihrer Künstler.

Der Pavillon de l'Esprit Nouveau von 1925 war nicht nur Le Corbusiers Protest: »Nous ne croyons pas à l'art décoratif« (Wir glauben nicht an die Innenraumdekoration). Der Pavillon zeigte, was bereit war, an dessen Stelle zu treten. Seine Schöpfer hatten ein Übermaß an Problemen, die sie dem Publikum vorlegen wollten, aber wenig Platz, um sie auszubreiten. Der Pavillon sollte die inspirierten Äußerungen der Zeitschrift *L'Esprit Nouveau* einlösen, die Le Corbusier gemeinsam mit Ozenfant und Paul Dermée von 1920 bis 1925 herausgab. Er sollte Zeugnis ablegen für die neue Wohnform mit ihrem *plan libre,* dem offenen Grundriß, für die neue Malerei und den neuen Städtebau. Er selbst war als eine zweigeschossige Zelle der großen Apartementhäuser angelegt, die Le Corbusier für Paris entworfen hatte. Wie diese Häuser im Stadtganzen stehen würden, wurde in einem großen Diorama von Paris, dem *Plan Voisin,* dargestellt.

---

24 In zahlreichen Publikationen und Zeitschriften fanden die Produkte der französischen Innenraumdekoration massenhafte Verbreitung, in Frankreich ebenso wie in Amerika – zum Beispiel der von Larousse verlegte Band *Arts décoratifs modernes, France* von Gaston Quenioux, Inspecteur Général de l'Enseignement de Dessin, Paris, 1925. Die amerikanische Möbelindustrie wurde durch diese Publikation stark beeinflußt, und hinter den meisten der aufgeblähten und stromlinigen Objekte der dreißiger Jahre verbirgt sich die Pariser Ausstellung von 1925.

324. Federnder freitragender Sitz auf einer Mähmaschine. *Der auf einem Stahlstreifen federnde Mähmaschinensitz aus durchlöchertem Metall gleicht das durch unebenes Gelände verursachte Gerüttel aus. Seine bequeme Form beruht auf der amerikanischen Tradition der hölzernen »Sattel«-Sitze, die bei Windsor-Stühlen und -Schaukelstühlen zu finden sind. Der Metallsitz mit seiner federnden Anbringung wurde in den achtziger Jahren des neunzehnten Jahrhunderts entworfen, als Metallrahmen und Rohrkonstruktionen den schwerfälligen Holzrahmen der Mähmaschine ersetzten.* (Photo Martin James)

Im Innern wurde der neue Standard des Wohnens entwickelt. Anstelle »gestalteter« Glasvasen oder Keramiken standen hier Laborgefäße, Formen, die durch Gebrauch und Funktion gereinigt waren. Statt kunstvoll geschliffener Kristallgläser gab es die einfachen Weingläser, wie man sie in jedem französischen Café findet, Objekte, deren Form nie aufhörte, die Phantasie der kubistischen Maler anzuregen. Anstelle der kunstgewerblichen Teppiche gab es die kraftvoll gewebten nordafrikanischen Berberteppiche mit ihren einfachen abstrakten Mustern. Anstelle der Kristalleuchter fand man hier Rampenlichter oder Schaufensterbeleuchtungen, anstelle von kunstgewerblichem Nippes die Perlmutterspirale einer Seemuschel und auf der Balustrade des oberen Stockwerks eine freistehende Plastik von Jacques Lipchitz.

Im selben Geist und als Krönung hingen an den farbig behandelten Wänden die Bilder von Juan Gris, Fernand Léger, Picasso, Ozenfant und Le Corbusier. Durchgängig ging es um die Suche nach einer reinen, unmittelbareren Form, wo immer sie auch zu finden war: in der Natur, in Laboratorien, in Beduinenteppichen, in der durch die Serienherstellung gereinigten industriellen Produktion. In dieser Zusammenstellung scheinbar ganz beziehungsloser Elemente wurde mit der Vorstellung gebrochen, daß alle Gegenstände eines Interieurs von einer Hand ge-

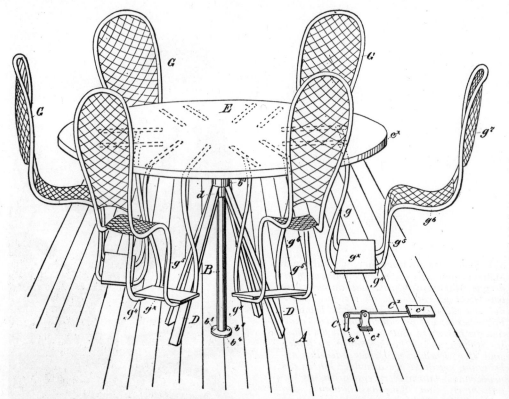

325. Federnde, freitragende Sitze für Eßsäle auf Seeschiffen. 1889. *Die Sitze für Dampfschiffpassagiere waren freitragend an Stangen, die von der Tischplatte ausgingen, befestigt. Weitere Unabhängigkeit durch schwingende Bewegung ermöglicht der schwingend gelagerte Tisch, an dem ein zur Ausbalancierung dienendes Gewicht hängt. Man bezweckte damit, die Probleme, die beim Servieren der Mahlzeiten bei hohem Seegang auftraten, zu verringern. Durch das Fußpedal C können Tisch und Stühle gemeinsam gedreht werden, so daß der Gast zum Kellner gebracht wird. (U.S. Patent 396 089, 15. Januar 1889)*

staltet sein sollten. Ein Raum ist kein Brutkasten, der von allen fremden Keimen sterilisiert werden muß. Die gegenwärtigen wie vergangenen Lebensformen sollen Gelegenheit erhalten, in Wechselwirkung miteinander zu treten.

Die Atmosphäre, die sich aus dem freien Zusammenspiel heterogener Elemente bilden kann, ist jedem wohlbekannt, der spätere Innenräume unserer Zeit betreten hat. Im Pavillon de l'Esprit Nouveau im Jahre 1925 sah man dies zum ersten Mal so klar und zusammenhängend ausgedrückt.

Le Corbusier erkannte die reinen Formen in den Thonetstühlen, und seine eigenen Bemühungen zu dieser Zeit gingen nicht über eine reformierte Gestaltung von Klubsesseln hinaus. Marcel Breuers wegweisenden Anstößen folgten bald französische Beiträge. Es ist bezeichnend, wie häufig das Problem der Beweglichkeit bei den französischen Modellen auftaucht. Es handelt sich dabei nicht um die

326. GEBRÜDER THONET: Schaukelstuhl Nr. 1, 1878. Modell von 1860. (*Museum of Modern Art, New York*)

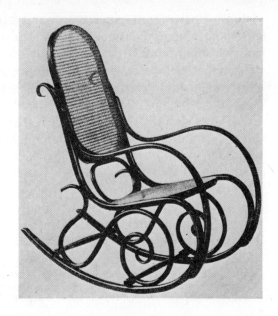

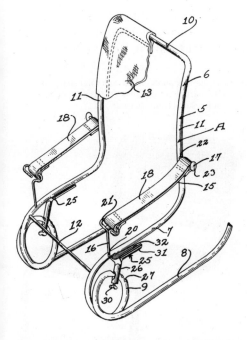

327. Amerikanischer verstellbarer, federnder, freitragender Stuhl. 1928. *»Ein Gartenstuhl, aus einer einzigen runden Stahlstange hergestellt (...) mit einem stoßmindernden oder abfedernden Teil.«* Mies van der Rohe wurde aufgefordert, *die praktische Undurchführbarkeit dieser Idee zu beweisen, bevor ihm ein Patent für seinen einfachgebogenen Stahlrohrstuhl für den Hausgebrauch gewährt wurde.* (*U.S. Patent* 1491918, *1922 eingereicht; 29. April* 1924)

328. MIES VAN DER ROHE: Federnder freitragender Sessel, Stahlrohr. 1927.

virtuose Übertragung einer Bewegung durch mechanische Systeme wie bei den amerikanischen Patentmöbeln, sondern um den Gebrauch einfacher Hilfsmittel wie Scharniere und Drehzapfen. Immerhin ist das Bemühen spürbar, dem europäischen Möbel die Starrheit zu nehmen[25].

Im Atelier Le Corbusiers arbeitete seit 1927 die junge französische Architektin Charlotte Perriand. Sie versuchte, Drehstühle aus Stahlrohr salonfähig zu machen, ohne sich ins Dekorative zu verlieren. Dies gelang auf einfache Weise, indem das Stahlrohr der horizontalen Rückenlehne mit einem raupenförmigen Lederkissen umhüllt wurde. Dem Typ nach sind diese Stühle von den traditionellen Thonetschen Modellen abzuleiten, wie sie Le Corbusier in seinem Pavillon aufgestellt hatte; aber es sind jetzt Geschöpfe eigener Art geworden. Ihre Beweglichkeit war wie bei allen europäischen Möbeln primitiv, und die technischen Vorrichtungen waren kaum über den Stand des sechzehnten Jahrhunderts hinaus. Es heißt, daß Le Corbusier und Charlotte Perriand die Absicht hatten, den Bürostuhl mit

---

25 Der erste Stahlrohrklubsessel von Marcel Breuer (1925) war zusammenklappbar. Alvar Aalto hat sich gleichfalls mit Bewegungsproblemen beschäftigt. Man vergleiche seine verstellbare Stahlrohrliege (1935) mit einem amerikanischen Mechanismus von 1868 in unserem Kapitel »Verwandelbarkeit« (Abb. 263-64).

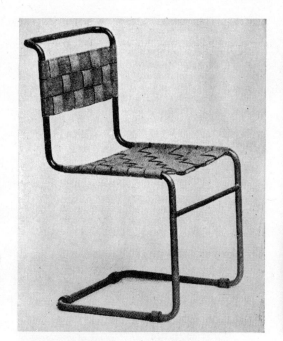 

329. MART STAM: Der erste moderne freitragende Stuhl, verbundenes Rohrwerk. 1926. (*Adolf G. Schneck*, Der Stuhl, *Stuttgart*, 1928)

330. MARCEL BREUER: Federnder freitragender Stuhl, geschlossenes Stahlrohr. 1929. *Die Idee des federnden, freitragenden Stuhls wurde während der zwanziger Jahre entwickelt. Die Eigenschaft des Zurückfederns wird bei Mies van der Rohes Entwurf betont, während Mart Stam die freitragende Form vollendet. Breuer griff die Idee wieder auf, und schuf, indem er die beiden Merkmale miteinander verband, die heutige Standardform. (Museum of Modern Art, New York)*

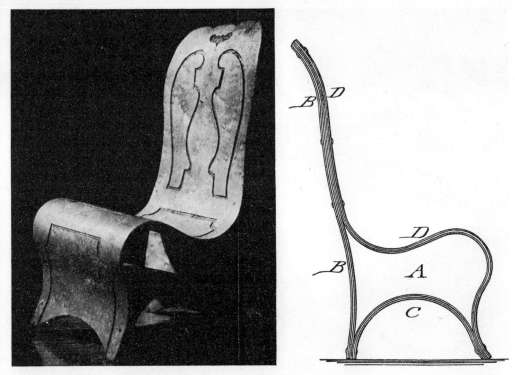

331. Amerikanischer Stuhl, gebogenes Sperrholz. 1874. (*Museum of Modern Art, New York. Photographie nach dem Originalmodell des U.S. Patent-Büros*)

332. Amerikanischer Stuhl, gebogenes Sperrholz. 1874. Querschnitt. *Der Stuhl besteht aus drei Teilen Schichtholz, »erreicht durch das Pressen mehrerer Furnierlagen in Formen von entsprechendem Umriß. Werden drei Lagen Furnier verwandt, so verläuft die Faser der mittleren Lage quer zu der der äußeren. Die Elastizität und Stärke der Furniere steigt dadurch beträchtlich an.« (U. S. Patent 148350, 10. März 1874)*

seinem empfindlichen Gleichgewicht leichter zu machen und dem Wohnraum anzupassen. Doch die Kriegsereignisse haben das verhindert.

Die meisten der Standardmodelle gingen aus der Zusammenarbeit Le Corbusiers mit Pierre Jeanneret und Charlotte Perriand hervor. Auch der Klubsessel, »fauteuil à dossier basculant«, von 1928, dessen Rückenteil sich um zwei Zapfen dreht.

Die verstellbare Liege, *chaiselongue basculante* (Abb. 323), zeigt dieselbe Unbekümmertheit gegenüber der Tradition wie das amerikanische »Känguruh«-Sofa (Abb. 322) ein Jahrhundert früher, das das steife Empiresofa – »Psyche« genannt – kühn dem menschlichen Körper gemäß umformte. Die *chaiselongue basculante* ist verstellbar. Ihr unmittelbarer Vorläufer ist der Krankenstuhl, der aus zwei separaten Teilen besteht – einem unabhängigen Untergestell, auf dem eine Sitz- oder Liegefläche aufruht. Solche Krankenstühle waren im neunzehnten Jahrhundert überall zu finden.

333. ALVAR AALTO: Freitragender Armlehnstuhl aus Schichtholz. Um 1937. *Der finnische Architekt Alva Aalto wagte es als erster, Schichtholz für einen freitragenden Stuhl zu verwenden. Das Holz wird maschinell und mit Dampf geformt, bevor es in schmalere Teile gesägt wird. Die große Platte bestimmt die Form. (Photo Herbert Matter, Museum of Modern Art)*

Auf dem breiten schwarzen Untergestell der verstellbaren Liege ruht das Oberteil aus verchromtem Stahlrohr, das in jeder beliebigen Lage durch die Adhäsionskraft von zwei Gummiwalzen auf dem Untergestell gehalten wird. Im Gegensatz zu den beweglichen Flächen des Krankenstuhls ist die Liegefläche der *chaiselongue basculante* selbst starr geschwungen, das heißt, der Ruhende muß bei jeder Änderung des Neigungswinkels aufstehen, und das Aufstehen ist, wie bei vielen Möbeln dieser Zeit, nicht allzu bequem. Beim verstellbaren Stuhl – Barbier-, Büro- oder verstellbarer Liegestuhl – wird der Sitzende in die normale Lage gebracht, wenn er sich aufrichtet.

Der Reiz der verstellbaren Liege liegt nicht zuletzt in dem Gegensatz der geschwungenen Liegefläche zu dem geraden Untergestell. Sehen wir von Einschränkungen ab, so kann nicht geleugnet werden, daß hier die Bemühungen eines Jahrhunderts, einen Liegestuhl zu finden, der sich dem Körper angleicht, in klassische Form gebracht sind. Es mag angemerkt werden, daß Frankreich den freitragenden Stuhl nicht weiterentwickelt hat.

Der freitragende Holzstuhl

Der freitragende Kufenstuhl verdankt seine Entstehung einem spezifischen Bedürfnis unserer Zeit. Man wollte einen Stuhl, der über dem Boden zu schweben schien wie freitragende Betonplatten oder Häuser auf Stelzen, Häuser mit Luftraum unter sich. Man fühlte sich zu Dingen hingezogen, die die Schwerkraft zu überwinden schienen. Dieses gefühlsmäßige Bedürfnis ist ebenso eine Eigenart unserer Zeit wie der Strebepfeiler der Gotik oder die geschwungene Wand des Barock.

In ihrem Material bleiben freitragende Stühle nicht auf Stahlrohr beschränkt. Das Interesse an neuen Techniken führte zu freitragenden Stühlen aus Holz. Der Anstoß dazu ging von einem Grenzland unserer Zivilisation aus, von Finnland. Holzgewinnung und Holzverarbeitung spielen dort eine entscheidende Rolle. Finnland ist reich an Birkenwäldern, und Birkenholz ist ein weiches, biegsames Holz, dessen Möglichkeiten erst erkannt werden mußten. Aber Länder mit großen Holzbeständen gibt es viele, ohne daß daraus ein neuer künstlerischer Antrieb erwächst. Dafür bedarf es eines besonderen Impulses, der nicht aus dem Boden allein kommen kann. Der Mann, der in Finnland neues Leben in eine alte, primitive Tradition zu bringen verstand, war der Architekt Alvar Aalto. Er hat nie lange außerhalb Finnlands gelebt. Seit 1929, als er zum ersten Mal auf dem »Internationalen Kongreß für Neues Bauen« erschien, tauchte er fast in jedem Jahr irgendwo in Europa und später auch in Amerika auf. Er brauchte sich nirgends niederzulassen, weil er seine Fühler überallhin ausgestreckt hatte. Er wußte, was gebaut und gemalt wurde. Ähnlich wie der Bildhauer Calder, aber auf dem Gebiet der Architektur und des Möbels, beherrschte er die Ausdrucksmittel unserer Zeit und verschmolz sie mit den Gegebenheiten seiner heimatlichen Umgebung. Diese Verbindung des Regionalen mit der charakteristischen Sprache einer Epoche ist zu allen Zeiten fruchtbar gewesen.

Aaltos Ausgangspunkt war der freitragende Stuhl aus Stahlrohr. Sein erstes Modell (1931) besteht aus einem Stahlrohrgestell, auf das eine gebogene Sperrholzplatte geschraubt ist, die Sitz und Rückenlehne bildet. Das Gestell erinnert an Breuers Stapelhocker von 1926, nur auf den Kopf gestellt. Das Neue an diesem Stuhl ist die gebogene Sperrholzplatte, die als ein Konstruktionselement benutzt wird – denn die Rückenlehne, die ein Teil dieser durchgehenden Platte ist, besteht aus geschichteten Furnieren und hat keine Stütze.

Die federnde Sperrholzplatte bereitet Aaltos nächsten Schritt vor: den freitragenden Stuhl aus Holz. Hier machte er sich die besondere Elastizität des Birkenholzes zunutze, die man in den nordischen Ländern vorher nur bei Skiern einge-

334. JENS RISOM: Eßzimmerstuhl. 1940. *Alle Verbindungsstellen sind für die Serienproduktion angefertigt.* (*H. G. Knoll Associates, New York*)

335. Chicago School of Design: Z-Stuhl, beruhend auf dem Prinzip der Holzfederung. Um 1940. *Durch ein besonders behandeltes Schichtholz entsteht in Verbindung mit der Z-Feder eine doppelte Schaukelbewegung. Die Einführung von Materialien und Verfahrensweisen aus neuen Industriezweigen wie z. B. dem Flugzeugbau eröffnet neue Möglichkeiten.* (*Institute of Design, Chicago*)

setzt hatte. Für die tragenden Elemente wählte Aalto geschichtetes Holz von geeigneter Dicke (Abb. 333). In der Form ist dieser Stuhl identisch mit dem freitragenden Stahlrohrstuhl. Diese geschichteten Streifen, die in einer durchgehenden Linie die Kufen, Beine, Armlehnen und das die Rückenlehne haltende Teil bilden, werden zunächst maschinell und mit Dampf zu breiten, geschwungenen Platten gebogen und dann zu schmaleren Stücken zersägt. Zwei dieser schmalen Streifen werden durch einen Polstersitz oder einen Sitz aus gebogenem Sperrholz verbunden.

Die tragenden Elemente des Aaltostuhles sind nicht wie beim Stahlrohrstuhl eindeutig eine Skelettkonstruktion, sondern die ihrer ursprünglichen Bestimmung und vielleicht ihrer mechanischen Funktion nach tragenden Teile sind als Platten anzusehen.

Stühle aus gebogenen Sperrholzplatten, bei denen eine einzige geschwungene Platte Rücken-, Sitz- und Fußteil umfaßt, finden sich in Amerika in den siebziger Jahren. Das Museum of Modern Art in New York besitzt ein Originalmodell von 1874, das aus der Auktion, bei der das amerikanische Patentamt seine Bestände abstieß, gerettet wurde[26] (Abb. 331, 332). »Der Stuhl besteht aus mehreren Teilen, die durch Pressen mehrerer Lagen von Furnier in die gewünschte Form gebracht wurden. Benutzt man drei Lagen von Furnier, so wird die mittlere Lage in ihrer Maserung quer zu den äußeren Lagen gelegt. (...) Dadurch wird die Elastizität und Festigkeit der Furniere beträchtlich gesteigert. (...) Der Stuhl besteht aus drei Teilen (...), und das vordere Teil (...) erstreckt sich über das Oberteil der Rückenlehne.«[27]

Anweisungen, wie Sperrholzplatten der Körperform entsprechend zu biegen und nachher auseinanderzusägen sind, finden sich lange vor Aaltos Stühlen in vielen amerikanischen Handbüchern der Holzverarbeitung. Auch G. Rietveld in Holland hatte bereits Sperrholz- und Fiberplatten gebogen und sie zwischen dünnen Rundeisen befestigt. Niemand aber hat die Federung, die Aalto dem finnischen Birkenholz abgewann, verwendet. Niemand hat gewagt, geschichtetes Holz in freitragenden Konstruktionen zu verwenden. Was war hier ausschlaggebend, die Form oder die Technik?

Keiner der Modernen wußte etwas von der ungeheuren Vorarbeit, die Amerika auf diesem Gebiet geleistet hatte, war sie doch selbst in ihrem Ursprungsland vergessen und begraben.

Es ist das Problem des federnden Sitzens, das beim Holzstuhl wiederkehrt. Allerdings erst in der späteren europäischen Form, denn die frühen amerikanischen Modelle wie die von 1874 waren nicht elastisch. Federndes Sitzen heißt, wie wir bei der amerikanischen Patentmöbelbewegung sahen, Entspannung durch geringfügige Veränderung der Lage.

Im Bauhaus in Dessau hatte man 1928 versucht, Sperrholz für Sitz und Rückenlehne so zu biegen und mit einem normalen Stuhlgestell zu verbinden, daß seine federnden Eigenschaften genutzt wurden[28].

Inzwischen wurden in der Flugzeugindustrie neue Methoden gefunden, um die verschiedenen Lagen des Sperrholzes durch Resinleim besser miteinander zu verbinden. Noch Aalto mußte das Sperrholz seiner Stühle mit Dampf biegen. Durch den neuen Resinleim kann Sperrholz auf elektrischem Wege unter hydraulischem Druck trocken gebogen werden. Damit eröffnen sich ganz neue Möglichkeiten für den Konstrukteur. Seit 1939 hat das Institute of Design in Chicago unter der Leitung von L. Moholy-Nagy eingehende Versuche auf diesem Gebiet durchgeführt, um die Elastizität und Federung von Sperrholz zu erhöhen und gleichzeitig eine gewisse Beweglichkeit des ganzen Systems zu erreichen. Experimente mit Sperrholzstühlen waren methodologisch in den Lehrplan eingegliedert. Verschiedene Arten flachen Materials sollten eine dreidimensionale Struktur erhalten. Durch Bearbeiten wie Biegen, Hämmern usw. können die Struktureigenschaften des Materials verändert werden. Charles Niedringhaus und andere schu-

---

26 U. S. Patent 148350, 10. März 1874.
27 Ebenda, Patentbeschreibung.
28 *Bauhaus 1919-1928*, herausgegeben von H. Bayer, W. Gropius, I. Gropius, New York, The Museum of Modern Art, 1938, S. 133.

fen in dieser Weise Modelle wie eines auf Kufen mit scharfen Z-förmigem Profil (Abb. 335) und beweglichem Sperrholzsitz, der kleine Veränderungen der Haltung gestattet. Die jüngere Generation amerikanischer Architekten wie Eero Saarinen und Charles Eames verbinden Fließbandmethoden mit einfühlsamer Gestaltung.

Abschließend wollen wir die Frage nicht übergehen, ob es nur das Verlangen nach neuen Techniken war, das das Material des Holzes neu belebte und seine verborgenen Möglichkeiten freisetzte. Die Gründe liegen tiefer: Es ist die Neigung zum Organischen, die zu Beginn der dreißiger Jahre zur Geltung kam und sich in den folgenden Jahren verstärkt hat. Wir wollen Gegenstände um uns haben, die Spuren des Lebens an sich tragen, Rinden, groteske Wurzeln, Muscheln, Versteinerungen, Dinge, die durch Zeit hindurchgegangen sind. Objektive Bestätigung dafür findet sich wiederum in der Malerei, wo zu Beginn der dreißiger Jahre im Werk von Joan Mirò und Hans Arp ein immer stärkerer Zug zum Organischen sich andeutet. Joan Mirò gelangt zur Freiheit seines Ausdrucks, indem er organische, oft gerundete und fischartige, schlangenähnliche Formen oder kalligraphische Symbole verwendet, die aber immer frei im Raum schweben ohne naturalistische Verankerung. Und Hans Arp verteilt seine mit der Bandsäge geschnittenen Holzformen nach dem Gesetz des Zufalls – »objets placés à la loi du hazard«.

Ausbreitung

Wir haben nur in groben Umrissen die Anfänge jener Bewegung gezeigt, die die seit einem Jahrhundert bestehende Kluft zwischen Ausdruck und Konstruktion zu überwinden versuchte. Die Entwicklung kam rasch und zugleich mit der modernen Architektur zur Reife: der Stahlrohrstuhl kam zwischen 1925 und 1929 auf, und der freitragende Sperrholzstuhl unmittelbar im Anschluß daran.

Es handelt sich um ausgesprochene Typenmöbel. Die Stühle, Tische, Schränke, Betten, Schreibtische, Bücherständer und Kombinationsmöbel – die wir hier nicht berühren – sie alle waren neu zu formulieren. Sie standen nicht mehr in ihnen fremden Interieurs wie die Möbel des Ingenieurs, die wahren Möbel des neunzehnten Jahrhunderts. Zuerst schufen die Architekten die umgebenden Räume und dann, aus demselben Raumgefühl heraus, ihre Möbel. Die Typen sind unter funktionellen Gesichtspunkten konzipiert. Sie verwenden neue Materialien oder sie finden für traditionelle Materialien neue Verwendungsweisen, aber ihre Stärke liegt vor allem in der ästhetischen Erfindung, ist im Gefühl verankert. Im Verlauf der dreißiger Jahre haben sie sich rasch über Europa verbreitet. Wie diese Ausbreitung im einzelnen vor sich ging, darauf kann hier leider nicht eingegangen werden[29].

---

29 So begann Schweden durch die Initiative von Männern wie dem Historiker Gregor Paulsen und dem Architekten

Um die Mitte der dreißiger Jahre trat ein gewisser Stillstand in der Erfindung neuer Typen ein. Eine nicht unerhebliche Rolle hat dabei gespielt, daß die Architekten, deren Namen mit den neuen Typen verknüpft sind, vor dringlichere Aufgaben gestellt wurden: größere Bauten, Städtebau und großräumige Planung, die ein verstärktes Interesse fand. Für das Gebiet, auf dem sie sich nun nicht mehr betätigen, war dies bedauerlich, doch von einer höheren Warte aus gesehen, ist es ein positives Zeichen, daß derselbe Architekt Möbel formt und Städten Gestalt gibt: ein Zeichen, daß der Architekt in unserer Zeit als einer der ersten berufen ist, über das Spezialistentum hinauszugehen und zu einer universaleren Auffassung der Probleme zu kommen.

In der Zeit, da auf dem europäischen Kontinent, von Schweden bis Spanien, das Bewußtsein dafür erwachte, was für eine Umgebung man sich geschaffen hatte, wurde es in den beiden großen Ländern, die die Hauptarbeit im neunzehnten Jahrhundert geleistet hatten, still. Nach dem Tod von William Morris und dem Abflauen der *Arts-and-Crafts*-Bewegung verfiel England auf dem Gebiet der Architektur wie auf dem der Einrichtung in Schlummer. In Amerika wurden der späte Louis Sullivan und Frank Lloyd Wright von der öffentlichen Meinung nicht zur Kenntnis genommen. Das Schwergewicht verlagerte sich auf den europäischen Kontinent, und hier wurden die neue Architektur und das neue Interieur geschaffen.

Zur Zeit, als Europa sich in der Architektur und der Inneneinrichtung zu besinnen begann, gab Amerika einer wachsenden Neigung zu Antiquitäten nach. Die Industrie produzierte dieselben Typen in verschiedenen Verkleidungen immer wieder. Die Formen vergröberten sich, verloren ihre ursprüngliche Lebendigkeit, bekamen ein verwaschenes und unbestimmtes Aussehen wie bei einer Palette, auf der alle Farben ineinanderfließen.

In Amerika wendet sich das Interesse in dieser Zeit der Vollmechanisierung von den Wohnräumen ab und der Mechanisierung des Haushaltes zu. Die Räume, in denen man lebt, die Dinge, mit denen man sich umgibt, werden meist nicht weiter diskutiert. Die Küche, das Bad und arbeitssparende Geräte beschäftigen die Phantasie, und der erfinderische Impetus, der sich vorher in den Patentmöbeln manifestierte, geht nun in die Mechanisierung des Haushaltes, bei der Amerika die unbestrittene Führung übernimmt.

Asplund seinem erfolgreichen zuckersüßen Kunstgewerbe den Abschied zu geben. Dies geschah, als der Schwedische Werkbund 1930 in Stockholm seine wagemutige Ausstellung veranstaltete.

Die Schweizer, deren architektonische Kampagnen in den zwanziger Jahren begannen, haben den entscheidenden Schritt mit der Siedlung Neubühl des Zürcher Werkbundes (1932) getan. Diese Siedlung wurde unter der Schirmherrschaft des Schweizer Werkbundes durch kollektive Initiative der Schweizer Mitglieder des Internationalen Kongresses für Neues Bauen (CIAM) – M. E. Haefeli, W. M. Moser, E. Roth, R. Steiger, H. Schmidt und anderer – errichtet. Gleichzeitig wurde der »Wohnbedarf« in Zürich gegründet, um Möbelmodelle der Schweizer sowie der führenden europäischen Architekten zu erproben und herzustellen. Die Möbel wurden für den Mittelstand und auch als »Volksmodelle« hergestellt. Seit 1921 veranstalteten die Italiener ihre Triennale, mit der sie immer wieder der neuen Bewegung Geltung zu schaffen versuchten. Aber im Gegensatz zu Schweden und der Schweiz gelang es den Italienern nicht, das breite Publikum zu erreichen. In Spanien erlangte Barcelona durch das Organisationstalent von J. L. Sert die Führung. Und schließlich haben sich die Engländer 1937 mit der Ausstellung in der Burlington Gallery in die Bewegung eingereiht. Die Initiative ging von den Architekten der MARS-Gruppe (Modern Architectural Research), der englischen Sektion der CIAM, aus.

Teil VI
Die Mechanisierung des Haushalts

Die Mechanisierung des Haushalts

Mechanisierung bedeutet in der Industrie: Übergang von der Handarbeit zur Maschinenarbeit. Es zeigt sich bald: Mechanismen allein genügen nicht. Sie müssen zueinander in Beziehung gesetzt werden. Dies führt zu einer Organisation der Arbeitsvorgänge, wie sie im Fließband und in der wissenschaftlichen Betriebsführung zum Ausdruck kam.

Nicht anders spielt sich die Mechanisierung des Haushalts ab. Amerika ist das Land, in dem die Mechanisierung des komplizierten Handwerks am weitesten entwickelt wurde. Auch Kochen und Hausführen gehört zu den komplizierten Handwerken. Und wenn wir wissen wollen, wie weit diese Mechanisierung ging und wie sie sich auswirkte, so geben die Vereinigten Staaten den besten Einblick, auch wenn die Anregungen und Erfindungen oft in England und auf dem Kontinent zu suchen sind.

Haushalt und Fabrik können nicht miteinander verglichen werden. Man kann im Haushalt nicht von Produktion sprechen. Die Gemeinsamkeit zwischen den beiden umfaßt im Grunde nur einen einzigen Punkt: bei beiden handelt es sich darum, die Organisation zu erhöhen und die Arbeitslast zu vermindern. Darauf zielt die ganze Entwicklung ab.

Die Verminderung der Hausarbeit geschieht durch Mechanisierung der Arbeitsvorgänge, die früher von Hand vollzogen werden mußten. Das sind in erster Linie die Reinigungsprozesse: Waschen, Bügeln, Geschirr-, Teppich- und Möbelreinigung. Dazu kommt die Automatisierung der Heiz- und Kühlvorgänge.

Verbesserungen der Organisation erreicht man dadurch, daß man altgewohnte Arbeitsvorgänge überprüft und sie in rationaler Weise neu anordnet.

Nach dem, was wir bisher gesehen haben, wäre es nicht überraschend, wenn die Anfänge der Mechanisierung der Arbeitsvorgänge im Haushalt in den sechziger Jahren des vergangenen Jahrhunderts lägen. Dies ist tatsächlich der Fall.

Frauenbewegung und Rationalisierung des Haushalts

Die Stellung der Frau

Verminderung der Hausarbeit und Verbesserung der Organisation führen zu gesteigerter Leistungsfähigkeit; das heißt zu einer Entlastung der Hausfrau und im weiteren zur Selbstbewirtschaftung des Hauses durch seine Bewohner, zum dienstbotenlosen Haus.

Als Antrieb für die Mechanisierung des Haushalts dienen soziale Probleme: die Stellung, die die amerikanische Frau für sich beanspruchte, und die Stellung, die man zur Dienstbotenfrage einnahm. Frauenbewegung, Sklavenbefreiung und die Dienstbotenfrage haben ihre gemeinsame Wurzel in der Auffassung, daß es in der Demokratie keine bevorzugte Klasse und kein privilegiertes Geschlecht geben dürfe.

Alle diese Probleme haben Amerika in der Zeit des Bürgerkrieges aufgerührt, während Europa, nachdem alle Revolutionen unterdrückt waren, an einem pseudo-feudalistischen Klassensystem festhielt.

Freilich hielten sich die amerikanischen Frauen von so radikalen Projekten fern, wie sie die Saint-Simonisten in Frankreich in den dreißiger Jahen vertreten und praktiziert hatten, oder von Fouriers Entwurf einer Gesellschaft, in der das Verhältnis der Geschlechter durch die *loi de l'attraction* regiert werden sollte.

Die amerikanische Frau ist derartigen Vorstellungen weniger zugänglich. Sie will ihre Rechte in der Familie verankern. Diese Einstellung geht aus der puritanischen Lebenshaltung hervor. Die Frau soll den Haushalt beherrschen, sie soll dafür erzogen werden, und sie soll ihre Kinder erziehen. Den einen Hebelpunkt ihrer Macht bildet die Ehe, den anderen die Erziehung. Herrscht sie durch beide, wird sich ihre Macht automatisch weiter ausdehnen.

Die amerikanische Frau ist gegen radikale Lösungen, aber für die Eroberung der politischen Macht. Sie hat diesen Kampf mit großer Hartnäckigkeit zwischen 1848 und 1918 durchgeführt. Wurzelt die Erziehung der Frau zum Eheberuf in puritanischen Auffassungen, so ist die Eroberung der politischen Gleichberechtigung in Anschauungen der Quäker verankert, die die Frau immer als gleichwertig erachtet haben.

Der konservative Alexis de Tocqueville erzählte Europa in seinem berühmten Buch *De la Démocratie en Amérique* (1835), daß die amerikanischen Frauen den Mann als natürliches Haupt des Ehebundes ansehen. Das steht in einem sonderbaren Gegensatz zu der »Declaration of Sentiments«, die 1848 von den Quäkern auf einer ihrer jährlichen Zusammenkünfte verabschiedet wurde: »Die Geschichte der Menschheit ist eine Geschichte ununterbrochener Beleidigungen und Übergriffe des Mannes gegenüber der Frau, mit dem alleinigen Zweck, sie so rücksichtslos wie möglich zu unterjochen.«[1] Nach der Auffassung der Quäker »ist es die Pflicht der Frauen, die Zulassung zur Wahl als ihr heiliges Recht zu beanspruchen«[2].

Frauenschulung und Frauenfrage

Die eine Seite der Frauenbewegung: die Eroberung der äußeren Macht, überschreitet den Rahmen unserer Untersuchung. Die andere Seite der Frauenbewe-

---

1 E. C. Stanton, S. B. Anthony und M. J. Gage, *History of Woman Suffrage*, New York, 1881, Bd. I, S. 70.
2 Ebd., S. 72.

gung: die Eroberung der inneren Macht, führt mitten in unser Problem, die Rationalisierung des Haushalts.

Diese Rationalisierung hat ihren Ausgangspunkt also in einer geistigen Zielsetzung, die erfolgte, ehe es praktische Verwirklichungsmöglichkeiten gab.

Derartige Zielsetzungen erwachsen nicht im Unbestimmten. Sie werden für gewöhnlich von einer vorausblickenden Gestalt umrissen. In diesem Fall ist es Catherine Beecher (1800-1878), die wie so viele Reformer jener Zeit aus einer puritanischen Predigerfamilie Neu-Englands kommt. Catherine Beecher packt den Haushalt und das Kochen an wie Emerson seine Essays und ein anderer Zeitgenosse, Sylvester Graham, das Brotmachen. Was sie interessiert, ist nicht die isolierte Frage der Hausführung. Sie sieht sie nicht als Teilproblem, sie erwächst ihr aus der Frauenfrage.

Die um 1830 geborene Generation wandte sich ihren Aufgaben mit einem Stück jener universalistischen Haltung des achtzehnten Jahrhunderts zu, die in vielen Fällen bis in die erste Hälfte des neunzehnten Jahrhunderts erhalten blieb.

1841 gibt Catherine Beecher *A Treatise on Domestic Economy* heraus, der, obwohl nur als ein »Handbuch für Frauenschulen« gedacht, einen außerordentlichen Erfolg hat. Sie beginnt aber nicht mit Kochrezepten, sondern leitet ihr Buch mit einem Kapitel ein über »Die besonderen Verantwortlichkeiten der amerikanischen Frau«.

Schon in der Vorrede wirft sie ihre Fragen auf: »In welchen Hinsichten sind Frauen untergeordnet? Worin sind sie in ihrem Einfluß überlegen und gleich?« Diese Frau, die bereits mit einundzwanzig Jahren Hauswirtschaft an einer von ihr selbst gegründeten Erziehungsanstalt unterrichtete, sieht das häufige Versagen der Frau als eine Folge davon, »daß sie nicht für ihren Beruf geschult worden ist«.

Ihr Buch *Domestic Economy* wägt die Probleme, denen die Frau von 1840 gegenüberstand, sorgfältig ab, und ehe sie zu ihrem eigentlichen Thema kommt, kann sie nicht umhin, Fragen der menschlichen Physiologie zu erörtern, denn ohne deren Verständnis, so schien es ihr, konnten praktische Regeln nur Stückwerk bleiben.

Sie erklärt, wie man sich praktisch im Haushalt zu benehmen hat, wie man kocht, wäscht, reinigt, sein Haus einrichtet und Gemüse und Bäume für seinen Garten aussucht. Das Kochbuch mit Rezepten fehlt überhaupt. Sie gibt es später gesondert heraus. Jedes Wort verrät, daß für sie ökonomisches Haushalten keinen Endzweck bedeutet. Es ist ihr nur ein Instrument, das richtig beherrscht werden muß, und es ist ihr vorab das Medium, durch das sie die amerikanische Frau erziehen will.

Catherine Beecher weist in den vierziger Jahren in einer Rede vor amerikanischen Frauen auf die Übelstände hin, »unter denen die amerikanischen Frauen und amerikanischen Kinder leiden«[3]. Sie berichtet von »10000 Frauen in New York, die von Handarbeit leben, für die sie bei einer Arbeitszeit von zwölf bis vier-

---

3 *The Education of the Rising Generation*, Ansprache an die Frauen von Cincinnati, 1846.

zehn Stunden rund zwölfeinhalb Cents erhalten«. Sie hat ein New Yorker Büro gesehen für Dienstboten auf Stellensuche, wo in einem großen Raum, der so voller Menschen war, daß sie nur an einen Sklavenmarkt denken konnte, Dienstboten wie Hühner ausgesucht wurden. Sie untersucht die Lebensverhältnisse der Arbeiter der Lowell-Textilspinnerei (die zu ihrer Zeit als ein Musterbetrieb galt) und kommt zu anderen Schlüssen als Charles Dickens, der die Fabrik einige Jahre zuvor besucht hatte. Der Vierzehnstundentag erschien ihr als Plackerei, die über die Kräfte der jungen Frauen ging: »Um Fünf rufen die Glocken zur Arbeit. (...) Die Arbeit geht ohne Unterbrechung bis Zwölf (...), dann gibt es eine halbe Stunde zum Essen und wieder Arbeit bis sieben Uhr abends.« Und schließlich weist sie auf »eine andere Art von Übeln« hin, »die von einer großen Schicht von gut erzogenen unverheirateten Frauen aus den wohlhabenden Klassen erduldet werden. (...) Es ist das Leiden, das aus der Untätigkeit resultiert.«

Catherine Beecher geht es nicht um die Eroberung der äußeren Macht, sie ist entschieden gegen die politische Frauenbewegung. Es ist vielmehr ihr Ziel, den Frauen Selbstsicherheit und Vertrauen in ihren Beruf zu geben. Das ist der Grund, warum sie zeitlebens verlangt, daß Hauswirtschaft als Wissenschaft aufgefaßt und an den Schulen gelehrt würde wie Physik oder Mathematik. Nur richtig geschulte Frauen können sich die Stellung erobern, die ihnen gebührt.

Die Dienstbotenfrage

Mit der gleichen Zielstrebigkeit hat Catherine E. Beecher die Dienstbotenfrage aufgerollt. Sie sieht darin ein soziales Problem, das in Amerika fast unlösbar ist. Sie empfindet den ganzen Widerspruch, der in der Institution des »domestic service« in einem demokratischen Staatswesen liegt.

»An keinem Punkt brauchen die Frauen dieses Landes mehr Weisheit als im Umgang mit ihren Dienstboten«, schreibt sie 1841 in ihrem Kapitel »Über die Obhut für die Dienstboten«. »Eine Menge Schwierigkeiten sind damit verbunden. Die besonderen Anfechtungen, die den amerikanischen Frauen daraus erwachsen, sind notwenige Übel, die mit unseren wertvollsten gesellschaftlichen Gütern zusammenhängen.«[4]

Gemeinsam mit ihrer Schwester, Harriet Beecher-Stowe, der Verfasserin von *Uncle Tom's Cabin*, schreibt sie ihr Lehrbuch über »domestic economy« völlig neu. Die neue Fassung, die der amerikanischen Frau gewidmet ist, erscheint 1869 unter dem Titel: *The American Woman's Home*. Was früher nur fragmentarisch angedeutet worden war, wird jetzt ausgeführt: »Alle Menschen sind (nach der Unabhängigkeitserklärung) einander gleichgestellt. (...) Es gibt keine erblichen Titel, keine Monopole, keine privilegierten Klassen. (...) Alle sollen so frei sein, aufzusteigen und zu fallen wie die Wogen des Meeres. (...) Die Institution häuslicher Dienstbarkeit hat jedoch noch etwas von dem Einfluß feudaler Zeiten an sich.«[5]

4 *A Treatise in Domestic Economy,* S. 204.
5 Catherine E. Beecher und Harriet Beecher Stowe, *The American Woman's Home,* New York, 1869, S. 318.

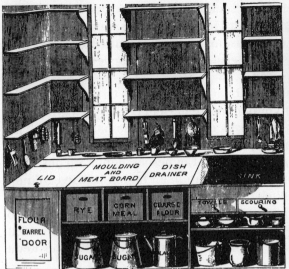
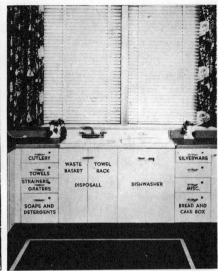

336. Zusammenhängende Arbeitsfläche: Vorbereitungs- und Reinigungszentrum einer Küche, von Catherine Beecher. 1869. *In der puritanischen Gesellschaft Neuenglands wurde Hausfrauenarbeit erstmals als Handwerk oder als Beruf angesehen. In Taillenhöhe befindet sich eine gutbeleuchtete Arbeitsfläche von minimaler Größe, darunter sind Schubfächer für Roggen- und Vollkornmehl zum Brotbacken sowie ein Abstellplatz. Der Deckel des Weizenmehlbehälters ist in der gleichen Höhe wie die anderen Arbeitsflächen. Wenn das Teigbrett über den Ausguß geklappt wird, dient es als zusätzliche Vorbereitungsfläche.* (*Chatherine Beecher*, The American Woman's Home, *New York, 1869*)

337. Zusammenhängende Arbeitsfläche: Vorbereitungs- und Reinigungszentrum einer elektrischen Küche. 1942. *Die mechanisierte Küche von heute hat drei Arbeitsbereiche: Abstellen und Konservieren; Vorbereiten und Reinigen; Kochen und Servieren. Schon 1869 hat Catherine Beecher zwei dieser Bereiche, nämlich Abstellen/Konservieren und Kochen/Servieren, deutlich differenziert und jeweils als unabhängige Einheiten behandelt.* (*General Electric Corporation, Schenectady, New York*)

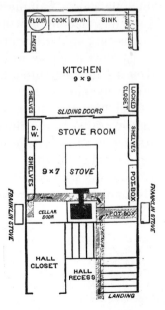

338. Zusammenhängende Arbeitsfläche: Küche von Catherine Beecher. 1869. Grundriß. *Der Gußeisenherd muß abgeschirmt werden und steht räumlich abgesondert in einem separaten Herdraum.* (*Catherine Beecher*, The American Woman's Home, *New York, 1869*)

561

Der damals in Europa vorherrschende Pseudo-Feudalismus, der damalige Gegensatz zwischen Amerika und England, wird in die Worte zusammengefaßt: »Die Schicht, aus der sich in England die Hausangestellten rekrutieren, bildet eine Klasse, und der Haushaltsdienst ist ein Beruf. In Amerika bedeutet er nur ein Sprungbrett zu etwas Höherem.«[6]

Die Verfasser weichen dem Problem nicht aus: »Was ist das Grundproblem der häuslichen Dienstbarkeit? (...) Wir können uns in diesem Lande kein großes Gefolge von Dienstboten halten. (...) Jede Frau, die eine Familie hat, weiß, daß mit jedem zusätzlichen Dienstboten ihre Fürsorgepflichten zunehmen.« Die Richtlinie, die die Verfasserinnen geben, ist eindeutig: »Ein bescheidener Stil des Haushaltens, klein und konzentriert, einfache Einrichtungen bilden selbstverständliche Notwendigkeiten.«[7] Und schließlich die Lösung, die sie andeuten: »Wenn sich dies so verhält, so ist es ein notwendiges Ziel in Amerika, daß die Haushaltsprobleme so weit als möglich durch die Familie selbst, und zwar durch richtige Zusammenarbeit (combined labour) der Familienmitglieder bei möglichster Reduzierung der Dienstboten gelöst werden.«[8]

Eindringlicher kann das Problem auch heute nicht ausgedrückt werden. Langsam nähert sich, aus dem Zwang der Verhältnisse heraus, die Realität dieser Zielsetzung. Und machen wir eine Stichprobe, wie dieses Problem sich nach 1910 spiegelt, so erfahren wir, daß vor allem die Stellung zum Hausangestellten neutralisiert werden soll, »sie sollen auf gleicher Basis mit anderen Angestellten stehen«, und daß als nächste Folge »wir stufenweise zur Abschaffung einer dauernden Dienstbotenklasse in unseren Heimen kommen werden«[9]. Dazu verschiebt sich das Problem immer mehr ins Psychologische. »Es spricht sehr viel gegen die Anwesenheit einer ständigen Arbeitskraft im Haus. (...)« Sie nötigt »die Hausfrau und die ganze Familie zu psychologischer Anpassung. (...) In vielen Fällen kommt es zu einer bewußten oder unbewußten Hebung der Ansprüche oder ihrer Anpassung an die Erwartungen und Forderungen des Arbeitenden.«[10] Dies alles weist auf Catherine Beechers Vorschlag von 1869 zurück, die Hausarbeiten so weit wie möglich unter den Mitgliedern der Familie aufzuteilen. 1915 werden dafür zwingendere Gründe angegeben:

»Der dienstbotenlose Haushalt (dienstbotenlos meint: ohne im Haus lebende Arbeitskräfte) ist die einzige Möglichkeit dafür, daß eine Familie *ihren Verhältnissen genau entsprechend* lebt, (...) und er bietet die Chance zu einer Kooperation der Familie und zum Anlernen der Kinder.«[11] Die Voraussetzungen für eine solche Lösung waren jedoch erst gegeben, wenn die schwere Handarbeit durch die Mechanisierung auf ein Minimum reduziert werden konnte.

---

6 Ebd., S. 321.
7 Ebd., S. 333.
8 Ebd., S. 334.
9 Christine Frederick, »The New Housekeeping«, *Ladies Home Journal*, 1912, Bd. 29, Nr. 12, S. 16.
10 Frederick, *Household Engineering, Scientific Management in the Home*, Chicago, 1919; zuerst erschienen 1915.
11 Ebd., S. 380.

Organisation des Arbeitsvorganges

Man darf die Organisierung von Arbeitsvorgängen nicht verwechseln mit dem Gebrauch mechanisierter Hilfsmittel. Es ist hervorzuheben, daß die Organisierung des Arbeitsvorganges bereits vorgenommen wurde, ehe mechanisierte Arbeitsmittel zur Verfügung standen. Allgemein gebräuchlich waren diese noch nicht einmal im Jahre 1940. Haushaltsplanung begann also vor der Mechanisierung, so daß die mechanischen Hilfsmittel später ihren Platz von der Wissenschaft der Haushaltsführung schon vorbereitet finden.

Organisierung des Arbeitsvorganges, 1869

Catherine E. Beecher erkennt 1869, worauf es dabei ankommt: »Die Schiffsküche in einem Dampfer hat alle Hilfsmittel und Einrichtungen für die Zubereitung von Mahlzeiten für 200 Personen in einem Raum (...), der so konzentriert angeordnet ist, daß der Koch mit einem oder zwei Schritten alles erreichen kann, was er braucht.«[12]

Als die Architekten nach 1920 die Wichtigkeit einer gut entworfenen Küche wieder erkannten, nannten sie als ihr unmittelbares Vorbild die Speisewagenküche, die es noch nicht gab, als Catherine Beecher ihr Buch schrieb. Wie wir gesehen haben, reichte George Pullmann ein Patent für seinen noch nicht voll entwickelten Speisewagen im gleichen Jahr 1869 ein.

»Im Gegensatz dazu«, so fährt C. E. Beecher fort, »sind die Rohstoffe und Geräte, die für die Köchin nötig sind, der Abguß und das Eßzimmer so weit voneinander entfernt, daß die Hälfte der Zeit und Anstrengung mit Hin- und Herlaufen draufgeht, um die gebrauchten Gegenstände zu holen und zu bringen.«[13] Wie ihrer Ansicht nach die Organisierung des Arbeitsvorgangs angepackt werden soll, zeigt sie in sorgfältiger Zeichnung und Beschreibung (Abb. 336, 338).

Da fällt zuerst auf, daß der große Küchentisch und das isolierte Küchenbüfett verschwunden sind. An Stelle des Küchentisches befinden sich längs den Fenstern äußerst konzentriert angeordnete Arbeitsflächen, und das Küchenbüfett wird aufgeteilt in Wandregale und in Schubladen und andere Behälter, die unter den Arbeitsflächen fortlaufen.

In der heutigen mechanisierten Küche werden drei verschiedene Arbeitszentren unterschieden (Abb. 337): Aufbewahrung, Zubereitung und Reinigung und Kochen. Zwei davon, Aufbewahrung, Zubereitung und Reinigung, werden bereits 1869 von Catherine Beecher klar erkannt und einheitlich zusammengefaßt. Der Kochherd jedoch mußte noch abseits stehen mit einer Schutzzone um ihn herum.

Gleichzeitig bringt sie Arbeitsgerät und Arbeitsplatz zusammen.

Ihre Arbeitsflächen sind gut beleuchtet und nicht größer als unbedingt notwen-

---

12 Beecher und Stowe, a.a.O., S. 33.
13 Ebenda.

339. Das Interesse der Industrie erwacht: Der durchorganisierte Küchenschrank. 1923. *Nachdem zahlreiche Reformer den Arbeitsprozeß der Hausfrau untersucht hatten, begann die amerikanische Industrie die Küche entsprechend zu rationalisieren. Die Hersteller von Küchenmöbeln setzten einen Trend in Gang, den die Gas- und Stromgesellschaften in den dreißiger Jahren noch systematischer fortführten. Die frühen Bemühungen zielten auf Raumersparnis, auf eine Verdichtung. Man beachte die Frühstücksnische. Ein einzelner, unterteilter Schrank enthält Vorräte, Geschirr und Putzmittel.* (Kitchen Maid, *Katalog*, 1923)

dig. Links schließt der Deckel des großen Mehlbehälters in gleicher Höhe mit der Arbeitsfläche ab. Die Hausfrau braucht nur den Deckel zu heben und das Mehl auf das Knetbrett für das Brot zu streuen. Wir befinden uns noch in der Zeit, in der die amerikanische Hausfrau – im Gegensatz zur europäischen – ihr Brot zu Hause backt. »Die wahre Hausfrau macht ihr Brot zum höchsten Gut der Küche«, sagt Catherine Beecher an einer anderen Stelle[14]. So ist es verständlich, daß unter den Arbeitsflächen weitere Schubladen für Gerste und Weizenmehl vorgesehen sind, um Graham- und Gerstenbrot backen zu können. Weiter unten, nicht so bequem erreichbar, befinden sich weitere Schubladen für Ingredienzien.

Die Platte, auf der der Teig geknetet wird, kann gewendet werden und dient dann zur Herrichtung von Fleisch und Gemüse. Die nächste Platte, das Tropfbrett, hat Scharniere, so daß sie entweder »auf der Kochfläche aufruhen kann« – so

---

14 Ebd., S. 35.

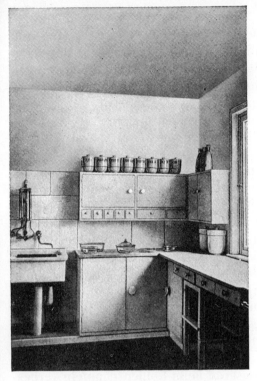

340a,b. Zusammenhängende Arbeitsfläche: Küche im »Haus am Horn«, Bauhaus, Weimar, 1923. *Diese Küche ist eine der ersten, die von Architekten als integrierende Einheit des modernen Hauses entworfen wurde. An der Längswand befinden sich ein gewöhnlicher Ausguß und eine in Hänge- und Unterschrank aufgeteilte Anrichte. Die breite Arbeitsfläche unter dem Kippfenster liegt auf der gleichen Höhe wie der Gasherd und wird rechts daneben noch weiter fortgesetzt. Die gesamte Arbeitsfläche gleicht der einer zwei- bis dreimal größeren Küche. Der vollkommen ausgenutzte Fensterbereich erinnert an die American-Craftsman-Küchen um 1910.*

nennt Catherine Beecher die Vorbereitungsfläche – »oder umgewendet den Ausguß zudeckt«.

Wir sind im Jahre 1869, noch vor der Periode der Wasserinstallation. Also verschafft sich Catherine Beecher fließendes Wasser auf ihre Weise: neben dem Ausguß bringt sie zwei Pumpen für Brunnen- und Regenwasser an.

Sie betont ausdrücklich, daß die Größe des Ausgusses der Kochfläche entspricht. Damit wir das Aufbewahrungs- und Vorbereitungszentrum um einen einzigen Mittelpunkt angelegt. Hier ist sie der späteren Stufe von 1910 voraus, die Tisch, Küchenbüfett und Herd noch als in sich abgeschlossene Elemente nebeneinanderstellt.

Um im Sommer nicht unter der Hitze zu leiden und um Küchengerüche zu vermeiden, bringt Catherine Beecher den Herd in einem besonderen Raum unter, der durch verglaste Schiebetüren von dem Vorbereitungsraum getrennt ist.

Anonyme Zwischenglieder verbinden die Entwicklung der sechziger Jahre mit den nächsten entscheidenden Schritten um 1910. Diese vernünftigen Schritte der siebziger und achtziger Jahre zur Planung von Küchen, die im Einklang mit den amerikanischen Bedürfnissen stehen, sind bisher noch nicht untersucht worden[15]. Es wäre lohnend, näher darauf einzugehen.

Mehr als vier Jahrzehnte, nachdem Catherine Beecher die Probleme klar herausgezeichnet hatte, erfolgte bis in alle Einzelheiten ein weiterer Ausbau.

Inzwischen hatte die amerikanische Frau alles und vielleicht noch mehr erreicht, als Catherine Beecher ursprünglich forderte. Der Einfluß der Frau auf das Leben war weit mächtiger geworden als in anderen Ländern, und mehr als anderen Orts ist sie für die guten wie für die gefährlichen Entwicklungstendenzen mit verantwortlich zu machen.

Zwar schritt man zur Haushaltsreorganisierung, um den Typ der übermüdeten Frau, die für nichts anderes mehr Kraft übrig hatte, abzuschaffen[16]; der entscheidende Anstoß aber wurzelt anderswo: in der wissenschaftlichen Betriebsführung. Wir sind auf sie und ihre Zerlegung des Arbeitsvorganges im Zusammenhang mit der Entwicklung des Fließbandes eingegangen. Sie gab den Anstoß, nun auch die uralten Arbeitsvorgänge im Haushalt neu zu beobachten, und zwar vorab in der Küche, durch Bewegungsstudien bei den einzelnen Verrichtungen und durch Analyse der Küchenplanung.

Wenn Frederick W. Taylor den Wirkungsgrad beim Kohlenschaufeln verbesserte, indem er die Griffe untersuchte und dementsprechend Schaufeln und Bewegung der Arbeiter änderte, oder Frank B. Gilbreth die Leistungsfähigkeit beim Ziegellegen durch Vermeiden von Bücken und richtige Anordnung der Werkzeuge außerordentlich steigerte, so begannen die amerikanischen Hausfrauen über den Wirkungsgrad ihrer Arbeit nachzudenken, auf ihre Handgriffe zu achten oder die Zahl der Schritte zu zählen, die für bestimmte täglich sich wiederholende Aufgaben nötig waren. Man war sich durchaus darüber klar, daß ein Haushalt nicht wie eine Fabrik betrieben werden konnte, aber man sah auch, daß nur durch präzise Analyse eine Arbeitsersparnis möglich war.

Der Gedanke lag in der Luft, Farmersfrauen dachten darüber nach, und sehr früh, 1909, unterbreitete eine Farmerin einen »Plan eines Kleinhauses, unter besonderer Berücksichtigung der Ersparnis von Gängen bei der Hausarbeit«[17]. Als Christine Frederick, eine der ersten Frauen, die sich eingehend mit dem Gedanken befaßten, »die wissenschaftliche Betriebsführung ins Heim zu tragen«, im Herbst 1912 in *The Ladies' Home Journal* eine Reihe von Aufsätzen über »Das

---

15 Siehe *Raum, Zeit, Architektur*, a.a.O., S. 243-44, wo wir einige Beispiele aus den siebziger und achtziger Jahren angeführt haben, die zeigen, wie man in Amerika den Aufgaben des Kochs und der Hausfrau in Grundriß und Anordnung der Küche Ausdruck zu geben verstand.

16 Frederick, *The New Housekeeping, Efficiency Studies in Home Management*, New York, 1913, Einleitung.

17 *The Journal of Home Economics*, Bd. I, Nr. 3, Baltimore, Juni 1909.

neue Haushalten – Wie es der Frau hilft, die ihre Hausarbeit selbst macht« veröffentlichte, stieß sie sofort auf weitesten Widerhall. Die Redaktion stellte jedem Aufsatz einen Hinweis auf die wissenschaftliche Betriebsführung voran. Im Jahr darauf erweiterte Christine Frederick ihre Aufsätze zu einem Buch, und in ihrer redseligen Einleitung erzählt sie, wie sie durch eine zufällige Unterhaltung ihres Mannes mit einem der neuen Betriebsingenieure angeregt wurde, die wissenschaftliche Betriebsführung auf den Haushalt zu übertragen.

»Habe ich mich nicht, mit Hunderten anderer Frauen, unnötig über Küchentische, Ausgüsse und Bügelbretter gebückt, genau wie die Maurer sich über ihre Backsteine bücken?«[18]

Die Antwort darauf gab sie schon in ihren Aufsätzen, die sie mit dem Geschirrspülen beginnt; sie stellte fest: »Ich bin mir jahrelang nie dessen bewußt geworden, daß ich beim Waschen allein 80 falsche Bewegungen machte, ohne andere beim Sortieren, Abtrocknen und Weglegen einzurechnen.«[19]

»Verlieren wir nicht Zeit mit Gehen in schlecht organisierten Küchen? (...) Könnten nicht die Hausarbeiten, wie ein Zug von Station zu Station, pünktlich abrollen?«[20] Man mag in dem leicht lesbaren Buch selbst nachschlagen, wie die Verfasserin versucht hat, die Prinzipien im einzelnen aus der Fabrik auf den Hausbetrieb zu übertragen. Und als sie wenige Jahre später ihren Standpunkt ausbaute, spürt man dieses Bestreben bis in den Titel: *Household Engineering. Scientific Management in the Home.* Das Wort »Hausbetrieb« (»Household Engineering«) wird an Stelle von Hauswirtschaft oder Hauskunde (Home economics) verwendet[21].

Organisierung des Arbeitsvorganges in Europa, um 1927

Zögernd und spät drangen die Methoden der wissenschaftlichen Betriebsführung in die europäischen Fabriken. Oftmals erwies es sich, daß die Verhältnisse nur eine fragmentarische Durchführung zuließen, denn große Serien waren nur für wenige Artikel möglich. Die Eindringlichkeit, mit der man um 1912 in Amerika

---

18 Frederick, *Housekeeping with Efficiency*, New York, 1913, Vorwort.
19 Frederick, »The New Housekeeping«, *Ladies Home Journal*, Bd. 29 Nr. 9, Philadelphia, Sept. 1912.
20 Frederick, *Housekeeping with Efficiency*, a.a.O., Vorwort.
21 Die Initiative zur Haushaltsreform (»Home Economics Movement«) ging vom Frauenkongreß aus, der 1893 auf der Chicagoer Ausstellung tagte. Der Kongreß stellte fest, daß »die Dinge, die den Haushalt betrafen, nicht mit dem Verlauf des Fortschritts Schritt gehalten« hatten, und zur Abhilfe wurde die »National Household Economics Association« gegründet, die – assoziiert mit mehreren Frauen-Clubs, und Vorgängerin der »American Home Economics Association« – die Reformbewegung hauptsächlich durch die Gründung von Haushaltsschulen unterstützte und die Einführung der Haushaltskunde in öffentlichen Schulen forderte. Vgl. *The Journal of Home Economics*, Baltimore, April, 1909, Bd. 1, Nr. 2, S. 185. Eine kurze Skizze dieser Bewegung findet sich in J. Brevier und S. Usher, *The Home Economics Movement*, Teil 1, Boston, 1906. Die Führerin der Haushaltsbewegung dieser Periode, Ellen H. Richards, formuliert als eines der Hauptziele: »Die Nutzung aller Mittel der modernen Wissenschaft, um das häusliche Leben zu verbessern« (ebd., S. 21).
 Die Idee einer »Hausbetriebsführung« ging unter anderem auch von dem Klassiker der Bewegungsstudien, Frank B. Gilbreth, aus, der 1912 der Hoffnung Ausdruck gab, »daß Hauswirtschaftslehrer und Wirtschafter bis zu einem gewissen Grade in der Lage sein werden, die Prinzipien der wissenschaftlichen Betriebsführung zur Lösung ihrer Probleme heranzuziehen« (*Principles of Scientific Management*, S. 4, Ausgabe von 1938).

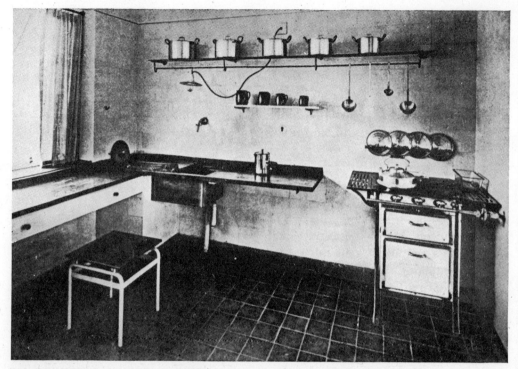

341. Zusammenhängende Arbeitsfläche: J. J. P. Oud, L-förmige Küche, Weißenhofsiedlung, Stuttgart. 1927. *J. J. P. Oud, der vor 1920 geräumige Arbeiterwohnungen in Holland mit Sorgfalt entworfen hatte, setzte seine Fähigkeiten bei der L-förmigen Küche in den Reihenhäusern der Weißenhofer Versuchssiedlung ein. Obwohl diese billige Küche mit der weißemaillierten, mechanisierten Küche von 1940 scheinbar wenig gemeinsam hat, zeigt ihre Organisation fast alles, was die Hersteller später in luxuriöser Ausführung anboten.*

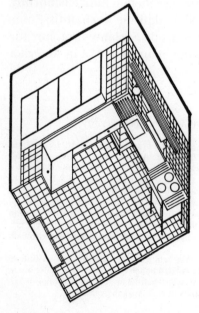

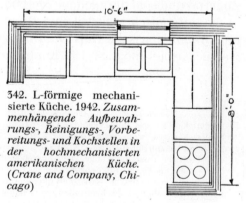

342. L-förmige mechanisierte Küche. 1942. *Zusammenhängende Aufbewahrungs-, Reinigungs-, Vorbereitungs- und Kochstellen in der hochmechanisierten amerikanischen Küche. (Crane and Company, Chicago)*

◀ 343. J. J. P. OUD: L-förmige Küche, Weißenhofsiedlung. 1927. Grundriß. *Zusammenhängende Aufbewahrungs-, Reinigungs-, Vorbereitungs- und Kochstellen.*

344. Teilweise zusammenhängende Arbeitsfläche: Die schwarze Küche. 1930. *Schon früh stellte die Industrie Hängeschränke, Unterschränke für den Platz unterhalb der Arbeitsfläche und eingebaute Spülen her. Aber die Küchenmöbel werden immer noch als isolierte Einzelstücke behandelt. Weder paßt der Herd zu den anderen Einrichtungen, noch ist er in den Arbeitsprozeß miteinbezogen.* (Kitchen Maid)

345. Verschiedenartige Einrichtungsgegenstände. Die von Lillian Gilbreth benutzte Versuchsküche, Brooklyn Gas Company. 1930. *Einer der ersten Versuche der amerikanischen Industrie, die Küchenarbeit durch eine Bewegungsanalyse, einen Schrittplan und eine kompaktere Aufstellung der verschiedenen Geräte zu rationalisieren. Angesichts des damals vorherrschenden Chaos bemerkte die Betriebsingenieurin Lillian Gilbreth: »Der Hersteller muß einsehen, daß er wenig darüber weiß, was die Hausfrau wirklich braucht.«* (Architectural Forum)

den Betrieb der Hauswirtschaft untersuchte, blieb nahezu völlig unbekannt oder in wenig beachteten Publikationen vergraben[22].

Der Ausgangspunkt für die Organisierung des Haushalts ist in Europa anderswo zu suchen: in der neuen Architekturbewegung. Das Bad, die Küche, der Grundriß, die ganze Organisation des Hauses hatten im neunzehnten Jahrhundert gegenüber dekorativen Überlegungen zurückzutreten. Die junge Architekturbewegung machte einen Strich durch die ganze Fassadenwirtschaft und verankerte sich im Funktionellen. Diese Beschränkung erwies sich als ein ausgezeichneter Heilprozeß.

So kommt, was auf dem Kontinent nun vor sich geht, weder von der Industrie noch von der wissenschaftlichen Betriebsführung her. Die Initiative ging vom Architekten aus. Er formuliert die Probleme des Hauses völlig neu und erobert die ihm zukommende Stellung wieder, die er im neunzehnten Jahrhundert verloren hatte. Er wird wieder der Spezialist, der den Rahmen für das Leben der Hausbewohner schafft. Er öffnet das Haus, formt die Innenräume, schafft die Möbeltypen und entdeckt sein soziales Gewissen. Die Küche wird keineswegs isoliert behandelt, sondern entsteht aus dem ganzen Hausorganismus. Durch diese Auffassung ergeben sich aber erstaunlich frühe Lösungen für die Organisierung des Arbeitsvorgangs.

1923 lud das Bauhaus im Weimar zum ersten Mal die Öffentlichkeit ein, um Einblick in seine Produktion zu gewähren, die es in Ausstellungen seiner Meister- und Schülerarbeiten, in Theateraufführungen und Festen zeigte. Bei dieser Gelegenheit wurde ein einziges Wohnhaus, das Haus am Horn[23], errichtet. Dort wurde die Küche – in L-Form – als Einheit aufgefaßt und dementsprechend architektonisch durchgebildet (Abb. 340). Ausgangspunkt bildet das Vorratszentrum; ein einfacher Küchenabguß und das Küchenbüfett füllen die Längswand. Das Büfett ist bereits in zwei unabhängige Teile zerlegt (base- and wall cabinet). Der Fensterplatz ist voll ausgenützt – etwa wie in der Küche der amerikanischen Craftsman-Bewegung um 1910. Eine breite Arbeitsfläche läuft dem als Kippflügel ausgebildeten Fenster entlang. Der Gasherd schließt unmittelbar und in gleicher Höhe an und setzt sich nochmals in einer Abstellfläche – bis zur Wand – fort, die man später als Teil der amerikanischen Tischherde ausbildete.

Auffallend an diesem vielleicht frühesten architektonischen Beispiel – die Einrichtung kam durch kollektive Arbeit im Bauhaus zustande – ist die Gliederung von Vorrats-, Reinigungs-, Vorbereitungs- und Koch-Zentrum, die durch gleich hohe Disponierung von Arbeitsflächen und Apparaturen betont wird. Auch die frei aufgehängten Behälter, die um die Ecke gehen, dürfen nicht übersehen werden.

In den zwanziger Jahren hatte Deutschland eine bedauerlich kurze Zeit kultureller Kreativität. Es zog Begabungen von überallher an und wußte sie zu verwen-

---

22 Irene Witte, *Heim und Technik in Amerika*, Berlin, 1928.
23 Adolf Meyer, *Ein Versuchshaus des Bauhauses in Weimar* (*Bauhausbücher* 3, hrsg. von W. Gropius und L. Moholy-Nagy), München, 1924, S. 52–53.

den. Auch in der Architektur wurde es eine Heimstatt für die junge Bewegung. Nach holländischem Beispiel entstanden seit 1919 überall Siedlungen für die Arbeiter- und Mittelklasse. So wurden für die großen Wohnanlagen, die in Frankfurt unter Ernst Mays Leitung in der zweiten Hälfte der zwanziger Jahre entstanden, holländische, schweizerische und österreichische Architekten mit hinzugezogen, um die Entwicklung zu beschleunigen.

Nirgends kam der Wille, die neue Bewegung zu fördern, großzügiger zum Ausdruck als in dem Beschluß des Deutschen Werkbunds im Jahre 1927, am »Weißenhof« bei Stuttgart unter der Leitung von Mies van der Rohe eine Siedlung zu errichten, in der ausländische Architekten neben ihren deutschen Kollegen zu bauen hatten. Auch der Holländer J. J. P. Oud befand sich darunter, dem für immer der Ruhm bleiben wird, die Arbeiterwohnung zum ersten Mal als eine künstlerische Aufgabe behandelt zu haben, nicht etwa durch Säulen oder Dekorationen, sondern durch einen sorgfältig ausgearbeiteten Grundriß, der bei geringsten Kosten menschenwürdige Räume und größtmöglichen Komfort bot (1919). Auf der Weißenhofsiedlung baute er eine Reihe Arbeiterhäuser. Dabei entstanden jene Küchen, die, unter Beobachtung weitestgehender Einfachheit, bereits die Lösung zeigten, die später Selbstverständlichkeit wurde (Abb. 341). Wenn man die primitiven Vorrichtungen, die Bretter und Borde den chrom- und emailgänzenden hochmechanisierten Küchen von 1940 gegenüberstellt, so scheinen im ersten Augenblick die Bindeglieder zu fehlen. In ihrer Organisierung jedoch enthalten diese Küchen so ziemlich alles, was später in luxuriöser Weise industriell hergestellt wurde.

Das Vorratszentrum unter den großen Fensterflächen besteht aus einem einfachen Speiseschrank, der vom Hof her ventiliert wird und über den die Arbeitsflächen laufen. Oud behandelte den Speiseschrank so wie Catherine Beecher 1869 ihren Mehlbehälter. Reinigungs- und Vorbereitungszentrum bestehen aus glatten Arbeitsflächen und einem schlichten Ausguß – anstelle des elektrischen Abfallzerkleinerers, wie er um 1940 propagiert wird. Ein eingebauter Abfalleimer ist vom Hof aus zugänglich. Im rechten Winkel folgt das Kochzentrum mit direkter Durchreiche zum Eßzimmer.

Im Jahr vorher, 1926, war in Deutschland ein Buch erschienen, das zufällig den gleichen Titel führte wie Christine Fredericks Buch von 1915[24]. Es erschien gerade zur rechten Zeit und wurde von Architekten, Industriellen und Hausfrauen gelesen. Dieses Buch beruht nicht auf unmittelbaren Anregungen der wissenschaftlichen Betriebsführung wie die gleiche Literatur in Amerika um 1910. Auch fehlt in Deutschland die lang zurückreichende amerikanische Tradition, die die Hausführung als Beruf auffaßte, und gerade deswegen war Dr. Erna Meyers Buch damals ein sensationeller Erfolg. Innerhalb eines Jahres erreichte es dreißig und insgesamt vierzig Auflagen. Der amerikanische Leser wäre über die primitiven

---

24 Dr. Erna Meyer, *Der Neue Haushalt. Ein Wegweiser zur wissenschaftlichen Hausführung,* Stuttgart, 1926.

Vorschläge erstaunt, die hier für die Erleichterung der Hausarbeit empfohlen werden.

Die Verfasserin hatte mit Oud die Organisierung der Arbeitsprozesse diskutiert, und ihm verdankt das Buch seine klare und formale Einfachheit. Es zeigt sich, daß der wahre Künstler die Linien der künftigen Entwicklung zu erfassen und vorzuzeichnen vermag, auch wenn er nur ein Küchenbrett in die Hand nimmt.

J. J. P. Oud stand nicht allein. Ob es sich um Mies van der Rohe, um Walter Gropius, um die elektrische Küche Josef Franks oder um die geplätteten, langgezogenen Arbeitsflächen Le Corbusiers handelte, überall zeigte sich das Bestreben, die Küche einheitlich zusammenzufassen[25]. Die Weißenhofsiedlung gibt nicht nur das Stichwort für die Ausbreitung der neuen Architektur und zum Teil für die konstituierenden Möbel dieses Jahrhunderts, sie löst auch bis zu einem gewissen Grad die Organisierung der Küche[26]. Die Bewegung griff rasch über den Kontinent hinaus[27], und um 1930 ist sie durchgedrungen.

In der Mitte der dreißiger Jahre übernimmt Amerika die Führung. Dort war inzwischen die ganze Maschinerie, die die Mechanisierung der Küche ausmacht, durchgebildet worden. Sie füllt nun den leeren Raum unter den Arbeitsflächen von J. J. P. Oud. Ehe wir zur Organisation des Arbeitsvorganges um 1935 und zu der darauffolgenden Entwicklung übergehen, wollen wir versuchen, die Vorrichtungen, die die mechanisierte Küche beherrschten, typologisch zu betrachten.

Die Mechanisierung der Feuerstelle

Der Herd: Konzentration der Wärmequelle

Die Geschichte der Küche, wie wir sie heute kennen, ist eng verknüpft mit einer immer stärkeren Konzentration ihrer Wärmequellen. Das offene Feuer des Herdes, Kohlen im gußeisernen Herd, Gas und schließlich der elektrische Strom folgten einander als Wärmespender. Ihre Zeiträume waren von unterschiedlicher Länge. Jahrhundertelang herrschte das offene Feuer vor. Während eines halben Jahrhunderts, von 1830 bis 1880, war der gußeiserne Herd vorherrschend. Zwischen 1880 und 1930 wird der Gasherd zur Selbstverständlichkeit, und von da an setzt, mit immer rascherem Tempo, die Zeit des elektrischen Herdes ein. Es handelt sich dabei um fließende Übergänge, nicht um starre Daten. Die verschiedenen Formen konkurrieren miteinander, und ehe eine bestimmte Heizquelle den Vorrang erhält, muß sie gewöhnlich eine lange Inkubationszeit durchlaufen.

---

25 Werner Gräff, »Innenräume«, hrsg. im Auftrage des Deutschen Werkbundes, Stuttgart, 1928, Küchen, Abb. 164-76. S. Giedion, »La Cité-Jardin du Weissenhof à Stuttgart«, *L'Architecture vivante*, Frühjahr-Sommer 1928.
26 Nun begann die Standardisierung der Küche und die Tendenz, sie extrem zu verkleinern, wie auf der Berliner Ausstellung von 1929, »Die Neue Küche«.
27 Für Schweden, vgl. O. Almquist, »Koekets Standardisering nagra synpunkter vit pagaende utredningsarbete«, in *Byggmaestaren*, Heft 9, 1927. Für die Schweiz, vgl. Gewerbemuseum Basel, die Ausstellung »Die praktische Küche«, Februar-März 1930.

Das offene Feuer, das Feuer im Herd, hielt sich durch die Jahrhunderte. Bis weit ins siebzehnte Jahrhundert war es oft die einzige Wärmequelle für die kalte Jahreszeit. Wie stark diese Tradition war, zeigen die Kamine der Kolonialzeit, deren Steinblöcke das mächtige Rückgrat des Hauses bildeten. In den großen Haushalten der Gotik, am burgundischen Hof oder in den Schlössern der großen Herren wurden mehrere Kamine in einem eigenen Küchenhaus vereinigt, wie in Dijon oder im Königspalast von Cintra in Portugal. Ihre Rauchabzüge, die in hohen Gewölben endeten, beherrschten den ganzen architektonischen Komplex.

Erst im fünfzehnten Jahrhundert, als das bürgerliche Bewußtsein erwachte, wurde die Küche zu einem besonderen Raum des Hauses. Aber sogar bis ins siebzehnte Jahrhundert diente sie oft als bürgerlicher Eßraum, »oft auch als Schlafraum« und gelegentlich sogar als Empfangssaal[28]. Sie war sauber gehalten, und die Reihen blitzenden Kupfergeschirrs wurden zu Prunkstücken, die auf den Bildern der holländischen Kleinmeister des siebzehnten Jahrhunderts so oft auftauchen. Wie man im späten fünfzehnten Jahrhundert im Bürgerhaus um den hohen Küchenkamin saß, feierte und sich vergnügte, zeigt eine Hieronymus Bosch zugeschriebene Zeichnung (Abb. 140).

Im siebzehnten Jahrhundert hörte die Küche auf, einer der wichtigsten Wohnräume zu sein, und wird ausschließlich zu einem Nutzraum[29]. Im neunzehnten Jahrhundert mit seiner wachsenden Bauspekulation und einer immer größer werdenden Stadtbevölkerung verlor die Küche ihren letzten Glanz.

Der gußeiserne Herd

Das Kaminfeuer geht durch die Jahrhunderte. Der gußeiserne Herd, mit Holz oder Kohle beheizt, beherrscht das neunzehnte. Dampfkessel und Eisenherd sind ebenso typisch für das neunzehnte Jahrhundert wie Wasserkraft und Elektrizität für unseres. In keinem Land gab es Eisenöfen und -herde in einer solchen Vielfalt wie in Amerika. Die englischen Beobachter weisen darauf hin – von Charles Dikkens in den vierziger Jahren, der von »rotglühenden Ungeheuern« spricht, bis zu Oscar Wilde, der vier Jahrzehnte später über die Wärme ausstrahlenden Dekorationen klagt, die oft in der Zimmermitte stehen. Der gußeiserne Ofen und Herd wurden damals so mit Amerika identifiziert wie später das Auto. Die verschiedensten Modelle gelangten von Amerika auf das europäische Festland und sogar nach England. In der europäischen Küche blieb der Kachelherd mit seiner gleichmäßigen Wärme vorherrschend, obwohl zu seiner Aufstellung Fachleute nötig waren, die ihn Kachel um Kachel zusammensetzten. Wenn auch aus anderen Gründen als die ästhetisch argumentierenden englischen Beobachter hatte Catherine Beecher praktische Einwände gegen den in den sechziger Jahren bereits vorherrschenden gußeisernen Herd: »Wir können nur bedauern, daß unsere alten

---

28 Havard, *Dictionnaire de l'ameublement et de la décoration depuis le XIIIe siècle jusqu'à nos jours*, Bd. 1, Sp. 1132.
29 Ebd., Sp. 1133

gleichmäßig heizenden Ziegelöfen jetzt fast vollständig von jenen Herden verdrängt sind, deren Möglichkeiten unbegrenzt sind und alle allgemeinen Regeln ausschließen.«[30]

Der Kochherd beruht darauf, daß die Wärmequelle auf einen begrenzten Raum konzentriert wird, und das ganze Können des naturwissenschaftlichen Jahrhunderts war nötig, um die Hitze wirksam zu kanalisieren und die Nachteile des Herdes zu überwinden. Wärmeausnutzung lag außerhalb des Gesichtskreises des Handwerkers. Das war ein Problem für den Physiker. Der Dampfkessel und der gußeiserne Ofen haben eine gemeinsame Voraussetzung: die wirkungsvolle Ausnutzung der Wärme durch richtige Leitung der Verbrennungsgase. So ist es verständlich, daß die Männer, die die Entwicklung des Herdes vorantrieben, nur selten ausgebildete Ofenbauer waren.

Benjamin Franklin baute zwar keinen Küchenherd, hatte aber vor der Mitte des achtzehnten Jahrhunderts einen Ofen entwickelt, den man in den Kamin stellte, um die ungenutzten Verbrennungsgase auszunutzen. Besonders in Frankreich, wie Franklin selbst zugibt[31], waren Versuche gemacht worden, die Wärmeausnutzung des Kamins zu verbessern. Franklins »Pennsylvania Fireplace« von 1742

346. Ofenplatte aus Gußeisen, Pennsylvania-Dutch-Ofen. 1748. *Der amerikanische Herd des neunzehnten Jahrhunderts entwickelte sich aus dem mit gußeisernen Platten versehenen Ofen der deutschen und schweizerischen Einwanderer. Die Inschrift lautet: W B [William Bransen]; K T F [Koven Tree (Coventry) Furnace]; Gotes Brynlein hat Waser die Fyle [Gottes Brünnlein hat Wasser in Fülle]. (Landis Valley Museum, Lancaster County, Pennsylvania)*

(Abb. 347)[32] ist der bekannteste von derartigen Versuchen geblieben, auch wenn er zu seiner Zeit durchaus kein Erfolg war. Anregungen fand er auch in dem in Pennsylvania üblichen »Dutch Stove«, den er auch »Holland Stove« nennt. Er war aus gußeisernen Platten zusammengesetzt. Franklin benutzte dasselbe Material, um eine »Luftkammer« zu bilden, in der »der Rauch auf- und absteigt und die Platten erhitzt« (Abb. 347). Hierdurch und durch weitere Verbesserungen gelang es

---

30 Beecher und Stowe, a.a.O., (1869), S. 175.
31 Nicolas Gaucher.
32 Van Doren in seiner Franklin-Biographie gibt das Datum 1740 an.

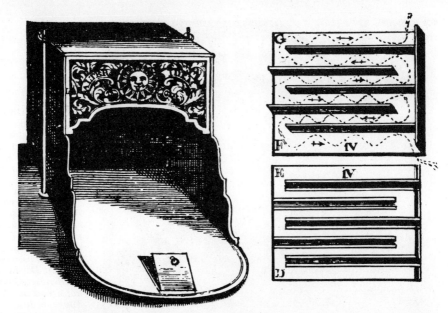

347. Konzentration der Wärmequelle: Franklin-Ofen. Um 1740. *Ein weiterer Schritt zum Gußeisenherd des neunzehnten Jahrhunderts. Die Wärmeleistung wird dadurch erhöht, daß die Rauchgase durch Abzugskanäle geleitet werden. Franklin erwähnt, daß sein Ofen auf früheren französischen Experimenten basiert.*

ihm, die abziehende Wärme besser auszunutzen und gleichmäßiger in den Raum ausstrahlen zu lassen[33].

Benjamin Thompson, Graf von Rumford (1753-1814), aufgewachsen im kolonialen Amerika, war ein britischer Offizier, bayerischer Staatsmann und Generalissimus und, worauf es hier ankommt, einer der großen Physiker des ausgehenden achtzehnten Jahrhunderts. Bereits erwähnt haben wir[34] Rumfords indirekt beheizten Ofen, den er für die Küche eines von ihm gegründeten Armenhauses in München baute und bei dem Hitze und Rauch in vielen Verzweigungen an den versenkten Töpfen vorbeigeführt wurden.

Rumford, der Erforscher der verborgenen Wärme, Erfinder von Suppen, die heute noch seinen Namen führen, Verfasser eines Aufsatzes »Über die herausragenden Eigenschaften des Kaffees und die Kunst, ihn in der höchsten Vollkommenheit zuzubereiten«[35] (der nicht nur Rezepte enthält, sondern auch verschie-

---

33 Es lohnt sich, Benjamin Franklins eigene Beschreibung nachzulesen, in der er die sechs verschiedenen Arten aufzählt, die für künstliche Wärmequellen in seiner Zeit zur Verfügung standen, und es ist aufschlußreich, daß er als Nachteil des »Dutch Stove« angibt: »Man erhält keinen Anblick des Feuers, was in sich selbst etwas Vergnügliches hat.« Und vom »German Stove«, bei dem das Feuer von einem anderen Raum aus eingeführt wird, bemerkt er: »Man sieht vom Feuer nicht einmal so viel wie bei dem ›Holland Stove‹.« Vgl. Jared Sparks, *The Works of Benjamin Franklin*, London, 1882, Bd. 6, S. 38. 43. 44.
34 Siehe oben, »Die Mechanisierung des Backens«.
35 Sir Benjamin Thompson, (Count) Rumford, *Complete Works*, 4 Bde., Boston, 1870-75, Bd. 4.

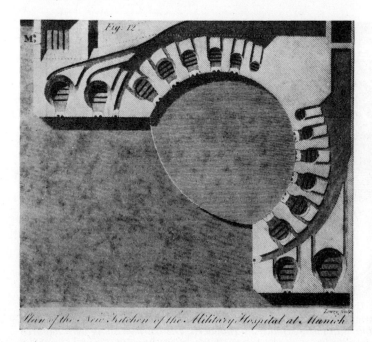

348. RUMFORD: Ovaler Herd für das Militärspital in München, spätes achtzehntes Jahrhundert. *Die Entwicklung des modernen Küchenherdes ist mit der Ausbreitung von Armenküchen und anderen Massenkochstellen eng verbunden. Beim Rumford-Herd hat eine Seite eine halbkreis- oder ovalförmige Vertiefung nach innen wie ein »maison de plaisance« (Lustschlößchen) im Rokoko. Der Koch muß nicht um den Herd herumgehen, er kann von der Mitte aus die Töpfe bedienen. (Rumford, Complete Works, Boston, 1870–1875, Bd. III)*

dene noch heute übliche Filtergeräte entwirft und vorschlägt, den Kaffee zum Getränk für die Massen zu machen) war mit seinem Reichtum an physikalischen Erfahrungen genau der richtige Mann, um den Herd zu vervollkommnen.

Das soziale Experiment, das er in München machte, wo er für tausend Menschen täglich in seiner Volksküche kochen ließ, bot ihm eine ausgezeichnete Gelegenheit dafür. Rumford baute aber auch große Herde für bayerische Adlige (Abb. 349), für Militärakademien (Abb. 348) und für Krankenhäuser in Italien. Alle waren nach einem ähnlichen Prinzip angelegt: Der Koch ging nicht um seine Töpfe herum, sondern überwachte sie von der Mitte aus, denn der Herd war halbrund geschwungen wie die halbkreisförmigen oder ovalen kleinen Lustschlösser im Park von Nymphenburg, wo Rumford häufig hinging. In ihrer Form waren diese Herde vom Geist des achtzehnten Jahrhunderts bestimmt und hatten keinerlei Ähnlichkeit mit den aufgetürmten Ungeheuern, die das neunzehnte Jahrhundert schuf. In einem seiner geistreichsten Essays, dem zehnten, hat Rumford sie genau beschrieben und aufgezeichnet. Diese 300 Seiten »On the Construction of Kitchen Fireplaces and Kitchen Utensils, Together with Remarks and Observations Relating to the Various Processes of Cooking and Proposals for Improving the Most Useful Art«[36] sind eine Fundgrube von Erfahrungen und Vorschlägen, auf der Grundlage umfassender theoretischer Kenntnis und einer Begabung für technische Lösungen. Es ist beinahe ein Umriß der kommenden Entwicklung.

---

36 Ebd., Bd. 3. Siehe auch in demselben Band den Aufsatz »Of the Management of Fire and the Economy of Fuel«.

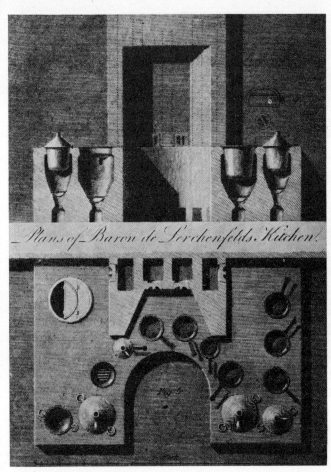

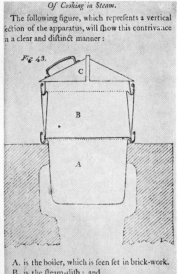

Of *Cooking* in *Steam*.

The following figure, which reprefents a vertical fection of the apparatus, will fhow this contrivance in a clear and diftinct manner:

Fig 43.

A. is the boiler, which is feen fet in brick-work.
B. is the fteam-dish; and
C. is the cover of the boiler, which is here made to ferve as a cover for the fteam-dish.
The fides of the fteam-dish (which is made of tin) are double, for the purpofe of confining the heat more effectually.

350. RUMFORD: Versenkter Dampfkochtopf.

349a. Rumfords Herd für einen bayrischen Edelmann, Querschnitt. *Die Hitze wird durch eingelassene Kochtöpfe konzentriert. Ein kompliziertes Abzugssystem sorgt dafür, daß auch die Seiten der Töpfe erhitzt werden.*

349b. Rumfords Herd für einen bayrischen Edelmann, von oben gesehen. *Das gleiche Prinzip ist noch ausschlaggebend: der Koch steht in der Mitte.*

Wie war die Küche zur Zeit Rumfords ausgestattet? Es gab im heutigen Sinne überhaupt keine Küchenausrüstung. Alles war noch zu erfinden. »Die Küche einer wohlhabenden Familie in diesem Lande«, schrieb er bei seiner Rückkehr nach England, »besitzt fast durchgehend nur große offene Kamine, in die ein langer Kohlenrost gestellt wird.«[37] Statt dessen schlägt er einen Herd vor, wie er ihn in München entwickelt hat, geht aber noch einen Schritt weiter. Er betont immer wieder, daß die Wärmequelle so stark wie möglich zu konzentrieren sei. Er erläutert »den Nutzen kleiner Eisenöfen und wie sie am besten konstruiert werden

---

37 Ebd., Bd. 3, S. 227.

351. Elektrischer Herd mit versenkten Kochtöpfen. 1943. Libbey-Owens-Ford Glass Company, Modell zur Zeit des Zweiten Weltkrieges, Entwurf von H. Creston Dohner. *Ein Waffeleisen, ein Mixer und versenkte Kochtöpfe sind vorhanden. Um die Küche in ein Spielzimmer oder ein Arbeitszimmer (Abb. 439) zu verwandeln, sind die Apparate mit Deckeln verschließbar. Der mit Glaswänden versehene Backofen steht links, der Kühlschrank rechts.*

können«[38]; er selbst hatte, vor 1800, »kleine Öfen für arme Familien« entworfen[39]. Am interessantesten ist in dieser Beziehung vielleicht »ein ganz einfacher Küchenherd« mit der von Rumford entwickelten versenkten Schmorpfanne, an der die Verbrennungsgase vorbeiziehen (Abb. 354). Die konisch sich verengende Feuerkammer ist aufgehängt wie ein Vogelnest. Diese Konzentrierung der Wärme, sowie die Aufhängung, die der Luft freien Zugang gewährt, legte das Schema für den rationellen Herd späterer Zeit fest.

Rumford gibt sich größte Mühe, das Publikum von den Vorteilen der Bratöfen mit ihrer gleichmäßigen Wärmestrahlung und größeren Saftigkeit des Fleisches zu überzeugen, und schlägt Bratöfen vor »aus einem hohlen Eisenblechzylinder, der an dem einen Ende geschlossen und eingemauert ist, so daß ein kleines Feuer direkt darunter brennen kann«[40] (Abb. 352).

Besondere Sorgfalt widmet er der Gestalt der Kochtöpfe, die über eine konzentrierte Wärmequelle gesetzt werden. Hier taucht der eiserne Herdring auf, der später verwendet wird, um den Herd an verschiedene Topfgrößen anzupassen. Wie man Dampf zum Kochen nutzen kann und wie man Wärme durch Übereinanderstellen von Töpfen spart, findet man hier in überrraschend präzisen Konstruktionen aufgezeigt. Die Wandungen der Dampftöpfe sind doppelt, »um die Hitze wirkungsvoller zu konzentrieren«. Schließlich fehlt auch nicht ein eleganter Vorschlag für eine durch Türen völlig abgeschlossene Kochnische, die schrank-

---

38 Ebd., Kap. VI.
39 Ebd., Bd. 3, S. 321.
40 Ebd., S. 257.

förmig in die Wand eingelassen ist. Rumford nennt sie eine »verborgene Küche«[41]. Manchmal geht Rumford Wege, die später nicht weiter verfolgt werden. Er betont, daß seine Vorschläge experimenteller Natur seien, obwohl sie auf einer reichen praktischen Erfahrung beruhen. Er tastet sich in ein unbekanntes Gebiet vor, und es gelingt ihm als kreativem Wissenschaftler oft, Dinge vorwegzunehmen, die später mühselig der täglichen Erfahrung abgewonnen werden.

Die stufenweise Verbesserung des gußeisernen Herdes in Amerika ist weitgehend eine Weiterentwicklung des Ofens der Pennsylvania Dutch. Es brauchte mehr als drei Jahrzehnte, ehe der Herd aus Gußeisenplatten sich zu verbreiten begann. Er erhält einen besonderen Rost, wie er schon lange bei Kaminen üblich gewesen war. Ein Aschenkasten wird angefügt und an einer Seite ein Bratofen, der von unten und oben von Abgasen erhitzt wird[42] (Abb. 353).

Der dritte Name, der mit der Entwicklung des Herdes verbunden ist, ist der eines Mannes, der noch am ehesten unter die Ofenbauer eingereiht werden kann, denn später widmete er sich diesem Handwerk. Es handelt sich um Philo Penfield Stewart (1798-1868), der als Missionar und Lehrer begann und zweitausend Meilen ritt, um einem Indianerstamm zu predigen. Er war an der Gründung des Oberlin College beteiligt und besaß die Gabe des Erfinders, die damals in Amerika so verbreitet war wie das Maltalent in der Renaissance. Philo Stewart hoffte in seinem College Arbeit und Studium so zu verbinden, »daß die Studenten dadurch für alle Ausgaben aufkommen konnten«. Die Schule wurde 1833 eröffnet, und im nächsten Jahr erhielt Stewart ein Patent für einen gußeisernen Herd, den er nach dem College »Oberlin Stove« nannte. Als er wenige Jahre vor seinem Tod ein letztes Patent eintragen ließ, war der Mechanismus aufs genaueste durchdacht und durch Gebrauch erprobt. Mit einem Blick auf die Zeichnung erkennt man, worauf es ihm von Anfang an angekommen war: möglichste Konzentrierung der Wärmequelle (man heizte hauptsächlich mit Holz); freie Aufhängung der Feuerkammer wie ein Vogelnest, wie in Rumfords Herd; Umgebensein dieser Kammer durch Luft; Perforierung ihrer Seitenwände, die sich, ebenfalls wie bei Rumfords Modell, nach unten verengen[43]. Es ist wohl anzunehmen, daß ein Mann wie Stewart die Schriften Rumfords, die eine ungewöhnliche Verbreitung hatten, kannte. Er ging trotzdem seinen eigenen Weg, denn er hatte seine allgemeinen wärmetheoretischen Erkenntnisse mit der Entwicklung des amerikanischen Herdes seit 1800 zu verbinden.

Als Stewart seinen ersten Ofen 1834 patentieren ließ, übertrug er die Patent-

41 Ebd., S. 460-67.
42 Über diese Entwicklung im einzelnen siehe William J. Keep, »Early American Cooking Stoves«, *Old Time New England*, Bd. XXII, Okt. 1931, mit einem Verzeichnis der amerikanischen Patente bis 1836.
43 Philo Stewarts Patente: 19. Juni 1834, 12. Sept. 1838 (Abb. 355), 18. Jan. 1859 (Nr. 22681), 28. April 1863 (Nr. 39022).

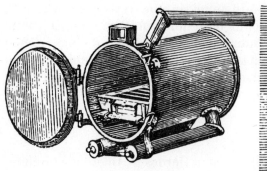

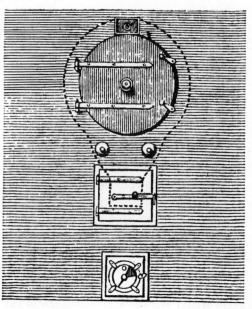

352a,b. RUMFORD: Eingebauter Bratofen. *Um das Fleisch gleichmäßig zu braten und den Fleischsaft zu erhalten, empfahl Rumford einen Bratofen »aus einem hohlen Eisenblechzylinder, der an dem einen Ende geschlossen und eingemauert ist, so daß ein kleines Feuer direkt darunter brennen kann«. (Rumford,* Complete Works, *Bd.* III)

353. Gußeiserner Kochherd aus Amerika. 1858. *Der Gußeisenherd, der sich aus dem Pennsylvania-Herd entwickelte, wurde in vielen einfallsreichen Varianten angeboten. Diese unterschieden sich durch eine effektive Anordnung der Feuerroste und Abzugskanäle. (Edison Institute, Dearborn, Michigan)*

A very simple and useful portable kitchen furnace, with its stew-pan in its place, are represented by the following figure:

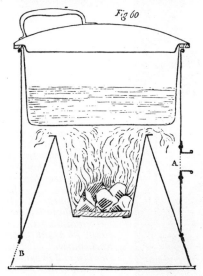

Fig 60

This furnace is made of common sheet-iron, and it may be afforded at a very low price. It is composed

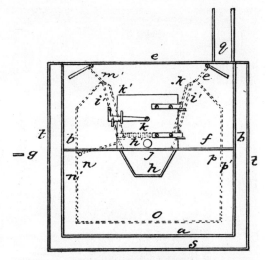

355. PHILO STEWART: Kochherd für Sommer und Winter. 1838. *Wirtschaftliche Kochgeräte wurden innerhalb eines Jahrhunderts vor allem von solchen Männern entwickelt, die von Beruf keine Herdbauer waren, wie zum Beispiel Franklin, Rumford oder dem Missionar und Erzieher Philo P. Stewart. Merkmale dieses Modells sind: äußerste Konzentrierung der Wärmequelle; eine freihängende Feuerkammer wie beim Rumford-Herd; und eine konische Feuerkammer mit perforierten Wänden. (U. S. Patent 915, 12. September 1838)*

354. RUMFORD: Tragbarer Eisenblechherd mit konischer Brennkammer. Um 1800. *Rumford, der Armenküchen einführte, hat später diesen brennstoffsparenden Herd für die Arbeiterklasse entworfen. Man beachte den versenkten Kochtopf mit dem geschickt ausgedachten Griff. Die Hitze wird in einer perforierten, konischen Brennkammer konzentriert.*

356. Kochherd mit Drehplatte. 1845. *Hunderte von Patenten um 1850 bezeugen das Interesse an Gußeisenöfen und -herden. Unkonventionelle Vorschläge wurden gemacht, wie z. B. diese arbeitssparende Vorrichtung, eine Drehplatte, um die Töpfe zu bewegen. »Durch Regulierung der Luftklappen können entweder die Drehplatte oder der festeingebaute Boiler oder beide gleichzeitig erwärmt werden.« (U.S. Patent 4248, 1. November 1845)*

357. Gasherd mit Arbeitsfläche. 1941. *In den frühen dreißiger Jahren ging der Herd mit Arbeitsfläche in Produktion. Das Ergebnis einer langen Entwicklung, die Standardform, ist eine Kombination von weißemailliertem Herd, Schrank und Küchentisch. Der Herd ist voll in den Arbeitsablauf integriert. (Tappan Co., Don Hadley, Designer)*

rechte, von denen er einiges Einkommen erwartete, seinem College. Das ist ein deutliches Zeichen dafür, daß wir uns in der Periode befinden, die vom Geschäftsdenken noch unberührt ist. Stewart verließ jedoch bald das Oberlin College und ging nach Troy, wo er innerhalb von dreißig Jahren etwa 90000 Öfen herstellte.

Es wird allgemein anerkannt, daß Philo Stewarts »Oberlin Stove« den Ausgangspunkt für die Technisierung des Herdes bildete. Nun beginnt die Zeit der Spezialisten und der technischen Verbesserungen. Um 1840 hat sich der gußeiserne Kochherd zu einem kräftigen, durchgeformten Typ mit Unterteil und Aufsatz entwickelt. Er erregte seinerzeit das gleiche Aufsehen wie ein Jahrhundert später die Stromlinienküche. Wie auf anderen Gebieten spielte sich die aktivste Erfindertätigkeit von der Mitte der fünfziger bis in die siebziger Jahre ab. Ein Reklameblatt aus dem Jahre 1848 zeigt sehr hübsch die Vielfalt der Möglichkeiten, die es damals gab: sowohl Holz- wie Kohlenfeuerung, bewegliche Roste und Platz zum Warmhalten (Abb. 358).

Der mit dem Herd kombinierte Kupfer-Boiler kam während der siebziger Jahre in Gebrauch (Abb. 360).

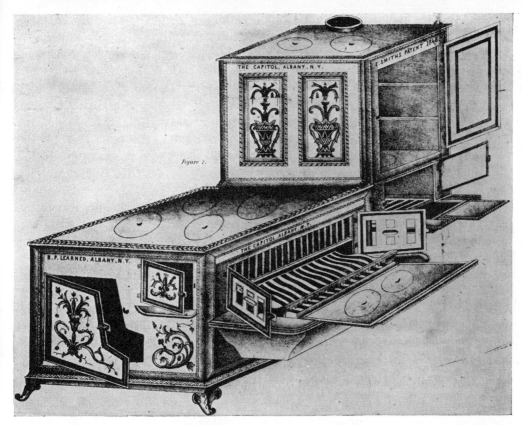

358. Amerikanischer Gußeisenherd. 1848. »Zwei Herde in einem.« *Dieses kraftvolle Werbeblatt zeigt, wie der Herd kurz nach Stewarts Patent von 1838 eine ähnliche Vielseitigkeit und Beweglichkeit wie die Patentmöbel der Zeit erhielt. Wie in den Entwürfen der Möbeltischler des achtzehnten Jahrhunderts sind auch in diesen Zeichnungen alle Türen geöffnet. (Bella C. Landauer Collection)*

Die Zeit des Gasherdes, 1880-1930

Eine weitere Konzentration der Wärmequelle wurde durch die Verwendung von Kohlegas möglich. Obwohl noch eine offene Flamme verwendet wird, wird sie nun durch die engen Grenzen eines Brennerringes eingefaßt.

Wie England im siebzehnten Jahrhundert in der Nutzung der Kohle für industrielle und Haushaltszwecke führend war, so war es während des neunzehnten Jahrhunderts allen Ländern in der Erzeugung und Verwertung des Kohlegases voraus.

Verglichen mit der raschen Popularität des Gases für Beleuchtungszwecke setzte es sich als Heizquelle erstaunlich langsam und spät durch[44]. Zwar wurden ver-

---

44 F. N. Morton, »The Evolution of the Gas Stove«, *Public Service*, Chicago, Juli 1908, Bd. XV. Morton zufolge wurde das erste englische Patent für Heizzwecke zu Beginn des neunzehnten Jahrhunderts an F. A. Windsor erteilt. Weitere Patente und Versuche: 1825, 1830 und 1832. Abbildungen bei Morton.

einzelte Anläufe in den ersten Jahrzehnten genommen, aber erst um die Jahrhundertmitte begann sich in England die Öffentlichkeit dafür zu interessieren. Man stellte Vorführküchen aus, in denen man mit einer Vielzahl von Gerichten bewies, wie gut dieser leichte Brennstoff im Haushalt verwendbar war.

Der Gasherd auf der Londoner Weltausstellung von 1851 mit einfacher gußeiserner Platte und spiralförmigen Brennern (Abb. 361), den ein Glasgower Restaurantbesitzer konstruiert hatte, war auf dem Weg zur künftigen Standardform.

Aber das Publikum nahm auch jetzt diesen Herd nicht an, der vor allem für Hotelküchen gekauft wurde. »Die Geschichte der Verwendung des Gases zum Kochen und Heizen weist« in den drei Jahrzehnten zwischen 1850 und 1880 »eine außerordentlich langsame Entwicklung auf«.

Eine englische Firma veranstaltete 1879 eine Ausstellung von »über dreihundert Vorrichtungen, bei denen Gas für andere Zwecke als zur Beleuchtung verwendet wird«[45] – für Herde, Öfen, Bügeleisen und andere Geräte für Wäschereien. Dies soll dem neuen Brennstoff erheblichen Auftrieb gegeben haben.

Um 1880 setzt langsam die Zeit ein, in der die Öffentlichkeit ihr Mißtrauen gegen den Gasherd zu verlieren beginnt. Aber man denke nicht, daß die große Masse jetzt rasch und widerstandslos von Holz und Kohle zu dem ungreifbaren Brennmaterial überging. In dem Katalog einer Chicagoer Firma wird 1889 betont[46]: »Seit acht Jahren wird der ›Jewel‹ von uns hergestellt (Abb. 362). Wir waren unter den ersten, die begriffen, daß Gas der Brennstoff der Zukunft sein wird. Ist die Verwendung des Gases zum Kochen ein ungewöhnlicher Luxus? Nein, ein Gebot der Sparsamkeit. Allmählich ist das verbreitete Vorurteil dagegen im Schwinden begiffen.«[47]

Noch um 1910 werden »kombinierte Kohle- und Gasherde« angeboten[48]. Und selbst um 1915 noch werben die Kataloge in Gedichten mit dem immer wiederkehrenden Refrain: »Save the Wife her Time and Care: Cook with Gas.«[49] Immerhin wird 1910 in Amerika halb soviel Gas wie für Beleuchtung für Brennzwecke verbraucht.

Unendlich mühsam schält sich die reine Form des Gasherdes um 1930 heraus, also zu einer Zeit, als er bereits mit einem neuen Konkurrenten, dem elektrischen Herd, zu rechnen hatte. Man schien sich von seinem Vorbild, dem Kohleherd, einfach nicht lösen zu können, und bei den größeren Typen wurden der Backofen und der Bratrost immer noch über der Herdfläche angebracht. Bei den kleineren Herden führte dies zu einem irgendwie giraffenartigen Aussehen. Auf den ersten Blick unterscheiden sie sich vom Kohleherd allein durch das tischähnliche Gestell, dessen geschwungene und stark ornamentierte gußeiserne Beine einem Ro-

---

45 Dies und die oben gemachten Angaben nach Morton, a.a.O.
46 Vor dieser Zeit hatte man sich in Amerika mit seinem Petroleumreichtum auf Benzinöfen spezialisiert, die später verbessert wurden und überall im Lande noch in Gebrauch sind (Kerosinöfen).
47 George F. Clark & Co., 179 N. Michigan Ave., Chicago, Jewel Gas Stove Catalogue; ein Exemplar im Edison Institute, Dearborn, Michigan.
48 Der Katalog der Fuller and Warren Company, Troy, N. Y.; Exemplar in der New York Public Library.
49 Katalog der Standard Lighting Company, der American Stove Company, Cleveland, Ohio: »New Process Gas Ranges«; Exemplar in der New York Public Library.

359. Kombinierter Kamin, Boiler und Gußeisenofen. 1806. *Dieser frühe Entwurf eines Freundes von Oliver Evans, dem Erfinder des Fließbandes, sah die Kombination von Boiler, Ofen und Kamin vor. »Durch Öffnen oder Schließen einer Luftklappe können sie nach Belieben durch die gemeinsame Feuerung beheizt werden. Ein bis in die Küche reichendes Rohr mit einem Messingwasserhahn sollte mit dem Boiler verbunden werden, so daß heißes Wasser nach Bedarf zur Verfügung steht.«* (S. W. Johnson, Rural Economy, 1806)

360. Verbesserter Herd mit Boiler. 1871. *Zu dieser Zeit kam der heute noch in amerikanischen Farmhäusern zu findende, aufrecht-freistehende, unisolierte Boiler in Gebrauch.* (Manufacturer and Builder, New York, November 1871)

kokosalon zu entstammen scheinen. Diese Modelle hatten ihre Zeit von den neunziger Jahren bis ins zweite Jahrzehnt unseres Jahrhunderts. An der üppigen Ornamentierung aus glänzendem Metall verrät sich die innere Unsicherheit und Hilflosigkeit einer prosperierenden Periode.

Diese Spielereien sind jedoch ganz nebensächlich, viel entscheidender war, daß auch der Gasherd, weil er sich nicht von der Form des Kohleherdes lösen konnte, in einer besonderen Zone isoliert wurde, die seine Eingliederung in den Arbeitsvorgang der Küche aufhielt.

Parallel dazu entwickelte sich jedoch eine andere Form, die der Natur des Gasherdes mehr entsprach. Bei ihr dominiert die glatte Herdplatte, durchbrochen von kreisrunden Brennern, wie bei dem Modell, das auf der Weltausstellung von 1851 gezeigt wurde. Bratrost und Backofen bilden den Sockel, und auf beiden Seiten erweitern durchbrochene Abstellflächen die Herdfläche.

Die weißen emaillierten Flächen, die den Herd später überziehen sollen und

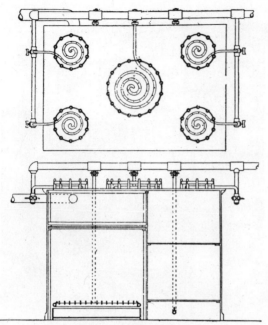

Graham's Gas Range, Glasgow, 1851.

361. Gasherd. Glasgow, 1851. *Schon im frühen neunzehnten Jahrhundert wurden Gasvorrichtungen für Heizzwecke patentiert. Nur langsam verbreitete sich die Verwendung von Gas beim Kochen. Dieser Gasherd mit spiralförmigen Brennern und einer schlichten, gußeisernen Oberfläche ist ein Vorläufer der späteren Standardform. Gas zum Kochen wurde fast ausschließlich in Hotels verwendet.*

362. Gasherd. 1889. *Um 1880 »ist das weitverbreitete Vorurteil allmählich im Verschwinden begriffen«. Anfänglich wurde das mit einem Backofen im Unterteil versehene Modell in England entwickelt (Abb. 361) und wurde seit den achtziger Jahren in den Vereinigten Staaten produziert. Später wurden der Gasherd wie auch der frühe Elektroherd nach dem Vorbild des Kohlenherdes mit aufgesetztem Backofen (Abb. 353) gebaut. (George M. Clark and Co., Chicago. Jewel Gas Stove-Katalog in der Sammlung des Edison Institute, Dearborn, Mich.)*

das Aussehen der ganzen Küche tiefgreifend verändern, fanden bereits um 1910 Verwendung, allerdings damals begrenzt auf die Herdoberfläche und das Spritzbrett an der Rückwand[50].

Aus dem englischen Typ mit glatter Platte, den seitlichen Abstellflächen, Backofen und oft einem Bratrost als Sockel entwickelten die Amerikaner nach 1930 ihren »Tischplatten-Herd« (table-top range). Die schwarze Platte hat sich jetzt in eine weiß emaillierte Arbeitsfläche verwandelt, die nur zur Linken von den Brenneröffnungen durchbrochen wird. Die frühen Modelle tauchen um 1931 unter dem Namen »kompakter Tischplattenherd«[51] (Abb. 363) auf, obwohl sie keine ei-

---

50 Katalog der Reliable Stove Company, American Stove Company, Cleveland, Ohio: »Reliable Gas Stoves and Ranges«, 1914; Exemplar in der New York Public Library. Siehe S. 10: »Vor einigen Jahren führten wir (...) die schöne Emaillierung ein, die sich als ein durchschlagender Erfolg erwiesen hat. (...) Heute betreiben wir eine der größten Emaillierfabriken.«

51 Katalog der Standard Gas Equipment Corporation, 18 East 41th Street, New York, N. Y.: »Gas Ranges for Apartments, Residences and Housing Developments«, S. 9; Exemplar in der New York Public Library.

363. Kompakter Tischplatten-Gasherd. 1931. »*Neuester* ›*Table Top*‹-*Stil. Klappbarer Deckel.*« *Der Beginn der Anpassung des Herdes an die anderen Arbeitsflächen.* (Katalog *der Standard Gas Equipment Corp., New York*)

gentliche Arbeits- oder Abstellfläche haben. Die Kataloge heben hervor, daß der neue Herd »kleinere Küchen und bessere Küchenplanung möglich macht«. Der Einfluß der Haushaltsplanung wird fühlbar.

Daß die Gasindustrie in dieser Zeit führend war, ist nicht weiter verwunderlich. Sie besaß lange Praxis in der Einrichtung von Schauküchen, die mit Haushaltsgeräten ausgestattet waren. Zu Beginn der dreißiger Jahre reisten Schauküchen als Anhänger durch das ganze Land. Wie wir bei der Betrachtung des Arbeitsvorganges um 1935 sehen werden, war die Gasindustrie im kommerziellen Bereich führend in der Anwendung der wissenschaftlichen Betriebsführung auf die Küche.

Auch die Automatisierung des Herdes, die in Amerika während der Zeit der Vollmechanisierung mit so großer Sorgfalt vervollkommnet wurde, ist vom Gasherd ausgegangen. 1915 tauchte der Ofenregulator auf, ein Thermostat, der diesem Zweck angepaßt wurde, die erste bemerkenswerte Erfindung seit der Jahrhundertmitte[52]. Damit setzt die mechanische Zeit- und Temperaturregulierung ein, die sich später, besonders beim elektrischen Herd, zu einer amerikanischen Spezialität entwickelte.

Der Tischplattenherd paßt sich in der Höhe den übrigen Arbeitsflächen an und ist, wie die Hersteller betonen[53], in seinen Proportionen so gehalten, daß er mit den an der Wand entlanglaufenden Schränken eine Einheit bildet. Bald verschwinden die verkürzten Beine ganz. Der Tischplattenherd mit seinen Schubla-

---

52 »Die erste bedeutende Neuentwicklung war der Lorrain-Ofenregulator von einem Ingenieur der American Stove Company.« Vgl. *American Gas Journal*, Bd. 140, N. Y., Mai 1934, S. 110.
53 Standard Gas Equipment Corp., a.a.O.: »Der ›table top‹ von 36 Zoll Höhe paßt genau zu den Schränken.«

den für Zubehör hat seine Standardform gefunden. Er ist ein Möbelstück unter anderen. Die Konzentrierung der Wärmequelle ist logisch zu ihrem Abschluß gekommen.

Elektrischer Strom als Heizquelle

Durch den elektrischen Strom schrumpft die Wärmequelle zu einer bloßen Drahtspirale, einem dünnen Widerstand, den der Strom zum Glühen und zur Ausstrahlung von Hitze bringt. Von Anfang an bestand die Aufgabe darin, diese Wärme in enge Berührung mit dem zu erwärmenden Gegenstand zu bringen. Technisch wurde das Problem auf verschiedene Weise gelöst, ohne daß etwas prinzipiell Neues hinzukam. Jetzt braucht es nicht einmal die Zeit, ein Zündholz anzustecken, um Wärme zur Verfügung zu haben.

Daß die Wärme keine sichtbare Quelle hatte, widersprach uralten Assoziationen von Wärme mit einer Flamme. Das Publikum war jedoch durch die Gasfeuerung für neue und unbekannte Methoden aufgeschlossen. Die Einführung des Gasherdes hatte acht Jahrzehnte gedauert, während der elektrische Herd nur etwa die halbe Zeit brauchte, um sich durchzusetzen. Die Mechanisierung im Haushalt, die früher ein Grund des Mißtrauens und Zögerns gewesen war, wurde zum stärksten Kaufanreiz.

Es gab Widerstände, aber sie lagen mehr in der Natur der Sache. Das Stromnetz war unvollkommen ausgebaut, der Strompreis zu hoch, die Geräte zu teuer und für den Haushalt zu empfindlich.

Lange Zeit hatte alles, was mit dem Strom zusammenhing, für das Publikum etwas von einem Wunder an sich. Es hatte tatsächlich etwas Märchenhaftes, als der siebzigjährige Michael Faraday im Jahre 1862 die englischen Leuchttürme aufsuchte und dabei zum ersten Mal die praktische Anwendung seines Lichts oder des »magnetischen Funkens«, wie er es nannte, sah, das drei Jahrzehnte zuvor in seinen Händen aufgegangen war.

Als man gegen Ende der achtziger Jahre mit dem Gedanken spielte, den Strom zum Kochen zu verwenden, kam dies den Zeitgenossen eher wie Zauberei als wie eine nützliche Erfindung vor. In einer der damals so zahlreichen populären wissenschaftlichen Broschüren wird von einer kanadischen Erfindung berichtet, »die dieses phantastische Desideratum erfüllt« – mit Elektrizität zu kochen (Abb. 364)[54]. Die Beschreibung ist dadurch besonders phantastisch, daß der Erfinder behauptet, mit diesem Apparat Kekse gebacken zu haben, denen ein undefinierbarer »elektrischer Geschmack« zugeschrieben wird.

Doch das elektrische Kochen holt schnell auf. Um 1890 setzten die ersten prak-

---

54 Max de Nansouty, *L'Année industrielle*, Paris, 1887, S. 14.

364. Imaginäre elektrische Küche. 1887. *Gegen Ende der achtziger Jahre fand Elektrizität allmählich im Haushalt Anwendung. Unter seltsamen »kanadischen Erfindungen« befindet sich eine Art elektrischer, durch eine Batterie beheizter Kochtopf, dessen Wände als Leiter dienen. Dem darin gekochten Essen wurde nachgesagt, einen »elektrischen Geschmack« zu haben. Diese Darstellung erinnert an die Schilderung von Alchemistenküchen.* (Max de Nansouty, L'Année industrielle, *Paris* 1887)

tischen Versuche in England ein. 1891 soll bei einer Elektrizitätsausstellung im Londoner Kristallpalast die neue Heizkraft dem Publikum zum ersten Mal vorgestellt worden sein[55].

In einem übertraf die Chicagoer Weltausstellung von 1893 ihre unmittelbare Vorgängerin in Paris mit dem Eiffelturm und der »Halle des Machines«: Sie gab eine Vorführung elektrischer Beleuchtung, wie man sie nie zuvor gesehen hatte. Eine ganze Anzahl von Industriellen hatte beherzt begonnen, in verschiedenen Richtungen mit Elektrizität zu experimentieren. Zur Ausstellung gehörte auch eine »elektrische Modellküche« (Abb. 365), mit einem kleinen Elektroherd, elektrischem Bratrost und Elektrokochern.

Wie man um 1850 Schaukochen veranstaltete, um für den Gasherd um Vertrauen zu werben, so bediente man sich nun, vier Jahrzehnte später, der gleichen Strategie, um das elektrische Kochen populär zu machen. Es wird berichtet, daß der Algonquin Club in Boston ein Schauessen für zwanzig Personen veranstaltete, bei dem ein vollständiges Menü (vom Brot zu Fisch, Rindsbraten und Kaffee) elektrisch zubereitet wurde und dabei der Brennstoffpreis für jede Person kaum mehr

---

55 Society for Electric Development, Inc., N. Y., *The Electric Range Handbook*, New York, 1919, S. 48.

365. Die elektrische Küche, »Columbian Exhibition«, Chicago. 1893. *Auf der »Columbian Exhibition« 1893 wurde in einem bis dahin ungekannten Maße elektrische Beleuchtung vorgeführt. Das Betreiben von Haushaltsgeräten mit Strom wurde in der ersten elektrifizierten Küche gezeigt. Jeder Kochtopf, Wasserkocher, Backofen oder Boiler wurde an getrennte Steckdosen angeschlossen, ein Prinzip, das man in der Küche um 1940 wieder anwandte (Abb. 436a,b).*

366. Elektrischer Kochtopf, »Columbian Exhibition«, Chicago. 1893.

als einen Cent betrug[56]. Aber dieses Essen scheint ebensowenig überzeugend gewirkt zu haben wie das elektrisch gekochte Bankett, das zu Ehren des Lord Mayor von London 1895 stattfand. Es folgte eine Wartezeit von 1890 bis 1910. Die elektrischen Herde, die nun auftauchten, glichen in ihrem giraffenartigen Aufbau den zeitgenössischen Gasherden. »Zwischen 1909 und 1919«, stellt ein zeitgenössisches Handbuch fest, »hatten die Hersteller von Elektroherden die vollkommenste Kochvorrichtung entwickelt, die es auf der Welt gab.«[57]

---

56 *Electricity at the Columbian Exposition*, Chicago, 1894, S. 402.
57 Society for Electric Development, a.a.O.

367. Kochherd von General Electric. 1905. *Während seiner Entwicklungszeit diente der Gasherd mit aufgesetztem Brat- oder Backofen dem Elektroherd als Vorbild. Man ging mit Strom für Heiz- und Kochzwecke noch sehr vorsichtig um. (General Electric Corp., Schenectady, New York)*

368. Kochherd von General Electric. 1913. *Der Gasherd wird weiterhin nachgeahmt. Beiden Modellen liegt eine Verkleinerung der Heizelemente zugrunde. (General Electric Corp., Schenectady, New York)*

369. Der »Elektroherd für jedermann«:
Versandkatalog. 1930. *Das Vorbild des
gußeisernen Kochherdes ist noch erkennbar. Der Versandkatalog ist ein jährli-
cher Indikator für den Stand der amerikanischen Zivilisation. Jeder in ihm ent-
haltene Artikel ist ein Massenprodukt geworden. (Montgomery Ward and Co. Katalog, 1930)*

Verschiedene Produzenten lieferten jetzt Strom zum Kochen zu einem niedrigen Preis, und das Stromnetz breitete sich aus. Es wird erkannt, daß der elektrische Herd ein großer Stromverbraucher ist, und moderne Verkaufsorganisatio-
nen werden gebildet, um den nötigen Anreiz zu geben. Später werden sie in den
meisten Elektrizität produzierenden Ländern nachgeahmt.

Doch für 1919 war dieser Optimismus vielleicht zu rosig. Fünf Jahre später
nämlich erfahren wir aus einer langen Aufsatzreihe über die elektrische Küche
für private Haushalte, daß Enttäuschungen nicht ausblieben. »Manche, die elektrisch zu kochen versucht haben, haben es wieder aufgegeben wegen der riesigen
Reparaturrechnungen und der Unbequemlichkeit infolge des Ausbrennens der
Elemente. Das zeigt, daß die elektrischen Kochgeräte noch immer zahlreiche
Mängel haben und genügend Raum für Verbesserungen ist.«[58]

Über die Entwicklung des Typus ist kaum viel mehr zu sagen als beim Gasherd.
Die elektrischen Herde sind den Gasherden nachgebaut, und zwar, wie wir bereits erwähnten, dem Typ, der auf einem Gestell ruht und oberhalb der Kochfläche Backofen und Grill hat. Bis 1930, als der elektrische Herd populär zu werden

---

58 H. Bohle, »The Electrical Kitchen for Private Houses«, *Electricity*, Bd. 38 (New York, Juli-August 1924).

370. Elektroherd. 1932. *Der Elektroherd steht noch auf Füßen, wie der Gasherd in Abb. 363. Das Modell mit Arbeitsfläche, das eine direkte Nachahmung des Gasherdes ist, blieb noch unvollendet. (General Electric Corp.)*

371. Elektrischer Tischplattenherd. 1942. *Der weißemaillierte, mit Zeit- und Temperaturautomatik ausgerüstete Elektroherd ist zum Standardmodell geworden. (General Electric Corp., Schenectady, New York)*

begann, war der Gasherd führend und fand offenbar als erster zur Tischplattenform, die die heutige Standardform ist. Von dem Zeitpunkt an, als die großen Elektrofirmen dazu übergingen, ganze Kücheneinheiten zu verkaufen und ihrerseits den Arbeitsvorgang zu erforschen, übernimmt der elektrische Herd die Führung. Dies geschieht in der Mitte der dreißiger Jahre. Nun hat er ein strahlendes weißes Emailgehäuse, und der Backofen kann nicht mehr von der Schublade für Geräte unterschieden werden. Der Herd ist in der Küche aufgegangen. Und noch deutlicher als dort, wo eine Flamme sichtbar ist, kann man sehen, wie die heutige Küche sich aus dem Anrichteraum entwickelt hat, dem Raum mit den durchlaufenden Arbeitsflächen, wo die Dienstboten großbürgerlicher Häuser letzte Hand an die Speisen legten.

Die Verminderung der Hausarbeit durch die Mechanisierung der Arbeitsvorgänge war, wie wir zu Beginn des Kapitels bemerkten, am augenfälligsten auf dem Gebiet der Reinigungsprozesse: Waschen, Bügeln, Geschirr-, Teppich- und Möbelreinigung. Parallel dazu verlief die Automatisierung der Wärmequellen und der Kälteerzeugung.

Wann tauchten die Methoden, die zur Mechanisierung der verschiedenen Arbeitsvorgänge führten, zum ersten Mal auf?

Auch hier lautet die Antwort wie so oft: in den fünfziger und sechziger Jahren. Um sofort einen Überblick zu gewinnen, wollen wir hier die verschiedenen Kategorien einmal in zeitlicher Abfolge nebeneinanderstellen. Wir werden die verschiedenen Typen, die später von der Entwicklung aufgegriffen werden, in der Reihenfolge ihres ersten Auftretens namhaft machen.

Zeitlich beginnt die Reihe 1858 mit dem Teppichreinigen[59]. Das Ziel ist, das Hin und Her der die Bürste führenden Hand und das Bücken auszuschalten. Dies erreicht man, indem man einen Stiel mit einem rotierenden Mechanismus verbindet. Das Prinzip des Staubsaugers, des transportablen Handapparates mit reiner Saugwirkung, wie er sich nach vielen Umwegen sechs Jahrzehnte später durchsetzte, wurde 1859 erfunden und klar erfaßt[60] (Abb. 372, 373).

Dieses Patent von 1859, das erste in der langen Reihe der reinen Saugtypen, soll, wie der Erfinder sagt, die »schädigende« Wirkung rotierender Bürsten ausschalten. »Die bis heute entwickelten Teppichkehrmaschinen funktionieren mittels einer die Teppichoberfäche berührenden Bürste. (...) Meine Erfindung verwendet ein rotierendes Gebläse (F) anstelle der Bürste.«

Dieses Gebläse besteht aus vier Metallflügeln, die um eine Achse gelagert sind. Mittels einer großen Übertragung wird es durch das Rad, das auf dem Teppich gleitet, in rasche Bewegung versetzt, so daß »der Staub in den Kehrichtbehälter geblasen und der Teppich sauberer wird als mit der rotierenden Bürste«. Der Erfinder betont besonders, daß der Ventilator »so eingestellt ist, daß er mit dem Teppich nicht in Berührung kommt«.

Die mechanischen Geschirrspüler kamen der Lösung, die sich sechs Jahrzehnte später durchsetzte, am verblüffendsten nahe. Ähnlich wie beim Schloß von Yale werden im einzelnen technische Verbesserungen eingeführt, aber im Prinzip

59 Im Jahre 1858 wurden fünf und 1859 neun Patente erteilt.
60 U.S. Patent 224888, 4. Januar 1859: Teppichkehrmaschine mit Gebläse.

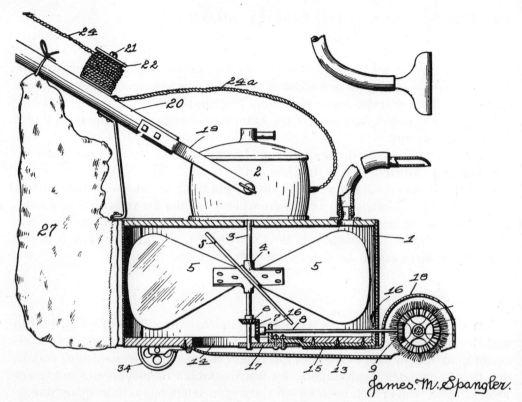

James. M. Spangler.

372. Elektrischer Staubsauger. 1908. *Das Prinzip der ersten Teppichkehrmaschine, die nur mit Saug-kraft arbeitete, setzte sich durch, als ein leichter elektrischer Antrieb sechs Jahrzehnte später endlich die praktische Anwendung ermöglichte. Heute werden Motor, Saugvorrichtung, Gebläse und Staubbehälter in einem mit Rädern oder Kufen versehenen Gehäuse untergebracht. (U.S. Patent 889 823, 2. Juni 1908)*

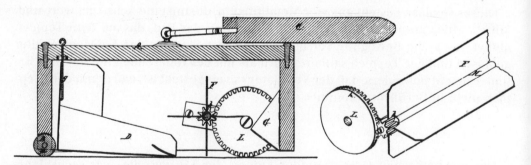

373. Festlegung der Grundform: Teppichkehrmaschine mit Gebläse. 1859. *Die erste nur mit Luftdruck arbeitende Maschine; allerdings wird der Staub nicht aufgesaugt, sondern hereingeblasen. »Die bis heute entwickelten Teppichkehrmaschinen funktionierten mittels einer die Teppichoberfläche berührenden Bürste. (. . .) Der Zweck meiner jetzigen Erfindung ist, den Nachteil der Teppichabnutzung zu verhin-dern. Durch das rotierende Gebläse wird der Staub in den Kehrichtbehälter geblasen, und so wird der Teppich sauberer als mit der Bürste.« (U.S. Patent 22 488, 4. Januar 1859)*

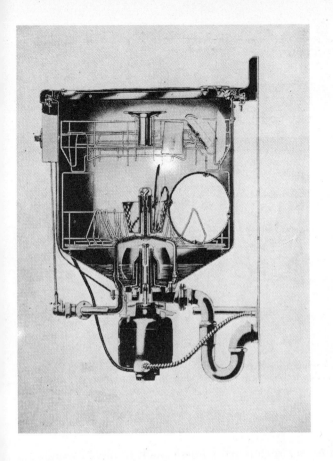

374. Elektrische Geschirrspülmaschine. 1942. Querschnitt. *Die moderne Geschirrspülmaschine unterscheidet sich außer durch den kleinen Elektromotor, der sie möglich macht, nicht grundlegend von dem Turbinenprinzip von 1865. (General Electric Corp.)*

wird nichts mehr verändert. Die mechanische Lösung für den Vorgang des Geschirrwaschens besteht darin, Wasser gegen die zu reinigenden Objekte zu schleudern. Dies geschieht durch rotierende Metallflügel, die am Boden des Behälters angebracht sind und das Wasser nach oben treiben. Um dessen Wirkung voll auszunutzen, werden die Teller in einem bestimmten Winkel in feste Drahtgestelle gesteckt, so daß das Wasser tangential auf sie auftrifft. Es ist eine Art umgekehrte Turbine. Diese Lösung wurde 1865 vorgelegt (Abb. 375)[61]. Der Vorgang mag mit den Worten des Erfinders näher erläutert werden: »Durch geeignete Biegung der Drähte des Drahtgestells nehmen die Teller und ähnliches Geschirr eine den gebogenen Drähten entsprechende tangentiale Position ein, (...) wodurch das Wasser zwischen sie geschleudert wird, sowohl auf ihre Vorder- wie Rückseite auftrifft und sie gründlich abwäscht.« Auch andere Einzelheiten sind mit großer Sorgfalt und Einsicht ausgeführt, einschließlich des Metallrings, der am oberen Rand des Behälters befestigt ist, »um zu verhindern, daß das Wasser gegen die Unterseite des Deckels schlägt und an den Rändern des Behälters ab-

---

61 U.S. Patent 51000, 21. November 1865.

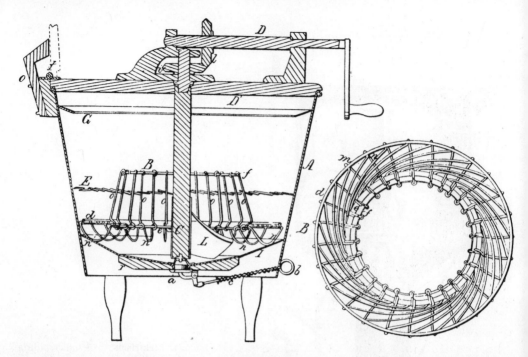

375. Festlegung der Grundform: Geschirrspülmaschine. 1865. »*Nachdem das Wasser zur Außenwand hin zwischen das Geschirr geschleudert wurde, fließt es wieder zur Mitte zurück. Aufgrund der tangentialen Stellung der Teller kann das Wasser zwischen ihnen durchgeschleudert werden.*« (*U.S. Patent* 51000, 21. *November* 1865)

fließt«. Dieses Detail findet in etwas verfeinerter Form noch heute Anwendung. Auch die Geschirrspülmaschine gehörte bis zur Einführung des elektrischen Motors zu den »Vorratserfindungen«, da der Handbetrieb zu mühselig war. Im Gegensatz zum Kühlschrank hat der Geschirrspüler noch in den vierziger Jahren eine verhältnismäßig beschränkte Verbreitung.

Viel schwieriger ist es, genau zu datieren, wann die Waschmaschine, die die mühseligste Hausarbeit so erfolgreich mechanisieren sollte, zuerst auftauchte. Auf wenigen Gebieten – beim Revolver und den gußeisernen Öfen – ist die amerikanische Erfindertätigkeit fruchtbarer gewesen als auf dem der Mechanisierung des Waschens. Bis 1873 zählen wir auf diesem Gebiet ungefähr zweitausend amerikanische Patente.

Es kommt darauf an, von welcher Fragestellung man ausgeht. Fragt man, wann zum ersten Mal die Methode gefunden wurde, die das heiße Seifenwasser durch die Gewebe preßte, anstatt sie in Nachahmung der Bewegungen der Waschfrau zu reiben und zu schrubben, so kommen wir an den Anfang unserer chronologi-

376. Demokratisierung der Waschmaschine. (*Katalog Sears Roebuck*, 1942)

Handles 7 Lbs. Dry Clothes Every 3 to 10 Minutes

$37.95 Cash
Electric Model
$3 Down, $4 a Month

This Standard Water Witch turns out your laundry in no time at all. Equipped with countless work-saving and safety features.

Anti-Splash Seamless Steel Tub, 7-sheet size, holds 23 gallons water to top, 16½ gallons to loadline. Easy cleaning white porcelain enamel finish inside and out. Tub cover, chassis and legs finished in White Baked-on Enamel.

$57.95 Cash
Gasoline Model
$3 Down, $4 a Month

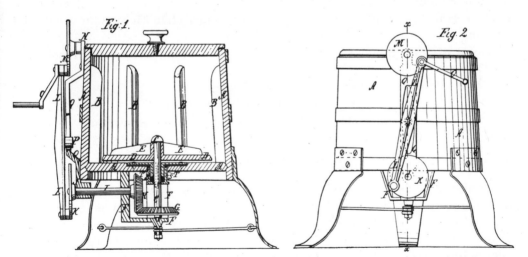

377. Festlegung der Grundform: Waschmaschine. 1869. *Modell mit Kreiselvorrichtung. Ein kleiner Rotor mit vier Blättern auf dem Boden des Bottichs treibt das Wasser durch den Stoff hindurch. »Die Gesamtform ist zylindrisch. An der Innenwand sind eine Anzahl aufrechtstehender Rippen angebracht. Auf einem senkrecht durch die Mitte des Bodens verlaufenden Schaft befindet sich ein Radkranz. (...) Eine Drehkurbel O.« (U.S. Patent 94005, 24. August 1869)*

schen Reihe: in das Jahr 1850. Diese Maschine mit einer rotierenden inneren Trommel wurde hauptsächlich in Großwäschereien eingesetzt und ist noch heute in Gebrauch.

Wenn wir aber den Typ datieren wollen, der sich später, als elektrischer Antrieb möglich wurde, im Haushalt durchgesetzt hat, so kommen wir an das Ende unserer chronologischen Reihe: in das Jahr 1869[62]. Das Gehäuse dieses Typs ist zylinderförmig und verjüngt sich leicht nach oben. Am Boden des Behälters sitzt ein Rotor mit vier Flügeln und treibt einen Wasserstrom durch das Gewebe. Angetrieben wird dieser Rotor, Agitator oder Gyrator, durch eine Welle, die den Boden des Gehäuses durchdringt.

Wer Sinn für Eleganz und Präzision hat, die eine Konstruktion auszeichnen können, wird an den kompakten Teilen ihres Antriebs – Kegelrad, Kurbelwelle, Verbindungsarm – erkennen, daß es sich um ein sorgfältig durchdachtes Modell handelt, das zum Erfolg berufen erscheint. Doch es hatte lange zu warten. Sechs Jahrzehnte nach diesem handgetriebenen Modell setzte der große Ansturm zur Mechanisierung des Haushalts ein. Allein im Jahre 1929 wurden fünfzehn Patente für diesen Rotortyp erteilt, der in vielen Punkten verbessert wurde, ohne vom Prinzip abzuweichen. Ob die Maschine Handantrieb hat und der Rotor mit primitiven Flügeln versehen ist wie 1869 oder ob elektrisch angetrieben, mit sorgfältig geformten, verbreiterten Flügeln aus Aluminium oder Plastik, oder ob die rotierende Bewegung auch rückläufig ist – all dies sind später hinzukommende Details. Spätere Generationen haben das Privileg des Gelingens, wo früheren Erfindern die Vollkommenheit versagt bleibt.

Es kann jedoch kein Zweifel darüber bestehen, daß die moderne Waschmaschine für den kleinen Haushalt als Typus auf das Jahr 1869 zurückgeht. Sie gehört zu jenen Vorratserfindungen, die erst durch den elektrischen Kleinmotor freigesetzt wurden.

Fassen wir zusammen, so ergibt sich folgende Chronologie für die verschiedenen Typen:

1859 Der Staubsauger
1865 Die Geschirrspülmaschine
1869 Der moderne Typ der Waschmaschine

Mechanisierung der kleineren Hausgeräte, um 1860

Es ist hier nicht der Raum, auf die kleinen arbeitssparenden Geräte näher einzugehen, die die verschiedenen Bewegungen der Hand abnehmen und mechanisieren. Aber diese unmittelbaren Hervorbringungen des amerikanischen Milieus sollen wenigstens erwähnt werden. Die Apfelschälmaschine, Fleischschneider oder Schneebesen hätten, wie die Patentmöbel, im fünfzehnten Jahrhundert erfunden werden können, soweit es ihre Mechanik betrifft, aber sie kamen erst zu-

---

62 Verbesserte Waschmaschine, U.S. Patent 940003, 24. August 1869.

stande, als in Amerika alle Werkzeuge neu geformt wurden. Wie überall in der Mechanisierung beruht ihr Prinzip darauf, das Hin und Her der Hand durch kontinuierlich rotierende Bewegung zu ersetzen.

Von Elie Whitney, dem Erfinder der Baumwollmühle, wird berichtet, daß er seine Laufbahn als Dreizehnjähriger, in den siebziger Jahren des achtzehnten Jahrhunderts, mit dem Apfelschäler begonnen habe. Das erscheint als ein sehr frühes Datum, denn die ersten nachweisbaren Erfindungen von Schälvorrichtungen fallen an den Beginn des neunzehnten Jahrhunderts. In den dreißiger Jahren werden sie wesentlich verbessert: eine einzige Maschine soll neben dem Schälen das Teilen und Ausschneiden des Kerngehäuses besorgen[63] (Abb. 378). Der Apfel wird auf eine Gabel gesteckt. Die rechte Hand dreht die Gabel mittels einer Kurbel, während die linke das Messer führt, »bis der Apfel von einem Ende zum anderen in einem *kontinuierlichen* Vorgang geschält ist«. Dann wird der Apfel in das vierteilige Messer gestoßen, geteilt und gleichzeitig vom Gehäuse befreit. Auf den ersten Blick ist klar, daß hier das Prinzip der Drehbank auf die Frucht angewandt wird. In den folgenden Jahrzehnten wird das Holzgestell durch ein eisernes ersetzt, und ein federnder Arm besorgt automatisch die Messerführung (Abb. 379). In den sechziger Jahren erreicht der Mechanismus seine Standardform. Noch in den neunziger Jahren gab es eine Fülle von Erfindungen von Hausgeräten zum Entkernen, Schneiden, Schälen und Teilen. Dann kam allmählich die Konservenindustrie auf, und dort – eine seltene Ausnahme im normalen Ablauf des Mechanisierungsprozesses – entstanden aus den kleinen Haushaltsgeräten große industrielle Schälmaschinen. Diese Fabrikgeräte behalten die rotierenden Gabeln, das Schälmesser und den Mechanismus zum Ausstoßen der geschälten Frucht bei. Hinzu kommt jedoch, daß die Hand auch noch durch einen rotierenden Mitnehmer ersetzt wird, der die Äpfel auf die Gabel stößt[64].

Die Apfelschälmaschine wurde in Europa nie eingeführt. Auch in Amerika gehört sie ins neunzehnte Jahrhundert, als jede Farm von Obstbäumen umgeben war. Sobald die Obstproduktion zu einer spezialisierten Industrie mit Zehntausenden von Bäumen gleicher Sorte wurde, wanderten diese Geräte auf den Speicher. Noch um 1945 finden sich an vielen Orten alte Bäume, die weiter tragen, ohne daß es sich lohnte, das Obst zu pflücken.

Ebenso könnte die Mechanisierung des Hack- oder Wiegemessers verfolgt werden. Die verschiedensten Möglichkeiten wurden ersonnen, um ein kontinuierliches Auf- und Abgehen des Messers zu erreichen. Maschinen zum Zerhacken des Fleisches und zum Zerkleinern des Gemüses besaßen Vorrichtungen, die das Hackgut ständig unter das regelmäßig wie eine Guillotine arbeitende Messer brachten.

Der Schneebesen wird im Patentamt in derselben Klasse geführt wie andere rotierende oder oszillierende Mechanismen, wie Zementmischer, Knetmaschinen

---

63 U.S. Patent 686, 13. April 1838.
64 U.S. Patent 1455997, 20. Februar 1923.

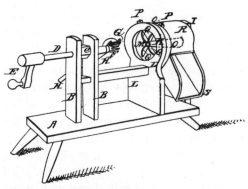

Die Zeit der Apfelschälmaschine reichte fast vom Anfang bis zum Ende des neunzehnten Jahrhunderts. Die Nachfrage nach diesen Maschinen hielt solange an, wie jedes amerikanische Farmhaus von Apfelbäume umgeben war. Die Apfelschälmaschine wendet das Prinzip der Drehbank auf die Frucht an.

378. Maschine zum Schälen und Entkernen von Äpfeln. 1838. *Der Benutzer dreht mit einer Kurbel den auf eine Gabel gespießten Apfel mit seiner rechten Hand, gleichzeitig führt seine Linke das Messer. Danach wird das Obst durch eine Schneidevorrichtung mit vier Messern gedrückt und entkernt. Das Gestell ist aus Holz.* (U.S. Patent 686, 13. April 1838)

COMBINED APPLE PARER AND CORER.

No. 191,669.   Patented June 5. 1877.

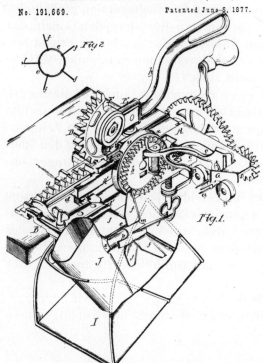

Fig 2

Fig.1.

379. Kombinierte Schäl-, Entkern- und Schneidemaschine für Äpfel. 1869. *Ihre Standardform erhielt die Apfelschälmaschine in den sechziger Jahren. Sie wird jetzt aus Eisen hergestellt und hat ein automatisch gelenktes Schälmesser. »Die Fabrik kann 2000 Maschinen pro Woche herstellen.«* (Webb's N. E. Railway and Manufacturers' Statistical Gazetteer, 1869)

380. Kombinierte Apfelschäl- und Entkernmaschine. 1877. *Die Apfelschälmaschine wird zu einem überzüchteten Präzisionsinstrument. Ein »zusätzliches Schälmesser« ist vorhanden, um die Schale um den Stiel herum zu entfernen. Stützende Wellen n,n' halten den Apfel am Ende fest, um ein Durchbrechen zu verhindern. In diesem Zeitalter der mechanischen Geschicklichkeit wurde auch der mechanische Garbenbinder erfunden.* (U.S. Patent 191669, 5. Juni 1877)

Der Schneebesen wendet das Prinzip des Bohrers auf Flüssigkeiten an. Sowohl kleine Geräte als auch große Maschinen dokumentieren den Mechanisierungsprozeß.

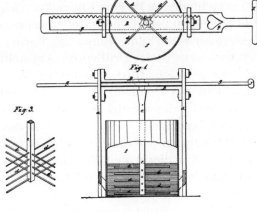

382. Schneebesen mit Behälter. 1857. ▶
»Eine drehbare Schlagvorrichtung, kombiniert mit einem Glas- oder Metallbehälter. Eine Hand liegt auf dem Ratschenbügel B, um den Apparat festzuhalten, während mit der anderen Hand eine Hin- und Herbewegung ausgeführt wird. So werden die Eier schnell und leicht geschlagen.« (U.S. Patent 18759, 1. Dezember 1857)

383. Schneebesen mit Drahtsieb. 1860. ▶
»Eine Hin- und Herbewegung der Tasse preßt die Eier durch das Drahtsieb, wobei sie jedesmal zerteilt werden.« (U.S. Patent 30053, 18. September 1860)

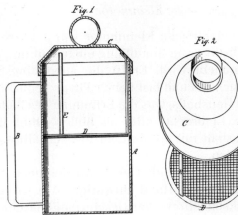

384. Standardform des Schneebesens in den frühen siebziger Jahren. *Das Prinzip der von zwei Zahnrädern angetriebenen, sich drehenden Schneideflächen führte zur endgültigen Form. (Werbeanzeige)* ▶

381. Schneebesen. 1860. *Die Lösung war eine Vorrichtung, die keinen Spezialbehälter benötigte. Das Prinzip war »ein Schaft mit einem Schraubengewinde um den oberen Teil herum und einem passenden Griff mit Innengewinde«. Dies ist die spätgotische Form des Bohrers. (U.S. Patent 28047, 1. Mai 1860)*

oder Buttermaschinen. Die Mechanisierung des Butterfasses gelang nach 1850 auf verschiedenen Wegen. Einige Vorschläge, »die Eier aufzuschlagen und Eigelb und Eiweiß zu vermischen«, sollen zeigen, auf welchen Umwegen (Abb. 382, 383) der Schneebesen seine endgültige Form erreichte. Das mechanische Vorbild des Schneebesens ist der Drillbohrer. Tatsächlich beruht sein Prinzip auf einem ›Hineinbohren‹ in eine flüssige Substanz. Dementsprechend wurde auch sein Antrieb nach dem des Drillbohrers geformt[65] (Abb. 381). Den heute üblichen Antrieb durch zwei Zahnradgetriebe erhielt er in den frühen siebziger Jahren (Abb. 384).

In den sechziger Jahren zeigte man das gleiche lebhafte Interesse für die kleinen Handgeräte wie für die großen Reinigungsvorrichtungen. Die kleinen Apparate fanden in dieser Zeit ihre Standardform, während die großen Maschinen auf den elektrischen Motor zu warten hatten.

Der elektrische Kleinmotor

Der elektrische Kleinmotor von der Größe einer Billardkugel bis zu der eines Fußballs kann unauffällig eingebaut und dorthin gebracht werden, wo er gerade gebraucht wird. Er ist die anpassungsfähigste Antriebsquelle und dabei anspruchslos und fast keiner Pflege bedürftig. Er bedeutete für die Mechanisierung des Haushalts, was die Erfindung des Rades für den Transport von Lasten bedeutete. Er brachte alles ins Rollen. Ohne ihn hätte der mechanische Komfort im Haushalt nur wenig über die Verhältnisse der sechziger Jahre hinausgelangen können.

Arbeitssparende Geräte wurden nach der Mitte des Jahrhunderts mit erstaunlich sicherer Hand entworfen. Wie wir gesehen haben, wurde das Prinzip des Teppichkehrers, der Geschirrspülmaschine und der Waschmaschine fast im selben Augenblick gefunden. Um jedoch Erfolg zu haben und sich durchzusetzen, brauchte es den mechanischen Antrieb.

Auch der elektrische Motor hatte eine lange Inkubationszeit zu überstehen. Es würde vom Wege abführen, seine hoffnungsvollen Anfänge, seine tastenden Versuche und Fehlentwicklungen zu verfolgen, die zahlreicher waren als bei jedem anderen Antrieb. Wir werden nur einige Koordinaten angeben, die ihn zeitlich festlegen. Michael Faraday baute nach seiner Entdeckung der elektrischen Induktion (1831) den ersten Elektromotor. Er bestand aus einer Kupferscheibe, die zwischen den Polen eines starken Magneten rotierte. Der galvanische Strom, der dabei in der Kupferscheibe entstand, konnte einfach abgeleitet werden. Aber Faraday war an dem Problem seiner praktischen Anwendung nicht interessiert. Er hatte die Haltung des Forschers des achtzehnten Jahrhunderts, der nur an der Entdeckung interessiert war. Die industrielle Auswertung überließ er anderen, da er sich selbst als Naturphilosophen betrachtete.

---

65 U.S. Patent 28047, 1. Mai 1860.

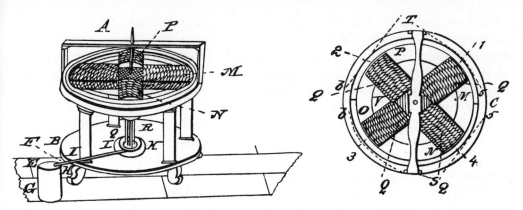

385. Erster amerikanischer Elektromotor. 1837. *Angetrieben von einem Kupfer-Zink-Element. Das Patent heißt »Die Anwendung von Magnetismus und Elektromagnetismus zum Antrieb von Maschinen«. Faraday erfand den Motor, kurz nachdem er den Induktionsstrom entdeckte (1831). In dem darauffolgenden Jahr wurden in England mehrere Elektromotoren entwickelt. (U.S. Patent 132, 25. Februar 1837)*

Viele Hindernisse standen einer sofortigen Lösung entgegen. Es brauchte mehr als ein halbes Jahrhundert, ehe der elektrische Motor von den kleinen Dimensionen, in denen Faraday ihn entworfen hatte, über Riesenformate wieder zu einem kleinen und zuverlässigen Instrument schrumpfte, und nahezu ein Jahrhundert, bis seine allseitige Anwendung zur Selbstverständlichkeit wurde.

386. Kleiner Motor mit dreiflügeligem Ventilator, von Nicola Tesla. 1889. *Fünfzig Jahre nachdem das elektro-magnetische Prinzip für den Antrieb eines Motors angewandt wurde, fand diese Kraftquelle Anwendung im Haushalt. Wahrscheinlich war Nicola Teslas Wechselstrommotor mit 1/6 PS Leistung der erste der kommerziell produzierten Kleinmotoren, die später überall im Haus zu finden waren. (Archiv der Westinghouse Company, Pittsburgh)*

Die Einführung des elektrischen Kleinmotors auf dem Markt ist eng verknüpft mit dem Namen von Nicola Tesla, obwohl dies kaum die bedeutendste Leistung dieses Meisters im Umgang mit Hochfrequenzstrom und dem Drehstrommotor ist, der eine wirtschaftliche Übertragung von Energie erst ermöglichte. Im Frühjahr 1889, fast unmittelbar im Anschluß an sein grundlegendes Patent für den Drehstrommotor, brachte Nicola Tesla zusammen mit der Westinghouse Company einen Wechselstrommotor von ¹/₆ PS direkt verbunden mit einem dreiflügligen Ventilator auf den Markt (Abb. 386). Dieser Motor konnte weder seine Geschwindigkeit noch seine Laufrichtung ändern. Doch dieser einfache Apparat, der leicht von einem Platz zum anderen getragen werden konnte, ist der Ausgangspukt für vielfältige Wege zur Ausstattung des Hauses mit punktuellen Kraftquellen. Es gab 1889 noch zahlreiche andere Patentanmeldungen für Ventilatoren, die von elektrischen Motoren angetrieben wurden[66]. Die Bedeutung des einfachen Apparates von Tesla beruht jedoch darauf, daß er nicht nur Idee blieb, sondern kommerziell hergestellt und auf den Markt gebracht wurde.

Die heißen und feuchten Sommermonate Amerikas führten zwangsläufig zu Versuchen, den Handfächer durch mechanische Vorrichtungen zu ersetzen – jedenfalls etwas, das die Hand von der fächernden Hin- und Herbewegung entlasten sollte. Man schlug Mechanismen vor, »die aus einem einzigen Hebel oder Strick bestanden«[67] und durch ein Fußpedal betätigt wurden oder mit einem Schaukelstuhl verbunden waren. »Wenn jemand in dem Stuhl sitzt und schaukelt (. . .)«, wird der über dem Kopf angebrachte Ventilator »durch die geringste Bewegung des Stuhls in Vibration versetzt«[68]. Wenn man in den sechziger Jahren einen wirklich automatischen Ventilator wollte, dann war man auf ein Uhrwerk angewiesen. »Das Uhrwerk ist an der Decke angebracht und ist mit sich drehenden Flügeln versehen.«[69] Es gab in dieser Zeit auch Ventilatoren, die man auf die Tischplatte stellen konnte und deren Geschwindigkeit regulierbar war[70].

Nicola Teslas elektrischer Ventilator von 1889 war der Entwicklung ungefähr ein Vierteljahrhundert voraus. Elektrischer Strom war in den neunziger Jahren in Amerika ebenso wie in Europa ein Luxus. Es gab kein ausgebautes Stromnetz[71]. Die erste Stromerzeugungsanlage in großem Maßstab wurde 1891 beschlossen, aber erst 1896 in Betrieb genommen. Sie bestand aus drei Teslaschen Wechselstrommotoren von je 5000 PS und wurde von der Westinghouse Company an den Niagarafällen errichtet, um die nahegelegene Stadt Buffalo mit Strom zu versorgen[72]. Theater wie die Pariser Oper, Warenhäuser, Fabriken erzeugten ihren Strom selbst. Der Großteil des damals verbrauchten Stroms diente zum Betrieb

---

66 Zum Beispiel U.S. Patent 414758, 12. November 1889; oder 417474, 17. Dezember 1889.
67 U.S. Patent 133164, 19. November 1872.
68 Ebd. Bekanntlich bewunderten Franklins Besucher eine solche Vorrichtung an seinem Schaukelstuhl um 1780.
69 U.S. Patent 76175, 31. Mai 1868.
70 U.S. Patent 81539, 25. August 1868.
71 Die erste elektrische Fernleitung von 57 km Länge wurde von Marcel Deprez anläßlich der internationalen Elektrizitätsausstellung, München 1882, errichtet.
72 Andere Großanlagen waren in dieser Zeit für den Westen Amerikas projektiert: eine Anlage von 4000 PS für Sacramento und eine von 12000 für Portland, Oregon. Siehe *Electric Review,* London 1895, Bd. 36, S. 762.

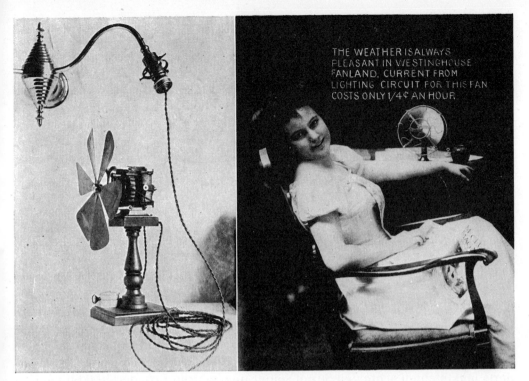

387. Erster Universalmotor für einen Ventilator. 1891. *Im Gegensatz zu dem ersten Motor von 1889 konnte die Drehzahl dieses Motors reguliert werden. (Archiv der Westinghouse Company, Pittsburgh)*

388. Elektrischer Ventilator. 1910. *(Archiv der Westinghouse Company, Pittsburgh)*

elektrischer Straßenbahnen. Man erfand sogar Vorrichtungen, die den Strom für Zahnarztpraxen direkt von den 500-Volt-Straßenbahnleitungen abnahmen, »ohne die geringste Gefahr für Zahnarzt oder Patient«[73].

Die Frage, ob der elektrische Strom den breiten Massen zugänglich gemacht werden sollte, wurde in den neunziger Jahren überall diskutiert. In der exklusiven Londoner Society of Arts, die, wie wir uns erinnern, die Schirmherrschaft über die Weltausstellung von 1851 hatte, kam ein Vortragender, Crampton, zu dem Schluß, daß elektrischer Strom zu teuer für den allgemeinen Gebrauch sei. Wo immer die Frage auftauchte, in Philadelphia[74] oder in London, waren die Fachleute sich durchaus nicht einig. Nur die großen Erfinder erkannten die Möglichkeiten der Elektrizität. Nicola Tesla sagte zu Beginn der neunziger Jahre voraus, daß sie bald so selbstverständlich sein würde wie Wasser.

Sogar noch um 1900 fragte man sich, ob Elektrizität jemals das Gas verdrängen würde.

---

73 J. P. Barrett, *Electricity at the Columbian Exhibition,* Chicago, 1894, S. 446.
74 J. Chester Wilson, »Electric Heating«, Engineering Club, Philadelphia, Proceedings, 1895, Bd. 12, Nr. 2.

Die Verbilligung des Stroms ging Hand in Hand mit der schrittweisen Einführung des kleinen Elektromotors. Um 1910 wurde dieser Trend stärker spürbar. Aber immer noch wurde der Motor als ein Fremdkörper angesehen, als eine isolierte Einheit, von dem Objekt, das angetrieben wird, getrennt. Gebräuchlicher war damals der Wassermotor. Wenn man zeitgenössische Kataloge durchblättert, erkennt man sofort, daß der Elektromotor eine Seltenheit ist. Sollte eine Hausfrau einen Elektromotor wünschen statt des üblichen Wassermotors, so meldet der Fabrikant: »Ich kann für einen Elektromotor zum Antrieb der Waschmaschine keinen Preis nennen, solange ich nicht die Art des vorhandenen elektrischen Stroms und die Voltzahl kenne.«[75]

Die Mechanisierung des Reinigens: Waschen

Nachahmung der Hand

Achtzehntes Jahrhundert, England: Die Amerikaner übernehmen überall dort die Führung, wo es gilt, die Schwierigkeiten eines komplizierten Handwerks mechanisch zu meistern. Das heißt nicht, daß andere Länder nicht frühzeitig Interesse für das Problem gezeigt hätten. Das England des späten achtzehnten Jahrhunderts lenkte einen schmalen Strom seiner ungeheuren Erfindertätigkeit auch in das bescheidene Gebiet der Waschmaschinen. Sieht man von einem einsamen Vorläufer 1691 ab[76], von dessen Maschine sich aus der Patentbeschreibung kaum ein rechtes Bild gewinnen läßt, so setzt die Erfindertätigkeit auf diesem Gebiet 1780 ein und bringt es fast jedes Jahr zu neuen Patenten, fünf im Jahre 1790[77].

Im allgemeinen handelt es sich dabei um schwerfällige Konstruktionen, die mit Kurbeln, Schwungrädern und Gegengewichten arbeiten. Ähnlich den frühen Dampfmaschinen setzen sie einen mächtigen Apparat für einen geringen Nutzeffekt in Bewegung, wenn sie sich mit ihren Kolben, Hämmern oder beweglichen Böden in Gang setzen. Für den Haushalt kamen solche Maschinerien nicht in Frage, auch wenn sie dafür angeboten wurden und einer der Erfinder hoffnungsvoll unter seiner Zeichnung vermerkt: »Washer-womans Assistant or Housewives' Economist.«[78]

Es bedarf keiner großen Skepsis, um zu erkennen, daß diese Vorrichtungen weder eine Hilfe für die Hausfrau noch ein Mittel zur Sparsamkeit im Haushalt sein konnten. Es ist noch die Zeit tastender Versuche, die die leitenden Prinzipien noch nicht zu entdecken vermochte. Es war noch zu früh.

---

75 »Selbst arbeitender Motorwascher«, Katalog, um 1906.
76 Brit. Patent 271, 27. August 1691.
77 Brit. Patente von 1744, 1759, 1770, 1772, 1786. Diese Periode sollte einmal genauer untersucht werden.
78 Brit. Patent 1882, 2. Mai 1792. Waschmaschine von John Harrison.

Amerika vor 1850: Durch seine ganze Natur wurde Amerika mehr als jedes andere Land dazu geführt, kleine handliche Waschmaschinen für den Haushalt zu erfinden.

Im England des achtzehnten Jahrhunderts wie in Amerika bis 1850 ging man von der Idee aus, die Hin- und Herbewegung der Hand direkt nachzuahmen.

Was die Waschfrau mit der Faust tat, wenn sie Wäsche kräftig an den Rippen des Waschbretts rieb, sollte jetzt die Maschine besorgen. Sie sollte ihr die Mühe abnehmen und wie sie die Wäsche Stück um Stück schrubben und waschen.

In der ersten Hälfte des neunzehnten Jahrhunderts führte, selbst in Amerika, wo die Mechanismen einfacher waren, das Bemühen um eine unmittelbare Lösung oft zu grotesken Konstruktionen. Greifen wir eine heraus, deren Ahnen ins achtzehnte Jahrhundert zurückreichen und die sich als besonders langlebig erwiesen hat, ein Modell von 1846[79] (Abb. 389): Hier wird das Hin- und Herbewegen der menschlichen Hand imitiert, indem man einen gebogenen Behälter über ein gleichfalls gebogenes Walzenbett gleiten läßt, so daß die Wäsche, die zwischen diese beiden Mechanismen zu liegen kommt, gepreßt und gerieben wird[80]. Eine dreifache Kurbelwelle setzt Walzenbett und Behälter gleichzeitig in entgegengesetzter Richtung in Bewegung. Der schwingende Behälter für die Wäsche, der sie gleichfalls gegen das Waschbrett drückt, ist eine direkte Abstraktion der menschlichen Hand. Dieser Typ mit dem beweglichen, gebogenen Waschbrett und dem darüber in Gegenrichtung laufenden Behälter hat sich bis weit in dieses Jahrhundert in Gebrauch erhalten und findet sich zum Beispiel im Montgomery Ward Katalog von 1927 unter dem Namen »Our Famous Old Faithful« (Abb. 390).

Der Erfinder von 1846 gibt ohne weiteres zu, daß seine Idee, ein Walzenbrett zu verwenden, an sich nicht neu sei. Er beansprucht nur die gebogene Form, die er auch dem Bottich gegeben hat. Tatsächlich geht die schwerfällige Anordnung dieses Mechanismus, der wie eine Schaukel in der Wanne schwingt, auf englische Vorläufer zurück. Dort tauchte auch bereits die Idee auf, die Hand durch einen schwingenden und gebogenen Bretterrost zu ersetzen, der die Wäsche reibt und sie an den Wannenboden drückt.

Ebenso wurde das Auswringen der Wäsche den menschlichen Handgriffen nachgeahmt, ehe Rollen und Zentrifugen eingeführt wurden. Im ersten Waschmaschinen-Patent von 1780[81] taucht bereits ein derartiger Vorschlag auf. »In der Maschine über dem Trog sind zwei Haken angebracht, über die man die nasse Wäsche hängt, und indem man einen der Haken in kreisende Bewegung versetzt, wird das Wasser aus der Wäsche gepreßt.« Zehn Jahre später, 1790, wird die Wäsche bereits in einen »Wringbeutel«[82] gelegt, einen geschlitzten Sack, der an beiden Enden befestigt wird und die nasse Wäsche aufnimmt. Der Sack und sein Inhalt kann mit einer Handkurbel ausgewrungen werden, in der gleichen Weise, als

---

79 U.S. Patent 4891, 15. Dezember 1846.
80 Ansätze dazu finden sich in England. Brit. Patent 1772, 18. August 1790.
81 Brit. Patent 1269, 5. Dezember 1780.
82 Brit. Patent 1772, 18. August 1790.

geschähe es von Hand. Das amerikanische Patent von 1847[83] (Abb. 391) verbessert die Befestigung, folgt aber im übrigen seinen Vorgängern aus dem achtzehnten Jahrhundert.

Die beiden Wege der Mechanisierung

Vom rein technischen Standpunkt aus haben sich verschiedene Typen von Waschmaschinen entwickelt. Meistens werden vier Kategorien unterschieden. Wer sich darüber orientieren will, findet Auskunft in Spezialabhandlungen[84]. Hier geht es jedoch mehr darum, einen methodologischen Einblick zu erhalten. Von diesem Gesichtspunkt aus betrachtet, gibt es bis heute zwei Wege, das Waschen zu mechanisieren. Beide sind aufs engste mit den Entwicklungen der Periode verwachsen, zu der sie gehören.

Die erste Methode betrifft vor allem die großen Waschanstalten. Hier beruht die automatische Arbeitsweise auf der Verwendung von Dampf. Diese Methode ist seit der Jahrhundertmitte bis heute in den großen Betrieben vorherrschend geblieben. Auch hier ist das System, das in dem ersten industriell fabrizierten Modell in Erscheinung trat, beibehalten worden. Das Modell von 1851 (Abb. 396) hat sich sofort als brauchbar erwiesen. Es nützt die natürliche Zirkulation von Dampf und heißem Wasser aus und unterstützt sie durch rotierende Bewegung. Seine mechanischen Teile bestehen aus zwei konzentrischen Zylindern, von denen der innere beweglich ist. Die Flammen erwärmen den äußeren, unbeweglichen Zylinder. Die Zylinder werden etwa zur Hälfte gefüllt. »Sobald Dampf aus dem Kessel zu treten beginnt, gibt man genügend Seife hinein und versetzt den Kessel in Drehung (...), dann tut man die Kleider hinein (...) und läßt sie zwischen 3 und 20 Minuten darin, wobei man den Boiler ab und zu in Drehung versetzt.«[85]

In einem der heute selten gewordenen Kataloge, den die Library of Congress in Washington aufbewahrt, erklärt der Erfinder, was eigentlich bei dem Waschvorgang geschieht, mit derselben eingehenden Sorgfalt wie seine Zeitgenossen, wenn sie die Vorzüge des Bades auseinandersetzen. »Schmutz ist ein Gemisch, das von öligen, klebrigen Partikeln oder Gemüseresten zusammengehalten wird und an dem Gewebe haftet (...). Waschen bedeutet Auflösung dieses Zusammenhalts (...), und gewöhnliche Seife besitzt diese neutralisierende Eigenschaften«[86] (Abb. 395).

Im Anschluß hieran erklärt James T. King, der Erfinder, stolz, daß es ihm gelungen sei, diesen Vorgang ohne Nachahmen der Hand zu mechanisieren. »Andere Erfinder haben versucht, so genau wie möglich den gewöhnlichen Waschvorgang

---

83 U.S. Patent 5106, 8. Mai 1847.
84 Edna B. Snyder, *A Study of Washing Machines*, Nebraska, 1931. Als Typen werden unterschieden Dolly-Typ, Gyrator-Typ, Zylinder-Typ, Vakuum-Typ.
85 U.S. Patent 8446, 21. Oktober 1851, James T. King, Waschapparat.
86 American Steam Washing Co., New York, Katalog von 1855. »Description and philosophy of James T. King's Patent: Washing and Drying Apparatus, adapted for the use of families, Hotels, Public Institutions and large laundries«.

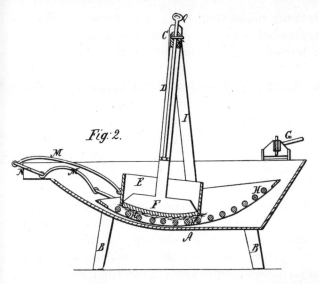

Fig. 2.

389. Waschmaschine. 1846. *Nachahmung der Hin- und Herbewegung der menschlichen Hand durch einen gekrümmten Kasten, der über eine Lage von Rollen gleitet. »Eine Kurbel N bewegt die Rollen und die Wiege in entgegengesetzter Richtung aneinander vorbei, wobei der Stoff zwischen ihnen zusammengedrückt wird.« (U.S. Patent 4891, 15. Dezember 1846)*

390. Handbetriebener Waschapparat. 1927. *Die Herkunft dieses gebogenen Waschbrettes läßt sich bis ins England des späten achtzehnten Jahrhunderts zurückverfolgen. Es ist ein robustes Modell, das sogar noch in unserem Jahrhundert in den Versandkatalogen vorkommt, wo es genau beschrieben wird: »Bei jedem Zug am Handhebel reiben zwei sich aneinander vorbeibewegende gebogene Waschbretter aus Wellblech die Kleider wie auf einem Waschbrett.« (Montgomery Ward Katalog, 1927)*

Our Famous "OLD FAITHFUL"

$17.98

Fig. 1.

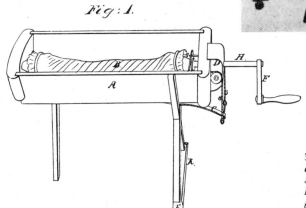

391. Wringer. 1847. *Bevor eine Dauerdrehung durch Rollen oder zentrifugales Schleudern möglich war, wurde die Handbewegung durch das Drehen eines geschlitzten Sackes nachgeahmt. (U.S. Patent 5106, 8. Mai 1847)*

611

durch Schrubben, Druck oder Reibung nachzuahmen (...), während in unseren Maschinen sich die Kleider abwechselnd in Dampf und in Seifenlauge befinden; der erstere öffnet die Faser, und letztere beseitigt den Schmutz. Daher kein Reiben, kein Stampfen oder Stoßen.«

Dieser Zylindertyp ist, nach der Anzahl der Patente zu schließen, in den siebziger Jahren am populärsten gewesen und erscheint in den achtziger Jahren vollständig durchgebildet, als der innere Zylinder aus Blech mit eingestanzten Löchern hergestellt wird. Die Idee, Wäsche in einen drehbaren Behälter zu tun, ist (ohne Benutzung von Dampf) schon 1782 vorhanden[87] (Abb. 393). In den zwanziger Jahren des vorigen Jahrhunderts wurde in England eine ähnliche Vorrichtung zum Kartoffelwaschen benutzt[88] (Abb. 394).

Was war der Hintergrund dieser Erfindungen? Wissenschaftlich konstruierte Apparaturen, die die Zirkulation von Dampf und kochendem Wasser zur Reinigung nutzen, tauchen in den dreißiger Jahren in Frankreich auf. Aber es ist typisch, daß sie nicht zum Wäschereinigen ersonnen wurden, sondern in der Textilindustrie in den Bleichereien, wo Garne und Stoffe gereinigt werden, ehe sie zum Färben gelangen[89].

Der große französische Chemiker Jean-Baptiste André Dumas zeigt auf den Tafeln zu seinem *Traité de chimie appliquée aux arts* (Paris, 1847)[90] einen damals populären Apparat. Dort wird der Dampf in einem Kessel gebildet. Der Dampf preßt das heiße Wasser durch ein Steigrohr in einen Bottich mit doppeltem Boden, wo es sich gleichmäßig über die Stoffe verteilt. Ein Schwimmerventil sorgt dafür, daß die Zirkulation ununterbrochen erfolgt und der Bottich sich regelmäßig füllt und entleert (Abb. 392). Es ist das gleiche Prinzip, das bei der Kaffeebereitung im Percolator wirksam wird[91].

Das ungewöhnliche Interesse, das sich in England in den letzten zwei Jahrzehnten des achtzehnten Jahrhunderts für Waschmaschinen zeigt, ist wie in Frankreich auf die Textilien beschränkt, und nur gelegentlich findet sich darunter ein Patent für eine »Maschine, *laundry* genannt, zum Waschen und Pressen von Kleidern«[92]. Im neunzehnten Jahrhundert, als in Amerika das Interesse zunimmt, einen Apparat zu erfinden, um der Hausfrau die Bürde des Waschens abzunehmen, schwächt sich in England das Interesse am mechanischen Waschen ab.

James T. Kings Zylinder-Waschmaschine von 1851 bezeichnet den Beginn der automatischen Wäscherei. Aber es darf nicht übersehen werden, daß derartige Ideen schon lange in der Luft gelegen hatten. Ein amerikanisches Patent von

---

87 Brit. Patent 1331, 1. Juni 1782.
88 *Mechanic's Magazine,* London, 1823-24, Bd. I, S. 301.
89 Bis in die achtziger Jahre des achtzehnten Jahrhunderts findet man eingehende Auskunft über Waschmaschinen in der *Grande Encyclopédie* unter dem Stichwort Bleicherei.
90 Tafel 136. Waschapparat von Duvoir, erfunden 1837.
91 Auch rotierende Waschtrommeln werden konstruiert, doch handelt es sich dabei um ganz primitive Vorrichtungen, die zum Spülen benutzt werden.
92 Brit. Patent 1269, 5. Dezember 1780.

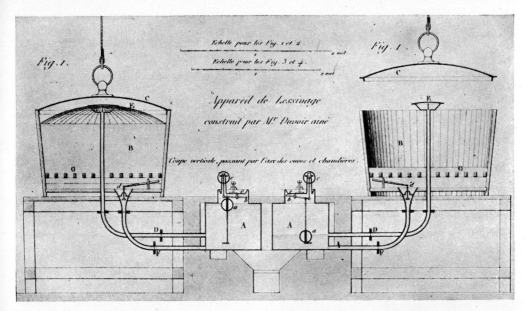

392. Französische automatische Waschmaschine von Duvoir. 1837. *Waschmaschinen, die die ständige Zirkulation als Folge der natürlichen Wechselwirkung zwischen Dampf und kochendem Wasser ausnutzen, werden zuerst in den dreißiger Jahren des neunzehnten Jahrhunderts für industrielle Zwecke in französischen Textilbleichereien hergestellt. »Der im Kessel erzeugte Dampfdruck verursacht das Aufsteigen der Waschflüssigkeit durch das Steigerohr, das sie gleichmäßig über der Wäsche verteilt.« In den vierziger Jahren des zwanzigsten Jahrhunderts beruhten die vollautomatischen Waschmaschinen für den Haushalt auf dem gleichen Prinzip, indem sie »Geysire« von Wasser durch den Stoff spritzten (Abb. 404). (J. B. Dumas, *Traité de chimie appliquée aux arts, *Paris, 1847)*

1831[93], dessen handgeschriebene Beschreibung den Brand des Patentamtes überdauert hat, zeigt, daß der Erfinder schon mit zwei konzentrischen Zylindern arbeitete. Das Wasser wird »in einen äußeren Zylinder gelassen (. . .), der wasserundurchlässig konstruiert ist«, während »der offene Zylinder so eingerichtet ist, daß er sich auf Eisenzapfen dreht«. Auch hier wurde der Dampf zum Reinigen benutzt, aber in einem getrennten Heizkessel erzeugt.

Zögernde Einführung

Das erste amerikanische Waschmaschinen-Patent datiert von 1805. Seitdem wurde nahezu ununterbrochen daran gearbeitet, ein brauchbares Gerät daraus zu machen. Seine Einführung geschah nur zögernd. Es brauchte mehr als ein Jahrhundert, bis die Mechanisierung des Waschens sich im gewöhnlichen Haushalt durchsetzte. Trotz mannigfaltiger Patente kann erst gegen 1860 von einer be-

---

93 U.S. Patent 6711-X (alte Numerierung), 10. August 1831: John Shull, Waschmaschine.

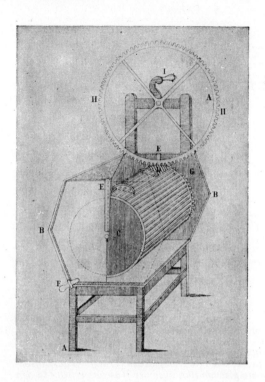

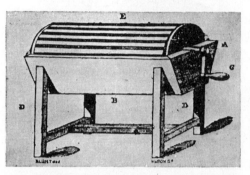

393. Englische Waschmaschine. 1782. *Die Idee, eine Trommel zu drehen, so daß die Kleider in enge Berührung mit Lauge und Wasser kommen, läßt sich bis zur ersten großen Welle von Erfindungen im späten achtzehnten Jahrhundert zurückverfolgen.* (Brit. Patent, 1331, 1782)

394. Kartoffel-Waschapparat. 1823/24. *Die Drehbewegung einer Trommel, die so gebaut wurde, daß die Flüssigkeit ein- und ausströmen konnte, wendete man auch für das Waschen von Kartoffeln an.* (Mechanics Magazine, *Bd.* I, *London*, 1823-24)

scheidenen Waschmaschinen-Industrie gesprochen werden[94]. Dann, mit der Erfindungshausse der sechziger Jahre, geht es rascher. Die Statistiken zeigen in der zweiten Hälfte des neunzehnten Jahrhunderts eine ansteigende Produktion, wenn auch in bescheidenem Umfang. Doch Statistiken geben oft nur äußere Werte, die eine Fassade vor dem wirklichen Geschehen bilden. Wenn z. B. zwischen 1870 und 1890 die Waschmaschinenproduktion um das Doppelte steigt, so mag das im ersten Augenblick so aussehen, als sei die Hauswaschmaschine plötzlich populär geworden. In Wirklichkeit bedeutet es, daß in dieser Zeit die Dampfwäschereien mit ihren großen und teuren Maschinen einen starken Aufschwung erlebten[95].

---

94 Wir folgen hier den Angaben in einer der wenigen Untersuchungen über dieses Gebiet, Jacob A. Swisher, »The Evolution of Wash Day«, *The Iowa Journal of History and Politics* (Iowa City Januar 1940), Bd. 38, Nr. 1. Wert der Jahresproduktion von Waschmaschinen in den Vereinigten Staaten:

Jahr	Dollar (in Millionen)
1860	0,08
1870	1,00
1880	1,182
1890	2,4
1900	3,7
1910	5,0

95 Dies geht aus den Gründungszahlen von Fabriken für Waschmaschinen für den Großbetrieb sowie aus Katalogen hervor. Census-Statistiken gibt es erst seit 1909.

395. Waschapparat für eine Großwäscherei, von James T. King. 1855. *Die natürliche Wirkung des Dampfes wird durch eine Drehbewegung verstärkt. Die mechanischen Teile bestehen aus zwei Trommeln, von denen die innere durchlöchert und drehbar ist. Dieses Modell, das sich bis heute als erfolgreich erwiesen hat, war das erste industriell hergestellte. (American Steam Washing Co., New York. Katalog, 1855. Library of Congress)*

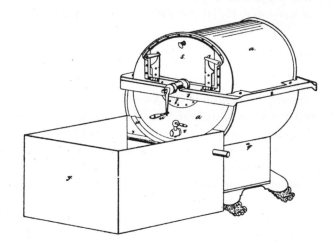

396. Waschmaschine von James T. King. 1851. (*U.S. Patent* 8446, 21. *Oktober* 1851)

Besseren Einblick in das Geschehen geben direkte Zeugenaussagen. Catherine Beecher schlägt 1869, als sich die Waschmaschinenpatente der Zahl zweitausend näherten, keine bestimmten Geräte vor, sondern empfiehlt gemeinsame Wäschereien für je ein Dutzend Familien, wie sie in England und Frankreich in der Mitte der fünfziger Jahre für die arbeitenden Klassen mit Erfolg eingerichtet worden waren.

»Wie würde die Arbeit der amerikanischen Hausfrau erleichtert, wenn sie den Wasch- und Bügeltag aus ihrem Kalender streichen könnte. (...) Wer immer Nachbarschaftswäschereien (neighbourhood laundries) einrichtet, wird einen großen Beitrag zur Lösung des schwierigsten Problems der amerikanischen Hausfrau leisten.«[96]

Um 1900 begann die Handkurbel-Waschmaschine das ermüdende Waschbrett zu ersetzen.

Christine Frederick, die genauesten Einblick in die Verhältnisse hatte, stellt im *Ladies Home Journal* 1912 fest: »Gewaschen wird in den meisten Häusern ohne Waschmaschine und nur mit einem gewöhnlichen Kessel.«

Vollständige Mechanisierung des häuslichen Waschens

Waschmaschien und Staubsauger sind ein Maßstab für den Stand der Mechanisierung des Reinigens im Haushalt. Sie verbreiten sich mit der Senkung der Kosten. Im Jahre 1926 hatten Kühlgeräte einen durchschnittlichen Einzelverkaufspreis von 400 Dollar, und es wurden 200000 Stück verkauft; um 1935 war ihr Preis auf 170 Dollar gesunken, und die Verkaufszahlen erreichten 1,5 Millionen. Genauso ist es bei den Waschmaschinenverkäufen. Von 1926 bis 1935 stieg die Nachfrage von 900000 auf 1,4 Millionen Stück, während der durchschnittliche Einzelverkaufspreis mehr als halbiert wurde – von 150 auf 60 Dollar[97]. Ein großes Versandhaus schraubte 1936 den Waschmaschinenpreis zu einem Rekord von 29,95 Dollar herunter. Es ist die Zeit der Demokratisierung des Komforts.

Genauso wie die Vollmechanisierung das Getreideproduktionsband vom Ernten zum Einsacken in der kleinen *baby combine* konzentrierte, so wurde in dieser Zeit auch das häusliche Waschen bis zur Vollmechanisierung vorangetrieben. Die Idee eines Automaten, einer automatischen Waschmaschine, die alle Operationen von der verschmutzten bis zur bügelfreien Wäsche ohne Eingreifen der menschlichen Hand ausführte, beschäftigte zahlreiche Erfinder. Um die menschliche Hand zu ersetzen und volle Automatisierung zu erreichen, bedarf es komplizierter Mechanismen, die jeden Vorgang zeitlich steuern, das Wasser in den Behälter einführen, das Waschwasser ablassen, Spülwasser einführen, es absaugen und mit einer Pumpe wieder einführen und schließlich die Wäsche schleudern. Innerhalb eines einzigen Behälters müssen zwei verschiedene Operationen kombiniert werden: Waschen und Trocknen.

Der vollmechanisierte Waschautomat kennt zwei Grundtypen. Der eine ist der Typ mit *horizontalem* Zylinder, der in den fünfziger Jahren des neunzehnten Jahrhunderts entsteht und bei dem ein perforierter innerer Zylinder sich um eine horizontale Achse dreht (Abb. 396)[98].

---

96 Beecher und Stowe, a.a.O., S. 334.
97 Diese Angaben verdanken wir Mr. Tom J. Smith, Jr., Cleveland, Ohio.
98 U.S. Patent 8446, 21. Oktober 1851. Die automatischen Maschinen von Bendix (1939), Westinghouse und verschiedenen anderen Firmen gehören zum horizontalen Zylindertyp.

Der zweite Typ hat eine *vertikale* Achse, und hier wird die Wäsche von einem Rührwerk in einem perforierten Metallbehälter gereinigt. Der vertikale Typ mit Rührwerk wurde das übliche nichtautomatische Hausgerät. Er entstand in den sechziger Jahren[99] (Abb. 377).

Die abschließende Operation besteht im Trocknen der Wäsche durch eine Zentrifuge. Hier lag eine der größten Schwierigkeiten. Das Waschen hat durch langsame rotierende oder hin- und hergehende Bewegung zu geschehen, während das Trocknen und Herausdrücken des Wassers eine Rotation von hoher Geschwindigkeit erfordert. Demnach sind Mechanismen, die die Geschwindigkeit verändern und zeitliche Abläufe regeln, eine Voraussetzung für das automatische Waschen.

Der Waschautomat mit horizontaler oder vertikaler Achse besteht im allgemeinen aus einem einzigen Behälter oder Kübel, in dessen Innerem ein perforierter Korb rotiert. Der Typ mit einem einzigen Behälter und mit Trockner, der das Wasser aus der Wäschetrommel durch Zentrifugalkraft herausschleudert, geht ebenfalls auf die Erfindungshausse der späten sechziger Jahre zurück[100].

Die siebziger Jahre brachten in groben Umrissen die Idee, einen Teil der Wasch- und Spülflüssigkeit durch Zentrifugalkraft aus der Trommel zu entnehmen und durch eine Pumpe wieder in die Trommel einzuführen[101]. 1878 wurde ein Patent erteilt für eine motorgetriebene Waschmaschine mit einem einzigen Behälter und einem Trockner für zwei Geschwindigkeiten, einer niedrigen zum Waschen und einer hohen zum Trocknen[102]. Die Änderung der Geschwindigkeit wurde natürlich von Hand vorgenommen.

Die Idee einer vollautomatischen Waschmaschine wurde bis in die Zeit der Vollmechanisierung immer wieder aufgegriffen. In den frühen zwanziger Jahren wurden verschiedene Wasch- und Trockenmaschinen mit einem einzigen Behälter und zwei Geschwindigkeiten zum Waschen und Spülen angeboten. Nach 1900 wurde das Problem der automatischen Waschmaschine weitgehend reduziert auf das Problem einer *automatischen Kontrolle*. Eine Uhr oder ein Elektromotor-Zeitnehmer löst Elektromagneten aus oder betätigt einen hydraulischen Mechanis-

99 U.S. Patent 94005, 24. August 1869. Pioniere des vertikalen Typs waren Apparate wie die Laundryette (1917), deren Produktion 1923 aufgegeben wurde. In den ganzen Jahren bis 1939 war keine kombinierte Wasch- und Trockenmaschine auf dem Markt. Die grundlegenden Patente für den automatischen vertikalen Typ stammen von James B. Kelly, der die Laundryette entworfen hat, und wurden zwischen 1924 und 1928 erteilt. Sie sind die Grundlagen für Lizenzen für den vertikalen zylindrischen Typ.

100 Unsere Ausführungen über die automatische Waschmaschine fußen auf einer Patentuntersuchung, die im Dezember 1944 von der Patentabteilung der Apex Electrical Manufacturing Co., Cleveland, Ohio, vorgenommen wurde: »On the History of the Automatic Washing Machine Prior to Wales Patent« (maschinenschriftlich), und auf brieflichen Mitteilungen des Direktors von Apex, Mr. Frantz. Wir begrüßen, wenigstens einmal auf umfassende Forschungen der Industrie selbst zurückgreifen zu können. Über diesen Gegenstand gibt es, soweit wir wissen, keine Schriften außer den gängigen Anzeigen und Zeitschriftenaufsätzen.

101 Zentrifugenmaschine, U.S. Patent 139108, 20. Mai 1873.

102 Zentrifugenmaschine, U.S. Patent 215428, 20. Mai 1879. 1883 wurde ein Patent beantragt (U.S. Patent 420742, erteilt am 2. Februar 1890), das das Prinzip der modernen automatischen Waschmaschine (Bendix) für einen *horizontalen* Zylinder mit zwei Geschwindigkeiten entwickelte.

mus zum Öffnen und Schließen der Ventile und zur Verbindung und Unterbrechung von Antrieb und Zylinder[103].

Die rasche Lösung für den Waschautomaten wurde durch ein weiteres Problem verhindert: die automatische Geschwindigkeitsänderung beim Übergang vom Waschen zum Trocknen. Das bereitete keine Schwierigkeit mehr, als die Mittel dafür zur Verfügung standen, der Elektromotor mit zwei Laufgeschwindigkeiten und einer automatischen Vorrichtung zum Wechsel der Geschwindigkeit. Neben den amerikanischen Patenten schlugen auch französische und englische Patente[104] diesen Weg ein.

Das lange Herumexperimentieren vom halbautomatischen zum vollautomatischen Waschen führte erst um 1939 zu praktischen Resultaten. Den Erfinder des ersten Waschautomaten namhaft zu machen ist ebenso schwierig wie im Falle des Staubsaugers. Beide beruhen auf kollektiven Bemühungen und allmählich kumulierter Erfahrung. Außerdem treffen hier Erfindungen auf verschiedenen Gebieten zusammen[105].

Ein neuer Trend zeigt sich 1946. Die Flügelvorrichtung, deren Arme immer noch als eine Erinnerung an die reibende Hand angesehen werden kann, verschwindet. Der Automat reinigt mittels einer kontinuierlichen und kräftigen Durchspülung der Wäsche mit Seifenlauge. Die Trommel dreht sich nicht in der üblichen Weise, sondern mit kräftigen Stößen. Die in der Lauge schwimmende Wäsche wird etwa 600 Mal in der Minute überstürzt und von »Geysiren« von Wasser durchdrungen, die vom Boden der Trommel hochspritzen (Abb. 404).

Dieses Verfahren, das einen verfeinerten Mechanismus voraussetzt, geht auf die erste wissenschaftliche Beschäftigung mit dem Waschen zurück. Wie wir gesehen haben, wurden kräftige Wasserstrahlen für die Behandlung von Textilien in den französischen Bleichereien der vierziger Jahre des neunzehnten Jahrhunderts benutzt (Abb. 392). Durch Dampfdruck wird eine Flüssigkeit durch ein Steigerohr, das in einer konischen Sprühvorrichtung endet, hochgetrieben, so daß es gleichmäßig und kontinuierlich durch die Gewebe dringt[106].

Das Waschen, das eine schwere Arbeit ist, wird nun einem Automaten überlassen, der so empfindlich ist wie ein Radio, das Wellen aus der Luft empfängt – wenn nicht noch empfindlicher. Wie immer bei der Mechanisierung von den ersten Webautomaten an wird die Entlastung von schwerer Arbeit mit hochkomplizierten Maschinen bezahlt.

Die automatische Waschmaschine ist ein so typisches und natürliches Produkt Amerikas und der Vollmechanisierung wie die Präzisionsuhr ein Produkt der Schweiz und des hochentwickelten Handwerks. Wenn es zu einem organischen

---

103 U.S. Patent 1005093, 3. Oktober 1911: automatische Kontrollapparaturen für Waschmaschinen.
104 Französisches Patent 586163, 16. März 1925. Brit. Patent 168294, 4. Juni 1922.
105 Der Anspruch, neben anderen, des neuerteilten Wales Patentes 21020, 28. Februar 1939, zum ersten Mal eine automatische Kontrollvorrichtung in eine Waschmaschine in einem einzigen Behälter eingebaut zu haben, ist heftig umstritten.
106 In Frankreich wurde diese Methode in den siebziger Jahren in vereinfachter Form für den Hausgebrauch eingerichtet und ist immer noch populär.

Austausch von Waren kommen soll, so wird deren Produktion mehr oder weniger auf diejenigen Länder konzentriert sein, die zu ihrer Erzeugung am ehesten geeignet sind – eine Tatsache, die durch keine künstlichen Schranken beeinflußt werden kann.

Die automatische Waschmaschine erschien auf dem Markt gegen Ende der Vollmechanisierung. Dann begann der Wettlauf der konkurrierenden Firmen, den Nachteil der Automaten, ihren hohen Preis, zu beseitigen. Die meisten Hersteller werden jedoch aller Wahrscheinlichkeit nach noch einige Jahre mit dem Problem zu kämpfen haben, einen jetzt sehr raffinierten Mechanismus zu einem störungsfreien und einfachen Mechanismus zu machen und die Resultate mit neueren Methoden zu verbessern. In einer von einer bekannten Frauenzeitschrift veranstalteten Umfrage heißt es hinsichtlich des Marktes der Nachkriegszeit: »Die meisten Frauen, die sich geäußert haben, haben den Gedanken, eine automatische Waschmaschine zu besitzen, begrüßt. Diese positiven Stimmen sind fünfmal so hoch wie bei Wäscheschleudern oder Wringmaschinen. Doch wenn die Preisdifferenz zwischen automatischen Geräten und anderen Verfahren nicht geringer wird, wird es zu einer Ernüchterung kommen, sobald man auf den Preis schaut.«[107]

Die Mechanisierung des Reinigens: Bügeln

Seit der Jahrhundertmitte stellte sich das Problem, wie es sich vermeiden ließ, ein Bügeleisen alle zehn Minuten aufheizen zu müssen. Es ist eine unerfreuliche Arbeit, ein Metall wiederholt im Feuer rotglühend zu machen und in das hohle Bügeleisen einzuführen oder eine Batterie massiver Eisen mit ihrer Gleitfläche an den Ofen zu legen.

Wie kann man das Kaltwerden verhindern? Wie kann man das Bügeln in einen kontinuierlichen Prozeß verwandeln?

Die Antwort darauf ist eindeutig: nur durch eine konstante Wärmequelle im Eisen selbst. In den fünfziger Jahren stand nur eine konstante Wärmequelle zur Verfügung: Gas. Bei dem Experimentieren mit anderen Wärmequellen war es ein kaum ernst zu nehmender Vorschlag, das Eisen durch einen Schlauch mit einem Teekessel zu verbinden und durch Dampf zu erhitzen[108].

Ein Reklameblatt, das sich im Edison Institute in Dearborn erhalten hat, zeigt, wie man in den frühen fünfziger Jahren versuchte, Gas als konstante Wärmequelle zu benutzen. Dieses Gas-Bügeleisen wurde durch einen Gummischlauch direkt mit einer Gasleitung in der Decke verbunden (Abb. 397).

Die Frage soll hier nicht berührt werden, ob es empfehlenswert ist, die Gaszu-

---

107 Mary Davis Gillies, *What Women Want in their Kitchens of Tomorrow, a Report on the Kitchen of Tomorrow Contest conducted by McCall's Magazine*, New York, 1944, S. 155.
108 Swisher, a.a.O., S. 32.

397. Gasbeheiztes Plätteisen. Um 1850. *Bei diesem frühen Versuch, kontinuierliches Bügeln zu ermöglichen, schließt man einen Guttapercha-Schlauch an die Gasbeleuchtung an. »Es ist zeit- und arbeitssparend, denn wenn das Plätteisen einmal heiß ist, kann der Vorgang des Bügelns ununterbrochen fortgesetzt werden. Die allgemeine Verbreitung ist nur eine Frage der Zeit.« (Werbeanzeige, Edison Institute, Dearborn, Mich.)*

398. Einführung des elektrischen Bügeleisens. 1909. *Sogar noch 1909 waren große Anstrengungen notwendig, um die Allgemeinheit von den Vorteilen des elektrischen Bügeleisens zu überzeugen. Eine Werbeserie der Westinghouse Company appellierte an das Mitgefühl der Männer, und den Frauen wurde erzählt: »Warum sollen Sie in der heißen Waschküche bügeln, wenn Sie es auf der kühlen Veranda tun können, wo es frische Luft gibt?« (Werbeanzeige, Westinghouse, Inc.)*

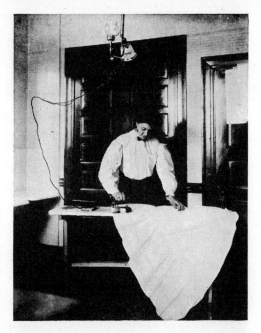

399. Elektrisches Bügeln. 1911. *Die Elektrizität ermöglichte kontinuierliches Bügeln. In der Zeit kurz nach der Einführung des Haushaltsstroms schloß man das Bügeleisen an den Kronleuchter an, ebenso wie das Gasbügeleisen der fünfziger Jahre. Der gleichzeitige Gebrauch von Gasbeleuchtung und elektrischem Licht und die provisorische Aufhängung der Schnur deuten auf die seltene Benutzung des Gerätes hin. (Archiv der Westinghouse Company, Pittsburgh)*

leitung wie ein elektrisches Kabel zu benutzen. Was hier überrascht, ist die Direktheit, mit der man an das Problem »Ironing Simplified and Systematized«, die Vereinfachung und Systematisierung des Bügelns, heranging. Darunter verstand man, wie jetzt erklärt wird, daß »der Vorgang des Bügelns ohne Unterbrechung durchgeführt werden kann«.

Wenn man bedenkt, daß der Gasherd erst nach 1880 eingeführt wurde, so erscheint dieser Vorschlag, der mit Gas erreichen wollte, was erst die Elektrizität leisten konnte, sehr früh. Das Gas-Bügeleisen wird hier mit fast den gleichen Worten vorgestellt wie in unserem Jahrhundert das elektrische Bügeleisen: »Angenehm – die störende Hitze eines Ofens wird entbehrlich; bequem – denn das Bügeleisen kann in jedem Raum oder in jeder Kammer benutzt werden, wo es Gas gibt.«

Als die Westinghouse Company 1906 eine ganze Serie von Zeitungsanzeigen für nötig hielt, um das Publikum mit den Vorteilen des elektrischen Bügelns vertraut zu machen, da wird als besonderer Vorteil gerühmt, daß die Hausfrau jetzt sogar auf der Veranda an frischer Luft ihre Wäsche bügeln könne. Und es scheint nötig gewesen zu sein, den Mann daran zu erinnern, was es heißt, an einem Sommertag an einem heißen Ofen zu stehen – eine Mühsal, die er seiner Frau zumutete: »Sie finden es heiß, nicht wahr? Stellen Sie einen Ofen in Ihr Büro« (Abb. 398)[109].

Der nächste Schritt ist der Angriff auf das kleine Bügeleisen selbst. 1922 wendet sich Christine Frederick an die amerikanischen Hausfrauen: »Sie sagen vielleicht,

---

109 In einer Reklameschrift *You and Your Laundry*, Chicago, 1922.

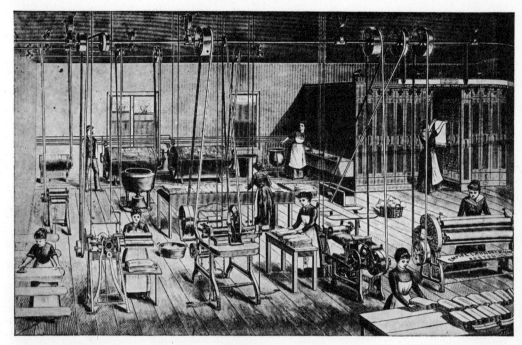

400. Anlage eines Wäscherei-Betriebes. 1883. *Im Hintergrund befinden sich Trommelwaschmaschinen und eine Zentrifugen-Schleuder. Rechts stehen dampfbeheizte Mangeln für die Bettdecken. Plättmaschinen mit dampfbeheizten Walzen sind die Vorläufer der elektrischen Bügelmaschinen, die um 1922 im amerikanischen Haushalt eingeführt wurden. Die in diesem Betrieb in den achtziger Jahren des neunzehnten Jahrhunderts vorhandenen Plättmaschinen verwendet man besonders für Kragen, Hemden, usw.* (Empire Laundry Machinery Co., Boston, Mass.)

401. Great Western Ducoudon Ironer (Muldenplättmangel), um 1900. *Dieses schwere Wäschereigerät besteht aus einer heißen, glattpolierten Metallmulde und einer schweren Walze, montiert in einen gußeisernen Rahmen. Aus der wuchtigen Metallmulde entstand später der kurvenförmige elektrische »Schuh« der tragbaren Heimbügelmaschinen.* (Laundry Management, *London*, 1902)

daß Sie das alte Modell des Plätteisens nicht benutzen, sondern ein elektrisches Bügeleisen; das ist in der Tat ein Schritt vorwärts. Aber ineffizient ist dies trotzdem.« Und nun argumentiert Christine Frederick, die zehn Jahre vorher ihre Aufsatzreihe »The New Housekeeping« mit einer Berechnung der unnötigen Bewegungen einleitete, die beim Geschirrspülen gemacht werden, in ähnlicher Weise: »Ist es nicht Unsinn, ein Tischtuch, eine Fläche von etwa 18 000 Quadratzoll, einem geheizten Gerät von nur 24 Zoll Größe zu bügeln?«[110] Das neue Haushalts-

---

110 Ebd., S. 20.

LADIES, PLEASE BE SEATED!

402. Demokratisierung des elektrischen Bügelns. *Die Heimbügelmaschine erreicht ihre Standardform zur Zeit der Vollmechanisierung. Weiß emaillierte Maschinen, die für eine bequeme Bedienung durch die Hausfrau eingerichtet sind, wurden seit 1926 zu einem niedrigen Preis von den Versandhäusern angeboten. (Sears Roebuck Katalog, 1941/42.)*

403. Zusammenklappbare Bügelmaschine, 1946. *Wie der Staubsauger entwickelte sich auch der Bügler von einer großen Maschine zu einem äußerst handlichen Gerät. Diese Maschine »nimmt zusammengeklappt nur 0,175 m² Bodenfläche ein und läßt sich dann leicht auf Rädern bewegen. Der auf seinem Stahlrohrgestell ausbalancierte Bügelmechanismus läßt sich leicht in Arbeitsposition aufstellen.« (Earle Ludgin and Co., Chicago)*

623

gerät war die Bügelmaschine. Das Bügelbrett hat sich in eine filzbedeckte Walze verwandelt, und das Bügeleisen sieht aus wie ein gewölbter glänzender Bremsschuh, der sich über die ganze Länge der Walze ausdehnt und elektrisch geheizt wird (Abb. 402). Je nach Wunsch entfernt er sich oder preßt er sich an die Walze, die sich, wenigstens bei den späteren Modellen, für dünne Artikel rascher und für schwerere Stoffe langsamer bewegen kann. Die Heizelemente im Schuh werden von Thermostaten geregelt. Wie so oft bei der Mechanisierung ist die Hin- und Herbewegung der Hand in kontinuierliche Rotation verwandelt worden. Das ganze Instrument ist in der Form, wie es heute im amerikanischen Haushalt weit verbreitet ist, ein Produkt der Elektrifizierung. Es erscheint zuerst 1926 in Versandhauskatalogen. Es kann von einem Platz zum anderen gerollt werden, ist ebenso handlich wie der Staubsauger und benötigt wenig Platz. Unsichtbar ist der Motor in einem weißen Emailgehäuse verborgen, und in geschlossenem Zustand kann der weiße Emaildeckel in der Küche als bewegliche Arbeitsfläche benutzt werden. Ein ästhetischer Reiz kann dem sauberen Instrument nicht abgesprochen werden.

Diese handlichen Plättgeräte sind direkte Abkömmlinge der schweren gußeisernen Maschinen, wie sie zu Beginn der achtziger Jahre in den kommerziellen Wäschereien zu finden sind. Sie hießen »rotary ironers« und waren auf verschiedene Wäschearten, Kragen, Hemden oder Handtücher spezialisiert (Abb. 400). Gewöhnlich war eine Walze beheizt und die andere mit Filz überzogen. Unmittelbare Vorgängerin der modernen Geräte war aber die nach ihrem französischen Erfinder Ducoudon benannte Plättmangel (Abb. 401). Sie bestand, wie die späteren elektrischen Modelle, aus einer »glattpolierten und geheizten Metallmulde und einer schweren Walze, montiert in einen starken gußeisernen Rahmen«[111].

Auch dieses mechanische Hilfsmittel ist in kurzer Zeit demokratisiert worden, und die großen Versandhäuser bieten es in den Katalogen von 1941-42 in Preislagen zwischen 20 und 60 Dollar an. Die Überschrift lautet: »Ladies, nehmen Sie bitte Platz!« (Abb. 402).

So ist das Bügeln beinahe ein Vergnügen geworden: »Entspanne Dich, setz Dich und freu Dich am Bügeln.« Ein federnder Stahlrohrstuhl, dessen Elastizität der Entspannung dient, wird mitgeliefert.

Weg mit dem Bügeleisen! Oder wie der Katalog es ausdrückt: »Befreie Dich von der Rückgratschinderei!«

---

111 *Laundry Management, A Handbook for Use in Private and Public Laundries,* 4. Aufl., London, 1902, S. 160. In Amerika wurden Plättmaschinen, vor allem für Schneider, während der fünfziger und sechziger Jahre patentiert. Im Unterschied zu anderen Haushaltsgeräten der Zeit können sie nicht als echte Vorläufer angesehen werden. U.S. Patent 21450, 7. September 1857: zylindrische Mulden mit Walzen, mit Kurbel betrieben. U.S. Patent 72773, 12. März 1867: sich drehendes oder rotierendes beheiztes Hohleisen.

404. Vollständige Mechanisierung des Waschvorgangs: Amerikanische Waschmaschine, 1946. *Die ungefähre Idee des automatischen Waschvorgangs stammt aus den frühen siebziger Jahren des neunzehnten Jahrhunderts, zu dieser Zeit wurde das Grundprinzip patentiert; im selben Behälter folgte schnelles Schleudern auf langsames Waschen. Zwar gibt es seit den zwanziger Jahren des zwangzigsten Jahrhunderts automatische Waschmaschinen, aber sie setzten sich erst um 1939 endgültig durch. 1946 verschwand die Flügelvorrichtung – die letzte Erinnerung an die Hand – aus dieser Maschine; Strahlen von Seifenwasser, die vom Boden einer sich kräftig auf und ab bewegenden Trommel hochspritzen, durchdringen die Kleider. (Apex Rotarex Corp., Cleveland, Ohio)*

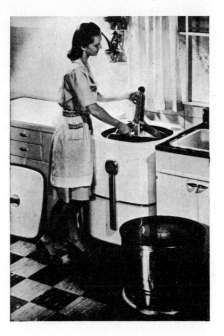

405. Kombinierte automatische Geschirrspül- und Waschmaschine. 1946. *Sogar noch bevor die automatische Waschmaschine der breiten Masse der Verbraucher zugänglich war, erhielt sie – der amerikanischen Tradition der Verwandelbarkeit folgend – eine zweite Funktion, das Geschirrspülen. »Eine Kleiderwaschmaschine in eine Geschirrspülmaschine umzuwandeln, dauert nicht länger als anderthalb Minuten. Es ist einfach, die Waschmaschinenteile herauszuheben und sie durch das Spülmaschinenzubehör zu ersetzen. Alle Teile sind leicht.« (Earle Ludgin and Co., Chicago)*

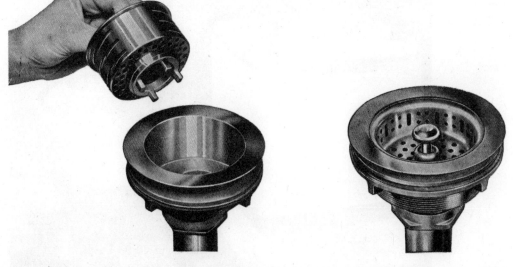

406. Spülbeckenausflußsieb, 1942. *In den Vereinigten Staaten werden sogar Form und Leistungsfähig-keit des Spülbeckenausflusses untersucht. Aus zwei beweglichen Teilen bestehende Ausflußsiebe sind eben-so ungewöhnlich für die europäische Produktion der vierziger Jahre des zwanzigsten Jahrhunderts wie Herde mit Arbeitsflächen. (Schaible Co., Cincinnati)*

Die Mechanisierung des Reinigens: Die Geschirrspülmaschine

Wie wir erwähnt haben, wird bereits in den sechziger Jahren eine Lösung für das mechanische Geschirrspülen gefunden, die in der Zeit der Vollmechanisierung allgemein akzeptiert wurde. Ihr waren verschiedene Vorschläge vorausgegangen. Zunächst sind die rotierenden Flügel in einer anderen Kammer unterge-bracht als das zu waschende Geschirr. Dann bringt ein Erfinder den Propeller »in dem Gehäuse, das die Teller und das Waschwasser enthält« unter[112]. Das Prinzip wird hier bereits klar erkannt: rotierende Flügel »schleudern das Wasser gegen Teller und andere Gegenstände«. Das Geschirr, das in Drahtgestellen gehalten wird, ist tangential zu dem Wasserstrom angeordnet.

Es liegt nahe, an Wasserturbinen zu denken. Tatsächlich befinden wir uns in der Entstehungszeit der Francisturbine. James B. Francis (1815-92) formt die nach ihm benannte Turbine aufgrund genauester Kenntnis der Strömungsgesetze des Wassers. Francis, der in England mit Lokomotivbau begann, wurde in Lowell, Massachusetts, zum Kanalbauer und Wasserbauingenieur. Seine ersten theoreti-schen Untersuchungen auf dem wenig erforschten Gebiet der Hydrodynamik wurden 1855 veröffentlicht. Die Francisturbine findet noch immer Verwendung bei großen Wassermengen und geringem Gefälle. In der Formung ihrer Lauf- und Leiträder und in ihrem ganzen Aufbau ist sie der plastische Ausdruck der Strö-mungsverhältnisse in ruhig fließenden Gewässern.

---

112 U.S. Patent 40 280, 13. Oktober 1863.

407. »Elektrischer Ausguß« mit eingebautem Abfallzerkleinerer, 1939. *Der mechanische Abfallzerklei-nerer ist direkt unterhalb der Spüle angebracht. Mit Hilfe einer elektrisch angetriebenen Zerkleinerungs-Vorrichtung werden Essensabfälle sofort beseitigt. 1929 begann ein Großbetrieb mit der Erprobung die-ser Idee; 1935 gelang die Entwicklung der Standardform und die Serienproduktion. (General Electric Co., Schenectady)*

Ein höchst bescheidener Ableger dieser Denkrichtung ist die Geschirrspülma-schine. Hier kehrt sich jedoch der Vorgang um, so wie der Motor eine Umkehrung des Dynamos ist. In der Turbine wird das Wasser durch Leiträder auf die Schau-feln gepreßt, während beim Geschirrspüler die Flügel des Propellers das Wasser gegen das in Drahtgestellen angeordnete Geschirr schleudern.

Die Art und Weise, wie der Erfinder der Geschirrspülmaschine von 1865[113] (Abb. 375) seinen Ideen Gestalt gibt, zeigt, wie rasch die Überlegungen der gro-ßen Theoretiker und Erfinder sich in Haushaltsgeräten niederschlugen.

Dann setzte eine lange Wartezeit ein. Erst auf der New York State Fair von 1910 stellte ein Fabrikant[114] einen mechanischen Geschirrspüler aus. Er hatte noch eine Handkurbel wie in den sechziger Jahren. Sicherlich ließ diese Firma nicht locker und verfolgte das Problem weiter, bis der heutige elektrische Geschirrspü-ler Gestalt angenommen hatte. 1930 wurde die Firma von General Electric ge-kauft, die nun ihre eigenen Maschinen zu bauen begann. Die ersten viereckigen Modelle mit einem einzigen Bedienungsknopf wurden damals herausgebracht

113 U.S. Patent 51000, 21. November 1865.
114 The Walker Co., Syracuse, N. Y., Mitteilung durch General Electric Co. Ob dies die erste hergestellte Geschirr-spülmaschine ist, bedarf weiterer Überprüfung.

408. Satire eines Herstellers auf die technisch überzüchtete Küche. *Es ist ein gutes Zeichen, daß Kritik an der Übermechanisierung von der Industrie selber ausgeht. Diese von einem amerikanischen Sanitärartikelhersteller weitverbreitete Broschüre verspottet die Bereitschaft der Kunden, jede beliebige mechanische Spielerei zu kaufen: »In der Küche von morgen (wann immer das ist) wird elektronische Steuerung alles automatisch erledigen. Alles befindet sich in Reichweite eines riesigen rotierenden Hahnes.(...) Für das ›Stromlinien‹-Baby von Morgen eine Raketenwiege mit einem Schaukelantrieb (...). Verpackter Staub, ausreichend für einen Jahresvorrat an Nahrung (...). Die Blumen der Zukunft zeigen den Einfluß der Stromlinienform.« (Schaible Co., Cincinnati)*

(1932). Verbunden mit dem Ausguß bildeten sie eine Einheit, die mit der mechanisierten Küche verschmelzen konnte – eine Parallele zum Tischplattenherd. Neue Kombinationen zeichnen sich ab.

Im Gegensatz zum mechanischen Kühlschrank war die Verbreitung der elektrischen Geschirrspülmaschine, die in den dreißiger Jahren aufkam, verhältnismäßig gering. Nun entwickelte sie sich zu einem Präzisionsinstrument mit den verschiedensten automatischen Vorrichtungen (Abb. 374). In die Kataloge der großen Versandhäuser, die gewöhnlich zeigen, wann eine Erfindung das große Publikum erreicht hat, war sie noch nicht vorgedrungen. In einer Umfrage, die von *McCall's Magazine* 1943-44 durchgeführt wurde, besaßen von 11 446 antwortenden Hausfrauen nur 115 einen elektrischen Geschirrspüler[115].

Um 1945 gehörte die elektrische Geschirrspülmaschine in einem gewissen Sinne noch zu den Vorratserfindungen. Ihre Massenproduktion wird zweifellos erst dann kommen, wenn der dienstbotenlose Haushalt universell geworden ist.

Die Mechanisierung des Reinigens: Der mechanische Abfallzerkleinerer

Letzter in der Reihe der Reinigungsapparaturen ist der automatische Abfallzerkleinerer oder »elektrische Ausguß«. Er wird unmittelbar unter dem Sieb im Ausguß montiert. Geschirrspülmaschine und elektrischer Ausguß können nebeneinander zu einer einzigen Einheit verbunden werden (Abb. 407).

Die Funktion des Abfallzerkleinerers besteht in der »sanitären Beseitigung von Speiseabfällen unmittelbar dort, wo sie entstehen, indem sie direkt durch den Ausguß und in die Kanalisation abgeleitet werden, um durch die Zauberkraft des Wassertransports zu verschwinden«[116].

1929 wurde die Idee als ein Entwicklungsproblem von der General Electric Company aufgegriffen, ein erstes Modell lag 1930 vor, und die Standardform und fabrikmäßige Herstellung war 1935 erreicht: Das Äußere war kompakter und der Zerkleinerungsmechanismus verbessert, aber das Prinzip blieb dasselbe[117].

Dieser Apparat, der wie eine in die Länge gezogene Milchkanne wirkt, hat am Ende seiner konischen Aufnahmekammer eine rotierende Scheibe, die die Abfälle in die Schneidelemente befördert. Mit Wasser gemischt, so daß eine fließende Mischung entsteht, wird der Abfall dann in den Ausguß gepumpt.

Dieser Apparat ist in einer Hinsicht symptomatisch. Waschmaschine, Bügelmaschine, Staubsauger, Elektromotor und Kühlschrank wurden alle zuerst für kommerzielle Betriebe erdacht. Beim elektrischen Abfallzerkleinerer, der entwickelt wurde, als die mechanisierte Küche mit ihren Apparaturen sich im Haushalt durchgesetzt hatte, kehrt sich der Vorgang um. Das Haushaltsmodell wird später für Hotelbetriebe, Schiffe und öffentliche Anstalten adaptiert. Die amerikanische Marine und Armee verwendeten das Gerät im Zweiten Weltkrieg. Die kleinen Einheiten werden auch im kommerziellen Bereich beibehalten, jedoch in Vorrichtungen zur Speisevorbereitung und zum Geschirrspülen eingebaut.

115 Mary Davis Gillies, a.a.O.
116 J. H. Powers, »The Disposal«, *General Electric Review*, März 1943, Bd. 46, Nr. 3, S. 175-177. Dieser Aufsatz enthält ausführliche Erläuterungen. J. H. Powers hat die Maschine seit 1935 entwickelt.
117 Mitteilung der General Electric Co., Bridgeport, Conn.

Die Mechanisierung des Reinigens: Der Staubsauger

Das Wort »vacuum cleaner« kommt erst zu Beginn des Jahrhunderts auf, wahrscheinlich 1903[118]. Im neunzehnten Jahrhundert spricht man nur von »Teppichreinigern« (carpet sweeper).

In Amerika tauchen um die Jahrhundertwende Unternehmungen mit den verschiedensten Namen auf, die das mechanische Reinigen durch einen ansaugenden Luftstrom gelöst haben wollen. Eine Firma nennt sich nach dem Medium, das sie benutzt: »Air Cleaning Company«, eine andere betont in ihrer Namensgebung das hygienische Moment (Beseitigung des herumwirbelnden Staubes: »Sanitary Devices Company«)[119], und eine schließlich bedient sich des Namens, der später auf die ganze Gattung übergeht: »The Vacuum Cleaner Company«.

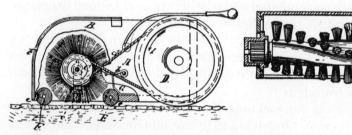

ROTATING BRUSHES   STATIONARY BRUSH SHAFT

▲ 409. Teppichkehrmaschine mit Drehbürste, 1859. *In den späten fünfziger Jahren des neunzehnten Jahrhunderts wurden verschiedene Patente für Kehrmaschinen mit Drehbürste eingereicht. »Die Bürste dreht sich entgegengesetzt zu den Walzen. (...) Die Federn b sorgen für einen ständigen ausreichenden Druck der Bürste auf den Boden.« (U.S. Patent* 24103, *24. Mai* 1859)

410. Drehbürste des Hoover-Staubsaugers, 1915. *Die Wirkungsweise der Drehbürsten der heutigen Staubsauger mit Staubbeutel ist die gleiche wie bei den ersten Patenten der fünfziger Jahre. (U.S. Patent* 1151731, *31. August* 1915) ▲

Die frühen Handapparate, um 1860

Gegen Ende der fünfziger Jahre versuchte man, das Bücken beim Teppichbürsten durch Apparate zu ersparen, die über den Teppich gerollt wurden. Fünf Patente für Teppichkehrmaschinen wurden 1858 und neun Patente 1859 erteilt. In diesen

---

118 Der Oxford English Dictionary bringt ein Zitat aus der Westminster Gazette vom 30. Mai 1903, das zeigt, wie ungewohnt der Gedanke an Reinigung mittels eines Vakuums war: »Es gibt eine Maschine, die als *vacuum cleaner* bezeichnet wird.« Die Franzosen sprechen in dieser Zeit von einer »nettoyage sanitaire par le vide« (*La Nature,* Paris, 1903, S. 576).

119 David T. Kenney, U.S. Patent 739263, 15. September 1903, und U.S. Patent 781532, 31. Januar 1905. Auch diese Patente sprechen nicht von einem *vacuum cleaner,* sondern noch von einem »apparatus for removing dust« (Entstaubungsapparat).

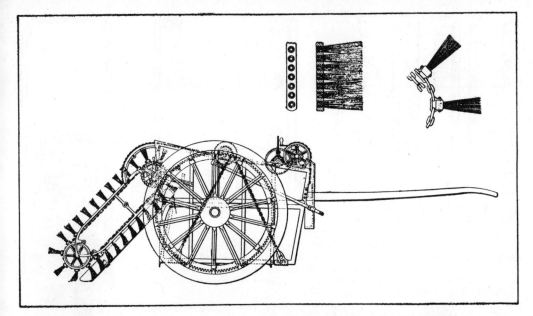

411. JOSEPH WHITWORTH: »Straßenkehrmaschine«. Britisches Patent, 1842. *Bei diesem ersten mechanischen Gerät zum Straßenkehren schiebt ein aus Bürsten bestehendes Förderband den Schmutz auf eine schiefe Ebene. Der Entwurf der Kette zeigt das Können des Ingenieurs. »Ich erhebe Anspruch darauf, den Besen oder die Kratzbürsten mit Hilfe von offenen und geschlossenen Gliedern in eine endlose Kette umgestaltet zu haben.«*

Patenten wurden die Grundtypen festgelegt. Die Lösungen kreisen um die Idee einer rotierenden Bürste[120], die in einem kleinen Gehäuse auf Rädern oder Rollen eingebaut ist und auf verschiedene Weise angetrieben wird. Weder die Art des Antriebs noch die Form des Gerätes hat sich seit den fünfziger Jahren geändert[121] (Abb. 409, 410).

Teppich und Straße

Rotierende Bürsten wurden zuerst zum Reinigen der Straßen verwendet. Man darf sich nicht durch Angaben der Spezialliteratur irremachen lassen, daß der Straßenreiniger mit rotierenden Bürsten in den achtziger Jahren aufkommt und fast gleichzeitig damit »sein Gegenstück, der Teppichreiniger«[122]. Die Erfindung des modernen Straßenreinigers geht in Wirklichkeit auf einen der großen englischen Werkzeugbauer, Joseph Whitworth, zurück, schon Anfang der vierziger

---

120 Das erste Patent für mechanische Teppichreiniger, U.S. Patent 21233, 17. August 1858, beruht auf einer rotierenden Bürste, die mit Antriebsrädern verbunden ist. Wie wir gleich sehen werden, erscheint die rotierende Bürste zuerst bei einer Straßenkehrmaschine (1840). Das zweite Patent, U.S. Patent 21451, 7. September 1858, beruht auf einer Kombination einer Bürste mit einer Zugrolle.
121 Vgl. dazu U.S. Patent 24103, 24. Mai 1859.
122 M. S. Cooley, *Vacuum Cleaning Systems,* New York, 1913, S. 3.

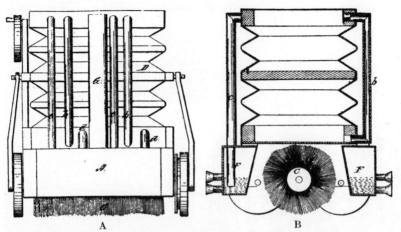

A   B

412. Balgen-Teppichkehrmaschine. 1860. *Die mit Rädern angetriebenen Balgen stellen eine andere Methode zur Erzeugung von Saugkraft dar. Dies ist die erste Kehrmaschine mit konstanter Saugkraft. Die staubbeladene Luft strömt durch Wasserkammern, wie in einigen der späteren fest installierten Apparate. (U.S. Patent 29077, 10. Juli* 1860)

413. Der »Success«-Handstaubsauger. Um 1912. (*Sammlung Tom J. Smith, Jr.*)

Bis weit in das zweite Jahrzehnt des zwanzigsten Jahrhunderts hinein wurden von Rädern oder von Hand angetriebene Balgenstaubsauger hergestellt.

414. »Heimstaubsauger«, Um 1910. (*Sammlung Tom J. Smith, Jr.*)

Jahre[123]. Die Vorläufer in den zwanziger Jahren[124] sind noch äußerst primitiv. Bei einem von ihnen werden die Besen zwischen zwei Rädern montiert, etwa wie die Schaufeln beim Mühlrad.

Bei Joseph Whitworths Apparat (Abb. 411) handelt es sich um eine exakt arbei-

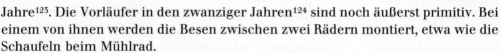

123 Es handelt sich um zwei Patente. Das erste: Brit. Patent 8475, 15. April 1840: »Maschine zum Reinigen und Ausbessern von Straßen und Wegen«, das zweite: Brit. Patent 9433, 2. August 1842: »Apparat zum Straßenreinigen«. Dies ist zugleich das erste amerikanische Patent für Straßenreinigungsmaschinen: U.S. Patent 3124, 1. Juni 1843. Das Patent von 1840 enthält unter anderem eine frühe (vielleicht die erste) Anwendung der rotierenden Bürste, die Whitworth als »circular broom« bezeichnet. Sie wurde angetrieben von einer überkreuz laufenden Zahnradkette.
124 Brit. Patent 5275, 1. November 1825.

tende Maschinerie; er benutzt eine endlose Kette von Bürsten, die von der Wagen-achse aus angetrieben wird[125]. In der Art, wie er dabei mit dem hergebrachten Schema der Kette bricht, indem er sie aus offenen und geschlossenen Kettenglie-dern bildet, die die Besen halten, zeigt sich der Meister. Die Bürsten am endlosen Band führen den Schmutz eine geneigte Ebene hinauf und leeren ihn in einen Be-hälter. Diese Straßenkehrmaschine von Whitworth, die zum erstenmal das Reini-gen im großen Maßstab mechanisch vollzog, zeigt auch in den übrigen Einzelhei-ten die präzise Hand eines Ingenieurs, der die Feinmechanik der Spinnmaschinen zu verbessern verstand und um die Jahrhundertmitte höchste Präzision in den Maschinenbau einführte[126].

Vorstufen des Staubsaugers

Wie wir zu Beginn dieses Abschnittes beobachteten, als die verschiedenen Typen für mechanische Reinigung zeitlich nebeneinandergestellt wurden, erscheint der Vakuumreiniger, mit reiner Saugwirkung, im Jahre 1859. Das war kein Zufall. Es ist die Zeit, die viele oft phantastische Projekte[127] aufbrachte, wenn es galt mit Ga-sen, Luftdruck oder Vakuum zu arbeiten, vom Einspritzen von Kohlensäure in den Teig bis zum Luftstrom, der im Bessemer-Verfahren in das flüssige Eisen ge-trieben wird und wiederum bis zu den primitiven Vorschlägen für die ersten Ap-parate, die mit einem saugenden Luftstrom arbeiteten, um Teppiche zu reinigen. Schon wenige Monate nach dem Erscheinen der ersten mechanischen Teppich-reiniger taucht 1859 jener bereits erwähnte Apparat mit reiner Saugwirkung auf, dessen Räder einen vierflügeligen Ventilator antrieben (Abb. 373). Auch der zwei-te Typ des Vakuumreinigers, der neben einem kontinuierlichen Luftstrom rotie-rende Bürsten benutzt, die ihm den Staub zutreiben, wird in dieser Zeit entwickelt (1860)[128]. Der kontinuierliche Luftzug wird durch Blasbälge hervorgebracht, die durch eine Verbindungsstange mit den Rädern verbunden sind[129] (Abb. 412).

Nehmen wir einen Augenblick die Geschehnisse vorweg und schauen auf das, was folgen sollte. In den beiden Apparaten von 1859 und 1860 wurden die Grund-typen geschaffen, auf deren Prinzipien die Entwicklung bis heute aufgebaut ist.

Das kühnere Prinzip, das von 1859, das allein den Luftstrom zum Entstauben benutzt, wird nach 1900 in vergrößertem Maßstab in den fest installierten Anla-gen Amerikas und in den fahrbaren Apparaten Englands und Frankreichs ver-wendet.

---

125 Vgl. in unserem Kapitel über das Fließband die Einführung des Wanderrostes für Dampfkessel durch Johann Georg Bodmer im Jahre 1834.
126 Er baute Fräsen, die auf ein Millionstel Zoll genau arbeiteten.
127 Vergleiche den Abschnitt »Brot und Gas« in unserem Kapitel »Brot«.
128 U. S. Patent 29077, 10. Juli 1860.
129 »Das Wesen meiner Erfindung besteht darin, feinen Staub und Schmutz mittels des Luftstromes durch die Ma-schine zu saugen und [dieser Vorschlag ist zu einem so frühen Zeitpunkt auffallend] dann in Wasser oder (...) irgend etwas anderes zu treiben, das den Staub festhält.« Warum nicht damals schon in einen luftdichten Sack, wie es später die Regel wurde?

Der zweite Typ, der von 1860, der Luftstrom und rotierende Bürsten kombiniert, wird als handbetriebener Apparat im Laufe des neunzehnten und auch zu Beginn des zwanzigsten Jahrhunderts ständig verbessert, bis er, im zweiten Jahrzehnt, nach erfolgreicher Elektrifizierung, die stationären Anlagen zu verdrängen beginnt.

Auch auf dem Gebiet des Handapparates hat der Typ von 1859, der ausschließlich Luftstrom verwendet, sich weitgehend bis heute behauptet. Beide Typen gehören zu den Vorratserfindungen des neunzehnten Jahrhunderts. Es handelt sich um Gedankenblitze, die unbemerkt verschwinden und erst durch einen neuen Antrieb, den kleinen elektrischen Motor, plötzlich in den Vordergrund treten. Trotzdem bleibt es Pflicht des Historikers, sie aus ihrer Anonymität zu befreien.

Der Staubsauger um 1900

Diese Handapparate kamen erst durch einen großen Umweg zustande. Wie beim elektrischen Motor Riesenformate durchlaufen werden mußten, ehe man einen kleinen zuverlässigen Motor konstruieren konnte, brauchte auch der mechanisch angetriebene Reiniger seine Zeit, bis er zu einem handlichen Werkzeug komprimiert werden konnte. Als der Vakuumreiniger kurz vor 1900 Realität zu werden begann, bestand er aus einer beträchtlichen Apparatur, die nur für große Betriebe, Hotels, Warenhäuser, Bahnhöfe in Betracht kam.

Drei Stufen sind bis zur endgültigen Einführung des Staubsaugers festzustellen.

Zu dieser Zeit wurden Teppiche zum Reinigen in besondere, oft mit Wäschereien verbundene Anstalten geschickt. Dort standen schwerfällige Teppichklopfmaschinen zur Verfügung, die wie die Waschmaschinen der ersten Jahrhunderthälfte die menschlichen Bewegungen nachahmten – in diesem Falle den Arm mit Teppichklopfer. Die ersten Patente erscheinen um 1860[130] und noch nach 1900 findet man in einem englischen Handbuch über *Laundry Management* verschiedenartige Systeme beschrieben, ohne den Vakuumreiniger auch nur zu erwähnen.

Die zweite Stufe umfaßt stationäre Anlagen für große Unternehmungen. Die Maschinen waren im Keller untergebracht, und Rohrleitungen mit Zapfstellen durchzogen das ganze Gebäude. So ist es zu erklären, daß um 1900 die Vakuumreiniger gelegentlich von Heizungsfirmen hergestellt werden[131]. In Amerika wurden diese Anlagen zuerst entwickelt.

In der dritten Stufe, die sich mit der vorangegangenen Vielfalt überschneidet, werden fahrbare Anlagen eingeführt, die von Hand, durch Pferde oder mit eigenem Motor von Haus zu Haus gefahren wurden. Ein langer Schlauch führte vom Hof oder von der Straße aus, wo die Entstaubungsanlage stand, in die Wohnräume. Es waren mindestens zwei Männer zur Bedienung nötig: einer für die Beauf-

---

130 Drei Patente für Teppichklopfmaschinen wurden 1860 ausgegeben: U. S. Patente 27780 und 30590.
131 *Laundry Management*, a.a.O., Kap. 23: Teppichklopfen.

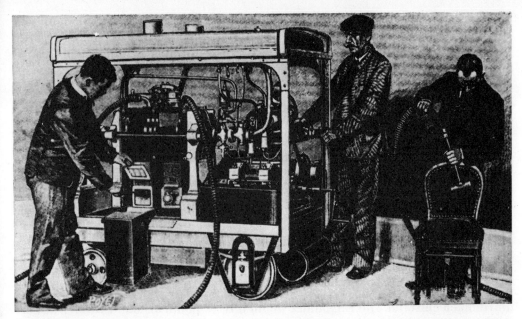

415. Französische Staubsauger auf einem Handwagen, 1903. *Diese auf der Straße arbeitenden Staubsaugeranlagen auf Rädern brauchten zwei Leute zur Bedienung. Bald wurden die halbmobilen Maschinen verkleinert. Obwohl tragbar, weisen die Haushaltsgeräte um 1905 in den Vereinigten Staaten stärkere Ähnlichkeit mit dem oben gezeigten Typ auf als mit den heutigen, leichten Maschinen.* (La Nature, 1903)

sichtigung der Anlage und einer für die Reinigung. Vor allem die Engländer, aber auch die Franzosen haben solche fahrbaren Anlagen entwickelt. Der Erfinder des, wie die Engländer behaupten, ersten befriedigend funktionierenden Vakuumreinigers, H. C. Booth, berichtet über seine Erlebnisse in der Entstehungszeit, zwischen 1901 und 1903: »Die Polizeibehörden waren der Ansicht, daß die Maschine [der Vakuumreiniger] nicht berechtigt war, auf öffentlichen Straßen zu arbeiten. (...) Die Reinigungsfirma wurde häufig für Schäden durch angeblich scheu gewordene Pferde haftbar gemacht.«[132] Diese fahrbaren Vakuumreiniger nehmen in ihrer Größe rasch ab. Die Franzosen haben schon früh Apparaturen von bescheidenerem Umfang in Betrieb genommen (Abb. 415). Sie bilden die Übergangsstufe vor der Einführung des Handapparates in das Privathaus.

Die Frage der Herkunft

Je näher wir unserer eigenen Zeit kommen, um so schwerer wird es, präzise historische Angaben zu machen. Bei dem gegenwärtigen Forschungsstand ist es durchaus nicht klar, wo der Typ des modernen Reinigers mit mechanisch erzeugtem Vakuum zuerst auftaucht. In den Versuchen um 1900 ist noch ein Schwanken

---

132 Booth, »The Origin of the Vacuum Cleaner«, *Newcomen Society Transactions*, London, 1935, Bd. 15, S. 93.

spürbar, ob man mit Vakuum oder mit komprimierter Luft arbeiten, ob man den Staub wegblasen oder aufsaugen soll. Das führt gelegentlich zu doppelter Arbeitsweise, zu komplizerten Kombinationen von Apparaturen mit Kompressor und Vakuum. Der Vorgänger des Vakuumreinigers ist der »compressed air cleaner«, mit den man in Gießereien mittels eines komprimierten Luftstroms den Staub von den Gußstücken spritzte. Zur Reinigung von Gebäuden wurde dieses Verfahren, so heißt es, zuerst in Form eines offenen Gebläses zur Beseitigung des Staubes verwendet[133].

Amerikanische Apparate, die komprimierte Luft in den Teppich bliesen, wurden auch im Ausland öffentlich vorgeführt. In einer seiner wenigen persönlichen Äußerungen erzählt der englische Erfinder H. C. Booth: »Auf die mechanische Entstaubung von Teppichen wurde ich zum ersten Mal aufmerksam im Jahre 1901 bei der Vorführung eines amerikanischen Apparates durch seinen Erfinder. (. . .) Die Maschine bestand aus einem Behälter, der mit komprimierter Luft gefüllt wurde, die dann von zwei entgegengesetzten Richtungen in den Teppich geblasen wurde.«[134]

Wie gesagt, es läßt sich schwer feststellen, wo der erste richtig arbeitende Vakuumreiniger entstand. Die Engländer nennen H. C. Booth als den Erfinder des ersten ausschließlich mit Saugwirkung arbeitenden Apparats. Er wurde 1901 patentiert[135] und erfolgreich eingeführt. Der Erfinder beansprucht es als seine Idee, allein mit Vakuum gearbeitet zu haben, und zwar angeregt durch Vorführungen des amerikanischen Apparates, der die Luft in den Teppich blies. Booth schlug dem Amerikaner vor, es auf die entgegengesetzte Weise zu versuchen. »Ich führte ihm das Experiment vor, mit meinem Mund an der Lehne eines Plüschsessels in einem Restaurant in der Victoria Street zu saugen, mit dem Ergebnis, daß ich fast erstickte.«[136] Es besteht kein Zweifel, daß Booth seine Erfindung unabhängig machte und erst später Einblick in die lange Reihe von Patenten gewann, die im neunzehnten Jahrhundert diesen Weg beschritten hatten. Es gibt davon in seinen Aufzeichnungen über »die Entstehung des Vakuumreinigers« eine interessante Liste. Sein Apparat von 1901 war fahrbar und auf einem Handkarren montiert[137].

Auch die Franzosen bauten kurz nach 1900, wie die Abb. 415 zeigt, bereits geschickt konstruierte Apparate mit elektrischem Motor und auf Handkarren mon-

---

133 Cooley, a.a.O., S. 4. Mr. Joseph H. Young, der Direktor der Union Pacific in Salt Lake City, und David Patterson, ein Mechanikermeister, versuchten 1892/93 das Innere der Waggons zu reinigen, indem sie mehrere Luftdruckbremsen miteinander verbanden, die den Staub fortblasen sollten. Als sich dies als undurchführbar erwies, entwickelten sie eine Siphonmethode, durch die Luft angesaugt und aus dem Fenster geblasen wurde. Diese Methode hatte solchen Erfolg, daß sie von der Union Pacific angewandt wurde, um die Waggons und Pullmanwagen an den Endbahnhöfen zu säubern. Sie entwickelten auch einen Zerstäuber, um Farbe auf Güterwagen und Holzgebäude zu sprühen, ein Verfahren, das auch für das Bemalen von Schiffen angewendet wurde. Ein Patent wurde ihnen freilich verweigert, mit der Begründung, daß das Prinzip in Patenten enthalten sei, nach denen Öl mittels komprimierter Luft aus einem Tank geblasen wird, um in Lokomotivbrennkammern Feuer zu entzünden. Diese Information verdanken wir Mr. Young, der jetzt Vizepräsident der Westinghouse Brake Co. ist.
134 Booth, a.a.O., S. 85.
135 Brit. Patent 17433, 30. August 1901.
136 Booth, a.a.O., S. 86.
137 Abbildungen ebd., Tafel XI.

tiert. Sie erheben Anspruch auf die Erfindung eines besonders geformten Mund-
stücks für ihre Möbel, das der Engländer Booth als seine Erfindung angibt. Übrigens behauptet Booth auch, zum ersten Mal diese Vereinigung von Schlauch und
Handgriff in einem Stück eingeführt zu haben. In Frankreich scheinen diese Maschinerien anfangs besonders für die Reinigung von Theaterbestuhlung gebraucht worden zu sein. Aus den Sesseln eines einzigen Theaters wurden, so wird
angegeben, 217 Kilogramm Staub gesogen[138].

Die Deutschen übernehmen ein englisches Modell und machen 1905, dem Jahre der Einführung in Deutschland, »Versuche zur Prüfung der Leistungsfähigkeit«[139]. Experimente mit feuchten Gelatineplatten werden gemacht, um festzustellen, wieviel Staub sich beim gewöhnlichen Klopfen und Bürsten sammelt, und
wieviel bei der Anwendung der neuen »Vakuumreiniger«. Dabei wird der Apparat
beschrieben wie eine neu entdeckte Pflanze. Aber so günstig auch die Versuche
für den Vakuumreiniger ausfallen, der Hygieniker kommt doch zu dem Schluß,
daß an eine allgemeine Einführung nicht gedacht werden könne, und daß Zeit
und Arbeitskräfte bei der Vakuumreinigung nicht gespart würden.

Daß die Initiative entsprechend der ganzen Zielrichtung, die Hausarbeit zu mechanisieren, schließich an Amerika überging, dafür sind keine Belege nötig. Die
Amerikaner nennen David T. Kenney als den Erfinder, der »das erste mechanische Reinigungssystem schuf, bei dem ausschließlich Vakuum zur Reinigung benutzt wurde«[140]. Dies geschah im Frick Building in New York (1902). Kenneys
grundlegendes Patent wurde aber schon 1901 eingereicht und lag, wie es heißt,
schon jahrelang im Patentamt. Der chronologische Faden verwirrt sich hier, um
so mehr als der englische Erfinder wohl über seine Vorgänger spricht, aber
schweigt, wenn es sich um seine erfolgreichen Zeitgenossen in anderen Ländern
handelt. Immerhin kann soviel gesagt werden, daß Amerika die stationären Modelle und England und Frankreich die fahrbaren zuerst entwickelten.

Eines steht dabei fest: Die amerikanischen Hersteller von Vakuumreinigern –
gleichgültig ob sie Handapparate oder stationäre Anlagen bauten – waren Kenneys Patenten gegenüber lizenzpflichtig. Dies wurde auch bei der ersten staatlichen Untersuchung über den Zustand der Vakuumreiniger-Industrie festgestellt.
»Die Kenney-Patente (Abb. 416) sind die grundlegenden Vakuumreiniger-Patente,
die bei Prozessen von den Gerichten bestätigt wurden.«[141]

Der Staubsauger wird zum Haushaltswerkzeug

Ungefähr sechs Jahrzehnte nach dem Aufkommen der ersten Handapparate, die
Vakuum zu verwenden suchten, schließt sich der Kreis.

---

138 G. Richou, »Nettoyage sanitaire par le vide«, *La Nature*, Paris, 1903, S. 577.
139 Dr. Berghaus, »Der Vacuumreiniger, ein Apparat zur staubfreien Reinigung der Wohnräume«, *Archiv für Hygie-ne*, Bd. 52, München 1905.
140 Cooley, a.a.O., S. 13.
141 Report of the Federal Trade Commission on the House Furnishing Industry, 6. Oktober, S. 6 (Washington, 1925).

In der Zwischenzeit wurde besonders der eine der beiden Typen, der Blasebalgtyp mit rotierender Bürste, weiterentwickelt. Wir finden ihn 1917, dem Jahr, in dem der elektrische Handapparat von einem der großen Versandhäuser eingeführt wird, mit der Versicherung, daß dieser Typ »praktisch dasselbe leistet wie ein elektrischer Reiniger, bei weit geringeren Kosten«[142].

Nach jahrzehntelanger Wartezeit werden innerhalb weniger Jahre die Standardtypen geschaffen. 1901 und 1902 erscheinen die ersten befriedigenden stationären Vakuum-Anlagen in Amerika und in England. 1905 soll, wie es heißt, der erste tragbare Vakuumreiniger entstanden sein[143]. Dieser amerikanische Apparat mit großer Turbinenpumpe und einem auf ein Wagengestell montierten Motor war immerhin noch ziemlich voluminös und stand den beschriebenen französischen fahrbaren Apparaten viel näher als den späteren leichten Geräten. Zwei Jahre darauf, 1907, wurde das Patent für den sich langsam zur Standardform entwickelnden Handapparat eingereicht (Abb. 372)[144]. Nun dreht sich der Ventilator um eine vertikale Achse, die direkt mit dem antreibenden Motor verbunden ist, ähnlich wie bei Teslas elektrischem Ventilator von 1889. Das sorgfältig geformte Gehäuse des Motors wird verwendet, um den Handgriff beweglich daran zu befestigen. Das heißt, der Teppichreiniger ist mechanisiert worden. Der Trend geht nun in Richtung auf Vereinfachung und Reduzierung der Anzahl der Teile. Der gleiche Erfinder formuliert dies in seinem nächsten Patent (1915), das diesen Weg weiter verfolgt (Abb. 421). »Diese Erfindung will eine Konstruktion ermöglichen, die aus wenigen einfachen Teilen besteht, die in einer praktischen mechanischen Weise zusammengesetzt werden.«[145]

142 Katalog der Montgomery Ward Co., 1917, S. 703.
143 Abbildungen bei Cooley, a.a.O., S. 16. Erfinder: Dr. William Noe, San Francisco.
144 U. S. Patent 889823, 2. Juni 1908. James M. Spangler. Er hat bereits den Staubsack.
145 U. S. Patent 1151731, 31. August 1915. Es ist dieser Apparat, der bereits der Hoover Suction-Sweeper Company, Ohio, übergeben wird. In einer Reihe weiterer Verbesserungen wird der heutige Standardtyp entwickelt.

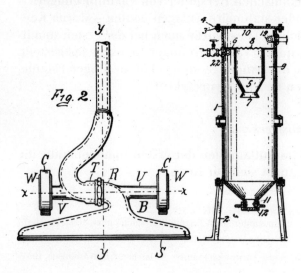

416. Das Grundpatent des amerikanischen Staubsaugers. 1903. *Seit 1902 wurden stationäre Anlagen, deren Röhren wie die der Zentralheizung durch das ganze Bauwerk verliefen, in den größeren amerikanischen Gebäude installiert – Astor Hotel, Frick Building (1902). Rechts: Das erste und grundlegende Patent für festmontierte wie auch für tragbare Staubsauger stammt von D. T. Kenney: »Trenner für einen Apparat zur Staubentfernung«, 1903. Griff und Schlauch sind noch getrennt. Links: Der Staubsauger kurz vor seiner Standardform: seine Weiterentwicklung durch Kenney sah einige Jahre später das Saugen mittels eines Schlauchgriffes und einer Staubdüse vor, das Ganze beweglich auf Rädern montiert. Hieraus hat sich vermutlich das heutige Modell mit Beutel entwickelt. (U.S. Patent 781532, 31. Januar 1905)*

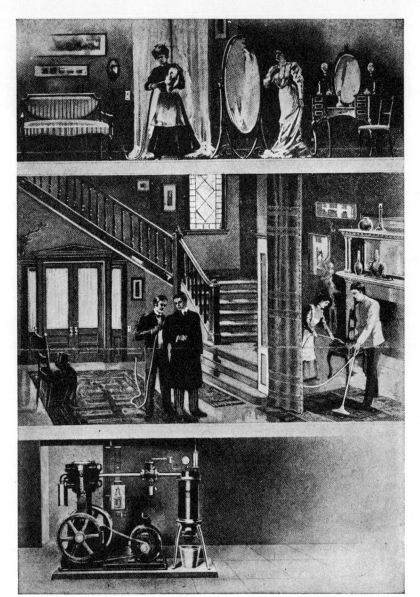

417. Staubsaugeranlage im Wohnhaus. Um 1910. *Elektromotor, Schwungrad und Luftpumpe im Keller. Diese Anlage befand sich nur in den Häusern der Wohlhabenden. (Broschüre, Sammlung Tom J. Smith, Jr.)*

Fassen wir zusammen, so sehen wir, daß kaum mehr als fünf Jahre zwischen dem Auftauchen der schwerfälligen Vakuumapparate und der Schaffung des Standardtyps für den Handapparat verstrichen sind, der den Vakuumreiniger zu einem alltäglichen Haushaltsgerät machte.

Die Spezialisten glaubten um 1912 durchweg nicht an die Möglichkeit, daß ein leichter und doch zuverlässiger Typ gebaut werden könnte. Einer von ihnen macht dies besonders klar, indem er die Vorführung von Handapparaten von

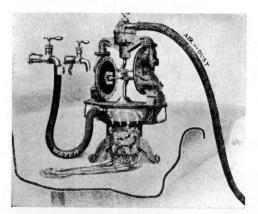

418. »Water Witch«-Motor, Um 1910. »Bei Bedarf wird er in Küchenausguß, Badewanne oder wo sonst ein Wasserhahn und Abfluß vorhanden sind aufgestellt. Mit normalem Wasserdruck betrieben; wiegt weniger als 23 Pfund; Staub und Keime mischen sich automatisch mit dem Wasser und werden fortgespült; absolut sicher; kostet nur $ 75.00. Alle anderen leistungsfähigen, tragbaren Staubsauger benötigen für ihren Betrieb Elektrizität.« (Broschüre, Sammlung Tom J. Smith, Jr.)

419. »Pneumatic Cleaner«, als Haartrockner benutzt, 1909. »Die Nutzung des reinen, frischen Luftstromes aus der Abluftöffnung.« Der hier gezeigte tankförmige elektrische Staubsauger näherte sich schnell seiner Standardform. (Sammlung Tom J. Smith, Jr.)

vornherein ablehnt[146]. Ein anderer, der eingehend das Problem des Vakuumreinigers in jener Zeit behandelt[147], drückt sich (1913) etwas weniger emphatisch aus und meint, der »tüchtigste« werde sich durchsetzen: »it will be the survival of the fittest.« Im übrigen glaubte er, daß der Vakuumreiniger wie das Automobil damals auf der Höhe seiner Laufbahn angelangt sei.

Der Skeptizismus der Sachverständigen von 1913 war nicht ganz unbegründet. Dies zeigt sich in den verschiedensten Versuchen, einen geeigneten Motor und eine befriedigende Form für den Handapparat zu finden. Um 1910 wurden die stationären Anlagen, mit der Saugpumpe und dem Staubfilter im Keller, besonders für größere Einfamilienhäuser eingeführt. Zahlreiche Kataloge aus dieser Zeit haben sich erhalten[148]. Da wird gezeigt, wie der Herr des Hauses im Vorraum steht

146 Arthur Summerton, A Treatise on Vacuum Cleaning, London 1912: »Wir beschränken uns in dieser Abhandlung auf das stationäre System, da wir der Ansicht sind, daß befriedigende Resultate mit tragbaren Maschinen nicht erreicht werden können.«

147 M. S. Cooley, a.a.O., S. 20.

148 Mr. Tom J. Smith, Jr., aus Cleveland, Ohio, Vizepräsident des Pressed Metal Institute und ein Veteran des Staubsaugergeschäfts, pflegt seinen prospektiven Kunden, statt ihm Drinks an der Bar zu spendieren, für die Geschichte des Produkts zu interessieren. Er und Mr. C. G. Frantz, langjähriger Sekretär der Vacuum Cleaner Manufacturers' Association seit ihrer Gründung und Sammler eines umfangreichen Archivs, haben unsere Anfrage auf freundlichste Weise beantwortet.

420. Erste ganzseitige Werbung für einen elektrischen »Suction Sweeper« (Saugreiniger). 1909. *»Krankheitserreger befinden sich im Staub. Die Bürste ist der einzige Teil des Reinigungsmechanismus, der mit dem Teppich in Berührung kommt. Kein Lärm wie bei den großen wagenartigen Apparaten – nur das sanfte Schnurren des kleinen Motors. Ist es nicht unsinnig, daß Sie immer noch auf die anstrengende, altmodische Art den Boden kehren, anstatt diesen einfachen, wirtschaftlichen Staubsauger zu benutzen?«*

Sweep With Electricity For 3c a Week

You Can Afford *This* Electric Suction Sweeper As Easily As You Can Afford a Sewing Machine

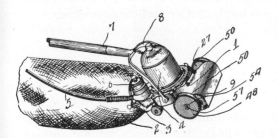

421. Elektrischer Teppichstaubsauger. 1915. 1908 *hatte der elektrische Staubsauger seine handliche Haushaltsform erreicht (Abb. 372). Derselbe Erfinder entwickelte ihn jetzt weiter. Von jetzt an war das Motto: vereinfachen. Anscheinend bildete dieses Modell die Basis für den Hoover-Typ. (U.S. Patent 1151731, 31. August 1915)*

422. Der »Staubsauger für jedermann«: Versandkatalog aus Chicago. 1917. *Der tragbare Staubsauger erscheint in den Versandkatalogen von 1917. Er wird mit der Begeisterung beschrieben, die neue Gegenstände hervorrufen: »Das Verrücken von schweren Möbeln wird unnötig – Staub wird nicht mehr aufgewirbelt – Ermüdungserscheinungen treten nicht mehr auf – es ist ein Vergnügen, ihn zu benutzen.« (Montgomery Ward Katalog, Chicago, 1917)*

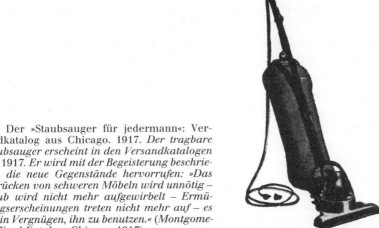

und sich von seinem Diener mit dem Staubsauger den Überrock reinigen läßt, während das Hausmädchen im ersten Stock den Hut der Dame auf die gleiche Art behandelt und andere Hausangestellte Möbel und Teppiche reinigen. Vakuumreiniger und Wohlstand werden in dieser Zeit bald miteinander identifiziert (Abb. 417).

Wie bei den Waschmaschinen um 1910 werden auch bei den Staubsaugern Wassermotoren oder andere Hilfsmittel als Vakuum-Erzeuger benutzt. Es handelt sich dabei durchgehend um stationäre Anlagen mit reiner Saugwirkung: »Man hat nicht mehr zu tun, als ein ganz leichtes Gerät über den Boden gleiten zu lassen«, und mit einem Seitenhieb auf die elektrischen Handapparate wird versichert: »Diese Geräte leiern nicht aus, sie halten so lange wie Ihr Haus (...) Bessere Resultate, (...) ohne die schmutzigen Säcke mit Bazillen zu leeren (...).«[149] Bei einem anderen Apparat, der »Wasserhexe« (Water Witch) können die kleinen leichten, fast ganz aus Aluminium hergestellten »Saugpumpen, die von einem Wasserrad betrieben werden, zeitweise in den Küchenausguß oder die Badewanne gesetzt werden« (Abb. 418). Der aufgesaugte Staub wird durch den Schlauch direkt in das abfließende Wasser geleitet[150]. Dazu wurden reizvolle Zubehörteile geliefert: ein Massage-Vibrator oder Föhnapparat zum Trocknen der Haare. »Das dichteste Haar wird nach dem Waschen schnell und gründlich getrocknet.«

Dies alles zeigt, daß die Richtung noch nicht klar war. Die Vertreter der wasserbetriebenen Reiniger hatten die falschen Karten. Nur ein Weg erwies sich als gangbar: die Verwendung des elektrischen Kleinmotors. Als die Hoover Company 1909, nur ein Jahr nach Erteilung ihres grundlegenden Patents, mit ganzseitigen Reklamen für ihren Saugreiniger in der *Saturday Evening Post* (Abb. 420) antwortete, da klang es, als wollten sie die Wasserhexen-Reklame noch übertrumpfen: »Der Motor wird das Haus, in dem Sie wohnen, überdauern.« Das anfeuernde Schlagwort aber war: »Sweep with electricity three cents a week« (Für drei Cents die Woche elektrisch saubermachen). Daß der Erfolg trotz der lautstarken Versicherung: »Wir liefern jetzt hunderte von Maschinen jede Woche aus, die Nachfrage ist enorm«, kein nachhaltiger war, zeigt sich an der Zahl rivalisierender Versuche, von denen wir nur einige wenige erwähnt haben. Aber der Weg des elektrischen Antriebs erwies sich bald als der richtige.

Die beiden Grundtypen, der von 1859 und der von 1860, sind ungefähr gleichmäßig in die elektrischen Handapparate von heute eingegangen. Der mit reiner Saugwirkung arbeitende Typ von 1859 lebt im »Tank«-Typ[151] weiter, bei dem der Bedienende nur das ansaugende Mundstück in der Hand hält wie früher bei den großen stationären Anlagen, während der Motor und der Staubsammler auf Kufen

149 Katalog »The Hydraulic«, Sammlung Tom J. Smith, Jr.
150 Katalog der Vacuum Hydro Company, New York, Sammlung Tom J. Smith, Jr.
151 Etwa im Electrolux.

nachgezogen werden. Der Handapparat (handle type), bei dem rotierende Bürsten, Motor und Mundstück, Staubsack und Handgriff eine leichte fahrbare Einheit bilden, folgt dem Typ von 1860: Kombination von Bürsten und Saugwirkung.

Der kleine tragbare Staubsauger bot eine ausgezeichnete Möglichkeit für die Verkaufsmethoden des »high pressure salesmanship«. Die Verkäufer gingen mit ihren Modellen von Tür zu Tür. Sie verkauften meistens auf Abzahlung (pay-as-you-go), die die amerikanische Massenherstellung – vom Staubsauger bis zu Automobil und Haus – finanziell ermöglichte. Die ungeheure Ausbreitung der Versandhäuser in der Zeit der Vollmechanisierung beruht gleichfalls auf dem System der Ratenzahlung.

Nach Tom J. Smith soll das moderne Abzahlungsgeschäft mit dem Vertrieb von Photographien verstorbener Angehöriger begonnen haben. Die Vergrößerungen wurden im Goldrahmen auf einer Staffelei und, bei Anlage von 25 Dollar, unter Zugabe einer prachtvollen Schleife geliefert. Der ungeheure Erfolg dieses auf Abzahlung von Haus zu Haus verkaufenden Unternehmens soll die Fabrikanten von Haushaltsartikeln zu ähnlichem Vorgehen angespornt haben.

Eine Händlerorganisation breitete sich nun über das ganze Land aus. Wie lange vorher bei den Landwirtschaftsmaschinen und später bei Waschmaschinen, Kühlschränken oder Herden erwies sich ein Wartungs- und Reparaturdienst als wichtiger Kaufanreiz.

Vier Jahre nach den skeptischen Äußerungen der Spezialisten haben sich die leichten Modelle in Amerika bereits durchgesetzt: sie erscheinen 1917 in den Versandkatalogen für den niedrigen Preis von 19,45 Dollar (Abb. 422).

Früher und erfolgreicher als jedes andere mechanisierte Haushaltsgerät hat der Staubsauger, der in jedem Besenschrank Platz findet, einen Marsch durch die Welt angetreten. Schon 1929 konnte die konservative *Encyclopaedia Britannica* erklären: »Der leichte, transportable Typ ist bei weitem der populärste und repräsentiert 95 % aller Staubsauger.« Außerhalb Amerikas hat er die Verbreitung der mechanischen Waschmaschine bei weitem überflügelt.

Mechanische Kälteerzeugung

Natürliches Eis

Das feucht-heiße Klima des von nördlichen Völkern bewohnten Amerika hat seit jeher das Bedürfnis nach Eis und kalten Getränken geweckt. Es ist nicht zufällig, daß *ice cream* schließlich ein Nationalgericht geworden ist. Frühe Besucher der Staaten waren erstaunt über die Wirkung des Klimas. Ein englischer Reisender fand, »daß im Sommer das Fleisch binnen eines Tages verdirbt. Geflügel sollte erst rund vier Stunden vor dem Verzehr geschlachtet werden, und Milch wurde ein bis zwei Stunden nach dem Melken sauer«[152]. Die klimatische Eigenart ist eine hinreichende Erklärung dafür, warum seit dem achtzehnten Jahrhundert die Frage auftauchte, wie Eis während der Sommermonate aufbewahrt oder wie es künstlich hergstellt werden könnte.

---

152 Isaac Weld, *Travel through the United States*, London, 1800, zitiert nach R. O. Cummings, *The American and His Food*, Chicago, 1940. Cummings bringt wenige, aber ausgezeichnete Hinweise über die Einführung der Kühlanlagen.

423. Losschneiden des Eises auf dem Schuylkill in den sechziger Jahren des neunzehnten Jahrhunderts. *Während des neunzehnten Jahrhunderts entwickelte sich in den Vereinigten Staaten ein eigener Industriezweig aus der Bergung und Lagerung von Eis; es wurde ein Exportartikel wie die Baumwolle. Das Bild zeigt: (rechts) das Feld wird mit Eishobel und Eispflug markiert; (links) die Blöcke werden über eine schiefe Ebene zu einem Eishaus transportiert. (Historical Society of Pennsylvania)*

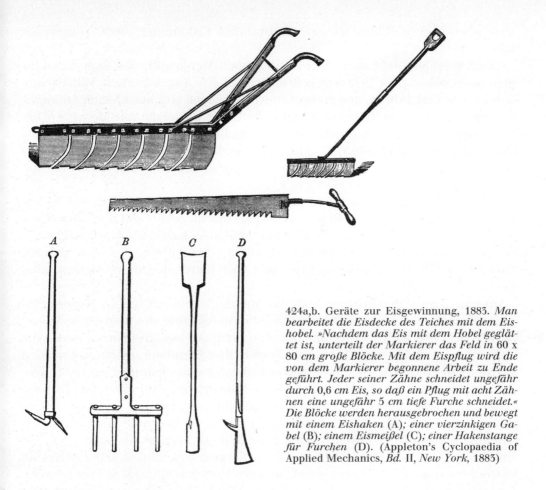

424a,b. Geräte zur Eisgewinnung, 1883. *Man bearbeitet die Eisdecke des Teiches mit dem Eishobel. »Nachdem das Eis mit dem Hobel geglättet ist, unterteilt der Markierer das Feld in 60 x 80 cm große Blöcke. Mit dem Eispflug wird die von dem Markierer begonnene Arbeit zu Ende geführt. Jeder seiner Zähne schneidet ungefähr durch 0,6 cm Eis, so daß ein Pflug mit acht Zähnen eine ungefähr 5 cm tiefe Furche schneidet.« Die Blöcke werden herausgebrochen und bewegt mit einem Eishaken* (A); *einer vierzinkigen Gabel* (B); *einem Eismeißel* (C); *einer Hakenstange für Furchen* (D). (Appleton's Cyclopaedia of Applied Mechanics, *Bd.* II, *New York,* 1883)

Eishäuser, in denen Eis während der Sommermonate aufbewahrt wird, wie man sie heute noch in den dreizehn Gründerstaaten, etwa in Pennsylvanien, auf dem Lande findet, sind keine ursprünglich amerikanischen Einrichtungen, obwohl ihre Entwicklung hier ausgebaut wurde. Es entstand eine Tradition, die heute in ganz neuer Form eine unerwartete Fortführung erfährt. Schon George Washington besaß auf seinem Gut Mount Vernon ein großes Eishaus. Zuerst wurden Eishäuser, wie in Europa, in die Erde versenkt, und ein Dach wurde über die Öffnung gesetzt. Im frühen neunzehnten Jahrhundert wurde, wie Cummings festhält, der oberirdische Typ eingeführt. Er war nach dem Prinzip der Eiskammern der Schiffe konstruiert, die Eis nach Westindien exportierten. Dadurch wurde der Verlust von 60 % auf 8 % reduziert[153].

Der Export von natürlichem Eis in die Tropen beginnt 1805 mit Schiffsladungen nach Martinique, zehn Jahre später nach Kuba und 1833 mit den berühmten Klip-

---

153 Cummings, a.a.O., S. 83.

perschiffen nach Kalkutta, wo eine dreiwandige Eiskammer 30 000 Tonnen Eis faßte.

»Das Schneiden und Lagern von Eis in großen Mengen für den Export und für inländischen Bedarf ist 1872 eine rein amerikanische Angelegenheit. Man begann damit vor siebzig Jahren, und dieses Unternehmen hat sich aus kleinen Anfängen zu einem großen Geschäftszweig entwickelt, der tausende von Menschen beschäftigt, und mit einem Kapital in Millionenhöhe. Neben den großen Depots (Portland, Maine und Boston) (...) besitzt jede Stadt ihre lokalen Firmen, die das Eis liefern, das schon lange kein Luxus mehr ist, sondern in fast jeder Familie gebraucht wird.«[154]

Dies bestätigt eine Beobachtung von Thomas Cook im gleichen Jahr, als er seine erste Weltreise mit einer Reisegesellschaft macht. Nichts soll ihm, dem Temperanzler und Quäker, in New York mehr imponiert haben als die Flaschen mit Eiswasser, die er auf jedem Tisch fand. »1876 betrug der häusliche Verbrauch über 2 000 000 Tonnen, für deren Transport 4 000 Pferde und 10 000 Männer nötig waren.«[155]

Aus einem an sich wertlosen Material, wie natürlichem Eis, eine Exportindustrie aufzubauen, ist typisch für den Unternehmungsgeist des damaligen Amerika. Wie man Mechanismen erfand, um Baumstrünke auszureißen, so wurde die Eisgewinnung in den amerikanischen Seen in ihre Elemente zerlegt und wurden Instrumente erfunden, die die Handarbeit möglichst erleichterten und reduzierten. Die Erfindung der Eisschneider, die die Industrie revolutionierten, fällt in die späten zwanziger Jahre des neunzehnten Jahrhunderts. Die »Eispflüge« (ice plows) hatten mit Zähnen besetzte Pflugscharen, die wie eine Säge in das Eis schnitten und eine tiefe Furche hinterließen. Wir erinnern an die erstaunliche erfinderische Tätigkeit dieser Zeit, die neue Formen des Pfluges schuf, während McCormick seinen Ernter verbesserte und dessen Schneidegerät mit haifischartigen Zähnen versah. Zangen, Kratz-, Hobel- und Verkleinerungswerkzeuge verschiedenster Art, sowie Förderbänder zum Transport des Eises von der Gewinnungsstelle zum Eishaus vervollständigten die Instrumente der Eisgewinnung. Auch spiralförmige Förderanlagen wurden patentiert.

---

154 *The Great Industries of the United States*, Hartford, 1872, S. 156.
155 *Appleton's Cyclopedia of Applied Mechanics*, New York, 1883, Bd. 2, S. 127.

425. Visitenkarte eines Eishändlers, Um 1830. *Nach Cummings, dem Historiker amerikanischer Eßgewohnheiten, wurde 1803 zum ersten Mal Kühlung benutzt, um Molkereiprodukte zum Markt zu befördern. Der Handel nahm nach der Erfindung des Eispfluges stark zu, besonders aber, nachdem in den zwanziger Jahren des neunzehnten Jahrhunderts Eishäuser anstelle von Eiskellern eingeführt wurden.*

Diese Form der Eisgewinnung blieb das ganze Jahrhundert hindurch üblich, wie etwa aus den detaillierten Illustrationen einer technischen Enzyklopädie der achtziger Jahre hervorgeht[156] (Abb. 424).

Von den Eishäusern führt eine Linie in die Zeit der Vollmechanisierung. Wieder kann man über das Land verstreut kleine Häuser finden, die zur langdauernden Aufbewahrung dienen. Zwar handelt es sich nicht mehr um Eis, denn dies kann einfacher mechanisch hergestellt werden, sondern um die Aufbewahrung von Lebensmitteln, die durch ein neues Schnellfrierverfahren viele Monate lang unveränderte Frische behalten. Die ersten Anlagen dieser Art sollen aus nichtrentablen Kunsteisfabriken hervorgegangen sein.

Mechanische Kälteerzeugung seit 1800

Das universale achtzehnte Jahrhundert interessierte sich für Überblicke, für Kreislaufprozesse. Giambattista Vico, in seiner *Scienza nuova* (1730), will in der Geschichte Kreislaufprozesse entdecken: wer die Geschichte eines Volkes kenne, kenne die Geschichte aller Völker. Parallel dazu wendet sich das Interesse den Kreislaufprozessen in der Physik und ihrer praktischen Auswertbarkeit zu. Die Bedingungen, unter denen sich der Kreislauf vom Gasförmigen ins Flüssige, vom Flüssigen ins Feste und umgekehrt vollzieht, haben die erfinderische Phantasie der Zeitgenossen außerordentlich angespornt.

Kreislaufprozesse von Wasser zu Dampf, von Dampf zu Wasser führten den Praktiker James Watt bei einem Minimum an theoretischer Kenntnis 1769 zur Erfindung des Kondensors, dessen Funktion es ist, den bis zu subatmosphärischem Druck ausgedehnten Dampf wieder kondensieren zu lassen. Dies war es, was das fehlende Glied im Kreislaufprozeß ergänzte und die moderne Dampfmaschine möglich machte.

Die mechanische Kälteerzeugung beruht auf einer ähnlichen Methode. Eine Flüssigkeit mit tiefem Siedepunkt wird abwechselnd verdampft und wieder verflüssigt. Im Augenblick des Verdampfens entzieht sie der Umgebung Wärme, oder anders ausgedrückt: sie erzeugt Kälte. Michael Faraday gilt als der erste erfolgreiche Experimentator der mechanischen Kälteerzeugung. In seinen Versuchen über die Zustandsänderungen verschiedener Gase beobachtete er, 1823, daß Ammoniakgas, das er durch Erhitzen in einem U-förmigen Rohr erzeugte, am anderen Ende in einer kühlenden Substanz sich wieder kondensierte. Überließ er das Ammoniak nun sich selbst, so verflüchtigte es sich wieder und erzeugte dabei intensive Kälte. So wenig wie Faraday den elektrischen Motor ausbaute, dessen Prinzip er neun Jahre später entdeckte, so wenig dachte er an die utilitaristische Auswertung seiner Entdeckung, auf der die spätere mechanische Kälteerzeugung beruhte[157].

---

156 Ebd.
157 Jacob Perkins, ein in England lebender Amerikaner, benutzte 1834 Äther in der ersten Kompressormaschine. Ferdinand Carré, der 1857 die erste kommerziell nutzbare Eismaschine patentierte, benutzte später, 1859, wie Faraday eine Lösung von Ammoniak und Wasser.

Die erste präzise wissenschaftliche Vision, wie Kälte mechanisch erzeugt und ausgenutzt werden könnte, fanden wir an einer, soweit wir sehen, vergessenen Stelle in Oliver Evans' *Abortion of the Young Steam Engineer's Guide,* Philadelphia, 1805. Oliver Evans, der das erste Produktionsband beim Getreidemahlen einführte, ist zumindest gedanklich der Vater der modernen Kälteerzeugung. Er geht von der Beobachtung aus: »Wenn ein offenes Glas mit Äther gefüllt und unter Vakuum in Wasser gesetzt wird, wird der Äther rasch aufkochen und dem Wasser seine latente Hitze entnehmen, bis es friert (...).«[158] Nun stellte Evans sich ein ähnliches Problem wie früher, als er endlose Bänder und archimedische Schrauben in ein Fließband verwandelte: Wofür und wie kann das physikalische Gesetz ausgenutzt werden? Evans möchte die Trinkwasserreservoirs amerikanischer Städte kühlen und schlägt eine starke, von einer Dampfmaschine angetriebene Vakuumpumpe vor, die den Äther verflüchtigt und dem umgebenden Wasser Hitze entzieht, und eine zweite Pumpe, die den Äther in dem in Wasser eingetauchten Gefäß komprimiert, worauf der Äther sich wieder in Dampf verwandelt. Dem Engländer Leslie gelang es 1811, Äther unter der Vakuumpumpe zu verdampfen[159].

---

158 Evans, a.a.O., S. 136.
159 Eine gute Darstellung der frühen Versuche und der Entwicklung von Eismaschinen bis Mitte der sechziger Jahre finden sich in dem zeitgenössischen Werk von Louis Figuier, *Les Merveilles de l'industrie ou description des principales industries modernes,* Paris, o. J., Bd. 3, S. 591-632.

426. Schlittschuhlaufen auf Kunsteis. Manchester, 1877. *Diese Darstellung aus einem französischen Katalog von 1877 kennzeichnet die Zeit, zu der die künstliche Herstellung von Eis in größerem Maße kommerziell möglich wurde. (Katalog Raoul Pictet, Paris, 1877)*

427. Vorläufer des Haushaltskühlschranks: Ferdinand Carrés Kunsteismaschine, 1860. *Ferdinand Carré erfand die erste praktisch anwendbare Eismaschine, später führte er den ersten Haushaltskühlschrank ein. Er besteht im wesentlichen aus einem zu drei Vierteln mit Ammoniak gefüllten Kessel, der in einem tragbaren Ofen steht, und einem kleinen, konischen, doppelwandigen Gefäß, das von kaltem Wasser bedeckt wird. Wenn das durch das umgebende Wasser verflüssigte Ammoniakgas verdampft, wird Hitze absorbiert, und das Wasser in dem kleinen Gefäß gefriert. In zwei Stunden wird ein Kilogramm Eis hergestellt. (Louis Figuier, Les merveilles de l'industrie, Paris, o. J.)*

Oliver Evans gehört zu den verbitterten Erfindern, verbittert, weil er für seine Umgebung zu früh kam und dauernd enttäuscht wurde. Und so kann er es nicht unterlassen, am Ende seiner kurzen Beschreibung der mechanischen Kälteerzeugung sich mit dem unglücklichen Vorläufer von James Watt, dem Marquess of Worcester, zu vergleichen, dessen Worten auch kein Glauben geschenkt wurde.

Mechanische Kälteerzeugung im Haushalt

Die Voraussetzungen sind dieselben wie bei den anderen mechanischen Haushaltsgeräten: Verkleinerung der Apparatur und Einbau des elektrischen Kleinmotors. Wie bei den Waschmaschinen handelt es sich darum, Motor und Apparatur eine Einheit werden zu lassen, die weder Beaufsichtigung noch Pflege braucht. Dies erfordert thermostatische Kontrolle und ein versiegeltes Motorgehäuse. Wie dies im einzelnen vor sich geht, braucht hier nicht erläutert zu werden[160].

Ferdinand Carrés Eismaschine, die tausende von Pfund auf einmal herstellen konnte, war für die Besucher der Londoner Weltausstellung von 1862 eine große Attraktion. Sie sahen, wie vor ihren Augen riesige Eisblöcke beinahe ohne Unter-

---

160 Verschiedene technische Werke geben darüber Aufschluß, darunter vor allem H. B. Hull, *Household Refrigeration*, 1924, 1927, 1933. Die drei Auflagen geben außerdem genauen Einblick in die wichtigste Entwicklungs- und Ausbreitungszeit des mechanischen Kühlschranks.

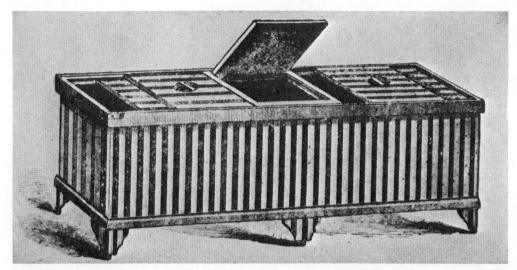

428. Kühltruhe für den gewerblichen Gebrauch, 1882. *»Kühltruhe für Butter-, Fisch- oder Obsthändler, Speiserestaurants, Hotels, usw.« Die Truhenform, die das Eindringen von warmer Luft wirksamer verhindert als der aufrechtstehende Typ, ist der Vorläufer der auf – 18° Celsius gekühlten Kühlschränke für Speiseeis. Als diese in mechanischer Form auf den Markt kamen, wurden sie in steigendem Maße von Jägern und Anglern gekauft, die Fisch und Wild für den späteren Verbrauch aufbewahren wollten. Abgesehen von den Kühlschränken für Speiseeis wurden die ersten truhenförmigen Kühlschränke 1930 von Frigidaire hergestellt. Ähnlich wie bei den automatischen Waschmaschinen der zwanziger Jahre wurden sie erst ein Jahrzehnt später marktbestimmend. (L. H. Mace and Co., Bella C. Landauer Collection)*

brechung hergestellt wurden. Ferdinand Carré baute nicht nur die erste erfolgreiche kommerzielle Eismaschine, er führte 1860 auch einen Vorläufer des Haushaltskühlschranks ein (Abb. 427). Dieser »appareil refrigérant pour la production de la glace« benutzte Ammoniak als Gefriermittel. Er bestand aus einem kleinen tragbaren Ofen, der als Wärmequelle diente, einem Kessel, der zu drei Vierteln mit Ammoniak gefüllt war, einem Gefrierkessel und einem Reservoir. So klein das Gerät war, war es für die Hausfrau doch ziemlich kompliziert zu bedienen – eine Stunde Heizen und eine Stunde Gefrieren für ein Kilo Eis –, und eine wirklich automatische Lösung mit einer Heizquelle wurde erst in der Zeit der Vollmechanisierung gefunden, als die Schweden Carrés Prinzip verbesserten und den Ofen durch eine Gasflamme ersetzten.

Das Problem der mechanisierten Kühlung lag in der Luft[161]. In fast allen Ländern der westlichen Zivilisation tauchen im zweiten Jahrzehnt Patente auf, die bemüht sind, die große Maschinerie auf den Küchenmaßstab zu reduzieren. Schweden bringt – wie erwähnt – ein Verfahren, das eine Gasflamme als Agens des Kreislaufprozesses verwendet. Ein großer amerikanischer Konzern verbesserte das Patent eines französischen Mönches. Diese ersten französischen hand-

---

161 Nach Mitteilungen von George F. Taubeneck, Herausgeber und Verleger, Business News Publishing Co., Detroit, Mich., kam Kelvinator 1916 heraus, Frigidaire, der damals »Guardian« hieß, 1917, und Servel kurze Zeit später. Im Jahre 1911-12 stellten E. T. Williams und Fred Wolfe handgebaute Heimkühlschränke aus.

429. Der Trend nach dem Zweiten Weltkrieg: Truhenförmige Behälter für tiefgekühlte Lebensmittel. 1946. *Von Anfang an setzte sich die Automatisierung bei Tiefkühlgeräten durch. Der auf einer Temperatur von – 18° Celsius gehaltene Innenraum wird von zwei Alarmsystemen überwacht, die das Ansteigen der Temperatur über einen bestimmten Maximalwert visuell und akustisch anzeigen, und er ist bei – 23° bis – 29° Celsius als Tiefkühltruhe zu verwenden. Glänzendes Metall und Stromlinienformen scheinen eine unvermeidliche Begleiterscheinung des mechanischen Fortschritts in den vierziger Jahren zu sein. (Refrigeration Corp. of America)*

gefertigten Apparate mit elektrischem Motor sollen heute noch laufen. Um 1916 bis 1917 beginnen die großen Unternehmen ihre Produktion.

Der Preis ist immer noch beträchtlich, ein Kühlschrank kostet in dieser Zeit ungefähr 900 Dollar. »Erst in den letzten fünf Jahren sind Maschinen in großer Stückzahl produziert worden«, heißt es 1924[162]. 1923 gibt es 20 000 Kühlschränke in den Vereinigten Staaten, 1933 850 000. Nun geht es in steiler Kurve aufwärts: 1936 zwei Millionen, 1941 dreieinhalb Millionen. Neben dem Auto ist der mechanische Kühlschrank zum unentbehrlichsten Bestandteil des amerikanischen Haushalts geworden. Vergleichende Kurven zwischen dem mittleren Verkaufspreis und der jährlichen Produktion zeigen den Zusammenhang zwischen Preis und Demokratisierung des Komforts. Der mechanische Kühlschrank wird populär, sobald sein Preis standardisiert ist und ein Minimum erreicht hat.

Beobachten wir die Entwicklung zeitdimensional, so zeigt sich, daß ein halbes Jahrhundert verging, bis die Industrie zugriff (1873-75), und ein weiteres halbes Jahrhundert, bis der Haushaltskühlschrank in beträchtlichen Quantitäten hergestellt wurde. Die Standardform, die er in jener Zeit erreicht, ist trotz formaler Änderungen der alten Eiskiste nachgebildet. Die frühen amerikanischen Kühlschränke um 1919 hatten die gleiche dunkle Holzverkleidung. Später wurden sie, wie das Auto, der Stromlinienmode unterworfen und ihr Volumen aus Verkaufsgründen künstlich aufgeblasen. Der Kühlschrank stand in der amerikanischen Küche der dreißiger Jahre als einziges nicht eingegliedertes Element neben den einheitlichen Arbeitsflächen. Selbstverständlich wurde er Jahr für Jahr bequemer gemacht. Die Hausfrau lernte seine Vorteile wie seine Tücken meistern. Sie weiß, was man aufbewahren kann und was nicht, und wie die Lebensmittel vor dem

---

162 Hull, a.a.O., Ausgabe von 1924, S. 98.

Austrocknen zu schützen sind. Alles in allem jedoch ist die Standardform, die er nach einem Jahrhundert erreicht hat, von auffallend kurzer Dauer. Als er auf den Markt kam, wurde ein neues Frierverfahren patentiert, und als die großen Versandhäuser ihn 1932 schließlich in ihre Kataloge aufnahmen, da kamen bereits die Schnellfrierprodukte in den Handel, die bestimmt waren, nicht nur die Standardform des Kühlschrankes, sondern die ganze Lebensweise zu verändern.

Gefrorene Nahrung

In der Zeit der Vollmechanisierung ist ein weiteres Eindringen in die organische Substanz zu beobachten: man erkennt, daß es nicht dasselbe ist, einen organischen Stoff langsam in der Nähe seines Gefrierpunktes zu halten oder plötzlich unter Anwendung tiefer Temperatur erstarren zu lassen. Beim langsamen Erreichen des Gefrierpunktes werden die Gefäße von Pflanzen und Tieren zerrissen. Beim raschen Frieren bleiben diese Zellen intakt und bewahren ihren Geruch, wie Wein in einer verkorkten Flasche.

Bekanntlich hat Clarence Birdseye während eines Winteraufenthaltes auf Labrador beobachtet, daß Fisch- und Rentierfleisch in der arktischen Luft in kürzester Zeit fror. Als die Eskimos es nach Monaten auftauten, war es frisch wie am Tag, als es getötet wurde. Birdseye übertrug dies in mechanische Form, indem er Nahrungsmittel zwischen Metallplatten legte und sie zum Gefrierpunkt brachte. Bald nach der Patentierung des Verfahrens, 1925, begann die kommerzielle Anwendung. 1938 gelangte die erste auf diesem Wege hergestellte Nahrung zum Verkauf. Der Konsum stieg sprunghaft und zwar von 39 Millionen Pfundpaketen im Jahre 1934 auf 600 Millionen im Jahre 1944[163].

Der Bildhauer Brancusi erzählte einmal von einem Ratschlag, den er im Fernen Osten gehört hatte: Früchte sollten in einem Umkreis von fünfzig Kilometern von dem Ort, an dem sie gewachsen sind, genossen werden. Vielleicht wird das Schnellfrierverfahren dieser Weisheit wieder Gehör schaffen, denn Früchte können im Zustand der Vollreife gepflückt werden. Schnellfrieren beginnt in dem Augenblick größter Schmackhaftigkeit.

Nicht anders verhält es sich mit den Meerestieren. Auf den Fischerbooten wird der Fang sofort gefroren, nicht einmal die Entfernung der Eingeweide ist nötig. Aus eigener Erfahrung mag hinzugefügt sein, daß Krabbenfleisch aus dem Stillen Ozean in New York gegessen wie unmittelbar aus dem Meere gezogen schmeckt, jedenfalls weit frischer, als wenn es auf traditionelle Weise über die lokalen Märkte geht oder aus der Konservenbüchse kommt.

Im Grunde wird auch die kommerzielle Notwendigkeit überflüssig, das Schlachtvieh von den großen Ebenen bis in die Schlachthöfe von Chicago oder Kansas City zu transportieren. Vieh kann auf der Farm verarbeitet werden.

Was bedeutet das?

---

163 George F. Taubeneck, *Great Day Coming!*, Detroit, 1944, S. 185.

Offenkundig sind die ökonomischen Vorteile. Schnellfrieren schützt gegen Vergeudung. »Durch die Kühlung kann der Farmer seine ganze Ernte aufbewahren und jetzt die volle Realisierung seiner Investitionen erreichen.«[164]

Weit wichtiger scheinen uns noch die verborgenen sozialen Möglichkeiten, die in diesem Verfahren liegen. Der Schnellfrierprozeß könnte ein Mittel sein, um ein gewisses Gleichgewicht gegenüber Massenproduktion und Monopolismus zu schaffen. Richtig gehandhabt, sollte er eine Dezentralisierung ermöglichen. Er gibt dem kleinen Farmer eine neue Chance, seine Produkte in Konkurrenz zu den Riesenfarmen zu bringen. Entweder installiert er einen Homefreezer auf seinem Grund, wie dies Boyden Sparkes in seinem Büchlein *Zero Storage in Your Home* (New York, 1944) anhand der ersten Erfahrungen schildert, oder eine Gemeinde betreibt auf kooperativer Basis ein Kühlhaus mit Kühlfächern (locker-plant)[165], zu dem jeder Bewohner Zugang hat, wie dies bei einzelnen neu geplanten Siedlungen vorgesehen ist. Sehr früh, 1936, stellten Farmer im Gebiet der Tennessee Valley Authority ein gemeinsames Kühlhaus auf. Vielleicht kann durch diese Einrichtung auch ein gewisses Gemeinschaftsinteresse geweckt werden. Die *locker plant* sollte einen Teil des kleinen *civic center* ausmachen, das heute für jede Siedlung von einigen tausend Einwohnern zu planen ist. Ob dieser Weg eingeschlagen wird, oder ob die *locker plants* Teile eines Riesenkonzerns werden, der sich zwischen dem Atlantischen und Stillen Ozean ausbreitet, hängt letzten Endes vom Willen der Bürger ab.

Was für einen Einfluß kann die Schnellfriermethode auf die Stadtbewohner haben? Auch hier sind sehr verschiedenartige Auswirkungen möglich. Wir wollen nur zwei Extreme berühren.

In einer amerikanischen Küche, die im *Life Magazine* vollständig abgebildet ist (Abb. 440), steht ein mächtiger Tisch, wie eine Fleischerbank im Metzgerladen. Was soll diese Fleischbank inmitten der Vollmechanisierung? Der Architekt Fordyce hat eine weiß emaillierte Truhe eingezeichnet, die Tiefkühltruhe, bestimmt, um große Fleischstücke aufzubewahren, die die Hausfrau im Ganzen einkauft und für die ein Block nötig ist, um sie richtig zu schneiden.

Die Zeit der Vollmechanisierung schafft von neuem die Möglichkeit, daß ein Vorrat von Fleisch oder anderen Nahrungsmitteln sogar vom Städter angelegt wird. 1945 haben luxuriöse Apartementhäuser in New York im Souterrain Tiefkühlräume mit wenigstens einem Schließfach für jeden Mieter eingerichtet.

---

164 Ebd.

165 »Frozen-food locker plant«, so lautet die offizielle Definition, ist eine Bezeichnung für moderne Tiefkühlvorratshaltung. Zu den Dienstleistungen derartiger Einrichtungen gehört Verarbeitung, Vorbereitung und Einfrieren. Die Hauptkomponenten einer solchen Tiefkühlanlage sind:
   1. Ein Kühl- und Aushärtungsraum bei 36-38° Fahrenheit, wo Frischfleisch gekühlt und gehärtet und andere Produkte gekühlt werden, bevor sie verarbeitet und zum Gefrieren vorbereitet werden.
   2. Ein Verarbeitungsraum, wo Fleisch zugeschnitten wird. Fleisch, Obst und Gemüse werden vor dem Einfrieren verpackt.
   3. Ein Schnellfrierfach wird zur Herstellung des tiefgefrorenen Produkts benutzt.
   4. Ein Raum mit mehreren hundert abgeschlossenen Fächern, die an einzelne Benutzer vermietet werden. Temperatur 0° Fahrenheit.
   Report of the Task Committee, War Production Board, Juli 1914 abgedruckt bei Taubeneck, a.a.O., S. 375.

Vorräte in fast mittelalterlicher Weise gespeichert, Kontakt mit natürlichen Stoffen anstatt mit der Konservenbüchse, handwerkliche Freude an der spontanen kulinarischen Zubereitung der Nahrung – auch dies ist möglich.

Das andere Extrem: »Das Fleisch wird tonnenweise unter der Aufsicht weltberühmter Köche gekocht und in Behälter verpackt. Eine Minute vor dem Essen setzt dann die Hausfrau die vorgekochte gefrorene Mahlzeit in einen speziellen Elektroofen. Dieser Ofen arbeitet mit Hochfrequenz-Radiowellen, die alle Mahlzeiten gleichmäßig durchdringen (...), in wenigen Sekunden klingelt eine Glokke, und das ganze Essen springt heraus wie ein Stück Toast.« Solche Bilder wurden von einigen Autoren am Ende des Zweiten Weltkrieges entworfen, um den Geschmack des amerikanischen Publikums zu reizen[166].

Ist der Infrarot-Ofen kein Fortschritt? Die Hausfrau vergeudet dabei doch keine Zeit mit dem Öffnen von Konservenbüchsen und mit Warten, bis das Essen warm ist. Alles geschieht augenblicklich. Sie braucht nicht einmal Geschirr zu spülen, denn die Plastikbehälter werden fortgeworfen.

1945 konnte man in New York und seinen Vororten einzelne »Frozen-Food-Centers« bemerken, in denen jeder sich selbst bedienen konnte und in deren weiß emaillierten Truhen die gefrorenen Nahrungsmittel aufbewahrt wurden. Werden die Behälter der »Frozen-Food-Centers« in der Hauptsache frische Nahrungsmittel enthalten oder wird die Herrschaft der Konservenbüchse eine unabsehbare Erweiterung in Form von fertig gekochter gefrorener Nahrung finden? Wird das Fließband-Steak dominieren (Abb. 67) oder wird es zu einer gewissen Rückkehr zur spontanen Zubereitung im Hause kommen? Wie bei den ländlichen Tiefkühlanlagen hängt alles allein von der Einstellung der Verbraucher ab.

---

166 S. S. Block, »New Foods to Tempt Your Palate«, *Science Digest*, New York, Oktober 1944.

Stromlinienform und Vollmechanisierung

Vollmechanisierung und die Gewohnheit, den Gegenständen »Stromlinienform« zu geben, gehen in auffallendem Maße Hand in Hand. Um die Mitte der dreißiger Jahre wird in Amerika besonderes Augenmerk auf die Gestaltung der Massenproduktion verwendet. Wie weit dies eine Folge der Depression oder der Notwendigkeit ist, emotionale Kaufanreize zu schaffen, und in welchem Maße es auf die seit Jahrzehnten in Europa durchgeführte Reinigung der Form zurückgeführt werden kann, läßt sich schwer entscheiden. Wahrscheinlich wirken diese und andere Momente zusammen, um den »Stromlinienstil« ins Leben zu rufen.

Die Stromlinie ist in der Hydrodynamik eine Kurve, deren Tangente an jedem Punkt die Richtung bezeichnet, in der sich ein Partikel der Flüssigkeit bewegt. Stromlinie ist demnach die graphische Darstellung einer Bewegung, von der Art der Probleme, die im Gange dieses Buches immer wieder erwähnt worden sind.

Stromlinienform ist die Gestalt, die man einem Körper (einem Schiff, Flugzeug) gibt, damit er beim Durchgang durch ein Material (Wasser, Luft) den geringsten Widerstand hervorruft.

Seit der Mitte der dreißiger Jahre hat sich die Bedeutung des Wortes »streamlined« sehr ausgeweitet. Es wird auf die verschiedensten Gebiete angewendet. Man spricht vom »streamlining« eines Betriebes oder, im politischen Bereich, einer Verwaltung, ja einer Regierung. Unbewußt mag dabei die ursprüngliche Bedeutung: Formgebung zur Erzielung geringsten Widerstandes, mit hineinspielen. Im populären Sinn wird das Wort »stromlinienförmig« oft gleichbedeutend mit »modern« gebraucht.

Von Anfang an erkannte man, daß »streamlined« nicht wörtlich zu nehmen sei. Heute nennt der Laie, der mit der Aerodynamik nicht vertraut ist, nahezu jeden Gegenstand »stromlinienförmig«, wenn er damit eine »gefällige Linienführung« meint. Wir haben Radiogehäuse, Toaster, Zigarettenanzünder in Stromlinienform und sogar Benzin mit »streamline«-Wirkung. Die Entwicklung der Aerodynamik und ihre Anwendung auf Luftschiffe und Flugzeuge hat im Publikum einen gewissen Sinn für fließende Linien geweckt. Diese Linien wurden vom Entwerfer als dekoratives Element empfunden und betont, um den Eindruck der Schnelligkeit zu geben. Der Automobilfabrikant bedient sich der Stromlinienform, um durch die Gestaltung der Karosserie den visuellen Eindruck der Schnelligkeit zu vermitteln, die der Ingenieur der Maschine verliehen hat[167].

Die Stromlinienform begann bei den Eisenbahnen. 1887 wurde den Eisenbahnwagen in Amerika rohrförmige Gestalt gegeben[168]. Doch erst 1934 kam der erste Stromlinienzug mit Dieselmotor, Stahlskelett und gewellter Aluminiumhaut in

---

167 O. Kuhler, »Streamlining the Railroads«, *Product Engineering,* New York, Bd. 6, S. 224.
168 Meigs Elevated Railroad Construction Co., East Cambridge, Mass. Bei O. Kuhler, a.a.O., findet sich eine Abbildung. Kuhler zufolge wurden die ersten Versuche, eine Lokomotive in Stromlinienform zu entwerfen, in Kassel (1904) und München (1912) gemacht.

Betrieb[169], bei dem die Wagen in einer kontinuierlichen Linienführung zusammengefaßt wurden. Um die gleiche Zeit nahm auch das Stromlinienautomobil allmählich Gestalt an[170]. Es begann mit einer Spezialkarosserie (1932), die bald populär wurde. Anfangs sprach man nicht von Stromliniengestaltung, sondern einfach von »verbesserter Form« (re-design), gleichgültig ob es sich um Waschmaschinen oder kleine Maschinenteile handelte. Man machte ernsthafte Versuche, das Produkt in sich zu verbessern, und Beispiele werden angeführt, wo gepreßte Metallteile 30 % billiger werden, 37 % leichter und dabei an Widerstandsfähigkeit zunehmen und in der Verarbeitung verbessert werden[171]. Dies nannte man »ingenieurmäßige Behandlung des Produkts« (product engineering), und so hieß auch die Zeitschrift, die seit 1930 in New York herauskam, lange bevor »Das Aussehen zählt« (Appearance Counts) die Devise wurde[172].

Es wurde ausdrücklich betont, daß das Aussehen – aus Verkaufsgründen – selbst bei Maschinen zähle, die selten in Schaufenstern oder in modernen Küchen auftauchten.

Es setzte eine beachtliche Tätigkeit ein, um die verschiedenen Bestandteile des mechanisierten Haushalts, den Herd, die Küche, den Eisschrank und die Waschmaschine in Stromlinienformen neu zu entwerfen. Sie sollten »von einer Haushaltsmaschine zu einem Stück der Einrichtung werden«[173]. In der Zeit der Vollmechanisierung nahm die Kompaktheit der Maschinerie zu. Die Waschmaschinen von 1914 etwa ließen ihre verschiedenen locker verbundenen Teile sehen. Der Motor erschien isoliert, und die gefährlichen Antriebsmechanismen lagen häufig offen. Nun trat der industrielle Designer in Erscheinung. Er formte das Gehäuse, sorgte für das Verschwinden des sichtbaren Antriebs und gab dem Ganzen, kurz gesagt, Stromlinienform wie Eisenbahn und Auto, und gleichzeitig mit ihnen wurden um 1935 die Haushaltsgeräte neu gestaltet[174]. Dies führte gelegentlich zur Erfindung neuer Typen wie des Tischplattenherdes mit seiner Kombination von konzentrierter Wärmequelle, Arbeitsflächen und Vorratsraum mit eingebauten Apparaturen. Das kam auch der Küche zugute. Diese Küchen erhalten ihren Namen »Stromlinienküchen«, weil sie einheitlich um die Arbeitsvorgänge herum entworfen werden. 1933 begann man die Kühlschränke zu gestalten. Auf diese Weise fallen die Fabrikate in den Warenhäusern besser ins Auge. »Man dachte auch, daß man einer Hausfrau das äußere Erscheinungsbild leichter verkaufen könne als mechanische Überlegenheit.«[175]

169 Der »Burlington Zephyr«, konstruiert von G. Budd Mfg. Co., Philadelphia (ebd.).
170 W. D. Teague, *Design This Day, The Technique of Order in the Machine Age,* New York, 1940, S. 31. Frühere Automobile, wie das Modell Voisins von 1924, beruhten auf einem anderen Prinzip: Kompaktheit.
171 *Product Engineering,* Bd. 1, New York, 1930, S. 230.
172 Ebd., S. 284.
173 T. J. Maloney, »Case Histories in Product Design«, *Product Engineering,* 1934, Bd. 5, S. 219.
174 Wie dies in einzelnen Fällen vor sich ging, vgl. ebd.
175 George F. Taubeneck, »The Development of the American Household Electric Refrigeration Industry«, in *Proceedings of the VIIth International Congress of Refrigeration,* 1936.

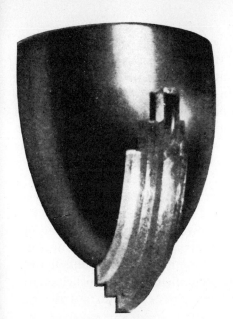

430. Französische Wandlampe. Um 1928. *Die Art Déco-Wandlampe und der stromlinienförmige Staubsauger entstanden aus den gleichen Anforderungen. Beide Artikel sollen so eindrucksvoll wie möglich erscheinen. Dieser Effekt wird durch wiederholte Überbetonung ihrer Konturen erzielt. So wie ein Schneider Schultern auspolstert, bläht der Designer das Blechgehäuse künstlich auf und verstärkt diesen Effekt noch durch mehrere parallele Chromstreifen. Die zu Ende gehende Anschauung des Art Déco – ausgedrückt in der modernen Architektur und in Verzierungen um 1925 – diente als Vorbild für die stromlinienförmigen Autos, Kühlschränke und sogar Möbel in den Vereinigten Staaten in den Jahren um 1935.*

431. Stromlinienförmiges Gehäuse für Staubsauger, U.S. Patent-Entwurf, 1943. *»Ich habe ein neues, ungewöhnliches und dekoratives Design für ein Staubsaugergehäuse oder einen ähnlichen Zweck erfunden.«(U.S. Patent-Entwurf 135974)*

432. »Stromlinien«-Auto. 1945. (*Zeitungsanzeige*)

Der industrielle Designer

Der Mann, der diese Veränderungen vollzog, war der industrielle Designer. An Hand von Statistiken ließe sich der Erfolg seiner Tätigkeit nachweisen. Mit der Depression wuchs seine Macht. Auf der einen Seite glaubt der Geschäftsmann dem Ingenieur, der weiß, wie eine Sache zu konstruieren ist, und auf der anderen Seite hört er vertrauensvoll auf den Rat des industriellen Designers. Der Architekt wird in Amerika, noch um 1945, vorwiegend als jemand betrachtet, der das Haus zu dekorieren hat wie ein Konditor eine Torte. Er hatte seine Stellung in der Zeit der Vollmechanisierung erst wieder zu erobern.

An sich ist der industrielle Designer keine neue Erscheinung. Wir haben gesehen, wie Henry Cole um 1850 durch Heranziehung von Künstlern und durch Kritik direkten Einfluß auf die englische Industrie gewann. Auch die Tätigkeit des Deutschen Werkbundes um 1910 bewegte sich in dieser Richtung. Aber nun stehen wir doch vor neuen Dimensionen: die in Massenproduktion in ungeheuren Serien gefertigten Objekte, die die Zeit der Vollmechanisierung hervorbringt, tragen alle den Stempel des industriellen Designers. Sein Einfluß auf die Geschmacksbildung ist nur der des Kinos vergleichbar.

Der industrielle Designer entwirft nicht nur Linien. In den führenden Ateliers mit oft mehr als hundert Zeichnern werden für den Kunden auch Marktuntersuchungen, Vorschläge für die Reorganisation der Warenhäuser oder Fabriken, sowie die Gestaltung von Gebäuden ausgearbeitet. So muß er zugleich Kunstgewerbler, Architekt und Organisator sein. Für ihn zählt nur eine Instanz: der Verkäufer, der Geschmacksdiktator in den Vereinigten Staaten. Dies führt zu Gefahren und Unfreiheit. William Morris konnte von moralischen Überlegungen ausgehen. Jetzt, in der Zeit der Vollmechanisierung, vollzieht sich die Reform unter der Diktatur des Marktes; alle anderen Überlegungen sind sekundärer Natur.

Herkunft des Stromlinienstils

Man wird sich kaum mit der Erklärung zufriedengeben, daß die Stromlinienform der Gegenstände einfach Schnelligkeit repräsentieren solle. Sie hat wie jede künstlerische Formensprache ihren historischen Ursprung. Nach ihm haben wir zu fragen.

Es ist natürlich, daß das Zeitalter der Bewegung eine Bewegungsform wie die Stromlinie zum Symbol erhebt und es immer und überall anzuwenden trachtet. Wir haben in der gleichzeitigen Malerei die Darstellung des Bewegungsvorganges an sich, losgelöst von allem Körperlichen, als eines ihrer konstitutiven Elemente erkannt.

Und kehrt nicht im Rokoko die organische Muschelform immer und überall wieder als ein Symbol der Flexibilität und der Zusammenfassung? Leider wurde die Stromlinienform nicht wie die Rocaille oder die absolute Bewegung in der heutigen Malerei ihrem Sinn entsprechend gehandhabt. Die Stromlinienform im wissenschaftlichen Sinne zielt auf äußerste Schlankheit der Formgebung, auf ein Minimalvolumen. Die Auswertung der Stromlinienform in Gegenständen des täglichen Gebrauchs zielt auf eine künstliche Vergrößerung des Volumens.

Man braucht nur im Patentamt in Washington die patentierten Entwürfe durchzugehen (deren Gesetzeskraft in der Zeit des Stromlinienstils bedeutend verstärkt wurde[176]) und zu beobachten, wie die Gehäuse, vom Auto bis zum Staubsauger, Jahr für Jahr mehr aufgebläht werden. Vergleicht man ein solches Gehäuse mit seinen mehrfach wiederholten Profilen mit der Formensprache, wie sie in der endenden französischen Kunstgewerbebewegung – Exposition Internationale des Arts Décoratifs, 1925 – verwendet wurde, so zeigt sich der historische Ursprung des »Stromlinienstils«. Ein Pariser Beleuchtungskörper (Abb. 430) mit seinen dreifach wiederholten wulstigen Blechprofilen und das Gehäuse eines »Stromlinien«-Staubsaugers (Abb. 431) sind in ihrer formalen Struktur ein und dasselbe.

Das französische Kunstgewerbe von 1925 war ein unfruchtbares Gemisch aus Jugendstil und deutschem Kunstgewerbe. Es hatte weltweiten Einfluß wie die Möbel des Tapezierers im Second Empire. Seine überprofilierten Möbel, Schmuckgegenstände, Beleuchtungskörper übten eine merkwürdige Faszination aus. In den vierziger Jahren verraten die Schaltbretter der automatisierten Herde wie die Armaturenbretter der Autos, daß das Publikum immer noch im Bann dieser Bewegung steht.

Der Stromlinienstil hat, wie wir sahen, auch Formverbesserungen und neue Typen hervorgebracht. Unter seinem Einfluß wurden nicht nur die Blechprofile aufgeblasen wie die Plüschbezüge des *confortable* des Tapezierers von 1870. Wirkliche Reformversuche können nicht geleugnet werden, wenn man ein amerikanisches Haushaltsgerät von 1940 mit einem von 1914 vergleicht. Trotzdem unterliegen beide der Versuchung, Gegenstände so schwer und auffällig wie möglich erscheinen zu lassen.

Die Zeit der Vollmechanisierung führt so auf merkwürdige Weise den herrschenden Geschmack des neunzehnten Jahrhunderts im zwanzigsten weiter.

---

176 Design-Patente autorisiert: Sec. 4929 R.S., U.S. Code, Titel 35, sec. 73. Ergänzt durch Urkunde vom 5. August 1939.

Die Frage, wie die Arbeitsvorgänge in der Küche sinngemäß aneinanderzureihen sind, wurde durch Vertreterinnen des wissenschaftlichen Hausbetriebs nach 1910 genau analysiert und weitgehend gelöst.

Sobald man aber daran ging, die einzelnen Arbeitsplätze und Utensilien nebeneinanderzustellen, so sah diese »assembly-line« wie ein Warenlager aus. Kein Gerät paßte zum anderen, denn die verschiedenen Industrien fabrizierten, ohne aufeinander Rücksicht zu nehmen: Herde, Büffets, Abgüsse und Eisschränke (Abb. 345).

Jahre, ehe die Industrie diese Gedanken aufgriff, verwies Christine Frederick auf die Hotelküchen, bei denen die ganze Ausstattung in einheitlichem Zusammenhang stehe. Dort werde nicht »ein Küchentisch hier und ein Herd da« gekauft, und, so folgerte sie, »ebenso muß die Küche im Haus in der Zukunft durch standardisierte, arbeitssparende Ausrüstung und geregelten Abeitsvorgang leistungsfähiger gemacht werden«[177]. Diese Bezugnahme auf das amerikanische Hotel wiederholt sich beim Kompaktbadezimmer.

Zur Zeit, als diese Forderungen ausgesprochen wurden, und bis ins vierte Jahrzehnt hinein, hatte die amerikanische Industrie kein finanzielles Interesse, sich

---

177 Christine Frederick, *Household Engineering*, a.a.O., S. 394.

433. Standardisierte Herd-Einheiten. 1847. *Schon zu diesem frühen Zeitpunkt ist die Tendenz vorhanden, standardisierte Einheiten zu bilden und den Arbeitsprozeß ganz zu erfassen. »Die kleinen Ofeneinheiten können in beliebiger Weise entsprechend den Bedürfnissen nebeneinander aufgestellt werden.« (Bostoner Werbeanzeige. Bella C. Landauer Collection, New-York Historical Society)*

434. Anrichteraum. 1891. *Der Anrichteraum mit eingebauten Schränken unter und Hängeschränken über der Arbeitsfläche ist ein Schritt auf dem Weg zur »Stromlinien«-Küche der dreißiger Jahre. Man beachte die verstellbaren Schrankböden und Glasschiebetüren.* (Decorator and Furnisher, *New York*, 1891, *Bd. 18*)

435. Standardisierte Einheiten der »Stromlinien«-Küche der Versandhäuser. 1942. *Die Versandhäuser der vierziger Jahre des zwanzigsten Jahrhunderts haben die in den achtzig Jahren seit Catherine Beecher ausgearbeiteten Prinzipien angewandt. Ihre Werbetexte sind ansprechend: »Alles in Reichweite – logische Anordnung der Schränke – viel Platz.* Weiterer Schrankanbau nach Ihren finanziellen Möglichkeiten. *Sears hilft Ihnen bei der Planung Ihrer modernen, arbeitsgerechten Küche (. . .), wo es zwischen den einzelnen Arbeitsgängen, sei es zwischen dem Forträumen der Einkäufe und dem Vorbereiten der Mahlzeiten, oder zwischen Kochen und Servieren, keine Stockungen gibt. Edelstahlzierleisten und Griffmulden für Schubladen verleihen zusätzliche Schönheit und Stromlinigkeit.«* (Katalog, Sears Roebuck and Co., 1942)

mit der Küche als Einheit zu befassen, in der alle Bestandteile »durch ein bestimmtes Arbeitssystem miteinander in Zusammenhang stehen«.

Die Küche mit organisiertem Arbeitsvorgang um 1935, die als *streamline kitchen* bekannt ist, übertrug die Gedanken einiger amerikanischen Frauen in die industrielle Produktion. Kennzeichen der Stromlinienküche ist die Standardisierung ihrer Elemente. Ihre Elemente werden von den großen Firmen und den Versandhäusern, vorzugsweise im ganzen, verkauft (Abb. 435). Die Teile sind auf verschiedene Weise kombinierbar und passen zu allen anderen Teilen einer Einheit. Der Herd, der Ausguß und die Schränke können wahlweise an einer Wand, an zwei Wänden (L-Form) oder an drei Wänden (U-Form) aufgestellt werden. Eine Tendenz zu Standardisierung und Kombinierbarkeit läßt sich bei den amerikanischen Herden zu einem überraschend frühen Zeitpunkt beobachten. Ein »air-tight cooking range« von 1847, der vor allem für Hotels, Schiffe oder Krankenhäuser gedacht war, wurde, wie eine Werbeanzeige zeigt (Abb. 433), aus standardisierten Herdbestandteilen zusammengesetzt, die nebeneinander aufgereiht werden konnten, bis die gewünschte Länge erreicht war. Die Teile waren leicht austauschbar: »Die Eisenteile können herausgenommen werden, ohne daß die gemauerten Teile dadurch in Mitleidenschaft gezogen werden.« Diese Tendenz zur Standardisierung in der Küche blieb jedoch, wie wir gesehen haben, fast ein Jahrhundert latent.

Die rationale Anordnung von Arbeitsflächen und die Verwendung von Wandschränken sind direkt angeregt worden durch den Anrichteraum. Hier – wir beziehen uns auf einen Anrichteraum von 1891 (Abb. 434) – waren die zusammenhängende Arbeitsfläche, eingebaute Wandschränke mit Schiebetüren und der eingebaute Ausguß schon lange eine Selbstverständlichkeit.

Die Industrie kommt nach

Schritt um Schritt kann verfolgt werden, wie sich die amerikanische Industrie langsam dafür interessierte, die Küche und ihre Einrichtung (assembled kitchen) als Einheit zu entwerfen und zu verkaufen. Bis in die Mitte der vierziger Jahre haben sich drei verschiedene Industrien dafür eingesetzt.

Zuerst kamen die Fabrikanten, die Küchenmöbel in großen Serien herstellten. Sie faßten natürlich die Küche als ein Agglomerat von Möbeln auf. Den Ausgangspunkt bildete der Küchenschrank. Normalerweise war er ein bewegliches Möbelstück; nun sollte er eingebaut und gleichzeitig mit einem schmalen Besenkasten, Geschirrschrank oder anderen Behältern verbunden werden. Daraus entstanden Riesenmöbel, die bis an die Decke reichten und sich darauf beschränkten, Platzsparer zu sein oder, wie man es ausdrückte, »wissenschaftlichen Gebrauch des Raumes in der Küche zu gewährleisten«[178]. Soweit wir feststellen konnten, kommen die ersten Schränke dieser Art 1922/23 auf den Markt[179], zur selben Zeit, als das Bauhaus in Weimar im Haus am Horn (Abb. 340) seine nach Arbeitsvorgängen organisierte Küche ausführte. Eine Abbildung aus dem Katalog der Pionierfirma auf diesem Gebiet[180] zeigt, wie diese »standardisierten Kücheneinheiten« zusammengesetzt wurden (Abb. 339).

Die klassischen Vorschläge von Catherine Beecher von 1869 und die Anregungen, die Christine Frederick 1912 unter dem Einfluß der wissenschaftlichen Betriebsführung propagierte, hatten die Industrie noch nicht erreicht. Etwas jedoch wiesen diese zusammengesetzten Schränke auf: sie wurden als standardisierte Einheiten verkauft, die man nach Belieben miteinander kombinieren konnte.

Das war die Vorstufe. Der nächste Schritt bestand in der Verwendung standardisierter Einheiten, die Rücksicht auf die Arbeitsvorgänge nahmen. Die ersten Versuche mit durchgehenden Arbeitsflächen kommen in der amerikanischen Industrie um 1930 auf (Abb. 344). Behälter und Küchenabguß wurden durch eine

---

178 Katalog »Standardized Unit Systems for Kitchens«, Wasmuth Endicott Co., Andrews, Indiana, 1923.
179 In einem Brief der Kitchen Maid Corp., Andrews, Ind. 24. November 1943, erhalten wir über das Zustandekommen der »built-in units« folgende Auskunft: »Diese Einheiten wurden zwischen 1919 und 1921 studiert und zusammengesetzt. 1922 kamen sie zum erstenmal zum Verkauf und wurden in New York in der Baumusterschau in 101 Park Avenue ausgestellt. Mr. E. M. Wasmuth, der Präsident unserer Gesellschaft, startete die eingebauten Einheiten, wahrscheinlich ohne viel zu überlegen, daß diese Idee sich so weit ausbreiten würde.«
180 Katalog der Kitchen Maid Corporation.

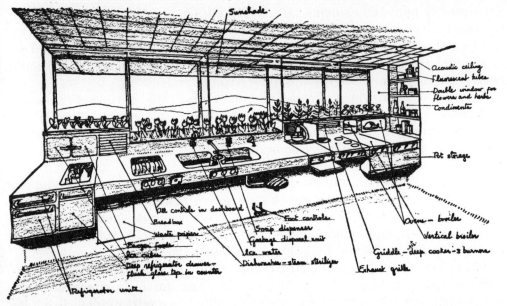

Sunshade

Acoustic ceiling
Fluorescent tubes
Double window for flowers and herbs
Condiments

Pot storage

All controls in dashboard
Bread box
Waste grinder
Frozen foods
Ice water
Deep refrigerator drawers – flush glass top in counter
Refrigerator units
Foot controls
Soap dispenser
Garbage disposal unit
Dishwasher – steam sterilizer
Exhaust grille
Oven – broiler
Vertical broiler
Griddle – deep cooker – 3 burners

FOOD PREPARATION

STORAGE
STORAGE

LAUNDRY

DINING

LIVING AREA

PLAY

436a. Küchenarbeitszentrum von George Nelson. 1944. *Bereich für die Essenszubereitung. Das Problem, das der Architekt zu lösen hatte, bestand darin, die Funktionen der größeren Einheiten – Kühlschrank, Herd usw. –, wie sie gewöhnlich genutzt werden, zu zerlegen, und sie auf eine solche Art wiederanzuordnen, daß sie einen ähnlichen Arbeitsablauf wie an einem Fließband zulassen.* (Fortune Magazine, 1944)

436b. Küchenarbeitszentrum von George Nelson. 1944. Grundriß. *Leichte Vorratsschränke als Raumteiler trennen den aneinandergrenzenden Koch- und Eßbereich voneinander.* (Fortune Magazine, 1944)

durchgehende Fläche miteinander verbunden und separate Wandschränke darüber eingebaut, wie dies in der Anrichte zwischen Küche und Eßzimmer längst üblich war. Die Verbindung mit dem wichtigsten Arbeitsinstrument, dem Herd, bleibt ungelöst.

Gleichzeitig näherte sich eine andere Industrie dem Organisierungsproblem. Die Initiative ging von einer Gasgesellschaft aus, die Lillian M. Gilbreth, die Frau und Mitarbeiterin des bedeutendsten Betriebswissenschaftlers, Frank B. Gilbreth, beauftragte, »die Küche als industrielles Produktionsproblem zu studieren«[181]. Mit der Präzision, die die Bewegungsstudien auszeichnete, die sie mit ihrem Mann

---

181 Die Initiative ging von Miss Mary Dillon, Präsidentin der Brooklyn Gas Co., aus. Zugrunde gelegt wurde eine Küche von 10 x 12 Fuß. Vgl. »Efficiency Methods Applied to Kitchen Design«, *Architectural Record*, März 1930, S. 291.

durchgeführt hatte, untersuchte Lillian Gilbreth einen anderen Arbeitsvorgang. Diesmal ging es um die Verwandlung einer unorganisierten Küche in eine organisierte. »Die Veränderung des Küchengrundrisses führte dazu, daß die Zahl der Bewegungen sich von 50 auf 24 reduzierte.« Dies geht deutlich aus einer Tabelle hervor, die ein kleines analytisches Meisterwerk darstellt[182].

Wirft man dagegen einen Blick auf die Ausstattung (Abb. 345), so blickt man in ein Chaos verschiedenartigster Gegenstände, und man versteht Lillian M. Gilbreths Äußerung: »Der Fabrikant soll sich darüber klar sein, daß heute (1930) sein Wissen von dem, was eine Hausfrau braucht, äußerst begrenzt ist. Sie selbst weiß selten, was sie will, noch weniger, was sie braucht.«[183]

Die Vollmechanisierung sorgte dafür, daß die Einheit zwischen Werkzeug und Werkfläche zustande kam. Als die elektrifizierten Instrumente eines nach dem anderen auf den Markt kamen, lag es nahe, Kühlschrank, fließendes Wasser, Hilfsmotoren, Geschirrspülmaschine[184] oder gar elektrische Abfallzerkleinerer einzubauen und Küche wie Einrichtung als Ganzes zu verkaufen.

1932 eröffnete die General Electric Company und 1934 die Westinghouse Electric and Mfg. Co. besondere Kücheninstitute. Die durch die Depression geschwächte Kaufkraft mußte durch besondere Mittel angereizt werden. Sicher hat dies eine Rolle bei der Gründung derartiger Institute gespielt. Aber die wirkliche Ursache liegt anderswo: die Zeit für die Vollmechanisierung war da. Eine einheitliche Zusammenfassung von Einrichtung, Werkzeug und Arbeitsvorgang war unausweichlich geworden.

Auf einmal stand der ungeheure Machtapparat der Industrie zur Verfügung, um die Arbeitsvorgänge in der Küche und das Zubereiten der Speisen bis in letzte Einzelheiten wissenschaftlich zu untersuchen. Ein Stab von Spezialisten, von Ingenieuren, Chemikern, Architekten, Nahrungsmitteltechnikern und praktischen Köchen untersuchte alles, was mit der Küche zusammenhängt. Nun erst konnten die Grundsätze der wissenschaftlichen Haushaltsführung praktisch ausgewertet werden, und im Handumdrehen entstand die »streamlined kitchen«[185]. Die großen Gesellschaften gingen bald noch weiter. Sie sahen, daß die Organisierung der Küche das ganze Haus beeinflußt. Im Frühjahr 1935 veranstaltet die General Electric Co. einen Wettbewerb »The House for Modern Living«, um das Interesse an der Gestaltung und Produktion kleiner Häuser zu wecken, die sich die modernen Konstruktionsmethoden, die modernste Ausstattung und die neuen staatlichen Finanzierungshilfen zum Bau kleiner Häuser zunutze machten[186].

Das *Architectural Forum* räumte diesem Wettbewerb breiten Raum ein. Archi-

---

182 »Efficiency Methods Applied to Kitchen Design«, *Architectural Record*, März 1930, S. 291–292.
183 Ebd., S. 294.
184 Es heißt, daß eine der großen Gesellschaften daranging, die mechanisierte Küche als Einheit zu planen, um einen Markt für ihre kostspieligen Geschirrspülmaschinen zu schaffen.
185 Eine Übereinkunft über Standardisierung wurde 1945 von fünfundzwanzig Herstellern von Gasgeräten und acht Firmen der Küchenschrankindustrie getroffen. »Tiefe Arbeitsplatte 25¼ Zoll, passend zum Waschautomaten. (...) Höhe der unteren Schränke 36 Zoll, als Standardmaß für eine Frau mittlerer Größe. (...) In der Breite sollen die unteren Schränke und die Wandschränke drei Einheiten umfassen. (...)« *New York Times*, 13. Juli 1945.
186 »The House for Modern Living«, *Architectural Forum*, April 1935, S. 275.

tektonisch betrachtet, würde es sich kaum lohnen, diesen Wettbewerb mit seinen über 2 000 Eingängen zu erwähnen. Die neue Architektursprache, wie sie von den Niederländern in ihren Siedlungen benutzt wurde, war nicht hinreichend vertraut. Doch die Bedeutung des Wettbewerbs liegt anderswo: Mit ihm setzt sich die mechanisierte Küche mit ihren einheitlichen Arbeitsflächen, Apparaturen und Behältern endgültig durch. Die mechanischen Installationen, wie Heizung, Gasrohre, elektrische Leitungen, waren anzugeben, und die Teilnehmer des Wettbewerbs durften einen der Räume perspektivisch darstellen[187]. Jetzt im Jahre 1935 fiel die Wahl der Architekten mit auffallender Einhelligkeit auf die Küche.

Die dritte Industrie, die nach den Herstellern von Kücheneinrichtungen (in den zwanziger Jahren), den Gas- (1930) und Elektrofirmen (1935) die Entwicklung der Küche weiterführte, ist in den Massenproduzenten von Baumaterialien: Plastik, Glas und Sperrholz, zu finden[188]. Deren Entwicklung vollzog sich mitten im Zweiten Weltkrieg. Die Industrien, die nun in den Vordergrund treten, sind weder an standardisierte Wandschränke noch an die Konstruktion von Küchenherden oder Kühlschränken gebunden. Sie sind in der Lage, dem Publikum neue und aufregende Dinge anzubieten, und versuchen, die propagierten Materialien einzubauen, wo immer eine Möglichkeit besteht.

Mehr als zwei Jahrzehnte nach ihrem harten Kampf auf dem europäischen Kontinent findet die Architektur hier späte Bundesgenossen für leichte Materialien und große Fensterflächen.

Es ist typisch, daß Hausfrauen in den vierziger Jahren große Aussichtsfenster über dem Küchenausguß verlangen. Diese haben nach verschiedenen statistischen Untersuchungen mehr Enthusiasmus geweckt als jede andere konstruktive Änderung[189]. An zweiter Stelle steht der Vorschlag, einen Spiegel in der Küche anzubringen[190].

Die nach außen sich öffnenden Schranktüren, die aus irgendeiner Standardisierungstyrannei auch in der »streamline kitchen« beibehalten wurden, verschwinden. Schiebetüren aus geripptem Glas treten an ihre Stelle. Das Büfett zwischen Küche und Eßraum wird durchsichtig. Der Zusammenhang zwischen Küche und Eßzimmer wird betont. Die Wände des Kühlschranks sind aus Glas (Abb. 351). Die Hausfrauen drückten ihre Befriedigung aus, daß sie das Aufsteigen des Kuchens durch den gewölbten Glasdeckel des Backofens beobachten konnten, während andere die Entfärbung des Materials befürchteten. Wir sprechen hier von der »Day-after-Tomorrow's Kitchen« der Firma Libbey-Owens-Ford, die während fünfzehn Monaten, 1944/45, in den Warenhäusern der Vereinigten Staaten ausgestellt wurde. Es war ein sensationeller Erfolg. Die Ausstellung wanderte in drei

---

187 Ebd., S. 276. Spielzimmer, Küche oder Waschküche im Erdgeschoß.
188 Eine Gruppe von 23 Baumaterialfabrikanten unterstützten den »Design for Post War Living«-Wettbewerb, publiziert in *California Arts and Architecture*, Los Angeles, September 1943.
189 Mary Davis Gillies, »What Women Want in Their Kitchens of Tomorrow«, Bericht über den »Kitchen of Tomorrow«-Wettbewerb des *McCall's Magazine*, New York, 1944.
190 Nach »Composite Tabulation of 1944 Consumer Ballots resulting from Exhibition of Libbey-Owens-Ford Kitchen of Tomorrow« stimmten für großes Fenster 96,6 %, für Spiegel in der Küche 95,1 % (1944).

437. FRANK LLOYD WRIGHT: Eßplatz des Affleck-Hauses, Bloomfield Hills, Mich. 1940. 1934 *umging Frank Lloyd Wright das Gesamtproblem der »Stromlinien«-Küche, indem er den »Arbeitsbereich«, wie er ihn nannte, über seine ganze Länge zum Eßzimmer hin öffnete. Im Affleck-Haus entwickelte er diesen Ansatz noch weiter.* (Photo Joe Munroe)

verschiedenen Exemplaren durch das Land. Herd, Küchenabguß, Kühlschrank waren vorläufig noch Attrappen aus Holz. Über 1,6 Millionen Besucher sahen sich an, was die Zukunft bereithielt, aber während des Krieges nicht produziert oder erprobt werden konnte. Als wir diese »Traumküche« in einem der großen New Yorker Warenhäuser besichtigten, lauschten wir den Erklärungen der jungen Damen inmitten von Zuschauern, die in fünf und sechs Reihen sich drängten.

Es ist erstaunlich, wie rasch – innerhalb eines Jahrzehnts – die amerikanische Hausfrau ein Verständnis für jedes mechanische und organisatorische Detail gewann. Man kann nicht mehr von ihr sagen, daß »sie selten weiß, was sie will, und noch weniger, was sie nötig hat«. Ein umfangreicher Bericht von *McCall's Magazine*, der einen ausgezeichneten Einblick in die Einstellung der amerikanischen Frau von 1944 gibt, ist auf eine Gegenüberstellung der Küche, wie sie seit 1935 Standard wurde, und des Ausstellungsmodells von Libbey-Owens-Ford aufgebaut.

Es zeigt sich, daß sie nun genau weiß, was sie will. Sie verlangt Fluoreszenzlicht in ihrer Küche, zusätzliche Lichtquellen über dem Ausguß, am Herd, über den Arbeitsflächen und so weiter, von Einzelheit zu Einzelheit, bis zu der Frage, ob sie sich für einen Ausguß parallel oder im rechten Winkel zum Fenster entscheiden will. In *McCall's* Bericht wollen 46,4 % den Ausguß im Winkel, und 53,6 % verwerfen ihn.

Diese dritte Entwicklungsstufe greift über die Küche als isolierte Einheit hinaus. Wie die zweite Stufe mit der wissenschaftlichen Betriebsführung, so ist die dritte Stufe aufs engste mit dem dienstbotenlosen Haushalt verknüpft. Der dienstbotenlose Haushalt verändert die Stellung der Küche im Haus und ist eng verbunden mit der Schaffung eines konzentrierten mechanischen Kerns.

In welcher Weise die Glas- und Sperrholzindustrie junge amerikanische Architekten anregte, den Weg zu bahnen, werden wir gleich sehen.

Die Küche im dienstbotenlosen Haushalt

Gegen Ende der dreißiger Jahre ließ sich ein Problem nicht mehr übersehen, das von Jahrzehnt zu Jahrzehnt weitergeschleppt worden war, ohne eine Lösung zu finden: der dienstbotenlose Haushalt. Dieses Problem macht sich jetzt sogar in den Schichten bemerkbar, die bislang gewohnt waren, Dienstboten im Haus zu haben. Diese Entwicklung ist tief in unserer Zeit verwurzelt. Sie ist nicht auf Amerika beschränkt, nur tritt sie in den Vereinigten Staaten deutlicher zutage, zumal sie dort seit jeher latent gewesen war.

438a. FRANK LLOYD WRIGHT: Küche des Affleck-Hauses, Blick vom Eßplatz aus. *Die Küche ist zwei Stockwerke hoch, damit Kochgerüche direkt abziehen können.* (*Photo Joe Munroe*)

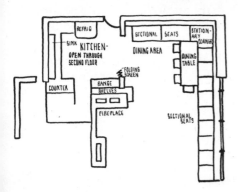

438b. FRANK LLOYD WRIGHT: Küche des Affleck-Hauses. Grundriß.

667

Wir haben gesehen, wie Catherine Beecher 1841 den Widerspruch erkannte, der zwischen der Existenz von Dienstboten und einem demokratischen Staatswesen besteht. In Catherine Beechers Kleinküchengrundriß für eine Stadtwohnung (1869) (Abb. 337) wird eigentlich der dienstbotenlose Haushalt angedeutet. Vier Jahrzehnte später formulieren die Vertreterinnen des »new housekeeping« das Problem klar und sagen präzise voraus, wie sich die Situation entwickeln wird.

Christine Frederick spricht dies 1912 aus: »Ich habe das Gefühl, daß die gegenwärtige Herrin-Sklaven-Beziehung sich in eine geschäftsmäßige von Arbeitgeber zu Arbeitnehmer mit festgelegten Stunden und Extrabezahlung für besondere Leistungen umwandeln wird. (...) Das Dienstverhältnis wird, wie es sich gehört, auf die gleiche Stufe mit anderen Berufen gestellt werden. (...) Ein Dienstmädchen ist künstlich isoliert von ihren Freundinnen, die in Büros arbeiten und wird von ihnen von oben herab angesehen. (...) Ich glaube, daß wir bald zur Abschaffung der ganzen Dienstbotenklasse kommen. (...) Ich kann keinen praktischen Grund sehen, warum wir nicht Hausangestellte haben sollen (...), die täglich zu uns kommen wie Arbeiter in Fabrik und Büro. (...) Ich glaube, daß diese Veränderung sich in jedem Haus vollziehen wird.«[191]

Wieder drei Jahrzehnte später – mitten im Zweiten Weltkrieg – ist das Problem unabweisbar geworden. Nun bombardieren Zeitschriften mit weltweiter Verbreitung wie *Reader's Digest* ihre Millionen Leser mit Schlagzeilen wie »Dienstboten auf Nimmerwiedersehen verschwunden« und charakterisieren die Situation mit der Überschrift »Ihr Dienstmädchen nach dem Krieg – falls Sie eines finden – wird die soziale und ökonomische Stellung eines Büroangestellten oder Fabrikarbeiters einnehmen«[192].

Die neue Situation, in der die Familie sich befindet, ist nicht nur von soziologischem Interesse. Sie trifft den Kern des Hauses. Was wird aus der Küche im dienstbotenlosen Haushalt?

Der große Schritt- und Raumsparer, die L-, I-, und U-förmige Küche, ist kompakt und in sich abgeschlossen, wie das zwei Jahrzehnte früher entwickelte Badezimmer. Doch ihrem Konzept nach ist sie für das Haus mit Dienstboten bestimmt. Jedenfalls trennt sie die Frau vom übrigen Hause ab. So ist es nicht zu verwundern, daß Zeitungen wie die *New York Times* 1945 Äußerungen gegen die »heutige komprimierte Leistungsküche« zulassen: »Kochen«, so heißt es dort, »ist an sich keine so schwere Arbeit. Es ist die Isolierung, die schmerzlich empfunden wird. Warum muß dies in Einzelhaft getan werden?«[193]

Das Problem ist klar, weniger die Lösung. Soll die Familie in der Küche essen, wie dies im bürgerlichen Haushalt bis ins achtzehnte Jahrhundert hinein üblich war? Oder soll die Küche nur enger mit dem Eß- oder Aufenthaltsraum verbunden werden? Soll sie ausschließlich den Charakter eines Arbeitsinstruments bei-

---

191 *Ladies Home Journal* (Philadelphia), Dezember 1912, S. 16.
192 *Reader's Digest*, April 1945, Auszüge aus einem Artikel im *American Magazine*.
193 *The New York Times Magazine*, 10. Juni 1945, »Designs for Living«, von Mary Roche.

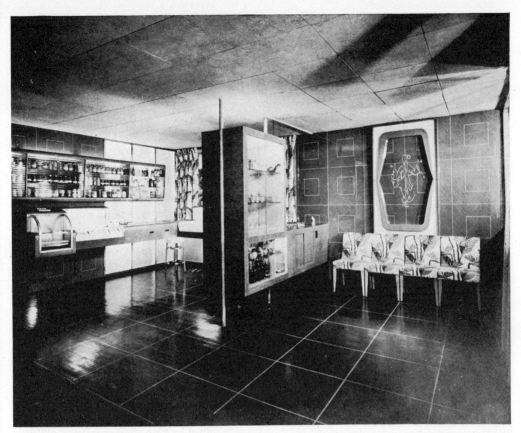

439. Küche und Eßplatz, von H. Creston Dohner, im Auftrag der Libbey-Owens-Ford Glass Co. 1943. *Millionen sahen diese Mustereinrichtung (Abb. 351 zeigt einen anderen Blickwinkel), die eine der Tendenzen der Küchenentwicklung darstellt. Die Küche ist als Arbeitsbereich konzipiert, ihre modernen Geräte können jedoch der Sicht entzogen werden, um den Bereich in einen Wohnraum umzuwandeln. Die Funktion des Eßbereiches ist nicht streng begrenzt, da der Tisch, wenn er nicht benutzt wird, an die Wand geklappt werden kann. Nur ein auf Beinen stehender Schrank mit Glasschiebetüren trennt den Eßbereich von der Küche. Zwei Jahrzehnte nach Le Corbusiers Pavillon de l'Esprit Nouveau, 1925 (Abb. 318), ist die Verwendung von Schränken mit Stahlrohrbeinen als Raumteiler weit verbreitet.*

behalten oder sich, sobald sie ihre Funktion erfüllt hat, in einen Gesellschafts- oder Spielraum verwandeln?

Nur in groben Strichen können diese Probleme hier gestreift werden. Die gemeinsame Voraussetzung ist bei allem der dienstbotenlose Haushalt. Wie die Lösung im einzelnen aussieht, hängt von der Lebensform ab, die vorgezogen wird.

Der Prozeß, der sich hier durchsetzt, ist nicht auf die Küche beschränkt. Er ist verknüpft mit einer veränderten Auffassung des Wohnens und mit der Entwicklung des offenen Grundrisses. Anstelle fester Räume wird seit Mitte der zwanziger Jahre die Forderung nach einem Bereich erhoben, in dem man sich frei bewegen kann. Immer klarer äußert sich auch in bescheidenen Verhältnissen das Bedürfnis, einen großen Raum zu besitzen, der flexibel genutzt werden kann.

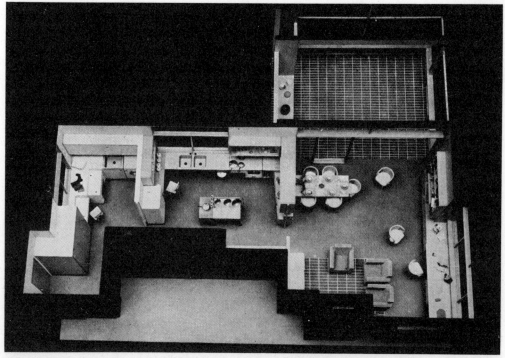

440a. Wohnküche mit Eßbereich und Hausarbeitsraum, Raymond Fordyce, 1945. *In den vierziger Jahren erhält die Küche ihre Funktionalität wieder, und die Tendenz, diesem Bereich mehr Raum zu geben, ist bemerkbar. Fordyce nennt dies die »Wohnküche« und möchte daraus ein aktives Zentrum des Familienlebens schaffen, wo gearbeitet, gespielt und gegessen werden kann. Wir erwähnten die Hackbank in der Mitte, die zum Schneiden großer Fleischstücke für die Tiefkühltruhe dient. Wird die gesellschaftliche Entwicklung, kein Personal mehr im Haushalt anzustellen, eine Rückkehr zu einigen mittelalterlichen Gebräuchen mit sich bringen, und wird das Kochen als interessante Tätigkeit betrachtet werden, die nicht mehr versteckt, sondern in aller Offenheit ausgeführt wird?* (Life Magazine)

Das Aufgeben des isolierten Eßzimmers und der isolierten Küche

Das Aufgeben der isolierten Küche ist eng verbunden mit dem Aufgeben des isolierten Eßzimmers. Zu Beginn der Bewegung, in den zwanziger Jahren, war dies keineswegs klar. So sind z. B. die Küchen in der Weißenhofsiedlung 1927 als isolierte Zellen ausgebildet, während in manchen frühen Beispielen das Eßzimmer bereits im größeren Raum aufgegangen ist.

Dabei tritt an Stelle des großen Tisches in Zimmermitte, wie der herrschende Geschmack des neunzehnten Jahrhunderts ihn für jede bürgerliche Wohnung vorschrieb, ein bescheidener Typ, der oft mit der Schmalseite zur Wand steht. Der überdimensionierte Tisch in Zimmermitte gehört – gefühlsmäßig – in die gleiche Kategorie wie die kreisrunden Sofas (borne) (Abb. 212). Beide entstanden aus der Angst vor dem leeren Raum. Der Tisch wird schmaler, rückt so nahe wie möglich an die Durchreiche und erhält nahezu die rustikale Schlichtheit seines mittelal-

440b. Wohnküche, Raymond Fordyce, 1945. Blick vom Eßbereich in die Küche. *Auch hier hat der Schrank Glastüren und steht auf Beinen wie Le Corbusiers Schrank von 1925.* (Life Magazine)

terlichen Vorgängers (Abb. 163). Oft kann er hochgeklappt werden, um Bewegungsraum zu schaffen. Zuerst werden solche Vorschläge vorsichtig nur für Junggesellenwohnungen gemacht, wie in einem frühen Schweizer Beispiel von 1927[194]. In den vierziger Jahren erscheinen sie auch in luxuriösen Traumküchen (Abb. 351, 439).

Mit dem offenen Grundriß verschwindet die Isolierung der Küche mehr und mehr. Mit der Kraft, die dem einsam Vorstoßenden oft eigen ist, überspringt Frank Lloyd Wright die ganze Stromlinienküche. 1934, zu einer Zeit, als die amerikanische Industrie sich für sie gerade zu erwärmen begann, packte er in einem seiner Häuser[195] das Problem radikaler an als irgendein Vertreter des amerikanischen Nachwuchses ein Jahrzehnt später. Er öffnet die Küche in ihrer ganzen Breite direkt in den großen Wohnraum. Mit der Direktheit, die ihm eigen ist, läßt Wright seinen Biographen bemerken: »Zum ersten Mal wird hier der Raum der Küche, von Wright jetzt ›Arbeitsraum‹ (work space) genannt, dem Wohnraum angefügt.«[196] Später, im Gregor Afflekhouse, Bloomfield Hills (Michigan) 1940, nimmt

---

194 Abbildungen in S. Giedion, *Befreites Wohnen*, Zürich, 1929.
195 Malcolm Willey House, Bedford Street, Minneapolis, Minn., 1934. Vgl. Henry Russel Hitchcock, *In the Nature of Materials, The Buildings of Frank Lloyd Wright, 1887-1941*, Minneapolis, Minn., 1934.
196 Hitchcock, a.a.O., S. 318.

er das Problem wieder auf. Nun baut er die Küche zwei Stock hoch, so daß die Gerüche direkt hochsteigen können (Abb. 437, 438).

Frank Lloyd Wrights Lösung bedeutet, daß der Vorgang des Kochens nicht mehr vor Hausbewohnern oder Gästen hinter geschlossenen Türen verborgen werden muß. Wie das Aufgeben der isolierten Küche im einzelnen gelöst wird, ob völlig offen, ob durch transparente Schränke getrennt (Abb. 439, 440) oder nur durch große Glasscheiben mit Durchblick in den Hauptraum[197], liegt in den Händen des Architekten und hängt von seiner Fähigkeit ab, für neu aufkommende Bedürfnisse die lebendige Form zu finden.

Die Küche als Eßraum?

Die Periode der Minimalmaße für Küche und Schlafzimmer, wie sie in der Architekturbewegung der zwanziger Jahre deutlich wird, war Notwendigkeit. Nur so konnte man die desorganisierten Räume wieder funktionell zurechtrücken. Die Tendenz zu größeren Schlafräumen und größeren Küchen, kurz, zu Raum, in dem man sich bewegen kann, tritt heute überall in den Vordergrund. Die L- oder U-förmigen Küchen werden vergrößert, so daß die Küche auch als Eßraum dienen kann, wie dies J. J. P. Oud in seinen Weißenhofküchen (1927) betonte. Die Tendenz geht 1945 so weit, daß die mechanisierten Einheiten von Küche und Waschküche, die auch als Nähzimmer gedacht ist, den Grundriß dominieren, wie dies in dem Vorschlag von Raymond Fordyce[198] (Abb. 440a und b) deutlich wird. Seine Wohnraumküche (living kitchen), so erläutert er, »sucht die Küche zu einem aktiven Zentrum des häuslichen Lebens zu machen, in dem eine Familie arbeiten, spielen, essen und 90 % ihrer Arbeitszeit verbringen kann und wo, was sehr wichtig ist, die Hausfrau Kinder überwachen kann, ohne ihre Arbeit zu verlassen. Die Wohnküche ermöglicht dies durch die Vereinigung von vier Räumen, die gewöhnlich getrennt gehalten werden: Waschküche, Küche, Eßraum und Wohnzimmer.« Hier ist das Haus beinahe zum Anhang der Küche geworden.

Soll die Küche wieder zum Eß- und Gesellschaftsraum werden, wie sie es etwa für den kleinen französischen Edelmann im siebzehnten Jahrhundert war? In romanischen Ländern leben noch heute – nicht etwa nur in Wirtschaften – die gewölbten Küchen weiter, in denen an einem Ende die Speisen bereitet werden, während man am anderen Ende Feste feiert.

Eines steht fest: Wir entfernen uns mehr und mehr von der pseudo-repräsentativen Haltung des vergangenen Jahrhunderts, die selbst in einer Zweizimmerwohnung die Küche scharf isolierte. In Amerika ist die Gewohnheit, eine primitive Eßgelegenheit für die Familie innerhalb der Küche vorzusehen, nie ganz ausgestorben. Allerdings ist die Frühstücksnische (Abb. 339) mit ihren herabklappbaren Sitzen keine befriedigende Lösung. Eine zwanglose Eßgelegenheit innerhalb

---

197 I. M. Pei und F. H. Duhart, Wettbewerbsentwurf für »Post War Housing«, 1943, *California Arts and Architecture*, Los Angeles, Januar 1944, S. 33.
198 *Life Magazine*, 28. Mai 1945.

der Küche wird in jedem dienstbotenlosen Haushalt erwünscht sein. Die verschiedensten Lösungen können für die Verwandlung der Küche in einen Aufenthaltsraum erdacht werden, indem man z. B. Herd und Küchenausguß wie ein Piano schließt, oder die schmutzigen Teller hinter einer Schiebewand verbirgt[199]. Im mechanisierten Haus bestehen jedoch keine Gründe, die Küche dauernd zum Eßzimmer werden zu lassen.

Der mechanische Kern des Hauses

Neue Schwierigkeiten tauchen auf, die mit der Mechanisierung verbunden sind. Auf der einen Seite besteht der Wunsch, die Benutzung der Räume so flexibel wie möglich zu machen und den Grundriß daher weitgehend aufzulockern; andrerseits mischt sich die Mechanisierung hinein und tendiert auf größtmögliche Konzentrierung aller Apparaturen. Die Mechanisierungskosten sind auf ungefähr 40% der Bausumme gestiegen. Will man den Markt erweitern, so müssen diese Kosten bedeutend gesenkt werden, ungefähr so wie drei Jahrzehnte früher beim Automobil.

Der mechanische Kern des Hauses, der Küche, Bad, Waschküche, Heizung, Leitungen und Installationen umfaßt, sollte daher in der Fabrik hergestellt und fertig montiert auf die Baustelle gebracht werden. Seit 1927 beschäftigt sich Buckminster Fuller mit dem Gedanken, vom mechanischen Kern auszugehen. Er hat ihn in dem Mast untergebracht, der sein Haus trägt. Dies führt zu kreisrunden oder polygonalen Hausformen, deren geschlossener Grundriß die allgemeine Entwicklung negiert.

Um 1940 liegt die Frage in der Luft, wie das Problem des mechanischen Kerns gelöst werden und doch die Freiheit des Grundrisses gewahrt bleiben kann[200]. Es ist typisch, daß in dem Wettbewerb, den die Pittsburger Plate Glass Company zusammen mit der Architekturzeitschrift *Pencil Points* (Mai 1945) für Häuser »für die durchschnittliche Kleinfamilie« durchführt, der erste Preis einem Architekten zuteil wird, der vom mechanischen Kern ausgeht[201]. Auf der einen Seite fügt er dem »mechanicore«, den er aus der Fabrik holt, einen Wohn- und auf der anderen Seite einen Schlaftrakt an. So entsteht ein H-förmiger Grundriß, in dem der mechanische Kern den Querbalken bildet; aber dieses mechanisierte Verbindungsstück tendiert dazu, daß Schlaf- und Wohntrakt getrennt werden, als gehörten sie zu zwei verschiedenen Häusern (Abb. 441).

---

199 Charles D. Wiley, Erster Preis im Wettbewerb für Kleinhäuser, ausgeschrieben von der United Plywood Corporation in *California Arts and Architecture,* Februar 1945.

200 In der Sondernummer des *Architectural Forum,* September 1942, »The New House 194X[sic!]«, in der die amerikanischen Architekten ihre Vorschläge für die Entwicklung nach dem Zweiten Weltkrieg machen, taucht immer wieder die Frage nach dem mechanischen Kern auf. So zum Beispiel in dem Vorschlag von Ralph Rapson und David Runnels für einen standardisierten »mechanischen Bereich« (mechanical panel).

201 J. B. und N. Fletcher, Birmingham (Mich.). Das Haus ist für einen aus dem Zweiten Weltkrieg zurückkehrenden Soldaten bestimmt: »Er geht zuerst in die Fabrik, um den ›mechanicore‹ zu holen, der alle letzten Errungenschaften einschließt, und dann ins Sägewerk, um Holz zu holen. (...)« *Pencil Points,* Mai 1945, S. 56f.

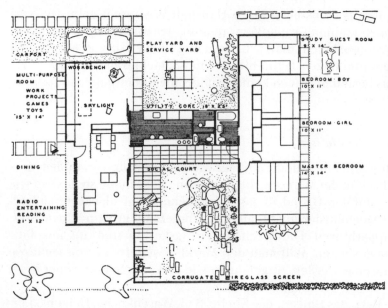

441. Der mechanische Hauskern: H-förmiger Grundriß von J. und N. Fletcher. 1945. *In einem Wettbewerb für ein kleines Einfamilienhaus erhielt ein von einem mechanischen Kern ausgehender Entwurf den ersten Preis. Der mechanische Kern bildet die Querverbindung zwischen Wohnzimmer und Schlafzimmern – ein Zeichen für seinen dominierenden Einfluß.* (Pencil Points)

Die Industrie ermuntert in diesen Wettbewerben den amerikanischen Nachwuchs, seine Ideen wenigstens auf dem Papier zu entwickeln. Die Fragen, um die es hier geht, sind von tiefem Einfluß auf die zukünftige Organisierung des Hauses, ja auf die künftige Lebensform. Ob der mechanische Kern als Ganzes eingebaut oder in seine Einheiten zerlegt werden wird, ist noch keineswegs klar. Ebensowenig, ob er sich in Einfamilienhäusern oder in großen Apartmenthäusern, deren Entwicklung in Amerika völlig in Händen von Routiniers liegt, durchsetzen wird.

Keine Industrie, mag sie erzeugen was sie will, ist berufen, die Lösungen für den mechanischen Kern zu finden. Das Problem greift viel zu tief in den Organismus des Hauses. Die amerikanischen Architekten haben dies zu tun. Vergleicht man die Hilflosigkeit, mit der die architektonische Formensprache 1935 im General-Electric-Wettbewerb verwendet wurde, mit der Selbstverständlichkeit, mit der der Nachwuchs sich 1945 des heutigen Vokabulars bedient, so spürt man, daß der Nachwuchs aufgeholt hat. Von den amerikanischen Architekten ist der nächste Schritt in der Entwicklung des Hauses zu erwarten. Sie haben zugleich die größte Erfahrung im Umgang mit der mechanischen Ausrüstung und verfügen über das mächtigste Industrieinstrument, allerdings ohne auf die Produktion viel Einfluß zu haben. Doch die Dinge können sich in dieser Beziehung rasch ändern, wie der wachsende Einfluß des industriellen Designers zeigt. Worauf es ankommt, ist, die Mechanisierung in eine dienende Stellung zu verweisen, so daß das Haus durch den mechanischen Kern nicht tyrannisiert wird.

TEIL VII
DIE MECHANISIERUNG DES BADES

Die Mechanisierung des Todes

Typen der Regeneration

Äußere Abwaschung oder totale Regeneration?

Verschiedene Zeiten hatten sehr verschiedene Ansichten über das Wesen und den Sinn des Bades. Wie sie das Bad in das Kulturganze einordneten, sowie die Art des Badens, die sie bevorzugten, gibt Einsicht in das innere Wesen einer Zeit.

Das Bad, welcher Art es auch sei, hat mit der Pflege des Körpers zu tun. Dieses empfindliche Instrument in Gleichgewicht zu halten und in Harmonie mit dem Organismus zu leben gehört zu unseren Existenzbedingungen. Es gibt Perioden, die das Bad nur als Teil eines viel umfassenderen Ideals auffassen: der totalen Regeneration, und es gibt andere, die es als eine möglichst rasch und routinemäßig zu erledigende Abwaschung ansehen. Eine Periode ordnet es dem Wohlbefinden des ganzen Menschen zu, eine andere Zeit sieht es als isolierten Vorgang an oder negiert es fast ganz[1].

Wie das Bad ins Kulturganze eingegliedert wird, verrät, wie eine Periode zur menschlichen Entspannung sich verhält. Die Stellung, die dem Bad zugebilligt wird und die Art, wie es mit dem Leben verflochten wird, geben oft Auskunft darüber, wie weit das Wohlergehen des Einzelnen als Teil des Gemeinschaftslebens eingeschätzt wird.

Die Frage, um die es geht, ist sozialer Natur. Ist die stetige Wiederherstellung des körperlichen Gleichgewichts eine Pflicht der Gesellschaft oder eine private Angelegenheit? Hat der Staat Institutionen für die Entspannung vorzusehen, und zwar ohne jede Rücksicht auf Kosten, oder soll er die Bürger als bloßen Teil der Produktionsmaschinerie auffassen und sie nach der Arbeit sich selbst überlassen?

Die Antike, der Islam und bis zu einem gewissen Grad auch das Mittelalter haben die menschliche Regeneration in die unabweisbaren Pflichten der Gesellschaften eingereiht. In der Renaissance geht es mit dieser Einstellung bergab. Dies führt im siebzehnten und achtzehnten Jahrhundert fast zu einem Vergessen der Körperpflege. Im Laufe des achtzehnten Jahrhunderts taucht langsam eine Wiedererinnerung an frühere Zustände auf.

Im neunzehnten Jahrhundert, das so viele Zeiten beobachtet hat, erwacht der Gedanke an eine Regeneration von neuem. Um 1830 kommt das Baden wieder: die Rückkehr zur Natur in Form von Kaltwasserkuren (Hydrotherapie). Um 1850

---

1 Dieses Kapitel beruht teils auf früheren Studien des Verfassers über Regeneration, die 1938 durch andere Arbei-

ist es das islamische Bad, dessen Wert erkannt wird; auch das Dampfbad im Haus, das von ungefähr 1830 an durch das ganze Jahrhundert propagiert wird, die Dusche, das Sonnenbad tauchen nebeneinander und nacheinander auf. Lange und unentschieden ging der Kampf hin und her, welcher Typus sich endgültig durchsetzen würde, bis schließlich das Wannenbad eindeutig Sieger blieb.

Der heutige Typ des Bades, das Wannenbad, ist eine Mechanisierung des primitivsten Typs. Es gehört in das Gebiet der äußeren Abwaschung. Die Badewanne wird als erweiterte Waschschüssel aufgefaßt. Allerdings hat keine frühere Zeit das Bad so selbstverständlich als zum Schlafzimmer gehörig betrachtet wie die unsere. Jeder seiner Bestandteile ist das Ergebnis einer langwierigen Mechanisierung, und so ist es zu erklären, daß das Badezimmer mit fließendem Wasser erst gegen Ende des neunzehnten Jahrhunderts aufkam und erst in der Zeit der Vollmechanisierung, zwischen den beiden Weltkriegen, zur Selbstverständlichkeit wurde. Das ändert nichts an der Tatsache, daß das Wannenbad ein primitiver Typ ist, wie er etwa in Kreta um 1800 bis 1450 v. Chr. zu finden ist, ehe das griechische Gymnasion entstand.

In der Glanzzeit des letzten Matriarchats, in der minoischen Kulturepoche, finden sich Wannenbad, Kanalisierung und Wasserklosett. Dank der unermüdlichen Ausgrabungsarbeiten von Arthur Evans haben wir bessere Einsicht in diese Frühperiode als etwa in die Entwicklung des griechischen Gymnasion. Die bemalte Wanne aus gebranntem Ton, die Evans im Palast von Knossos auf Kreta wieder zusammensetzte und die im Gemach der Königin stand[2], belehrt uns, daß dieser Typ des Bades, wie viele andere minoische Gebräuche um 1250 v. Chr. von den Griechen der mykenischen Periode übernommen wurde. Jene kretische Wanne in ihren bescheidenen Dimensionen entspricht der Beschreibung des mykenischen Bades, wie die homerischen Helden es benutzten. Wenn Homer rückblickend (um 800 v. Chr.) ausführlich die Badezeremonie beschreibt, wird das Bad immer als Mittel »gegen geistentkräftende Arbeit«[3] bezeichnet. Entspannung, nicht Reinigung steht hier im Vordergrund.

Auch Meerbäder wurden aus dem gleichen Grund genommen. Dieses Ziel, Entspannung, ist grundlegend für die Auffassung der Antike. Im frührömischen Haus – wie dem des älteren Scipio – lag das Wannenbad im Erdgeschoß, wo Warmwasserheizung und Kanalisierung verbunden waren. Etwas wehmütig moralisierend beschreibt Seneca – aus der Zeit Neros zurückblickend – in seinen Episteln die einfache Lebensweise und das festungsähnliche Haus des Scipio, dessen Lichtöffnungen so schmal waren, daß das Bad nahezu im Dunkeln lag.

Als die Thermen im ersten vorchristlichen Jahrhundert öffentliche Einrichtungen werden, verliert das isolierte Wannenbad seine Bedeutung. Ungeheure Marmorwannen und eingebaute Bassins mit kaltem und warmem Wasser standen in

---

ten unterbrochen wurden. Auszüge davon wurden gelegentlich einer Ausstellung *Das Bad im Kulturganzen* in *Wegleitung des Kunstgewerbemuseums der Stadt Zürich,* Nr. 125 (Zürich, 1935) und in »Das Bad als Kulturmaß« in *Schweizerische Bauzeitung* Zürich, Juli 1935, veröffentlicht.

2 Arthur Evans, *The Palace of Minos at Knossos,* London, 1921-35, 4 Bde., Bd. 3, S. 385, Abb. 256.

3 *Odyssee,* X, 358ff.

den Heißlufträumen römischer Bäder. Die islamische Kultur hat das Wannenbad nie angenommen. Der Orientale empfand es als unappetitlich, in seinem eigenen Schmutz zu baden.

Regeneration in der Antike

Das griechische Bad kann nicht aus dem Zusammenhang gerissen werden, in dem es seinen Sinn erhielt. Es ist untrennbar mit dem Gymnasion, dem erzieherischen Mittelpunkt der Hellenen, verknüpft[4]. Das griechische Baden war sehr einfach und bestand in der Hauptsache aus kalten Duschen, Übergießungen, Abwaschungen. Der Marmortrog mit fließendem Wasser oder die einfachen Vertiefungen für Fußbäder, wie sie sich aus hellenistischer Zeit im Gymnasion von Priene erhalten haben, zeigen zugleich die Simplizität des Vorgangs und sein Eingeflochtensein in einen umfassenderen Plan. Das Bad ist im Gymnasion nur ein Glied. Es hat seinen Platz zwischen den gymnastischen Spielen, dem Fünfkampf in der Palästra und den philosophischen Diskussionen im Halbrund der Exedra. Es steht auf der Scheide zwischen höchster körperlicher Anspannung und kontemplativer Forschung. Zu keiner anderen Zeit wurde es organischer in die menschliche Regeneration eingegliedert als damals.

Die römischen Thermen sind ihrem Typ nach technifizierte Gymnasien. Sie weisen nahezu dieselben Bestandteile auf wie die griechischen Einrichtungen, der Akzent hat sich aber verlagert, und sie sind ins Ungeheure vergrößert. Dies geschieht im ersten vorchristlichen Jahrhundert. Herodots immer wieder angeführte Bemerkung[5], daß die Griechen seiner Zeit, des fünften Jahrhunderts, glühendes Eisen oder heiße Steine zur Dampferzeugung benutzten, wie später das Mittelalter, deutet höchstens auf einen Beginn. Aber wie die Entwicklung vom fünften bis zum ersten vorchristlichen Jahrhundert auf griechischem, kleinasiatischem und ägyptischem Boden verläuft, darüber liegt noch auf weiten Strecken Dunkel.

Im Nildelta bei Alexandrien deckte der Archäologe Breccia[6] die Überreste eines Bades auf, das aus zwei kreisförmigen Bauten bestand, die wie er annahm, verschieden hoch erwärmt wurden. Diese kreisrunden Räume erscheinen unter dem Namen »Laconicum« als der heißeste Raum in den römischen Thermen. Es würde uns nicht wundernehmen, wenn der italienische Archäologe auf die Dauer mit seiner Datierung Recht behielte, diese Bäder in ptolemäische Zeit zu setzen[7]. Das Alexandrien des dritten vorchristlichen Jahrhunderts war die direkte Pflanzstätte

---

4 Man benutzte zur Zeit der Gymnasien Wannenbäder im Haus. Aber das Privatbad in Griechenland ist von geringerer Bedeutung.
5 C. Daremberg E. Saglio, *Dictionnaire des antiquités grecques et romaines*, 5 Bde., Paris, 1877-1919, Bd. 1, 1881, S. 649: Balneum.
6 E. Breccia, »Di alcuni bagni nei dinterni d'Alessandria«, *Bulletin de la Société Archéologique de l'Alexandrie*, Nr. 18, N.F., Bd. 5, erste Lieferung, S. 142-149.
7 Außerdem steht urkundlich fest, daß es im Ägypten des dritten vorchristlichen Jahrhunderts überall öffentliche Bäder gegeben hat. Vgl. A. Calderini, »Bagni publici nell' Egitto greco-romano«, *Rendinconti del Reale Instituto Lombardo di Scienze e Lettere*, Bd. 52 (1919), Lieferung 9-11, S. 297-331.

442. Winter-Sonnenbad der Forum-Thermen, Ostia. *In die weiten Öffnungen waren Glasscheiben eingesetzt, hinter denen das Sonnenbad als Teil der ausführlichen römischen Badeprozedur genommen wurde. (Photo S. Giedion)*

griechischen Geistes mit starker Betonung des technisch Erfinderischen. Euklid lehrte dort. Astronomie, Experimentalphysik, Chirurgie und Gynäkologie, sie alle blühten in diesem Brennpunkt – eine günstige Atmosphäre für das Aufkommen der Thermen. Wie weit die Römer die hellenistischen Thermen fertig ausgebildet vorfanden, darüber scheint vorläufig noch ein Schleier zu liegen.

Erst mit dem römischen Reich erhielten die Thermen eine überragende Bedeutung, wie sie sie weder vorher noch nachher erreicht haben. Die Thermen werden zu Monumenten einer Nation, die den materiellen Reichtum der Erde besaß. In ihnen kam das Beste zusammen, was die Römer an technischer, architektonischer und soziologischer Erfindung zu bieten hatten.

Die ingenieurmäßige Begabung der Römer verstand es, eine genial einfache Erfindung mit großer Konsequenz für die menschliche Regeneration auszuwerten. Es war dies eine kombinierte Boden- und Wandheizung, von der angenommen wird, daß sie im ersten vorchristlichen Jahrhundert auftaucht, und die Vitruv in der augusteischen Zeit genau beschrieben hat. Der Boden lag hoch auf niedrigen Ziegelpfeilern (Hypokausten); darunter strichen die Feuergase vorbei; zwischen den doppelten Wänden stieg ein System viereckiger Tonröhren (tubuli) auf. Wand- und Bodenheizung sind in den römischen Siedlungen jenseits der Alpen durchaus nichts Ungewöhnliches. Die technische Einrichtung der Thermen basiert völlig auf dieser kombinierten Heizung, die den Raum gleichmäßiger als spätere Verfahren durchwärmte.

Mit römischer Großzügigkeit wird diese Heizung in Räumen von bis dahin ungekannten Dimensionen verwendet. Verbunden damit wird noch ein anderes Element: Wasser. Die Aquädukte, die es aus den Albaner Bergen zuführten, waren eine Jahrhunderte alte Tradition, als die Thermen aufkamen. Sie wurden jetzt nur vermehrt. Die enormen Schwimmbassins der römischen Frigidarien und der

443. Dampfraum (Maghtas) eines islamischen Bades. Hammam von Kalaour, Kairo. *Der islamische Badende bevorzugt Ruhe, Zurückgezogenheit und ein Dämmerlicht, das hier durch ein mit wabenartigen Löchern versehenes Gewölbe erreicht wird. (E. Pauty,* Les Hammams du Caire, 1933)

ganze üppige Wasserverbrauch waren ebenfalls Nova in der menschlichen Zivilisation. Wasserfülle und Wärmefülle geben den römischen Thermen ihr unnachahmliches Gepräge. Und doch ist es nicht der Wasser- und Wärmeverbrauch, der an sich beeindruckt, sondern die Art ihrer Auswertung für die totale Regeneration.

Mit der Einführung des technifizierten Heißluftbades und seinen verschieden temperierten Räumen (Tepidarium, Caldarium, Laconicum) wird der Rahmen, der dem Bad im griechischen Gymnasion des fünften Jahrhunderts zugemessen war, endgültig gesprengt. Das eigentliche Bad erhält nun eine überragende Stellung. Die einzelnen Teile der Gymnasien werden beibehalten, auch die Palästra – der Gymnastik- und Kampfspielplatz – wird nicht aufgegeben. Im Raum, den die offene Palästra einer der großen römischen Kaiserthermen, wie etwa die des Caracalla, beansprucht, hätten mehrere Gymnasien wie jenes von Priene Platz gefunden. Auch die Form der Exedra findet sich wieder, aber ihr Halbrund dient jetzt nur zum Ausruhen. Wir haben es nicht mehr, wie in Athen, mit einer Kultur der Wenigen zu tun. Im Lärm und Gewühl einer römischen Palästra wären weder Plato noch Sokrates möglich gewesen. Die Funktion der Exedra, Diskussion und Belehrung, wird nun in den Außenbereich der Thermen verlegt, wo es ruhiger ist und es Platz gibt für Versammlungen und für eine Bibliothek.

Für welche Zwecke eine Zeit das Wölbungsproblem ausbaut oder auf neue Weise löst, verrät fast immer ihre dominierenden Interessen. In der Gotik ist es das Kirchenschiff, im neunzehnten Jahrhundert sind es Industrie, Bahnhöfe und Ausstellungshallen. In Rom entstanden Kuppel und Tonnengewölbe von ungekannter Kühnheit, wenn es galt, die großen Räume des Tepidariums zu überdecken. Weder Foren noch Amphitheater oder Zirkusbauten reichen an die architektonische Originalität der Thermen mit ihren großen Raumproblemen heran. Von den Bädern Pompejis oder dem Pantheon des Agrippa bis zu den Thermen der konstantinischen Zeit[8] ist ein ebenso großer Sprung in architektonischer Finesse wie von der Romanik bis zur Spätgotik.

Die hohen gewölbten Räume – vor allem das Tepidarium – waren von Licht durchflossen. Tageslicht kam durch die großen halbrunden Thermenfenster mit ihren zwei Mittelpfosten. Die Tepidarien der Thermen sind unseres Wissens die ersten monumentalen Innenräume, in die durch große Fensteröffnungen volles Tageslicht eindringen konnte. In Ostia, Hafenstadt Roms an der Tibermündung und vornehmer Badeplatz unter Augustus und Claudius, wurde in den Thermen am Forum ein zu ebener Erde gelegener Raum freigelegt, dessen Bedeutung lange Zeit nicht ganz klar war. Seine südliche Wand löst sich in eine einzige Öffnung auf, die nur durch zwei Marmorsäulen getragen wird (Abb. 442). Diese Öffnung war verglast und der nach Süden orientierte Raum diente als winterliches Sonnenbad.

Die soziologische Erfindung schließlich liegt darin, daß der Ort, an dem sich der Mensch regeneriert, zugleich zum gesellschaftlichen Mittelpunkt wird. In den Thermen verbrachten die Römer den größten Teil ihrer Freizeit, und Thermen wuchsen, wo immer sich römisches Leben entfaltete: auf Gutshöfen, in Luxusvillen, in großen oder kleinen Städten und in dem Militärlagern von Afrika und Britannien.

Der römische Arbeitstag begann mit dem Morgengrauen und endete gewöhnlich um ein oder zwei Uhr. Zur Mittagsstunde öffneten die Thermen[9]. Man benutzte sie vor der Hauptmahlzeit als Abschluß des Arbeitstages. Ihr Sinn war tägliche Regeneration. Wie im Gymnasion wird der Körper in der Palästra erst durch Gymnastik gelockert und die Zirkulation angeregt. Dafür braucht es Zeit, ebenso wie für den Aufenthalt im Tepidarium, dem größten und prächtigsten Raum, in dem die Transpirierung nach ungefähr einer halben Stunde spürbar wird. Es folgt die gesteigerte Hitze des Caldariums und schließlich ein kurzer Aufenthalt im Laconicum, dessen trockene Heißluft die Grenze des Ertragbaren erreicht (etwa 100° C). Dann folgte Abseifen, Massage und der Sprung in das Schwimmbassin des Frigidariums.

So war die tägliche Regeneration untrennbar mit dem römischen Leben verknüpft. Das heißt nicht, daß jeder Römer täglich fünf Stunden in den Thermen zubrachte. Aber die Bäder waren da, sie standen jedermann zur Verfügung, wenn er sie benutzen wollte. Es gab zahlreiche Stiftungen, die dafür sorgten; Agrippas Bäder waren, solange sie in Betrieb waren, frei[10]. Das normale Eintrittsgeld war lächerlich gering bemessen und stand in keinem Verhältnis zu den Kosten der Erstellung und des Betriebs. Die Thermen der Städte sorgten für den Bürger, jene

---

8 Nur Reste von Konstantins Thermen, die unter dem heutigen Quirinal liegen, sind bekannt.
9 Diese Öffnungszeit verschiebt sich im Laufe der Jahreszeiten und hat sich verschiedentlich geändert.
10 Hugo Blümner, *Die römischen Privataltertümer*, München, 1911, S. 420-435. Handbuch der Klassischen Altertums-Wissenschaft, Bd. 4, Abt. 2, Teil 2.

der Militärlager für den Legionär. Der römische Feldherr wußte, daß ein müder Soldat schlecht kämpft. Die reiche Schicht, die die Geheimnisse des müßigen Lebensgenusses beherrschte, brauchte die Thermenanlagen ihrer Villen gleichfalls für gesellschaftliche Zwecke. In der spätpompejanischen sogenannten Villa des Diomedes sind die Bäder nicht etwa neben den Schlafzimmern, die auf höherem Niveau liegen, situiert, sondern linker Hand direkt gegenüber dem Eingang.

Das erste, was man gewöhnlich von den Thermen hört, ist, daß sie der Ort für erotische Mißbräuche waren. Doch daran ist die Institution so wenig schuld wie die Autos, wenn sie gelegentlich zu anderen als reinen Transportzwecken benutzt werden. Rostovtzeff hat es hinreichend klar gemacht, daß die Ursache für den Niedergang des römischen Reiches vor allem in der sozialen und ökonomischen Struktur der Provinz zu suchen ist. Hinter den Thermen stand die Einsicht, daß im öffentlichen Leben eine Institution vorhanden sein muß, die dafür sorgt, daß der Körper im Kreislauf von vierundzwanzig Stunden sein Gleichgewicht wiederfindet.

Die Hartnäckigkeit, mit der Rom und Byzanz bis zu ihrem Untergang und später der Islam bis zum Einbruch der Mechanisierung an der totalen Regeneration festhielten, zeigt, daß diese Institution in einem tiefen Bedürfnis der menschlichen Natur verankert ist.

Mit der Ausbreitung der Thermen kommt ein neues soziales Element in die Geschichte: es wird anerkannt, daß jedes Individuum das gleiche Recht auf Regeneration besitzt, und zwar auf Regeneration innerhalb des Kreislaufs von vierundzwanzig Stunden.

Das Abschneiden der Wasserzufuhr Roms, als die Nomaden beim Untergang des Reiches die Aquädukte der Campagna zerstörten, hat sich auf unser kulturelles Leben bis heute ausgewirkt.

Die Ausbreitung der verschiedenen Regenerationstypen

Wo ist der Urtyp entstanden? Alle Zeichen deuten nach dem Osten, ins Innere des asiatischen Kontinents. Der primitive Typ der totalen Regeneration hat sich in Rußland am längsten erhalten. Er breitet sich ins europäische Rußland, nach Sibirien und, etwa im zwölften Jahrhundert, nach Mitteleuropa und nach England aus. Seine größte westliche Ausbreitung erreicht er in spätgotischer Zeit. Erwähnt finden wir diesen Typ in ältesten Chroniken der Russen und Finnen. Auf diesen frühen Typ werden wir in unserem Abschnitt über das Dampfbad als soziale Institution näher eingehen.

Das Prinzip des heutigen russischen Bades war dem Griechen Herodot bekannt, der ein Dampfbad von der einfachsten Art beschreibt. Es ist nicht zu entscheiden, ob es den Weg nach Griechenland über Kleinasien oder über den Balkan oder auf beiden Wegen fand. Eine weit entwickelte Form dieses Bades hat Spuren im Nildelta, im dritten Jahrhundert v. Chr., unter den Ptolemäern hinterlassen. Von dem hochtechnisierten hellenistischen Ägypten gelangt es im ersten Jahrhundert

v. Chr. ins römische Reich, nach Pompeji und Rom. In dieser Zeit entwickelt sich daraus ein Ableger, die römischen Thermen, eine abgestufte Reihe von Heißräumen, unter Einbeziehung des Gymnasion der Griechen (Abb. 445).

Wie der Urtyp sich zentrifugal aus dem Inneren Asiens ausbreitete, so wiederholt sich jetzt ein ähnlicher Vorgang mit Rom als seinem Mittelpunkt. In der Zeit der Expansion Roms werden die Thermen an die Grenzen der zivilisierten Welt getragen.

Dann kommt es zu einem merkwürdigen Phänomen. Während des dritten Jahrhunderts setzt sich der römische Typ (thermae) gegen den ursprünglichen asiatischen Typ, ohne sportliche Kultur, ohne Palästra, ohne kaltes Schwimmbecken (frigidarium), durch. Auffallende Ähnlichkeiten in Grundriß und Größenordnung zeigen, daß diese kleinen syrischen Bäder (Abb. 446) keine provinziellen Vereinfachungen, sondern Ableger des Urtyps waren, aufgesogen von den griechisch-römischen Lebensverhältnissen und ihnen angepaßt. Der Urtyp wird sich als stärker erweisen. Die frühen arabischen Eroberer des achten Jahrhunderts schließen sich an diesen Badetyp in allen Einzelheiten an, wie ein Vergleich eines syrischen Bades aus dem dritten Jahrhundert mit dem Bad des Kalifen in Kusair' Amra und anderen syrischen Einrichtungen des achten Jahrhunderts anschaulich zeigt.

Das Bad F 3 in Dura Europos (drittes Jahrhundert n. Chr.)[11], mit dem beispielsweise das Bad des Kalifen in Kusair Amra in Größe und Grundriß eine so starke Ähnlichkeit haben wird, war verschüttet, seit dieser römische Außenposten von den Parthern zerstört wurde. Eines der von den Ausgräbern von Dura in den letzten Jahren zutage geförderten Dinge übersteigt in seinen Implikationen den archäologischen Bericht. Das große Becken des Frigidariums, so zeigte sich, war irgendwann vor dem Fall der Stadt (etwa 256 n. Chr.) mit Sand gefüllt und in eine Ruhehalle (apodyterium) verwandelt worden – ein Zug, den das islamische Bad in allen seinen Varianten zeigt. Das direkte Vorbild dafür ist nicht bekannt. Das Bad von Dura Europos kann den omajidischen Kalifen nicht als Vorbild gedient haben. Die Ähnlichkeiten legen nahe, daß es sich nicht um einen Einzelfall handelt, sondern daß es einen Typus repräsentiert. Das bedeutet, daß der weströmische Typ im Nahen Osten aufgegeben wurde, als er direkt auf seinen Archetyp stieß. F. E. Brown hat sofort erkannt, daß das Bad F 3 zur syrisch-orientalischen Tradition gehört, und Ecochards Großenvergleich[12] hat Browns Schlußfolgerungen weiter bekräftigt.

Der syrische Typ, aus Stein gebaut, normalerweise gewölbt und in der römischen Weise technisch ausgerüstet, stellt eine Kreuzung zwischen dem Urtyp (der

---

11 F. E. Brown in: Yale University, *The Excavationa of Dura Europos,* 6th Season, hrsg. von M. I. Rostovtzeff und anderen, Yale, 1936, S. 49-63. Mit ausgezeichneter Bibliographie über Kusair' Amra, S. 58. »Das große Frigidariumbecken war mit Sand gefüllt« (S. 68). Das Bad F 3 in Dura beschreibt Brown folgendermaßen: »Ganz unklassisch in dem Fehlen jeglicher Symmetrie des Grundrisses und in der Weise, wie seine einzelnen Teile sich äußerlich selbst definieren. (...) Ganz unähnlich dem großen symmetrischen Standard-Badtyp weist es auf eine orientalische, syrische Herkunft hin (...), auf die äußerste Ecke der östlichen Provinzen begrenzt, bis es von den arabischen Eroberern ihren Zwecken dienstbar gemacht wurde.«

12 Michel Ecochard und Claude LeCœur, *Les Bains de Damas,* Institut Français de Damas, I. Teil, 1941; II. Teil, 1943; S. 127-128.

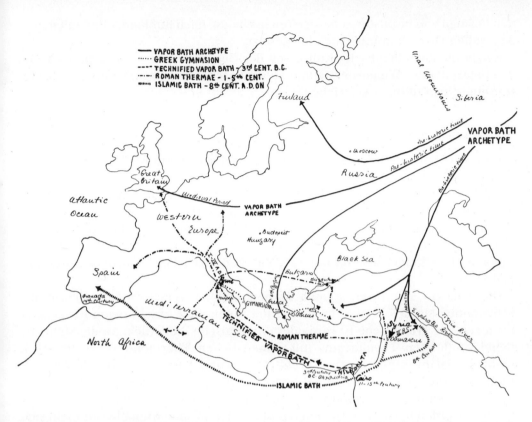

444. Verbreitung der verschiedenen Arten der Regeneration. *Auf dieser Karte haben wir versuchsweise den Weg der verschiedenen Arten der Regeneration verfolgt. Von Zentralasien breitete sich im Altertum die Urform – Dampf- oder Heißluftbad – bis nach Rußland, Syrien und Griechenland aus. Vermutlich während der ptolemäischen Periode wurde diese Art zum ersten Mal im Nildelta technisch ausgearbeitet. Im ersten Jahrhundert v. Chr. breiteten sich zugleich mit dem expandierenden Kaiserreich die römischen Thermen aus, eine Mischung aus der Urform und dem griechischen Gymnasion. Im dritten Jahrhundert n. Chr. waren die römischen Thermen bis nach Syrien vorgedrungen, wo aus einer Verbindung zwischen ihnen und der Urform das spätere islamische Bad entstand, ein Typus, der fortlebte bis zum Aufkommen der Mechanisierung. (M. Ecochard und S. Giedion)*

in den Blockhütten Rußlands bis heute fortlebt) und der abendländischen Zivilisation dar.

Dieser Typ hat sich mit der Expansion der Moslems von Syrien und Transjordanien aus ebenso verbreitet wie die Thermen mit der Ausbreitung Roms. Zunächst Bagdad und später Kairo, das von den Fatimiden neu erbaut wurde, werden neue Zentren seiner Ausstrahlung. Die Nord- und die Nordwestküste Afrikas und Spanien bis hinauf zu den Pyrenäen geben reiches Zeugnis für die Ausbreitung des islamischen Bades. Nach dem Fall Konstantinopels (1453) werden die Osmanen unter Verwendung byzantinischer Grundriß- und Wölbungsformen diesen Badetyp durch den Balkan und Ungarn bis an die Grenzen Österreichs bringen.

Folglich hat sich der Archetyp totaler Regeneration in seinen vielen verschiede-

687

nen Formen von prähistorischen Zeiten bis heute, nach Rußland, Finnland und in den Nahen Osten kontinuierlich fortgesetzt.

Einzig die abendländische Kultur seit der Gegenreformation hat dieses Mittel von tiefgreifender Wiederherstellung des menschlichen Organismus von der Liste seiner Institutionen gestrichen.

Regeneration im Islam

Die Entwicklung nahm eine neue Wende, als der Islam in Kleinasien zuerst auf römische Thermen stieß. Er griff sie auf und assimilierte sie. Dabei entwickelte er das Schema der oströmischen Thermen, die er in Syrien vorfand, seinen eigenen Bedürfnissen entsprechend weiter. Die weisen Kalifen entschädigten so ihre Völker für die Freuden der Trunkenheit, die ihnen von ihrem Glauben verboten waren.

Was unterscheidet den *hammam*[13], das Bad des Islam, von dem römischen Bad[14]?

Die Palästra mit ihren gymnastischen Spielen verschwindet, ebenso das Schwimmbassin des Frigidariums und mit ihnen die Einrichtungen für geistige Übungen, die griechische Exedra oder die römische Bibliothek. An die Stelle des lichtdurchfluteten Tepidariums mit seinen hohen Thermenfenstern treten, je mehr der Islam seinen eigenen architektonischen Ausdruck findet, halbdunkle Kuppelgewölbe mit spärlichen, oft bunten Glasaugen oder Stalaktitenkuppeln in den kleineren Räumen. Dämmriges Licht, Ruhe, Abgeschlossenheit von der Außenwelt werden bevorzugt. In dem Raum der dämmrigen Kuppeln sammeln sich, wie es heißt, die Djinns, die Geister. An die Stelle der aktiven Haltung des Badenden in der Antike tritt die passive Ruhe des Orientalen. Anstelle der athletischen Spiele entwickelt sich eine raffinierte Technik des Gliederlockerns oder -knackens und eine besonders eindringliche Seifenmassage. An die Stelle der griechischen Exedra treten Ruhelager. Auf den Emporen des Ruheraums spielen Musikanten. Die Bauten werden kleiner und meistens unscheinbarer. Die technische Ausstattung wird einfacher und die Hypokausten beschränken sich auf die Wandfliesen, und unter dem Boden des warmen Flügels laufen heiße Luftröhren.

Der Kern der römischen Thermen, die Folge von abgestuften Heißlufträumen, wird beibehalten. Aber das Gleichgewicht des ganzen Organismus hat sich verschoben.

---

13 *Hammam*, eigentlich »Wärmespender«. Das Wort hat seine Wurzel in dem arabischen *hamma*, heizen, und dem hebräischen *Hamam*, warm sein. Vgl. Edmond Pauty, *Les Hammams du Caire*, Le Caire, 1933, S. 1 (Institut Français d'Archéologie Oriental du Caire; *Mémoires*, Bd. 64).

14 Die verschiedenen Phasen des islamischen Bades, besonders seine Ursprünge in Syrien werden in Monographien abgehandelt. Für Damaskus, siehe Ecochard und LeCœur, a.a.O., unentbehrlich wegen seiner genauen architektonischen Tafeln. Für Konstantinopel siehe Heinrich Glück, *Die Bäder Konstantinopels und ihre Stellung in der Geschichte des Morgen- und Abendlandes*, Wien, 1921; Karl Klinghardt, *Türkische Bäder*, Stuttgart, 1927. Einen allgemeinen Überblick über die Entwicklung des Bades gibt es nicht. Ohne ein solches Werk ist wirkliche Einsicht kaum möglich.

In der Antike hatte der Entkleidungsraum (apodyterium) nur diesem einen Zweck zu dienen, während im Orient seine Bedeutung wächst: er wird zum Auskleide- und zum Ruheraum (maslak). In ihm hält sich der Badende zu Beginn und am Ende des Regenerationskreislaufs auf.

Der Schwerpunkt des römischen Bades war das Tepidarium, der lauwarme Raum. Für ihn wurde der größte Luxus, der größte Raum aufgewandt, und immer wieder haben die Tepidarien, wie etwa das in den Thermen des Caracalla oder Diokletian (Abb. 495b), die Architektenphantasie des neunzehnten Jahrhunderts zu Rekonstruktionen angeregt. Die Bedeutung des römischen Tepidariums dürfte zum Teil aus natürlichen Gründen zu erklären sein. Man betrat es, wenn man von den Übungen in der Palästra kam und der Körper sich bereits in einem Zustand angeregter Zirkulation befand. Die lauwarme Atmosphäre förderte die Entspannung, und die Drüsentätigkeit bedurfte keiner künstlichen Anregung. Im Hammam wird das Tepidarium zu einem Durchgang ohne Bedeutung. Dieser Niedergang des Tepidariums wird allgemein auf das wärmere Klima zurückgeführt, doch scheint diese Annahme nicht plausibel, denn in ganz Nordafrika behielten die römischen Bäder ihr Tepidarium.

Das Caldarium, der Heißluftraum, der in Rom nie gegen das Tepidarium aufkam, rückt nun in den Mittelpunkt (beit-al-harara). Kreuzförmig strahlen in der späteren Periode die Räume von ihm aus. In den römischen Caldarien standen große Marmorbecken mit warmem und kaltem Wasser, hier im *beit-al-harara*, nimmt die Mitte eine polygonale Bank ein, auf der das Gliederlockern und die Massage von einem Bediensteten besorgt wird, ein Vorgang, der sich in der römischen Palästra durch aktive Tätigkeit vollzog[15].

Der heißeste Raum, das Laconicum, hatte in Rom eine trockene Heißluftatmosphäre, denn unter seinem Boden strichen die Feuergase entlang. Im *hammam* verwandelt er sich in ein Dampfbad (maghtas), gleichzeitig der einzige Raum, in dessen Zentrum ein tiefes Wasserbecken eingelassen ist (Abb. 449). Es entspricht der Vorliebe der Orientalen für das Dampfbad, daß gewöhnlich zwei dieser *maghtas* mit verschieden hoher Temperatur vom *beit-al-harara* ausstrahlen.

In Stichworten sei der Badevorgang angegeben, wie er im Grundriß festgelegt ist (Abb. 446): Vom Entkleidungsraum (apodyterium, maslak) durch das auf einen Durchgang reduzierte Tepidarium zum kuppelgewölbten Heißluftraum (caldarium, beit-al-harara) mit Gliederlockern und speziellen Massagen, schließlich zu den Dampfbädern (maghtas) und anschließend Seifenmassage und Rückkehr in den *maslak* zum Ausruhen.

Das Schema, von dem der Islam ausging, fand er in den syrischen Thermen des dritten bis sechsten nachchristlichen Jahrhunderts[16]. In ihnen hat sich bereits je-

---

15 Eine knappe und bis heute klassische Beschreibung findet sich bei E. W. Lane, *Manners of the Modern Egyptians*, London, 1836; S. 346 in der Everyman Edition, London, 1923. Edward Lane (1801-1876) lebte 1825-28 und 1833 in Ägypten.

16 De Vogue, *Syrie Centrale, Edifices chrétiens et architecture civile du IVme au VIIme siècle*, S. 55-57. Pauty, a.a.O., S. 14ff.

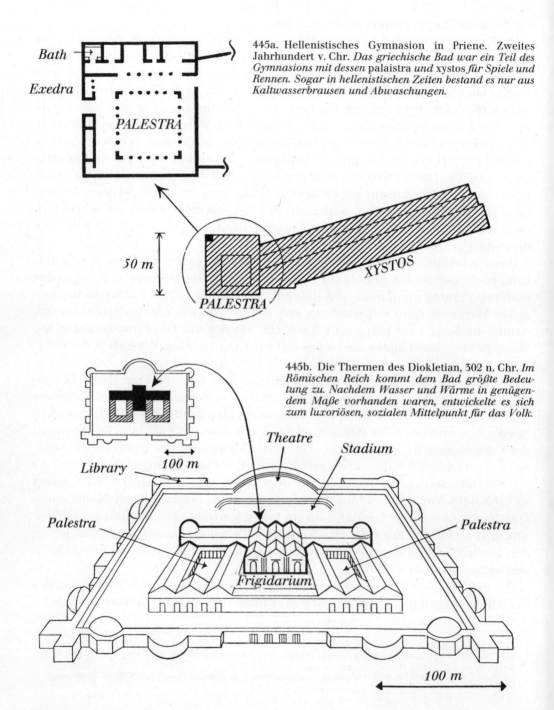

Bath

Exedra

PALESTRA

445a. Hellenistisches Gymnasion in Priene. Zweites Jahrhundert v. Chr. *Das griechische Bad war ein Teil des Gymnasions mit dessen* palaistra *und* xystos *für Spiele und Rennen. Sogar in hellenistischen Zeiten bestand es nur aus Kaltwasserbrausen und Abwaschungen.*

50 m

PALESTRA

XYSTOS

445b. Die Thermen des Diokletian, 302 n. Chr. *Im Römischen Reich kommt dem Bad größte Bedeutung zu. Nachdem Wasser und Wärme in genügendem Maße vorhanden waren, entwickelte es sich zum luxoriösen, sozialen Mittelpunkt für das Volk.*

100 m

Library

Theatre

Stadium

Palestra

Palestra

Frigidarium

100 m

446a. Bad in Dura Europos. *In Syrien und entlang der östlichen römischen Grenzen traf man auf die römischen Thermen und ihre Urform. Im dritten Jahrhundert v. Chr. wurde das Bad F 3 in Dura absichtlich mit Sand gefüllt und in eine große orientalische Ruhehalle (A) (maslak) umgewandelt.*

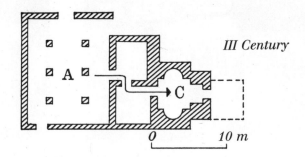

III Century

446b. Bad in Brad. *Die Bedeutung der Ruhehalle (maslak) und des Heißluftraumes nimmt zu. Frigidarium und palaistra sind nicht mehr vorhanden.*

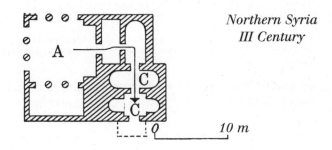

Northern Syria
III Century

446c. Bad in Kusair' Amra. *Unter den omajidischen Kalifen, die das syrische Bad übernahmen, fing dessen Umwandlung in eine islamische Institution an. Gleiche Aufteilung, gleicher Maßstab.*

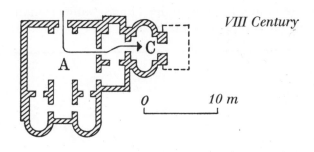

VIII Century

446d. Bad El Hajib. *Unter byzantinischem Einfluß fand eine stärkere Differenzierung der Einrichtungen statt: der heißeste Raum (C) erreicht eine beachtliche Größe, eine Tendenz, die, wie Ecochard zeigte, sich bis heute fortgesetzt hat. Jeder Raum ist von einer Kuppel überdacht. Kreisförmig um den Heißluftraum herum sind Kammern für Dampfbäder angeordnet.*

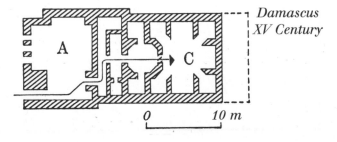

Damascus
XV Century

691

447a Ruhehalle eines islamischen Bades (Maslak, Apodyterium). *Hier beginnt und endet die islamische Art der Regeneration. Im Gegensatz zu dem Zwielicht der Baderäume wird ein hellerer Raum bevorzugt. Die Badenden schlummern, rauchen und trinken Kaffee. Zur Zeit der Kalifen spielten Musiker in den Säulenhallen.* (*Pauty*, Les hammams du Caire)

447b. Heißluftraum eines islamischen Bades (Beit-al-Harara, Caldarium). *Auf einem vieleckigen Diwan in der Mitte des dämmrigen Heißluftgewölbes werden die Gäste massiert.* (*Pauty*, Les hammams du Caire)

ne innere Verlagerung und Verschiebung der Akzente vollzogen: Wegfall von Palästra und Frigidarium, Dominanz des Apodyteriums (Auskleide- und Ruheraum), Schrumpfung des Tepidariums und Aufwertung des Caldariums. Hypokauste und doppelte Wände fehlen bereits. Die Größenordnung ist im Vergleich mit den römischen Gebäuden stark reduziert. Die Ruinen dieser syrischen Thermen aus frühchristlicher Zeit verhalten sich zu jenen Roms wie etwa eine romanische Kapelle in den Bergen zu der Finesse einer romanischen Kathedrale. Alles ist provinziell vereinfacht, gleichzeitig aber den anderen Verhältnissen angepaßt. Wie

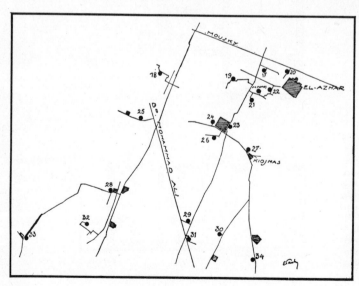

448. Verteilung der Bäder in einem Bezirk von Kairo. *In den dreißiger Jahren des zwanzigsten Jahrhunderts befanden sich in Kairo noch etwa fünfzig, aus dem elften bis fünfzehnten Jahrhundert stammende Hammams, die alle klein waren und deren Besucher aus der unmittelbaren Nachbarschaft kamen.* (*Pauty*, Les hammams du Caire)

692

449. Dampfraum und Wasserbecken in einem persischen Bad des sechzehnten Jahrhunderts. »Kalif Al-Ma'mun und der Barbier«, persische Miniatur. 1548. *Der Kalif sitzt auf dem Rand des Beckens, während sein Haar geschnitten wird. Diener holen Wasser, um es über die Badenden zu gießen. Im Vordergrund sieht man eine Massage.* (*Freer Gallery, Washington*)

so oft in der Geschichte entspringt aus einer provinziellen Abart eine neue Entwicklung, wenn fremde Impulse das ältere Schema erneuern.

Als die Mohammedaner im achten Jahrhundert ihre eigenen Bäder errichteten[17], führten sie den syrischen Anlagen neues Leben zu. Die Bauherren dieser frühesten Bäder waren omajadische Kalifen, die noch ein halb beduinenhaftes Leben führten. Sie haßten das eingeschlossene geregelte Leben in den Städten.

---

17 Vgl. Pauty, a.a.O., S. 17. Die Ruinen von Kusair' Amra, das von einem Omajidischen Kalifen vor 715 errichtet wurde. Auch As-Sakarh, 1905 entdeckt.

Dieser Zug ist bei allen arabischen Eroberern überall spürbar: in Mesopotamien, in Ägypten oder auch in Syrien. Das Bad Kusair' Amra, unweit des Toten Meeres, steht isoliert in der Wüste, wie ein Hotel in der Gletscherzone. Die Eingangshalle – apodyterium, maslak – verwandelt sich in einen mit zarten Fresken geschmückten Gesellschaftsraum mit Empore, so verhältnismäßig bescheiden auch die Dimensionen sind. Die eigentlichen Baderäume dagegen verlieren an Bedeutung. Es herrscht eine unleugbare Intimität, eine Atmosphäre, die das islamische Bad auch später, als die Dimensionen zunahmen, nie verloren hat. Wie bei den syrischen Vorgängern sind die Räume hier nebeneinander aufgereiht. Das Bad des Kalifen in der Alhambra von Granada (vierzehntes Jahrhundert) zeigt noch diese Anordnung. Daneben entwickeln sich kreuzförmige Anlagen wie in den *hammams* von Kairo, in die wir durch die Arbeit eines französischen Archäologen und Architekten so genauen Einblick gewonnen haben[18]. In ihnen bildet der Kuppelraum (Abb. 447) des Caldariums (beit-al-harara) den architektonischen Mittelpunkt.

Anstelle der sportlichen und geistigen Bedeutung erhält die Regeneration im Islam eine *religiöse* Bedeutung. Der *hammam* wird als eine Ergänzung der Moschee aufgefaßt. Hier werden die großen Abwaschungen vollzogen[19]. Stiftung und Ausstattung von *hammams* wurden als religiöse Opfer betrachtet. Die Bäder waren auch den Armen zugänglich, und die Bezahlung lag im Ermessen des Badenden. »Ich will«, so drückt es ein Kalif in *Tausend und eine Nacht* aus, »es dem Badenden überlassen, die Bezahlung entsprechend seinem Rang vorzunehmen.«[20] Bis zum Ende des neunzehnten Jahrhunderts wurden diese Gewohnheiten gewissenhaft beobachtet, denn der Obolus, der den Bad-Bediensteten gegeben wurde, galt als eine gottgefällige Tat. Der Wille, die Existenz der *hammams* zu fördern, zeigt sich im Islam an der Steuerfreiheit der Badediener.

Wie in der Antike war das Bad zugleich ein gesellschaftlicher Treffpunkt und für die Frauen der einzige Ort, den sie außerhalb des Hauses besuchen durften.

Noch 1933 findet Pauty in Kairo gegen fünfzig *hammams* aus dem zwölften, dreizehnten, vierzehnten, fünfzehnten und vereinzelt aus späteren Jahrhunderten. Darunter sind verschiedene, die im zwölften Jahrhundert – der Zeit der Nordportale der Kathedrale von Chartres – gebaut wurden, noch heute in Betrieb. Da alles Sportliche wegfällt, beanspruchen sie nur geringen Platz und stehen mit schmaler Front, als Haus unter Häusern, in der Straße. Nur das Eingangstor wird reicher behandelt und lenkt die Aufmerksamkeit auf sich wie etwa ein Wirtshausschild im achtzehnten Jahrhundert. Ein Blick auf die Karte eines Viertels von Kairo zeigt, daß die *hammams,* die jeweils der unmittelbaren Nachbarschaft dienten, so häufig waren wie Wirtschaften in einer europäischen Stadt (Abb. 448). Das mag wohl auch in Anbetracht des heißeren Klimas ein Vorteil gegenüber den Thermen

---

18 Pauty, a.a.O.
19 Ebd., S. 7.
20 Zitiert ebd., S. 7.

Roms gewesen sein, deren ungeheure Anlagen mit einem weiten Einzugsgebiet gerechnet haben müssen.

Wie die Thermen im römischen Reich, so wuchsen auch die *hammams* in allen Städten und Quartieren, in Dörfern und auf Landstraßen, soweit mohammedanischer Einfluß reichte. Länder, in denen Heizmaterial außerordentlich spärlich war, heizten mit Stroh-, Kuh- oder Kamelmist und, bis heute noch, mit dem Abfall der Quartiere – eine angenehme Art der Abfallbeseitigung.

Hammams standen im Balkan, in Persien, in Kleinasien, in Afrika von Ägypten bis Marokko und im maurischen Spanien. Cordoba soll zur Zeit seiner Blüte um das Jahr 1000 ungefähr 900 Bäder besessen haben[21]. Noch heute finden sich in Budapest verschiedene Bäder, deren heiße Schwefelquellen von Gewölben überspannt sind, die noch auf die türkische Zeit zurückgehen.

Zeitlich verläuft die blühendste Entwicklung des islamischen Bades ungefähr parallel mit der Entwicklung der Romanik und Gotik im Abendland. Es erreicht den Höhepunkt seiner Verfeinerung im fünfzehnten Jahrhundert. Mit anderen Worten: die Araber hatten seine Organisation zur Reife gebracht, als die nachkommenden Türken es übernahmen.

Mit dem erwachenden Interesse am Orient um 1830 werden die europäischen Reisenden auch auf das »türkische« Bad aufmerksam. Mehr als irgendein anderer hat der englische Diplomat David Urquhart seine menschliche Bedeutung erfaßt und träumte davon, es in den englischen Industriestädten der Jahrhundertmitte als Regenerationsmittel für alle Klassen der Bevölkerung einzuführen. Als Urquhardt dem *hammam* um 1830 zum ersten Mal in Griechenland begegnete, da stand er noch in der Gunst der wohlhabenden Schicht und in voller Blüte. Um 1850 konnte man seinen Verfall durch westliche Einflüsse voraussehen, obwohl es in den Wohnungen noch keine Badezimmer gab. Mit dem Vordringen des mechanisierten Bades in den Orient scheint der *hammam* endgültig untergegangen zu sein. Die wohlhabende Klientel ging verloren, und die *hammams* werden, wie Pauty berichtet, nur mehr von der armen Bevölkerung benutzt. Ihres Schmuckes, ihrer Teppiche und Mosaiken beraubt, sind die *hammams* in Schmutz versunken. Die wohlhabende Schicht hat unsere Lebensgewohnheiten angenommen und begnügt sich jetzt mit Badezimmern in ihren Wohnungen.

Das Dampfbad als soziale Institution

Das Bad in dampferfüllter Luft ist der einfachste und zugleich billigste Badetyp, mit dem eine tiefergehende Reinigung des Körpers erzielt werden kann. Die feuchte Hitze regt Haut- und Schweißdrüsen an und fördert die Ausscheidung von Schlacken. Alles, was zu diesem Typ Bad nötig ist, ist ein Haufen heißer Steine

---

21 Solche Angaben sind nicht nachprüfbar und haben sich an anderen Orten als übertrieben erwiesen.

und ein Zuber Wasser. Seit der Zeit Herodots ist diese Art des Badens bezeugt und existiert ähnlich wie in der Antike heute noch in jedem Dorf in Rußland und Finnland. Seit dem zwölften Jahrhundert und vielleicht sogar früher ist das Dampfbad in Europa im Gebrauch. Es ist, wie die hölzernen Fallriegelschlösser, überall nachzuweisen. Aber im neunzehnten Jahrhundert fanden sich aufgrund seiner ganzen Einstellung keine Erfinder, die es, vom Menschlichen ausgehend, verstanden hätten, das mittelalterliche Dampfbad in eine unserer Zeit entsprechende Einrichtung zu verwandeln, wie etwa Linus Yale dies vermochte, als er das hölzerne Fallriegelschloß in ein mechanisches Wunder verwandelte.

Das spätgotische Dampfbad

Der Urtyp des Dampf- und Heißluftbades hat seinen Weg von Rußland und Finnland nach Westeuropa fortgesetzt. Seine volle Entwicklung erreicht es im Spätmittelalter.

Das mittelalterliche Dampfbad war in Westeuropa wie in Rußland als soziale Institution gedacht. Es besteht kein großer Unterschied zwischen einer finnischen Sauna, einer Badehütte in Sibirien und dem spätgotischen Dampfbad oder, wie man sagte, der »Schwitzstube«, wie sie von Albrecht Dürer in seinem »Frauenbad« (1496) dargestellt wird (Abb. 450). Dürer kam damals gerade von seiner ersten Reise nach Italien zurück. Ihm war es in dieser Zeichnung um die Darstellung weiblicher Akte in verschiedensten Stellungen zu tun. Er fand seine Modelle, wo sie damals am natürlichsten zu finden waren, in der Schwitzstube, in einem der dreizehn Dampfbäder, die Nürnberg im fünfzehnten Jahrhundert besaß. Wie Ingres in seinem »Türkischen Bad« (1859) nahm er den Aufenthalt im Bad als Vorwand. Ingres stützte sich auf die berühmten Briefe der Lady Montague mit ihrer Schilderung eines Frauenbades in Adrianopel. Albrecht Dürer konnte, wie der Zuschauer im Hintergrund seiner Zeichnung, den Vorgang beobachten. Mit der ihm eigenen Genauigkeit zeichnet er ihn auf: die erbarmungslos wiedergegebene Nacktheit der Alten im Vordergrund, die verschiedenen Handbewegungen, die aufrecht stehende junge Frau, die ihre Haut mit dem Laubwedel peitscht, die niedrige getäfelte Stube, die bis zur Decke hochgemauerte offene Herdstelle mit einem großen Haufen erhitzter Steine darauf, die Zuber für Übergießungen des Körpers, die runden oder kastenförmigen Wassergefäße und die verschiedenen Niveaus innerhalb der Badestube.

Die mittelalterlichen Gebräuche waren in ganz Europa nahezu dieselben. Als David Urquhart seine Kampagne zur Einführung des türkischen Bades in England durchführte, da wurde ihm – 1856 – berichtet, daß es auf der irischen Insel Rathlin noch mittelalterliche »sweating houses« gebe, und daß »die Leute sich dort besonders bei Jahrmärkten badeten«[22]. Noch länger waren in der Schweiz, etwa im Züricher Oberland, gesellige Schwitzstuben im Gebrauch. Oft benutzte

---

22 *Descriptive Notice of the Rise and Progress of the Irish Gräfenberg, St. Ann's Hill, Blarney, to which is Added a Lecture (...) by the Proprietor, Dr. Barter, on the Improved Turkish Bath*, London, 1858, S. 15.

450. Spätgotisches Dampfbad. »Das Frauenbad«. Zeichnung von Albrecht Dürer, Nürnberg, 1496.

man dabei den beim Brotbacken reichlich sich entwickelnden Wasserdampf, indem ein Rohr in den Backofen eingeführt wurde und die Gesellschaft in der von Brotdunst geschwängerten Atmosphäre badete. Dies führte zu gelegentlichen Konflikten zwischen der Zunft der Bäcker und der Zunft der Bader, die sich gegen diesen Eingriff in ihr Gewerbe wehrten.

Das russische Dampfbad

Das russische Dampfbad erwies sich als der einfachste und zählebigste Regenerationstyp. Sein ganzer Aufbau weist offenbar auf Zeiten und Orte zurück, für die es keine historische Zeugnisse gibt. Mythische, vorchristliche Vorstellungen, Reste des Totenkultes, Verehrung von Quellen und Flüssen waren damit verbunden.

Man opferte an bestimmten Feiertagen, am Gründonnerstag vor Ostern den Toten eine Gabe von Fleisch, Eiern und Milch, heizte die Badestube, streute Asche auf die Erde und sagte zu den Geistern, Seelen, die den Ort bewohnten: Wascht Euch! Mit Heilkraft versehene Pflanzen wurden in den Badewedel mit eingeflochten[23].

Die Entstehung des Dampfbades, wie es bei den Russen und Finnen Gebrauch war, geht in Zeiten zurück, von denen es so gut wie keine Zeugnisse gibt. Die einfache Analyse des Typs gibt im Grunde mehr Aufschluß als die geschriebenen Quellen. Mit dem antiken und dem islamischen Bade hat es gemeinsam, daß es eine gesellschaftliche Institution ist. Doch zeigt sein Typ, daß es auf eine frühere soziale Struktur zurückgeht, auf eine Gesellschaft, die ohne Sklaven auskam. Ein Badender bedient den anderen. Es ist keine provinzielle Vereinfachung, sondern ein Typ, der in ländlichen Verhältnissen und in waldreichen Gegenden, nicht in Städten wie das Gymnasion oder die Thermen, seine gewöhnliche Form erhielt.

Wir stimmen mit einem der wenigen präzisen Erforscher dieser Frage überein, der die naheliegende Annahme griechisch-römischer Herkunft verneint. »Ich würde eher annehmen«, so heißt es bei ihm, »daß der Gedanke für diese Art Bäder vom Orient oder von den Skythen herkam, die ihrerseits diese Art Dampfbäder hatten[24] (...) vielleicht auch von den Sarmaten oder Khazanern«[25], das heißt aus dem Osten. Nie hat es sich zu einer Luxuseinrichtung entwickelt. Ein französischer Reisender des achtzehnten Jahrhunderts, auf dessen Bericht wir gleich zurückkommen werden, hebt besonders hervor, daß die Bäder der Reichen sich nur durch größere Reinlichkeit von der Badehütte des Bauern unterschieden.

Das russische Bad blieb, was es von Anfang an war: eine Blockhütte mit offener Feuerstelle und einem Haufen glühender Steine. Ein Eimer mit kaltem Wasser, Laubwedel zum Schlagen der Haut, eine Handvoll Blätter und Zwiebeln zur Massage sind ungefähr alles, was zur intensiveren Transpirierung in der mit Dampf gesättigten Atmosphäre benötigt wird. Nie hat dieses Bad sich zur aufwendigen Raumfolge mit verschieden hohen Temperaturen entwickelt. Einige Bänke, näher oder entfernter von der Decke angeordnet, sorgten für die Temperaturabstufung. Im Winter gaben die Außentemperatur und das Wälzen im Schnee den nötigen Kontrast, im Sommer genügte der Fluß, an dem die Hütten lagen, oder ein

---

23 Felix Haase, *Volksglaube und Brauchtum der Ostslaven*, Breslau, 1939, S. 137, 194 und 158.
24 Vgl. Herodot, IV, 73-75.
25 Lubor Niederle, *Institut des Etudes Slaves*, Nr.4, *Manuel de l'antiquité Slave*, Paris, 1926, S. 24. Dort wird auch auf einen arabischen Geschichtsschreiber des zehnten Jahrhunderts hingewiesen, Mas' ûdi, der diese Bäder *al-itbâ* nennt, ein Wort, das offenbar aus dem slawischen *istûba* abgeleitet ist. *Istûba* hängt mit dem fränkischen Wort *stuba* – Ofen im Innern eines Raumes – zusammen und verweist so auf eine Verbindung mit den Franken im Westen (vgl. das spätere französische *étuve*; englisch *stew, stove*). Seit dem zehnten Jahrhundert heißt das russische Bad *banya* (von lat. *balneum*). So erscheint es in der frühesten russischen Chronik, der sogenannten Chronik des Nestor. Vgl. *Chronique, dite de Nestor, traduite du Slavon-Russe par Louis Léger, pubs. de l'Ecole des Langues Orientales Vivantes*, Paris, 1881, S. 141. Unter dem Stichwort *banya* findet sich in der *Großen Sowjet-Enzyklopädie*, Moskau, 1930, Bd. 4, eine kurze historische Notiz, in der gleichfalls auf die Unbestimmtheit seiner Herkunft hingewiesen wird, und daß es nicht feststehe, ob die Russen es erfunden oder von Völkern übernommen haben, mit denen sie in politischer oder kultureller Beziehung standen.

451. Das russische Bad aus der Sicht des achtzehnten Jahrhunderts. *Illustration zu Abbé d'Auteroche,* Voyage en Sibérie en 1761.

Guß kalten Wassers. Es ist ein Naturbad im vollen Sinne des Wortes, mit den einfachsten Mitteln und dem einfachsten Aufbau von tiefgehender Wirkung.

Volkstümliche Regeneration in westlicher Sicht

Das russische Bad hat sich als einziger Typ einer totalen Regeneration bis heute erhalten. Wie verhält sich ein gebildeter Franzose der Mitte des achtzehnten Jahrhunderts, wenn er auf diesen uralten Regenerationstyp stößt? Da es sich dabei nicht so sehr um eine persönliche Reaktion handelt als um ein für die Epoche typisches Phänomen, wollen wir uns diesen Bericht einmal näher ansehen.

Im Auftrag der französischen Akademie reiste der Astronom Abbé Chappe d'Auteroche 1761 nach Sibirien, um in Tobolsk den Durchgang der Venus durch die Sonne zu beobachten. Später wurde er aus ähnlichen Gründen nach Kalifornien gesandt, wo er 1769 umkam. In der universalen Weise des achtzehnten Jahrhunderts interessiert er sich für die verschiedensten Gebiete. Er berührt geographische, geologische, physikalische, religiöse und ethnologische Fragen. Er berichtet in seinem dreibändigen Foliowerk[26] ungeschminkt über Sitten, die er beobachtete, die ihm auffielen oder die ihn schockierten, vom Zungenherausreißen und vom Töten mit der Knute durch zwei geschickte Hiebe bis zu seiner Bekanntschaft mit den russischen Badegewohnheiten.

Der Abbé hatte auf seiner Fahrt nach Osten immer wieder von diesem Bad gehört, und wollte nun, mit einem Thermometer bewaffnet, seine Wirkung am eigenen Leib erforschen. Mitten in Rußland, an einem Wintermorgen entschloß er sich, mit dem Schlitten vom Haus seines Gastgebers zur Badehütte am Fluß zu fahren. Er öffnete die Türe, aber ihm strömten »derartige Rauchschwaden entgegen«, daß er die Türe sofort wieder zuschlug. »Ich hatte geglaubt, daß das Feuer im Baderaum ausgebrochen sei (...).« Doch einer der Russen ließ nicht nach, bis der Abbé den Raum betrat. »Die anormale Hitze stimmte durchaus nicht zu meinen Ideen über diese Bäder, denn ich stellte mir vor, daß sie zum Reinigen gedacht wären.« Allmählich begriff er, daß man hier schwitzen solle. Aber, so fügt er hinzu, »ich war durchaus zufrieden mit meinem Gesundheitszustand und beschloß fortzugehen«. Um die guten Leute jedoch nicht zu beleidigen, die das Bad für ihn über Nacht geheizt hatten, versuchte er es ein drittes Mal. »Ich entkleidete mich rasch und geriet augenblicklich in Schweiß.« Die Hitze steigt ihm in den Kopf; er meint auf glühendem Eisen zu sitzen, fällt von der Bank, zerbricht sein Thermometer und bringt es schließlich nicht fertig, sich wieder anzuziehen, da er den feuchten Körper im Inneren des Bades nicht in die Kleider zwängen kann, und es draußen dazu zu kalt ist. Verzweifelt schlüpft er in seinen Schlafrock und läßt sich in sein Zimmer zurückführen. »Dieser erste Versuch hatte mir die russischen Bäder so verleidet, daß ich fünf Monate in Tobolsk blieb, ohne sie von neuem auszuprobieren, trotz aller Vorstellungen, die man mir darüber machte.«

Auch später hat der Astronom mit dem russischen Bad keine Freundschaft geschlossen, was ihn aber nicht hinderte, als unvoreingenommener Beobachter über seine Funktion zu sprechen. Er sieht ganz klar seine soziale Funktion, seine Wirksamkeit gegen Krankheiten (Skorbut und Gicht), und empfiehlt es Westeuropa. »Diese Bäder werden überall in Rußland benützt; (...) jedermann, vom Zaren bis zum letzten Untertan nimmt sie zweimal wöchentlich und in genau der gleichen Weise. [Abb. 451] Alle die auch nur über das bescheidenste Vermögen verfügen, haben in ihren Häusern ein eigenes Bad eingerichtet, in dem Vater, Mutter und Kinder, oft gleichzeitig, baden. Die niederen Volksschichten benutzen öffentliche Bäder. Diese Bäder sind für Männer und Frauen gemeinsam: Planken trennen die beiden Geschlechter, aber da beide Geschlechter nackt aus dem Bad kommen, sehen sie sich in diesem Zustand und unterhalten sich dabei über die gleichgültigsten Dinge. In den ärmeren Dörfern benutzen die Geschlechter auch das Bad gemeinsam.«[27]

26 *Voyage en Sibérie fait par ordre du roi en 1761 (...) par M. l'Abbé Chappe d'Auteroche de l'Académie Royale des Sciences,* Paris, 1768, Bd. 1.
27 Ebd., S. 53–54.

452. Das russische Bad in der Vorstellung des frühen neunzehnten Jahrhunderts. 1812. (*Rechenberg und Rothenloewen,* Les peuples de la Russie, *Paris,* 1812)

Es liegen auch Beschreibungen des russischen Bades aus dem siebzehnten Jahrhundert vor[28]. Der Earl of Carlisle, englischer Botschafter am Hofe des »Großherzogs des Moskowiterreiches«, fand im Gegensatz zu dem französischen Abbé Freude und Erfrischung in den russischen Bädern. Wir erfahren aus seinen Berichten wenig Neues. Es wurde Sorge dafür getragen, »daß die Badenden ihren Körper zum Abschluß sorgfältig mit warmem Wasser abwuschen, sich mit Händen voll Kräutern abrieben (. . .) und dabei gewöhnlich einen Schluck aus der Flasche nahmen, um ihren Geist wieder zu stärken«[29]. Nachdrücklich wird stets betont, daß die Bäder als Universalheilmittel für die Massen galten und sowohl zur Reinhaltung des Körpers wie für die Erhaltung der Gesundheit genommen wurden.

Am interessantesten ist vielleicht die Bemerkung des Earl of Carlisle, daß »die Bäder für jungverheiratete Leute (. . .), besonders nach ihrem ersten Verkehr, für sehr notwendig gehalten werden und daß sie von dieser Reinigung immer Ge-

---

28 Augustin, Baron de Mayerberg, *Relation d'un Voyage en Moscovie,* Paris, 1858 (eine Übersetzung seines *Iter in Moscoviam,* 1661-1662).

29 *A Relation of Three Embassies from His Sacred Majesty, Charles II to the Great Duke of Muscovie, the King of Sweden and the King of Denmark, performed by the Rt. Hon. the Earl of Carlisle in the Years 1663 and 1664,* London, 1669, S. 53.

brauch machen«[30], ein Brauch, der sich hartnäckig erhielt und, wie der Totenkult, auf eine rituelle Bedeutung hinweist. Carlisles Beobachtung, daß die Bäder auf dem Lande häufiger waren als in den Städten – »in *Mosco* waren sie so selten wie die Jagd«[31] – stimmt mit dem überein, was die großen Sowjetenzyklopädie hierzu zu sagen hat: Die russische Regierung habe im siebzehnten Jahrhundert Bäder in Städten errichtet und bei der Verpachtung Steuervergünstigungen damit verbunden.

Daß die Mechanisierung sich im neunzehnten Jahrhundert in Rußland nicht durchsetzte, mag einer der Gründe dafür sein, daß das Bad sich bis heute erhalten hat. Nach der Oktoberrevolution 1917 wurde diese nationale Institution als wichtiges Mittel der Volkshygiene gefördert und es wurden sorgfältige Vorschriften für sie erlassen.

Als das Dampfbad im ersten Viertel des neunzehnten Jahrhunderts in Europa wieder propagiert wurde, verwandelte es sich von einer sozialen Institution in ein privates Zellenbad oder ein Bettdampfbad.

Der Verfall der Regeneration

Regeneration im Mittelalter

Zweimal, zu Beginn und am Ende des Mittelalters sind die westeuropäischen Völker mit anderen Regenerationsgebräuchen in Berührung gekommen: am Ausgang der Antike, als die landsuchenden Nomaden Rom plünderten, und dann wieder ungefähr neun Jahrhunderte später, als um 1500 die Mauren endgültig vom spanischen Boden vertrieben wurden. Viele Eigenheiten der maurischen Zivilisation wurden dabei übernommen, angefangen von der Bewässerung des Bodens bis zur Behandlung und Ornamentierung von Ledersitzen.

Das islamische Bad aber, das, ohne jede künstliche Stimulanz, ein Gefühl des Wohlbefindens aus dem Körper selbst entwickelt, wurde verworfen. Die hohe Kultur des Bades galt allzusehr als ein Symbol maurischer Lebensgewohnheiten, um sie zu übernehmen. Geht doch die Sage, daß eine aragonische Königin damit geprahlt habe, daß sie, ausgenommen bei ihrer Geburt und Hochzeit, nie gebadet habe. Das Land, das einen Ignatius von Loyola (1491-1556) heranbildete, war zudem nicht der richtige Boden, um den islamischen Kult der Körperfreude zu übernehmen. Über dem Escorial liegt noch die Düsterkeit, in die Spanien mehr und mehr versank.

Bald darauf verfielen auch im Norden, unter dem Einfluß von Reformation und Gegenreformation, die Gewohnheiten des Mittelalters auf dem Gebiet der Regeneration. Das Mittelalter war dem Gedanken der Regeneration nicht völlig ent-

---

30 Ebenda.
31 Ebd., S. 142.

453. Innenansicht eines spätgotischen Dampfbades im fünfzehnten Jahrhundert, Bilderhandschrift. (*Bibliothèque Nationale, Paris, MS. Frçs.* 289)

fremdet. Das Schwimmen war weit verbreitet. Man benutzte weithin auch Wannenbäder. In einer bekannten Darstellung der Heidelberger Manessischen Handschrift wird ein Ritter im Bad von Jungfrauen bedient und mit Rosenblättern überschüttet, wie Telemach von der Tochter Nestors. Es gab auch große gemauerte Becken, in denen man essen konnte und sich Musik vorspielen ließ wie etwa in Albrecht Dürers Männerbad. Mittelalterliche Berichte bezeugen die große Rolle, die die Bäder im gesellschaftlichen Leben spielten. Manchmal wird dabei der Nachdruck mehr auf die erotische Seite gelegt (Abb. 453), wie in jener Miniatur des späten fünfzehnten Jahrhunderts, in der die Tafel in einen ungeheuren Holzbottich gestellt wird und die Teilnehmer unbekleidet sich darum versammeln.

Das Bild, daß die mittelalterlichen Straßen verpestet und keine sanitären Einrichtungen vorhanden waren, wird allmählich aufgegeben. Es ist seit langem bekannt, daß mittelalterliche Schlösser weit bessere Kanalisation und Klosetts aufwiesen als Versailles, wo auf diese Dinge von den Erbauern wenig geachtet wurde. Neuere Untersuchungen über London im vierzehnten Jahrhundert haben festgestellt, daß die Stadt Kloaken, Senkgruben und öffentliche Latrinen besaß[32]. Die Reinlichkeit der Florentiner Straßen im fünfzehnten Jahrhundert wird von Zeitgenossen mit besonderem Stolz hervorgehoben[33].

Sanitäre Einrichtungen, freie Krankenpflege und auch Vorsichtsmaßnahmen gegen ansteckende Krankheiten, über deren Wesen das Mittelalter bessere Kenntnis besessen haben soll als die Antike[34], waren weit verbreitet. In die Reihe dieser Einrichtungen gehörten auch die zahlreichen öffentlichen Badestuben unter Aufsicht der Bader.

Es wurde dafür gesorgt, daß die Gesellen jeden Samstag ihr Bad nahmen, für das sie ein besonderes Handgeld erhielten. Die Ausstattung dieser Bäder, von denen nichts übrig geblieben ist, war ebenso frugal wie die der gotischen Wohnräume. Albrecht Dürer hat in seiner Zeichnung eines Frauenbades gezeigt, wie eine öffentliche Badestube aussah. Gewiß, sie ist außerordentlich primitiv, aber der ganze Raum mit seiner Feuerstelle, Warmwasserbehälter und verschiedenen Abstufungen verrät auf den ersten Blick, wie selbstverständlich solche Einrichtungen waren.

Ein gemeinsamer Zug verknüpft das mittelalterliche Bad mit dem der Antike und des Islam: Es war als ein sozialer Aufenthalt gedacht. Im Bade sprachen die Männer über Politik genau wie in der Wirtschaft. Es heißt, daß während der Reformation die Badstuben benutzt wurden, um Verschwörungen einzufädeln. An die Stelle des islamischen Spezialisten für Körpermassage tritt der Bader, eine merkwürdige Mischung zwischen Arzt und Barbier. Er besorgt nach dem Bad das Haar- und Bartscheren, gleichzeitig aber auch Schröpfen, Aderlaß und kleine Operationen. Das spätmittelalterliche Bad war also mit medizinischer Behandlung verknüpft. Mit dem ausgehenden Mittelalter erlischt die Gewohnheit, das Bad als eine soziale Einrichtung aufzufassen.

Siebzehntes und achtzehntes Jahrhundert

Widersprüche leben in jeder Zeit. Das siebzehnte und achtzehnte Jahrhundert verfügte über ein sublimiertes Raumgefühl, eine hochgezüchtete Musik und scharfes, systematisches Denken. Es kannte die Verfeinerungen des Lebens. Aber es machte plötzlich halt, wenn es sich um die Pflege des Gefäßes handelt, das diese Dinge zusammenhält: den Körper. Die zeitgenössischen Berichte mögen im einzelnen übertrieben sein, aber über das Fehlen des elementarsten Reinlichkeitssinnes besteht kein Zweifel.

Wie ist dieser Widerspruch zu erklären?

Neben anderen Ursachen sind dafür die Nachwirkungen der Gegenreformation

---

32 Ernest L. Sabine, »Latrines and Cesspools in Medieval London«, *Speculum*, Bd.IX (Cambridge, Mass., 1934), S. 306-309.
33 Lynn Thorndike, »Baths and Street Cleaning in the Middle Ages and the Renaissance«, *Speculum*, Bd. III (1926), S. 201.
34 Ebenda.

454. Die Wiederentdeckung des Schwimmens und der Körperübungen. J. B. Basedow, 1774. *Der Pädagoge Basedow strebte ein Gleichgewicht zwischen Geistesbildung und körperlicher Ausbildung an. Er war einer der ersten, die Schwimmen, Fechten, Reiten und das Leben in der Natur in die Erziehung einbezogen. (Kupferstich von Chodowiecki für Basedows* Elementarwerk, Dessau, *1774)*

und der Reformation verantwortlich. Beide verurteilten die Nacktheit des Körpers als Sünde. Taucht in den französischen Kupferstichen des achtzehnten Jahrhunderts eine Badewanne auf, so wird sie als Chaiselongue, als *baignoire* verkleidet. Das *baignoire* ist in diesem Fall aufklappbar und hat einen flach gebauchten Behälter in seinen Rahmen gefügt. Reinlichkeit des Körpers kann kaum sein Zweck gewesen sein. Es bildet den Hintergrund für eine Szene zwischen Liebhaber, Mädchen und Kupplerin. Bad und Sünde waren eines.

Unseres Wissens ist das Verschwinden des Reinlichkeits- und, in weiterem Sinne, des Regenerationsbedürfnisses im siebzehnten und achtzehnten Jahrhundert eine Erscheinung, die in keiner anderen hochkultivierten Periode zu finden ist. In vieler Beziehung haben wir noch heute an den Folgen zu tragen. Hat sich eine solche Einstellung einmal in die Gesellschaft eingefressen, so wird sie leicht zu einem kaum zu erschütternden Vorurteil, zu einem Teil des Lebens, der bestehen bleibt, auch wenn die Entstehungsursachen längst dahingeschwunden sind.

Das siebzehnte Jahrhundert, das die geistigen Grundlagen für die folgende Periode legte, bezeichnet gleichzeitig den Tiefstand der Körperpflege. Langsam bahnt sich im achtzehnten Jahrhundert eine Änderung an. In zwei verschiedenen Richtungen wird ein Anfang gemacht: von der Medizin und durch die Wiederentdeckung der Natur, das heißt, von Heilmethoden und durch eine neue gefühlsmäßige Einstellung. Beide werden einander im neunzehnten Jahrhundert durchdringen.

Die Medizin bahnt den Weg

Der englische Arzt John Floyer (1649-1734) berichtet, daß das Untertauchen bei der Taufe erst im siebzehnten Jahrhundert aufhörte[35], und setzt dies mit dem Aufhören der Badegewohnheiten in Zusammenhang. John Floyer, übrigens der erste, der Pulsmessungen vorgenommen haben soll, hatte namhafte Erfolge mit seiner Anwendung kalter Bäder bei Krankheiten, besonders bei der Behandlung von Rachitis, und trat entschieden für die Wiedereinführung und die Heilwirkung des kalten Bades ein. Floyer führt noch andere Gründe an, warum im siebzehnten Jahrhundert die alte Tradition des Badens zerstört wurde. Da ist einmal das Auftauchen der, wie er sie nennt, »chymical doctors«, die neue Medikamente einführten und alle Krankheiten auf eine Übersäuerung und scharfe Salze zurückführten. Schließlich gibt er den neu importierten Narkotika und Gewürzen ein Teil der Schuld. »Noch einen Grund«, so sagt er, »will ich für das Aufhören der kalten Bäder anführen, nämlich die Zunahme des Fernhandels im vergangenen Jahrhundert, das all die *hot regimen* aus den heißen Klimaten, wie Tabak, Kaffee, Tee, Wein, Weinbrand, Schnäpse und Gewürze, welche alle für englische Leiber unnatürlich sind, einführte.«

Bald tauchten auch in Deutschland, um 1730, verschiedene Stimmen auf, die Bad und Dusche ihrer Heilwirkung wegen befürworteten. Ein großer holländischer Arzt des achtzehnten Jahrhunderts, Boerhaave, ist durch die wichtige Rolle, die er dem Wasser in Krankheitsfällen zuschrieb, ein Schutzherr für die spätere Hydrotherapie geworden. Um die Mitte des achtzehnten Jahrhunderts lenkten die Engländer die Aufmerksamkeit auf die Heilwirkung der Meerbäder. Aber dies alles sind Einzelerscheinungen, abseits des großen Stromes.

Dem Baden haftete für jeden außer-medizinischen Gebrauch etwas Ungehöriges an, und Poitevin, der 1761 ein öffentliches Bad in Paris zu errichten wagte, wußte wohl, warum er sich vorher unter den Schutz der »Doyens et Docteurs Régens« der medizinischen Fakultät begab. In einem besonders dafür konstruierten Schiff, das in der Seine verankert lag, richtete er Kabinen mit warmen Bädern und Duschen ein, die nur auf ärztliche Anordnung benutzt werden durften.

Wie fern von allem täglichen Gebrauch dies war, zeigt die Tatsache, daß selbst die aufgeklärtesten Geister Europas, die Herausgeber der großen Enzyklopedie (1755) das Wort *douche* (Dusche) als »terme de chirurgie« definieren[36].

---

35 John Floyer, *Psychrolusia, or the History of Cold Bathing Both Ancient and Modern*, 5. Aufl., London, 1772. Vgl. Dedication. Zuerst erschienen unter dem Titel: *Enquiry into the Right Use of Baths*, London, 1697.
36 *L'Encyclopédie ou dictionnaire raisonné des sciences, des arts et des métiers*, Bd. 5, Paris, 1755.

Immerhin standen diese Dinge zur Diskussion, denn wenige Jahre nach Poitevins erfolgreichem Pariser Badeduft wird in einem englischen Patent jener Zeit ein medizinisches Bad auf der Themse vorgeschlagen und zwar zur Heilung »vieler Krankheiten, die von anderen bekannten Mitteln nicht zu heilen sind«[37].

Natürliche Erziehung

Wasserscheu, Angst vor Nacktheit und dem Natürlichen wurden von einer neuen Einstellung angegriffen. Der Einfluß Rousseaus, der die »Rückkehr zur Natur« verkündete, äußerte sich auf unserem Gebiet. Man lehnt das Raffinement des Rokoko ab, man will wieder von vorn anfangen.

Man will zurück zu den Urinstinkten. Denn es ist die Zeit, in der der primitive Mensch, der edle Wilde entdeckt und romantisiert wird und in der selbst zur Antike mit einer neuen Vision – »edle Einfalt, stille Größe« – neuer Zugang gefunden wird. Es geht dieser Zeit um eine Vervollkommnung des Menschen. Durch Eingehen auf die Seele des Kindes durch naturgemäße Erziehung wollte man einen neuen Menschentyp bilden, der auf Toleranz und Verständigung begründet war: Weltbürger.

Nicht nur der Verkehr unter den Menschen sollte harmonisch ausgeglichen sein, auch der einzelne Mensch sollte Geist und Körper im Gleichgewicht halten. Die ersten praktischen pädagogischen Versuche in dieser Richtung fallen in die letzten Jahrzehnte des achtzehnten Jahrhunderts. Gymnastik, Laufen, Springen, Schwimmen werden notwendige Bestandteile der Erziehung.

In einem der deutschen Kleinstaaten gründete der Moralphilosoph und Pädagoge Johann Bernhard Basedow (1723-1790), in Dessau, eine Erziehungsanstalt, die er »Pilanthropin«, eine Schule der Menschenfreundlichkeit für Lehrer und Lernende nannte. Der Fürst Leopold Friedrich Franz von Anhalt-Dessau hatte ihn aufgrund seines *Methodenbuches für Väter und Mütter der Familien und Völker* (1770) nach seiner kleinen Residenzstadt Dessau berufen, um seine Ideen in Wirklichkeit umzusetzen. Das »Philanthropin« hatte eine für heutige Verhältnisse lächerlich geringe Schülerzahl, kam nie aus den Schwierigkeiten heraus und wurde kurz nach dem Tode Basedows geschlossen. Doch in dieser Zeit erfüllte es seine Bestimmung. Es übertrug die Anschauungen der Aufklärung: Menschenwürde, unabhängiges Urteil, geistige Freiheit, zum ersten Mal in die Erziehung. Es gehört in das merkwürdige Zufallsspiel der Geschichte, daß ungefähr anderthalb Jahrhunderte später am gleichen Ort, Dessau, das Bauhaus zuerst die Anschauungen der heutigen Kunst in pädagogische Formen kleidete.

Das Philanthropin hatte die aufgeklärten Schichten für sich und die Kleriker gegen sich. Es wagte, die Trennung von Kirche und Staat zu befürworten, verbannte den konfessionellen Religionsunterricht und lehrte nur, was allen Religionen gemeinsam war. Morallehren ersetzten die kirchlichen Lehren. Das vierbändige

---

37 Brit. Patent, 7. Februar 1765.

455. Akrobaten. J. B. Basedow, 1774. *In den siebziger Jahren des achtzehnten Jahrhunderts gab es keine systematischen Leibesübungen. Der Erzieher holte sich Beispiele für Übungen zur Körperbeherrschung aus dem Zirkus.* (*Basedow,* Elementarwerk, *Dessau,* 1774)

Elementarwerk Basedows[38], dem ein ausführlicher Bilderatlas mit reizenden Kupfern von Chodowiecki (Abb. 454) beigefügt ist, gibt die Anschauungen der Schule und ihren Lehrplan wieder. Es ist typisch für die aufklärerische Haltung des späten achtzehnten Jahrhunderts, daß Basedow sein Werk neben dem Fürsten von Anhalt-Dessau auch anderen aufgeklärten Herrschern wie Joseph II. von Österreich und Katharina von Rußland widmete oder, wie man dies damals ausdrückte, »untertänigst zu Füßen legte«.

Was uns hier interessiert, ist die Wichtigkeit, die Basedow dem Gleichgewicht zwischen Geistesbildung und Körperbildung beimißt. Auf sechs Stunden Klassenunterricht kamen drei Stunden körperlicher Betätigung und zwei Stunden Werkunterricht. Es handelt sich dabei noch nicht um systematische Leibesübungen, es ist mehr eine »Bewegungslehre«, die Tanzen, Fechten, Reiten, Schwimmen und auch Musik umfaßt. Abhärtung, kaltes Waschen, kaltes Schlafen, frühes Aufstehen und im Sommer ein »Wohnen unter Zelten« gibt dem Rousseauschen »Zurück zur Natur« praktische Formulierung. All dies geschieht entsprechend Basedows Grundsatz, die Dinge nicht durch militärischen Zwang zu lehren, sondern in freier und aufgelockerter Form, genau so wie er, unter Vorwegnahme späterer Methoden, den Kindern Fremdsprachen ohne Zuhilfenahme der Grammatik beizubringen verstand.

Noch entschiedener ging die nächste Generation vor. Basedows Philanthropin wuchs in der Treibhausatmosphäre fürstlicher Gunst auf. In seinen körperlichen Erziehungsmethoden lebte der Charme und auch der Luxus höfischer Übungen weiter. Johann Heinrich Pestalozzi (1746-1827), der dieser nachkommenden Generation angehört, arbeitete in herberer Umgebung. Das Schweizerische Patriziat, das das Land beherrschte, war Neuerungen weniger aufgeschlossen als der Fürst von Anhalt-Dessau. Pestalozzi stand allein. Rousseaus *Emile,* der hinter den pädagogischen Experimenten jener Zeit stand, bestimmte auch Heinrich Pesta-

---

38 J. B. Basedow, *Elementarwerk,* Dessau, 1774, 4 Bände und Bilderatlas.

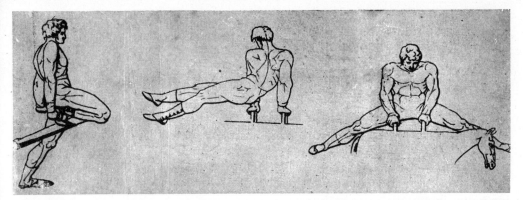

456. Anfänge der Turngeräte im frühen neunzehnten Jahrhundert. (*P. H. Clias*, Anfangsgründe der Gymnastik oder Turnkunst, *Bern*, 1886)

lozzi. Er, der Stadtzürcher, geht zu einem Bauern in die Lehre, nachdem er Jurisprudenz und Theologie studiert hatte. Der Grund dafür ist, daß er im Bauern, im Gegensatz zu den Stadtbewohnern, die »noch belebtere Naturkraft« sieht. Aber er hatte kein Glück, als er selbst die Landwirtschaft anfing. Er vertat sein Geld und das seiner Freunde. Dies wurde zum Anlaß, daß er auf seinem Gut verlaufene, heimatlose oder mißhandelte Kinder sammelte. Der »Neuhof« war also keine Erziehungsanstalt für Adel oder Patriziat, es war ein Armenhaus, das sich durch Arbeit auf dem Feld im Sommer und Spinnen und Weben im Winter selbst erhalten sollte. 1780 kam der Bankrott und die Auflösung. Pestalozzi hatte in seinen enttäuschenden Experimenten immerhin die Erkenntnis gesammelt, aus der die Pädagogik des neunzehnten Jahrhunderts wuchs. In seinen besten Jahren blieb er arbeitslos, bis 1798 die Patrizierherrschaft gestürzt wurde und sich Möglichkeiten boten, seine pädagogischen Ideen endlich zu verwirklichen. »Ich hätte der ganzen Welt ins Gesicht speien mögen«, so faßt Pestalozzi die Erfahrungen seiner Mannesjahre zusammen. An seinem neuen Betätigungsort, Burgdorf, führte er die Freiübungen ein, das sind Übungen, für die es keine Geräte braucht (Abb. 455)[39]. Körperpflege war für ihn, wie für Basedow, ein Ausgleich für geistige Tätigkeit. Es war ein Eingehen auf die »Natur«, worunter Pestalozzi nicht einen romantischen Begriff, sondern die menschliche Natur verstand. Er wollte in den Leibesübungen auf das Wesen und die Gliederung des menschlichen Körpers eingehen. Man hat in Deutschland seine Ansichten über Gymnastik als unmännlich angesehen[40]. Im Norden jedoch, vor allem in Schweden und Dänemark, wurde die humanitäre

---

39 Pestalozzi gibt in dem Aufsatz »Über Körperbildung als Einleitung auf den Versuch einer Elementargymnastik«, in *Wochenschrift für Menschenbildung*, Aarau, 1807, Einblick in seine Prinzipien.
40 Noch 1850 wird Pestalozzis Methode gegenüber bemerkt, er hätte sich besser die Ringer im Emmenthal zum Vorbild nehmen sollen, und Ludwig Jahn, der Gründer der deutschen Turnkunst, geht bereits 1817 energisch gegen das Üben ohne Geräte vor: »Jede Übung muß einen Gegenstand haben. Das Fechten sei Beispiel. Lufthiebe, Luftstöße bleiben Spiegelfechtereien.« (Zitiert nach Carl Euler, *Encyclopädisches Handbuch des Turnwesens*, Wien, 1894, Bd. 1, S. 340.)

Auffassung des achtzehnten Jahrhunderts von der Gymnastik als Entspannung unbeirrt weiter ausgebildet.

Als Pestalozzi seine Vorschläge für eine »Elementargymnastik« 1807 in die Öffentlichkeit brachte, arbeitete Ludwig Jahn, der Apostel der »deutschen Turnkunst«, bereits daran, dem Turnen einen anderen Sinn zu geben. Auch er wollte eine Ertüchtigung des Körpers, doch handelte es sich bei ihm um Gehorsamsübungen. »Kriegsübungen, wenn auch ohne Gewehr, bilden männlichen Anstand, erwecken und beleben den Ordnungssinn, gewöhnen zur Folgsamkeit.«[41] Daher führte Jahn militärische Kommandos, Riegenturnen, graue Drillkleidung bei den Übungen ein. Dies geschah auf dem ersten Turnplatz, in der Hasenheide in Berlin, 1811. Die verschiedenen Turngeräte, die Jahn und andere einführten, leben bis heute in ziemlich unveränderter Form weiter. Auch Abhärten und Schwimmen spielen eine gewisse Rolle. Im ganzen aber tritt eine spezialistische Ertüchtigung für nationale und militaristische Zwecke in den Vordergrund. Das neunzehnte Jahrhundert beginnt.

---

41 Friedrich Ludwig Jahn, *Die deutsche Turnkunst*, Berlin, 1816, S. XVII.

Wie wir zu Beginn hervorhoben, beruht der Typ des Bades, der heute herrschend ist, auf der Mechanisierung des primitiven Typs, bei dem der Körper durch Waschen oder durch Eintauchen in Wasser von verschiedener Temperatur von außen gereinigt wird. Das Symbol dieser Form des Badens ist die Badewanne.

Das Badezimmer mit fließendem Wasser und seiner Standardeinrichtung von Wanne, Waschbecken und Klosett ist das Resultat eines langen unentschiedenen Schwankens. Es stand im neunzehnten Jahrhundert, und zwar bis in die neunziger Jahre, durchaus nicht fest, welcher Typ des Bades in unserer Periode durchdringen würde. Dieses Schwanken in der Wahl zwischen den verschiedenen Typen, Heißluftbad, Dampfbad, Wanne oder nur Dusche, soll hier behandelt werden. Immer wieder taucht die Frage auf, welchem Typ der Vorzug gegeben werden soll. Bezeichnend ist die Ansicht, die die *Encyclopaedia Britannica* von 1854 vertritt: »Das Dampfbad ist dem warmen Bad in allen Hinsichten, unter denen es genommen wird, überlegen. Es ist leicht möglich, in jedem Haus bei geringen Kosten und Mühen, ein richtiges Dampfbad zu nehmen.«[42] Der Vorschlag, der nun folgt, erscheint wie eine Erinnerung an Jahrhunderte lang geübte Bräuche: man erwärme einen Ziegelstein im Ofen, lege ihn in ein Becken, schütte Wasser zur Dampfentwicklung darüber, während der Badende, in ein Tuch gehüllt, auf einem Stuhl sitzt.

Eine Zeitlang, zwischen 1850 und dem Beginn der neunziger Jahre, wurde ernstlich versucht, anstelle des primitiven Bades, das mit der Wohnung verbunden ist, Heißluft- oder Dampfbäder in Verbindung mit Massage und Gymnastik in öffentlichen Anstalten zu konzentrieren. Und noch einmal, zu Beginn der achtziger Jahre, sollte die Dusche in Volksbädern wie im Privathaus an die Stelle des Wannenbades treten.

Es ist vielleicht gut, sich klar zu machen, daß selbst in Amerika, das später die anderen Länder auf diesem Gebiet überflügelte, das Badezimmer bis in dieses Jahrhundert hinein ein Luxus blieb. Um 1895 hatten amerikanische Mietshäuser keinerlei Bademöglichkeiten. Es wird zwar für wünschenswert gehalten, aber im Grunde denkt man an Duschen und nicht an Badewannen: »Ein großer Schritt zur Verbesserung der Mietshäuser wäre es, wenn sie mit Badegelegenheiten ausgestattet würden. So wie man heute baut, haben nicht einmal die besten von ihnen Badegelegenheiten. Der Grund dafür ist, (...) daß man Badewannen ohne heißes Wasser nur selten benutzen würde. (...) Meiner festen Überzeugung nach bietet das Duschbad für Mietshäuser viele Vorteile. (...) Es ist nicht unbedingt nötig, jede Wohnung mit einem Bad auszustatten.«[43]

Fünf Sechstel der Einwohner in verschiedenen amerikanischen Städten haben

---

42 *Encyclopaedia Britannica*, Boston, Bd. 4, S. 507.
43 William P. Gerhard, *On Bathing and Different Forms of Baths*, New York, 1895, S. 23.

nach Untersuchungen der achtziger Jahre »außer Waschzuber und Schwamm keine anderen Bademöglichkeiten«[44].

Das Bemühen um totale Regeneration, wie sie in den komplizierten Bademethoden früherer Kulturen zum Ausdruck kam, konnte in unserer Zeit keinen Erfolg haben. Sieger blieb das im höchsten Maß mechanisierte Wannenbad. Es ist ein Produkt der industriellen Periode. Die beiden Länder, die am engsten mit der industriellen Entwicklung verknüpft sind, England und Amerika, waren in erster Linie an der Durchbildung des heutigen Badetyps beteiligt. England hatte im neunzehnten Jahrhundert und Amerika in diesem Jahrhundert, in der Zeit der Vollmechanisierung, die Führung. Es sind zwar keine scharfen Grenzen zu ziehen, aber trotzdem unterscheidet sich der englische und amerikanische Typus.

Doch ehe wir darauf eingehen, soll gezeigt werden, wie auch auf dem Gebiet des Bades die universale Einstellung spezialistischer Einstellung Platz machen muß.

Hydrotherapie und Rückkehr zur Natur

Das neunzehnte Jahrhundert hat, wie wir immer wieder betonen möchten, nicht nur eine Seite. In vielen seiner Äußerungen lebt, besonders in der ersten Hälfte, ein Stück Universalismus weiter. Das Eingehen auf die menschliche Natur als Ganzes, wie es das späte achtzehnte Jahrhundert versuchte, tritt um 1830 in einer Methode auf, die Natureinstellung und Heilkunde miteinander zu verbinden sucht. Im Mittelpunkt der Diskussion steht die Gestalt eines schlesischen Bauern, Vincenz Prießnitz, der Medikamente verabscheute und durch Wasser heilte.

Um 1770 war Pestalozzi Landwirt geworden, um die »noch belebtere Naturkraft« dieses Berufs an sich selbst zu erfahren. Um 1830 aber ist es bereits möglich, daß ein Bauernjunge wie Vincenz Prießnitz (1799-1851), der nie studierte, nie sich um Schulmedizin kümmerte und oft nicht einmal die Gründe für seine Heilvorschriften angeben konnte, in Gräfenberg, in den schlesischen Wäldern, wo er geboren wurde, weltweiten Ruf erlangte. Im gleichzeitigen Amerika war es, wie wir sahen, ein presbyterianischer Priester, Sylvester Graham, der den Einklang des Menschen mit seiner Natur durch unverfälschte Nahrung zu erreichen suchte.

Mitten in der nach-metternischen Periode trägt sich über Gräfenberg in den Fichtenwäldern wiederholt folgende Szene zu: Damen der österreichischen Aristokratie setzen sich, »ihre Körper vollkommen nackt«[45], im Freien und bei jeder

---

44 Ebd., S. 16.
45 R. J. Scoutetten, *De l'eau, ou de l'hydrothérapie*, Paris, 1843 Scoutetten war ein gelehrter französischer Militärarzt, der von der französischen Regierung nach Gräfenberg gesandt wurde.

457. Zurück zur Natur: Prießnitz' Dusche in den schlesischen Wäldern. *Eine Quelle wird eingefaßt, und das Wasser wird durch halboffene Rohre geleitet. Man duscht sich auf einer über den Bach herausragenden Holzplattform. Ein halbes Jahrhundert nach Rousseaus »Zurück zur Natur« förderte die romantische Auffassung die Verbreitung der Wassertherapie von Prießnitz und anderen. (Philo vom Walde,* Vincenz Prießnitz, *Prag, 1884)*

Witterung einem massiven, armdicken Wasserstrahl aus, der aus beträchtlicher Höhe (10-20 Fuß) herunterfällt. Er strömt aus hölzernen Röhren, die das Quellwasser direkt aus den Flanken des Berges ableiten. Es gab sechs Duschen dieser Art, alle in hölzernen Verschlägen, die verstreut in den Wäldern lagen (Abb. 457).

Überwinden der Scheu vor Nacktheit, Aussetzen des Körpers in einem herben Klima, Bergwasser und Bewegung, das alles zeigt eine Annäherung an naturnahe Lebensweise.

Prießnitz' Heilmethode bestand einfach in der Stärkung des Organismus. Er ging gegen Krankheiten vor, indem er den Körper veranlaßte, in gesunde Zirkulation zu kommen, und das partielle Übel ignorierte er fast. Er gebrauchte Quellwasser zum Trinken, zum Baden und zur Abwaschung; aber der Kern seiner Lehre war, daß er »nur den Winken der Natur gehorche und mit Ausschließung eigentlicher Arzneimittel nur das einfache Wasser in verschiedenen Formen anwende«[46].

In den letzten Jahrzehnten des achtzehnten Jahrhunderts schwillt die Literatur, die die Wiedereinführung der Bäder propagiert, beständig an[47]. Einzelne Ärzte,

[46] E. M. Seliger, *Vincenz Prießnitz*, Wien, 1852, S. 24.
[47] Scoutetten, a.a.O., gibt eine ausgezeichnete chronologische Bibliographie der hydrotherapeutischen Literatur von der Antike bis 1843.

wie der Schotte James Currie, befürworteten den Gebrauch kalten Wassers für Übergießungen und Bäder und hatten mit ihren Kaltwasserbehandlungen gegen Fieber und ansteckende Krankheiten unzweifelhafte Erfolge. Aber keiner brachte es zu einer Synthese von Bewegung, Wasser, Luft, die in ihrem Zusammenwirken den Körper stetig aus seiner Lethargie treiben. Prießnitz gelang es in einer für die damalige Zeit völlig ungewohnten primitiven Umgebung, deren Wahl an sich eine Sensation bedeuten mußte, gerade die Elemente zu finden, die für seine Kur nötig waren. Ebenso ungewohnt war das bäurisch-strenge Leben: Aufstehen um vier Uhr morgens, feuchte Packungen in Tücher und Wolldecken mehrere Stunden lang, bis der Schweiß ausbricht; dann Untertauchen in kaltem Quellwasser, Abreibungen, gefolgt von einem stundenlangen Spaziergang, verbunden mit Wassertrinken; um acht Uhr Frühstück, kalte Milch und Brot; wieder Bewegung, wiederholt kalte Abreibungen, bis der Körper rot wird; um ein Uhr einfaches Mittagessen. Es ist eine internationale Gesellschaft, die sich hier zusammenfindet und die, zur Verständigung – »comme si c'était une convention« – französisch spricht. Nach dem Essen ist wieder Bewegung verordnet und schließlich ein Ausflug zur Dusche in den Wäldern oberhalb Gräfenbergs; Ruhe; zum Abendessen Milch und Brot wie am Morgen.

Prießnitz begann 1829 mit 45 Patienten, 1843 hatte er über 1500 Gäste und ein Vermögen von 50000 Pfund. Um 1840 gab es in allen Ländern von Rußland bis Amerika Kaltwasserheilanstalten, die die Prießnitzschen Methoden anwendeten. So suggestiv wirkte sein Vorbild, daß ein irischer Arzt, Dr. Barter, seine Anstalt das irische Gräfenberg nannte.

Voraussetzung für den Erfolg von Prießnitz war seine suggestive, fast magische Kraft und diagnostische Sicherheit. Der Boden war von seinen medizinischen Vorgängern in England, Deutschland und Frankreich bereitet worden. Doch warum wurde Prießnitz von der Fachmedizin, die seine Badeschwämme nach Geheimmitteln untersuchten, nicht erledigt, gleich als er begann? Hinter ihm stand als unsichtbarer Beschützer Jean-Jacques Rousseau, der zu einer Wesenskraft der ganzen romantischen Zeit geworden war. Für seine Patienten war Prießnitz selbst ein Stück Natur und mit ihr untrennbar verbunden. Mit ihm erschien ein neuer Typ des Arztes: der Natur-Arzt.

Der Prießnitzsche Ansatz – Abhärtung des Körpers und naturnahe Lebensweise – wurde bald auch von Gesunden aufgegriffen, als Ausgleich gegen großstädtische Abnutzung. Damit vollzieht sich ein Übergang von der Krankheitsbehandlung zur Regeneration.

Das Dampfbad als Einzelzelle, um 1830

Als medizinisches Bad erlosch die Verwendung des Dampfbades nie völlig. Eines der frühen englischen Patente aus dem siebzehnten Jahrhundert[48] (1678) gibt An-

---

48 Brit. Patent 200, 25. März 1678.

Schwitzen. *Sweating.* Tauchbad. *Plunging Bath*

Wannenbad. *Half Bath* Kopfbad. *Head Bath*

Sitzbad. *Sitting Bath* Douchbad. *Douche Bath*

458. Die Wasserkur. Vereinigte Staaten, um 1840. (*Joel Shew,* Hydropathy, or the Water Cure, *New York,* 1844)

leitungen, um Schwitzbäder zur Heilung von Gicht und anderen Krankheiten zu bauen. Auch im achtzehnten Jahrhundert fehlt es nicht an Vorschlägen[49]. Dabei wurden gelegentlich die Medizinalbäder als Vorwand benutzt, um in London und Brighton amouröse gesellschaftliche Zusammenkünfte zu arrangieren.

Im frühen neunzehnten Jahrhundert tauchen immer wieder Schilderungen über die Bäder der Russen und Tartaren auf[50]. Zum ersten Mal werden 1824, nach

---

49 Brit. Patent 882, 11. Februar 1767. »Der Patient bekommt ein Öltuch übergelegt«. Brit. Patent, 20. November 1798.
50 Rechenberg und Rothenloewen, *Les peuples de la Russie* (1812) Bd. 1, »Le bain russe«; Mary Holderness, *Notes relating to the Manners of the Crim Tartars* (1821).

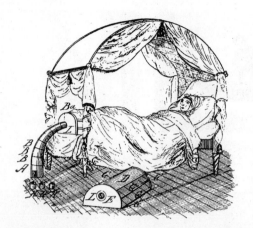

459. Amerikanisches Bett-Dampfbad. 1814. *Im frühen neunzehnten Jahrhundert betrachtete man das Dampfbad hauptsächlich als medizinische Therapie – daher seine häufige Verbindung mit dem Bett. Während des ganzen Jahrhunderts wurden überall mehr oder minder komplizierte Geräte zur Dampferzeugung erfunden. (U.S. Patent 2049, 21. Januar 1814)*

460. Liege-Dampfbad. 1832. *Seit den dreißiger Jahren des neunzehnten Jahrhunderts waren tragbare Dampfbäder in Gebrauch. Der Benutzer saß auf einem Stuhl, lag in einem Bett, einem Zelt, einer Stoffhülle. Solche klappbaren Geräte konnten leicht durch Versandhäuser bezogen werden. (E. L. Meissner,* Abhandlung über die Bäder, *Leipzig, 1832)*

einer zeitgenössischen französischen Quelle, russische Bäder in Deutschland eröffnet[51]. Auch in England wird zur gleichen Zeit ihre Einführung erwähnt. Etwas unklar wird unterschiedslos von »russischen« und »orientalischen« Bädern gesprochen. Sie sind, genau genommen, weder das eine noch das andere, denn man badete in Einzelzellen[52]. Das ist bezeichnend. Ökonomische Gründe, wie etwa geringerer Dampfverbrauch, sind bei diesen Bädern, die für »gens du monde« oder Kranke gedacht waren, nicht maßgebend. Viel eher verrät sich in diesem Unterschied zum russischen oder islamischen Bad die Angst vor der Nacktheit. Das Bad wird eine Privatangelegenheit.

Für Hausdampfbäder finden sich primitive Vorschläge zu Beginn des Jahrhunderts in allen Ländern, die damals Patente erteilten. In Amerika (Abb. 459)[53] eine Art Bettdampfbad, wie es das ganze Jahrhundert hindurch hergestellt wird. Ähnliche Bäder gab es in Frankreich[54]. Daß in den dreißiger Jahren in Deutschland transportable und zusammenklappbare Hausdampfbäder in verschiedenen Typen im Gebrauch waren, darüber besteht kein Zweifel. Wir sind in der Zeit, da Vincenz Prießnitz so großen Erfolg mit seinen Wasserkuren hatte und Sylvester Graham in Amerika auf dem Gebiet der Nahrung sein »Zurück zur Natur« verkündete.

---

51 C. Lambert, *Traité sur l'hygiène et la médecine des bains russes et orientaux à l'usage des médecins et gens du monde*, Paris, 1842. »Ces bains sont en effet multipliés dans toutes les villes de l'Allemagne, S. VIII.

52 C. Lambert, a.a.O., S. 28.

53 Dampfbad, U.S. Patent 2049x, 21. Januar 1814.

54 Boîte fumigatoire, Franz. Patent 1816, 29. November 1815.

461. Dampfbad-Gerät. 1855. *Mit Hilfe einer Stoffhülle wird der Dampf um den Körper des Badenden herumgeleitet. »Durch eine in die Kante eingezogene Schnur kann das offene Ende um den Hals des Patienten zugezogen werden.« (U.S. Patent 13467, 21. August 1855)*

Solche Apparaturen für Hausdampfbäder waren im Jahre 1832 im Handel[55]. Sie waren für verschiedene Zwecke, wahrscheinlich nach ärztlichen Angaben konstruiert. Das Dampfbad konnte dabei sitzend oder liegend genommen werden (Abb. 460). Raffinierte Duschvorrichtungen waren oft damit verbunden. Das Sitzbad bestand aus einem Hocker und einem Gestell, um das ein dampfdichter Vorhang gelegt wurde. Der Badende sah nur mit dem Kopf heraus. Dieses Prinzip hatten auch die englischen Patente des achtzehnten Jahrhunderts, sowie die hölzernen mittelalterlichen Schwitzkästen befolgt. Die liegend zu benützenden Bä-

---

55 Eine Broschüre mit zahlreichen Abbildungen und Preisangaben für verschiedene Ausführungen der Apparate ist F. L. Meißner, *Abhandlung über die Bäder im Allgemeinen und über die neuen Apparate, Sprudel und Dampfbäder insbesondere*, Leipzig, 1832. Auch in Frankreich werden um diese Zeit Dampfbäder ähnlich wie jene des Meißnerschen Katalogs patentiert: »Bain en forme de pluie«, M. Walz, Franz. Patent 4230, 23. Oktober 1829.

462. Gerät für das Dampfbad. 1882. *Es geschah selten, daß das mechanische Können im neunzehnten Jahrhundert nicht für die Produktion, sondern für die Erhaltung des Gleichgewichts des menschlichen Organismus angewandt wurde. Hier nutzt ein junger Erfinder die Tatsache aus, daß feinzerstäubtes heißes Wasser sich in Dampf verwandelt.* (New and Valuable Apparatus for Vapor Bath, *Broschüre der New York Academy of Medicine*)

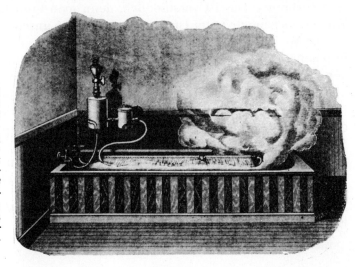

der waren zum Teil stationär, zum Teil transportabel. Die Bettdampfbäder, wie sie zu Anfang des Jahrhunderts entwickelt wurden, erfreuten sich anhaltender Beliebtheit[56].

Arnold Rikli, der Verkünder des Luftbades, konstruierte um 1880 ein solches Bettdampfbad für Tage, an denen man kein Sonnenschwitzbad nehmen konnte. Eine englische Broschüre rühmt: »Dieses transportable Dampfbad hat gegenüber dem türkischen und russischen Bad den Vorteil, daß es in jedem Raum eingenommen werden kann, und den Kopf frei läßt, so daß die Lungen frische Luft einatmen können, und vor den Prießnitzschen Trockenpackungen hat es voraus, daß es nicht so viel Zeit beansprucht.«[57] Die aufklappbaren Typen beruhen auf dem Prinzip des Schrankbettes. Die Wanne wird bei Gebrauch aus einem Kastenbehälter in die Horizontale geschwenkt. Gewöhnlich sind damit verschiedene Duschen kombiniert. Als Badewanne findet dieser Klapptyp in den Vereinigten Staaten von den siebziger Jahren bis um die Jahrhundertwende weite Verbreitung. Um ein spätes zu nennen: In dem Katalog von Montgomery, Ward & Company von 1894-95 findet sich eine große Auswahl an Badewannen des Schranktyps, die Wanne und Ofen oft in einem Schrank unterbringen. Je nach der Qualität und Ausführung schwankt der Preis zwischen 20 und 60 Dollar. »Ein ansprechendes Modern-Style-Möbel (auch antik oder sechzehntes Jahrhundert)«, so rühmt der Katalog, »und problemlos als Klappbett zu gebrauchen.« Der Ofen mit Petrolbrenner ist im Schrank untergebracht und dient als Gegengewicht, damit der Kasten dem Benützer beim Baden nicht auf den Kopf fällt. Wird die Wanne nach Gebrauch hochgeklappt, so findet der Ofen in der Höhlung der Wanne Platz (Abb. 474). Wohin das schmutzige Wasser verschwindet, muß jeder selbst zusehen. Die ganze Apparatur aber wird zu einem Spiegelschrank »in modern style«. In der Mischung von technischer Hilflosigkeit und falscher Front gehört sie in das gefährliche Gebiet der Mimikry.

Hausdampfbäder waren in der zweiten Hälfte des neunzehnten Jahrhunderts weit verbreitet. Das ist verständlich, denn man brauchte dafür kein fließendes Wasser. Es genügte unter Umständen auch eine unscheinbare Spirituslampe, wie sie den Modellen von 1832 mitgegeben wurde. Bis um die Jahrhundertwende sind in populären Zeitschriften immer wieder Annoncen mit oft grotesken Vorschlägen zu finden. Diese Hausdampfbäder bestehen gewöhnlich, wie das von 1830, aus einem primitiven Dampferzeuger und einer isolierenden Hülle, die den Dampf um den Körper des Badenden konzentriert. Verblüffend ist immer wieder die Unbeholfenheit der Erfinder, sobald es gilt, technische Kenntnisse nicht auf Maschinen, sondern auf den Menschen anzuwenden. Hier ist nichts von dem technologischen Raffinement des Jahrhunderts spürbar.

Abschließend mag hier die Erfindung eines sechzehnjährigen Schülers der

---

56 U.S. Patent 13467, 21. August 1855 (Abb. 461).
57 *Dr. Arnold Rikli's Physico-Hydriatic Establishment for the cure of chronic diseases at Veldes, Oberkrain, Austria,* Trieste, 1891, S. 41.

Cooper Union Erwähnung finden, bei der wenigstens die Beobachtung, daß fein zerstäubtes heißes Wasser sich augenblicklich in Dampf verwandelt, geschickt ausgenützt wird. Die Apparatur des jungen Amerikaners besteht aus einer vernikkelten, überall anschließbaren, perforierten Röhre, die ungefähr so lang wie die Badewanne ist[58]. Sobald das heiße Wasser in unendlich feiner Zerstäubung durch die Haarlöcher des Rohres ausströmt, wird das Badezimmer (oder bei Anwendung eines Gummivorhangs die Wanne) mit Dampf gefüllt, so daß ein vollwertiges russisches Bad ohne jede Mühe im eigenen Haus genommen werden kann (Abb. 462)[59]. Die perforierte Röhre wird durch einen Schlauch mit der Wasserleitung verbunden. Das ist alles.

Die Idee war gewiß nicht neu. In den *maghtas*, den Dampfräumen des islamischen Bades wird die Atmosphäre mit Dampf gesättigt, indem nahe der Decke aus einem Rohr ein dünner Strahl heißes Wasser strömt, und wie beim Rasensprengen werden perforierte Rohre für die feine Zerstäubung verwendet. Originell war hier nur die Anwendung auf das Haus. Solche einfachen Vorrichtungen sind symptomatisch. Sie weisen auf ein ungeheures Gebiet, in dem der Erfinder tot zu sein scheint. Warum? Weil eine menschliche Orientierung fehlte und die Phantasie in andere Richtungen auswich.

Versuche einer totalen Regeneration, um 1850

Prießnitz eröffnete als einer der ersten einen Weg, um den Organismus als Ganzes zu erfassen. Immer noch handelt es sich dabei um ärztliche Eingriffe. Jetzt, um die Mitte des neunzehnten Jahrhunderts, wird der Schritt von der Medizin zur Regeneration getan. Diese Regeneration sollte eine totale sein, die den Körper gleichzeitig von innen wie von außen säuberte. Dafür gab es in der westlichen Kultur keine Tradition. Man fand sie noch im nahen Orient, in Marokko und in der Türkei, wo das islamische Bad noch einen wichtigen Platz in der gesamten Lebensführung ausfüllte.

»Wir brauchen ebenso einen Maßstab der Reinlichkeit wie der Wahrheit, und eine solche Richtschnur können wir weder der Laune noch der Mode entnehmen. Wir müssen uns nach einer langerprobten und von ältesten Zeiten her feststehenden Erfahrung umsehen; – dieser Maßstab ist DAS BAD.«[60] So äußert sich um die Mitte des Jahrhunderts der englische Diplomat, der zu dem unermüdlichsten Verfechter der Wiederbelebung der Regeneration in einer umfassenden Form wurde.

David Urquhart (1805-1877) hatte zeitweise an der britischen Gesandtschaft in Konstantinopel gearbeitet und war ein gewiegter Kenner der osteuropäischen Politik und ein geschickter Schriftsteller. Urquhart war vertraut mit dem Orient und

---

58 Es wurde eine eigene Gesellschaft für dieses Patent gegründet, die Portable Vapor bath and Disinfector Company, New York. Ihre Broschüre *New and Valuable Apparatus for Vapor Bath* (New York, 1882) wird in der Library of the New York Academy of Medicine aufbewahrt.
59 Ebd., S. 11.
60 Urquart, *The Turkish Bath*, zitiert in *Free Press*, Nr. 13, 8. November 1856, S. 100.

trat für seine Sache ein. Kein anderer hat für die Wiedereinführung des Heißluftbades als Regenerationsmittel mit solcher Zähigkeit gefochten wie er. Urquhart
gehört zu jenen kritischen, aggressiven Geistern, die hervortreten, wenn ein Land
innerlich lebendig ist. Es brauchen dies weder Genies noch außerordentliche Begabungen zu sein. Wir sahen, wie in England um 1850 aus einem Kreis viktorianischer Beamter die erste Reformbewegung gegen eine wild gewordene industrielle Produktion hervorging[61]. Auch Urquhart gehörte zu diesem Typ des konservativen Fanatikers. Er stand immer auf der Seite der Unterdrückten oder Bedrohten,
gleichgültig was für eine Haltung seine Regierung einnahm. 1855 – in der Zeit, in
der er am eifrigsten für die Schaffung von Regenerationsmöglichkeiten eintrat –
gründete er eine politische Zeitschrift, die *Free Press,* die Karl Marx[62] zu ihren
Mitarbeitern zählte. Er beobachtete, wie die Kriege seiner Zeit entstanden. Ihn interessierten die Beziehungen der Nationen und, in der Spätzeit seines Lebens, ihre Kodifizierung, das internationale Recht, das er immer wieder von den Groß-
mächten vergewaltigt sah.

Es war ihm also um Zusammenhänge zu tun. Dies mag ihn auch dem islamischen Bad nahegebracht haben, das den Körper total erfaßt. Er gab ihm den Namen, den es behielt: *Türkisches Bad*[63]. In ihm erkannte er ein letztes Überbleibsel
von Kulturen, die in ihren Kreis auch die Regeneration des Körpers einschlossen.
Der Aufenthalt im Orient hatte sein Sensorium geschärft, und er empfand den
barbarischen Zustand, in dem Europa lebte, ohne sich dessen bewußt zu werden.
Er beobachtete das Leben in den rauchgeschwärzten Industriestädten Englands.
Was wurde für die Regenerierung der arbeitenden Bevölkerung getan? Die spärlichen Badeanstalten, die ein paar Wohltäter gestiftet hatten, zählten nicht. Und
was gab es sonst? Schnaps und Wirtshäuser. Ungehalten fragte er, warum man
den Dampf und die Hitze der englischen Fabriken nutzlos in die Luft verpuffe?[64]
Konnte man sie nicht für bessere Zwecke verwenden? Noch um 1830, als er in den
griechischen Freiheitskämpfen verwundet wurde, fand er das türkische Bad in
Griechenland vor. Er beobachtet das langsame Absterben im Mittelmeerbecken,
je mehr die Türken zurückgedrängt wurden. Er wollte dieses Regenerationsmittel für England retten[65]. In seinem Buch *The Pillars of Hercules,* in dem er eine
Fahrt durch Südspanien und Marokko im Jahre 1848 schildert, kommt ihm zu Be-

---

61 In unserem Kapitel »Mechanisierung der Ausschmückung«.

62 »Revelations of the Political History of the Eighteenth Century« von Dr. Karl Marx, *Free Press,* Bd. 1, 16. August
1856. Urquarts Zeitschrift änderte ihren Namen später in *The Diplomatic Riview.*

63 Türkisches Bad: Aufgrund archäologischer Funde ist es heute leicht, David Urquart schulmeisterlich zu verbessern und darauf hinzuweisen, daß er das Bad vielleicht richtiger »islamisches Bad« hätte nennen sollen, da die
Türken die spezifische Form, die es unter den Arabern gefunden hatte, nie prinzipiell antasteten. Das »türkische
Bad« hat immerhin ein halbes Jahrtausend unter der Obhut der Osmanen weitergelebt, so daß Urquhart durchaus im Recht war, es nach ihnen zu benennen. Das islamische Bad ist ein Heißluftbad mit einer Reihe anschlie-
ßender Dampfräume mit abgestuften Temperaturen. Die »russisch-türkischen« oder »römisch-türkischen« Bäder, wie sie infolge der Bemühungen von Urquart und anderen Reformern entstanden, sind rudimentäre Mischformen ohne kreativen Impuls.

64 Urquart, *The Pillars of Hercules,* London, 1850, Bd. 2, S. 80.

65 E. W. Lane, in seinem heute noch zitierten *Customs of the Modern Egyptians* (1836) betrachtet im Unterschied zu
Urquart das islamische Bad unbeteiligt wie ein Anthropologe und nicht mit dem Interesse des Reformers.

463. »Mauren-Bad« aus der Sicht eines Engländers zur Zeit der Islamischen Bad-Bewegung. 1858. *Die Ruhehalle (maslak) wird dargestellt. In den* Illustrated London News *(24. April 1858) beschreibt der Autor seine Erfahrungen folgendermaßen: »Der Tag war heiß, die engen Straßen glühten im blendenden Mittagslicht. Der Blick auf das Heiß-Bad war nicht sehr einladend. Ich öffnete die Tür zum ersten Raum (...). Rundherum war eine erhöhte, mit Matten bedeckte Plattform, auf der mehrere Badende im Zustand tiefer Ruhe lagen. Ich wurde auf ein Paar hölzerner Klötze gehoben. Der Badediener rieb und drückte und zog an jedem Glied und Gelenk meines Körpers. Er knetete meinen Magen so fest, daß ich kaum atmen konnte, zerrte an meinen Armen und Beinen (...). Nachdem ich genügend gedrückt, gestoßen und gepreßt worden war, seifte mich dieser Genius des Bades von Kopf bis Fuß ein und nahm einen riesigen Handschuh, mit dem er fortfuhr, mich mit größter Lebhaftigkeit abzureiben. Die Menge dessen, was er an Kruste von meinem Körper abschälen konnte, ist wirklich überraschend. Nach gründlichem Eintauchen in kaltes Wasser wurde ich von einem anderen Diener sanft abgerieben und getrocknet. Danach wickelte er mich von Kopf bis Fuß in weiche Handtücher und führte mich in den äußeren Raum (maslak), dessen Luft mir wie in einem Eishaus vorkam. Ich sank erschöpft auf einem Diwan nieder. Und jetzt war es ekstatischer Genuß, es war das Paradies, nichts schien an der vollkommenen Seligkeit zu fehlen.«*

wußtsein, wie arm unsere Zeit an natürlichen Mitteln geworden ist, um Lebensfreude zu wecken. Ein Kapitel darin handelt von dem Besuch des Bades eines marokkanischen Kaids, zu dem Urquhart nur durch eine List Zugang erhielt. Dieses Kapitel, das später separat abgedruckt wurde, gibt die verschiedenen Stufen der Prozedur: die Gliederlockerung, die Heißluftbäder, die raffinierten Seifenmassagen, das nachträgliche Entspannen im dämmernden Raum, eindringlich wieder. Urquhart will mit allen Mitteln der Überredungskunst die westliche Kultur von der Notwendigkeit überzeugen, diese Art von Regeneration zu assimilieren.

Urquhart erinnert an die neunhundert Bäder, die die Spanier bei der Eroberung Cordobas vorfanden; er erinnert an Byzanz und betont, daß Konstantinopel mit seiner halben Million Einwohner immer noch an dreihundert Bäder offenhielt. Er rechnet aus, daß London ungefähr deren tausend bedürfe.

Wie sollen sie finanziert werden? Es ist die Frage, die in unserer Periode immer wieder aufzutauchen pflegt, wenn es um menschliche Bedürfnisse geht. Wie sollen sie finanziert werden? Wie Reformer es in jeder Periode tun, schlägt Urquhart vor: durch Stiftungen der Stadt oder des Staates.

Mit zäher Verbissenheit ist Urquhart neben seinem vielseitigen Kampf für Recht und Gerechtigkeit Jahrzehnte hindurch vergebens bemüht, die Einführung des türkischen Bades durchzusetzen. Er hatte in seinem Londoner Haus ein einfaches türkisches Bad dieser Art eingerichtet und ein zweites, das er dem Publikum zur Verfügung stellte. Wo er war, wollte er ein Heißluftbad neben sich haben und ließ von dieser Gewohnheit auch nicht ab, als er in seiner Spätzeit ein Haus an einem Ausläufer des Montblanc errichtete[66].

In größerem Stil konnte er 1856 seine Idee verwirklichen, als Dr. Richard Barter, der Inhaber der Wasserheilanstalt St. Ann's Hill Blarney, des »irischen Gräfenberg« (Abb. 464), David Urquhart »Land, Arbeiter, Material, sowie eine Reihe von Patienten« zur Verfügung stellte[67]. Hier wurde das Verfahren von Prießnitz mit dem Heißluftbad verbunden.

Urquhart sprach überall: in englischen Landstädten und Badeorten, er ließ sich in, später veröffentlichte, Disputationen mit Ärzten ein; er vertrat seine Idee 1862 vor der berühmten »Society of Arts«[68], die so oft als Sprungbrett für die Realisierung neuer Ideen diente. Dies geschah zu einer Zeit, als das erste öffentliche türkische Bad, der noch bestehenden »Hammam« in der Jermyn Street in London unter seiner Aufsicht verwirklicht wurde. Es war ein getreues Spiegelbild seiner morgenländischen Erinnerungen: »Baderäume mit Sternen aus buntem Glas in der dunklen Kuppel des Tepidariums.«[69] Dieses Londoner Bad wurde zum Vorbild der europäischen wie der amerikanischen Heißluftbäder. In den siebziger Jahren bildeten sich exklusive »Bäderclubs« in London. Sie verfügten außer ihren Clubräumen über ein voll ausgebildetes Gymnasion mit Heißluftbädern und Schwimmbassin, die ausgezeichnet angeordnet waren.

In der zweiten Jahrhunderthälfte, als über den endgültigen Badetyp unserer Zeit noch nicht völlig entschieden war und private Badezimmer noch ein Luxus waren, spielten die Heißluftbäder, die auch mit abgestuften Dampfräumen ausgestattet wurden (türkisch-russische Bäder), eine gewisse Rolle. Aber im Gegensatz zum Orient kamen sie nie dem ganzen Volk zugute, sondern waren immer nur wohlhabenden Schichten zugänglich. »Für die Errichtung türkischer Bäder für das Volk«, so klagt man um 1890 in England, »ist so gut wie nichts unternommen worden.«[70]

---

66 Getrude Robinson, *David Urquart*, Oxfort, 1920.
67 Dr. Richard Barter, *On the Rise and Progress of the Irish Graefenberg*, London, 1856, S. 15.
68 *Lecture on the Art of Constructing a Turkish Bath*, London, 1862. Über die »Society of Arts« und ihre Rolle für das Zustandekommen der Londoner Weltausstellung von 1851, siehe unser Kapitel über die Mechanisierung der Ausschmückung.
69 Robert Owen Allsop, *The Turkish Bath, its Design and Construction*, London, 1890, S. 18-19. Nach neueren Untersuchungen muß man es wohl eher als »Caldarium« bezeichnen, da die Orientalen, wie wir sahen, das Tepidarium in seinen Dimensionen schrumpfen ließen.
70 Ebd., S. 7.

464. Erstes »türkisches« Bad in Irland: St. Ann's Hill Anstalt für Hydropathie, Cork Co., fünfziger Jahre des neunzehnten Jahrhunderts. a. Sudatorium oder Heiß-Raum (Beit-al-harara) b. Diwan oder Kühl-Raum (Maslak) *Im »Irish Graefenberg«, wie sein Besitzer es nannte, vereint sich der Einfluß des Wasser-Arztes Prießnitz mit dem des türkischen Bades.* Links: *der Heißluftraum mit Massagetisch in der Mitte.* Rechts: *die Ruhehalle. Beide in zurückhaltendem neugotischen Stil. Man beachte das der Form des Kör-pers nachgebildete Ruhebett. Unglücklicherweise ließen die damaligen Vorstellungen nicht zu, daß diese interessanten Anfänge bis zur Vollendung fortgeführt wurden.* (*Dr. Richard Barter,* On the Rise and Pro-gress of the Irish Graefenberg, *London,* 1856)

Um diese Zeit stand es immer noch zur Diskussion, Heißluftbäder in das private Wohnhaus einzugliedern. Von David Urquharts einfacher Anordnung eines Rau-mes mit Ziegelwänden und isoliertem Boden und Decke, ausgestattet mit einem Stubenofen, Sofa, Bank und Kaltwasserbehälter, bis zu luxuriösen Raumfolgen[71]. Diese Vorschläge kamen zu keiner günstigen Zeit.

Der Gedanke einer totalen Regeneration konnte sich in unserer Periode nicht durchsetzen. Diese türkisch-russischen Bäder waren Kulturen mit würdigem Le-bensrhythmus angemessen. In der Zeit der Mechanisierung mußten sie Treib-hausgewächse bleiben, für die es keinen natürlichen Boden gab.

Als Wohnung und Wannenbad mehr und mehr ein untrennbarer Begriff wur-den, erlosch das Interesse an diesen differenzierten Typen immer mehr.

Das atmosphärische Bad, um 1870

Das naheliegendste Mittel auf dem mühsamen Weg »Zurück zur Natur«, die Aus-nützung der Strahlung von Luft und Sonne, wurde 1869 von Arnold Rikli (1823-1906) wiederentdeckt. Er hat ihre Anwendung für Heilzwecke ebenso einsam wie unbeirrt entwickelt und gab ihr den Namen »Atmosphärische Kur«.

Wie man im frühen Mittelalter das Sitzen auf Stühlen für lange Zeit vergaß, so vergaß man auch das Sonnenbad der Antike. Die Medizin des neunzehnten Jahr-hunderts mit ihrer Spezialisierung wußte weniger von der Wirkung des Sonnen-bades auf den Organismus als Hippokrates, dessen sichere Vorschriften für den Gebrauch von heliotherapeutischen Methoden auf weiter zurückliegende Erfah-

---

71 Ebd., S. 118.

rungen hinweisen. Die Römer liebten das Sonnenbad. Jeder wußte, wie man sich dabei zu benehmen hatte, ohne dabei Schaden zu nehmen. Sie liebten es im täglichen Leben, im Sommer wie im Winter (Abb. 442). Wenn Seneca zurückblickend die genügsamen Lebensgewohnheiten zu Zeiten des Scipio Africanus als Beispiel anführt, sein festungsgleiches Haus, sein Bad im Erdgeschoß neben der Küche, halbdunkel mit spärlichen Fensterschlitzen, so folgt ihm eine spöttische Schilderung seiner eigenen, der neronischen Zeit: Wir glauben, so heißt es in seiner LXXXV. Epistel, daß ein Bad gerade gut genug für Ungeziefer sei, dessen Fenster nicht die Sonnenstrahlen während der ganzen Prozedur eindringen lassen, es sei denn, daß wir gleichzeitig gewaschen und sonnengebadet werden.

Wie Prießnitz, so mußte der Schweizer Arnold Rikli von vorne anfangen, als er daran ging, die Wirkung der Strahlung auf den Körper systematisch auszunützen. Zeitlich geschah dies ein Vierteljahrhundert nach Prießnitz' Beginn in Gräfenberg. 1855, in der Zeit der größten Popularität der Wasserkuren, eröffnete auch Arnold Rikli eine Naturheilanstalt[72], in der er den Hauptakzent auf die »atmosphärische Kur« legte. Er fand, daß mit Licht und Sonnenbädern mildere und organischere Heilwirkungen zu erreichen seien als bei ausschließlicher Anwendung von Wasser. Arnold Rikli ging tastend und mit größter Vorsicht vor, bis er nach vierzehnjährigen Versuchen »in tiefer Überzeugung« zum Schluß kam, daß die Luftbäder, das heißt das Bewegen des unbekleideten Körpers in freier Luft, »die Grundlage der atmosphärischen Kur und die Sonnenbäder die notwendige Ergänzung bilden«. Die Forschung rechtfertigte später sein Beharren auf Bewegung des möglichst unbekleideten Körpers; nur so konnten die leicht sich abschwächenden ultravioletten Strahlen wirksam werden. Das Sonnenbad bildete, wie Rikli immer wieder betonte, nur die letzte Steigerung des Luftbades. Er ließ dabei den Körper nicht sinnlos in der Sonne rösten, bis Verbrennungserscheinungen auftraten, sondern setzte den an die Luft gewöhnten Organismus ungefähr zwanzig bis dreißig Minuten den direkten Strahlen aus, wobei der Kopf beschattet war. Der Patient lag auf Wolldecken, die über ein geneigtes Bretterpodium gebreitet wurden.

So bestand die Grundidee Riklis in der Ausnützung der Strahlen, an die unsere Körper seit dem Mittelalter nicht mehr gewohnt waren. Wie weit die luftabwehrende Kleidung mit der Angst vor der Nacktheit zusammenhängt, ist hier nicht zu entscheiden. Wir haben es in diesem Zusammenhang nur mit den Folgen zu tun und den mühsamen Weg zu beobachten, der von Rousseau, Prießnitz, Rikli und vielen anderen verfolgt wurde, um zu einer organischeren Lebensform zurückzufinden, wie sie etwa die Antike selbstverständlich war.

Das Luftbad bildete die Grundlage, das Sonnenbad die Steigerung und das Schwitzbad den Abschluß in der Riklischen Behandlung. Auch für das Schwitzbad nutzte er die Strahlen der Sonne aus. Der Körper wurde nun in die Wolldecken, auf denen er gelegen hatte, eingehüllt. Auch darin hatte Rikli den richtigen In-

---

72 In Veldes, Oberkrain, Österreich. Sie überlebte ihren Gründer und bestand bis zum Ersten Weltkrieg. Die Tradition wurde in der Schweiz fortgesetzt.

stinkt, daß er kein Leinen verwendete, lang ehe man wußte, daß die infraroten Strahlen der Sonne lockere Gewebe leichter zu durchdringen vermögen. Fehlte die Sonne, so gebrauchte er das Bettdampfbad, das, wie wir sahen, einem weitverbreiteten Typ des neunzehnten Jahrhunderts angehört. In einzelnen Schweizer Naturheilanstalten, die die Riklische Tradition weiterführten, wird auch die Wintersonne für Schwitzbäder ausgenützt. Dies geschieht in einer Liegehalle, in einem Solarium mit verglaster Südwand (1912), wie etwa im verglasten Wintersolarium der Forum-Thermen in Ostia. Wintersonne und intensive Reflexstrahlung vom Schnee durchdringen die Glaswand, während man, nach Riklischer Vorschrift, in poröse Wolldecken gehüllt in der Halle liegt.

Vielleicht muß der Skeptiker zuerst am eigenen Leib erfahren haben, wie rasch die Transpiration durch die Wintersonne einsetzt und wie es psychisch stimulierender wirkt, in den blauen Himmel zu sehen, anstatt in einem elektrischen Schwitzkasten zu sitzen.

Zeitgenossen Arnold Riklis, wie Browns und Blunt (1877) wiesen auf die bakterientötende Wirkung des Sonnenlichtes hin. Wir sind im Zeitalter der Entdeckungen Pasteurs. Auch für die Anwendung von Sonnenlicht für Heilzwecke gab es einige isolierte Vorgänger im achtzehnten und frühen neunzehnten Jahrhundert[73]. Aber das hatte mit der sensiblen Erfassung des ganzen Körpers wenig zu tun. Arnold Rikli erprobte schon als Knabe seine Idee an sich selbst. Nicht ohne Hemmungen entledigte er sich seiner Kleidung mehr und mehr, bis er es wagte, in den Wäldern seines Heimatkantons Bern nackt umherzustreifen. Wie Prießnitz und wie Urquhart war er ein Außenseiter der Medizin[74]. Direkt angeregt wurde er durch die zahlreiche hydropathische Literatur der Jahrhundertmitte und, wie er betont, durch den Mäßigkeitsapostel der venezianischen Renaissance, Luigi Cornaro (1467-1566).

In der Reihe der totalen Badetypen, die im neunzehnten Jahrhundert durchzudringen versuchten, ist das Luft- und Sonnenbad, wie Rikli es durchführte, das letzte: Zellendampfbad um 1825, Türkisches Bad um 1855 und Sonnenbad um 1870.

Arnold Rikli gelang es, Luft und Sonne in ihrer Wirkung im »atmosphärischen Bad« zu konzentrieren. Er wies den Weg, wie das ungreifbare und gefährliche Medium des Sonnenlichtes zu handhaben sei. Dafür konnte er in der Zeit der lichtscheuen Interieurs und der Angst vor der Sonne keine populäre Wirkung erwarten. »Mehr als dreißig Jahre«, so schreibt er, »stand ich mit dem Kultus der atmosphärischen Bäder allein.« Die spätere Entwicklung, sowohl die wissenschaftliche wie die populäre, zeigen, daß Riklis Orientierung aus den innersten Antrieben der Zeit entsprang. Dr. Auguste Rollier, der eigentliche Entdecker der Höhen-

---

73 Scott, *Story of Baths and Bathing*, London, 1939.
74 Er gehörte zur Klasse kleiner Schweizer Industrieller – schon sein Vater hatte eine Färberei besessen –, die um die Jahrhundertmitte in spärlich industrialisierte Gegenden wie Italien oder Österreich auswanderten. Rikli war mit seiner Färberei mit 300 Arbeitern durchaus erfolgreich, aber er ließ sie seinen Brüdern, um seine Kuranstalt auf Schloß Veldes zu gründen.

465. Kleidungsstücke nach dem herrschenden Geschmack, Londoner Hygiene Ausstellung. 1883. »Venus von Milo«-Korsett. (Ausstellungskatalog)

sonnenwirkung für die Tuberkuloseheilung, hat wohl am direktesten Riklis Anfänge in therapeutischer Richtung erweitert. 1903 begann Rollier, in dem hoch über dem Rhônetal gelegenen Leysin (Kanton Waadt, Schweiz) Tuberkuloseheilungen durchzuführen, bei denen eine richtige Dosierung der Höhensonne mit psychologisch günstigen Bedingungen verbunden wurde. Strahlentherapie wirkte hier mit Arbeitstherapie zusammen, Schulen in der Sonne, Werkstätten, Universitätskursen.

Die Medizin nahm die Heliotherapie als wissenschaftliches Heilmittel erst nach Riklis Tod an, als sie, angeregt durch physikalische Entdeckungen (Röntgenstrahlen), wieder auf die Zusammenhänge von Körper und Strahlung gestoßen wurde. Die Strahlentherapie, die die immer größer werdende Skala elektrischer und anderer Emanationen umfaßt, ist sicherlich auf weite Strecken hin unerforscht, aber noch unerforschter ist der Typ der täglichen Regeneration, in den sie eingebaut werden sollten.

Als eine Heilmethode ist das Riklische Verfahren nie wirklich in die Öffentlichkeit gedrungen, aber das Luft- und Sonnenbad, allerdings in allzu vergröberter Form, wurde Allgemeingut dieses Jahrhunderts. In radikaler Form erscheint das Luftbad bei den Anhängern der Nacktkultur, die sich nach der Jahrhundertwende von Deutschland aus verbreitete und in vielen Ländern Kolonien bildete.

Das Sonnenbad, wie es von Großstädtern am Wochenende genommen wird, um in wenigen Stunden den Luftmangel von Wochen oder Monaten auszugleichen, hat nichts mit Riklis weiser Dosierung der Strahlen zu tun. Ohne jede Ahnung, wie das Sonnenlicht zu handhaben ist, rösten die Körper dumpf in der Sonne. Die Behörden sind stolz, wenn sie nach vielen Kämpfen ein Stück Strandfläche für die Erholung der Massen erobern konnten. In Anlagen dieser Art zeigt sich die ungeheure Hilflosigkeit unserer Zeit, wie das Regenerationsproblem anzupacken ist. Das Volk ist unwissend, was es dem Körper zumuten darf und was nicht. Alles

466. Bekleidung für das Lichtluftbad von Dr. Rikli. Um 1870. *In den sechziger Jahren versuchte der Schweizer Arnold Rikli (1823–1906) die heilsamen Auswirkungen der Strahlung systematisch auszunutzen. Sonnenbäder und Freiluftübungen bildeten die Grundlage seiner Behandlung. Rikli ließ seine Patienten kurze Hosen, Sandalen und kurzärmelige, am Hals geöffnete Hemden tragen. Zu der Zeit der Sonnenschirme wurden diese Kleidungsstücke von einigen Exzentrikern getragen, die hinter den hohen Zäunen, die sein Sanatorium umgaben, spazierengingen. (Dr. Arnold Rikli,* Let There Be Light, or The Atmospheric Cure, *5th ed., 1895)*

Bekleidung für den Ausmarsch zum Lichtluftbad in Veldes.

bleibt dem Dilettantismus des Einzelnen überlassen. Es gibt auch Bücher und Regeln mit »Dafür« und »Dagegen«, aber es fehlt die Institution, in der die harmonische Behandlung des Körpers zur zweiten Natur wird. Gewisse Verhaltensregeln werden oft wie Ratschläge für Schönheitspflege in Frauenzeitschriften gegeben[75].

Für Burne-Jones, den präraffaelitischen Maler, hat der Architekt Philip Webb 1859 einige Gläser gezeichnet, die für seinen persönlichen Gebrauch bestimmt waren. Sie sind glatt, schmucklos und völlig aus der Funktion geboren. Eines hat eine kleine Ausbauchung, damit die zufassenden Finger Halt haben. Form und Ausführung ist identisch mit den amerikanischen Wassergläsern, wie sie mehr als ein halbes Jahrhundert später in Massen für jede Bar und jeden Zehn-Cent-Store produziert wurden. Das heißt nicht, daß die persönlichen Gläser des präraffaelitischen Malers Modell dafür standen[76]. Das heißt, daß diese Gläser in ihrer funktionalen Selbstverständlichkeit bereits als Einzelfall verwirklichten, was die Zeit eigentlich wollte.

75 *Glorify your Figure*, New York, Sommer 1944.
76 Sie werden an ziemlich verborgener Stelle im Londoner South Kensington Museum aufbewahrt; auch waren keine Abbildungen vorhanden, bis das Museum sie freundlicherweise für uns machte.

Etwas Ähnliches begegnet uns im Falle Riklis und bei der Kleidung, die er für seine Patienten vorschlägt. Auf dem Titelblatt seiner *Atmosphärischen Cur* (Abb. 466) ist der unternehmende Einzelgänger mit dem Alpenstock in der Linken und der ausholenden Geste in der »Bekleidung für den Ausmarsch zum Lichtluftbad« wiedergegeben: Weit offenes, poröses, kurzärmeliges Hemd, schenkelfreie, lose anliegende Hose, Sandalen um den Leib geschnallt, barfüßig und barhaupt. Das waren Dinge, die in der Zeit der Sonnenschirme, der hochgeschlossenen, korsettbewehrten Kleider nicht in Betracht kamen. Vorratserfindungen der achtziger Jahren, bildeten sie die Insignien einiger lächerlicher Sonderlinge, die hinter den Palisaden des Naturparks von Veldes spazierengingen. Ein halbes Jahrhundert später wartet die Ausrüstung des einsamen Wanderers in Serienfabrikaten auf jedermann.

Die Dusche als Volksbad in den achtziger Jahren

Im Verlauf des neunzehnten Jahrhunderts eignete man sich allmählich die Hygiene an.

Man lernte Krankheiten unter Kontrolle zu halten, deren man früher nicht Herr werden konnte. Noch 1850 starben in England und Wales 50 000 Menschen an der Cholera. Krankheitserreger sollten durch Desinfektionsmittel und durch Reinlichkeit beseitigt werden.

Wie aber sollte man die Massen für die Reinlichkeit gewinnen? Die öffentlichen Bäder, die seit den vierziger Jahren in England und nach 1850 unter Napoleon III. in Frankreich auftauchten, waren den öffentlichen Waschanstalten angeschlossen und benutzten das vom Wäschewaschen übriggebliebene heiße Wasser. Aber die Bäder haben sich nie entwickelt. Ihre Zahl stand in keinem Verhältnis zur Bevölkerung.

Was konnte man also tun?

Da man gewohnt war, in Dingen, die das körperliche Wohl betreffen, nach rein ökonomischen Prinzipien vorzugehen, kam nur eine Möglichkeit in Betracht: »Reinigungsanstalten« mit Duschen. Es ist auffallend, mit welcher Verspätung der erste ökonomisch praktikable Vorschlag auf diesem Gebiet realisiert wurde[77]. Dr. Lassar, der Propagator der Volksdusche, errichtete auf der Berliner Hygiene-Ausstellung von 1883 ein Modellbad mit Duschen nach seinem System. Es bestand aus einem Wellblechschuppen mit zehn Duschen, jede davon in einer Zelle, fünf für Frauen, fünf für Männer. Zehntausende benutzten auf der Ausstellung von 1883 die seltene Gelegenheit, für zehn Pfennige eine warme Dusche, inklusive Seife und Handtuch, nehmen zu können. Damals gab es in Deutschland, nach Lassars Enquête, auf dreißigtausend Einwohner eine Badeanstalt. Diese Du-

---

77 Es heißt, daß die erste Duschanlage 1857 von einem französischen Arzt in einer Militärkaserne in Marseille eingerichtet wurde. Später wurde sie in deutschen Kasernen grundsätzlich eingeführt. Ebenso wie die Schulbäder waren die Duschanlagen mit Institutionen verbunden, zu denen die Massen keinen Zugang hatten. Der besonders weit verbreitete Typ, die »Volksdusche«, wurde von Dr. Lassar eingeführt.

 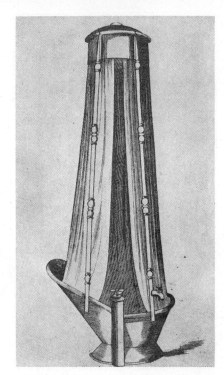

467. Symbolische Darstellung der Dusche. 1738. *Im achtzehnten Jahrhundert erscheint das Duschbad in einer etwas allegorischen Form. In der Mitte eines Barockbrunnens gießt Atlas Wasser über den Kopf eines Badenden. (Sigmund Hahn, Psychroluposia Vetus, Schweidnitz, 1738. Ausschnitt des Titelblattes)*

468. Sitzbad mit Dusche, Birmingham, England, 1847. *Mit dem wachsenden Verlangen nach Hygiene in der Industriegesellschaft wurden Lösungen angestrebt, bevor Wasserleitungen möglich waren. Das Wasser wird mit Hilfe einer Handpumpe hochgepumpt, ähnlich wie in Catherine Beechers Küche aus dem Jahre 1869. (Katalog, Victoria and Albert Museum, London)*

schenbäder oder Reinigungsanstalten (Abb. 472), wie Dr. Lassar sie nannte, »müßten geradezu auf der Straße stehen, damit die Vorübergehenden immer und immer wieder darauf hingeführt werden, sie zu benützen«[78].

Unter Sturzbächen, die von Felsen rinnen, wie die Griechen sie in ihrer Frühzeit liebten, auf Waldlichtungen, wie Prießnitz sie vorzog, oder als Teil eines umfassenden Regenerationssystems ist die Dusche eine wunderbare Sache. Aber wenn sie in fünf Minuten verabreicht wird an Menschen, die von der Straße geholt und in fünf Minuten wieder auf die Straße entlassen werden, erscheint sie in anderer Beleuchtung. Und doch, darin hatte Dr. Lassar recht, war dies die einzige Bademöglichkeit, die man dem Volk bieten konnte, wenn man von dem heute

---

[78] Oscar Lassar, *Über Volksbäder*, 2. Auflage, Braunschweig, 1888, S. 18-19. »Die Douche als Volksbad« wurde zum Schlagwort, das rasch in alle Länder ausstrahlte. In den Vereinigten Staaten wurde, wie wir sahen, 1895 die Dusche eindringlich anstelle von Badewannen für Mietshäuser empfohlen, wo es noch kein Warmwasser gab. Man hielt es nicht für nötig, jedes Mietshaus mit einem Bad auszustatten.

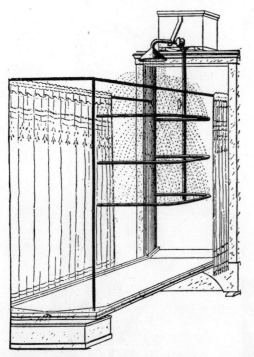

469. Zusammenlegbare Dusche mit Wassertank. 1832. *Bei dieser zusammenlegbaren deutschen »Regenbrause« fällt das in einem kleinen Tank unter Druck stehende Wasser nicht nur von oben herunter, sondern spritzt auch aus feingelöcherten, waagerechten Rohren.* (*Meißner,* Abhandlung über die Bäder, Leipzig, 1832)

470. Regenbrause für medizinische Zwecke. Frankreich, um 1860. *Der Arzt kontrolliert die Behandlung von seiner Beobachtungsplattform aus. »Es ist keine Seltenheit, einem Patienten zu begegnen, der bei der ersten Dusche Angst zeigt, schreit, sich sträubt, wegläuft, beängstigende Erstickungs- und Beklemmungsgefühle erlebt; und es ist auch nicht selten, ihn nach ein paar Augenblicken sagen zu hören: ›So, das ist also alles‹.«* (*L. Fleury,* Traité thérapeutique)

noch herrschenden Standpunkt ausging, daß für den öffentlichen Gebrauch nur die Dusche billig genug sei.

Einige Worte zur typologischen Entwicklung: Die Dusche oder Brause, Sturzbad, Regenbad, wie sie zu verschiedenen Zeiten genannt wird, durchläuft im großen dieselbe Popularitätskurve wie die Badewanne. Im neunzehnten Jahrhundert scheint sie zeitweise eine eigene Entwicklung zu nehmen, obwohl damals Wannenbad und Dusche oft als Einheit ausgebildet werden.

Auf dem Titelkupfer eines vielgelesenen Buches von einem der deutschen Nachfolger von John Floyer[79] erscheint die Dusche in allegorischer Form: ein die Weltkugel tragender Atlas läßt einen Wasserstrahl aus dem Inneren der Erde auf

79 Hahn, *Psychroluposia vetus,* Schweidnitz, 1738.

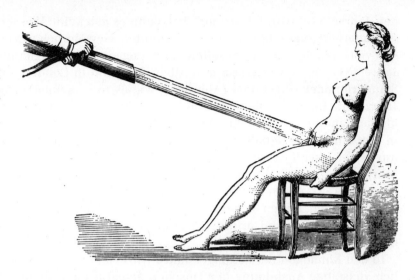

471. Dusche für die Behandlung von Unterleibskrankheiten. Frankreich. Um 1860. *Im Frankreich der fünfziger und sechziger Jahre wurden Prießnitz' hydropathische Methoden verbessert und Geräte für immer spezialisiertere medizinische Zwecke entwickelt.* (L. *Fleury*, Traité thérapeutique)

den Kopf eines badenden Mannes fallen (Abb. 467), was wohl gleichzeitig eine Andeutung der Urkraft des Wassers wie eine Wiedererinnerung an Gewohnheiten bedeutet, die man an den mittelalterlichen Brunnen sicher täglich beobachten konnte.

Die Losung »Zurück zur Natur« hat wie fast alle Badearten auch die Einführung der Dusche gefördert; trotzdem bleibt auch bei Prießnitz die therapeutische Anwendung im Vordergrund. Im Verlaufe des Jahrhunderts wird die Ausbildung der Dusche weit mehr gefördert als die des Wannenbades. Der Grund dafür ist vor allem in zwei Richtungen zu suchen: im sparsamen Verbrauch und im Einfluß der Hydrotherapie.

Als Dusche diente ursprünglich der schwere Wasserstrahl, der vom Felsen strömt oder aus Gefäßen über Kopf und Körper geleert wird. Prießnitz verwendet beide Arten in ihrer primitivsten Form (Abb. 457). Dieser massive Strahl wird in den fünfziger und sechziger Jahren von den Hydropathen für klinische Zwecke angewendet. Besonders die Franzosen, die sonst auf diesem Gebiet selten führend sind, haben verschiedene wissenschaftliche Methoden ausgebildet (Abb. 470, 471).

Gewöhnlich wird der einheitliche Strahl zerteilt, sei es durch ein Sieb oder andere Vorrichtungen. Zur Zeit als die Amerikaner diese Art der Dusche als Volksbademittel einführen wollten – um 1895 – nannten sie sie »rain-bath«. Die feine Verteilung des Strahls läßt große Freiheit in der Anordnung der Strahlenführung zu: von den Seiten, von oben, von unten, durch spiralig oder horizontal angeordnete perforierte Röhren. Um 1830 erscheint die Regendusche, wie bereits erwähnt, in Symbiose mit einem Hausdampfbad. Sogar eine Kopfdusche in Verbindung mit reifenförmig angeordneten Strahlenringen findet sich zur gleichen Zeit im Handel. Diese den Körper konzentriert treffenden Strahlen erhielten ihr Wasser aus einem kleinen Behälter. Alle diese Modelle (und so blieb es für die folgenden Jahrzehnte) waren transportabel, denn es gab keine Wasserleitungen an die sie dauerhaft angeschlossen werden konnten. Gewöhnlich waren die Vorrichtungen viel einfacher. In einem seltenen Katalog einer Birminghamer Firma aus dem Jahre 1847, den das Victoria and Albert Museum in London aufbewahrt, ist ein Standardmodell abgebildet (Abb. 468), wie es in verschiedensten Ausführungen Jahrzehnte hindurch diesseits und jenseits des Ozeans zu finden war. Durch eine kleine Handpumpe wird das Wasser von der Sitzbadewanne oder einem Becken in einen höheren Behälter gepumpt. Der Duschende zieht dabei einen Vorhang um sich. Dieser Typ wurde erst verdrängt, als Wasserleitungen in die Häuser geführt wurden. Doch um die Jahrhundertmitte, auf der großen Londoner Ausstellung von 1851, die in so vieler Beziehung die Richtlinien für die folgenden Jahrzehnte festlegt, finden sich die verschiedensten Modelle von Duschen. Die Badewannen dagegen sind primitiv. Dieser Gegensatz verschärfte sich noch in der nachfolgenden Zeit.

In den Katalogen der achtziger Jahre wird viel mehr Sorgfalt auf eine erstaunlich vielseitige Ausbildung der Duschen gelegt als auf die der Badewanne. Dies geschieht nicht aus Sparsamkeitsgründen, denn diese Apparaturen waren für große Häuser bestimmt, sondern unter dem Einfluß der Hydrotherapie. Es ist bekannt, daß beispielsweise ein hydropathischer Arzt Anfang der neunziger Jahre die Einführung von Duschanlagen in den amerikanischen Schulen veranlaßte[80].

Ob man die Quellen um 1850 oder um 1890 befragt, die Gründe, die für die populäre Einführung der Dusche angeführt werden, sind stets die gleichen: Duschen verbrauchen weniger Wasser und beanspruchen weniger Platz, weniger Zeit, weniger Reparaturen als das Wannenbad[81]. Dazu komme noch, daß sie bei Massenbetrieb hygienischer seien. Dr. Lassar, der Propagator der Volksduschen, hat auch darin recht, daß bei großen Bauten die Anlage und Unterhaltungskosten in geometrischer Progression wachsen. »Für eine Mark« so beweist Dr. Lassar 1883, »kann man Wasser für 666 Brausebäder, aber nur für 33 Wannenbäder erhalten«, und so fährt er in seinem Bemühen, die Dusche als Volksbad zu empfehlen, fort, »dies bedeutet auf ganz Deutschland gerechnet eine etwaige Ersparnis von mehr als 66 Millionen per Jahr (. . .)«.

Nur durch rein ökonomische Gründe konnte Dr. Lassar hoffen, die Behörden von seinen Duschenbädern zu überzeugen. Zweifellos aber stand dahinter ein

---

80 Siehe Wm. P. Gerhard, *The Modern Rain Bath*, New York, 1894; »Regenbäder (rainbaths) wurden erst kürzlich in den Vereinigten Staaten eingeführt, vor allem auf Vorschlag von Dr. S. Baruch, einem Arzt für Hydropathie aus New York City.«

81 »Am nützlichsten für die Öffentlichkeit sind in der Regel die Bäder (. . .), die keinen großen Wasservorrat erfordern. (. . .) Betrachtet man die verschiedenen Arten, so scheint das Duschbad diese Eigenschaften in hohem Maße zu besitzen. Abgesehen von den ihm zugeschriebenen medizinischen Qualitäten kann eine vollständige Abwaschung mit sehr geringem Wasserverbrauch erzielt werden.« »New Shower Bath«, *The Illustrated London News*, 17. August 1850, S. 154.

ethischer Antrieb. Aber es hat doch etwas Erbärmliches, daß das Jahrhundert der Mechanisierung den Massen Wellblechhütten als Regenerationsmittel anbieten mußte, da es nichts anderes zuwege brachte. Es ist eine tiefe Kluft zwischen der Auffassung, die die römischen Thermen entstehen ließ, und der Auffassung, die diese Wellblechhütten als Lösung ansah. Tatsächlich erscheinen sie wie eine Abart der Bedürfnisanstalten, die im Haussmannschen Paris mit dem Ausbau der Kanalisierung überall an den Straßenecken auftauchten.

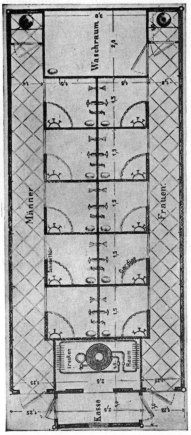

472a. Thermen des neunzehnten Jahrhunderts: Duschen in Wellblech-Schuppen. Deutschland, 1883. »Die nützlichsten Bäder für die Öffentlichkeit sind in der Regel die, die keinen großen Wasservorrat erfordern.« Diese 1850 geäußerte englische Meinung hielt sich das ganze Jahrhundert. Sogar in den achtziger Jahren betrachtete man Duschen als die einzige wirtschaftlich mögliche Form eines »Volksbades«. (Lassar, Über Volksbäder, 2. Ausgabe, Braunschweig, 1888)

472b. Thermen des neunzehnten Jahrhunderts: Grundriß. Diese Wellblechhütten sollten an den Straßen aufgestellt werden, um so die Vorbeigehenden zu ihrer Benutzung zu ermutigen. (Lassar, Über Volksbäder, 2. Ausgabe, Braunschweig, 1888)

Die Mechanisierung des Bades

Um 1900 wurde es klar, daß die Badezelle mit fließendem kaltem und warmem Wasser der Typ ist, den unsere Zeit gewillt war durchzusetzen. Badezelle und Schlafzimmer werden schließlich als Einheit behandelt, wie in den Barockschlössern die Räume mit den dahinterliegenden Kabinetten, Garderoben, Toiletten, Anrichteräumen im Plan eine untrennbare Einheit bilden.

Doch auch um 1900, nach langem Schwanken, war das Badezimmer im Haus immer noch eine Angelegenheit der Privilegierten. Immer noch fehlten die wichtigsten Elemente für seine demokratische Verbreitung: eine Wanne, die es an Haltbarkeit und Aussehen mit den luxuriösen Porzellanmodellen aufnehmen konnte, war noch nicht zur Standardform entwickelt und die Versorgung mit warmem Wasser hatte noch keine befriedigende Lösung gefunden. Auch fehlte es an sorgfältig durchgebildeten Armaturen.

Es ist nicht schwer, die klaren Entwicklungslinien komplizierter Maschinerien wie des Autos oder der Lokomotive zu verfolgen. Aber man bleibt in einem Gestrüpp von Anekdoten und zufälligen Nachrichten stecken, wenn man dem Zustandekommen des heutigen Badetyps nachgehen will. Der Grund dafür ist immer derselbe: Es fehlt an Inspiration, sobald sie für menschliche Bedürfnisse gebraucht wird. Die Folge ist eine deprimierende technische Armseligkeit; es hat keinen Sinn, sich lange dabei aufzuhalten. Wir ziehen es vor, uns auf die letzten Jahrzehnte zu konzentrieren, in denen die Zeit sich klar darüber zu werden begann, was sie eigentlich wollte. Jetzt wurden die nötigen Erfindungen gemacht. Die Badezelle findet rasch ihre Standardform, vor allem in dem Land, das am meisten auf die Demokratisierung des Komforts bedacht war, in Amerika. Es war die Zeit der Vollmechanisierung. Mit einem Male beherrschten die beiden Schwerpunkte der Mechanisierung, Bad und Küche, geradezu tyrannisch den Grundriß des ganzen Hauses. Ökonomische Gründe – Senkung der Installationskosten durch die möglichst enge Zusammenlegung von Küche, Bad und Toilette – legen die Architekten, mehr als ihnen machmal lieb ist, in der freien Gestaltung des Hauses fest.

Vom Nomadischen zum Stabilen

Nur ein paar Worte zur morphologischen Entwicklung des Typs. Im Mittelalter machte das Möbel und im neunzehnten Jahrhundert die Badewanne die Wandlung vom Nomadischen zum Stabilen durch: aus dem transportablen Bad wurde ein feststehendes, das sich in einem komplizierten Netz von Rohrleitungen und Belüftung im Haus verankert. Im Mittelalter war das Nomadische eine Folge der unsicheren Verhältnisse, in unserer Zeit die Folge einer Unsicherheit der Orientierung.

Das Badezimmer konnte kein Bestandteil des bürgerlichen Hauses werden, solange eine Vorbedingung fehlte: Wasser. Wasserverkäufer zogen ihre Karren mit

473. Badewanne mit angeschlossenem Ofen. England, 1850. *Diese Zusammenstellung von tragbarer Wanne und Heizeinheit war typisch für das Angebot der technikbewußten Zeit um 1850. Das Prinzip selbst war schon im späten Mittelalter bekannt.* (*Henry Cole,* Journal of Design, 1850)

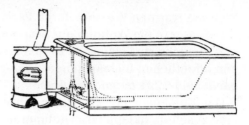

Bath Tubs—Continued.

No. 15 Beveled French Plate Mirror, 34x16, Imitation drawers, natural, antique or XVI Century, Polished finish, zinc lined. Length, 5 feet 6 in. With folding legs.

474a,b. Schrankbadewanne mit Benzin-Badeofen, Versandkatalog. 1895. *Die klappbaren Wannen ohne Wasserleitungen sind dem Standardmodell in diesem Katalog aus den neunziger Jahren zahlenmäßig überlegen.* (*Montgomery Ward Co., Chicago,* 1895)

The Mosley Improved Water Heater No. 3.
WITH GAS OR GASOLINE BURNER.

Especially adapted for use with stationary baths, giving the advantage of QUICK AND INDEPENDENT HEATING, also for KITCHENS, LAUNDRYS, BARBER SHOPS, etc., with minimum fuel cost. PERFECT COMBUSTION. NO SMOKE. All parts clean at all times; may be used in connection with water service or otherwise. No ventilating flue required. Water tank is constructed with lid, so as to fill with bucket. Also has opening for supply pipe connecting with cut-of valve. NOT USED UNDER WATER OR STEAM PRESSURE.

Gasoline Burner.
43695 A. Enameled galvanized iron heaters, with bracket $15.00

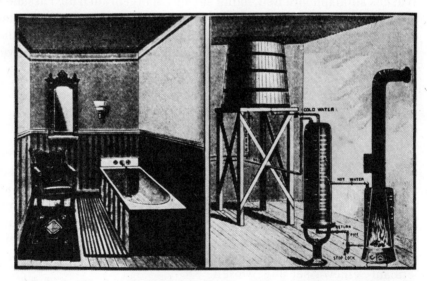

475. Badezimmer mit Badeofen, für einen Barbierladen. Chicago, 1888. *»In unseren Großstädten ist es üblich, daß sich sowohl in allen Hotels als auch in größeren Barbierläden Badeeinrichtungen befinden«, schreibt W. P. Gerhard (1895). Diese von einem Barbierstuhlproduzenten hergestellte Einrichtung kann ohne Installateur aufgestellt werden. Hier erscheint die mittelalterliche Verbindung von Baden und Haareschneiden wieder, aber die Betonung ist jetzt eine andere: Das Badezimmer ist lediglich Beiwerk des Barbierladens geworden.* (*Katalog Th. Kochs, Chicago,* 1888)

Wannen warmen Wassers durch Paris. Sie trugen die Badewannen und das warme Wasser in die Wohnungen. Man nannte diese Art Bäder »Hausbäder«, *baignoire à domicile,* im Gegensatz zu den feststehenden Badewannen, *baignoire fixe,* in den öffentlichen Badeanstalten. 1838 gab es in Paris 1013 dieser *baignoires à domicile* und 2224 *baignoires fixes.*

Der Engländer der sechziger Jahre hatte, wenn er auf dem Kontinent reiste, eine zusammenklappbare Guttaperchawanne im Gepäck, und daheim (Abb. 468) benutzte er gewöhnlich kleine Sitzwannen, deren Duschvorrichtung wichtiger war als die Wanne.

Auch die Kombination von Wanne und Ofen war oft ebenfalls transportabel. Henry Cole empfiehlt 1850 eine Badewanne mit Ofen, die in jedem Raum, der ein Abzugsrohr hat, angeschlossen werden könne (Abb. 473). Um einen direkten Kreislauf zwischen Kessel und Bad herzustellen, werden Badeofen und Wanne durch zwei Rohre verbunden. Es ist eine Ausnahme, wenn Henry Cole auf technische Einrichtungen eingeht. Anscheinend muß ihm die Apparatur imponiert haben. Das Prinzip ist dabei nicht neu. Man kennt es bereits im ausgehenden Mittelalter. Und nun, um 1850, in der Zeit, die mit Feuergasen, um in der Industrie Dampfkessel zu heizen, so gut umzugehen weiß, ist dies so ziemlich das Einzige, was den Erfindern einfällt.

Dieser Typ geht ebenso wie die erwähnte amerikanische aufklappbare Badewanne von der Voraussetzung aus, daß es kein fließenden Wasser gibt. Sie war in amerikanischen Stadtwohnungen im letzten Viertel des Jahrhunderts zu finden. Wie das aufklappbare Bett, nahm sie bei Nichtgebrauch die Fassade eines Schrankes an. Später wurde sie auf den Farmen ziemlich beliebt. Es ist ein Typ von großer Zählebigkeit, der in den Versandhaus-Katalogen bis in unser Jahrhundert zu finden ist. In der Mitte der neunziger Jahre wurde ihm in Preis wie Ausführung mehr Aufmerksamkeit geschenkt als den fixen Typen.

Fließendes Wasser

Zu den Schattenseiten des siebzehnten und achtzehnten Jahrhunderts gehört, daß die Großstädte noch um 1800 keine geregelte Wasserzufuhr kannten.

In Paris versuchte Napoleon hier Abhilfe zu schaffen. Ein Plan aus dem Jahre 1812, der uns in der Bibliothèque Nationale in die Hand fiel, verzeichnete den Stand der Kanalisierung nach Napoleons energischen Arbeiten: Nur die reichsten Quartiere, wie das Faubourg St. Honoré, erhielten Wasserleitungen. Die volkreichen Bezirke blieben auf spärliche Straßenbrunnen, Wasserverkäufer und vor allem auf Seinewasser angewiesen.

In der zweiten Jahrhunderthälfte wurden die Städte überall ganz mit Wasser versorgt. Erst gingen die Wasserleitungen ins Parterre, dann in die Stockwerke und schließlich in jede einzelne Wohnung. Nur ein Film könnte das Eindringen des fließenden Wassers in den Stadtorganismus, seinen Sprung in die Stockwerke, in die Küche und schließlich ins Bad plastisch darstellen; Worte sind dafür zu schwerfällig.

Das Gleiche gilt für die Warmwasserversorgung. Das neunzehnte Jahrhundert hat – wie zu homerischen Zeiten – das warme Wasser meistens in Kübeln aus der Küche geholt. In Amerika waren kupferne oder eiserne Warmwasserboiler in Verbindung mit dem Herd seit den vierziger Jahren in Gebrauch. Verschiedenste Vorschläge wurden gemacht, durchgesetzt hat sich der hohe, vertikale Boiler ohne Isolierung, der am Herd, aber getrennt von ihm angebracht war. Doch die Entwicklung ging nicht recht weiter.

Fließendes warmes Wasser ist eine weitere Vorbedingung für die Mechanisierung des Badezimmers. Es lassen sich ungefähr folgende Stufen feststellen: Badeofen und Wanne als transportable Einheit, Badeofen und Wanne fest an die Badezimmerleitung angeschlossen, Warmwasserversorgung der Wohnung oder des Einfamilienhauses von einem Punkt aus[82], und – in unserem Jahrhundert – Versorgung des Apartmenthauses von einer Zentrale aus[83]. Die Reihenfolge, in der fließendes Wasser mit den einzelnen Reinigungsapparaten verbunden wurde, ist etwa folgende: Küchenausguß, Waschbecken und schließlich Badewanne. Die Verbindung von fließendem Wasser mit dem Waschbecken bedeutete Arbeitsersparnis. So ist es zu verstehen, daß Amerika hierin von Anfang an voraus war. In den neunziger Jahren wird von englischer Seite bezeugt, daß »in Amerika diese Waschbecken-Apparaturen in jedem Haus und in jedem Ankleidezimmer zu finden sind. Arbeitssparende Mechanismen werden jenseits des Atlantiks weit mehr geschätzt als bei uns. Patente für Apparaturen dieser Art sind deshalb viel häufiger.«[84]

Zwar finden sich in den Katalogen der fünfziger Jahre Waschbecken mit Hähnen, doch waren diese an eine Handpumpe angeschlossen, ähnlich wie der Küchenhahn in Catherine Beechers Küche von 1869. Auch hier findet sich früh eine technisch durchgebildete Lösung auf dem Gebiet des Schlafwagens. In den siebziger Jahren bedeutete es, wie wir sehen werden eine Sensation, als in einem Bostoner Hotel in jedem Zimmer Becken mit fließendem Wasser angebracht wurden. Um 1890 wurden jene heute vergessenen Gesichtsduschen, die vom Grund des Beckens aus wie ein Springbrunnen hochstiegen, zum Waschen benutzt[85].

Mit der Vollmechanisierung zu Beginn der zwanziger Jahre wird ein fast verschwenderischer Warmwasserverbrauch in Amerika zur Selbstverständlichkeit. Die Zeit, in der dies geschieht, läßt sich ziemlich genau angeben. Sie fällt mit der plötzlichen Expansion der emaillierten sanitären Artikel zusammen, deren Zahl sich zwischen 1921 und 1923 nahezu verdoppelt[86].

---

82 Mit Koks gefeuerte eiserne Boiler wurden in den achtziger Jahren benutzt. Siehe Katalog der L. Wolff Mfg. Co., Chicago, Ill., 1885, S. 219. Für »Sofort-Gaswasserheizer« siehe Katalog von Crane Co., Chicago, Ill., 1898.
83 In den siebziger Jahren wurden in New York ganze Wohnblöcke mit Dampf geheizt.
84 W. R. Maguire, *Domestic Sanitary Drainage and Plumbing*, London, 1890, S. 293.
85 Vgl. Maguire, a.a.O., S. 287.
86 1921 näherte sich die Produktion von emaillierten Sanitärartikeln (Waschbecken, Badewannen usw.) mit 2,4 Millionen Stück ungefähr den Zahlen des Vorkriegsjahres 1915. Dann stieg sie auf über 4,8 Millionen pro Jahr und erreichte 1925 ein zeitweiliges Maximum von 5,1 Millionen.

476. George Vanderbilts Badezimmer, Fifth Avenue, New York. 1885. *Im Gegensatz zu den Prinzipien des herrschenden Geschmacks wurden in dem Vanderbilt-Badezimmer die vernickelten Rohre und sogar die Bleiinstallationen nicht verkleidet. Seine kompakte Anordnung scheint die zukünftige amerikanische Badezelle anzukündigen.* (The Sanitary Engineer, *New York*, 1887)

Der Wandel vom nomadischen zum stabilen Bad vollzieht sich augenblicklich, als das Badezimmer an Wasserleitung und Kanalisation angeschlossen werden konnte. Vorher wäre es sinnlos gewesen, dem Bad einen eigenen Raum zu geben.

Nun setzen erst die Probleme ein, denn das Bad wird gleichzeitig ein neues Element im Organismus des Hauses. Neue Fragen tauchen auf.

Welche Bedeutung soll das Bad im Haus haben? In welchem Verhältnis steht es zu den anderen Räumen?

Welche Größe, welche Anordnung, was für ein Grundriß sind erwünscht? Wollen wir ein geräumiges Bad oder sollen wir es auf den kleinstmöglichen Raum beschränken?

Die Dimensionierung des Bades als eines Zimmers unter Zimmern oder als Zelle, gerade groß genug, um die Reinigungsvorrichtungen aufzunehmen, beruhen durchaus nicht nur auf finanziellen Erwägungen. Sie spiegeln zwei Entwicklungsstufen, deren erste wir die englische und die zweite die amerikanische nennen wollen.

738

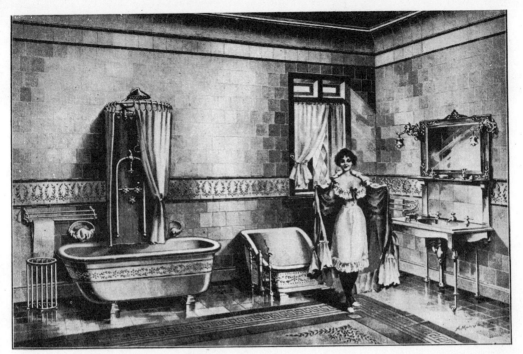

477. Das englische Badezimmer. 1901. *Nach seinen mobilen und halb-mobilen Entwicklungsstufen wurde das Badezimmer zu einem festen Bestandteil des wohlhabenden englischen Haushaltes. Es ist ein großer Raum mit Fenster, in dem mit Geld nicht gespart wurde. Solch ein Badezimmer stand normalerweise der ganzen Familie zur Verfügung. Der Raum wurde für Möbel erdacht, nicht nur als Anhang des Schlafzimmers. (W. E. Mason, Katalog)*

Das englische Badezimmer um 1900

England hat die Luxusbadezimmer der Welt eingerichtet. Kein anderes Land hat zwischen 1880 und 1910 den Ruf und die Qualität englischer sanitärer Artikel erreicht. Den Glanzpunkt der Ausstattung bildete die schwere doppelwandige Porzellanbadewanne. Sie war überall zu finden, wo die Mittel es erlaubten; in St. Petersburg, im Palast indischer Rajahs nicht weniger als im Hause George Vanderbilts in der Fifth Avenue (Abb. 476). In englischen Mittelstandswohnungen oder Pensionen gab es selbstverständlich auch einfache verzinkte Wannen, die in schmalen Kabinetten standen, die man von einem Zimmer abgetrennt hatte.

Die schweren doppelwandigen Porzellanwannen – einzeln hergestellt wie ein Rolls Royce – sind für jene Periode ebenso typisch wie später die amerikanische doppelwandige emaillierte Wanne, die am Fließband hergestellt wurde. Die Porzellanwanne war nicht der einzige Luxus. Komplizierte Duschanlagen, einzeln oder mit der Wanne verbunden, Sitzbäder, Bidets, Toiletten, Waschtische mit Marmorplatten, bemalt nach dem persönlichen Geschmack des Kunden, vervollständigten die Einrichtung. Das war ein Luxus, der in keiner Zelle Platz finden konnte.

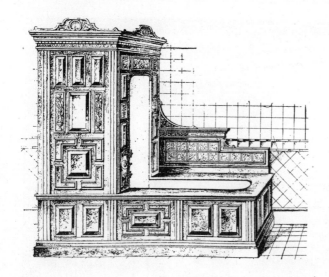

478. Individualität im Badezimmer: »Bad mit Haube«. England, 1888. *Erhältlich in verschiedenen Holzarten, um zur Umgebung passen zu können. Preis 60 Pfund.« Solche Produkte sind ein Ergebnis der im neunzehnten Jahrhundert herrschenden Idee, daß das Zeitmöbel ein Ausdruck des persönlichen Geschmacks sein sollte. Der verlangte Preis für die Verkleidung des Bades und der Dusche ohne Installationen – 60 Pfund – ist ein Zeichen für die ihnen beigemessene Wichtigkeit. (Doulton Co. Katalog, 1888)*

479. PERCIER UND FONTAINE: Waschstand. 1801. *Die serienmäßige Herstellung im späten neunzehnten Jahrhundert verstärkte nur, was zu Anfang des Jahrhunderts begonnen wurde. (Percier und Fontaine, Recueil des Décorations Intérieurs, Paris, 1801)*

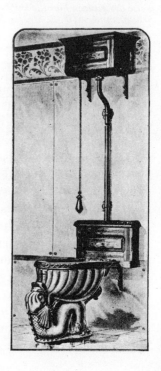

480. »Kunst« im Badezimmer. »Der Delphin«, elfenbeinfarbene Klosettanlage. Vereinigte Staaten, aus den achtziger Jahren des neunzehnten Jahrhunderts. *(Reklame)*

740

Das Bad um 1900 beansprucht ein geräumiges Zimmer mit mehreren Fenstern. Die kostbare Ausstattung wurde in würdigem Abstand voneinander plaziert (Abb. 477). Der zentrale Raum war groß genug, um sich frei zu bewegen, selbst für Körperübungen. Dieses Badezimmer, wie die Engländer es ausbildeten, wurde ebenso vorbildlich wie ihre Porzellanwanne, von der der Anstoß zur Schaffung eines gleich komfortablen und doch billigeren Modells ausging. Auch die geräumigeren Häuser verfügten nur über *ein* derartiges Badezimmer, das allen Familienmitgliedern diente.

In den ersten zwei Jahrzehnten unseres Jahrhunderts übernahm der wohlhabende Mittelstand Europas das Badezimmer, wie die Engländer es ausgebildet hatten. Jeder konnte seine Ausstattung entsprechend seinen Mitteln vereinfachen. Normalerweise war ein Badezimmer für alle Bewohner vorgesehen.

Wie sollten die einzelnen Geräte angeordnet werden? Es war genug Raum für Variationen vorhanden. So kommt es, daß das englische Badezimmer keinen bestimmten Grundriß hat. Es blieb dem Zufall oder dem Geschmack des Einzelnen überlassen, wo das Badezimmer angeordnet oder wie es eingeteilt wurde. Bis heute ist, auch in den modernsten europäischen Bauten, eine gewisse Unsicherheit im Grundriß spürbar. Das Badezimmer wurde kleiner, aber die Frage blieb bestehen: Ist das Badezimmer ein Raum für sich oder bildet es, wenn auch abgetrennt, eine Einheit mit dem Schlafzimmer?

481. Hölzerner Schrank des Installateurs. Verkleideter Waschtisch. 1875. *Bis zu dieser Zeit waren Waschwannen, Badewannen und Klosetts einfach verkleidet. Aber der Möbeltischler kam dazu und führte verzierte Verkleidungen ein, um die Installationen zu verbergen. »Gewöhnlich sind diese von Tischlern zusammengebauten Gegenstände schlicht und keineswegs eine Verzierung des Raumes«, schreibt* Manufacturer and Builder.

482. Unverkleidetes amerikanisches Waschbecken mit freiliegenden Rohren. 1888. *Nach den damaligen Vorstellungen eignete sich das unverkleidete Waschbecken nur für Haushaltszwecke. (Katalog, Standard Manufacturing Co., Pittsburgh)*

483. Standardisierung und Dekoration: Ein Hut, viele Wirkungen. *Durch vielfältigen Besatz wird das Standardmodell an verschiedene Wünsche und Altersgruppen angepaßt. Hüte, Häuser oder Badezimmer, alle sollten den Anschein von Individualität erwecken.* (Old Print Shop, New York)

Badezimmer und herrschender Geschmack

Die Wucht, mit der der herrschende Geschmack in alle Gebiete eindrang, erreichte auch das Badezimmer, gelegentlich mit grotesken Resultaten. Badewanne, Waschbecken und Toilette wurden als Möbel betrachtet, die den persönlichen Geschmack des Bewohners ausdrücken sollten.

Die Angst vor der reinen Form, wie sie in Möbeln, in der Architektur und in der Ausschmückung erscheint, wirkte sich auch in der Badezimmereinrichtung aus. Ein Haus, das es sich leisten konnte, schloß zur Zeit des Höhepunkts des herrschenden Geschmacks, in den achtziger Jahren, Badewanne und Dusche in ein massives Gehäuse, so daß beide dahinter verschwanden (Abb. 478). Mit der Badezimmereinrichtung vollzieht sich somit der gleiche Prozeß, den wir an den *confortables,* den Fauteuils, deren Struktur von Kissen aufgesogen wurde, beobachten konnten. Immer wieder taucht in Katalogen und Handbüchern der achtziger und neunziger Jahre die Mahnung auf, daß der Installateur auf die Wünsche des Architekten in Form und Ausschmückung Rücksicht zu nehmen habe. So konnte das Gehäuse der englischen Badewanne und Dusche von 1888 (Abb. 478) auch »in verschiedenen Hölzern« geliefert werden, »um mit der Umgebung oder dem Stil

742

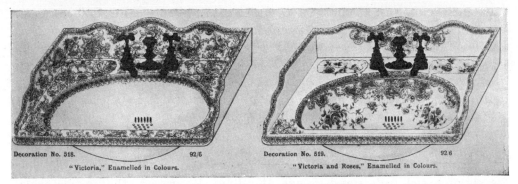

484. Standardisierung und Dekoration: Ein Waschbecken, viele Wirkungen. Verziertes englisches Waschbecken. 1900. *»Victoria« und »Victoria und Rosen« (farbig) sind gleiche Modelle mit unterschiedlichem Dekor.* (Twyford's Twentieth Century Catalogue, 1900)

nach den Wünschen des Architekten im Einklang zu stehen«[87]. Wie sehr man derartige Verhüllungen schätzte, geht aus ihrem Preis hervor: das Gehäuse allein, ohne Bad, Dusche und Installation, kostete ungefähr 60 Pfund. Fiel das Gehäuse weg, so trat bunte Bemalung an seine Stelle. Die Standardmodelle wurden mit verschiedenartigsten Ornamenten und und in verschiedensten Stilformen überzogen, was in den achtziger und neunziger Jahren eine ähnlich hypnotische Wir-

---

87 Katalog von Doulton Co., London, 1888.

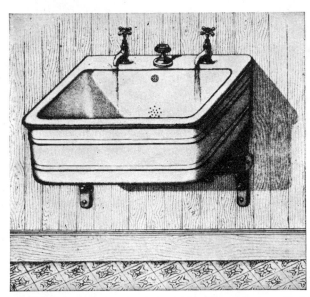

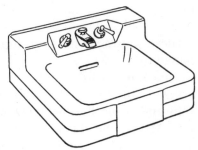

486. Waschbecken, 1940. *Klare Formen breiteten sich langsam von der Küche zu der mehr persönlichen Sphäre des Badezimmers aus. Ein halbes Jahrhundert trennt das überlegt gestaltete Spülbecken von 1888 und das Waschbecken von 1940.* (Katalog, Crane and Co., Chicago)

485. Die reine Form in der Küche: Das amerikanische Spülbecken. 1888. *Zu dieser Zeit ließ der herrschende Geschmack solche vereinfachten Formen im Badezimmer nicht zu. Jedes Detail ist sorgfältig berücksichtigt worden. Abfluß und Überlauf sind unter der Forderung äußerster Reinhaltung gestaltet.* (Standard Manufacturing Co., Katalog)

kung auf die Kauflust ausübte wie später das *streamlining* der Gebrauchsgegenstände. Die Firmen sparten deshalb nicht mit polychromen Wiedergaben. Noch um 1900, in Twyfords *Twentieth Century Catalogue* finden sich Wannen und Waschbecken, bei denen das gleiche Modell wahlweise mit verschiedenen Ornamenten überzogen war (Abb. 484). Man behandelte Badewannen genauso wie jene Hüte (Abb. 483), bei denen ein Standardmodell durch verschiedenartige Ausschmückung verschiedenem Geschmack und verschiedenem Alter angepaßt wurde.

Bald wanderte der Schmuck des Waschbeckens von Platte und Umfassung in die Schale oder überzog beide. Ein Drang nach Abwechslung und Neuem ohne Sinn breitete sich widerstandslos aus. Allerdings, die groteske Haltung der achtziger Jahre, die keinen Gegenstand ohne »Kunst« duldete, war bereits im Abflauen begriffen. Eine Reklame wie die für das mit Elfenbeinglasur versehene Klosettmodell »Delphin«, das Jahre hindurch in den Zeitschriften als Paradestück vorgeführt wurde (Abb. 480), wird jetzt in seiner Lächerlichkeit erkannt.

Wie auf allen Gebieten gab es einen Kampf um die natürliche Form. Was in der Architektur im großen vorging, spielt sich hier im Intimen ab. Wo immer das neunzehnte Jahrhundert sich unbeachtet fühlt, wird es kühn: Dies gilt von den großen Spannweiten der Ausstellungshallen bis zu den Laboratoriumsgeräten und einem Küchenausguß. Aus vielen Gründen brachte das neunzehnte Jahrhundert nicht den Mut zur intelligenten Form auf, sobald es sich um die intime Umgebung handelte. Ein amerikanischer Küchenausguß von 1888 mag Zeugis dafür ablegen (Abb. 485)[88]. Jede Einzelheit ist sorgfältig durchdacht. Überlauf und Abfluß sind, wie der Katalog hervorhebt, so angeordnet, daß das Becken vollkommen sauber gehalten werden kann.

Diese Schwäche für Ausschmückung, die sich seit dem Empire im Kult für Vorhänge und Drapierungen äußert, zeigt sich auch auf sanitärem Gebiet. Wie ein Kern aus der Schale, so löst sich das Waschbecken im Lauf der Jahrzehnte aus seiner Umhüllung durch Möbel. In den wasserscheuen Jahrhunderten verschwanden die Reinlichkeitsapparaturen aus den Wohnräumen. In bescheidenem Maße kehrt das Bedürfnis nach ihnen im achtzehnten Jahrhundert wieder, wie man aus der neuen Aufmerksamkeit entnehmen kann, die die englischen Möbeltischler Toilettenmöbeln zuwenden. In Shearers Damenfrisiertisch von 1788 (Abb. 185)[89] verbergen sich ein kleines Waschbecken und vier Schalen mit »einem Behälter für Wasser dahinter«. Sie sind zwar in einer Schublade verborgen, aber wenigstens sind sie vorhanden.

Im neunzehnten Jahrhundert wurden die Waschbecken und Waschkrüge allmählich größer. Aus dem dreibeinigen Beckenhalter, der aufs Mittelalter zurückgeht, entwickelt sich gegen 1820 eine kreisrunde Form, wie sie die Zeit liebte, in

---

88 Katalog von Standard Mfg. Co., Pittsburgh, Pa., 1888.
89 Shearer, *London Book of Prices*, London, 1788, S. 159.

487. Mount Vernon Hotel, Cape May, New Jersey. 1853. *Nach der* Illustrated London News (1853) *wurde in jedes Schlafzimmer ein Bad mit fließendem Wasser eingebaut. »Jeder Raum ist vollständig eingerichtet und enthält alle Einrichtungen für den Komfort des Bewohners.« Das war ein halbes Jahrhundert, bevor ein Bad jedem Hotelzimmer gehören sollte.*

die das Becken eingelassen ist[90]. In den dreißiger Jahren tauchen breitere Waschtische in Gestalt von Kommoden oder Tischen (Abb. 187) auf.

Um die Jahrhundertmitte erscheint die typische Form, die beibehalten wird: Auf die Kommode des achtzehnten Jahrhunderts mit ihrer Marmorplatte werden ein oder zwei Becken mit Krügen gestellt. Sobald fließendes Wasser verfügbar ist, wird das Becken in die Marmorplatte eingelassen (Abb. 481), aber die Kommode bleibt. In den siebziger Jahren wendet man dieser hölzernen Umkleidung besondere Aufmerksamkeit zu. In den achtziger Jahren, vor allem in Amerika, verschwindet die Kommodenfassade und übrig bleibt die Marmorplatte mit versenktem Becken (Abb. 482). Man muß noch bis weit ins zwanzigste Jahrhundert warten, bis das Waschbecken unter dem Einfluß der Massenproduktion und durch den Anschluß an die Installation seine natürliche Gestalt annimmt (Abb. 486). Erst mit dem Aufkommen der Massenherstellung von Emaille und Steingutware konnte sich die natürliche Form wirklich durchsetzen. Gegen Ende der dreißiger Jahre machte sich ein Rückbildungsprozeß bemerkbar: Auf verschiedenen Umwegen wurde versucht, das Bad und auch die Küche wieder zu möblieren.

---

90 La Mesangere, *Meubles et Objets de Goût*, Paris, 1820, Abb. 504, Lavabo. In ähnlicher Form auch eine *toilette d'homme* (1817), ebd., Abb. 442.

Der Standard jedoch, der um 1915 erreicht wurde, beruht auf der gleichen Erkenntnis wie die Ausstattung der römischen und islamischen Bäder: Gegenstände, die täglich mit Wasser und Dampf in Berührung kommen, können nicht verniedlicht werden.

Die amerikanische Badezelle, um 1915

Der Einfluss des Hotels

Amerika bestimmte die Entwicklung von dem Augenblick an, als das Bad demokratisiert wurde, das heißt seit Mitte des zweiten Jahrzehnts und in der Zeit der Vollmechanisierung. Zum ersten Mal entstehen jetzt Standardgrundrisse, denn die Problemstellung ist jetzt klar geworden: Das Bad wird nun als Anhang zum Schlafzimmer betrachtet. Das geschieht nicht von ungefähr.

Der amerikanische Typ hatte seinen Ursprung außerhalb des Hauses: im Hotel. Man erkannte, daß das Hotel der Platz war, der »den Amerikanern Gelegenheit bot, ihre erste Bekanntschaft mit Badewanne, fließend kaltem und warmem Wasser, Wasserklosett und Dampf zu machen (...) Unter den vielen Dingen, durch die das Hotel das häusliche Leben in Amerika beeinflußt hat, steht der Einfluß des Hotelbadezimmers an erster Stelle.«[91]

In seinem umfassenden Buch *Greek Revival Architecture in America* erwähnt Talbot Hamlin ein Bostoner Hotel, das »Tremont House«, 1827-29, das in Souterrain eine ganze Batterie von Wasserklosetts und Baderäumen mit fließendem Wasser enthielt. »In diesem Gebäude wurde zum ersten Mal in Amerika, wahrscheinlich sogar in der Welt, die mechanische Ausrüstung zu einem wichtigen Element im Aufbau des ganzen Hauses.«[92] Die Anlage im Souterrain wie bei Scipios Baderaum ist typisch für die damalige Entwicklungsstufe, als fließendes Wasser noch nicht in die Stockwerke geleitet wurde.

Es steht uns nur eine Außenansicht (Abb. 487) und eine halb ironische, halb bewundernde Beschreibung eines amerikanischen Hotels zur Verfügung, das in jedem seiner Zimmer ein Bad mit fließendem Wasser hatte. Es handelt sich um das Ferienhotel »Mount Vernon« in Cape May, einem Seebadeort in New Jersey (1853). »Jonathan«, so schreibt die *Illustrated London News* vom 17. September 1853, »ist auf dem Gebiet des Hotels ebenso an der Spitze wie in allen anderen Dingen – Seeschlangen und Kesselexplosionen eingeschlossen. (...) Das Hotel enthält 125 Meilen Gas- und Wasserleitungsrohre. Jeder Gast hat sein Bad in seinem Schlafzimmer und kann seine Kalt- oder Warmwasserhähne aufdrehen, wann immer er dazu Lust hat (...).« Vielleicht hat der Berichterstatter in einzel-

---

91 Jefferson Williamson, *The American Hotel*, New York, 1930, S. 55.
92 Talbot Hamlin, *Greek Revival Architecture in America*, New York, 1944, S. 129, mit Abbildung des Grundrisses. Der nächste Schritt war »das private Bad als fester Bestandteil der Hoteldienstleistungen«, das nach Jefferson Williamson (a.a.O., S. 55), »zuerst 1844 auftrat, als die Eröffnung des aristokratischen New York Hotel stattfand«. Das war übrigens das Jahr, in dem sich in London die »Gesellschaft zur Förderung der Reinlichkeit der Armen« (Society for promoting the cleanliness of the poor) begründete.

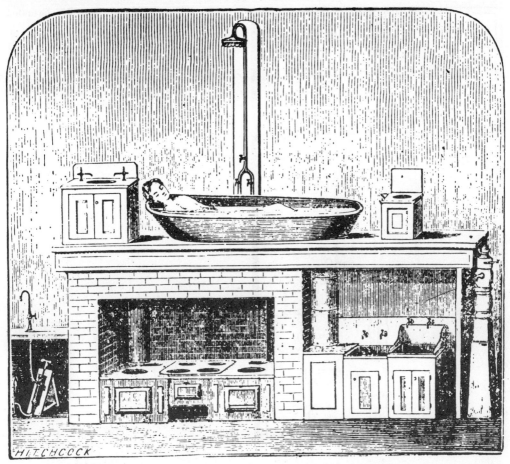

488. Installateur-Reklame. Boston, 1850. *Es war notwendig zu betonen, daß »die Gewohnheit, häufig zu baden, eifrige Fürsprecher unter den Medizin-Professoren fand«. Normalerweise gab es kein fließendes Wasser in der Mitte des Jahrhunderts; das benötigte Wasser wurde im allgemeinen mit Hilfe einer Handpumpe befördert, links abgebildet. (Boston Directory, 1850/51)*

nen Angaben übertrieben, aber schon damals ist die amerikanische Grundtendenz erkennbar, das Bad als zu jedem Schlafzimmer zugehörig aufzufassen. Die im Mount Vernon Hotel erkennbare Tendenz erscheint, kombiniert mit einer kleinen Einbauküche oder Kochnische, auch in Catherine Beechers Wohnung aus den späten sechziger Jahren (Abb. 489). Das Bemühen, Rohrleitungen auf kleinstmöglichem Raum zusammenzufassen, setzt sich in der späteren amerikanischen Entwicklung fort, wie eine typische New Yorker Ein-Zimmer-Wohnung belegt (Abb. 490).

Das Ziel, jedem Schlafzimmer ein Bad zu geben, hatte wenig Aussicht, sich rasch durchzusetzen. Tatsächlich dauerte dieser Prozeß mehr als ein halbes Jahrhundert, bis er zum Abschluß gekommen war.

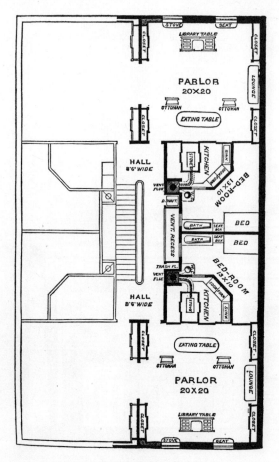

489. CATHERINE BEECHER: Grundriß einer Stadtwohnung mit Einbau-Schlafzimmer, -Kleinküche und -Bad, 1869. *Ebenso wie Catherine Beechers Küche die heutige Küche mit ihrer Anordnung vorwegnimmt (Abb. 338), verwirklicht ihr Grundriß einer Stadtwohnung in einfacher Form die Einheit von Badezimmer, Schlafzimmer und abgeteilter Kleinküche.* (The American Woman's Home, 1869)

490. Ein-Zimmer-Wohnung mit Kochnische und Bad Wand an Wand, in den dreißiger Jahren des zwanzigsten Jahrhunderts. *Links vom Eingang ein Wandschrank; zur Rechten eine offene Kochnische, durch eine Wand vom Badezimmer getrennt. An dieser Wand sind für beide die Installationen untergebracht.* (850 *Seventh Avenue, New York. Skizze von Florence Schust*)

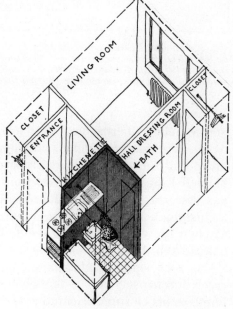

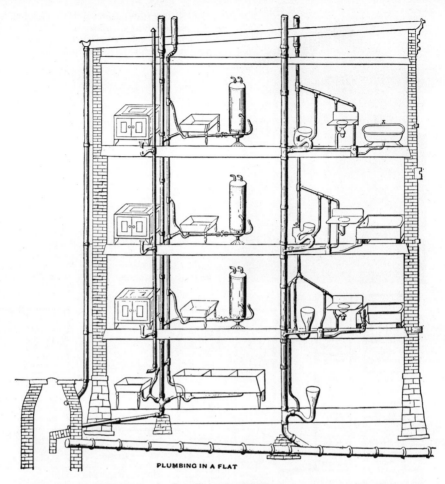

PLUMBING IN A FLAT

491. Mietshaus-Installationen in Chicago. 1891. *In den Mietshäusern der neunziger Jahre in Chicago, die mit den fortschrittlichsten Entwicklungen ausgestattet waren, sind die Installationen schon entlang einer Wand angebracht, aber nicht in der kompaktesten Weise. Die Badewanne steht noch an der langen Wand. Später wird sie – wie auch das Klosett – um 90 Grad gedreht werden.* (Industrial Chicago, 1891)

Unsere Kenntnis der Entwicklung ist fragmentarisch[93]. Ein Bostoner Hotel hat 1877 in allen Zimmern fließend warmes und kaltes Wasser, allerdings nur für Waschbecken[94]. Ein Familien-Hotel in Kansas City (1888) und ein anderes in Boston (1894) haben Badezimmer in ihren Suiten, nicht aber zu den einzelnen Zim-

---

93 Systematische Untersuchungen fehlen. Amerikanische Hotels und amerikanische Sanitärartikelhersteller sollten genügend Stolz zeigen, um eine gründliche und systematische Studie über das Zustandekommen ihrer heutigen Standards zu erstellen.
94 Jefferson Williamson, a.a.O., S. 54.

492. Statler Hotel, Buffalo. 1908. (Jetzt Hotel Buffalo) *»Ein Bett und ein Bad für anderthalb Dollar« war 1908 der Werbespruch für die preiswert zu mietende Einheit von Schlafzimmer und Bad.* (Hotels Statler Co., New York)

493. Statler Hotel, Buffalo. 1908. Typischer Etagenplan. *Der Einbau eines Bades in jedes Schlafzimmer beeinflußte den Plan stark. Die Lösung fand in den ganzen Vereinigten Staaten Verbreitung, vom Hotel zur Mietswohnung und zum Einfamilienhaus: das Bad ist eine an das Schlafzimmer angeschlossene Zelle.* (Hotels Statler Co., New York)

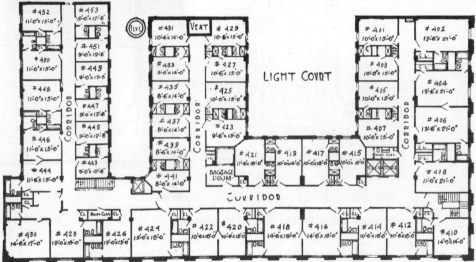

494. Statler Hotel, Buffalo. 1908. *Zwei Zimmer, jedes mit Bad und Wandschrank, bilden eine Einheit mit gemeinsamem Lüftungs- und Rohrleitungsschacht. Zu einem frühen Zeitpunkt ist das Kompaktbadezimmer schon voll entwickelt.* (Hotels Statler Co., New York)

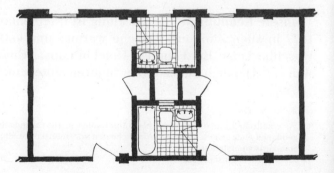

495. Das amerikanische Kompaktbadezimmer. 1908. *Um 1908 zeigen Kataloge das Kompaktbadezimmer, zu der Zeit, als die neuen Hotels anfingen es einzubauen. Die Anschlüsse für die Einrichtungsgegenstände befinden sich noch an verschiedenen Wänden; die Wanne ist noch freistehend. Ihre Stellung entlang der kurzen Wand widerspricht dem, was bis jetzt üblich war. (Katalog, L. Wolff Co., Chicago)*

496. Das amerikanische Kompaktbadezimmer. 1915. *Bevor die einteilige, doppelwandige Wanne in Serienproduktion hergestellt werden konnte, warben führende amerikanische Firmen schon für das Kompaktbadezimmer mit Einbauwanne. (Katalog, Crane and Co., Chicago)*

mern[95]. Zu einer Zeit, als Pullman seine privaten Schlafwagen laufen ließ, dürften wohl auch diese Badezimmer als besonderer Luxus aufgefaßt worden sein.

Von einer Demokratisierung des Bades im Hotelwesen kann erst dann wirklich gesprochen werden, wenn jedes Zimmer sein eigenes Bad ohne Preisaufschlag hat. 1908 richtete Ellsworth M. Statler in Buffalo ein neues Hotel ein, das er mit dem Schlagwort annoncierte »A Room and a Bath for A Dollar and a Half« und er hatte damit unmittelbaren Erfolg[96].

Gleich Pullmans Schlafwagen *The Pioneer* von 1865 war dies ein wichtiger Schritt zur Demokratisierung des Komforts, wenn ein Mittelklassehotel eine Wohneinheit aus Schlafzimmer, Bad und Wandschrank ausbildete. In Europa bleibt die Verbindung von Hotelzimmer und Bad noch lange ein Luxus. Die praktische Umsetzung der Idee: »Jedem Schlafzimmer sein Bad«, beeinflußte augenblicklich den ganzen Grundriß (Abb. 492-494) und wurde für das Hotel so bestim-

---

95 Ebd., S. 62.
96 Wie der Präsident der Hotel Statler Company mitteilt, sind in den bis 1908 zurückreichenden Archiven dieser Gesellschaft keine Reklamen oder Broschüren jener Zeit enthalten. Wir zitieren aus dem Schreiben von Mr. F. A. McKownes (13. Oktober 1944): »Das erste Hotel mit Bad in jedem Zimmer wurde vom verstorbenen Ellsworth M. Statler, dem Gründer unserer Gesellschaft, geplant und 1908 in Buffalo vollendet und eröffnet. Es war das erste der Statler Hotels. Die ursprünglichen Räumlichkeiten des Hotels umfaßten 300 Zimmer. Von diesen hatten über zwei Drittel Wannenbäder und Brausen über jeder Wanne. Von den übrigen Zimmern – kleine Räume zur Hofseite – hatte jedes sein Badezimmer, aber nur mit einer Duschvorrichtung. Das Hotel war sofort ein Erfolg, und im folgenden Jahr baute Mr. Statler 150 zusätzliche Zimme an.«

mend wie die Organisierung von Küche und Bad für den Grundriß des Privathauses. Mit einem Schlag war der amerikanische Standardgrundriß da: das Bad als Zelle und als Anhang zum Schlafzimmer.

Das Kompaktbadezimmer

Die starre Anordnung von Bad, Becken und Klosett bei knappster Bemessung des Raumes, nannte man in Amerika *compact bathroom.* Seine Voraussetzung, daß alle Leitungen an der gleichen Wand angebracht wurden, war in Amerika schon lange vorbereitet. George Vanderbilts Badezimmer in seinem Haus an der Fifth Avenue von 1885 (Abb. 476) mit seinen stolz zur Schau gestellten Rohrleitungen und dem geringen Abstand zwischen Wanne, Waschbecken und Klosett mag als Ankündigung des kompakten Badezimmers genommen werden.

Das Chicago der ausgehenden achtziger Jahre, auf so vielen Gebieten das kühnste Experimentierfeld der Vereinigten Staaten, stand auch an der Spitze des Wohnkomforts. Seine Apartmenthäuser – ihre Entwicklung ist noch immer unerforscht – zeigten mit ihren dreiteiligen »Chicago-Fenstern« durchaus keine Furcht vor Licht wie das zeitgenössische Europa. Hier finden sich auch die unmittelbaren Vorläufer des kompakten Badezimmers. In dem für diese Zeit unentbehrlichen Quellenwerk *Industrial Chicago,* handelt ein Kapitel über Fortschritte in der Installation. Die Seite »Installation in der Wohnung« (Abb. 491)[97] gibt Aufschluß über die fortschrittlichsten Standards der Zeit. Wie zu erwarten, haben sich die Wolkenkratzer und ihre Installationen miteinander entwickelt. Die Anordnung von Klosett, Waschbecken und Badewanne an einer einzigen Wand ist bereits vorgesehen. Um zum kompakten Badezimmer zu kommen, brauchte man nur die in der Längsrichtung stehende Wanne um neunzig Grad in eine Querstellung zu drehen. Alle Anschlüsse sind jetzt an einer Wand konzentriert.

Wie wir bereits erwähnt haben, wurde das englische Badezimmer in bescheideneren Verhältnissen zwar verkleinert und die Zahl der Apparaturen verringert, aber das Prinzip des englischen Grundrisses, eine lockere Anordnung der Sanitäreinrichtungen, wurde beibehalten.

Wie viele Grundrisse von Privathäusern man auch betrachten mag, sie weisen alle ein immer wiederkehrendes Merkmal auf: Die freistehende Badewanne wird an der Längswand aufgestellt. In den Katalogen führender Firmen finden sich bereits um 1908 Vorschläge für den kompakten Baderaum, wie ihn die Hotels damals einführten. Aber dort sind die Anschlüsse noch auf verschiedene Wände verteilt (Abb. 495)[98]. Die gußeiserne, emaillierte Wanne steht noch auf Füßen.

Um 1915 erscheint die Hausbadewanne in der heute üblichen eingebauten Form (Abb. 496)[99]. Aber erst um 1920 war es möglich, die aus einem Stück gegossene, emaillierte, doppelwandige Wanne in Massenproduktion herzustellen. Der

---

97 *Industrial Chicago,* Chicago, 1891, Bd. 2, S. 31-97.
98 Katalog von L. Wolff Mfg. Co., Chicago, Ill., 1908, S. 391.
99 Katalog von Crane & Co., Chicago, Ill., 1915.

Preis senkte sich dadurch um etwa zwanzig Prozent. Bald entwickelte sich eine Standardgröße von fünf Fuß, die sich rasch durchsetzte und 75 Prozent der heutigen Produktion ausmacht. Die Badewanne wird zum Modul, der die Breite der Zelle bestimmt, während die Länge sich aus dem im Minimalabstand montierten Waschbecken und Klosett ergibt. Das Bad von fünf Fuß wurde so zur Standardgröße. In Privathäusern wurden diese Maße, die im Hotel entwickelt worden waren, beibehalten. Man zieht es in großen Privathäusern vor, sechs oder sieben Badezimmer der Standardgröße einzurichten, statt ein oder zwei des englischen Typs um 1900. Das Badezimmer ist jetzt für den Einzelnen bestimmt oder verbindet, wie es heute noch am häufigsten der Fall ist, zwei Schlafräume. Nichts wird von amerikanischen Architekten an europäischen Grundrissen so sehr getadelt wie die Trennung des Badezimmers vom Schlafzimmer durch einen Gang. Das Kompaktbadezimmer hat um 1920 seine Standardform erreicht. Zwar hat es seitdem Bestrebungen gegeben, es wieder mit allerlei Einrichtungsgegenständen zu füllen und ihm einen Wohnzimmercharakter zu geben, um wieder luxuriösem Standard zu genügen. Aber diese Abstecher sollten nicht zu ernst genommen werden. Zeitgemäßer waren die seit ungefähr 1931 einsetzenden Bestrebungen, das Standardbadezimmer in größeren Einheiten in der Fabrik herzustellen, um die Installationskosten zu senken. »Untersuchungen haben gezeigt, daß der Badezimmer-Küchen-Bereich eines Hauses – einschließlich Fundament, Boden und Dach – mit Versorgungsleitungen 90 Cents pro Kubikfuß kostet, im Vergleich zu 25 Cents für einen ähnlichen Bereich, aber ohne diese Vorrichtungen.«[100]

STANDARD UND MODUL DES KOMPAKTBADEZIMMERS

Die amerikanische Badezimmereinheit richtet sich in ihrem Standard nach der glänzend emaillierten Wanne. Eine spezielle Form dieses Typs, die doppelschalige, einteilige, eingebaute Wanne wurde in Amerika um 1920 in Massenproduktion mit geringstem Aufwand an Zeit und Kosten hergestellt. Diese doppelschalige Wanne bildet nicht nur den Standard, sondern zugleich den Modul und das Rückgrat des amerikanischen Badezimmers.

Die klaren Linien dieser weißen Wanne werden vielleicht von späteren Zeiten ebenso als Zeuge für die Einstellung unserer Periode herangezogen werden wie die Amphora für das Griechenland des fünften Jahrhunderts. Sie ist ein Luxusartikel, der durch eine raffinierte Verbindung von metallurgischem und technischem Wissen zu einem demokratischen Utensil wurde. In ihrer Art gehört diese doppelwandige Wanne, der jenseits des Atlantiks noch immer ein Hauch von Luxus anhaftet, zu den Symbolen unserer Zeit.

Alles scheint so einfach an diesem nüchternen, schmucklosen Modell. Aber seine Standardform ging erst spät aus einem Chaos unbefriedigender Lösungen her-

---

100 Alfred Bruce und Harold Sandbank, *A History of Prefabrication,* John B. Pierce Foundation, Reserarch Study 3, New York, 1944, S. 27.

vor. Sogar die Einsicht, daß die mechanisch hergestellte Badewanne kein Tummelplatz für Ornamentik sein kann, setzte sich erst endgültig durch, als die Herstellungsmethode – Gußeisen, Emaille – ein natürliches Veto einlegte.

Das Chaos um 1900

Um Einblick in das wüste Durcheinander zu geben, das noch um 1900 herrschte, müssen wir einen Experten[101] das Für und Wider darstellen lassen:

»Welche Art Badewanne soll man benutzen?«

»Diese Frage ist nicht leicht zu beantworten, wenn man hört, wie viele verschiedene Arten von Badewannen und deren Ausführungen auf dem Markt sind. (...) Eine der ersten war ein Holzkasten, der mit Bleiblechen ausgelegt war.« Merkmale: »Haltbar, aber nicht gründlich zu reinigen.«

»Die nächste Wanne, die den Markt zu erobern versuchte, war ein Holzkasten, mit Zink ausgelegt.« Merkmale: »Neu sah sie besser und glänzender aus, aber das hielt nicht lange an.« »Sie ist jetzt fast gänzlich verschwunden.«

»Dann kam die hölzerne, mit Kupfer ausgelegte Wanne.« Vorteil: »Blieb lange Zeit sauber aussehend.« Nachteil: »Das weiche Kupfer konnte leicht durchstoßen werden.« »Heute so gut wie verschwunden [1896].«

Die gußeiserne Wanne, die später alle übrigen Modelle verdrängte, gab es in vielen Ausführungen: »Gewöhnliches Gußeisen, bemalt«, das Innere meistens marmoriert. Merkmale: »Robust genug, um eine Ewigkeit zu halten, aber wenn die Bemalung abgenutzt ist, wird sie rostig und unhygienisch.«

»Galvanisierte gußeiserne Wannen.« Merkmale: »Dieser Überzug nutzt sich rasch ab.«

»*Gußeiserne emaillierte Badewanne* (...) gut und hygienisch, (...) aber schwer zu bekommen. Die Ausführung hält starkem Gebrauch nicht stand, da der Emailüberzug leicht Sprünge bekommt und abblättert.«

Die populäre Wanne »die am meisten verkauft wird, besteht aus Stahlblech und ist mit Kupfer ausgelegt, braucht nicht verschalt zu werden und hat gußeiserne Füße«.

Nun folgen drei Luxusausführungen. An erster Stelle die »ganz aus Kupferblech in einem Stück hergestellte Wanne mit glatten Eisenfüßen und Holzrand. Diese kupferne Badewanne findet auch großen Anklang.«

»Die emaillierte Badewanne aus Weichporzellan.« Merkmale: »Kein Schmutz kann sich absetzen, keinerlei Holzverschalung innen oder außen, aus einem Stück gemacht (...), wird ein Leben lang halten. Nachteil: muß bei Lieferung und Installation mit allergrößter Vorsicht behandelt werden (...). Faßt sich sehr kalt an, und es dauert lange, bis sie sich vom heißen Wasser erwärmt.«

Und schließlich als letzter Trumpf: die neue Aluminiumwanne. Vorteil: »Sehr leicht, sieht gut aus, ein absolut hygienisches Produkt, aber (...) sehr teuer und kann nur von reichen Leuten gekauft werden.«

---

101 J. J. Lawler, *American Sanitary Plumbing*, New York, 1896, S. 227-233.

Für besonders Anspruchsvolle wird eine in den Boden versenkte Badewanne aus reich dekorierten Kacheln empfohlen.

Was sollte der Durchschnittskäufer auswählen, wenn von einem Dutzend verschiedenartigster Ausführungen nur eine einzige, die Aluminiumwanne, ohne Nachteile war, allerdings unerschwinglich hoch im Preis?

Die Formung des Standardtyps, um 1920

Das war die Situation um 1900. Aus diesem Chaos löste sich um 1920 endlich das heutige Standardmodell: die haltbare, emaillierte Gußeisenwanne. Ihre technische Entwicklung hatte nahezu ein halbes Jahrhundert beansprucht.

Um 1870 tauchte sie in Amerika auf. Ausstoß in dem damals führenden Betrieb: eine Wanne pro Tag[102]. Mitte der siebziger Jahre erfolgte eine langsame Steigerung der Produktion. Doch wird vor diesen Wannen noch 1890 eindringlich gewarnt: »Weiß emaillierte Wannen sehen zwar anfangs gut aus, aber sie blättern ab, wenn heißes Wasser benutzt wird, da das Eisen sich viel rascher ausdehnt und zusammenzieht als das Email.«[103] Es ist verständlich, daß eine Chicagoer Pionierfirma sich in der Mitte der neunziger Jahre genötigt sah, ihre lange Herstellungserfahrung als einen Pluspunkt für ihre Waren zu unterstreichen[104]. Bis 1900 wurden alle sanitären Einrichtungen mit der Hand modelliert[105]. Dann setzt eine teilweise Mechanisierung ein, mit dem Resultat, daß pro Arbeiter zehn Badewannen am Tag produziert wurden, das ist fünfmal soviel wie in den neunziger Jahren.

Eine zuverlässige Darstellung über die Entstehung der doppelschaligen Emailwanne kann nicht gegeben werden, da die einzelnen Pionierfirmen in ihren Angaben nicht immer übereinstimmen. Um 1910 trat die emaillierte Badewanne in den Vordergrund. 1913 wurden die ersten Patente für eingebaute Wannen erteilt. Diese Typen waren nur innen emailliert, die Außenwand wurde bemalt oder eingekachelt (wie heute noch in Europa üblich) oder mit einer nachträglich angebrachten einteiligen Emailleplatte verkleidet[106].

Erst 1916 gelang es, die aus einem Stück gegossene, doppelschalige emaillierte Badewanne in Massenfabrikation herzustellt. Es heißt, daß dieser Typ in Einzelstücken zuerst – vor 1900 – in privaten Pullmanwagen benutzt wurde, da die Wanne ebenso elegant und viel leichter war als die Prozellanwanne[107]. Durch die Mas-

---

102 Angaben über die frühe Entwicklung finden sich in John C. Reed, »The Manufacture of Porcelain Enamelled Cast Iron Sanitafy Ware«, einem beim Jahrestreffen der Eastern Supply Assn., New York, am 14. Oktober 1914 gehaltenen Vortrag. Manuskript im Besitz der American Standard and Radiator Co., Pittsburgh, Pa.
103 W. R. Maguire, a.a.O., S. 271.
104 »Eine unübertroffene, hervorragende Qualität der Ausführung und lange Erfahrung befähigen uns, emaillierte Eisenbadewannen jeder Größe und Art auf den Markt zu bringen.« L. Wolff Mfg. Co., Chicago, Ill., Katalog von 1895-96.
105 Reed, a.a.O.
106 Einzelne emaillierte Platten oder Frontverkleidungen wurden 1909 von der Standard Radiator Co., 1912 von anderen Firmen hergestellt.
107 Nach mündlichen Angaben von L. Wolff Mfg. Co., Chicago, Ill., wurden diese Wannen von dieser Firma an die Pullman Standard Car Co. geliefert. Die Pullmann Co., Worcester, Mass., war nicht in der Lage, Photographien dieser Wannen zu finden, aber Blaupausen der frühen Privatwagen sind erhältlich.

senherstellung (und, einem Chicagoer Versandhaus zufolge, durch Plakatwerbung) wurde die eingebaute Wanne weiten Konsumentenkreisen zugänglich. Die Versandhäuser verkauften 1940 die komplette Badezimmerausrüstung – Wanne, Becken, Klosett – für ungefähr 70 Dollar, während wir im Katalog von Crane (Chicago) 1910 die eingebaute Porzellanwanne für 200 Dollar finden[108].

Da historische Informationen spärlich waren und oft überhaupt nicht vorhanden, verschickten wir Fragebögen, um einen annähernden Überblick über die Entwicklung zu gewinnen. Ein Beispiel eines solchen Fragebogens mit Antworten sei hier ungekürzt wiedergegeben. Die Beantwortung war nicht immer so vollständig wie hier durch Crane and Co., Chicago.

Fragebogen

FRAGE 1	Wann begann die Massenproduktion der einschaligen, emaillierten, eingebauten Badewanne?
ANTWORT	Emaillierte eiserne Badewannen mit umgerollten Rändern, auf Füßen stehend, wurden nach unseren Aufzeichnungen etwa seit 1893 produziert. Dieselbe Wanne, jedoch mit hölzernem Rand, um 1892 bis 1895. Hölzerne, mit Kupfer ausgelegte Wannen um 1883; sie waren bis etwa 1898 populär. Einschalige Wannen begannen um 1910 gebaut zu werden, und ein paar Fabriken machen sie heute noch.
FRAGE 2	Wann begann die Massenproduktion der doppelschaligen, emaillierten, eingebauten Badewanne?
ANTWORT	Doppelschalige, emaillierte eiserne Wannen kamen zuerst um 1915 auf den Markt, und die Fabrikanten machen dieselben bis zum heutigen Tag.
FRAGE 3	In welchem Ausmaß reduzierte die Massenfabrikation den Preis der eingebauten Badewanne?
ANTWORT	Soweit wir an Hand unserer alten Preislisten für eingebaute Wannen feststellen können, wurde der Preis zwischen 1918 und 1944 um ungefähr 20 % reduziert.
FRAGE 4	Wie ist das Verhältnis des Produktionsumfangs des eingebauten Typs zu dem Eck-Modell oder, dem auf Füßen ruhenden Typ?
ANTWORT	Die 5 Fuß lange, doppelschalige, eingebaute Wanne ist bei weitem der meistverkaufte Artikel; ungefähr 75 % des ganzen Marktes. Die doppelschalige Eckwanne wird nur wenig verkauft und wird nur in ungewöhnlich großen Badezimmern in Häusern benutzt, wo eine solche Eckbadewanne statt der eingebauten in Frage kommt. Heute beträgt der Verkauf der einst so populären auf Füßen stehenden Wanne nur noch etwa 25 % des ganzen Badewannenumsatzes.
FRAGE 5	Unter den teureren Typen wurde die eingebaute oder die freistehende Badewanne bevorzugt?
ANTWORT	Die 5 Fuß lange, doppelschalige Wanne ist bei weitem die populärste und bevorzugte; wahrscheinlich aus zwei Gründen: erstens niedriger Preis und zweitens kann das Badezimmer kleiner sein.

---

108 Crane and Co.-Katalog, Chicago, Ill., 1910, S. 112.

Wie oben angegeben, kann man den freistehenden Typ nur für größere Badezimmer verwenden.

FRAGE 6   Sind Badewannen auf Standardgrößen reduziert worden? Welches ist die bevorzugte Größe?

ANTWORT   Die eingebaute, doppelschalige Wanne hat vier Standardgrößen: 4 Fuß, 6 Zoll; 5 Fuß; 5 Fuß, 6 Zoll; 6 Fuß.
Die 5 Fuß-Größe ist die populärste, mit der größten Verkaufsziffer; die 4 Fuß, 6 Zoll- und die 6 Fuß-Größe werden nur selten verlangt, während die 5 Fuß, 6 Zoll-Wannen ungefähr 10 % aller Verkäufe ausmachen.

FRAGE 7   Glauben Sie, daß die Größe der eingebauten Badewanne einen Einfluß auf die Größe des heutigen Badezimmers gehabt hat?

ANTWORT   Ohne Zweifel war die allgemeine Akzeptierung der 5 Fuß langen, eingebauten, doppelschaligen Wanne in starkem Maße für die Größe und Form des heutigen Badezimmers verantwortlich. Durch Jahre langer Erfahrung haben wir gefunden, daß die 5 Fuß lange Wanne die angemessene Größe für den Menschen von Durchschnittsgröße ist. Die 4 Fuß, 6 Zoll-Größe wird in sehr kleinen Zimmern benutzt, während die 5 Fuß, 6 Zoll und 6 Fuß lange Wanne von Privathausbesitzern, die besonders groß sind, benutzt werden, oder wo eine größere Wanne als die konventionelle, 5 Fuß lange erwünscht ist.

FRAGE 8   Welcher Typ Badezimmer wird am häufigsten in Mietshäusern und Hotels benutzt? Der in meiner Skizze gezeigte oder andere?

FRAGE 9   Welchen Typ Badezimmer findet man hauptsächlich in Privathäusern?

ANTWORT   Die typischste Badezimmeranordnung für Privathäuser, Mietwohnungen und Hotels heute besteht aus der regulären 5 Fuß langen Wanne mit Waschbecken und Klosett, alle an einer Wand, so daß der Einbau und die Installation der Röhren vereinfacht ist. Wir legen ein Blatt bei, auf dem die verschiedenen Badezimmertypen eingezeichnet sind, die in den letzten 15 bis 20 Jahren von Architekten und Baukonstrukteuren benutzt wurden. Beachten Sie, daß alle diese Pläne die konventionelle Form und Größe der Badezimmereinrichtung enthalten.

FRAGE 10   Wie sehen die zukünftigen Entwicklungen von Badewannen und Badezimmern aus? Wird sich die heutige Bevorzugung kleiner Badezimmer mit eingebauter Badewanne weiter fortsetzen?

ANTWORT   Augenblicklich deutet nichts darauf hin, daß sich nach dem Kriege irgendetwas in Größe oder Plan des Badezimmers ändern wird. Der einzige andere Typ, der vor dem Kriege noch auf dem Markt war, hatte eine viereckige Badewanne, und wir legen einen Prospekt bei, der den Gebrauch dieser Art Wanne zeigt. Nach dem Krieg beabsichtigen wir diesen Typ viereckiger Badewanne wieder aufzunehmen.

FRAGE 11   Wird die Tendenz: Jedes Schlafzimmer mit anschließendem Badezimmer, weitergehen?

ANTWORT   Unter den führenden Architekten und Konstrukteuren ist es bereits allgemeine Praxis, daß jedes Schlafzimmer sein eigenes Badezimmer hat. Tatsächlich ist für gute Häuser heute nicht nur ein Badezimmer für jedes Schlafzimmer vorgesehen, sondern auch ein Toilettenzimmer oder kleiner Waschraum neben dem Wohnzimmer und Eßzimmer für Gäste. Augenblicklich können wir keinen Trend voraussehen, der eine Änderung dieser generellen Spezifikationen hervorrufen könnte.

Chicago, Ill., Mai 1944

Die doppelschalige Wanne ist das Produkt der Vollmechanisierung. Hochqualifizierte Handwerker, die früher in jeder Phase der Herstellung benötigt wurden, werden überflüssig. Keine Hand berührt die Form. Ein Mechanismus verteilt den Sand automatisch. Die entstehenden Formen werden serienweise gegossen, gekühlt, gereinigt; automatische Siebvorrichtungen sorgen für die gleichmäßige Verteilung des pulverisierten Emails, das in den Öfen eingebrannt wird[109].

Haben Bad und Badezimmereinrichtung im neunzehnten Jahrhundert den Weg vom Nomadischen zum Stabilen gemacht, so bedeutet die wachsende Popularität der eingebauten Wanne, daß sie von einem Möbelstück zu einem Bestandteil des Hausorganismus wurde.

Nach der langen Inkubationszeit verschmolz das Bad überraschend schnell mit dem Hausorganismus. Um 1900 war der Erfolg des heutigen Badezimmers klar. Um 1920 wurde es im Privathaus zu einem Anhang des Schlafzimmers.

Der Standardtyp der doppelschaligen Emailwanne erreicht, wie man ohne Übertreibung sagen darf, einen Grad von Komfort, wie er Jahrtausende lang gesucht wurde. Unsere Zeit hat durch ein langes technisches Training die Fähigkeit erworben, Lösungen für nahezu jedes Problem zu finden, das sich ihr stellt. Als ein Bedürfnis nach dem heutigen Standardtyp vorhanden war, entstand er auch.

Das Bad und der mechanische Kern

Was soll geschehen, um die stets steigende Mechanisierung und ihre im Vergleich mit der Bausumme stets steigenden Kosten zu senken? Das Badezimmer hatte endlich einen standardisierten Grundriß bekommen. Konnte die arbeitsintensive Installationsmethode nicht vereinfacht werden?

Um 1945 sind von seiten führender Firmen Bemühungen im Gange, Rohrleitungseinheiten für Bad und Küche in der Fabrik vorzufertigen, die für eine Vielzahl von Verwendungsmöglichkeiten geeignet waren. Diese Systematisierung

---

109 1916. Zu dieser Zeit wurden Steingutwannen zum ersten Mal in Serienproduktion hergestellt. Es war die emaillierte Gußeisenwanne, die sich durchsetzte, aber die Massenproduktion von Steingutwaren ermöglichte die weite Verbreitung von Waschbecken- und Klosettanlagen.

   Früher wurde der Ton »mit der Hand an die Form gedrückt, um den Abdruck zu erhalten. Das Bestimmen der Dicke blieb vollständig der Geschicklichkeit des Arbeiters überlassen, was zu Unregelmäßigkeiten der Wandstärken führte« (Standard Potteries, Technical Article, o. J., S. 3). Dieses komplizierte Handwerk verschwand, als man begann, Porzellan in Formen zu gießen. In Europa gelang das Verflüssigen des Tones durch Beifügung von Wasser und chemischen Salzen (1906). Die Amerikaner übernahmen diese Methode, und nach ungefähr zehnjährigem Experimentieren führten sie Schläuche mit flüssigem Ton durch die ganze Fabrik. Diese Masse floß in Gipsformen, die das Wasser absorbierten. Ein Produkt von vollkommen gleichmäßiger Wandstärke war das Ergebnis. Danach wurden die Wannen in Tunnelöfen gebrannt, genau wie das Brot damals, und ihr Weg durch den Ofen konnte ebenso präzise kontrolliert werden wie der der Brotlaibe.

sollte den Bauvorgang erleichtern ohne den Architekten in seiner Freiheit einzuschränken.

Früher, zu Beginn der dreißiger Jahre, gab es einen Vorstoß von seiten des Ingenieurs, der die Kosten des immer noch handwerklich gelegten Rohrsystems herabdrücken sollte. Aber um 1945 hat man noch immer keine befriedigende Lösung gefunden. Der Grund dafür lag in der Komplexität der Aufgabe, denn es hat sich bald gezeigt, daß das Bad nur einen Teil einer umfassenderen Einheit darstellt, des mechanischen Kerns. Küche, Waschraum, Heizung, Klimaregulierung nehmen immer mehr Raum ein. In einem luxuriösen amerikanischen Haus, das mit allem ausgestattet war, was die Technik an für den Komfort nötigen Einrichtungen auf den Markt brachte, war das umfangreiche Kellergeschoß eine Anlage, die ausreichte, um eine kleine Fabrik zu betreiben. Diese Anlage für das normale Haus zu reduzieren war keine einfache Aufgabe. Ein weiterer Grund, warum auch das Bad für sich nicht recht zu einer wirklichen Lösung fand, lag in der isolierten Betrachtungs- und Vorgehensweise der Techniker. Denn das Problem ließ sich nur lösen, wenn alle Elemente des Hauses von Grund auf neu durchdacht wurden.

Um die Richtung zu verdeutlichen, in der die Ingenieure sich bewegten – denn sie taten den ersten Schritt, nicht die Hersteller von sanitären Einrichtungen –, bringen wir einige Konstruktionen, von denen nur wenige über das Experimentierstadium hinauskamen. Man wollte das ganze Badezimmer serienweise produzieren – Fußboden, Decke, Wände, von den Installationen bis zum eingebauten Seifenhalter – für den Transport direkt von der Fabrik zum Bauplatz.

Entweder zerlegt man das Bad für den Transport in einzelne Teile oder man transportiert es als eine geschlossene Einheit. Zerlegt man das Bad in einzelne Teile, so bleibt die Wahl, ob dies durch horizontale oder vertikale Schnitte geschieht. Ein frühes Patent (1931) (Abb. 497)[110] sieht die Lieferung der Badezimmerteile in Wandelementen vor, die – unter weitgehender Ausschaltung des Installateurs – von »einem Maurer, einem Zimmermann oder einem Verputzer« montiert werden sollen. Die horizontal zerlegte Badeeinheit ist auch »paketförmig« lieferbar. Als besonderer Vorteil gelten ihre fugenlosen, abgerundeten, »nicht-teilbaren« Ecken[111] (Abb. 499).

Andere frühe Vorschläge (1931) sehen die Badezelle als Konstruktionseinheit vor, die »versiegelt« eingebaut werden kann, so daß sie während des Baues von keinem Handwerker betreten wird. Alle Anschlüsse liegen an den Außenseiten und werden durch verstellbare Verbindungen mit der oberen und unteren Einheit verschraubt. Ein Kran kann die Einheit vom Lastwagen direkt am Ort und Stelle in den Bau heben[112] (Abb. 498). Dies war hauptsächlich für die Skelettbau-

---

110 U.S. Patent, 1978842, 30. Oktober 1934. Die Patentschrift beschreibt ausführlich das Flickwerk der von Hand verlegten Rohrleitungen.
111 Eingereicht 1934. U.S. Patent 2087121, 13. Juli 1937. Diese »kompakte Raumeinheit«, wie die Patentschrift sie nennt, verband Rohrelemente und Wände direkt – falls durch Frost ein Rohr platzen sollte, ist es vielleicht schwierig, das Rohr zu ersetzen.
112 Eingereicht 1931. Patent 2037895, 21. April 1936.

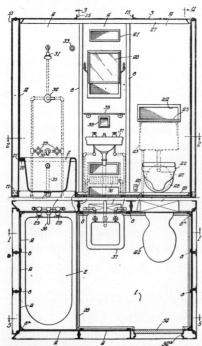

497. Vorgefertigtes Badezimmer, vertikale Wandelemente. 1931. *Seit den frühen dreißiger Jahren wurden Patente für das – um Installationskosten zu senken – vorgefertigte Badezimmer erteilt. Hier ist das Badezimmer in Wandelemente geteilt. (U.S. Patent 1978842, 30. Oktober 1934; 1931 eingereicht)*

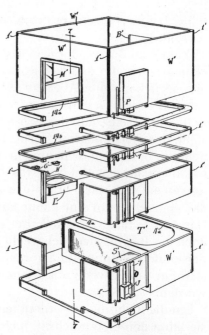

499a. Vorgefertigtes Badezimmer, zerlegt in horizontale Teile. 1934. *Die Zelle ist in horizontale Schnitte geteilt, die zusammengeschraubt werden. Die Rohrleitungen sind in der Wand untergebracht. (U.S. Patent 2087121, 13. Juli 1937; 1934 eingereicht)*

499b. Vorgefertigtes Badezimmer, zerlegt in horizontale Teile. 1934. *Das zusammengebaute Badezimmer.* (U.S. Patent 2087121, 13. Juli 1937)

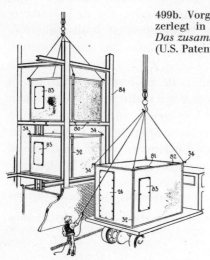

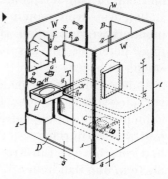

498. Vorgefertigtes Badezimmer, installierbar als »geschlossene Einheit«. 1931. *Das Badezimmer wird direkt zur Baustelle transportiert, wo ein Kran die ganze Einheit an ihren vorgesehenen Platz befördert. (U.S. Patent 2037895, 21. April 1936; 1931 eingereicht)*

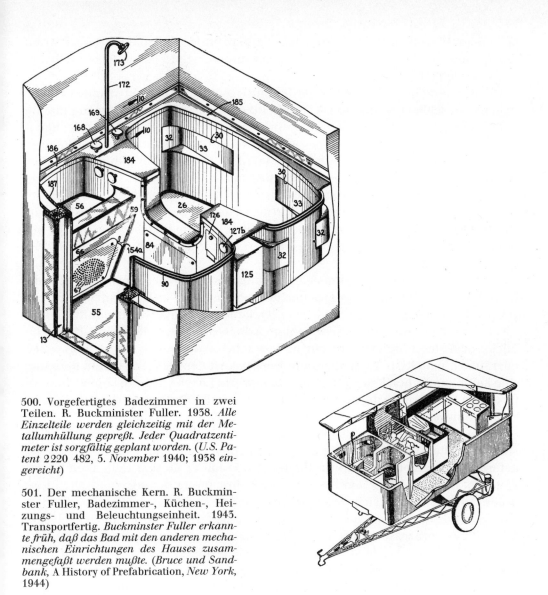

500. Vorgefertigtes Badezimmer in zwei Teilen. R. Buckminister Fuller. 1938. *Alle Einzelteile werden gleichzeitig mit der Metallumhüllung gepreßt. Jeder Quadratzentimeter ist sorgfältig geplant worden. (U.S. Patent* 2220 482, 5. *November* 1940; 1938 *eingereicht)*

501. Der mechanische Kern. R. Buckminister Fuller, Badezimmer-, Küchen-, Heizungs- und Beleuchtungseinheit. 1943. Transportfertig. *Buckminster Fuller erkannte früh, daß das Bad mit den anderen mechanischen Einrichtungen des Hauses zusammengefaßt werden mußte. (Bruce und Sandbank,* A History of Prefabrication, *New York,* 1944)

weise großer Mietshäuser oder Hotels gedacht. Raymond Hood, der Inspirator des Rockefeller Center, schlug 1932 für ein (leider nicht ausgeführtes) Mietshaus vor, die Installation in einem mechanischen Kern unterzubringen.

Seinem Typ nach ist R. Buckminster Fullers »vorfabriziertes Badezimmer« von 1938[113] (Abb. 500) eine Einheitskonstruktion. Daß die Schale wegen des leichteren Transports außerhalb wie innerhalb des Hauses in zwei Teile zerlegt wird, ist

---

113 Abbildung in A. Bruce und H. Sandbank, *A History of Prefabrication,* New York, 1944, S. 26.

nicht ausschlaggebend. Die Lösung ist originell, umfassend und führt ins Extrem. Ein Modell aus Kupferblech wurde an prominentesten Plätzen ausgestellt und entfachte lebhafte Diskussionen.

Alle Bestandteile vom Seifenhalter bis zur Wanne sind Teil der Wände oder des Bodens. Waschbecken und Klosett sind einander gegenüber angebracht, und die Badewanne, etwas erhöht, dahinter, eine Anordnung, wie sie auch sonst nur in sehr beschränkten Raumverhältnissen – 4,6 x 5 Fuß – zu finden ist. Alle Teile werden gleichzeitig mit der umhüllenden Metallhaut gepreßt, und ihre Aushöhlungen tragen gelegentlich zur Versteifung des ganzen Systems bei. Die ausführliche Patentbeschreibung, ein Muster an Präzision, gibt Rechenschaft über die Sorgfalt, mit der jeder Quadratzoll berechnet wurde, so daß die Pressen mit höchster industrieller Effektivität eingesetzt werden konnten und die billigste Herstellung von Millionen gestanzter Badezimmer garantiert war. Warum sollte man diese Möglichkeit nicht nutzen?

Wie so oft im Eifer der Vollmechanisierung verlor sich der Konstrukteur in der Konstruktion, während das menschliche Problem dabei in den Stanzformen verschwand. An die Stelle des sauberen, hygienischen Emails tritt dünnwandiges Blech, so daß die Maschine alles in einem Arbeitsgang herstellen kann. Das ist ein Rückschritt des Komforts um ein halbes Jahrhundert. In einem Unterseeboot oder, wenn man kein Dach über dem Kopf hat, ist der Metallkasten, in dem man sich kaum umdrehen kann, eine begrüßenswerte Lösung, aber in einem Haus mit flexiblem Grundriß ist dieses zu große und zu starre Konstruktonselement schwer zu assimilieren.

Buckminster Fuller hat als einer der ersten erkannt, daß das Bad nicht allein steht, und die Kombination mit den verschiedenen anderen Hausmechanismen gefordert. In seinem ersten »Masthaus« (1927) hat er diesem Gedanken Gestalt gegeben. In dem »Mast«, der das Haus trägt, brachte er den mechanischen Kern unter. Auch hier zeigt sich, wie neue Materialien und Konstruktionen – vermutlich, weil wir noch nicht gelernt haben, sie zu beherrschen – leicht zu grotesken Rückbildungsprozessen führen. Das Haus, das wie ein Karussell an einer Mittelstütze aufgehängt ist, tendiert zu einer kreisförmigen oder polygonalen Form oder halben Melonenform, wie sie Fuller um 1945 in einer Flugzeugfabrik entwickelte[114]. Die Idee, ein Haus auf eine zentrale Stütze zu setzen, reicht weit ins neunzehnte Jahrhundert zurück und kann in einzelnen Fällen ihren Reiz und Sinn haben. Aber als Standardform, millionenfach reproduziert, würden diese in sich geschlossenen Hütten ein Alptraum des Stadtplaners werden. Vom Standpunkt des Bewohners her ist auch ein Verlust an Wohnqualität festzustellen. Langsam ist die Anpassung des Hauses an seine Umgebung, wie sie Frank Lloyd Wright mehr als jeder andere vertreten hat, zur Selbstverständlichkeit geworden. Die Verbindung mit dem Außenraum durch Schaffung einer geschützten Zone

---

114 *Architectural Forum*, März 1945.
115 In einem Entwurf für ein Mietshaus mit Glaswänden ließ Mies van der Rohe (1921) seine Konstruktion auf Zentralpfeilern aufruhen.

(Veranda) gehört zu den reizvollsten Merkmalen des amerikanischen Hauses. Und das Entscheidende: die Freiheit, den Grundriß zu ändern oder zu erweitern, wird unmöglich, und der Bewohner ist jetzt Gefangener in einem starren einförmigen Gehäuse. Warum? Weil im Inneren des Mastes, im Mittelpunkt des Hauses, ein Roboter sitzt, der mechanische Kern, der alles tyrannisiert.

Mit einem Aufmerksamkeit erzwingenden Fanatismus hat sich Buckminster Fuller jahrzehntelang für die Vervollkommnung seiner Idee eingesetzt. Fuller steht durchaus im Einklang mit dem Entwicklungsgang, wenn er annimmt, daß das Haus dieses Jahrhunderts mit seinem mechanischen Komfort den breiten Schichten nur zugänglich gemacht werden kann durch gleichzeitige Herstellung und Montage seiner technischen Anlagen. Wir haben gesehen, wie dieses Problem die neue Architektengeneration beunruhigte und wie sie nach Lösungen suchte, um den mechanischen Kern mit dem umfassenderen Begriff des Hauses zu verschmelzen. Die Forderung nach einem mechanischen Kern ist ein Zeichen der Vollmechanisierung.

In der Landwirtschaft sind es die Kombinationsmaschinen – *combines* –, die zur gleichen Zeit das Ernten, vom Mähen bis zum Abfüllen des Getreides, und das Säen vom Pflügen bis zur Düngung in einen Arbeitsgang konzentrieren. Eine Parallelerscheinung zeigt sich auf dem Gebiet des Wohnens: die Einheit, die Küche, Bad, Waschküche, Heizung, Klimaregulierung und Installationen in einem mechanischen Kern kombiniert. Nur spricht man hier nicht von *combine*, sondern von einem mechanischen Kern. Bei der Landwirtschaft war das Problem nach einem Jahrhundert Mechanisierung verhältnismäßig leicht zu lösen. Beim Haus beginnen unsere mechanischen Erfahrungen erst mit Beginn der Vollmechanisierung. Ein Vierteljahrhundert ist in einer Entwicklung nicht viel. Und wiederum liegen die Wurzeln des Problems hier im Menschlichen. Es ist zu spät, als daß wir uns durch rein technische Lösungen, die zu Lasten des menschlichen Komforts gehen, noch täuschen lassen können.

Der mechanische Kern muß derselben Richtung folgen wie die ganze zukünftige Entwicklung: Koordination und Handlungsfreiheit – kein starres, ewig sich wiederholendes Schema, das für alles und nichts paßt. Die Lösung für die Badeeinheit, den mechanischen Kern, der aus standardisierten Bestandteilen zusammengesetzt wird, liegt in dieser Richtung. Häuser sind keine Autos und keine Wohnwagen. Häuser bewegen sich nicht. Häuser stehen an einem bestimmten Ort und müssen sich dieser Umgebung anpassen. Das Haus, das fertig vom Fließband kommt, wird in dieser Hinsicht nur selten befriedigen. Deshalb hängt die Lösung für den mechanischen Kern wie für das »vorfabrizierte« Haus von einer Bedingung ab: Freiheit und Koordination miteinander zu verbinden. Weder der, der es bewohnt, noch der, der es entwirft, sollten sich Fesseln anlegen lassen. Das heißt, die Aufgabe der Mechanisierung besteht nicht darin, fertig gestanzte Häuser oder mechanische Kerne zu liefern, sondern flexible, standardisierte Elemente, die verschiedenste Konstellationen zulassen, um damit bessere und komfortablere Wohnungen zu schaffen.

Regeneration als Kulturmaß

Von Anfang an war es unser Ziel, die beiden Grundtypen des Bades aufzuzeigen: das Bad als Abwaschung und das Bad als totale Regeneration. Beide Typen laufen oft nebeneinander her, doch gewöhnlich dominiert einer von beiden. Eng verbunden mit dem Typ des Bades ist seine soziale Bedeutung. Seinem Wesen nach führt das Abwaschungsbad leicht zu der Einstellung, daß das Bad eine Privatangelegenheit sei. Das Wannenbad, besonders in seiner heutigen mechanisierten Form, mag als Exponent dafür gelten.

Das Regenerationsbad führt seinem ganzen Wesen nach zum geselligen Beisammensein und entwickelt sich fast automatisch zu einem Mittelpunkt sozialen Lebens.

Wie beim Komfort so haben auch bei der Regeneration verschiedene Zeiten verschiedene Typen entwickelt. Die Griechen haben in ihrem Regenerationstyp, dem Gymnasion, körperliche und geistige Tätigkeit in einem Maße miteinander zu verflechten verstanden, wie dies keiner anderen Kultur gelang. Ihr Badetypus brauchte dabei gar nicht kompliziert zu sein, denn er war Teil eines universalen Rahmens. Den Griechen des fünften Jahrhunderts lag wenig an technischen Verfeinerungen.

Erst in der nachalexandrinischen Zeit richtete das wissenschaftliche Denken der Griechen sein Augenmerk in stärkerem Maße auf praktische Zwecke. Was im dritten und zweiten Jahrhundert v. Chr. in Alexandria sich vorbereitete, das hat die Ingenieurbegabung der Römer im ersten vorchristlichen Jahrhundert voll entwickelt. Die Thermen der Massen Roms haben ihren Mittelpunkt in dem jetzt dominierenden Heißluftbad mit allen seinen zugehörigen Einrichtungen, ohne daß der universale griechische Rahmen völlig verschwindet.

Erst im islamischen Regenerationstyp fallen Gymnastik und Kampfspiele, die Selbstbetätigung des Körpers, fort. Statt dessen wird der Körper durch verschiedenartige Massagen gründlich bearbeitet, besonders durch Gliederlockern, das wahrscheinlich aus Indien stammte.

Das römische und das islamische Bad sind auf zahlreiche Bedienung des Badenden angewiesen. Beide beruhten auf reichlich verfügbaren Arbeitskräften. Das russische Bad ist von allen Regenerationstypen der einfachste und vielleicht der natürlichste. Es kommt ohne große Bauten, ohne komplizierte technische Einrichtung und ohne Sklaven aus. Seinem ganzen Aufbau nach weist es auf eine Zeit zurück, die sich im historischen Dunkel verliert. Es entspricht in seiner Strenge einen niedrigen Lebensstandard. Gleichzeitig ist es der demokratischste und zählebigste Regenerationstyp.

Mit der Spätgotik hörte das Bad aus verschiedenen Gründen auf, eine soziale Einrichtung zu sein. Wir versuchten das Chaos und die Hilflosigkeit anzudeuten, die das neunzehnte Jahrhundert charakterisierte, bis es sich dazu entschließen konnte, einen geringen Teil seines technischen Wissens auch menschlichen Bedürfnissen dienstbar zu machen. Dieses Jahrhundert hat schließlich in der Zeit der Vollmechanisierung die Badezelle als Anhang zum Schlafzimmer geschaffen, mit ihren komplizierten Installationen, der Emailwanne und den Chromhähnen. Doch dürfen wir darüber nicht vergessen, daß diese Bequemlichkeiten kein Ersatz für einen sozialen Regenerationstyp sein können. Sie bleiben der Ebene einer einfachen Abwaschung verhaftet.

Eine Kultur, die das Leben in verkümmerter Form ablehnt, äußert das natürliche Bedürfnis nach Wiederherstellung des körperlichen Gleichgewichts durch besondere Institutionen, die allen zugute kommen. Ob dies in Form von römischen Marmorhallen oder von sibirischen Blockhütten geschieht, ist im Grunde nicht wesentlich. Auch sind nicht, wie so oft behauptet wird, die Kosten ausschlaggebend. Finanzielle Überlegungen sind vielfach nur ein Vorwand.

Eine Zeit wie die unsere, die sich von der Produktion beherrschen läßt, hat in ihrem Rhythmus keinen Platz für Institutionen dieser Art. Das ist der Grund, warum alle Versuche des neunzehnten Jahrhunderts, frühere Regenerationstypen wiederzubeleben oder neue zu erfinden, die unseren spezifischen Bedürfnissen entsprächen, fehlgeschlagen sind. Derartige Institutionen standen im Widerspruch zur Zeit.

Regeneration ist etwas, das nicht isoliert entstehen kann. Regeneration ist Teil eines umfassenderen Begriffes: Muße. Jacob Burckhardt sah in dem Wort ἀρετή den Schlüssel zum griechischen Wesen. Muße in diesem Sinne bedeutet eine Beschäftigung mit den Dingen, die über das bloß Nützliche hinausgeht. Muße bedeutet, Zeit zu haben. Die Intensität des Lebens kann nur dann ganz erfaßt und ausgeschöpft werden, wenn Aktivität und Besinnung, wenn Tun und Nichttun als komplementäre Pole empfunden werden wie die Pole eines Magneten. Jede der großen Kulturen hat diese Auffassung gefördert und unterstützt.

SCHLUSS

DER MENSCH IM GLEICHGEWICHT

Wir haben versucht, Fragmente zur anonymen Geschichte unserer Zeit zusammenzutragen. Im Licht des Scheinwerfers tauchten verstreute Tatsachen und Aspekte auf, während weite Gebiete im Dunkeln blieben. Die so entstehenden Bedeutungsgefüge sind nicht ausdrücklich miteinander verknüpft worden, und der interessierte Leser wird neue Zusammenhänge und Interpretationen entdecken können. Das enthebt uns jedoch nicht einer Antwort auf die grundsätzliche Frage: Akzeptieren wir heute die Mechanisierung?

Das Problem ist so eng mit sozialen, wirtschaftlichen und gefühlsmäßigen Gegebenheiten verbunden, daß ein bloßes Ja oder Nein uns nicht weiterhilft. Alles hängt davon ab, wie und zu welchem Zweck die Mechanisierung angewandt wird.

Was bedeutet die Mechanisierung für den Menschen?

Mechanisierung ist ein Agens wie Wasser, Feuer und Licht. Es ist eine blinde Kraft, an sich richtungslos, ohne positives oder negatives Vorzeichen. Wie bei Naturgewalten hängt alles davon ab, wie der Mensch sie nutzbar macht und wie er sich gegen sie schützt. Daß der Mensch die Mechanisierung aus sich heraus geschaffen hat, verstärkt ihre Gefährlichkeit, denn unkontrollierbarer als die Naturgewalten wirkt sie von innen heraus auf die Sinne und die geistige Struktur ihrer Urheber.

Die Beherrschung der Mechanisierung verlangt eine noch nie dagewesene Überlegenheit über die Produktionsmittel. Sie erfordert, daß alles den menschlichen Bedürfnissen untergeordnet wird.

Von Anfang an war deutlich, daß die Mechanisierung Arbeitsteilung einschloß. Der Arbeiter kann kein Produkt vom Anfang bis zum Ende allein herstellen, und der Benutzer steht immer komplizierter werdenden Produkten hilflos gegenüber. Wenn sein Automotor nicht funktioniert, weiß er oft nicht, wo die Ursache liegt; ein Fahrstuhlstreik kann das ganze Leben von New York lahmlegen. So wird der Einzelne von der Produktion und der Gesellschaft als ganzer immer abhängiger, und die Beziehungen sind viel komplexer und tiefer miteinander verflochten als je zuvor in irgendeiner Gesellschaft. Das ist einer der Gründe, warum der Mensch heute von den technischen Mitteln überwältigt wird. Zweifellos kann die Mechanisierung dazu beitragen, die Sklavenarbeit abzuschaffen und den Lebensstandard zu erhöhen. Trotzdem muß sie in Zukunft wahrscheinlich in der einen oder anderen Weise gezügelt werden, um ein unabhängigeres Leben zu ermöglichen.

Wir stehen vor einem großen Abfallhaufen von Worten und falsch verwendeten Symbolen und daneben einem riesigen Speicher voll neuer Entdeckungen, Erfindungen und Möglichkeiten, die alle ein besseres Leben versprechen.

Niemals verfügte die Menschheit über so viele Mittel zur Abschaffung der Sklaverei wie heute. Doch die Versprechungen eines besseren Lebens sind nicht gehalten worden. Das Einzige, was wir bis jetzt vorweisen können, ist eine ziemlich beunruhigende Unfähigkeit, in der Welt oder bei uns selbst Ordnung herzustellen. Künftige Generationen werden unsere Zeit vielleicht als die einer mechanisierten Barbarei, der abstoßendsten Form der Barbarei, bezeichnen.

Zu Anfang dieses Jahrhunderts hielt der isolierte und widerspruchsvolle Denker Georges Sorel in einer scharfen Kritik der bürgerlichen Gesellschaft ihre Fortschrittsillusionen vor (*Les illusions du progrès,* Paris, 1908). Mit »Illusionen des Fortschritts« meinte Sorel, der anfänglich Ingenieur war, die Illusionen des sozialen Lebens und der erstarrten Denkweise. Technologie und Produktionsmethoden bedeuteten für ihn noch einen »wirklichen Fortschritt«. Noch schärfer äußerten sich die Kritiker der amerikanischen Verhältnisse, wo die Mechanisierung tiefer als anderswo in das Leben eines jeden eingedrungen war. Gegen die Wissenschaft wurde die Anklage erhoben, ihre Grundlage sei zu einem bloßen Antrieb roher Aktivität geworden (Thorstein Veblen, 1906). Das war eine vorschnelle und ungerechtfertigte Verallgemeinerung, weil gleichzeitig mit diesen Angriffen die Avantgarde von Wissenschaft und Kunst zu einer neuen Auffassung der Welt gelangte, die das Ende des Zeitalters des Rationalismus ankündigte.

Danach verbreitete sich schnell eine skeptische Haltung gegenüber den Folgen des Fortschritts. Heute, nach dem Zweiten Weltkrieg, gibt es wahrscheinlich kaum Menschen, wie entlegen sie auch leben mögen, die nicht ihren Glauben an den Fortschritt verloren haben. Der Fortschritt hat die Menschen in Schrecken versetzt, und er ist nicht mehr eine Hoffnung, sondern eine Bedrohung. Der Fortschrittsglaube gehört jetzt mit vielen anderen entwerteten Symbolen in die Rumpelkammer.

Dabei hatte alles so wunderbar angefangen.

In seinem Aufsatz über die Universalgeschichte verkündete der junge Turgot 1750, lange bevor er Reformminister Ludwigs XVI. wurde, seinen Glauben an die Vervollkommnungsfähigkeit des Menschen: »Die Menschheit überlebt unverändert alle Umwälzungen, wie das Wasser des Meeres die Stürme, und nähert sich kontinuierlich der Vollkommenheit.« Diese Überzeugung von der menschlichen Vervollkommnungsfähigkeit bildet die Grundlage für jede Art von Fortschrittsglauben.

Diese von Turgot im Alter von dreiundzwanzig Jahren geäußerte Auffassung hat – mit anderen – den Expansionsdrang des neunzehnten Jahrhunderts angestoßen. Turgot war der erste, der der Physik den Vorrang vor allen anderen Arten des menschlichen Wissens gab. Die Kunst, die sich nur mit menschlichen Gefühlen beschäftigte, erschien ihm – im Gegensatz zur Grenzenlosigkeit der Naturwissenschaften – beschränkt: »Les sciences sont immenses comme la nature. Les arts, qui ne sont que des rapports à nous-mêmes, sont bornés comme nous.«

Gegen Ende des achtzehnten Jahrhunderts stellte Condorcet in seinem letzten Buch die lange Reihe der aufeinanderfolgenden Epochen dar, die zur »unendlichen menschlichen Vervollkommnungsfähigkeit« aufstieg. Revolutionäre und Kapitalisten handelten im neunzehnten Jahrhundert gleichermaßen nach dem Glaubensbekenntnis des Fortschritts. Comtes Soziologie ist von der Denkweise des achtzehnten Jahrhunderts durchdrungen. Nur ein Jahrhundert nach Turgot verkündet Proudhon pathetisch in seiner *Philosophie du progrès,* 1851: »Was alle meine Bemühungen leitet, ihr Prinzip und ihr Ziel, ihre Basis und ihr Gipfel (...), was ich entschieden und unwiderruflich immer wieder und überall bejahe, [ist] der Fortschritt.« Proudhon betont, daß er unter Fortschritt den »Gang der Gesellschaft in der Geschichte« verstehe – im Gegensatz zum Mißbrauch des Wortes in seiner rein materialistischen Bedeutung. Unausgesprochen liegt dieselbe Überzeugung der wissenschaftlichen Lösung des sozialen Problems bei Karl Marx zugrunde: der Mensch vermag sich unendlich zu vervollkommnen.

Wie war es möglich, daß das Fundament und der eigentliche Kern des Denkens und Handelns des neunzehnten Jahrhunderts so hoffnungslos zusammenbrachen?

Der Grund dafür war zweifellos, daß die Mechanisierung mißbraucht wurde, um die Erde und die Menschen ohne jede Rücksicht auszubeuten. Oft drang sie in Gebiete ein, für die sie von Natur aus ungeeignet war. Wir haben versucht, hier und dort die Auswirkungen und die Grenzen der Mechanisierung aufzuzeigen. Es ist nicht nötig, dies noch einmal zu wiederholen. Die Art und Weise, wie diese Zeit mit der Mechanisierung verfuhr, ist keine isolierte Erscheinung. Fast überall war es das gleiche. Die technischen Mittel sind dem Menschen über den Kopf gewachsen.

Vor einem Jahrhundert hat Thomas Carlyle festgestellt, daß die schönen Künste verrückt geworden waren und ohne Wärter herumliefen – keiner bemerkte ihren krankhaften Zustand –, und »vollführten phantastische Tänze«. Heute vollführt die Kunst keine »phantastischen Tänze« mehr. Sie sagt die Wahrheit, oft sogar die ganze Wahrheit. Doch in fast jedem anderen Bereich sind die technischen Mittel dem Menschen über den Kopf gewachsen und laufen ohne Wärter herum.

Vor unseren Augen haben sich unsere Städte zu formlosen Anhäufungen aufgebläht. Chaotische Zustände herrschen nicht nur im Verkehr, sondern auch in der Produktion. Die Mechanisierung brauchte verhältnismäßig lange Zeit, um in so viele Lebensbereiche vorzudringen. Doch Mechanisierung ist ein langwieriger Prozeß. Heute hat die Situation sich jedoch geändert. Die Atomenergie, die »phantastische Tänze« vollführt und die Menschheit mit Vernichtung bedroht, ist rasch aus den Entwürfen und Laboratorien in die Wirklichkeit vorgedrungen.

Die Fortschrittsidee ist verblaßt, weil sie von Turgots Visionen in die tiefsten Niederungen materialistischer Deutung herabsank. Sie entsprach nicht mehr der modernen Weltauffassung. Sie wäre aber sowieso verschwunden.

Die Idee des Fortschritts setzt einen Endzustand der Vollkommenheit voraus. In den Theorien von Comte, Hegel und sogar von Marx war der Endzustand entweder schon erreicht oder stand unmittelbar bevor. Finalität impliziert einen immer näher kommenden Zustand statischen Gleichgewichts. Das aber widerspricht dem, was die Wissenschaft als das Wesen des Universums erkannt hat – Bewegung und unaufhörliche Veränderung.

Heute sind wir nicht wie die Moralisten des frühen römischen Reiches der Ansicht, daß materieller Fortschritt mit Luxus und Korruption gleichzusetzen sei. Wir können uns aber auch nicht den Denkern der letzten zwei Jahrhunderte anschließen, die ein stetiges Streben der Menschheit nach Vollkommenheit annehmen. Wir können nur den ersten Teil des Satzes von Turgot akzeptieren: »Le genre humain [est] toujours le même dans ses bouleversements comme l'eau de la mer dans les tempêtes. (. . .)«

Das Ende mechanistischer Auffassungen

Mechanisierung ist das Ergebnis einer mechanistischen Auffassung der Welt, genau wie die Technik das Ergebnis der Wissenschaft ist.

Seit dem Anfang des Jahrhunderts befinden wir uns in einem Zustand ununterbrochener Revolution. Während dieser Zeit geschahen die politischen Umwälzungen auf Wegen, die im wesentlichen schon vor einem Jahrhundert vorgezeichnet waren. Eine geistige Revolution, die unserem Inneren entsprang, hat die mechanistische Weltauffassung zerstört.

In den Händen der Physiker, mit der Entdeckung der Struktur und Wirkungsweise der Kräfte des Atomkerns, änderte sich die Auffassung über das Wesen der Materie und verlor ihren jenseitigen, transzendentalen Charakter. Der daraus folgende methodologische Wandel der modernen Physik hat Auswirkungen auf viele Bereiche menschlichen Wissens gehabt und ist zum Ausgangspunkt für neue, abstraktere Theorien geworden. Die Physiker drangen bis ins Innerste der Materie vor, genau wie die Künstler. Die Dinge wurden transparent, und ihr Wesen wurde durch andere Methoden als die der rationalen Perspektive enthüllt. An anderer Stelle (*Space, Time and Architecture,* Cambridge, 1941) haben wir diese Probleme und den unbewußten Parallelismus zwischen den in den verschiedenen Bereichen verwandten Methoden besprochen. Wir können hier nur kurz auf das Ende der mechanistischen Denkweise in Bereichen eingehen, die mit dem menschlichen Organismus zu tun haben.

In der *Psychologie* wurde die *Gestalt*-Theorie, die mit der Wahrnehmung des Ganzen zu tun hat, zuerst 1890 von dem österreichischen Professor Christian von Ehrenfels vorgetragen. Die *Gestalt*-Psychologie räumte mit den pseudo-mathematischen mechanistischen Gesetzen auf, die die Psychologie des neunzehnten Jahrhunderts für den menschlichen Geist aufgestellt hatte. Für sie ist das Ganze mehr als die Summe seiner Teile, ähnlich wie eine Melodie mehr ist als die Summe einzelner Töne.

Ähnlich war es in der *Biologie,* wo man das beseelte Wesen einfach als die Summe seiner einzelnen Teile betrachtet hatte, die wie die einer Maschine zusammengesetzt waren. Organische Prozesse wurden als rein physikalisch-chemikalisch gesehen, als ob der Organismus eine Art chemischer Fabrik wäre.

Als die Mechanisierung sich ihrem Höhepunkt näherte, erkannten die Biologen, daß die Forschung mit dieser mechanischen Einstellung in eine Sackgasse geraten war. Experimente hatten schon zu der Einsicht geführt, daß ein Organismus sich nicht ganz in seine Bestandteile auflösen ließ und aus mehr als der bloßen Summe seiner Teile bestand. In der gesamten Hierarchie des Lebens, von der einzelnen Zelle bis hin zum komplexen menschlichen Organismus, gibt es immer Zentren, die die Genese der verschiedenen Teile steuern. Das Wesen von Ganzheiten als Grundzug der Welt wurde von J. C. Smuts in seinem Buch *Holism and Evolution,* 1926, dargestellt, in dem er seine Methode in universalem Maßstab anwandte.

In der *Physiologie* geht die Auffassung vom menschlichen Organismus als einem System organisierter Funktionen und nicht bloß einem Aggregat von Teilen auf Claude Bernard (1873-78) zurück. Der große französische Physiologe gilt immer noch als Meister der in der ersten Hälfte des letzten Jahrhunderts häufig anzutreffenden universalen Betrachtungsweise. In seiner *Introduction à la médecine expérimentale* von 1865 hat er seine Ansichten in konzentrierter Form dargelegt.

Die mechanistische Anschauungsweise des späten neunzehnten Jahrhunderts mit ihrem Interesse für jedes Detail verlor die Fähigkeit zur Integration. Allmählich beginnt unser Jahrhundert wieder, universale Anschauungen als Grundlage wissenschaftlicher Arbeit zu entwickeln.

1921 beschrieb der Engländer J. N. Langley (*The Autonomic Nervous System,* Cambridge, 1921) den Teil des Nervensystems, dessen Wirksamkeit im menschlichen Organismus der Kontrolle des Willens entzogen ist (Parasympathikus).

1929 erklärte der Amerikaner W. B. Cannon (*Bodily Changes in Pain, Hunger, Fear, and Rage,* New York, 1929) die Wirkungsweise eines anderen und gleichermaßen nicht bewußt kontrollierbaren Teils des Nervensystems (Sympathikus).

1925 erläuterte der Schweizer W. R. Hess (»Über die Wechselbeziehungen zwischen psychischen und vegetativen Funktionen«, in *Schweiz. Archiv für Neurologie und Psychiatrie,* 1925) die Beziehung zwischen den zwei früher getrennt betrachteten Systemen und ordnete beide in einem umfassenden Ganzen (dem vegetativen System) an. Die Entdeckung der Art und Weise, wie ein ausbalanciertes Gleichgewicht zwischen den verschiedenen Funktionen dieser Nervensysteme hergestellt wird, kann uns vielleicht helfen, die Richtung der Weiterentwicklung des Menschen zu erkennen.

Jahrhundertelang wurden unsere geistigen Fähigkeiten darauf gerichtet, von Objekten, Materie und experimenteller Forschung auszugehen. Vergleichbar der Bauweise von Stahlbrücken, die, mit einem Ende in der Luft schwebend, aus der Erde emporwachsen, werden neue geistige Anschauungen Stück für Stück ohne das Gerüst philosophischer Systeme entstehen. Die Evolution, die sich von bloß materialistischen und mechanischen Vorstellungen entfernt, muß von der neugewonnenen Einsicht in die Natur der Materie und der Organismen ausgehen.

Dynamisches Gleichgewicht

Zwei anscheinend gegensätzliche Phänomene gehen durch die ganze menschliche Geschichte.

Der menschliche Organismus kann als konstant betrachtet werden. Von Natur aus ist er auf einen schmalen Toleranzbereich begrenzt. Er kann sich an eine Vielzahl von Bedingungen anpassen, und der Körper selbst ist in einem fortwährenden Zustand der Veränderung, aber seine Grundstruktur hat sich kaum geändert, soweit die Wissenschaft dies festzustellen vermag.

Um zu funktionieren, braucht der menschliche Organismus eine bestimmte Temperatur, eine bestimmte Beschaffenheit des Klimas, von Luft, Licht, Feuchtigkeit und Nahrung. Funktionieren heißt in diesem Fall: Erhaltung des körperlichen

Gleichgewichts. Unser Organismus braucht Verbindung mit der Erde und den Dingen, die wachsen. Der Körper des Menschen ist den gleichen Gesetzen unterworfen, die das Leben der Tiere bestimmen.

Auf der anderen Seite sind wir einem Zustand unaufhörlicher Veränderung unterworfen; von Generation zu Generation, von Jahr zu Jahr, von Augenblick zu Augenblick ändern sich die Beziehungen zwischen dem Menschen und seiner Umgebung, immer in Gefahr, ihr Gleichgewicht zu verlieren. Es gibt kein statisches Gleichgewicht zwischen dem Menschen und seiner Umgebung, zwischen innerer und äußerer Realität. Wir können nicht unmittelbar beweisen, wie Wirkung und Gegenwirkung in diesen Gebieten vor sich gehen. Wir können sie nicht unmittelbar fassen, wie wir einen Atomkern nicht fassen können. Wir können sie nur erfahren in den verschiedenen Arten, wie sie sich manifestieren. Die verschiedenartigen Schöpfungen des antiken, des mittelalterlichen oder des Menschen des Barocks sind Zeugen für die ewig wechselnden Beziehungen zwischen innerer und äußerer Realität, zwischen Innen- und Außenwelt.

Keine Grenzen, keine in sich geschlossenen Kreise sind vorhanden, die den Ausgleich zwischen innerer und äußerer Realität festlegen. Die Entwicklung erfolgt in Kurven, die sich wiederholen und nie schließen.

Das Wohlgefühl, das durch den ganz gesunden menschlichen Organismus, der vollkommen funktioniert, hervorgerufen wird, hält nicht lange an. Dieses körperliche Gleichgewicht wiederherzustellen und damit physisches Wohlbefinden zu vermitteln, ist, wie wir schon gesagt haben, der eigentliche Zweck wirklicher Regeneration.

Sobald innere und äußere Wirklichkeit übereinstimmen, finden entsprechende Entwicklungen in der menschlichen Psyche statt. Es gibt niemals einen Stillstand. Alles ist beständig in Fluß.

Der Typ des Menschen den unsere Zeit braucht, ist ein Mensch, der das verlorene Gleichgewicht zwischen innerer und äußerer Realität wiederfinden kann. Dieses Gleichgewicht kann nie statisch sein. Wie die Realität selbst ist es ununterbrochenen Schwankungen unterworfen. Eine Art schwebenden Gleichgewichts ist in dieser Beziehung zu erreichen, etwa wie jenes Seiltänzers, der durch kleine Anpassungen eine Balance zwischen Existenz und Nichts herstellt. Wir brauchen einen Typus Mensch, der seine eigene Existenz durch das Ausgleichen von oft für unvereinbar gehaltenen Kräften lenken kann: einen Menschen im Gleichgewicht.

Wir haben darauf verzichtet, einen festen Standpunkt für oder gegen die Mechanisierung einzunehmen. Wir können sie nicht einfach gutheißen oder ablehnen. Man muß zwischen den für die Mechanisierung geeigneten und ungeeigneten

Sphären genau unterscheiden; ähnliche Probleme stellen sich heute fast in jedem Bereich, mit dem wir in Berührung kommen.

Wir müssen ein neues Gleichgewicht herstellen

zwischen individueller und kollektiver Sphäre.

Wir müssen unterscheiden zwischen dem, was für das individuelle Leben notwenig ist, und dem, was zur Gestaltung des kollektiven Lebens dienen kann. Wir wollen weder extremen Individualismus noch übermächtigen Kollektivismus: wir müssen unterscheiden zwischen den Rechten des Einzelnen und der Gemeinschaft. Heute ist sowohl das Leben des Einzelnen wie auch das Leben der Gemeinschaft gehemmt, und es fehlt beiden an einer richtigen Form und Struktur.

Wir müssen die Welt, als ein Ganzes betrachtet, organisieren, gleichzeitig aber jeder Region erlauben, ihre eigene Sprache, ihre Gewohnheiten und Gebräuche zu entwickeln.

Wir müssen ein neues Gleichgewicht herstellen

zwischen den psychischen Sphären im Individuum.

Die Beziehung zwischen Denk- und Gefühlsweisen ist ernsthaft gestört, sogar unterbrochen. Das Ergebnis ist eine gespaltene Persönlichkeit. Es fehlt das Gleichgewicht zwischen dem Rationalen und dem Irrationalen, zwischen Vergangenheit – Tradition – und Zukunft, der Erforschung des Unbekannten, zwischen Zeitlichem und Ewigem.

Wir müssen ein neues Gleichgewicht herstellen

zwischen den Bereichen des Wissens.

Die Vorgehensweise der Spezialisten muß eine universale Blickweise miteinbeziehen. Erfindungen und Entdeckungen müssen mit ihren gesellschaftlichen Folgen in Einklang gebracht werden.

Wir müssen ein neues Gleichgewicht herstellen

zwischen dem menschlichen Körper und kosmischen Kräften.

Der menschliche Organismus bedarf eines Gleichgewichts zwischen seiner organischen Umwelt und seiner künstlichen Umgebung. Getrennt von Erde und Wachstum, wird er niemals das für das Leben notwenige Gleichgewicht erlangen.

Dies sind nur einige der Voraussetzungen für den neuen Menschen. Vielleicht halten einige diese Forderungen für vergeblich und für so ungreifbar wie Schall und Rauch. Aber wir hätten es nie gewagt, einen Menschen, wie unsere Zeit ihn verlangt, zu umreißen, wenn nicht die Physiologie erstaunliche Parallelen aufgedeckt hätte.

Die Funktion des vegetativen Systems, das in unserem Organismus unabhängig von der Beeinflussung durch unseren Willen arbeitet, besteht darin, durch die Steuerung und Koordinierung des Blutkreislaufs, der Atmung, der Verdauung, der Drüsenproduktion und der Körpertemperatur eine für die Zelle »normale Atmosphäre« zu gewährleisten.

Die Funktionsstruktur des vegetativen Systems ist von dem Physiologen W. R. Hess untersucht worden (Das vegetative Funktionssystem«, in *Schweiz. Medizin. Jahrbuch,* Basel, 1942). Ihm untergeordnet sind die zwei anderen Nervensysteme, der Sympathikus und der Parasympathikus. Der Sympathikus paßt den Körper an die Anforderungen der Außenwelt an. Er regelt die nach außen gerichtete Aktivität des Körpers: seine physische Leistungssteigerung. Er sorgt für eine bessere Durchblutung der aktiven Muskeln, erhöht die Herztätigkeit und verringert die Durchblutung der gerade nicht gebrauchten Organe.

Das Gegenstück zu diesem System (das parasympathische) reguliert die inneren Prozesse. Es kontrolliert die unbewußt stattfindenden komplizierten Anpassungen und stellt das innere Gleichgewicht der Organe immer wieder her. Das parasympathische Nervensystem baut die Energiereserven auf. Zum Beispiel fördert es die Durchblutung der Därme, um während der Verdauung die Nährstoffe aufzunehmen.

Diese zwei Systeme wirken aufeinander ein, und es herrscht stets, wie Hess es nennt, »ein nervös dynamisches Gleichgewicht«. Doch in weiterem Sinne ist ihre Tätigkeit nicht entgegengesetzt, sondern sie arbeiten zusammen, um das körperliche Gleichgewicht zu gewährleisten, genau wie wir im psychischen Bereich versuchen, allgemeine, anscheinend widersprüchliche Tendenzen miteinander in Einklang zu bringen, um das Gleichgewicht zwischen der inneren und der äußeren Wirklichkeit herzustellen.

Die Geschichte bringt keine sich wiederholenden Strukturen hervor. Das Leben einer Kultur ist zeitlich ebenso begrenzt wie das Leben eines Individuums. Da dies für alles organische Leben gilt, zählt nur, was in der zugemessenen Zeit vollbracht wird.

Es gibt auch keine vorgegebenen Gesetze für die Überlegenheit der rationalen oder irrationalen, individualistischen oder kollektivistischen, spezialistischen oder universalen Auffassungen. Mannigfaltige und oft unerklärliche Gründe sind für die Überlegenheit der einen oder der anderen dieser Tendenzen zu einer bestimmten Zeit verantwortlich. Die Vorherrschaft der einen oder der anderen ist nicht an sich schlecht, auch sie gehört zur unermeßlichen Vielfalt des menschlichen Lebens.

Es ist an der Zeit, daß wir wieder menschlich werden und alle unsere Unternehmungen von einem menschlichen Maßstab leiten lassen. Der von uns erstrebte Mensch im Gleichgewicht erscheint neu nur vor dem Hintergrund eines kranken Zeitalters. Er belebt jahrhundertalte Forderungen von neuem, die wir auf unsere eigene Art und Weise erfüllen müssen, wenn unsere Zivilisation nicht zusammenbrechen soll.

Jede Generation hat die Last des Vergangenen und die Verantwortung für die Zukunft zu tragen. Die Gegenwart wird zunehmend als ein bloßes Bindeglied zwischen gestern und morgen betrachtet.

Uns geht es kaum um die Frage, ob der Mensch einen Zustand unendlicher Vollkommenheit erlangen wird. Wir stehen der alten Weisheit näher, die in einer möglichen moralischen Entwicklung den zu erwartenden Weltlauf sah.

Das bedeutet nicht, daß wir uns mit Grausamkeit, Hoffnungslosigkeit oder Verzweiflung abfinden müssen. Jede Generation muß eine andere Lösung für dasselbe Problem finden: den Abgrund zwischen der inneren und der äußeren Welt zu überbrücken durch die Wiederherstellung des dynamischen Gleichgewichts, das ihre Beziehungen bestimmt.

NACHWORT
von
Stanislaus von Moos

DIE ZWEITE ENTDECKUNG AMERIKAS

Zur *Vorgeschichte von* Mechanization Takes Command

Die beiden bekanntesten Bücher von Sigfried Giedion, *Space, Time and Architecture* (1941) und *Mechanization Takes Command* (1948), sind deutsch gedacht, aber größtenteils in den Vereinigten Staaten und für ein amerikanisches Publikum redigiert, kurz vor und während des Zweiten Weltkrieges. *Mechanization Takes Command* war sogar zunächst deutsch geschrieben. Sie haben den Weg in den Kulturkreis ihres Ursprungs erst spät gefunden: *Space, Time and Architecture* erschien 1965 auf deutsch, ein Vierteljahrhundert nach der ersten Ausgabe – nachdem sich das Buch, in viele europäischen Sprachen übersetzt, in den Architekturschulen der westlichen Welt als Pflichtlektüre durchgesetzt hatte. Noch länger hat es gedauert, bis *Mechanization Takes Command* auch in seiner Originalsprache druckfertig war: 34 Jahre.

So präsentiert sich *Herrschaft der Mechanisierung* heute nicht nur als Darstellung der Epoche, die es untersucht, sondern als Teil davon. Der Abstand von einem halben Jahrhundert, der uns von den zwanziger und dreißiger Jahren trennt – der Zeit, die die Folie von Giedions Untersuchungen darstellt –, legt diese Lesart von vornherein nahe; aber im Falle von Giedion kommt noch hinzu, daß er geradezu demonstrativ von seinem kulturpolitischen Engagement an der Seite der damaligen Avantgarde her argumentiert. Arnold Hauser, der *Mechanization Takes Command* ausführlich rezensierte, maß das Buch am Maßstab einer kunst- und kulturgeschichtlichen Analyse – am Maßstab seiner eigenen *Sozialgeschichte der Kunst und Literatur,* an der er damals schrieb[1]. Aber *Mechanization Takes Command* ist nicht allein die Arbeit eines Kunsthistorikers und Wölfflin-Schülers (auch wenn sich darin durchaus Wölfflinsche Vorstellungen wiederfinden, wie etwa im Stichwort der »anonymous history« Wölfflins »Kunstgeschichte ohne Namen«). Es ist auch das Vademecum eines Ingenieurs und Unternehmersohns, der, als Historiker ausgebildet, Probleme und Einsichten, die sich ihm aus der Praxis aufdrängten, auf ihre historischen Voraussetzungen hin befragt und entsprechende Indizienketten vorlegt. Nicht primär eine theoretische Erörterung: ein Dossier, eine Dokumentensammlung.

Im Grunde handelt es sich bei diesem Buch um eine Suchaktion der Avantgarde selbst nach sicherem Boden im »Kulturganzen«. Als Dipl.-Ing. (Giedion hatte das Diplom eines Maschineningenieurs erworben, bevor er das Studium der Kunstgeschichte in Angriff nahm) verkörperte er selbst, sozusagen nebenbei, eine Idealfigur der Avantgarde – man denke an Le Corbusiers eifersüchtige Bewunderung der Ingenieure – und durfte also in ihrem Namen reden, statt, als Historiker, bloß

---

1 Arnold Hauser, »Mechanization Takes Command (. . .)«, Rezension, in: *The Art Bulletin,* Sept. 1952, S. 251-253.

über sie. Nur so erklären sich die vielen auch von Hauser monierten »weißen Stellen« des Buchs: z. B. das Fehlen eines Abschnitts über den Einbruch der Mechanisierung in die Techniken der visuellen Kommunikation (Fotografie, Film), oder die bloß fragmentarische Darstellung der Rezeption der Mechanisierung durch die moderne Kunst und Architektur – vom Dadaismus bis zur berühmten »Frankfurter Küche«. *Herrschaft der Mechanisierung* ist nicht ein Buch *über* die Moderne – es ist ein Buch *der* Moderne.

»Der Historiker und seine Zeit«

Es bleibe dahingestellt, wen Erwin Panofsky, ein anderer Kunsthistoriker deutscher Zunge, der in den dreißiger Jahren nach Amerika emigrierte, im Auge gehabt haben mag, als er amerikanische Kollegen wie Alfred Barr und Henry-Russel Hitchcock dafür lobte, daß sie »die zeitgenössische Szenerie mit eben der Mischung aus Begeisterung und Distanz betrachten und mit eben dem Respekt vor historischen Methoden und mit eben dem Interesse an gewissenhafter Dokumentation darüber schreiben, wie sie für eine Untersuchung über Elfenbeinarbeiten des 14. oder über Drucke des 15. Jahrhunderts vonnöten sind«, während in Europa der unmittelbare Druck der künstlerischen Geschehnisse »die Literaten entweder zur Verteidigung oder zum Angriff und die intelligenteren Kunsthistoriker zum Schweigen (zwingt)«[2].

Die Frage muß – nebenbei – erlaubt sein, wie »intelligent« die europäische Kunstgeschichte der Zwischenkriegszeit gewesen wäre ohne jene im aktuellen Kunstgeschehen engagierten Maurice Raynal oder André Salmon, Franz Roh oder Ludwig Grote, ohne Herbert Read, Nikolaus Pevsner oder Sigfried Giedion. Der letztere jedenfalls machte aus seiner Voreingenommenheit keinen Hehl. Alois Riegl hatte in der Einleitung zur *Spätrömischen Kunstindustrie* festgehalten, daß auch der Kunsthistoriker »über die Eigenart des Kunstbegehrens seiner Zeitgenossen nicht wesentlich hinauskann«; Giedion aber erklärt das, was bei Riegl als passive Einsicht in eine Unabänderlichkeit erscheint, zur aktiven *raison d'être* seiner Arbeit. Statt zu versuchen, die Beschränkung des Sichtfeldes, die die Interessenlage der Zeit einem jeden Historiker aufzwingt, durch möglichst distanzierte Argumentation zu neutralisieren, entscheidet er sich für eine engagierte Historie: Geschichte als Mittel, die eigene Zeit in den Griff zu bekommen. Seine unter Wölfflin in München geschriebene Dissertation (*Spätbarocker und romantischer Klassizismus*, 1922) stand nicht außerhalb des aktuellen Streits um einen Epochenstil; den »rappel à l'ordre« einer neuen architektonischen und städtebaulichen Disziplin vernimmt man in dem Buch nicht nur zwischen den Zeilen. Noch weit deutlicher stellt die etwas spätere Arbeit *Bauen in Frankreich. Eisen, Eisenbe-*

---

2 Erwin Panofsky, »Drei Jahrzehnte Kunstgeschichte in den Vereinigten Staaten. Eindrücke eines versprengten Europäers«, in: ders., *Sinn und Deutung in der bildenden Kunst*, Köln, 1975, S. 386.

ton (1928) historische Quellenaufarbeitung in den Dienst des aktuellen Kampfes für eine moderne Architektur. Denn: »Auch der Historiker steht in der Zeit, nicht über ihr. Das Ewigkeitspostament hat er verloren.«[3]

Giedion sieht eine als Engagement für die Gegenwart verstandene Geschichte nicht im Widerspruch zur Tradition seines Fachs. In der Einleitung zu *Space, Time and Architecture*, einem Buch, dem die 1938 vorgetragenen Charles Eliot Norton Lectures an der Harvard University zugrunde liegen und das eine Mischung von Streitschrift und Lehrbuch ist, legt er (vor den lauschenden Studenten von Harvard College) seine Karten auf den Tisch: »Als Kunsthistoriker bin ich ein Schüler Heinrich Wölfflins. In unseren persönlichen Kontakten mit ihm wie auch in seinen Vorlesungen lernten wir, seine Schüler, den Geist einer Epoche in den Griff zu bekommen. Wölfflins tiefgreifende Analyse eröffnete uns die wahre Bedeutung eines Bildes oder einer Skulptur.«[4]

Hinter Wölfflin, dem »Meister«, erhebt sich dann die Gestalt von dessen Lehrer Jacob Burckhardt: »In *Die Kultur der Renaissance in Italien* legte Burckhardt den Nachdruck auf Quellen und alte Dokumente statt auf seine eigene Meinung. Er behandelte bloß Fragmente aus dem Leben jener Zeit, aber er behandelte sie so sorgfältig, daß sich im Bewußtsein seines Lesers ein ganzheitliches Bild ergibt.« Wölfflin, Burckhardt – und schließlich die Künstler seiner eigenen Zeit: »Sie sind es, die mich gelehrt haben, Objekte, die jeden Interesses unwürdig oder die nur für den Spezialisten interessant scheinen, ernsthaft zu studieren. Moderne Künstler haben mich gelehrt, daß bloß Fragmente, aus dem Leben einer Zeit herausgelöst, seine Gewohnheiten und seine Gefühle bloßzustellen vermögen; daß man den Mut haben muß, kleine Dinge zu nehmen und sie in große Dimensionen zu übertragen.«

In solchen Stichworten spiegelt sich Giedions eigenes Programm. Auf den einfachsten Nenner gebracht, handelt es sich bei seinen zwei Hauptwerken um breit angelegte Versuche, die moderne Architektur und die moderne Kunst im »Kulturganzen« zu verankern. In beiden Fällen ist das Ziel eine Epochensynthese – durchaus im Sinne von Burckhardts *Kultur der Renaissance in Italien.* Hier wie dort werden Querbezüge von der Kunst zur Lebenssphäre des Alltags, zur Naturwissenschaft und von dort zurück zur Kunst aufgezeigt – das der Einsteinschen Physik entlehnte Stichwort »Raum – Zeit« im Titel von *Space, Time and Architecture* spricht in diesem Zusammenhang für sich.

---

3 Sigfried Giedion, *Bauen in Frankreich. Eisen, Eisenbeton,* Leipzig 1928, S. 1.
4 Sigfried Giedion, *Space, Time and Architecture,* Cambridge, Mass., (1941), Ausg. 1974, S. 2; die folgenden Zitate stehen auf S. 3 und 4. (Übers. des Verf.).

Zur Person

Zur Person Sigfried Giedions und seinem Platz im Spannungsfeld von Wissenschaft und avantgardistischem Kulturkampf gibt eine 1971 in Zürich erschienene Gedenkschrift die ersten Umrisse[5]. Ein manifestartiger Text von 1918 »Gegen das Ich«, ein Gedicht, Fotos, Korrespondenzen, Zeugnisse von Freunden, Nachrufe, ein paar wenig bekannte Aufsätze, ferner ein Gespräch jüngerer Dozenten der ETH dokumentieren vor allem das Wirken und die Nachwirkung des Lehrers. Eine Darstellung von einigen kritischem Anspruch wurde jedoch noch kaum versucht, obwohl der kontroverse Charakter von fast allem, was Giedion unternommen oder publiziert hat, reichlich Stoff zu einer solchen Arbeit liefern würde. 1888 als Sohn eines Unternehmers geboren (Giedions Vater war Miteigentümer der großen Spinnerei an der Lorze in Baar, Kanton Zug), hatte er einen Teil seiner Jugend in Wien verbracht, wo er auch studierte. Nach dem Ersten Weltkrieg zog der diplomierte Maschinenbauingenieur nach München, um bei Wölfflin Kunstgeschichte zu studieren. In der Zwischenzeit waren Feuilletons und Gedichte erschienen; Max Reinhardt hatte an den Berliner Kammerspielen Giedions erstes Stück, *Arbeit,* aufgeführt.

Seit den zwanziger Jahren war sein Weg – auch der seiner Frau, der Kunsthistorikerin Carola Giedion-Welcker[6] – eng mit demjenigen der modernden Architektur und Kunst verbunden: im Sinne einer aktiven Parteinahme, ja Propaganda für die Belange der modernen Bewegung. Als »Generalsekretär« der »Internationalen Kongresse für Neues Bauen« (CIAM) setzte sich Giedion jahrzehntelang (1928 bis 1956) an sichtbarster Stelle dafür ein; seit 1938 zum Teil von Amerika aus: Gropius hatte ihn an die Harvard Universität gerufen, wo er bis in die sechziger Jahre, oft über längere Perioden hin, später abwechselnd mit Lehraufträgen an der ETH in Zürich, lehrte.

Vom »Fordismus« zur Wohnbedarf AG

Wenn es zutrifft, daß Giedions Rolle als einer der Wortführer der internationalen Architekturavantgarde den Hintergrund für *Space, Time and Architecture* bildet, so trifft dasselbe auch für *Mechanization Takes Command* zu. In beiden Büchern spielt Amerika die Rolle des Labors, in dem die neue Zeit zu sich selbst findet (im

5 Paul Hofer und Ulrich Stucky, *Hommage à Giedion. Profile seiner Persönlichkeit,* Basel und Stuttgart 1971. – Vgl. in diesem Zusammenhang auch Spiro Kostof, »Architecture, You and Him. The Mark of S. Giedion«, in: *Daedalus,* Winter 1976, S. 189-204 und, vor allem im Hinblick auf das vorliegende Buch, Joseph Rykwert, »Sigfried Giedion and the Notion of Style«, in: *Burlington Magazine,* April 1954, S. 123-124, Kenneth Frampton, »Giedion in America: Reflections in a Mirror«, in: *Architectural Design,* 51, Nr. 6/7, 1981, S. 44-51, sowie Martin Steinmann, »S. Giedion, la mécanisation de la maison et la ›machine à habiter‹«, in: *Culture technique,* 3/1980, S. 90-93.

6 Zu Carola Giedion-Welcker siehe vor allem Reinhold Hohl (Hrsg.), *Carola Giedion-Welcker, Schriften 1926-1961. Stationen zu einem Zeitbild,* Köln 1973, mit umfassender Bibliographie ihrer Bücher und Aufsätze zur Kunst des 20. Jahrhunderts, sowie insbesondere zu C. Brancusi, M. Ernst, P. Klee, H. Arp u. a. m.

1. EUGEN ZELLER: Sigfried Giedion und Hans Finsler. Radierung (1931). *Die beiden Freunde, der Kunsthistoriker und der Fotograf, betrachten eine Grafik, die ein weit geöffnetes Auge und eine Ohrmuschel zeigt – Attribute des modernen Sinnenmenschen. Die Art der Überblendung erinnert an Arbeiten von Max Ernst. Neben dem Apéritifglas liegt eine Nummer der von Le Corbusier und Amédée Ozenfant herausgegebenen Zeitschrift* L'Esprit Nouveau (1920-25).

früheren muß es diese Rolle allerdings mit Frankreich teilen). Wenn Giedion im vorliegenden Buch Taylors *Principles of Scientific Management* (1911) in den Kontext der Gesamtkultur zu stellen versucht, so greift er eines der Stichworte der damaligen Avantgarde auf: die »Rationalisierung«. Le Corbusier hatte den Taylorismus schon 1917 »entdeckt« (»das schreckliche und unausweichliche Leben der Zukunft«, wie er damals schrieb); Ernst May sollte die Fließbandarbeit nach Fordschem Muster im Rahmen des »Neuen Frankfurt« 1925-30 in großem Maßstab der Serienproduktion von Wohnungen zugrunde legen. Und die russische Architekturavantgarde war überzeugt, die Stadt insgesamt mit Hilfe der Prinzipien von Taylor und Ford rationalisieren und endlich sogar sozialisieren zu können[7].

Giedions populäres, mit Schlagworten und Fotomontagen operierendes Ta-

7 Vgl. etwa N. A. Miljutin, *Sotsgorod. The Problem of Building Socialist Cities*, engl. Übers., Cambridge, Mass., 1974. – Zu den »USA als Leitbild technischer Vernunft« im Deutschland um 1930 vgl. Jost Hermand und Frank Trommler, *Die Kultur der Weimarer Republik*, München 1978, S. 49-58 und passim. Zum Einfluß des Taylorismus auf Architektur und Stadtbau um 1930 siehe neuerdings Frank Smit, »Van sociale stedebouw tot minimumwoning«, in: *Wonen-TA/BK* 3/1981, S. 7-23; mit ausführlicher Bibliographie.

2. Umschlag von S. Giedions Büchlein *Befreites Wohnen* (1929). *Die Aufnahme (von C. Hubacher) zeigt den Wohnraum eines der drei »Rotachhäuser« von Max E. Haefeli in Zürich (1928). Diese Häusergruppe ist eine der frühen Realisierungen des »Neuen Bauens« in der Schweiz. Giedion besorgte selbst die Umschlaggestaltung.*

schenbuch über *Befreites Wohnen* (1929; Abb. 2) gehört durchaus ins Spektrum des Amerikanismus und des »weißen Sozialismus«, der die damalige Architekturavantgarde animierte; nicht zufällig prangt auf der Titelseite ein Zitat Henry Fords: »Die Häuserform wird sich ebenso schnell ändern, wie die Kleiderform sich geändert hat, und auch die Führung des Haushalts wird einen Umschwung erleben. Es hat lange gebraucht, aber jetzt wird der Fortschritt sehr rasch vor sich gehen.«[8]

Die Erfahrungen in Deutschland, wo Giedion – im Zusammenhang mit dem 2. CIAM-Kongreß in Frankfurt (1929) – das Stichwort von der »Wohnung für das Existenzminimum« in Umlauf brachte[9], schienen die Fordsche Prognose zunächst

---

8 Sigfried Giedion, *Befreites Wohnen,* Zürich und Leipzig 1929, Titelblatt; zur »fordistisch-neusachlichen Architekturgesinnung«, die sich in dem Buch dokumentiert, vgl. J. Hermand und F. Trommler, *Die Kultur der Weimarer Republik* (a.a.O.), S. 417 ff. – An dieses Büchlein mag auch Ernst Bloch gedacht haben, als er von der »Modernität à la Giedion« sprach, die in jedem Schiebefenster schon den Kapitalismus in den Sozialismus hineinwachsen sehe; in: *Erbschaft dieser Zeit,* neue Auflage, Frankfurt a. M. 1975, S. 219.
9 Martin Steinmann (Hrsg.), *CIAM-Dokumente 1928-1939,* Basel und Stuttgart 1979, S. 38 f.

3. MAX E. HAEFELI, C. HUBACHER UND R. STEIGER; W. M. MOSER UND E. ROTH; P. ARTARIA UND H. SCHMIDT: Werkbundsiedlung Neubühl in Zürich (1929-31). *Am Stadtrand von Zürich gelegen, mit Blick auf den See, stellt die Siedlung eine schweizerische Weiterentwicklung der Prinzipien dar, die etwas früher in der Weißenhofsiedlung in Stuttgart (1927) und in der Siedlung Dammerstock bei Karlsruhe entwickelt worden waren. (Foto: Hans Finsler).*

zu bestätigen. Giedion versuchte seinerseits während der dreißiger Jahre, die Ziele des »Befreiten Wohnens« in der Schweiz ins Werk zu setzen. *Mechanization Takes Command* kann man in der Tat auch als Reflex seiner – allerdings aufhaltsamen – Versuche sehen, mit den Zürcher Architektenfreunden Werner M. Moser und Rudolf Steiger, die zur Kerngruppe der Schweizer CIAM gehörten, eine produktive Zusammenarbeit zwischen Industrie und moderner Innenarchitektur einzuleiten, Bemühungen, die 1931 zur Gründung der »Wohnbedarf AG« in Zürich durch S. Giedion (von dem auch der Firmenname stammt), W. M. Moser und R. Graber als Geschäftsführer[10] geführt hatten und die einige Jahre später in einer von demselben Team organisierten Ausstellung »Das Bad, von heute und gestern« ihren Niederschlag fanden – und schließlich im Bau von zwei Musterhäusern auf einem Grundstück Giedions am Zürichberg.

Spuren dieser Erfahrungen finden sich an zahlreichen Stellen von *Mechanization Takes Command,* auch wenn man die direkten Verweise darauf mit der Lupe suchen muß. Tatsächlich widmet der Verfasser fast zwei Drittel seines Buches der Innenarchitektur, der Mechanisierung des Haushaltes und der Badkultur. Auf S. 472 des vorliegenden Buches findet sich eine Abbildung von Alvar Aaltos Stahlrohrsofa aus dem »Wohnbedarf«-Sortiment, und etwas später schildert Giedion, wie er in einer Schweizer Fabrik versuchte, in die Lehne dieses Liegebetts eine

---

10 S. von Moos, »Wohnbedarf und Lebensform. Bruchstücke zur Schweizer Design-Geschichte der dreißiger Jahre«, in: *archithese* 2/1980, S. 16-25; vgl. auch ders., »Eine Avantgarde geht in die Produktion. Die Zürcher CIAM-Gruppe und der ›Wohnbedarf‹, in: H. Gsöllpointner, A. Hareiter, L. Ortner, *Design ist unsichtbar,* Linz 1981, S. 195-208.

4. Zeitungsinserat der Schweizer Firma »Möbel-Pfister« (ca. 1932). *Der Feldzug des Zürcher CIAM-Kreises gegen die Vorherrschaft des »Stiehlmöbels« und der »kompletten Garnitur« entzündete sich nicht zuletzt an den Bildern der »guten Stube«, wie sie der in der Schweiz sprichwörtliche »Möbel-Pfister« in seinen Reklamen verbreitete. (Aus dem Archiv S. Giedion im Institut für Geschichte und Theorie der Architektur an der ETH, Zürich).*

Vorrichtung einzubauen, die es ermöglichen sollte, »die Rückenlehne des Sofas je nach dem Belieben des Sitzenden anders einzustellen«. Ferner ist noch in einer Fußnote beiläufig vom Wirken des Schweizerischen Werkbundes die Rede: von der Siedlung Neubühl in Zürich und der damit zusammenhängenden Gründung des »Wohnbedarfs«[11].

Giedion war einer der Mitinitiatoren der Werkbund-Siedlung Neubühl (1928 bis 31) gewesen (Abb. 3): am Stadtrand von Zürich gelegen, mit Blick auf den See, stellt die Überbauung eine Art Pendant zur etwas früheren Weißenhofsiedlung in Stuttgart (1927) oder zu Gropius' Siedlung Dammerstock in Karlsruhe (1929) dar. Sie war das Zürcherische Versuchsterrain des »Befreiten Wohnens«. Giedions Interesse am Neubühl scheint sich früh auf die Frage des modernen Möbels konzentriert zu haben, das heißt eben auf den Wohnbedarf. Tatsächlich waren die Architekten »müde, ihre Häuser für Möbel zu planen, die im Handel nicht existierten oder noch zu teuer waren«, wie der Leiter des neuen Geschäftes argumentierte; es galt also, neue Möbel auf den Markt zu bringen, die den Prinzipien des Neuen Bauens entsprachen[12]. Dies gelang sogar in relativ kurzer Zeit, und im Herbst 1931 (Abb. 5) konnte der »Wohnbedarf« in den Musterwohnungen des Neubühls einige seiner neuen Erzeugnisse – u. a. einen stapelbaren Stuhl von R. Steiger und das »Volksmodell«, einen einfachen, hinterbeinlosen Lehnsessel von Werner M. Moser vorführen. Daneben wurden auch ältere Modelle von Thonet und ande-

---

11 Hier S. 475 und 553, Anm.
12 Rudolf Graber, »Vom Entwurf zum serienreifen Möbelstück«, in: *Das Werk*, 11/1932, S. 335-337. Zur Siedlung Neubühl vgl. v. a. *Das Werk*, 9/1931, S. 257-279, und Alfred Roth, *Die neue Architektur*, Zürich 1939, S. 71-90.

wird es den hoffnungen der neuerer auf dem gebiet des möbels ebenso ergehen wie den hoffnungen, die sich an die neue kleiderform geknüpft hatten? die amerikanische möbelindustrie arbeitet heute schon an dem „dringend enproblem", wie man es erreichen könne, dass sich jede amerikanische familie alle sechs jahre neu einrichten muss. dazu muss das möbel wie das kleid der mode unterworfen und für einen raschen wechsel dieser mode gesorgt werden, gierig greift man heute nach dem aus europa kommenden modernen möbel um damit den tanz der mode beginnen zu können, entwerfer und kunstzeitschriften werden mobil gemacht, um die neue mode zu lancieren. ist es bei uns nicht ein bisschen ähnlich? man hat die ideen der neuerer solange bekämpft, bis man die chance kommen sah, daraus eine mode zu machen. heute wären wir so weit. **wir müssen das billige, einfache und neutrale typenmöbel immer noch mit der laterne suchen, dafür können wir uns heute mit kubischen möbeln im kostbarsten fournier, mit nickel und stahl genau so vornehm und überflüssig einrichten wie vorher mit geschnitztem nussbaum und geschweiften füssen.**

(hans schmidt, basel-moskau)

lehnsessel ohne bezugsstoff, gestrichen fr. 98.—
verchromt fr. 122.—

die vorteile in der fabrikation sowie der wunsch nach vielseitiger verwendbarkeit desselben möbels entwickelt das **verstellbare, montierbare möbel.**

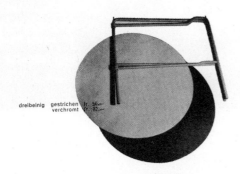

dreibeinig gestrichen fr. 56.—
verchromt fr. 82.—

vierbeinig gestrichen fr. 53.—
verchromt fr. 77.—

klapptischchen
als servierbrett verwendbare tischplatte

5. MAX BILL: Prospekt für die Wohnausstellung in der Siedlung Neubühl (1931). *Anläßlich der Eröffnung der Siedlung Neubühl hatten S. Giedion, Werner M. Moser und R. Graber die Firma »Wohnbedarf« gegründet. Diese produzierte u. a. den abgebildeten hinterbeinlosen Lehnsessel von Werner M. Moser (1931). Der »Wohnbedarf« lancierte diesen Stuhl als »Volksmodell«; allerdings mißlang die Eroberung der Schweizer Wohnung durch das Stahlrohrmöbel.*

ren ausländischen Produzenten verkauft, die z. T. in der Schweiz in Lizenz hergestellt wurden: Modelle von Breuer, Aalto und anderen, über die Giedion im vorliegenden Buch recht ausführlich berichtet (während er die Arbeit seiner Schweizer Kollegen diskret übergeht)[13].

Als Hauptaktionär der Firma Wohnbedarf – neben Werner Moser – begnügte sich Giedion in den Jahren 1931-35 nicht mit der Durchsicht der Geschäftsberichte. Ihn interessierte die Sache auch als Frage der Organisation industrieller Fertigung, der Reklame sowie des Verkaufs. Er schaltete sich direkt in die Kontakte mit

---

13 Zur Geschichte des Stahlrohrmöbels vgl. jetzt Jan van Geest und Otakar Macel, *Stühle aus Stahl. Metallmöbel 1925-1940*, Köln 1980; vgl. in diesem Zusammenhang auch S. Giedion, »Schweizer Aluminiummöbel«, in: *archithese* 2/1980, S. 26.

6. Prospekt für »indi-leuchten«. Fotos von Hans Finsler; Typographie von Sigfried Giedion (1932). *Giedion hat diesen Lampentyp zusammen mit dem Lampenkonstrukteur H. Bredendieck, einem Bauhäusler, 1932 entwickelt. Im gleichen Jahre wurden die Prototypen an der Zürcher »Lichtwoche« vorgeführt; die Serienproduktion durch die BAG in Turgi setzte später ein.*

den wichtigsten Lieferfirmen ein, insbesondere die Lampenfabrik BAG in Turgi AG und die Möbelfabrik Embru in Rüti ZH. Im Juli 1934 übernahm er schließlich beim Wohnbedarf die Leitung der »technischen Stelle« und somit die Kontrolle über sämtliche technischen Aspekte der Produktion und des Verkaufs[14]. Nur wenig später kam es freilich zur Trennung von Graber, der das Geschäft ab Anfang 1935 allein weiterführte.

In der Einleitung zu *The Architecture of the Well-Tempered Environment* läßt sich Reyner Banham zu einigem Spott über Giedions *Mechanization Takes Command* hinreißen, u. a. deshalb, weil sein älterer Kollege das Problem der elektrischen Beleuchtung in der modernen Architektur völlig außer acht gelassen habe[15]. Das

---

14 Vgl. S. von Moos, »Wohnbedarf und Lebensform«, a.a.O., Anm. 28.
15 Reyner Banham, *The Architecture of the Well-Tempered Environment*, London 1969, S. 13-16.

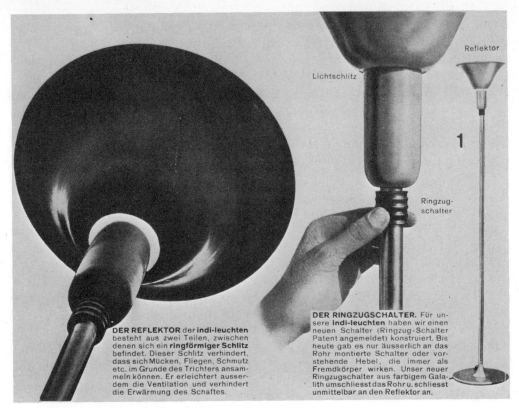

Lichtschlitz

Reflektor

1

Ringzug-
schalter

DER REFLEKTOR der **indi-leuchten** besteht aus zwei Teilen, zwischen denen sich ein **ringförmiger Schlitz** befindet. Dieser Schlitz verhindert, dass sich Mücken, Fliegen, Schmutz etc. im Grunde des Trichters ansammeln können. Er erleichtert ausserdem die Ventilation und verhindert die Erwärmung des Schaftes.

DER RINGZUGSCHALTER. Für unsere **indi-leuchten** haben wir einen neuen Schalter (Ringzug-Schalter Patent angemeldet) konstruiert. Bis heute gab es nur äusserlich an das Rohr montierte Schalter oder vorstehende Hebel, die immer als Fremdkörper wirken. Unser neuer Ringzugschalter aus farbigem Galalith umschliesst das Rohr u. schliesst unmittelbar an den Reflektor an.

6a. »indi-leuchten«-Prospekt. Detail.

stimmt und ist vielleicht bedauerlich, vor allem wenn man feststellt, daß sich in einer früheren und unvollendeten Fassung des Buches, die um 1935 entstand und den Titel »Konstruktion und Chaos« trägt, ein recht ausführliches Kapitel mit dem Problem »Wie kann man den Wohnraum beleuchten?« befaßt. Aber es wurde nie gedruckt.

In diesem Kapitel wird zunächst eine Geschichte der Wohnraumbeleuchtung gegeben. Und am Schluß kommt folgender Hinweis: »Als der Unterzeichnete von der BAG Turgi als Berater zur Schaffung der Versuchsabteilung herangeholt wurde, ging er mit dem gleichzeitig berufenen Lampenkonstrukteur H. Bredendieck daran, zuerst Typen für die indirekte Beleuchtung zu schaffen, die sog. Indi-Leuchten.« Dies war 1932. Aber die Produktion wollte nicht in Gang kommen, und so war das vorgesehene Leuchtenprogramm, für das Giedion selbst einen Prospekt entworfen hatte (Abb. 6), zur Eröffnung der »Lichtwoche« in Zürich nicht fertig. (Die »Lichtwoche« wurde als Vorspiel der Ausstellung »Licht« im Kunstgewerbemuseum Zürich im Herbst 1932 durchgeführt.) Man mußte sich auf die Präsentation der Modelle beschränken. Später ist die damals vorgestellte Bodenstehlampe in großer Serie produziert worden[16].

Es führt ein direkter Weg von der Beschwörung von »Licht, Luft, Öffnung« auf dem Umschlag von *Befreites Wohnen* zu den Indi-Leuchten: *raison d'être* dieser Beleuchtungsart ist einerseits möglichst viel Licht und andererseits möglichst wenig sichtbarer Aufwand an Material und Form. Die Lampen sind dementsprechend karg: Ziel bleibt eine Wirkung von Flutlicht, wie im Freien. Weitestgehende Entmaterialisierung – man denkt an die Lichtmaschinen von Giedions Freund Laszlo Moholy-Nagy.

Vor allem führt der Weg vom Umschlag des Büchleins von 1929 über die Indi-Leuchten selbst weiter zu den Reklameaufnahmen Hans Finslers – buchstäbliche »Licht-Bilder«, die das Funktionieren der BAG-Leuchten dokumentieren: am elementarsten auf jener Aufnahme, die Giedion auf dem von ihm gestalteten Umschlag des Prospektes der Indi-Leuchten übernahm. Fragt man nach dem künstlerischen Medium, in dem sich das »Licht« als Thema verselbständigt, so drängt sich von selbst das Stichwort Photographie auf, und vor allem – neuerdings – Moholy-Nagys Fotogramme aus den Jahren 1922/23[17]. Giedion, mit Moholy und Finsler ·befreundet, war selbst mehr als ein Sonntagsphotograph; den Abbildungsteil seiner zwei Bücher von 1928 und 1929 hatte er zum großen Teil mit eigenen Aufnahmen bestritten[18].

Von der Praxis zur Historie aufgeklärten Unternehmertums

Der »Wohnbedarf« ist nicht die einzige Schweizer Prämisse von *Mechanization Takes Command*. In dem Kapitel über die »Mechanisierung des Bades« stützt sich der Verfasser ausdrücklich auf seine Arbeiten für die zusammen mit Rudolf Steiger vorbereitete Ausstellung »Das Bad von heute und gestern« (Kunstgewerbemuseum Zürich, 1935). Das Vorwort zu dieser Ausstellung (»Das Bad im Kulturganzen«) könnte auch dem vorliegenden Buch zur Einleitung dienen[19]. *Mechanization Takes Command* insgesamt als Reflex von Erfahrungen in der Schweiz inter-

---

16 Das Nähere bei S. von Moos, »Wohnbedarf und Lebensform«, a.a.O., Anm. 30.

17 Vgl. Hannah Weitemeier, *Licht Visionen. Ein Experiment von Moholy-Nagy,* Berlin 1972, und Andreas Haus, *Moholy-Nagy. Fotos und Fotogramme,* München 1978.

18 *Bauen in Frankreich* (vgl. Anm. 3) – von Moholy typografisch gestaltet – und *Befreites Wohnen* (vgl. Anm. 8).

19 »Wir benützen die historische Vergleichung, um Klarheit über den heutigen Stand der Entwicklung zu erhalten. Diese Übersicht ist nötig, um ein tiefergehendes Urteil über die heutige Leistung zu gewinnen zu können, um zu wissen, wo wir stehen. Wir wollen Klarheit darüber haben, in welchen Punkten wir weiter voran sind als frühere, hochentwickelte Zeiten und in welchen Punkten wir zurückgegangen sind. Aus diesen zwei Punkten ergeben sich gleichzeitig Richtlinien für die zukünftige Entwicklung.« »Das Bad im Kulturganzen«, in: *Das Bad von heute und gestern. Wegleitungen des Kunstgewerbemuseums der Stadt Zürich,* Zürich 1935, S. 6-19.

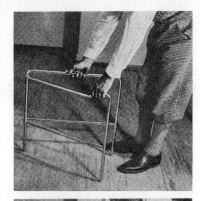

7. »Pullmann Roomette«. Amerikanisches Schlafwagenabteil; siehe Abb. 270. *Bewegliche und zerlegbare
Möbel spielen in* Mechanization Takes Command *eine
wichtige Rolle. Die Möglichkeiten der Flexibilität hatte
Giedion auch im Sortiment des »Wohnbedarfs« auszuwerten versucht.* (vgl. Abb. 8).

8. Katalog der »Wohnbedarf AG« (1932). *Sigfried Giedion zeigt die Handhabung des Moser-Klapptisches.*

pretieren zu wollen wäre freilich absurd; sein Material und die Kulturlandschaft,
die es dokumentiert, sind durch und durch amerikanisch. Aber es ist im Hinblick
auf eine noch zu schreibende Soziologie der Avantgarde nicht uninteressant, daß
der Verfasser die Verbindungen zwischen Unternehmertum und Kulturreform,
die er in den vierziger Jahren an der Geschichte der amerikanischen Alltagskul-
tur des neunzehnten und zwanzigsten Jahrhunderts aufzeigte, in den dreißiger
Jahren selbst, in Ansätzen, praktiziert hatte. Der Mann, der die Geschichte der
amerikanischen Patentmöbel des neunzehnten Jahrhunderts schrieb, ist derselbe

wie jener, der auf dem Wohnbedarfsprospekt von Herbert Bayer (der später Giedions Bücher und Buchumschläge gestalten sollte) den Moser-Klapptisch vor-
führt (Abb. 7). Und in dem ausführlichen Kapitel über Linus Yale und die Erfindung des modernen Türschlosses liegt *auch* die Erinnerung an die Bemühungen
Giedions und Grabers, mit Hilfe des in England weilenden Architekten W. Custer
1934 einen modernen »Schnepper« (= Schnappschloß) für den Inkombischrank
des Wohnbedarfs zu beschaffen[20]. Von der These, wonach eine »innere Einheit«
bestehe zwischen Taylors Methoden der wissenschaftlichen Betriebsführung in
der Fabrik und den Raum-Zeit-Vorstellungen des Futurismus, führt *auch* ein Weg
zurück zu den Ratschlägen, die Dipl.-Ing. S. Giedion 1932 der BAG Turgi für die
Modernisierung ihrer Lampenproduktion unterbreitete.

Aber das, was dieser Ideologe der Moderne jetzt ins Auge faßte, war ein *Bild* seiner Epoche, nicht mehr die weit weniger handliche Industriekultur selbst. Um es
pointiert zu sagen: nach dem mißglückten Versuch, im schweizerischen Rahmen

---

20 Vgl. hier S. 74-100; S. von Moos, »Wohnbedarf und Lebensform«, a.a.O., Anm. 35.

9. ALFRED ROTH, EMIL ROTH UND MARCEL BREUER: Mehrfamilienhäuser im Doldertal, Zürich
(1935-36). Bauherr: S. Giedion. *Während die Erbauung der Siedlung Neubühl einen – freilich zaghaften
– Vorstoß in der Richtung des Zeilenbaus gewagt hatte, verzichten die Doldertalhäuser auf jeden Versuch, typenbildend zu sein. Sie begnügen sich damit, die ungewöhnlichen Ansprüche des Grundstückes
und das Postulat des »befreiten Wohnens« ins Gleichgewicht zu bringen.*

eine neue »Kultureinheit« herzustellen, geht der Kunsthistoriker-Unternehmer dazu über, ihre Vorgeschichte zu dokumentieren. Denn inzwischen war klar geworden, daß die vom Schweizer Werkbund und vom »Wohnbedarf« eingeleitete Kulturreform weitgehend auf das soziale Milieu, das sie trug, beschränkt blieb: um sich zu rentieren, mußte der »Wohnbedarf« seine Basis im gehobenen Mittelstand konsolidieren. Die Moderne blieb – im Gegensatz zu ihrem Programm – vorläufig eine Sache der Elite; die Eroberung der Schweizer Wohnung durch das Stahlrohrmöbel war ausgeblieben, der Traum vom »Volksmodell« war ausgeträumt. Wer sich, wie etwa der Basler Kunsthistoriker Georg Schmidt – in vieler Hinsicht Giedions Gegenfigur innerhalb der Schweizer Werkbundszene – für die gesellschaftliche Dynamik industrieller Vorgänge interessierte, für den kam diese Entwicklung nicht unerwartet[21].

Die Zeit für grundsätzliche, eine Neuordnung des Zusammenlebens anvisierende Operationen war vorläufig abgelaufen – das Neubühl war das Äußerste gewesen, was in der Schweiz nach 1930 in dieser Richtung möglich war. Giedion versuchte zwar auf seinem privaten Grundstück am Zürichberg noch einmal eine Mustersiedlung zu realisieren. Aber im Gegensatz zum Neubühl fehlt den schönen Doldertalhäusern von Alfred Roth, Emil Roth und Marcel Breuer (1935-36) jeder Anspruch, typenbildend zu sein: sie begnügen sich damit, die ungewöhnlichen Ansprüche des Grundstücks am Doldertaltobel und das Postulat des »befreiten Wohnens« mit großer Präzision ins Gleichgewicht zu bringen (Abb. 9)[22].

Das Gebrauchsobjekt als Kulturdokument: Adolf Loos und der »Esprit Nouveau«

Merkwürdigerweis ist den Herausgebern des weiter oben erwähnten *Hommage à Giedion* eines der originellsten Bilddokumente zur Biographie von Sigfried Giedion entgangen: eine Lithographie des Schweizer Malers Eugen Zeller (Abb. 1). Die Graphik zeigt Giedion zusammen mit Hans Finsler in seinem von den Wohnbedarfnormen durchaus abweichenden Interieur. Die beiden Freunde scheinen eine Graphik zu betrachten, die – als Attribute des intellektuellen Sinnenmenschen – ein weit geöffnetes Auge und eine Ohrmuschel zeigt. Die Ineinanderblendung dieser Formen erinnert an Arbeiten von Max Ernst, etwa an sein Wandbild in der Zürcher Corso-Bar (1937), an deren Zustandekommen Giedion entscheidend beteiligt war. Auf dem Tisch liegt, neben dem Apéritifglas, eine Nummer der 1920-25 in Paris erscheinenden Zeitschrift *L'Esprit Nouveau*, zu deren Initiatoren vor allem Le Corbusier gehörte. Zellers Graphik stellt Giedions pragmatische

21 Vgl. etwa Georg Schmidt, »Gebrauchsgerät«, in: *Moderne Bauformen*, 1931, S. 479-490.
22. Vgl. Alfred Roth, *Die neue Architektur*, Zürich 1939, S. 47-60.

Werkbund-Aktivitäten der dreißiger Jahre in einen breiteren künstlerischen und kulturellen Zusammenhang.

Ohne Le Corbusiers *Esprit Nouveau* und ohne Max Ernst ist *Mechanization Takes Command* in der Tat nicht denkbar. Das Bauhaus müßte ebenfalls erwähnt werden; in der Tat scheint sich Giedions Engagement für die Reformideen der neuen Gestaltung 1923 entzündet zu haben, im Rahmen der Bauhauswoche in Weimar, über die er ausführlich berichtete[23]. Einen nicht minder nachhaltigen Eindruck hat ihm jedoch Le Corbusiers »Pavillon de L'Esprit Nouveau« an der Internationalen Kunstgewerbeausstellung in Paris gemacht, den er 1925, in Gesellschaft des Architekten, besuchte. Im Buch ist ausführlich davon die Rede[24]; daß der »Wohnbedarf« seine Inspiration dem »Pavillon de l'Esprit Nouveau« mitverdankt, liegt auf der Hand.

In *Mechanization Takes Command* taucht das Stichwort »L'Esprit Nouveau« im Zusammenhang der englischen Reformbewegungen um 1850 ein erstes Mal auf. Giedion schreibt, Henry Cole, der Initiator der Londoner Weltausstellung von 1851, habe mit seinem *Journal of Design* »eine Art Esprit Nouveau von 1850« initiiert[25]. Deutlicher hätte er die Rolle, die er der Pariser Avantgarde der zwanziger Jahre bei der Formung des modernen Bewußtseins zuerkennt, nicht unterstreichen können als durch den Brückenschlag von 1850 nach 1925: denn Cole ist für Giedion Kronzeuge jenes »unverfälschten« neunzehnten Jahrhunderts, dessen Wurzeln er bereits in dem früheren Buch über *Bauen in Frankreich* aufdeckte und für die Moderne als Grundlage postulierte. Im Rahmen von *Mechanization Takes Command* kommt andererseits dem Musterhaus, das Le Corbusier für die Internationale Kunstgewerbeausstellung von 1925 baute und einrichtete, exemplarischer Charakter zu: es verkörperte das »Nein« zum verlogenen Luxus der Salons, zum »Reich des Tapezierers«; hier sprach die Gegenwart selbst – »unberührt« von den geschmäcklerischen Launen des »Style Art Déco«.

Giedion war nicht entgangen, daß eine Mehrzahl der Nippsachen, die über das Interieur des »Pavillon de L'Esprit Nouveau« verteilt waren, ja daß sogar die von Le Corbusier ausgewählten Möbel selbst großenteils anonyme Massenprodukte waren. »Anstelle von ›gestalteten‹ Glasvasen oder Keramikgefäßen standen hier Laborgefäße, Formen, die durch Gebrauch und Funktion gereinigt waren. Statt kunstvoll geschliffener Kristallgläser gab es die einfachen Weingläser, wie man sie in jedem französischen Café findet, Objekte, deren Form nie aufhörte, die Phantasie der kubistischen Maler anzuregen.«

Was für die »objets types« auf den um 1918-23 entstandenen puristischen Stillleben Ozenfants und Jeannerets gilt, das trifft auch auf Le Corbusiers Wohnungsinterieur zu: es konstituiert sich weitgehend aus banalen, vorgefundenen Stan-

23. »Bauhaus und Bauhauswoche zu Weimar«, in: *Das Werk*, Sept. 1923, S. 232-234; abgedruckt – zusammen mit der darauffolgenden Kontroverse – in: *Hommage à Giedion*, (siehe Anm. 5), S. 12-24.

24 Am 15. Sept. 1925 schrieb Giedion eine Postkarte an Le Corbusier: »par Mr. Moholy du Bauhaus j'ai reçu votre adresse. j'avais déjà à Zürich l'intention de vous parler à Paris (usw.)« (Archiv Fondation Le Corbusier, Paris; boite A 2[15]). – Über den »Pavillon de l'Esprit Nouveau« vgl. hier S. 534 ff.

25 Vgl. hier S. 338; vgl. auch S. 397-404.

10. LE CORBUSIER UND PIERRE JEANNERET: Pavillon de L'Esprit Nouveau an der Internationalen Kunstgewerbeausstellung in Paris (1925). *Giedion besuchte den Pavillon in Gesellschaft Le Corbusiers. Daß der »Wohnbedarf« – und indirekt das Anliegen von* Mechanization Takes Command *– seine Inspiration dem Pavillon de L'Esprit Nouveau mitverdankt, liegt auf der Hand. (Foto Musée des Arts Décoratifs, Paris).*

dardobjekten, anonymen Produkten, deren Schönheit und »Logik« aus einer langen Gebrauchstradition resultiert. Zum Sitzen dienen vor allem die billigen, seit 1858 im Handel greifbaren »Wienersessel« der Gebrüdet Thonet; den »Meisterentwurf« gibt es in Le Corbusiers Wohnkultur zu diesem Zeitpunkt nicht[26].

Hier schließt Giedions Buch an. Es ist über weite Strecken eine Geschichte des modernen Möbels und der modernen Haushaltseinrichtung, die, in Weiterführung Le Corbusiers, die Kunstgewerbereform von den Arts and Crafts bis zum Jugendstil und darüber hinaus weitgehend ausklammert: nur wenige Hinweise auf William Morris, kein Wort über Mackintosh, Voysey, Gaudì, Muthesius oder Behrens, und nur eine ironische Randbemerkung über Henry van de Veldes Friseursalon Haby in Berlin. Die Entwicklung des modernen Möbels wird, mit anderen Worten, direkt an die »anonyme« Tradition der amerikanischen Patentmöbel zurückgekoppelt[27].

---

26 Vgl. hier S. 543. *De facto* waren allerdings die Ledersessel im Wohnraum von Le Corbusier entworfen. Vgl. Arthur Rüegg, »Anmerkungen zum equipement de l'habitation und zur polychromie intérieure bei Le Corbusier«, in *Le Corbusier. La ricerca paziente* (Katalog), Lugano 1980, S. 152-162.

27 Für ein ausgeglicheneres Bild der Entwicklung vgl. Nikolaus Pevsners berühmtes Buch *Pioneers of Modern Design. From Morris to Gropius*, London 1936. In einer 1949 ergänzten Fußnote kritisiert Pevsner *Space, Time and*

11. Werbeprospekt der Firma INNOVATION (um 1920). *Der Werbeprospekt ist gestaltet als Wiedergabe eines Kofferschranks mit aufklappbarem »Inhalt«.* (*Foto Hans Krüse; Fondation Le Corbusier, Paris*).

Die Designtheorie, die im »Pavillon de L'Esprit Nouveau« ihr Manifest erhielt, hat einen ihrer Ahnen in Adolf Loos. Da der Name in Giedions Buch überhaupt fehlt, drängt er sich im Zusammenhang dieses Nachwortes um so mehr auf. Loos verhält sich zu Le Corbusier (und zu Giedion) wie Thomas Carlyle zu Henry Cole. Carlyle hatte 1835 von der Kunst seiner Zeit festgestellt, sie sei »beinah erklärtermaßen mit Falschheit und Täuschung« liiert und übe sich in ihren »phantastischen Tricks«[28], und er suchte – und fand – eine Alternative zur ästhetischen Lebenslüge des frühen Industriezeitalters in »that Leicester shoeshop«, den er für »a holier place than any Vatican or Loretto shrine« hielt. Denn: »Rightly viewed no meanest object is insignificant.«[29] – Giedion sollte dann, mehr als hundert Jahre später, in der Einleitung zu diesem Buch, den gleichen Gedanken folgendermaßen formulieren: »Auch in einem Kaffeelöffel spiegelt sich die Sonne.«

Dazwischen liegen, so könnte man spekulieren, Henry Cole, sowie Marcel Duchamps berühmter Flaschenständer von 1913, auch Kurt Schwitters' Collagen und der *Esprit Nouveau* (und ferner Aby Warburgs »Bilderatlas«[30]). Vor allem aber liegt Adolf Loos dazwischen, dessen frühe Aufsätze (z. B. »Ornament und Verbrechen«, 1906) zu einer Zeit erschienen, als Giedion in Wien die Mittelschule absol-

Architecture, weil dieses, wie Pevsner sagt, im übrigen »glänzende« Buch »übertrieben die technischen gegenüber den ästhetischen Inhalten des modernen Stils hervorhebt« (dt. Ausg. Reinbek, 1957, S. 50). Der Vorwurf ließe sich ebensogut auf *Mechanization Takes Command* übertragen.

28 Hier S. 402.

29 Thomas Carlyle, *Sartor Resartus. The Life and Opinions of Herr Teufelsdrockh,* zuerst in: *Fraser's Magazine,* 1835; zit. bei Werner Hofmann, »Die Menschenrechte des Auges«, in: W. Hofmann, G. Syamken, M. Warnke, *Die Menschenrechte des Auges. Über Aby Warburg,* Frankfurt a. M. 1980, S. 85-111.

30 Vgl. Hofmann, a.a.O., (Anm. 29).

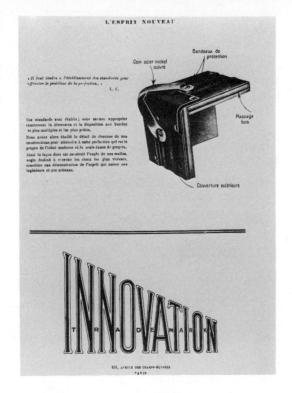

12. Inserat der Firma INNOVATION in *L'Esprit Nouveau*, Nr. 24. *Le Corbusier hat die von dieser Firma im* Esprit Nouveau *plazierten Annoncen selbst gestaltet und mit Texten – z. T. Bruchstücken aus früheren Aufsätzen – versehen. Im historischen Bogen Giedions ließen sich diese von Le Corbusier als exemplarisch gepriesenen Kofferschränke einordnen als Beispiele für die moderne Wiederkehr des mittelalterlichen Standardmöbels par excellence: der Truhe.*

vierte. Loos wollte die moderne Sachwelt der Domäne des »künstlerischen Entwurfs« entreißen und sie der Technik und dem Handwerk überlassen: als eine Sache der »Zivilisation« im Gegensatz zur »Kultur«. So verteidigte er z. B. zu Hochzeiten der Wiener Sezession das Handwerk und die Industrie gegenüber den Versuchen des Werkbunds, »Kunst« in den Alltag der anonymen Güterproduktion zu bringen. Denn es seien doch gerade die Erzeugnisse dieser Gewerbe, die »den stil unserer zeit« repräsentieren. Und zwar deshalb, weil »wir sie (...) gar nicht als stilvoll empfinden. Sie sind mit unserem denken und empfinden verwachsen. Unser wagenbau, unsere gläser, unsere optischen instrumente, unsere schirme und stöcke, unsere koffer und sattlerwaren (...) unsere juwelierwaren und kleider sind modern. Sie sind es, weil noch kein unberufener sich als vormund in diesen werkstätten aufzuspielen versuchte«[31].

Sowohl Le Corbusier als auch Giedion schließen hier an. Wenn Giedion postuliert, daß man, um zu entdecken, wie die Amerikaner wirklich sein möchten, nicht ihre Wohnungen, sondern ihre Büros studieren müsse[32], so könnte das auch Loos gesagt haben. Und Le Corbusier realisierte dann den Gedanken in der Form des »Pavillon de L'Esprit Nouveau«: indem er die visuelle Hygiene des Büros mit

31 Adolf Loos, »Die Überflüssigen«, (1908), in: Adolf Loos. *Sämtliche Schriften*, Bd. 1, Wien und München 1962, S. 267-270.
32 Hier S. 446.

13. Reklame für den Liegestuhl »Surrepos« (um 1925). *Der Stuhl ist eine späte Variation zu den von Giedion in diesem Buch dokumentierten frühen Invaliden-, Zahnarzt- und Barbierstühlen aus Amerika. Le Corbusiers »chaise longue basculante« (vgl. Abb. 323) ist von solchen anonymen Typenmöbeln mitangeregt. (Fondation Le Corbusier, Paris).*

seinen Ablegeschränken, weißen Wänden und Bürosesseln in den Wohnraum überführte. Dahinter liegt das erklärte Programm der Zeitschrift. Sie hatte sich vorgenommen, die Ingenieure, die Techniker und die Unternehmer in das Geheimnis ihrer eigenen Kulturleistung, in ihr eigenes kulturelles Unterbewußtsein einzuweihen. Wenn jene Elite von Individuen, die die Welt des Handels und der Industrie konstituieren, weitab von jeder ästhetischen Tätigkeit zu arbeiten glaube, so handle es sich um ein Mißverständnis: »... sie haben Unrecht, denn sie gehören zu den aktivsten Schöpfern der zeitgenössischen Ästhetik«, hatte es im Editorial zur ersten Nummer des *Esprit Nouveau* (1920) geheissen[33].

In vielem nimmt Le Corbusier die Interessen Giedions vorweg. Nicht nur in seinen Aufsätzen zur Reform der Innenarchitektur (die 1925 in dem Buch *L'Art Décoratif d'Aujourd'hui* zusammengefaßt wurden), sondern auch, höchst konkret, in seinen Versuchen, die inhaltlichen Anliegen der Zeitschrift hinsichtlich der Architektur und der Innenarchitektur mit den Werbebotschaften ausgewählter Inserenten zu koordinieren[34]. Zufällig herausgegriffen: die Kofferschränke der Firma INNOVATION, die Le Corbusier in einer Reihe von ihm betreuter und mit Tex-

---

33 Vgl. in diesem Zusammenhang Le Corbusiers Kritik am Bauhaus, die Loos' Argumentation gegen den künstlerischen Entwurf fast wörtlich aufgreift: »Pédagogie«, in: *L'Esprit Nouveau*, Nr. 19 (1923).

34 Vgl. in diesem Zusammenhang Luisa Martina Colli, *Arte, artigianato e tecnica nella poetica di Le Corbusier*, Bari 1981, sowie S. von Moos, »Standard und Elite. Le Corbusier, die Industrie und der ›Esprit Nouveau‹«, in: T. Buddensieg und H. Rogge, *Die Nützlichen Künste*, Berlin 1981, S. 306-323 und ders. »Le Corbusier und Gabriel Voisin«, in: S. von Moos und Chris Smeenk, *Avangarde en industrie*, Delft 1982 (im Druck).

ten begleiteter Inserate dieses Einrichtungshauses im *Esprit Nouveau* vorführte (Abb. 10, 11)[35]. Diese Kofferschränke – auch Loos hätte sie bewundert! – sind paradigmatische Accessoires des modernen Menschen, des »homme poli, vivant en ce temps-ci«, für den Le Corbusier seine Städte (und sein weiter oben erwähntes Musterhaus) erfand. Leicht, mobil, von perfekter Formgebung: eine Mikroarchitektur im Dienst des modernen Großstadtnomaden. – In dem großen historischen Bogen Giedions ließen sie sich mühelos einordnen als Beispiele für die moderne Wiederkehr des mittelalterlichen Standardmöbels *par excellence:* der Truhe[36].

Oder die Schlafwagen: es ist bekannt, daß Le Corbusier die Einteilung der »Wagons-Lits« bewunderte und bestimmte Prinzipien davon, wie z. B. die Maße des Korridors, in einem seiner zwei Wohnhäuser am Weißenhof in Stuttgart übernahm[37]. Auch hier knüpft Giedion an, indem er den Schlafwagen seinerseits als Modell für Entwicklungen postuliert, die sich für das Instrumentarium der modernen Wohnung – Klappbetten, Einbauküchen, usw. – als folgenschwer erweisen sollten: nur waren es in seinem Falle amerikanische Schlafwagen[38].

Oder Le Corbusiers Sammlung von Werbematerial, von Sesseln und Stühlen aller Art, die ihn u. a. – zusammen mit Charlotte Perriand – zur Entwicklung seiner *chaiselongue basculante* (1928) inspirierte: der Liegestuhl »Surrepos« zum Beispiel (Abb. 13) dürfte Giedion als späte Variation der von ihm dokumentierten Invaliden-, Zahnarzt- oder Coiffeurstühle durchaus interessiert haben.

Dekontextualisierung; das Paradigma des »ready made«

Von diesem Material hat nur Weniges Eingang gefunden in Le Corbusiers Publikationen; aber dieses Wenige ist bisweilen nach Gesichtspunkten ausgewählt, die weitere Rückschlüsse erlauben. In einem seiner Aufsätze über Innenarchitektur montiert Le Corbusier z. B. die Kapitelüberschrift »AUTRES ICONES: LES MUSEES« mit dem Bild eines Bidets zusammen (Abb. 14). Beim Wort genommen handelt es sich um die Präsentation eines »objet type« aus der Industrieproduktion: Muster eines vorbildlichen Standardobjekts. (Für die Redaktion handelte es sich überdies um eine PR-Aktion: denn der Hersteller der Schüssel – die Firma Pirsoul – gehörte zu den Inserenten der Zeitschrift.) Doch verdient auch die Montage als solche alles Interesse: das Nebeneinander dieses Gebrauchsobjektes aus dem Badezimmer einerseits und der Stichworte »ICONES« und »MUSEES« andererseits. Solche Montagen meinen nicht nur die Gebrauchsgegenstände als solche; sie verfremden sie auch, indem sie sie in einen anderen Kontext transferieren: vom Sanitärkatalog ins ästhetische Traktat. Man denkt an Duchamps Klosett-

---

35 In: *L'Esprit Nouveau*, Nr. 24, 25 und 27.
36 Vgl. hier S. 307 ff.
37 W. Boesiger und H. Girsberger (Hrsg.), *Le Corbusier. Œuvre complète, 1910-1929*, Zürich 1931.
38 Vgl. hier S. 481 ff.

Maison Pirsoul.

14. »AUTRES ICONES: LES MUSÉES«.
Titelseite zu einem Aufsatz Le Corbusiers in *L'Esprit Nouveau* (1925). *Die
überraschende Kombination dieses pro-
fanen Gegenstandes aus dem Badezimmer mit den Stichworten »ICONES«
und »MUSÉES« erinnert an die Klosett-
schüssel, die Marcel Duchamp 1917 dazu bestimmte, im Museum ein neues Leben als Kunstwerk zu beginnen. Die
ästhetische Emanzipation der Technik,
wie sie von Le Corbusier und später
von Giedion postuliert wird, besitzt
auch eine kaum ausgesprochene dada-
istische und surrealistische Komponente.*

AUTRES ICONES
LES MUSÉES

Il y a les bons musées, puis les mauvais. Puis ceux qui ont
pêle-mêle du bon et du mauvais. Mais le musée est une entité
consacrée qui circonvient le jugement.

schüssel von 1917, die vom Künstler dazu bestimmt wurde, ihrem Gebrauchskon-
text entfremdet, mit dem Namen »R. Mutt« signiert, im Museum ein neues Leben
als Kunstwerk zu beginnen. Le Corbusiers Bidet spielt auf seine Weise, wenn
auch mit arglosem pädagogischem Vorwand, mit dem Thema dadaistischer De-
kontextualisierung. Auch bei ihm entfaltet der »gewöhnliche Gegenstand« unerwartete Energien als Objekt ästhetischen Interesses.

Dasselbe gilt für Giedions *Mechanization Takes Command.* Es ist in einem pri-
mären Sinn ein Bilderbuch: eine Sammlung von Dokumenten aus der Rumpelkammer der »anonymen Geschichte« der Mechanisierung, und als Bilderbuch
steht *Mechanization Takes Command* den Collagen eines Kurt Schwitters und den
romans illustrés eines Max Ernst näher als jeder traditionellen Historiographie.
Wenn Giedion die im Patent Office in Washington aufbewahrten Entwürfe für
Schweineschlächtereien als einen »Totentanz unserer Zeit« zu würdigen vermag,
neben dem Alfred Rethels »Auch ein Totentanz« von 1849 als gekünsteltes Mach-

werk erscheint (vgl. S. 271), so knüpft er an eine weit hinter Duchamp, mindestens bis zu Carlyle zurückführende Tradition der »Anti-Kunst« an.

Mechanization Takes Command als »Rumpelkammer«: sicher ist es nicht zuletzt der offensichtliche Anachronismus, der die hier versammelten funktionellen Geräte und Gegenstände als Objekte ästhetischen Interesses so anziehend macht. Der Hinweis auf Max Ernst liegt in diesem Zusammenhang nahe. Seine Collagen dienen Giedion zur Entlarvung der »Ohrfeigenatmosphäre« des bourgeoisen Spießers. Bretons Satz aus dem Vorwort zu *La femme 100 têtes* bietet den Schlüssel: »*La femme 100 têtes* wird das Bilderbuch *par excellence* unserer Zeit sein, wenn es immer deutlicher werden wird, daß jeder Salon ›auf den Grund des Sees‹ versunken ist und dies, wie man betonen muß, mit all seinen Fischlüstern, seinem Sternenglanz, seinen tanzenden Gräsern und seinen blinkenden Gewändern«[39]. Obwohl Giedion diese offensichtlich voreilige Prognose mit unterschreibt, ist sein Buch auf weite Strecken *auch* ein Schwelgen in dieser gespenstischen Welt »irregeleiteter Instinkte«. Liebevoll, ja mit fast viktorianischer Pedanterie werden alle Etappen der französischen Polstersessel, Diwane, *confortables* und *boudeuses* nachgezeichnet. *Mechanization Takes Command* lebt, als Bilderbuch, *auch* von der Magie des schlechten Geschmacks: ein *roman illustré* der Industriekultur.

In einer seiner Collagen zu *La femme 100 têtes* (»Seelenfrieden«) (Abb. 16) hat Max Ernst das Reklamebild eines Fauteuils mit verschiebbarer Rückenlehne der französischen Firma Dupont verwendet. Der Stuhl schaukelt auf Meereswogen; aus dem Lesenden des Reklamebilds ist ein Träumender geworden: und der Leuchtturm im Hintergrund, mit unglaublich aufschießender Springflut, gehört ebenso wie der Arm einer in den Fluten versinkenden Dame zum Szenario seines Traums. Das Blatt ist aus zwei ganz banalen Gründen erwähnenswert: Der Stuhl hat auch Le Corbusier interessiert – das Reklamebild findet sich in seinem Nachlaß (genauer: im Archiv des *Esprit Nouveau*) (Abb. 15). Und John Smeatons Leuchtturm von Eddystone im Hintergrund kennt man aus Giedions *Space, Time and Architecture;* Max Ernst hat ihn jedoch aus einer älteren Publikation übernommen[40].

Max Ernst verwendet hier »ready mades« – Rohmaterialien aus der modernen Industriewelt: und zwar im vorliegenden Falle dieselben, wie, zu ganz anderen Zwecken, seine Zeitgenossen Le Corbusier und Giedion. Die Banksafes, Patentmöbel, Kochherde, Geschirrspülautomaten und Staubsauger in *Mechanization Takes Command* sind ihrerseits »ready mades« der amerikanischen Kultur; sie wären aber ohne Le Corbusier, Loos, Duchamp, Léger und Ernst gar nicht *gesehen* worden.

---

39 Vgl. hier S. 428.
40 *Space, Time and Architecture,* a.a.O., S. 323. Giedion nennt als Quelle Smeathsons Report über den Leuchtturm (*A Narrative of the Building and a Description of the Construction of the Eddystone Lighthouse,* London 1793). – Werner Spies zeigt eine davon abgeleitete Illustration als Quelle für Max Ernst in: *Max Ernst. Frottagen, Collagen, Zeichnungen, Graphik, Bücher* (Katalog), Zürich 1978, S. 128; den Dupont-Fauteuil gibt er nicht an.

FAUTEUIL DE REPOS ARTICULÉ
NOUVEAU MODÈLE PERFECTIONNÉ

1ᵉʳ MODÈLE avec porte-jambes.

Ce fauteuil convient à toute personne désirant passer confortablement ses heures de loisir.
Le dossier se renverse graduellement au gré de la personne assise depuis la position verticale jusqu'à l'horizontale.
Les accoudoirs mobiles facilitent l'accès au siège.
Le porte-jambes, à double élévation graduelle, se place devant le fauteuil.
Le siège, le dossier, le porte-jambes et les accoudoirs sont garnis de **ressorts spéciaux très souples.**
Garniture crin pur.
Une tablette-liseuse, s'élevant, s'abaissant et s'obliquant en tous sens, peut être adaptée à ce fauteuil.

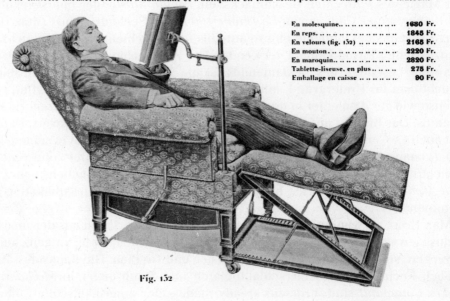

En molesquine..	1680 Fr.
En reps..	1845 Fr.
En velours (fig. 152)	2165 Fr.
En mouton..	2220 Fr.
En maroquin..	2820 Fr.
Tablette-liseuse, en plus	275 Fr.
Emballage en caisse	90 Fr.

Fig. 152

15. Prospekt für einen Liegestuhl mit verschiebbarer Rückenlehne der Firma Dupont (um 1925. Fondation Le Corbusier, Paris).

16. MAX ERNST: »Seelenfrieden«. Collage aus *La femme 100 têtes* (1929). *Max Ernst verwendet hier einerseits die Stuhlreklame, die auch Le Corbusier, aus ganz anderen Gründen, interessierte (Abb. 15). Als Hintergrund erscheint andererseits John Smeatons Leuchtturm von Eddystone (1774), der unter anderem in Giedions Buch* Space, Time and Architecture *abgebildet ist. So tauchen dieselben »ready mades« bei Ernst, Le Corbusier und Giedion auf.*

Die zweite Entdeckung Amerikas

Die Technik wird in dem Augenblick, in dem sie *qua* Technik außer Kurs gerät, zur »Kunst«. Marshall McLuhan hat den Vorgang im Rahmen seiner Analyse der Massenmedien von der Buchdruckerkunst zur modernen Unterhaltungselektronik beschrieben – Giedions Buch dokumentiert ihn anhand der Geschichte der Mechanisierung[41]. Insofern, als sich *Mechanization Takes Command* auf Amerika stützt, stellt das Buch eine zweite Entdeckung Amerikas dar. Oder besser: es faßt die durch die künstlerische Avantgarde unternommene Entdeckung des »Unter-

---

41 Mit den Worten Marshall McLuhans: »When printing was new the Middle Ages became an art form. ›The Elizabethan world view‹ was a view of the Middle Ages. And the industrial age turned the Renaissance into an art form as seen in the work of Jacob Burckhardt. Sigfried Giedion, in turn, has in the electric age taught us how to see the entire process of mechanization as an art process (*Mechanization Takes Command*).« In: *Understanding Media: The Extensions of Man*, New York 1964 (»Introduction to the Paperback Edition«). – Zu den kunsttheoretischen Implikationen der Ästhetisierung der »Sachwelt« und des Alltags überhaupt vgl. jetzt Jean-Pierre Keller, *Pop Art et l'évidence du quotidien*, Lausanne 1979.

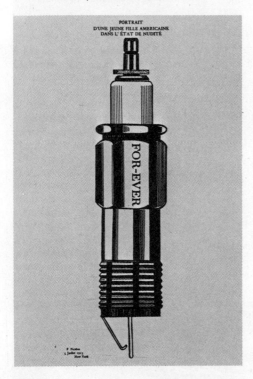

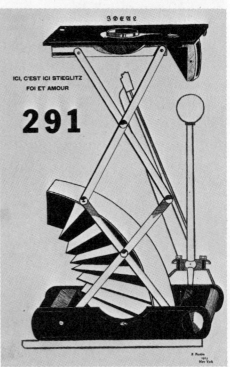

17. FRANCIS PICABIA: »Portrait d'une jeune fille américaine dans l'état de nudité«. (Aus der Zeitschrift »291«, Nr. 5/6, 1915). *Die Versuche der europäischen Avantgarde, der Neuen Welt den Spiegel vorzuhalten, in dem sie ihr wirkliches Gesicht erkennen sollte, begannen schon um 1915.*

18. FRANCIS PICABIA: Porträt von Alfred Stieglitz. (Aus »291«, 1916). *Von Marcel Duchamp stammt das Wort:* »Die einzigen Kunstwerke, die Amerika hervorgebracht hat, sind seine Installationen und seine Brücken«. *Mit seinen »biomechanischen« Porträts – Stieglitz war ein berühmter Fotograf und Vorkämpfer der europäischen Avantgarde in den USA – führte Picabia Duchamps These auf die Spitze, resp. ad absurdum.*

19. FERNAND LÉGER: Umschlag des Katalogs der *Machine-Age Exposition,* (New York, 1928). *In den Augen Légers war das Kugellager ein typisch amerikanisches Sujet.* Mechanization Takes Command *schließt auch bei Légers Methode an, Bruchstücke der Maschinenwelt »aus dem Fleisch der Realität zu reißen« (Giedion) und als »objets« zu isolieren.*

bewußtseins« Amerikas zusammen. Wenn die Ästhetisierung des Alltäglichen, die Nobilitierung des Banalen ein roter Faden ist, der sich, aus welchen Motiven auch immer, von Duchamp über Léger bis zur Pop Art durch die gesamte Geschichte der modernen Kunst zieht, so bot Amerika seit je das faszinierendste Rohmaterial für solche kulturellen Explorationen. Tatsächlich steht Giedion in einer langen Tradition von Versuchen, die Neue Welt zum Bewußtsein ihrer selbst zu erwekken. Die Aktivität der in die USA verpflanzten europäischen Avantgarde gleicht streckenweise einem Feldzug der kulturellen Erweckung Amerikas.

Die Versuche der Avantgarde, der Neuen Welt den Spiegel vorzuhalten, in dem sie ihr *wirkliches* Gesicht entdecken sollte, setzten früh ein: 1915 könnte als Stichdatum dienen, als Marcel Duchamp New York, bei seiner Ankunft daselbst, als »complete work of art« deklarierte[42]. Später, 1917, folgte eine aufschlußreiche Präzisierung: »Die einzigen Kunstwerke, die Amerika hervorgebracht hat, sind seine Installationen und seine Brücken.«[43] Der Spanier Francis Picabia, der seit 1915 ebenfalls in New York wirkte, führte solche Thesen seines Freundes Duchamp

---

[42] »A Complete Reversal of Art Opinions by Marcel Duchamp, Iconoclast«, in: *Arts and Decoration,* V, Sept. 1915, S. 427-428; zit. bei Dickran Tashjian, *William Carlos Williams and the American Scene, 1920-1940,* New York 1978, S. 58, 144.

[43] In: *The Blindman,* Nr. 2, Mai 1927; zit. bei Bernhard Schulz, »Made in America. Technik und Dingwelt im Präzisionismus«, in: *America. Traum und Depression, 1920-1940* (Katalog NGBK), Berlin 1981, S. 72-137.

noch auf die Spitze, indem er 1915 die Zeichnung einer Zündkerze als »portrait d'une jeune fille américaine dans l'état de nudité« präsentierte (Abb. 17). Oder indem er den Fotografen Alfred Stieglitz, der 1913 die berühmte »Armory Show« in New York organisiert hatte – und damit den Einbruch der europäischen Avantgarde in Amerika[44] – als havarierten Fotoapparat vorstellte (Abb. 18).

Doch stand die New Yorker Dada-Gruppe mit ihrem Interesse für die amerikanische Industriekultur nicht allein. Hatte nicht Fernand Léger die Umschlagzeichnung für den Katalog der 1928 in New York stattfindende *Machine-Age-Exposition* beigesteuert: ein Blatt, das sich auf den ersten Blick als Querschnitt eines Kugellagers lesen läßt? In den Augen Légers handelte es sich offensichtlich um ein amerikanisches Sujet *par excellence* (Abb. 19).

Giedion schließt hier an. Wie die »objets« auf Légers Bildern (vgl. S. 65), so sind auch Giedions Funde zur Archäologie der Mechanisierung »aus dem Fleisch der Realität gerissen«[45]. Daß die beiden befreundet waren und gerade während der Entstehungszeit dieses Buches miteinander im Kontakt standen, sei nebenei erwähnt[46]. Giedions »Entdeckung Amerikas« hatte schon im Zeichen des »Fordismus« der zwanziger Jahre eingesetzt; es war davon die Rede. In·*Space, Time and Architecture* werden erste, an Ort und Stelle gemachte Funde ausgebreitet. Nicht nur insofern, als hier etwa die Geschichte des amerikanischen Türschlosses ein erstes Mal aufgerollt wird. Man denke an das berühmte Kapitel über die »Schule von Chicago«: Sicher kann der »internationale Stil« in der Architektur dieses Jahrhunderts als Resultat einer Art Kreuzbestäubung betrachtet werden von Entwicklungen, die sich in den achtziger Jahren des neunzehnten Jahrhunderts in Chicago zugetragen haben, und Ideen, die die europäische Avantgarde über jene Vorgänge entwickelte. Und Giedion ist es, der in dem erwähnten Kapitel das klassische moderne Bild dieser Vorgänge gezeichnet hat.

Wenn Duchamp behauptete, daß die Installationen und die Brücken die einzigen Kunstwerke seien, die Amerika jemals hervorgebracht habe, so erhebt Giedion einerseits die zwischen ca. 1880 und 1895 in rascher Folge entstandenen Bürotürme im »Loop« von Chicago in den Rang der Architektur. Ihm scheinen diese Stahlskelettbauten als »architectonic anticipation of the future«[47]. Das Reliance-Building von Burnham & Co. (Abb. 20) ist für ihn ein »Reflex des hohen architektonischen Niveaus, das in dieser Stadt erreicht worden ist«. »Seine Leichtigkeit und seine reinen Proportionen stempeln es zu einem Symbol des Geistes, der die Schule von Chicago beseelte.«[48]

---

44 Auch Duchamps »Nu descendant un escalier« – vgl. hier S. 47 – wurde damals zum ersten Mal ausgestellt.
45 Nachruf auf F. Léger in: *Werk*, Okt. 1955; abgedruckt in: *Hommage à Giedion*, a.a.O., S. 72-74.
46 Léger hat Giedions Aufenthalt in seinem Häuschen am Lake Champlain, USA, in Fotos festgehalten – es war im August 1945, als das Manuskript von *Mechanization Takes Command* fast abgeschlossen war. Vgl. *Hommage à Giedion*, Abb. 26, 27.
47 *Space, Time and Architecture*, a.a.O., S. 388.
48 Ebenda.

20. BURNHAM AND CO: Reliance-Building, Chicago (1890; 1894-95). *In* Space, Time and Architecture *bezeichnete Giedion dieses Gebäude als eine »architectonic anticipation of the future«. Die Zeit sah darin eher eine utilitäre, vom Zwang eines plötzlichen Booms diktierte Spekulationsarchitektur. Burnham selbst kehrte seinen früheren Wolkenkratzern schließlich den Rücken.*

Die Vorstellung von Chicago als einer Art Florenz der Moderne wird, so verführerisch sie ist, durch die Quellen nur zum Teil gestützt. Die Architekten, deren »Mut« Giedion hier lobt, scheinen die von ihnen entworfenen Geschäftshochhäuser in erster Linie als utilitäre, vom Zwang eines plötzlichen Booms diktierte Raumbeschaffung betrachtet zu haben. In »Architektur« wurde anderswo investiert: z. B. in den Wohnhäusern von Riverside und Oak Park. Und als im Anschluß an die Weltausstellung von 1893 in Chicago wieder mehr Spielraum vorhanden war, um Geschäftshäuser »architektonisch« zu gestalten, setzte man alles daran, die Erinnerung an die utilitaristischen Spekulationsbauten der achtziger und neunziger Jahre möglichst auszulöschen. In Daniel Burnhams monumentalem »Chicago Plan« von 1909 werden seine eigenen »Wolkenkratzer« – u. a. eben das Reliance-Building – erbarmungslos eingeebnet.

Oder Louis Sullivans Carson, Pirie & Scott-Warenhaus: Giedion lobt die nüchterne Fassade, die so entworfen sei, daß sie ihre »indispendable function« optimal erfüllen könne: den Zufluß von Licht zu garantieren (Abb. 21). (Die zahlreichen

21. LOUIS SULLIVAN: Carson, Pierie, Scott and Co., Warenhaus, Chicago (1899-1904). *Giedion lobte in* Space, Time and Architecture *vor allem die nüchterne Fassade und die großen Fenster, in denen sich in der Tat spätere Entwicklungen ankündigen.*

22. WALTER GROPIUS: Wettbewerbsprojekt für den Sitz der Chicago Tribune, Chicago (1922). *Sicher kann der »Internationale Stil« in der Architektur der Zwischenkriegszeit als Resultat einer Art Kreuzbestäubung betrachtet werden von Entwicklungen, die sich 1880-95 in Chicago abspielten, und Ideen, die die europäische Avantgarde – Bourget, Gropius, Le Corbusier und später Giedion selbst – darüber entwickelte.*

Storen auf der Photographie scheinen hinter das »indispensable« dieser Funktion ein Fragezeichen zu setzen.) Das, worauf es den Architekten vor allem ankam, die Auszeichnung der zwei Sockelgeschosse durch prachtvolle, die Vitrinen rahmende Ornamentbänder, wird in einer Fußnote gerade noch erwähnt[49].

So wird in Giedions Optik das, was als Technik gemeint war, zu Ästhetik, und das, was als Ästhetik gemeint war, zum Erbe des »herrschenden Geschmacks«, das den Fortschritt hemmt. Die Kohärenz einer solchen Interpretation liegt sicher

---

49 Interessanterweise glaubt er, Sullivan von der Verantwortung für diese Ornamente entlasten zu müssen, indem er deren Entwurf seinem Mitarbeiter George Elmslie zuschreibt; *Space, Time and Architecture*, S. 389, Anm. 9. – Zur »Revision« dieses Chicago-Bildes, vgl. Colin Rowe, »Chicago Frame«, in: *The Architectural Review*, Nov. 1956, S. 285-289 und William P. Jordy, *American Buildings and Their Architects. Progressive and Academic Ideals at the Turn of the Twentieth Century*, New York 1972, u. a. S. 135-144. Zu diesen Fragen ist eine umfassende Studie von Tom van Leeuwen in Vorbereitung, dem ich in diesem Zusammenhang viel Anregung verdanke.

nicht in der Präzision, mit der hier historische Entstehungsbedingungen analysiert, vielmehr in der Prägnanz, mit der Entwicklungslinien evoziert (oder muß man sagen: suggeriert?) werden. Denn, wer wollte es bestreiten: verglichen mit Gropius' Wettbewerbseingabe für die Chicago Tribune Competition von 1923 (Abb. 22) *ist* Sullivans Warenhaus eine »anticipation of the future«. Trotzdem liegt Giedions Methode, historische Episoden »aus dem Fleisch der Realität zu reißen«, um sie, losgelöst von ihrem Kontext (eben, dadaistisch »dekontextualisiert«) einer kulturellen Diagnose zu unterziehen, am Rande dessen, was er selbst unter Berufung auf Jacob Burckhardt als »Historie« postuliert.

Geschichte als biologisches Geschehen
»Konstituierende« und »transitorische« Tatsachen

Es ist aufschlußreich, in diesem Zusammenhang noch einmal die Einleitung zu *Bauen in Frankreich* (1928) zu konsultieren: »Aufgabe des Historikers ist es, vorab im Keime zu erkennen, und – über alle Verschüttungen hinweg – die Kontinuität der Entwicklung aufzuzeigen. Leider benützte der Historiker den Überblick, den seine Beschäftigung mit sich brachte, um die ewige Berechtigung des Vergangenen zu verkünden, und die Zukunft damit totzuschlagen. Zumindest aber, um hemmend die Entwicklung aufzuhalten.

Die Aufgabe des Historikers scheint uns heute die entgegengesetzte zu sein: Aus dem ungeheuren Komplex einer vergangenen Zeit jene Elemente herauszuschälen, die zum Ausgangspunkt der Zukunft werden.«[50]

Geschichte als Fortschrittslinie, die es »aus dem ungeheuren Komplex der vergangenen Zeit« herauszuschälen gilt: der Satz könnte auch dem vorliegenden Buch vorangestellt sein. Wer so argumentiert, dem ist Geschichte Erkenntnisinstrument im Dienst einer Sache. Giedions »Sache« war die eigene Zeit und ihre Schwierigkeit, zu sich selbst zu finden. Sein Kulturkampf galt dem »tragischen Erbe des neunzehnten Jahrhunderts«, dessen offizielle Kunst, dessen Kunstgewerbe und dessen Architektur, wie er meinte, auf weite Strecken im Widerspruch standen zum »Wesen« ihrer Epoche, weil die künstlerischen und architektonischen Formen dieses »Wesen« – um das Vokabular einer späteren Generation zu benützen: ideologisch verschleierte. Ziel war die Gleichstimmung der Formen von Zivilisation und Kultur, von Technik und Kunst. Elemente dieser »verborgenen Einheit« galt es unter den »Verschüttungen« des »herrschenden Geschmacks« hervorzuholen und der eigenen Zeit als Richtlinie künftiger Entwicklungen vor Augen zu führen.

Von hier bis zur Vision der Geschichte als Evolutionsgeschehen, das durch fortschrittliche Kräfte genährt und durch rückwärtsgewandte Elemente gebremst

---

50 *Bauen in Frankreich,* a.a.O., S. 1.

wird, ist es nicht weit. Für einen Verfasser von Lehrbüchern hat dieses Modell auf der Hand liegende Vorteile: es erlaubt ihm, die historische Wirklichkeit als Szenario eines generationenlangen Kampfes zwischen Gut und Böse zu zeichnen, als ein Melodrama, wo der »Mut« der einen mit der »Schwäche«, wenn nicht der »Korruption« der anderen in fatalem Streit liegt. Mit Recht wurde gesagt, daß das, was Giedion am amerikanischen neunzehnten Jahrhundert als den »Mut« zur sauberen, von der Last der Konvention befreiten, technischen Erfindung lobt, vielfach ein »Mut der Verzweiflung« war: daß der amerikanische »Erfindergeist« der Jahrhundertmitte nicht sosehr eine Frage des Mutes zur Neuerung war als eine Folge der bloßen Unmöglichkeit, die ererbten Traditionen, an denen man hing, weiterzuführen[51].

Giedion unterscheidet in der Geschichte »konstituierende« und »transitorische« Fakten[52]: »konstituierend« wie z. B. die Einführung der Massenproduktion in der Industrie des neunzehnten Jahrhunderts, »transitorisch« wie die offizielle Kunst derselben Zeit. »Die gesamte Produktion offizieller Malerei war eine transitorische Tatsache jener Epoche, fast vollkommen bedeutungslos bis zum heutigen Tag.«[53] Was soll man, vor dem Hintergrund der heutigen Interessenlage etwa in Sachen Kunst des neunzehnten Jahrhunderts, zu einem solchen Satz sagen? Beim Wort genommen wäre die These heute wenig seriös. Historisch bedeutungsvoll, in der Geschichte kunsthistorischer Fragestellungen, ist jedoch der Standpunkt, den sie signalisiert. Im Zusammenhang wovon und im Hinblick worauf sind historische Tatsachen, Giedions Meinung zufolge, »konstituierend« oder »transitorisch«?

Nicht im Hinblick auf einen bloßen »Fortschritt«. Denn Giedion legt Wert darauf, sich von jedem mechanistischen oder materialistischen Fortschrittsglauben zu distanzieren. Eher schon im Hinblick auf das »Wesen« der Epoche, ihren lebendigen »Kern«. Im vorliegenden Buch geht Giedion noch weiter: es gelte, so betont er, die Geschichte als ein »Problem des Wachstums« zu begreifen[54]; »schöpferische« und »erfinderische« Kräfte gelte es von stagnierenden und bloß retrospektiven zu scheiden. An anderer Stelle heißt es, die Geschichte nähere sich »biologischem Geschehen«[55]. Selbst die von Giedion eingesetzten Wortbilder stammen aus dem Vorstellungsbereich des pflanzlichen Wachstums, der Biologie. – Auch das Vokabular der Einleitung zu *Bauen in Frankreich* spricht für sich: Der Historiker müsse Entwicklungen »im Keime« erkennen, um sie aus dem Komplex der Vergangenheit »herauszuschälen«[56]. Schließlich: »LEBEN! Das Leben als Gesamtkomplex zu erfassen, keine Trennungen zuzulassen, gehört zu den wichtigsten Bemühungen der Zeit«[57].

---

51 Martin Steinmann, »S. Giedion, la mécanisation de la maison et la ›machine à habiter‹«, a.a.O. (Anm. 5).
52 *Space, Time and Architecture,* S. 18ff.; hier S. 429.
53 *Space, Time and Architecture,* S. 19.
54 Hier S. 429.
55 S. 19.
56 *Bauen in Frankreich,* S. 1.
57 Ebd., S. 3.

Um dieses »LEBEN«, und namentlich um »die großen Konstanten der menschlichen Entwicklung: Boden, Wachstum, Brot, Fleisch«[58] dreht sich auch *Mechanization Takes Command.* Es ist auffallend, daß der »Bauer« in diesem Buch einen zentralen Platz einnimmt als »Mittler, Bindeglied zwischen dem Menschen und der Lebenskraft der Natur«[59]. Der Schluß mündet in den Entwurf einer Lebensform, die in den »ewigen« Gesetzen körperlicher Regeneration und Entspannung wurzelt. Die Mechanisierung interessiert unter zwei Gesichtspunkten: negativ als störendes Element im traditionellen Gleichgewicht von Natur und Zivilisation – und positiv als Mittel, dieses gestörte Gleichgewicht wiederherzustellen. Obwohl jene Stellen, in denen die Natur der Maschine trotzt, zu den eindrucksvollsten des Buches gehören (z. B. im Kapitel über die Einführung von Fließbandtechniken in die amerikanischen Schlachthöfe: »Sogar wenn es tot ist, widersetzt sich das Schwein der Maschine«[60]), verfällt Giedion keineswegs der animistischen Maschinenfeindlichkeit eines Ruskin, Spengler oder Huxley. Die Maschine hat dem »Leben« zu dienen; andererseits unterliegen die Vorgänge der Kultur, der Zivilisation, der Gesellschaft ihrerseits den Gesetzen des »Lebens«. Sie formen einen »Organismus«, dessen Funktionieren geheimnisvoll, nur zu einem Teil »erklärbar« ist.

So erscheint diesem Verfasser der plötzliche Einbruch des »herrschenden Geschmacks« im Zeichen des napoleonischen Empire-Stils unlogisch und unbegreiflich, wie ein Gewitter[61]. Und anderswo wieder betont er: »Die Katastrophen, die das Leben und die Kultur zu zerstören drohen, sind nur äußere Anzeichen dafür, daß unser Organismus sein Gleichgewicht verloren hat«[62]. Marx steht diesem Buch – das immerhin von der Industrialisierung im neunzehnten Jahrhundert handelt! – genauso fern wie eine heutige orthodoxe KP vom ökologischen Engagement der »Grünen« oder von Ivan Illich.

Daß eine Epoche ein »inneres Wesen« besitzt, daß es einen »Zeitgeist« gibt, das ist ein Gedanke, den Giedion über Wölfflin von Hegel ererbt hatte. Daß es die Aufgabe der Kunst sei, dieses »innere Wesen« der Epoche aufzudecken – und die Aufgabe des Kritikers ihr dabei zu helfen – ist ein Gedanke, der ihn mit der künstlerischen Avantgarde verband. Er maß der Kunst die seherische Kraft zu, einer künftigen Harmonisierung der kulturellen und zivilisatorischen Energien den Weg zu weisen: dank ihrer spontanen Einsicht in die Tiefenschichten des Seins. In Giedions Vorstellungswelt mündet der Gedanke des »Zeitgeists« in die Dimension des »Sociobiological«: in die Utopie einer Integration von Mensch, Natur, Industrie und Gesellschaft. »The actual aim is sociobiological synthesis«, hatte Laszlo Mo-

---

58 Hier S. 23.
59 S. 157.
60 S. 118.
61 S. 364-365.
62 S. 23.

holy-Nagy in dem eben (1947) erschienenen Buch *Vision in Motion* postuliert[63]. *Vision in Motion,* ebenfalls in Amerika geschrieben, liest sich denn auch über weite Strecken wie eine Fortsetzung zu Giedion[64]. John Dewey, der amerikanische Begründer des philosophischen Pragmatismus, dürfte bei der Präzisierung von Moholys und Giedions Ideen zu einer Kultursynthese nicht ohne Einfluß gewesen sein. »Growth itself becomes the only moral end« – so lautet eine seiner Maximen. Es ist durchaus möglich, daß die Vorstellung von der »gespaltenen Persönlichkeit« – sie spielt für Giedion eine zentrale Rolle – von Dewey inspiriert ist[65].

»Im Mittelalter liegen die Wurzeln unserer Existenz«

Aber vielleicht war Dewey doch nicht mehr als ein bloßer äußerer Anstoß. Ein früher, 1918 erschienener Aufsatz Giedions »Gegen das Ich« entwirft bereits die Umrisse eines biologisch-vitalistischen Sozialismus der Zukunft als Gegenbild zur »Krankheit des Jahrhunderts«: »Das ist die Krankheit eines Jahrhunderts gewesen: das Ich! Wir stehen dort, wo es zerfällt. Wir stehen dort, wo der Wunsch ist, die Gestalt nicht mehr in Falten zersplittert zu sehen, sondern gebunden in die große Kurve.«[66] Und weiter: »Wir erkennen: das, was bindet, wird das Wertvolle! – Aus dem Gewirr sich kreuzender Linien mögen die Parallelen sich heben, die den Blickpunkt im Unendlichen haben. Das ist, was fehlt: der Blickpunkt im Unendlichen!« Schließlich greift Giedion auf ein vertrautes Bild romantischer Zukunftssehnsucht zurück: die Kathedrale. Es ist unmöglich, in diesem Zusammenhang nicht an das Bauhaus-Manifest von 1919 zu denken, dem Gropius die »Kathedrale des Sozialismus«, einen Holzschnitt Lyonel Feiningers, als Sinnbild voranstellte (Abb. 23). Giedion schreibt – ein Jahr vor der Gründung des Bauhauses: »Die Gotik, der die Begriffe zu lebendigem Wesen wurden und bei der die Wesen niemals die Zeichen der Symbole verließen, wird in verändertem Sinn wieder lebendig.«[67] Und in *Mechanization Takes Command* heißt es dann: »Die Renaissance, gestützt auf die Antike, hat unseren Horizont erweitert. Im Mittelalter liegen die Wurzeln unserer Existenz.«[68] Und in der Tat führt Giedion alle »konstituierenden« Entwicklungslinien der Industriekultur ins späte Mittelalter zurück: das moderne Möbel, den Komfort, das Bad.

63 Laszlo Moholy-Nagy, *Vision in Motion,* Chicago 1947, S. 31.

64 Etwa wo Moholy schreibt: »Art may press for the sociobiological solution of problems just as energetically as the social revolutionaries do through political action«. Ebd., S. 29.

65 Vgl. John Dewey, *Art as Experience,* New York 1934 (zitiert von Giedion in: *Space, Time and Architecture,* S. 12). Zu Dewey und Moholy vgl. Andreas Haus, »Sinnlichkeit und Industrie«, in: *Avantgarde en industrie,* a.a.O., (Anm. 34).

66 »Gegen das Ich«, in: *Das Junge Deutschland,* Berlin, Heft 8/9, 1918; abgedruckt in: *Hommage à Giedion,* a.a.O., S. 11 f.

67 Ebenda.

68 Hier S. 291.

23. LYONEL FEININGER: »Die Kathedrale des Sozialismus«. Titelholzschnitt zum Programm des Staatlichen Bauhauses in Weimar (1919). *In einem 1918 erschienenen Aufsatz (»Gegen das Ich«) greift auch Giedion auf dieses vertraute Bild romantischer Zukunftssehnsucht zurück: die mittelalterliche Kathedrale.*

Häufig ist von der Schweiz die Rede: von der Kontinuität mittelalterlicher Lebensform, die die bäuerliche Kultur dieses Landes bestimme. Ein gotisches Türschloß aus dem Wallis, die Stube der Äbtissin des Klosters Müstair in Graubünden aus dem frühen sechzehnten Jahrhundert und Arnold Riklis Feldzug für gesunde Wanderkleidung verkörpern im Buch bald die Vorgeschichte, bald eine Alternative zur Maschinen- und Warenwelt Amerikas. – Das Land erwies sich freilich für diese Botschaft wenig empfänglich. Sein Bildungsbürgertum hat Giedions Anliegen, sofern es dieses überhaupt zur Kenntnis nahm, als ein rein technisches zur Seite geschoben[69], und ein jüngerer Architekt, der in den siebziger Jahren zu den Wortführern einer neo-romantischen Schweizer »Dörfli«-Architektur gehörte,

---

69 Hans Curjels Rezension, »Aufstieg der Mechanisierung«, erschien denn auch in der »Technik«-Beilage der *Neuen Zürcher Zeitung* vom 17. Nov. 1948.

ging unlängst so weit, den Titel von *Mechanization Takes Command* als Beispiel für die naive Technikbegeisterung der Modernen Bewegung zu zitieren[70]. Möglicherweise wird das späte Erscheinen dieses Buches in deutscher Sprache nicht nur künftig solche Mißverständnisse vereiteln, sondern auch neue Erkundungen in das noch immer explosive Spannungsfeld von Technik, Natur und Alltag anregen – besser: erforderlich machen.

Stanislaus von Moos

---

70 Rolf Keller, »Am Leben vorbei normiert. Beobachtungen zum unterdrückten Identifikationsbedürfnis«, in: *Werk/ archithese* 21-22, 1978, S. 39.

EDITORISCHE NOTIZ

Die Herrschaft der Mechanisierung ist das letzte der von Sigfried Giedion zuerst englisch publizierten Werke, das jetzt, mehr als dreißig Jahre nach der Original-veröffentlichung, deutsch erscheint. Im Unterschied zu *Raum, Zeit, Architektur* (Ravensburg, 1965) und den beiden Bänden über *Die Entstehung der Kunst* und *Die Entstehung der Architektur* (*Ewige Gegenwart*, Bd. 1 und 2, Köln 1964, 1965) hat der Autor eine deutsche Ausgabe dieses Buches nicht mehr selbst in die Wege leiten können, obwohl er verschiedentlich – etwa in der Einleitung zu *Ewige Gegenwart* und in einer Bilanz seines schriftstellerischen Lebenswerkes[1] – auf die Zusammengehörigkeit des vorliegenden Buches mit *Raum, Zeit, Architektur* und *Ewige Gegenwart* als Schritten und Entfaltungen einer einzigen Fragestellung hingewiesen hat. In der Einleitung zu *Ewige Gegenwart* schreibt Giedion etwa:

»Seit ich zu arbeiten begann, wurde ich von einem Problem besonders gepackt: Die Formung des heutigen Menschen.

Rückblickend sehe ich in meinen Untersuchungen drei Fragestellungen.

In ›Space, Time and Architecture‹ (...) versuchte ich zu zeigen, daß unsere Peri-ode Elemente einer geheimen Synthese enthält, andererseits aber, daß zwischen den Methoden eines weit fortgeschrittenen Denkens und den Methoden eines weit zurückgebliebenen Gefühls ein tiefer Spalt herrscht. Die Architektur des 19. Jahrhunderts schien mir in dieser Beziehung ein besonders typisches Phäno-men zu sein.

Der zweite Schritt nach der Erkundung des heutigen Menschen wurzelt in der Frage: Was hat die Spaltung zwischen Denken und Gefühl und mit ihr die gespal-tene Persönlichkeit, die sie erzeugte, hervorgebracht? Dieser Zwiespalt macht es schwierig, ein Gleichgewicht zwischen innerer und äußerer Realität zu finden. Ich sah dieses Phänomen in der Einwirkung der Mechanisierung.

In ›Mechanization Takes Command‹ (›Mechanisierung regiert‹) war ich nicht an der Entwicklung der Technik interessiert. Ich wollte wissen, was geschah, wenn die industrielle Produktion von der intimsten Sphäre des Menschen Besitz ergriff und was geschah, wenn die industrielle Produktion versuchte, die organi-sche Substanz zu meistern, wenn sie den Ackerbau mechanisierte, den Charakter des Brotes – zumindest in den USA – völlig veränderte, oder wenn sie versuchte, Tiere mechanisch zu töten und vieles mehr. Die Schlußfolgerung von ›Mechani-zation Takes Command‹ deutet auf das kommende Ende der rationalen Auffas-sung der Welt, auf die Abkehr von der Einbahnstraße der Logik (...).

---

1 »Rückblick«, zuerst erschienen in: S. Giedion, *Architektur und das Phänomen des Wandels. Die drei Raumkonzep-tionen in der Architektur,* Tübingen, 1970; auch in: *Hommage à Giedion. Profile seiner Persönlichkeit,* Basel und Stuttgart, 1971, S. 84-85.

Es war das Suchen nach den konstanten Elementen der menschlichen Natur, die letzten Endes weder durch Mechanisierung noch durch den tragischen Zwiespalt des 19. Jahrhunderts, zwischen Denken und Gefühl, unterdrückt werden können, das mich zum Ursprung der Kunst führte. (...)«

Architektur, Kunst, Technik und ihre Geschichte – diese Rubrizierungen führen leicht dazu, die Einheit der Fragestellung aus dem Auge zu verlieren und die einzelnen Werke nicht als Schrittfolge zu ihrer Erhellung zu sehen. Deswegen sei auf diese Zusammenhänge – vor dem Hintergrund des verschiedenen editorischen »Schicksals« der Hauptwerke Giedions – noch einmal verwiesen.

Wie jedes der anderen Bücher Giedions hat freilich auch dieses Wurzeln, die weiter zurückreichen und anderswo in seinem Werk zu lokalisieren sind: Beispielsweise führen die Untersuchungen über den »herrschenden Geschmack« bis in die Frühzeit der kunsthistorischen Studien Giedions zurück, zu der bei Heinrich Wölfflin angefertigten Doktorarbeit *Spätbarocker und romantischer Klassizismus* (München, 1922); die Studien zur verborgenen Physiognomie des neunzehnten Jahrhunderts bis in die Untersuchungen zur Entstehungsgeschichte der Eisenarchitektur (*Bauen in Frankreich*, 1928); oder die Überlegungen zur Geschichte des Erfindungstriebes, über das Ausstellungswesen oder über die Zusammenhänge von Gefühl und Industrialisierung zu unveröffentlichten Studien aus den dreißiger Jahren[2]. In seinem Nachwort ist Stanislaus von Moos einer Reihe derartiger biographischer und werkgeschichtlicher Beziehungen nachgegangen.

Für die Entstehungs- und Editionsgeschichte des vorliegenden Buches ist es vielleicht von besonderer Bedeutung, auf den Zusammenhang zu den Studien Giedions aus der Mitte der dreißiger Jahre hinzuweisen, die er in den Anmerkungen dieses Buches verschiedentlich erwähnt. Im Giedion-Archiv der Eidgenössischen Technischen Hochschule, Zürich, am Institut für Geschichte und Theorie der Architektur, finden sich Typoskripte und Notizen aus den Jahren zwischen 1934 und 1938 unter dem Titel »Konstruktion und Chaos. Beiträge zur Bewußtwerdung unserer Zeit«, in denen einige der Fragestellungen und Ausführungen des vorliegenden Buches vorweggenommen sind, obwohl sich im Aufbau und vom Quellenmaterial her weniger Gemeinsamkeiten erkennen lassen. Das Vorwort zur amerikanischen Ausgabe vom *Mechanization Takes Command* macht hinreichend deutlich, welche Transformation Giedions Fragestellung und das Material, woran er sie demonstrierte, durchgemacht haben, nachdem er 1937/38 in den Vereinigten Staaten Fuß faßte und seine Forschungen in der neuen Umgebung weiterführte. *Mechanization Takes Command* ist, wie eine Durchsicht der Anmerkungen zeigt, über weite Strecken ein amerikanisches Buch – und dies in mehrfacher Hinsicht, wie Stanislaus von Moos in seinem Nachwort »Die zweite Entdeckung Amerikas« verdeutlicht hat.

Doch auch mit der Zeit zunehmender Vertrautheit mit der amerikanischen Umgebung hat Giedion es nicht aufgegeben, mit einem Übersetzer zusammenzu-

---

2 Sie befinden sich im Giedion-Nachlaß im Institut für Geschichte und Theorie der Architektur an der ETH Zürich.

arbeiten, seit etwa 1945 für mehr als zwanzig Jahre mit Jaqueline Tyrwhitt, die über diese Zusammenarbeit in *Hommage à Giedion* (Basel und Stuttgart, 1971) berichtet – auch von Giedions sprachlichem Eigensinn, der sich die Abweichungen vom geläufigen Sprachgebrauch nicht austreiben lassen wollte: »However several weighty volumes gradually appeared, the English language versions colour with ›Giedienese‹, for Giedion had an obsession that certain words he happened to like should – and finally would – mean what he wanted them to mean, rather than what they were currently considered to express.«

Aufschlußreich ist auch, was Jaqueline Tyrwhitt über Giedions Arbeitsweise berichtet: Seine größeren Arbeiten pflegte er nie zusammenhängend niederzuschreiben, sondern er bereitete in seinem Kopf die Niederschrift aufgrund eines Planes vor, der nie zu Papier gebracht wurde, füllte ihn mit einzelnen Formulierung und Aufzeichnungen und faßte diese Notizen irgendwann im Diktat als einzelne Absätze zusammen, die dann nach und nach unter Kapitelüberschriften gebracht wurden und zu Kapiteln wuchsen. In diesem Stadium wurde dann eine englische Übersetzung angefertigt, die sich sehr genau an Giedions Ausdrucksweise zu halten pflegte. Aus diesem Material wuchsen dann die größeren Abschnitte und Teile seiner Bücher zusammen. Aus dem Bericht von Jaqueline Tyrwhitt geht hervor, daß die eigentliche Redaktion und genaue Durcharbeitung des Textes an den Übersetzungen vorgenommen wurden, jedenfalls nach der Niederschrift einer provisorischen deutschen Fassung, die der Übersetzung zugrunde lag.

Jaqueline Tyrwhitts Bericht über die Arbeitsweise Giedions bei der Niederschrift seiner englischen Werke wird durch den Charakter eines provisorischen deutschen Typoskripts bestätigt, das für die vorliegende Ausgabe von *Mechanization Takes Command* herangezogen werden konnte[3]. Wegen seines in dem beschriebenen Sinne vorläufigen Charakters als Grundlage für die noch im einzelnen durchzuarbeitende englischsprachige Fassung, vor allem aber dadurch, daß es dieser in einzelnen Formulierungen und grundsätzlich dadurch vorzuarbeiten sucht, daß alle englischen Quellen, desgleichen Fachausdrücke und ähnliches, in der Originalsprache belassen werden, war es nicht möglich, die deutsche Fassung konsequent auf dieses Typoskript zu gründen. Maßgeblich mußte – auch wegen zahlreicher textlicher Abweichungen, die sich aus der eingehenden Redaktion der englischen Übersetzung ergeben hatten – die englische Druckfassung von *Mechanization Takes Command* sein. Die vorliegende deutsche Fassung geht also den von der amerikanischen Übersetzung beschrittenen Weg noch einmal in umgekehrter Richtung, ohne bei deren Ausgangspunkt anlangen zu können. Das provisorische deutsche Typoskript wurde also gleichsam als eine, vielfach ungenaue, deutsche Übersetzung behandelt. Dabei wurde versucht, auch Eigenarten

---

3 Dieses Typoskript wurde dem Verlag durch freundliche Vermittlung der Oxford University Press von dem italienischen Verlag Feltrinelli zur Verfügung gestellt, der es für die 1967 erschienene italienische Ausgabe von *Mechanization Takes Command* herangezogen hatte. Beiden Verlagen sei hier für ihre Hilfsbereitschaft und ihr großzügiges Entgegenkommen gedankt.

der Sprache und Terminologie Giedions, wie sie sich auch in seinen anderen deutschen Arbeiten finden, zu erhalten. Die Redaktion dieser deutschen Fassung lag in den Händen des Unterzeichneten, der auch die von Marianne und Kirk De Martini übersetzten Teile, vor allem die Bildlegenden, mit dem übrigen Text abgestimmt hat.

Der Dank des Herausgebers gilt, neben den genannten Übersetzern, vor allem Stanislaus von Moos für seine Bereitschaft, ein Nachwort zu dieser Ausgabe zu schreiben, und für seinen Rat und Hinweise bei der Redaktion des Textes, dem Giedion-Archiv am Institut für Geschichte und Theorie der Architektur an der ETH Zürich für die freundlich gewährte Möglichkeit, Einblick in den Nachlaß Sigfried Giedions zu nehmen, sowie all denen, die an der Entstehung dieser Ausgabe lebhaften Anteil genommen haben, nicht zuletzt Wolfgang Schivelbusch, der den Herausgeber vor vielen Jahren zuerst und mit Nachdruck auf dieses Buch hingewiesen hat.

Berlin, Juli 1982   Henning Ritter

Verzeichnis der Abbildungen